中華大藏經編輯局編

中華大藏經

漢文部分
四八

中華書局

圖書在版編目(CIP)數據

中華大藏經:漢文部分.第48册/《中華大藏經》編輯局編.
—北京:中華書局,1984.4(2023.4重印)
ISBN 978-7-101-00835-7

Ⅰ.中… Ⅱ.中… Ⅲ.大藏經 Ⅳ.B941

中國版本圖書館CIP數據核字(2016)第050282號

内封題簽:李一氓
裝幀設計:伍端端

中華大藏經(漢文部分)
第四八册
《中華大藏經》編輯局 編
*
中華書局出版發行
(北京市豐臺區太平橋西里38號 100073)
http://www.zhbc.com.cn
E-mail:zhbc@zhbc.com.cn
北京虎彩文化傳播有限公司印刷
*
787×1092毫米 1/16・63¼印張・2插頁
1984年4月第1版 2023年4月第4次印刷
定價:600.00元

ISBN 978-7-101-00835-7

中華大藏經（漢文部分）

第四十八册目録

千字文編次　持——華

一〇四二　阿毗達磨藏顯宗論四十卷

尊者衆賢造

三藏法師玄奘奉詔譯

晋太元元年僧伽提婆共慧遠
於廬山譯

麼

一〇四五 雜阿毗曇心論十一卷

尊者法救造

宋天竺三藏僧伽跋摩等譯

目録

趙城縣廣勝寺

阿毗達磨順正理論卷第七十一　持

尊者衆賢造

三藏法師玄奘奉　詔譯

辯賢聖品第六之十五

廣説諸道差別無量謂世出世見修道等今應思擇於諸道中略説有幾可能遍攝頌曰

應知一切道　略説唯有四　謂加行无間
解脱勝進道

論曰加行道者謂此無間无間道生無間道者謂此能滅所應斷障解脱道者謂已解脱所應斷障最初所生勝進道者謂除无間加行解脱所餘諸道何義名道謂尋求依依此尋求涅槃果故由此一切修苦智等無不皆為尋求涅槃或此道名目涅槃路三乘賢聖涉此夷途速達二種涅槃界故道於餘處立通行名以於諦中能善通達復能速往涅槃城故此有幾種依何建立頌曰

通行有四種　樂依本靜慮　苦依所餘地
遲速鈍利根

論曰經説通行揔有四種一苦遲通行二苦速通行三樂遲通行四樂速通行此四通行有差別者依地依根建立異故云何依地建立差別謂依根本四靜慮中所生聖道名樂通行任運轉故如乘船筏任運轉者由此地中止觀雙行无增減故又此諸地所有等持攝受五支四支成故依餘無色未至中間所生聖道名苦通行雖道非苦苦受相應艱辛轉故亦名為苦如依陸路乘馬等行艱辛轉者由此地中止觀雖俱而增減故謂无色地觀減止增未至中間觀增止減又此諸地所有等持不攝五支四支成故有餘師説未至地道難可成辦故立苦名謂有先來都未得定多起功用方得現前此既現前為勝加行根本靜慮易起故樂靜慮中間同一地攝異心品滅異心品生極為艱辛故亦名苦辟如以木拼木極難謂一地中有尋有伺麁心品滅无尋唯伺細心品生多用功力諸无色定亦甚難成故亦名苦極微細故謂無色定

行相眇然不易測量修難成辦又從靜慮起無色時五蘊定滅四蘊定起極為難辦故立苦名云何依根建立差別謂即苦樂二通行中鈍根名遲利根名速二行於境通達稽遲說名遲通翻此名速或遲鈍者所起通行名遲通行速此相違或趣涅槃有遲有速由根鈍利如後當辯此行五蘊四蘊為性由依色定无色定別而名通者顯慧勝故如見道位雖具五蘊以慧勝故偏立見名如見道邊諸世俗智金剛喻定亦以五蘊四蘊為體立智定名然有經中說四通行五根為性亦就勝說慧勝中勝故立通名為諸有情无中根者而今但說遲速行耶有一類言無中根者如契經說諸利根中唯有指鬘為第一諸鈍根中唯有鈍奴寂為第一此經不說別有中根故知非有又於三道各說二故謂見道中唯見說有隨信法行二道差別修道位中唯見說有信解見至二道差別无學道中唯見說有時及不時二道差別若許有中根應

各說三道若介應與契經相違如說有情世間生長有利中鈍三根差別此不相違依佛出世彼有情類初中後時入道不同作是說故初入道者如阿若多憍陳那等後入道者如善賢等中謂所餘或據有情種解脫分有上中下故說无違然理定應有中根者謂隨法行一種性中有大聲聞獨覺大覺不可說彼根品無差又契經中說隨法行是鈍根攝如說五根增上猛利極圓滿者名俱解脫乃至廣說然通行中不別說有中品行者不明了故於世典中亦隨明了唯見顯示上下非中由此己釋道唯二意又彼所引根第一經已定證成有中根者謂既說有第一利根知更有餘利而非極但對鈍者說之為利又既說有第一鈍根知更有餘鈍而非極但對利者說之為鈍故應決定許有中根經中明說有三根故依根立道必亦有三但不分明故唯說二然中根性攝在二中以利鈍中有非極故應知通行隨此相說唯立遲速无別

處中然上所言由根利鈍於趣圓寂有速有遲此據等修勤加行說若不據等則鈍利根趣向涅槃遲速不定又契經說有現法遲身壞速等四句差別此約加行有勤不勤不約轉根及有退說以諸聖者若已經生不退不轉根不生上界故大覺獨覺到究竟聲聞依何通行入聖證極果大覺唯依樂速通行謂以第四靜慮為依由極利根入正決定證得無上正等菩提於獨覺中麟角喻者如大覺說餘則不定於到究竟二聲聞中舍利子依苦速通行及樂速通行入聖證極果彼依未至入正决定依第四定得漏盡故目連唯依苦速通行謂依未至入正决定依无色定得漏盡故二聖先來樂慧樂定故證極果依色無色許到究竟諸大聲聞法介唯應漸次得果故彼入聖道皆依未至地道亦名為菩提分法此有幾種名義云何頌曰

覺分三十七　謂四念住等　覺謂盡无生
順此故名分

論曰經說覺分有三十七謂四念住四正斷四神足五根五力七等覺支八聖道支盡无生智說名為覺隨覺者別立三菩提一聲聞菩提二獨覺菩提三無上菩提无智睡眠皆永斷故及如實知已作已事不復作故此二名覺三十七法順趣菩提是故皆名菩提分法此三十七體各別耶不尒云何頌曰

此實事唯十　謂慧勤定信　念喜捨輕安
及戒尋為體

論曰此覺分名雖三十七實事唯十即慧勤等謂四念住慧根慧力擇法覺支正見以慧為體四正斷精進根精進力精進覺支正精進以勤為體四神足定根定力定覺支正定以定為體信根信力以信為體念根念力念覺支正念以念為體喜覺支以喜為體捨覺支以行蘊攝捨為體輕安覺支以輕安為體正語正業正命以戒為體正思惟以尋為體如是覺分實事唯十前五即是信等五根由境等殊分為三十更加喜捨輕安戒尋

戒分為三復攝成七并前合成三十七種毗婆沙師說有十一身業語業不相雜故戒分為二餘九同前念住等三名无別屬如何獨說為慧勤定頌曰

四念住正斷　神足隨增上　說為慧勤定
實諸加行善

論曰四念住等三品善法體實遍攝諸加行善然隨同品增上善根如次說為慧勤及定何緣於慧立念住名慧由念力持令住故何故說勤名為正斷於正修習斷修位中此勤力能斷懈怠故或名正勝於正持策身語意中此最勝故何緣於定立神足分諸靈妙德所依止故經主此中作如是說有餘師說神即是定足謂欲等彼應覺分事有十三增欲心故又違經說如契經言吾今為汝說神足等神謂受用種種神境分一為多乃至廣說足謂欲等四三摩地此中佛說定果名神欲等所生等持名足無如是失彼許等持體如是神亦是神足彼所言足謂欲等者為顯等持有四

種故舉因顯果說欲等言然諸等持總有二種一於善根加行位勝二於善根成滿位勝前名神足後名為神故契經言由欲增上所得勝定名欲等持此言即說加行位定復言方便為斷已生惡不善法乃至為令已生善法安住增廣由前欲定生起於欲發勤精進攝心持心此說善根成滿位定攝心謂慧持心謂定能攝持心是彼相故復言如是欲勤精勤攝心持心乃至廣說云何欲等由欲等持此言為明後起欲等是等引者修欲等持加行成時所證果義復言此位若欲若勤若信若輕安若念若正智若思若捨皆名勝行依何修造立勝行名依修造神故名勝行由如是理故次說言如是勝行及前欲定合名欲定勝行神足所言神足者是神所依義以前欲定是前生定因後起欲等是俱生定因故勝行中不復說定因定果定无容俱故俱生欲等於所修定有何功能若離俱生欲等諸法定不生故以定於彼俱生聚中最殊

勝故說是所修起先欲定為加行者夲為求得後勝定故由如是理彼說等持體即是神亦是神足故无覺分增欲心失又彼亦無違契經過故彼自釋此契經文言以神聲說於神果如遍知果說遍知聲如是所言定為應理由此經說云何名為趣修神足道謂八支聖道順清淨經說言大德我今定說有如是神然如是神性是下劣諸異生類本所成法非聖非聖性非通非通性不能得菩提不能得涅槃由是不應修此神足是八聖道所應趣求涅槃為斷除能證根本靜慮定障便為應理雖定即神而此經說神果變現事相名神欲令尋廣悟入於細兼為顯定是彼近因故作是言無違經過何緣信等立根力名以增上故難屈伏故何緣此五先說為根後名為力由此五法依下上品分先後故又依可屈伏不可屈伏故下品信等勢用劣故猶為所治同類屈伏上品翻此故得力名所說覺支為有何義能覺悟義名為覺支若尒覺

支唯應有一不尒念等是擇法分皆順擇法從勝為名或覺之支是覺支義若尒應許覺支唯六不尒擇法是覺亦覺支所餘六種是覺支非覺所說道支為有何義尋求依義名為道支若尒道支唯應有一不尒餘七是正見分皆順正見從勝為名或道之支是道支義若尒應許道支唯七不尒正見是道亦道支所餘七種是道支非道當言何位何覺分增頌曰

初業順決擇　及修見道位　念住等七品
應知次第增

論曰初修業位說念住增謂此位中為息顛倒由念勢力於身等境自相共相能審了知壞二種愚慧用勝故於煗法位說正斷增謂此位中見生死過涅槃功德遂能勇猛發勤精進不墜生死速趣涅槃勤用勝故於頂法位說神足增謂此位中能制心識趣不退位終不匱乏信等善根定用勝故於忍法位說五根增謂此位中水息惡趣終不退墮速入離生增上義成根義勝故世第一位說五力增

謂此位中不為煩惱之所屈伏力義勝故雖忍位中亦容如是然非決定是故不說或此位中不為一切餘異生法之所屈伏故於此位力義偏增修道位中近菩提位助覺勝故說覺支增或此位中斷九品惑數數覺故覺支義增見道位中所有道義皆具足故說道支增謂尋求依及通往趣二義具故說名為道見道位中二義㝡勝謂見道位聖慧初生如實尋求諦理勝故又於此位不起期心能速疾行往趣勝故隨數增故於契經中先七後八非修次第有餘於此立次第言行者最初由慧勢力於身等境自相共相如實了知導起衆善如有目者將導衆盲是故最初說四念住由四念住了衆境已於斷惡修善能發起正勤故於第二說四正斷由正勤力令相續中過失損減功德增盛於殊勝定方能修習是故神足說在第三勝定為依便令信等與出世法為增上緣由此五根說為第四根義既立能招惡趣惡業煩惱不能屈伏

由此五力說為第五力義既成能如
實覺四聖諦境無疑慮故說七覺支
在於第六既如實覺四聖諦境猒捨
生死欣趣涅槃故說道支以為第七
於中一一辯其次第如釋經論應正
思求今此論中思擇法相於次第理
無勞煩述今於此中應辯覺分幾唯
無漏幾有漏耶頌曰
七覺八道支 一向是無漏 三四五根力
皆通於二種
論曰此中七覺八聖道支唯是无漏
唯於修道見道位中方建立故謂修
道位七覺支增鄰近菩提謂治有頂
故覺支體一向無漏一切覺分皆助
菩提唯此獨標覺支名者以寂鄰近
菩提果故由此理趣證七覺支應知
但依治有頂說此為上首類治下地
唯於无漏立覺支名若不許然寧不
通二或於一切菩提分中依近菩提
立覺支号道中修道位近菩提性近
菩提唯是無漏故无漏修道方立覺
支名見道位中八道支勝故此一向
無漏性攝雖正見等亦通有漏然彼

不得聖道支名聖道支名目無漏故
又諸論者許覺分法覺支後說定是
无漏若說在前便通二種既覺支後
方說道支故八道支一向无漏所餘
通二義准已成謂覺分中前位增者
彼於後位勢用亦增後位增者非於
前位故毗婆沙作如是說從初業位
至盡无生念住常增乃至廣說此三
十七何地有幾頌曰
初靜慮一切 未至除喜根 二靜慮除尋
三四中除二 前三無色地 除戒前三種
於欲界有頂 除覺及道支
論曰初靜慮中具三十七於未至地
除喜覺支於下地法猶懷疑慮未能
保信故不生喜又未至定初現前時
未能斷除下地煩惱後雖已斷而類
同前故起彼時皆無有喜有說一切
近分地道皆力勵轉故无喜義第二
靜慮除正思惟彼靜慮中已無尋故
由契經說彼地無尋彼上等持轉寂
靜故由此二地各三十六第三第四
靜慮中間雙除喜尋各三十五前三
無色除戒三支并除喜尋各三十二

欲界有頂除覺道支無无漏故各二
十二如是諸地隨其所應覺分現前
少多无定謂隨位別後必兼前可一
體上義分多種故有多種俱時起義
唯四念住必不俱生以約所緣分為
四故尚無二慧俱時而生況有一時
四慧並起不可一慧約境分多以若
捴緣法念住攝必无一慧於一剎那
緣四境生四行相故由此理趣初靜
慮中捴而言之具三十七然於一念
頓現在前極多但容有三十四如是
未至第二靜慮極多但容有三十三
三四中間極三十二前三無色極二
十九欲界有頂極唯十九一切皆除
三念住故其中減者隨位應思何故
心王不立覺分理亦攝在念住等中
彼實攝諸加行善故然不別立如慧
等者心於雜染清淨分中勢用均平
无所偏黨覺分唯在清淨分中勢用
增强是故不立有餘師說覺分多緣
諸法共相心主多分緣自相生是故
不立有餘復說修習覺分本為對治
一切煩惱然諸煩惱心所非心故能

治法非心唯所障治相翻而建立故有說覺分輔佐於覺覺是心所慧為體故不可心王輔佐心所如王不可輔佐於臣所以心王不立覺分有餘師說心導世間於界趣生輪迴無絶修習覺分為斷生死由此心王不立覺分有餘師說无始時來心為衆多煩惱雜染馳散諸境儱悷難調為調伏心修習覺分非所調伏即是能調是故心王不立覺分何緣諸大心所法中唯立四法為菩提分實總攝在念住等中彼實攝諸加行善故然別建立念定慧者由此三種順清淨品勢用增强可立覺分想思觸欲於染分中勢用增强故不別立於假想觀勝解偏增覺分唯攝順真實觀由此勝解非覺分攝有餘師說至无學位勝解方增經但立為无學支故菩提分法有覺位增由此為因力能引起三菩提故所以勝解非覺分攝作意勢力能發動心令於所緣易脫不定覺分於境審諦觀察令心專一與彼相違是故作意非覺分攝若尒寧立尋為覺分尋於境界雖策發心而欲令心推求至理非令於境浮飄易脫於諦觀察有策發能說此力能策正見故由此作意不可例尋有餘師言若染若淨初取境位作意力增說為非理如理作意至境相續彼勢力微故不立為煩惱覺分煩惱覺分要於至境相續位中方增感故受於雜染清淨分中勢用俱增故立覺分由此流轉緣起支中立為受支及於還滅菩提分中立喜覺支有餘師說受於雜染雖是增上而與淨品作饒益事亦有功能如鞞荼羅性雖鄙劣能與豪族作饒益事故於靜慮為饒益支菩提分中立覺支号何緣三受皆通無漏覺分唯喜非餘二耶覺分所為行相猛利樂捨行相遲鈍故非有餘師言樂捨二受為輕安樂行捨所覆相不明了是故不立何緣大善心所法中唯立四法為菩提分實亦揔是念住等攝彼實揔攝加行善故然別立信勤安捨者由此四種順覺强故如何此四順覺用强發趣菩提信為上首將修衆行信為初基清淨果因以信為本若无信者修趣不成故立信根以為覺分有餘師說如清水珠置濁水中水便澄潔令諸有目鑒衆色像如是以信置心品中能令俱生心品澄淨由此能見四聖諦理漸次增長成三菩提故信最應立為覺分勤於衆行遍能策發令其速趣三乘菩提若無正勤雖已發趣中間懈廢終無所成是故立勤以為覺分有餘師說无始時来所以不能見四聖諦都由懈怠不樂聽聞如理思惟四聖諦理勤能治彼令樂聽聞如理思惟四諦理故能見四諦速證菩提故勤亦應立為覺分輕安息務令心調適行捨正直令心平等故能增長諸出世行令其速趣三乘菩提故立安捨以為覺分有餘師說無始時来惛掉亂心不見諦理由此不證三乘菩提輕安捨惛行捨止掉由斯見諦速趣菩提故此亦應立為覺分若尒慙愧自性善攝於衆善品得白法名亦應立為菩提分法彼不應立以無慙愧

唯與一切惡心相應於散戒中為勝障礙於見諦理為障力微與彼相違名為慚愧自性善攝得白法名雖於散戒有勝功力而於定善為助力微菩提分中取順定善助覺諦理故彼不立若尒應立無貪无瞋彼是善根自性善故亦不應立以諸貪瞋六識相應遍通五部是隨眠性發麁惡業為勝如行斷滅善根障散善強違見諦劣翻彼故立無貪无瞋得善根名自性善攝於散善業功力雖強助定善中勢用微劣菩提分法取順定善助覺諦理故彼不立若尒不放逸應立為覺分不放逸故衆行皆成佛每勸令修不放逸亦不應立於散位中放逸令心馳散五欲能違施等散善用强非定位中此障用勝翻對彼故立不放逸但於五欲能防護心令不馳散專修施等故於散善力用雖强助定善中勢用微劣菩提分法取順定善助覺諦理故彼不立若尒不害應立覺分害能逼惱無量有情墮三惡道彼能治故亦不應立害緣事生惱

諸有情障修散善不害翻此助定力微故亦不應立為覺分有餘師說大善法中若所治強自性勝者立為覺分餘則不然所治強者謂與一切染心相應自性勝者謂助見諦如先所說信勤安捨具足二義慚愧等六無具二者謂慚等五二義並无不放逸一種唯闕自性勝何緣欣猒非覺分耶理實亦是念住等攝彼實捴攝加行善故然不別立為覺分者由此二種行相相違俱不遍緣四聖諦境无一地位容恒現前心品狹少是故不立有餘師說夫歡猒者由慧觀境勢力引生覺分謂能順生覺慧義相違故不應別立何緣尋伺二種皆容有加行善及有無漏而於覺分一是一非實亦俱通義如前說然別立尋不立伺者尋於聖道策正見强由彼起時行相猛利尋求諦理有助見能立為道支伺則不尒以行相起極微劣故有餘師說二俱行時尋行相麁睽蔽於伺唯伺起位行相轉微故覺分中不別立伺策發正見自有正勤何

更立尋以為覺分勤策正見有異於尋故道支中應並建立謂勤策彼令速進修尋力策令速觀聖諦何緣表業不立覺分覺分唯是順定善法心俱無表有勝順能表業不然是故不立何緣不立不相應行以為覺分彼於助覺無別勝能不相應故非如無表雖不相應而於道輪有為轂用故於覺分不別建立有餘師說二無心定能滅心故與覺相違四相及得於所相成有遷成用此於染淨起用平等菩提分法順淨用增故不別立何緣不立信為覺及道支初發趣時信用增上已入聖位立覺道支信於尒時勢用微劣故不立在覺道支中何緣於覺支立喜輕安捨非亦立彼在道支中彼偏順覺不順道故云何順覺且修道中地地各修九品勝覺如如於諦數數覺悟如是如是發生勝喜由生勝喜復樂觀諦如入掘地獲寶生喜由生喜故復樂更掘故喜於覺隨順力增要由輕安息諸事務及由捨力令心平等方能於境審諦覺

察故立安捨在覺支中云何此三不順於道速疾運轉是聖道義此於速運少有相違並能令心安隱住故何緣於道立尋戒支於覺支中非亦立彼彼偏順道不順覺故云何順道且見道中尋策正見令於上下八諦境中速疾觀察戒能為轂成見道輪令於諦中速疾迴轉故尋及戒俱立道支此復云何不順於覺且尋於諦不寂靜轉於聖諦理尋求相故覺已見諦安靜而轉故尋於覺少有相違覺是相應有所緣境所依行相戒此相違故於覺支不建立彼通運名道不可為例何緣覺分不攝聖種分別論者許覺分攝故彼宗建立四十二覺分我許攝在念住等中而不立為別覺分者以諸覺分在家出家俱能受行及有欣樂聖種唯有諸出家人受行欣樂在家有樂必無受行故不別立有餘師說若許聖種揔是无貪如前已釋若許第四體即是勤在覺分中無勞徵難何緣證淨非覺分攝實亦攝在念住等中而不立為別覺分者以諸覺分進修義增數習方能證菩提故四種證淨證得義增見聖諦時漸頓得故由此證淨非覺分攝有餘師說此即信戒隨應亦在覺分中攝

說一切有部順正理論卷第七十一

阿毗達磨順正理論卷第七十一

校勘記

一　底本，金藏廣勝寺本。

一　二頁上一五行「有情」，資、磧、普、南、徑、清作「有性」。

一　二頁中二一行「說二」，清作「說三」。

一　三頁上一〇行第六字「誦」，諸本（不含石，下同）作「謂」。

一　三頁中一四行「足分」，麗作「足名」。

一　三頁中一六行第一〇字「定」，徑作「安」。

一　三頁中一八行第八字「令」，諸本作「今」。

一　三頁中二二行「如是」，諸本作「即是」。

一　三頁下七行「菩法」，磧、南、清、麗作「善法」。

一　四頁上一三行「涅槃」，諸本作「但」。

一　四頁中二二行首字「水」，諸本作「永」。

一　四頁下二〇行「万能」，諸本作「方能」。

一　五頁中一一行第一四字「三」，諸本作「二」。

一　六頁上八行第一〇字「悷」，資、磧、普、南、徑、清作「戾」。

一　六頁上一九行第四字「覺」，諸本作「學」。

一　七頁上九行「如行」，諸本作「加行」。

一　七頁上末行首字「道」，資、磧、普、南、徑、清作「尋」。

一　七頁中一三行第七字「歡」，諸本作「欣」。

阿毗達磨順正理論卷第七十二　持

尊者衆賢造

三藏法師玄奘奉　詔譯

辯賢聖品第六之十六

修覺分時必獲證淨此有幾種依何位得實體是何法有漏無漏耶頌曰

證淨有四種　謂佛法僧戒　見三得法戒　見道兼佛僧　法謂三諦全　菩薩獨覺道　信戒二為體　四皆唯無漏

論曰經說證淨揔有四種一於佛證淨二於法證淨三於僧證淨四聖戒證淨且見道位見三諦時一一唯得法戒證淨見道諦位兼得佛僧謂見苦時得聖愛戒及法證淨於何等法如何而得法證淨耶謂唯於苦達唯有法無實有情生決定信如是次第見集諦時亦唯如前得二證淨達唯集法能為苦因無內士夫生決定信從此無間見滅諦時亦唯如前得二證淨達唯滅法是真涅槃誠可遵求生決定信從此次後見道諦時兼於佛僧得二證淨於佛相續諸无學法

得佛證淨於僧相續學無學法得僧證淨兼言為顯見道諦時亦得聖戒及法證淨達唯道法是證滅因誠可遵求生決定信然所信法略有二種一別二揔揔通四諦別唯三諦全菩薩獨覺道菩薩道者唯有學法獨覺道者通學无學若無漏信緣別法生名不雜緣於法證淨若无漏信兼緣佛僧名為雜緣於法證淨故見三諦唯得二種見道諦時具足得四見道諦位為於現前得佛法僧三證淨不非皆現得見道諦時現行揔緣諸道諦故應知現在唯有雜緣二法證淨乘此勢力修得未來多刹那信於中有別緣佛法僧或有揔緣二三寶者諸別緣者名三證淨諸揔緣者法證淨攝道類智時修八智故亦得三諦法戒二種道法忍等三刹那中未來唯修道諦四種由所信別故名有四應知實事唯有二種謂於佛等三種證淨以信為體聖戒證淨以戒為體故唯有二若七支戒實唯一者如何覺分中實事有十一應唯有十種或

十六或多以覺分中身語二業說有差別及相有異正命一種雖有別說離身語業无別體相依有別相前覺分中說言實事有十一種雖身語業一一有多然種類同故各立一如四念住前三證淨謂慧與信若不雜緣隨所緣別雖有多種而類同故各立為一此亦應然今證淨中依身語業聖戒相等及契經中同說不缺不穿等故總立為一隨身語業類別分二聖戒相同總立為一故二與一無相違過為依何義立證淨名如實覺知四聖諦理故名為證正信三寶及妙尸羅俱名為淨由證得淨立證淨名正信是心清淨相攝可名為淨尸羅不是清淨相攝寧立淨名此四皆是清淨相攝離不信垢破戒垢故又此四種唯無漏故離垢無漏故立淨名此四何緣次第如是餘三以佛為根本故佛於正說有功能故於彼證淨立在最初正說功能由悟法故於彼證淨立為第二現觀法藏唯聖僧故於彼證淨立為第三觀法藏能依聖

戒故聖戒證淨立在最後有言佛是正說法師是故最初立佛證淨佛何所說愛盡涅槃是故第二立法證淨為誰說法為向果僧是故第三立僧證淨僧依聖戒而得建立是故第四立戒證淨有說此四猶如導師道路商侶及所乘乘故說此四次第如是經言學位成就八支無學位中具成就十學位亦成正脫正智何緣於彼不建立支正脫正智以何為體頌曰

學有餘縛故　无正脫智支　解脫為无為
謂勝解惑滅　有為无學支　即二解脫蘊
正智如覺說　謂盡无生智

論曰有學位中尚有餘縛未解脫故无解脫支非離少縛可名脫者非無解脫體可立解脫智故有學位不立二支謂立支名依勝助用在有學位既有餘縛雖有解脫无勝助用無勝解脫故彼勝智亦無故此二支非在有學无學已脫一切縛故依內解脫生二智故有勝助用理可立支有學不然故唯成八解脫體有二謂有為無為有為解脫勝解為體无為解脫

惑滅為體前復有二謂學無學依七聖身說名為學依第八聖立無學名唯有為中无學解脫可得建立為解脫支惑滅無為无支用故支攝解脫復有二種謂時不時有差別故有說慧心有差別故應知此二即解脫蘊經主此中意作是說非唯勝解得此蘊名若尒是何謂真智力能永除遣貪及瞋癡即心離垢名解脫蘊以何為證如契經言云何解脫清淨最勝謂心從貪離染解脫及從瞋癡離染解脫於解脫蘊未滿為滿已滿為攝修欲勤等此何所證若唯勝解是解脫蘊經不應言謂心從貪離染解脫及從瞋癡離染解脫於解脫蘊乃至廣說由此證知即心離垢名解脫蘊非唯勝解此不成證謂經亦說云何名心清淨最勝謂離諸欲惡不善法乃至安住第四靜慮於等持蘊未滿為滿已滿為攝修欲勤等非心離垢即名等持差別品中已廣成立如由欲等衆行功能令諸等持圓滿而起等持圓滿名心清淨等持令心離繫

濁故非心離垢即名等持如是亦由欲等勢力令解脫薀圓滿而生解脫圓滿說心解脫解脫令心離穢濁故非心離垢即名解脫故我所立不違契經又如增上慢相應邪勝解名邪解脫不可說此即增上慢所染汙心如是離此慢相應正勝解名正解脫不可說此即是離慢所得淨心又若此中即心離垢名解脫薀无別解脫經不應前說心清淨寂勝清淨離垢義无別故又此經說解脫薀言理實亦非唯是勝解意取勝解及同聚法捴說名為解脫薀故由此彼說非唯勝解名解脫薀於我无違是故所言二解脫薀體是勝解其理極成如是已說正解脫體正智體者謂離正見如前覺說即盡无生前名菩提今名正智所言無學心解脫者心於何位正解脫耶為於未來現在過去頌曰

無學心生時　正從障解脫

論曰如本論說初无學心未來生時從障解脫且應思擇本論此文說未來言應成煩重說生時言義已顯故

此責不然隨問荅故謂先問者問无學心於何世中正得解脫是故今荅言在未來恐彼謂通未來一切復為簡別言是生時或但應言生時解脫然或有謂生時是現在為遮彼故言未來生時現是已生非生時故或就相續立解脫名則一切未來皆名正解脫若就行世立解脫名則唯生時名正解脫為別顯二義說未來生時諸煩重言必顯別義理應推究无容非撥依如是義故有頌曰

文於義已定　而復說餘言　非無義有文　應思求別義

雖於此位諸所有薀皆得解脫而但說心然不可言有缺減失以心所等隨從心故染淨法中心為主故雖無有我而可於心假說縛者脫者等故若已說勝義已說餘或於此中如舉喻法舉心一法令類思餘雖諸學心亦於生位從障解脫而論但說初无學心生時脫者據无餘斷證解脫故又此唯說純解脫故此中有心是自性解脫非相續解脫應作四句有學无

漏無學世俗无學無漏餘世俗心如次應知四句差別此中雖舉正生剎那而實未來皆得解脫與正生者生障同故依此勢力所修未來世俗善根亦得解脫依淨相續彼得生故為重顯示初无學心未來生時從障解脫是故本論復作是言謂无間道現趣已滅及解脫道現趣已生尒時無學心名從障解脫无間道者謂金剛定并定眷屬臨過去位立以現名次後施設過去名故趣已滅者顯在正滅隣次必入已滅位故解脫道者謂初盡智并智眷屬臨現在位立以現名次後施設現在名故趣已生者顯存正生隣次必入已生位故言尒時者謂正滅生時无學心者初盡智俱起從障解脫者非唯煩惱障色无色界感生果業亦是尒時所脫障故此業亦障阿羅漢得由此古昔諸大論師咸作是言業於得忍不還應果極為障礙作如是釋本論所言則已釋經心解脫義道於何位令生障斷頌曰

道唯正滅位　能令彼障斷

論曰唯言為顯正滅非餘如生未生道俱解脫非滅已滅俱令障斷亦知正滅位能斷障非餘以說道正生正從障脫故道未生位未得解脫道已生位已得解脫俱不可立正解脫名若道正滅時不能斷障如何道生位得正脫名故正滅時道能斷障於前後位斷用定无如何未生亦名解脫與正生者生障同故如世現見開水路時近水速水皆言離障如是既見能斷惑道身中已生亦應可說近心速心皆得解脫或如正起初无學心有得正生名正解脫如是彼類未来所修无漏心等有得起故定不生法尚得名為正得解脫況當生者此中所說正解脫言顯已解脫心令正得解脫如是所說豈不相違已解說言攝自性解脫令解脫言攝從障解脫所望各異何義相違或已解脫言攝本有解脫攝在身行世說令解脫言由此所言无相違失諸行世者皆解脫耶不尒要勤破出障者有餘師說正解脫時亦得名為心已解脫性是

已捨煩惱障故理必應然以解脫道依无煩惱相續轉故已出障故名已解脫令行世故名令解脫由此所說亦不相違經說心從貪令得解脫此所言解脫其義云何為是令心與貪相離為令貪性不復緣心心名有貪為相應故為所緣故為得隨故若相應故應唯染心名得解脫便違自宗說離貪心得解脫故又若此法與彼相應必定無容令此離彼心應畢竟不解脫貪若所緣故應染汙心亦得解脫理不應說貪相應心名為解脫又彼貪性若緣此心无暫不緣及餘緣義如何可說心脫彼貪若得隨故應有學心亦名有貪依止貪得所隨相續而現起故正理論者作如是言唯離貪心令得解脫何等名曰有貪離貪二種心相謂心若與貪相應者名有貪心若不相應亦不為貪同類因者名離貪心乃至有癡離癡亦尒既說離貪心得解脫即立解脫唯不染心然不染心揔有四種謂有漏中分善無記及无漏中分學無學言離

貪心令解脫者令解脫有二謂行世相續諸有漏心一切皆有相續解脫加行得者亦許兼有行世解脫諸無漏心一切皆有行世解脫无學攝者亦許兼有相續解脫諸有說言若心悟入清淨安住得解脫者應知此辯行世解脫諸有說心正善解脫者應知此辯相續解脫諸有說言阿羅漢果成就正智及正解脫如是名為正解脫滿應知此辯自性解脫由阿羅漢二解脫滿故說名心正善解脫謂諸聖道皆名正性解脫依彼名正解脫諸阿羅漢諡无缺減故說彼心正善解脫如是所辯二解脫中諸染汙心皆無容有故彼不可名得解脫外離染者可具說二謂正解脫及邪解脫然不可說心正解脫由彼身中闕聖道故亦不可言心不解脫於當地染具足離故又雖許彼有正解脫不許名心正解脫者非如聖者如理轉故謂若諸聖於五部結能正分析漸次而斷是故說名心正解脫外離染者於五部結不正分析揔以世道俱

時而斷故雖斷結而不應名心正解脫然許名為正解脫者以實能斷諸邪縛故如世尊言貪等煩惱雜染心故令不解脫由此證知貪等斷故不染汙心名得解脫如濁水滅後水生時離濁澄清名為淨水如是與染俱行心滅依淨相續諸心轉時離縛而生名為解脫未離染者不染汙心依有染身似變異轉如雜血乳不名解脫諸有學心雖是無漏而由相續不清淨故非如无學心名相續解脫如依病眼有昧識生眼無病時發明淨識而无眼識自性轉過如是煩惱所損相續依之雖有善法識生由煩惱力不明利轉離煩惱時識便明利由彼相續順煩惱生故能依心不名解脫若彼相續違煩惱生此能依心方名解脫故離染者身相續中不染汙心所依相續皆被貪等之所損害令離貪等故亦名令解脫若與貪等相應之心必不可令解脫貪等故依正理諸論師言唯離貪心令得解脫分別論者作如是言唯有貪心令得解

脫如有垢器後除其垢如頗胝迦由所依處顯色差別有異色生如是淨心貪等所染名有貪等後還解脫聖教亦說心本性淨有時客塵煩惱所染此不應理剎那滅法如器垢除不應理故謂垢與器俱剎那滅不可轉有垢即成无垢器但緣合故有垢器滅无垢器生名器除垢又器與垢非互為因容可計為垢除器在貪心相望必互為因如何從貪心可解脫又道與惑有俱行過謂彼不許實有去来不可言心住彼解脫若於現在有有貪心道復現行令心解脫豈不道惑俱時現行過失必隨不可得離若謂道起斷貪隨眠說與彼俱亦无有過執隨眠體非心相應說何有貪心令時得解脫又隨眠體彼執非貪以心而言令時從貪解脫故彼所說朋助惡宗又彼不審思引頗胝迦喻理實彼體無異色生隣頗胝迦見顯色故謂如彼體不攬他形如是亦无攬他顯理而共於彼見異顯色隣彼見

他所依顯故設許彼體有異顯生亦不應言頗胝迦寶本體恒在有異色生前餘色俱頗胝迦滅後與餘色俱新生故由此彼喻輕尒而立所引至教與理相違故應此文定非真說且應徵詰諸有染心云何名為本性清淨彼言心性本是不染若尒與染心所相應尒時此心轉成染者是則煩惱應轉成淨由與清淨心體相應此彼別因不可得故又心性淨理無被染先後與俱皆不成故謂若先有自性淨心後煩惱生方被染者應淨心體非剎那滅若先有惑後淨心生彼先巳生惑所染者應此惑體非剎那滅若心與惑俱時而生則不應言心本性淨有時客塵煩惱所染許心與煩惱是一時生一果一等流一異熟法而說心本淨煩惱為客塵是廢王言非應理論又於三世推徵煩惱畢竟无力能染淨心過去未来无作用故現在俱墮一剎那故又若說心以淨為性後與煩惱相應位中轉成染者應失自性旣失自性應不名心故

不應說心本性淨有時客塵煩惱所染若抱愚信不敢非撥言此非經應知此經違正理故非了義說若尒此經依何密意依本客性密作是說謂本性心必是清淨若客性心容有染汙本性心者謂无記心非戚非欣任運轉位諸有情類多住此心一切位中皆容有故此心必淨非染汙故客性心者謂所餘心非諸有情多分安住亦有諸位非皆容有斷善根者必无善心無學位中必无染故此心有染非唯淨故如言河水本性澄清有時客塵至少令濁如是但約心相續中住本性時說名為淨住客性位容暫有染此釋與教正理无違寧執染心本性是淨至除染位名得解脫豈不心起貪得所隨皆名有貪心非但貪俱者此不應理非心隨得可名有貪補特伽羅可說隨得名有貪故謂諸得起得所得法不令屬餘法但令屬有情故諸有情由得勢力名為有滅有貪者等心心所等法則不然要與彼俱方名有彼若異此者諸有貪

心亦應得名有瞋癡等有瞋等者應名有貪又尋得俱諸心心所應皆可說名為有尋則應畢竟无無尋唯伺定又先已說先說者何謂應有學心亦名有貪故許亦何過若是有貪應是所斷非真對治不應聖者為永斷貪脩有貪心為真對治又如佛說有尋伺言依尋伺相應非彼得俱起如是佛說有貪心言唯依貪相應非貪得俱起若尒有漏及有隨眠應唯漏相應隨眠相應法此不必尒以諸色等亦名有漏有隨眠故由二有言義通多釋謂隨增漏與漏法同俱得名為有漏法故若於是處隨眠隨增及隨眠相應名有隨眠故又諸有為法隨因緣生滅不隨因緣本性轉變若此法性隨因緣生即此法性隨因緣滅非貪勢力令不染心轉成染汙但有自性染汙心起與貪相應由貪相應得有貪號心性是染本不由貪故不染心本性清淨諸染汙心本性染汙此義決定不可傾動如契經中說有三界謂斷離滅於前所說二解脫中

此何為體如是三界差別云何頌曰

無為說三界　離界唯離貪　斷界斷餘結
滅界滅彼事

論曰斷等三界即分前說无為解脫以為自體然三界體約假有異若就實事則无差別云何名為約假有異謂離貪結名為離界斷餘八結名為斷界滅餘一切貪等諸結所繫事體名為滅界何緣三界如是差別謂有漏法總略有三一者能繫而非能染二者能繫亦是能染三者非二順繫染法斷此三法所證无為如次名為斷等三界有餘師說唯斷能繫別有無為斷餘不尒彼說能繫有緣八結有緣愛結有緣餘事斷此三種所證无為如次名為斷等三界有餘師說唯斷能染別有无為斷餘不尒彼師說愛有緣八結有緣愛結有緣餘事斷此三種所證無為如次名為斷等三界隨所繫事別得擇滅故三說中初說為善此中上座作如是言但隨已情作此分別建立聖諦涅槃等中唯以愛為門說斷衆惑故如契經言

云何集聖諦謂愛後有愛乃至廣說
云何滅聖諦謂諸愛斷離滅云何名
涅槃謂諸愛斷離滅若於色等已斷
欲貪我說彼名已斷色等一切行斷
名為斷界一切行離名為離界一切
行滅名為滅界佛所說經皆是了義
無別意趣不應異釋此說不然先已
說故謂我先說若就實事如是三界
體无差別然二體假說為三由此无
為是無相法假立名相必待有為謂
此无為一一自體斷八結得故名斷
界離愛結得故名離界滅彼蘊得故
名滅界隨所待異假立三名理實無
為體無三別於一一體具三義故雖
於離愛所得義中世尊亦言是斷
是滅然依近治唯說離聲雖滅諸蘊
所得義中契經亦說是斷是離而諸
經中多言蘊滅故於此義唯說滅聲
雖斷餘結所得義中契經亦言是離
是滅然離滅名別目前二故於此義
唯說斷聲或此无為隨所繫事有多
種故體實有多三界由斯體實各別
然依合立一涅槃性故說三界展轉

相即是故經說一切行斷名為斷界
乃至廣說理實此經定非了義非一
切行皆是應斷亦非皆是所應離事
然此經說皆斷離言故知此經待別
意說若謂餘處已簡別言諸有漏法
一切應斷此雖總說一切行言准彼
即知此唯有漏故无此經非了義失
此不成救筏喻經中說無漏道亦可
斷故如言我說筏喻法門法尚應斷
何況非法不可由此便作是言無漏
行斷亦名斷界勿說斷界即二界體
聖道亦應是所離事以所離事唯貪
所緣故彼所言經皆了義无別意趣
理定不然現見此經別意說故彼復
於此異門說言若從諸行貪愛永斷
諸行尒時皆名斷故名為斷界如契
經說若於色等已斷欲貪我說彼名
已斷色等若於諸行煩惱不生諸行
尒時從貪得離故名離界即一切行
不復轉時名為滅界如是上座於斷
等三建立差別極為雜乱如貪斷故
色等名斷如是亦應由貪離故色等
名離由貪滅故色等名滅是則唯依

貪愛永斷說斷離滅如說於色無餘
斷愛離愛滅愛乃至廣說故從諸行
貪愛斷時即應具成斷離滅界无勞
復計餘法離滅又於諸行煩惱不生
諸行離貪既名離界〃愛餘煩惱所以
不生由諸行中煩惱已斷何緣不許
亦名斷界此不生法有離界名无滅
界名斯有何理諸不生法寂應名滅
以契經言由无明滅諸行滅故又涅
槃時諸行不轉既名滅界〃未涅槃時
諸煩惱滅寧非滅界〃要由離愛除煩
惱斷行方不轉名般涅槃應滅界中
有斷離界如是三界〃應無差別若謂
此三雖復雜乱由少因故无為界中
約分位殊立三界〃別何緣不許對治
諸師如前所明三界差別若假若實
俱无乱故是故上座率自妄情謗斥
我宗言隨已見如是自愛憎背他言
談正理時不應取捨准此已釋諸契
經中斷離滅想三相差別或初業地
我當斷想名為斷想若離染地我正
斷想名為離想若已辦地我已斷想
名為滅想或於已受蘊重擔中見不

捨過起欲捨想名為斷想以捨與斷名差別故若於餘蘊不復生中見勝功德起欲求想名為滅想不生與滅名差別故既得離染清淨相續於諸蘊法无所顧戀於般涅槃見靜妙想名為離想無戀與離名差別故若事能猒必能離邪不尒云何頌曰

猒緣苦集惠　離緣四能斷　相對未廣歷

故應成四句

論曰唯緣苦集所起忍智說名為猒餘則不然四諦境中所起忍智能斷惑者皆得離名廣歷有殊故成四句有猒非離謂緣苦集不令惑斷所有忍智緣猒境故非離染故應知此中先離欲染後見諦者苦集法忍及見道中苦智集智但名為猒緣猒境故忍不名離惑先斷故智不名離非斷治故并修道中加行解脫勝進道攝苦智集智但名為猒緣猒境故不名為離非斷治故有離非猒謂緣滅道能令惑斷所有忍智能離染故緣於境故應知此中未離欲染入見諦者滅道法忍及諸所有滅道類忍并修

道中无間道攝滅智道智但名為離是斷治故不名為猒緣於境故有猒亦離謂緣苦集能令惑斷所有忍智應知此中未離欲染入見諦者苦集法忍及諸所有苦集類忍并修道中无間道攝苦智集智有非猒離謂緣滅道不令惑斷所有忍智應知此中先離欲染後見諦者滅道法忍及見道中滅智道智并修道中加行解脫勝進道攝滅智道智

說一切有部順正理論卷第七十二

阿毗達磨順正理論卷第七十二

校勘記

一　底本，金藏廣勝寺本。

一　九頁中一二行「且見」，資、磧、普、南、徑、清作「具見」。

一　九頁下一三行「二法」，諸本（不含石，下同）作「一法」。

一　一〇頁中七行「商侶」，資、磧、普、南、徑、清作「賓旅」。

一　一〇頁中九行及一〇行「正脫」，徑作「正說」。

一　一〇頁下一行「二謂」，麗作「曰說」。同行末字「七」，麗作「十」。

一　一〇頁下一八行第一一字「思」，諸本作「惡」。

一　一一頁上一六行「謂離」，麗作「謂顯」。

一　一一頁中四行第一一字「生」，磧、普、南、徑、清作「住」。

一　一一頁中一二行「已定」，諸本作「已足」。

一　一一頁中一四行「雖於」，徑、清作「論曰雖於」。

一　一一頁下一五行首字「存」，諸本作「在」。

一　一二頁上三行首字「王」，諸本作「正」。

一　一二頁上一六行第一二字「令」，諸本作「今」。

一　一二頁上一七行「已解說」，諸本作「已解脫」。

一　一二頁中一七行第五字及本頁下一行第三字、第七字「今」，南、徑、清作「令」。

一　一二頁下一三行第九字「滅」，磧、普、南、徑、清作「減」。

一　一二頁下一四行第八字「二」，資、磧、普、南、徑、清作「三」。一五頁中一一行第一二字，磧、普、南、徑、清同。

一　一三頁上一四行「善法」，諸本作「善淨」。

一　一三頁下一八行末字「王」，麗作「正」。

一　一四頁上五行第一二字、八行第三字及一〇行第八字「客」，磧、普、南、徑、清、麗作「容」。

一　一四頁上六行「非戚非欣」，資、磧、普、南、徑、清作「非感非歡」。

一　一四頁上一五行「寧執」，麗作「寧離」。

一　一四頁上二二行首字「滅」，諸本作「戒」。

一　一四頁中一行第九字「等」，資作「應」。

一　一五頁上一〇行「名相」，資、磧、普、南、徑、清作「名想」。

一　一五頁上二一行「或此」，資、磧、普、南、徑、清作「或以」。

一　一五頁下一一行「愛除」，諸本作「愛餘」。

一　一五頁下一五行末字「治」，諸本作「法」。

阿毗達磨順正理論卷第七十三　持

尊者眾賢造

三藏法師玄奘奉　詔譯

辯智品第七之一

如是已依諸道差別建立賢聖補特伽羅所依道中作如是說正見正智名無學支故於此中應審思擇為有慧見非智及有慧智非見而別建立見智二支亦有去何頌曰

聖慧忍非智　盡無生非見
餘二有漏慧　皆智六見性

論曰慧有二種有漏無漏唯無漏慧立以聖名此聖慧中八忍非智性所以者何非決斷性故唯決斷義是智義故如何八忍不能決斷自所斷疑得隨相續生故或求見境意樂止息加行奢緩說名為智諸忍正起推度意樂加行猛利故非智攝而名見者推度性故盡及无生二智非見性推度意樂一向止息故所起加行極奢緩故而名智者決斷性故所餘皆通智見二性已斷自疑推度性故謂前八忍盡无生餘有學八智无學正見一一皆通見智性攝豈不忍餘諸无間道亦自所治惑得隨生無非正起推度意樂加行猛利應非智攝盡无生餘解脫道等此相違故皆應非見此難不然餘無間道无自品疑得隨相續生故又彼唯見曾所見境非如八忍極違智故餘解脫等非全息求所起加行非極奢緩以皆於後有所作故由此一切皆通二種並具推度決斷用故諸有漏慧皆智性攝於中唯六亦是見性謂五染汙見世正見為六有餘師說能發身語五識所引及命終時意識相應善有漏慧亦非見性外門轉故如能引故勢力劣故此亦不然不應許故非決定故契經說故謂不應許唯內門轉方是見性勿聖慧中外身命住非見性攝然契經說於外身循身觀是見性攝亦非決定如五識身所引意識如是性轉以彼善等所引意識有時亦是不善等故由此不應所引意識同能引五識是無分別性如契經說有命終時

得正見俱善心心所故說所有意地善慧皆見性攝於理為善如是所說聖有漏慧皆擇法故並慧性攝智有幾種相別去何頌曰

智十揔有二　有漏无漏別
有漏稱世俗　無漏名法類
世俗遍為境　法智及類智
如次欲上界　苦等諦為境

論曰智有十種攝一切智一世俗智二法智三類智四苦智五集智六滅智七道智八他心智九盡智十無生智如是十智揔唯二種有漏無漏性別故如是二智相別有三謂世俗智法智類智前有漏智揔名世俗瓶衣等物性可毀壞顯在俗情故名世俗此智多取世俗境故多順世間俗事轉故從多建立世俗智名非無取勝義順勝義事轉然是愛境无勝功能息內眾惑故非無漏或復出世引發世間得世俗名體即無智智隨屬彼得彼智名意顯此名目有漏智有說諸趣名為世俗此智多是往諸趣因從果為名名世俗智有說此智無始時來生死身中顯現而轉由此故

立世俗智名或諸有中隨流無絕名世俗智以一切時隨順諸有相續轉故或復此智於一切境能遍映發得世俗名獨能遍緣一切法故後無漏智分為二種法類二名所目別故此二名義如前已釋然有師釋類謂比類以所現見事比不現見境比量所攝得類智名此釋不然說實見故謂非比量智可立實見名諸契經中摠說法類若如實見苦則定見非我於四聖諦如實見故能如實見四聖諦故有如是等無量契經又聖位中等決定故謂見迹者等決定知諸行非常諸法非我涅槃寂靜非真現見可與比知等是決定謂以此類彼名為比知彼非決定然亦有異故由此真見與比度知理不應言等是決定非諸聖智有比度理故有智者必不應言有聖諦境比智所證又聖應無緣滅智故謂若類智比智攝者則應緣滅法智亦无以滅摠非現見事故然許現量摠有三種依根領納覺慧別故依根現量謂依五根現取色等五

外境界領納現量謂受想等心心所法正現在前覺慧現量謂於諸法隨其所應證自共相此中若就依根領納說類智境非現見事則滅法智理亦應无滅非依根領納境故若就覺慧則不應言類智所緣是比智境是故一切如理所引實義決擇皆現量智類智既然故現量攝是名二智相別成三定心相應聖行相轉有漏無漏二智何別无漏於境行相明利彼有漏智與此相違如揭地羅餘木二炭於所燒煉勢用不同及勝劣香能熏用別炎鐵草火熱勢有殊二智相望差別亦尒或俗智後起增上慢無漏不然故有差別又世俗智與法類智境有寬陿故有差別謂世俗智遍以一切有為無為為所緣境以契經說有世俗智能遍知苦廣說乃至遍知虛空非擇滅故亦有以非我行相摠緣一切法為境以契經說諸行非常一切法非我涅槃寂靜故然有經說能以正慧觀一切法為非我者雖一切法實皆非我而此一切聲非摠

目諸法唯目苦諦所攝法盡故次復言此能猒苦有餘於此作是釋言此慧實能緣一切法然此行相本為猒果故偏依彼說猒苦言如為燒舍而縱於火然火起時亦燒餘物此不應理此經復言此道力能得清淨故聞思二慧亦能遍緣作一切法非我行相此道豈能得清淨果若謂說此能得清淨不言即此是能清淨故无有過理亦不然如遮餘道說此言故如契經說唯有此道能得清淨更无餘道豈可於彼亦作是言能得清淨非是能淨故知此經說以正慧觀一切法為非我者唯目苦諦所攝諸法非取餘法說一切聲如言諸行皆非常苦而非聖道是苦非常故諸行言唯遍苦諦此亦應尒唯觀苦境起非我行非觀餘諦除此以外必應別有摠觀諸法非我行相諸觀行者現所知故謂觀行者必應先修觀一切法非我行相淨治身器令有堪能依之趣入緣三義觀若不尒者一合我相所擾乱故應不能修建立諸法无相雜

觀法智但緣欲界四諦以本論說法智云何謂緣欲界繫諸行无漏智緣欲界繫諸行因无漏智緣欲界繫諸行滅无漏智緣欲界繫諸行能斷道無漏智及緣法智緣法智地無漏智是名法智豈不法智緣四諦境何故復言及緣法智緣法智地無漏智耶此二亦緣道諦為境以前所說緣欲界繫諸行能斷道无漏智言不能目一切緣道法智但說能緣能斷道故為攝緣餘加行解脫勝進道攝法智為境及已離欲身中所起法智法忍為境法智復說緣法智緣法智地言或前所言緣斷道智但目緣未至能對治欲界見修所斷為境法智為攝緣餘五地法智品為境法智復說後二言若尒彼文應作是說緣欲界諸行對治无漏智若作是說捴攝能緣一切法智品為境法智盡以對治言目多義故不尒應有非愛過故謂緣色界繫為境无漏智亦應名法智有色界行是欲界行對治攝故豈不所言緣欲界行能斷道智亦有此失彼

無此失能斷道言已遮色界欲對治故謂此依諦辯法智境道言即顯是道諦攝非汝所說亦有道言故此過失在汝非我又設許彼更置道言亦不能攝諸法智盡法智通能治三界故又亦應許緣類智品諸無漏智是法智攝類智品亦為欲遠分對治許對治言目多義故由此本論所說无失類智能通緣上二界四諦由此三智境有差別即於如是三種智中頌曰

法類由境別　立苦等四名　皆通盡无生

初唯苦集類

論曰法智類智由境差別分為苦集滅道四智何緣俗智亦緣苦等作苦等行相而非苦等智由彼先以苦等行相觀苦等已後時復容觀苦等境為樂等故又得如是世俗智已後緣諦疑容現行故如是六智若無學攝非見性者名盡無生此二初生唯苦集類以緣苦集六種行相緣有頂蘊為境界故金剛喻定若緣苦集與此境同緣滅道異若尒豈不至教相違如說於盡有初智生從此無閒能自

了達無違教失此於盡言是有第七聲非境第七故謂有煩惱无餘盡故有初智生非此智生緣盡為境何所違害彼言意顯有惑身中无此智生要有惑盡於前所說九種智中頌曰

法類道世俗　有成他心智　於勝地根位

去來世不知　法類不相知　聲聞麟喻佛

如次知見道　二三念一切

論曰有法類道及世俗智成他心智餘則不然豈不道智攝法類無應但言三成他心智理實如是為顯他心智但知同類境故作是言謂為顯成此法類智知他無漏心心所法是道智攝非苦集智以无漏智決定不能知他有漏心心所故他身無漏心心所法細故勝故非已有漏他心智境其理可然何緣已身无漏他心智不能知他有漏心心所於有漏境無漏智生行相所緣異此智故謂无漏智緣有漏時必是捴緣猒背行相是故決定不能別緣他心心所成他心智以諸聖智緣有漏時必於所緣深生猒背樂捴棄捨不樂別觀緣无漏時

生欣樂故既揔觀巳亦樂別觀如有見聞非所愛事揔緣便捨不樂別緣於所愛中則不如是揔見聞巳亦樂別緣是故於他有漏心等必无聖智一一別觀成緣有漏心無漏他心智以他心智決定於他心心所法別別知故豈不亦有三念住攝苦集忍智雖有而非但緣一法緣多體故又他心智有決定相謂不知勝去来二世并法類品不互相知勝復有三謂地根位地謂下地智不知上地心義唯能知自地下地根謂信解時解脫根智不知見至不時解脫心位謂不還聲聞應果獨覺大覺前前位智不知後後勝位者心義唯能知自下根位然他心智及所知境根地既殊知亦有異所知有漏心心所法曾未曾得各有十五謂欲四靜慮各下中上根能知但除欲界三品曾未曾得各有十二所知無漏及彼能知皆除欲三各有十二且諸有漏曾未曾得下根所攝他心智生隨其所應能知下地三根心品自地下根中品亦知自地中

阿毗達磨順正理論卷第七十三　第十張　持

品上品揔了自下地三無漏下根他心智起唯知自地下地下根中亦知中上兼知上何緣有漏无漏智生知下地心多少有異有漏三品可一身成无漏隨根立聖者別尚无有一成二品根況有成三故有差別如何說一補特伽羅成九品道斷九品惑此道差別非根有異由因漸長後道轉增如次能令多品惑斷或諸種性各有九品成一九品必不成餘故前後言無相違失故依上地起下根心有上根心依下地起地根互勝必不相知地位位根相對亦尒此他心智不知去来本為知能緣心心所法故法類二品不互相知此二如次以欲上界全分對治為所緣故此他心智見道中无揔觀諦理極速轉故然皆容作他心智境三乘聖者起此智時中下二乘必須加行聲聞加行或上或中麟喻但須下品加行佛無加行隨欲現前若諸有情將入見道聲聞獨覺預修加行為欲知彼見道位心彼諸有情入見道位聲聞法分加行若

阿毗達磨順正理論卷第七十三　第十一張　持

滿知彼見道初二念心若為更知類分心故別修加行至加行滿彼巳度至第十六心雖知此心非知見道是故說彼唯知二念麟喻法分加行若滿知彼見道初二念心若為更知類分心故別修加行至加行滿知彼第八集類智心有餘師言知第十五有說麟喻知四刹那謂初二心第八十四此言應理所以者何許從知初二念心巳唯闕五念知第八心若復更修法分加行經五念須加行應成何不許知第十四念有餘亦說知四刹那謂初二心第十一二佛於一切殊勝功德隨欲現前心自在故於十五念能次第知以佛世尊三无數劫精勤修習无量資粮故獲難思殊勝妙智具大勢用隨欲能知雖此智生亦知心所然修加行本為知心如空處等名他心智脇尊者曰引此智生要先知心後方知所從初但立他心智名引此智時修何加行先應觀察身之顯形所樂言音表心差別謂彼行者初修業時為欲審知他心差別先

阿毗達磨順正理論卷第七十三　第十二張　持

審觀察自身顯形所樂言音因何有別遂知顯等差別由心次復審觀他身顯等亦由心異有差別生由此後時離欲身意調柔清淨引勝定生依定發生有威德智此智真實照見他心如明珠中種種色縷差別之相了然可得是名修世俗他心智加行若修無漏他心智時以觀非常等苦智為加行此加行位通緣色心至成滿時緣心非色又加行位緣自他心至成滿時緣他非自盡无生智二相何別頌曰

智於四聖諦　知我已知等　不應更知等
如次盡无生

論曰如本論說云何盡智謂无學位若正自知我已知苦我已斷集我已證滅我已修道由此所有智見明覺解慧光觀是名盡智云何无生智謂正自知我已知苦不應更知廣說乃至我已修道不應更修由此所有廣說乃至是名无生智由本意樂二智轉時力能引起如是解智非於无漏二智轉時作如是解无分別故謂出

二智後得智中方作如是二類分別此二分別二智後生是盡无生力所引故此二俗智是彼士用果故舉二果表二智差別理必應然說由此故依為此義說由此聲即是為此所有智義不介應言如是所有諸觀行者本修行時定起如斯要期意樂謂我當證阿羅漢時要應起此自審察智故今出觀此智必生為令此生所起之智隨應建立盡无生名即後智生所依止義故言此釋理必應然豈不二智非見性攝如何乃言智見明等有作是釋乘言便故然實二智是於後時所起見因故亦名見謂離盡智後出觀時必不現行審察見故先不動姓及後練根得不動時離无生智後審察見亦不現行故此見名從果而立或如見故假立見名如立光名現照轉故光是色處智體非光照用如光名光无失如是二智實非見體現照如見立以見名或諸世間決解名見如言我見齊介所時此日月輪當被侵蝕定故名見此亦應然即由

此因經作是說解脫智見蘊謂盡無生智要有解脫此智得生以智為體名解脫智由前因故亦得見名故此蘊名解脫智見何緣本論作如是言見云何且諸智亦是見然有見而非智謂八忍豈不應說見外有智如說智外有別見耶應知此中說亦聲故見外有智其義已成若謂不然彼論應說所有智皆是見既言亦是明知有非謂盡无生俗智一分然智外見分明顯說不分明說見外智者為遮僻執辟喻部師說於下智立忍名想或如前說有多種因盡无生等亦得名見何緣論說無生智中復作是言我已知苦等理但應說不復更知等二行不應俱時轉故若次第轉前與盡智無差別故不應重說應知此說意為遣疑恐有生疑如時解脫先起盡智後得无生如是應許不時解脫先起無生後得盡智為顯一切盡智先起故復先說已知等言或先但言我已知等顯時解脫唯有盡智後復重言我已知等顯不時解脫盡後

起無生故雖重言而無有失无生智者何謂无生正理師言謂非擇滅有無生故此智得生智託无生名無生智滅雖常有而得非常得彼滅時此智方轉要由得起方名有滅於有滅位此智方生或无生言曰彼滅得如涅槃得亦名涅槃經說以涅槃置在心中故有彼得位此智方生智託无生名無生智有餘於此作是難言若託无生名無生智則無生智緣非諦法是則所說違害自宗无漏慧生唯緣四諦彼不審察設此難詞我上已言於出觀後方起如是分別智故或此託聲是有第七非境第七如盡智故或許此智緣無生得此苦諦攝非非諦故如是十智乎相攝者謂世俗智攝一全一少分法類智各攝一全七少分苦集滅智各攝一全四少分道智攝一全五少分他心智攝一全四少分盡无生智各攝一全六少分何緣二智建立為十頌曰

由自性對治　行相行相境　加行辨因圓
故建立十智

論曰由七緣故立二為十一自性故立世俗智以世俗智為自性故二對治故立法類智全能對治欲上界故三行相故立苦集智此二智境體無別故四行相境故立滅道智此二行相境俱有別故五加行故立他心智非此不知他心所法本修加行為知他心雖成滿時亦知心所而約加行故立他心智名加行如前已具分別六事辨故建立盡智事辨身中定初生故七因圓故立无生智一切聖道為因生故謂有盡智非無生智為因故生无無生智不以盡智為因故起如上既言法智類智全能對治欲上界法為有少分治上欲耶頌曰

緣滅道法智　於修道位中　兼治上修斷
類无能治欲

論曰修道所攝滅道法智兼能對治上界修斷望欲界法四諦法智全能對治於欲見斷法智亦為持對治故能治所治皆得全名望上俱缺俱名少分何緣唯有滅道法智兼治上界非苦集耶所緣寂靜出離同故謂欲

上滅及能治道展轉相望相无別故以諸擇滅皆善皆常一切聖道皆能出離所緣苦集欲上不同少多細麁上下別故又苦集智緣所猒境无容猒彼於此離貪理猒此地時斷此地煩惱若許異猒異離貪應異離貪異解脫若許不猒色無色界而能離彼界貪習猒離貪理則應壞滅道二智不緣猒境緣下治上亦無過失又如不淨觀及欣涅槃欲謂不淨觀緣欲界境唯能令心猒背欲界欣涅槃欲現在前時普能令心猒背三界如是緣欲苦集智生唯能令心離欲界染緣欲界法滅道智生普能令心離三界染故許滅道法智品增乃至得成金剛喻定由此大聖妙善了知依全治門立法類智法智少分有治上能類智必無能治欲界要於自界所作已周方可兼為他界所作非諸類智已事成時他事未成有須助義故无類智治欲界法豈不第十六道類智生乘此便則能治欲界惑將斷欲惑類智不行設許現行由自界障所拘礙

故必無勢力能助成他法智所作由此類智无能治欲於此十智中誰有何行相頌曰

法智及類智　行相俱十六　世俗此及餘　四諦智各四　他心智无漏　唯四謂緣道　有漏自相緣　俱但緣一事　盡无生十四　謂離空非我

論曰法智類智一一具有非常苦等十六行相十六行相後當廣釋世智有此及更有餘能緣一切法自共相等故謂世俗智或有具作十六行相如於煗頂忍等位中或有不具如世第一重三摩地及現觀邊世俗智等或有別作非聖行相如不淨觀息念慈等俗智此等行相无邊苦等四智一一各有緣自諦境四種行相他心智中若無漏者唯有緣道四種行相此即道智一分攝故若有漏者取自所緣心心所法自相境故如境自相行相亦尒故此非前十六所攝如是二種於一切時一念但緣一事為境謂緣心時不緣心所緣受等時不緣想等若尒何故薄伽梵說如實了知

有貪心等非俱時取貪等及心如不俱時取衣及垢有貪心等三對心相心解脫處已辯差別毗婆沙師作如是說聚心者謂善心此於所緣不馳散故散心者謂染心此與散動相應起故經主謂此不順契經經言此心云何內聚謂心若與惛眠俱行或內相應有止无觀云何外散謂心遊涉五妙欲境隨散隨流或內相應有觀无止西方者釋乃順契經謂眠相應說名為聚餘染汙者名為散心而无染眠俱心通聚散失不許眠俱染名為散心故不審經意妄為褒貶此彼二經意各別故此經中說有貪等心為令知心染淨品別謂為如實了知諸心黑品白品差別理趣說有貪心離貪心等彼經中說聚心散心為令了知修神足障由彼經說自審己心勿太沉勿太舉勿內聚勿外散謂彼行者修神足時應自審察修神足障此心懈怠此心掉舉此心惛眠此於色等非理作意所引流散此彼經意所為既殊不可引彼經遮釋此經相彼

經但說修神足時心於內外太聚散失不欲分別心染淨相此經所說與彼相違雖諸染心皆有怠等為顯諸染過失差別隨其增位立沉等心立策等心應知翻此故我宗釋符順契經亦善分別諸心異相傍論已了應述本義如何他心智有行相所緣而說不觀所緣行相以不觀他心所緣行相故謂但知彼有染等心不知彼心所染色等亦不知彼能緣行相不尒他心智應亦緣色等又亦應有能自緣失无漏他心智應緣苦等境是則亦應許空無相相應既不許然知不觀二諸他心智有決定相謂唯能取欲色界繫及非所繫他相續中現在同類心心所法一實自相為所緣境空无相不相應盡无生所不攝不在見道无間道中餘所不遮如應容有盡无生智除空非我各具有餘十四行相由與出觀心轉相違故在觀中无二行相謂從二智出觀後時必自了知我生盡等此中意說盡无生智雖是勝義而涉世俗我生盡等

是世俗故空非我是勝義必涉勝義此觀後决了知空非我故由此二智離空非我為有無漏越此十六更是所餘行相攝不須曰

淨无越十六　餘說有論故

論曰對法諸師有一類說无越十六无漏行相離此所餘不可得故豈不有說盡无生智必自了知我生盡等此不相違前巳說故謂前巳說無漏觀後世俗智中作此行相非无漏智此行相轉由盡无生引起俗智推功於本言彼了知故許此智離空非我本意樂力令此二智後必引生我生盡等非由觀內此行相轉令於後時起此行相我等行相觀內雖無而由不愚自證解脫義言此位必巳應有我生盡等行相勢分由先世俗行相引生能引後時世俗行相故離十四无盡無生若謂此應言離十六無者此不應理除十四餘有盡无生非極成故謂離十四有依密說計我生盡等為盡无生智遮彼故說離十四无餘不極成寧對遮此若尒既有無漏

他心智應越十六有无漏行相謂他心智皆以一實自相為境道等行相皆以聚集共相為境彼此既殊知離十六决定別有无漏行相非定許故所難不然謂我所宗非决定許共相行相但緣聚集許有受心二念住故如觀一受體是非常此智生時以共相行相觀一實自相為境極成如是寧不許無漏他心智以共相行相緣一實自相謂知他心是真道等即緣一實是道等相若謂應如受心念住揔緣三世所有受心為非常等共相行相无漏他心智亦揔緣三世他无漏心等為道等行相便違自宗他心智起唯緣現在一實自相此亦不然加行異故此智加行為欲知他現能緣心有貪等別修非常等念住加行為揔猒背諸有漏法由前加行勢力有殊至成滿時現揔緣別是故無有應相例過若謂非常非受自體故應觀受為非常時非緣一實自相為境寧可引此喻他心智則彼應許受非非常不應於受起非常觀如受與心

其體各別必定无有觀受為心雖即觀受以為無常而无一物有多體過領納無常體無別故如損益等非離領納所餘行相餘法亦然若尒應與至教相違如說於身住循身觀應言法智乃至廣說又說觀老死應言是四智俱不相違且初所說非顯法智等離十六行相住循身觀觀身為身但如實觀為非常等我先巳許共相行相亦以一實自相為境故彼所說於我無違後老死聲揔目取蘊觀五取蘊為非常等是四智攝何所相違若尒如說受樂受時如實了知受於樂受如何是法類世俗道智攝此應思擇受現在時必不了知不自緣故亦不可說了知去來去來不名受樂時故而契經說受樂受時如實了知受於樂受故知此說別有密意釋此密意如盡無生謂出觀後時方起此行相故无漏行相越十六外无有一類言有越十六本論說故如本論言頗有不繫心能了別欲界繫法耶曰能了別謂非常故苦故空故非我故

因故集故生故緣故有是處有是事如理所引了別此證不成迷論意故論顯不繫行相衆多於中有緣欲界繫者依容有說有是處言有是事言顯無顛倒即由此故餘無此言謂彼論中復作是說頗有見斷心能了別欲界繫法耶曰能了別謂我故我所故斷故常故無因故無作故損減故尊故勝故上故第一故能清淨故能解脫故能出離故惑故疑故猶預故貪故瞋故慢故癡故不如理所引了別除此無容有餘行相由此不說有是處言由皆顛倒轉不言有是事故淨行相无越十六理教無違不可傾動

說一切有部順正理論卷第七十三

乙巳歲高麗國大藏都監奉
勅雕造

阿毗達磨順正理論卷第七十三 第二十五張 林

阿毗達磨順正理論卷第七十三

校勘記

一 底本，麗藏本。

一 一八頁中三行末字「起」，諸本作「趣」。

一 一八頁中一八行第七字「命」，諸本（不含石，下同）作「念」。

一 一八頁下一七行第一〇字「愛」，磧、南作「受」。

一 一八頁下二〇行「名目」，磧、普、南、徑、清作「名自」。

一 一九頁中一二行「燒煉」，諸本作「燒練」。

一 一九頁中一八行「世俗」，諸本作「善俗」。

一 一九頁下一五行第二字「收」，南、徑、清作「取」。

一 二〇頁上八行第二字「二」，磧、南、徑、清作「三」。

一 二一頁上二一行第四字「且」，清作「具」。

一 二一頁中二二行「位心」，南、徑、清作「立心」。

一 二二頁上八行「非常」，資、磧、普、徑、清作「無常」；南作「無當」。

一 二二頁中一六行第二字「姓」，諸本作「性」。

一 二二頁下一行「是說」，南作「如是」。

一 二二頁下一八行「如時」，諸本作「如是」。

一 二三頁上一六行第一〇字「相」，普、南、徑、清作「根」。

一 二三頁下七行「無色」，資、磧、普、南作「異色」。

一 二三頁下一六行末字「治」，普、磧作「沙」。

一 二四頁中六行末字「云」，徑作「去」。

一 二五頁中一七行「念住」，諸本作「念生」。

一 二五頁下二行及三行「無常」，諸

本作「非常」。

一二五頁下末行第八字「苦」，資、磧、普作「若」。

阿毗達磨順正理論卷第七十四　持

尊者衆賢造

三藏法師玄奘奉　詔譯

辯智品第七之三

所言行相有十六者為但名別實亦有異何謂行相能行所行頌曰

行相實十六　此體唯是慧　能行有所緣
所行諸有法

論曰有說行相名雖十六實事唯七緣苦諦境治四倒故名實俱四緣三諦境名四實一如是說者實亦十六所治所行相有別故言所對治相有別者為治常見故修非常行相為治樂諸行故修苦行相為治我所見故修空行相為治我見故修非我行相為治無因論故修因行相為治自在等一因論故修集行相為治轉變因常因論故修生行相為治知為先能生論故修緣行相為治歸自在為涅槃論顯諸蘊永滅是涅槃故修滅行相為治執自體所有解脫是雜染或苦不正見故修靜行相為治執涅槃

如被呪詛遂致殄滅是弊壞論故修妙行相為治執解脫還退見故修離行相為治執無解脫道故修道行相為治苦行是真道見及謗真道是邪論故修如行相為治不修道生死自淨及世間離染是真道故修行行相為治嘗遭不永離染道所誑惑於真聖道亦不敬故修出行相言所行境相有別者苦聖諦有四相一非常二苦三空四非我有生滅故非常逼迫性故違聖心故苦無主宰故空違我相故非我集聖諦有四相一因二集三生四緣能生法故因有多種故集恒孳產故生各別助故緣滅聖諦有四相一滅二靜三妙四離息衆苦故滅三有為相三火滅故靜有餘師說衆苦息故靜如說苾芻諸行皆苦唯有涅槃寂為寂靜善故常故妙一切災患永解脫故極安隱故離道聖諦有四相一道二如三行四出能通尋求諸法性相至解脫故道無倒轉故如如實趣故行有餘師說定能趣故行如說此道能至清淨餘見必无至

清淨理一向趣故決能至故出如是所治及所行境相有別故實有十六如是行相以慧為體豈不心心所皆名有行相如是無慧與慧相應如何可言慧有行相非有行相唯慧相應心等皆名有行相者是心心所等於所緣品類相中有能取義若依唯慧得行相名則慧之餘心心所法與行相等名有行相如等漏故得有漏名是與漏體同對治義如是所餘心心所法等與行相行於所緣是俱時行無前後義或心心所有行相者多如已知根揔名有行相或依无間亦說有聲如有故所依故无有過謂如心心所皆名有所依意識相應諸心所法與所依識亦俱時生識之所依唯無間滅有行相理應知亦然無間滅慧於現何能此於現有能如無間滅意若尒應受等得有受等名許亦無違然非所辯此中經主依附他宗作如是言諸心心所取境類別皆名行相理未必然應思何等名心心所取境類別若謂境相品類差別一切能像理必不成境有善常等衆相差別故或諸色法亦行相收色法亦能像餘相故若謂能取境差別相則應五識行相不成不能取境差別相故有分別識方能取境青非黃等差別相故然非所許故理不成由此我宗所釋為善謂唯諸慧於境相中簡擇而轉名為行相慧及諸餘心心所法有所緣故皆是能行此能行名應唯目慧行相體故餘心心所既非行相寧是能行若謂所餘名能行者以與行相相應起故是則慧等與受相應應名能受雖有此語而理不然謂慧異門稱為行相能行即是取境別名非能行言偏為詮慧寧以受等體非行相便作是難應非能行如於境中慧能簡擇便許說慧名為能行既於境中想能取像識能了等寧非能行故能行名通目取境故應受等亦是能行所行名通一切有法若實若假皆所行故由此三門體有寬陿慧通行相能行所行餘心心所唯能所行諸餘有法唯是所行頌諸有言應隨除一隨說一種義已成故如世尊言一切法者謂十二處唯此是有故說諸法是所行言已說所行唯是有法或說有法是所行言已說所行是一切法諸假有法不離所依亦隨所依諸處攝故為攝有盡俱說无失已辯十智行相差別當辯性攝依他依身頌曰

性俗三九善　依他俗一切　他心智唯四
法六餘七九　現起所依身　他心依欲色
法智但依欲　餘八通三界

論曰如是十智三性攝者謂世俗通三性餘九智唯是善依他別者謂世俗智通依欲界乃至有頂他心智唯依四根本靜慮不依近分靜慮中間此智所緣極微細故謂依彼地道力微劣不能了達他相續中現在微細心心所法亦不依無色無此加行故又通性故餘地非依五通所依止觀等故法智通以六地為依謂未至中間四根本靜慮不依餘近分彼唯有漏故亦不依无色此緣欲界故所餘七智九地為依謂下三无色及前說六地揔說如是然有差別謂此所說

七種智中類智決定依九地起苦集
滅道盡無生智若法智攝六地為依
類智攝者通依九地依身別者謂他
心智依欲色界俱可現前不依無色
彼自无故不起下地他心智者此智
隨轉色彼無容起故法智但依欲界
身起非上二界入出此智諸有漏心
唯欲有故又法智隨轉色所依大種
唯欲繫故又此能治起破戒惑破戒
唯欲非上界故餘八智現起通依三
界身已辯性地身當辯念住攝頌曰
諸智念住攝　滅智唯最後　他心智後三
餘八智通四
論曰滅智攝在法念住中他心智後
三攝所餘八皆通四如是十智展轉
相望一一當言幾智為境頌曰
諸智互相緣　法類道各九　苦集智各二
四皆十滅非
論曰法智能緣九智為境除類智類
智能緣九智為境除法智道智能緣
九智為境除世俗智非道攝故苦集
二智一一能緣二智為境謂俗他心
世俗他心盡無生智皆緣十智滅智

不緣唯以擇滅為所緣故十智所緣
總有幾法何智幾法為所緣境頌曰
所緣總有十　謂三界無漏　無為各有二
俗緣十法五　類七苦集六　滅緣一道二
他心智緣三　盡无生各九
論曰十智所緣總有十法謂有為法
分為八種三界所繫无漏有為各有
相應不相應故無為分二種善無記
別故俗智總緣十法為境法智緣五
謂欲界二無漏道二及善無為類智
緣七謂色無色无漏道六及善無為
苦集智各緣三界所繫六滅智緣一
謂善無為道智緣二謂無漏道他心
智緣欲色無漏三相應法盡无生智
緣有為八及善無為頗有一念智緣
一切法不不尒豈不非我觀智知一
切法皆非我耶此亦不能緣一切法
不緣何法此體是何頌曰
俗智除自品　總緣一切法　為非我行相
唯聞思所成
論曰以世俗智觀一切法為非我時
猶除自品自品謂自體相應俱有法
何故不緣自體為境諸對法者立此

因言諸法必無行自體故此言意顯
諸法生時隨其所應得四緣性隨有
所闕法則不生不闕便生立為緣性
諸法無有闕自體時故畢竟無闕不
生義寧可建立為所待緣若謂體應
如虛空等由無障礙可立為緣理亦
不然以虛空等望所生法他性極成
法為他緣理極成故人由現喻顯諸
智生必不能緣自體為境謂見刀刃
指端及肩如次不能自割觸負又邪
見他心智及念住苦智等皆有建立
不成過故若謂如燈自他俱照智應
尒者理亦不然燈之照體不成實故
謂顯色聚差別名燈眼識生因說名
為照闇相違故說為能壞瓶等障因
由有此故瓶等可了名照瓶等除假
說外無實有照能照自體猶如鹽等
唯彼自體如是轉故又若許燈是能
照故便許自照亦能照他如是應許
闇是障故力能自障亦能障他火能
燒故自燒燒他彼既不然燈云何尒
若謂燈力破障瓶燈及了瓶燈二覺
闇故應俱名照理亦不然闇與瓶燈

合不合故謂闇瓶合可曰障瓶令雖有瓶而覺不起由此說闇能障瓶覺燈生闇滅瓶顯覺生故世說燈有照瓶用曾無有闇與燈合時勿不相違無相治失故不可說闇能障燈既無有燈不能生覺亦不可說闇為覺障故燈生時雖令闇滅而不可說被照如瓶復有何因執智知用但如燈照非刀割等謂見何理執智與燈法喻寘然非與刀等故引燈喻為證力微有作是言智於自體不知自相共相可知理亦不然已辯自體不以自體為所緣故於自自相既永不能取則定無有以自為所緣既非所緣寧取共相故應於此立比量言自相亦應為自體境自體相故猶如共相或應共相非自體境自體相故猶如自相故緣共相理亦不成又智現前若緣自體應許自體亦是所依若許自緣及自依者則應自體能自建立自建立故應許是常常故應無能緣他義又智所知應無別故必無有智能緣自體若謂自共相如次能所緣理

亦不然前已說故謂前已說既不自緣自相為境自體相故亦不應緣共相為境即由此理不緣相應以與相應一境轉故許緣相應者便應許自緣亦不能緣俱有法者以俱有法極相近故如眼不見扶眼根色契經亦說一剎那智不能頓知一切法境如契經說無有沙門婆羅門等於一切法頓見頓知義准唯漸此智唯是欲色界攝无色界中雖有此類而緣法少非此所明此通聞思修所成慧皆能除自品緣一切法故然經主說非修所成以修所成地別緣故若異此者應頓離染此不應理言修所成唯地別緣非極成故謂我宗許靜慮地攝修所成慧有能揔緣隨所依身自上境故猒下欣上方能離染此既揔緣唯欣行相故於離染無有功能故彼所言甚為非理已辯所緣復應思擇誰成就幾智耶頌曰

異生聖見道　初念定成一　二定成三智
後四二一增　修道定成七　離欲增他心
无學鈍利根　定成九成十

論曰諸異生位及聖見道第一剎那定成一智謂世俗智第二剎那定成三智謂加法苦第四六十十四剎那如次後後增類集滅道智諸未增位成數如前故修位中亦定成七如是諸位若已離欲各各增一謂他心智唯除異生生无色者然異生位及見道中唯可成就俗他心智道類智時具成二種尒時初得不還果故兼得無漏以成果體餘修位中皆具成二生無色者便捨世俗諸時解脫定成九智謂加盡智不時解脫定成就十謂增无生於何位中頓修幾智且應思擇何謂為修謂習善有為令圓滿自在非染無記者无勝愛果故非善無為者不在相續故又无為無果故已辯修義本問應荅且於見道十五心中頌曰

見道忍智起　即彼未來修　三類智兼修
現觀邊俗智　不生自下地　苦集四滅後
自諦行相境　唯加行所得

論曰見道位中隨起忍智皆即彼類於未來修然具修自諦諸行相念住

何緣見道唯同類修所作所緣俱定別故有說此種性先未曾得故唯苦集滅三類智時能兼修未来現觀邊俗智於一一諦現觀後邊方能兼修故立斯号由此餘位未能兼修自諦所為未圓滿故有言若此於法智位修應說名為現觀中俗智經不應立現觀邊名三位所修何勝何劣若據相續後勝於前因增長身起彼得故若就界說上皆勝下故前所修色界繫者界勝身劣後位所修欲界繫者界劣身勝此有四句如理應思道類智時何不修此此智唯是見道眷屬彼修道攝故不能修此意說言修七處善為種子故見道得生故見道生時說彼為眷屬或世俗智從無始来於三諦中曾知斷證未曾修道故今不修或由今時見真道故偽道釜避故非所修或現觀邊方修此智道無邊故此位不修謂三諦中依事現觀容一行者搃得其邊必無有能遍修道者異根性道不能修故於自根性雖容得修百千分中不起一故雖見

道位未遍斷集未遍證滅而於當位斷集證滅其事已周道類智時迷道諦惑諸對治道亦不遍修以種性根有多品故由此於三諦世尊說邊聲如契經中說有身苦邊有身集邊有身滅邊曾無經說有身道邊無能修道至邊際故此世俗智是不生法於一切時無容起故此起依身定不生故謂隨信行隨法行身容有為依引此智起在見道位此無容生故此依身住不生法依不生故此必不生若尒依何說有修義依得修故說名為修謂於尒時起得自在餘緣障故體不現前即由此因說名為得以證彼得起自在故以有諸法得即現前如盡智等或有諸法先得後現前如无生智等或有諸法得永不現前如此智等或有諸法不得而現前如外色等無有情數法不得而現前故雖不生而有修義經主此中作如是詰既不能起得義何依故所辯修理不成立如古師說修義可成彼說云何由聖道力修世俗智於出觀後有勝緣

諦俗智現前得此起依故名得此如得金礦名為得金此但有言所詰等故如何此智不現在前言得起依說名為得非得此依故可名此現前勿此所依即此體故若謂於後位見不見功能故有差別亦不應理所許起依不久住故非起依已捨有此現前時故捨起依必不現起後如何見能起功能諸有起依必可現起有起依位寧不現前既不現前起依寧有故彼所說既不能起得義何依為非理詰自許不起亦名得故隨依何地見道現前能修未来自地下地謂此俗智七地為依即未至中間四靜慮欲界若依未至見道現前能修未来一地見道二地俗智至依第四見道現前能修未来六地見道七地俗智苦集邊修四念住攝滅邊修者唯法念住隨於何諦現觀邊修即以此行相緣此諦為境謂若苦諦現觀邊修即以緣苦四種行相若欲界繫緣欲界苦色界繫者緣上苦諦若於集諦現觀邊修即以緣集四種行相若欲界

繫緣欲界集色界繫者緣上集諦若於滅諦現觀邊修即以緣滅四種行相若欲界繫緣欲界滅色界繫者緣上滅諦此世俗智唯加行得即由見道加行得故欲界攝者是思所成色界攝者是修所成非聞所成彼微劣故智增故立智名若并隨行以欲四蘊色界五蘊為其自性次於修道離染位中頌曰

修道初剎那　修六或七智　斷八地無間
及有欲餘道　有頂八解脫　各修於七智
上無間餘道　如次修六八

論曰修道初念謂第十六道類智時現修二智謂道及類名異非體未離欲者未来修六謂法及類苦集滅道離欲修七謂加他心有頂治故不修世俗先已離欲入聖道者何緣見道中不修他心智以他心智遊觀德攝依容豫道方有修義見道位中為觀諦理加行極速故不能修無間道中義亦同此今第十六道類智時容豫道攝故修此智斷欲修斷九无間道八解脫道俗四法智隨應現修斷上

七地諸無間道四類世俗滅道法智隨應現修斷欲加行有欲勝進俗四法類隨應現修此上未来皆修七智謂俗法類苦集滅道斷有頂地前八解脫四類二法隨應現修此於未来亦唯修七然除世俗加他心智斷有頂地九無間道四類二法隨應現修未来修法類苦集滅道六斷欲修斷第九解脫俗四法智隨應現修斷上七地諸解脫道四類世俗滅道法智隨應現修斷欲修斷第九勝進斷上八地諸加行道俗四法類隨應現修斷上七地有頂八品諸勝進道俗四法類及他心智隨應現修先所修道容現前故此上未来皆修八智謂俗法類四諦他心四類不能斷欲界染苦集二法非上對治何緣起彼治此智未来修若許兼修非對治者離有頂染等應兼修世俗此難非理唯同對治於未来修非所許故謂亦許有相屬故修如見道中修世俗智或由因力相資故修加斷欲時兼修四類斷上染位修苦集法若斷欲染不修

類智斷上不修苦集二法則漸次得不還果者應无容起類智現前阿羅漢應無起苦集法智先所得者皆已捨故先未得者非所修故由約種類若先已得為同類因力引等流智生此智由先彼智引故於彼智類復能為因故此智生因力資彼雖非同治亦未来修次辯離染得無學位頌曰

無學初剎那　修九或修十　鈍利根別故
勝進道亦然

論曰無學初念謂斷有頂第九解脫苦集類盡隨應現修緣有頂故勝進九十隨應現修未来隨應修九修十謂鈍根者唯除無生利根亦修無生智故次辯餘位修智多少頌曰

練根无間道　學六無學七　餘學六七八
應八九一切　雜修通无間　學七應八九
餘道學修八　應九或一切　聖起餘功德
及異生諸位　所修智多少　皆如理應思

論曰學位練根諸無間道四法類智隨應現修未来修六四諦法類似見道故不修世俗能斷障故不修他心諸解脫道四法類智隨應現修未来離

欲者未来修六四諦法類已離欲者未来修七謂加他心有餘師言解脱道位亦修世俗諸加行道俗四法類隨應現修未離欲者未来修七已離欲八謂加他心諸勝進道若未離欲俗四法類隨應現修未来亦七若已離欲倍四法類及他心智隨應現修未来亦八無學練根諸无間道四類二法隨應現修未来修七四諦法類盡不修世俗如治有頂故五前八解脱四類二法隨應現修未来修八四諦法類他心及盡四第九解脱苦集類盡隨應現修未来修九寂後解脱苦集類盡隨應現修未来修十諸加行道現修如學未来修九諸勝進道鈋者九智隨應現修未来亦九利者十智隨應現修未来亦十學位離修諸无間道四法類俗隨應現修未来修七諸解脱道唯四法類加行增俗諸勝進道又加他心隨應現修未来皆八無學離修諸无間道現修如學未来所脩鈋八利九諸解脱道唯四法類加行增俗隨應現修未来所修

鈋九利十諸勝進道與練根同學位修通五無間道現修俗智未来修七宿住神境二解脱道五加行道現修俗智他心解脱法類道俗及他心智一切勝進并苦集滅隨應現修此上未来皆修八智无學修通五無間道現修如學未来所修鈋八利九解脱加行現修如學未来所修鈋九利十諸勝進道與練根同天眼天耳二解脱道无記性故不名為修聖起所餘四無量等修所成攝有漏德時現在皆修一世俗智有學未来未離欲七已離欲八无學未来鈋九利十除微微心此於未来唯修治故若起所餘无漏功德靜慮攝者四法類智隨應現修无色攝者唯四類智隨應現修未来所修同前有漏異生離染現修俗智斷欲三定第九解脱及依根本四靜慮定起勝進道離染加行未来修二謂加他心所餘未来唯修世俗修五通時諸加行道二解脱道現修俗智一解脱道現俗他心諸勝進道二隨應現未来一切皆修二種五無

間道現未唯俗依本靜慮修餘功德皆現修俗未来修二唯順決擇分必不修他心以是見道近眷屬故依餘地定修餘功德皆唯世俗現未来修諸未来修為修幾地諸所起得皆是修耶頌曰

諸道依得此　修此地有漏　為離得起此
修此下无漏　唯初盡遍修　九地有漏德
生上不修下　曾所得非修

論曰諸道依此地及得此地時能修未来此地有漏謂依此地世俗聖道現在前時未来唯修此地有漏以有漏法繫地堅牢難修餘故隨依何地離下地染第九解脱現在前時亦修未来所得上地根本近分有漏功德離下地縛必得上故聖為離此地及得此地時并此地中諸道現起皆能修此及下无漏謂隨何地有漏无漏加行等道正現在前為欲斷除此地煩惱未来修此及下無漏下於上染同能治故雖下聖道斷煩惱時諸上地邊有能同治然由有漏繫地堅牢未離下時未能修彼隨依何地離下

地染第九解脫現在前時亦修未來
所得上地及諸下地無漏功德隨起
此地世俗聖道現在前時未來皆修
此及下地无漏功德唯初盡智現在
前時力能遍修九地有漏意地所攝
聞思修所成不淨觀等無量勝功德
謂隨何地盡智現前通修未來自上
下地何緣唯此初盡智時力能遍修
諸有漏德創能弥滅无始時來一切
善根煩惱怨故如有摧伏國所共怨
一切俱来慶賴稱善又煩惱縛斷无
餘故如能縛斷所縛氣通又彼心王
登自在位一切善法起得来朝辟如
大王登祚灌頂一切境土皆来朝貢
然此生上必不修下謂身在欲得阿
羅漢通修三界九地善根至生有頂
唯修一地初盡智言顯離有頂及五
練根位第九解脫道皆捨前道創得
果故於見道位三類智邊雖亦能修
自下俗智先已說故此不復論諸所
言修唯先未得今起今得是能所修
謂若先時未得今得用功得者方是
所修若法先時曾得棄捨今雖還得

而非所修非設劬勞而證得故若於
先時未得而起極用功起勢力勝故
此方能修未來功德若先已得今起
現前彼不能修未來功德非多功起
勢力劣故修用止息故不能修未來
若曾得現前能修未來者則薄伽梵
得盡智時應未具修一切功德為具
證得應更進修便同二乘功德不滿
為唯約得說名為修不尒云何修有
四種一得修二習修三對治修四除
遣修如是四修依何法立頌曰

立得修習修　依善有為法　依諸有漏法
立治修遣修

論曰諸未曾得功德現前及得未來
所餘功德新修得故皆名得修曾得
未曾功德現起現修習故皆名習修
此二但依善有為立未來唯得現具
二修於身等法得能治故所治身等
唯對治修故於身等得對治時即說
名為修於身等餘有漏法類亦應然
緣身等境煩惱斷故說身等法名除
遣修故緣身等煩惱斷時亦說名為
修於身等餘有漏法例亦應然此二

但依有漏法立故有漏善具足四修
無漏有為餘有漏法如次各具前後
二修有於此中約當修義分別諸法
具修多少有法具四名為當修有法
具三有法具二有法具一有法全无謂
善有漏未永斷時可得可生具足四
種此未永斷故當具治遣修以可得
故當具得修是可生故當具習已得
可生具三除得可得不生具三除習
已得不生及不可得已生具三謂治
遣修染及无記未斷亦尒若善有漏
已永斷時可得可生具得習二可得
不生具一謂得已得可生具一謂習
有為無漏應知亦尒除前所說皆是
全无謂无漏法中已得不生等若不
生法不住身中但由得故即名修者
應許擇滅亦名為修無差別故此難
非理彼同類法住身中故謂不生法
雖不住身同類住身名修无失又彼
由得為果住故謂未来世不生善法
由令得生表為果住義言我等闕緣
不生非謂今時不蒙招引擇滅異此
不可為例又未来世不生善法亦有

阿毗達磨順正理論卷第七十四　第十四張　井字号

因力攝益現身擇滅不然故无修義
又由擇滅唯是果故謂修本為獲得
勝果滅非有果故不應修又由擇滅
无增減故謂可修法依下至中依中
至上擇滅不介於修無用故不可修

說一切有部順正理論卷第七十四

阿毗達磨順正理論卷第七十四 校勘記

一 底本，金藏廣勝寺本。

一 二八頁下六行「離染」，徑作「雜染」。

一 二八頁下一八行「故妙」，磧、南、清作「故離」。

一 二九頁上一行第七字「故」，資、磧、普、南、徑、清作「法」。

一 二九頁上一四行第五字「故」，諸本（不含石，下同）無。

一 二九頁中九行末字「目」，資、磧、普、南、徑、清作「因」。本頁中一九行第五字資同。

一 二九頁下八行及一二行「依他」，麗作「依地」。

一 三〇頁下一行「行自」，諸本作「待自」。

一 三〇頁下二行「應得」，麗作「應待」。

一 三〇頁下六行首字「如」，徑作「知」。

一 三〇頁下八行「人由」，磧、南、徑、清、麗作「又由」。

一 三一頁中六行第八字「扶」，南、徑、清作「無」。

一 三一頁中一四行末字「地」，南、徑、清作「他」。

一 三二頁上一九行「智道」，資、磧、普、南、徑、清作「道智」。

一 三二頁中五行第八字「苦」，資、磧、普、南、徑、清無。

一 三三頁中六行「然除」，徑作「然餘」。

一 三三頁中二二行第七字「加」，磧、南、徑、清、麗作「如」。

一 三四頁上七行第三字「倍」，諸本作「俗」。

一 三四頁中一四行「修治」，諸本作「修俗」。

一 三五頁中一九行首字「唯」，諸本作「名」。

一 三五頁下八行第一二字「習」，諸本作「習修」。

一 三五頁下一〇行「具三」，諸本作「具二」。

趙城縣廣勝寺

阿毗達磨順正理論卷第七十五　持

尊者衆賢造

三藏法師玄奘奉　詔譯

辯智品第七之三

如是已辯諸智差別智所成德今當顯示於中先辯佛不共德且初成佛盡智位修不共佛法有十八種何謂十八頌曰

十八不共法　謂佛十力等

論曰佛十力四無畏三念住及大悲如是合名為十八不共法唯於諸佛盡智時修餘聖所無故名不共且佛十力差別云何頌曰

力處非處十　業八除滅道　定根解界九
遍趣九或十　宿住死生俗　盡六或十智
宿住死生智　依靜慮餘通　贍部界佛身
於境無礙故

論曰佛十力者一處非處智力具以如來十智為性為依何義立此力名佛於經中自作是說苾芻諦聽如來於處如實知處如來於非處如實知非處乃至廣說知一切法自性功能

理定是有名為處智知一切法自性功能理定非有名非處智此智通緣情非情境與一切智皆不相違恐於略說少功難悟故復此中析出餘九如薄伽梵多界經中自廣分別處非處義身等惡行感非愛果定有是處感可愛果必無是處乃至廣說於彼經中所未說者我依餘教復略分別謂諸如來猶有誤失諸應分別而一向記無力無畏三念住等不共功德必無是處諸聖猶起見所斷惑覆罪墮惡必無是處造無間者現身見法墮邪性者現入正性外道法內有真沙門有雖受生而無有死有不還者復欲界生有阿羅漢更受後有有捨二種識猶現行處有十三界有十九蘊有第六世有第四諦有第五必無是處如來所使有能違過世尊使者事未究竟正在慈定滅盡定中隨信法行者有能為損害北俱盧死墮惡趣中及有中夭必無是處諸行不滅涅槃非常異生有能斷有頂惑於一相續二心俱行無漏為因招異熟果

五識得與覺支相應眠夢位中有生有死得果退等必無是處有五識身無尋无伺緣名過未離世為境有鼻舌識有覆無記有生上界入現觀者有耳見色有眼聞聲舌齅香等必無是處如是等類得非處名與此相違皆名是處豈不處智已知非處諸非處智亦已知處何勞雙說處非處名雖理實然而雙說者為欲遮止無因論故說是處名為欲遮止惡因論故說非處名依一智體雙說無失寧知於一處非處力中恐略難悟指出餘九力以餘皆有此力義故謂如實知惡行能感可愛異熟妙行能感非愛異熟必無是處與此相違定有是處又如實知順退分定能逮勝德勝順勝進分能引退墮必無是處與此相違定有是處又如實知若此品根能證此果此根未滿此果已證必無是處與此相違定有是處又如實知下劣勝解鄙惡意樂能逮勝德必無是處與此相違定有是處又如實知諸有情類界性各別而情契合必无是

處與此相違定有是處又如實知趣生死行能證涅槃趣涅槃行能招生死必無是處與此相違定有是處又如實知前際有始必無是處與此相違定有是處又如實知未斷生結死已不生或彼已生畢竟不死或彼不往善趣惡趣必無是處與此相違定有是處又如實知非理作意能得漏盡必無是處與此相違定有是處我於如是一一力中略舉方隅顯處非處若盡其事言論無窮故應皆名處非處力恐略難悟別立異名二業異熟智力八智為性除滅道智謂善分別如是類業感如是類諸異熟果無罣礙智名業異熟智力或說名為自業智力謂善分別如是類果是自所造業力所招非妻子等所能與奪如是類業必招自果不可貿易無罣礙智名自業智力又佛自說此力相言苾芻諦聽佛於過去未來現在諸業法受別處別因別事別果皆如實知乃至廣說諸業有三法受有四業及法受故名為業法受或業之法故名

業法即是諸業之品類義此顯如來於過去等諸業品類處等差別及所受果能如實知此中別處者是別方所義知於某處造如是業當於某處此業方熟謂知此業天等處造此業當於人等處熟是名如實了知別處言別因者是別緣義知如是業遇此緣熟或知此業由此緣造是名如實了知別因言別事者是別物義知如是業至成熟時力能引生色等別物或即知業自性不同名知別事謂知此業此物為性餘則不然是名如實了知別事言果別者是別異熟義知如是業定感異熟果此業不定能感異熟此業果熟經尒所時有不尒者此業異熟尚有所餘有無餘者如是等類異熟差別極細難了而能了知是名如實了知別異三靜慮解脫等持等至智力四根上下智力五種種勝解智力六種種界智力如是四力皆九智性唯除滅智謂如實知諸靜慮等自性名得方便攝持味淨無漏順退住進決擇分等無罣礙智名靜

處等智力又佛自說此力相言苾蒭諦聽佛於靜慮解脫等持等至雜染清淨安立皆如實知乃至廣說靜慮等相定品當辯雜染謂能障證靜慮等清淨謂即此諸法清淨法住安立或順退分名為雜染順勝進分順決擇分名為清淨順住分名安立若如實知諸有情類能違勝德根品差別無罣礙智名根上下智力又佛自說此力相言苾蒭諦聽佛於有情諸根上下皆如實知乃至廣說此意顯佛知有情諸根勝劣無有謬誤雖有中根而待勝劣是劣勝攝故不別顯此中根名為目何法謂目信等斷善根者捴相續中亦有去來信等善法或目意等若如實知諸有情類意樂差別無罣礙智名種種勝解智力又佛自說此力相言苾蒭諦聽佛於有情種種勝解皆如實知乃至廣說此意顯佛知諸有情意樂種種品類差別意樂勝解名差別故若如實知諸有情類前際無始數習所成志性隨眠及諸法性種種差別無罣礙智名

種種界智力又佛自說此力相言苾蒭諦聽佛於世間種種界非一界皆如實知乃至廣說種種界者顯各別義非一界者顯眾多義廣知此中界與志性隨眠法性名之差別如是四力並緣有為故十智中唯攝九智七遍趣行智力或聲顯此義有二途若謂但緣諸能趣道九智除滅若謂兼緣道所趣果十智為性謂如實知生死因果乃知盡道無罣礙智名遍趣行智力又佛自說此力相言苾蒭諦聽佛於一切遍趣行中皆如實知乃至廣說此意顯佛能如實知趣生死行趣涅槃行趣生死中有趣地獄乃至趣天趣一一中復有多種趣涅槃行有三乘別趣一一中復有多種依捴說一遍趣行名八宿住隨念智力九死生智力如是二力皆俗智性此二力相有差別故謂如實知自他過去宿住差別無罣礙智名第八力若如實知諸有情類於未來世諸有續生無罣礙智名第九力又佛自說此二相言苾蒭諦聽佛於過去種種宿

住一生二生乃至廣說佛天眼淨超過於人見諸有情乃至廣說廣辯此二如六通中十漏盡智力或聲亦顯義有二途若謂但緣漏盡為境六智除道苦集他心若謂兼緣漏盡方便十智為性理應如是以辯相中言於盡及為盡無罣礙智二種俱名漏盡智力又佛自說此力相言苾蒭諦聽佛漏盡故於諸无漏心慧解脫自現通達具證領受能正自知我生已盡乃至廣說此後三力即是三通以六通中此三殊勝在無學位立為三明在如來身亦名為力神境天耳謂在佛身亦无大用故不名力且如天眼能見有情善惡趣中異熟差別由此由此建立死生智名神境天耳無此大用是故彼二不立為力然不別說他心力者義已攝在根等力中以他根等中有心所故又薄伽梵具一切智於工論等亦得自在而於佛事齊此已成餘智於中無別勝用是故雖有亦不別說唯依遍覺十種所知

佛所應為皆圓滿故何等名曰十種所知謂諸法中因非因義多分散地業果差別定地功德品類不同所化有情根解界異所治能治因果差別前際後際經歷不同雜染不續方便有異但由覺此佛事已成餘設有無不致益損故唯十種得名為力又佛觀察所化有情設教應機唯須十智謂由初智觀所化生於諸乘中堪無堪異由第二智觀所化生於相續中業障差別由第三智觀所化生於靜慮等有味無味煩惱為障輕重差別由知此二因亦知異熟障由第四智觀所化生趣清淨品功能差別由第五智觀所化生於證淨品加行差別由第六智觀所化生於證淨品稟志性別由第七智觀所化生諸所施為有益无益種種差別正觀修止由第八智觀所化生過去世中所集差別由第九智觀所化生當來世中結生差別由第十智觀所化生所證解脫方便有異於此十智若隨闕一便不具足化有情事多復無用故不增減

已辯自性依地別者第八第九依四靜慮餘八通依十一地起欲四靜慮未至中間并四無色名十一地諸勝德地揔有尒所已辯依地依身別者皆依贍部男子佛身唯此堪為力所依故如是十智二乘亦有何故在佛方受力名夫受力名謂无礙轉佛智於境無礙轉故得名為力餘則不然以諸二乘尚不能見諸有情相續順解脫分善況復能知所餘深細如舍利子捨求度人不能觀知鷹所逐鴿前後二際生多少等大目乹連不能觀見業風所引諸鬼差別是故二乘天眼通等觀界遠近與佛有殊非無礙故不名為力二乘與佛漏盡既同彼智何緣唯佛名力唯世尊有遍達有情一切漏盡別相智故謂薄伽梵於諸有情一切漏盡品類差別智無罣礙二乘不然是故力名唯屬於佛又唯諸佛智猛利故如何猛利佛智力能速斷煩惱并習氣故如強弱力補特伽羅執利鈍刀斬截草等諸有情類蘊相無別佛如何觀有種種界

諸有情類蘊相雖同而於其中非無差別謂彼諸蘊體雖无異而有无量品類不同佛如量知都无罣礙故世尊得有種種界智力或諸如来名稱高遠希有智慧妙用無邊唯佛能知非餘所測於餘所了無別相中何恠如来能知別相已辯諸佛心力方隅當辯菩薩時亦所成身力頌曰

身那羅延力　或節節皆然　象等七十增
此觸處為性

論曰佛生身力等那羅延有餘師言佛身支節一一皆具那羅延力理實諸佛身力無邊猶如心力能持无上正等菩提大功德故大覺獨覺及轉輪王支節相連如其次第似龍蟠結連鎖相鉤故三相望力有勝劣那羅延力其量云何十十倍增象等七力謂凡象香象摩訶諾健那鉢羅塞建提伐浪伽遮怒羅那羅延後後力增前前十倍有說前六十十倍增敵那羅延半身之力此力一倍成那羅延有餘師說此量如千鵠羅伐拏天象王力此象王力其量云何三十三天

將遊戲苑象王知已化作諸頭種種
莊嚴往天宮所諸天眷屬數有多千
乘已騰空如持樺蘗速至戲苑隨意
歡娛天大為王力勢如是此力千倍
等那羅延於諸說中唯多應理如是
身力觸處為性此應揔是諸觸差別
有說唯是大種差別有說是造觸離
七外有有說力是重劣者是輕如是
名為佛生身力佛四无畏相別云何
頌曰

四無畏如次　初十二七力

論曰佛四無畏如經廣說一正等覺
無畏十智為性猶如初力二漏永盡
無畏六十智性如第十力三說障法
無畏八智為性如第二力四說出道
無畏九十智性如第七力何緣諸佛
無畏唯四但由此量顯佛世尊自他
圓德俱究竟故謂初無畏顯佛世尊
自智圓德第二無畏顯佛世尊自斷
圓德此二顯佛自利德滿為顯世尊
利他圓德是故復說後二無畏第三
無畏遮行邪道第四無畏令趣正道
謂佛處處為諸弟子說障法令斷除

即是令修斷德方便又於處處為諸
弟子說出道令正行即是令修智德
方便此二顯佛利他德滿但由此四
隨其所應顯佛自他智斷圓德至究
竟故唯立四種如何可說無畏即智
應言無畏是智所成理實應然但為
顯示无畏以智為親近因是故就智
出無畏體夫无畏者謂不怯懼由有
智故不怯懼他故智得為無畏因性
唯佛四妙智是四無畏因謂諸如來
於一切法一切相妙智是初無畏因
若諸如来一切煩惱并習氣斷妙智
是第二無畏因唯我世尊由具此故
侵毀不慼供讚不歡雖恒違非而常
饒益雖加斫刺而深憐愍雖有殊勝
輔翼神通智慧伎能而不傲慢於欲
離背不起瞋嫌於樂親承不偏憐愛
雖行攝事不求輔翼雖行訶責不願
乖離雖暫駈擯不以麁語雖永擯黜
不令墮邪雖无所畏而不麁獷雖常
親愛而不生貪雖顯自德不殉名利
雖顯他過不為恥辱雖攝門徒不成
自黨雖訶邪侶不壞他朋族望有情

數來親附但示正法不與交遊此等
皆由漏盡妙智故此妙智為第三因
若諸如来知弟子衆有損有益妙智
是後二无畏因或无畏體即四妙智
怯懼名畏此即於法无所了達懷恐
怖義智於此畏有近治能與畏相違
故名无畏豈不非无智即是畏體如
何說智體即是無畏此責不然智與
多法為近治故如即无疑謂智如能
近治无智亦於怖畏有近治能故得
智名亦名無畏如治無智亦能治疑
故得智名亦名决定所治無智雖不
即疑而智无疑名二體一如是無智
雖與畏殊而無畏名即目智體一善
能斷多惡法故有說無智亦攝畏體
故於此中不應為難力與无畏有何
差別此無差別體俱智故然於智體
別義名力復依別義立无畏名謂不
屈因說名為力不怯懼因說名無畏
或初安立說名為力立已不動說名
無畏或非他伏說名為力能摧伏他
說名無畏有餘師說辟如良醫遍達
醫方說名為力善療衆疾說名无畏

有說驍健說名為力勇悍不怯說名無畏如是二種義亦有別謂成辦事義是力義不怯悍義是無畏義佛三念住相別云何頌曰

三念住念慧　緣順違俱境

論曰佛三念住如經廣說諸弟子衆一向恭敬能正受行如來緣之不生歡喜捨而安住正念正知是謂如來第一念住諸弟子衆唯不恭敬不正受行如來緣之不生憂感捨而安住正念正知是謂如來第二念住諸弟子衆一類恭敬能正受行一類不敬不正受行如來緣之不生欣感捨而安住正念正知是謂如來第三念住雖有所化不敬受行而佛世尊亦雨法雨由此方便彼於餘時或餘有情入正法故非前說四今復說三可總說言念住有七今三攝在前四中故謂在緣外法念住攝然此三種體通念慧謂由安住正念正知於三境中不生歡感不可見有諸大聲聞於三境中不生歡感便謂此三種非佛不共法唯佛於此并習斷故善達有情

種性別故或弟子衆隨屬如來有順違俱應甚歡感佛能不起可謂希奇非屬諸聲聞不起非奇特故唯在佛得不共名諸佛大悲云何相別頌曰

大悲唯俗智　資粮行相境　平等上品故
異悲由八因

論曰如來大悲俗智為性普緣一切有情為境作苦苦等三行相故非無漏智有如是理此大悲名依何義立依五義故此立大名一由資糧故大謂大福德智慧資糧所成辦故二由行相故大謂此力能於三苦境作行相故三由所緣故大謂此總以三界有情為所緣故四由平等故大謂此等於一切有情作利樂故五由上品故大謂最上品更無餘悲能齊此故有餘師說由大加行所證得故唯大士身所成就故入大功德珎寶數故能拔有情大苦惱故立大悲名悲與大悲有何差別此二差別由八種因一由自性無瞋無癡自性異故二由依身通餘唯佛依身異故三由行相一苦三苦行相異故四由所緣一界

三界所緣異故五由依地通餘第四靜慮異故六由證得離欲有頂證得異故又悲為先離染時得唯離染得有差別故七由救濟希望事成救濟異故八由哀愍平等不等哀愍異故有餘師說諸佛大悲遠細遍隨能普饒益聲聞等類所起悲心不能悲愍色无色界佛於上界起極悲愍心過於二乘悲愍无間獄已辯佛德異餘有情諸佛相望法皆等不頌曰

由資糧法身　利他佛相似　壽種姓量等
諸佛有差別

論曰由三事故諸佛皆等一由資糧等圓滿故二由法身等成辦故三由利他等究竟故由壽種姓身量等殊諸佛相望容有差別壽異謂佛壽有短長種異謂佛生剎帝利婆羅門種姓異謂佛姓喬荅摩迦葉波等量異謂佛身有小大等言顯諸佛法住久近等如是有異由出世時所化有情機宜別故諸有智者思惟如來三種圓德深生愛敬其三者何一因圓德二果圓德三恩圓德初因圓德復有

四種一無餘修福德智慧二種資粮修
无遺故二長時修經三大劫阿僧企
耶修無倦故三無間修精勤勇猛刹
那刹那修無廢故四尊重修恭敬所
學無所顧惜修无慢故次果圓德亦
有四種一智圓德二斷圓德三威勢
圓德四色身圓德智圓德有四種一
無師智二一切智三一切種智四无
功用智斷圓德有四種一一切煩惱
斷二一切定障斷三畢竟斷四并習
斷威勢圓德有四種一於外境化變
住持自在威勢二於壽量若促若延
自在威勢三於空障極遠速行小大
相入自在威勢四令世間種種本性
法尒轉勝希奇威勢威勢圓德復
有四種一難化必能化二荅難必決
疑三立教必出離四惡黨必能伏色
身圓德有四種一具衆相二具隨好
三具大力四內身骨堅越金剛外發
神光踰百千日後恩圓德亦有四種
謂令永解脫三惡趣生死或能安置
善趣三乘捴說如來圓德如是若別
分折則有無邊唯佛世尊能知能說

要留命行經多大劫阿僧企耶說乃
可盡如是則顯佛世尊身具有無邊
殊勝奇特因果恩德如大寶山有諸
愚夫自乏衆德雖聞如是佛功德山
及所說法不能信重諸有智者聞說
如斯生信重心徹於骨髓彼由一念
極信重心轉滅無邊不定惡業攝受
殊勝人天涅槃故說如來出現於世
為諸智者无上福田依之引生不空
可愛殊勝速疾究竟果故如薄伽梵
自說頌言

若於佛福田　能殖少分善　初獲勝善趣
後必得涅槃

已說如來不共功德共功德今當辯
頌曰

復有餘佛法　共餘聖異生　謂無諍願智
无礙解等德

論曰世尊復有無量功德與餘聖者
及異生共謂无諍願智無礙解通靜
慮无色等至等持无量解脫勝處遍
處等隨其所應謂前三門唯共餘聖
通靜慮等亦共異生雖佛身中一切
功德行相清淨殊勝自在與聲聞等

功德有殊然依類同說名為共且共
餘聖三功德中無諍云何頌曰

無諍世俗智　後靜慮不動　三洲緣未生
欲界有事惑

論曰有阿羅漢憶昔多生受雜類身
發自他惑由斯相續受非愛果便作
是念有煩惱身緣之起惑尚招苦果
況雜煩惱具勝德身思已發生如是
相智由此方便令他有情不緣已身
生貪瞋等此智但以俗智為性緣他
未来修斷惑故非無漏智此行相轉
若无諍體是智所攝如何說習無諍
等持此不相違一相應品有多功德
隨說一故如一山中有種種物隨舉
一種以標山名理應無諍是智所攝
護他相續當来惑生巧便為先事方
成故然一切諍捴有三種蘊言煩惱
有差別故蘊諍謂死言諍謂鬪煩惱
諍謂百八煩惱由此俗智力能止息
煩惱諍故得無諍名此智但依第四
靜慮遠苦因故第四靜慮樂通行中
寂為勝故不動應果能起非餘餘尚
不能自防起惑況能止息他身煩惱

此唯依上三洲人身非北及餘性猛利故緣欲未起有事惑生多念他惑緣我生故諸無事惑不可遮防內起隨應總緣境故已辯無諍願智云何頌曰

願智能遍緣　餘如无諍說

論曰以願為先引妙智起如願而了故名願智此智自性地種性身與无諍同但所緣別以一切法為所緣故如何願智能知未來審觀過現而比知故如觀稼穡有感有微比知其田有良有薄若尒何故立願智名有學異生亦能知故不尒所知定不定故而聞傳說諸大聲聞記未來事有不定者非起願智有此謬知餘俗智觀所記別故惑彼所記无不定失但觀於始不觀終故如先降雨未至地間為羅怙羅之所承棄先所懷孕其實是男彼於後時轉形成女王舍城鬼初戰得勝後為廣嚴諸鬼摧伏人欲相伐鬼先戰故或實願智方見未來然加行時先起比智觀過現世准度未來引願智生方能真見即由此故能知無色謂先觀彼因行等流有比智生引真願智或觀欲色死生時心比度而知所生從處引生願智方能實知或比智知亦无有失以證比智所緣必同若比不知如何能證是則願智應不可言力能遍緣三界三世不時解脫諸阿羅漢欲於彼境正了知時先作要期願我如彼後入邊際第四靜慮以為加行從此无間如先願力引正智起於所期境皆如實知邊際定言如後當釋此願智力能知過去與宿住智差別云何願智通知自相共相諸宿住智知共非餘知共相中亦有差別願智明了宿住不然於現所緣對他心智辯差別相如理應思

說一切有部順正理論卷第七十五

阿毗達磨順正理論卷第七十五

校勘記

一　底本，金藏廣勝寺本。

一　三七頁中一四行「八除」，南作「入陰」。

一　三七頁中一五行第二字「趣」，南作「處」。

一　三七頁中一六行第一三字「界」，諸本（不含石，下同）作「男」。

一　三七頁下二一行「中夭」，麗作「中殀」。

一　三七頁下二二行「非常」，資、磧、普、南、徑、清作「無常」。

一　三八頁上一六行及二一行「能逮」，南作「能遠」。

一　三八頁上一六行第一三字「勝」，諸本無。

一　三八頁中二行「能證」，南作「能能」。

一　三八頁中五行「結死」，南作「給死」。

一　三八頁中七行第五字「趣」，資、磧、普、南作「起」。

— 三八頁中一〇行「略舉」，資、磧、普、南、徑、清作「略與」。
— 三八頁下一三行「是別」，資、磧、普、南、徑、清作「即別」。
— 三八頁下一五行「果熟」，磧、普、南、徑、清、麗作「異熟」。
— 三八頁下一八行「別異」，麗作「別果」。
— 三九頁上二行末字「雜」，資、磧、普、南、徑、清作「離」。
— 三九頁上五行「法住」，諸本作「諸淨法住名爲」。
— 三九頁上一二行第二字「知」，諸本作「知諸」。
— 三九頁中四行「廣知」，諸本作「應知」。
— 三九頁中一〇行「乃知」，諸本作「及知」。
— 三九頁中末行「種福」，諸本作「種種」。
— 三九頁下一三行「謂在」，諸本作「設在」。

— 三九頁下一八行「用是」，南作「凡是」。
— 三九頁下二一行「而於」，南作「諸於」。
— 四〇頁上一八行「正觀」，磧、普、南、徑、清作「正勸」。
— 四〇頁中一三行「所引」，南作「如引」。
— 四〇頁下九行「七十」，南作「七千」。
— 四〇頁下一七行「七力」，資、磧、普、南、徑、清作「十力」。
— 四〇頁下二一行末字「延」，資、磧、普、南、徑、清作「延力」。
— 四一頁上末行第九字「說」，南作「諸」。
— 四一頁中二一行「不殉」，資、磧、普、南、徑、清作「不徇」。
— 四一頁下一四行「目智」，磧、南作「自智」。
— 四二頁上一三行「欣感」，資、磧、普、南、徑、清作「歡感」。

— 四二頁中一六行「能齊」，資、磧、普、南、徑、清作「能濟」。
— 四二頁中二二行「三由」，資作「三田」。
— 四二頁下四行「救濟」，資、磧、普、南、徑、清作「故濟」。
— 四三頁上五行「惜修」，資作「惜路」。
— 四三頁上一五行「法尒」，資、磧、普、南、徑、清作「法令」。
— 四三頁上二〇行第三字「喻」，諸本作「踰」。
— 四三頁下一三行「持此」，資、磧、普、南、徑、清作「於此」。
— 四三頁下一六行首字「護」，徑作「獲」。
— 四四頁上一行「依上」，諸本作「依止」。
— 四四頁上二行「勿念」，諸本作「勿令」。
— 四四頁上一四行「聞記」，資、磧、普、南、徑、清作「聞說」。

一　四四頁中八行「期願我如」，資、磧、普、南、清、麗作「期願我知」；徑作「斯願我短」。

阿毗達磨順正理論卷第七十六 持

尊者衆賢造

三藏法師玄奘奉 詔譯

辯智品第七之四

已辯願智無礙解云何頌曰

無礙解有四　謂法義詞辯　名義言說道
无退智為性　法詞唯俗智　五二地為依
義十六辯九　皆依一切地　但得必具四
餘如無諍說

論曰諸無礙解揔說有四一法無礙解二義無礙解三詞無礙解四辯無礙解此四揔說如其次第以緣名義言及說道不可退轉智為自性謂无退智緣能詮法名句文身立為第一趣所詮義說之為名即是表呇法自性義辯所詮義說之為句即是辯了法差別義不待義聲獨能為覺生所依託說之為文即是迦遮吒多波等理應有覺不待義聲此覺不應无所緣境此所緣境說之為文文謂不能親目於義但與名句為詮義依此三能持諸所詮義及軌生解故名為法即三自性說之為身自性體身名差別故三與聲義極相鄰雜為境生覺別相難知故說身言顯有別體若無退智緣一切法所有勝義立為第二義即諸法自相共相雖名身等亦是義攝而非勝義有多想故謂有如義有不如義有義有無義有依假轉有依實轉了此无間或於後時諸所度量名為勝義為欲顯示義无㝵解所緣之境非語及名故此所緣說為勝義謂此但取依語起名名所顯義非取汎尒心之所行說名為義若无退智緣諸方域俗聖言詞立為第三即能了知世語典語於諸方域種種差別若无退智緣應正理无滯礙說及緣自在定慧二道立為第四即於文義能正宣揚無滯言詞說名為辯及諸所有已得功德不由加行任運現前自在功能亦名為辯此能起辯立以辯名了辯及因智名辯無礙解即前所說能正宣揚善應物機不違勝義所有言說名應正理即前所說无滯言詞不待憂時及有情等辯

排自在名无滯礙即上所言已得功德不由加行任運現前名為自在定慧二道又能所詮相符會智名初二無礙解謂達此名屬如是義及達此義有如是名名能所詮相符會智達時作等加行言詞名第三無礙解達所樂言說及自在道因名第四無礙解又色等六所知謂義即此善等有為無為色非色等差別謂法即詮此二言說謂詞三智即前三無礙解即緣三種無罣㝵智名第四無㝵解又達世俗勝義二諦名初二无㝵解此即行者自利圓德能善宣說如是二諦名第三無礙解於此善巧問荅難通名第四无㝵解此即行者利他圓德有說愚癡猶預散乱是於宣辯有滯㝵因由解脫此三得現法樂住及由此故利他行成此智名為辯无㝵解若得如是定能宣說符會正理无滯言詞及得現前自在功德又於名等勝義言詞無滯說中各得善巧如次建立四無㝵解前三善巧說名為因由境不同故有差別第四名果能

說无滯又由四分別他事成謂巧於文了達於義妙閑聲韻定慧自在故無礙解建立有四此即捴說无㝵解體兼顯四種所緣差別契經略舉此數及名諸對法中廣顯其相又經列此先義後法諸對法中先法後義此為顯示二智生時或義因名或名因義故經與論作差別說謂聽法者先分別名既正知名次尋其義正知義已欲為他說次必應求无滯說智依此次第故名在先然此四中義智最勝餘是助伴故義在先謂於義中若正了達次應方便尋究其名既已知名欲為他說次應於說求巧便智是故此四次第如是辯无㝵解若緣說時何異第三詞無礙解第三了達訓釋言詞如有變礙故名色等此達應理无滯礙說有說詞詮諸法自性辯能顯示諸法差別有說於法直說名詞展轉无滯分折名辯緣此二種三四有別四中法詞俗智為性非无漏智緣名身等及世言詞事境界故法無礙解通依五地謂依欲界四本靜

慮上地中無名身等故彼不別緣下名等故詞無礙解唯依二地謂依欲界初本靜慮上諸地中无尋伺故彼地必無自語言故此因非理所以者何非發語智名无礙解勿無㝵解定中无故由此不應作如是說无尋伺故上地中无无斯過失因義異故何謂因義謂此意言尋伺二法能發語相不寂靜自性麁動上無此故寂靜微細詞无礙解緣外言詞亦不寂靜麁動類攝是故此解上地中无初靜慮中亦有尋伺故於定内亦有此解由此極成但依二地義无㝵解十六智性謂若諸法皆名為義則十智性若唯涅槃名為義者則六智性謂俗法類滅盡無生辯无㝵解九智為性謂唯除滅緣說道故此二通依一切地起謂依欲界乃至有頂辯无礙解於說道中許隨緣一皆得起故通依諸地亦无有失然於其中但緣說者唯依二地與第三同有說盡无生非无㝵解攝以無礙解是見性故彼說第二或四或八第四唯七准上應知

此四應知如四聖種隨得一種必具
得四非不具四可名為得隨欲現起
或具不具有餘師言有不具得无理
得一必令得四有說此四无㝵解生
如次串習筭計佛語聲明因明為前
加行若於四處未得善巧必不能生
無礙解故理實一切無礙解生唯學
佛語能為加行要待前生久習名等
四種善巧令乃能修無礙解名釋有
多義謂於彼彼境領悟无㝵名無礙
解或於彼彼境决斷无礙名无礙解
或於彼彼境正說无礙名無礙解有
餘師說鉢剌底是助聲目現前義如
鉢剌底曰火鍾来是曰火鍾現前来
義三自无倒毗陁目智此言意顯於
境現前无顛倒智名无㝵解四无㝵
解三乘俱得何故經說唯我世尊獨
名成就四無㝵解无相違失經自釋
故故彼經言唯佛無謬成就无上故
作是說聲聞獨覺自分境中智无退
故名無㝵解諸佛世尊於一切法圓
滿知故名無礙解有餘師說无別第
四即依前三揔集建立此說非理緣

法義詞與緣說道智相別故此四依
地自性所緣與无諍別前来已辯種
性依身如无諍說謂不動種性依三
洲人身如是所說無諍智等頌曰

六依邊際得　邊際六後定　遍順至究竟
佛餘加行得

論曰無諍願智四無礙解六種皆依
邊際定得邊際定力所引發故邊際
靜慮體有六種前六除詞餘五少分
及除此外復更有餘加行所得上品
靜慮名邊際定故成六種詞无㝵解
雖依彼得而體非彼靜慮所攝邊際
名但依第四靜慮故此一切地遍所
隨順故增至究竟故得邊際名由此
不應亦通餘地云何此名遍所隨順
謂正修學此靜慮時從初靜慮次第
順入乃至有頂復從有頂次第逆入
至初靜慮從初靜慮次第順入展轉
乃至第四靜慮名一切地遍所隨順
云何此名增至究竟謂專修習第四
靜慮從下至中從中至上如是三品
復各分三上上品生名至究竟如是
靜慮得邊際名此中三乘非无差別

而各於自得究竟名此中邊名顯无
越義勝無越此故名為邊際言為顯
類義極義如說四際及實際言如是
二言顯此靜慮是最勝類定中最極
殊勝功德多此引生樂通行中此最
勝故有言無靜體即是悲哀愍有情
修无諍故趣入无諍以悲為門如何
異悲別有自體此說非理不决定故
謂修无諍非定由悲於諸有情拔苦
行相但為令彼煩惱不生寂靜思惟
為門而入設許決定以悲為門亦不
可言以悲為體勿慧由定發體即是
定故若住無諍能息他惑則應世尊
不住无諍氣噓指㝵等緣佛生惑故
實非无諍恒現在前以佛世尊具无
量德隨時所欲起一現前寧一切時
偏住无諍佛於聖住多住於空先由
此門入離生故能引捨故極微妙故
最難修故是不共故佛於梵住多住
於悲寂能濟拔有情苦故無諍不然
故多不起世尊對彼具壽善現饒益
他志雖勝无邊而不恒時住無諍者
為欲永拔彼煩惱故初縱令起後方

調伏如是可謂真實哀愍願智為先方起無諍非起願智無諍為先謂要先知諸有情類由我安住如是威儀煩惱便生餘則不尒然後方起無諍現前願智无緣由无諍起雖俱邊際靜慮為先加行有殊得有差別有說此二展轉相攝理不應然行相別故謂別行相為息他惑起別行相為了所知若加行中為息他惑後從定起他惑不生如是即名无諍事辦若加行位為了所知後起定時了所知境如是名曰願知事成行相既殊如何相攝如是所說无諍智等除佛餘聖唯加行得非離染得非皆得故唯佛於此亦離染得諸佛功德初盡智時由離染故一切頓得後時隨欲能引現前不由加行以佛世尊於一切法自在轉故已辯前三唯共餘聖德於亦共凡德且應辯通頌曰

通六謂神境　天眼耳他心　宿住漏盡通
解脫道慧攝　四俗他心五　漏盡通如力
五依四靜慮　自下地為境　聲聞麟喻佛
二三千无數　未曾由加行　曾修離染得

念住初三身　他心三餘四　天眼耳無記
餘四通唯善

論曰通有六種一神境智證通二天眼智證通三天耳智證通四他心智證通五宿住隨念智證通六漏盡智證通雖六通中第六唯聖然其前五異生亦得依捴相說亦共異生如是六通解脫道攝慧為自性如沙門果解脫道言顯出障義勝進道中亦容有故如是通慧无間道無此位定遮他心智故勿阿羅漢捨無間道即名亦捨漏盡通故品類足說善慧是通二應非通無記性故義各別故此彼无違彼說所知及所通法舉諸智慧為能知通以顯所知及所通法雖諸智慧皆能知通而且說善勝遍緣故所知所通雖無廣陿而能知外有別能通故說所知已復說所通法此所辯通唯勝定果通无記慧與彼何違又彼但言通謂善慧不言唯善故亦無違如說能知謂諸善智豈悪无記皆非智攝彼此通別應作四句有彼非此謂除四通所餘善慧有此非彼

謂解脫道二無記慧有彼亦此謂即四通有非彼此謂除前說除他心漏盡餘四俗智攝西方諸師說宿住通六智謂俗法類及苦集道俗智能了過去俗事餘隨所應各緣自境然觀經意唯俗智攝如說隨憶无量宿住謂或一生乃至廣說非無漏智此行相轉他心通五智攝謂法類道世俗他心漏盡通如力說謂或六或十智由此已顯漏盡智通依一切地緣一切境前之五通依四靜慮不依无色近分中間彼无五通所依定故要攝支定是五通依非漏盡通亦不依彼諸地皆能緣漏盡故不待觀色為加行故前三通境无色不能緣由此三通但別緣色故修他心通色為門故修宿住通漸次憶念分位差別方得成滿於加行中必觀色故依无色地无如是能若尒中間及五近分亦容緣色應有五通不尒由前所說因故謂攝支定是五通依若不攝支等持劣故又彼止觀隨一减故若尒何緣有漏盡通樂苦遲速地皆能盡漏故

五是別修殊勝功德要殊勝地方能發起若宿住通不依無色應不能憶无色界事契經何故說佛世尊无上法中言佛能憶過去有色無色等事此是決定比智所知非宿住通故無有失謂諸外道若見有情欲色命終不知生處執有情類死已斷滅見生欲色不知所從便執有情本無而有聲聞獨覺見彼命終二万劫中不見所在便謂彼歿生於空處而彼或生上不盡壽命終如是乃至八万劫中不見所在便謂彼歿生於非想非非想處而或生下地經二三生等見生欲色時謂所從亦尒世尊觀彼死時生時如實比知所生從處有盡壽量餘聖比知有別修神境等前三通時有中殀者雖亦比知非不決定故與思輕光聲以為加行成已自在隨所欲為諸有欲修他心通者先審觀已身心二相前後變異展轉相隨後復審觀他身心相由此加行漸次得成成已不觀自心諸色於他心等能如實知諸有欲修宿住通者先自審察

次前滅心漸復逆觀此生分位前前差別至結生心乃至能憶知中有前一念名自宿住加行已成為憶念他加行亦尒此通初起唯次第知串習成時亦能超憶諸所憶事要曾領受憶淨居者昔曾聞故從无色歿來生此者依他相續初起此通所餘亦依自相續起如是五通境唯自下且如神境隨依何地於自下地行化自在於上不然勢力劣故餘四亦尒隨其所應是故無能取无色界他心宿住為二通境即此五通於世界境作用廣陿諸聖不同謂大聲聞麟喻大覺不極作意如次能於一二三千諸世界境起行化等自在作用若極作意如次能於二千三千無數世界如是五通若有殊勝勢用猛利從無始來曾未得者由加行得若曾串習无勝勢用及彼種類由離染得若起現前皆由加行佛於一切皆離染得隨欲現前不由加行三乘聖者後有異生通得曾得未曾得者所餘異生唯得曾得約四念住辯六通者約境約體

二義有殊有說二通即天眼耳所餘四種以慧為性彼說眼耳通是身念住境餘四皆是法念住境然實六種皆慧為性經說皆能了達境故由此皆是法念住境若約體辯則六通中前三唯身但緣色故謂神境通緣外四處天眼緣色天耳緣聲若尒何緣說死生智知有情類由現身中成身語意諸惡行等非天眼通能知此事有別勝智是通眷屬依聖身起能如是知是天眼通力所引故與通合立死生智名他心智通三念住攝謂受心法緣心等故宿住漏盡經主欲令一一皆通四念住攝通緣五蘊一切境故而實宿住法念住攝雖契經說念曾領受苦樂等事是憶前生苦樂等受所領眾具即是雜緣法念住攝漏盡如力或法或四不應定言四念住攝若約善等分別六通有餘師言六皆是善而實眼耳唯无記性餘之四通一向是善經主於此作是釋言天眼耳通无記性攝是眼耳識相應慧故若尒寧說依四靜慮隨根說故

亦无有失謂所依止眼耳二根由四靜
慮力所引起即彼地攝故依四地通
依根故說依四言或此依通無間道
說通无間道依四地故此釋不然六
通皆是解脫道攝眼耳二識是解脫
道理不成故應作是說四靜慮中有
定相應勝無記慧能引自地勝大種果
此慧現前便引自地天眼天耳令現
在前為所依根發眼耳識故眼耳二
識相應慧非通但可說言是通所引
如契經說無學三明彼於六通以何
為性頌曰

第五二六明　治三際愚故　後真二假說
學有闇非明

論曰言三明者一宿住智證明二死
生智證明三漏盡智證明如其次第
以无學位攝第五二六通為其自性
六中三種獨名明者如次對治三際
愚故謂宿住智通治前際愚死生智
通治後際愚漏盡智通治中際愚是
故此三獨標明号又宿住通憶念前
際自他苦事死生智通觀察後際他
身苦事由此猒背生死衆苦起漏盡
通觀涅槃樂故唯三種偏立為明又
此三通如次能捨常斷有見故立為
明又此能除有有情法三種愚故偏
立為明有餘師言宿住能見過去諸
蘊展轉相因次第傳来都无作者由
此能引空解脫門死生能觀有情生
死下上旋轉猶如灌輪故不希求三
有果報由此能引无願解脫門猒離
為門歸无相法故起漏盡无相解脫
門是故三通獨標明号此三皆名無
學明者俱在无學身中起故於中最
後容有是真通無漏故餘二假說體
唯非學非無學故由此最後得无學
名自性相續皆无學故前之二種得
无學名但由相續不由自性如施設
論作如是言有等持相應無覆无記
慧不由善故及无漏故得立聖名由
聖身中此可得故說名為聖此亦應
尒故名無學有學身中有愚暗故雖
有前二不立為明雖有暫時伏滅愚
暗後還被蔽不可立明要暗永無方
名明故契經中說示導有三彼於六
通以何為性頌曰

第一四六導　教誡導為尊　定由通所成
引利樂果故

論曰三示導者一神變示導二記心
示導三教誡示導如其次第以六通
中第一四六為其自性唯此三種引
所化生令初發心最為勝故能示能
導立示導名三示導中教誡最勝定
由通所成故定引利樂果故謂前二
導呪等亦能不但由通故非决定如
有呪術名健馱梨持此便能騰空自
在或有藥草具勝功能若服若持飛
行自在復有呪術名伊刹尼持此便
能知他心念或由觀相聽彼言音亦
能了知他心所念教誡示導除漏盡
通餘不能為故是决定或前二導外
道亦能第三不然故名决定又前二
導有但令他暫時迴心不能引得畢
竟利益及安樂果教誡示導亦定令
他引當利益及安樂果以能如實方
便說故由此教誡最勝非餘神境二
言為目何義頌曰

神體謂等持　境二謂行化　行三意勢佛
運身勝解通　化二謂欲色　四示外處性

此各有二種　謂似自他身

論曰神名所目唯勝等持由此能為神變事故而契經說神界名神意為舉麁以顯細故又顯勝等持是彼近因故然神變事體實非神此廣如前覺分中辨諸神變事說名為境此有二種謂行及化行復三種一者運身謂乘空行猶如飛鳥二者勝解謂極遠方作近思惟便能速至若於極遠色究竟天作近思惟即便能至本無來去何謂速行此實亦行但由近解行極速故得勝解名或世尊言靜慮境界不思議故唯佛能了三者意勢謂極遠方舉心緣時身即能至此勢如意得意勢名如心取境頃至色究竟故於此三中意勢唯佛運身勝解亦通餘乘謂我世尊神通迅速隨方遠近舉心即至由此世尊作如是說諸佛境界不可思議如日舒光蕰流亦尒能頓至遠故說為行若謂不然此沒彼出中間既斷行義應無或佛威神不思議故舉心即至不可測量故意勢行唯世尊有勝解兼餘聖運

身并異生化復二種謂欲色界若欲界化外四處餘聲若色界化唯二謂色觸以色界中無香味故此二界化各有二種謂屬自身他身別故身在欲界化有四種在色亦然故總成八雖生在色作欲界化而无色界成香味失化作自身唯二處故有說亦化四如衣等不成非神境通能起化事要此通果諸能化心此能化心有幾何相頌曰

能化心十四　定果二至五　如所依定得
從淨自生二　化事由自地　語通由自下
化身與化生　語必俱非佛　先立願留身
後起餘心語　有死留堅體　餘說无留義
初多心一化　成滿此相違　修得無記攝
餘得通三性

論曰能變化心總有十四謂依俱本四靜慮生初靜慮生唯有二種一欲界攝二初靜慮第二第三第四靜慮如其次第有三四五无上依下下地劣故上下地繫一靜慮果所依行等地有勝劣一地繫上下靜慮果地雖等所依行勝劣下繫上果下果上繫

如次地劣勝所依行勝劣如得靜慮化心亦然果與所依俱時得故然得靜慮總有三時離染受生加行異故謂離下染得上靜慮時亦得此定所引化心果從上地殁生色界時及由加行起勝功德但有新得所依靜慮亦兼得彼所引化心依欲界身得阿羅漢及練根位得應果時十四化心一時總得乃至身在第四靜慮得阿羅漢得五化心無從化心直出觀義此從淨定及自類生能無間生出自類淨定故唯從二生二非餘唯自地化心起自地化事化所發語由自下心謂欲初定化唯自地心　語上化起語由初定心彼地自无起表心故若生欲界第二定等化事轉時如何起表非威儀路工巧處心依異界身而可現起彼必依止自界身故此无有過引彼界攝大種現前為所依故謂引色界大種現前與欲界身密合而住依之起彼能發表心無定地表心依散地身過或起依定能發表心如依定生天眼耳識若一化主起多

化身要化主語時諸化身方語言音詮表一切皆同故有伽他作如是說

一化主語時　諸所化皆語　一化主若默
諸所化亦然

此但說餘佛則不尒諸佛定力㝡自在故與所化語容不俱時言音所詮亦容有別若上三地所化語時初定表心現前發者此心起位已出化心應无化身化如何語由先願力留所化身後起餘心發語表業故無化語闕所依過非唯化主命現在時能留化身令久時住亦有令住至命終後即如尊者大迦葉波留骨鎖身至慈尊世唯堅實體可得久留異此飲光應留內等有餘師說願力留身必无有能令至死後聖大迦葉留骨鎖身由諸天神持令久住初習業者由多化心要附所依起一化事習成滿者由一化心能不附所依起衆多化事揔有二類能變化心一脩所成二生得等所起化果亦如彼說修所成化攝處如前不能化為有情身故生所得等於欲界中化為九處色界化七依不離根言化九等　理實无有能化作根脩果无心餘化容有修果起表由化主心餘容自心起身語表修果飲食若為資身必在化主身中消化若為餘事吞金石等或即住彼化事身中或隨所宜置在別處餘化飲食隨住所依修果化心唯无記性餘通三性謂善惡等如天龍等能變化心彼亦能為自他身化天眼耳言為目何義為目慧體為目色根若慧不應名天眼耳若色根者不應名通此前已說前何所說謂說根本四靜慮中有定相應勝無記慧名為天眼及天耳通此所引生勝大種果名天眼耳其體是何頌曰

天眼耳謂根　即定地淨色　恒同分無缺
取障細遠等

論曰此體即是天眼耳根謂緣聲光為加行故依四靜慮於眼耳邊引起彼地微妙大種所造淨色眼耳二根見色聞聲名天眼耳如是眼耳何故名天體即是天定地攝故極清淨故立以天名由此經言天眼耳者無有皮肉筋纏血塗唯妙大種所造淨色然天眼耳種類有三一修得天即如前說二者生得謂生天中三者似天謂生餘趣由勝業等之所引生能遠見聞似天眼耳如藏臣寶菩薩輪王諸龍鬼神及中有等修得眼耳過現當生恒是同分以至現在必與識俱能見聞故處所必具無翳無缺如生色界一切有情能隨所應取彼障隔極細遠等諸方色聲故於此中有如是頌曰

肉眼於諸方　被障細遠色　無能見功用
天眼見无遺

前說化心修餘得異神境等五各有異耶亦有云何頌曰

神境五修生　呪藥業成故　他心修生呪
又加占相成　三修生業成　除修皆三性
人唯无生得　地獄初能知

論曰神境智類揔有五種一修得二生得三呪成四藥成五業成曼馱多王及中有等諸神境智是業成攝有餘師說神境有四即前行三變化為一言變化者如契經言分一為多乃

至廣說他心智類揔有四種前三如上加占相成餘三各三謂修生業除修所得皆通善等非定果故不得通名人中都无生所得者餘皆容有隨其所應本性生念業所成攝人由先業能憶過去於地獄趣初受生時唯以生得他心宿住知他心等及過去生苦受逼巳更無知義彼憶過去以何證知如帬經言彼自憶念我等過去曾聞他說諸欲過失而不猒離故於今時受斯劇苦彼唯能憶次前一生餘趣隨應恒有知義傍生知過去如象聲狗等鬼知過去如有頌言

我昔集衆財　以法或非法　他今受富樂
我獨受貧苦

天知過去如有頌言

我施逝多林　蒙大法王住　賢聖僧受用
故我心歡喜

又帬經說諸生天者初生必起三種念言我從何歿今生何處乘何業故來生此間

說一切有部順正理論卷第七十六

阿杜達廣順正理論卷第七十六　第二十四張　杜字號

阿毗達磨順正理論卷第七十六

校勘記

一　底本，金藏廣勝寺本。

一　四七頁中二一行「親目」，南、徑、清作「親自」。

一　四七頁下一二行第四字「汎」，磧、普、南、徑、清作「況」。

一　四八頁中一一行「別他」，磧、普、南、徑、清作「利他」。

一　四八頁下八行「發語」，諸本（不含石，下同）作「發語故」。

一　四八頁下末行「准上」，磧作「唯上」。

一　四九頁上一九行「故故」，諸本作「故謂」。

一　四九頁下六行「無静」，諸本作「無諍」。

一　五〇頁上六行第七字「有」，南、徑、清作「智」。

一　五〇頁上一一行「了所知」，麗作「知所了」。

一　五〇頁中一三行「無記」，資、磧、南、徑、清作「無說」。

一　五〇頁下二二行「一滅」，諸本作「二滅」。

一　五一頁上一六行「中殀」，資、磧、普、南、徑、清作「中夭」。

一　五一頁上一八行第三字「光」，資、磧、普、南、徑、清作「先」。

一　五一頁中三行「或爲」，諸本作「成爲」。

一　五一頁中五行第五字「超」，資、磧、普、南、徑、清作「起」。

一　五一頁下一三行「經主」，資、磧、普作「經生」。

一　五二頁上一〇行末字「引」，資、磧、普、南、徑、清作「攝」。

一　五二頁中二一行「要暗」，資、磧、普、南、徑、清作「更暗」。

一　五二頁下末行「欲色」，磧、普、南、徑、清作「欲身」；同行「四示」，諸本作「四二」。

一　五三頁上一四行「至此」，資、磧、普、南、徑、清作「到此」。

一　五三頁中二行第六字「餘」，諸本作「除」。

一　五三頁中一三行「化生」，諸本作「化主」。

一　五三頁中一七行「俱本」，諸本作「根本」。

一　五三頁下一一行第一三字「出」，諸本無。

一　五四頁上八行「起位」，資、磧、普、南、徑、清作「起住」。

一　五四頁下五行「天眼耳」，資、磧、普、南、徑、清作「天眼天耳」。

一　五四頁下一一行第三字「曰」，諸本無。

一　五五頁上一四行「衆財」，資、磧、普、南、徑、清作「珍財」。

一　五五頁上一七行第三字「逝」，資、磧、普、南、徑、清作「誓」。

一　五五頁上一九行「三種」，資、磧、普、南、徑、清作「二種」。

趙城縣廣勝寺

阿毗達磨順正理論卷第七十七　持

尊者衆賢造

三藏法師玄奘奉　詔譯

辯定品第八之一

如是已辯諸智差別次當分別智所依定唯諸靜慮能具為依故於此中先辯靜慮或於先辯共功德中已辯智所成無諍等功德餘所成德今次當辯於中先辯所依止定且諸定內靜慮云何頌曰

靜慮四各二　於中生已說　定謂善一境
并伴五蘊性　初具伺喜樂　後漸離前支

論曰一切功德多依靜慮故應先辯靜慮差別此揔有四種謂初二三四豈諸靜慮無如慈等不共名想而今但說初等四數建立別名此中非無不共名想然無唯遍攝一地名以諸靜慮各有二種謂定及生有差別故諸生靜慮如先已說謂第四八前三各三無有別名揔詮一地諸定靜慮揔相無別謂此四體揔而言之皆善性攝心一境性以善等持為自性故若并助伴五蘊為性此二既同難知差別相雖無別而地有異為顯地異就數標名故說為初乃至第四此中經主自興問答何名一境性謂專一所緣彼荅非理眼意二識若同一所緣應名一境性故於此處應求別理謂若依止一所依根專一所緣名一境性豈不一念無易所緣應一切心中皆有一境性理實皆有二剎那心心所法一境轉故然非一切皆得定名以於此中說一境性但為顯示由勝等持令善心心所相續而轉故若尒即心依一根轉引緣自境餘心續生此即名為心一境性應離心外無別等持此難不然前已說故謂先廣辯心所法中已辯等持離心別有謂若心體即三摩地令心作等亦應无別差別因緣不可得故如是等難具顯如前故非即心名三摩地依何義故立靜慮名由依此寂靜方能審慮故審慮即是實了知義如說心在定能如實了知審慮義中置地界故此論宗審慮定以慧為體依訓釋理

此是凝寂思度境處得靜慮名定令慧生無濁乱故有說此定持勝遍緣如理思惟故名靜慮勝言簡欲界遍緣簡無色如理思惟簡異顛倒能持此定是妙等持此妙等持名為靜慮此言顯示止觀均行无倒等持方名靜慮若尒染汙寧得此名由彼亦能邪審慮故於相似處亦立此名如世間言杇敗種等故無一切名靜慮失若善性攝心一境性并伴立為四靜慮者依何相立初二三四具伺喜樂建立為初謂若位中善一境性具與尋伺喜樂相應如是等持名初靜慮頌中但說與伺相應已顯與尋亦相應義以若有伺與喜樂俱必无與尋不相應故為顯第二除伺建立故頌但說具伺非尋異此應言具尋喜樂舉尋有伺不說自成漸離前支立二三四離伺有二離二有樂具離三種如其次第故一境性分為四種已辯靜慮无色云何頌曰

無色亦如是　四蘊離下地　并上三近分
捴名除色想　無色謂无色　後色起從心

空无邊等三　名從加行立　非想非非想
昧劣故立名

論曰此與靜慮數自性同謂四各二生如前說即世品說由生有四定无色體捴而言之亦善性攝心一境性依此故說亦如是言然助伴中此除色蘊无色無有隨轉色故雖一境性并伴无差離下地生故分四種謂若已離第四靜慮生立空無邊處乃至已離无所有處生立非想非非想處離名何義謂由此道解脫下地惑是離下染義即此四根本并上三近分捴說名為除去色想空處近分未得此名緣下地色起色想故非緣下色想可立除色名若尒何緣大種蘊說除去色想是第四定彼緣欲界住自身中所有諸色漸除去故非无色界可有此想是除色想前加行故立根本名亦無有失依何義故立无色名魯波言顯可變示義依可變示說名為色阿言即顯能制約義為欲顯示生死海中亦有暫時制約色處依制約義說名為无由彼界中制約變示

依无色義名阿魯波或此阿言兼顯極義雖於餘界亦有不可變示法而無色界是不可變示中極无在此在彼所依諸色故或此阿言兼顯有義為遮此界唯是色無故說阿言顯有无色謂世亦有唯是遮言亦見有能遮而兼表如何顯此非但是遮故說阿言具顯遮表若異此者應說褒聲或此界中都无有色理應建立褒魯波名然此名為阿魯波者褒魯波體名阿魯波聲雖短長而義无別有言彼色微故亦名無如物黃微亦名無黃物如是所說但有虛言色相於彼不可說故謂不可說彼有身語律儀身語體既无律儀不成故若許彼界有身有語如何乃許彼界色微若彼界中身量小故則傍生趣應有无色有蟲至微不可見故若謂彼界身極清妙故則中有色界應名无色若謂彼身清妙中極應唯有頂得無色名如定坐身有勝劣故又生靜慮所有色身由定功能漸漸殊勝上地望下清妙轉增非下地根所能取故與彼

何異不名無色若見有名不如義故及見有通二義故不可如名定執義者則无色界有色無色應審尋求教理為證有執彼界決定有色經說壽煖識和合而轉故既許彼界壽識非无理應有煖煖即是色又說名色與識相依如二蘆束相依住故既許彼界識體非无是則亦應許有名色又世尊說四識住故既許彼界有能住識必應許有所住色等如世尊言若說離色乃至離行識有去來此但有言乃至廣說如是謂教亦有正理若彼界中都无有色彼歿生下色從何生或阿羅漢蘊相續斷應許後時蘊還相續由斯教理彼色非无此證不然不審思故且初二教如餘契經約欲色界密意而說如說名色緣生六處及六觸處名為士夫豈許彼經通說三界但依容有作如是說若謂此經言無簡別不應異釋理亦不然无簡別言有義異故即如向者所引二經又外物中應有壽識彼有煖觸及名色故如此經言雖無簡別而許外

煖離壽識生及外名色不依識轉如是經言雖無簡別應許无色壽識雖煖唯名與識展轉相依又識住經亦不成證此經意說捴離四種識有去來无有是處不言隨離一識則无去來故識住經言捴意別如世尊說五無間等經謂契經言造五无間者次生必墮捺落迦中豈隨闕一无容墮彼又說地動由四種因雖无簡別言應作差別解又說有情由四食住豈色无色住亦由段食耶准彼諸經應通此教若謂經說有一類天起段食故又說彼天喜為食故彼无段食契經亦說无色有情故不應言彼界有色若謂色少得無色名如食少鹽名无鹽者亦不應理以契經言一切色想皆超越故由此彼所引諸阿笈摩不能證成无色界有色彼所立理亦不成證以彼界中雖都無色後歿生下色從心生現見世間色非色法亦有展轉相依起故謂心異故色差別生色根有別識生便異故從无色將生下時順色生心相續而住由彼勢

力引下色生然不可言唯從彼起亦以先世色俱行心相續為緣久已滅色為自種子令色方起許同類因通過現故諸阿羅漢般涅槃已諸蘊相續无餘斷故現无少分諸蘊生緣不可例同從無色歿故所立理為證不成又无色界決定无色契經說彼出離色故諸契經言出離諸色名無色界若彼界中猶有色者寧說出離若謂餘經說有不能出有故知此經定有餘意此亦非理彼契經中遮遍永出密意說故有餘於此作是釋言出離色經意作是說欲界繫法色界中无色界繫法無色界無非無色中全无有色但遮色界說出離言或此契經意作是說由色界繫智出離欲界繫或无色界繫智出離色界繫或非无色中全无有色但遮色或說出離言又若經言出離諸色名無色界即謂彼界都無有色如是無色出離色界非色法故彼界亦應無非色法或如有非色色法亦應有非無色中有色界繫色又非色然經但說出離色

言故知不依捴出色界名為无色唯依離色說無色言又如色界出離諸欲諸欲種類色界都无非色界中无色種類如是无色界出離諸色諸色種類無色界都無非无色界中无无色種類又如滅界出離有為滅界都無諸有為法如是無色界既出離諸色亦應諸色彼界都无又无色中决定无色契經說彼除色想故謂无色界斷緣色貪故說名為除去色想若許彼界猶有諸色於彼界色既未離貪不應說為除去色想雖有餘部作如是言非約色身言彼有色以契經說離色染時心於五界已得離染唯於識界未得離染故知無色定無色身然有无漏隨心轉色此但有虛言彼无大種故非無大種可有造色无漏律儀隨身生處所有大種為能生因有漏造色則不如是勿有界地相雜過故无漏不然隨身大造彼无身故無无漏色又隨轉色彼界定無以契經言彼有受類乃至識類不言有色若有色者應作是說彼有色類如

靜慮中又無色界决定無色以契經言无色解脫寂為寂靜超諸色故非无色界有不起色為簡異彼說超色言但為顯成諸无色地乃至細色亦决定无是故說彼超過諸色若謂所說超諸色言依起麁色容意說者此亦非理說一切故謂契經說無色有情一切色想皆超越故乃至廣說若謂無色實有色者彼色自相定應可知如何可言超色想等故無色界細色亦無教理極成不可傾動如是已釋無色捴名何故別名空無邊等且前三種名從加行修加行位思無邊空及无邊識無所有故若由勝解思惟无邊空加行所成名空無邊處謂若有法雖與色俱而其自體不依屬色諸有於色求出離者必應最初思惟彼法謂虛空體雖與色俱而待色无方得顯了外法所攝其相无邊思惟彼時易能離色故加行位思惟虛空成時隨應亦緣餘法但從加行建立此名有餘師說初離色地創違色故假立空名有餘復言諸觀行者由

解脫色即於此地受等蘊中多住定想依此建立空無邊名若由勝解思惟无邊識加行所成名識无邊處謂於能淨六種識身能了別中善取相已安住勝解由假想力思惟觀察無邊識相由此加行為先所成隨其所應亦緣餘法但從加行建立此名有餘師言由意樂故及等流故建立此名謂瑜伽師將入此定先起意樂緣無邊識從此定出起此等流識相寂為可欣樂故將入已出俱緣識境若由勝解捨一切所有加行所成名无所有處謂見無邊行相麁動為欲猒捨起此加行是故此處名寂勝捨以於此中不復樂作無邊行相心於所緣捨諸所有寂然住故由想昧劣立第四名謂此地中想不明勝如无想故得非想名而想非全無故名非非想此地猶有昧劣想故此言顯示有頂地想非如下七地故得非想名非如三无心故名非非想豈不有頂加行位中諸瑜伽師亦作是念諸想如病如箭如癰無想天中如癡如闇唯

有非想非非想天與上相違寂靜美妙寧此不說加行立名理實應然以觀行者必先猒想及无想故然或有問行者何緣修加行時作如是念必應舉此為酬問因故說立名由想昧劣此四無色皆言處者以是諸有生長處故謂此四處為有无有生長種種業煩惱故為破妄計彼是涅槃故佛說為生長有處已辯无色等至云何頌曰

此本等至八　前七各有三　謂味淨无漏
後味淨二種　味謂愛相應　淨謂世間善
此即所味著　无漏謂出世

論曰此上所辯靜慮无色根本等至捴有八種於中前七各具有三有頂等至唯有二種此地昧劣无無漏故初味等至謂愛相應愛能味者故名為味彼相應故此得味名愛相應言依自性說此以等持為自性故若并助伴應作是言愛俱品法名味等至此但取愛一果品法淨等至名目世善定離惑垢故與无貪等諸白淨法共相應故此是善故與味有殊是有

漏故與无漏別此即是前所味著境此无間滅彼味定生緣過去淨深生味著尒時雖名出所味定於能味定得名為入諸從定出捴有五種一出地二出剎那三出行相四出所緣五出種類從初靜慮入第二等名為出地於同一地行相所緣相續轉位前念無間入於後念名出剎那從無常行相入苦行相等名出行相從緣色蘊入緣受等名出所緣從有漏入無漏從不染汙入染汙等名出種類依出種類此中說言從所味出入能味定豈不二言更相違反能味是愛非所入定所入是定不名能味如何可言入能味定無相違過現見相應隨舉一名說俱品故如勸長者作意記別乎相雜故俱得二名由愛相應等持名味等持力故愛得定名故無二言更相違過有說定愛相續現前諸後剎那緣前為境所味即是前滅剎那後生剎那說名能味此能味愛現在前時緣過去境不緣現在自性相應及俱有法以必不觀自性等故不

緣未來未曾領故於所緣境專注不移方名為定愛相應定亦專一境故得定名餘惑相應則不如是謂餘煩惱於自所緣不能令心專注如愛故三摩地若與愛俱專注一緣與善相似无漏定者謂出世定愛不緣故非所味著如是所說八等至中靜慮攝支非諸无色以諸無色極寂靜故謂瑜伽師樂修善品若於廣大功德聚中別建立支精勤修習若諸无色寂靜增故心心所法昧劣而轉是故於彼不建立支或彼地中等持偏勝非一偏勝可立支名要多法增方名支故由此靜慮獨得立支定慧均行多能增故由此近分亦不立支色近分中唯慧增故有餘師說若諸地中有別心所无餘斷滅方於此地立支非餘初靜慮中憂苦斷滅第二靜慮尋伺無餘第三滅喜第四斷樂無色地中雖捴漸滅而無隨地无餘斷滅此釋未能遣他疑問何緣唯此方建立支是故應如前釋為善於四靜慮各有幾支頌曰

靜慮初五支　尋伺喜樂定　第二有四支
内淨喜樂定　第三具五支　捨念慧樂定
第四有四支　捨念中受定

論曰唯淨无漏四靜慮中初具五支一尋二伺三喜四樂五心一境性心一境性是定異名定與等持體同名異故言定者即勝等持此中說為心一境性第二靜慮唯有四支一内等淨二喜三樂四心一境性第三靜慮具有五支一行捨二正念三正慧四受樂五心一境性第四靜慮唯有四支一行捨清淨二念清淨三非苦樂受四心一境性何緣初三支各具五第三第四唯各四支各唯尒所堪立支故或由欲界多諸惡法及妙五欲難斷難捨第二靜慮有重地喜其相動踊喜中之極引五部愛難捨難斷為對治彼故初三各五支初三不然故餘各四或為隨順超等至法謂寂初起超等至時入異類難入同類易然超等至初起位中或從初入三或從二入四故二第四各唯四支初及第三各具有五後起則易故上無支

靜慮支名既有十八於中實事揔有幾種頌曰

此實事十一　初二樂輕安　内淨即信根
喜即是喜受

論曰此支實事唯有十一謂初五支即五實事第二靜慮三支如前增内淨支足前為六第三靜慮等持如前增餘四支足前為十第四靜慮三支如前增非苦樂支足前為十一何緣心等非靜慮支此應准前菩提分辯有異彼者今略分別受中立三非憂苦者憂苦唯是欲界攝故三受隨地為利益支順定用強故皆支攝何緣精進非靜慮支諸靜慮支順自地勝精進順上故不立支或靜慮支適分安樂精進求勝策勵疲苦尋伺二種能助等持制策於心令離麁細對治欲惡故並立支何緣無表非靜慮支諸靜慮支助定住境彼不緣境故不立支故靜慮支隨地差別雖有十八而於實事種類中求應唯九種然受相異故分十一由此故說有是初支非第二支應作四句第一句謂尋伺

第二句謂内淨第三句謂喜樂等持第四句謂除前餘法餘支相對如理應思此中支名為目何義目顯成義何所顯成謂顯成此是初靜慮乃至此是第四靜慮或此支名目隨順義如拘櫞等名為飲支謂十八支各順自地或資具義說名為支如祠祀支即牛馬等謂尋伺等展轉相資毗婆沙師顯靜慮地等持寂勝故作是說三摩地是靜慮亦靜慮支尋伺等是靜慮支非靜慮寧知靜慮地等持寂勝耶以契經中作如是說於四靜慮應知定根然於相成及相防護義相似故作如是言如四支軍亦无有失如王與衆雖平相資而於其中王寂為勝豈不三定樂體是同則靜慮支應无十一第三定樂以受為體初二靜慮樂即輕安故靜慮支實有十一輕安行捨遍四靜慮何緣初二唯立輕安後二地中唯立行捨以此於彼偏隨順故謂欲界中有諸惡法初靜慮地有尋伺想能逼惱心猶如毒箭初二離彼故輕安增第二靜慮喜極

動涌第三靜慮樂受極增二俱能為
愛勝生處三四棄彼故行捨增或欲
及初有色根識所引麁重甚於餘地
初二離彼故輕安增三四地中離麁
重遠寂靜轉勝故行捨增謂輕安樂
如初捨擔若更易地氣分微薄故唯
初二建立輕安三四地中任運而轉
寂靜轉勝故立行捨或初二定有輕
安緣喜與輕安為勝緣故如契經說
喜故輕安三四定中无喜緣故輕安
微劣不立為支行捨輕安互相覆蔽
若處有一第二便无輕安治沉其相
飄舉行捨治掉其相寂止故安與捨
互相覆蔽何理為證知三樂支二是
輕安第三是受已說於彼偏隨順故
謂第三定樂非輕安非彼支次前已
說初二定樂必非樂受是身心受俱
非理故謂初二樂必非身受正在定
中無五識故亦非心受應即喜故要
離喜受餘他心悅方可異前立為樂
受喜即喜受於一心中二受俱行不
應理故若謂喜樂更互現起无斯過
者理亦不然說具五支及四支故若

謂五四約容有說不必俱行亦不應
理應有有尋無伺定故然經但說有
三等持有尋有伺乃至廣說若靜慮
支非必俱起何緣不說有有尋無伺
定又於欲界初靜慮中亦應具有三
三摩地是則違害契經所言經主此
中假引他說謂定无有心受樂根三
靜慮中說樂支者皆是身受所攝樂
故若尒便害契經所說如契經說云何
樂根謂順樂觸力所引生身心樂受
實无違害有餘於此增益心言餘部
經中唯說身故何緣不謂餘部契經
有餘於彼削除心字以契經說第二
定等無餘識身心一趣故若固說彼
有身受樂與理相違如後當辯雖第
三定所立樂支契經說為身所受樂
然不能證彼地樂根非心受攝亦說
離生喜是身所證故豈可由此便執
喜根非心受攝又非色法亦見說身
謂六觸身六受身等若謂无色說名
為身无有身前不標名者此非決定
无色界中說身見故又見於彼說身
壞故又說彼身下劣生故又見經說

此非汝身亦非餘身謂六觸處故又
色身前亦標別名故如契經說所有
色身故身前名有无不定故知於此
說意為身此說身名為有何德為顯
彼樂受自內所證故謂彼地樂非所
依緣所能顯了唯自內證此則顯彼
樂受中極亦見於自說以身證如說
由身證甘露界則是自證甘露界義
或為顯示如是樂受相似先時由身
所證非似下地心所證者為欲簡別
下心所證故說彼為身所受樂或為
顯示一切樂根於不依止依色身識
由此已顯輕安樂中亦有依止依非
色識則說彼樂一切地有由是理趣
此契經中不分明說為意身所受樂
又若說意言有非受過故謂若說為
意所受樂便謂此樂是境界受然此
不顯第三定樂為意所緣名境界受
但為顯此能領相應自所隨觸名自
性受是故於此不說意言然為遣疑
不摠相說若但摠說所受樂者便疑
此樂受為境為現前若標身言便無
此惑由有此德故應說身又有樂根

是心受攝以經言我說入第三靜慮具足住修習樂又說修習此樂受時於樂隨增貪隨眠斷不可說此是身受樂故不可說三靜慮中所有樂支皆身受攝定應信有心受樂根又如何知初二定樂是身受樂非心輕安第四靜慮輕安倍增而不說彼有樂支故此前已說前說者何輕安於彼不隨順故又此輕安能生於樂猶如樂境亦得樂名故有樂地方得名樂彼地无樂不得樂名若尒第三定輕安應名樂不尒已說不隨順故後二靜慮所有輕安體雖勝前而相昧劣由前所說多種因緣是故輕安在彼非樂若初二樂即是輕安便與契經有相違過如契經說若於尒時諸聖弟子於離生喜身作證具足住彼於尒時已斷五法修習五法皆得圓滿廣說乃至何等名為所修五法一欣二喜三輕安四樂五三摩地此經輕安與樂別說若輕安即樂如何說有五無違經過由此經中所說樂言是樂根故非此經內立靜慮支捴說能修初定五法又我宗不說輕安即樂根但說輕安是樂因故於初二定立為樂支如此所言於義何失以於一切佛聖教中非唯樂受說名為樂見有餘法亦名樂故謂契經言樂有三種一者斷樂二者離樂三者滅樂又契經言樂有五種一出家樂二遠離樂三寂靜樂四菩提樂五涅槃樂有如是等衆多契經所說樂名因種種法是故若說初二靜慮樂根為支便違正理若說初二所有樂支即是輕安无所違害

說一切有部順正理論卷第七十七

阿毗達磨順正理論卷第七十七

校勘記

一 底本，金藏廣勝寺本。

一 五七頁中一六行「但說」，資、磧、普、南、徑、清作「但就」。

一 五七頁下一九行首字「具」，資、磧、普、南、徑、清作「且」。

一 五七頁下二〇行「方能」，磧、普、南、徑、清作「力能」。

一 五八頁中一行第五字「三」，磧、普、徑、清作「二」。

一 五八頁下一三行「如是」，磧作「女是」。

一 五八頁下二一行「坐身」，諸本（不含石，下同）作「生身」。

一 五九頁上二行第三字「有」，諸本作「有名」。

一 五九頁中一七行首字「想」，磧、南、徑、清作「相」。

一 五九頁下八行第四字「諸」，諸本作「謂」。

一五九頁下二〇行「都無」，磧作「即無」。

一六〇頁中三行「超色」，資、磧、普、南、徑、清作「越色」。

一六〇頁中九行「自相」，徑作「自想」。

一六〇頁下一行末字「定」，麗作「空」。

一六〇頁下二行「依此」，磧、南作「依比」。

一六一頁上一七行「能味」，磧作「能未」。

一六一頁中一二行「出入」，磧作「出分」。

一六一頁中一六行「如勸」，徑作「如歡」。

一六一頁下一五行首字「能」，諸本作「法」。

一六一頁下二〇行第五字「滅」，資、磧、普、南、徑、清作「減」。

一六二頁上一四行「第三」，諸本作「第二」。

一六二頁下三行「爲目」，磧、南作「爲自」。

一六二頁下六行「欽支」，資、磧、普、南、徑、清作「餘支」。

一六三頁上一行第二字「涌」，資、磧、普、南、徑、清作「踊」。

一六三頁上一〇行首字「喜」，磧、普、南、徑、清作「善」。

一六三頁上一六行第八字「安」，諸本作「安安」。

一六三頁上二〇行「餘他」，諸本作「餘地」。

一六三頁下一二行「於不」，諸本作「無不」。

一六四頁上一四行「安在」，磧、普、南、徑、清作「安生」。

一六四頁中九行「名因」，諸本作「名目」。

阿毗達磨順正理論卷第七十八

尊者衆賢造

三藏法師玄奘奉　詔譯

辯定品第八之二

我宗定說初二靜慮樂根為支。違何正理。汝執身受方有樂根，非諸定中可起身識，豈不與此正理相違。此亦無違，以我宗許正在定位由勝定力起順樂受妙輕安風遍觸於身發身識故。如是救義未離前失，但起身識非在定故。謂我宗亦許正在定位有雖生喜樂所引極微遍在身中如團中膩，力能對治諸煩惱品身之麁重，攝益於身，亦說名為無惱害樂。然不許此在定位中能觸動身發生身識。此等持果如是生時，有力能令等持堅住，故此妙觸起不唐捐。若此位中容起身識，外散亂故應壞等持。若謂此風從勝定起，引內身樂順起等持，故身識生無壞定失，亦不應理。雖順等持而身識生便非定故。正在定位有與定相違不定識生，如何不壞定。縱順定故非永退失，然散心生寧非出定。非起順定加行散心已得名為正住定位。是故身識現在前時，理應名為已從定出。既尒，寧說是靜慮支。又此樂生應名定判，由此樂受身識俱生間雜定心令不續故。又以欲界身根為依，理不應生色界觸識，故不可說身在欲界，身識俱受領色界中靜慮所生妙輕安觸。若謂此觸依內起故，容依欲身發生彼識，此但有語，無理教故。謂何理教證依欲身取色輕安，非所餘觸，故彼所執違越理教。唯對法宗所說無失。上座於此作如是言：如何得知輕安名樂，無少聖教於輕安體立以樂名，又見於此餘說名樂，於義無益，故若輕安體應說輕安名，非說輕安有無樂過。經說輕安是樂因故，如契經說：心喜故身輕安，輕安故身受樂。是故知樂非即輕安。破此同前經主所引，然彼所說若是輕安體，應說輕安名。此說非理，為避靜慮支不易說過，故匆說初靜慮離生喜輕安。又此義中輕安名樂，於義有益下苦所惱為令欣求上地生故謂一切地皆有輕安如何令知上地皆樂發勤精進離下地染故於輕安體假立以樂名於此義中深成有益雖輕安樂遍一切地而今於此靜慮支中唯樂果因方說名樂第二靜慮雖无樂根而說彼輕安為樂果因者以樂根喜根俱說名樂故言輕安故身受樂者弥證輕安得名為樂以輕安起能治身中惛沉品麁重性令身輕妙安隱受樂除此樂外必定无餘是尸羅等次第所得故對法宗所說无過今應思擇第三定中意地悅受既得喜相應名為喜何故名樂此名為樂亦有所因以諸喜根不寂靜故謂喜動涌擾乱定心如水波濤涌泛漂激初二靜慮意地悅受有如是相故得喜名第三定中此心悅受其相沉靜轉得樂名故此定中捨用增上棄捨喜故立行捨支第四定中復棄捨樂故彼行捨得名清淨何緣念慧諸地皆有而念唯在上二靜慮慧在第三定方得立為支隨其所應偏隨

順故謂喜與樂於三有中是諸有情極所躭味第三靜慮所味中極有生死中冣勝樂故理應立慧觀察猒捨若無慧者自地善根尚不能成況進求勝為治如是自地過失第三靜慮立慧為支餘地不然故不立慧第二靜慮有冣勝喜輕躁嬈乱如暹剎秋第三定中有冣勝樂如天妙欲極為難捨第三四定由行捨支隨其所應雖已棄捨而恐退起立念遮防餘地不然故不立念然第三念勢用堅強非唯助捨亦能助慧通能防備自他地失第四不尒無自失故由此第四不立慧支或初二定尋喜飄動雖有念慧防照用微第四定中二捨所蔽順無明故慧用不增故慧唯三念通上二或第三定樂過甚微不立慧支無能照察若不照察則無猒求自地過患上地功德然下尋喜上色過麁雖照猒求未為奇特故餘三地恵不立支以第三定中樂過難覺故佛說聖者應說應知由此定中慧用冣勝能知細過故立為支雖第四邊慧亦

能了而但捴相未為奇特謂彼與樂繫地不同是雜染道捴觀下過非如自慧同一繫縛能别觀失方謂希奇故自立支上慧不尒又諸已得第三靜慮於第四邊非皆自在故於將離樂受染時彼恵無容立為支體故唯三定立慧為支然正了時及初已離皆應防守須立念支何故輕安立為支體以初二定輕安用增腦前所无殊勝位故由此勢用精勤不捨能令相續有所堪能助等持令牽勝德有殊勝用故故立為支內等淨名為目何法目尋伺息於定心堅有說先時尋伺鼓動令心於境不甚堅牢今於所緣方能一趣故說內等淨目於定心堅彼顯此名目殊勝定則內等淨應無别物第二靜慮應唯三支彼釋但應朋友信受無正教理堪為證故非无聖教說有四支言有三支依何聖教故內等淨體即信根謂若證得第二靜慮則於定地亦可離中有深信生名內等淨故雖諸地皆有信根而可立支唯第二定以令創信諸定

地法與散地法俱可離故又初靜慮尋伺識身如熱淤塗信不明淨後一靜慮行捨用增映奪信根故无內淨謂由警覺信力方增捨此相違故能映奪信是淨相故立淨名如清水珠令心淨故內心平等為緣故生由此信名內等淨或第二定所有功德平等為緣引生此淨由此建立內等淨名非唯尋伺靜息為體此等皆是心所攝故如受想思別有實體有餘部說喜非喜受喜是行蘊心所法攝三定中樂皆是喜受故喜喜受其體各異非三定樂可名喜受二阿笈摩分明證故如辯顛倒契經中說漸無餘滅憂等五根第三定中無餘滅喜於第四定无餘滅樂又餘經說第四靜慮斷樂斷苦先喜憂沒故第三定必無喜根由此喜受是喜非樂如先所說八等至中前七各三第八有二謂諸染汙定如何知有此由契經及論說故謂契經說淨無漏定巳猶言世尊未說一切定故知有餘染定未說本論亦說於諸靜慮自地一切隨眠隨增由此等文知有染定故說靜慮捴有二種由定及生有差別故定復有二謂染不染不染復二種謂淨及無漏無漏復二謂學無學如是差別理有眾多染靜慮中為有支不有非一切何定无何頌曰

染如次從初　無喜樂內淨　正念慧捨念
餘說无安捨

論曰且有一類隨相說言初染中無離生喜樂非離煩惱而得生故雖染汙定亦喜相應非因離生故非支攝此不唯說離欲生喜亦說因離自地染生以契經中先作是說離諸欲惡不善法巳復作是言離生喜樂此中重說離生言者為顯亦有喜離自地惑生為顯喜支唯是善性故薄伽梵與樂合說輕安相應必是善故由此染定必無喜支故初染支唯有三種第二染中無內等淨彼為煩惱所擾濁故雖諸世間說有染信而不信攝故不立支樂是輕安唯善性攝例同初定故不重遮故此染支唯有二種第二染定許有喜支初染中無以何為證以初定喜說從離生第二中無離生言故第三染中無正念惠彼為染樂所迷乱故染汙定中雖有念慧而得失念不正慧名故此二支染中非有行捨唯是大善法攝例同第四故此不遮故此染支唯有二種第四染中無捨念淨彼為煩惱所染汙故由此第四染唯二支有餘師說初二染定但無輕安後二染中但無行捨大善攝故彼說染中喜信念慧皆是支攝皆通染故契經中說三定有動第四不動依何義說頌曰

第四名不動　離八灾患故　八者謂尋伺
四受入出息

論曰下三靜慮名有動者有灾患故第四靜慮名不動者无灾患故灾患有八其八者何尋伺四受入息出息此八灾患第四都无故佛世尊說為不動然經唯說第四靜慮不為尋伺喜樂動者經密意說論依法相以薄伽梵有處說言斷樂斷苦先喜憂沒具足安住第四靜慮又說彼定身行俱滅入息出息名為身行故知此定

阿毗達磨順正理論卷第七十八　第九張

非唯獨免尋伺喜樂四動災患有餘師說第四靜慮如密室燈照而無動故名不動喻經說故尋伺何過而求靜息此能令心於定境界雖恒繫念而不寂靜如樹枝條依莖而住與風合故動摇不息諸瑜伽師雖不願樂於境行相心速易脫而尋伺力令彼馳流故於定中尋伺有過喜樂於定亦能鼓動唯此四種與定相應而能動心故經偏說然實二息憂苦二受亦能鼓動故論說八尋伺二法既有此過不應說在靜慮支中經但應言尋伺寂靜何容亦說有尋有伺為顯尋伺雖定相應而於定中能為災患不說不了故定應說或此於定初作資糧作欲惡尋遠分治故後於勝定方為災患故說尋伺功不唐捐捨有行儀方便法尒設是所捨初必應依如欲渡河先依船筏後至彼岸理應捴捨故契經言依色出欲依無色出色依道出無色若得涅槃亦出聖道此二容有與一心俱如勝劣風與一枝合若此二業謂能鼓動如何說此

阿毗達磨順正理論卷第七十八　第十張

與定相應麁淺定心尋伺所策方能出離欲界麁染故此得與初定相應由此相應未為清淨如燈與日俱見色緣燈細暗俱照不明了日光離暗照用分明如是應知初靜慮定雖作自事而尋伺俱未照而无動如第四靜慮若尋在定能動乱心無漏定俱亦為災患何緣建立為一道支已說彼能策正見故行者於定未串習時不能了知此為災患故於此地不欲猒捨若已串習便能覺知初靜慮中有此災患如水澄淨便見池中潛下蟲魚能為濁乱行者既見初靜慮中尋伺二法能為動乱便於一地捴生猒捨謂此麁淺理應捨故於初靜慮尋伺既然於上地中喜等亦尒如定靜慮諸受差別生亦尒不不尒云何

頌曰

生靜慮從初　有喜樂捨受　及喜捨樂捨
唯捨受如次

論曰生靜慮中初有三受一者喜受意識相應二者樂受三識相應三者捨受四識相應第二有二謂喜與捨

阿毗達磨順正理論卷第七十八　第十一張

意識相應无有樂受无餘識故心悅麁故第三有二謂樂與捨意識相應第四有一謂唯捨受意識相應是謂定生受有差別上三靜慮無三識身及无尋伺如何生彼能見聞觸及起表業非生彼地無眼識等但非彼繫所以者何頌曰

生上三靜慮　起三識表心　皆初靜慮攝
唯无覆无記

論曰生上三地起三識身及發表心皆初定繫生上起下如起化心故能見聞觸及發表此四唯是無覆无記不起下染已離染故不起下善以下劣故如是別釋靜慮事已淨等等至初得云何頌曰

全不成而得　淨由離染生　无漏由離染
染由生及退

論曰八本等至隨其所應若全不成而獲得者諸淨等至由二因緣一由離染謂在下地離下染時二由受生謂從上地生自地時下七皆然有頂不尒唯由離染无上地故無從上地於彼受生此中但說本等至者以諸

近分未離染時有全不成由加行得遮何故說全不成言為遮已成更得少分如由加行得淨本等至及由退故得彼順退分即依此義作是問言頗有淨定由離染得由離染捨由退得由退捨由生得由生捨耶曰有謂順退分且初靜慮順退分攝離欲染時得離自染時捨退離自染得退離欲染捨從上生自得從自生下捨餘地所攝應如理思無漏但由離染故得謂聖離下染得上地无漏此亦但據全不成者若先已成餘時亦得謂盡智位得無學道於練根時得學无學餘加行及退皆如理應思雖有由入正性離生獲得根本無漏等至而非決定以次第者尒時未得根本定故此中但論決定得者聖離下染必定獲得上地根本无漏定故染由受生及退故得謂上地歿生下地時得下地染及於此地離染退時得此地染无由離染及加行得如是二時能捨染故何等至無間有幾等至生頌曰

無漏次生善　上下至第三　淨次生亦然

兼生自地染　染生自淨染　并下一地淨

死淨生一切　染生自下染

論曰無漏次生自上下善善言具攝淨及无漏極相違故必不生染然於上下各至第三遠故無能超生第四故於无漏七等至中從初靜慮无間生六謂自二三各淨无漏无所有處無間生七謂自下六上地唯淨第二靜慮無間生八謂自上六并下地二識無邊處无間生九謂自下六并上地三第三四空无間生十謂上下八并自地二類智無間能生無色法智不然依緣別故從淨等至所生亦然而各兼生自地染汙故有頂淨無間生六謂自淨染下淨無漏從初靜慮无間生七無所有八第二定九識處生十餘生十一從染等至生自淨染并生次下一地淨定謂為自地煩惱所逼於下淨定亦生尊重故有從染生次下淨極相違故不生無漏若於染淨能正了知可能從染轉生下淨是則此淨還從淨生以正了知是淨攝故非諸染汙能正了知如何彼能從

染生淨先願力故謂先願言寧得下淨不須上染先願勢力隨相續轉故後從染生下淨定如先立願方趣睡眠至所期時便能覺悟如是所說淨染生染但約在定淨及染說若生淨染生染不然謂命終時從生得淨一一無間生一切染若從生染二无間能生自地一切下染不生上者未離下故所言從淨生無漏者為一切種皆能生耶不尒云何頌曰

淨定有四種　謂即順退分　順住順勝進

順決擇分攝　如次順煩惱　自上地無漏

下相望如次　生二三三一

論曰諸淨等至揔有四種一順退分攝二順住分攝三順勝進分攝四順決擇分攝地各有四有頂唯三由彼更無上地可趣故彼地無有順勝進分攝於此四中唯第四分能生无漏所以者何由此四種有如是相順退分能順煩惱順住分能順自地順勝進分能順上地順決擇分能順无漏故諸無漏唯從此生有餘師言順退分者住彼可退順住分者住彼不退

亦不升進順勝進分者住彼能升進
順決擇分者住彼起聖道有言住彼
順通達諦由此無間能入離生應知
此次定義者謂諸聖道必此無間生
非此无間必能生聖道若異此者是
則應說唯世第一法名順決擇分有
餘師言順退分者與諸煩惱下上相
雜染淨展轉現在前故順住分者能
以種種麁等行相棄背下地靜等行
相攝受自地順勝進分者觀自地過
上地功德順決擇分者如煗頂忍世
第一法無漏无間何分現前有說通
三除順退分理實唯二謂後二種諸
有修習超等至等唯順決擇寂堅勝
故諸瑜伽師作如是說若觀行者於
自地定不善通達不恒安住於上地
定不能欣求數數現行順下地想彼
之等持名順退分或由自地離染退
得名順退分成就此定補特伽羅名
為退者如成牛行說名為牛凶勃難
迴說名牛行於自地定躭者不捨於
上地定不能欣求彼之等持名順住
分於自地定雖能多住而不躭者於

上地定欣樂牽引彼之等持名順勝
進分於自上定皆不躭著多住猒想
為欲令斷彼之等持名順決擇分諸
有安住順退分者於廣大果心多繫
縛諸有安住順住分者數住自定不
能上求諸有安住順勝進者能展轉
求所餘勝定然勝進分揔有二種一
者自地殊勝功德二者上地殊勝功
德若能牽引彼名順勝進分此有二
類或猒或欣諸有安住順決擇者樂
斷諸有樂修无漏是名安住四分者
別若順煩惱名順退分諸阿羅漢寧
有退理非彼猶有順退分定可令現
行雜染捨故雖有此難而實无違謂
順住中有順退者亦得建立順退分
名從彼有退如先已說此四相望乎
相生者初能生二謂順退住第二生
三除順決擇第三生三除順退分第
四生一謂自非餘有說亦生順勝進
分如上所言淨及無漏皆能上下起
至第三行者如何修起等至加行成
滿差別云何頌曰
一類定順逆　均間次及超　至間超為成

三洲利无學
論曰本善等至分為二類一者有漏
二者無漏往上名順還下名逆同類
名均異類名間相隣名次越一名超
謂觀行者修超定時先於有漏八地
等至順逆均次現前數習次於無漏
七地等至順逆均次現前數習次於
有漏無漏等至順逆間次現前數習
次於有漏順逆均超現前數習次於
無漏順逆均超現前數習是名修習
超加行滿後於有漏无漏等至順逆
間超名超定成此中超者謂頻超二
一者超地二者超法唯能超一故至
第三遠故無能超入第四修超等至
唯欲三洲除北俱盧然通男女不時
解脫諸阿羅漢要得無諍妙願智等
邊際定者能起非餘定自在故無煩
惱時解脫者雖無煩惱定不自在諸
見至者雖定自在有餘煩惱故皆不
能修超等至勝解作意不能无間修
超等至勢力劣故此諸等至依何身
起頌曰
諸定依自下　非上無用故　唯生有頂聖

起下盡餘惑

論曰諸等至起依自下身依上地身無容起下上地起下無所用故自有勝定故下勢力劣故已棄捨故可猒毀故捴相雖然若委細說聖生有頂必起無漏无所有處為盡自地所餘煩惱自無聖道欣樂起故唯無所有㝡隣近故起彼現前盡餘煩惱離無漏道必无有能斷彼餘惑成阿羅漢是故有頂无漏无所有處依九地身有漏無所有處依八地身有漏無漏識無邊處依七地身空無邊處依六地身乃至初定依二地身謂自及欲若成就依有漏如起無漏一切依九地身諸等至中誰緣何境頌曰

味定緣自繫　淨無漏遍緣　根本善無色

不緣下有漏

論曰味定但緣自地有漏法以有漏法是所繫事故所繫言顯是三有攝不緣无漏法愛行相轉故若愛无漏應非煩惱不緣上地法愛界地別故不緣下地法已離彼貪故淨及无漏俱能遍緣自上下地有為無為皆為

境故有差別者無記无為非無漏境唯於有法說能遍緣无非所緣前已說故根本地攝善無色定不緣下地諸有漏法以下地法不寂靜故本善無色極寂靜故由此理故經於無色皆言超越一切下地於諸靜慮不如是說以本無色不緣下繫是故於下說超越言諸靜慮中有遍緣智故於下地不言超越既說超越色想等言故知但依超所緣說若此超越為顯離繫應說超一切非唯色想等又靜慮中應言超越自上地法無不能緣雖亦能緣下地无漏而但緣類不緣法品以但能緣自全治故法非全治如先已說又法品道於无色界雖能對治是客非主亦不能緣下地法滅既遠无色根本緣下義唯近分有緣下能彼無間道必緣下故味淨無漏三等至中何等力能斷諸煩惱頌曰

無漏能斷惑　及諸淨近分

論曰諸無漏定皆能斷惑本淨尚無能況諸染能斷謂本淨定不能斷下已離染故不能斷上以勝已故不能

斷自與自地惑同一縛故又自於自非對治故若淨近分亦能斷惑以皆能斷次下地故中間攝淨亦不能斷近分有幾何受相應於味等三為皆具不頌曰

近分八捨淨　初亦聖或三

論曰諸近分定亦有八種與八根本為入門故一切唯一捨受相應作功用轉故未離下怖故此八近分皆淨定攝唯初近分亦通無漏皆無有味離染道故上七近分無无漏者於自地法不猒背故唯初近分通無漏者於自地法能猒背故故此極鄰近多灾患界故以諸欲貪由尋伺起此地猶有尋伺隨故若尒何緣毗婆沙說諸近分地有結生心非無染心有結生理故應近分有味相應今於此中遮有定染不遮生染故不相違或有餘師作如是說初近分定亦有定染未起根本亦貪此故由此未至具有三種中間靜慮與諸近分為无別義為亦有殊義亦有殊謂諸近分是離染道入根本因中間不然復有別義

頌曰
中靜慮无尋 具三唯捨受
論曰初本近分尋伺相應上七定中皆無尋伺唯中靜慮有伺無尋故彼勝初未及第二依此義故立中間名由此上无中間靜慮一地昇降無如此故謂中間定初靜慮攝而有差別謂此滅尋上立中間滅伺成異故中間定初有上無豈不契經說七依定寧知別有未至中間由有契經及正理故且有未至如契經言諸有未能入初定等具足安住而由聖慧於現法中得諸漏盡若无未至聖慧依何又蘇使摩契經中說有慧解脫者不得根本定豈不依定成慧解脫由此證知有未至定有中間定如契經說有尋伺等三三摩地經說初定與尋伺俱第二等中尋伺皆息若无中靜慮誰有伺無尋以心心所漸次息故理應有定有伺无尋又大梵王是世界主離中間定誰為勝因由此證知有中間定然佛不數說有未至中間以二即初靜慮攝故說初靜慮即已說彼唯初近分名未至者為欲簡別餘近分故非此近分乘先定起又非住此已起愛味依如是義立未至名非上定邊亦名未至皆乘先定勢力引生及住彼時已起味故毗婆沙者作如是說未至本地立未至名是本地德未現前義此中間定具味等三以別繫屬一生處故謂極修習中間定者未來當在大梵處生故亦具三如根本定非根本地起愛貪彼如所味有別能味亦別故此有勝德可愛味故無漏定生亦漸滅故此亦一向捨受相應无三識身故无樂受无喜受者已不共初然於初貪未能離故又由自勉功用轉故由此說為苦通行攝非憂苦者已出欲故由此一向捨受相應此定能招大梵處果多修習者為大梵故

說一切有部順正理論卷第七十八

阿毗達磨順正理論卷第七十八

校勘記

一 底本，金藏廣勝寺本。
一 六六頁中一八行第四字及二〇行第三字「識」，徑作「攝」。
一 六七頁上末行第一三字「偏」，徑作「徧」。
一 六七頁下一一行第六字「能」，諸本(不含石，下同)作「能能」。
一 六七頁下一二行「故故」，諸本作「故」。
一 六七頁下一四行「今於」，徑作「令於」。
一 六八頁上二行末字「一」，諸本作「二」。
一 六八頁上七行首字「信」，諸本作「信根」。
一 六八頁上九行「靜息」，資、磧、普、南、徑、清作「靜慮」。
一 六八頁上一九行末字「謂」，麗無。
一 六八頁下一四行「受入」，徑作「受

八」。

一 六九頁中一行「万能」，諸本作「方能」。

一 七〇頁下八行「一切」，磧、普、南、徑、清作「一初」。

一 七一頁上四行「此次」，諸本作「此中決」。

一 七一頁下一七行第六字「超」，資、磧、南作「起」。

一 七一頁下一八行首字「惱」，諸本作「惱故」。

一 七二頁上一二行「七地」，磧、南作「十地」。

一 七二頁中一四行第七字「自」，資、磧、徑作「目」。

一 七二頁中一六行「客非主」，資、磧、普、南、徑、清作「容非立」。

一 七二頁下一三行「故故此」，諸本作「故此地」。

阿毗達磨順正理論卷第七十九　持

尊者衆賢　造

三藏法師玄奘奉　詔譯

辯定品第八之三

已辯等至。云何等持。經說等持揔有三種。一有尋有伺三摩地。二無尋唯伺三摩地。三無尋無伺三摩地。如是三種相別云何。頌曰

初下有尋伺　中唯伺上無

論曰。前來因事屢辯此三。今於此中略顯別相。有尋有伺三摩地者。謂與尋伺相應等持。此初靜慮及未至攝。无尋唯伺三摩地者。謂唯與伺相應等持。此即中間靜慮地攝。無尋無伺三摩地者。謂非尋伺相應等持。此從第二靜慮近分乃至非想非非想攝。契經復說三種等持。一空三摩地。二無願三摩地。三無相三摩地。如是三種相別云何。頌曰

空謂空非我　無相謂滅四　無願謂餘十
諦行相相應　此通淨無漏　無漏三脫門

論曰。空三摩地。謂空非我二種行相相應等持。故說空等持近治有身見。身見亦有二行相故。謂空行相近治我所見。非我行相近治我見。觀法非我名非我行相。觀此中無我名空行相。由此空行相近治我所見。以此中都無我故此法非我所。豈不空行相即非我行相。知此非我此中無我二種行相竟有何別。非無差別。言此中無我不能顯我畢竟無體。故謂此但顯彼此互無。不能顯成畢竟無我。以有體法亦互無故。若言此法非我便顯我畢竟無。以一切法法相等故。由此若修非我行相便治我見。修空行相治我所見。如何無別。無相三摩地。謂緣滅諦四種行相相應等持。涅槃離諸相故名無相。緣彼三摩地得無相名。相略有十。謂色等五男女二種三有為相。或復相者是因異名。涅槃无因故名無相。或相謂世蘊上中下。涅槃異彼故名無相。無願三摩地。謂緣餘諦十種行相相應等持。十行相者。謂苦非常因集生緣道如行出。如是空等三三摩地。三摩地相雖无差

别而依對治意樂所緣如其次第建立三種由意樂故不願三有理且可然有過患故寧由意樂不願聖道以諸聖道依屬有故若尒何用修習聖道以是涅槃能趣因故非離聖道有得涅槃為求涅槃故修聖道道如船筏必應捨故亦由意樂不願聖道故緣道行相亦得无願名以本期心猒有為故空非我相非所猒捨以與涅槃相相似故由此二行相雖緣可猒法不取可猒相不得無願名此三等持通淨無漏世出世間等持攝故世間攝故通十一地出世攝者唯通九地上七定邊無勝德故於中無漏者名三解脫門能與涅槃為入門故非諸有漏法是真解脫門性住世間違解脫故三三摩地緣境别者若有漏空緣一切法若無漏空唯緣苦諦無願能緣苦集道諦無相唯緣滅諦為境三三摩地念住别者無相唯法餘皆通四契經復說三重等持一空空三摩地二無願無願三摩地三無相無相三摩地如是三種相别云何頌曰

重二緣無學　取空非常相　後緣無相定
非擇滅為靜　有漏人不時　離上七近分

論曰此三等持緣前空等取空等相故立空空等名空空等持緣前无學空三摩地取彼空相空相順猒勝非我故謂彼先起無學等持於五取蘊思惟空相從此後起殊勝善根相應等持緣前無學空三摩地思惟空相於空取空故名空空如燒死屍以杖迴轉屍既盡已杖亦應燒如是由空燒煩惱已復起空定猒捨前空重空等持空行相後起即復還與空行相相應唯此㝡能順猒捨故非我行相則不如是見無我者於諸有為法起猒背心不如見空故諸有已見諸法無我而於諸有猶生樂者以於諸行中不審見空故由此空定雖二行相俱而但名空不說為非我空於猒捨極隨順故無願無願緣前無學无願等持取非常相謂彼先起无學等持於五取蘊中思惟非常相從此後起殊勝善根相應等持緣前無學无願三摩地思惟非常相於無願名願不

無願无願舉喻顯示如前應知重無願等持非常行相後起即復還與非常行相相應唯此可能緣猒道故非苦行相能緣聖道聖道非苦趣苦滅故苦法不能趣苦寂滅亦非因等四能緣聖道以聖道不能令苦續故非道等四者此猒捨道故非欣行相能為猒捨豈不如無願不願聖道而作道等四此亦應然此例不然無願正猒有兼於聖道起不願心故謂前無願正猒於有聖道依有故兼不願雖望意樂說不願道而於聖道非正憎猒故亦能作道等四種無願无願正憎猒道故以非常觀道過失道等行相無容猒道是故於此不作彼四若道非常故可猒者應於聖道作苦行相有彼相故如契經言諸非常即是苦非諸聖道可有苦相安立諦理相各别故謂依别相立苦諦名聖道如何亦有苦相又契經中簡别說故如契經說略說一切五取蘊苦若道非常故有苦相應但說蘊既言取蘊方是苦攝由此證知聖道非苦若謂辟

如觀集為苦諦相雖别而見非倒以五取蘊通苦集故如是應知觀道為苦諦相雖别見亦非倒以無漏蘊通苦道故由此不壞安立諦理此亦非理且定不應觀集為苦見非顛倒以五取蘊因性名集果性名苦其性各異若觀因為果必觀果為因差别因緣不可得故則是倒見非諦觀攝寧為不壞安立諦理是則應無苦集智異或應苦道智如苦集智所緣無别故共立遍知謂彼既言苦集同體觀集為苦非顛倒見二智境同故不别立遍知如是應言苦道同體觀道為苦非顛倒見二智境同故不别立遍知既不許然道寧是苦又道與苦事各别故謂契經說無漏五根於去来今能斷衆苦又說道能斷以生為本苦又契經說道應修習苦應永斷故道非苦若謂經言法如船筏亦應斷者理亦不然經不說法治所斷故謂於先時修聖道法所作已辦更不應修依應捨義說名應斷非治所斷與苦不同或經中法聲目契經等法應

斷言顯得言詮或經所言法尚應斷顯已與果無用因法可捨名斷如順住分非如苦性道亦可斷是故苦道其體各異又若經言諸非常即是苦即言聖道亦有苦相經次亦言諸是苦即非我應執涅槃非非我性或應亦許是苦非常許則定應非涅槃性若謂但言諸是苦皆非我不言非我皆是苦何不亦言諸是苦皆非常不言非常皆是苦若謂非常體即是苦苦即非我但名有異則空無願應無差别以許非我即苦等故若謂經言苦即非我許一切苦皆非我性此經既說非常即苦應許非常皆是苦性理實如是以此經中所言非常不說道故為依何法說非常言以諸愚夫於五取蘊執為常等起四顛倒為破彼執說非常言乘此復言非常即苦此言意顯有漏非常皆是苦性苦皆非我非說一切非常非我理必應尒以契經中於計常境說非常故或於此中言非常者非唯帶生滅要命終受生謂諸愚夫計人天樂故經依彼

有麁非常說即是苦如三惡趣以何為證知此經中非常等言唯依有漏由此經後復作是說色受等諸法非我故非常豈可涅槃亦非常性故知此經唯約聖慧四種行相緣苦諦説若謂聖道非常故應苦寧不許道無漏故非苦若謂於樂計為苦見如何但言見滅斷者於滅謂苦其過重故謂見涅槃以為苦者極能增長樂生死心見道不然是故偏說如病猒藥易可療治若猒病愈難為救療或諸聖道依苦而轉故見為苦過非甚重由此論中略而不說有餘說故義不相違又契經言若於喜樂如實知樂我定說彼於四諦理如實現觀故知有為非全是苦由此於道可觀非常成重無願必不觀苦無相无相即緣無學无相三摩地非擇滅為境以無漏法無擇滅故但取靜相非滅妙離謂彼先起無學等持於擇滅中思惟靜相從此後起殊勝善根相應等持即緣無學无相三摩地非擇滅為境思惟靜相於無相滅復觀為無相名

無相无相舉喻顯示如前應知重無
相等持靜行相後起即復還與靜行
相相應唯此能觀非擇滅故非妙行
相境無記故非離行相以雖證得彼
非擇滅猶縛隨故非滅行相以非擇
滅非永解脫一切苦故又若觀滅豈
非常故所言靜者唯顯止息故非擇
滅得有靜相以修聖道經久劬勞於
彼息中便生樂想故重無相取靜非
餘重三等持唯是有漏以於聖道生
猒捨故非無漏定猒捨聖道二緣聖
道道取空　非常理可名為猒捨聖道
无相无相但緣無為作靜行相何名
猒道此於无學無相等持不轉之因
故名猒道謂彼定起義作是言無相
等持不生為善此既欣讚聖道不生
如何不名猒捨聖道前无相定非此
所緣如何此名無相无相或應許此
定不緣非擇滅但緣無學无相不生
此亦不然准前釋故謂緣無相定非
擇滅此非擇滅亦離諸相緣無相无
相故得無相无相名緣無相境作靜
行相是故此定從境立名唯三洲人

能起此定通依男女以依女身亦能
自在延促壽故唯無學位以有學者
但欣聖道未能猒故此亦非一切唯
不時解脫以時解脫愛聖道故依十
一地除上七邊以上七邊無勝德故
若在欲界從永至攝聖道後起若在
有頂無所有攝聖道後生餘皆自地
聖道後起就摠類說此從法類苦滅
四智無間而生若就別說欲界攝者
非類後生上界攝者非法後起前二
非滅後起第三非苦後生餘行相後
起此定故應得此者皆盡智時由離
染得後由加行方起現前唯我世尊
不由加行順趣解脫起此現前於道
尚猒豈欣諸有此後亦起聖道現前
然猒道故非無間起欲界攝者是思
所成餘修所成依定起故契經復說
四修等持一為住現法樂修三摩地
二為得勝知見修三摩地三為得分
別慧修三摩地四為諸漏永盡修三
摩地如是四種相別云何頌曰

為得現法樂　修諸善靜慮　為得勝知見
修淨天眼通　為得分別慧　修諸加行善

為得諸漏盡　修金剛喻定

論曰如契經說有修等持若習若修
若多所作得現樂住乃至廣說善言
通攝淨及無漏修諸善靜慮得住現
法樂而經但說初靜慮者於中樂想
寂增盛故謂超欲界衆多過失故於
此中樂想增盛如遊砂磧熱渴疲勞
劇飲濁水亦生勝樂或聖道樂此具
有故謂具一切菩提分法四沙門果
九斷遍知三界對治又諸定首諸定
樂因是故偏說豈不經說如是苾芻
住此先受離生喜樂後生梵衆受樂
同此何故不言住後法樂詳此唯說
現法樂者為令棄捨樂現欲樂說現
定樂令其欣樂或現樂住是後樂依
但說所依能依已顯如契經說先住
此間入諸等至後方生彼或現法樂
三乘皆住後樂不定是故不說謂或
退墮或上受生或般涅槃便不住故
雖諸靜慮即現法樂依近分故說為
得言修近分力得根本故或即依現
樂說為得言如言石子體故无有過
有說此定佛依自說如說菩薩居贍

部林起初世間似無漏定能引一切有情共樂由此不說後法樂住即由此故亦但說初菩薩尒時唯得初故若依諸定修天眼通便能獲得殊勝知見此依何義立知見名本靜慮中有遍照智此遍照故立以見名見體即知故名知見眼根名見世所極成為簡異彼以知揀見或即此見決斷所緣故名為知即亦名見謂本靜慮是樂行道不多劬勞而現前故不劬勞故其體堅牢由體堅牢故用決定用決定故立以智見義如前故名知見為知為見修此等持即是為求決定照義此亦善逝依自而說謂為顯佛以天眼通觀諸有情死生險難方為拔濟起靜慮等故為知見修天眼通有餘師言為欲勝伏諸隨煩惱起勝知見起此勝知見不離光明想此光明想引天眼通由天眼通得勝知見若修三界諸加行善及無漏善得分別慧謂從欲界乃至有頂諸聞思修所成善法及餘一切無漏有為捴說名為加行善法修此善法能引柬

生於諸境中差別而轉故言修此得分別慧如說善逝住二尋思能如實知諸受起等此顯修善得分別慧說加行言為簡生得非修習生得得未曾得故若修金剛喻定便得諸漏永盡謂若修習第四靜慮金剛喻定并隨轉法便能獲得諸漏永盡第四靜慮佛依自說無上菩提依此得故金剛喻定頓證漏盡引盡智生是故偏說有說一切有頂斷治第四靜慮皆此所攝此經所說若習若修若多所作義差別者為欲顯示習修得修所治更遠如其次第如是已辯所依止定當辯依定所起功德諸功德中先辯無量頌曰

無量有四種　對治瞋等故　慈悲無瞋性
喜喜捨无貪　此行相如次　與樂及拔苦
欣慰有情等　緣欲界有情　喜初二靜慮
餘六或五十　不能斷諸惑　人起定成三

論曰無量有四一慈二悲三喜四捨言無量者無量有情為所緣故此四能引無量福故無量愛果此為因故有說此能違無量戲論故貪等諸惑

皆名戲論何緣無量四无增減對治四種多行障故如契經說若習若修若多所作慈能斷瞋悲能斷害喜斷不欣慰捨斷欲貪瞋故唯有四瞋謂心所欲煞有情欲惱有情心所名害躭著境界於諸善品不樂住因名不欣慰於妙欲境起深欣樂情無猒足名為欲貪此中慈悲無瞋為性若尒此二有何差別性雖無別然慈能治煞有情瞋感行相轉悲能對治惱有情瞋感行相轉是謂差別如苦與樂領納雖同而損益殊故體有別苦樂體別如先已辯慈悲二種差別亦然有作是言悲是不害近治害故理實如是但害似瞋以瞋名說悲之行相亦似无瞋立無瞋名實是不害諸古師說喜即喜受何緣觀行者尒時喜受生若緣與樂與慈无異若緣拔苦應與悲同又契經言欣故生喜喜即喜受如先已辯此喜行相與彼欣同喜故生喜義有何異若言下上義有異者輕安與樂義亦應然差別因緣不可得故又違本論云何名喜謂喜

喜相應受想行識等此中意顯喜俱品法喜增上故揔立喜名非受受俱其理決定若喜即喜受何言與受俱若言對法以理為量應如无過誦本論文此亦不然理為量論要有經證方可定文若與經違理必可壞不應隨意輒改論文是故此喜定非喜受以欣為體或即無貪謂別有貪是惡心所於有情類作是思惟云何當令諸所有樂彼不能得皆屬於我喜能治彼故是無貪此與喜根必俱行故三地可得如悔憂俱喜亦無貪分明相者於他盛事心不貪者知他獲得深生欣慰心熱對治說名為喜故知此喜亦无貪性捨無量體唯是無貪此與第三有差別者離愛恚想等緣有情如劍入林等生樹覺平等行因說名為捨若捨無量亦能治瞋寧唯無貪與慈何異又許此捨正治欲貪與不淨觀有何差別且捨與慈有差別者慈能對治瞋所引瞋無瞋為體捨能對治貪所引瞋無貪為體豈不如捨無貪為性亦能對治貪所引瞋

如是許慈無瞋為性亦應能治瞋所引貪此難不然行相違故謂捨行相雙違貪瞋捨親非親差別相故從此愛恚俱不生故即由此故捨唯无貪正能治貪兼治瞋故慈之行相違瞋非貪於諸有情與樂轉故由此慈捨雖俱違瞋而慈順貪捨能違害是故此二極有差別或修捨者治非憂瞋慈治憂瞋故有差別不淨與捨如次能治婬貪餘貪故有差別此四無量非損益他何緣唯善非無記性能近對治貪瞋等故愛非愛相不能引故力能令心自在轉故慈等體相已略分別此阿世耶有差別者觀有情類如已謂慈樂有情類離苦謂悲於他興盛欣慰謂喜於親怨想不思謂捨又不觀他有損有益等觀一切如友謂慈於遭苦者哀愍謂悲由勝解力想有情類得益離損欣慰謂喜於有情相等觀謂捨此四行相有差別者云何當令諸有情類得如是樂如是思惟入慈等至云何當令諸有情類離如是苦如是思惟入悲等至諸有

情類得樂離苦豈不快哉如是思惟入喜等至諸有情類平等平等無有親怨如是思惟入捨等至如是所願竟无有成豈不唐捐修定功力能伏瞋等寧謂唐捐應是顛倒何能伏惑願得樂等寧謂顛倒謂此不言已得樂等但由勝解願諸有情當得樂等能伏諸惑故修此四功不唐捐於定蘊中說四行相云何令等具如前說言如是思惟入某等至者此言若就等無間緣慈等應無無間生理別別思惟所引起故若俱生者入言相違初業位中別加行引至成滿位亦有俱生定蘊說初說入無過且慈無量願得何樂有說願得第三定樂諸受樂中此最勝故若自未證由聞故知有說願得涅槃妙樂於諸樂中此最勝故有說願得阿羅漢樂此已解脫諸煩惱故初修業者未證此樂未現證故不能運心但緣已身隨所證樂及他所證現可知者願諸有情同證此樂故但緣現如理所生無染汙樂願他同受若於所受已捨茲芻設未獲

得真實對治亦處空閑受遠離樂力
能映奪天帝等喜如五樂等伽他中
說又住遠離勤修善者定有善得念
念恒流如大海水遍滿相續喜輕安
樂由此引生以无怯心緣如是樂願
諸含識一切同受有餘受勝學無學
樂如何觀劣以授於他不於當來還
招劣果若謂不欲以此與勝便違遍
緣有情為境但由無怯福資所依實
不能令他得樂故如有貧者以巳所
受麁弊資具名施富人雖諸富人不
求此惠而彼施者亦无有失表自敬
心无所怯故此亦如是故無有失如
於良田殖一細種後所得果多而復
大如半挍娑諸瓜瓠等故非觀劣以
授於他便於當來還招劣果皆緣欲
界有情為境能治緣彼瞋等障故謂
於欲界有怨親中三聚有情能生瞋
等於中有捨怨親等相便能伏除瞋
等煩惱是故此境唯欲有情必不能
緣色無色界大悲體是无癡善根由
此力能通緣三界若四无量唯緣有
情何故經言思一方等此由勝解捴

緣器中一切有情故無有失此四通
在欲色界繫以契經說無量能招梵
釋輪王殊勝果故品類足論依修所
成說七智知色界修斷及彼遍行隨
眠隨增有餘師言此四無量加行通
欲本唯色界此四無量依地別者若
喜即喜受唯是修所成彼應說喜唯
初二定以於餘地無喜根故若喜異
喜受亦通思所成彼應說喜通依七
地與樂捨受亦相應故有餘說喜唯
喜受俱彼則應言喜通三地或應如
頌唯二非餘慈悲捨三通依六地謂
四靜慮未至中間或有欲令唯依五
地謂除未至是容豫德巳離欲者方
能起故有說此四唯欲及初得無量
名餘地不尒經說無量名梵住故又
說修無量生梵世故又說招梵釋輪
王果故有說隨應通依十地謂欲四
本近分中間若悲亦依下三靜慮如
何得與喜樂相應悲緣苦有情戚行
相轉故此如無漏猒作意生是故通
依下三靜慮彼真實作意能順生欣
喜樂相應可無有過此勝解作意不

順生欣如何可言與彼相似疑是慼性
不順生欣如何許疑喜樂俱起勝解
作意應與彼同然此於欣極相隨順
力能引生真作意故疑則不尒極違
真故彼尚相應此寧不許此勝解作
意理應違欣有歡慼處中行相別故
悲既慼行相轉應非喜樂相應勿二
行相俱時轉故若尒應不許與捨受
相應捨受處中行相轉故既非不許
捨受相應與喜樂俱理定應許勿全
不與受相應故雖言此四能治瞋等
而不能斷諸煩惱得勝解作意相應
起故真實作意方能斷惑又此唯緣
有情境故緣法作意方能斷惑又此
唯緣現在境故通緣三世或緣非世
方能斷惑又解脫道此可得故要無
間道方能斷惑有作是說有漏根本
靜慮攝故此因有失不應說三依六
地故未至中間此應無故經何故說
此斷瞋等亦不相違斷有二故或由
此力引斷道故謂伏瞋等引斷道生
是故經中說斷瞋等若尒何故契經
中說由善修慈住不還果此中聖道

以慈名說如於餘處說想名等或依聖者先得慈心後數修行得離欲說或依為得修所成慈精進修行得離欲說有說此四依欲色身無色不緣怨親等故修此必應先緣彼故如實義者唯依欲身於欲界中唯人能起若喜非喜受成一必具四若喜即喜受成一定成三生第三定等唯不成喜故依何義故契經中說修四無量慈極至遍淨悲極至空無邊處喜極至識無邊處捨極至無所有處去何色界法能招無色果又四靜慮無不有慈何緣修慈唯極遍淨有餘於此倦於思尋仰推慈尊當解此義傳聞具壽迦多衍尼子曾以此義問設摩達多彼尊尋思便入寂定至明清旦欲為解釋時衍尼子復入寂定時未會遇各般涅槃由此迄今無能釋者毗婆沙者作是釋言應知此經依相似說謂樂受法與慈相似慈作與樂行相轉故樂至遍淨上地皆無故說修慈極於遍淨求離苦法與悲相似悲作拔苦行相轉故色身能作廣苦

生因有身便有斷首等故空處近分猒離色身故說修悲極於空處輕安樂法與喜相似喜作安樂行相轉故識无邊處輕安樂增緣自无邊識為門故無邊識相極增安樂故說修喜極於識處能棄捨法與捨相似捨作棄捨行相轉故無所有處由近分中棄捨無邊行相成滿是故說修捨極無所有處有言此經依相順說謂從慈定起欣等流順第三定從第三定起欲等流亦順慈定如是乃至捨無所有起欲等流展轉相順此不顯理但有虛言或應於中更求深趣有言此經就意樂說謂樂慈者樂第三定乃至樂捨者樂無所有處此亦無理由何證知是故應如前釋為善初欲引起四無量時先於有情分為三品所謂親友處中怨讎三各分三謂上中下上親友者謂生法身賴彼重恩捨便難住中親友者謂財法交極相親愛下親友者謂唯財交亦相親愛上處中者謂於自昔曾不見聞中處中者謂雖見聞而不交往下處中者

謂雖交往而離恩怨上怨讎者謂奪名譽命及親友中怨讎者謂奪己身命緣資具下怨讎者謂奪親友命緣資具於諸有情分品別已初修慈者先於上親發起清淨與樂勝解若由無始數習所成惡世阿耶令心剛強少遭逼惱便壞深根緣此還息與樂勝解復應策勵思其重恩於彼復生與樂意樂數習力故恨意永亡與樂勝解相續無替此既成已於中下親亦漸次修如是勝解於親三品既得等心次捴於處中下中上怨所漸次修習與樂意樂乃至最後於上怨親得平等心都无昇降齊此名曰修慈成滿修悲及喜例此應說謂觀三苦逼逼有情不應於中復加以苦但應如已勤加濟拔漸次修習欲濟拔心乃至怨親等無昇降齊此名曰修悲成滿想諸有情得樂離苦深生欣慰如已無恙齊此名曰修喜成滿初修捨者先捨處中非先捨怨親恚愛難捨故又處中品順捨力增於中如前先捨上品次捨中下及與怨親從下至

中從中至上先捨怨者以親難捨故如契經說貪難斷非瞋如是漸次修習於捨至上親友等上處中普於有情捨差別相齊此名曰修捨成滿若於有情樂求功德彼於慈等能速修成非於有情樂求過者以斷善者有得可錄麟喻獨覺有失可取先福罪果現可見故

說一切有部順正理論卷第七十九

阿毗達磨順正理論卷第七十九

校勘記

一　底本，金藏廣勝寺本。

一　七五頁下九行第六字「我」，磧、普、南、徑、清作「成」。

一　七五頁下末行第八字「三」，徑作「相」。

一　七六頁上五行第七字「趣」，資、磧、普、南、徑、清作「起」。

一　七六頁上一五行第七字「與」，徑作「於」。

一　七六頁中末行「名願不」，諸本（不含石，下同）作「不願名」。

一　七六頁下一八行第六字「可」，資、磧、普、南、徑、清作「若」。

一　七七頁上一行及三行「非倒」，資、磧、普、南、徑、清作「非例」。

一　七七頁上末行第九字「目」，資作「因」。

一　七八頁上二〇行第七字「釋」，資、磧、普、南、徑、清作「擇滅」。

一　七八頁中六行第六字「永」，諸本作「未」。

一　七九頁下一三行「慈悲」，資、磧、普、南、徑、清作「慈非」。

一　七九頁下一五行第七字「以」，資、磧、普、南、徑、清作「似」。

一　八〇頁上四行第四字「法」，資、磧、普、南、徑、清作「治」。

一　八〇頁上一六行第一二字「想」，資、磧、普、南、徑、清作「相」。本頁中一六行第一〇字諸本同。

一　八一頁上一一行「具名」，磧、南、清、麗作「具召」。

一　八一頁上一五行第四字「核」，資、磧、普、南、徑、清作「橡」。

一　八二頁上一八行「迄今」，徑作「迄令」。

一　八二頁中一〇行第四字「欣」，資、磧、普、南、徑、清作「欲」。

一　八二頁中末行「往下」，徑作「往上」。

一　八二頁下六行「世阿」，諸本作「阿世」。

一　八二頁下七行第五字「壞」，諸本作「懷」。

一　八二頁下二一行「恚受」，諸本作「恚愛」。

一　八三頁上七行首字「得」，諸本作「德」。

阿毗達磨順正理論卷第八十　持

尊者衆賢造

三藏法師玄奘奉　詔譯

辯定品第八之四

已辯無量次辯解脫頌曰

解脫有八種　前三無貪性　二二一一定
四無色定善　滅受想解脫　微微無間生
由自地淨心　及下無漏出　三境欲可見
四境類品道　自上苦集滅　非擇滅虛空

論曰解脫有八一內有色想觀外色解脫二內无色想觀外色解脫三淨解脫身作證具足住四無色定為次四解脫滅受想定為第八解脫八中前三無貪為性近治貪故然契經中說想觀者想觀增故如宿住念除去色想三中初二不淨相轉作青瘀等諸行相故第三解脫清淨相轉作淨光鮮行相轉故三并助伴皆五蘊性初二解脫一一通依初二靜慮能治欲界初靜慮中顯色貪故初二通攝近分中間五地皆能起初二故欲及初定有顯色貪由眼識身所引起故

為解脫彼初二定中建立初二不淨解脫二三定中眼識無故亦无所引緣顯色貪故三四定中無不淨解脫初二解脫相似善根雖欲界中亦容得有而為欲界貪所陵雜故不建立二解脫名三四定中雖亦得有去所治遠勢力微劣又樂淨伏故不得名第三解脫依後靜慮離八災患心澄淨故第四并近分立後靜慮名相似善根下地雖有非增上故不名解脫欲界欲貪所陵雜故初二定中不淨伏故第三定中樂所迷故又並八災所擾亂故次四解脫如其次第以四無色定善為性非無記染非解脫故亦非散善性羸劣故彼散善者如命終心有說餘時亦有散善唯生得善无聞思故諸近分地九無間道八解脫道亦非解脫不背下地故緣下道雜故又未全脫下地染故契經說彼超過下故有說近分諸解脫道亦名解脫背下地故然於餘處唯說根本者以近分中非全解脫故第八解脫即滅盡定厭背受想而起此故或總

猒背有所緣故然上座言即諸有情相續分位名滅盡定此亦非理前已廣辯此滅盡定實有體故又不可說此定有心曾不見有心無受想思故无容於此越路而行如說此中受想等滅寂靜安樂阿羅漢等乃有如是殊勝解脫非無義本相續及心可說名為安樂寂靜阿羅漢等殊勝解脫如何計度有一類心無有所緣離行相轉有所緣者理必有觸若許有觸寧無受果應言何㝵受等不生故滅定中無有心理非迷正理纔覽經文便能會通聖教深趣識非永滅言不離身如病未永除暫息亦名有微微心後此定現前前對想心已名微細此更微細故曰微微次如是心入滅盡定謂有頂地心有三品即想微細及微微心由上中下品類別故要下品後滅定現前故次微微入滅盡定從滅定出或起有頂淨定心或即能起無所有處无漏心如是入心唯是有漏通從有漏無漏心出八中前三唯以欲界色處為境有差別者二取

不淨一取淨相既諸色中亦有淨界揔觀為不淨寧非顛倒攝如於苦法計樂成倒謂諸行中亦有苦雜一向計樂成顛倒故第三取淨為難亦尒此非過失是所許故謂亦許此是倒思惟若尒如何性非不善此是離染所得果故既不稱實何能違染令順生貪作意遠故如未離欲於淨不淨思惟淨相能順生貪非此淨中見於淨相不顛倒故可善性攝如是離欲於淨不淨思惟不淨能遠離貪非此淨中見不淨相是顛倒故不善性攝亦應例釋不淨見淨或此非謂顛倒思惟諸不淨法揔有二種一者自體二者相雜諸清淨法雜不淨故亦名不淨世所極成故此思惟不名顛倒不淨雜淨例亦應尒然觀行者初修觀時非亦於淨界取不淨相但於不淨界取不淨相令心極猒惡違逆行相轉後漸增廣違逆行相普於欲界色處境中揔起猒心不生貪染若於純淨界色界色聚中勝解无能取不淨相既唯欲界諸色聚中勝解方能

取不淨相故知欲界諸色聚中決定亦有不淨界性既如不淨作不淨解如何可言是顛倒性第三取淨例此應知此於所緣既如實轉如何說是勝解作意由勝解力此於境生故說此為勝解作意即由此故得解脫名勝解解脫義相鄰故或於少事由勝解力漸漸增益觀名勝解作意謂於少淨漸增益觀因此便生无量貪染此既生已心於所緣遂被拘執不自在轉於少不淨漸增益觀與前相違增諸善本如觀樂受為壞苦性雜苦相故觀之為苦能伏煩惱不名顛倒如是淨界與不淨雜亦可於中觀為不淨不名顛倒能遠離貪緣淨解脫應知亦尒觀未成滿但得名為勝解作意後成滿時離染果故引聖道故亦得名為真實作意如是已辯初三所緣次四解脫各以自上苦集滅諦及一切地類智品道彼非擇滅及與虛空為所緣境無色解脫棄背下地故並不緣下地苦集行相別者初二不淨第三唯淨俱非十六無色解脫

攝本定故所作行相十六或非念住俱者初三解脫身念住俱次四解脫通四念住智相應者初三第七唯世俗智第四五六八智相應根相應者初二解脫喜捨相應次五解脫唯捨相應世差別者皆通三世緣世別者初三解脫已生可生各緣自世不生緣三次四解脫緣三非世三性別者皆唯善性緣性別者初三解脫通緣三性次四解脫緣善無記學等別者初三後二唯是俱非中三解脫皆通三種緣學等者初三解脫但緣俱非四緣三種見斷等者初三後二唯修所斷中三有漏修斷餘非緣見斷等者初三緣修斷次四解脫各通緣三緣自身等者初緣自他身次二緣他四緣三種得差別者第八第三唯未曾得餘六通二通二謂聖內法異生外法異生唯是曾得經言有色觀諸色者為顯何義非未除色能如實通此經深義然諸先聖傳授釋言未能伏除緣內色想是有色義云何如然第二解脫差別說故謂於第二既作

是言內無色觀外諸色故知初解脫未除內色想由此論者建立最初名內有色想觀外色解脫謂觀行者如害怨屍雖已離欲貪而為令堅固以不淨行相復觀外諸色由於外色數觀察故於內色中亦生猒想如樂淨者頸繫狗屍極懷羞慙深生猒惡如是觀外不淨相已方內色身亦是不淨觀心淨故見內身中三十六物不淨充滿如觀篅中眾色類物名初解脫極成滿位此成滿位解脫何法謂心於色不樂憎背訶毀猒惡遮止欲貪即解脫欲貪是無貪性故若謂說觀故應是慧者理必不然近治欲貪故體若是慧應近治癡既近治貪故無貪性修觀行者從此後時漸復遣除緣內色想謂以勝解想自命終轝載遣身置棄屍處種種禽狩爭共食噉須臾身盡唯見禽狩或於是處以火焚燒乃至遺灰風所飄鼓須臾身盡唯見空界或想自身如蘋鹽等為火水等之所融消乃至身无唯見火等名內无色想觀外色解脫此勝解大

除色想故雖緣身起而不見身既已遣除緣內色想心相續轉無別事業勝輕安樂任運現前於此位中數數修習緣色處境猒背行相是名第二解脫成滿亦如第一解脫欲貪雖於先時修不淨想已得解脫緣色欲貪而無始來我愛難遣若觀身有仍恐退生故後復修內無色想猒惡色觀清淨過前行者尒時依初靜慮得此二觀深生味著為欲令此轉增進故入第二靜慮復修二解脫復修二法次第如前何緣此中猒逆色想可得說與喜受相應地力使然如苦集智或由觀見所習善根至成滿時故應生喜既於色想已得解脫雖遊猒觀而不妨喜次復進入第三靜慮妙樂迷故心便奢侈由此不能修諸解脫但起解脫相似善根此靜慮中地力法尒事於猒觀俱不能成從此進修第四靜慮捨增上故心漸澄靜諸不淨想無復增上故彼不名初二解脫但可名曰相似善根彼瑜伽師久觀不淨猒惡轉故令心沉慼為欲策發

令暫生厭或為暫解久修勞倦或為自審驗不淨觀堪能故彼復依第四靜慮於欲界色起淨勝解先取寶衣花等淨相由勝解力漸廣思惟遍於所緣作淨行相如契經說彼於後時應取少淨想總思惟諸色此雖策心而不掉舉雖觀淨相而不起貪既知善根勢力增上次復於境略聚其心於一所緣觀淨而住此位名曰淨解脫滿能究竟捨不淨想故此淨解脫亦如第二內無色想觀外諸色然有差別謂所依地所治行相有差別故內外道身共不共故通曾未曾得唯未曾得故少用功而得多用功得故又淨解脫觀順貪相而貪不生第二解脫觀違貪相得貪不起餘五解脫應知如前思不相應無色處釋何緣唯說內無色想除內色想不說外耶得初靜慮時外想已除故謂得初靜慮外色想已除第四靜慮中更無勞除遣諸功德法漸次得故又外色想易可遣除故除彼時未立解脫或外色想空處方除故於此中但說除內

此中所說內無色想為但遮色想別目餘想耶若謂此言但遮色想此言無用說觀外色無內色想義已成故若謂此言別目餘想應說此想為何所緣此非唯遮以別說故為緣何法緣虛空界若非不淨行相轉者如何可名第二解脫此无過失彼加行故謂此中言內無色想是第二加行名第二解脫多因緣故得解脫名謂已解脫此方生故或此力能引解脫故或是種種解脫性故或與解脫勝解俱故此諸解脫依男女身聖者異生皆能修起唯滅盡定但依聖身於聖身中通學無學經說滅定起諸有頂如何可說亦依學身此雖有頂自地所攝然如上地法起餘方得故如超一切第四定貪方入根本空无邊處至起一切無所有貪入本非想非非想處如是起越諸有頂貪方可得入滅受想定謂有頂貪若斷未斷要應總伏方入此定故雖自地而名起越或諸有學已離有頂見所斷故名為起越或有頂法總有二種有心無心

位差別故起有心故名為超越或隨所應說起無過唯第三八說身證者舉二邊際類顯所餘色解脫中淨為邊際於諸無色滅定為邊或此各在一界邊故或唯此二種唯內道得故唯未曾得故多功用得故盡大種造色心心所法故有說第三初於身色以勝解力取清淨相後漸遣除解脫成滿緣身解脫此為究竟故偏於此立身證名滅定無心唯依身住故亦於彼立身證名就勝故然理實皆尒依通有理有契經言何名身證謂八解脫此八解脫何有情起若於所緣恒求對治是貪愛行樂修多道如是有情能起解脫行者何為修解脫等為令煩惱轉更遠故為於等至得自在故既得自在便能引發無諍等德及聖神通由此便能轉變諸境起留捨等種種事業已辯解脫次辯勝處

頌曰

勝處有八種　二如初解脫　次二如第二
後四如第三

論曰勝處有八內有色想觀外色少

若好若惡於此諸色勝知勝見有如是想是名為初內有色想觀外色多廣說乃至是名第二內無色想觀外色少廣說乃至是名第三內无色想觀外色多廣說乃至是名第四內無色想觀外色青青顯青現青光譬如烏莫迦花或如婆羅痆斯深染青衣於此諸色勝知勝見有如是想是名第五內無色想觀外色黃黃顯黃現黃光譬如羯尼迦花或如婆羅痆斯深染黃衣廣說乃至是名第六內无色想觀外色赤赤顯赤現赤光譬如槃豆時縛迦花或如婆羅痆斯深染赤衣廣說乃至是名第七內無色想觀外色白白顯白現白光譬如烏沙斯星或如婆羅痆斯極鮮白衣廣說乃至是名第八能制伏境故名勝處謂雖一切所緣色境清淨光華美妙具足而善根力悉能映蔽譬如僕隸雖服珎奇而為其主之所映蔽或於是處轉變自在不隨起惑故名勝處勝於處故立勝處名或此善根即名為處處能勝故立勝處名少謂所緣

或自在少與此相反說名為多好惡色言顯劣勝色有說於好能不起貪於惡不瞋故名為勝若尒勝處體應具無貪瞋故於此中有別意趣謂不淨行想捴觀好惡色如觀惡色好色亦然捴取不淨心自在轉何勞復觀惡色不淨由曾見淨起諸煩惱以顛倒覺曾見淨故今如實見為治昔貪故於惡色亦觀不淨初觀此境名為勝知後觀成時名為勝見能自了達我於此中有勝知勝見名有如是想此四勝處自性地等如次同前初二解脫謂初二勝處是初解脫果次二勝處是第二果彼為資粮能入此故捴觀不淨能制伏已復於此境觀淨制伏謂即乘前內無色想別觀青等四顯色相所言青者謂花等青言青顯者謂衣等青青現青光顯前二種所有青相純深无雜非如青邊所發青影及孔雀尾金剛等青然青光言顯青鮮潔非如日等外發光明或為顯成青色顯著舉花衣喻顯加行中取彼為門入勝處觀非於觀內見似

此色烏莫迦花花中青勝俱生青內舉此為門婆羅痆斯善於染色和合青內舉此為門非加行中但取此二非皆有故不舉珠寶若處空閑先取花相若居聚落先取衣青青觀既然黃等亦尒然於夜分先取白星晝則取衣餘皆如上於晴夜分烏沙斯星諸白色中最為勝故此四勝處自性地等應知如前第三解脫勝以淨解脫為此四因彼為資粮能入此故前三解脫於諸色中但能捴取不淨淨相令八勝處於諸色中分別少多青等異相故前解脫但於色中棄背欲貪及不淨想令八勝處能於所緣分非制伏令隨心轉由此證知第三解脫捴取淨相故立一名八勝處中後四勝處差別取故分為四種若淨解脫亦差別緣取淨性同立為一者後四勝處應亦立一差別因緣不可得故已辯勝處次辯遍處頌曰

遍處有十種　八如淨解脫　後二淨无色
緣自地四蘊

論曰遍處有十謂周遍觀地水火風

青黃赤白及空與識二無邊處經於此處皆言一想上下及傍无二無量於一切處無間無隙周遍思惟故名遍處遍於處故立遍處名或此善根即名為處行相遍故立遍處名此中地等顯示所緣所說遍言顯示行相行相雖等而所緣別是故遍處分為十種經言一者顯此等至思惟一類境相現前想言顯是勝解作意若異此者應言一知上下傍言顯意流轉言無二者顯無間隙无量言顯勝解無邊由勝等持磨瑩力故令觀行者心自在生能於所緣周遍觀察何故唯十得遍處名此上更無遍行相故唯第四定空識無邊可得說有无邊行相前八遍處如淨解脫自性皆是無貪善根若并助伴皆五蘊性後四勝處加行引生故與彼同如淨解脫又如淨解脫依第四靜慮及緣欲界色處為境如何地等亦名色處地地界等有差別故顯形名地等如先已說故說地等遍處不言地界等故前八種但緣色處風與風界既無差別

如何可言亦緣色處此難非理以諸世間亦說黑風團風等故由此前八緣色理成後二遍處如次空識二淨無色為其自性各緣自地四蘊為境此解脫等三門功德為由何得依何身起頌曰

滅定如先辯　餘皆通二得　無色依三界
餘唯人趣起

論曰第八解脫如先已辯以即是前滅盡定故餘解脫等通由二得謂由離染及加行得以有曾習未曾習故前八遍處初修習時皆以眼識為其加行空處遍處初修亦尒以初必緣空界色故由勝解力後成滿時通緣自地四蘊為境識處遍處初修習時但以意識為其加行以初必緣識為境故由勝解力後成滿時亦緣自地四蘊為境四無色解脫二无色遍處一一通依三界身起然其初起多依下地依自下地皆容後起唯無所有亦依上地所餘一切依欲界身唯在人中三洲除北餘慧力劣無聖教故治欲貪故上二界无有說初起唯依

人趣要由教力所引起故人中有教天趣中無設有著樂不能初起故人初起退生欲天由宿習力有後起義復以何緣第三靜慮有通無量等无解脫等耶无解脫緣前已具辯解脫無故勝處亦无解脫為門入勝處故勝處無故遍處亦無勝處為門入遍處故又第三定耽著妙樂於生死中此樂勝故不能發起解脫等三此三皆欲背生死故通無量等隨順於樂故依此定亦能修起此解脫等三門功德若隨得一得一切不此不皆尒其義云何得後必前前非必後謂得遍處必具得三得勝處者必得解脫遍處不定或得或无若得解脫餘二不定以入遍處勝處為門解脫為門入勝處故此解脫等差別云何唯能棄背名為解脫兼帯所緣名為勝處加無邊解得遍處名此三善根漸次修故有餘師說此三善根由下中上故有差別謂能棄捨勝伏所緣行相無邊有劣勝故有餘師說解脫唯因遍處唯果勝處通二今應思擇上二界

中說者既無何緣起定頌曰
二界由因業　能起無色定　色界起靜慮
亦由法尒力
論曰生上二界揔由三緣能進引生
色無色定一由因力謂於先時近及
數修為起因故二由業力謂先曾造
感上地生順後受業彼業異熟將起
現前勢力能令進起彼定以若未離
下地煩惱必定无容生上地故三法
尒力謂器世界將欲壞時下地有情
法尒能起上地靜慮以於此位所有
善法由法尒力皆增盛故諸有生在
上二界中起無色定由因業力非法
尒力無雲等天不為三災之所壞故
生在色界起靜慮時由上二緣及法
尒力若生欲界起上定時一一應知加
由教力由教力者謂人三洲天亦聞
教微故不說前来分别諸勝法門皆
為弘持世尊正法何謂正法當住幾
時頌曰
佛正法有二　謂教證為體　有持說行者
此便住世間
論曰世尊正法體有二種一教二證教

謂契經調伏對法證謂三乘諸無漏
道若證正法住在世間此所弘持教
法亦住理必應尒現見東方證法衰
微教多隱没北方證法猶增盛故世
尊正教流布尚多由此如来无上智
境衆聖栖宅阿毗達磨無倒實義此
增盛行非東方等所能傳習二中教
法多分依止持者說者得住世間證
正法住唯依行者然非行者唯證法
行法者能令證法久住世間說法住
時教法亦住故教法住由持說行但
依教法亦應依行者故謂有無倒修
由行者令證法住故佛正法隨此三
人住尒所時便住於世阿毗達磨此
論所依此攝彼中真實要義彼論中
義釋有多途今此論中依何理釋頌曰
迦濕弥羅議理成　我多依彼釋對法
少有貶量為我失　判法正理在牟尼
論曰迦濕弥羅國毗婆沙師議阿毗
達磨理善成立我多依彼釋對法宗
經主此中述已本意言依此國諸善
逝子議對法理大毗婆沙發起正勤
如理觀察為令正法久住世間饒益

有情故造斯論多言顯示少有異途
謂形像色去来世等然諸法性廣大
甚深如實說者甚為難遇自惟覺慧
極為微劣不能勤求如實說者故於
廣論所立理中少有貶量為我過失
諸法正理廣大甚深要昔曾於無量
佛所親近修習真智資粮方於智境
一切無惑麟喻獨覺尚於法相不能
決判況諸聲聞彼所證法隨他教故
由此決判諸法正理唯在真實大牟
尼尊是故定知阿毗達磨真是佛說
應隨信受無倒修行勤求解脫

說一切有部順正理論卷第八十

阿毗達磨順正理論卷第八十

校勘記

一 底本，金藏廣勝寺本。

一 八四頁中一二行末字「次」，徑、清作「以」。

一 八五頁中六行「如何」，磧、徑、清作「如可」。

一 八五頁下一行「聚中決定」，磧作「聚如快定」；普、南、徑、清作「聚如決定」。

一 八六頁上一一行第一〇字「三」，磧、普、南、徑、清作「五」。

一 八六頁中一行「無色」，諸本（不含石，下同）作「無色想」。

一 八六頁中四行「屍雖」，徑作「雖尸」。

一 八六頁中一〇行「如觀」，麗作「觀如」。

一 八六頁中一八行首字「遺」，徑作「遣」。

一 八六頁中二二行「融消」，資、磧、普、南、徑、清作「鎔消」。

一 八六頁中末行末字「大」，諸本作「力」。

一 八六頁下一六行第八字「入」，徑作「八」。

一 八六頁下二〇行「澄靜」，麗作「澄淨」。

一 八七頁上六行第五字及次頁中五行第三字「想」，諸本作「相」。

一 八七頁中一〇行第四字「方」，磧、南、徑、清作「力」。

一 八七頁中一四行第一一字「起」，諸本作「超」。

一 八七頁下一一行末字「尒」，磧、普、南、徑、清作「令」。

一 八八頁上七行首字「烏」，徑作「鳥」。

一 八八頁下四行「珠寶」，磧、普、南、徑、清作「珍寶」。

一 八八頁下九行「解勝」，諸本作「解脱」。

一 八八頁下一二行首字「令」，諸本作「今」。

一 八八頁下一八行第二字「羗」，徑作「非」。

一 八九頁上一行第四字「白」，徑作「日」。

一 八九頁上九行第五字「想」，資、磧、普、南、徑、清作「相」。

一 九〇頁中七行首字「增」，諸本作「國」。

大唐三藏聖教序

御製

雅

蓋聞二儀有像顯覆載以含生四時無形潛寒暑以化物是以窺天鑑地庸愚皆識其端明陰洞陽賢哲罕窮其數然而天地苞乎陰陽而易識者以其有像也陰陽處乎天地而難窮者以其無形也故知像顯可徵雖愚不惑形潛莫覩在智猶迷況乎佛道崇虛乘幽控寂弘濟万品典御十方舉威靈而無上抑神力而無下大之則弥於宇宙細之則攝於毫釐無滅無生歷千劫而不古若隱若顯運百福而長今妙道凝玄遵之莫知其際法流湛寂挹之莫測其源故知蠢蠢凡愚區區庸鄙投其旨趣能無疑惑者哉然則大教之興基乎西土騰漢庭而皎夢照東域而流慈昔者分形分跡之時言未馳而成化當常現常之世人仰德而知遵及乎晦影歸真遷儀越世金容掩色不鏡三千之光麗像開圖空端四八之相於是微言廣被拯含類於三途遺訓遐宣導群生於十地然而真教難仰莫能一其旨歸曲學易遵邪正於焉紛糺所以空有之論或習俗而是非大小之乘乍沿時而隆替有玄奘法師者法門之領袖也幼懷貞敏早悟三空之心長契神情先苞四忍之行松風水月未足比其清華仙露明珠詎能方其朗潤故以智通无累神測未形超六塵而逈出隻千古而無對凝心內境悲正法之陵遲棲慮玄門慨深文之訛謬思欲分條析理廣彼前文截偽續真開茲後學是以翹心淨土往遊西域乘危遠邁杖策孤征積雪晨飛途閒失地驚砂夕起空外迷天萬里山川撥煙霞而進影百重寒暑躡霜雨而前蹤誠重勞輕求深願達周遊西宇十有七年窮歷道邦詢求正教雙林八水味道飡風鹿苑鷲峯瞻奇仰異承至言於先聖受真教於上賢探賾妙門精窮奧業一乘五律之道馳驟於心田八藏三篋之文波濤於口海爰自所歷之國摠將三藏要文

凡六百五十七部譯布中夏宣揚勝業引慈雲於西極注法雨於東垂聖教缺而復全蒼生罪而還福濕火宅之乾燄共拔迷徒朗愛水之昏波同臻彼岸是知惡因業墜善以緣昇昇墜之端惟人所託譬夫桂生高嶺雲露方得泫其花蓮出淥波飛塵不能汙其葉非蓮性自潔而桂質本貞良由所附者高則微物不能累所憑者淨則濁類不能霑夫以卉木無知猶資善而成善況乎人倫有識不緣慶而求慶方冀茲經流施將日月而無窮斯福遐敷與乾坤而永大

皇太子臣治述　聖記

夫顯揚正教非智無以廣其文崇闡微言非賢莫能定其旨蓋真如聖教者諸法之玄宗衆經之軌躅也綜括宏遠奧旨遐深極空有之精微體生滅之機要詞茂道曠尋之者莫究其源文顯義幽履之者莫測其際故知聖慈所被業無善而不臻妙化所敷緣無惡而不翦開法網之經紀弘六度之正教拯群有之塗炭啓三藏之

秘扃是以名無翼而長飛道無根而永固道名流慶歷遂古而鎮常赴感應身經塵劫而不朽晨鍾夕梵交二音於鷲峯慧日法流轉雙輪於鹿苑排空寶蓋接翔雲而共飛莊野春林與天花而合彩伏惟

皇帝陛下上玄資福垂拱而治八荒德被黔黎斂衽而朝萬國恩加朽骨石室歸貝葉之文澤及昆蟲金匱流梵說之偈遂使阿耨達水通神甸之八川耆闍崛山接嵩華之翠嶺竊以法性凝寂靡歸心而不通智地玄奧感懇誠而遂顯豈謂重昏之夜燭慧炬之光火宅之朝降法雨之澤於是百川異流同會於海万區分義揔成乎實豈與湯武挍其優劣堯舜比其聖德者哉玄奘法師者夙懷聰令立志夷簡神清齠齓之年體拔浮華之世凝情定室匿迹幽巖棲息三禪巡遊十地超六塵之境獨步迦維會一乘之旨隨機化物以中華之无質尋印度之真文遠涉恒河終期滿字頻登雪嶺更獲半珠問道往還十有七

載備通釋典利物為心以貞觀十九年二月六日奉　勑於弘福寺翻譯聖教要文凡六百五十七部引大海之法流洗塵勞而不竭傳智燈之長焰皎幽闇而恒明自非久殖勝緣何以顯揚斯旨所謂法相常住齊三光之明我皇福臻同二儀之固伏見

御製衆經論序照古騰今理含金石之聲文抱風雲之潤治輒以輕塵足岳墜露添流略舉大綱以為斯記

阿毗達磨藏顯宗論卷第一

尊者衆賢造

三藏法師玄奘奉　詔譯

序品第一

諸有遍於一切法　寂極難知自共相
獨能悟解無邪亂　是一切智今敬礼
我以順理廣博言　對破餘宗顯本義
若經主言順理教　則隨印述不求非
少違對法旨及經　決定研尋揩除遣
已說論名順正理　樂思擇者所應學
文句派演隔難尋　非少劬勞所能解
為撮廣文令易了　故造略論名顯宗
飾存彼頌以為歸　刪順理中廣決擇

對彼謬言申正釋　顯此所宗真妙義

論曰既非遍智云何能知此佛世尊是一切智能於諸法寂極難知自共相中覺無邪乱雖非遍智而亦能知如佛教行定得果故如有智者善鑒良醫如世有醫先審病者風熱淡等所起疾源復如實觀性習二體年時處等種種不同為欲蠲除說授方藥諸有患者能順服行痼疾漸除身安日益智者尋驗知實良醫於諸方藥具淨遍智如是世尊知所化者貪瞋癡等煩惱病源復如實觀本性脩集二善種子勝解隨眠及彼堪能自圓滿等為欲令彼暫永滅故說授伏除二道方藥諸所化者能順服行若別若通對治道藥無始數習增盛堅牢諸煩惱病漸漸除遣貪等滅得於自身中隨道淺深倍倍增勝由斯仰測知我大師滅一切冥具一切智故讚頌者頌讚佛言

誰能如尊善分別　隨眠境界自共相
无量无邊諸品類　如應宣說利有情
誰能漸次順修行　不得成於勝利樂

無智不能順聖教　豈无驗過在如来

有於思擇增上慢人謂佛世尊非一切智於所請問別異而荅謂作是言此不應記諸別異荅無知起故又於前際說不可知此即自顯是無知故又不先覺孫陁利緣及縱彼朋造諸惡故又於戰遮婆羅門女所起謗毀不能遣故又先聽許提婆達多於佛法中而出家故又於外道嗢達洛迦先自不知命存亡故又不預定波吒釐城當有如斯難事起故又不懸記自佛法中當有部執十八異故又說諸業有不定故外道謗詞略述如是彼諸外道固執在懷一切智尊雖設種種善權化導而未能令於正等覺生淨信解具勝福慧求真理人方能測量一切智海令我勇銳發正勤心如理順宜且少開悟言於請問別異而荅謂作是言此不應記諸別異荅无知起者此不應理其所立因非决定故且應詳審為佛世尊於所請問由無知故言不應記為觀問者懷聡叡慢非卒能令如理信解故雖了達而不為記如有矯問諸石女兒為黑為白終不為記豈別有方能袪彼疾如是外道執我為真矯問如来死後為有為无等事世尊告言此不應記佛意說我實無有故不應記別此顯若法都非實有不應於中為差別問或佛世尊善權方便為令調伏故不為記此不為記是調伏因非由無知作別異荅又不應謂佛無辯才彼問論道所不攝故若彼所問論道攝者佛不為記可無辯才非於此中如理難問少分可得何容乃謂佛无辯才又聽法者心不慇故執我見故根未熟故世尊无方可令信解故於所問量而不記故不應以不記所問謂大仙尊非一切智言於初際說不可知此即自顯是无知者此亦非理無法不應為智境故於有法境智若不生可謂如來非一切智本無初際智何所知無故不知豈成無智若尒何故不但說無此說不容更立因故若謂應立不可知因此亦不然非决定故或法雖有緣闕不知故不可知非無

因性若立無性為不知因即畢竟無可為同喻為容因故說不可知若謂無因有不成失此不應理非不成故生死初際若定非无即初際身應無因起初無因者後亦應無以先後身無異因故若許介者即諸所行淨不淨業皆應無果既不許然即先所立初際無故非不成因若謂生死無初際故應如虛空無後際者亦不應理外種同故如外穀麦後因前生雖無初際遇火水等諸燒爛緣而永壞滅如是生死煩惱業因展轉相生雖無初際而由數習貪瞋癡等對治力故生死諸蘊畢竟不生即為後際空無生故後際可無生死有生豈無後際現見生法定有終時生死既生理必歸滅故說初際是不可知無故為因其義善立故不應以不知初際謂佛世尊非一切智言不先覺孫陁利緣及繼彼明造諸惡者此亦非理雖先覺知為避多過故不自顯若佛先言我无此事為此事者自是餘人即彼朋流惡心轉盛諸中庸者咸共懷疑

如是過愆為佛為彼又大人法不顯他非佛是大人豈揚他惡又顯彼惡令無量人憎背世尊障入正法又佛觀見自身他身有招謗毀短壽定業又為開慰末世苾芻佛觀當来正法將沒多聞持戒衆望苾芻少有不遭謗毀而死為欲令彼自開慰言我天仙尊一切煩惱過失習氣皆永拔根名稱普聞至色究竟尚被興謗況我何人因此心安修諸善業由觀如是得失決定是故世尊不先彰顯又過七日其事自彰顯佛尊高過歸外道故不應以不自顯因謂佛世尊非一切智即由此故應知已釋不自披遣戰遮謗因所以聽許提婆達多於佛法中而出家者此有深意佛觀彼人不出家者定當得作力轉輪王害無量人滅壞佛法頭墜惡趣難有出期由度出家殖深善本非出家者所不能殖為護多人令無損害及遮衆惡故許出家言於外道嗢達洛迦先自不知命存亡者此亦非理念即知故非於餘境餘識生時即能了知所餘

識境佛心先在說法事中未觀彼人命存亡事後欲知彼纔舉心時即如實知其命已過若欲知彼而不能知可謂如来非一切智心屬餘境此境未緣即謂無知斯不應理言不預定波吒釐城當有如斯難事起者亦不應理密預定故先密意說若免脫餘餘復為餘之所損害謂佛先覺若守護餘餘必為餘之所損害於三難事各令自守餘不能損故密意說此即預定難事必然何謂世尊非一切智言不懸記自佛法中當有部執十八異者此亦非理已懸記故如說當来有苾芻衆於我言義不善了知部執競興乖相非毀世尊於此略說內外二種防護內謂應如黒說大說契經所顯觀察防護外謂應如六可愛法契經所說般攝防護又見集法契經中言於我法中當有異說所謂有說唯金剛喻定能頓斷煩惱或說擇滅涅槃二法為體或說不相應行无別實物或說表業尚无況無表業或說一切色法大種為體或說前後相以

為同類因或說色處唯用顯色為體或說觸處唯用大種為體或說唯有觸處是有對礙或說觸處身處是有對礙或說唯五外處是有對礙或說眼識能見或說和合能見或說意界染汙亦得續生或說一切續生皆由愛恚或說律儀不律儀分受亦全受或說傍生餓鬼有无間業或說無間解脫二道俱能斷諸煩惱或說意識相應善有漏慧非皆是見或說身邊二見皆是不善亦他界緣或說一切法界俱常无常或說一切色法非剎那滅或說不相應行有多時住或說无想滅定皆現有心或說等无間緣亦通色法或說一切色法無同類因或說異熟生色斷已更續或說傍生餓鬼天趣亦得別解脫戒或說心无煩惱皆是不善或說无樂捨受或說唯无捨受或說無色界中亦有諸色或說無想天殁皆墮惡趣或說一切有情無非時死或說諸无漏慧皆智見性或說無有去來一切現在別別而說或說色心非等為俱有因或說羯刺藍位一切色根皆已具得或說諸得頂法者皆不墮惡趣或說諸善惡業皆可轉滅或說諸無為法非實有體或說諸世間道不斷煩惱或說唯贍部洲能起願智无諍無㝵重三摩地或說心心所法亦緣无境諸如是等差別諍論各述所執數越多千師弟相承度百千衆為諸道俗解說稱揚我佛法中於未來世當有如是諍論不同為利為名惡說惡受不證法實顛倒顯示即於此部過現當來亦有如是諍論差別世尊如是分明懸記而諸弟子不顧聖言各執所宗互相非毀過屬弟子豈在世尊不可由斯謗一切智言說諸業有不定者理亦不然有此業故定應許有能感異熟不定業性此若无者修道斷結則為唐捐以一切業定得果故不應由此所說諸因或復餘因謗一切智世尊成就不可思議希有功德高廣名稱非理毀謗獲罪無邊諸有智人皆應信佛具一切智故先敬禮

辯本事品第一之一

諸一切種諸冥滅　拔衆生出生死泥
敬礼如是如理師　對法藏論我當說

論曰諸言雖捴而別有所觀別何所觀謂俱利德滿智斷具故自利德滿恩德備故利他德滿此即一切智能拔濟有情一切種冥皆永滅故智德圓滿諸境界冥亦永滅故斷德圓滿授正法手拔衆生出生死泥故恩德圓滿聲聞獨覺雖滅諸冥以染無知畢竟斷故非一切種闇能永滅不染無知殊勝智故非具一切智不能拔有情冥謂翳瞙能蔽淨眼如是無知障真見故冥或昏闇能遮色像如是无知覆實義故諸有殊勝治道生時令永不生故稱為滅謂滅一切品諸境冥故言一切種諸冥滅拔衆生出生死泥者由彼生死是諸有情无始時來沉溺處故難可出故所以辟泥衆生於中淪没無救諸有成就巧智大悲授如應言拔濟令出敬礼如是如理師者稽首具前自他利德能說如理聖教大師意樂隨眠智等闇故聲聞獨覺非如理師唯佛世尊具如

是德故是前捴諸言所觀為正流通彼所立教故先讃礼如理教師以讃礼言滅諸悪障摽嘉瑞已許發論端故言我當說對法藏何謂對法頌曰

淨慧隨行名對法　及能得此諸慧論

論曰淨謂無漏慧謂擇法此即捴攝無漏慧根何縁得知唯無漏慧名為對法以佛世尊於天帝等所請問故如契經說我有甚深阿毗達磨及毗柰耶於汝請問是許天帝請問聖道及此聖道所證果義於伐蹉類契經亦尒復以何縁唯無漏慧名為對法由此現觀諸法相已不重迷故豈不現觀非唯慧能是則對法應非唯慧正覺諦理說名現觀故現觀用唯慧非餘又現觀中慧為㝡勝具三能故獨稱對法然此對法非不待餘故慧隨行亦名對法即慧眷屬名曰隨行眷屬者何謂慧隨轉色受想等諸心所法生等及心如是捴說无漏五蘊名為對法此則勝義阿毗達磨若說世俗阿毗達磨即能得此諸慧諸論此謂前所得無漏慧根諸慧謂能得世間三慧即是世間殊勝修慧思慧聞慧及彼隨行依所得近遠說三慧次第非離如是慧及隨行无漏慧根可能證得是能得此勝方便故同無漏慧受對法名如慈方便亦名慈等論謂能得此發智等諸論是无漏慧勝資糧故亦名對法如業異熟漏等資糧亦名業等前諸慧言亦攝生得唯生得慧能正誦持對法論故亦名對法豈不此論是无漏慧勝資糧故亦名對法何乃別名對法俱舍頌曰

攝彼勝義依彼故　此立對法俱舍名

論曰藏謂堅實猶如樹藏對法實義皆入此攝此論是彼對法之藏即是對法之堅實義藏或所依猶如刀藏謂彼對法是此所依引彼義言造此論故此論以彼對法為藏即以對法為所依義彼何因說誰復先說雖不應問說對法人佛教依法不依人故而為開示說對法因彼能說人亦應顯了頌曰

若離擇法定無餘　能滅諸惑勝方便

由惑世間漂有海　為寂大師說對法

論曰由離擇法無勝方便能滅世間引苦諸惑故世尊言若於一法未達未知我終不說能正盡苦世間未滅諸煩惱故於三有海生死輪迴為令世間修習擇法永寂三有生因煩惱是故大師先自演說阿毗達磨佛若不說舍利子等諸大聲聞亦无有能於諸法相如理思擇然佛大師隨所化者性差別故處處散說尊者迦多衍尼子等諸大聲聞以妙願智觀過去佛所說法教如其所應安置結集如大尊者迦葉波等共所結集律及契經律二藏隨文結集唯對法藏隨義結集如說諸有結集義言於律及經彼為殊勝隨佛聖教結集對法是佛所許得佛說名何等名為所思擇法世尊依彼說對法耶頌曰

有漏無漏法　除道餘有為　於彼漏隨增

故說名有漏　无漏謂道諦　及三種無為

謂虛空二滅　此中空無㝵　擇滅謂離繫

隨繫事各別　畢竟礙當生　別得非擇滅

論曰說一切法略有二種一者有漏二者無漏此即捴說次當別解除道

聖諦餘有為法是名有漏此復云何謂五取蘊色乃至識如說云何名色取蘊謂有漏色隨順諸取廣說乃至識亦如是何緣取蘊名為有漏以於其中漏隨增故有身見等諸煩惱中立漏名想令涂汙心常漏泄故與漏相應及漏境界隨增漏故名漏隨增隨增眼義後當廣辯由此應知已遮一切不同界地及無漏緣煩惱境界隨眼有漏彼此展轉不隨增故非相對立如是二名有漏无漏復有何相如世尊言有漏法者謂所有色隨順諸取是能增益諸有取義廣說乃至識亦如是與此相違是无漏法有漏无漏略相如是或有漏者謂隨世間若出世間名為無漏世間所攝名隨世間謂處世間不出為義依苦諦體立世間名故契經說吾當為汝宣說世間及世間集又五取蘊名苦有漏故知有漏謂墮世間寧知墮世間皆是有漏法如世尊說吾當為汝宣說有漏及無漏法有漏法者謂諸所有眼諸所有色諸所有眼識諸所有眼觸諸所有眼觸為緣內所生或樂受或苦受或不苦不樂受如是乃至墮世間意墮世間法墮世間意識墮世間意觸廣說乃至名有漏法無漏法者謂出世間意出世間法出世間意識出世間意觸廣說乃至名無漏法依此聖教及由正理知墮世間皆是有漏已辯有漏及有漏因云何無漏謂道聖諦及三无為名為無漏道聖諦者謂非有漏色等五蘊三无為者謂即虛空擇非擇滅此虛空等及道聖諦名无漏因次前已說其道聖諦後當廣辯於略所說三無為中虛空但以無导為性於中諸法取極顯現无障為相故名虛空謂諸大種及造色聚一切不能遍覆障故或非所障亦非能障故說虛空無障為相擇滅即以離繫為性擇謂如理勤所成慧於四聖諦各別行相如理思擇故名為擇由擇所得諸有漏法永離繫性此定能导諸繫得生故名擇滅或有是滅而非離繫為簡彼故說離繫言有作是言諸所斷法同一擇滅无同類故何毗達磨諸大論師咸作是言隨繫事別所以者何此若一者修餘治道有无用過若諸所斷同一擇滅證得苦法智忍所斷煩惱滅時餘煩惱滅為證得不若證得者修餘治道便為無用若不證得是則一物證少非餘與理相違有分過故由是定應許離繫事隨繫事量不違正理無同類者謂此擇滅自無同類因亦非他因故永礙當生得非擇滅擇即前說如理成慧不由此慧有法永遮未來法生名非擇滅如眼與意專一色時餘色諸聲香味觸等念念謝往對彼少分意處法處得非擇滅以五識身及與一分意識身等於已滅境終不能生緣俱境故由彼生用繫屬同時所衣緣故若法能导彼法生用此法離慧定导彼法令住未來永不生故名非擇滅非唯緣闕便永不生後遇同類緣彼復應生故謂若先緣闕彼法可不生後遇同類緣何障令不起前說除道餘有為法是名有漏何謂有為頌曰

又諸有為法　謂色等五蘊　亦世路言依
有離有事等

論曰老病死等交攢差别隱積損伏故名為蘊為别戒等故言色等戒等五蘊不能具攝一切有為色等五蘊具攝有為故此偏說言有為者衆緣聚集共所為故未來未起何謂有為如所燒薪是彼類故諸不生法不越彼類雖永不起而說有為彼彼經中世尊隨義名世路等彼復云何謂諸有為亦名世路色等五蘊生滅法故未来現在過去路中而流轉故或為无常所吞食故名為世路諸不生法衆緣闕故雖復不生是彼類故立名无失諸有為法亦名言依言謂言音或謂能說此言遠近所詮名依即義與名揔說依故以名依義言復依名是故言依揔攝名義如是名義具攝五蘊故契經說言依有三無四無五由此善釋品類足論彼說言依五蘊所攝依是因義無為无果故非言依又若聚中三事可得謂語依義說名言依無為聚中唯有其義无語依故

不名言依言說無為有依有義但闕語故不名言依又諸有為與能言體有俱起義无為不然諸有為法亦名有離離謂永離即是涅槃得已不還墮生死故有彼離故說名有離如有財者名為有財此雖有為而非一切以无漏道無擇滅故又涅槃時亦捨聖道故名有離以說聖道猶如船筏亦應斷故如契經言法尚應斷何況非法諸有為法亦名有事事謂所依或是所住即是因義果依於因從因生故如子依母或果住因能覆因故如人住牀是因為果所映蔽義因果前後故及細麁性故此有事故說名有事喻如前說如是等類說有為法諸名差别於此所說有為法中頌曰

有漏名取蘊　亦說為有諍　及苦集世間
見處三有等

論曰前說除道餘有為法名為有漏已辯其體今為顯彼名想不同及差别義故復重說已說一切有為名蘊今說有漏名為取蘊義唯无漏但得蘊名唯諸漏中立取名想以能執取

三有生故或能執持引後有業故彼諸漏說名為取色等五蘊從取生故或生取故名為取蘊如草糠火如花果樹諸有漏法亦名有諍謂煩惱中立諍名想擾動善品故損害自他故蘊與諍俱或諍蘊俱而得生起故名有諍此意顯示諍之與蘊非隨闕一餘可得生及者顯餘有漏名想謂或名苦即五取蘊是諸逼迫所依處故自性麁重不安隱故或名為集即彼種類能為因故能集成故謂從取蘊取蘊集成或名世間可毀壞故如世尊說性可毀壞故名世間非諸聖道性可毀壞亦名世間由此中無對治壞故或名見處薩迦耶等五見住中隨增眠故由彼諸見於有漏法一切種時相無差别堅執無動隨增眠故體用增盛故復别說貪等癡疑則不如是以彼貪等有一切種無一切時癡一切時非無差别疑无差别而不堅執是故有漏不說彼處或名三有有因有依三有攝故等言為攝名有染等如是等類是有漏法隨義别名

阿毗達磨藏顯宗論卷第一　第十五張　稍字號

說一切有部顯宗論卷第一

戊戌年監造雕藏經僧　祖圓

阿毗達磨藏顯宗論卷第一

校勘記

一　底本，金藏廣勝寺本。

一　九二頁中一行「大唐三藏聖教序」前，[麗]有「阿毗達磨藏顯宗論」一行。

一　九二頁中一行至次頁下一〇行「大唐三藏聖教序……以爲斯記」，[資]、[磧]、[普]、[南]、[徑]、[清]無。

一　九二頁中二〇行「世人」，[麗]作「世民」。

一　九三頁上二行第一三字「垂」，[麗]作「陲」。

一　九三頁下一三行譯者，[徑]、[清]作「唐三藏法師玄奘奉詔譯」。以下各卷同。

一　九三頁下二一行第三字「泒」，諸本作「派」。

一　九五頁上一一行「火水」，[磧]、[南]、[徑]、[清]作「火木」。

一　九五頁中四行「短壽」，[資]作「知壽」。

一　九五頁中七行末字「天」，諸本（不含[石]，下同）作「大」。

一　九五頁中一一行第一一字「彰」，諸本作「自」。

一　九五頁中一八行「蹎墜」，[資]、[磧]、[普]、[南]、[徑]、[清]作「顛墜」。

一　九五頁下一行第一一字「未」，[磧]、[普]、[南]、[徑]、[清]作「末」。

一　九五頁下一六行第九字「黑」，[徑]、[清]作「異」。

一　九五頁下末行「相以」，諸本作「相似」。

一　九六頁上六行首至一一行末「染汙……一切」與一二行首至一七行末「法界……心无」，諸本前後倒置。

一　九六頁上二〇行第八字「墮」，[資]、[磧]、[普]、[南]、[徑]、[清]作「墜」。

一　九七頁上三行第一三字「論」，[資]作「證」。

一　九七頁上一一行第一二字「類」，[資]、[磧]、[普]、[南]、[徑]、[清]作「頻」。

一　九七頁上一二行「無漏慧」，[徑]作

「有漏慧」。

一九七頁中一三行「對法」，資、磧、普、南、徑、清作「對治」。

一九七頁中一四行第二字「入」，清作「人」。

一九八頁上一五行「隨世間」，諸本作「墮世間」。

一九八頁下一一行第五字「不」，磧、普、南、徑、清作「故」。

一九八頁下一七行第二字「衣」，諸本作「依」。又第九字「彼」，資、磧、普、南、徑、清作「彼彼」。

一九九頁中一行第五字「言」，諸本作「有」。

一九九頁中一八行首字「見」，資、磧、普、南、徑、清作「是」。

一九九頁中二二行第一〇字「唯」，麗作「准」。

一一〇〇頁上一行卷末經名，資、磧、普、南、徑、清作「阿毗達磨藏顯宗論卷第一」。卷第三至十、第二十一至三十例同。

雅

阿毗達磨藏顯宗論卷第二

尊者衆賢造

三藏法師玄奘奉　詔譯

辯本事品第二之二

如上所言色等五蘊名有為法色蘊者何頌曰

色者唯五根　五境及無表

論曰此中色言顯色蘊義五根謂眼耳鼻舌身五境謂色聲香味觸眼等所攝所行名境及无表者謂法處色唯者唯此所顯十處一處少分名為色蘊如是諸色其相云何頌曰

彼識依淨色　名眼等五根

論曰彼謂前説眼等五根識即眼耳鼻舌身識依者眼等五識所依如是所依淨色為體如是即顯眼等五識所依淨色名眼等根故薄伽梵於契經中説眼等根淨色為相本論亦説云何眼根眼識所依淨色為性如是廣説諸聖教中以根別識不以境界故知彼言顯根非境有説彼者是境非根而無意識緣色等故名色等識彼識所依名眼等過由淨色言所簡別故已辯根相當辯境相頌曰

色二或二十　聲唯有二種　味六香四種　觸十一為性

論曰言色二者是二種義謂顯與形此中顯色有十二種形色有八故或二十顯十二者謂青黃赤白煙雲塵霧影光明闇於十二中青等四種是正顯色雲等八種是此差別其義隱者今當略釋地水氣騰説之為霧障光明起於中餘色可見名影翻此為闇日焰名光月星火藥寶珠電等諸焰名明形色八者謂長短方圓高下正不正此中正者謂形平等形不平等名為不正餘色易了故今不釋已説色處當説聲處能有呼召故名為聲或唯音響説之為聲善逝聖教咸作是説聲是耳根所取境界是四大種所造色性此聲二種謂有執受或无執受大種為因執受大種謂現有根長養等流異熟地等與此相違名無執受由此所發為二種聲色等亦應作如是説然由聲處自性難知故

但就因說有二種無一聲性以有執受及无執受大種為因二四大種名別果故非二四大同得一果為俱有因成過失故雖二大種有相扣擊而俱為因各別發聲據自依故不成三體雖有手鼓相擊為因發生二聲而相映奪隨取一種相別難知是故聲處唯有二種已說聲處當說味處越次說者顯彼境識生无定故味謂所噉是可嘗義此有六種甘酢鹹辛苦淡別故已說味處當說香處香謂所齅此有四種好香惡香等不等香有差別故等不等者增益損減依身別故有說微弱增減異故本論中說香有三種好香惡香及平等香若能長養諸根大種名為好香與此相違名為惡香无前二用名平等香或勝福業增上所生名為好香若勝罪業增上所生名為惡香若四大種增上所起名平等香已說香處當說觸處觸謂所觸十一為性即十一實以為體義謂四大種及七造觸滑性澀性重性輕性及冷飢渴有差別故此中能觸所觸者誰應知都無能觸所觸相觸則失剎那性故但於身識所依所緣无間生時立觸名想依此根識得彼境時假說此根能觸彼境觸非身識所依止故不說彼觸能觸身根觸與身根極相隣近故說所觸能觸非餘色等雖非所觸法性所依壞故而亦有損已說境相唯餘無表此今當辯頌曰

作等餘心等　及無心有記　無對所造性
是名無表色

論曰言作等者等取離作无對造色略有二種一者依表二者依心依表起者復有二種謂與作俱轉及作息隨轉為攝如是无表差別體相無遺故說作等言餘心等者等取同類心謂善心作近因等起或俱有因彼所發善無對造色不善无記名餘心善心名同類不善心作近因等起所發不善無對造色善及無記名餘心不善名同類及無心者即心滅位謂定非生生位无故及言兼上及此非餘於三位中此容隨轉謂定唯等不善兼餘散善通於三位轉故言有記者謂善不善可記為愛非愛品故言無對者非極微故所造性者不簡大種以大種性非無對故但簡非色顯是色性即五蘊中色蘊攝故是者是前所說諸相具前諸相名無表色如是已辯無表色相於中所說大種所造大種云何頌曰

大種謂四界　即地水火風　能成持等業
堅濕煖動性

論曰此諸大種何緣名界一切色法出生本故亦從大種大種出生諸出生本世間名界如金等礦名金等界或種種苦出生本故說名為界喻如前說有說能持大種自相及所造色故名為界如是諸界亦名大種何故言種云何名大種種造色差別生時彼彼品類差別能起是故言種由四大種有差別故造色差別有說有情業增上故无始時來未嘗非有是故言種由四大種揔相種類无間絕故或法出現即名為有生長有性是故言種即是生長諸法有性或是生長

有情身義或能顯了十種造色是故言種由此勢力彼顯了故所言大者有大用故言大用者謂諸有情根本事中如是四種有勝作用依此建立識之與空乃得說為有情根本又於誑惑愚夫事中此四最勝故名為大如矯賊中事業勝者別餘故名大矯大賊又此四種普為一切餘色所依廣故名大有說一切色等聚中堅等具有故名為大風增聚中闕於色等火增聚中闕於味等色界諸聚香味俱无青等聚中闕於黃等滑等聚中闕於澀等聲等不定是故唯此四種名大此四大種雖常和合恒不相離而非處同云何得知恒不相離入胎大造經等說故又理應然何等為理謂石等中現有能攝生火增墜三業可得故知於此有水火風恒不相離於水聚中現有持船煖性流動三業可得故知於此有地火風恒不相離於火焰中現有任持攝聚擊動三業可得故知於此有地水風恒不相離於風聚中現有能持起冷煖觸三業

可得故知於此有地水風恒不相離復云何知如是四界由此因緣恒相隨逐由此能成持等業故謂地等界如次能成持攝熟長四種事業由此因緣於諸色聚若有持等四業可得即知此中有地等界互不相離應知此中言能長者謂能安布云何安布謂令增盛或復流漫為能持等四業即是界自相耶不尒云何如是四界隨其次第堅濕煖動以為自相應知此中說性顯體為明體性不相離故動謂能引大種造色令其相續生至餘方何故虛空不名大種彼大種相不成立故能損益故立大種名虛空不然故非大種或於諸法生滅位中性無差別故非大種現見大種種等位中其相轉變成牙等緣方令牙等諸位得起虛空無為則不如是性相常故作用都无既不能生故非大種又諸大種非一非常自相眾多果別无量虛空自性是一是常相无差別全無有果非无別因生有別果是故虛空不名大種若謂餘因有差別故

能助虛空生別果者即此別因能生別果何用執此虛空為因為地等界即地等耶不尒云何頌曰

地謂顯形色　隨世想立名　水火亦復然
風即界亦尒

論曰地言唯表顯形色處豈不總地四處合成何故但言顯形為地此中雖有香味觸三而隨世想故作是說由諸世間相示地者以顯形色而相示故雖諸世間亦於香等起地言說謂作是言我今齅地甞地觸地而顯形色言於地水火能通表示是故偏說世不多言我齅於水亦不多說齅甞於火雖言觸地等而即地等界是故地中雖有香等而形與顯勝故偏說又顯形色表示二界地等无異是故偏說若尒顯形表示衣等勝香等故亦應偏說世起名想無有決定故隨世間差別而說此隨多分世想立名生等非顯聲非相續故不說為地等衣等如地但用顯形為體水火亦然隨世想故由世現見水青長等故說顯形為水自性世亦現見火赤長

等故說顯形為火自性然即色觸轉變生時名火焰炭是假非實无一實物身眼得故如是地等與界差別風即界者世間於動立風名故風界無別豈不世間於顯形色亦生風想世間現以黑風團風而相示故有通此難故說言示是如地等與界別義古昔諸師咸作是說地於中雜故見如此為顯其風即是風界故復言尒尒者定義此二說中前說為勝遍處不淨無差別故不淨唯緣色處境故

頌曰

此中根與境　即說十處界

論曰已說實物根境无表為色蘊性此中根境亦即說為十處十界於處門中立為十處謂眼處等於界門中立為十界謂眼界等已說色蘊并立處界當說受等三蘊處界頌曰

受領納隨觸　想取像為體　四餘名行蘊

如是受等三　及無表無為　名法處法界

論曰隨觸而生領納可愛及不可愛俱相違觸名為受蘊領納即是能受用義云何此受領納隨觸謂受是觸

隣近果故此隨觸聲為顯因義能順受故如隨相言相謂表彰即能顯示因能顯果故立相名此隨相言是順因義受能領納能順觸因是故說受領納隨觸如世尊言順樂受觸順苦受觸及順不苦不樂受觸即是順生樂受等義領納隨觸名自性受領納所緣亦是受相與一境法別相難知一切皆同領納境故以心心所執受境時一切皆名領納自境是故唯說領納隨觸名自性受別相定故領納所緣名執取受非此所辯相不定故二受差別如順正理及五事論廣辯應知此揔說三別說為六世及所依有差別故第三想蘊其體是何此於所緣取像為體謂於一切隨本安立青長等色琴貝等聲生蓮等香苦辛等味滑澀等觸生滅等法所緣境中如相而取故名為想此想就世揔說為三若就所依別說為六第四行蘊其體是何此用四餘諸行為體謂除前說色受想三及除當說識為第四餘有為法名為行蘊此有相應及不

相應思等得等如其次第契經唯說六思身者由最勝故所以者何思是業性為因感果其力最強故世尊說若能造作有漏有為名行取蘊不可唯說思為行蘊立揔名故如法處界若異此者應但名思一法成故如受想蘊此中意顯如外第六法處界聲立揔名故揔攝十一十七處界不攝多法如是行聲立揔名故揔攝四蘊不攝多行故知行蘊體不唯思如是行蘊非盡有依故唯約世揔說三種如前分別色蘊體已便約處界二門建立如是此中辯受想行三蘊體已亦應建立為處及界謂此三蘊及無表色并三無為如是七法於處門中立為法處於界門中立為法界第五識蘊自性處界其相云何頌曰

識謂各了別　此即名意處　及七界應知

六識轉為意

論曰識謂了者是唯揔取境界相義各各揔取彼彼境相各各了別謂識唯能揔取境相非能取彼境相差別如世尊言了者名識有餘師說唯於

法性假說作者為遮離識有了者計何處復見唯於法性假說作者現見說影能行動故此於異處无間生時雖無動作而說作者識亦如是於異境界相續生時雖无動作而說了者謂能了境故亦無失去何知然現見餘處遮作者故如世尊告頗勒具那我終不說有能了者復有說言剎那名法性相續名作者自意所立思緣起中當更顯示此識約世摠說為三就所依根別分為六應知即此所說識蘊於處門中立為意處於界門中立為七界及聲顯一析為二門顯一一識體分處界七界者何六識及意謂眼識界至意識界即此六識轉為意界此別建立蘊處界門應知遍攝諸法皆盡此中應思若即識蘊名七心界前說識蘊就所依根別分為六今離六識說何等法復名意界更無異法即於此中頌曰

由即六識身　無間滅為意

論曰即六識身無間滅已能生後識故名意界時分異故別立無失猶如

子果立為父種若尒界體應唯十七或唯十二更相攝故何緣建立十八界耶頌曰

成第六依故　十八界應知

論曰如五識界別有眼等五界為依第六意識無別所依如離所緣識无起義離依亦尒識不得生為成此依故說意界如是所依能依境界應知各六界成十八如何已滅名現識依是現識生隣近緣故如雖有色而要依眼眼識得生如是雖有所緣境界而後識生要依前念无間滅意是故前言無間滅者為遮前念有間滅心雖先開避而未生故由此无間已滅六識為現識依說為意界或現在識正成依用過去已成等無間緣亦於現在能取果故雖依彼生而非隨彼故心依心不名心所心所品類必隨心故已釋諸蘊取蘊處界當於此中思擇攝義諸蘊摠攝一切有為取蘊唯攝一切有漏處界摠攝一切法盡五蘊無為名一切法別攝如是應辯摠攝頌曰

摠攝一切法　由一蘊處界
攝自性非餘　以離他性故

論曰一蘊謂色一處謂意一界謂法此三摠攝五蘊无為摠是集義置摠言者令和摠三勿謂各一有餘部執攝謂攝他處處說言餘攝餘故此執非理无定因故若有定因非攝他故我部諸師說自性攝如是所立攝自性言是究竟說不待他故攝不待因是真實攝諸法恒時攝自性故復去何知不攝他性以一切法離他性故謂眼根性離耳等性彼離於此而言此攝理必不然故知諸法唯攝自性如是眼根唯攝色蘊眼處眼界苦集諦等是彼性故不攝餘蘊餘處界等離彼性故如是餘法隨應當思眼耳鼻根各依二處何緣界體數不成多合二為一故唯十八何緣合二為一界耶頌曰

類境識同故　雖二界體一

論曰眼耳鼻根雖各二處類等同故合為一界言類同者同眼類故言境同者同色境故言識同者眼識依故

耳鼻亦然故立一界界體既一處何
緣二頌曰
然為令端嚴　眼等各生二
論曰為所依身相端嚴故界體雖一
而兩處生若眼耳根處唯生一鼻无
二穴身不端嚴此釋不然駝猫鵄等
如是醜陋何有端嚴是故諸根各別
種類如是安布差別而生此待因緣
如是差別因緣有障或不二生言為
端嚴各生二者此有別義非為嚴身
此端嚴聲顯增上義作用增上故説
端嚴若眼等根各闕一處見聞齅用
皆不明了各具二者明了用生是故
三根各生二處為嚴勝用非為嚴身
何故世尊於所知境以蘊處界三門
説耶由此三門義各別故此蘊處界
別義者何頌曰
聚生門種族　是蘊處界義
論曰積聚義是蘊義生門義是處義
種族義是界義何緣故知聚義是蘊
由契經説諸所有色若過去若未來
若現在若內若外若麁若細若劣若
勝若遠若近如是一切略為一聚説

名色蘊乃至識蘊廣説亦然由此故
知聚義是蘊若以聚義釋蘊義者蘊
應非實聚是假故此難不然於聚所
依立義言故非聚即義義是實物名
之差別聚非實故聚義者何謂聚之
義聚之義者謂聚所依此釋顯經有
大義趣謂如言聚離聚所依无別實
有聚體可得如是言我色等蘊外不
應別求實有我體蘊相續中假説我
故如世間聚我非實有蘊若實有經
顯何義勿所化生知色等法三時品
類无量差別各是蘊故蘊則無邊便
生怯退謂我何能遍知永斷此无邊
蘊為策勵彼蘊雖无邊而相同故揔
説為一又諸愚夫於多蘊上生一合
想現起我執為令彼除一合想故説
一蘊中有衆多分不為顯示色等五
蘊多法合成是假非實又一極微三
世等攝以慧分析略為一聚蘊雖即
聚而實義成餘法亦然故蘊非假又
於一一別起法中亦説蘊故蘊定非
假如説俱生受名受蘊想名想蘊餘
説如經於一切時和合生故蘊雖各

別而聚義成何緣故知門義是處由
訓詞故處謂生門心心所法於中生
長故名為處是能生長彼作用義如
契經説梵志當知以眼為門唯為見
色此經唯證門義有六然心心所有
十二門故契經説眼及色為緣生於
眼識三和合觸俱起受想思乃至廣
説何緣故知族義是界與世種族義
相似故如一山中有諸雄黄雌黄赤
土安膳那等衆多種族説名多界如
是一身或一相續有十八類諸法種
族名十八界如雄黄等展轉相望體
類不同故名種族如是眼等展轉相
望體類不同故名種族由義相似得
為同喻若尒意界望六識身无別體
類不應別立所依能依體類別故無
斯過失何故世尊説蘊處界三門差
別雖佛世尊意趣難解而審思忖頌曰
愚根等三故　説蘊處界三
論曰所化有情愚根等三故佛隨宜
為説蘊處界三等言為明樂位過病
等三言為顯一一各有三所化有情
愚有三種有愚心所揔執為我有唯

愚色有愚色心根亦有三謂利中鈍樂謂勝解此亦三種謂樂略中及廣文故位謂弟子已過作意已熟習行初修事業三位別故過謂有情懷我慢行執我所隨迷識依緣三過別故病謂所化恃命財族而生憍逸三病異故由此等緣如其次第世尊為說蘊處界三何故世尊諸心所內別立受想為二蘊耶頌曰

諍根生死因　及次第因故　於諸心所法
受想別為蘊

論曰世間諍根略有二種謂貪著欲及貪著見初因受起後由想生味受力故貪著諸欲倒想力故貪著諸見又生死法以受及想為㝡勝因耽樂受故執倒想故愛見行者生死輪迴由此二因及後當說次第因故應知別立受想為蘊其次第因次後當辯及聲兼顯諸心所中唯此受想能為愛見二雜染法生根本故各別顯一識住名故依滅此二立滅定故諸如是等多品類因何故說無為在處界非蘊頌曰

蘊不說無為　義不相應故

論曰諸無為法若說為蘊立在五中或為第六皆不應理義相違故所以者何彼且非色乃至非識故非在五聚義是蘊非無為法如彼色等有過去等品類差別可略一聚名無為蘊故非第六又無為法與顛倒依及斷方便義相違故說有漏蘊顯顛倒依說無漏蘊顯斷方便無為於此兩義都無義不相應故不立蘊已辯諸蘊廢立因緣當辯次第頌曰

隨麤染器等　界別次第立

論曰五蘊隨麤隨染器等及界別故次第而立隨麤立者五中㝡麤所謂色蘊有對身故五識依故六識境故五中初說四中㝡麤所謂受蘊雖無形質而行相用易了知故四中初說三中㝡麤所謂想蘊取男女等行相作用易了知故三中初說二中麤者所謂行蘊貪等現起行相分明易了知故二中初說識蘊㝡細故㝡後說隨染立者謂從无始生死已來男女於身更相染愛由顯形等故初說色

如是色愛由耽受味故次說受此耽受味由想顛倒故次說想此想顛倒由煩惱力故次說行此煩惱力依能引發後有識生故後說識隨器等者謂色如器受所依故受類飲食增益損減有情身故想同助味由取怨親中平等相助生受故行似廚人由思貪等業煩惱力愛非愛等異熟生故識喻食者有情本中為主勝故識為上首受等生故即由此理於受想等隨福行中但說識為隨福行者又由此理說行緣識由此復告阿難陀曰識若無者不入母胎心雜染故有情雜染心清淨故有情清淨於受想等俱起法中如是等經但標主識隨界別者謂欲界中色㝡為勝諸根境色皆具有故色界受勝於生死中諸勝妙受具可得故三無色中想㝡為勝彼地取相㝡分明故第一有中行㝡為勝彼思能感㝡大果故此即識住識住其中顯似世間田種次第是故諸蘊次第如是由此五蘊無增減過即由如是諸次第因於心所中別立

阿毗達磨藏顯宗論卷第二 第二十張 雅

受想謂受與想於心所中相麁生染類食同助二界中強故別立蘊已隨本頌且就轉門說次第因四種如是當就還門復說一種謂入佛法有二要門一不淨觀二持息念不淨觀門觀於造色持息念門念於大種要門所緣故先說色由此觀力分析色相剎那極微展轉差別如是觀時身輕安故心便覺樂故次說受受與身合定為損益損益於我理必不成由斯觀解我想即滅法想便生故次說想由此想故達唯有法煩惱不行故次說行煩惱既息心住調柔有所堪能故次說識已說順次逆次應說恐猒繁文故應且止

說一切有部顯宗論卷第二

甲辰歲高麗國大藏都監奉
勑彫造

阿毗達磨藏顯宗論卷第二

校勘記

一 底本，金藏廣勝寺本。一〇九頁上原版缺，以麗藏本補。

一 一〇二頁下三行「有二種」，磧、徑、清作「有一種」。

一 一〇二頁下二一行首字「根」，諸本（不含石，下同）作「情」。

一 一〇三頁上二行末字「名」，諸本作「各」。

一 一〇三頁下一八行第四字「類」，磧作「知」。

一 一〇四頁上七行第二字及末字「橋」，資、磧、普、南、徑、清作「矯」；麗作「橋」。

一 一〇四頁上二一行第一一字「擊」，徑、清作「繫」。

一 一〇四頁中一〇行第六字「濕」，資、磧、普作「顯」。

一 一〇四頁下一二行第三字「言」，麗無。

一 一〇四頁下二二行第一二字「長」，資、磧、普、南、徑、清作「表」。末行末字及次頁中一七行第二字同。

一 一〇五頁上七行第五字「示」，磧、普、南、徑、清作「亦」。

一 一〇五頁下一一行「三種」，南、徑、清作「三科」。

一 一〇五頁下二一行第九字「各」，麗作「名」。

一 一〇六頁下五行第四字「和」，諸本作「知」。

一 一〇七頁上一二行第四字「眼」，磧、普、南作「明」。

一 一〇七頁下二行「訓詞」，資作「訓詞」。

一 一〇八頁上七行首字「異」，磧、普作「畢」。

一 一〇八頁下八行第七字「愛」，資、磧、普、南、徑、清作「受」。

一 一〇八頁下一五行第一一字「主」，磧、普、南、徑、清作「生」。

一 一〇九頁上卷末經名，徑、清作「阿毗達磨藏顯宗論卷第二」。

阿毗達磨藏顯宗論卷第三　雅

尊者眾賢造

三藏法師玄奘奉　詔譯

辯本事品第二之三

如是已說諸蘊次第於界處中應先辯說六根次第由斯境識次第可知眼等何緣如是次第頌曰

前五境唯現　四境唯所造　餘用遠速明
或隨處次第

論曰於六根中眼等前五唯取現境是故先說意境不定三世無為或唯取一或二三四是故後說境決定者用無雜乱其相分明所以先說境不定者用有雜乱相不分明所以後說所言四境唯所造者前流至此五中前四境唯所造是故先說身境不定大種造色俱為境故所以後說或時身根唯取大種或時身根唯取所造或時身根俱取二種是故身識有說極多緣五觸起謂四大種滑等隨一有說極多緣十一起餘謂前四如其所應用遠速明是故先說謂眼耳根取遠境故在二先說二中明用遠故先說如遠叢林風等所擊現觀搖動不聞聲故又眼用速先遠見人撞擊鍾鼓後聞聲故鼻舌兩根用俱非遠先說鼻者由速明故如對香美諸飲食時鼻先齅香舌後嘗味如是且約境定不定用遠速明辯根次第或於身中隨所依處安布上下說根次第傳說身中眼處最上又顯在面是故先說耳鼻舌根依處漸下身處多下意無方處有即依止五根生者故最後說豈不理實鼻根極微住鼻頞中非居眼下如說三根横作行列處无高下如冠花鬘理實應介然經主意就根依處假說如此經主或言似通餘釋故今於此別作頌文

前五用先起　五用初二遠　三用初二明
或隨處次第

於六根中眼等前五於色等境先起作用意後方生是故先說如本論言色等五境五識先受意識後知為自識依及取自境應知俱是眼等功用於五根中初二用遠境不合故所以

先說二中眼用復遠於耳引事如前是故先說鼻等三用初二分明故鼻居先舌次身後如鼻於香能取微細舌於甘苦則不如是如舌於味能取微細身於泠煖則不如是隨處次第釋不異前如是已說處界次第即於此中應更思擇何緣十處體皆是色唯於一種立色處名又十二處體皆是法唯於一處立法處名頌曰

為差別最勝　攝多增上法　故一處名色
一名為法處

論曰雖十二處十色皆法而為差別一立總名言差別者謂各別處若色法性等故名同是則處名應二或一諸弟子等由此總名唯應總知不了別相為令了知境及有境種種差別故立異名由是如來於其聲等眼等色上立別義名色處更無別義名故總名即別如能作因諸立別名為顯別義此顯別義故即別名法處亦尒言最勝者由二因緣唯色處中色相最勝一有見故可示在此在彼差別二有對故手等觸時即便變壞又多

種故三眼境故世共於此立色名故謂大論師非於聲等立色名故唯一名色於法處中攝受想等眾多法故應立通名若離通名去何能攝多別相法同為一處又於此中攝多品類法名諸法故立法名謂擇法覺支法智法隨念法證淨法念住法無礙解法寶法歸此等法名有无量種一切攝在此法處中故獨名法又增上法所謂涅槃此中攝故獨名為法諸契經中有餘種種蘊及處界名想可得皆在此攝如應當知且辯攝餘諸蘊名想頌曰

牟尼說法蘊　數有八十千　彼體語或名
此色行蘊攝

論曰有說佛教語為自體彼說法蘊皆色蘊攝語用音聲為自性故有說佛教名為自體彼說法蘊皆行蘊攝名不相應行為性故語教異名教容是語名教別體教何是名彼作是釋要由有名乃說為教是故佛教體即是名所以者何詮義如實故名佛教名能詮義故教是名由是佛教定名

為體舉名為首以攝句文齊何應知諸法蘊量頌曰

有言諸法蘊　量如彼論說　或隨蘊等言
如實行對治

論曰有諸師言八万法蘊一一量等法蘊足論謂彼一一有六千頌如對法中法蘊足說或說法蘊隨蘊等言一一差別數有八万謂蘊處界緣起諦食靜慮无量無色解脫勝處遍處覺品神通無諍願智无礙解等一一教門名一法蘊如實說者所化有情有貪瞋癡我慢身見及尋思等八万行別為對治彼八万行故世尊宣說八万法蘊謂說不淨慈悲緣起无常想空持息念等諸對治門此即順顯隨蘊等言無蘊等言不為對治有情病行唐捐而說如彼所說八万法蘊皆此五中二蘊所攝如是餘處諸蘊處界類亦應然頌曰

如是餘蘊等　各隨其所應　攝在前說中
應審觀自相

論曰餘契經中諸蘊處界隨應攝在前所說中如此論中所說蘊等應審

觀彼一一自相且諸經中說餘五蘊謂戒定慧解脫解脫智見五蘊彼中戒蘊此色蘊攝是身語業非意思故彼餘四蘊此行蘊攝是心所法非受想故又諸經說十遍處等前八遍處及八勝處无貪性故此法處攝若兼助伴五蘊性故即此意處法處所攝後二遍處空无邊等四無色處四蘊性故亦此意處法處所攝五解脫處慧為性故此法處攝若兼助伴即此聲意法處所攝復有二處謂無想有情天處及非想非非想處初處即此十處所攝無香味故後處即此意法處攝無色性故又多界經說界差別有六十二應隨其相當知攝在十八界中且彼經中所說六界地水火風四界已辯空識二界未辯其相如是二界其相云何頌曰

空界謂竅隙　體即是光闇　識界有漏識
有情生所依

論曰內外竅隙名為空界竅隙是何即是光闇謂恣指等光闇竅隙顯色差別名為空界應知此界體是實有

說內外故如地界等此離虛空其體別有由契經故其理極成如契經言虛空無色無見無對當何所依然藉光明虛空顯了又說於色得離染時斷虛空界故知別有已說空界諸有漏識名為識界何故不說無漏識耶彼與此義不相應故由無漏法於有情生斷害壞等差別轉故非生所依如是六界於有情生生養長因差別轉故是生所依生因謂識界續生種故養因謂大種生依止故長因謂空界容受生故持有情生故名為界彼經六界此九界攝餘隨所應當觀攝義故諸餘界十八界攝如是已說餘蘊處界皆在此中蘊處界攝今當顯示蘊處界三有見等門義類差別界中具顯根境識故諸門義類易可了知故今且約十八界辯由斯蘊處義類已成於前所說十八界中幾有見幾無見幾有對幾無對幾善幾不善幾無記頌曰

一有見謂色　十有色有對　此除色聲八
無記餘三種

論曰十八界中一是有見所謂色界云何說此名有見耶由二義故一者此色定與見俱故名有見由色與眼俱時轉故如有伴侶二者此色可有示現故名有見可示在此在彼別見如有所緣有說此色於鏡等中有像可現故名有見可示如彼此亦尒故不可說聲有谷響等應成有見不俱生故由說此相餘界無見義准已成如是已說有見無見唯色蘊攝十界有對對是礙義此有彼礙故名有對此復三種境界所緣障礙別故境界有對謂眼等根心及心所諸有境法與色等境和會被导得有對名所緣有對謂心心所於自所緣和會被礙得有對名境界所緣復有何別若於彼法此有功能即說彼為此法境界如人於彼有勝功能便說彼為我之境界心心所法執彼而起彼於心等名為所緣若法所緣有對定是境界有對心心所法境界若無取境功能定不轉故有雖境界有對而非所緣有對謂五色根非相應法無所緣故

云何眼等於自境界所緣轉時說名有礙越彼於餘此不轉故或復礙者是和會義謂眼等法於自境界及自所緣和會轉故有說若法唯於彼轉不能越彼故名有礙障礙有對謂可集色自於他處被障不生如手石等更相障礙或於自處障礙他生唯極微色更相障故可說名為障身有對此中唯辯障身有對故但言十礙義勝故何等為十謂極微成十有色界唯有色故法界貫通有色無色彼色一向非極微成除此所餘十名有色色蘊攝故說十有色名為有對義准說餘名為無對言有色者謂除無表餘色蘊攝變身名色有變礙義故名有色有說色者謂能示現在此彼言此有彼言故名有色有說諸色有自體故名為有色稱說易故唯於色體說有色言如是已說有對無對於此所說十有對中除色及聲餘八無記言無記者不可記為善不善故應讚毀法可記說在黑白品中名為有記若於二品皆所不容體不分明名無記法其餘十界通善等三即是七心色聲法界善謂捨惡是違惡義或復善者名慧攝受謂若諸法慧所攝受或攝受慧皆名為善或復善者是吉祥義能招嘉瑞如吉祥世翻此即釋不善名義色聲二界善心等起即名為善惡心等起名為不善餘是无記其七心界若無貪等相應名善貪等相應名為不善餘名無記法界所攝品類衆多無貪等性相應等起擇滅名善若貪等性相應等起名為不善餘名無記已說善等十八界中幾欲界繫幾色界繫幾無色界繫頌曰

欲界繫十八　色界繫十四　除香味二識
無色繫後三

論曰繫謂繫屬即被縛義欲界所繫具足十八色界所繫唯十四種除香味境及鼻舌識除香味者段食性故離段食欲方得生彼除鼻舌識無境界故非無境界少有識生若尒於彼亦應無觸非食性觸於彼得有觸界於彼無成食用有成餘用所謂成身若不尒者大種應無則諸所造亦應非有便同無色何名色界又於彼觸有成外用謂成宮殿及衣服等雖離食欲觸有別用香味不然故彼非有無色界繫唯有後三所謂意法及意識界要離色染於彼得生故無色中無十色界依緣無故五識亦無故唯後三無色界繫已說界繫十八界中幾有漏幾無漏頌曰

意法意識通　所餘唯有漏

論曰次前意法及意識三一切皆通有漏無漏謂除道諦及三無為餘意等三皆是有漏道諦所攝及三無為如其所應三皆無漏唯通有漏謂餘十五道諦無為所不攝故如是已說有漏無漏十八界中幾有尋有伺幾無尋唯伺幾無尋無伺頌曰

五識有尋伺　後三三餘無

論曰眼等五識有尋有伺由與尋伺恒共相應此五識身恒與尋伺共相應者五識唯在尋伺所隨地中有故非於欲界初靜慮中心心所法除尋與伺有一不與尋伺俱故意法意識名為後三根境識中各居後故此後

三界皆通三品意界意識界及相應法界除尋與伺若在欲界初靜慮中有尋有伺靜慮中間無尋唯伺從此已上無尋無伺法界一切非相應法靜慮中間伺亦如是於彼上地無尋伺故非相應故彼無尋故自體自體不相應故尋一切時無尋唯伺自體自體不相應故此常與伺共相應故伺在欲界初靜慮中三品不妝應為第四然法少故頌中不說餘十色界尋伺俱無常與尋伺不相應故此中乘便應更思量若五識身有尋有伺尋即分別如何許彼無分別耶頌曰

說五無分別　由計度隨念　以意地散慧
意諸念為體

論曰分別有三一自性分別二計度分別三隨念分別由五識身雖有自性而無餘二說無分別如一足馬名為無足故雖有一而得名無豈不意識有唯一種分別相應由依意識揔類具三說有分別自性分別體唯是尋後心所中自當辯釋餘二分別如其次第意地散慧諸念為體散言簡定意識相應散慧名為計度分別定中不能計度境故非定中慧能於所緣如此如是計度而轉故於此中簡定取散若定若散意識相應諸念名為隨念分別明記所緣用均等故五識雖與念慧相應擇記用微故唯取意夫分明者推求行相故說尋為自性分別簡擇明記片似順尋故分別名亦通慧念由此三行差別攝持皆令於境明了轉異於已了境遮簡行生故分別名不通於想於未了境不能印持故分別名不通勝解若在欲界及初靜慮不定意識具三分別若初靜慮在定意識及上散心各二分別上地意識若在定中及五識身各一分別如是已說有尋伺等十八界中幾有所緣幾無所緣幾有執受幾無執受頌曰

七心法界半　有所緣餘無　前八界及聲
無執受餘二

論曰六識意界及法界攝諸心所法名有所緣有所緣故如人有子所緣所行及與境界名義差別餘十色界及法界攝不相應法名無所緣義唯成故應知五識無分別故緣實極微和集為境不緣和合非和合名別目少法可為無分別識所取境成於多法中起一增語言說轉故名為和合五識不緣增語為境是故和合非五所緣如是已說有所緣等十八界中九無執受何等為九謂前所說七有所緣并全法界此八及聲皆無執受頌中及言具含二義一顯揔集謂八及聲揔無執受二顯異門謂餘師說不離根聲亦有執受餘九通二謂五色根色香味觸云何通二眼等五根住現在世名有執受過去未來名無執受色香味觸住現在世不離五根名有執受過去未來及住現在非不離根名無執受是故九界各通二門何等名為有執受相本論中說已身所攝名有執受此復云何謂心心所執為已有即心心所共所執持攝為依處名有執受損益展轉更相隨故若示色等即應一向名無執受心心所法不依彼故非根性故不尒色等

若不離根雖非所依而是心等之所親輔故無此失如是已說有執受等十八界中幾大種性幾所造性幾可積集幾非積集頌曰

觸界中有二　餘九色所造　法一分亦然
十色可積集

論曰觸界通二一者大種二者所造此二如前十一觸釋非唯大種總攝觸界各別處經說觸處中攝造色故餘九色界唯是所造謂五色根色聲香味法界一分亦唯所造此復云何謂無表色依大種生故名所造然聲為顯定無一界唯大種性餘七心界法界一分除無表色俱非二種義准已成離大種外別有所造各別處經即為誠證如是已說大種所造十八界中五根五境十有色界是可積集以是極微體可聚故名可積集義准餘八非可積集體非極微不可聚故如是已說可積集等十八界中幾能斫幾所斫幾能燒幾所燒幾能稱幾所稱如是六問今應摠荅頌曰

謂唯外四界　能斫及所斫　亦所燒能稱
能燒所稱諍

論曰色香味觸成斧薪等此即名為能斫所斫唯者定義意顯斫等決定是外四界非餘及言為顯能斫所斫俱通四界即諸色聚相逼續生異緣分隔令各續起名能所斫剎那性故理實都無能斫所斫此所斫義身根等無非諸色根異緣分隔可令成二各相續起支分離身則無根故又身根等亦非能斫淨妙相故如珠寶光此等義言唯言所顯如能斫所斫體唯外四界所燒能稱其體亦尒謂唯外四界名所燒能稱身等色根淨妙根故亦非二事如珠寶光聲非色等相續俱轉有間斷故六義皆無能燒所稱有異諍論謂或有說能燒所稱體示如前唯外四界或復有說唯有火界可名能燒所稱唯重如是已說能所斫等十八界中幾異熟生幾所長養幾是等流幾有實事幾一剎那如是五問今應摠荅頌曰

內五有熟養　聲無異熟生　八無礙等流
亦異熟生性　餘三實唯法　剎那唯後三

論曰內五謂眼耳鼻舌身有異熟生及所長養遮等流性是故不說雖眼等根亦等流性以有同類因則是等流果由離異熟所長養外無等流性是故應遮如離長養有異熟生離異熟生有所長養非離此二有別等流為辯異門廢摠論別熟謂成熟離因而熟故名異熟異熟體生名異熟生或是異熟因所生故名異熟生略去中言故作是說譬如牛車或所造業至得果時變而能熟故名異熟果從彼生名異熟生或於因上假立果名如於果上假立因名如說六觸處即是所造業飲食資助眠睡等持勝緣所益名所長養飲食等緣於異熟體唯能攝護不能增益別有增益名所長養應知此中長養相續常能護持異熟相續猶如外郭防援內城既說聲界無異熟生義准非無等流長養何緣聲界非異熟生數數間斷復還生故異熟生色無如是事非隨欲樂異熟果生聲隨欲生故非異熟八無㝵者七心法界此有等流異熟生性

若非異熟同類遍行因所生者名等流性若異熟因所生起者名異熟生餘謂餘四色香味觸皆通三種謂異熟生等流長養實唯法者實謂無為以堅實故此法界攝故唯法界獨名有實意法意識名為後三於六三中寂後說故唯此三界有一剎那謂初無漏苦法忍品非等流故名一剎那此說正現行亦非等流者餘有為法無非等流唯初無漏五蘊剎那無同類因而得生起餘有為法無如是事等無間緣勢力強故前因雖闕而此得生等無間緣勢力強者與初聖道品類同故無量善法所長養故與初聖道性相等故為此廣修諸加行故苦法忍相應心名意界意識界餘俱起法名為法界如是已說異熟生等今應思擇若有眼界先不成就今得成就亦眼識耶若眼識界先不成就今得成就亦眼界耶如是等問今應略答頌曰

眼與眼識界　獨俱得非等

論曰獨得者謂或有眼界先不成就

今得成就非眼識謂生欲界漸得眼根及無色歿生二三四靜慮地時或有眼識先不成就今得成就非眼界謂生二三四靜慮地眼識現起及從彼歿生下地時俱得者謂或有二界先不成就今得成就謂無色歿生於欲界及梵世時非者俱非謂除前相等者攝餘所未說義此復云何謂若成就眼界亦眼識界耶應作四句第一句者謂生二三四靜慮地眼識不起第二句者謂生欲界未得眼根或得已失第三句者謂生欲界得眼不失及生梵世若生二三四靜慮地眼識現前第四句者謂除前相如是眼界與色界眼識與色界得及成就如理應思由斯理路例應思擇後五種三得與成就并互相望及捨不成如毗婆沙廣文示現恐詞繁雜故今不述如是已說得成就等十八界中幾內幾外頌曰

內十二眼等　色等六為外

論曰六根六識十二名內外謂所餘色等六境雖無實我而內義成已說

內外十八界中幾同分幾彼同分頌曰

法同分餘二　作不作自業

論曰法同分者謂一法界唯是同分今應先辯境同分相若境與識定為所緣且如法界與彼意識定為所緣是不共故識於其中已生生法此所緣境說名同分意能遍緣一切境故於三世境及非世中無一法界不於其中已正當生無邊意識二念意識即能普緣一切法故由是法界恒名同分餘二者謂餘十七界皆有同分及彼同分何名同分彼同分耶謂作自業不作自業若作自業名為同分不作自業名彼同分如何眼等說為同分彼同分耶且同分眼說有三種謂於色界已正當見彼同分眼說有四種謂此相違及不生法如眼耳鼻舌身亦然各於自境應說自用意界同分說有三種謂於所緣已正當了彼同分意唯有一種謂不生法色界同分說有三種謂眼所見已正當滅彼同分色說有四種謂此相違及不生法廣說乃至觸界亦尒各對自根

阿毗達磨藏顯宗論卷第三　第二十二張　雅字号

應說自用眼等六識依生不生立二分故如意界說眼若於一是同分於餘一切亦同分此若於一是彼同分於餘一切亦彼同分廣說乃至意界亦介色即不然於見者是同分於不見者是彼同分復有何緣說眼同分及彼同分異於色耶容多有情同見一色無用一眼二有情觀聲如色說是共境故香味觸三如內界說非共境故然諸世間依假名想有言我等同齅此香同嘗此味同覺此觸云何同分彼同分義分謂交涉同有此分故名同分云何交涉謂根境識更相交涉即是展轉相隨順義或復分者是已作同更相交涉故先說言若作自業名為同分或復分者是所生觸依根境識交涉生故同有此分故名同分即同有用同有觸義與此相違名彼同分由非同分與彼同分種類分同名彼同分云何與彼種類分同謂此與彼同見等相同處同界互為因故互相屬故互相引故種類分同

說一切有部顯宗論卷第三

阿毗達磨藏顯宗論卷第三　第二十三張　雅字号

阿毗達磨藏顯宗論卷第三

校勘記

一　底本，金藏廣勝寺本。

一　一一〇頁下一行第一一字「明」，諸本（不含石，下同）作「眼」。

一　一一〇頁下三行「橦擊」，諸本作「撞擊」。

一　一一一頁上一七行第一三字「眼」，諸本作「眼」。

一　一一一頁中二行首字「謂」，諸本作「諸」。

一　一一一頁下七行首字「法」，資、磧、普、南、徑、清作「治」。又第六字「說」，麗作「論」。

一　一一二頁上一八行「二界」，資、磧、普、南、徑、清作「一界」。

一　一一二頁下五行末字「見」，諸本作「故」。

一　一一三頁中五行第一〇字「世」，諸本作「草」。

一　一一三頁中一〇行第三字「衆」，

南、徑、清作「雖」。

一 一一四頁上九行第一二字「敉」，諸本作「收」。

一 一一四頁上一六行第一三字「計」，磧、南作「許」。

一 一一四頁中七行「分明」，諸本作「分別」。

一 一一四頁下一行末字「唯」，諸本作「准」。

一 一一四頁下二二行第二字「示」，諸本作「爾」。

一 一一五頁上一行「是心」，資作「心心」。

一 一一五頁上一八行第九字「名」，徑作「如」。

一 一一五頁上二〇行首字「如」，徑作「名」。

一 一一五頁上二二行第五字「六」，磧、南作「有」。

一 一一五頁中八行第一二字「令」，徑作「今」。

一 一一五頁中一四行首字「根」，諸本作「相」。

一 一一五頁中一七行第二字「示」，諸本作「亦」。

一 一一五頁下一行首字「論」，資作「說」。

一 一一六頁下一五行第七字「且」，磧作「月」；普、南、徑、清作「用」。

一 一一七頁上一五行第四字「同」，諸本作「用」。

阿毗達磨藏顯宗論卷第四　雅

尊者衆賢造

三藏法師玄奘奉　詔譯

辯本事品第二之四

已說同分及彼同分十八界中幾見所斷幾修所斷幾非所斷頌曰

十五唯修斷　後三界通三　不染非六生
色定非見斷

論曰言十五者謂十色界及五識界唯修斷者此十五界唯修所斷後三界者意界法界及意識界於六三中最後說故通三者各通三八十八隨眼及彼相應法并彼諸得若彼生等諸俱有法皆見所斷所餘有漏皆修所斷一切無漏皆非所斷為定斯義復言不染非六生色定非見斷言不染者謂有漏善无覆无記非六生者六謂第六即是意處異此而生名非六生是從眼等五根生義即五識等色謂有漏染不染色如是三類定非見斷且不染法及諸色法非見斷者緣彼煩惱究竟斷時方名斷故斷義

云何略有二種一離縛斷二離境斷離縛斷者如契經言於無內眼結如實了知我無內眼結離境斷者如契經說汝等苾芻若能於眼斷貪欲者是則名為眼得永斷阿毗達磨諸大論師依彼次第立二種斷一自性斷二所緣斷若法是結及一果等對治生時於彼得斷名自性斷由彼斷故於所緣事便得離繫不必於中得不成就名所緣斷此中一切若不染汙有漏無色若有漏色及彼諸得生等法上有見所斷及修所斷諸結所繫如是諸結漸次斷時於一一品各別體上起離繫得時彼諸結及一果等皆名已斷彼不染汙有漏无色及有漏色并彼諸得生等法上諸離繫得尒時未起未名為斷由彼諸法唯隨彼地最後無閒道所斷故非諸見道能隨地別漸次離欲云何能斷不染等法非六生法非見斷者緣色等境外門轉故如是已說見所斷等十八界中幾是見幾非見頌曰

眼法界一分　八種說名見　五識俱生慧
非見不度故　眼見色同分　非識見因故
不觀障色故

論曰眼全是見法界一分八種是見餘皆非見何等為八謂身見等五染汙見世間正見有學正見無學正見於法界中此八是見所餘法界及餘十六一切非見一切法中唯有二法是見自體有色法中唯眼是見無色法中行相明利推度境界內門轉慧是見非餘此中眼根如前已說世共了故觀照性故闇相違故用明利故說眼名見五染汙見隨眠品中當辯其相世間正見謂意識相應善有漏勝慧有學正見謂有學身中一切无漏慧無學正見謂无學身中盡度無漏慧一正見言具攝三種別開三者為顯異生學无學地三見別故又顯漸次修習生故如是諸見揔類有五一無記類二染汙類三善有漏類四有學類五無學類无記類中眼根是見耳等諸根一切无覆無記慧等悉皆非見染汙類中五見是見餘染汙慧悉皆非見謂貪瞋慢不共无明疑

俱生慧餘染汙法亦皆非見有學類中無慧非見但餘非見无學類中盡无生智及餘非見餘無學慧一切是見善有漏類中唯意識相應善慧是見餘皆非見有餘師說意識相應善有漏慧亦有非見謂五識身所引發慧發有表慧命終時慧又於此善有漏類中五識俱生慧亦非見何緣如是所遮諸慧皆非見耶不決度故唯有如前所說慧相是見自體謂無色中行相明利推度境界內門轉慧是見非餘唯此相慧有決度能於所緣境審慮轉故非所遮慧能於所緣審慮決度是故非見言決度者謂於境界審慮為先決擇究竟非五識身相應諸慧於已了境能審了知以能推尋應非應理差別而轉故名決度意識中慧能於境界審慮為先決擇究竟可名為見其五識身无分別故彼相應慧無此功能故不名見若尒眼根既無此相應不名見豈不先說世共了故觀照性故闇相違故用明利故眼亦名見契經亦言眼見諸色故

說眼根能見諸色若眼見者何不同時得一切境无斯過失許少分眼能見色故少分者何謂同分眼同分眼根如前已說識所住持乃成同分非一切根同時自識各所住持故无斯各若尒即應彼能依識是見非眼要眼識生方能見故不尒眼識力所住持勝用生故如依薪力勝用火生若見色用是識生法此見色用離眼應生由識長益俱生大種令起勝根能見衆色故不應說能依識見誰有智者當作是言諸有因緣能生了別如是了別即彼因緣識是見因故非見體又眼識體與耳等識無差別故定非見體眼識與彼耳等諸識有何差別而獨名見故執識見定為非理復有餘師以別道理成立眼識定非是見謂不能觀被障色故現見壁等所障諸色則不能觀若識見者識无對故壁等不礙應見障色是故眼等取境義成謂能見聞齅嘗覺了如是見用捴相已成今更應思見用別相於所見色為一眼見為二眼見非二眼

中隨開一眼或一眼壞即令餘眼无見功能故知一眼亦能見色若彼二眼不壞俱開則二眼根同時見色一眼見色義顯易成俱見難成故應辯釋頌曰

或二眼俱時　見色分明故

論曰或時二眼俱能見色何緣定知見分明故以閉一眼於色根續見不分明開二眼時即於此色見分明故若二眼根前後見者雖開二眼而但一見如一眼閉見色不明開二眼時亦應如是如開二眼見色分明一眼閉時亦應如是既不如是定知有時二眼俱見依性一故眼設百千尚生一識況唯有二如是所說眼等諸根正取境時為至不至何緣於此而復生疑現見經中有二說故如世尊說有情眼根愛非愛色之所拘礙非不相至拘㝵義成又世尊說彼以天眼觀諸有情廣說乃至或遠或近非於至境可立遠近由此二說故復生疑根境相至其義不定若就功能到境名至則一切根唯取至境若就體相

無間名至頌曰
眼耳意根境　不至三相違
論曰眼耳意根取非至境眼於遠近俱時取故又不能取隣逼境故又亦能取頗胝迦等所障色故又於所見有猶豫故又眼無容至遠境故取非至境耳根亦唯取非至境方維遠近聲可了故又取遠近聲有了不了故又取遠近聲猶豫決定故意根亦唯取非至境不取俱有相應法故又無色故非能有至是故意根取非至境餘三鼻等與上相違謂鼻舌身唯取至境豈不極微非互相觸若諸極微遍體相觸即有實物體相雜過若觸一分成有分失如何鼻等取至境耶今觀至義謂境與根隣近而生方能取故由此道理說鼻舌身唯取至境如言眼瞼籌等至色眼不能見非眼瞼等要觸眼根方得名至但眼瞼等隣近根生即名為至由不能見如是至色故說眼根取非至境如眼等根取非至境然不能取極遠境界鼻等亦然雖取至境而不能取極近境界

但由香等隣近根生故說三根取至無過非鼻香等根境極微展轉相觸非所觸故又是障礙有對性故觸即有失為顯此義復應研究設有難言若諸極微互不相觸如何撫擊得發音聲令此豈同鵂鶹子等要由合德方乃生聲而為此難然物合時理不成故不應許有合德生聲若尒云何得有聲發於此真實聖教理中離合繫名唯依大種謂有殊勝二四大種離合生時得彼名故此位大種是聲生因唯此俱生聲是耳境此有何失彼不忍受我不忍受亦有因緣謂諸極微既不相觸彼此大種合義豈成隣近生時即名為合豈待相觸方得合名又汝不應躊躇此義此彼大種定不相觸所以者何是所觸故非能觸故諸色蘊中唯有觸界名為所觸唯有身根名為能觸此外觸義更不應思若謂所觸亦能觸者應許身根亦是所觸則境有境便應雜乱若謂此二無雜乱失身識所緣所依別故豈不由此轉成雜乱謂若身根亦所

觸者何緣不作身識所緣若許觸界亦能觸者何緣不作身識所依是故所言此彼大種定不相觸其理極成若尒身根及與觸界如何能觸所觸得成根境極微隣近生故豈不一切鼻舌身根皆取至境無差別故則應能觸通鼻舌根所觸亦應兼於香味此難非理隣近雖同而於其中有品別故又滑澁等世間共起所觸想名對彼身根說名能觸故无有過餘廣決擇如順正理今應觀察眼等諸根為於自境唯取等量速疾轉故如旋火輪見大山等為於自境通取等量不等量耶頌曰
應知鼻等三　唯取等量境
論曰前說至境鼻等三根應知唯能取等量境如鼻舌身根極微量香味觸境極微亦然相稱合生鼻等識故豈不鼻等三根極微有時不能遍取香等何故乃說唯取等量以非鼻等三根極微於香等微能取過量故說唯能取等量境非無少分三根極微亦能取於少分三境隨境微量至根

少多尒所根微能起作用眼耳不定謂眼於色有時取小如見毛端有時取大如暫開目見大山等有時取等如見蒲桃野棗果等耳根亦取蚊雷琴聲小大等量意無質礙不可辯其形量差別頌中應知言兼勸知此義令乘義便復應觀察去何眼等諸根極微安布差別不可見故雖難建立而有對故住方處故和集生故定應說其安布差別眼根極微居眼星上對向自境傍布而住如香荾花清澈瞙覆令無分散有說重累如丸而住體清澈故如秋泉池不相障礙耳根極微居耳穴內旋環而住如卷樺皮鼻根極微居鼻頞內背上面下如雙爪甲此初三根横作行度無有高下如冠花鬘舌根極微布在舌上形如半月當舌形中如毛端量非為舌根極微所遍身根極微遍住身分如身形量女根極微形如鼓顙男根極微形如指韜眼根極微有時一切皆是同分有時一切皆彼同分有時一分是彼同分餘是同分乃至舌根極微

亦尒身根極微定無一切皆是同分乃至極熱㮇落迦中猛焰纒身猶有无量身根極微是彼同分故如是說設遍發識身應散壞以無根境各一極微為所依緣能發身識五識決定積集多微方成所依所緣性故去何建立六識所依為如五識唯緣現在意識通緣三世非世如是諸識依亦尒耶不尒去何頌曰

後依唯過去　五識依或俱

論曰由六識身無間滅已皆名為意此與意識作所依根是故意識唯依過去眼等五識所依或俱或言表此亦依過去謂眼等五是俱所依過去所依即是意界如是五識所依各二第六意識所依唯一為顯頌中依義差別故復應問若是眼識所依性者即是眼識等无間緣耶設是眼識等无間緣者復是眼識所依性耶應作四句第一句謂俱生眼根第二句謂无間滅心所法界第三句謂過去意根第四句謂除前所說乃至身識亦尒各各應說自根意識應作順前句

荅謂是意識所依性者定是意識等无間緣有是意識等无間緣非與意識為所依性謂無間滅心所法界又五識界如所依根定有過現彼所緣境為亦如是為有別耶定有差別已滅未生非五識境所以者何由與所依一境轉故於非現境依不轉故契經既說眼色為緣生於眼識乃至廣說何因識起俱託二緣得所依名在根非境頌曰

隨根變識異　故眼等名依

論曰眼等即是眼等六界由眼等根有轉變故諸識轉異隨根增損有明昧故非色等變令識有異以識隨根不隨境故依名唯在眼等非餘若尒意識亦隨身轉謂風病等損惱身時意識則乱身安靜位意識明了何緣彼意識不以身為依隨自所依故无此失謂風病等損惱身時發生苦受相應身識如是身識名乱意界此與苦受俱謝滅時能為意根生乱意識與此相違意識明了是故意識隨自所依隨自依言顯隨增損明昧差別

非顯有記無記等類何緣所識是境
非根而立識名隨根非境頌曰
彼及不共因　故隨根說識
論曰彼謂前說眼等名依故立識名
隨根非境依是勝故及不共者謂眼
唯自眼識所依色亦通為他身眼識
及通自他意識所取乃至身觸應知
亦然豈不意識境不共故應名法識
此難非理通別法名共非通故境不
具前二種因故謂通名法非唯不共
別名法界非遍攝識又別法界雖不
共餘而非意識所依根性是故若法
是識所依及不共者隨彼說識色等
不然故不隨彼說色等識如名鼓聲
及麥芽等又此頌文復有餘義彼謂
眼等識所隨故及不共者及由眼等
是不共故謂有一生色發四生眼識
無一生眼根發二生眼識況有能發
四生識者如是界趣族類身眼各別
發識故名不共廣說乃至身亦如是
豈不餘生意根亦發餘生意識非全
不發但不俱時無一生意一時並發
二生意識可如色等故作是言無二

況四如是眼等識所隨故生界趣等
別生識故由此二因隨根非境隨身
所住眼見色時身眼色識地為同不
應言此四或異或同所言同者謂生
欲界以自地眼見自地色四皆同地
生初靜慮以自地眼見自地色亦皆
同地非生餘地有四事同所言異者
謂生欲界若以初靜慮眼見欲界色
身色欲界眼識初定見初定色身屬
欲界三屬初定若以二靜慮眼見欲
界色身色欲界眼屬二定識屬初定
見初定色身屬欲界眼屬二定色識
初定見二定色身屬欲界眼色二定
識屬初定如是若以三四靜慮地眼
見下地色或自地色如理應知如是
若生四靜慮地四事有異如理應思
餘界亦應如是分別今當略辯此決
定相頌曰
眼不下於身　色識非上眼　色於識一切
二於身亦然　如眼耳亦然　次三皆自地
身識自下地　意不定應知
論曰身眼色三皆通五地謂在欲界
四靜慮中眼識唯在欲界初定此中

眼根望身生地或等或上終不居下
色識望眼等下非上下地眼根串見
麁色於上細色無見功能又下眼根
無有勝用上地自有殊勝眼根於下
地中自有眼識故下地眼非上識依
色望於識通等上下色識於身如色
於識謂通自地或上或下識望於身
通自地者唯生欲界初靜慮中或上
地者唯生欲界或下地者唯生二三
四靜慮地色望於身自下地者自上
眼見若上地者唯上眼見又以自地
眼唯見自下色若以上地眼見自上
下色廣說耳界應知如眼謂耳不下
於身聲識非上耳聲於識一切二於
身亦然隨其所應廣如眼釋鼻舌身
三總皆自地多分同故香味二識唯
欲界故鼻舌唯取至境界故於中別
者謂身與觸其地必同取至境故識
望觸身或自或下自謂若生欲界初
定生上三定謂之為下應知意界四
事不定謂意界有時與身識法同在
一地有時上下身唯五地三通一切
唯生五地自意自識緣自地法名意

與三同在一地意界有時在上地者謂遊定時若生欲界即此從初靜慮無間起欲界識了欲界法意屬上地三屬下地或二三四靜慮等无間起初二三靜慮等地識了初二三靜慮等地法意屬上地三屬下地如是若生初靜慮等從上起下如理應知於受生時無上地意依下地身必無下地身根不滅受上生故又定無有住異地心而命終故如是應知無下地意依上地身依上地意受下地身則不違理謂從上地意界無間於欲色界初結生時意屬上地身識下地彼所了法或自地或上地或不繫如是應知依下地意受上地身亦不違理於遊定時有下地意依上地身亦不違理謂生上地先起下地識身化心如是識法亦應廣說復應思擇若欲界眼見欲界色或色界眼見二界色介時彼色可為幾種眼識所識於此復起幾種分別為令於宗不迷乱故先揔料簡後當別釋應知此中且辯計度及與不定隨念分別遍諸地故

約此二種一切眼識皆無分別又善分別能緣一切自上下地染汙分別緣自上地無記分別緣自下地隨所生地未離彼貪具有此地三種分別若離彼貪唯有此地二種分別謂除染汙非生餘地有初靜慮善眼識現在前由此必定繫屬生故生初靜慮亦不得依餘地眼根起善眼識非生餘地能起餘地無覆无記分別現前此亦必定繫屬生故非此中意唯說一生所起分別若說一生則生上地應定無有下地分別即此生中彼三分別無容得有現在前故又上地分別應唯善非無記前已說因故通說餘生皆得具有已揔料簡次當別釋斷善根者眼見色時此色染汙无覆无記眼識所識於此復起三種分別謂善染汙无覆無記不斷善根未離貪者眼見色時此色三種眼識所識於此復起三種分別若諸異生生在欲界已離欲界貪未離初定貪以欲界眼見諸色時此色是善无覆无記眼識所識於此復起欲界分別若退

法者具有三種不退法者唯有二種謂除染汙以初靜慮眼見欲界色時此色唯是無覆無記眼識所識於此復起欲界分別如前應知於此復起初靜慮地二種分別謂除染汙以初靜慮眼見彼地色時此色唯是无覆无記眼識所識於此復起欲界分別若退法者則有二種謂除無覆不退法者則唯有善於此復起初靜慮地三種分別已離初定貪未離二定貪以二靜慮眼見欲界色時此色唯是無覆無記眼識所識於此復起欲界分別若退法者具有三種不退法者唯有二種謂除染汙於此復起初定分別若退法者則有二種謂除染汙不退法者則唯有善於此復起二靜慮地二種分別謂除染汙以二靜慮眼見初定色時此色唯是无覆无記眼識所識於此復起欲界分別若退法者則有二種謂除无覆不退法者則唯是善於此復起初定分別若退法者具有三種不退法者則唯是善於此復起三靜慮地二種分別謂除

染汙以二靜慮眼見二定色時此色
唯是無覆無記眼識所識於此復起
欲界分別若退法者則有二種謂除
無覆不退法者則唯有善初靜慮地
所起分別應知亦尒於此復起二靜
慮地三種分別隨此所說別釋理趣
已離二定貪未離三定貪已離三定
貪未離四定貪已離四定貪皆應如
理一一思擇如說異生生在欲界如
是生在四靜慮中及諸聖者生在五
地隨其所應亦當廣說然有差別謂
諸聖者若退不退皆无緣上染汙分
別異地遍行皆已斷故見道功德必
無退故由此方隅例應推究耳聞聲
等識及分別傍論已周應辯正論今
當思擇十八界中誰六識內幾識所
識幾常幾无常幾根幾非根頌曰
五外二所識　常法界无為　法一分是根
并內界十二
論曰十八界中色等五界如其次第
眼等五識各一所識又摠皆是意識
所識如是五界各六識中二識所識
由此准知餘十三界一切唯是意識

所識非五識身所緣境故十八界中
無有一界全是常者唯法一分无為
是常義准无常法餘餘界十八界中
法界一分并內十二是根非餘謂五
受根信等五根及命根全三無漏根
各一分是法界所攝眼等五根如自
名攝女根男根即是身界一分所攝
如後當辯意根通是七心界攝後三
一分意意識攝義准所餘色等五界
法界一分皆體非根二十二根如契
經說所謂眼根耳根鼻根舌根身根
意根女根男根命根樂根苦根喜根
憂根捨根信根勤根念根定根慧根
未知當知根已知根具知根契經建
立六處次第故身根後即說意根對
法諸師依義次第於命根後方說意
根无緣有緣次第說故諸門分別易
顯了故

說一切有部顯宗論卷第四

甲辰歲高麗國大藏都監奉
勑彫造

阿毗達磨藏顯宗論卷第四
校勘記

一　底本，麗藏本。
一　一一九頁上一九行第一〇字「義」，磧、普、南作「善」。
一　一一九頁中五行「永斷」，清作「未斷」。
一　一一九頁中一七行第九字「由」，磧作「曰」。
一　一一九頁下一〇行第八字「根」，諸本（不含石，下同）作「相」。次頁中四行首字、次頁下八行第一一字同。
一　一二〇頁中四行「住持」，諸本作「任持」。五行、七行末字至八行首字同。
一　一二〇頁下一二行「二眼」，磧、普作「一眼」。
一　一二〇頁下一六行第一三字「而」，磧、南、徑、清作「即」。
一　一二一頁上六行第一〇字「遠」，

南作「來」。

一二一頁上一四行第一三字「若」，資作「者」。

一二一頁中三行第二字「所」，諸本作「不」。

一二一頁中一〇行首字「繫」，諸本作「擊」。

一二一頁下二行首字「亦」，徑作「不」。

一二二頁上四行末字「雷」，磧作「雪」。

一二三頁中一四行「三四」，磧、南作「二四」。

一二四頁下末行「三静慮」，諸本作「二静慮」。

一二五頁上一六行第八字「誰」，南、徑、清作「唯」。

阿毗達磨藏顯宗論卷第五 雅

尊者衆賢造

三藏法師玄奘奉 詔譯

辯差別品第三之一

如是因界已列諸根今於此中應更思擇世尊何故別說根名在內界全及法一分以增上義別說為根彼彼事中得增上故雖增上義諸法皆有而極增上方立根名誰望於誰為極增上頌曰

五根於四事 四根於二種 五八染淨中 各別為增上

論曰非一切根揔於一事為極增上眼等五根各於四事有增上用一莊嚴身二導養身三生識等四不共事莊嚴身者謂五根中隨闕一根身醜陋故導養身者謂由見聞避險難故及於段食能受用故香味觸三皆成段食如有頌曰

辟如明眼人 能避現險難 世有聰明者 能離當苦惡 多聞能知法 多聞能離罪 多聞捨無義 多聞得涅槃

身由食住 命託食存 食已令心 適悅安泰

生識等者謂發五識及相應法隨所依根有明昧故不共事者謂取自境見聞齅嘗覺別境故有說眼耳於能守護生身法身如其次第有增上用前二伽他即為此證有說眼耳俱能守護生法二身親近善士聽聞正法眼耳各為一增上故女男命意各於二事有增上用且女男根二增上者一有情異二分別異有情異者劫初有情形類皆等二根生已便有女男形類差別分別異者進止言音乳房鬚等安布差別有說勇怯有差別故名有情異衣服莊嚴有差別故名分別異有說此於染淨二品有增上力故言於二受不律儀起無間業斷善根故名於染品有增上力能受律儀入道得果及離欲故名於淨品有增上力半擇迦等无如是事命根於二有增上者謂由命故施設諸根及根差別由此有彼有此無彼无故或於衆同分能續及能持於無色界要有

但就因說有二種無一聲性以有執受及无執受大種為因二四大種各別果故非二四大同得一果為俱有因成過失故雖二大種有相扣擊而俱為因各別發聲據自依故不成三體雖有手鼓相擊為因發生三聲而相映奪隨取一種相別難知是故聲處唯有二種已說聲處當說味處越次說者顯彼境識生无定故味謂所敢是可甞義此有六種甘酢鹹辛苦淡別故已說味處當說香處香謂所齅此有四種好香惡香等不等香有差別故等不等者增益損減依身別故有說微弱增盛異故本論中說香有三種好香惡香及平等香若能長養諸根大種名為好香與此相違名為惡香无前二用名平等香或勝福業增上所生名為好香若勝罪業增上所生名為惡香若四大種增上所起名平等香已說香處當說觸處觸謂所觸十一為性即十一實以為體義謂四大種及七造觸滑性澀性重性輕性及冷飢渴有差別故此中能

又諸煩惱於能損壞善品等中有增上用應成根體又最勝故建立諸根一切法中涅槃最勝何緣不立涅槃為根又迦比羅語具手足及大便處亦立為根於語執行及能棄捨有增上故如是等事不應立根由所許根有如是相頌曰

心所依此別　此住此雜染　此資糧此淨
由此量立根

論曰心所依者眼等六根此內六處是有情本此相差別由男女根復由命根此一期住此成雜染由五受根此淨資糧由信等五此成清淨由後三根由此立根事皆究竟不應更立想等為根諸煩惱中愛過最重故唯立受與彼為根愛過重者以契經說愛與六處為生因故又想非見煩惱生因餘因發生顛倒見已妄分別想持令相續離正對治不可斷壞故說此想與彼為因受為愛因俱通二種受為過重煩惱因故通二因故獨立為根有餘師言想為餘法所暎奪故不立為根謂諸善想正慧暎奪諸染

汙想顛倒暎奪非增上故不立為根又諸煩惱亦非增上受於其中成增上故唯受於彼可立為根或損善品壞樂果事下劣鄙穢如何立根根是世間增上法故又於諸法涅槃雖勝滅諸根故不立為根如破諸缾破非缾體又語具等亦不名根不定雜亂太過失故不定失者何等語具立為語根能發言音名為語具此即是舌若尒則應尋伺等法及能引起語業諸風亦立為根能發語故謂尋伺等依脣齒齶咽喉等緣發起言音非但依舌無異因故又尋伺等於發言音是勝因故又諸手腕管弦息等皆能為因發言音故不應唯立舌為語根若謂了色亦由言故不應獨立眼為根者理必不然諸生盲人雖聞說色不了青等差別相故手於執取不應名根口等亦能執取物故足於行動不應名根蛇魚等類不由於足有行動故出大便處於能棄捨不應名根口等亦能有棄捨故雜亂失者彼所立根應成雜亂口能執取及棄捨故

手足俱有執行用故有如是等雜亂過失太過失者彼所立根應無限量若舌根異語根異者應許鼻根與息根異如舌能語鼻通息故若此於彼少有作用即立為根是則咽喉齒脣肚等於諸吞嚼攝持等事有增上故應立為根或一切因於生自果皆增上故應並立根故迦比羅如童子戲不應許彼語具等根已說根義及建立因當說諸根一一自體此中眼等乃至男根前此品中已辯其相謂彼識依五種淨色名眼等根女男二根從身一分差別而立命根體是不相應故不相應中至時當辯信等體是心所法故心所法中至時當辯樂等五受三無漏根更無辯處故今應釋頌曰

身不悅名苦　即此悅名樂　及三定心悅
餘處此名喜　心不悅名憂　中捨二無別
見脩无學道　依九立三根

論曰身謂身受依色根故即五識相應受言不悅者是損惱義於五識俱領觸受內能損惱者名為苦根所言

悅者是攝益義即五識俱領觸受內能攝益者名為樂根初靜慮中三識俱樂亦此所攝種類同故第三靜慮意識俱受能攝益者亦名樂根彼地更無餘識身故即意俱悅立為樂根意識俱生悅受有二在第三定說名為樂由此地中離喜貪故除第三定下三地中說名喜根有喜貪故此二心悅攝益義同行相何殊分為喜樂由行相轉有差別故若有心悅安靜行轉名為樂根若有心悅麁動行轉名為喜根或復樂根攝益力勝喜根攝益則不如是由此第三靜慮地樂諸聖說為所躭著處與意識俱能損惱受是心不悅名曰憂根已約身心悅不悅受行相差別立四受根所言中捨二無別者中是非悅非不悅義即不苦樂說名捨根身心受中此定何受應言此受通在身心苦樂何緣各分為二不苦不樂唯立一根此在身心無差別故謂心苦樂多分躁動苦樂在身則為安住不苦不樂在身在心行相無差唯安住故又心苦樂

多分別生在身不然隨境力故阿羅漢等亦如是生捨在身心俱無分別處中行相任運而起又苦樂受在身在心於怨於親行相轉異不苦不樂在身在心於中庸境行相無異是故苦樂各分為二不苦不樂唯立一根已釋樂等諸受根體三無漏根今次應釋不可一一別說其體應就三道依九總立意樂喜捨信等五根此九三道中即是三無漏謂在見道意等九法即是未知當知根體未知當知行相轉故若在脩道意等九法即是第二已知根體為欲斷除餘隨眠故於已知境數復了知在無學道意等九法即是第三具知根體知自已知故名為知習知成性故或能護知故名為具知九根相應合成此事故意等八亦得此名如是根名雖二十二而諸根體但有十七女男二根身根攝故三無漏根九根攝故如是已釋根體不同當辯諸門義類差別此二十二根中幾有漏幾無漏頌曰

唯無漏後三　有色命憂苦　當知唯有漏

通二餘九根

論曰次前所說最後三根體唯無漏是無垢義垢之與漏名異體同七有色根色蘊攝故名為有色此有色根命及憂苦一向有漏九通二者即前所說三無漏攝意等九根名為無漏餘意等九是名有漏有說信等亦唯無漏此不應理如世尊言我若於此信等五根未如實知是集沒味過患出離未能超此天人世間乃至廣說非無漏法應作如是次第觀察又佛未轉正法輪時先以佛眼遍觀世間諸有情類有利中耎諸根差別此廣決擇如順正理如是已說有漏無漏二十二根中幾是異熟幾非異熟頌曰

命唯是異熟　憂及後八非　色意餘四受

二皆通二

論曰且無分別此諸根中唯一命根定是異熟如何此命可無分別定果命根非異熟故如是命根亦是異熟得邊際定應果苾芻於僧衆中或別人所施思果故諸我能感富異熟業願皆轉招壽異熟果聖所說故有說

彼由邊際定力引取前生順不定受業所感壽令現受用復有欲令邊際定力引前生業殘異熟果憂根及後信等八根皆非異熟有記性故經說有業順憂受者依受相應言順無過如言有觸順樂受等何緣定知憂非異熟離欲貪者不隨轉故異熟不然故非異熟如何定知離欲貪者憂不隨轉憂是無知等流果故阿羅漢等一切無知皆已斷故諸怨憎相彼無有故諸阿羅漢離欲貪者已斷欲界諸灾患故諸怨憎相亦皆無有又彼相續多歡悅故離欲貪者憂不隨轉故知憂根越異熟法餘根通二義准已成謂七色意根除憂餘四受十二一一皆通二類七有色根若所長養則非異熟餘皆異熟意及四受若善染汙若威儀路及工巧處并能變化隨其所應亦非異熟餘皆異熟如是已說是異熟等二十二根中幾有異熟幾無異熟頌曰

憂定有異熟　前八後三無　意餘受信等
一一皆通二

論曰如前所說憂根當知定有異熟定言意顯唯有非無遮非異熟因無記無漏故眼等前八及最後三此十一根定無異熟八無記故三無漏故餘皆通二義准已成謂意根餘四受信等言等取精進等四根此十一一皆通二類意樂喜捨若不善善有漏有異熟若無記無漏無異熟苦根若善不善有異熟若无記無異熟信等五根若有漏有異熟若无漏無異熟如是已說有異熟等二十二根中幾善幾不善幾無記頌曰

唯善後八根　憂通善不善　意餘受三種
前八唯無記

論曰信等五根及三無漏一向是善憂根唯通善不善性意及四受皆通三性眼等八根唯是無記如是已說善不善等二十二根中幾欲界繫幾色界繫幾無色界繫頌曰

欲色無色界　如次除後三　兼女男憂苦
并餘色喜樂

論曰欲界除後三無漏根由彼三根唯不繫故准知欲界繫有餘十九根

色界如前除三無漏亦除男女憂苦四根准知十五根亦通色界繫除男女者色界已離婬欲法故除此無因須受用故有說由此身醜陋故此說不然陰藏隱密非醜陋故然佛置彼在男品中如契經說無處無容女身為梵有處有容男為梵者離欲威猛似男用故如有稱讚大梵王言

大梵如丈夫　所得皆已得　離欲道威猛
故說為丈夫

除苦根者色界中無損害事故苦是損害業異熟故有說彼身極淨妙故除憂根者彼處无有怨憎相故又奢摩他潤相續故有說色界具離欲智憂是無知等流果故無色如前除三無漏女男憂苦并除喜樂及五色根准知餘八根通無色界繫如是已說欲界繫等二十二根中幾見所斷幾修所斷幾非所斷頌曰

意三受通三　憂見修所斷　九唯修所斷
五修非三非

論曰意喜樂捨一一通三憂根唯通見修所斷非無漏故七色命苦唯修

所斷有色無染非六生故非無漏故
信等五根或修所斷或非所斷通善
有漏及無漏故㝡後三根唯非所斷
皆是無漏无過法故然契經言應知
聖道猶如船筏法尚應斷何況非法
此非見修二道所斷入無餘依涅槃
界位捨故名斷已說諸門義類差別
當說初得異熟諸根幾異熟根何界
初得頌問初得異熟根者遮無染心
能續生故頌曰

欲胎卵濕生　初得二異熟　化生六七八
色六上唯命

論曰欲胎卵濕生初受生位唯得身
與命二異熟根舉胎卵濕顯除化生
化生色根無漸起故此辯異熟不說
意捨時彼定染非異熟故尒時亦得
信等諸根非異熟故此中不說此因
化說不辯三生羯剌藍位雖得色等
異熟生法而體非根故此不說化生
初位得六七八無形得六如劫初時
六謂眼耳鼻舌身命一形得七如諸
天等二形得八惡趣容有二形化生
色初得六如欲化生無形者說上唯

命者謂無色界定生俱勝故名為上
彼初唯得異熟命根由此證知命根
實有此若非有為得何根名生无色
非善染汙名業果生未受彼生容現
起故又異熟心无續生理唯許染心
能續生故過去未来非有論者尒時
三世異熟皆無生依何說應許實命
為彼生依說異熟根㝡初得已當說
㝡後所滅諸根何界死時幾根後滅
頌曰

正死滅諸根　無色三色八　欲頓十九八
漸四善增五

論曰且說染汙及無記心正命終時
根滅多少謂無色界將命終時命意
捨三於㝡後滅無色唯有捨受非餘
又無色言遮彼有色有餘師說彼有
色故若不說有實物命根何異熟斷
名無色死若言異熟四蘊斷故彼名
死者善染汙心現在前位應亦名死
若言彼地所受異熟猶未盡者如何
不受而有盡期善染汙心現在前位
當言彼受何業異熟非不現前可名
為受餘廣決擇如順正理色界死時

八根後滅謂眼等五及前三根化生
生死根無缺故欲頓死時十九八滅
二形十滅謂女男根及前說八一形
九滅無形八滅若漸死時身命意捨
四根後滅此四必無前後滅義若在
三界善心死時一切位中數各增五
善心必具信等根故謂於無色增至
八根乃至欲界漸終至九今復應思
幾根能得何沙門果雖沙門果非根
亦得此辯根故但問諸根頌曰

九得邊二果　七八九中二　十一阿羅漢
依一容有說

論曰邊謂預流阿羅漢果中謂一来
及不還果且預流果由九根得謂意
捨信等初二無漏根此果與向未至
地攝故唯有捨云何此由已知根得
由離繫得與解脫道俱時起故雖
解脫道於沙門果非同類因而是相
應俱有因故名得無失或已知根亦
為同類因能得預流果謂轉依時如
阿羅漢就容有說亦无有過阿羅漢
果亦九根得謂意信等後二無漏樂
喜捨中隨取一種此果及向通九地

攝故於三受隨取其一中間二果二皆通七八九得世出世道次第超越證差別故且一來果次第證者依世間道由七根得謂意及捨信等五根依出世道由八根得謂即前七及巳知根倍離欲貪超越證者如預流果由九根得證不還果應知亦尒摠例雖然而有差別全離欲貪超越證者依地別故三受隨一次第證者若於第九解脫道中入根本地依世間道由八根得喜為第八依出世道由九根得巳知第九若阿羅漢亦九根得違發智論彼問幾根得阿羅漢荅十一故三受定無俱時起故但由九得言十一根依容有說謂容有一補特伽羅從無學位數數退巳由喜樂捨數復還得非不還果有同此失次第无容樂根得故超越無容有退失故今應思擇成就何根彼諸根中幾定成就頌曰

成就命意捨　各定成就三　若成就樂身
各定成就四　成眼等及喜　各定成五根
若成就苦根　彼定成就七　若成女男憂

信等各成八　二無漏十一　初無漏十三

論曰命意捨中隨成就一彼定成就如是三根非此三中有闕成就皆遍一切地及依故信等五根遍一切地非一切依餘十四根二俱非遍故成捨等唯定成三餘或成就或不成就云何成就眼等四根生色界全欲界少分身根生在欲色界全女男生在欲界少分樂根生在欲下三定及聖生上喜根生在欲下二定及聖生上苦生欲界全憂欲貪未離信等五根若不斷善三无漏根巳得未捨如是諸位各定成就除此餘位定不成就若成樂根定成就四謂命意捨樂若成身根亦定成四謂命意捨身餘或成就或不成就若成眼根定成就五謂命意捨身及眼根耳鼻舌根應知亦五前四如眼第五自根若成喜根亦定成五謂命意捨樂及喜根生第二定未離彼貪但成第三染汙樂受若成苦根定成就七謂身命意四受除憂若成女根定成就八七如苦說第八女根男憂亦八七如苦說第

八自根　信等亦八謂命意捨信等五根若女男俱成彼定成十五若成具知根定成就十一謂樂喜捨命根意根信等五根及具知根巳知根亦尒自根第十一若成未知根定成就十三謂身命意四受除憂信等五根及未知根漸命終位傳說深心猒生死故能入見道如是巳說位定成就補特伽羅定成當說諸極少者成就幾根頌曰

極少八無善　成受身意命　愚生无色界
成善命意捨

論曰巳斷善根名為无善彼若極少成就八根謂五受根及身命意據漸捨命唯餘身根愚謂異生未見諦故彼生無色亦成八根謂信等五及命意捨由定數故及說愚故善言不濫三無漏根諸極多者成就幾根頌曰

極多成十九　二形除三淨　聖者未離欲
除二淨一形

論曰諸二形者具眼等根除三無漏成餘十九無漏名淨離二縛故若聖有學未離欲貪成就極多亦具十九

除二無漏及除一形二無漏者謂具知根前二隨一言一形者無有二形及與無形得聖法故因分別界已廣辯根諸行俱生今應思擇此中諸行略有二種有色無色無色有三謂心心所不相應行有色有二謂是極微及非極微極微有二一欲界繫二色界繫欲界極微復有二種一無根聚二有根聚此中且辯極微聚色頌曰

欲微聚无聲　無根有八事　有身根九事
十事有餘根

論曰有對色中最後細分更不可折名曰極微謂此極微更不可以餘色覺慧分析為多此即說為色之邊際更無分故立邊際名如一剎那名時邊際更不可析為半剎那此亦如是衆微和合不可分離說為微聚此在欲界無聲无根八事俱起謂四大種色香味觸此若有聲即成九事聲及前八而不說者顯因大種相擊故生非如色等恒時有故無聲有根或九或十謂身根聚九事俱起八如前說第九身根餘根聚中十事俱起九如

身聚加眼等一眼耳鼻舌必不離身依身轉故四根展轉相離而生處各別故此有根聚若有聲生加所生聲成十十一此有執受大種為因故與諸根不相離起不說所以如前應知色界唯除香味二事餘同欲界故不別說所說事言依體依處皆无有失所依能依依體依處差別說故或唯依體亦無有失決定俱生方說有故形色等體非決定有光明等中則無有故或唯依處亦無有失為遮多謗有性或復謗言無別觸處所造色體別說大種謂或謗言大種造色无別或復謗言非一切聚具四大種別說大種此謗皆除然不成多約類說故已說有色決定俱生無色俱生今次當說頌曰

心心所必俱　諸行相或得

論曰心與心所必定俱生隨闕一時餘未嘗起諸行即是一切有為所謂有色無色諸行前必俱言應流至此謂有色等諸行生時必與生等四相俱起言或得者唯有情法與得俱生

或言顯此不遍諸行於前所說四有為中廣辯色心如前品說心所等法猶未廣辯今先廣辯諸心所法頌曰

心所且有五　大地法等異

論曰諸心所法且有五品大地法等有別異故五品者何一大地法二大善地法三大煩惱地法四大不善地法五小煩惱地法地謂容止處或謂所行處若此是彼容止所行即說此法為彼法地地即是心大法地故名為大地此中若法大地所有名大地法謂法遍與一切品類一切心俱生由此故心非大地法非心俱生故彼法是何頌曰

受想思觸欲　慧念與作意　勝解三摩地
遍於一切心

論曰於所依身能益能損或俱相違領受非愛俱相違觸說名為受安立執取女男等境差別相因說名為想令心造作善不善無記成妙劣中性說名為思由有思故令心於境有動作用猶如磁石勢力能令鐵有動用由根境識和合而生能為受因有所

觸對說名為觸希求取境說名為欲簡擇所緣邪正等相說名為慧於境明記不忘失因說名為念引心心所令於所緣有所警覺說名作意此即世間說為留意於境印可說名勝解勝謂增勝解謂解脫此能令心於境无礙自在而轉如增上戒增上定等令心無乱取所緣境不流散因名三摩地委辯自相如五事釋如是已說十大地法大善法地名大善地此中若法大善地所有名大善地法謂法恒於諸善心有彼法是何頌曰

信及不放逸　輕安捨慚愧　二根及不害
勤唯遍善心

論曰心濁相違現前忍許無倒因果各別相屬為欲所依能資勝解說名為信專於已利防身語意放逸相違名不放逸正作意轉身心輕利安適之因心堪任性說名輕安心平等性說名為捨掉舉相違如理所引令心不越是為捨義趣向如理自法二種增上所生違愛等流心自在性說名為慙愛樂修習功德為先違癡等流

猒惡劣法說名為愧有說怖畏讁罸惡趣自他謗因說名為愧二根者謂無貪無瞋已得未得境界躭著希求相違无愛染性名為無貪於情非情无恚害意哀愍種子說名无瞋與樂損惱有情相違心賢善性說名不害於諸已生功德過失守護棄捨於諸未生功德過失令生不生心無墮性說名為勤由有此故心於如理所作事業堅進不息說二及言兼攝欣猒猒謂善心審諦觀察无量過患法實性故起順無貪心猒背性與此相應名猒作意欣謂善心欣求過患出離對治此增上力起順證修心欣尚性此於離喜未至等地亦有現行故非喜受與此相應名欣作意諸契經中喜欣別說從欣生喜契經說故諸作是說劣喜名欣彼輕安等應同此說無異因故何因唯喜說有勝劣非輕安等故理不然欣猒行相更互相違於一心中無容並起是故於此不正顯說大善地法性不成故亦有喜根猒行俱轉定无有欣猒行俱轉為表

此二定不俱行說二及言行相違故

說一切有部顯宗論卷第五

甲辰歲高麗國大藏都監奉
勅彫造

命根方有所生處決定故彼起自地善染汙心或起餘心非命終故意根於二有增上者謂能續後有及自在隨行能續後有者如世尊告阿難陀言識若不入母胎中者精血得成羯羅藍不不也世尊乃至廣説自在隨行者如契經言

心能導世間　心能徧攝受　如是心一法
皆自在隨行

有説意根於染淨品有增上力故言於二如契經言心雜染故有情雜染心清淨故有情清淨樂等五受信等八根於染淨中有增上力謂樂等五於染增上貪等隨眠所依事故有説此於染淨二品俱有增上説爲躭嗜出離依故樂故心定苦爲信依六依出離喜及憂捨契經説故信等八根於淨增上如契經説我聖弟子具信牆塹具勤勢力具念防衛心定解脱慧爲力劒乃至廣説此中即攝後三根故彼於淨品定有增上若增上故立爲根者於愛見品諸煩惱中受想二法有增上用想應如受亦立爲根

阿毗達磨藏顯宗論卷第五

校勘記

一　底本，麗藏本。

一　一二七頁上一六行第五字「謂」，磧、普、南、徑、清作「諸」。

一　一二七頁上二〇行第八字「現」，南、徑、清作「諸」。

一　一二七頁下一行首字至末行末字「但……能」，諸本（不含石，下同）與此大異，觀上下文，顯然底本有誤，茲據清藏本附録於卷末（即一三五頁上），並校以資、磧、普、南、徑。

一　一二八頁上八行第五字「別」，磧、普、南、徑、清作「故」。

一　一二八頁上一一行第六字「相」，徑、清作「根」。

一　一二八頁中一七行第一一字「雖」，磧、普、南作「能」。

一　一二八頁下一六行第三字「三」，徑作「二」。

一　一二八頁下二二行第五字「悦」，磧作「説」。

一　一二九頁中一八行第九字「根」，磧、普、南、徑、清作「相」。

一　一三〇頁中二行第三字「意」，徑作「異」。

一　一三〇頁下一七行首字「准」，南、徑、清作「唯」。

一　一三一頁上五行第五字「舩」，徑作「般」。

一　一三一頁上一八行「羯剌藍」，徑、清作「羯羅藍」。

一　一三一頁下一行第九字「及」，磧、普、南、徑、清作「根」。

一　一三二頁中一九行「命意」，磧、南作「意意」。

一　一三三頁上二〇行「相擊」，諸本作「相繫」。

一　一三三頁下一五行「慧念」，磧、普、南、徑、清作「慧命」。

一　一三四頁上六行首字「勝」，諸本作「脱」。

一

一三五頁上一七行「力劍」，資作「刀劍」。

趙城縣廣勝寺

阿毗達磨藏顯宗論卷第六

尊者衆賢造　大唐三藏法師玄奘奉　詔譯

辯差別品第三之二

如是已說大善地法大煩惱法地名大煩惱地此中若法大煩惱地所有名大煩惱地法謂法恒於染汙心有彼法是何頌曰

癡逸怠不信　惛掉恒唯染

論曰云何如是六種名大煩惱地法以恒唯與諸染心俱頌言染者是染心義又放逸等及與無明如其次第應知即是前不放逸勤信輕安捨等所治癡謂愚癡於所知境障如理解無辯了相說名愚癡即是無明無智無顯逸謂放逸於專己利棄捨縱情名為放逸怠謂懈怠於善事業闕減勝能於惡事業順成勇悍無明等流名為懈怠由此說為鄙劣勤性勤習鄙穢故名懈怠不信者謂心不澄淨邪見等流於諸諦寶靜慮等至現前輕毀於施等因及於彼果心不現許名為不信惛謂惛沈蒙瞢不樂等所

生心重性說名惛沈由斯覆蔽心便惛昧無所堪任瞢憒性故由是說為輕安所治心為大種能生因故由此為先起身重性假說惛沈實非惛沈彼是身識所緣境故然此惛沈無明覆故本論不說為大煩惱地法有言彼論說無明名唯目惛沈相相似故無明性是大遍行故是此地法不說而成有說此名總目二義掉謂掉舉親里尋等所生令心不寂靜性說名掉舉心與此合越路而行非理作意失念心亂不正知邪勝解前已說為大地法故於此地法中雖有而不說如於大善地法不說無癡善根唯諸染心恒有此六如是已說大煩惱地法大不善法地名大不善地此中若法大不善地所有名大不善地法謂法恒於不善心有彼法是何頌曰

唯遍不善心　無慚及無愧

論曰唯二心所但與一切不善心俱謂無慚愧故唯二種名此地法此二法相如後當顯如是已說大不善地法小煩惱法地名小煩惱地此中若

法小煩惱地所有名小煩惱地法謂法少分染汙心俱彼法是何頌曰

忿覆慳嫉惱　害恨諂誑憍　如是類名為小煩惱地法

論曰類言為攝不忍不樂憤發等義小是少義顯非一切染汙心俱又無相應唯修所斷意識俱起無明相應隨煩惱中當釋其相此諸心所皆實有性非一品類所緣義中種種行相俱時起故一體同時如所緣義差別行相無容有故然由餘法所制伏故見其相續變異而起現見清油垢水風等勢力制持燈相續中便有明昧擧動等故如是已說大地法等品類決定心所差別復有此餘不定心所惡作睡眠尋伺等類總說名為不定地法今應決擇一切心所諸心品中俱生數量何心品內有幾心所頌曰

欲有尋伺故　於善心品中　二十二心所有時增惡作　於不善不共　見俱唯二十四煩惱忿等　惡作二十一　有覆有十八無覆許十二　睡眠遍不違　若有皆增一

論曰且欲界中心品有五謂善唯一

不善有二謂不共無明俱生及餘煩惱等俱生無記有二謂有覆無記及無覆無記如是欲界一切心品決定恒與尋伺相應故善心品有二十二心所俱生謂十大地法十大善地法及不定二謂尋與伺此中勤捨應不俱生行相違故如進與止造修委棄理不同時契經亦遮此二俱起說修二時非時法故如契經說心若惛沉尒時應修擇法勤喜修輕安定捨則為非時心名掉擧尒時應修輕安定捨修擇法勤喜則為非時俱生無失不相違故住正理者起如理行不息名勤即於尒時棄非理行平等名捨又於如理非理行中捨如持稱進止平等故捨與勤更相隨順起善止惡行不相違若於所緣一取一捨更相違背可有此失不定地法復有二種一者惡作二者睡眠非此二法貫通三界及六識身有漏無漏非唯不染亦非唯染故善心品非一切時皆有惡作但容可有有時增數至二十三言惡作者悔以惡作為所緣故立惡作名如無

相定有說無相及身念住有處名身若尒有緣所未作事心生追悔應非惡作不尒未作亦名作故如追悔言我先不作如是事業是我惡作然此惡作通善不善不通無記隨憂行故離欲貪者不成就故非無記法有如是事然有追變我須何為不消而食我須何為不盡此壁如是等類彼心乃至未觸憂根但是省察未起惡作若觸憂根便起惡作尒時惡作理同憂根故說惡作有如是相謂令心慼惡作心品若離憂根誰令心慼惡作有四謂善不善一一皆依二處起故若於不善不共心品應知二十心所俱生謂十大地法六大煩惱地法二大不善地法并二不定謂尋與伺何等名為不共心品謂此心品唯有無明無有所餘貪隨眠等如不共品邪見見取及戒禁取俱生亦尒大地法中即慧差別說名為見故數不增頌言唯者是簡別義謂唯見俱定有二十表不共品中容有惡作等謂若惡作是不善者唯無明俱非餘煩惱貪

慢二種歡行轉故瞋外門轉行相麁故非惡作俱疑不決定惡作決定故不俱起有身見等歡行轉故撥猛利故惡作不尒然此惡作依善惡行事處轉故諸見不尒故不相應邪見一分雖慼行轉而二因故非惡作俱是故惡作是不善者唯無明俱容在不共忿等亦尒於四不善貪瞋慢疑煩惱心品有二十一心所俱生二十如不共加貪等隨一於前所說忿等相應隨煩惱品亦二十一心所俱生二十如不共加忿等隨一不善惡作相應心品亦二十一心所俱生謂即惡作第二十一若於無記有覆心品唯有十八心所俱生謂二十中除大不善欲界無記有覆心者謂與薩迦耶見及邊執見相應不增見義如前應釋於餘無記無覆心品許唯十二心所俱生謂十大地法并不定尋伺有執惡作亦通無記憂如喜根非唯有記此相應品便有十三心所俱起睡眠一切不相違故於諸心品皆可現行於善不善無記心品隨何品有即說

此增隨其所應當各增數工巧處等諸無記心似有勇悍然非稱理而起加行故無有勤又非染汙故無懈怠無信不信類此應知已說欲界心所俱生諸品定量當說上界頌曰

初定除不善　及惡作睡眠　中定又除尋
上兼除伺等

論曰初靜慮中於前所說諸心所法除唯不善惡作睡眠餘皆具有唯不善者謂瞋煩惱及無慚愧除諂誑憍所餘忿等餘皆有者如欲界說中間靜慮除前所除又更除尋餘皆具有第二靜慮已上乃至無色界中除前所除又除伺等等者顯除諂誑餘皆如前具有以從欲界乃至梵天皆有王臣衆主等別故有諂誑上地皆無如是已說三界所繫諸心心所俱生定量有諸心所性相似同難知差別今隨宗義辯彼別相無慚無愧愛之與敬別相云何頌曰

無慚愧不重　於罪不見怖　愛敬謂信慚
唯於欲色有

論曰無慚無愧差別相者於諸功德

及有德者無敬無崇無所忌難無所隨屬說名無慚諸功德者謂尸羅等有德者謂親教等於此二境無敬無崇是無慚相即是崇敬能障礙法或緣諸德說為無敬緣有德者說為無崇無所忌難無所隨屬揔顯前二或隨次第於所造罪不見怖畏說名無愧諸觀行者所訶厭法說名為罪於所訶厭諸罪業中不見能招此世他世譏毀謫罸非愛難忍異熟果等諸怖畏事是無愧相即不忌憚罪業果義不見怖言欲顯何義為不見彼怖為見而不怖前應顯無明後應顯邪見此言不顯見與不見為無愧體但顯有法是隨煩惱能與現行無智邪智為隣近因說名無愧此略義者謂能令心於德有德無所崇敬名曰無慚於罪現行無所忌憚名為無愧有餘師說於諸煩惱不能厭毀名曰無慚於諸惡行不能厭毀說為無愧有說獨處造罪無耻名曰無慚若處衆中造罪無耻說為無愧有說現起不善心時於異熟因無所顧眄名曰無慚

於異熟果無所顧眄說為無愧諸不善心現在前位皆於因果無所顧眄故一心中二法俱起由此翻釋慚愧異相若淨意樂為習善人所樂勝業名有慚者為得善人所樂勝果名有愧者諸有愛樂勝業勝果必亦怖於惡因苦果一切善心現在前定於因果皆無迷惑故慚與愧一心並生故有餘師以如是義標於心首說如是言於所造罪自觀無恥名曰無慚觀他無恥說為無愧謂異熟因當時現起故名為自其異熟果後時方有故說為他彼義意言諸造罪者意樂不淨於現罪業及當業果皆無顧眄已說無慚無愧別相愛敬別者愛謂愛樂體即是信然愛有二一有染汙二無染汙有染謂貪無染謂信信復有二一忍許相二願樂相若緣是處現前忍許或即於中亦生願樂此中愛者是第二信或於因中亦立果稱前信是愛隣近因故名愛無失敬謂敬重體即是慚謂如前釋大善地法中言心自在性說為愧者應知即是

此中敬體然復有言有所崇重故名為敬由此為先方生慚恥故敬非慚彼師應許無慚恥者能起恭敬以執先起敬時未有慙恥故應無慚恥者能起恭敬若謂敬時已有慙恥則不應說由敬為先方生慚恥若謂敬時非無慚恥然敬非慚此亦非理言敬非慚無證因故非敬為先方生慚恥勿無慚者能起恭敬又勿有敬而無慚恥然復確執敬體非慚但有虛言都無實義故應敬體是慚差別謂或有慚名有崇重此慚差別說名為敬補特伽羅為境界故即慚差別得崇重名夫崇重者是心自在心自在性已說為慚謂於心中有自在力能自制伏有所崇重故說敬體是慚差別於諸所尊有所崇重故名為敬是境第七或因第七由於所尊發隨屬意即名為慚此慚即是有所崇重故此敬體是慚差別義善成就即由此證補特伽羅為境信慚說名愛敬非謂以法為境起者故愛與敬雖是大善地法所攝而於無色不立為有有餘

師言信順親客而無耽染說名為愛瞻望所尊崇重隨屬說名為敬有餘師說親近善士因名為愛不越彼言因名為敬復有說者於和合衆見等皆同故名為愛於可尊重深心恭事故名為敬此愛與敬欲色界有無色界無無依處故如是已說愛敬別相尋伺憍慢別相云何頌曰

尋伺心麁細　慢對他心舉　憍由染自法
心高無所顧

論曰尋伺別者謂心之麁細心之麁性說名為尋心之細性說名為伺若尒尋伺體不異心經即就心說二性故此言非理由不了達經義趣故經言所有心麁細性名尋伺者由有此法心起便麁此法名尋由有此法心起便細此法名伺或作異釋故體異心謂我不言心之麁性名心麁性心之細性名心細性若尒云何依心麁性名心麁性依心細性名心細性雖一心中二體可得用增時別故不相違如水與酢等分和合體雖平等而用有增麁心品中尋用增故伺用被

損有而難覺細心品中伺用增故尋
用被損有而難覺若謂酢用一切時
增故非喻者此言非理我不定說以
酢喻尋水喻於伺但有增者即說如
酢故由是尋伺雖一心中體俱可得
用時別故而無一心即麁即細如貪
癡性雖並現行
而得說心為有貪行隨何心品有法
用增此法為門揔摽心品諸無色法
就用說增如是已說尋伺別相慢憍
別者慢謂對他心自舉性稱量自他
德類勝劣若實不實心自舉恃陵蔑
於他故名為慢憍謂染著自法為先
令心傲逸無所顧性於自勇健財位
戒慧族等法中先起染著心生傲逸
於諸善本無所顧眄故名為憍於諸
善本無所顧者
謂由心傲於諸善業不樂修習是謂
慢憍差別之相如是已說諸心心所
品類不同俱生定差別之相然心
心所於契經中隨義建立種種名
相今當辯此名義差別頌曰

心意識體一　心心所有依　有緣有行相
相應義有五
論曰心意識三體雖是一而訓詞等
義類有異謂集起故名心思量故名
意了別故名識頗勤具鄰契經意遣
能了別者非無了別或種種義故名
為心即此為他作所依止故名為意
作能依止故名為識或界處蘊施設
差別或復增長相續業生種子差別
如是等類義門有異故心意識三名
所詮義異體一如心意識三名所詮
義異體一諸心心所名有所依所緣
行相相應亦尒名義雖殊而體是一
謂心心所以六內處為所依故名有
所依以色等境為所緣故名有所緣
即於所緣品類差別起行相故名有
行相平等俱時與他性合行所緣境
故名相應云何平等五義等故謂心
心所五義平等故說相應所依所緣
行相時事皆平等故事平等者一相
應中如心體一諸心所法各各亦尒
心所離心別有自性然譬喻者說唯
有心無別心所心想俱時行相差別

不可得故又經唯說識入胎故又說
或心或意或識長夜流轉生諸趣故
又說士夫六界攝故又說我今不見
一法速疾迴轉猶如心故又說我今
不見一法若不修習則不調柔无所
堪能猶如心故又說心遠行獨行故
又於心所多諍論故謂或有說心所
唯三或復有說心所唯四或說有十
或說十四故唯有識隨位而流說有
多種心心所別如甘蔗汁如倡伎人
故無受等別體可得然心心所時境
性同行相無別異相難了故契經言
心心所法展轉相應若受若想若思
若識如是等法和雜不離不可施設
差別之相然識與想其相各別謂於
境中揔了名識別取名相施設名想
以心強故諸契經中處處偏說如王
来等遮心並起故說獨行心所難知
故多諍論豈多諍論便撥為無勿彼
此中間亦無便有失然諸論者皆信
離心別有心所但於多少數增減中
而興諍論以經不說數定量故若執
受等是心差別如何即心可名心所

據何定理說識為心復以何緣即名心所若謂諸識體即是心受等諸法是心體類心相續中有此法故名心所者何故不言所造諸色即是大種體類差別即於地等相續位中有此法故名為所造此既不尒故云何然離大種外別有所造如順正理已廣決擇若責何故知心所法決定離心別有體者由教理故如契經言眼及色為緣生於眼識三和合觸俱起受想思如是諸法是心種類依止於心繫屬於心故名心所此俱生言不說無間但顯心所同時而生又不容有心體俱生故知但說心所俱起无色法中已辯心心所今次當辯心不相應行頌曰

心不相應行　得非得同分　无想二定命
相名身等類

論曰等者等取句身文身及和合性類者顯餘所計度法即前種類謂有計度離得等有蘊得等性如是諸法不與心相應故說名為心不相應行非如心所與心共一所依所緣相應而起說心言者為顯此中所說得等是心種類諸心所法所依所緣皆與心同亦心種類為簡彼故言不相應諸无為法亦心種類无所依緣故亦是不相應為欲簡彼故復言行此已揔標復應別釋於中且辯得非得相頌曰

得謂獲成就　非得此相違　得非得唯於
自相續二滅

論曰得獲成就義雖是一而依門異說差別名得有二種謂先未得及先已得先未得得說名為獲先已得得說名成就應知非得與此相違謂先未得及得已失未得非得說名不獲已失非得名不成就故說異生性名不獲聖法於何法中有得非得且有為中於自相續有得非得非他相續及非相續若蘊墮在自相續中可有成就不成就故他相續蘊及非情蘊必无成就不成就故然不違害輪王契經於寶自在名成就故非成善等可同此說現於過未无自在故謂現在者唯於現在有自在力非於過未如轉輪王於現七寶有自在力隨意受用增上果故恒現前故隨樂而轉可名成就善不善法則不決定且如善法現在前時彼於去来諸不善法若離現得有何自在而名成就不善現前微善亦尒況執過未全無體宗依何如何說名成就若謂有力當能生彼名成就者理亦不然後有異生應名聖者後心無學應是異生如是等類有衆多失故得非得定有別體有為唯在自蘊非餘無為法中唯於二滅有得非得一切有情无不成就非擇滅者故對法中有如是說誰成無漏法謂一切有情除初剎那具縛聖者及餘一切具縛異生諸餘有情皆成擇滅決定無有成就虛空以於虛空無有得故亦無不成就以無非得故若法有得亦有非得若法无得亦無非得其理決定依此得故說如是言色蘊行蘊一得所得餘蘊行蘊說亦如是有漏無漏一得所得有為无為一得所得如是等類如理應思是已得法不失因故是此屬彼智慓

懺故得有此用故别有體若謂種子
有此作用理不應然種與餘法體别
有无俱有過故若體别有體即是得
但立異名若體别无則善不善雜染
清淨體應成一便愛非愛業果雜乱
既尒解脱體亦應无又契經說一切
白法无餘斷者善法還生所執種子
應成无用如世尊說應知如是補特
伽羅善法隱没悪法出現有隨俱行
善根未斷以未斷故從此善根猶有
可起餘善根義彼於後時一切皆斷
彼後決定還續善根故所執種定為
无用非對法者所說諸得是法生因
現見離得已得未得法亦生故由此
諸師所執隨界熏習功能不失增長
皆已遮遣義无别故如是已成得非
得性此差别義今廣應思且得云何
頌曰
三世法各三 善等唯善等 有繫自界得
無繫得通四 非學無學三 非所斷二種
論曰三世法得各有三種謂過去法
有過去得有未来得有現在得如是
未来及現在法各有三得約容有義

且作是說其中差别後當更辯又善
等法得唯善等謂善不善及無記法
如其次第有善不善無記三得又有
繫法得唯自界謂欲色界無色界法
如其次第唯有欲色無色三得若无
繫法得通四種謂不繫法就揔種類
具四種得即三界繫及與不繫别分
别者非擇滅得通三界繫若擇滅得
色無色繫及與不繫其聖道得唯有
不繫又有學法得唯有學若无學法
得唯无學故學无學法得各有一種
非學無學法揔類得有三别分别者
全五取藴及三无為揔名非學非无
學法且五取藴及非擇滅并非聖道
所證擇滅唯有非學非无學得若有
學道所證擇滅得唯有學若无學道
所證擇滅得唯無學又見脩所繫法
如其次第有見脩所斷得非所斷法
得揔有二别分别者諸无漏法名非
所斷若非擇滅及非聖道所證擇滅
得唯一種謂脩所斷若以聖道所證
擇滅及道聖諦得唯一種謂非所斷
前言三世各有三得諸有為法皆定

尒耶不尒云何頌曰
無記得俱起 除二通變化 有覆色亦俱
欲色無前起
論曰無覆无記得唯俱起無前後生
勢力劣故一切無覆无記法得皆定
尒耶不尒云何除眼耳通及能變化
謂眼耳通慧及能變化心勢力强故
加行差别所成辦故雖是无覆無記
性攝而有前後及俱起得又威儀路
四藴之得多分世斷及刹那斷唯除
諸佛馬勝苾蒭及餘善習威儀路者
若工巧處四藴之得亦多世斷及刹
那斷除毗濕縛羯磨天神及餘善習
工巧處者唯有無覆无記法得但俱
起耶不尒云何有覆无記色得亦尒
謂唯色界初静慮染身語表業得亦
如前但有俱起雖上品染而亦不能
發無表故勢力微劣由此定無法前
後得欲界諸色亦定唯有俱起得耶
不尒云何謂欲界繫善不善色得無
前起唯有俱生及後起得

說一切有部顯宗論卷第六

阿毗達磨藏顯宗論卷第六

校勘記

一　底本，金藏廣勝寺本。

一　一三七頁中二〇行「諦寶」，資、磧、普、南、徑、清作「諦實」。

一　一三七頁下七行第八字「目」，資、磧、普、南、徑、清作「自」。

一　一三八頁中九行首字「時」，諸本（不含石，下同）作「法」。又「非時法故」，資、磧作「時作時故」；普、南、徑、清、麗作「時非時故」。

一　一三八頁中一一行第二字「名」，諸本作「若」。

一　一三八頁下一三行「二處」，麗作「一處」。

一　一三九頁上一四行首字「第」，麗作「等」。

一　一三九頁上一五行「二十」，徑、清作「二一」。

一　一三九頁上一九行第一二字「伺」，資、磧作「何」。

一　一三九頁上二一行首字「此」，徑作「比」。

一　一三九頁中一行第四字「其」，磧、南作「具」。

一　一三九頁下末行「頤盻」，徑作「顧盲」。下同。

一　一四〇頁上七行第一一字「前」，諸本作「前位」。

一　一四〇頁上一四行「業果」，諸本作「苦果」。

一　一四〇頁上二一行「無失」，資、磧、普、南、徑、清作「無生」。

一　一四〇頁下一一行第九字「之」，諸本無。

一　一四〇頁下一四行第七字「不」，清作「可」。

一　一四一頁上二行第一二字「一」，磧、普作「二」。

一　一四一頁上四行「但有」，諸本作「但有用」。

一　一四一頁中一七行第六字「時」，普作「恃」。

一　一四二頁上六行「故云」，諸本作「彼云」。

一　一四二頁中二〇行首字「必」，資、磧、普、南、徑、清作「以」。

一　一四二頁下六行「徵善」，資、磧、普、南、徑、清作「微善」。

一　一四二頁下末行第九字「是」，資、磧、普、南、徑、清作「得」。

一　一四三頁上一七行第三字「此」，磧、普作「比」。

一　一四三頁中七行首字「具」，南、徑、清作「且」。

一　一四三頁中一二行「無學」，麗作「非無學」。

阿毗達磨藏顯宗論卷第七

尊者衆賢造

三藏法師玄奘奉　詔譯

辯差別品第三之三

如是已辯得差別相非得差別其相
云何頌曰
非得淨無記　去来世各三　三界不繫三
許聖道非得　說名異生性　得法易地捨
論曰性差別者一切非得皆唯無覆
無記性攝世差別者過去未来各有
三種謂過去法及未来法一一各有
三世非得若現在法唯有過去未来
非得决定無有現在非得以現在法
與不成就不俱行故有說現法無現
非得性相違故現可成法必與得俱
定無非得不可成法非得亦无故現
在法無現非得界差別者三界繫法
及不繫法各三非得謂欲界繫法有
三界非得色無色界繫及不繫亦尒
定無非得是无漏者所以者何由許
聖道非得說名異生性故如本論言
云何異生性謂不獲聖法不獲即是
非得異名如何無漏法可名異生性
不獲何聖法名異生性耶為捴不獲
一切聖法為唯不獲苦法智忍有說
不獲一切聖法若尒豈不無非異生
無一捴成就一切聖法故若有不獲
不離於獲是異生性若雜獲者非異
生性故無有失若尒本論應說純言
不尒離言見義有故如說此類食水
食風雖無純言而亦知彼純食水風
不雜餘故有說不獲苦法智忍然非
後捨復成異生前已永害彼非得故
何緣故知別有實法說名非得以契
經中說有成就不成就故如契經言
若成就六法不成就順忍六法如經
若謂未生聖法眼等相續分位名異
生性彼違契經如世尊說如是名為
隨信行者入正性離生超越異生地
此異生地即異生性何緣故知如得
捨故如得異法故名為入應捨異法
故名為超非於尒時捨曾所得眼等
諸法少分可知如得未曾所得聖法
故不可謂未生聖法眼等相續即異
生性故別有法唯異生有遍諸異生

違聖道得名異生性其理必然豈不如聖法即說是聖性成就此性故名聖者如是異生法應即異生性成就此性故名異生此例不然以諸聖法唯聖者有可即聖法說為聖聖性諸異生法聖者亦有如何可立為異生性若異生法唯異生成遍異生位可異生性惡趣無想北俱盧等不遍異生餘命根等雖遍異生而聖亦有傍論已了今更應思如是非得何時當捨此法非得得此法時或轉易地捨此非得如聖法非得說名異生性隨得聖法時捨三界非得如是住初無漏心者於苦法智展轉乃至住金剛喻三摩地者於阿羅漢所有非得如其所應隨得此法捨此非得如是乃至阿羅漢果時解脫者於阿羅漢不時解脫所有非得得此法時捨此非得餘法非得類此應思又此非得去何名捨若非得得斷非得非得生如是名為捨於非得得與非得雖各有餘得及非得然非無窮由得勢力成就本法及與得得得得勢力成就法

得豈成無窮非得亦應如理思擇非得非得必不俱生又從下地生上地時下地非得一切皆捨從上生下類此應知由所依力非得轉故如是已辯得非得相同分者何頌曰

同分有情等

論曰有別實物名為同分謂諸有情展轉類等本論說此名衆同分一趣等生諸有情類所有身形諸根作用及飲食等互相似因并其展轉相樂欲因名衆同分如鮮淨色業心大種皆是其因故身形等非唯因業現見身形是互相似業所引果諸根作用及飲食等有差別故若謂滿業有差別故此差別者理不應然或有身形唯由相似引業所起以衆同分有差別故作用等別若身形等唯業果者隨其所樂作用等事若捨若行應不得有此中身形作用樂欲展轉相似故名為同分是因義有別實物是此同因故名同分如是同分世尊唯依諸有情說非草木等故契經言此天同分此人同分乃至廣說故衆同分

實有義成非唯說形色更互相似故就界趣生處身等別有無量種有情同分復有法同分謂隨蘊處界是衆同分依故非情無有異生同分入離生時捨有情同分入涅槃時捨豈不異生性即異生同分此不應然作用異故由彼身形作用樂欲互相似因名為同分若與聖道成就相違是異生因名異生性入離生時於衆同分亦捨亦得於異生性捨而不得同分非色如何得知有用能生無別事類由見彼果知有彼故如見現在業所得果知有前生曾所造業又觀行者現證知故何不許有非情同分不應如是責有太過失故汝亦許有人天等趣胎卵等生何不亦許菴羅等趣菉豆等生又佛世尊曾不說故但應思擇何故世尊唯於有情說有同分非於草等復云何知如是同分別有實物且我於中作如是解由彼草等無有展轉作用樂欲互相似故於彼不說別有同分又必因有情草等方生故唯於有情說有同分又因先業

及現勤勇此法得生於彼草等二事皆無故無同分即由此事證有實物又木素漆雕畫等像及彼真形雖有色形展轉相似而言一實由此非唯見彼相似即言是實要於相似差別物類方起實言故知實有此差別法此實言說由此法生又前說故前說云何謂見身形是手相似業所引果諸根作用及飲食等有差別故是諸同分展轉差別如何於彼更無同分而起無別覺施設耶由諸同分是同類事等因性故即為同類展轉相似覺施設因如眼耳等由大種造方成色性大種雖無餘大種造而色性成此應顯成勝論所執揔同句義同異句義若勝論執此二句義其體非一剎那非常無所依止展轉差別設令同彼亦無多過非勝論者執眼等根能行色等即令釋子捨如是見別作餘解故彼所難是朋黨言求正理人不應收採已辯同分無想者何頌曰

無想無想中　心心所法滅　異熟居廣果

論曰若生無想有情天中有法能令心心所滅名為無想是實有物能遮未來心心所法令暫不起如堰江河此法一向是無想定所感異熟由彼無想有情天中無想及色唯是無想定所感異熟果此定不能引衆同分及命根故以衆同分及與命根唯是有心第四靜慮所感異熟彼處餘蘊是共異熟以生无想有情天中多時有心謂入無想前及出無想後然無心位時極長故名无想天無想有情居在何處居在廣果謂廣果天中有高勝處如中間靜慮名無想天彼以業生等無間緣為任持食謂由宿業引衆同分及命根等由續生心及無間入無想果心牽引資助故彼亦有過去觸等為任持食無心位中唯有過去觸等為食現在食無有心位中二種俱有彼諸有情由想起故從彼處殁殁已決定生於欲界非餘處所先脩定行所感壽量勢力盡故於彼不能更脩定故如箭射空力盡便墮若諸有情應生彼處必有欲界順後受業如應生彼北俱盧洲必定應有生天之業已辯無想二定者何謂無想定及滅盡定初無想定其相云何頌曰

如是無想定　後靜慮求脫　善唯順生受　非聖得一世

論曰如前所說有法能令心心所滅名為無想如是復有別法能令心心所滅名無想定說如是聲唯顯此定滅心心所與無想同由正成辦或極成辦故名為定有餘師說如理等行故名為定令心大種平等行故無想者定或定無想名無想定由猒壞想生此定故非諸異生能猒壞受由躭者受而入定故此定在何地謂在後靜慮即在第四靜慮非餘此不應說所以者何此定能感無想異熟已說无想居廣果天當說廣果在後靜慮豈於餘地而脩彼因此責不然曾無說故未曾有處說無想定為無想因豈不前頌說無想為異熟於彼釋中說為無想定果此亦不然曾未有頌作如是說令說乃成何故此定名異生定為求解脫脩此定故彼執無想

是真解脫執無想定為出離道為證
無想而修此定一切聖者不執有漏
真解脫及真出離故說此定名異生
定前說無想是異熟故無記性攝不
說自成今無想定一向是善豈不此
是異熟因故善性所攝不說自成此
於無想有情天中為因能招五蘊異
熟不尒頌中猶未說故又染無記誰
復能遮若尒此中應言純善不尒離
言見義有故此應准前異生性釋或
唯言善已顯非餘此定既是異熟因
性為順何受唯順生受非順現後及
不定受一類諸師作此定執現順生
受及不定受所以者何成此定者亦
容得入正性離生入已必無現起此
定由約現行說無想定名異生定非
約成就又許此定通是此法外法異
生所得非聖以諸聖者於無想定如
見深坑不樂入故頌中已說求解脫
言即顯此定唯屬異生復言非聖便
為無用此初得時為得幾世此於諸
位中如別解脫戒念念別得未曾得
故第一念時非得過去以無心故不

修未来故初得時唯得一世謂得現
在第二念等乃至未出亦成過去出
已乃至未捨已来唯成過去如天眼
耳無未来修唯加行得非離染得次
滅盡定其相云何頌曰

滅盡定亦然　為靜住有頂　善二受不定
聖由加行得　成佛得非前　三十四念故

論曰如前無想定滅盡定亦然謂如
已離第三靜慮貪者有法能令心心
所滅名無想定如是已離無所有處
貪者有法能令心心所滅名滅盡定
如是二定差別相者前無想定為求
解脫猒壞於想以出離想作意為先
而得證入今滅盡定為求靜住猒壞
散動以止息想作意為先而得證入
前無想定在色界邊地今滅盡定在
無色邊地以在非想非非想處所受
生身是最上業所牽引故說名有頂
或有邊際故名有頂如樹邊際說名
樹頂唯此地中有滅盡定何緣下地
無此定耶猒背一切心及邊際心斷
方能得此勝解脫故謂由二緣立此
解脫一者猒背一切心故二者邊際

心暫斷故若於下地有此定者便非
猒背一切種心以未能猒上地心故
亦不名為邊際心斷以上地心猶未
斷故應名猒背少分諸心亦復應名
中際心斷於三性中前及此定俱唯
是善非染無記非諸聖者猒怖散動
取染無記為寂靜住前無想定能順
生受及不定受今滅盡定通順生後
及不定受謂約異熟有順生受或順
後受及不定受或全不受謂若下地
起此定已不生上地便般涅盤此滅
盡定能招有頂四蘊異熟前無想定
唯異生得此滅盡定唯聖者得非諸
異生能起滅定彼有自地起滅定障
猶未斷故未超有頂見所斷惑於起
滅定畢竟無能非諸異生能超有頂
見所斷惑故唯聖者得滅盡定一切
聖者得有頂時皆得如斯滅盡定不
應言不得由此定非離染得故由何
而得由加行得要由加行方證得故
如無想定初證得時唯得現在不得
過去不修未来要由心力方能修故
第二念等乃至未捨亦成過去世尊

亦以加行得耶不尒云何成佛時得彼謂世尊盡智時得豈不盡智於成佛時亦不名得況滅盡定以諸菩薩住金剛喻三摩地時名得盡智得體生時名為得故於成佛時應說盡智不由加行而現在前暫起欲樂現在前時一切圓德隨樂起故非佛身中所有功德成佛時得如何可說佛盡智時得滅盡定由菩薩時永離一切煩惱染故令佛身中功德得起故說如来所有功德皆離染得故彼所言亦有過失隨宜為彼而釋通者謂於近事而說遠聲或金剛喻三摩地時必成佛故亦名成佛无間刹那定成佛故且置斯事世尊曾未起滅盡定得盡智時如何得成俱分解脫永離定障故捨不成就故於起滅定得自在故如已起者成俱解脫西方師說菩薩學位先起此定後得菩提迦濕弥羅國毗婆沙師說非前起滅定後方生盡智何因此國毗婆沙師知盡智前未起滅定何為不責西方起因且我迦濕弥羅國說三十四念得菩提故謂諸菩薩决定先於無所有處已得離貪方入見道不復須斷下地煩惱三十四念得大菩提諦現觀中有十六念離有頂貪有十八念謂斷有頂九品煩惱有九無間九解脫道如是十八足前十六成三十四於此中間無容得起不同類心故於前位决定無容起滅盡定若於前位起滅盡定便越期心然諸菩薩决定不越要期心故如是善成三十四念得菩提故為非前因雖已說二定有多同異相而於其中復有同異頌曰

二定依欲色　滅定初人中

論曰言二定者謂無想定及滅盡定此二俱依欲色二界而得現起然於此中有說唯在下三靜慮入無想定非在第四勿因與果極相隣逼有說亦在第四靜慮入無想定除无想天以生彼天受彼果故有餘師說唯在欲界入無想定非在色界彼違論文謂本論言或有是色有此有非五行謂色纏有情或生有想天住不同類心若入無想定若入滅盡定或生無想天已得入無想是謂是色有此有非五行由此證知如是二定俱依欲色而得現起是名同相言異相者謂無想定欲色二界皆得初起滅定初起唯在人中謂滅盡定唯在人中得初修起唯人中有說者釋者及有強盛加行力故有在人中初修得已由退為先方生色界依色界身後復修起非在無色能入滅定无所依故命根必依色心而轉若在无色入滅定者色心俱無命根應斷諸蘊展轉相依而住故无有情唯具一蘊又心心所不相離故亦無有情唯具三蘊何因故知滅定有退准鄔陁夷契經義故經言具壽有諸苾蒭先於此處具淨尸羅具三摩地具般羅若能數入出滅受想定斯有是處應如實知彼於現法或臨終位不能勤修令解滿足從此身壞超段食天隨受一處意成天身於彼生已復數入出滅受想定亦有是處應如實知此意成天身佛說是色界滅受想定唯在有頂若得此定必無退者不應得往色界受

生如是廣釋二定異相揔有六門謂
地加行相續異熟順受初起有差別
故今應思擇滅盡定中揔滅一切心
心所法何緣唯說滅受想定猒逆彼
二生此定故謂想與受能為見愛雜
染所依故偏猒逆如是二法多諸過
患如立蘊中已廣分別故偏猒逆入
滅盡定此滅定位決定無心以一切
心皆與受想俱生滅故如契經說眼
及色為緣生於眼識三和合觸俱起
受想思乃至廣說曾无處言有第七
識可執彼識離受想生此經俱言顯
同時起蘆束相依為辟喻故說心心
所生緣等故非此定中唯想受滅此
中亦說意行滅故若此定中心不滅
者想受二種亦應不滅能生彼觸應
亦有故由此滅定必無有心然定後
心復得生者定前心作等無間緣所
引攝故又加行中要期勢力所引發
故滅盡定體應知實有能遮礙心令
不生故若謂定前心遮礙餘心者則
應餘心畢竟不起若謂有根身能起
餘心者應一切時諸識頓起說依前

心後心起者以無第二等無間緣雖
有同時所依境界而無一切境識頓
生若執不待自類因緣待有根身識
便起者彼一切位一切境識何法為
礙起不同時是故唯應依心心起非
前定心力能遮礙餘心由此故知離
前心外定有別法能遮礙心由此法
故於無心位雖有心因而心不起即
此別法名滅盡定體是有為實而非
假脩觀行者由定前心要期願力所
引發故令滅盡定勢力漸微至都盡
位无遮礙用意法為緣還生意識由
此准釋前无想定及與无想隨其所
應已辯二定命根者何頌曰
命根體即壽　能持煖及識
論曰命體即壽故本論言云何命根
謂三界壽異名雖介自云未詳應更
指陳何法名壽謂有別法能持煖識
說名為壽故世尊言
壽煖及與識　三法捨身時　所捨身僵仆
如木無思覺
若介此壽何法能持此壽能持我說
是業一向是業異熟果故一期生中

常隨轉故煖非一向業異熟果識二
俱非雖有一期常隨轉處而非一向
是業異熟故不可說識由業持是故
說壽能持煖識非非業感識流轉中
業有少分能持功用一同分中異熟
生識斷而更續唯壽力持復如何知
壽能持煖要有壽者方有煖故諸無
煖者亦見有壽故知壽體非煖所持
由此故知別有實法彼力能持有情
煖識說名為壽此即命根如是命根
非唯依身無色亦有故非唯依心無
心亦有故若介依何依先世業及現
同分其衆同分亦准命根命行壽行
有何差別若生法壽名為命行不生
法壽說為壽行有作是言非所棄捨
名為命行是所棄捨名為壽行復有
說言若神足果名為命行若先業果
名為壽行復有說者若明增上生名
為命行無明增上生名為壽行或有
說者唯離貪者相續所得名為命行
亦有貪者相續所得名為壽行是為
命行壽行差別已辯命根何謂諸相
此有四四者何頌曰

相謂諸有為生住異滅性
論曰如是四種是有為相顯彼性故得彼相名依此說有諸行種類此中生者謂有別法是行生位無障勝因由能引攝令其生故能引攝者謂彼生時此法能為彼勝緣性雖諸行起皆得名生然此生名但依諸行生位無障勝因而立諸行必藉前生俱生同類異類緣力故起思因果中當廣顯示前生同類異類緣中同類緣强隨彼起故俱生緣內無同類緣異類緣中有偏勝者如緣眼色眼識生中說眼為因色為緣性雖隨闕一眼識不生而眼識生隨眼非色是近緣性眼識力勝非眼又於俱起一果法中故說為因眼識俱生一果諸法為緣自有相生力偏勝者如風望火風助火力令其熾然世極成故現見異聚風偏順火故可比度同聚必然是故俱生諸行緣內生力勝者偏立生名此生功能於生初念無漏諸得其相最顯既於此處見有勝能可比度餘應知亦有住謂別法是已生未壞諸行引自果無障勝因如諸行生必待別法為勝因助引果勝用亦應必待因緣體暫有位對法者所許諸行待衆亦說有住諸行尒時引自果故又即於此立為作用世尊亦言諸行暫住又說諸色有生住時此不可言據相續說一刹那須亦皆性故相續必覽刹那成故諸有為相但依相續前後建立理必不成故有別法能為諸行引果作用無障近因對法諸師說此為住異謂別法是一切行自類相續後異前因不可無因自然有異同一識相前後相續轉變無因理不成故生無色界受等相續念念變易此用最顯見無色界有異勝能可比度餘應知亦有滅謂別法是俱生行念念滅壞無障勝因不可執無為滅相體無從緣起理不成故亦不應說有生滅故又契經言應知生滅緣無境智理必非有故不可說無為滅相又如生法由別生生滅法亦應由別滅滅捴言性者是實體義若有為相有四體別何故契經但說三種契經為顯有為無為德失差別故不說住或若有相唯表有為契經偏說非住相體唯表有為常亦有故非此不說是無住因餘經說行有生滅法非無異法此亦應尒雖有四相隨所化宜隱住說三而無有失或此經中已密說住无唯聲故或此經中住異合說若不尒者但應言異為顯有為住必兼異不同無為有住無異非此經中言住異者顯住即異但顯有為有起有盡有住有異無為有住無所餘三故諸有為與無為別由斯對法說諸有為定有四相理无傾動此生等相既是有為應更別有生等四相若更有相便致無窮彼更有餘生等相故實許更有然非無窮所以者何頌曰
此有生生等　於八一有能
論曰此中有言兼顯定義意顯此有唯四非餘此論前說四種本相生生等者謂四隨相即是生之生生乃至滅之滅滅諸行有為由四本相本相有為由四隨相世尊何處說隨相耶

有契經言老死起故此經亦說定有隨相謂生等相亦是有為故生生等相亦起等性故契經既說有三有為之有為相有為之起亦可了知盡及住異亦可了知故知此中亦攝隨相又於諸相皆有亦言故此經中亦說隨相言有為之起亦可了知者起即本相生亦表生生義盡及住異亦可知言類起亦言應如理釋若不尒者何用亦言故契經中於無為法說尚無有起等可知此意說言諸無為法尚無生等本相可知况生生等隨相可得若不尒者應但說無起等可知不應言尚又薄伽梵於契經中說諸有為相復有相故契經說色有起盡此復應知亦有起盡乃至廣說由此故知相復有相若尒本相如所相法一一應有四種隨相此復各四展轉无窮無斯過失四本四隨於八於一切能別故為親緣用名曰功能謂四本相一一皆於八法有用四種隨相一一皆於一法有用其義云何謂法生時并其自體九法俱起自體為一相隨相八本相中生除其自性能為親緣生餘八法諸法於自體无生等用故隨相生生為親緣用於九法内唯生本生此生一生多由功能別故生性既無異功能何有別如受領納性雖無異而有功能損益差別又本相隨相境有多少如五識意識境有少多謂為親緣令引自果作用得起是生功能本相中住亦除自性能為親緣住餘八法隨相住住能為親緣於九法中唯住本住謂為親緣令法暫住能引自果是住功能本相中異除其自性能為親緣異餘八法隨相異異能為親緣於九法中唯異本異謂為親緣令引自果作用衰損是異功能本相中滅除其自性能為親緣滅餘八法隨相滅滅能為親緣於九法中唯滅本滅謂為親緣令引自果作用滅壞是滅功能是故生等相復有相隨相唯四無無窮失

說一切有部顯宗論卷第七

阿毗達磨藏顯宗論卷第七

校勘記

一　底本，金藏廣勝寺本。

一　一四五頁中末行「云阿」，諸本（不含石，下同）作「云何」。

一　一四六頁上五行「聖聖」，諸本作「聖」。

一　一四六頁中七行第二字「曰」，磧、普、南作「已」。

一　一四六頁中九行第六字「類」，資、磧、普、南、徑、清作「類等」。

一　一四七頁上一二行第四字「因」，徑作「同」。

一　一四八頁上三行首字「真」，諸本作「爲真」。

一　一四八頁上一三行第一二字「現」，諸本作「理」。

一　一四八頁中七行末字「故」，磧、普作「彼」。

一　一四八頁中九行「貪者」，南、徑、清作「貪著」。一一行同。

一　一四九頁中一七行第五字「勿」，經、清作「而」。

一　一四九頁中二〇行第一二字「違」，南作「遠」。

一　一四九頁中二二行第三字「緾」，麗作「壓」。

一　一五〇頁中一七行「自云」，諸本作「自體」。

一　一五〇頁中二〇行第一四字「偃」、諸本作「僵」。

一　一五一頁上一六行首字「眼」，麗作「助」。

一　一五一頁上二一行第一二字「得」，資、磧、普、南、經、清作「行」。

一　一五一頁中九行第五字「諸」，資、磧、普、南、經、清作「說」。

一　一五一頁中一三行第二字「異」，資、磧、普、南、經、清作「果」。

一　一五一頁下二〇行第六字「論」，磧、普、南、經、清、麗作「謂」。

一　一五二頁上一一行第一一字「諸」資作「於」。

一　一五二頁上二〇行首字「切」，諸本作「功」。

阿毗達磨藏顯宗論卷第八　　雅

尊者衆賢造

三藏法師玄奘奉　詔譯

辯差別品第三之四

雖離所相別有生等與所相法俱時而起而無一法一時即生即住即異即滅過失如體不同用有別故執所相外無別生等一一剎那有四相者如斯過失不可救療一法一時功能差別理不成故許所相外有別生等無斯過失相體不同助緣差別時分功能理有異故然有為法分位不同略有三種謂引果用未得正得已滅別故此諸有為復有二種謂有作用及唯有體前是現在後是去來此復一一各有二種謂彼功能有勝有劣諸有為法若能為因引攝自果名為作用若能為緣攝助異類是謂功能若有別法於未獲得引果用時由遇未得正得已滅引果用時外緣攝助於辦自事發起內緣攝助功能是名生相或復有法於正獲得引果用時由遇未得正得已滅引果用時外緣攝助於辦自事發起內緣攝助功能是餘三相於正生位生為內緣起所生法至已生位此所生法名為已起於正滅位住為內緣安所住法令引自果至已滅位此所位法名於自果已能引發即正滅位滅為內緣壞所滅法至已滅位此所滅法名為已壞異相亦介如應當知有餘師說因要待處世時位伴能與果故生已生時起用差別謂或有因待處與果如雨要待雲處方生要贍部洲處金剛座方證無上正等菩提或復有因待世與果如異熟因順解脫分要在過去方能與果或復有因待時與果如輪王業要劫增時方能獲得轉輪王位或復有因待位與果如諸種子至變異位方能生牙初無漏心及光明等體雖先有而要未來正生位中能有所作或復有因待伴與果如四大種心、心所等要與伴俱能有所作由斯差別緣起正理四相起用分位不同謂正生時生相起用至已生位住異滅三同於一時各起別用如是四相用時既別故無一法一時即生即住即異即滅過失又正滅時此所相法由餘住相為勝因故暫時安住能引自果即於尒時由餘異相為勝因故令其衰損即於尒時由餘滅相為勝因故令其滅壞故三一時無相違失時所相法為名安住。為名衰異為名壞滅由能相力所相一時所望不同具有三義如何異相即於住時衰損能引自異作用損彼作用令後果生劣於前因是異相力後果漸劣由因有異此果復由俱起異相為緣衰損能令後果更劣於前如是一切有為相續剎那剎那令後後異故前前念有異義成此義既成應為比量謂見㝡後有差別故前諸剎那定有差別若尒相續漸增長時異相應無不見果故無斯過失住相尒時由外緣助勢力增強摧伏異故若生在未來生所生法未來一切法何不頓生彼能生因各常合故此先巳辯先何所辯謂有別法於未獲得引果用時由遇未得正得巳滅引果用時外緣攝助於辦自事發起內緣攝助功能是名生相又作是說因要待處世時位伴方與果故即依此義說如是言頌曰

生能生所生　非離因緣合

論曰非離所餘因緣和合唯生相力能生所生故諸未來非皆頓起生相雖作俱起近因能生所生諸有為法而必應待前自類因及餘外緣和合攝助如種地等差別因緣助牙等生令生牙等若尒我等唯見因緣有生功能無別生相有因緣合諸法即生無即不生何勞生相故應唯有因緣力生此責不然唯許衆緣諸法生者此責同故謂若唯許未來諸法因緣和合而得生者此責亦同未來諸法因緣無別者何不頓皆生又因緣中隨闕一種具所餘故果亦應生且如眼根先業所引雖離大種而亦應生或應但由大種功力不由先業眼根得生或諸眼根隨業所引能生大種無不合時於一生時餘亦應起或應大種於眼無能不見離前眼大種獨生故但應因前眼後眼得生許大種能生應成無用又如種子水土等緣隨闕一時牙必不起故知種等功力極成於眼等生地等大種能生功力非所現見既不現見大種功力應不為因生於眼等又汝所執有業種子相續轉變誰為障礙不能頓生一切業果若由緣助業種方能生應但緣能生何勞業種以衆緣助業果乃生衆緣若無果不生故既賴緣助而業種非無雖藉衆緣寧撥無生相又於眼等諸識生中處處經言雖有眼色若離作意眼識不生然說識生緣眼及色故不應難因緣力生何勞生相又見初念無漏生時生能為因起無漏得得自相有前巳極成應說除生有何別法能作此得前俱起因若全无因得不應起則初無漏應不說成生相生時為亦別有俱生因不應言亦有謂除生體餘一異法云何異滅為生助因古昔諸師咸作是釋同一果法展轉為因如諸大種更相順故復有釋言諸有為法一切皆是生等

性故生等四相一一用時以此為門餘皆助力是故所說生生所生非離因緣理善成立餘廣決擇諸有為相如順正理及五事釋已略分別諸有為相名身等類其義云何頌曰

名身等所謂　想章字揔說

論曰等者等取句身文身名句文身本論說故諸想揔說即是名身諸章揔說即是句身諸字揔說即是文身言揔說者是合集義於合集義中說殟遮界故想者眼耳瓶衣等想謂於諸法分別取著共所安立字所發想如是想身即是名身謂眼耳鼻舌身意等章謂章辯世論者釋是辯無盡帶差別章能究竟辯所欲說義即是福招樂異熟等如是章身即是句身謂如有說

福招樂異熟　所欲皆如意　并速證第一
永寂靜涅槃

如是句等字謂裒阿壹伊等字如是字身即是文身謂迦佉伽等有餘師說本論中言云何多名身謂名名事等非彼論師欲辯名等是實有相而依假合以發問端是故彼問多名身等者決定應問名等體實相思擇名等體實相中何用推徵名等假合又名等三相差別者謂聲所顯能顯於義以共立為能詮定量顯示所解意樂所生能表所知境界自體猶如影響此相是名若能辯析所知境中廣略義門此相是句於能說者聲已滅位猶令繫念持令不惑傳寄餘者此相是文此中名者諸隨歸赴如如語聲之所歸赴如是如是於自性中名皆隨逐呼召於彼句者即能辯所說義謂能辯析差別義門文者諸能有所彰顯依此由此彼彰顯故此即是字謂令繫念無有忘失或復由此之所任持令無疑惑或能持彼轉寄於餘故有說言如靜慮者方便境相與靜慮中所覺了境而為梯撜文於名句及義亦介名句文身理實皆是不相應行而經論中說非色法皆為名者以色相顯當體立名非色相隱從詮立目義為可說不可說耶理實應言義不可說然共施設聞言解義因語發名名顯義故三世等法各有三名謂去来今三時說故又一切法無無名者若有應成非所知境故薄伽梵說如是言

名能映一切　無有過名者　是故名一法
皆隨自在行

有餘師說義少名多於一義中有多名故有餘復說名少義多名唯一界少分所攝義則具攝十八界故復有說者互有少多謂約界攝義多名少若依立教義少名多謂佛世尊於一一法隨義施設無邊名故如貪名愛名火名虵名蔓名渴名網名毒名泉名河名脩名廣名針縷等如是一切此中經主作如是言豈不此三語為性故用聲為體色自性攝如何乃說為心不相應行此責非理所以者何教分明證別有故教謂經言語力文力若文即語別說何為又說應持正法文句又言依義不依於文又說他因謂闡陁文字闡陁謂造頌分量語為體又契經言知法知義言法謂名等義謂所詮又契經言文義巧妙

又言應以善說文句讀誦正法惡說文句讀誦正法義即難解又說如來獲得希有名句文身又說彼彼勝解文句甚為希有由此等教證知別有能詮諸義名句文身其體如聲實而非假理謂現見有時得聲而不得字有時得字而不得聲故知體別有時得聲不得字者謂雖聞聲而不了義現見有人粗聞他語而復審問汝何所言此聞語聲不了義者都由未達所發文故如何乃執又不異聲有時得字不得聲者謂不聞聲而得了義現見有人不聞他語覩脣等動知其所說此不聞聲得了義者都由已達所發文故由斯理證文必異聲又見世間隱聲誦呪故知呪字異於呪聲又見世間有二論者言音相似一負一勝此勝負因必異聲有又法與詞二無礙解境界別故知字離聲是故聲者但是言音相無差別其中屈曲必依迦遮吒多波等要由語聲發起諸字諸字前後和合生名此名既生即能顯義由斯展轉而作是言語能發名名

能顯義故名聲異其理極成應知此中聲是能說名等所說義俱非二如是則為無倒建立此中經主又作是言非但音聲皆稱為語要由此故義可了知如是音聲方稱語故謂能說者於諸義中已共立為能詮定量若此句義由名能顯聲即能詮何須名等何等名為能詮定量豈不於義共立想名此即說為能詮定量謂能說者於諸義中先共安立如是諸字定能展轉詮如是義由共安立如是字故因如是字發如是名

此名即是能詮定量諸能說者將發語時要先思惟如是定量由此自語或他語時於所顯義皆能解了故非唯聲即能顯義要語發字字復發名名乃能詮所欲說義如語發字字復發名如是應思發句道理此中經主復作是言又未了此名如何由語發為由語顯為由語生若由語生語聲性故聲應一切皆能生名若謂生名聲有差別此足顯義何待別名若由語顯語聲性故聲應一切皆能顯名若謂

顯名聲有差別此足顯義何待別名執聲能詮斯難亦等謂若聲體即能顯義應一切聲無非能顯若謂能顯聲有差別如是差別應即是名故所推徵未為過難然能說者以所樂名先蘊在心方復思度我當發起如是如是言為他宣說如是如是義由此後時隨思發語因語發字字復發名名方顯義由依如是展轉理門說語發名名能顯義如斯安立其理必然若不以名先蘊心內設全發語無定表詮亦不令他於義生解又經主言

或應唯執別有文體即揔集此為名等身更執有餘便為无用此亦非理无有諸文俱時轉故既不俱轉如何揔集或如樹等大造合成非不緣斯別生於影影由假發而體非假如是諸文亦應揔集別生名句而彼名句雖由假發而體非假若介即應一切假法皆可安立為實有性無如是失於一字中亦有名故無有假法攬一實成故假與名義不相似既於一字亦得有名此名如何知離字有如是

一字如無義字無有所詮依此為緣別有名起方能表義然極相近別相難知如辟上光二色難辯若許即聲由先契約宣唱差別能表於義說為名等斯有何失此亦不然能詮契約即聲差別理不成故若共所立能詮契約即聲差別者應如色差別非共立契亦可了知非青與黃二色差別要共立契約後可知雖二色中先不共立差別契約而彼青黃非異色故眼識得已意識即能隨分別知此彼差別又理不應於契約上復作契約故不應言能詮契約雖不異聲而先不共立契約者雖復得聲而更待餘立契約故未能了別此望餘聲有差別相又若所立契即聲差別者於有義聲及無義聲所有差別雖先未共立差別契應亦了知謂於一聲有此差別於餘聲上此差別無先未共立差別契者得二聲時雖不了義然應如彼二色差別即能了達有契約聲無契約聲差別之相故知別有名句文身緣聲而生能顯了義又經主說

諸刹那聲不可聚集亦無一法分分漸生如何名生可由語發又自釋言云何待過去諸表刹那審後表刹那能生無表復自難言若尒審後位聲乃生名但聞審後聲應能了義若作是執語能生文文復生名名方顯義此中過難應同前說以諸念文不可集故語顯名過應例如生又文由語若顯若生准語於名皆不應理此難違害自所稟宗彼說去來皆無自體聲前後念不可頓生如何成文成名成句若前前念傳傳相資審彼刹那成文名句但聞審後應了義成 又無相資去来無故既恒一念如何相資既無相資前後相似後如初念應不能詮聞後如初應不了義故彼所執前後相資聲即能詮理不成立義宗三世皆有非無故後待前能生名等雖審後念名等方生而但聞彼不能了義由不具聞如先共立名等契約能發聲故然聞一聲亦有了者由串習故依此比餘故經主言破彼非此毗婆沙說名句文三各有三種名三

種者謂名名身多名身句文亦尒名有多位謂一字生或二字生或多字生一字生者說一字時但可有名說二字時即謂名身或作是說說三字時即謂多名身或作是說說四字時方謂多名身二字生者說二字時但可有名說四字時即謂名身或作是說說六字時即謂多名身或作是說說八字時方謂多名身多字生中三字生者說三字時但可有名說六字時即謂名身或作是說說九字時即謂多名身或作是說說十二字時方謂多名身此為門故餘多字生名身多身如理應說句亦多位謂處中句初句後句短句長句若八字生名處中句不長不短故謂處中三十二字生於四句如是四句成室路迦經論文章多依此數若六字已上生名初句二十六字已下生名後句若減六字生名短句過二十六字生名長句且依處中句辯三種說八字時但可有句說十六字時即謂句身或作是說說二十四字時即謂多句身或作

是說說三十二字時方謂多句身文即字故唯有一位說一字時但可有文說二字時即謂文身或作是說說三字時即謂多文身或作是說說四字時方謂多文身由此理故應作是說說一字時有名無名身無多名身無句無句身無多句身有文無文身無多文身說二字時有名有名身無多名身無句等三有文有文身無多文身說四字時有名等三無句等三有文等三說八字時有名等三有句無句身無多句身有文等三說十六字時有名等三有句有句身無多句身有文等三說三十二字時名句文三各具三種由此為門餘如理說復應思惟如是名等何界所繫為是有情數為非有情數為是異熟生為是所長養為是等流性為善為不善為無記此皆應辯頌曰

欲色有情攝　等流無記性

論曰此名等三唯是欲色二界所繫就色界中有說唯在初靜慮地有說亦通上三靜慮隨語隨身所繫別故若說此三隨語繫者說生欲界作欲界語時語名等身皆是欲界繫彼所說義或三界繫或通不繫即彼復作初定語時語及名等初定地繫身欲界繫義如前說如是若生初靜慮地作二地語如理應思若生二三四靜慮地作二地語亦如理思若說此三隨身繫者說生欲界或四靜慮名等及身各自地繫語或自地或他地繫義如前說此二說中或言上地亦有名等而不可說雖有二說然初說善又名等三有情數攝非情有為不成就故能說者成非所顯義唯成現在不成去來又名等三唯等流性非所長養非異熟生而言名等從業生者是業所生增上果故又名等三唯是无覆無記性攝故斷善者說善法時雖成善名等而不成善法離欲貪者不成不善諸無學者不成染汙成能詮名等非所詮法故如上所說餘不相應所未說義今當略辯頌曰

同分亦如是　并無色異熟　得相通三類
非得定等流

論曰亦如是言為顯同分如名身等通於欲色有情等流無覆無記并無色言顯非唯欲色言并異熟顯非唯等流是界通三類通二義云何異熟謂地獄等及卵生等趣生同分云何等流謂界地處種姓族類沙門梵志學無學等所有同分有餘師說先業所引生是異熟同分現在加行起是等流同分得及諸相類並通三謂具剎那等流異熟非得二定唯是等流唯言為明非異熟等所餘應說而不說者命根無想如前說故餘義准前已可知故謂說得等唯成就故有情數攝義可准知說諸有為有生等故准知諸相通情非情餘隨所應義皆已顯是故於此无勞重說如是已辯不相應行前言生相生所生時非離所餘因緣和合此中何法說為因緣且因六種何等為六頌曰

能作及俱有　同類與相應　遍行并異熟
許因唯六種

論曰本論許因唯有六種不增不減一能作因二俱有因三同類因四相

應因五遍行因六異熟因能作因體通一切法是故前說俱有因體遍諸有為故居第二餘同類等於有為中如其所應各攝少分隨言便穩次第而說法生所賴故說為因即親順益所生果義如是六因非佛所說如何本論自立此名定無大師所不說義阿毗達磨輙有所說經中現無由隱沒故自相可得決定應有又諸經中所化力故世尊方便作異門說對法諸師由見少相知其定有分明結集故有說言此六因義說在增一增六經中時經久遠其文隱沒尊者迦多衍尼子等於諸法相無間思求冥感天仙現來授與如天授與筏第遮經其理必然如四緣義雖具列在此部經中而餘部中有不誦者由時淹久多隱沒故既見餘經有少隱沒故知此處亦非具在又見經中處處散說故六因義定應實有謂如經說眼色為緣生於眼識又如經說二因二緣能生正見諸如是等即能作因諸法於他有能作義由生無障故立此

因如契經說有三道支正見隨轉又如經說三和合觸俱起受想思諸如是等即俱有因諸行俱時同作一事由乎隨轉故立此因如說如是補特伽羅成就善法及不善法應知如是補特伽羅善法隱沒惡法出現有隨俱行善根未斷以未斷故從此善根猶有可起餘善根義又說苾芻若於彼彼多隨尋伺即於彼彼心多趣入無明為因起諸染著明為因故離諸染著諸如是等即同類因過去現在同類諸法由牽自果故立此因如契經說見為根信證智相應又如經言若有了別即有了知在定了知乃為如實非不在定諸如是等即相應因心心所相應同作一事由共取一境故立此因如契經言諸邪見者所有身業語業意業諸有願求皆如所見者所有諸行皆是彼類如是諸法皆悉能招非欣愛樂不可意果又經說一切見趣生時皆以有身見為其根本若此見生不忍一切此見能生貪欲瞋恚諸如是等即遍行因過去現

在見苦集所斷疑見無明及相應俱有於同異類諸染汙法由能引起故立此因一部為因生五部果故同類外立遍行因如契經言若所作業是善有漏是脩所成於彼處生受諸異熟又如經言諸故思業作及增長定招異熟諸如是等即異熟因一切不善善有漏法由招異類故立此因如是六因佛處處說諸憎背者迷故不見諸有智人應勤覺了又薄伽梵處處經中說有俱生前生因義依此有彼有此生故彼生如次應知有二因義又薄伽梵於契經中分明顯說二種因義謂契經言諸有不敬處无明者由無明故亦造福行此經即顯有前生因又契經說眼色為緣廣說乃至意法為緣生癡所生染濁作意此中愚者癡即無明希求即愛愛表即業此經即顯有俱生因一心中說有展轉為因故非謂此經據相續說理不成故同因所起執不俱生甚為迷謬此廣決擇如順正理及五事論應如實知已略舉因今當廣辯且初能

作因相云何頌曰
除自餘能作
論曰此能作因略有二種一有生力二唯無障諸法生時唯除自體以一切法為能作因由彼生時皆不為障於中少分有能生力且如有一眼識生時以所依眼為依止因以所緣色為建立因以眼識等如種子法為不斷因以相應法為攝受因以俱有法為助伴因以耳根等為依住因此等摠說為能作因於中一分名有力因以有能生勝功德故所餘諸分名無力因以但不為障礙住故因即能作名能作因此因有力能作果故雖餘因性亦能作因然能作因更無別稱如色處等摠即別名或復此因能作二義以無障故可名為因可名非因不生能故人能作者是餘親因此能助彼名能作因或此令他能有所作他即是果能作之因名能作因何緣自體非自能作因以能作因於自體無故謂無障義是能作因自於自體恒為障礙又一切法不待自體應有恒成損減等故若有應與現事相違一法生時餘相違法亦無障住故能為因非彼與此有時為因有時非因應合正理故一切法皆能作因諸法相望皆有障力而不為障故能為因若處有一餘必無故無色亦有時依等定故彼相望亦有障力又諸法內一法生時如與欲法餘皆無障由二緣故法不得生一順因無二違緣有諸法生位必待勝力各別因緣及待所餘無障而住增上緣法由能生因有能障因无諸法乃生故唯由无障礙說一切法名為能作因非有障力而不為障與無障力不為障者於无障時少有差別俱有無障力同無勝用故由斯理趣諸法不頓生非如作者皆成煞等業鬪勝用緣因等起故即由此理過去諸法與餘二世為能作因彼二世法還與過去為增上果未来諸法與餘二世為能作因彼二世法非俱後故不與未来為增上果果必由因取故唯有二因唯據无障故許通三現在諸法與餘二世為能作因彼二世中唯未来法為現在果有為望有為展轉是因果有為望无為此非因彼非果無為望无為展轉非因果無為望有為此是因彼非果由斯故說果少因多以能作因通一切法其增上果唯有為故

說一切有部顯宗論卷第八

阿毗達磨藏顯宗論卷第八

校勘記

一　底本，金藏廣勝寺本。
一　五四頁中六行「一法」，南作「二法」。
一　五四頁中一九行末字「遇」，資、磧、普、南、徑、清作「過」。
一　五四頁下三行第一一字「内」，普、徑作「能」。
一　五四頁下六行第八字「位」，磧、徑、清、麗作「住」。
一　五五頁上一一行第三字「異」，

諸本(不含石,下同)作「果」。本頁下二〇行第九字同。

一五五頁中六行「論白」，諸本作「論曰」。

一五五頁下二〇行第三字「謂」，徑、清作「説」。

一五六頁中三行第九字「徽」，諸本作「徵」。

一五六頁中一〇行第八字「諸」，諸本作「謂」。一一三行第一二字同。

一五六頁中一六行「任持」，資、磧、普、南、徑、清作「住持」。

一五六頁中一八行「梯撜」，諸本作「梯隥」。

一五六頁下八行「一界」，磧作「二界」。

一五六頁下二〇行末字「他」，諸本作「伽」。

一五六頁下二二行第一二字「言」、諸本無。

一五七頁上一一行第八字「又」，諸本作「文」。

一五七頁上一四行第一二字「違」，諸本作「達」。

一五七頁下五行第三字「未」，麗作「末」。

一五七頁下一一行第一〇字「全」，資、磧、普、南、徑、清作「令」。

一五八頁上九行第五字「約」，麗作「然」。

一五八頁中一二行第一二字「彼」，諸本作「後」。

一五九頁中七行末字「三」，資、磧、普、南、徑、清作「二」。

一六〇頁上一九行首字「此」，徑、清作「非」。

一六〇頁中一七行第八字「言」，資、磧、普、南、徑、清作「言言」。

一六〇頁中一九行首字「者」，諸本無。

一六〇頁下六行第八字「惡」，麗作「思」。

一六〇頁下一二行第一二字「有」，資、磧、普、南、徑、清作「前」。

一六〇頁下一八行第二字「愚」，麗作「意」。

一六一頁上一一行第一一字「名」，清作「各」。

一六一頁上一二行「功德」，諸本作「功能」。

一六一頁上一八行第五字「人」，諸本作「又」。

一六一頁中一七行第四字「煞」，徑、清作「熟」。

阿毗達磨藏顯宗論卷第九

尊者衆賢造

三藏法師玄奘奉　詔譯

雅

辯差別品第三之五

已辯能作因相。俱有因相云何。頌曰：

俱有一果法　如大相所相　心心隨轉等

論曰：若有為法同得一果，可得說此為俱有因，由助彼力得一果故。其相云何？如四大種更互相望為俱有因，雖有體增，體不增者，而皆三一更互為因。自體不應待自體故，亦不應待同類體故。一一大種唯待餘三，要四大種異類和集，方有功能生造色故。如是諸相與所相法、心與心隨轉，亦皆互為因。等言為明諸心隨轉，及諸能相亦互為因。是則俱有因由得一果，遍攝有為法，如其所應。然本論中曾不見說心隨轉色與心為因，應辯此中造論者意。今我所見，彼論意者：若法與心決定俱起，遍一切心，依心而轉，即說彼法與所依心展轉相望為俱有因。諸心所法非定俱起，或少或多現可得故。身業語業非遍諸心，不定心俱，全無有故。生等諸相皆依心轉，非互相依，法為上首，生住異滅互相資故。由斯不說彼互為因。又於此中為欲顯示但說異類為俱有因，同類互為因不說而成義。又為顯示有身語業唯依於心，不依於表，故不說彼與心為因。又彼大德意趣難了，諸有智者應更尋思。然於此中有作是計：唯心與色為俱有因，非色與心，依心轉故。如王臣理勝，不因劣。此喻不然，亦相資故。心隨轉法其體云何？頌曰：

心所二律儀　彼及心諸相　是心隨轉法

論曰：一切心所、靜慮無漏二種律儀，彼法及心之生等相，如是皆謂心隨轉法。何緣心隨相非心隨轉法，以隨相於心非俱有因故？何緣心隨相非心俱有因？不由彼力心得生故。彼於一法有功能故，又與心王非一果故。聚中多分非彼果故。若尒，云何心能與彼為俱有因，由隨心王生等諸位彼得轉故？豈不應如大種生等，心亦用彼為俱有因？謂如造色非生等果生等非不與諸大種為俱有因此亦應尒如是所例其理不齊展轉果一果多非彼果故非諸造色是諸大種展轉果中一果所攝何容造色非諸大種生等果故例此為失又如前說前說者何不由彼力心得生故然諸大種與生等相展轉力生故無此失何緣此法名心隨轉頌曰

由時果善等

論曰略說由時果善等十種緣故名心隨轉且由時者謂此與心一生住滅及墮一世由果等者謂此與心一果等流及一異熟由善等者謂此與心同善不善無記性故豈不但言一生住滅即知亦是墮一世中雖亦即知墮於一世而猶未了此法與心過去未來亦不相離或為顯示諸不生法故復說言及墮一世若尒但應言墮一世不尒應不令知定墮一世豈不等流異熟亦是一果攝如何一果外說等流異熟耶實尒此中言一果者但攝士用及離繫果豈不此言通故亦攝等流異熟雖言亦攝非此所明然士用果揔有四種一俱生二無間三隔越四不生此顯與因非俱有果為遮唯執與因俱生和合聚中有士用果此和合聚互為果故自非自體士用果故即顯非彼俱起和合士用果中有一果義是故別舉等流異熟應知此中時一果一顯俱顯共其義有殊此中心王極少猶與五十八法為俱有因謂十大地法彼四十本相心八本隨相名五十八法五十八中除心四隨相餘五十四為心俱有因有餘師說五十八內能為心因唯十四法謂十大地法并心四本相非諸心所生等相力能為心因如心隨相若尒便違品類足論如彼論言或有苦諦以有身見為因非與有身見為因除未來有身見及彼相應法生老住無常諸餘染汙苦諦或有苦諦以有身見為因亦與有身見為因即所除法彼作是言我等不誦及彼相應法應隨義理簡擇論文方可誦持故異此便壞俱有因相或應許隨相亦心俱有因復有說言一切同聚皆互相望為俱有因於同聚中隨闕一種所餘諸法皆不生故此諸說中初說為善本相與法其力等故又此俱起和合聚中有是能轉而非隨轉謂即心王有唯隨轉謂色及心不相應行有是能轉亦是隨轉謂心所法隨心轉故能轉心不相應行故有二俱非謂除前相已辯俱有因相同類因相云何頌曰

同類因相似　自部地前生　道展轉九地
唯等勝為果　加行生亦然　聞思所成等

論曰能養能生或遠或近諸等流果名同類因應知此因唯相似法於相似法非於異類如善五蘊與善五蘊展轉相望為同類因染汙無記應知亦尒有餘師說淨無記蘊五是色果四非色因性下劣故有餘師說五是四果色非四因勢力劣故有餘師說色與四蘊相望展轉皆不為因劣異類故若就位說有餘師言羯賴藍位能與十位為同類因頞部曇等九位一一皆除前位與餘為因後位望前但有緣義若尒寧初羯賴藍色應無

阿毗達磨藏顯宗論卷第九　第六張　騑字号

有因初後老色應無有果故理不然復有師言前生十位一一皆與後生十位各自類色為同類因由此方隅一切外分各於自類如應當說為諸相似於相似法皆可得說為同類因不尒去何自部自地唯與自部自地為因是故說言自部自地部謂五部謂見苦所斷乃至修所斷地謂九地謂欲界為一靜慮無色八此中欲界見苦所斷還與欲界見苦所斷為同類因如是乃至欲界修所斷還與欲界修所斷為因如說欲界五部所斷靜慮無色各四地中隨其所應皆如是說此為一切不尒前生謂唯前生與後相似生未生法為同類因是謂圓滿同類因相唯說前生與後生果為同類因於義便闕不說與未生為同類因故唯說過去與未來現在為同類因等於義亦闕不說過去有因果故何故未來無同類因彼無前後次第義故豈不諸法於正生時已能斷除一切障礙望未生者得說為前又異熟因於未來世亦應非有由異

阿毗達磨藏顯宗論卷第九　第七張　騑字号

熟果望異熟因無俱前故要依前後立同類因非正生時已越後位未有作用如餘未來過去唯前未來唯後現通前後約世定故過去諸法雖皆是前而取果時已定前後非未來法於正生時作用別餘可立前後要至現在已生位中方簡未來令成後位以自作用取彼為果若尒異熟因亦勿未來有此後非類所以者何此同類因與等流果善等無別若无先後應互為因既互為因應互為果互為因果與理相違既無理能遮互為果則應許有果在因先亦有二心互為因義是則違害發智等文彼異熟因與果相別雖離前後而無上過故同類因就位建立未來非有若異熟因就相建立未來非無言同類因唯自地者定依何說定依有漏若无漏道展轉相望一一皆與九地為因謂四靜慮及三無色未至中間是名九地餘无等引非猛利故皆不能發無漏聖道無漏九地互為因者非繫地故各別地愛不執聖道為已有故種類同

阿毗達磨藏顯宗論卷第九　第八張　騑字号

故地雖有別亦互為因然非一切何者唯與等勝為因加行生故初定聖道有依初定乃至有依無所有處二定等道應知亦尒於依自上有於依下地無謂依初定初定聖道與依九定九地聖道為同類因即此唯同依初定道為同類因不用依上聖道為因以性劣故依第二定初定聖道除依初定與依餘定九地聖道為同類因即此唯用依初二定九地聖道為同類因非依上地依第三定初定聖道除依初二與依餘定九地聖道為同類因即此唯用依初二三九地聖道為同類因非依上地乃至若依無所有處初定聖道唯與依此無所有處九地聖道為同類因即此通用依九地定九地聖道為同類因如依九定初定聖道餘定聖道依於九地隨其所應當廣思擇又一地擇諸無漏道亦非一切為一切因為等勝因非劣因故且如已生苦法智忍還與未來苦法智忍為同類因是名為等又即此忍復能與後從苦法智至无生

智為同類因是名為勝如是廣說乃至已生諸無生智唯與等類為同類因更無勝故又諸已生見道修道及无學道隨其次第與三二一為同類因展轉為因亦不違理而非勝道與劣為因前生鈍根種姓修道與自相續未来決定不生利根種姓見道為同類因何理為礙一切有情各別相續法尒安立六種種姓無學望前應知亦尒然有差別謂有前生無學聖道於自相續後生修道為同類因無學退已於修道中可有轉生利根義故然不違害根蘊所說依同品根密意說故又依現起有用根說如說現起世第一法若尒一切有情相續法尒安立三乘菩提亦應劣為勝乘因性無斯過去性極遠故劣乘不可轉成勝故隨信隨法二行聖道性相隣故所依一故設見道中有出觀者亦可轉故三乘聖道無如是事由此故言諸鈍根道與鈍及利為同類因若利根道唯利道因如隨信行及信勝解時解脫道隨其次第與六四二為

同類因若隨法行及見至非時解脫道隨其次第與三二一為同類因此亦准前應知不定諸上地道為下地因云何名為或等或勝由因增長及由根故為但聖道唯與等勝為同類因不尒云何餘世間法加行生者亦與等勝為因非劣加行生法其體云何謂聞所成思所成等等者等取修所成等因聞思修所生功德名彼所成加行生故唯與等勝為因非劣如欲界繫聞所成法能與自界聞思所成為同類因非修所成因欲界無故思所成法與思所成為同類因非聞所成因以彼劣故若色界繫聞所成法能與自界聞修所成為同類因非思所成因色界无故修所成法唯與自界修所成法為同類因非聞所成因以彼劣故無色界繫修所成法唯與自界修所成法為同類因非聞思所成因以無故劣故此聞思修所成諸法各有九品謂下下等若下下品為九品因下中八因乃至上上唯上上因除前劣故生得善法與加行善

為同類因非加行善為生得因以彼劣故又生得善亦有九品一切相望展轉為因容一一後皆現前故定一心中得一切故然由現行異熟九品可施設有九品差別染汙九品准此應知復由對治有九品故無覆无記總有四種謂異熟生威儀路工巧處化心俱品隨其次第能與四三二一為因有說一切皆互為因同一縛故此說非理勿有煖等互為因故又欲界化心有四靜慮果非上靜慮果下靜慮果因非加行因得下劣果勿設劬勞无所獲故同類因相義類寔繁隨力決擇如順正理已辯同類因相相應因相云何頌曰

相應因決定　心心所同依

論曰唯心心所是相應因豈不此中无簡別故時境行相別亦相應設簡別言此三同者異身同時應說相應故說同依揔遮斯難謂要同依心心所法方得更互為相應因此中同言顯所依一謂若眼識用此剎那眼根為依相應受等亦即用此眼根為依

乃至意識及相應法同依意根應知亦尒令應思擇眼耳等根所依性同何緣說彼能依之識所依各異何勞致問諸識所依性雖同而類別故若尒何故知同依言唯就俱生剎那依義說眼識等同一所依非就長時種類依義說諸眼識同一所依又无間依種類同故應眼等識為相應因是故頌中應如是簡謂心心所同時同依故彼釋中自攝二義謂若眼識用此剎那眼根為依乃至廣說頌中既闕同時之言如何得知此同依者非一種類是一剎那若謂釋中攝故无過應所造頌不說同依但說相應因決定心心所又相應言足遮諸難非時依異可有相應俱有相應二因何別且相應因法亦俱有因有俱有因法非相應因謂隨轉色生等諸行若相應因即俱有因此中二因義有何別非相應因即俱有因由此二因義各異故然即一法是相應因亦俱有因義差別者不相離義是相應因同一果義是俱有因又展轉力同生住等是俱有因若展轉力同緣一境是相應因由斯為果立俱有因由五平等立相應因其中闕一餘不得有是故極成斯為因義已辨相應因相遍行因相云何頌曰

遍行謂前遍　為同地染因

論曰遍行因者謂前已生遍行隨眠及俱品法與後同地自部他部諸染汙法為遍行因何等名為遍行品法隨眠品中當廣分別此因勢力越同類因勢力而轉故別建立亦為餘部染法因故由此勢力餘部煩惱及彼眷屬亦生長故於自部攝諸煩惱中同類遍行二因何別由有身見諸愛得生諸愛亦能生有身見二差別相如何可知自部二因亦有差別謂執我故能令諸愛生起堅固增廣熾盛我見遍緣諸愛境故愛令我見生起堅固而不能令增廣熾盛不能遍緣我見境故由諸遍惑展轉相望皆能遍緣所緣境故一一遍惑皆斯能令生起堅固增廣熾盛故此二因非無差別一時一品能為同類遍行二因有何差別雖同時取二等流果而自部果增盛非餘由二因門所長養故唯生自部二因何別無遍行因唯生自部謂遍行法正現前時俱時有力取五部果於自部果亦有差別生起堅固由同類力增廣熾盛由遍行力應知過現遍行隨眠為五部因能緣五部亦是五部之所隨增彼相應法除所隨增生等復除能緣五部彼諸法得非遍行因或前後故性踈遠故非一果故有遍行隨眠非遍行因等餘廣決擇如順正理已辯遍行因相異熟因相云何頌曰

異熟因不善　及善唯有漏

論曰唯諸不善及善有漏是異熟因異熟法故隨其所應此因能感異熟果故名異熟因頌中及聲顯此因與果性相雖異而品類無雜唯言為遮異熟因體攝諸因義有說諸果皆名異熟彼異熟因亦應遍攝恐如彼計故說唯言何緣定知唯不善法及善有漏是異熟因契經說故謂契經說有黑黑異熟業有白白異熟業有黑

白黑白異熟業有非黑非白無異熟業能盡諸業又契經言現見領受悅意異熟或復領受悲𢢔異熟由善不善又說我遭身業等損謂苦受生受苦異熟復言我遇身業等益謂樂受生受樂異熟如斯等證其類極多何緣無漏不招異熟无愛潤故如貞實種無水潤沃又无漏法既非繫地如何能招繫地異熟何緣无記不招異熟由力劣故如朽敗種餘善不善能招異熟如有水潤諸貞實種此異熟因總說有二一能牽引二能圓滿且衆同分及與命根非不相應行獨所能牽引故契經說業為生因生即命根及衆同分餘色心等非定遍故又品類足說諸命根是業異熟非是業故非心隨轉身語二業亦不能引命衆同分經言劣界思業所引應知劣界即是欲有此說欲有命衆同分唯惡業感非身語業身語表業有多極微一心所起唯一能引命衆同分餘无此能不應理故若許同時共感一果即應更互為俱有因有對造色為

俱有因非宗所許此非展轉力所生故亦非次第一一極微引命同分一心起故非一心起無異功能別引生後而無過失非為滿業亦有斯過於一生中各別能取圓滿果故依此无表亦同此釋多遠離體一心起故不許互為俱有因故經說然生若修若習若多修習生那落迦論說破僧妄語思業感無間獄一劫壽者此舉所起顯能起思思業非色難知相故於欲界中有時一蘊為異熟因共感一果謂有記得及彼生等有時二蘊為異熟因共感一果謂善不善色及生等有時四蘊為異熟因共感一果謂善不善心心所法及彼生等欲界无有隨心轉色故无五蘊為異熟因共感一果於色界中有時一蘊為異熟因共感一果謂有記得無想等至及彼生等有時二蘊為異熟因共感一果謂初靜慮善有表業及彼生等非於第二靜慮已上有諸表業無能起故有時四蘊為異熟因共感一果謂無隨轉色善心心所法及彼生等

有時五蘊為異熟因共感一果謂有隨轉色諸心心所法及彼生等無色界中有時一蘊為異熟因共感一果謂有記得滅盡等至及彼生等有時四蘊為異熟因共感一果謂一切善心心所法如是總有无異熟因謂三界中如數次第三四二種品類差別有業唯感一處異熟謂感法處即命根等若感意處定感二處謂意與法若感觸處應知亦二謂觸與法若感色處定感三處謂色觸法若感香味應知亦三謂自觸法若感身處定感四處謂身色觸法若感眼處定感五處謂眼身色觸法感耳鼻舌應知亦五謂自為一身色觸法有業能感六七八九十十一處聲非異熟故此不論業或少果或多果故如外種果或少或多有一念業多念異熟無多念業一念異熟勿設劬勞果減因故有一世業三世異熟無二世業一世異熟招感異熟勢力法尒善惡為因感無記故然異熟果無與業俱非造業時即受果故又業現在果非即熟法

受業門理必決定故亦非無間由次剎那等無間緣力所引故剎那正起力難制故又異熟因感異類果必待相續方能辦故所餘決擇如順正理如是已辨六因相別此說三世定義云何頌曰

遍行與同類　二世三世三

論曰遍行同類唯居過現未來世無理如前說相應俱有異熟三因於三世中皆悉遍有頌既不說能作因所居義准應知通三世非世不可說彼定時分故已辨六因相別世定必應對果建立因名何等名為因所對果頌曰

果有為離繫　無為無因果

論曰果略有五後當廣辯今且總摽有為離繫故本論說果法云何謂諸有為及與擇滅豈不擇滅許是果故必應有因非無有因可說為果曾未見故我亦許道為證得因經說此為沙門果故此六因內從何因得我說此果非從六因前說六因生所賴故若尒應許此證得因離前六因別為

第七我宗所許如汝所言豈不所宗有如是諦涅槃是果而無有因雖有此諦於義无失謂諸世間於設功用所欣事辦共立果名死於士夫極為衰惱故於不死事最所欣如是所欣由道功用所證得故說名為果言無因者道於所得擇滅無為非六因故擇滅於道非所生果是所證果道於擇滅非能生因是能證因故道與滅更互相對因果是非不可定執若道於滅為證得因是則但應得為道果誰言道果定非滅得道於滅得為同類因或亦說為俱有因故然此非聖正所求果聖不求有為而修聖道故道於滅得為能生因道於滅體為能證因既許無為是能作因應許無為有增上果以　不障故立能作因非能生故無增上果由如是理如有為法建立因果無為不然是故擇滅是因无果是果無因餘二無為是因非果無因无果理極成立於當所辯異熟等流離繫士用及增上果如是五果對前六因當言何果何因所得

頌曰

後因果異熟　前因增上果　同類遍等流
俱相應士用

論曰於五果中第三離繫非生因得故此不論且辯六因得餘四果言後因者謂異熟因於因頌中最後說故初異熟果此因所得有言異熟從異熟生故此不應名無異熟彼言非理同類異熟二因所生義各別故謂前異熟為同類因生後異熟為等流果即後異熟由先業成能成諸業名異熟因所成異熟即果異熟果二因體異二果義分因果類殊無相離過然異熟體如熟餘食於生異熟無勝功能故唯不善及善有漏是異熟因名有異熟言前因者謂能作因於因頌中最初說故後增上果此因所得增上之果名增上果唯無障住有何增上即無障住說為增上又於諸法生滅位中亦有展轉增上勢力同類遍行得等流果果似因故名為等流如是二因果相相似故因雖二其果唯一俱有相應得士用果非越士體有

別士用即此所得名士用果此士用名為目何法即目諸法所有功能如是冥符後頌文説若因彼力生是果名士用此中士用士力士能士之勢分義皆無別諸法功能如士用故名為士用如勇健人似師子故名為師子俱士用果定有又勝故説相應俱有因得無間隔越或有或無設有非勝又濫餘果是故不言餘因所得

説一切有部顯宗論卷第九

阿毗達磨藏顯宗論卷第九

校勘記

一　底本，金藏廣勝寺本。

一　一六三頁下一五行第五字「之」，徑、清作「所」。

一　一六五頁中九行第六字「後」，諸本（不含石，下同）作「彼」。

一　一六五頁下六行第一三字「同」，磧、普、南、徑、清、麗作「用」。

一　一六五頁下一九行第一一字「擇」，諸本作「攝」。

一　一六六頁上一七行第五字「去」，資、磧、普、南、徑、清作「失」。

一　一六七頁上四行首字「致」，資、磧、普、南、徑、清作「別」。又第六字「依」，諸本作「依依」。

一　一六七頁上二一行首字「各」，徑作「名」。

一　一六八頁上七行「貞實」，磧、南、徑、清作「真實」。一一行同。

一　一六八頁下六行第八字「无」，諸本作「九」。

一　一六九頁下一二行第八字「果」，諸本無。

一　一六九頁下一四行「餘食」，諸本作「飲食」。

趙城縣廣勝寺

阿毗達磨藏顯宗論卷第十　雅

尊者衆賢造

三藏法師玄奘奉　詔譯

辯差別品第三之六

已辯因果相對決定今當正辯果相差別異熟等果其相云何頌曰

異熟无記法　有情有記生　等流似自因
離繫由慧盡　若因彼力生　是果名士用
除前有為法　有為增上果

論曰唯於無覆無記法中有異熟果若尒則應非有情數亦是異熟為欲簡彼說有情言唯於有情有異熟故若尒於彼有情數中長養等流應是異熟又為簡彼說有記生一切不善及善有漏能記異熟故名有記從彼後時異熟方起非俱無間名有記生如是名為異熟果相豈不異熟亦以前位異熟果體為同類因是前異熟等流果故則應亦說從無記生是等流性如何乃說從有記生非等流性無如是失異熟果體由同類因相有雜乱由異熟因相無雜乱是故但說從有記生由此准知非等流性以等流果與因相似有雜乱故若異熟果與因相別無雜乱故何故非情非異熟果共業所得共受用故大梵住處諸大梵共感餘可於中有受用理故多有情業如何共感一非情果自類因一業緣有多亦無有過又見少業能生多果如何少果非多業生能作因業果少果多俱無所妨異熟因力即不如是果非共故共果數招非順熟義是故異熟不攝非情似自因法名等流果謂似同類遍行二因如同類因善染無記等流果性其相亦尒如遍行因唯是染汙等流果性其相亦尒豈不俱起士用果性亦似自因如何可言似自因法名等流果無等流果不似自因有士用果與自因異似自因名等流果定無濫彼士用果失豈不亦有等流異因如遍行因望異部果染性同故名似自因士用果性有與因別又以因者謂果與因具二相似一體二性體謂受等性謂善等若於俱起士用果中其性雖同而體必

異無二受等俱時生故若於後起士用果中性之與體皆容有異故不可說果定似因其等流果性必似因於其體中亦容有似故唯此果說似自因然此二因互有寬狹故別建立果望自因俱必相似故合立一由慧盡法名離繫果滅故名盡擇故名慧即說擇滅名離繫果由擇為因離諸繫縛證得此滅故名為果若法因彼勢力所生即說此法名士用果此有四種如前已說言俱生者謂同一時更互為因力所生法言無間者謂次後生如世第一法生苦法智忍言隔越者謂隔時生如農夫等於穀麥等言不生者所謂涅槃無間道力彼得生故此既不生如何可說彼力生故名士用果現見於得亦說生名如說我財生是我得財義若無間道斷諸隨眠所證擇滅名離繫果及士用果若無間道不斷隨眠所證擇滅唯士用果非離繫果歷諸位說如順正理諸有為法除在前生是餘有為之增上果必無少果在因前生果若前生後

因無用應未來法畢竟不生士用增上二果何別士用果名唯對作者增上果名兼對受者於上所說六種因中何位何因取果與果頌曰

五取果唯現　二與果亦然　過現與二因
一與唯過去

論曰五因取果唯於現在定非過去彼已取故亦非未來無作用故言取果者是能引義謂引未來令其生等於同體類能為種子於異體類由同一果於非一果由同性類於異性類而由有是自聚相續是故一切皆名能引如是能引名為取果此取果用唯現在有非於去來唯此可名有為作用相應俱有異熟三因皆說功能名為作用果異因故二俱時故所言五者簡能作因然能作因能取果者定唯現在與通過現應如同類遍行二因但非一切有增上果可取或與故此不說如何此因唯現取果如本論說過去諸法為等無間能生二心若出無想滅盡定心由入二定心見在時取者則應二定永不現前等

無間緣取與俱故無如是事入二定心唯現在時能取二定及出心果然由二定是正所求必應先起由此為障令出定心非於入心無間即起攝與果義說過去生二心此義於後當更分別故能作因如同類遍行摠取未來為自增上果然或有說此能作因取果與果俱通過現理不應然取果作用唯現有故俱有相應與果亦尒唯於現在由此二因取果與果必俱時故同類遍行二因與果通於過現能作因中諸有果者應同此說然非一切皆容有果故此不論同遍二因有等流果無間生者即現在時於無間果亦取亦與此果已生二因已滅名已取與若此二因滅至過去其等流果方至生時則此二因於生位果先取今與言與果者謂此諸因正與彼因令其生等其能作因正居現在彼增上果有現已生如眼根等生眼識等有無間生如世第一法等生苦法智忍等有隔越生如順解脫分善根等生三乘菩提盡智等有緣

无緣善不善等諸同類因取果與果時有同異有四句等如順正理廣說應知異熟與果唯於過去由異熟果无與因俱或無間故西方諸師說五果外別有四果一加行果二安立果三和合果四修習果此皆士用增上果攝由是故說果唯有五辯因果已復應思擇此中何法幾因所生應知此中法略有四謂染汙法異熟生法初無漏法三所餘法餘法者何謂除異熟餘无記法除初無漏諸餘善法如是四法頌曰

染汙異熟生　餘初聖如次　除異熟遍二
及同類餘生　此謂心心所　餘及除相應

論曰諸染汙法除異熟因餘五因生由異熟因所生諸法非染汙故異熟生法除遍行因餘五因生由遍行因所生諸法唯染汙故三所餘法雙除異熟遍行二因餘四因生由所餘法非異熟性故及非染汙故初無漏法及除同類及言為顯亦除異熟遍行二因餘三因生由初無漏无有前生同類法故及是善故如是四法為說

何等應知唯說心及心所若尒所餘所相應行及色四法復幾因生如心心所除因外及除相應應知餘法從四三二餘因所生謂染汙色不相應行如心心所除異熟因及除相應餘四因生異熟生色不相應行如心心所除遍行因及除相應餘四因生三所餘色不相應行如心心所雙除異熟遍行二因及除相應餘三因生初无漏色不相應行如心心所除前三因及除相應餘二因生一因生法決定无有今應思擇一切法中何法能為幾因自性謂或有法具足能為六因自性次第乃至有法能為一因自性此中有法具足能為六因性者謂諸過現不善遍行心心所法有法能為五因性者謂諸過現不善非遍心心所法或無記遍心心所法或善有漏心心所法或不善遍不相應行有法能為四因性者謂諸過現不善色法或善有漏色心不相應行或不善非遍心不相應行或無記遍不相應行或無記非遍心心所法或諸无漏心

心所法或諸未来不善善有漏心心所法有法能為三因性者謂諸過現無記色法或無記非遍心不相應行或無漏色不相應行或未来不善及善有漏色心不相應行或無記无漏心心所法有法能為二因性者謂諸未来無記無漏色心不相應行有法能為一因性者謂無為法无法非因有法非果所謂虛空及非擇滅復應思擇如是六因自性相望有純有雜且能作因對俱有因為順後句謂俱有因必雜能作有純能作非俱有因謂無為法又能作因對同類因亦順後句謂同類因必雜能作有純能作非同類因謂未来法及無為法又能作因對相應因亦順後句謂相應因必雜能作有純能作非相應因謂諸色法不相應行及無為法又能作因對遍行因亦順後句謂遍行因必雜能作有純能作非遍行因謂未来法過去現在非遍行法及无為法有能作因對異熟因亦順後句謂異熟因必雜能作有純能作非異熟因謂无

記法及無漏法若俱有因對同類因為順後句謂同類因必雜俱有有純俱有非同類因謂未来法又俱有因對相應因亦順後句謂相應因必雜俱有有純俱有非相應因謂諸色法不相應行又俱有因對遍行因亦順後句謂遍行因必雜俱有有純俱有非遍行因謂未来法過去現在非遍行法又俱有因對異熟因亦順後句謂異熟因必雜俱有有純俱有非異熟因謂諸有為中無記無漏法若同類因對相應因應作四句第一句者謂過去現在色不相應行第二句者謂未来世心心所法第三句者謂過現世心心所法第四句者謂未来色不相應行及無為法又同類因對遍行因為順後句謂遍行因必雜同類有純同類非遍行因謂過現世非遍行法又同類因對異熟因應作四句第一句者謂過去現在無記無漏法第二句者謂未来不善及善有漏法第三句者謂過現不善及善有漏法第四句者謂未来世無記無漏及无

為法若相應因對遍行因應作四句第一句者謂未来世心心所法過現非遍心心所法第二句者謂過去現在遍不相應行第三句者謂過去現在遍心心所法第四句者謂諸色法未来一切不相應行過現非遍不相應行及無為法又相應因對異熟因亦作四句第一句者謂無記無漏諸心心所法第二句者謂不善善有漏色不相應行第三句者謂不善善有漏諸心心所法第四句者謂無記無漏色不相應行及無為法若遍行因對異熟因應作四句第一句者謂過去現在無記遍行法第二句者謂未来不善及善有漏法過現善有漏不善非遍法第三句者謂過去現在不善遍行法第四句者謂未来世無記无漏法過現無漏无記非遍法及無為法又應思擇如是六因色非色等諸門差別謂六因中相應遍行二因非色餘之四因通色非色有見無見有對無對應知亦尒又六因中唯相應因但相應法餘通相應不相應法

有所依无所依有發悟無發悟有行相無行相有所緣无所緣應知亦尒又六因中遍行異熟二因唯有漏餘之四因通有漏無漏又六因中能作一因通有為無為餘之五因一向是有為又六因中遍行一因唯是染餘之五因通染及不染有罪无罪黑白有覆無覆順退不順退應知亦尒又六因中異熟一因唯有異熟餘之五因通有異熟及無異熟又六因中能作一因通三世非世俱有相應異熟二因皆通三世同類遍行二因唯通過去現在又六因中遍行一因不善無記異熟一因通善不善餘之四因皆通三性又六因中遍行異熟通三界繫餘之四因通三界繫及通不繫又六因中遍行異熟二因唯是非學非無學餘之四因皆通三種又六因中遍行一因唯見所斷異熟一因通見修所斷餘之四因通見修所斷及非所斷又六因中能作一因通四諦攝及非諦攝遍行異熟二因唯通苦集諦攝餘之三因通苦集道三諦所

攝又六因中相應遍行唯四蘊攝俱有同類異熟三因通五蘊攝能作一因通五蘊攝及非蘊攝又六因中相應遍行意法處攝異熟一因色聲意法四處所攝餘之三因十二處攝又六因中遍行一因意法意識三界所攝相應一因通七心界法界所攝異熟一因通色聲界及七心界法界所攝餘之三因十八界攝此等因果諸差別相非一切智无能遍知已隨我等覺慧所行因果義中略辯其相為重明了思擇諸緣何謂諸緣頌曰

說有四種緣　因緣五因性　等無間非後
心心所已生　所緣一切法　增上即能作

論曰於何處說謂契經中如契經中說四緣性謂因緣性等無間緣性所緣緣性增上緣性此中緣性即是四緣如四所居即所居性為顯種類故說性言意辯諸緣隨事差別有無量體然括其義無非攝入四種類中謂一切緣無過此性於六因內除能作因所餘五因是因緣性如本論說何謂因緣謂一切有為法論既不說亦

攝無為故立五因為因緣性无為何故不立因緣此如前釋唯無障住立能作因非餘因攝雖諸法性本有非無而作用成必待因力如諸造色體本非無而功用成必因大種因中勝者其唯五因如造色因勝者無五非後已生心心所法一切揔說等无間緣謂除阿羅漢最後心心所諸餘已生心心所法無不皆是等无間緣為簡未來及無為法說已生言為簡諸色不相應行說心心所何故等無間緣唯心心所此與等無間緣義相應故此緣生法等而無間依此義立等無間名謂一相續必無同類二法俱生故說名等此緣對果無同類法中間為隔故名無間若說此果无間續生名無間者出无想等心等望前應非無間或無等法於中間起名等無間是二中間無容得有等法生義或前俱生心心所品等與無間後品為緣非唯同類名等无間何故一身心心所法無有同類二體俱生等無間緣無第二故何緣無二等無間緣一

一有情一心轉故何緣一一但一心轉心於餘境正馳散時於餘境中不了知故又心在定專一境時餘境散心必不生故又一相續若有多心應無有能調伏心者又若一身多心並起為境各別為共相應若共相應一境一相無差別故俱起唐捐若境各別即應染淨善惡俱生便無解脫復有至教證一有情唯有一心相續而轉謂契經說受樂受時彼於尒時二受俱滅又契經說心為獨行云何定知心心所法生時必藉等无間緣由契經說及彼能生作意正起現見覺慧定由覺慧為先故生若異此者何理能遮本無有情今時欻起諸阿羅漢最後心心所何緣故說非等无間緣由彼不能牽後果故此復何故無牽果能以於尒時餘緣闕故許餘緣闕故後識不生有牽後果能斯有何咎若能牽後應如前位心心所法亦能與果若緣闕故與果義無應由闕緣不能牽果或正滅時心心所法能牽能與在正生位等無間法處名等

無閒緣諸阿羅漢最後心等於正滅位無有正生等無閒法故不可說等无閒緣若尒無想及二定前心心所法於正滅位正生位中無心心所應不可說等無閒緣彼定當生故亦名等無閒不相應隔不得即生既定當生說生無咎同類因等取果無定是故不應以彼例此何故未来心心所法全不許立等無閒緣等无閒緣前後所顯未来未有前後决定若彼已有前後决定修正加行則為唐捐異熟因果雖前後定而就相立不攝前後故通未来不可為例若未来世無定前後如何世尊記當時分諸佛德用不可思議因果曽當皆能現見有說現在有情身中各有未来因果先相佛因觀此便知未来證見分明非占相智佛於此等尒焰稠林理有所因方能證見非一切智便無所因於色等境能有作用何緣諸色不相應行俱不建立等無閒緣以一身中同類並起或多或少非等無閒若尒命根無二俱起何不許託等无閒緣宿

業力生非前命引雖心心所有先業生而託境根不可為例又不决定是異熟生然毗婆沙說心心所依緣行相皆有拘礙由斯故立等无閒緣色不相應无如是事非唯開避建立此緣亦攝牽生立此緣體故極微等雖前避後後方得生而非此緣心等相生有定不定故知亦攝有力牽生此定不定如順正理諸心心所自因力生前無閒滅有何作用謂諸根境雖現和合而無識等同類並生故知前心無閒滅位有力牽後心等令生色不相應無如是事如說云何心等無閒法謂心無閒餘心心所法已生正生及無想定乃至廣說此已生言攝過現世正生言攝未来生時若尒便應第二念等定及出定心非心等无閒入心无閒彼未生故彼後正生時名心等無閒中閒不隔等无閒緣故後望前亦名無閒又必當起亦名生時果被取已必當生故若尒違害見蘊論文如彼問言若法與彼法為等無閒或時此法與彼非等无閒耶彼

即荅言若時此法未至已生有何違害等無閒定要至已生然於此中有二種釋並無違害若時此法未已生者此法是何為前為後如世第一法生苦法智忍為世第一法未至已生時非與苦法智忍為等無閒若至已生位為等無閒耶為苦法智忍未至已生時非與世第一法為等无閒若至已生位為等無閒耶若執前者有心位可尒無心位如何謂無心定入心已生不可即與第二念等定及出心為等無閒若入定心至已生位即與彼諸法為等無閒者等无閒緣果法被取必無有物能㝵其生則彼一切皆應頓起若入心彼出心即生是則二定永應不起若執後者苦法智忍未已生時應不與彼世第一法為等无閒然必應許苦法智忍在正生時即名與彼世第一法為等无閒此中一類許可前執然見蘊文約有心位說等無閒故无前失或言設約無心位辯此失亦無謂入定心居現在位頓取諸定及出心果亦與㝡初刹

那定果滅入過去隨後諸定及出定心一一生時與果非取先已取故豈不一切等無間緣無有異時取果與果此責非理取果必頻與果有漸故无有失但應責言同一心果何緣諸定及出定心前後而生不俱時起正所求者理必前生謂入定心順求於定故心無間定必前生若尒何緣諸刹那定前後而起諸刹那定俱生無用故不俱生由前加行勢力所引故多念定長時續生非多刹那定俱起用一刹那定所不能為故不頓生猶如識等然諸念定是等无間不可說為等無間緣若法由前心等引起同一種類必不俱生生已復能引後令起可名等無間及等無間緣諸定雖由前心等引同一種類必不俱生然其生已不能引後可名等无間非等無間緣是故設約無心位攝亦無有失諸作是說入二定心滅入過去方能漸取第二念等定及出心彼入定心應非過去夫取果者是牽果能諸牽果能是行作用依行作用立三世

別若有作用非現在者豈不便壞世別所依諸有釋言過去眼等於色等境無有見聞齅嘗覺等各別作用故非現在彼釋不然應共審决眼等作用為是於境見等功能為牽果用若是於境見等功能便於闇中現在眼等未生已滅眼等何殊而不說為未来過去闇中眼等雖无見聞齅嘗等用而皆現有牽果功能可名作用約有此用皆名現在所餘取境與果等用皆非作用但是功能如是功能三時容有辯三世處當具思擇又過去世諸心心所於所緣等不能為礙故不能作此緣取果復有一類許可後執豈不旹法智忍在正生時即與世第一法為等無間理實應尒然此中說等无間緣要至已生此緣方立故無有過如是二釋未已生言於我義宗並無違害所緣緣性即一切法離心心所所緣境外决定更無餘法可得以一切法是心心所生所攀附故曰所緣即此所緣是心心所發生緣故名所緣緣一切法者即十二處謂

眼耳鼻舌身意識及相應法隨其次第以諸色聲香味觸法為所緣境六根唯是意識所緣何緣故知經言多法生意識故又眼等根皆非五識境所攝故所識所知遍諸法故五識所緣唯實非假意識所緣通於假實諸心心所緣有非無破斥餘宗如順正理然心心所所緣境定謂眼識等於所緣色乃至意識等於所緣諸法此心心所於所緣定為處為類為約刹那有說約處謂眼識等唯緣色處餘隨所應各說自境勿於一境多心心所住不生法故餘非定且眼識等於諸色中隨遇何色即緣之起若尒如何青黃等覺體不雜乱有避此失說約處類非約刹那若尒如何青黃等覺體不雜乱如是應說處類刹那三皆決定豈不一境多心心所住不生法此無有失未来世寬豈不容受又心心所於自所緣前所覺知後能隨憶且五識等境意識等隨憶五識等不能隨憶前覺境一念緣故無分別故意有二種謂淰不淰隨一覺知二

能隨憶復有三種善染無記隨一覺知三能隨憶復有四種謂善不善有覆無記無覆無記隨一覺知四能隨憶復有五種謂見苦所斷乃至修所斷見苦見集及修所斷隨一覺知五能隨憶見滅見道所斷覺知四能隨憶各除他一廣說乃至有十二種謂欲界四上界各三及學無學欲善覺知十二隨憶不善色善覺知亦尒欲覆無覆無記覺知八能隨憶除色有覆及无色三色覆覺知十能隨憶除尒色界無覆無記覺知十能隨憶除欲有覆無覆無記無色界善覺知亦無色界有覆無覆无色有覆無覆覺知九能隨憶除欲有覆欲色無覆有學覺知十一隨憶除欲有覆無學覺知退法如學若不退法七能隨憶除學及除三界四染二十心等諸門差別覺知隨憶如理應思增上緣性即能作因以能作因義細故無邊際故攝一切法若此於彼不礙令生是能作因增上緣義對三緣義此類寬多所作寔繁故名增上豈不增上攝法普周寧復對三言此增上非對三體立增上名何者對三義用而立諸緣義用互不相通諸緣體性更互相雜如增上緣義類无量所作繁廣餘三不然故此獨摽增上緣稱為攝五因及三緣性所不攝義立能作因及增上緣由此二種義類寬廣故立通名辟如行蘊法界法處法寶法歸法念住等有餘師說此增上緣體類寬多故名增上所緣緣性雖遍諸法而作所緣不通俱有由位狹故廢增上名有餘復說所生廣故名增上緣謂一切法唯除自體遍能生起一切有為如一剎那眼識生位除其自性用一切法為增上緣餘生亦尒此緣體用其量無邊如契經中說世自法三增上者止惡行善所觀因故立增上名謂境現前煩惱將起隨觀彼一惡止善行於止行中得增上故契經且說增上有三非餘於餘無增上義

說一切有部顯宗論卷第十

阿毗達磨藏顯宗論卷第十

校勘記

一　底本，金藏廣勝寺本。

一　一七一頁下一七行第一三字「似」，諸本（不含石，下同）作「故似」。

一　一七一頁下二一行第五字「以」，資、磧、普、南、徑、清作「似」。

一　一七二頁中二一行「無聞」，諸本作「無間」。

一　一七二頁下一九行「彼因」，諸本作「彼力」。

一　一七三頁中二行首字「所」，諸本作「不」。

一　一七三頁中三行第二字「所」，資、磧、普、南、徑、清作「所所」。

一　一七三頁下一九行第六字「順」，普、南、徑、清作「類」。

一　一七三頁下二一行「有能」，諸本作「又能」。

一　一七四頁上二行第九字「心」，南、徑、清、麗作「必」。

一　一七四頁上二二行第一〇字「及」，磧作「又」。

一　一七四頁下九行「一因」，資、磧、普、南、徑、清作「二因」。

一　一七四頁下一二行第一、二字「二因」，諸本作「三因」。

一　一七五頁上末行首字「謂」，資、磧、普、南、徑、清作「説」。

一　一七五頁中一〇行第一一字「言」，資、磧、普、南、徑、清作「語」。

一　一七五頁下一六行末字「聞」，諸本作「間」。

一　一七六頁上四行第五字「位」，資作「立」。

一　一七六頁下三行第一二字「未」，資、磧、普、南、徑、清作「未至」。

一　一七六頁下一一行首字「心」，資、磧、普、南、徑、清作「正」。

一　一七六頁下一五行第九字「彼」，諸本作「後」。

一　一七七頁上一九行第一一字「攝」，諸本作「辯」。

一　一七七頁中一〇行第一〇字「取」，資、磧、普、南、徑、清作「所」。

一　一七八頁上一行「三種」，資、磧、普、南、徑、清作「二種」。

一　一七八頁上一六行首字「學」，資作「覺」。

阿毗達磨藏顯宗論卷第十一　操

尊者衆賢造

三藏法師玄奘奉　詔譯

辯差別品第三之七

緣與因義差別云何有説因緣遍不遍異初四二緣攝六因故二三二緣非因攝故六因四緣體雖无別而義有異且等无間及所緣緣既非因攝故知餘二義亦有殊緣義等故與因皆別故有總辯因緣異言因謂能生緣能長養猶如生養二母差別又緣攝助因方能生生已相續緣力長養故或有説因唯有一緣乃衆多猶如種子糞土等異又因不共共者是緣如眼如色又作自事名因若作他事名緣如種糞等又能引起名因能任持者名緣如花如蔕又近名因遠者名緣如珠如日又因能生緣者能辦如酪出生蘊人鑽器能辦又正有義名因能助顯發名緣如字界字緣於義有差別如斯等類差別衆多是故因緣別立名想此總意顯因親緣踈

故因緣中親踈數廣已隨理教略辯諸緣如是諸緣顯法生滅以為作用應説何緣於何位法而興作用頌曰

二因於正滅　三因於正生　餘二緣相違
而興於作用

論曰前説五因為因緣性二因作用於正滅時正滅時言顯法現在滅現前故名正滅時俱有相應二因於法滅現前位而作功能此位二因作功能者謂俱生品隨闕一時作用皆无不能取境於現在位如是二因雖俱一時取果與果而令但約與果功能所言三因於正生者謂未來法於正生位生現前故名正生時同類遍行異熟三種法正生位而作功能故有説言等流異熟二果因力牽引令生同類遍行容有无間等流果起可言彼果於正生時因興作用異熟因果必隔遠時其因久滅果方正起如何作用在果生時非過去時可有作用此言作用意顯功能二相別中已曾思擇其因雖滅經无量時而有功能令自果起由不共故自果生時作用

雖無而於自果與功能上立作用名唯取果功能乃名真作用餘名作用皆是假說已說因緣二時作用二緣作用與此相違等无間緣於法生位而興作用以彼生時前心心所引開避故若所緣緣能緣滅位而興作用以心心所要現在時方取境故其增上緣法生滅位皆无障住故彼作用一切无遮今應思擇俱有相應及所緣緣若法生已方興作用何須立此二因一緣若執因緣要有作用方許立為因緣性者則未來世應无因緣然宗所許不應為難若尒云何說有作用若離如是二因一緣正滅位中所引諸法應无作用取境功能若作用无亦名緣者諸阿羅漢寂後心等亦應可立等无間緣此責非理前已辯故說所緣緣非要由有作用方立何相關涉而將例彼等無間緣彼緣要由開避牽引故唯現在正可安立於未來世定无彼緣於現在時曾有作用故雖過去亦可安立其所緣緣非唯現在但有體性皆可成緣不必

要由作用而立唯於少分少分成緣得作用名非於一切云何知有體方得成緣所緣體若无覺不生故若所緣緣要有作用後法无為應有前果或此作用非據親生諸果而立但據諸法起用所憑說為作用故後无為無前果失應言何法由幾緣生頌曰

心心所由四　二定但由三　餘由二緣生

非天次等故

論曰此中由言為顯故義謂心心所四緣故生其所緣緣除生心等无別有用謂六識身及相應法隨其所應以色等五及一切法為所緣緣心等因緣具五因性前生自類開避引發是謂心等等无間緣此增上緣即一切法各除自性隨其所應豈不一緣二因作用非於彼法生時即有如何心等四緣故生如何因緣具五因性雖法滅位作用方成而法生時非无功力離此彼法必不生故以心心所必仗所緣及託二因方得生故若法與彼法為所緣或因无暫時非本論說故二无心定三緣故生除所緣緣

非能緣故此因緣者但有二因一俱有因謂二定上生等諸相二同類因謂前已生自地善法等无間緣謂入定心及相應法增上緣者謂如前說豈不无想亦三緣生是心心所等无間故亦應說為心等無間但非心等加行引生故於此中廢而不說或此無想但聲所顯非如二定相對立故二定何緣是心等無間而不說是心等無間緣由心等力所引生故如心心所生必繫屬前心滅故非如色法可與餘心俱時轉故非如得等可有雜乱俱現前故非如生等是餘伴故然心方便加行引生故可說為心等無間與心等起定相違害故非心等等無間緣又為此緣理相違故謂修行者猒惡現行心心所法入无心定若無心定復為此緣引心心所則修行者應於此定无樂起心為離現行心心所法入无心定此復引生心心所法不應正理故非心等等无間緣二定剎那前望於後何緣不立等无間緣諸念皆由心等引故非由前念

引後令起若前能引後寂後應无果亦不可說此引出心已說違心非心緣故又出定心入心果故入心无間出心未生如何說彼為等无間無等无間緣於中為隔故無間等無間二義有差別前心等力引後法生後法名為前等无間刹那无隔立無間名是故二言其義各別故作是說若法與心為等無間彼法亦是心无間耶應作四句第一句者謂无心定出心心所及第二等諸定刹那第二句者謂初所起諸定刹那及有心位諸心心所生住異滅第三句者謂初所起諸定刹那及有心位心心所法第四句者謂第二等諸定刹那及无心定出心心所生住異滅若法與心為等無間與无心定為無間耶應作四句謂前第三第四句為今第一第二句即前第一第二句為今第三第四句餘不相應及諸色法皆因增上二緣所生復云何知世間諸法准如上說因緣所生非自在天我勝性等一因所起由次第故謂諸世間若自在等

一因生者則應一切俱時而生非次第起因現有故何法為障令不俱生現見諸法次第而起故知非但一因所生若執世間隨自在欲前後差別故非頓起是則應許非一因生亦許欲為法生因故此欲前後生滅差別理亦不成因无異故非因無異果有差別要待異因果方別故或差別欲應許頓生所因前後无差別故是則諸法亦應頓生詎能為障令不頓起若自在欲更待餘因前後次第差別生者應所因法復待餘因則所待因應无邊際因无邊故無始義成不越釋門因緣正理徒異名說自在為因又無用故不應妄執世間諸法自在為因非自在天作大功力生世間法少有所用故不應謂自在為因若為發生自歡喜者但應發喜何用生餘若喜離餘方便不發是則彼喜餘方便生自在於斯應非自在於喜既尒餘亦應然差別因緣不可得故或餘方便應餘方便生何用計從自在天所起若餘方便離餘方便生喜亦應

非餘方便所起或生苦具逼害有情為發自喜咄哉何用事斯暴惡自在天為又信世間唯從自在一因所起則撥世間現見罪福諸士用果若言自在待餘罪福助發功能方成因者但是朋敬自在天言離所餘因緣不見別用故時地水等種種因緣於牙等生現有功力牙等隨彼成有无故於牙等生除彼功力不見別用故不應計世間法起自在為因自在既然我勝性等亦應准此如應思擇故无有法唯一因生但從如前所說種種因緣所起其理極成既言色法因及增上二緣所生大種所造總名為色於中云何大種所造自他相望互為因緣頌曰

大為大二因　為所造五種　造為造三種
為大唯一因

論曰初言大為大二因者是諸大種更互相望但為俱有同類因義俱起前生為因別故謂隨闕一餘不生故更互相望有俱有因性類雖別而同一事更相順故有同類因大於所造

能為五因何等為五謂生依立持養別故雖同時生而隨轉故如牙起影燈焰發明大於所造得成因義如是五因但是能作因之差別大望所造為餘五因理不成故非一果故非俱有因非相應因不相應故非染汙故非遍行因非異熟因无記性故非同類故非同類因問答決擇如順正理又本論中亦有文證大望造色无五種因如說有色處非無記為因亦非无記謂善色處若尒應與經論相違如契經言因四大種施設色蘊本論亦言四大所造因增上等俱不相違據生因等五因說故大與所造為生因者從彼起故如母生子為依因者隨彼轉故如臣依王為立因者能任持故如地持物為持因者由彼力持令不斷故如食持命為養因者能增長故辟如樹根水所潤沃如是則顯大與所造為起變持住長因性或生因者一切大種生所造色非離諸大種有造色生故造色生已同類相續不斷位中火為依因能令乾燥不爛壞

故水為立因能為浸潤令不散故地為持因能任持彼令不墜故風為養因能引發彼令增長故如是大種雖與所造无俱有等五種因義而有生等五種別因故與經論无相違失諸所造色自互相望但有三因所謂俱有同類異熟據所造類容有三因非一切有俱有因者謂隨心轉身語二業七支相望展轉為因同類因者一切前生於後同類異熟因者謂諸不善及善有漏身語二業能招異熟眼等色等所造於大但為一因謂異熟因身語二業能招異熟四大種故已辯諸法尒所緣生當隨宗要辯等无間緣義前雖摠說諸心心所已生除寂後為等无間緣未決定說何心无間有幾心生復從幾心有何心起令當定說心有多種如何依彼可定說耶且略說心有十二種云何十二頌曰

欲界有四心　善惡覆无覆
色无色除惡　無漏有二心

論曰且於欲界有四種心謂善不善有覆无記無覆无記色無色界各有

三心謂除不善餘如上說如是十種說有漏心若无漏心唯有二種謂學無學合成十二此十二心互相生者頌曰

欲界善生九　此復從八生
染從十生四　餘從五生七
色善生十一　此復從九生
有覆從八生　此復生於六
无覆從三生　此復能生六
無色善生九　此復從六生
有覆生從七　無覆如色辯
學從四生五　餘從五生四

論曰欲界善心无間生九謂自界四色界二心於入定時及續生位如其次第生善染心生何善心復何地攝此於初位生加行心若於後時生離欲得隨順住故无容起彼生得善心生在此間不能令彼起現前故有說彼心未至地攝有言亦攝在初靜慮有說亦在靜慮中間尊者瞿沙作如是說乃至亦在第二靜慮如起定時隔地而起有作是說非等引心无力能牽隔地心起是故彼說理定不然及无色一於續生位欲善无間生彼染心并學无學隨順住故欲善无間

必定不生色無色纏无覆無記彼皆繫屬自界心故亦定不生无色界善以彼於此四遠遠故一所依遠二行相遠三所緣遠四對治遠即此復從八无間起謂自界四色界二心於出定時從彼善起被初靜慮染定惱時從彼染心生於欲善求依下善為防退故及學无學謂出觀時染謂不善有覆无記二各從十无間而生謂自界四色无色六於續生位上界六心皆可命終生欲二染必无無漏生染汙心故此非從學无學起即此無間能生四心謂自界四餘无生理必無下地染心无間能生上地及無漏心餘謂欲纏無覆无記此心從五無間而生謂自界四及色界善欲界化心從彼生故即此无間能生七心謂自界四及色界二善與染汙於入定時欲界化心還生彼善於續生位欲界无覆生彼染心并无色一於續生位此無覆心能生彼染如是已辯欲界四心無間從生能生決定色界善心无間生十一謂除无色無覆无記心

異熟生心屬自界故即此復從九无間起謂除欲界二染汙心及除無色无覆無記有覆從八无間而生除欲二染及學无學即此無間能生六心謂自界三欲善不善有覆无記無覆從三无間而起謂唯自界餘无生理即此無間能生六心謂自界三欲無色染巳辯色界三心相生無色界善無間生九謂除欲善欲色无覆即此從六无間而生謂自界三及色界善并學无學有覆无間能生七心謂自界三及色界善欲色界染即此亦從七无間起謂除欲色染及學无學心無覆如色說從三无間生謂自界三餘皆非理即此无間能生六心謂自界三及欲色染巳辯无色三心相生學心從四无間而生謂即學心及三界善即此無間能生五心謂前四心及无學一非三界染互相違故非諸無覆不明利故餘謂无學從五無間生謂三界善及學无學二即此无間能生四心謂三界善及無學一不生學心彼非果故非染無覆如前說故

說十二心互相生巳去何分此為二十心頌曰

十二為二十　謂三界善心　分加行生得
欲无覆分四　異熟威儀路　工巧處通果
色界除工巧　餘數如前說

論曰三界善心各分二種謂加行得生得別故欲界无覆分為四心一異熟生二威儀路三工巧處四通果心色無覆心分為三種除工巧處上界都无造作種種工巧事故无色界無行等事故無威儀路无攝受支三摩地故亦无通果依如是理欲界有八色界有六无色有四學無學心合為二十如是二十互相生者且說欲界八種心中加行善心无間生十謂自界七除通果心自類靜定无間生故及色界一加行善心并學無學即此復從八無間起謂自界四二善二染及色界二加行有覆并學無學生得善心無間生九謂自界七除通果心及色无色有覆无記即此復從十一心起謂自界七除通果心及色界二加行有覆并學无學二染汙心无間

生七謂自界七除通果心即此復從十四心起謂自界七除通果心及色界四除加行善與通果心并無色三除加行善異熟威儀无間生八謂自界六除加行善與通果心及色无色有覆无記即此復從七無間起謂自界七除通果心工巧處心无間生六謂自界六除加行善與通果心即此復從七无間起除通果心從通果心無間生二謂自界一即通果心及色界一即加行善即此亦從二无間起謂即前說自色二心說欲界心牙相生已次說色界六種心中從加行善心无間生十二謂自界六及欲界三加行生得與通果心并无色一加行善心學无學心即此復從十无間起謂自界四除威儀路與異熟生及欲界二加行通果并无色二加行有覆學无學心生得善心無間生八謂自界五除通果心及欲界二不善有覆并色界一有覆无記即此復從五无間起謂自界五除通果心有覆無記无間生九謂自界五除通果心及欲

界四二善二染即此復從十一心起謂自界五除通果心及欲界三生得善心威儀異熟并无色三除加行善異熟威儀無間生七謂自界四除加行善與通果心及欲界二不善有覆并无色一有覆無記即此復從五無間起謂自界五除通果心從通果心无間生二謂自界二加行通果即此亦從二無間起謂即前說自界二心說色界心牙相生已次說無色四種心中加行善心无間生七謂自界四及色界一加行善心并學无學即此復從六无間起謂自界三唯除異熟及色界一加行善心并學无學生得善心无間生七謂自界四及色界一有覆無記并欲界二不善有覆即此復從四无間起謂自界四有覆无記无間生八謂自界四及色界二加行有覆并欲界二不善有覆即此復從十无間起謂自界四及色界三生得異熟與威儀路并欲界三名如色說異熟生心无間生六謂自界三除加行善及色界一有覆无記并欲界

二不善有覆即此復從四无間起謂自界四說無色心牙相生已次說无漏二種心中從有學心无間生六謂通三界加行善心及欲生得并學无學即此復從四无間起謂三加行及有學心從无學心无間生五謂前有學所生六中除有學一即此復從五无間起謂三加行及學无學復有何緣加行无間能生異熟工巧威儀非彼无間生加行善且異熟生由先業力所引發故勢力羸劣非作功用所引發故不能引起加行善心故彼不能生加行善出心不由功用轉故加行無間生彼无違工巧威儀勢力羸劣樂作功用引發工巧及威儀故不能引起加行善心出心不由功用轉故加行無間生彼无違若尒染心不應无間生加行善染著境界違背善故勢力劣故無斯過失猒倦煩惱數數現前作是思惟說何方便令无義聚止息不行便如實知起過失境能生功德脫我當起煩惱現前尋復覺知起善防護由斯願力能起加行無

始時来數習染故勢力不劣故染无間生加行善欲界生得行相明利非勝功用之所引發以明利故可有從彼學无學心色界加行无間而起非勝功用所引發故不能從此引生彼心色无色界生得善心不明利故非勝功用所引發故非學无學他界加行无間而起亦非從此引生彼心又欲生得以明利故可從色染無間而生能為防護色界生得不明利故非無色染無間而起作意有三謂自共相勝解作意有差别故云何名為自相作意謂觀諸色變尋為相乃至觀識了别為相如是等觀相應作意云何名為共相作意謂十六行相應作意云何名為勝解作意謂不淨觀及四無量有色解脱勝處遍處如是等觀相應作意如是三種作意无間聖道現前聖道无間亦能具起三種作意若作是説便順此言不淨觀俱行修念等覺分有餘師説唯從共相作意無間聖道現前聖道无間方能具起三種作意若尒何故契經中言不

淨觀俱行修念等覺分由不淨觀調伏心已方能引生共相作意從此无間聖道現前依此展轉密意而説故無有過有餘復言唯從共相作意无間聖道現前聖道无間亦唯能起共相作意此言有失所以者何依未至等三地證入正性離生聖道无間可生欲界共相作意以欲界中共相作意去彼聖道非極遠故若依第二第三第四靜慮證入正性離生聖道无間起何作意非起欲界共相作意以極遠故又於彼地无容有故以非彼地已有曾得共相作意異於曾得順决擇分非諸聖者順决擇分可復現前非得果已可重發生加行道故彼今應説此聖道後起何共相作意現前豈不繫屬順决擇分亦修彼類共相作意如觀諸行皆是无常觀一切法皆是無我涅槃寂静聖道無間引彼現前此教非理繫屬加行所修作意非得果後可引現前是彼類故前説聖道无間通三作意現前於理為善若依未至定得阿羅漢果後出觀

心或即彼地或是欲界依无所有處得阿羅漢果後出觀心或即彼地或是有頂若依餘地得阿羅漢果後出觀心唯自非餘地於欲界中有三作意一聞所成二思所成三生所得色界亦有三種作意一聞所成二修所成三生所得無思所成舉心思時即入定故无色唯有二種作意一修所成二生所得欲界聞思作意无間聖道現前聖道無間具起三種作意現前以諸聖道起必繫屬加行道故非生得善作意无間聖道現前色界聞修作意无間聖道現前聖道无間亦唯起彼二種作意无色唯修作意无間聖道現起聖道無間亦唯起修不起生得若生第二靜慮已上起初靜慮三識身時諸有未離自地染者彼從自地善染無記作意无間三識現前三識无間還生自地三種作意諸有已離自地染者除染作意唯善无記作意无間三識現前三識無間亦唯起此二種作意於前所説十二心中何心現前幾心可得頌曰

三界染如次　得七六二種　色善三學三
二无餘自得
論曰欲界染心正現前位十二心內容得七心色界染心正現前位十二心內容得六心无色染心正現前位十二心內容得二心為一剎那應言不尒謂起欲界染汙心時或界退還或續善本或退勝德於此三位隨容有數揔得七心界退還持得自界四并色界染亦容可得續善本位得自善心以疑心中續善根故退勝德位三界染心及有學心皆容可得若起色界染汙心時或界退還或退勝德隨容有數揔得六心界退還時得自三種及得欲界无覆無記謂通果心退勝德位色无色界二染汙心及有學心皆容可得若起无色染汙心時頓得二心謂學自染此中唯有退勝德位色界善心正現前位十二心內容得二心謂自善心无覆無記由昇進故若有學心正現前位十二心內容得三心謂有學心及色无覆并無色善若物證入正性離生尒時學心即名為得若以聖道離欲界染冣後所起解脫道時得色无覆若以聖道離色界染得无色善此中離言非究竟離以於色染未全離時无色善心巳可得故二謂欲色無覆無記此二心中都无所得餘謂前說染等心餘謂无色界無覆无記欲無色善及无學心不記彼心正現前位得心差别應知彼心正現前位唯自可得諸所言得攝此類心先无所成今創得故

說一切有部顯宗論卷第十一

阿毗達磨藏顯宗論卷第十一

校勘記

一　底本，金藏廣勝寺本。
一　一八〇頁中六行第三字「初」，資、磧、普、南、徑、清作「初及」。
一　一八〇頁中一六行末字「任」，資、磧、普作「住」。
一　一八〇頁中一七行第八字「帶」，資、磧、普作「葉」。
一　一八一頁中九行第四字「等」，麗作「第」。
一　一八一頁下五行「三緣生」，資、普、徑作「二緣生」。
一　一八一頁下七行第一三字「或」，資、磧、普、南、徑、清作「我」。
一　一八二頁上六行第八字「力」，徑、清作「乃」。
一　一八二頁上二一行第一一字「准」，麗作「唯」。
一　一八二頁中八行末字「欲」，麗作「故」。

一　一八四頁中四行首字「二」，徑、清作「而」。

一　一八四頁中五行第二字「自」，清作「目」。

一　一八四頁下二一行首字「皮」，諸本作「及」。

一　一八五頁上一二行「牙相」，諸本作「互相」。

一　一八五頁中九行首字「亦」，徑作「一一」。

一　一八五頁下二〇行第八字「說」，資、磧、普、南、徑、清作「設」。

一　一八六頁中一三行「共相」，徑作「共想」。

一　一八六頁下一七行末字至次行首字「彼從」，資、磧、普、南、徑、清作「從彼」。

一　一八七頁上九行第五字「七」，磧作「十」。又第一〇字「持」，磧作「時」。

一　一八七頁上末行第四字「[衤+勿]」，諸本作「初」。

一　一八七頁中八行第四字「記」，麗作「說」。

一　一八七頁中卷末經名，徑、清作「阿毗達磨藏顯宗論卷第十一」並有夾註「說一切有部」。卷第十二至二十例同。

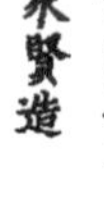

阿毗達磨藏顯宗論卷第十二　操

尊者衆賢造

三藏法師玄奘奉　詔譯

辯緣起品第四之一

巳依三界辯得心等諸法差別今應思擇三界是何處別有幾頌曰

地獄傍生鬼　人及六欲天　名欲界二十
由地獄洲異　此上十六處　名色界於中
初二二三三　第四靜慮八　無色界无處
由生有四種　依同分及命　令心等相續

論曰那落迦等下四趣全及天一分眷屬中有并器世間揔名欲界天一分者謂六欲天一四大王衆天二三十三天三夜摩天四覩史多天五樂變化天六他化自在天如是欲界地獄趣等并器世間揔有十處地獄洲異分為二十八大地獄名地獄異一等活地獄二黑繩地獄三衆合地獄四號叫地獄五大叫地獄六炎熱地獄七大熱地獄八无間地獄言洲異者謂四大洲一南贍部洲二東勝身洲三西牛貨洲四北俱盧洲如是十二并六欲天傍生餓鬼處成二十若有情界從自在天至無間獄若器世界乃至風輪皆欲界攝巳說欲界并處不同此欲界上處有十六謂初靜慮處唯有二二三各有三第四獨有八器及有情揔名色界言初靜慮處有二者一梵衆天二梵輔天第二靜慮處有三者一少光天二無量光天三極光淨天第三靜慮處有三者一少淨天二无量淨天三遍淨天第四靜慮處有八者一無雲天二福生天三廣果天并五淨居處合成八五淨居者一无繁天二無熱天三善現天四善見天五色究竟天此十六處諸器世間并諸有情揔名色界何緣大梵及无想天壽量等殊不別建立不應別立大梵一故要依同分立天處名非一梵王可名同分雖壽量等與餘不同然由一身不成同分故與梵輔合立一天高下雖異然地无別無想有情與彼廣果壽身量等無差別故亦无量因故不可立為第四處无色界中都无方處以無色法去來無

表皆无方所理决定故但異熟生勝劣差別說有四種一空无邊處二識無邊處三無所有處四非想非非想處如是四種名无色界由生勝劣非由方所以於是處得彼定者命終即於是處生故復從彼殁生欲色時即於是處中有起故由漸離欲漸得彼定及生劣勝次第如是隨生因力果少多故於无色界受生有情以何為依心等相續何緣於此歛復生疑以諸法中都无有我心心所法在欲色界依託色身可相續轉於无色界既無色身心等應无相續轉義為顯彼有依故作是說依同分及命令心等相續及聲攝餘不相應行謂得及非得異生性生等法轉所賴故名為依心等轉時要託彼故眼等四識一一皆用无間滅意及自色根為其所依及為依性以自色根所依大種身根及大同分命根得等生等但為依性身識即用意及身根為其所依及為依性但以身根所依大種同分命根得等生等為其依性非為所依意識

但以無間滅意為其所依及為依性身根及大同分命根得等生等但為依性如是欲色有情心等依色同分命等相續无色有情以无色故但依同分及命根等心等相續非无有依依與所依二相別者要由彼有此方得轉无則不轉是為依相定有彼相及隨變者是謂為依及所依相雖彼諸法為心等依而或有時心等不轉此由別法為障㝵故心等轉位必有彼依故彼得為心等依相現見心等於死身內畢竟不生於生身中雖暫時滅而定當起故彼色等依相極成由此故知色聲等於心心所不能為依以外事中有色聲等然心心所曽不轉故心等不隨无間滅意定有轉變如何可說彼為所依夫隨變者謂令改易由前意滅後心等起何非所依非同分等為心等依如眼等根无間滅意故所依相與依相別如是欲色諸有情心四蘊俱生滅為依性唯一色蘊得為所依酒等惱時心雖轉變而无意識色為所依夫成所依定

能生變意識非定隨色變生以无色時心亦有故可為依性非作所依是故六識在欲色界得以四蘊為俱生依無色意識以无色故彼俱生依唯通三蘊若尒何故但言無色心等依於同分及命此說定同无乱依故謂心心所雖互為依而非定同不自依故亦非无乱在此地生乱起自他心心所故同分及命心等同依又此地生唯此地故依此設起不同地心由此還令自地心起唯依此二名此地生牽引業生无間斷故由斯說是同不乱依心等不然故略不說若无此二餘地四蘊現在前時尒時有情應名餘地非此地攝自地先業所牽引果不相續故然不應許是故當知如欲色界身同分命為心等依雖或有時異地心起而依身等於此生中後定當牽自他心起如是無色雖无有身心等定依同分及命故頌偏說同分命根此是牽引業異熟故是餘異熟相續住因譬如樹根莖等依住現見諸樹葉枝莖等雖同種生而依根

住是故不應謂眼根等唯依業住无別有依由斯已釋生无色界業生心等須別依因故本論中不作是說心轉即用受等為依即由此因得非得等及聲揔顯不說別名謂彼非唯業所生故設業生者非恒續故由此揔說名為識緣不說受等為識依性如何彼法為心等依謂彼若无自地心等必不生故猶如身等或由彼是无乱因故非生上地成就下善又無成異地異生性等故彼為依性其理極成有餘師言如坑塹等雖无風等燈焰不生彼法若无心等不起故知心等用彼為依或有門人作是徵請不相應行應如色身亦能為依生意識等故但為說不相應行為心等依非无色界俱生四蘊无相依義然於此中心與受等為所依性非彼受等為心所依非所隨故要心揔了境界相時受等方能取差別相故彼隨心心非隨彼然心心所名互相隨互隨轉者同一果故何緣不說欲色界中此二為依心等相續而但說彼依於色身

欲色界中身同分等雖恒相續皆等為依而身麁顯是故偏說或為成立同分命根離身別有故作是說非於无色或餘地中業生心等恒現前故或顯同分及命根等亦依身轉故作是說雖彼與身互相依止而身勝故偏說為依豈不命根為身依性亦是殊勝命根若无身根等法皆不轉故雖無命根彼皆不轉而身多為灾横等緣命等隨身亦有損益故身與彼為依義勝即由此義對法諸師說无色中以無身故同分命等更互相依如本論說云何欲界謂有諸法欲貪隨增色无色界亦復如是為顯諸法三界現行非皆彼繫故作是說雖諸煩惱皆所隨增貪多現行故偏說一言欲貪者謂欲界貪色无色貪亦復如是欲所屬界說名欲界如是類釋上二界名又欲之界名為欲界由此界能任持欲故色無色界應知亦然若界有色而无定者是名欲界若界有色亦有定者是名色界若界無色而有定者是无色界三界為一為復

有多三界无邊如虛空量故雖无有始起有情无量無邊佛興于世一一化度無數有情令證无餘般涅槃界而不窮盡猶若虛空世界當言去何安住當言傍住故契經言譬如天雨滴如車軸无間無斷從空下注如是東方无間無斷无量世界或壞或成如於東方南西北方亦復如是不說上下有說亦有上下二方餘部經中說十方故色究竟上復有欲界於欲界下有色究竟如是展轉世界无邊若有離一　三界貪時一切三界貪皆滅離依初靜慮起通慧時所發神通但能往至自所生界梵世非餘所餘通慧應知亦尒勿有於境太過失故已說三界趣復去何何處幾種頌曰

於中地獄等　自名說五趣　唯无覆无記　有情非中有

論曰於三界中隨其所應說有五趣如自名顯謂前所說地獄傍生鬼及人天是名五趣唯於欲界有四趣全三界各有天趣一分為顯有界非趣所攝故三界中說有五趣善染无記

有情无情及中有等皆是界性趣體唯攝無覆无記及與有情而非中有言趣體唯攝无覆無記者唯異熟生為趣體故由此已釋趣唯有情無情中無異熟生故趣體唯攝无覆无記如七有經定應信受經說七有謂地獄有傍生有餓鬼有天有人有業有中有此中業有是五趣因簡趣異因是故別說此經為顯趣體唯攝无覆无記故簡異因理亦應然若善染法是趣體者趣應雜乱一趣身中多趣感業皆可現起及成就故業如中有俱別說故是趣因故定非趣攝非如見濁有處說見是煩惱故无處說業是趣體故不可為例唯異熟生是諸趣體何緣證知契經說故經說舍利子作是言具壽若有地獄諸漏現前故造作增長順地獄受業彼身語意曲穢濁故於那落迦中受五蘊異熟異熟起已名那落迦除五蘊法彼那落迦都不可得此中既說除異熟生色等五蘊无別地獄異熟起已名那落迦故知趣體唯是異熟發地獄業名地獄漏招地獄生名地獄業非此漏業即地獄體論說五趣一切隨眠所隨增者依趣及趣能結生心說故无失中有非趣何緣故知由經論理為定量故且由經者謂七有經別說五趣因方便故言由論者施設論說四生攝五趣非五攝四生不攝者何所謂中有法蘊論說眼界云何謂四大種所造淨色是眼眼根眼處眼界地獄傍生鬼人天趣修成中有言由理者趣謂所往中有不應是所往處由與能往所往趣故又彼即於死處生故非所往處故非趣攝若尒無色亦應非趣死處生故不尒无色死處即生不往餘處中有雖是死處即生然往餘處故非趣體言中有者謂中有地死生中間决定有故生有无間容起死有故無本有名中有過或容彼在異類二生中間起故名為中有不可說在二趣中間故名中有對執中有是趣攝宗因不成故於前所說諸界趣中如其次第識住有七其七者何頌曰

身異及想異　身異同一想　翻此身想一
并无色下三　故識住有七　餘非有損壞

論曰謂若略說欲界人天并及下三靜慮无色此七生處是識住體若廣分別應隨契經有色有情身異想異如人一分天是第一識住一分天者謂欲界天及初靜慮除刼初起言有色有情者是成就色身義言身異者謂彼色身種種顯形狀貌異故彼由身異或有異身故彼有情說名身異言想異者謂彼苦樂不苦不樂想差別故彼由想異或有異想或習異想以成其性故彼有情說名想異有色有情身異想一如梵衆天謂刼初起是第二識住所以者何以刼初起彼梵衆天同生此想我等皆是大梵化生大梵尒時亦生此想是諸梵衆皆我化生何緣梵衆同生此想由見梵王處所形色及神通等皆殊勝故又觀大梵先時已有已及餘天後方生故彼不能見從上地殁來初靜慮發宿住通不能了知上地境故何緣大梵亦生此想彼纔發心衆便生故謂

已所化非速殁故或愚業果感赴理故或見已身形狀勢力壽感德等過餘衆故由是緣故梵衆梵王身雖有殊而生一想言身異者初靜慮中有表無表尋伺多識為因感身有差別故安立衆生身有異故有色有情身一想異如極光淨天是第三識住此中舉後兼以攝初應知具攝第二靜慮若不介者彼少光天无量光天何識住攝彼二既有第三識住相无緣可說非識住所収故知此中依舉顯理說諸識住非但如言彼天中无有表業等為因所感差別身形故言身一此顯同處身相无異非說處別第二靜慮喜捨二想雜乱現前故言想異由彼天衆猒根本地喜根已起近分地捨根現前猒近分地捨根已起根本地喜根現前辟如有人於諸飲食若素若膩欣猒乎增有色有情身一想一如遍淨天是第四識住言身一者釋義如前唯有樂想故名想一遍淨天樂寂靜微妙常生欣樂无起猒時是故無由近分交雜故唯依此立

想一名初靜慮中由染汙想故言想一以於非因起戒禁取執為因故第二靜慮由二善想故言想異由等至力二受交糸而現前故第三靜慮由無記想故言想一純一寂靜異熟樂受而現前故下三无色名别如經即三識住是名為七釋三無色如順正理此中何法名為識住謂彼所繫五蘊四蘊識於其中樂住者故有餘師說唯有情數得識住名契經說故為顯諸識所住者事故契經說七識住名由此餘處非識住攝以彼處識有損壞故識於其中不樂住者餘處者何謂諸惡處第四靜慮及有頂天去何於中識有損壞損壞識法於中有故何等名為損壞識法謂諸惡處有重苦受能損於識第四靜慮有无想定及无想事有頂天中有滅盡定能壞於識令相續斷復說若處餘處有情心樂来止若至此處不更求出說名識住於諸惡處二義俱无第四靜慮心恒求出謂諸異生求入無想若諸聖者樂淨居等若淨居天樂證寂

滅有頂昧劣故非識住有說若識愛力執受安住其中說名識住一切惡處淨居天等業力執受安住其中无想有情及有頂處見力執受安住其中由是皆非識住所攝有餘復說衆生有三所謂樂者謂境樂想著境著人及欲天樂者樂者下三靜慮樂者想者下三無色唯於此處立識住名餘无此三故非識住相承說者若處具有見修所斷及无斷識立識住名異此便非識住所攝欲界无定就所依說有无漏識非想有定就自性說無无漏識或欲人天一身容有具三識義非想不介第四靜慮雖具三識而五處全一處少分不具三識故少從多不立識住是故識住數唯有七如是解釋七識住已因兹復辯九有情居其九者何頌日

應知兼有頂　及无想有情　是九有情居
餘非不樂住

論日前七識住及第一有无想有情是名為九諸有情類唯於此九欣樂住故立有情居謂諸有情自樂安住

所依色等實物非餘以諸有情是假有故然諸實物是假所居故有情居唯有情法以有情類於自依身愛住增强非於處所又於處所立有情居則有情居應成雜乱居无雜乱唯有内身故有情居唯有情法既言生已名有情居知有情居不攝中有又諸中有非久所居故諸有情不樂安住又必應介由本論說為顯生處立有情居於生死中為顯諸識由愛住著建立識住顯諸有情於自依止愛樂安住立有情居故此二門建立差别有頂无想既非識住如何可說為有情居此責不然義各異故由此二處有壞識法識不樂居故非識住然彼二處成有情身有情樂居故九所攝謂若有處餘樂来居不樂遷動有情居攝餘處皆非不樂住故言餘處者謂諸惡處第四静慮除无想天惡處皆非有情居者謂非餘處有樂来居亦无住中不樂遷動第四静慮除无想天所餘皆非有情居者雖從餘處有樂来居然非住中不樂遷動謂廣

果等若諸異生樂入无想若諸聖者樂入淨居或無色處淨居天處樂入涅槃故彼皆非有情居攝因七識住已辯有情居餘契經中復說四識住其四者何頌曰

四識住當知　四蘊唯自地　說獨識非住
有漏四句攝

論曰如世尊言識隨色住廣說乃至識隨行住此四識住其體云何謂唯除識有漏四蘊又此唯在自地非餘非識樂隨餘地蘊住雖依餘地蘊識亦現前而餘地蘊中識不樂住憙愛潤識令於蘊中增長廣大契經說故非於餘地色等蘊中憙愛能潤識令增長廣大故餘地蘊非識住攝又自地中唯有情數唯自相續立為識住非非情數他相續中識隨樂住如自相續有餘師說彼亦識住以於其中憙愛潤識亦令增長及廣大故已依自宗建立識住當說建立識住因緣此中云何識非識住又此識住其義云何謂識於中由憙愛力攝為所住及為所著是識住義識隨色住住色

著色契經說故若介識蘊應成識住世尊亦說於識食中有喜有染有喜染故識住其中識所乘御理應如是唯說四者為令於識除我見心故於識中不說識住如說莎底契經中言我達世尊所說法教馳流生死唯識非餘識謂世尊異名說我為欲除滅彼我見心顯識依他體非是我我所依性非謂能依故識住門唯說有四實非識住但四非識今謂世尊所說識住唯色等四不言識者由但色等於三時中與續有識為助伴故謂唯色等與識俱生過未亦能為識助伴令續有識生死馳流識則不介故非識住且眼等根及俱色等與俱生識為所依依已滅未生但為識境是故色蘊於三時中望續有識能為助伴現在受等與識俱生為俱有因一分與識同緣一境有助伴用已滅未生俱為識境是故受等亦於三時望續有識能為助伴識雖過未望續有識少有助能而俱生中全無助力不俱起故色等望識具二助能識唯去来

故非識住故非情數及他身中色等四蘊亦非識住由彼望識但為所緣不具二門助伴用故住謂所住是續有識引自果時能為依義住或所著是續有識引自果時能為境義自身色等可有與識同一境義設不同境然能為依具二助能故立識住非有情數他身色等則不如是故非識住如何定知識住道理如是安立契經說故如世尊言有四依取所緣識住識隨色住住色著色是識與色或俱時生依於色住或於色境緣而生著何緣生著前說於中喜愛潤故如是乃至識隨行住皆應廣說曾無有說識隨識住隨謂親附或謂隣近去来定說為踈遠故現在色等親近於識與識俱生名識隨住定無有識與識俱生故不應言識隨識住由此經故唯餘四蘊與續有識為伴義成有四依取世尊說故言依取者謂色等四為生死依煩惱所取或即為依攝取衆苦由是無漏非住理成唯說依取為識住故無漏色等滅依取故即彼

經說苾芻當知若於色界已得離貪於所隨色意生繫斷此繫斷故即能緣識無復住者增長廣大廣說受等三界亦然即由此經義准三世色等四蘊皆識住攝為顯色等與識異故我所承宗依如是說若法與識可俱時生識所乘御如人船里此法可說識住非餘如是所言意簡識住與識類別非為欲遮去来色等言非識住雖許去来亦識住攝而非情數非識住叔現在與識尚為踈遠況在去来可名識住自身色等雖在去来與識踈遠而於現在與續有識極相親近由種類同亦名識住如現在世異心無心兩位自身色行二蘊去来色等理亦應然具二助能相不失故由此色等自相續中三世所攝皆名識住七四識住皆唯有漏為七攝四四攝七耶非遍相攝可為四句有七非四乃至廣說第一句者謂七中識第二句者謂諸惡處第四靜慮及有頂中除識餘蘊第三句者七中四蘊第四句者謂除前相七中有識四中无者

由此二門建立異故若法與識不為因果識樂隨轉立七識住若法與識可俱時生能為助伴立四識住由所化生禀性差別故說七四識住不同或樂別緣或樂捴了或樂遍了諸法自相或於自相不樂遍知或躭著愛或躭著見或有自相煩惱力強或有共相煩惱力強或樂境界或樂生死如是等類性别无邊已說識住於前所說諸界趣中應知其生略有四種其四者何頌曰

於中有四生　有情謂卵等　人傍生具四
地獄及諸天　中有唯化生　鬼通胎化二

論曰前所說界通情非情趣唯有情然非遍攝生唯遍攝故說有情无非有情名衆生故然有情類卵生胎生濕生化生是名為四生謂生類諸有情中雖餘類雜而生類等言生類者是衆生義若尒界趣應亦日生不尒界通情非情故趣雖有情而非遍故此唯情遍獨立生名所承諸師咸作是釋緣業合起故說為生謂諸有情有卵胎濕三緣和合别别而生有无

別緣唯業力合五蘊四蘊如應頓生彼業力强不待緣故今釋一切皆業合生佛說有情業所生故有業生果待卵等緣方有差別有業生果不待外緣自有差別若說一切皆業合生如何說為卵胎生等不可卵等從業合生名卵等生彼非情故不說一切唯業合生不說卵等體生由業但說一切皆業合生業合生時有緣卵等從緣標別名卵等生若說業生名應非別言卵生者謂諸有情生從卵𣪊如鵝鴈等言胎生者謂諸有情生從胎藏如象馬等言濕生者謂諸有情從皮肉骨牛糞油滓水等和合煖潤氣生如虽飛蛾蚊蚰蜒等言化生者謂諸有情不待三緣无而欻有具根無缺支分頓生如那落迦天中有等化生體兼五蘊四蘊餘三但用五蘊為體有說皆通異熟長養有說一切體唯異熟隨於何趣各具幾生且人傍生各具四種人卵生者謂如世羅鄔波世羅生從鶴卵㢈毋所生三十二子給孤獨女二十五子般遮羅王

五百子等人胎生者如今世人人濕生者如曼馱多遮盧鄔波遮盧鴿鬘菴羅衛等人化生者唯刧初人此四生人皆可得聖得聖无受卵濕二生以聖皆欣殊勝智見卵濕生類性多愚癡或諸卵生生皆再度故飛禽等世号再生聖怖多生故无受義濕生多分衆聚同生聖怖雜居故亦不受傍生三種現所共知化生如龍妙翅鳥等一切地獄諸天中有皆唯化生有說餓鬼唯化生攝有說餓鬼亦有胎生如餓鬼女白目連曰

我夜生五子　隨生皆自食

晝生五亦然　雖盡而无飽

於四生內何者㝡多有說濕生現見多故設有肉等聚廣无邊下越三輪上過五淨容遍其量頓變為虽是故濕生多餘三種有餘師說化生㝡多謂二趣全三趣少分及諸中有皆化生故一切生中何生㝡勝應言㝡勝唯是化生支分諸根圓具猛利身形微妙故勝餘生若尒何緣後身菩薩得生自在不受化生見受胎生有大

利故謂引親屬入正法故令所化生練磨心故令餘族類生尊敬故息諸外道謗為幻故留遺身界饒益他故又與化生時不同故問荅决擇如順正理

說一切有部顯宗論卷第十二

阿毗達磨藏顯宗論卷第十二

校勘記

一　底本，金藏廣勝寺本。

一　一八九頁下一行首字「二」，磧、普、南作「一」。

一　一八九頁下一六行「壽量」，諸本（不含石，下同）作「無壽量」。

一　一八九頁下二二行第四字「量」，諸本作「異」。

一　一九〇頁上一四行第一二字「令」，麗無。

一　一九〇頁中一四行「色聲」，諸本作「色聲香」。

一　一九〇頁中一七行末字「謂」，資作「諸」。

一　一九〇頁下一九行第五字「他」，諸本作「地」。

一　一九一頁上一行第一三字「住」，磧、普、南作「位」。

一　一九一頁中一行末字「等」，諸本作「能」。

一　一九一頁中一五行第一三字「雖」，南、徑、清作「離」。

一　一九一頁中二二行第六字「者」，南作「智」。

一　一九一頁下五行第六字「住」，徑、清作「生」。

一　一九二頁上一九行首字「曲」，南、徑、清作「由」。

一　一九二頁中五行第一〇字「七」，磧、普、南作「十」。

一　一九三頁上一九行第六字「欣」，徑、清作「飲」。

一　一九三頁下六行「謂境樂想著境者」，諸本作「諸境樂想樂著境者」。

一　一九三頁下一五行第二字「五」，資、磧、普、南、徑、清作「立」。

一　一九三頁下一七行第六字「識」，徑、清作「釋」。

一　一九四頁下二〇行首字「俱」，資、磧、普、南、徑、清作「但」。

一　一九五頁上六行第一一字「設」，資作「故」。

一　一九五頁中六行第五字「依」，諸本作「作」。

一　一九五頁中一八行第一〇字「七」，麗作「十」。

一　一九五頁中二二行第一〇字「中」，南作「由」。

一　一九六頁上一〇行第三字「摽」，資、磧、普、南、徑、清作「標」。

阿毗達磨藏顯宗論卷第十三　操

尊者衆賢造

三藏法師玄奘奉　詔譯

辯緣起品第四之二

前說地獄諸天中有唯是化生何謂中有此何緣故非即名生頌曰

死生二有中　五蘊名中有　未至應至處
故中有非生

論曰死後生前有自體起具足五蘊為至生處在二有中故名中有如何此有體有起歿而不名生又此有身為從業得為自體有從業得者此應名生業為生因契經說故自體有者此應无因則同无因外道論失是故中有應即名生生謂當來所應至處依所至義建立生名此中有身體雖起歿而未至彼故不名生體謂此中異熟五蘊此但名起不說為生死生有中暫時起故或復生者是所趣義中有能趣所以非生所趣者何謂業所引異熟五蘊究竟分明以業為生因契經說故此應名生者其理不然

不說業為因皆名為生故契經說有補特伽羅已斷生結起結未斷廣說四句由是准知有順中有非生有業此業所得不說為生故與彼經无相違失此既與生同一業引如何中有名起非生豈不前說所至所趣乃說為生中有不尒又一業果多故无失如一念業有多念果一无色業色无色果如是一業所引之果有生有起理何相違破餘部執說有中有理教相違如順正理應理者說定有中有由理教故理教者何頌曰

如穀等相續　處無間續生　我宗許像生
其中亦無間　不成故非辯　是一類所許
彼所說非理　能生餘像故　有相相應故
非恒可得故　能障餘色故　无分別境故
一處无二並　由謂如是得　非光二像生
不等故非辯　從一生多故　非相續二生
聖說健達縛　及五七經故

論曰且由理故中有非无中有若無應定非有從餘處歿餘處續生未見世間相續轉法處雖有間而可續生既許有情從餘處歿生於餘處則定

應許中間連續中有非无辟如世間穀等相續現見穀等餘處續生必於中間處无間斷故有情類相續亦然刹那續生處必无間是故中有實有義成豈不世間亦見有色處雖間斷而得續生如鏡等中從質生像死生二有理亦應然我許質依中間有物連續无斷諸像方生故於其中亦无間斷謂月面等大種恒時法尒能生清妙大種无間遍至現對所依在所皆生似本像色依若清徹像顯易知依若麁穢像隱難了雖二中間亦有像色由清妙故在依方顯如日光等雖復遍生在辟等依方現可見如何知像連質而生中間有隣像不生故謂若月等中无連續於水等中能生像者中間有隣像亦應生如彼所宗執無中有餘處蘊滅餘處蘊生又像形容屈申俯仰及往来等隨本質故由斯證像連質而生不可引為遮中有喻然經主等一類諸師許像不成故非辟者彼說非理像非不成對別現生如是像故猶如此像本質所依

謂鏡等中鏡等現質為依緣故有隨所依本質像起分明可得像所緣質實有極成此像為緣於別鏡等亦有隨質所依像起分明可得故知前像緣起像故實有義成由是應知諸像實有此若无者餘像何緣若言前像所緣本質為此緣者理亦不然前質不對後所依故後像不隨前質起故謂後所依唯對前像不對前質如何可說前質為緣現於後像曾未見有皆鏡等質於鏡等中為緣現像由斯後像不隨前質但隨前像其理極成復如何知像體實有由像不越實有相故謂若不越眼等識境皆是實有像當成立像既可見故知實有又像有時而可得故此若无者應一切時定不可得或常可得若謂有時可不可得由所待緣合不合者是則應如餘有為法於緣合位實有義成又像能遮餘色生故謂像能㝵餘像色生於自所居障餘生故又无分別識所緣故謂五識身所緣境界實有極成然像既通眼識所得故知實有若法

隨具如前相者當知彼法實有極成此像既然故知實有然經主等立像无因謂一處所无二並故彼謂一處鏡色及像並見現前二色不應同處並有依異大故又狹水上兩岸色形同處一時俱現二像居兩岸者平見分明曾無一處並見二色不應謂此二色俱生又影與光未嘗同處然曾見鏡懸置影中光像顯然現於鏡面不應於此謂二並生或言一處无二並者鏡面月像謂之為二近遠別見如觀井水若有並生如何別見故知諸像於理實无今觀彼因不能遣像由謂如是而可得故且彼所說一處鏡像並見現前二色不應同處並有依異大故此非定因同處辟光俱可取故雖辟光色異大為依而於一時同處可取不可亦撥在辟光无由此例知鏡像俱有故彼所說非遣像因若謂光依日輪大種故无過者理亦不然煖觸如光近可取故又日光色應无依因許離所依能依轉故如是鏡像二色所依大種雖殊而可同處

故彼所說依異大故因證二處不同成不定失又鏡像色俱有對故必不同處如何乃說一處鏡像並見現前若言處異不可得者如辟光色處雖不同而可同取謂彼像色極清妙故不能掩蔽所餘諸色由鏡與像審極相隣起增上慢謂同處取如雲母等與所隔色若極相隣便謂同處又如光辟雖處有殊以極相隣謂為同處言於一水兩岸形色現像同時各別如是見故謂一水上非一像生清妙見者此亦非是證像无因緣和差別處隣不相掩蔽見緣合者則能見之若闕見緣則不能見若都无像所見是何應同餘處都无見理如於一處籌畫為文向光背光有見不見豈不同見則无有體言影與光未常同處然曾見鏡懸置影中光像顯然現於鏡者此亦非理非所許故謂懸二鏡置影光中所現二像非實光影如色彼觸不可得故若尒明了所見是何謂隨辟等光影二質於二鏡面有不相違光影像起非光影色如有情像體非有情故光影像體非光影雖同處現而不相違又彼所宗影非實物既無實體何所相違非无體中可有違害故約彼執違義亦无則所說因俱非所許又言鏡像近遠別見故知諸像理實无者亦非證因二像生故所以者何空界月像同依鏡等而發生故謂空界色與彼月輪次第安布近遠差別是見依像處差別因空界是有色處所攝辯本事品已略成立故與月輪於鏡等上各能生像由所生像與質相同故見與依處似差別或由如是見緣和合非遠近中令見遠近如觀綵畫錦繡等文无高下中見有高下由月遠故見像亦然如滿月輪見像无歉由如是理破彼諸因故彼諸因不能遣像大德喜慧亦以多因證像非有同經主者如經主破有不同者順正理中已廣別破今更略述彼作是言鏡等諸像皆非實色一分遍生俱非理故謂藉月輪為因引發依水一分或復遍依生像實色二皆非理依水一分理且不然无定因故遍隨轉故遍亦不然分限見故又量無差見動作故謂一天授背趣鏡時像現量无差見往来用別於一實色无容有此若尒於彼所見是何本質為緣生眼識故如緣眼色眼識得生如是緣於眼及鏡等對鏡等質眼識得生實見本質謂見別像今謂彼因亦不遣像且彼所說一分遍生俱非理故非實色者理不應然餘亦同故謂許緣於眼及鏡等對鏡等質眼識生者如是二種徵責亦同一分與遍俱非理故謂還見本質藉鏡等為緣一分或遍二皆非理且非鏡等一分為緣无定因故歷餘方所皆能現前為見緣故亦非鏡等遍能為緣所見分明有分限故然我不許月等為因水等一分為依生像但質與依无隔相對依中法尒有質像生何容像生但依一分如何知像遍所依生現見多人別長渠側各見月像對自面故若尒何故一不見多如是見緣不和合故雖一切處有月像生而但現前見緣和合故於一分可見非餘

傍闕明緣闇所隔故有餘師釋像色
輕微正近可觀橫遠難見或復漸次
一亦見多故於此中不應為難然見
月像有分限者以彼本質有分限故
現像必隨所依本質或无分限本質
為緣於水上生无分限像猶如於水
現空相青是故本質有分限故雖一
切處有月像生而見分限亦無有過
或復如說鏡等為緣還見現前本質
相者雖復一分或遍為緣皆不應理
然見本質決定應許鏡等為緣生像
亦然何勞徵難又彼所說其量無差
見動作故像非實者理亦不然如前
說故謂雖別有實像色生而像必隨
所依本質故量雖等而隨所應於所
依上如其本質有顯形動三種像生
像隨所依及本質故雖無動作而似
往來及餘運動三用可得如是動相
或由本質餘方運轉無間生故或由
所依隨持者等有動搖故或由觀者
自有動搖謂像轉故如是諸像不越
所依分量處所隨本質等見有往來
及餘動相又彼所說本質為緣生於

眼識還見本質理定不然於鏡等中无
本質故非餘處法餘處可取世極成
故又所取像形量顯色異本質故若
謂藉緣力所改轉雖即是彼而現有
異此亦不然互相違故理不成故謂
若即彼不應現異既現有異不應即
彼即彼現異更互相違又現有異而
言即彼理不成立太過失故謂差等
位亦應可執即是先時羯邏藍等由
緣力轉故現有異等尒劬勞何不即
信藉衆緣力有別像生而計藉緣還
見本質經主於此亦作是言然諸因
緣和合勢力雖无有像令如是見以
諸法性功能差別難思議者彼何不
謂質鏡等緣和合勢力別能生像故
如是見以說法性功能差別難思議
故又和合名非名實法如何可執有
勢力耶又執多緣合成一力如何說
諸法有差別功能是故應如功能差
別眼及色等為緣別引功能差別眼
識令生如是亦由功能差別質及鏡
等為緣別引功能差別像色令生由
此證成諸像實有非像无故為喻不

成但由非等壞隨質故謂見諸像壞
隨本質生有亦隨死有滅者有情相
質便有斷過又諸像生似本質故謂
月等像定似本質從牛等死有應唯
牛等生既不許然故喻非等又從一
質生多像故謂隨質依生諸像位可
從一質隨對鏡等衆多所依遍生多
像非從一蘊相續死有多蘊相續生
有俱生故像於斯非為等喻又質與
像非相續故謂質與像非一相續像
與本質俱時有故諸相續者必不俱
生像質俱生故非相續有情相續前
後無間於此處死餘處續生但應引
穀為同法喻像非等故為喻不成又
所現像由二生故謂二緣故諸像得
生一者本質二者鏡等世間現見生
有不尒所以者何生有如像死有如
質更有何法如像所依故所引喻與
法非等若精血等如像所依理亦不
然非有情故又於空等欻尒化生於
中執何如像依處若謂唯識相續流
轉連續死生其義已立執色相續復
何所成此不應理諸有於色未得離

貪離色唯心相續流轉理不成故若心離色可相續流則應受生定不取色故心相續必與色俱方能流轉往受生處又契經說唯縛而生唯縛而死唯由被縛從此世間往於他世聖說一切未離色貪无不皆被色縛所縛故无唯識相續流轉亦不可許前本有色即能相續往後生處現見死處身衰滅故由此應知別有色往是故中有定有理成眼耳意識取非至境故住於此遠取月輪還念他色說遠行等非心離色能趣餘方如是已明像連質起死生處隔同喻不成由此亦遮響聲為喻以聲與彼谷等中間有物相續傳生響故謂本發聲所依大種傳生妙大種遍至谷等中所在聲生似本聲響中間雖有聲響相續或散微故而不可聞若於中間觸崖谷等即便聚積亦可得聞云何知然異時聞故豈非不許諸聲相續轉入耳聞如何言聲展轉相續遇緣發響此責不然我不遮故謂聲相續轉非我所遮唯轉入耳聞非我所許諸

有大種發聲緣處展轉相擊皆有聲生在可聞緣聲方可取於中先取本質處聲於後乃聞異處生響無同外道至根聞過若唯能取逼耳生聲應不遍聞異方聲響及應不了遠近聲別如無色歿欲色生中无連續如是亦應死生二有中無連續此責非理從無色歿生有色時有連續故謂無色歿生欲色時即由是處大種和合從順後受業有異熟色生故彼色生非无連續或總相續无間斷故謂無色蘊无間無斷為緣引發欲色蘊故有餘復言猶如尺蠖前安前足後足後移如是死生方所雖隔先取後捨得至餘方中有何用如是便有非二有情二趣二心俱行過失又尺蠖身中無間絕死生間絕如何為喻有餘復言死生二有雖隔而至如意勢通此亦不然非所許故異此餘類此歿彼生中間隔絕應成通慧若尒此應是行差別實尒細故難可了知謂一剎那不應為難又有別理中有非无現見剎那无間生者決定方所無

間生故若謂如從無色界歿生有色界色初起時昔色與今方所無間剎那有間而得續生亦應下界死生有色剎那無間處有間生此亦不然不了宗故謂於昔者從欲色歿生無色時色身滅處今從彼歿生欲色時即前色身滅處无間引今色起非我所宗是故此中剎那處所俱非隣近不應為喻又若剎那隣近生者處所定尒非猶豫故又中有身淨天眼者現前可得故如是說諸中有身極淨天眼之所能見又彼尊者阿奴律陁亦言具壽我觀佛化其量寂多非諸中有是故中有決定非无又聖教說有中有故謂契經言有七種即五趣有業有中有又經說有健達縛故如契經言入母胎者要由三事俱現在前一者母身是時調適二者父母交愛和合三健達縛正現在前除中有身有何別物名健達縛正現在前又經說有五不還故謂世尊說有五不還一者中般二者生般三無行般四有行般五者上流般中有若无何名

中般若謂欲色二界中間得般涅槃名中般者不生二界中有復无何有有情於中趣般若謂於彼有天名中理必不然无聖言故謂於餘部亦无契經說有中天唯憑自執又契經說有七善士趣故謂於前五中般分三由處及時遠近中故譬如札火小星迸時纔起近即滅初善士亦尒譬如鐵火小星迸時起至中乃滅二善士亦尒譬如鐵火大星迸時遠未墮而滅三善士亦尒若无中有此依何立非彼所執別有中天有此處時三品差別乘玆立破如順正理是故中有實有極成若撥言无是邪見攝巳廣成立中有非无今復應思當往何趣所起中有形狀如何與所趣生為同為異頌曰

此一業引故　如當本有形　本有謂死前
居生剎那後

論曰業有二種一牽引業二圓滿業中生二有牽引業同圓滿業異引業同故此中有形與當本有其狀相似如印所印文像无別欲中有量雖如

小兒年五六歲而根明利有餘師說欲界中有皆如本有盛年時量有言菩薩中有可然非餘有情中有可尒菩薩中有如盛年時形量周圓具諸相好故住中有將入胎時照百俱胝四大洲等有說中有皆生門入非破母腹而得入胎理實中有隨欲入胎非要生門无障导故色界中有其量周圓其身微妙如彼本有又彼中有與衣俱生慙愧增故欲界中有多分無衣无慙愧故唯除菩薩及鮮白尼本願力故有餘師說唯除此尼施僧袈裟發勝願故從玆世世有自然衣恒不離身隨時改變乃至最後般涅槃時即以此衣纏屍焚葬収其遺骨起窣堵波亦有衣形周匝纏繞菩薩所起一切善法皆唯迴向无上菩提我等所宗許二俱有所似本有其體是何在死有前生有後蘊揔說有體通諸有漏於中有情位分四種一者中有義如前說二者生有謂於諸趣結生剎那三者本有除生剎那死前餘位四者死有謂最後念若有於色

未得離貪此有無間中有定起即於一生位別分四豈不諸有中有最初則本有名應因中有非因中有以當無間生等三有非彼果故若位容有生當无間中等諸位可名本有望餘生諸位立本有名非立此名望一生三位又此无間定生彼有此有望彼立本有名又本有名目正所趣餘三不尒不得此名巳說形量餘義當辯頌曰

同淨天眼見　業通疾具根　无對不可轉
食香非久住　倒心趣欲境　濕化染香處
天首上三横　地獄頭歸下

論曰此中有身是何眼境為同類眼淨天眼見謂中有身唯同類眼及餘修得淨天眼見非不同類不淨天眼之所能觀極微細故生得天眼尚不能觀況餘能見以說若有極淨天眼方能見彼中有身故有說地獄傍生餓鬼人天中有如其次第各除後後見自及前為有能遮中有行不上至諸佛亦不能遮以諸通中業通疾故中有成就最疾業通故契經言中有

業力最為强盛一切有情一切加行無能遮抑皆虛自在是謂通義通由業得名為業通此通勢用速故名疾中有具此最疾業通諸通速行无能勝者依此故說業力最强隨地諸根中有皆具雖言中有如本有形而初異熟最勝妙故又求有故无不具根曾聞斫破炎赤鐵團見於其中有虫居止故知中有无對義成對謂對㝵此金剛等所不能遮故名无對此界趣處皆不可轉謂定无有色中有没欲中有生亦无翻此此與生有一業引故應知趣處不轉亦然此中有身資段食不且知欲界中有食香隨福多福少香有好有惡由斯故得健達縛名諸字界中義非一故此類縛界雖正目行而於其中亦有食義以食香故名健達縛而音短者如設建途及羯建途略故无過有說中有身賴香持以尋香行名健達縛如是中有為住幾時此中有身定非久住生緣未合非久如何大德釋言常途非久緣未合者容住多時由彼命根非别

業引有餘師說此但少時以中有中恒求生故若於父母俱定不移雖住遠方業令速合若於父母隨一可移雖極清貞訶厭欲者而於異境起染現行諸起染定時令非時亦起或寄相似餘類中生謂驢等身似於馬等非由所寄同分有殊便失中生一業所引生緣雖別所引一故設許轉受相似類生由少類同亦无有過又界趣處若不全移雖少類殊亦無有失以界趣處業定不移餘外生緣轉亦无過或業種類差別无邊唯佛世尊方能究達正結中有為以何心以染汙心辯如生有將結生有方便如何住中有中為至生處由心顛倒馳趣欲境彼宿業力所起眼根雖住遠方能見生處父母交會而起倒心若當為男於母起愛於父起恚女則相違由是因緣男女生已於母於父如次偏明故施設論有如是說時健達縛於二心中隨一現行謂愛或恚彼由起此二種倒心便謂已身與所愛合所憎不淨泄至胎時謂是已有便生

喜慰當生恚位名入母胎取最後時所遺精血二三滴許成羯剌藍精血相依无間而住中有蘊滅生有蘊生生有色生正因中有父母精血但作生緣如種生芽依地糞等非有情色無情為因若男處胎依母右脅向背蹲坐若女處胎依母左脅向腹而住女男串習左右事故宿自分別力使然故无欲中有非女非男以中有身不闕根故入母胎後或作不男此說欲界胎卵二生濕化二生染於香處若濕生者染香故生謂遠嗅知生處香氣便生愛染往彼受生隨業所應香有淨穢若化生者染處故生謂遠觀知當所生處便生愛染往彼受生隨業所應處有淨穢生地獄者亦由業力或見身遇冷雨寒風或見身遭熱風猛焰令侵熱逼酷毒難忍希遇温涼與除所厄見熱地獄熱焰熾然寒地獄中寒風飄鼓便生愛染馳躬投赴有說由見先造業時已身伴類愛慕馳往往何趣中有何相赴生處且天中有首正上昇如人直身從坐

而起人等三趣中有横行如鳥飛空往餘洲處地獄中有頭下足上顛墜其中故伽他說

顛墜於地獄　足上頭歸下　由毀謗諸仙
樂寂修苦行

无色界中無往来故无彼業故必無中有若命終處即受生者由有業故亦有中有然此中有有决定相謂无未離欲色界貪生有不從中有後起亦无中有與所趣生非一業引亦无中有能入無心可為身證倶分解脫及起世俗不同分心住中有中无轉根義亦无能斷見所斷惑及无斷欲界修所斷隨眠所餘决擇如順正理一切中有皆起倒心入母胎不不尒云何契經中說入胎有四其四者何

頌曰

一於入正知　二三兼住出　四於一切位
及卵恒无知　前三種入胎　謂輪王二佛
業知倶勝故　如次四餘生

論曰有諸有情多修福慧故死生位念力所持心想分明正知無乱於中或有正知入胎或有正知住胎兼入或正知出兼知入住兼言為顯後必帶前有諸有情福慧倶少入住出位皆不正知前不正知後位必尒如是所說四種入胎具攝一切入胎皆盡順結頌法如是次第然契經中次第不尒如是四種且說胎生有愚不愚分位差別諸卵生者入胎等位皆恒無知如何卵生從卵而出言入胎等此據當来立名无失如世間說造釰織衣或說卵生曽入胎等依今說昔亦无有過何縁入胎不正知者於住出位必不正知劣悟勝迷理无容故謂將入位支體諸根具足无損强勝明利尚不正知况住出時支根損缺羸劣闇昧而能正知理無容故住正知者由入胎時勝正知因一力引故出正知者由入住時勝正知因二力引故又前三種入胎不同謂轉輪王獨覺大覺如其次第初入胎者謂轉輪王入位正知非住非出二入胎者謂獨勝覺入住正知非於出位三入胎者謂无上覺入住出位皆能正知此初三人以當名顯復有差別如次應知業智及倶三種勝故第一業勝宿世曽修廣大福故第二智勝久習多聞勝思擇故第三倶勝曠劫修行勝福慧故除前三種餘胎卵生福智倶劣合成第四有說此四皆辯菩薩謂㝡後有即是第三覩史多天前生第二遇迦葉波佛次前生為初自此已前皆是第四或復初二三无數劫如其次第前三入胎自此已前皆是第四豈不續有定是染心何容正知入母胎藏正知正念說根律儀夫根律儀决應是善无斯過失一切正知皆善性攝非所許故異此應无正知妄語或入胎位據相續說非唯正結生有刹那於此位中善多染少從多分故說為正知或令於彼發起恭敬於不迷乱立正知名謂如實知此是我父此是我母故名正知云何第二後有菩薩於戒果等皆明了知而入胎時有如是事無始串習率尒起心斯有何過或唯發起親愛染心无非法愛所餘問荅如順正理此中應說誰往入胎何故問誰以无我故謂若

无我為復說誰從此世間乘中有蘊
往趣他世入住出胎是故應有內用
士夫從此世間往入胎等為遮彼故
頌曰
無我唯諸蘊　煩惱業所為　由中有相續
入胎如燈焰　如引次第增　相續由惑業
更趣於餘世　故有輪无初
論曰无有實我能往入胎所以者何
如色眼等自性作業不可得故世尊
亦遮所執實我是作受者能往後世
故世尊言有業有異熟作者不可得
謂能捨此蘊及能續餘蘊乃至廣說
破四我執如順正理若亦外道於何
所緣而起我執雖離諸蘊无別我性
為執所緣然唯諸蘊為境起執如契
經說諸有執我等隨觀見一切唯於
五取蘊起雖无如彼外道所說真實
我性而有聖教隨順世間所說假我
既无實我依何假說雖無實我而於
諸蘊隨順世間假說為我何緣知說
我唯託蘊非餘以染及淨法唯依蘊
成故謂我實无且雜染法但依諸蘊
剎那相續由煩惱業勢力所為中有

相續得入母胎辟如燈焰剎那相續
轉至餘方諸蘊亦尒且於欲界若未
離貪內外處為緣起非理作意貪等
煩惱從此而生劣中勝思及識俱起
起已能牽當非愛果亦為无間識等
生緣无間識等觀同異類前俱生緣
而得起時或善或染或无記性起已
後能引自當果及為无間識等生緣
如是為緣後後次第能牽二果隨應
當知此蘊相續領納先世惑業所引
壽量等法彼異熟勢至窮盡時死識
與依俱至滅位能為中有識等生緣
中有諸蘊由先惑業如幻相續往所
生處至母腹內中有滅時復能為緣
生生有蘊辟如燈焰雖剎那滅而能
前後因果无間展轉相續得至餘方
故雖无我蘊剎那滅而能往趣後世
義成即此諸蘊如先惑業勢力所引
次第漸增於一期中展轉相續復由
惑業往趣餘世現見因異果必有殊
故諸引業果量非等壽果長短由業
不同隨業增微所引壽命與身根等
展轉相依於羯邏藍頞部曇等後後

諸位漸漸轉增何等名為羯邏藍等
謂蘊相續轉變不同如是漸增至根
熟位觀內外處作意等緣和合發生
貪等煩惱造作增長種種諸業由此
惑業復有如前中有相續轉趣餘世
應知如是有輪無初謂惑為因能造
諸業業為因故而能引生生復為因
起於惑業從此惑業更復有生故知
有輪旋環无始若執有始始應无因
始既無因餘應自起无異因故現見
相違由此定无無因起法無一常法
少能為因破自在中已廣遮遣是故
生死决定无初猶如穀等展轉相續
然有後邊由因盡故如種等盡牙等
不生生死既無究竟清淨故染及淨
唯依蘊成執有實我便為无用

說一切有部顯宗論卷第十三

阿毗達磨藏顯宗論卷第十三

校勘記

一　底本，金藏廣勝寺本。一九八頁下及二〇一頁上原版缺，以麗藏本補。

一　一九九頁上一四行第六字「譬」，諸本(不含石，下同)作「壁」。

一　一九九頁下三行第二字「因」，資、磧、普、南、徑、清作「由」。

一　一九九頁下五行第八字「狭」，麗作「挾」。

一　一九九頁下六行第一三字「平」，諸本作「互」。

一　二〇〇頁上一行「二處」，麗作「一處」。

一　二〇〇頁上一一行第七字「證」，資、磧、普、南、徑、清作「論」。又第一二字「和」，麗作「合」。

一　二〇〇頁上一六行「籌盡」，資、普作「籌畫」。

一　二〇〇頁上一七行「未常」，資、磧、普、南、徑、清作「未嘗」。

一　二〇〇頁中一八行第二字「因」，麗作「同」。

一　二〇一頁上七行第三字「相」，磧、普、南、徑、清作「想」。

一　二〇一頁中七行末字「而」，資、磧、普、南、徑、清作「此」。

一　二〇二頁中六行「色色」，資、磧、普、南、徑、清作「色界」。

一　二〇三頁下三行第六及第一〇字「因」，諸本作「目」。

一　二〇四頁上六行末字「初」，資、磧、普、南、徑、清作「向」。

一　二〇四頁上八行「坼破」，諸本作「析破」。

一　二〇四頁上一四行第六字「知」，磧、普、南、徑、清作「如」。

一　二〇四頁中末行第二字「憎」，資、磧、普、南、徑、清作「遺」。

一、二〇四頁下二行「羯刺藍」，徑作「羯邏藍」。

一　二〇四頁下一八行第五字「令」，諸本作「冷」。

一　二〇五頁上二〇行第二字「知」，諸本作「智」。

一　二〇五頁中八行第一〇字「出」，資、磧、普、南、徑、清作「生」。

一　二〇五頁下一二行第四字「應」，諸本作「定」。

一　二〇五頁下一八行末字「二」，諸本作「三」。

一　二〇六頁中八行首字「後」，諸本作「復」。

阿毗達磨藏顯宗論卷第十四

尊者衆賢造

三藏法師玄奘奉　詔譯

辯緣起品第四之三

已辯内外羯刺藍等種等道理因果相續應知此即說名緣起如是緣起其相云何頌曰

如是諸緣起　十二支三際　前後際各二　中八據圓滿

論曰非諸緣起唯有十二云何知然如本論說云何為緣起謂一切有為然契經中辯緣起處或時具說十二有支如勝義空契經等說或說十一如智事等經或唯說十如成喻經等或復說九如大緣起契經中說或說有八如契經言諸有沙門或婆羅門不如實知諸法性等諸如是等所說差別何緣論說與經有異論隨法性經順化宜故契經中分別緣起隨所化者機宜異說或論了義經義不了或論通說有情無情契經但依有情數說依有情故染淨得成佛為有情開顯此二但為此事佛現世間故契經中依有情說為欲成立大義利故分別緣起諸有支中具無量門義類差別今且略辯三生分位无間相續有十二支一无明二行三識四名色五六處六觸七受八愛九取十有十一生十二老死言三際者一前際二後際三中際即是過未及現三生云何十二支於三際建立謂前後際各立二支中際八支故成十二無明行在前際謂過去生生老死在後際謂未來生所餘八在中際謂現在生前際二因所招五果後際二果所待三因非諸一生皆具此八據圓滿者說有八支圓滿者何謂支无缺或由圓滿惑業所招謂先增上惑業所引此中意說補特伽羅歷一切位名圓滿者非諸中夭及色无色羯刺藍等諸位闕故世尊但約欲界少分補特伽羅說具十二如大緣起契經中說佛告阿難識若不入胎得增廣大不不也世尊乃至廣說是故若有補特伽羅於次前生造无明行具招現在識

等五支復於現生造愛取有招次後世生等二支應知此經依彼而說若依一切補特伽羅立諸有支便成雜乱謂彼或有現在五支非次前生无明行果及次後世生老死支非現在生愛取有果彼皆非此經意所明勿見果因相去隔絶便疑因果感赴无能應知緣起支略唯二分前後際如次七支五支以果與因屬因果故或因與果五支七支以因攝因果攝果故謂現愛取即過无明現在有支即過去行現在世識即未来生餘現四支即當老死是名因果二分差別既說三際立十二支謂無明行乃至廣說此中何法名為无明乃至何法名為老死頌曰

宿惑位无明　宿諸業名行　識正結生蘊

六處前名色　從生眼等根　三和前六處

於三受因異　未了知名觸　在婬愛前受

貪資具婬愛　為得諸境界　遍馳求名取

有謂正能造　牽當有果業　結當有名生

至當受老死

論曰於宿生中諸煩惱位至今果熟摠謂无明何故无明聲摠說煩惱與牽後有行為定因故業由惑發能牽後有无惑有業後有無故非牽後有諸行生時貪等於中皆有作用彼行起位定頼无明故無明聲摠說煩惱若尒何故唯前生惑摠謂無明此生不尒唯前生惑似无明故貪等煩惱未得果時勢力无虧說為明利若得果已取與用虧不名明利無明勢力設未虧損亦非明利彼現行時亦難知故前生諸惑至於今生已得果故勢力虧損其相不明似无明品故唯前世惑可說無明聲非於行中亦應同此說假立名想唯於同類故於宿生中福等業位至今果熟摠名為行初句位言流至老死福等諸業相業品當廣辯何緣此宿業獨名為行名隨義立故其義云何謂依衆緣和合已起惑展轉力和合已生又能為緣已令果和合或此和合已能為果緣是謂行名所隨實義宿生中業果今熟者行相圓滿獨立行名由此已遮来生果業以彼業果仍未熟故相未圓滿不立行名豈不一切已與自果異熟因體皆具此相即應一切皆立行名此體是何謂諸非業及業前生已得果者雖有此理而就勝說業為果熟因牽果最勝故現在生業果麁顯易知故因此能信知過去生果業是故唯此獨立行名雖一切因已與果者摠應名行然此唯說能招後有諸異熟因故無行名不遍相失是故成就唯宿生中感此生業獨名為行於母胎等正經生時一刹那位五蘊名識此刹那中識最勝故此唯意識於此位中五識生緣猶未具故識是何義謂能了者佛說能了者名識取蘊故頗勒具那契經中說我終不說有能了者此不說言表不顯義意為遮有自在無緣不依他成我為了者不遮識是能了者性勝義空經遮別作者許諸行體是作者故結生識後六處生前中間諸位摠稱名色豈不已生身意二處應言此在四處生前此難不然未圓勝故謂前二位處猶減劣六處位中處方圓勝又六處位

身意二根方全分得具現行故謂要支開位方得男女根尒時諸識身乃容皆現起故身意處六處位中方全分得及具現起由斯故說六處生前是名色位此說為善從生眼耳鼻舌四根三和合前說名六處謂名色後六處已生乃至根境識未具和合位下中上品次第漸增於此位中揔名六處豈於此位諸識不生而得說三未具和合且无一位意識不生名色位中身識亦起况六處位言无三和所餘識身亦容得起然非恒勝故未立三和名於此位中唯六處勝故約六處以摽位別薄伽梵說根境識三具和合時說名為觸謂未能了三受因異但具三和彼位名觸觸差別義後當廣辯已了三受因差別相未起婬貪此位名受謂已能了苦樂等緣婬愛未行說名受位受差別義後當廣辯貪妙資具婬愛現行未廣追求此位名愛妙資具者謂妙資財貪此及婬揔名為愛廣辯愛義如隨眠品為得種種可意境界周遍馳求此位名取取有四種謂欲及見戒禁我語取差別故以能取故說名為取即諸煩惱作相想業謂欲界繫煩惱隨煩惱除見名欲取如馬等車三界四見名為見取彼戒禁取名戒禁取色無色界繫煩惱隨煩惱唯除五見名我語取如是諸取隨眠品中當廣分別无明不立為別取者自力无明不猛利故非解性故相應无明他煩惱力令能取故離餘見立戒禁取者於能集業力㝡勝故於集業門力齊四見由此一見令業熾然乖違聖道遠離解脫故戒禁取別立取名以諸取名表執取義雖煩惱類皆能執取而其二取執取義勝故唯此二俱得取名以二於他㝡堅執故然於此二戒禁取强如所蔽執熾然行故由是離餘別立為取四見皆以慧為性故對餘煩惱執取義强攝四簡餘立為見取諸餘煩惱定不定地有差別故不善無記因差別故立餘二取所餘决擇如順正理即由如是取為緣故馳求種種可意境時必定引生牽當有業謂由愛力取增盛時種種馳求善不善境為得彼故積集衆多能牽後有淨不淨業此業生位揔名有支應知此中由此依此能有當果故立有名有有一種謂業異熟今於此中唯取業有辯當生果近因性故取為緣有契經說故唯諸業有取為緣故如前際行无明為緣取為緣生後際業有正結生有位即立為生支如此生中行為緣故初結生位名為識支如是来生有為緣故初結生位名為生支此位此名正所須故謂於現世識用分明未来世中生用㝡顯隨自用顯以立支名或餘經中說生苦故為造天趣後有業者令生猒捨故說為生或顯後有業皆能招苦果為令不造故說為生由是餘經說生等苦畢竟寂滅名般涅槃是故生名顯在當果此生支後至當受支中間諸位揔名老死即如現在名色六處觸受四支於當来生如是四位名為老死為令猒捨於當有心以老死名顯當過患故契經說五取蘊生應知即是老死

起義所餘決擇如順正理又諸緣起差別說四一者剎那二者連續三者連縛四者分位有餘復說顯法功能此中剎那謂因與果俱時行世如契經說眼及色為緣生於眼識等又契經說眼色為緣生癡所生染濁作意此中所有癡即无明癡者希求即名為愛愛者所發表即名業故一剎那有緣起義有餘師說一剎那中具十二支實有俱起如貪俱起發業心中癡謂無明思即是行於諸境事了別名識識俱三蘊捴稱名色有色諸根說為六處識相應觸名為觸識相應受名為受貪即是愛與此相應諸纏名取所發身語二業名有如是諸法起即名生熟變名老滅壞名死此廣決擇如順正理遠續緣起謂前後際有順後受及不定受業煩惱故无始輪轉如說有愛等本際不可知又應頌言

我昔與汝等　於四種聖諦　不如實見故
久流轉生死

連縛緣起謂同異類因果无間相屬而起如契經說无明為因生於貪染明為因故無貪染生又契經說從善无間染无記生或復翻此分位緣起謂三生中十二五蘊無間相續顯法功能謂如經說業為生因愛為起因如是等類功能差別於此五種緣起類中世尊說何頌曰

佛依分位說　從勝立支名

論曰佛依分位說諸緣起若支支中皆具五蘊何緣但立无明等名以諸位中无明等勝故就勝立無明等名謂若位中無明㝡勝此位五蘊捴名无明乃至位中老死㝡勝此位五蘊捴名老死故體雖捴名別无失如是前位五蘊為緣捴能引生後位五蘊隨所應說一切一切經主妄謂上義為非所以者何經異說故如契經說云何為无明謂前際無智乃至廣說此了義說不可抑令成不了義故前所說分位緣起經義相違此无所違如標釋故謂雖有貪等亦為行緣而但標无明觀別因故又雖十二處皆為觸緣而由觀別因但標六處又雖想等亦用觸為緣而觀別因但標觸緣受諸如是等其類寔多如觀別因但標少分亦即由此唯釋所標如何執斯為了義說此廣決擇如順正理何緣於三際建立緣起支頌曰

於前後中際　為遣他愚惑

論曰依有情數立十二支為三際中遣彼愚惑彼於三際愚惑者何如契經言我於過去世為曾有非有何等我曾有云何我曾有我於未來世為當有非有何等我當有云何我當有於現在世何等是我此我云何我誰所有我當有誰為除如是三際愚惑故經唯說有情緣起三際緣起如前已說謂无明行及生老死并識至受故契經說若有苾芻於諸緣起緣已生法能以如實正慧觀見彼必不於三際愚惑謂我於過去世為曾有非有等是故為除三際愚惑唯依有情數立三際緣起雖有十二支而三二為性三謂惑業事二謂果與因其義云何頌曰

三煩惱二業　七事亦名果　略果及略因

由中可比二
論曰前際因无明後際因愛取如是三種煩惱為性前際因行後際因有如是二種以業為性前際識等五後際生老死如是七名事或業所依故如是七事即亦名果義准餘五即亦名因以煩惱業為自性故何緣中際廣說因果後際略果前際略因中際易知應廣說二前後難了各略說一由中比二具廣已成故不別說說便无用如何別立愛取二支由初念愛以愛聲說即此相續增廣熾盛立以取名相續取境轉堅猛故一一境中各有初愛合成多念故唯說二剎那何緣現在諸煩惱位偏說於愛非餘煩惱於愛易了愛味過患餘煩惱中此相難了愛是能感後有勝因世尊偏說令知過患云何當令勤求治道故唯說愛剎那相續二位差別非餘煩惱然取名通揔攝諸惑若此緣起唯十二支老死无果離修對治道生死應有終无明無因无明是初故生死應有始或應更立餘緣起支餘復有餘成無窮過又佛聖教應成缺減然不應許此難不然未了所說緣起理故此緣起理云何應知頌曰

從惑生惑業　從業生於事　從事事惑生
有支理唯此

論曰唯聲正顯有支數定并顯業與惑或俱惑後生是惑生惑時業俱或後義由如是理揔攝有支即已善通前所設難從惑生惑謂愛生取從惑生業謂取生有无明生行從業生事謂行生識及有生生從事生事謂從識支生於名色乃至從觸生於受支及從生支生於老死從事生惑謂受生愛由立有支其理唯此已成老死為事惑因老死即如現四支故及成無明為事惑果無明即如現愛取故豈假更立餘緣起支故經言如是純大苦蘊集是前後二際更相顯發義是故无有老死無明无果無因有終始過於此定攝因果義同无更立支成無窮過由佛遍說因果无遺故無聖教成缺減失如世尊言吾當為汝說緣起法緣已生法此二何異諸師種種釋此二句如順正理決定義者頌曰

此中意正說　因起果已生

論曰諸支因分說名緣起所以者何由此為緣所起果故以於因果相繫屬中說緣起故此緣起義但以緣聲而成立故如契經說云何緣起謂依此有彼有及此生故彼生謂無明緣行至生緣老死如是說已復作是言此中法性乃至寂後無顛倒性是名緣起何等名為此中法性謂於因果相繫屬中有因功能皆名法性要有因故因果方有更相繫屬非無有因如是性言顯能生義唯有為法性得此法性名雖此經中非正顯示於因果相屬因性名緣起而以緣聲顯緣起義故知因性得緣起名以緣聲但於能顯義轉故因能顯果故說名緣由是阿羅漢寂後心心所非等無間緣無所顯果故即由此義證緣起名定於因果相屬中立故佛於彼勝義空經說此中法假謂無明緣行廣說乃至生緣老死以非勝義故立假聲

即目因果更相屬義諸支果分說緣已生所以者何由此皆從緣已生故果是諸法成辦名故要已生法此義成故涅槃成辦由得已生故彼亦由已生名果或復於此說緣起門涅槃於中無容為難若有為法果義決定是此所明如沙門果諸過現法果義決定名緣已生法在未来果義非定廢而不說此略義者是起法性說名緣起過現諸法名緣已生果義定故謂於因果相繫屬中據為因分說名緣起定為果者名緣已生又此中因名緣起者以能為緣起諸果故於此中果法名緣已生者以過去現在離緣不生故如是一切二義俱成諸支皆有因果性故雖因果性實體無別而義建立非不極成以所觀待有差別故猶如因果父子等名然此契經說有密意阿毗達磨無密意說何等名為此經密意謂薄伽梵密顯生死無始有終說斯二句言緣起者顯生死流無始時来旋環無斷故說逆順諸支相生緣已生言為顯生死若得

對治有終尽期謂若有緣後更續起如其緣闕後不續生由是經言作苦邊際又經中說緣起是假因果相屬無自性故說緣已生其體是實是彼依故如瓶所依阿毗達磨說二皆實因果二體俱實有故且置斯事復應廣釋無明名色觸受四支所以者何行有愛取辯業惑品當廣釋故識與六處辯本事品已廣釋故且無明義其相云何為是明無為非明攝若取前義無明應是無若取後義應眼等為體如是二種理皆不然俱非所許故無有過既俱不許所許云何許有別物別物者何頌曰

明所治無明　如非親實等

論曰如諸親友所對怨敵親友相違名非親友非異親友所餘一切中平等類非親友無諦語名實此所對治虛誑言論名為非實非異於實所餘一切色香等類亦非實無等言為顯非天非白非法非愛非義事等阿素洛等天等相違得非天等名非異無天等如是無明別有體實是明所治

非異非無云何知然猶如識等說從緣有為他緣故復有誠證頌曰

說為結等故　非惡慧見故　與見相應故
說能染慧故

論曰經說無明以為結縛隨眠及漏扼瀑流等非餘眼等及體全無可得說為結縛等事故有別法說名無明如惡妻子名無妻子如是惡慧應名無明彼非無明有是見故諸染汙慧名為惡慧於中有見故非無明見是推尋猛利決斷不可說彼名為愚癡若尒無明應是非見諸染汙慧此亦非理以許無明見相應故無明若是慧應見不相應無二慧體共相應故不可說見非無明俱非不愚癡見成倒故又說無明能染慧故如契經說貪欲染心令不解脫無明染慧令不清淨非慧還能染於慧體如貪異類能染於心無明亦應異慧能染亦不可說無明與慧雖不相應而能為染如貪為染必與心俱心所法無數起染但有自性相應染故不可自體自體相應是故無明定非惡慧經主

阿毗達磨顯宗論十四　第十八張

於此假作救言如何不許諸染汙慧間雜善慧令不清淨說為能染此救不然諸無漏慧應被染故又無染慧雜有染慧應令有染轉成無染能治力強非所治故又彼善慧正現行時染定非有諸染汙慧正現行時善定非有說誰能染復染於誰若許有非有能互相染則畢竟應無得解脫義若藏熏習便解脫者熏習理無當何所藏故說無明能染慧故非慧為性理無傾動若有別法說名無明應說以何為別法性且有別法謂不了知此即無明何勞推究應定何法名不了知方可說為無明自性唯薄伽梵於一切法正知正說若性若相餘唯揔了何皆推徵然我於斯見如是相謂有別法能損慧能是倒見因障觀德失於所知法不欲行轉蔽心心所是謂無明如何定知此有別法以如貪欲說永離故謂契經言離貪欲故心便解脫離無明故慧得解脫又此如明說為因故離諸雜染又說如邪見有近對治故謂契經說諸邪見斷

阿毗達磨顯宗論十四　第十九張

由正見生諸無明離由明慧起又契經說是一法故謂契經說若有苾芻能斷一法我正記彼所作已辦即是無明又說如闇有對治故如伽他說

諸有能斷愚　於所愚不惑　彼轉滅愚惑
如日出除闇

是故無明定有別法無知為體非但明無然此無知略有二種謂染不染此二何別有作是說若能障智是染無知不染無知唯智非有今詳二種無知相別謂由此故立愚智殊如是名為染無知相若由此故或有境中智不及愚是第二相又若斷已佛與二乘皆無差別是第一相若有斷已佛與二乘有行不行是第二相又若於事自共相愚是名第一染無知相若於諸法味勢熟德數量處時同異等相不能如實覺是不染無知此不染無知即說名習氣有古師說習氣相言有不染汙心所差別染不染法數習所引非一切智相續現行令心心所不自在轉是名習氣非唯智無無法無容能為因故亦不應說有如

阿毗達磨顯宗論十四　第二十張

是類心及心所揔名習氣不染無知前已說故謂此無知為自性住心等為體為有差別若自性住心等為體佛亦應有不染無知若有差別能差別者可是無知非所差別現見善等品類差別心心所中必有別法為能差別非即一切如善品中必有信等不善品中有無慚等染汙品中有放逸等如是等類心心所中必有別法能為差別故知此中亦有別法能為差別者是不染無知今詳彼言有太過失諸異生等心心所法皆不如實覺味勢熟等相然不見生餘心所故又一一念彼心心所差別而生應念念中各有別別無知法起若謂有異相令無知差別即此足能差別心品何須別計不染無知是故即於味勢熟等不勤求解慧與異相法俱為因引生後同類慧此慧於解又不勤求復為因引生不勤求解慧如是展轉無始時來因果相仍習以成性故即於彼味等境中數習於解無堪能智此所引劣智名不染無知即此俱生

心心所法惣名習氣理定應然或諸有情有煩惱位所有無染心及相續由諸煩惱間雜所熏有能順生煩惱氣分故諸無染心及眷屬似彼行相差別而生由數習力相繼而起故離過身中仍名有習氣一切智者永斷不行然於已斷見所斷位通染不染心相續中有餘順生煩惱習性是見所斷煩惱氣分於中染者說名類性金剛道斷皆不現行若不染者名見所斷煩惱習氣亦彼道斷由根差別有行不行若於已斷修所斷位唯於不染心相續中有餘順生煩惱習性是修所斷煩惱氣分名修所斷煩惱習氣是有漏故無學已斷隨根勝劣有行不行世尊已得法自在故彼如煩惱畢竟不行故佛獨稱善淨相續即由此故行無誤失得不共法三念住等又由此故尊意說言唯佛獨名得無學果

阿毗達磨藏顯宗論卷第十四

阿毗達磨藏顯宗論卷第十四

校勘記

一　底本，金藏廣勝寺本。

一　二〇八頁中五行「羯剌藍」，徑、清作「羯邏藍」。下同。

一　二〇八頁下一八行第五字「犮」，資、磧、普、南、徑、清作「天」。

一　二〇九頁中四行第一二字「用」，資作「識」。

一　二〇九頁中一九行第三字「惑」，資、磧、普、南、徑、清作「或」。二一二頁中七行第四字同。

一　二〇九頁下五行首字「果」，麗作「異」。

一　二〇九頁下九行第一〇字「遍」，資、磧、普、南、徑、清作「偏」。

一　二〇九頁下一一行第六字「經」，諸本（不含石，下同）作「結」。

一　二一〇頁中一二行第九字「乘」，資、磧、普、南、徑、清作「乖」。

一　二一〇頁下五行「一種」，諸本作「二種」。

一　二一〇頁下六行第五字「生」，資作「由」。

一　二一一頁上四行第一二字「世」，麗作「也」。

一　二一一頁中一五行第八字「能」，資作「生」。

一　二一一頁中一七行第七字「經」，資作「緣」。

一　二一二頁上一行首字「由」，磧、南作「皆」。

一　二一二頁上五行第一〇字「或」，資、磧、普、南、徑、清作「惑」。

一　二一二頁下五行第五字「所」，諸本作「能」。

一　二一三頁中一六行「怨敵」，麗作「寃敵」。

一　二一三頁下六行第七字「眼」，麗作「眠」。

一　二一三頁下一九行第八字「應」，資、磧、普、南、徑、清作「無」。

一　二一四頁上一〇行第二字「戒」，

諸本作「滅」。

一　二一四頁上二二行第六字「故」，諸本作「故謂契經説無名爲因起諸離染明爲因故」。

一　二一四頁中三行第七字「記」，資、磧、普、南、徑、清作「説」。

一　二一五頁上卷末經名，資、磧、普、南、麗作「説一切有部顯宗論卷第十四」。

趙城縣廣勝寺

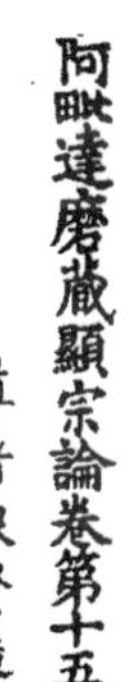

阿毗達磨藏顯宗論卷第十五　操

尊者衆賢造

三藏法師玄奘奉　詔譯

辯緣起品第四之四

已辯無明當辯名色色已廣辯名相云何頌曰

名無色四蘊

論曰佛說无色四蘊名名何故名名能表呂故謂能表呂種種所緣若尒不應全攝无色不相應法無所緣故不尒表呂唯在无色如釋色名所說無過又微細故彼彼義中隨理立名摽以名稱非无表等亦可稱名以彼所依現量得故又於一切界地趣生能遍趣求故立名稱非無漏无色不得名名雖非此所明而似此故又於無色隨說者情搃說為名不勞徵詰餘廣决擇如順正理已辯名相觸相去何頌曰

觸六三和生

論曰觸有六種所謂眼觸乃至意觸此復是何三和所生謂根境識三和合故有別觸生雖第六三有各別世而因果相屬故和合義成或同一果是和合義雖根境識未必俱生而觸果同故名和合觸體別有大地中已成雖三和生而定識俱起以如識說二緣生故謂契經說內有識身及外名色二二為緣諸觸生起乃至廣說有識身言顯六內處外名色言顯六外處此義必然伽他說故如伽他說眼色二等又經說識觸俱名色為緣生緣既同時豈前後緣具必起无能障故由此即證眼等觸所生受等諸法眼等識俱起與眼識等生因同故由此經言是受是想是思是識如是諸法相雜不離故識觸俱理極成立即前六觸復合為二其二者何頌曰

五相應有對　第六俱增語

論曰眼等五觸說名有對以有對根為所依故唯有對法為境界故第六意觸說名增語增語謂名名是意觸所緣長境故偏說此名增語觸意識通用名義為境五不緣名故說為長如說眼識但能了青不了是青意識

達磨藏顯宗論第十五卷　第二張　扌

了青亦了是青乃至廣說故有對觸名從所依境就所長境立增語觸名有說意識名為增語於發語中為增上故有言意識語為增上方於境轉五識不然是故意識獨名增語與此相應名增語觸故有對觸名從所依境就相應主立增語觸名即前六觸隨別相應復成八種頌曰

明無明非二　无漏染汙餘　愛恚二相應
樂等順三受

論曰明無明等相應成三一明觸二無明觸三非明非无明觸此三如次應知即是无漏染汙餘相應觸餘謂無漏及染汙餘即有漏善无覆無記染汙觸中一分數起依彼復立愛恚二觸愛恚隨眠共相應故摠攝一切復成三觸一順樂受觸二順苦受觸三順不苦不樂受觸去何順受觸是樂等受所領故或能為受行相依故名為順受如何觸為受所領行相依行相極似觸依觸而生故又與樂等受相應故或能引生樂等受故名為順受如是合成十六種觸已辯觸相

受相去何頌曰

從此生六受　五屬身餘心　此復成十八
由意近行異

論曰從前六觸生於六受謂眼觸所生受至意觸所生受此合成二一者身受二者心受六中前五說為身受依色根故意觸所生說為心受但依心故即於所說一心受中由意近行異復分成十八去何十八意近行耶謂憂喜捨各六近行此復何緣立為十八由三領納唯意相應六境有異故成十八非一受體意識相應境異成六領納異故意近行名為因何義喜等有力能為近緣令意於境數遊行故若說喜等意為近緣於境數行名意近行即應相等亦得此名與意相應由意行故若唯意地有意近行豈不違經如契經言眼見色已於順喜色起喜近行乃至廣說此不相違如依眼識引不淨觀此不淨觀唯意地攝然契經言眼見色已隨觀不淨具足安住此亦如是依五識身所引意地喜等近行故作是說由彼經言

眼見色已乃至廣說故意近行五識所引意識相應不應為難何緣身受非意近行與意近行非同法故以意近行唯依意識故名為近分別三世等自相共相境故名為行一切身受與此相違故非意近亦不名行豈不身受亦有此相身受領納色等境已意識隨行由身受力意識於境數遊行故此亦不然已說相故謂諸身受不依意識无分別故由彼不能分別境界功德過失故非彼力令意於境數數遊行又不定故謂身受後非決定有意識續生意受俱時必有意識故唯意受名意近行又生盲等類雖無見已乃至觸已而有近行故第三靜慮有意地樂亦應攝在意近行中此責不然初界无故又凝滯故謂欲界中无意地樂第三靜慮雖有不立又彼地樂凝滯於境近行於境數有推移不滯一緣方名行故　又无所對苦根所攝意近行故若尒應无捨意近行無所對故不尒憂喜即捨對故第三靜慮意地樂根无自根本地捨

根為對故然无近分等無捨等近行失以於初界中有同地所對故或復容有不容有故謂意捨等容有同地所敵對法意樂定无同地敵對故无有失諸意近行中幾欲界繫欲界意近行幾何所緣色无色界為問亦尒頌曰

欲緣欲十八　色十二上三　二緣欲十二
八自二无色　後二緣欲六　四自一上緣
初无色近分　緣色四自一　四本及三邊
唯一緣自境

論曰欲界所繫具有十八緣欲界境其數亦然緣色界境唯有十二除香味六彼无境故緣无色境唯得有三彼无色等五所緣故緣不繫境亦唯有三說欲界繫已當說色界繫初二靜慮唯有十二謂除六憂若說所緣定无染汙能緣下境善緣欲境亦具十二除香味四餘八自緣二緣无色謂法近行緣不繫法亦唯二種三四靜慮唯六謂捨緣欲界境善亦具六除香味二餘四自緣一緣无色謂法近行緣不繫法亦唯一種說色界繫巳當說无色繫空處近分唯有四種謂捨但緣色聲觸法緣第四靜慮亦具有四種此就許有別緣者說若執彼地唯揔緣下但有離緣法意近行緣無色界唯一謂法緣不繫法亦唯一種四根本地及上三邊唯一謂法亦緣自地无色根本不緣下故彼上三邊不緣色故不緣下義如後當辯此緣不繫亦唯有一諸意近行通无漏耶頌曰

十八唯有漏

論曰無有近行通无漏者所以者何增長有故无漏諸法與此相違有說近行有情皆有无漏不然故非近行有說聖道任運而轉故順無相界故非近行體近行與此體相違故詳成就幾意近行耶謂生欲界若未獲得色界善心成就一切初二定八三四定四無色界一所成上界皆不下緣唯染汙故若巳獲得色界善心未離欲貪成欲一切初靜慮十捨具六種未至地中善心得緣香味境故喜唯有四以但有染不緣下故豈不意近行眼等識所引彼既無鼻舌二識應無緣香味近行此責不然生盲聾等自性生念及在定中皆應无有色等近行故非一切五識所引成二定八三四靜慮无色如前巳離欲貪若未獲得二定善心彼成欲界初定十二謂除六憂二靜慮等皆如前說若巳獲得二定善心於初定貪未得離者成二定十謂喜但四唯染汙故捨具六種巳獲得彼近分善故餘如前說由此道理餘准應知若生色界唯成欲界一捨法近行謂通果心俱去何獲得諸意近行謂離欲貪前八無間八解脫道獲得初定近分地中六捨近行第九无間解脫道中獲得欲界通果心俱法捨近行獲得初定十二近行此初定言兼攝眷屬由此理趣離上地染如應當知然有差別謂離第四靜慮貪時第九無間及解脫道必不獲得自地下地通果心俱法捨近行離空處等諸地貪時一切無間及解脫道唯獲得一法捨近行得无學時獲得欲界初二靜慮十二近行

三四靜慮六捨近行空无邊處四捨近行上地各一法捨近行於受生位從上地没生下地時獲得當地所有近行生諸靜慮亦兼下地捨法近行是即喜等十八意行由為躭嗜出依别故世尊說為三十六師句此差別句能表大師是師標幟故名師句如是諸句唯佛大師能知能說餘无能故躭嗜依者謂諸染受出離依者謂諸善受无覆無記順善染故隨應二攝更不別說此三十六界地定者謂欲界中具三十六初二靜慮唯有二十謂躭嗜依八出離依十二三四靜慮唯有十種謂躭嗜依四及出離依六空處近分若許別緣便有五種謂躭嗜依一出離依四若執唯揔緣但有二種謂躭嗜依一出離依一无色根本及上三邊各唯有二如前應知此約界地所緣定者欲緣欲境具三十六緣色界境唯二十四除緣香味二依各六緣無色境唯有六種謂法近行二依各三緣不繫境亦唯此六由此道理色無色界緣境差別如應當思所餘有支何緣不說頌曰

餘已說當說

論曰所餘有支或有已說或有當說如前已辯若尒何緣更興此頌為於後頌遮廣釋疑由後頌中說煩惱等勿有於此生如是疑前已廣明四支義訖次應廣釋其餘有支為顯後文依惑業事寄喻揔顯十二有支故軌範師更興此頌如前已說十二有支略攝唯三謂惑業事此三用別其喻云何頌曰

此中說煩惱　如種復如龍　如草根樹莖
及如糠裹米　業如有糠米　如草藥如花
諸異熟果事　如成熟飲食

論曰如何此三種等相似如從種子芽葉等生如是從煩惱生煩惱業事如龍鎮池水恒不竭如是煩惱得相續鎮生池令惑業事流注无盡如草根未拔苗剪剪還生如是煩惱根未以聖道拔令生苗稼斷斷還起如從樹莖頻生枝花果如是從惑數起惑業事如糠裹米能生牙等非獨能生煩惱裹業能感後有非獨能感如米有糠能生芽等業有煩惱能招異熟如諸草藥果熟為後邊業果熟已更不招異熟如花於果為生近因業為近因能生異熟如熟飲食但應受用不可轉生成餘飲食異熟果事既成熟已不能更招餘生異熟若諸異熟復感餘生餘復感餘應无解脱已辯緣起即於此中熟位差別分成四有中生本死如前已釋善等差別三界有無今當略辯頌曰

於四種有中　生有唯染汙　由自地煩惱
餘三无色三

論曰於四有中生有唯染決定非善無覆无記由何等惑一切煩惱諸煩惱染諸生有耶不尒云何但由自地謂生此地唯由此地中一切煩惱生有成染汙諸煩惱中無一煩惱於結生位无潤功能然諸結生唯煩惱力非由纒垢所以者何以自力行悔覆纒等要由思擇方現起故然此位中身心昧劣要任運惑方可現行唯有隨眠數習力勝故諸煩惱能數現行於結生時任運現起諸纒及垢數習

力劣非不思擇而得現前是故結生
非諸纏垢故唯自地諸煩惱力染汙
生有理極成立餘中有等一一通三
謂彼皆通善染无記應知中有初續
剎那亦必染汙猶如生有如是四有
何界所繫欲色具四无色唯三非無
色業感中有果如順正理已具思擇
有情於此四種有中由何而住頌曰
有情由食住　段欲體唯三　非色不能益
自根解脫故　觸思識三食　有漏通三界
意成及求生　食香中有起　前二益此世
所依及能依　後二於當有　引及起如次
論曰經說世尊自悟一法正覺正說
謂諸有情一切无非由食而住何等
為食食有四種一段二觸三思四識
段有二種謂細及麁細謂中有食香
為食故及天劫初食無變穢故如油
沃沙散入支故或細汙蟲嬰兒等食
說名為細翻此為麁如是段食唯在
欲界離段食貪生上界故非上界身
依外緣住色界雖有能益大種而非
段食如非妙欲如色界中雖有微妙
色聲觸境而不引生增上貪故不名

妙欲如是雖有最勝微妙能攝益觸
而畢竟无分段吞噉故非段食雖非
段食攝而非无食義如喜雖非四食
中攝而經說為食以有食義故如契
經言我食喜食由喜食久住如極光
淨天然段食體有十三事以處揔収
唯有三種謂唯欲界香味觸三一切
皆為段食自體可成段別而吞噉故
謂以口鼻分分受之以少從多故作
是說雖非吞噉但能益身令得久住
亦細食攝猶如影光炎涼塗洗又劫
初位地味等食亦名段食分段受故
又諸飲等亦名段食皆可段別而受
用故色處名段不名為食以不能攝
益自所對根故夫言食者攝益諸根
及諸大種色處无力攝益自根及諸
大種是不至取根所行故以契經說
段食非在手中器中可成食事要入
鼻口牙齒咀嚼津液浸潤進度喉筒
墮生藏中漸漸消化味勢熟德流諸
脉中攝益諸蟲乃至為食尒時方得
成食事故若在手器以當為名如天
授名那落迦等雖彼分段揔得食名

而成食時唯香味觸尒時唯此為根
境故又如何知色處非食身內攝益
根大功能如香味觸不別見故尒時
不生彼境識故生自識時尚不損益
自根大種況入身已不生自識能為
食事見日月輪等能損益眼是觸
功能非形顯力豈不苦樂與識俱生
此二能為損益事故色處於眼亦為
損益理不應然眼與明等應成食故
然彼為境順苦樂觸能為食事色處
不然見安繕那籌等諸色眼不增損
要至眼中眼方增損是故段食定非
色處若尒何故於契經中稱讚段食
具色香味為令欣樂兼讚助緣如亦
讚言恭敬施與豈即恭敬亦名段食
然成段食具正助緣又舉色相表香
味觸亦妙可欣故作是說是故食體
唯香味觸非色不能益自根解脫故
夫名食者必先資益自根大種後乃
及餘飲噉色時於自根大尚不為益
況能及餘由彼諸根境各別故有時
見色生喜樂者緣色觸生是食非
色又不遂者及阿羅漢解脫食貪雖

見妙食而不生喜无所益故已說段食界繫及體觸思識三次當顯示觸謂根境識三和所生心所緣起中已廣思擇思謂意業識謂了境此三唯有漏通三界皆有如是四食體攝有十六事唯後三食况有漏言顯香等三不濫无漏何緣无漏觸等非食食謂能牽能資諸有可猒可斷愛生長處无漏雖資他所牽有而自无有牽有功能非可猒斷愛生長處故不建立在四食中即由此因望他界地雖有漏法亦非食體他界地法雖亦為因能資現有而不能作牽後有因故不名食諸無漏法現在前時雖能為因資根大種而不能作牽後有因雖暫為因資根大種而但為欲成已勝依速趣涅槃永滅諸有自地有漏現在前時資現令增能招後有由此已釋段食為因招後有義謂觸等食牽後有時亦牽當来內法香等現內香等資觸等因令牽當有亦能自取當来香等為等流果是故段食與後有因同一果故亦能牽有故名為食然

香味觸體類有三謂異熟生等流長養由外香等覺發身中內香味觸令成食事故所說食其理定成如契經說食有四種能令部多有情安住及能資益諸求生者言部多者顯已生義諸趣生已皆謂已生復說求生為何所因此目中有由佛世尊以五種名說中有故何等為五一者意成從意生故是牽引業所引果義若尒此應有太過失不尒中有不攬外緣精血等物以成身故二者求生多喜尋察當生處故生謂生有中有多求趣生有處三者食香身資香食往生處故四者中有死生二有無間有故五者名起死有無間支體无缺身頓起故或復對向當生决定暫時起故何緣說食唯有四種一切有為皆有食用經說涅槃亦有食故如契經說涅槃有食所謂覺支雖諸有為皆有食用而說勝說謂大仙尊為所化者就資有勝唯說四食謂初二食能益此身所依能依後之二食能引當有能起當有如次資益引起名色二種有

身故立四食所依謂色即有根身能依謂名即心心所此中段食資益所依以有根身由此住故此中觸食資益能依以心心所由此活故如是二食於已生有資益功能最為殊勝思為引業識為種子引起當有謂由業潤識種能令當有名色身起故契經說業為生因愛為起因如是二食於未生有引起功能最為殊勝故唯說此四種為食此四食中後二如生母生未生故前二如養母養已生故餘廣决擇如順正理今更應思前釋四有死生二有唯一剎那於此時中何識現起此識復與何受相應定心无心得死生不住何性識得入涅槃於命終時識何處滅斷末摩者其體是何頌曰

斷善根與續　離染退死生　許唯意識中

死生唯捨受　非定无心二　二無記涅槃

漸死足齊心　最後意識滅　下人天不生

斷末摩水等

論曰斷善續善離界地染從離染退

命終受生此六位中唯許意識皆是意識不共法故五識於此無有功能生言兼攝中有初念意識雖具三受相應而死生時唯有捨受非苦樂受性不明利順死生時苦樂二受性極明利不順死生非明利識有死生義以死生時必昧劣故由此故說下三靜慮唯近分心有死生理以根本地无捨受故雖說在意識得有死生而非在定心有死生理非界地別有死生故設界地同極明利故由勝加行所引發故又在定心能攝益故必由損害方有命終諸在定心非染汙故必由染汙方得受生異地染心亦攝益故無命終理加行起故无受生理異地染心必勝地攝无容樂住劣地受生異地無記以非染汙加行起故亦无生死亦非無心有死生義理相違故死有二種或他所害或任運終處无心位他不能害有殊勝法任持身故處无心位非任運終入心定能引出心故謂入心作等无間緣取依此身心等果法必无有別法能礙令

不生若所依身將欲變壞必定還起屬此身心方得命終更无餘理又有契經證非无心命終故契經說无想有情由想起已從彼處殁非無心位可得受生必由勝心現所引故住昧劣位而受生故離起煩惱无受生故亦有契經證非无心受生故契經言識若不入母胎中者名色得成羯剌藍不乃至廣說然死有心雖通三性而阿羅漢必无染心雖有善心及二無記而强盛故不入涅槃入涅槃心唯二無記謂威儀路或異熟生若說欲界有捨異熟入涅槃心通二無記若說欲界无捨異熟入涅槃心但威儀路必无離受而獨有心劣善何故不入涅槃以彼善心有異熟故諸阿羅漢猒背未來諸異熟果入涅槃故若尒住異熟應不入涅槃不尒已簡言猒背未來故何不猒背現在異熟知依現異熟永斷諸有故依現異熟證无學果知彼有恩不深猒患諸阿羅漢深猒當生故命終時避彼因善唯二无記勢力劣故順於昧劣相續

斷心故入涅槃唯二无記眼等諸識雖依色根而无方所況復意識然約身根滅處說者若頓死者意識身根欻然總滅非有別處若漸死者往下人天於足齊心如次識滅謂墮惡趣說名往下彼識最後兩足處滅若往人趣識滅於齊若往生天識滅心處諸阿羅漢說名不生彼最後心亦心處滅有餘師說彼滅在頂正命終時於足等處身根滅故意識隨滅臨命終時身根漸滅至足等處欻然都滅如以少水置炎石上漸減漸消一處都盡必无同分相續為因能无間生所趣後有唯漸命終者臨命終時有為斷末摩苦受所逼无有別物名為末摩然於身中有別處所風熱炎盛所逼切時極苦受生即便致死得末摩稱如有頌曰

身中有別處　觸便令命終　如青蓮花鬚

微塵等所觸

若水火風不平緣合互相乖反或摠或別勢用增盛傷害末摩如以利刀分解支節因斯引發極苦受生從此

須臾定當捨命由茲理故名斷末摩
非如斬薪說名為斷如斷无覺故得
斷名好發語言譏刺於彼隨實不實
傷切人心由此當招斷末摩苦何緣
地界非斷末摩以无第四內灾患故
內三灾患謂風熱痰水火風增隨所
應起有說此似外器三灾此斷末摩
天中非有然諸天子將命終時先有
五種小衰相現一者衣服嚴具絕可
意聲二者自身光明欻然昧劣三者
於沐浴位水滯著身四者本性躍馳
今滯一境五者眼本凝寂今數瞬動
此五相現非定命終遇勝善緣猶可
轉故復有五種大衰相現一者衣染
埃塵二者花鬘萎悴三者兩腋汗出
四者臭氣入身五者不樂本座此五
相現決定命終設遇強緣亦不轉故
世尊於此有情世間生住殁中建立
三聚何謂三聚頌曰
正邪不定聚　聖造无間餘
論曰一正性定聚二邪性定聚三不
定性聚何名正性謂世尊言貪无餘
斷瞋无餘斷癡无餘斷一切煩惱皆

無餘斷是名正性何故唯斷說名正
性謂此永盡邪僞法故又體是善常
智者定受故世尊亦說聖道名正性
經說趣入正性離生故何名邪性謂
有三種一趣邪性二業邪性三見邪
性即是惡趣五无間業五不正見如
次為體於二定者學无學法五無間
業如其次第定趣離繫地獄果故成
就此者得此聚名即名為聖造无間
者正脫巳脫煩惱縛故說名為聖聖
是自在離繫縛義或遠衆惡故名為
聖獲得畢竟離繫得故或善所趣故
名為聖中无間隔故名無間好為此
因故名為造正邪定餘名不定性
彼待二緣可成二故非定屬一得不
定名

說一切有部顯宗論卷第十五

甲辰歲高麗國大藏都監奉
勅彫造

阿毗達磨藏顯宗論卷第十五

校勘記

一　底本，金藏廣勝寺本。二二三頁中至次頁中原版殘缺，以麗藏本換。

一　二一八頁中一一行「六境」，南、徑、清作「於境」。

一　二一八頁中一三行第一二字「因」，麗作「目」。

一　二一八頁中一六行第七字「相」，資、磧、普、徑、麗作「想」。

一　二一八頁中一八行第九字「眼」，磧作「恨」。

一　二一九頁上一七行第九字「入」，諸本（不含石，下同）作「六」。

一　二一九頁上二一行第一一字「善」，資、磧、普、南、徑、清作「喜」。

一　二一九頁中一八行「成就」，資、磧、普、南、徑、清作「成欲」。

一　二一九頁下二二行「一法」，磧、普、南、徑、清作「十法」。

一　二二〇頁上五行首字「是」，資、磧、普、南、徑、清作「又」。

一　二二〇頁上七行「摽幟」，諸本作「幖幟」。

一　二二〇頁下八行第七字「熟」，諸本作「就」。

一　二二一頁上一二行第七字「二」，南作「一」。

一　二二一頁中二一行「乃至」，諸本作「乃名」。

一　二二一頁下六行第一一字「眼」，諸本作「眼根」。

一　二二二頁上六行第八字「況」，諸本作「說」。

一　二二二頁上二〇行「後有」，徑、清作「有後」。

一　二二二頁中七行第三字「因」，麗作「目」。又第五字「目」，資、磧、普、南、徑、清作「因」。

一　二二二頁下九行「二食」，資、磧、南作「一食」。

一　二二二頁下二一行第四字「齊」，資、磧、普、南、徑、清作「齋」。次頁下五行第五字、七行第六字同。

一　二二三頁下一六行「未摩」，資、磧、普、南、徑、清作「末摩」。

一　二二三頁下二一行第一二字「反」，清作「及」。

一　二二四頁上三行「語言」，徑作「言語」。

一　二二四頁上六行第八字「痰」，資作「炎」；磧、普、南、徑、清作「[谷+炎]」。

阿毗達磨藏顯宗論卷第十六　操

尊者衆賢造

三藏法師玄奘奉　詔譯

辯緣起品第四之五

如是已辯有情世間器世間今當辯頌曰

安立器世間　風輪最居下　其量廣無數
厚十六洛叉　次上水輪深　十一億二万
下八洛叉水　餘凝結成金　此水金輪廣
徑十二洛叉　三千四百半　周圍此三倍

論曰此百俱胝四大洲界如是安立同壞同成謂諸有情法尒修得諸靜慮故下命終已生第二等靜慮地中下器世間三災所壞經久遠已依下空中由諸有情業增上力有微風起後後轉增蟠結成輪其體堅密假設有一大諾健那以金剛輪奮威懸擊金剛有碎風輪无損如是風輪廣无數厚十六億踰繕那又諸有情業增上力起大雲雨澍風輪上滴如車軸積水成輪如是水輪於未凝結位深十一億二万踰繕那廣稱風輪有言狹小有情業力持令不散如所食飲未熟變時終不移流墮於熟藏有餘師說由風所持令不傍流如篅持穀有情業力引別風起搏擊此水上結成金如熟乳停上凝成膜故水輪減唯厚八洛叉餘轉成金厚三億二万二輪界別有百俱胝一一二輪廣量皆等謂徑十二億三千四百半周圍其邊數成三倍謂周圍量成三十六億一万三百五十踰繕那已辯三輪山今當辯頌曰

蘇迷盧處中　次踰健達羅　伊沙馱羅山
朅地洛迦山　蘇達棃舍那　頞濕縛羯拏
毗那怛迦山　尼民達羅山　於大洲等外
有鐵輪圍山　前七金所成　蘇迷盧四寶
入水皆八万　妙高出亦然　餘八半半下
廣皆等高量

論曰於金輪上有九大山妙高山王處中而住餘八周帀繞妙高山於八山中前七名内第七山外有大洲等此外復有鐵輪圍山周帀如輪圍四洲界持雙等七唯金所成妙高山王四寶為體謂四面如次北東南西金

銀吠琉璃頗胝迦寶隨寶威德色顯於空故贍部洲空似吠琉璃色如是寶等從何而生從諸有情業增上力復大雲起雨金輪上滴如車軸經於久時積水奔濤深踰八万猛風鑽擊寶等變生如是變生金寶等已復由業力引起別風簡別寶等搉令聚集成山成洲令水甘鹹令別成立內海外海云何一類水別類寶等生雨水能為異類寶等種所依藏復為種種威德猛風之所鑽擊生衆寶等故无有過如是九山住金輪上没水量皆等八万踰繕那蘇迷盧山出水亦尒如是則說妙高山王從下金輪上至其頂揔有十六万踰繕那其餘八山出水高量從內至外半半漸昇謂初持雙出水四万乃至最後鐵輪圍山出水三百一十二半如是九山一一廣量各各與自出水量同已辯九山海今當辯頌曰

山間有八海　前七名為內　最初廣八万　四邊各三倍　餘六半半狹　第八名為外　三洛叉二万　三千二百餘

論曰妙高為初輪圍為後中間八海前七名內七中皆具八功德水一甘二冷三耎四輕五清淨六不臭七飲時不損喉八飲已不傷腹如是七海初廣八万約持雙山內邊周量於其四面數各三倍謂各成二億四万踰繕那其餘六海量半半狹謂第二海量廣四万乃至第七量廣一千二百五十此等不說周圍量者以煩多故准前如故第八名外鹹水盈滿量廣三億二万三千及二百八十七踰繕那半八十七半餘聲所顯已辯八海當辯諸洲形量有異頌曰

於中大洲相　南贍部如車　三邊各二千　南邊有三半　東毗提訶洲　其相如半月　三邊如贍部　東邊三百半　西瞿陁尼洲　其相如滿月　徑二千五百　周圍此三倍　北洲如方座　四面各二千　中洲復有八　四洲邊各二

論曰於外海中大洲有四謂於四面對妙高山南贍部洲北廣南狹三邊量等其相如車南邊唯廣三踰繕那半三邊各有二千踰繕那唯此洲中有金剛座上窮地際下據金輪諸最後身菩提薩埵將登无上正等菩提皆坐此座上起金剛喻定以無餘依及餘處所有堅固力能持此定東勝身洲東狹西廣三面量等形如半月東三百五十三邊各二千此東洲東邊廣南洲南際故東如半月南贍部如車西牛貨洲形如滿月徑二千五百周圍七千半北俱盧洲形如方座四邊量等面各二千周圍八千踰繕那量隨自洲相人面亦然復有八中洲是大洲眷屬謂四大洲側各有二中洲贍部洲邊二中洲者一遮末羅洲二筏羅遮末羅洲勝身洲邊二中洲者一提訶洲二毗提訶洲牛貨洲邊二中洲者一舍搋洲二嗢怛羅漫怛理拏洲俱盧洲邊二中洲者一矩拉婆洲二憍拉婆洲此一切洲皆人所住由下劣業增上所生故住彼人身形卑陋有餘師說遮末羅洲羅剎娑居餘皆人住辯諸洲已无熱惱池何方幾量頌曰

此北九黑山　雪香醉山內　无熱池縱廣

五十踰繕那
論曰至教說此贍部洲中從中印度
漸次向北三處各有三重黑山有大
雪山在黑山北大雪山北有香醉山
雪北香南有大池水名无熱惱出四
大河從四面流趣四大海一殑伽河
二信度河三從多河四縛蒭河無熱
惱池縱廣正等面各五十踰繕那量
八功德水盈滿其中非得通人難至
其所於此池側有贍部林樹形高大
其果甘美依此林故名贍部洲或依
此果以立洲号復於何處置捺落迦
何量有幾頌曰
此下過二万　無間深廣同　上七捺落迦
八增皆十六　謂煻煨屍糞　鋒刃烈河增
各住彼四方　餘八寒地獄
論曰此贍部洲下過二万有阿鼻旨
大捺落迦深廣同前謂各二万故彼
底去此四万踰繕那何緣唯此洲下
有無間獄唯於此洲起極重惡業故
刀兵等灾唯此有故唯此洲人極利
根故以无樂間立無間名所餘地獄
中雖無異熟樂而无大過失有等流

樂故有說無隙立无間名雖有情少
而身大故有說於中受苦无間謂彼
各為百釘釘身於六觸門恒受劇苦
居熱鐵地鐵牆所圍猛焰交通曾无
蹔歇身遭熱逼苦痛難任雖有四門
遠覩開闢而走求出便見開閉所求
不遂荼毒怨傷以巳身薪投赴猛火
焚燒支體骨肉燋然惡業所持而不
至死餘七地獄在无間上重壘而住
其七者何一者極熱二者炎熱三者
大叫四者號叫五者衆合六者黒繩
七者等活有說此七在无間傍外內
自他身諸支節皆出猛火互相燒害
熱中極故名為極熱火隨身轉炎熾
周圍熱苦難任故名炎熱劇苦所逼
發大酷聲悲叫稱怨故名大叫衆苦
所逼異類悲號怨發叫聲故名號叫
衆多苦具俱来逼身合黨相殘故名
衆合先以墨索拼量支體後方斬鋸
故名黒繩衆苦逼身數悶如死尋蘇
如本故名等活謂彼有情雖遭種種
斫剌磨擣而彼暫遇凉風所吹尋蘇
如本等前活故立等活名八捺落迦

增各十六謂四門外各有四增以非
皆異名但摽其定數故薄伽梵說此
頌言
此八捺落迦　我說甚難越　以熱鐵為地
周匝有鐵牆　四面有四門　關閉以鐵扇
巧安布分量　各有十六增　多百踰繕那
滿中造惡者　周遍焰交徹　猛火恒洞然
此十六中受苦增劇過本地獄故說
為增或於此中受種種苦苦具多類
故說為增或地獄中適受苦已重遭
此苦故說為增有說有情出地獄已
數復遭苦故說為增門各四增其名
何等煻煨屍糞鋒刃烈河門門四增
各皆相似煻煨增者謂此增中煻煨
沒膝其量寬廣多踰繕那有情遊中
纔下其足皮肉與血俱爍爛墜舉足
還生平復如本屍糞增者謂此增中
屍糞泥滿穢瀨臭溢深沒於人又廣
於前煻煨增量於中多有孃矩吒蟲
觜利如針身白頭黒有情遊彼皆為
此蟲鑽皮破骨啼食其髓鋒刃增者
謂此增中復有三種一刀刃路謂於
此中仰布刀刃以為大道有情遊彼

繞下足時皮肉與血俱斷碎墜舉足還生平復如本二劒葉林謂此林上純以銛利劒刃為葉有情遊下風吹葉墜斬刺支體骨肉零落有烏駮狗攫令僵仆嚙首𪘨足齮頸擘腴齚腹搯心摣掣食噉三鐵刺林謂此林內鐵樹高聳量過百人有利鐵刺長十六指有情被逼上下樹時其刺銛鋒下上鑱刺有鐵觜烏採啄有情眼精心肝爭競而食刀刃路等三種雖殊而鐵杖同故一增攝烈河增者謂此增河其量深廣熱醎烈水盈滿其中有情溺中或浮或沒或逆或順或橫或轉被蒸被煮骨皮糜爛如大鑊中滿盛灰汁置麻米等猛火下燃麻等於中上下迴轉舉體糜爛有情亦然設欲逃亡於兩岸上有諸獄卒手執刀槍槊捍令迴無由得出復有獄卒張大鐵網漉諸有情置於岸上洋銅灌其口令吞熱鐵丸衆苦備經還擲河內此河如塹前三似園圍繞莊嚴諸大地獄已說有八熱㮈落迦寒㮈落迦亦有八種何等為八一頞部陀

二尼刺部陁三頞哳吒四臛臛婆五呼呼婆六嗢鉢羅七鉢特摩八摩訶鉢特摩此中有情嚴寒所逼隨身聲瘡變立差別想名謂二三如其次第此寒地獄在繞四洲輪圍山外極冥闇所於中恒有夔勁冷風上下衝擊縱横旋擁有情遊此毛聚相依寒酷切身膚皮皰烈身戰殰皸各出異聲瘡開剖坼如三花相多由謗賢聖招如是苦果有說此在熱地獄傍以贍部洲上尖下闊形如穀聚故得苞容是故大海漸深漸狹十六大獄皆諸有情增上業感餘孤地獄或多二一各別業招或近江河山間曠野或在地下空中餘處无間大熱及炎熱三於中皆无獄卒防守大叫號叫及衆合三少有獄卒琰魔王使時時往來巡撿彼故其餘皆為獄卒防守有情无情異類獄卒防守治罰罪有情故火不焚燒有情卒者彼身別稟異大種故或由業力所遮隔故一切地獄身形皆豎初同聖語曾聞有以聖語告言汝在人中不觀欲過又不承

敬梵志沙門是故於今受斯劇苦彼閻領解生慙悔心後不分明苦所逼故謂地獄器安布如是傍生所止謂水陸空生類顯形无邊差別其身行相少竪多傍本住海中後流五趣初同聖語後漸乖訛諸鬼本住琰魔王國從此展轉散趣餘方此贍部洲南邊直下深過五百踰繕那量有琰魔王都縱廣量亦尒鬼有三種謂无少多財无財復三謂炬針臭口少財亦有三謂針臭毛癭多財亦有三謂希祠棄大勢廣釋此九如順正理然諸鬼中无威德者唯三洲有除北俱盧若有威德天上亦有贍部洲西渚有五百於中有二唯鬼所居渚各有城二百五十有威德鬼住一渚城一渚城居无威德鬼諸鬼多分形竪而行於劫初時皆同聖語後隨處別種種乖訛日月所居量等義者頌曰

日月迷盧半　五十一五十　夜半日沒中
日出四洲等　雨際第二月　後九夜漸增
寒第四亦然　夜減晝翻此　晝夜增臘縛
行南北路時　近日自影覆　故見月輪缺

論曰日月衆星依何而住依風而住謂諸有情業增上力共引風起繞妙高山空中旋環運持日等令不停墜彼所住去此幾踰繕那持雙山頂齊妙高山半日等徑量幾踰繕那日五十一月唯五十星㝡小者半俱盧舍㝡大者十六踰繕那四洲日月各有別耶不尒四洲同一日月俱時四處作所作耶不尒云何夜半日没日中日出四洲時等俱盧贍部牛貨勝身隔妙高山相對住故若俱盧夜半即贍部日中勝身日没牛貨日出若牛貨日中即勝身夜半贍部日没俱盧日出此略義者隨何洲相對日中月中餘二洲隨應西没東出第三洲處夜中晝中由是若時勝身牛貨如其次第日中月中尒時光明四洲皆有然光作事在東南洲於西北洲唯明作事俱見兩事在北南洲謂贍部洲見日出月没見月出日没謂俱盧洲東勝身洲唯得見日唯得見月謂牛貨洲如是所餘倒應思擇何縁晝夜有減有增日行此洲路有別故從雨際第二月後半第九日夜漸增從寒際第四月後半第九日夜漸減晝增減位與此相違夜漸增時晝便漸減夜漸減位晝即漸增晝夜增時一晝夜增幾增一臘縛晝夜減亦然日行此洲向南向北如其次第夜增晝增何故月輪於黑半未白半初位見有缺耶世施設中作如是釋以月宮殿行近日輪月被日輪光所侵照餘邊發影自覆月輪令於尒時見不圓滿理必應尒以於尒時亦見不明全月輪故由是日没月便出時相去極遥見月圓滿日等宮殿何有情居四大王天所部天衆是諸天衆唯住此耶若空居天唯住如是日等宮殿若地居天住妙高山諸層級等有幾層級其量云何何等諸天住何層級頌曰

妙高層有四　相去各十千　傍出十六千
八四二千量　堅手及持鬘　恒憍大王衆
如次居四級　亦住餘七山

論曰蘇迷盧山有四層級始從水際盡第一層相去十千踰繕那量如是乃至從第三層盡第四層亦十千量此四層級從妙高山傍出圍繞盡其下半㝡初層級出十六千第二第三第四層級如其次第八四二千住初層天名為堅手持鬘居第二恒憍處第三四大天王及諸眷屬各一方面住第四層堅手等三天皆四王衆攝持雙山等七金山上亦有四王所部村邑是名依地住四大王衆天於欲天中此天㝡廣三十三天住在何處

頌曰

妙高頂八万　三十三天居　四角有四峯
金剛手所住　中宮名善見　周万踰繕那
高一半金城　雜飾地柔軟　中有殊勝殿
周千踰繕那　外四苑莊嚴　衆車麁雜喜
妙地居四方　相去各二十　東北圓生樹
西南善法堂

論曰三十三天住迷盧頂其頂四面各二十千若攝周圍數成八万有餘師説面各八十千與下際四邊其量无別山頂四角各有一峯其高廣量各有五百有藥叉神名金剛手於中止住守護諸天於山頂中有宮名善見面二千半周万踰繕那金城量高

阿毗達磨藏顯宗論第十六卷　第十五張　操字号

一踰繕那半其地平坦亦真金所成俱用百一雜寶嚴飾地觸柔軟如妬羅綿於踐蹋時隨足高下是天帝釋所都大城城有千門嚴飾壯麗門有五百青衣藥叉勇健端嚴踰繕那量身嚴鎧仗防守城門於其城中有殊勝殿種種妙寶具足莊嚴蔽餘天宮故名殊勝面二百五十周千踰繕那是謂城中諸可愛事城外四面四苑莊嚴是彼諸天共遊戲處一衆車苑謂此苑中隨天福力種種車現二麁惡苑天欲戰時隨其所須甲仗等現三雜林苑諸天入中所玩皆同俱生勝喜四喜林苑極妙欲塵雜類俱臻歷覩無厭如是四苑形皆正方一一周千踰繕那量居中各有一如意池面各五千踰繕那量八功德水弥滿其中隨欲妙花寶舟好鳥一一奇麗種種莊嚴四苑四邊有四妙地中間各去苑二十踰繕那地一一邊量皆二百是諸天衆勝遊戲所諸天於彼捔勝歡娛城外東北有圓生樹是三十三天受欲樂勝所蟠根深廣五踰

阿毗達磨藏顯宗論第十六卷　第十六張　操字号

繕那聳幹上昇枝條傍布高廣量等百踰繕那挺葉開花妙香芬馥順風薰滿百踰繕那若逆風薰猶遍五十城外西南角有大善法堂三十三天時集詳辯制伏阿素洛等如法不如法事如是已辯三十三天所居外器餘有色天衆所住器云何頌曰

此上有色天　住依空宮殿

論曰從夜摩天至色究竟所住宮殿皆但依空有說空中密雲弥布如地為彼宮殿所依外器世間至色究竟上无色故不可施設如是所說諸天衆中頌曰

六受欲交抱　執手笑視婬

論曰梵衆天等由對治力於諸欲法皆已遠離唯六欲天受妙欲境六欲天者一四大王衆天謂彼有四大王及所領衆或彼天衆事四大王是四大王之所領故二三十三天謂彼天處是三十三部諸天所居妙高山頂四面各有八部天衆中央有一即天帝釋故三十三三夜琰天謂彼天處時時多分稱快樂哉四覩史多天謂

阿毗達磨藏顯宗論第十六卷　第十七張　操字号

彼天處多於自所受生喜足心五樂變化天謂彼天處樂數化欲境於中受樂六他化自在天謂彼天處於他所化欲境自在受樂六中初二依地居天形交成婬與人无別然風氣泄熱惱便除非如人間有餘不淨夜摩天衆纔抱成婬俱起染心暫時相抱熱惱便息唯一起染雖受抱樂而不成婬若俱無染心雖相執抱如親相敬愛而無過失覩史多天但由執手熱惱便息樂變化天唯相向笑便除熱惱他化自在相視成婬如是後三俱一无染成婬樂愛差別如前後二天中唯化資具各異此者俱染不成實非形交方成婬事施設所說顯時不同由上諸天欲境轉妙貪心轉重身觸有殊故經少時數成婬事不尒天欲樂應少於人中隨彼諸天男女膝上有童男童女欻尒化生即說為彼天所生男女初生天衆身量云何頌曰

初如五至十　色圓滿有衣

論曰且六欲諸天初生如次如五六七

八九十歲人生已身形速得圓滿色界天衆於初生時身量周圓具妙衣服一切天衆皆作聖言謂彼言詞同中印度然不由學自解典言欲生樂生云何差別頌曰

欲生三人天　樂生三九處

論曰欲生三者有諸有情樂受現前諸妙欲境彼於如是現欲境中自在而轉謂全人趣及下四天有諸有情樂受自化諸妙欲境彼於自化妙欲境中自在而轉謂唯第五樂變化天有諸有情樂受他化諸妙欲境彼於他化妙欲境中自在而轉謂第六他化自在天此欲生三依何建立依受如生現前欲境故依受如樂自化欲境故依受如樂他化欲境故又依所受下中上境故又依受用有罪有勞現前欲境故依樂受用无罪有勞自他欲境故依樂受用無罪无勞他化欲境故樂生三者三靜慮中於九處生受三種樂以彼所受有樂異熟无苦異熟故名樂生此樂生三依何建立依多安住離生喜樂定生喜樂離

喜樂故或依三種究所及故或依尋喜樂增上故或依身想異无異故所說諸天二十二處上下相去其量云何頌曰

如彼去下量　去上數亦然

論曰一一中間踰繕那量非易可數但可摠舉彼去下量去上例然隨從何天去下海量彼上所至舉去下同謂妙高山從第四層級去下大海四万踰繕那上去三十三天亦如去下海量如三十三天去下大海上去夜摩天其量亦尒如是乃至至善見天去下大海從彼上去色究竟天其量亦尒如是懸遠多踰繕那如明眼人暫見色頃世尊能以意勢神通運身往来自在无导故佛神力不可思議於下處生外上見不頌曰

離通力依他　下无外見上

論曰如四大王天衆外見三十三天非三十三等天外見夜摩天等然彼若得定所發通一切皆能外見於上或依他力外見上天謂得神通及上天衆引接往彼隨其所應或上天来

下亦能見若上界地来向下時非下化身下眼不見非其境界故如不覺彼觸故上界地来向下時必化下身為令下見依地居天已說處量夜摩天等處量云何有說四天如迷盧頂有說此四上倍倍增有餘師言初靜慮地宫殿依處等一四洲第二靜慮等小千界第三靜慮等中千界第四靜慮等大千界有餘師言下三靜慮如次量等小中大千第四靜慮量無邊際齊何量說小中大千頌曰

四大洲日月　蘇迷盧欲天　梵世各一千
名一小千界　此小千千倍　說名一中千
此千倍大千　皆同一成壞

論曰千四大洲乃至梵世如是摠說為一小千千倍小千名一中千界千中千界摠名一大千如是大千同成同壞中有情類成壞亦同

說一切有部顯宗論卷第十六

阿毗達磨藏顯宗論卷第十六

校勘記

一 底本，金藏廣勝寺本。

一 二二七頁中一〇行「如故」，諸本（不含石，下同）作「知故」。

一 二二七頁中末行「唯此」，南作「唯比」。

一 二二八頁上一五行「屎糞」，資、磧、普、南、徑、清作「屍糞」。本頁下一三行同。

一 二二八頁上二二行「地獄」，徑作「池獄」。

一 二二八頁中一六行「酷聲」，南、徑、清作「哭聲」。

一 二二八頁下七行「洞然」，資、磧、普、南、徑、清作「烔然」。

一 二二八頁下一〇行第九字「適」，諸本作「遍」。

一 二二八頁下一四行首字「各」，麗作「名」。

一 二二八頁下一八行「於人」，資、磧、普、南作「於火」。

一 二二八頁下一九行「娘矩」，南、徑、清作「狼矩」。

一 二二八頁下二一行「呞食」，資、磧、普、南、徑、清作「唼食」。

一 二二九頁上九行「眼精」，資、磧、普、南、徑、清作「眼睛」。

一 二二九頁中三行「身聲」，資、磧、普、南、徑、清作「聲身」。

一 二二九頁中八行「疱烈」，資、磧、普作「庖烈」；南、徑、清作「炮烈」；麗作「疱裂」。

一 二二九頁中九行首字「聲」，磧、普、南、徑、清作「身」。又第五字「坼」，磧、普、南、徑、清作「拆」。

一 二二九頁中一三行末字至次行首字「二一」，南、徑、清作「一二」。

一 二二九頁下三行第二字「謂」，諸本作「諸」。

一 二二九頁下一二行第四字「勢」，資、磧、普作「熱」。

一 二二九頁下末行第三字「北」，徑作「比」。

一 二三〇頁中七行第八字「未」，諸本作「末」。

一 二三〇頁中一九行「大王」，磧作「大正」。

一 二三〇頁下八行「村邑」，資、磧、普、南、徑、清作「封邑」。

一 二三一頁上六行首字「身」，諸本作「各」。

一 二三一頁上一七行「五千」，諸本作「五十」。

一 二三一頁上二二行第一〇字「圓」，磧、普、南、徑、清作「圍」。

一 二三一頁上末行第一三字「五」，麗作「五十」。

一 二三一頁中二二行「琰天」，諸本作「摩天」。

一 二三一頁下三行末字「他」，磧、普、南作「地」。

一 二三一頁下一四行「各異」，諸本作「若異」。

一 二三一頁下一六行第四字「上」，

經作「土」。

一二三二頁上一九行首字「他」，諸本作「化」。

一二三二頁中八行第一一字「擧」，諸本作「與」。

趙城縣廣勝寺

阿毗達磨藏顯宗論卷第十七

尊者眾賢造

三藏法師玄奘奉　詔譯

辯緣起品第四之六

如外器量別身量亦尒耶亦尒云何頌曰

贍部洲人量　三肘半四肘　東西北洲人
倍倍增如次　欲天俱盧舍　四分一一增
色天踰繕那　初四增半半　此上增倍倍
唯无雲減三

論曰贍部洲人身多長三肘半於中少分有長四肘東勝身人身長八肘西牛貨人長十六肘北俱盧人三十二肘欲界六天冣下身量一俱盧舍四分之一如是後後一一分增至第六天身一俱盧舍半色天身量初梵眾天半踰繕那梵輔全一大梵一半少光二全此上餘天皆增倍倍唯无雲減三踰繕那謂無量光天倍增二至四乃至色究竟增滿万六千身量既殊壽命別不亦有云何頌曰

北洲定千年　西東半半減　此洲壽不定
後十初叵量　人間五十年　下天一晝夜
乘斯壽五百　上五倍倍增　色无晝夜殊
劫數等身量　無色初二万　後後二二增
少光上下天　大全半為劫

論曰北俱盧人定壽千歲西牛貨人壽五百歲東勝身人壽二百五十歲南贍部人壽无定限劫後增減或少或多少極十年多極八万於劫初位人壽叵量非百千等所能計故已說人間壽量長短要先建立天上晝夜方可筭計天壽短長天上云何建立晝夜人五十歲為六天中冣在下天一晝一夜乘斯晝夜三十為月十二月為歲彼壽五百年上五欲天漸俱增倍謂人百歲為第二天一晝一夜乘斯晝夜成月及年彼壽千歲夜摩等四隨次如人二四八百千六百歲為一晝夜乘斯晝夜成月及年如次彼壽二四八千万六千歲已說六天壽量長短色天无有晝夜差別但以劫數知壽短長彼劫壽短長與身量數等謂若身量半踰繕那壽量半劫若彼身量一踰繕那壽量一劫乃至

身量長万六千壽量亦同万六千刧
巳說色界天壽短長无色四天從下
如次壽量二四六八万刧上所說刧
為定依何為壞為成為中為大少光
巳上大全為刧自下諸天大半為刧
即由此故說大梵王過梵輔天壽一
刧半空成住壞各二十中揔八十中
為一大刧取成住壞揔六十中為大
梵王一刧半壽故以大半四十中刧
為下三天所壽　刧量巳說善趣壽量
短長惡趣云何頌曰
等活等上六　如次以欲天　壽為一晝夜
壽量亦同彼　極熱半中刧　無間中刧全
傍生極一中　鬼月日五百　頞部陁壽量
如一婆訶麻　百年除一盡　後後倍二十
論曰惡趣亦无如人晝夜然其壽量
比況可知四大王等六欲天壽如其
次第為等活等六㮈落迦一晝一夜
壽量如次亦同彼天謂四大王壽量
五百於等活地獄為一晝一夜乘此
晝夜成月及年以如是年彼壽五百
乃至他化壽万六千於炎熱地獄為
一晝一夜乘此晝夜成月及年彼壽

如斯万六千歲極熱地獄壽半中刧
無間地獄壽一中刧傍生壽量多无
定限若壽極長亦一中刧謂難陁等
諸大龍王故世尊言大龍有八皆住
一刧能持大地鬼以人間一月為一
日乘此成月歲壽五百年㮈落迦
云何壽量世尊寄喻顯彼壽言如此
人間佉梨二十成摩揭陁國一麻婆
訶量有置巨勝平滿其中設復有能
百年除一如是巨勝易有盡期生頞
部陁壽量難盡此二十倍為第二壽
如是後後二十倍增是謂八寒地獄
壽量此諸壽量有中夭耶頌曰
諸處有中夭　除北俱盧洲
論曰諸處壽量皆有中夭唯北俱盧
定壽千歲此約處說非別有情有別
有情不中夭故如順正理舉彼有情
如是巳說踰繕那等辯器世間身量
差別就年等辯壽量有殊二量不同
未說應說建立此等無不依名前二
及名未詳極少今應先辯三極少量
頌曰
極微字刹那　色名時極少

論曰以勝覺慧分析諸色至一極微
故一極微為色極少不可析故如是
分析諸名及時至一字刹那為名時
極少一字名者如說掉名一刹那量
如順正理如是巳辯三極少量前二
量殊今次應辯踰繕那等其量云何
頌曰
極微微金水　兎羊牛隙塵　蟣虱麦指節
後後增七倍　二十四指肘　四肘為弓量
五百俱盧舍　此八踰繕那
論曰極微為初指節為後應知後後
皆七倍增謂七極微為一微量積微
至七為一金塵積七金塵為水塵量
水塵積至七為一兎毛塵積七兎毛
塵為羊毛塵量積羊毛塵七為一牛
毛塵積七牛毛塵為隙遊塵量隙塵
七為蟣七蟣為一虱七虱為穬麦七
麦為指節三節為指世所極成是故
於頌中不別分別二十四指横布為
肘竪積四肘為弓謂尋竪積五百弓
為一俱盧舍眦奈耶說此是從村至
阿練若中間道量八俱盧舍為踰繕
那巳說極微漸次積集成微乃至一

踰繕那然許極微略有二種一實二假其相云何實謂極成色等自相於和集位現量所得假由分拆比量所知謂聚色中以慧漸拆至冣極位然後於中辯色聲等極微差別此拆所至名假極微令慧尋思極生喜故此微即極故名極微極謂色中拆至究竟微謂唯是慧眼所行故極微言顯微極義以何為證知有極微以阿笈摩及理為證阿笈摩者謂契經說諸所有色或細或麁細者謂極微更不可拆故餘有對色說名為麁又伽他言

黑白等諸色　皆有細有麁　細者謂冣微
麁餘有對色

由此誠證定有極微又毗柰耶作如是說七極微集名一微等如是名教其理者何謂如積集有情身色至色究竟有量冣麁准此亦應分拆諸色有究竟處名一極微云何知尒以何拆法分拆至窮猶有餘故謂世現見以餘聚色拆餘聚色有細聚生拆拆至窮猶有餘分可為眼見更不可拆如是聚色不能拆處亦如麁聚有可

拆理謂彼可以覺慧分拆如以聚色拆聚至窮慧拆至窮應有餘在可為慧見更不可拆此餘在者即是極微是故極微其體定有此若无者聚色應無聚色必由此所成故如是已說踰繕那等應辯年等其量云何頌曰

百二十刹那　為怛刹那量　臘縛此六十
此三十湏臾　此三十晝夜　三十晝為月
十二月為年　於中半減夜

論曰刹那百二十為一怛刹那六十怛刹那為一臘縛三十臘縛為一牟呼栗多三十牟呼栗多為一晝夜此晝夜有時增有時減有時等三十晝夜為一月揔十二月為一年於一年中分為三際謂寒熱雨各有四月十二月中六月減夜以一年內夜揔減六如是已辯刹那至年刧量不同今次當辯頌曰

應知有四刧　謂壞成中大　壞從獄不生
至外器都盡　成刧從風起　至地獄初生
中刧從无量　減至壽唯十　次增減十八
後增至八万　如是成已住　名中二十刧
成壞壞已空　時皆等住刧　八十中大刧
大刧三無數

論曰言壞刧者謂從地獄有情不復生至外器都盡壞有二種一趣壞二界壞復有二種一有情壞二外器壞然壞與成揔分四品一者正壞二壞已空三者正成四成已住言正壞者謂此世間過於二十中刧住已從此復有等住二十壞刧便至壞刧將起住此洲人壽量八万若時地獄有情命終无復新生為壞刧始乃至地獄無一有情尒時名為地獄已壞諸有地獄定受業者業力引置他方獄中由此准知傍生鬼趣時人身內无有諸蟲與佛身同傍生壞故有說二趣於人益者壞與人俱餘者先壞如是二說前說為善若時人趣此洲一人无師法然得初靜慮從靜慮起唱如是言離生喜樂甚樂甚靜餘人聞已皆入靜慮命終並得生梵世中乃至此洲有情都盡是名已壞贍部洲人東西二洲例此應說北洲命盡生欲界天由彼鈍根无離欲故生欲天已靜慮現前轉得勝依方能離欲乃至

人趣無一有情尒時名為人趣已壞若時天趣欲界六天隨一法然得初靜慮乃至並得生梵世中尒時名為欲天已壞如是欲界无一有情名欲界中有情已壞若時梵世隨一有情無師法然得二靜慮從彼定起唱如是言定生喜樂甚樂甚靜餘天聞已皆入彼靜慮命終並得生極光淨天乃至梵世中有情都盡如是名已壞有情世間唯器世間空曠而住餘方世界一切有情感此三千世界業盡此邊漸有七日輪現諸海乾竭衆山洞燃洲渚三輪並從焚燎風吹猛焰燒上天宮乃至梵宮无遺灰燼自地火焰燒自地宮非他地災能壞他地由相引起故作是言下火風飄焚燒上地謂欲界火猛焰上升為緣引生色界火焰餘災亦尒如應當知如是始從地獄漸減乃至器盡揔名壞劫所言成劫謂從風起乃至地獄始有情生謂生世間災所壞已二十中劫唯有虛空過此長時次應復有等住二十成劫便至一切有情業增上力

空中漸有微細風生是器世間將成前相風漸增盛成立如前所說風輪水金輪等然初成立大梵天宮乃至夜摩宮後起風輪等是謂成立外器世間器有壞成由有情力若有情類久集上天此器世間必應漸起令福減者散下居故謂極光淨久集有情天衆既多居處迫迮諸福減者應散下居此器世間理應先起故劫壞位有情上集於劫成時有情下散由罪福減及福罪增集散旋環理應如是既已成立此器世間初一有情極光淨殁生大梵處空宮殿中後諸有情亦從彼殁有生梵輔有生梵衆有生他化自在天宮漸漸下生乃至人趣俱盧牛貨勝身贍部後生餓鬼傍生地獄法尒後壞必㝡初成若初一有情生无間獄二十中成劫應知已滿此後復有二十中劫名成已住次第而起謂從風起造器世間乃至後後有情漸住初一有情極光淨殁生大梵宮者即為大梵王諸大梵王必異生攝以无聖者還生下故上二界无入

見道故即由此故无一有情無間二生為大梵義既說大梵㝡後命終極光淨天壽八大劫二十中劫世界還成如何梵王生極光淨受少壽量還後彼殁雖彼非无有中夭義而廣大福方生彼天八大劫壽中始經少分二十中劫須寧即命終以此觀知餘來生此此洲人壽經无量時至住劫初壽方漸減從无量減至極十年即名為初一住中劫此後十八皆有增減謂從十年增至八万復從八万減至十年尒乃名為第二中劫次後十七例皆如是於十八後從十歲增至極八万歲名第二十劫一切劫增无過八万一切劫減唯極十年十八劫中一增一減時量方等初減後增故二十劫時量皆等此揔名為成已住劫所餘成劫及壞已空雖无減增二十差別然由時量與住劫同准住各成二十中劫成中初劫起器世間後十九中有情漸住壞中後劫滅器世間前十九中有情漸捨如是所說成住壞空各二十中積成八十揔此八

十成大劫量諸劫唯用五蘊為體除此時體不可得故經說三劫阿僧企耶精進修行得成佛者於前所說四種劫中積大劫成三劫無數謂從初種大菩提種經三大劫阿僧企耶方乃得成大菩提果既稱无數何復言三有釋此言諸善筭者依筭計論筭至數窮初不能知名一无數如是無數積至第三餘復釋言六十數內別有一數立无數名謂有經中說六十數此言無數當彼一名積此至三名三无數非諸筭計不能數知菩薩經斯三劫無數方乃證得无上菩提如是已辯劫量差別諸佛獨覺出現世間為劫增時為劫減位頌曰

減八万至百　諸佛現世間　獨覺增減時
麟角喻百劫

論曰從此洲人壽八万歲漸減乃至壽極百年於此中間諸佛出現何緣增位无佛出耶有情樂增難教猒故多行妙行故少有墮三塗減百年時何故無佛見於如是壽短促時不能具成佛所作故謂一切佛出現世間決定捨於第五分壽從定所起命行依身非於尒時所化樂見以設出世為佛事少故於尒時佛不出世經主於此作是釋言五濁極增難可化故豈不今世人減百年五濁雖增而有能辦入正決定離欲得果佛唯為此出現世間故彼所言非為善釋非百年位佛出世時一切皆能遵崇聖教入正決定離欲得果可言減百一分不能辯斯佛事故無佛出然於減百設佛出世亦有一分能遵教等如百年時佛何不出若謂減百堪化有情以極少故佛不出者是則應說前所立因不能具成佛所作故雖於減百五濁極增不能具成佛所作事由斯故佛不出世間不出親因非彼所說言五濁者一壽濁二劫濁三煩惱濁四見濁五有情濁去何濁義極鄙下故應棄捨故如滓穢故豈不壽劫有情濁三平不相離見濁即用煩惱為體五應不成理實應然但為次第顯五衰損極增盛時何等名為五種衰損一壽命衰損時極短故二資具衰損少光澤故三善品衰損欣惡行故四寂靜衰損展轉相違成諠諍故五自體衰損非出世間功德器故為欲次第顯此五種衰損不同故分五濁獨覺出現通劫增減然諸獨覺有二種殊一者部行二麟角喻部行獨覺先是聲聞得勝果時轉名獨勝有餘說彼先是異生曾修聲聞順決擇分今自證道得獨勝名麟角喻者謂必獨出二獨覺中麟角喻者要百大劫修菩提資糧然後方成麟角喻獨覺部行獨覺修因時量減百大劫時无定限言獨覺者謂現身中離稟至教唯自悟道以能自調不調他故何緣獨覺言不調他非彼无能演說正法以彼亦得无导解故又能憶念過去所聞諸佛言詞堪為他說得極遠境宿住智故又不可說彼无慈悲為攝有情現神通故又不可說無受教機尒時有情亦有能起世間離欲對治道故雖有此理而今則量彼知尒時有情根欲入見諦等不藉他教故不說法以調伏他除此所餘攝有情事無勞

設敎現通即成又諸獨覺闘力無畏對於我論堅執衆中欲說無我心便怯劣故不說敎以調伏他輪王出世為在何時幾種幾俱何威何相頌日
輪王八万上金銀銅鐵輪一二三四洲
道次獨如佛他迎自往伏諍陣勝无害
相不正明圓故與佛非等
論日從此洲人壽无量歲乃至八万歲有轉輪王生減八万時有情富樂壽量損減非其器故王由輪寶旋轉應導威伏一切名轉輪王施設足中說有四種金銀銅鐵輪應別故如其次第勝上中下逆次能王領一二三四洲謂鐵輪王王一洲界銅輪王二銀輪王三若金輪王王四洲界契經就勝但說金輪故契經言若王生在刹帝利種紹灑頂位於十五日受齋戒時沐浴首身受勝齋戒昇高堂殿臣僚輔翼東方欻有金輪寶現其輪千輻具足轂輞衆相圓淨非匠所成奇妙光明来應王所此王定是轉金輪王轉餘輪王應知亦尒輪王如佛无二俱生故契經言无處無位非前

非後有二如来應正等覺出現於世有處有位唯一如来如說如来輪王亦尒應審思擇此唯一言為據一三千為約一切界應說一切界无差别言故謂无經說唯此世間又無經言唯一世界如何不說而能定知唯據一三千非約一切界若尒何故梵王經說我今於此三千大千諸世界中得自在轉彼有密意謂若世尊不起加行唯能觀此三千大千若時世尊發起加行无邊世界皆天眼境天耳通等例此應知若不許然佛於餘界何緣无有自在化能為闕大悲為智有导闕大悲者經不應言如来悲心普覆一切智有导者經不應言无一尒焰佛智不轉若佛智悲遍於一切無导无闕則應說法普能濟度一切有情無邊界中如来皆有不思議力能普化故餘廣決擇如順正理如是所說四種輪王威定諸方亦有差别謂金輪者諸小國王各自来迎作如是請我等國土寬廣豊饒安隱富樂多諸人衆唯願天尊親垂教勅我等

皆是天尊翼從若銀輪王自往彼土威嚴近至彼方臣伏若銅輪王至彼國已宣威競德彼方推勝若鐵輪王亦至彼國現威列陣剋勝便止一切輪王皆无傷害令伏得勝已各安其所居勸化令修十善業道故輪王死多得生天經說輪王出現於世便有七寶出現世間如是輪王非唯有七寶與餘王别亦有三十二大士相殊若尒輪王與佛何異佛大士相處正明圓王相不然故有差别言處正者謂於佛身衆相无偏得其所故言明了者謂於佛身相極分明能奪意故言圓滿者謂於佛身衆相周圓无缺減故劫初人衆為有王无頌日
劫初如色天後漸增貪味 由墮貯賊起
為防雇守田
論日劫初時人皆如色界極光淨沒来生人間經於久時漸有王出故契經說劫初時人有色意成支體圓滿諸根无缺形色端嚴身帶光明騰空自在飲食喜樂長時久住有如是類地味漸生其味甘美其香鬱馥時有

一人稟性耽味䶢香起愛取嘗便食餘人隨學競取食之尒時方名初受段食資段食故身漸堅重光明隱沒黑闇便生日月衆星從茲出現由漸耽味地味便隱從斯復有地皮餅生競耽食之地餅復隱尒時復有林藤出現競耽食故林藤復隱有非耕種香稻自生衆共取之以充所食此食麁故殘穢在身為欲蠲除便生二道因斯遂有男女根生由二根殊形相亦異宿習力故相覩遂生非理作意行非梵行人中欲鬼初發此時尒時諸人隨食早晚隨取香稻无所貯積後時有人稟性嬾墯長取香稻貯擬後食餘人隨學漸多停貯由此於稻生我所心各縱貪情多取无猒故隨取處无復再生遂共分田慮防遠盡於已田分生悋護心於他分田有懷侵奪劫盜過起始於此時為欲遮防共聚詳議銓量衆內一有德人各以所取六分之一雇令防護封為田主因斯故立刹帝利名大衆欽承恩流率土故復名大三末多王自後諸王

此王為首時人或有情猒居家樂在空閑精修戒行因斯故得婆羅門名後時有王貪悋財物不能均給國土人民故貧匱人多行賊事王為禁止行輕重罰為煞害業始於此時時有罪人心怖刑罰覆藏其過異想發言虛誑語生此時為首於劫減位有小三災其相云何頌曰

業道增壽減　至十三災現　刀疾飢如次
七日月年止

論曰從諸有情起虛誑語諸惡業道後後轉增故此洲人壽量漸減乃至極十小三災現故諸災患二法為本一貪美食二性嬾墯此小三災中劫末起三災者一刀兵二疾疫三飢饉謂中劫末十歲時人為非法貪染汙相續不平等愛映蔽其心邪法縈縛瞋恚增上相見便起猛利害心如今獵師見野禽獸隨手所執皆成利刀各騁凶狂互相殘害又中劫末十歲時人由具如前諸過失故非人吐毒疾疫流行遇輙命終難可救療又中劫末十歲時人亦具如前諸過失故

天龍忿責不降甘雨由是世間久遭飢饉既無支濟多分命終若有人能一日一夜持不煞戒以一藥物起殷淨心奉施僧衆以一摶食奉施衆僧決定不逢此三災起此三災起各經幾時刀兵災起極唯七日疾疫災起七月七日飢饉七年七月七日度此便止人壽漸增東西二洲有似災起謂瞋增盛身力羸劣數加飢渴北洲揔無何等名為大三災相頌曰

三災火水風　上三定為頂　如次內災等
四无不動故　然彼器非常　情俱生滅故
要七火一水　七水火後風

論曰此大三災逼有情類令捨下地集上天中初火災興由七日現有說如是七日輪行猶如鴈行分路旋運有說如是七日輪行上下為行分路旋運中間各相去五千踰繕那次水災興由降瀑雨有作是說從三定邊空中欻然雨熱灰水有餘復說從下水輪起沸湧水上騰漂浸如實義者即此邊生後風災興由風相擊有作是說從四定邊空中欻然飄擊風起

有餘復說從下風輪起衝擊風上騰飄鼓此如實義准前應知若此三災壞器世界乃至无有細分為餘後麁物生誰為種子豈不即以前災頂風為緣引生風為種子或先所說由諸有情業所生風能為種子風中具有種種細物為同類因引麁物起或諸世界壞非一時有他方風具種種德来此為種亦無有過故化地部契經中言風從他方飄種来此如先所說前災頂風此中何災以何為頂火水風如次上三定為頂故世尊說災頂有三若時火災焚燒世界以極光淨為此災頂若時水災浸爛世界以遍淨天為此災頂若時風災飄散世界以廣果天為此災頂隨何災力所不及處即說名為此災之頂何緣下三定遭火水風災初二三定中內災等彼故謂初靜慮尋伺為內災能燒惱心等外火災故第二靜慮喜受為內災與輕安俱潤澤如水故逼身麁重由此皆除故經說苦根第二靜慮滅以說內心喜得身輕安故此地喜盛

餘地所無故外水災極至於此第三靜慮動息為內災息亦是風等外風災故若入此靜慮有如是內災生此靜慮中遭是外災壞故初靜慮內具三災外亦具遭三災所壞第二靜慮內有二災故外亦遭二災所壞第三靜慮內唯一災故外但遭一災所壞第四靜慮无有外災以彼定无內災患故由此佛說彼名不動內外三災所不及故若尒彼地器應是常不尒與有情俱生俱滅故謂彼天處无揔地形但如衆星居處各別有情於彼生時死時所住天宮隨起隨滅是故彼器體亦非常所說三災云何次第要先無間起七火災其次定應一水災起此後无間復七火災度七火災還有一水如是乃至滿七水災復七火災後風災起如是揔有八七火災一七水災一風災起水風災起皆從火災從水風災必火災起故災次第理必應然何緣七火方一水災極光淨天壽勢力故謂彼壽量極八大劫故至第八方一水災由此應知要度

七水八七火後乃一風災由遍淨天壽勢力故謂彼壽量六十四劫故第八八方一風災如諸有情修定漸勝所感異熟身壽漸長由是所居亦漸久住外由內感理必應然

說一切有部顯宗論卷第十七

阿毗達磨藏顯宗論卷第十七

校勘記

一　底本，金藏廣勝寺本。

一　二三五頁下一行首字「後」，徑作「從」。

一　二三五頁下一七行「二四」，清作「一四」。

一　二三六頁中二一行第七字「今」，南作「令」。

一　二三七頁上一四行「麁餘有對色」，麗作「麁者謂對色」。

一　二三七頁上一六行「七極微」，資作「十極微」。

一　二三七頁上一九行末字「何」，磧、普、南、徑、清作「可」。

一　二三七頁中八行「爲月」，諸本(不含石，下同)作「夜月」。

一　二三七頁中一六行「中六」，磧作「十六」。

一　二三八頁上四行「欲天」，南、徑、清作「欲界」。

一　二三八頁上二一行第四字「生」，諸本作「此」。

一　二三八頁上末行「一切」，南作「一劫」。

一　二三八頁下五行首字「後」，磧、普、南、徑、清、麗作「從」。

一　二三八頁下一四行「二十」，清作「一十」。

一　二三八頁下二一行第一二字「滅」，資、磧、普、南、徑、清作「減」。

一　二三九頁中四行「化故」，資、磧、普、南、徑、清作「化教」。

一　二三九頁中一六行第八字「覩」，南、徑、清作「現」。

一　二三九頁下二一行「則量」，諸本作「測量」。

一　二四〇頁上一〇行「旋韓」，徑、清作「施韓」。

一　二四〇頁上一八行「高堂」，資、磧、普、南、徑、清作「高臺」。

一　二四〇頁上二一行「奇妙」，諸本作「舒妙」。

一　二四〇頁中末行「覩垂」，資、磧、普、南、徑、清作「覩乘」。

一　二四一頁上六行「林藤」，南作「材藤」。

一　二四一頁上一五行第一一字「由」，徑作「田」。

一　二四一頁上二〇行「銓量」，資、磧、普、南、徑、清作「詮量」。

一　二四一頁中一四行第五字「二」，磧作「一」。

一　二四一頁下六行第三字「刀」，清作「力」。

一　二四一頁下二一行第四字「沸」，磧作「佛」。

一　二四二頁上二一行「逼身」，資、磧、普、南、徑、清作「偏身」；麗作「遍身」。

一　二四二頁上二二行「苦根」，磧作「若根」。

一　二四二頁中一九行「二風灾」，磧、普、南、徑、清、麗作「一風災」。

一　二四二頁下三行「八八」，諸本作「八火」。

阿毗達磨藏顯宗論卷第十八　操

尊者衆賢造

三藏法師玄奘奉　詔譯

辯業品第五之一

此中一類隨順造惡怯難論者作如是言如上所陳諸內外事多種差別非業為因現見世間果石等物衆多差別无異因故謂從一種有多果生無種為先有石等異為對彼執故立宗言頌曰

世別由業生　思及思所作　思即是意業
所作謂身語

論曰定由有情淨不淨業諸內外事種種不同云何知然見業用故謂世現見愛非愛果差別生時定由業用如農夫類由勤正業有稼穡等可愛果生有諸愚夫行盜等業便招非愛繫縛等果復見亦有從初處胎不由現因有樂有苦既見現在要業為先方能引得愛非愛果知前樂苦必業為先故非无因諸內外事自然而有種種差別別所由業其體是何謂心

所思及思所作故契經說有二種業一者思業二思已業思已業者謂思所作即是由思所等起義應知思者即是意業思所作者即身語業如是二業於契經中世尊說為三謂身語意業如是三業隨其次第由所依自性等起故建立此中已說意業自性謂即是思思如前辯身語二業自性云何頌曰

此身語二業　俱表无表性

論曰應知如是所說諸業中身語二業俱表无表性故本論言云何身業謂身所有表及無表云何語業謂語所有表及無表復有何緣唯身語業表无表性意業不然以意業中无彼相故謂能表示故名為表表示自心令他知故思無是事故不名表由此但言身語二業能表非意意无表故無表亦无以無表名遮相似故是表種類然不能表立无表名順正理中別釋無理謂無相續所依心故為身語動是表業耶不尒云何頌曰

身表許別形　非行有為法有剎那盡故

應無无因故生因應滅故無決定因故
地等無異故了相有別故取不待餘故
相違因別故有滅不滅故許別有微故
非二根取故彼定意境故分別堅等已
長等智方生一面觸多生比知有長等
於多觸聚中定有長等故同故過同故
語表許言聲

論曰鬚毛等聚總名為身於此身中有心所起四大種果形色差別能表示心名為身表如思自體雖剎那滅而立意業於理无違如是身形立為身業不立顯色及大種等為身表者表通三性此等皆唯无記性故又顯色等不隨作者欲樂生故又設離心亦得生故表必待心方得生故若大種等一心所生如體有差別法亦應尒故然不可謂一心所生有差別體成差別性復云何知身語二業有善不善契經說故如契經言諸有染汙眼耳所識法彼具壽為非諸有清淨眼耳所識法說亦如是復云何知四大種等唯无記性亦由經說如契經言或有一類身住十年乃至廣說說

阿毗達磨藏顯宗論第十八卷　第四張　操

心意識異滅異生故大種等唯无記性雖諸行法因果無間異方生時約世俗說名為行動亦名表業而身表業必是勝義非一切行實有行動以有為法有剎那故非諸行體轉至餘方乃有滅義以有為法是處纔生即還謝滅剎那何謂謂極少時此更无容前後分析時復何謂謂有過去未來現在分位不同由此數知諸行差別於中極少諸行分位名為剎那故如是說時之極促故名剎那此中剎那但取諸法有作用位謂唯現在即現在法有住分量名有剎那如有月子或能滅壞故名剎那是能為因滅諸法義謂无常相能滅諸法此俱行法名有剎那復如何知諸有為法皆剎那滅必不久住以諸有為後必盡故現有滅法不待客因既不待客因纔生已即滅若初不滅後亦應然以後與初王因等故既見後有盡知前念念滅若謂不然世現見故謂世現見薪等先有由後與火客因合時便致滅無不復見故定无餘量過現量者

阿毗達磨藏顯宗論第十八卷　第五張　操

故非諸法滅皆不待客因豈不應如鈴聲燈焰如彼聲焰雖離手風剎那剎那由主因滅而手風合餘不更生後聲焰无不復可取如是薪等由主滅因令念念滅後與火合便於滅位不作餘因以後不生不復可取是故此義由比量成非現量得何謂比量謂應如生無无因故以有為法不見不待客主二因而得生者謂羯剌藍芽牆識等必待精血水土根等外緣資助然後得生若待客因薪等滅者則有為法應並如生要待客因然後得滅而世現見覺焰音聲不待客因由主因滅故一切行滅皆不待客因由此諸有為纔生已即滅滅因常合故剎那滅義成又若薪等滅火合為因於熟變生中有下中上應生因體即成滅因所以者何謂由火合能令薪等有熟變生中上熟生下中熟滅即生因體應成滅因然理不應因彼此有即復因彼此法成無若謂焰生不停住故无斯過者理亦不然體類不殊无決定理能為生滅二種因故

阿毗達磨藏顯宗論第十八卷　第六張　操

且於火焰差別生中容計能生能滅因異於地水酢灰雪日合能令薪等熟變生中如何計度生滅因異故諸法滅不待客因但由主因令諸法滅由如是理證剎那滅義成是故有為皆无行動無行動故所說身表是形差別其理極成云何知形顯外別有以形與顯了相別故若形即用顯色為體了相於中應无差別既有長白二了相異故於顯外別有形色現見有觸同根所取了相異故體有差別如堅與冷或煖與堅如是白長雖同根取而了相異故體應別是故顯形其體各異又諸形色體必非顯以不待顯能取形故如不待餘顯有餘顯覺生二顯相望各別有體既有形覺不待顯生故知顯形定別有體又相違因有差別故非體无異可有與此與彼相違二因差別若必不並說名相違相違即因二法有此相違因異故體應別現見世間相違因異體必有別如心受等同種類法必不並故雖顯與形同居一聚而見形顯有壞

有存故知相違因有差別非體无異可由相違因有差別有存有壞是故形顯體別義成然心受等雖有差別相違因義而互為因方得生故存壞必等又顯與形有滅不滅故知二法體別理成現見世間名別體一定无一滅一不滅義如即火界亦名為煖既見顯形雖同一聚而有一滅一不滅時故知顯形定別有體若謂形色無別極微如顯極微故非實者亦不應理許形極微如顯有故非不實有如諸顯色一一極微无獨起理設有獨起以極細故非眼所得於積集時眼可得故證知定有顯色極微形色極微亦應如是寧獨不許有實極微諸有對色所積集處皆決定有極微可得既於聚色差別生中有形覺生猶如顯覺是故定應別有如種能成長等形色極微非顯極微即成長等假所依壞假必壞故以假用實為自體故若顯極微成廣顯色及形色者則一聚中顯色壞時形亦應壞所依一故如諸顯色既見顯壞形色猶存

故知顯形所依各別所依既別體別理成經主此中作如是難若謂實有別類形色則應一色二根所取謂於色聚長等差別眼見身觸俱能了知由此應成二根取過理無色處二根所取然如依觸取長等相如是依顯能取於形此難不然非許長等諸假形色二根取故以彼長等諸假有法定是意識所緣境故一切假有唯是意識所緣境界如前已辯能成長等如種極微如是安布說為長等是无分別眼識所取非身能取如是形色如依身根了堅濕等了長短等不如是故以非闇中了堅濕等即於彼位或次後時即能了知長短等相要先分別堅等相已然後長等比智方生故長等形非身根境謂於一面觸多生中依身根門分別觸已方能比度知觸俱行眼識所牽意識所受如是相狀差別形色如見火色及齅花香能憶俱行火觸花色經主於此復作是言諸有二法定不相離故因取一可得念餘无觸與形定不相離如何

取觸能定憶形此亦非理現見世間諸觸聚中有形定故謂形於觸雖无定者而於一面多觸生中定有長色於一切處觸遍生中定有圓色如是等類隨應當知是故所引同喻成立又此與彼義應同故謂煖觸於色及白色於香亦无有定如形於觸不應因彼火色花香便能念知火觸花色故非由此能遮遣形異於顯色別有體義又顯同形應有過故謂眼喉中亦得烟觸或時以鼻齅彼烟香因此了知烟中顯色亦應顯色二根所取非實物有如依身根了諸觸已知長等相是故身表是別形色實有義成語表業云何謂言聲為體離聲无別語能表故非如身意離業別有以語業名依體立故如是已辯二表業相无表業相初品已辯定應許此是實有性所以者何頌曰

說三無漏色　增非作等故

論曰以契經說色有三種此三為處攝一切色一者有色有見有對二者有色無見有對三者有色无見無對

除無表色更復說何為此中第三无
見无對色由是無表實有理成又契
經中說有無漏色如契經說无漏法
云何謂於過去未來現在諸所有色
不起愛恚乃至識亦然是名无漏法
除無表色何法名為此契經中諸无
漏色十有色界佛於經中一向說為
有漏性故由此无表實有理成又契
經說有福增長如契經言諸有淨信
若善男子或善女人成就有依七福
業事若行若住若寐若覺恒時相續
福業漸增福業續起无依亦尒除无
表業若起餘心或無心時依何法說
福業增長无依福中既无表業寧有
無表誰言此中無有表業理應有故
謂聞某處某方邑中現有如來或弟
子住生歡喜故福常增者彼必應有
增上信心遥向彼方敬申礼讃起福
表業及福无表而自莊嚴希親奉覲
故依無表說福增長又非自作但遣
他為若无無表業不應成業道以遣
他表非彼業道攝此業未能正作所
作故使作所作已此性無異故然由

先表及能起思為加行故後時教者
雖起善心多時相續仍有不善得相
續生使所作成時有力能引如是類
大種及造色生此所造色生是根本
業道即彼先表及能起思現在前時
為因能取令所造色為等流果於令
正起無表色時彼在過去能與令果
唯彼先時所起思業於非愛果為牽
引因彼業道生能為助滿令所引果
决定當生無表若无此應非有又若
无無表應无八道支以在定時語等
無故由此无表實有理成此无表名
為目何體目遠離體遠離非作非造
無表一體異名非唯遮作即名无表
如世間說非婆羅門世共了知別目
一類業為因故如彩畫業此无表色
亦立業名因表因思而得生故為諸
无表皆二力生不尒云何唯欲界繫
所有无表可由强力二因所生以欲
界思非等引故離身語表无有功能
發无表業靜慮俱思定力持故不待
於表有勝功能發無表業由此无表
雖无作相作為因故亦得業名無表

與表俱所造色所依大種為異為同
頌曰

此能造大種　異於表所依

論曰無表與表雖有俱生然能生因
大種各異麁細兩果因必異故生因
和合有差別故一切所造色多與生
因大種俱生然現在未來亦有少分
因過去者少分者何頌曰

欲後念無表　依過大種生

論曰唯欲界繫初刹那後所有无表
從過大生謂欲界所繫初念无表與
能造大種俱時而生此大種生已能
為一切未來自相續無表生因此與
初刹那無表俱滅已第二念等无表
生時一切皆是前過去大種所造此
過大種為後後念無表所依能引發
故與後後念無表俱起身中大種但
能為依此大種若无無表不轉故如
是前俱二四大種望後諸無表為轉
隨轉因譬如輪行因手依地手能引
發地但為依前俱大種應知亦尒大
種通五地身語業亦然何地身語業
何地大種造頌曰

有漏自地依　无漏隨生處
論曰身語二業略有二種一者有漏
二者无漏若有漏者五地所繫欲界
所繫身語二業唯欲界繫大種所造
如是乃至第四靜慮身語二業唯是
彼地大種所造若无漏者依五地身
隨生此地應起現前即是此地大種
所造以无漏法不墮界故必无大種
是無漏故由所依力無漏生故表无
表業其類是何復是何類大種所造
頌曰
無表无執受　亦等流情數　散依等流性
有受異大生　定生依長養　无受無異大
表唯等流性　屬身有執受
論曰今此頌中先辯無表諸无表業
略有二種定不定地有差別故然其
捴相皆無執受與有執受相相違故
唯善不善故非異熟生无極微集故
非所長養有同類因故有是等流亦
言為顯有剎那性謂初无漏俱生无
表待識生故有情數攝若就差別分
別所依不定地中所有無表等流有
受異大種生異大生言顯身語七一

一是別大種所造定生無表差別有
二謂諸靜慮无漏律儀此二俱依定
所長養无受無異大種所生无異大
言顯此無表七支同一具四大種所
造應知有表唯是等流此若屬身是
有執受餘義皆與散无表同謂有情
數及依等流有受別異四大種起何
緣散地所有无表能造大種唯等流
性定地無表所長養生以殊勝心現
在前位必能長養大種諸根故定心
俱必有殊勝長養大種能作生因造
定心俱所有无表散地無表因等起
心不俱時故在无心位亦有起故所
依大種唯是等流因等起心不能長
養能生無表諸大種故若尒散地無
表所依誰等流果有作是說是次前
滅大種等流能造无對所有大種非
造有對大種等流果有細麁種類別
故如是說者從无始來定有能造无
對造色巳滅大種為同類因能生今
時等流大種造有表業大種亦應是
無始來同類大種之等流果非從異
類定生無表所依大種无執受者定

心果故必无愛心執此大種以為現
在內自體故又此大種无有其餘執
受相故名无執受散地無表所依大種
有執受者散心果故以有愛心執為
現在內自體故如顯色等所依大種
繫屬依身而得生故亦可毀壞外物
觸時可生苦樂何緣定心所生无表
是無別異大種所生散无表生依別
異大定生无表七支相望展轉力生
同一果故唯從一具四大種生散此
相違故依異大若散无表同一生因
隨越一時應越一切定生無表七支
相望生因既同必頓捨故豈不如對
一切有情相續所生遠離煞戒雖同
一具大種所生非越一時頓越一切
七支相對理亦應然此例不然彼雖
一具大種所造然其所對一一有情
相續異故若七支戒無異大生所對
有情相續既一何緣越一非越一切
是故此彼為例不齊若尒此應同命
根理如命根體為具身依身不具時
亦為依止故身雖缺隨有餘根命猶
能持令不斷壞如是一具大種為因

能生七支具不具果故支雖缺隨有餘支大猶能持令不斷壞此亦非例以彼命根先與缺身俱時而起中間有與具身俱生後缺滅時復有俱起故於具缺各別任持大種不然一具大種為一相續无表生因若與七支為生因者未常暫與缺支俱生如何缺一時持餘令不斷即由此理從无貪等為因所生離煞等戒雖有對一有情相續而越一時非越一切以是各別大種果故大種別者果類別故雖對別異有情相續發多无貪所生無表而但一具大種為因以所生果類無別故由是若對一有情身一具七支生因同者則隨越一應越一切前所設難其理善成故散七支依別大種如天眼起非壞本形表色生時理亦應尒故雖身表在身中生而无異熟色斷已更續過亦无一具大種聚中有二形色俱時起過以諸身表別有等流大種新生為所依故隨依身分表色生時此一分身應大於本大及形色極微增故然不現見其理

如何有釋此言以表及大相微薄故如染支體然不見有大相可得有說身中有孔隙故雖得相容納而不大於本已辯業門略有二種謂思思已業差別故復有三種謂身語意業差別故復有五種謂身語二各表無表及思唯一業差別故如是五業性及界地建立云何頌曰

無表記餘三　不善唯在欲　无表遍欲色
表唯有伺二　欲无有覆表　以無等起故

論曰無表唯通善不善性无有無記所以者何是强力心所等起故无記心劣無有功能為因等起引强力業令於後後餘心位中及无心時亦恒續起所言餘者謂二表及思三謂皆通善不善無記於中不善在欲非餘有不善根无慚愧故善及無記隨其所應三界皆有不別遮故欲色二界皆有无表決定不在無色界中以无色界中有伏色想故猒背諸色入無色定故彼定中不能生色或隨何處有身語轉唯是處有身語律儀无色界中無身語轉故彼無有身語

律儀毗婆沙師作如是說為治惡戒故起尸羅唯欲界中有諸惡戒无色於欲具四種遠一所依遠二行相遠三所緣遠四對治遠所依遠者謂於等至入出位中等無間緣為所依體无容有故行相遠者謂无色心畢竟無能於欲界法作苦麤等諸行相故所緣遠義類此應知由無色心但能以下第四靜慮有漏諸法為苦麤等行相所緣對治遠者謂若未離欲界貪時必定无容起無色定能為欲界惡戒等法猒壞及斷二對治故非不能緣可能猒壞故無色界无無表色表色唯在二有伺地謂通欲界初靜慮中非上地中可言有表說有伺者為顯一切初靜慮中遍有表業若於上地表業全无語表既無何有聲處有外大種為因發聲不遮外聲故无有失有餘師說上三靜慮亦有无覆無記表業理必應然上三地中起三識身既无有失如何不起發表業心然善染心上不起下下善下染劣故斷故由是生上无善染表前說為善

所以者何雖彼現前非彼繫故有覆無記表欲界定无唯初靜慮中可得說有曾聞大梵有誑諂言謂自衆中為避馬勝所徵問故矯自歎等復以何緣二定以上都无表業於欲界中无有有覆無記表業以無發業等起心故有尋伺心能發表業二定以上都無此心雖起下地心發身語表然如識身等非上地繫又發表心唯修所斷見所斷惑內門轉故以欲界中决定無有有覆無記修所斷惑是故表業上三地都無欲界中無有覆无記表為但由等起令諸法成善不善性等不尒云何由四種因成善性等一由勝義二由自性三由相應四由等起何法何性由何因成頌曰

勝義善解脱　自性慚愧根　相應彼相應
等起色業等　翻此名不善　勝无記二常

論曰勝義善者謂真解脱以安隱義說名為善謂涅槃中衆苦永寂寂極安隱猶如无病此由勝義安立善名是故涅槃名勝義善或真解脱是勝是義得勝義名勝　謂寂尊无與等者

義謂別有真實體性此顯涅槃無等實有故名勝義安隱名善是善常故自性善者謂慚愧根以有為中唯慚與愧及无貪等三種善根不待相應及餘等起體性是善猶如良藥相應善者謂彼相應以心心所要與慚愧善根相應方成善性若不與彼慚等相應善性不成如雜藥水等起善者謂身語業生等及得二无心定以是自性及相應善所等起故立等起名如良藥汁所引生乳因異類心亦起諸得如因靜慮得通果心勝無記心現在前故得諸染法勝染汙心現在前故得諸善法此等如何成善等性以就彼法俱生得故密作是言非異類心不作緣起故无有失雖異類心亦為緣起而成善等非待彼心或復因彼諸得等起即待彼故成善等性故得由等起成善等性異如說善性四種差別不善四種與此相違云何相違勝義不善謂生死法由生死中諸法皆以苦為自性極不安隱猶如痼疾自性不善謂无慚愧三不善根

由有漏中唯无慚愧及貪瞋等三不善根不待相應及餘等起體是不善猶如毒藥相應不善謂彼相應由心心所法要與无慚愧不善根相應方成不善性異則不然如雜毒水等起不善謂身語業生等及得以是自性相應不善所等起故如毒藥汁所引生乳若尒應無一有漏法是無記或善皆生死攝故一切皆應是不善攝雖據勝義理實應然而於此中約異熟說諸有漏法若不能記異熟果者立无記名於中若能記愛異熟說名為善如善不善既有勝義亦有勝義無記法耶亦有云何謂二常法以非擇滅及太虛空更无異門唯無記性是故獨立勝義無記无別自性相應等起無一心所唯無記性與无記心偏相應故設方便立自性等三亦攝不盡无記多故由是无記唯有二種一者勝義二者自性有為无記是自性攝不待別因成无記故無為无記是勝義攝以性是常無異門故若等起力令身語業成善不善此身語業

所依大種例亦應然俱從一心所等起故此難非理以作者心本欲起業非大種故謂无作者於大種中發起樂欲我當引發如是種類大種現前由此為門善惡心起又世現見身語二業待心而生未曾見有身語二業離心而起然四大種離心亦生故知彼法非待心起又如眼等不待心生其性便无善等差別如是大種不待心生故理亦無善等差別若尒諸得及生等相應无等起善等差別以非本心所欲起故無心位中亦現起故此難非理由法勢力安立善等差別成故謂得四相依法而立非如大種無待自成有為法中无有一法不待心力成善不善是故諸得及生等相如所屬法要由心力成善等性其理善成生巳離心雖相續轉亦无有過即是前心勢力所引令其轉故隨定無表定等力生理亦應成等起善性天眼天耳應善性攝以是善心所等起故此難非理以彼二通解脫道心是无記故彼二與道俱時生故

說一切有部顯宗論卷第十八

阿毗達磨藏顯宗論卷第十八

校勘記

一　底本，麗藏本。

一　二四四頁中六行第一一字「由」，磧作「中」。

一　二四五頁上二〇行「王因」，諸本（不含石，下同）作「主因」。

一　二四五頁中三行第三字「由」，磧作「生」。

一　二四五頁中一〇行「芽牆」，諸本作「牙牆」。

一　二四五頁中一五行「即滅」，徑作「即成」。

一　二四五頁下一行「容計」，諸本作「客計」。

一　二四五頁下一七行第一三字「又」，磧、普、南、徑、清作「入」。

一　二四七頁中九行第三字「彼」，諸本作「後」。又第一一字「令」，諸本作「今」。

一　二四七頁中一五行末字「目」，諸本作「自」。

一　二四九頁上七行「未常」，諸本作「未嘗」。

一　二四九頁中六行第一一字「各」，諸本作「名」。

一　二五〇頁下一三行第一〇字「義」，諸本作「善」。

一　二五〇頁下一八行首字「偏」，諸本作「徧」。

阿毗達磨藏顯宗論卷第十九　操

尊者衆賢造

三藏法師玄奘奉　詔譯

辯業品第五之二

如上所言由等起力身語二業成善不善等起有幾何等起力令身語業成善不善等起相望差别云何頌曰

等起有二種　因及彼刹那　如次第應知　名轉名隨轉　見斷識唯轉　唯隨轉五識　修斷意通二　俱非修所成　於轉善等性　隨轉各容三　牟尼善必同　無記隨或善

論曰身語二業等起有二謂因等起刹那等起在先為因故彼刹那有故如次初名轉第二名隨轉謂因等起將作業時作是思惟我今當作如是如是所應作業能引發故說名為轉刹那等起正作業時與先轉心所引發業俱時行故說名隨轉若无隨轉雖有先因為能引發如无心位或如死屍表應不轉隨轉於表有轉功能无表不依隨轉而轉无心亦有無表轉故如上所言見所斷惑內門轉故不能發表若尒何緣薄伽梵說由邪見故起邪思惟邪語邪業及邪命等此不相違見所斷識於發表業但能為轉於能起表尋伺生中為資粮故不為隨轉於外門心正起業時此无有故由此故說見所斷心為因等起發身語業定不能為刹那等起見所斷識雖能思量而无功能動身發語然於動發一表業中容有多心思量動發唯後一念與表俱行異此表應非刹那性見所斷識雖能為轉發有表業然非表業於此識後无間即生內門轉心不能引起與身語表俱行識故若異此者見所斷心亦應於表業為刹那等起以修所斷加行意識能无間引表俱行心亦與表俱行為刹那等起故見所斷雖能為因引諸表業離修所斷因等起心表俱行心無容得起是故欲界无有有覆无記表業然契經中但據展轉為因等起寄作是言由邪見故起邪語等阿毗達磨據彼不能无間引生表俱行識故寄意說見所斷心內門轉故不能

阿毗達磨藏顯宗論第十九卷　第二張　操字號

發表是故經論理不相違又見所斷若發表色此色則應是見所斷色非見斷前已成立若五識身唯作隨轉無分別故外門轉故修斷意識有通二種有分別故外門轉故由此應成四句分別有轉非隨轉謂見所斷心有隨轉非轉謂眼等五識有轉亦隨轉謂修所斷一分意識有非轉隨轉謂餘一切修所成識以修所成無分別故異熟生識亦為隨轉如順正理成立此義轉隨轉識性必同耶不尒云何謂前轉識若是善性後隨轉識通善等三不善无記為轉亦尒唯牟尼尊轉隨轉識多分同性少有不同謂轉若善心隨轉亦善轉心若无記隨轉亦然於續剎那定无迷故而或有位善隨无記轉曾無有時无記隨善轉以佛世尊於說法等心或增長無萎歇故既說善等轉隨轉各三准此摽釋中足為明證所發諸業成善惡等隨因等起非隨剎那異此善心所引發業既與不善无記心俱何理能遮成惡无記是則應有從別思惟為因引生別性類業如是勤勵欲為善者翻有不善无記業生或此相違便乖正理故業成善等定由轉力非由隨轉力其理善成然隨定心諸无表業與俱時起心一果故由隨轉力善性得成定屬此心而得生故辯業界地傍論已周復應辯前表無表相頌曰

無表三律儀　不律儀非二

論曰應知无表略說有三一者律儀二不律儀三者非二謂非律儀非不律儀能遮能滅惡戒相續故名律儀如是律儀差別有幾頌曰

律儀別解脫　靜慮及道生

論曰律儀差別略有三種一別解脫律儀謂欲界戒二靜慮生律儀謂色界戒三道生律儀謂无漏戒初律儀相差別云何頌曰

初律儀八種　實體唯有四　形轉名異故
各別不相違

論曰別解脫律儀相差別有八一苾蒭律儀二苾蒭尼律儀三正學律儀四勤策律儀五勤策女律儀六近事律儀七近事女律儀八近住律儀如是八種律儀相差別惣名第一別解脫律儀此中依能修離惡行及離欲行補特伽羅安立前五律儀差別以如是類補特伽羅乃至命終能離煞等諸惡行故及能遠離非梵行故次復依能修離惡行非離欲行補特伽羅安立盡形在家二衆律儀差別以如是類補特伽羅乃至命終能離煞等諸惡行故不能遠離非梵行故由是經中但作是說離欲邪行非梵行後復依能修非全離惡行欲行補特伽羅安立在家一晝一夜律儀差別以如是類補特伽羅不能全離惡行諸欲為令漸習全離惡行及諸欲行方便住故雖名有八實體唯四一苾蒭律儀二勤策律儀三近事律儀四近住律儀唯此四種別解脫律儀皆有體實相各別故所以者何離苾蒭律儀無別苾蒭尼律儀離勤策律儀无別正學勤策女律儀離近事律儀無別近事女律儀云何知然由形改轉體雖无捨得而名有異故形謂形

相即男女根由此二根男女形別但由形轉令諸律儀名為苾芻苾芻尼等謂轉根位令本苾芻律儀名苾芻尼律儀或苾芻尼律儀名苾芻律儀令本勤策律儀名勤策女律儀或勤策女律儀及正學律儀名勤策律儀令本近事律儀名近事女律儀或近事女律儀名近事律儀非轉根位有捨先得得先未得律儀因緣故四律儀非異三體若從近事律儀受勤策律儀復從勤策律儀受苾芻律儀此三律儀為由增足遠離方便立別別名如隻雙金錢及五十二十為體各別具足頓生三種律儀體不相雜其相各別具足頓生三律儀中具三離煞一一離煞其體各異餘隨所應當知亦尒由因緣別故體不同如如求受多種學處如是能離多種高廣床座飲諸酒等憍逸處時即離衆多煞等緣起以諸遠離依因緣發故因緣別遠離有異若无此事捨苾芻律儀尒時則應三律儀皆捨前二攝在後一中故既不許然故三各別然此三種互不相違於一身中俱時而轉非由受後捨前律儀勿捨苾芻戒便非近事等先已捨彼二律儀故近事近住勤策苾芻四種律儀云何安立頌曰

受離五八十　一切所應離　立近事近住
勤策及苾芻

論曰應知此中如數次第依四遠離立四律儀謂受離五所應離法建立第一近事律儀何等為五所應離法一者煞生二不與取三欲邪行四虛誑語五飲諸酒若受離八所應離法建立第二近住律儀何等為八所應離法一者煞生二不與取三非梵行四虛誑語五飲諸酒六塗飾香鬘舞歌觀聽七坐卧高廣嚴麗牀座八食非時食若受離十所應離法建立第三勤策律儀何等為十所應離法謂於前八塗飾香鬘舞歌觀聽開為二種復加受畜金銀等寶以為第十為引怖怯衆多學處在家有情顯易受持故於八戒合二為一如為佛栗氏子略說學處有三若受離一切應離身語業建立第四苾芻律儀別解脫律儀衆名差別者頌曰

俱得名尸羅　妙行業律儀　唯初表无表
名別解業道

論曰以清凉故名曰尸羅此中尸羅是平治義戒能平險業故得尸羅名智者稱揚故名妙行或修行此得愛果故所作自體故名為業亦名律儀如前已釋如是應知別解脫戒通初後位无差別名唯初剎那表及无表得別解脫及業道名謂受戒時初表无表別別棄捨種種惡故依初別捨義立別解脫名或初所應修故名別解脫或彼初起㝡能起過如獄險惡趣故名別解脫即初剎那表與無表亦得名為根本業道初防身語暢思業故從第二念乃至未捨不名別解脫名別解脫律儀不名業道但名後起已辯安立差別律儀當辯律儀成就差別誰成就何律儀頌曰

八成別解脫　得靜慮聖者　成靜慮道生
後二隨心轉

論曰八衆皆成就別解脫律儀謂從

苾蒭乃至近住靜慮生者謂此律儀
由從或依靜慮生故若得靜慮者定
成此律儀靜慮眷屬亦名靜慮道生
律儀聖者皆成就此復二種謂學及
無學於前所說三律儀中靜慮道生
隨心而轉非別解脫所以者何異心
無心亦恒轉故靜慮无漏二種律儀
亦名斷律儀依何位建立頌曰
未至九無間 俱生二名斷
論曰未至定中九無間道俱生靜慮
無漏律儀以能永斷欲纏惡戒及能
起惑名斷律儀唯未至定中有斷對
治故由此但攝九無間道此中尸羅
滅惡戒故由此或有靜慮律儀非斷
律儀應作四句第一句者除未至定
九無間道所餘有漏靜慮律儀第二
句者依未至定九無間道无漏律儀
第三句者依未至定九無間道有漏
律儀第四句者除未至定九无間道
所餘一切無漏律儀如是或有無漏
律儀非斷律儀應作四句謂前四句
逆次應知若介世尊所說略戒
身律儀善哉善哉語律儀意律儀善哉

善哉遍律儀
又契經說應善守護應善安住眼根
律儀此意根律儀以何為自性此二
自性非無表色若介是何頌曰
正知正念合 名意根律儀
論曰意根律儀一一各用正知正念
合為自體故契經說眼見色已不喜
不憂恒安住捨正知正念如是乃至
意了法已列別名已重說合言遮謂
二律儀如次二為體今應思擇表及
无表誰成就何齊何時分且辯成无
表律儀不律儀頌曰
住別解无表 未捨恒成現 剎那後成過
不律儀亦然 得靜慮律儀 多恒成過未
聖初除過去 入定道成中
論曰住別解脫補特伽羅從初剎那
乃至未遇捨學處等諸捨戒緣恒成
現世此別解脫律儀無表初剎那後
亦成過去前未捨言遍流至後如說
安住別解律儀住不律儀應知亦介
謂從初念乃至未遇受律儀等捨惡
戒緣恒成現世惡戒無表初剎那後
亦成過去諸有獲得靜慮律儀乃至

未捨來多恒成過未前生所失過去
定律儀今初剎那必還得彼故以順
決擇分所攝定律儀初剎那中不成
過去餘生所得命終時捨今生无容
重得彼法為簡彼法故說多言無漏
律儀一切聖者多成過未唯初剎那
不成過去此類聖道先未生故昔曾
未得創得名初先得已失今創得時
亦得過去已曾生者初剎那後乃至
未捨亦成過去未來成就乃至未般
無餘涅槃若人靜慮及无漏道如次
成現在靜慮道律儀非出觀時有成
現在定道無表隨心轉故散心現前
必無彼故已辯安住善惡律儀住中
云何頌曰
住中有无表 初成中後二
論曰言住中者謂非律儀非不律儀
彼所起業不必一切皆有无表若有
無表即是善戒或是惡戒種類所攝
或非二類彼初剎那但成中世謂成
現在此是過去未來中故初剎那後
未捨以來恒成過現二世无表若有
安住律不律儀亦有成惡善无表不

設有成者為經幾時頌曰
住律不律儀　起染淨无表　初成中後二
至染淨勢終
論曰若住律儀由勝煩惱作煞縛等諸不善業由此便發不善无表住不律儀由淳淨信作礼佛等諸勝善業由此亦發諸善无表乃至此二心未斷來所發无表恒時相續然其初念唯成現在第二念等通成過現已辯成无表成表業云何頌曰
表正作成中　後成過非未　有覆及無覆
唯成就現在
論曰一切安住律不律儀及住中者乃至正作諸表業來恒成現表初剎那後至未捨來恒成過去必无成就未來表者不隨心色勢微劣故諸散无表亦同此釋有覆无覆亦無記表定無有能成就過未法力劣故唯能引起法俱行得得力劣故不能引生自類相續可法滅已追得言成亦无功能逆得當法豈不此表如能起心亦應有成去來世者此表力劣由彼劣故此責非理所起劣於能起心故所以然者如無記心能發表業所發表業不生無表故知所起劣能起心如律儀名既有差別不律儀号亦有別耶亦有云何頌曰
惡行惡戒業　業道不律儀
論曰此惡行等五種異名是不律儀名之差別是諸智者所訶厭故果非愛故立惡行名障淨尸羅故名惡戒身語所造故名為業根本所攝能暢業思業所遊路故名業道不靜身語名不律儀然業道名唯目初念通初後位立餘四名今應思擇若成就表亦无表耶應作四句頌曰
成表非無表　住中劣思作　捨未生表定
成无表非表
論曰唯成就表非无表者謂住非律非不律儀劣善惡思造善造惡身語二業唯能發表此尚不能發无表業況諸無記思所發表除有依福及成業道彼雖劣思起亦發无表故唯成無表非表業者謂得靜慮補特伽羅今表未生先生已捨俱成非句如理應思如是建立表與无表及成就已於中律儀三種差別云何而得頌曰
定生得靜慮　彼聖得道生　別解脫律儀
得由他教等
論曰靜慮律儀與心俱得若得有漏近分根本靜慮地心靜慮律儀尒時便得彼心俱故從無色界沒生色界時隨得彼地中生得靜慮即亦得彼俱行律儀無漏律儀亦心俱故若得無漏近分根本靜慮地心尒時便得彼聲為顯前靜慮心復說聖言簡取無漏六靜慮地有无漏心謂未至中間及四根本定非三近分如後當辯別解脫律儀由他教等得能教他者說名為他從如是他教力發戒故說此戒由他教得此復二種謂從僧伽補特伽羅有差別故從僧伽得者謂苾芻苾芻尼及正學戒從補特伽羅得者謂餘五種戒諸毗奈耶毗婆沙師說有十種得具戒法為攝彼故復說等言何者為十一由自然謂佛獨覺自然謂智以不從師證此智時得具足戒二由佛命善來苾芻謂耶舍等由本願力佛威加故三由得入正性

雖生謂五苾芻由證見道得具足戒四由信受佛為大師謂大迦葉五由善巧酬荅所問謂蘇陀夷六由敬受八尊重法謂大生主七由遣使謂法授尼八由持律為第五人謂於邊國九由十衆謂於中國十由三說歸佛法僧謂六十賢部共集受具戒此中或由本願力故或阿世耶極圓滿故或薄伽梵威所加故隨其所應得具足戒如是所說別解律儀應齊幾時要期而受頌曰

別解脫律儀　盡壽或晝夜

論曰七衆所依別解脫戒唯應盡壽要期而受近住所依別解脫戒唯一晝夜要期而受此時定尒何因故然非毗奈耶相應義理非一切智者能測量其實有餘師說世尊覺知戒時邊際但有二種一壽命邊際二晝夜邊際重說晝夜為半月等故佛但說二受戒時以佛經中唯說晝夜故對法者亦作是言近住律儀唯晝夜受必應有法能為障㝵令過晝夜彼戒不生故佛經中唯說晝夜不說或五

或十等時然有說言佛觀所化根難調者且應授與一晝夜戒非无過此依何理教作如是言過此戒生不違理故復減於此何理相違謂所化根有難調者已許為說晝夜律儀何不為調漸難調者說唯一夜一晝須臾以難調根有多品故然曾不說由此知有近住定時若減若增便不發戒世尊觀見故唯說此依何邊際得不律儀頌曰

惡戒无晝夜　以非如善受

論曰要期盡壽造諸惡業得不律儀非一晝夜如近住戒所以者何以此非如善戒受故謂必无有立限對師受不律儀如近住戒我一晝夜定受不律儀此是智人所訶猒業故雖亦無有立限對師我當盡形造諸惡業而由發起壞善意樂欲永造惡得不律儀非起蹔時造惡意樂无師而有得不律儀故不律儀無一晝夜然近住戒功德可欣由現對師要期受力雖無畢竟壞惡意樂而於一晝夜得近住律儀故得不律儀與得律儀異

說一晝夜近住律儀欲正受時當如何受頌曰

近住於晨旦　下座從師受　隨教說具支
離嚴飾晝夜

論曰近住律儀於晨旦受謂受此戒要日出時此戒要經一晝夜故諸有先作如是要期我當恒於月八日等决定受此近住律儀若旦有㝵緣齋竟亦得受言下座者謂在師前居卑劣座身心謙敬身謙敬者或蹲或跪曲躬合掌唯除有病心謙敬者於施戒師心不輕慢於三寶所生極尊重慇淨信心以諸律儀從敬信發若不謙敬不發律儀此必從師無容自受以後若遇諸犯戒緣由愧戒師能不違犯謂彼雖闕自法增上由世增上亦能無犯受此律儀應隨師教受者後說勿前勿俱如是方成從師教受異此授受二俱不成具受八支方成近住隨有所闕近住不成諸遠離支不相屬故由是四種離煞等支於一身中可俱時起以諸遠離相繫屬中或少或多相差別故受此戒者必離

嚴飾憍逸處故常嚴身具不必須捨緣彼不能生其憍逸如新異故受此律儀必須晝夜謂至明旦日 初出時經如是時戒恒相續異此受者雖生妙行不得律儀然為令招可愛果故亦應為受言近住者謂此律儀近阿羅漢住以隨學彼故有說此近盡壽戒住有說此戒近時而住如是律儀或名長養長養薄少善根有情令其善根漸增多故何緣受此近住律儀必具八支非增非減頌曰

戒不逸禁支　四一三如次　為防諸性罪
失念及憍逸

論曰八中前四是尸羅支謂離煞生至虛誑語由此四種離性罪故次有一種是不放逸支謂離飲諸酒生放逸處雖受尸羅若飲諸酒則心放逸毀犯尸羅醉必不能護餘支故後有三種是禁約支謂離塗飾香鬘乃至食非時食以能隨順厭離心故猒離能證律儀異故何緣具受如是三支若不具支便不能離性罪失念憍逸過失謂初離煞至虛誑語能防性罪離貪瞋癡所起煞等諸惡業故次離飲酒能防失念以飲酒時能令忘失應不應作諸事業故則不能護餘遠離支後離餘三能防憍逸以若受用種種香鬘高廣牀座習近歌舞心便憍舉尋即毀戒由離彼故心便離憍謂香鬘等若恒受用尚順憍慢為犯戒緣況受新奇曾未受者故一切種皆應捨離若有能持依時食者以能遮止恒時食故便憶自受近住律儀能於世間深生猒離若非時食二事俱無數食能令心縱逸故由此大義故具受三於此八中離非時食是齋非齋支所餘七支是齋支非齋如正見是道亦道支餘七支是道支非道為唯近事得受近住為餘亦有受近住耶頌曰

近住餘亦有　不受三歸无

論曰諸有未受近事律儀一晝夜中歸依三寶說三歸已受近住戒彼亦受得近住律儀異此則无除不知者由意樂力亦發律儀豈不三歸則成近事如契經說佛告大名諸有在家自衣男子男根成就歸佛法僧起殷淨心發成誠語自稱我是鄔波索迦願尊憶持慈悲護念齊是名曰鄔波索迦此不相違受三歸位未成近事所以者何要發律儀成近事故

說一切有部顯宗論卷第十九

阿毗達磨藏顯宗論卷第十九

校勘記

一 底本，金藏廣勝寺本。

一 二五三頁下一一行「非梵行」，諸本(不含石，下同)作「非非梵行」。

一 二五三頁下一八行第一一字「脱」，麗無。次頁下一八行第五字同。

一 二五四頁下一四行「起過」，諸本作「超過」。

一 二五五頁中一三行末字「過」，徑作「現」。

一 二五五頁中二〇行第四字「解」，資、磧、普、南、徑、清作「解脱」。二五七頁上一〇行第八字同。

一 二五五頁下一一行「若人」，諸本作「若入」。

一 二五六頁中一〇行「不静」，資、磧、普、南、徑作「不淨」。

一 二五七頁中九行「觀見」，麗作「觀是」。

一 二五七頁下一七行「教受」，資、磧、普、南、徑、清作「教授」。一八行同。

一 二五八頁上二一行第五字「異」，諸本作「果」。

一 二五八頁中一四行首字「非」，諸本作「亦」。

一 二五八頁下二行第四字「成」，資、磧、普、南、徑、清作「誠」。

阿毗達磨藏顯宗論卷第二十　　撰

尊者衆賢造

三藏法師玄奘奉　詔譯

辯業品第五之三

於何時發近事律儀頌曰

稱近事發戒　說如苾芻等

論曰起慇淨心發誠諦語自稱我是鄔波索迦願尊憶持慈悲護念尒時乃發近事律儀稱近事等言方發律儀故以經復說我從今者乃至命終護生言故若離稱号但受三歸成近事者自稱我是近事等言便為无用依何義故說護生言別解律儀護生得故或為救護自生命緣亦不毀犯如来禁戒諸異生類將受律儀亦有如斯堅固意樂乃至為救自生命緣終不虧違所受學處如斯擔受世現可得然有別誦言捨生者此言意說捨煞生等略去煞等但說捨生彼雖已得近事律儀為令了知所應學處故復為說離煞生等五種戒相令識堅持如得苾芻具足戒已說重學處令識堅持勤策亦然此亦應尒是故近事必具律儀非受三歸即成近事頌曰

若皆具律儀　何言一分等　約能持故說

論曰此中憎嫉對法義者心不生喜復設是難若諸近事皆具律儀何緣世尊言有四種一能學一分二能學少分三能學多分四能學滿分豈不由此且已證成非唯三歸即成近事謂若別有但受三歸即成近事如是近事非前所說四種所攝應更說有第五近事此於學處全无所學亦應說為一近事故佛觀近事非離律儀故契經中唯說四種雖諸近事皆具律儀然約能持故說四種謂雖具受五支律儀而後遇緣或便毀缺其中或有於諸學處能持一分乃至或有具持五支故作是說能持先所受故說能學言不尒應言受一分等故此四種但據能持然經主言約持犯戒說一分等尚不應問況應為荅誰有已解近事律儀必具五支而不能解於所學處持一非餘乃至具持名一

分等由彼未解近事律儀受量少多故應請問凡有幾種鄔波索迦能學學處答言有四鄔波索迦謂能學一分等猶未能了復問何名能學一分乃至廣說此全无理唯對法宗所說理中應問答故雖知近事必具律儀而未了知隨犯一種為越一切為一非餘由有此疑故應請問諸部若有未見此文於此義中迄今猶諍若異此者佛經數言鄔波索迦具五學處誰有於此已善了知而復懷疑問受多少設許尒者疑問相違謂彼本疑受量多少而問有幾能學學處答學一分等豈除本所疑故彼義中不應問答經主於此不正尋思於諍理中懷朋黨執斷言對法所說義中問尚不應況應為答若闕律儀亦名近事苾芻勤策闕亦應成然經主言何緣不許由佛教力施設不同雖闕律儀而成近事苾芻勤策必具律儀此率已情无經說故世尊何處說離律儀亦成近事非苾芻等曾聞經部有作是執亦有無戒勤策苾芻彼執應同布剌拏等諸外道見非佛法宗一切律儀品類等不品類非等有三品故下中上別隨何故成頌曰

下中上隨心

論曰八衆所受別解脫律儀隨受心力成上中下品由如是理諸阿羅漢或有成就下品律儀然諸異生或成上品諸有歸依佛法僧者為歸何等頌曰

歸依成佛僧　无學二種法　及涅槃擇滅
是說具三歸

論曰如本論言歸依佛者為歸何法謂若諸法妙有現有由想等想施設言說名為佛陀歸此能成佛无學法言謂若者即是捴標當所說義言諸法者即是顯示无我增言妙有言顯妙有性合現有即明現可得義或妙德合故名妙有現有即顯是所知性想等想等是名差別覺一切法一切種相不藉他教故名佛陀或此圓成智等衆德自然開覺故名佛陀或佛陁名顯彼有覺如質礙物名有質礙或佛陁名顯彼能說已所證覺以開覺他如婆羅門問經廣說能成佛者顯彼諸法與佛施設為建立因如何此中於無量法而捴建立摽一佛名如依衆多和合人上立一僧寶一勝所歸又於衆多无漏道上立一道蘊无有過失或先已說先說者何謂想等想施設言說即佛相續无學法中立一佛名无別一佛能成佛法為是何等謂盡智等及彼眷屬由得彼法能覺一切以彼勝故身得佛名非色等身前後等故為歸一佛一切佛耶理實應言歸一切佛以諸佛道相无異故僧伽差別略有五種一无恥僧二瘂羊僧三朋黨僧四世俗僧五勝義僧無恥僧者謂毀禁戒而被法服補特伽羅瘂羊僧者謂於三藏无所了達補特伽羅辟如瘂羊無辯說用或言瘂者顯无說法能復說羊言顯無聽法用即顯此類補特伽羅於三藏中无聽說用朋黨僧者謂於遊散營務鬬諍方便善巧結搆朋黨補特伽羅此三多分造非法業世俗僧者謂善異生此能通作法非法業勝義

僧者謂學無學法及彼所依器補特伽羅此定无容造非法業五中最勝是所歸依如讚歸依伽他中說

此歸依最勝　此歸依最尊　必因此歸依

能解脫衆苦

於如是法補特伽羅二勝義僧中迦多衍尼子意但以法為所歸僧故本論中作如是說歸能成僧學无學法僧有多種謂有情人聲聞福田及聖僧等佛於此内非聲聞僧可是餘僧自然覺故今所歸者是聲聞僧理實通歸諸佛弟子以諸僧道相无異故然契經說當來有僧汝應歸者彼經但為顯示當來現見僧寶歸依於法謂歸愛盡離滅涅槃如是一切是煩惱幾名之差別或有謂愛味著門轉不應棄捨故寄愛名通顯一切煩惱永盡愛與餘煩惱同一對治故言愛盡者謂見所斷諸愛永斷故預流者此愛盡時便自記別諸惡趣盡謂我已盡那落迦等所言離者謂欲界中諸所有貪多分已斷即是已薄欲界貪義滅謂欲界諸愛全斷此地煩惱當於尒時決定無能繫縛義故言涅槃者謂色無色諸愛永斷由此盡時諸所有苦皆永寂故此則顯示四沙門果或此四種如其次第顯三界愛斷及永般涅槃或愛盡者三界愛斷所言離者除愛所餘諸煩惱斷所言滅者顯有餘依般涅槃界言涅槃者顯無餘依般涅槃界此中何法是所歸依能歸是何歸依何義所歸依者謂滅諦全道諦一分除獨覺乘菩薩學位無漏功德何緣彼法非所歸依彼不能救生死怖故謂諸獨覺不能說法教誡諸有情令離生死怖菩薩學位不起期心故亦無能教誡他義故彼身中學无學法不能救護非所歸依有餘師言不和合故不顯了故如其次第獨覺菩薩非所歸依緣彼亦生無漏意淨故彼亦是證淨境攝此中能歸語業為體自立擔限為自性故若并眷屬五蘊為體以能歸依所有言說由心等起非離於心如是歸依救濟為義他身聖法及善无為如何能為自身救濟以歸依彼能息無邊生死苦輪大怖畏故三所歸依有差別者佛唯無學法二俱非僧體貫通學與无學又佛體是十根少分僧通十二法體非根擇滅无為非根攝故又歸依佛謂但歸依一有為沙門果歸依法者謂通歸依四无為沙門果歸依僧者謂通歸依四有為沙門果及四果能趣向又佛辟如能示導者法如安隱所趣方域僧如同涉正道伴侶應求此等三差別因應思何緣於餘律儀處立離非梵行為其所學唯於近事一律儀中但制令其離欲邪行頌曰

邪行最可訶　易離得不作

論曰唯欲邪行極為能觀此他世者共所訶責以能侵毀他妻等故感惡趣故非非梵行又欲邪行易遠離故諸在家者躭著欲故離非梵行難可受持觀彼不能長時修學故不制彼離非梵行謂無始來數習力故婬欲煩惱數起現行諸在家人隨順欲境數易和合抑制為難故不制彼令全遠離又諸聖者於欲邪行一切定得

不作律儀經生聖者亦不行故離非梵行則不如是故於近事所受律儀但為制立離欲邪行若異此者經生有學應不能持近事性戒若諸近事後復從師要期更受離非梵行得未曾得此律儀不有餘師說得此律儀然不由斯方成近事亦不由此失近事名亦非先時戒不圓滿有說不得未得律儀然獲㝡勝杜多功德名獲㝡勝遠離法者謂能遠離婬欲法故由此若能遠離妻室淨修梵行功不唐捐若有先時未取妻妾普於有情類受近事律儀於後取時寧非犯戒今非他攝故如用屬已財謂於今時以呪術力或財理等種種方便攝彼屬已不繫於他如何難令於彼犯戒又有別理令取彼時於前律儀无所違犯頌曰

得律儀如誓　非揔於相續

論曰諸受欲者受近事戒如本受誓而得律儀本受誓云何謂離欲邪行於他所攝諸女人所起他攝想而行非法如是乃名犯欲邪行非於一切有情相續先立誓言我當於彼離非梵行而得律儀云何今時可名犯戒既如本誓而得律儀今正隨行如何名犯先取妻妾後受律儀於自妻妾亦發此戒以近事等別解律儀一切有情處所得故若異此者於自妻妾非處非時非支非禮亦應不犯欲邪行戒於舊所受既有犯者於新所受應有不犯故不應為如先所難何緣於四語業道中立離虛誑語為近事學處非立離餘離間語等亦由前說三種因故謂虛誑語㝡可訶故諸在家者易遠離故一切聖者得不作故復有別因頌曰

以開虛誑語　便越諸學處

論曰越諸學處被撿問時若開虛誑語便言我不作因斯於戒多所違越故佛為欲令彼堅持於一切律儀皆遮虛誑語云何令彼緣力犯戒時尋即生慙如實自發露何緣一切離性罪中立四種為近事學處然於一切離遮罪中於近事律儀唯遮離飲酒頌曰

遮中唯離酒　為護餘律儀

論曰諸飲酒者心多縱逸不能守護諸餘律儀故為護餘令離飲酒謂飲酒已於惡作說別悔墮落衆餘他勝五部罪中不能防守或有是處由此普於諸學處海擾乱違越由此世尊知飲諸酒是起一切性罪因故能損正念及正智故能引破戒破見愚故於一切種離遮罪中唯說此為近事學處故離飲酒雖遮戒攝而於一切立學處中與離性罪相隨而制別解脫律儀從何而得復從何而得餘二律儀頌曰

從一切二現　得欲界律儀　從根本恒時
得靜慮无漏

論曰欲界律儀謂別解脫此從一切根本業道及從前後近分而得從二得者謂從二類即情非情性罪遮罪於情性罪謂煞等業遮謂女人同室宿等非情性罪謂盜外財遮謂掘地斷生草等從現得者謂從現世蘊處界得非從去來由此律儀有情處轉去来非是有情處故有情處者謂諸

有情及諸有情所依止處現蘊處界內者即是有情所依外者名為有情所止非過未故若得靜慮无漏律儀應知但從根本業道以定中唯有根本業道故非從前後近分而得以在定位唯有根本在不定位中無此律儀故從有情數所發遮罪尚不得此二種律儀況從非情所發遮罪從恒時者謂從過去現在未來蘊處界得如與此戒為俱有心由此不同應作四句有蘊處界從彼唯得別解律儀非餘二等第一句者謂從現世前後近分及諸遮罪第二句者謂從去來根本業道第三句者謂從現世根本業道第四句者謂從去來前後近分於業道等處置業道等聲以業道等聲說彼依處故若異此者則應但說防護未來律儀但能防未來罪令不起故非防過現已滅已生律儀於彼無防用故諸有獲得律不律儀從一切有情支因皆等不非一切等其相云何頌曰

律從諸有情　支因說不定　不律從一切

有情支非因

論曰律儀定由調善意樂普緣一切有情方得非少分緣惡心隨故支因不定支謂業道且於別解諸律儀中有從一切支謂苾芻戒有從四支得謂餘律儀許因不同略有二種一无貪等三種善根二下中上等起心別就初因說一切律儀由一切因一心有故就後因說一切律儀名由一因以下品等不俱起故此中且就後三因說或有一類住律儀者於一切有情得律儀非一切支非一切因謂以下心或中或上受近事勤策戒或有一類住律儀者於一切有情得律儀由一切支非一切因謂以下心或中或上受苾芻戒或有一類住律儀者於一切有情得律儀由一切支及一切因謂以三心受近事勤策苾芻戒或有一類住律儀者於一切有情得律儀由一切因非一切支謂以三心受近事近住勤策戒无有不遍於諸有情得律儀者已說因故非於一分諸有情所擔受律儀惡心全息令

應思擇於佛乃至蟻子身上所得律儀為有別不若有別者趣不定故於諸有情所得律儀應有增減若无別者何緣煞人犯他勝罪煞非人者唯犯麁惡若煞傍生犯墮落罪非有情境身差別故令所受戒亦有差別然罰罪業有差別者應知但由別加行故煞人加行與煞非人乃至煞蟻皆有差別由起意樂建立律儀謂普於有情无有差別起調善意樂求得律儀非於一有情不捨惡意樂而可求得別解律儀故得律儀无有差別以得律儀者必不別觀補特伽羅支處時緣故謂定不作如是別觀於某有情我離煞等於某支戒我定能持於某方域我離煞等我唯於彼一月等時除戰等緣能離煞等如是受者不得律儀但得律儀相似妙行是故无有由諸有情身差別故戒有差別又於自身不得根本業道所攝別解律儀勿思法等由自煞害成无間等所攝罪業得眷屬攝於理無遮謂離寂初衆餘罪等又此所受別解脫律儀通

於一切能不能境得非唯於能境得此律儀要普於有情起無損惱意樂無別方可得故若謂不然於睡悶等皆不可然故應不得律儀若謂彼覺得本心已還可然者此亦應然以非所能有可改易為能境已還可然故有作是說若唯於能得此律儀應有增減以所能境與非所能二類有情有轉易故此不成難境轉易時無此律儀得捨因故謂所能境及非所能後轉易為不能能境無理令彼捨得律儀懃於所能得律儀故若必欲令能不能境有轉易故戒有捨得則成律儀增減過者豈不有草本無而生有諸有情永入圓寂由此應有捨得律儀亦不離前戒增減失是故前說於理無過又於過去一一如來及所化生入圓寂故後佛於彼不得律儀有後律儀減於前失律儀非對一一有情各異相續別發得故又前後佛戒支等故謂諸律儀隨無貪等為因差別生別類支一一類支各一無表懲於一切有情處得如是無表既無

細分不可分折為少為多如何言有後減前失又一切佛遍於有情具一切支律儀無表以支數等無差別故無後佛戒減於前失又佛功德皆平等者非約有偏不尒一身前後位別亦有增減況望他身無增減失已說從彼得諸律儀得不律儀定從一切有情業道無少分境及不具支不律儀者此定無有由一切因下品等心無俱起故若有一類由下品心得不律儀後於異時由上品心斷衆生命彼但成就不不律儀亦成煞生上品表等中品上品例此應知此中應思於屠羊等事有唯受一得不律儀不應言亦有受一事得若尒何故無從一切因得不律儀如得律儀者雖於煞等差別表中先已受一後更別受而不律儀非更新得謂先懲望一切有情起無所遮損害意樂為活命故受不律儀彼於今時復何所得故此無有從一切因然律儀中有從近事受勤策戒勤策復受苾芻律儀別別受時所受業道眷屬異故隨要期異

得先未得由此可得從一切因此中何名不律儀者謂諸屠羊屠雞屠豬捕鳥捕魚獵獸劫盜魁膾典獄縛龍煮狗及罝弶等等言類顯讒構讒刺伺求人過憙說他非非法追求以活命者及王典形伐斷罪彈官等但恒有害心名不律儀者由如是種類住不律儀故有不律儀故行不律儀故巧作不律儀故數習不律儀故名不律儀者言屠羊者謂為活命要期盡壽恒欲煞羊餘隨所應當知亦尒諸屠羊者唯於諸羊有損害心非於餘類寧於一切得不律儀遍於有情界得諸律儀其理可尒由普欲利樂勝阿世耶而受得故非屠羊等不律儀人於已至親有損害意乃至為救自身命緣亦不欲煞如何可說普於一切得不律儀此亦可然不律儀者普於有情境善意樂壞故雖無是處而假說言設諸有情及父母等一切皆作羊像現前屠者遍緣皆有害意謂彼久習不律儀心乃至已親亦无所顧為活命故設已至親現變為羊尚

有害意況命終後實受羊身於彼能無煞害意樂不律儀者受惡戒時必起如斯凶勃意樂設我母等身即是羊我亦當煞況餘生類由此意樂得不律儀異此但應得處中罪由此唯子親現非羊而亦有害心故遍得惡戒雖无聖者當作羊身而同至親亦有害意經主於此作是例言若觀未来羊等自體於現親等得不律儀羊等未来有親等體既於彼體无損害心應觀未来至親等體於現羊等不得惡戒如是等例於理不齊无善意樂故有惡意樂故謂彼正受不律儀時无正思惟調善意樂我當不害一切有情有邪思惟凶勃意樂我當普害一切有情事雖主羊而心寬遍是故容有觀未来羊於現聖親亦發惡戒非觀未来世聖及至親於現羊身不發惡戒或無勞諍理應同許且如有一受屠羊人雖一生中不與不取於已妻妾住知足心瘂不能言无語四過而因羊壞善阿世耶具得七支不律儀罪如是於親等雖无害心而善阿

世耶因羊壞故遍有情界得不律儀若先要期受善學處後不全損善阿世耶由遇別緣唯受煞者得處中罪非不律儀但得不律儀必應全損善阿世耶故具得七支若有例言如受善戒有支不具此亦應尒謂如有受近事近住勤策律儀雖不具支而亦得彼缺支攝戒受不律儀亦應如是此例非等律儀不律儀用功不用功得有異故謂諸善戒要藉用功善阿世耶方能受得以難得故理數必應非受一時總得一切若諸惡戒不藉用功惡阿世耶便能受得非難得故理數必應隨受一時總得一切以於欲界不善力強惡阿世耶任運而起造諸重惡不待用功善阿世耶易毀壞故隨受一種便總得餘善則不然故例非等現見纖草不用功生要設劬勞嘉苗方起又如有受不律儀人作是要期我於盡壽每晝或夜半月月等一度屠羊等亦得不律儀由不律儀易受得故以於欲界不善力強雖不恒為而得惡戒諸有欲受出家

律儀若作要期我於盡壽每晝或夜半月月等一度離煞等不得善律儀由善律儀難受得故以於欲界善法力劣若不恒持不得善戒此亦應尒為例不齊已說從彼得不律儀得不律儀及餘无表如何方便未說當說

頌曰

諸得不律儀　由作及誓受　得所餘无表
由田受重行

論曰不律儀人總有二種一者生在不律儀家二生餘家後受此業諸有生在不律儀家若初現行煞等加行是人由作得不律儀若生餘家後方立誓謂我當作如是事業以求財物養活自身初立誓時便發惡戒是人由受得不律儀由三種因得餘无表餘無表者謂非律儀非不律儀處中攝故由三因者一者由田謂於如斯有德田所初施園林等善无表便生如說有依諸福業事二者由受謂自要期言我從今若不供養佛及僧衆不先食等或作誓限於齋日月半月每年常施食等由此有善无表續生

三由重行謂起如是懃重作意行善
行惡謂淳淨信或猛利纏造善惡時
能發无表長時相續乃至信纏勢力
終盡如前已說

阿毗達磨藏顯宗論卷第二十　第二十張　摂字号

說一切有部顯宗論卷第二十

阿毗達磨藏顯宗論卷第二十

校勘記

一　底本，金藏廣勝寺本。

一　二六〇頁下一四行第九字「雖」，磧、普、南作「唯」。

一　二六一頁上一六行首字「懷」，資、磧、普、南、徑、清作「壞」。

一　二六一頁中一七行第八字「明」，徑作「名」。

一　二六二頁上一六行第二字「幾」，諸本（不含石，下同）作「斷」。

一　二六二頁上二〇行第八字「别」，徑作「莂」。

一　二六二頁上末行第四字「謂」，資、磧、普、南、徑、清作「諸」。

一　二六二頁中一三行第一二字「怖」，徑作「佈」。

一　二六三頁上三行第六字「欲」，資作「故」。

一　二六三頁中七行「非禮」，資、磧、普、南、徑、清作「非體」。

一　二六三頁下一九行「同窒」，諸本作「同室」。

一　二六四頁上二行第四字「是」，資、磧、普、南、徑、清作「外」。

一　二六四頁上二〇行第九字「律」，資、磧、普、南、徑、清作「律儀」。

一　二六四頁中一〇行第一一字「且」，南作「正」。

一　二六五頁中一〇行第六字「有」，徑作「由」。

一　二六五頁中一二行「不不」，諸本作「下不」。

一　二六五頁下六行「形伐」，資、磧、普、南、徑、清作「刑伐」；麗作「刑罰」。

一　二六六頁上五行末字至次行首字「唯子」，諸本作「雖了」。

一　二六六頁上八行第五字「主」，資、磧、普作「王」。

一　二六六頁上一〇行第八字「既」，麗作「即」。

一　二六六頁下五行第一三字「得」，磧、普作「待」。

一　二六六頁下末行第三字「常」，南、徑、清作「月」。

阿毗達磨藏顯宗論卷第二十一　好

尊者衆賢造

三藏法師玄奘奉　詔譯

辯業品第五之四

如是已說得律儀等捨律儀等今次當說且云何捨別解脫律儀頌曰

捨別解調伏　由故捨命終　及二形俱生
斷善根夜盡　有說由犯重　餘說由法滅
迦濕彌羅說　犯二如有財

論曰調伏聲顯律儀異名由此能令根調伏故由五緣捨別解律儀一由故捨謂於律儀由阿世耶不懷欣慕為捨學處對有解人發起相違表業差別非但由起捨學處心如得律儀心無能故又在夢中捨不成故非但由起表業差別忿癡狂等捨不成故非但由二對傍生等起心發表捨不成故二由命終謂衆同分增上勢力得律儀故三由依止二形俱生謂身變時心隨變故又二形者非增上故四由斷滅所因善根謂表無表業等起心斷故是此律儀因緣斷義捨盡壽戒由上四緣近住律儀亦由夜盡謂近住戒由上四緣及夜盡捨過期限故夜盡者謂明相出時諸軌範師多分共許如是五種捨律儀緣有餘部師執隨犯一感墮重罪捨出家戒有餘部執正法滅時別解律儀無不皆捨以諸學處結界羯磨所有聖教皆息滅故對法諸師作如是說尒時雖無得未得律儀而先得律儀無有捨義迦濕彌羅國毗婆沙師蘊理教於心作如是說非犯隨一根本罪時一切律儀皆有捨義然犯重者有二種名一名具尸羅二名犯戒者若於所犯應可悔除發露悔除唯名具戒如有財者負他債時名為富人及負債者若還債已但名富人此亦應然故非捨戒淨慮無漏二律儀等云何當捨頌曰

捨定生善法　由易地退等　捨諸無漏善
由得果退失

論曰諸靜慮地所繫善法由二緣捨一由易地謂上下生二由退失謂退勝定捨衆同分及離染時亦捨暖等及退分定為攝此故復說等言如捨色善由易地退及離染三無色亦尒捨無漏善由二種緣一由得果捴捨前道二由退失捨諸勝道此或是果或勝果攝我於此中應少分別若捨見道及道類智當知但由得果非退道類智果攝亦必無退故退所練根亦有退義若不動法無學俱無所餘無漏容具二種如是已說捨諸律儀不律儀云何捨頌曰

捨惡戒由死　得戒二形生

論曰諸不律儀由三緣捨一者由死捨所依故衆同分力得律儀故二由得戒謂若受得別解律儀或由獲得靜慮律儀惡戒便捨對治力勝捨不律儀三由相續二形俱起以於尒時所依變故不律儀者受近住戒至夜盡位捨律儀時為得不律儀為名處中者有餘師說得不律儀惡阿世耶非永捨故如傳熱鐵赤滅青生有餘師言若不更作無緣令彼得不律儀以不律儀依表得故前說應理先受戒時惡阿世耶非永捨故依前表

業惡戒還起處中無表捨復云何

頌曰

捨中由受勢　作事壽根斷

論曰處中無表捨由六緣一由受心斷壞故捨謂先捨受恒於某時敬礼制多及讚頌等今作是念後不更為彼阿世耶從茲便息由彼棄捨本意樂故或復別作勢用增強與先現行相違事業本意樂息無表便斷二由勢力斷壞故捨謂由淨信煩惱勢力所引無表彼二限勢若斷壞時無表便捨如所放箭及陶家輪故軌範師作如是說由等起力所引發故雖捨加行及阿世耶無表或容盡壽隨轉乃至發起極猛利纏撾擊禽獸應知亦尒或先立限齊尒所時令限勢過無表便斷三由作業斷壞故捨謂雖不捨根本受心然更不為所受作業唯除忘念而不作者以此無表期加行生絕加行時無表便捨四由事物斷壞故捨謂所捨施制多園林及所施為罝網等事本由彼事引無表生彼事壞時無表便捨五由壽命斷壞

故捨謂所依止有轉易故六由依根斷壞故捨謂起加行斷善惡時各捨彼根所引無表非至斷善得靜慮時方捨處中善惡無表以麤劣故起加行時便捨處中善惡無表所言根者通善惡根所說斷言是斷加行欲非色善及餘一切非色染法捨復云何

頌曰

捨欲非色善　由根斷上生　由對治道生
捨諸非色染

論曰欲界一切非色善法捨由二緣一斷善根二生上界應言少分亦離染捨如憂根等非色善法三界一切非色染法捨由一緣謂起治道若此品類能斷道生捨此品中惑及助伴何有情有善惡律儀頌曰

惡戒人除北　二黃門二形　律儀亦在天
唯人具三種　生欲天色界　有靜慮律儀
無漏并無色　除中定無想

論曰唯於人趣有不律儀然除北洲唯三方有於三方內復除扇搋及半擇迦具二形者律儀亦尒謂於人中除前所除并天亦有故於二趣容有

律儀然唯人中具有三種謂別解脫靜慮無漏若生欲天及生色界皆容得有靜慮律儀然無想天但容成就生無色界彼俱非有無漏律儀亦在無色謂若生在欲界天中及生色界中除中定無想皆容得有無漏律儀生無色中唯得成就以無色故必不現起無漏上生得成下故已辯諸業性相不同當釋經中所標諸業且經中說業有三種善惡無記其相云何

頌曰

安不安非業　名善惡無記

論曰諸安隱業說名為善能得可愛異熟涅槃暫永二時濟衆苦故不安隱業名為不善由此能招非愛異熟極能遮止趣涅槃故非前二業立無記名不可記為善不善故是非安隱不安隱義又經中說業有三種福非福等其相云何頌曰

福非福不動　欲善業名福　不善名非福
上界善不動　約自地處所　果業無動故

論曰欲界善業說名為福非福相違招愛果故諸不善業說名非福招非

愛果違福業故上二界善說名不動豈不世尊說下三定皆名有動聖說此中有尋伺喜樂受動故由下三定有尋伺等災患未息故立動名不動經中據能感得不動異熟故名不動如何有動定招無動異熟雖此定中有災患動而業對果非如欲界有動轉故立不動名謂欲界中餘趣處滿業由別緣力可異趣處受以或有業能感外內財位形量色力樂等於天等中此業應熟由別緣力所引轉故於人等中此業便熟色無色界餘地處業無容轉令異地處受業果處所無改動故等引地攝無散動故依如是義立不動名應知此中由於因果相屬愚故造非福業以非福業能染汙故要依麁重相續無明由此無明現在前位不能解信因果相屬是故發起諸非福行由真實義愚故造福及不動業真實義者謂四聖諦若於彼愚諸異生類於善心位亦得間起由此勢力令於三界不如實知其性皆苦起福不動行為後有因若已見

諦者則無是事乘先行力漸離染時如次得生欲色無色又經中說業有三種順樂受等其相云何頌曰

順樂苦非二　善至三順樂　諸不善順苦
上善順非二　餘說下亦有　由中招異熟
又許此三業　非前後熟故　順受總有五
謂自性相應　及所緣異熟　現前差別故

論曰諸善業中始從欲界至第三靜慮名順樂受業以諸樂受唯至此故諸不善業名順苦受第四靜慮及无色善業說名為順不苦不樂受此上都無苦樂受故非此諸業唯感受果應知亦感彼受資糧受及資糧此中名受隨所化欲總立受名下諸地中為亦許有順非二業為決定無有餘師言下地亦有順非二業以定中間既無苦樂應無業故又更有證謂本論說頗有三業非前非後受異熟耶曰有謂順樂受業色順苦受業心心所法順不苦不樂受業心不相應行乃至廣說由此證知下地亦有順非二業非離欲界有此三業俱時熟故此俱非定證然於下地中理應定有

順非二業如順正理廣辯應知此業為善為不善耶有作是言是善而劣又不可別亦而可總言於諸善業中或有一類能感樂受及受資糧或有一類能感非二應知此業能益樂受名順樂受如順馬處或復此業能受於樂名順樂受如順浴散順餘受業應知亦然此業非唯感受異熟如何總得順受業名諸業為因所感異熟皆似於受得受名故所以者何彼皆如受為身損益及平等故如水火等於樹枝等為益為損為等義成又順受多略說有五一自性順受謂諸受體如契經說受樂受時如實了知受於樂受乃至廣說二相應順受謂一切觸如契經言順樂受觸乃至廣說三所緣順受謂一切境如契經言眼見色已唯受於色不受色貪乃至廣說由色等是受所緣故四異熟順受謂感異熟業如契經說順樂受業乃至廣說五現前順受謂現行受如契經說受樂受時二受便滅乃至廣說非此樂受現在前時有餘受能受此

樂受但據樂受自體現前即說名為受於樂受由所順受有多種故雖業異熟非皆是受而可揔立順受業名謂諸善業為因所感色不相應能為所緣生樂受故是諸樂受所領納故可愛異熟順樂受故亦名樂受由此善業所招諸果雖非樂受順樂受故招彼業名順樂受業順苦非二理亦應然如是三業有定不定其相云何

頌曰

此有定不定　定三順現等　或說業有五
餘師說四句

論曰此上所說順樂受等應知各有定不定異非定受故立不定名謂順樂業非必定熟若熟必應受樂異熟順餘二業說亦如是定復有三一順現法受二順次生受三順後次受此三定業定感異熟并前不定揔成四種或有欲令不定受業復有二種謂於異熟有定不定并定業三合成五種譬喻者說業有四句一者有業於時分定異熟不定謂順現等三非定得異熟二者有業於異熟定時分不定

謂不定業定得異熟三者有業於二俱定謂順現等定得異熟四者有業於二俱不定謂不定業非定得異熟彼說諸業揔成八種謂順現受有定不定乃至不定亦有二種於此所說業差別中頌曰

四善容俱作　引同分唯三　諸處造四種
地獄善除現　堅於離染地　異生不造生
聖不造生後　并欲有頂退

論曰此中唯顯順樂等業於現等時有定不定釋經所說順現受等四業相殊故定業中分為三種并不定業合而為四是說為善理必無有異熟不定時分定業時定唯是異熟定中位差別故非離異熟別有時體如何時定非異熟耶此中但依異熟定業得果位差別立順現等故頗有四業俱時作耶容有云何遣三使巳自行邪欲俱時究竟順現受等四種業中幾業有能引衆同分唯三能引除順現業以順現業必依先業所引同分而得起故即於現生必與果故何界何趣能造幾業諸界諸趣或善或惡

隨其所應皆容造四揔開如是若就別遮捺落迦中善除順現無愛果故餘皆得造不退姓名堅彼於離染地若異生類除順生受可造餘三聖者雙除順生後受可造餘二異生不退若離彼染無容於彼無間受生故彼應除順生受業於上界沒必還生下故容造彼順後受業聖者不退若離彼染必無容有於彼更生故彼雙除順生順後隨所生地容造順現受造不定業一切處無遮然諸聖者若於欲界及有頂處已得離染雖有退墮而亦不造順生後業從彼退者必退果故諸退果巳必不命終還得本果

欲中有能造　二十二種業　皆順現受攝
類同分一故

論曰於欲界中住中有位容有能造二十二業謂中有位及處胎中出胎以後各有五位胎中五者一羯剌藍二頞部曇三閉尸四鍵南五鉢羅奢佉胎外五者一嬰孩二童子三少年四中年五老年此十一位一生所攝住

中有位能造中有定不定業乃至能造差時二業應知亦尒當知如是中有所造十一種定業皆順現受攝由類同分無差別故謂此中有位與自類十位一衆同分一業引故由此不別說順中有受業即順生等業所引故類同分者謂人等類非趣非生以約趣生中有生有同分異故諸定受業其相云何頌曰

由重惑淨心　及是恒所造　於功德田起
害父母業定

論曰若所造業由重煩惱或淳淨心或常所作或於增上功德田起功德田者謂佛法僧或增上補特伽羅謂證世出世勝德於此田所雖无重惑及淳淨心亦非常行若善不善所起諸業或於父母設起下纏行損害事如是一切皆定業攝有餘師說若以猛利意樂所造或有造已起歡喜心或一切時數數串習或勝願力事力所起業皆決定現法果業其相云何頌曰

由田意樂勝　及定招異熟　得永離地業
定招現法果

論曰由田勝者聞有苾芻於僧衆中作女人語彼須臾頃轉作女人此等傳聞其類非一由意樂勝者聞有扇搋救脫諸牛黄門事故彼須臾頃轉作丈夫此等傳聞事亦非一或有餘業亦得現果謂生此地永離此地染於此地中諸善不善業必應現受不重生故如阿羅漢及不還者未離染時已造彼業今離染故成現法受彼是何業謂異熟定應知此中所說業者是異熟定非時定業若有餘位順定受業彼必定無永離染義必於餘位受異熟果若於異熟亦不定者永離染故不受異熟諸不還者及阿羅漢於欲三界設退起染必不生下定涅槃故異熟定業皆成現受餘隨所應類此當說何田起業定即受耶頌曰

於佛上首僧　及滅定無諍　慈見修道出
損益業即受

論曰於如是類功德田中為善惡業定即受果功德田者謂佛上首僧約補特伽羅差別有五一從滅定出謂此定中得心寂靜此定寂靜似涅槃故若從此定初起心時如入涅槃還復出者勝靜功德莊嚴其身為愨淨心生長依處二從無諍出謂此定中已能永拔一切煩惱灾患相續有緣一切有情為境所起無邊增上意樂無諍功德積集熏身從此出時彼心相續不為一切世間定心及不定心之所勝伏是福非福近果勝田三從慈定出謂此定中有緣無量有情為境利益安樂增上意樂積集熏身出此定時有為無量最勝功德所熏修身相續而轉能生勝業四從見道出謂此道中能超一分無始流轉所不能超三界輪迴生死根本從此道出有勝淨身相續而生能生勝業五從修道出謂此道中能超一分生死根本餘如前說從如是一一初出位中乘前所修勝功德勢心猶反顧專念不捨諸根寂靜特異於常世出世間定不定福無能勝伏暎奪彼者故說此五名功德田若有於中為損益業此業必定能招即果若從餘定餘果

出時由前所修定非殊勝修所斷感未畢竟盡故彼相續非勝福田異熟果中受最為勝令應思擇於諸業中頗有唯招心受異熟或招身受非心受耶亦有云何頌曰

諸善無尋業　許唯感心受　惡唯感身受
是感受業異

論曰善無尋業謂從中定乃至有頂所有善業於中能招受異熟者應知但感心受非身於彼地中無身受故身受必定與尋相應非無尋業感有尋果諸不善業能感受者應知但感身受非心以不善因苦受為果意地苦受決定名憂憂受必非異熟果攝故不善業唯感身受若執憂根定非異熟諸有情類所發心狂在何識中何因所感依何處起非異熟耶頌曰

心狂唯意識　由業異熟生　及怖害違憂
除北洲在欲

論曰有情心狂唯在意識若在五識必無心狂以五識身無分別故由何因故有情心狂由諸有情業異熟起由何等業異熟起耶謂由彼用藥物

呪術令他心狂或復令他飲非所欲若毒若酒或現威嚴怖禽獸等或放猛火焚燒山澤或作坑穽陷墜衆生或餘事業令他失念由此業因於當来世感得異類大種異熟由彼勢力令心發狂由此心狂體非異熟善惡心等皆容狂故由斯但說業異熟生謂惡業因感不平等異熟大種依此大種心便失念故說為狂如是心狂對於心乱應作四句狂非乱者謂諸狂者不染汙心乱非狂者謂不狂者諸染汙心狂亦乱者謂諸狂者諸染汙心非狂乱者謂不狂者不染汙心有情心狂為但由此更由四種其四者何一由驚怖謂非人等現可怖形来相逼迫有情見已遂致心狂二由傷害謂因事業惱非人等由彼瞋故傷其支節遂致心狂有情身中有別支節若被打觸心即發狂三由乖違謂由身內風熱淡界乖相違反大種乖適故致心狂四由愁憂謂因喪失親愛等事愁毒纏懷心遂發狂如婆私等何有情類有此心狂除北俱盧

所餘欲界諸有情類容有心狂謂欲天心尚有狂者況人惡趣得離心狂地獄恒狂衆苦逼故欲界諸聖唯除諸佛大種乖適容有心狂一切如来心無狂乱無漸捨命無破音聲亦無鵄白面皰等事以極淳淨妙業所生又經中說業有三種謂曲穢濁其相云何頌曰

說曲穢濁業　依諂瞋貪生

論曰身語意三各有三種謂曲穢濁如其次第應知依諂瞋貪所生謂依諂生身語意業名為曲業諂曲類故實曲謂見故契經言實曲者何謂諸惡見諂是彼類故得曲名從諂所生身語意業曲為因故果受因名是故世尊說彼為曲若從瞋生身語意業名為穢業瞋穢類故瞋名穢者謂瞋現前如熱鐵丸隨所投處便能燒害自他身心諸煩惱中為過最重故薄伽梵重立穢名是諸穢中之極穢故從瞋所生身語意業穢為因故果受因名是故世尊說彼為穢若依貪生身語意業名為濁業貪濁類故貪名

濁者謂貪現前染著所緣是染性故
從彼生等准前應釋又真直道謂八
聖支能障彼生三業名曲真實無病
謂求涅槃障證彼因三業名穢依外
道見於佛教中障淨信心不信名穢
以能擾濁淨信心故從彼所起三業
名濁又墮斷常違處中行從彼所起
身語意業違直道義故立曲名由損
減見所起諸業能穢淨法故立穢名
穢名必依極穢義故薩迦耶見所起
諸業能障無我真實淨見依障淨義
故立濁名又經中說業有四種謂或
有業黑黑異熟或復有業白白異熟
或復有業黑白黑白異熟或復有業
非黑非白無異熟能盡諸業經雖略
示而不廣釋今應釋彼其相云何頌曰
依黑黑等殊　所說四種業　惡色欲界善
能盡彼無漏　應知如次第　名黑白俱非
論曰佛依業果性類不同所治能治
殊說黑黑等四諸不善業一向名黑
以具染汙黑不可意黑故異熟亦黑
不可意故色界善業一向名白不為
一切不善煩惱及不善業所雜故

異熟亦白是可意故非無色者多闕
減故欲界善業名為黑白惡所雜故
異熟亦黑白非愛果雜故此黑白名
依相續立非據自體互相違故欲界
惡強非善勢羸故惡業果得純黑名
諸無漏業能永斷盡前三業者名第
四業此無漏業非染汙故得非黑名
非順愛故又不能感白異熟故說名
非白然大空經說無學法是純白者
以無學法於超諸染身中可得非如
學法非超諸染身中可得諸無漏業
為皆能盡前三業不不尒云何頌曰
四法忍離欲　前八無間俱　十二無漏思
唯盡純黑業　離欲四靜慮　第九無間思
一盡雜純黑　四令純白盡
論曰於見道中四法智忍及於修道
離欲染位前八無間聖道俱行有十
二思唯盡純黑離欲界染第九無間
聖道俱行一無漏思雙令黑白及純
黑盡此時總斷欲界善故亦斷第九
不善業故離四靜慮一一地染第九
無間道俱行無漏思此四唯令純白
業盡所餘諸業無異熟故非所明故

於此不論故於此中唯說十七與無
間道俱行聖思能永盡前三有漏業
雖盡諸業是聖慧解然於此中說近
對治雖身語業亦近治三非慧相應
故此不說何緣諸地有漏善業唯最
後道能斷非餘以諸善法非自性斷
已斷有容現在前故然由緣彼煩惱
盡時方說名為斷彼善法尒時善法
得離繫故由此乃至緣彼煩惱餘一
品在斷義不成善法尒時猶被縛故
頌曰
有說地獄受　餘欲業黑雜　有說欲見滅
餘欲業黑俱
論曰第一第三皆有異說有餘師說
順地獄受及欲界中順餘受業如次
名為純黑雜業謂地獄異熟唯不善
業感故順彼受名純黑業唯除地獄
餘欲界中異熟皆通善惡業感故順
彼受名黑白業如是所說前已遮遣
謂善無能雜不善故有餘師說欲見
所斷及欲界中所有餘業如次名為
純黑俱業謂見所斷無善雜故名純
黑業欲修所斷有善不善故名俱業

此亦非理二所斷中俱有業不能感異熟果故若謂此中所說三業撥有異熟說非無異熟者不應簡言欲見所滅又強力業理必不應為力劣者之所㪅雜是故不應說修所斷諸不善業亦得雜名亦不應言欲界有善力勝不善㪅伏惡業非所許故所以者何以欲界善非數行故無有能感一劫果故

說一切有部顯宗論卷第二十一

甲辰歲高麗國大藏都監奉
勅彫造

阿毗達磨藏顯宗論卷第二十一

校勘記

一　底本，麗藏本。
一　二六八頁中末行首字「勝」，南、徑、清作「分」。
一　二六八頁下三行「二種」，諸本（不含石，下同）作「三種」。
一　二六九頁中一五行第一一字「惑」，諸本作「或」。二七二頁上一〇行第三字同。
一　二六九頁下二〇行第九字「名」，諸本作「多」。
一　二七〇頁上四行第八字「息」，資作「思」。
一　二七一頁下末行「十一位」，諸本作「十一住」。
一　二七二頁上一九行第一一字「起」，清作「趣」。
一　二七二頁中一〇行第六字「今」，資、磧、普、南、徑、清作「令」。
一　二七二頁下一七行「一分」，磧、南、徑、清作「二分」。
一　二七二頁下一八行「一一」，諸本作「二」。
一　二七三頁下三行第六字「苦」，磧作「若」。
一　二七四頁上一行「濁者」，諸本作「穢者」。
一　二七四頁上四行第二字「求」，諸本作「永」。
一　二七四頁下二行第七字「能」，諸本作「於」。
一　二七四頁下三行第八字「解」，諸本作「能」。
一　二七五頁上六行第五字「離」，諸本作「雜」。

阿毗達磨藏顯宗論卷第二十二　好

尊者衆賢造

三藏法師玄奘奉　詔譯

辯業品第五之五

又經中說有三牟尼又經中言有三清淨俱身語意相各云何頌曰

無學身語業　即意三牟尼　三清淨應知　即諸三妙行

論曰無學身業名身牟尼無學語業名語牟尼即無學意名意牟尼非意牟尼意業為體何緣唯說色識蘊中有是牟尼非於餘蘊有餘師說舉後及初類顯中間亦有此義如實義者勝義牟尼唯心為體故契經說心寂靜故有情寂靜此心牟尼由身語業離衆惡故可以比知意業於中無能比用唯能所比合立牟尼何故牟尼唯在無學以阿羅漢是實牟尼諸煩惱言永寂靜故諸身語意三種妙行名身語意三種清淨無漏妙行永離惡行煩惱垢故可名清淨有漏妙行猶為惡行煩惱垢汙如何清淨此亦

暫時能離惡行煩惱垢故得清淨名或此力能引起無漏勝義清淨故立淨名若謂此亦能引煩惱垢故謂作煩惱等無間緣是則不應名清淨者此亦非理善心起時非為染心起加行故染心無間無漏不生有漏善心能引無漏故有漏善得清淨名頓無漏心能除纖故說此二者為息有情計邪牟尼邪清淨故又經中說有三惡行又經中言有三妙行俱身語意相各云何頌曰

惡身語意業　說名三惡行　及貪瞋邪見　三妙行翻此

論曰一切不善身語二業加行後起及與根本并不善思如次名身語意惡行然意惡行復有三種謂非意業貪瞋邪見豈不契經亦說貪等名為意業如何今說貪瞋邪見非意業耶是業資糧故亦名業如漏資糧亦名漏等是諸聖賢所訶猒故又能感得非愛果故此行即惡故名惡行三妙行者翻此應知謂一切善身語二業加行後起及與根本并諸善思如次

名身語意妙行然意妙行復有三種非業無貪無瞋正見智所讚故感愛果故此行即妙故名妙行正見邪見雖非益損他而為彼本故亦成善惡又經中言有十業道或善或惡其相云何頌曰

所說十業道　攝惡妙行中　麁品為其性　如應成善惡

論曰於前所說惡妙行中若麁顯易知攝為十業道如應若善攝前妙行不善業道攝前惡行不攝何等妙惡行耶加行後起等彼非麁顯故且於不善十業道中若身惡行令他有情失命失財失妻妾等說為業道令遠離故若語惡行過失尤重說為業道令遠離故若意惡行重貪瞋等說為業道令遠離故加行後起及餘過輕并不善思皆非業道善業道中身善業道於身妙行不攝一分謂加行後起及餘善身業即離飲酒斷草施等語善業道於語妙行不攝一分謂愛語等意善業道於意妙行不攝一分謂諸善思十業道中前七業道為皆

定有表無表耶不尒云何頌曰

惡六定無表　彼自作婬二　善七受生二
定生唯無表

論曰七惡業道中六定有無表謂煞生等除欲邪行非如是六若遣他為至根本時有表生故若有自作彼六業道則六皆有表無表二謂起表時彼便死等後方死等與遣使同根本成時唯無表故唯欲邪行必具二種要是自身所究竟故非遣他作如自生喜七善業道若從受生必皆具二謂表無表受生尸羅必依表故靜慮無漏所攝律儀名為定生此唯無表但依心力而得生故加行後起如根本耶不尒云何頌曰

加行定有表　無表或有無　後起此相違

論曰業道加行必定有表此位無表或有或無若猛利纏淳淨心起則有無表異此則无後起翻前定有無表此位表業或有或無第二刹那無表為始名為後起故此定有若於尒時起隨前業則亦有表異此便無於此義中建立業道加行根本後起異相

如順正理廣辯應知又契經說苾芻當知煞有三種一從貪生二從嗔生三從癡生乃至邪見有三亦尒豈諸業道於究竟時皆由三根佛作是說非諸業道於究竟時皆由三根加行有異云何有異頌曰

加行三根起　彼無間生故　貪等三根生

論曰不善業道加行生時一一由三不善根起依先等起故作是說煞生加行由貪起者如有貪彼齒髮身分或為得財或為戲樂或為拔濟親友自身從貪引起煞生加行從瞋起者如為除怨發憤恚心起煞加行從癡起者如波剌斯作如是說父母老病若令命終便生勝福以令解脫現在衆苦新得勝身明利根故又謂是法祠中煞生又諸王等依世法律誅戮怨敵除剪凶徒謂成大福起煞加行又外道言虵蝎蚿等為人毒害煞便獲福羊鹿水牛及餘禽獸本擬供食故煞無罪又因邪見煞害衆生此等加行皆從癡起餘六加行從三根生如順正理廣辯其相貪等加行如何從

三以從三根無間生故謂從貪等三不善根無間各容生三業道由此已顯從貪瞋癡無間相應生三加行依無間義亦生業道已說不善從三根生善復云何頌曰

善於三位中　皆三善根起

論曰諸善業道所有加行根本後起皆從無貪无瞋無癡善根所起以善三位皆是善心所等起故善心必與三種善根共相應故此善三位其相云何謂遠離前不善三位所有三位應知是善且如勤策受具戒時來入戒壇礼苾芻衆至誠發語請親教師乃至一白二羯磨等皆名為善業道加行第三羯磨竟一刹那中表无表業名根本業道從此以後至說四依及餘依前相續隨轉表無表業皆名後起如先所說非諸業道於究竟位皆由三根應說由何根究竟何業道頌曰

煞麁語瞋恚　究竟皆由瞋　盜邪行及貪
皆由貪究竟　邪見癡究竟　許所餘由三

論曰惡業道中煞生麁語瞋恚業道

由瞋究竟要無所顧極麁惡心現在前時此三成故諸不與取欲邪行貪此三業道由貪究竟要有所顧極染汙心現在前時此三成故邪見究竟要由愚癡由上品癡現前成故虛誑離間雜穢語三一一許容由三究竟以貪瞋等現在前時一一能令此三成故諸惡業道何處起耶頌曰

有情具名色　名身等處起

論曰如前所說四品業道三三一三隨其次第於有情等四處而生謂煞等三有情處起要待有情此業道生故非唯待外物此業道生豈不此三亦名色處起一蘊一念亦得名色名此三要託諸蘊摠故偷盜等三眾具處起於他有情所受用物欲攝屬已業道方成雖待有情而眾具勝故說三種託眾具成唯邪見一名色處起由此撥無名色法故雖此亦撥涅槃為無而名色門撥無永滅謂尚無苦況苦涅槃是故但言名色處起豈不邪見亦撥有情何故但言名色處起由此緣別名色亦生但撥有情所依名

色撥能依假不說自成又聖教中有無有情理必無名色亦無同有情撥實為無重故成業道撥無假法輕故非業道是故不言有情處起虛誑語等三名身等處起語體必依名等起故語雖亦託有情等生而正親依名託名身等者或依不共處立業道無身等起又雜穢語不待有情无有不失麁語雖依名身等起恐謂唯依外此業道亦成故說唯依有情處起又發麁語不假餝詞故不說依名身等起由何建立煞業道成謂由加行及由果滿於此二分隨闕一時不為煞生根本罪觸頗有煞者起煞加行及令果滿而彼不為煞罪觸耶曰有云何頌曰

俱死及前死　無根依別故

論曰若能煞者起煞加行定欲煞他與所煞生俱時捨命或在前死彼能煞者業道不成所以者何以所煞者命未斷故以能煞者其命已終別依生故謂煞加行所依止身今已斷滅雖有別類身同分生非罪依止此曾

未起煞生加行成煞業道理不應然若有多人集為軍眾欲煞怨敵或獵獸等於中隨有一煞生時何人得成煞生業道頌曰

軍等若同事　皆成如作者

論曰於軍等中若隨有一作煞生事如自作者一切皆成煞生業道由彼同許為一事故如為一事展轉相教故一煞生餘皆得罪若有他力逼入此中因即同心亦成煞罪唯除若有立誓要期救自命緣亦不行煞無煞心故不得煞罪今應別辯十業道相謂齊何量名為煞生乃至齊何名為邪見且先分別煞生相者頌曰

煞生由故思　他想不誤煞

論曰要由先發欲煞故思於他有情他有情想作煞加行不誤而煞謂唯煞彼不濫煞餘齊此名為煞生業道有懷猶豫為杌為人設復是人為彼非彼因起決志若是若非我定當煞由心無顧若煞有情亦成業道如是業道若定若疑但具煞緣皆有成理於刹那滅行煞罪如何成以起惡心

行煞加行令所煞者現命滅時不能為因引同類命障應生命令永不生故名煞生由斯獲罪已分別煞生當辯不與取頌曰

不與取他物　力竊取屬己

論曰前不誤等言如應流至後謂要先發欲盜故思於他物中起他物想或力或竊起盜加行不誤而取令屬己身齊此名為不與取罪若有盜取窣堵波物於佛得罪佛將涅槃總受世間所施物故盜亡僧物已作羯磨於界內僧得偷盜罪羯磨未了於一切僧若盜他人及鳥馬等出所住處業道方成已辯不與取當辯欲邪行頌曰

欲邪行四種　行所不應行

論曰總有四種行不應行皆得名為欲邪行罪一於非境謂他所護或母或父或父母親乃至或失所守護境二於非道謂設己妻口及餘道三於非處謂於制多寺中迥處四於非時謂懷胎時飲兒乳時受齋戒時有說若夫許受齋戒而有所犯方謂非時

既不誤言亦流至此若於他婦謂是己妻或於己妻謂為他婦道非道等但有誤心雖有所行而非業道若於此他婦作餘他婦想行非梵行有說亦成加行受用時並於他境故有說如煞業道不成加行究竟時前境各別故苾芻尼等如有戒妻若有侵趣亦成業道已辯欲邪行當辯虛誑語頌曰

染異想發言　解義虛誑語

論曰說聽力故成虛誑語謂於所說異想發言及所誑者解所說義染心不誤方成業道所誑未解雜穢語攝語多字成要最後念表無表業方成業道或隨所誑解義即成前字俱行皆此加行此中解義攝所誑者能解名解非正解義齊何名為能解正解前謂解者住耳識時後謂正能分別其義若正解義義意識知語表耳識俱時滅故應此業道唯無表成是故理應善義言者住耳識住業道即成能誑具足表無表故有言所誑隨解不解但異想說業道即成不尒此同

離間語故隨忍不忍要解方成經說諸言略有十六謂於不見不聞不覺不知事中言實見等所見等中言不見等如是八種名非聖言不見等中言不見等所見等中言實見等如是八種名為聖言何等名為所見等相頌曰

由眼耳意識　并餘三所證　如次第名為
所見聞知覺

論曰若境由眼耳意餘識所證如次名所見等鼻舌身根取至境故總名為覺餘經定說三根所取為所覺故經言大母汝意云何諸所有色非汝眼見非汝曾見非汝當見非希求見汝為因此起欲起貪起親起愛起阿賴耶起尼延底起執著不不尒大德諸所有聲非汝耳聞廣說乃至諸所有法非汝意知廣說乃至不尒大德復告大母汝於此中應知所見唯有所見應知所聞所覺所知唯有所聞所覺所知此經既於色聲法境說為所見所聞所知准此於餘定立所覺若不許尒所覺是何又香等三所見

等外於彼三境應不起言已辯虛誑
語當辯餘三語頌曰
染心壞他語　說名離間語　非愛麤惡語
諸染雜穢語　餘說異三染　佞歌邪論等
論曰若染汙心發壞他語若他壞不
壞俱成離間語解義不誤流至此中
若以染心發非愛語毀呰於他名麤
惡語前染心語流至此故解義不誤
亦與前同一切染心所發諸語名雜
穢語皆雜穢故唯前語字流至此中
有說異前三餘染心所發佞歌邪論
等方雜穢語收佞謂妄誓邪求名利
發諂愛語歌謂倡伎染心悅他作諸
諂曲及染心者諷吟相調邪論者謂
勝數明等述惡見言等謂染心所發
悲嘆及戲論語輪王現時歌詠等語
隨順出離與染相違故彼皆非雜穢
語攝有說彼有嫁娶等言雜穢語收
非業道攝薄塵類故不引無表非无
無表可業道攝已辯三語當辯意三
頌曰
惡欲他財貪　憎有情瞋恚　撥善惡等見
名邪見業道

論曰於他財物非理躭求欲令屬已
或力或竊如是惡欲名貪業道於有
情類起憎恚心欲為逼迫名瞋業道
於善惡等惡見撥無此見名為邪見
業道舉初攝後故說等言具足應如
契經所說謗因謗果二世尊等揔十
一類邪見不同謂無施與乃至廣說
如是已辯十業道相依何義釋諸業
道名頌曰
此中三唯道　七業亦道故
論曰十業道中後三唯道業之道故
立業道名彼相應思說名為業彼轉
故轉彼行故行如彼勢力而造作故
前七是業身語業故亦業之道思所
遊故由能等起身語業思託身語業
為境轉故業業之道立業道名故於
此中言業道者具顯業道業業道義
雖不同類而一為餘世記論中俱極
成故或業之道故名業道亦業亦道
故名業道具足應言業道業道以一
為餘但言業道善業道義類此應知
加行後起應名業道思亦緣彼為境
轉故理亦應說而不說者為本依本

彼方轉故先說麤品為業道故內外
增減隨根本故一切惡業道皆現善
相違斷諸善根由何業道斷續善根
差別云何頌曰
唯邪見斷善　所斷欲生得　撥因果一切
漸斷二俱捨　人三洲男女　見行斷非得
續善疑有見　頓現除逆者
論曰惡業道中唯有上品圓滿邪見
能斷善根若爾何緣本論中說云何
上品諸不善根謂諸不善根能斷善
根者或離欲位最初所除由不善根
能引邪見故邪見事推在彼根如火
燒村火由賊起故世間說彼賊燒村
何等善根為此所斷謂唯欲界生得
善根色無色善先不成故施設足論
說斷三界善者依上善根得更遠說
令此相續非彼器故何緣唯斷生得
善根加行善根先已退故此斷善根
何因何位謂有一類成極暴惡意樂
隨眠後遂惡友緣力所資轉復增盛
故善根減不善根增後起撥因撥果
邪見令一切善皆悉隱沒由此相續
離善而住此因此位斷諸善根邪見

有二謂自界緣及他界緣或有漏緣及無漏緣誰能斷善應言一切能斷善根九品善根為可頓斷如見道斷見所斷耶不尒云何謂漸次斷九品邪見九品善根順逆相望漸次斷故如修道斷修所斷惑既如修道斷所斷惑理於中間通起不起諸律儀果有從加行有從生得善心所生隨捨彼因即便捨彼為在何處能斷善根人趣三洲非在惡趣染不染慧不堅牢故亦非天趣現見善惡諸業果故言三洲者除北俱盧彼無極惡阿世耶故如是斷善依何類身唯男女身志意定故為何行者能斷善根唯見行人非愛行者諸見行者惡阿世耶極堅深故諸愛行者惡阿世耶極躁動故由斯理趣遮扇搋等又此類人如惡趣故此善根斷其幹是何善斷應知非得為體以重邪見現在前時能令善根成就得滅不成就得相續而生故斷善體即是非得前已成立非得實有善根斷已由何復續由疑有見謂續善位或由因力或依善友

有於因果欻復生疑所招後世為無為有有於因果欻生正見定有後世先執是邪尒時善根成就得還起不成就得滅名續善根九品善根頓續漸起如頓除病氣力漸增於現身中能續善不亦有能續除造逆人有餘師言斷見增者亦非現世能續善根依彼二人經作是說彼定於現法不能續善根彼人定從地獄將歿或即於彼將受生時能續善根非餘位故言將生位謂中有中將歿時言謂彼將死若由因力彼斷善根將死時續若由緣力彼斷善根將生時續由自他力應知亦尒又意樂壞非加行壞斷善根者現世能續若二俱壞斷善根者要身壞後方續善根見戒相對應知亦尒非劫將壞及劫初成有斷善根相續潤故斷善邪見四句差別斷善邪見破僧妄語當知定招無間異熟已乘義便辯斷善根今應復明本業道義所說善惡二業道中有幾並生與思俱轉頌曰

業道思俱轉　不善一至八　善揔開至十

別遮一八五

論曰於諸業道思俱轉中且不善與思從一唯至八一俱轉者謂離所餘貪等三中隨一現起若先加行所造惡業貪等餘染及不染心現在前時隨一究竟二俱轉者謂行邪行若自行煞盜雜穢語或遣他為隨一成位貪瞋邪見隨一現前若先加行所造惡業貪等餘染及不染心現在前時隨二究竟三俱轉者謂先加行所造惡業貪等起時隨三究竟若遣一使作煞等一自行婬等俱時究竟若自作二如理應思若先加行所造惡業貪等餘染及不染心現在前時隨三究竟若起貪等餘染心時自成業攝離間虛誑語業等使作一等如理應思四俱轉者謂欲壞他說虛誑言或麁惡語意業道一語業道三若遣二使自行婬等若先加行所造惡業貪等起時隨三究竟如是等類准例應思五六七俱如理應說八俱轉者謂先加行作六惡業自行邪欲俱時究竟餘例應思後三不俱故無九十如

是已說不善業道與思俱轉數有不同善業道與思捴開容至十別據顯相違一八五二俱轉者謂善五識及依無色盡無生智現在前時無散善七此相應慧非見性故無色定俱無律儀故三俱轉者謂與正見相應意識現在前時無七色善四俱轉者謂惡無記心現在前位得近住近事勤策律儀六俱轉者謂善五識現在前時得上三戒七俱轉者謂善意識無隨轉色正見相應現在前時得上三戒或惡無記心現前時得苾芻戒九俱轉者謂善五識及依無色盡无生智現在前時得苾芻戒或靜慮攝盡無生智相應意識現在前時十俱轉者謂善意識無隨轉色正見相應現在前時得苾芻戒諸許亦用加行善心受散律儀作是通說或餘一切有隨轉色正見相應心正起位別據顯相所遮如是通據隱顯則無所遮謂離律儀有一八五一俱轉者謂惡無記心現在前時得一支遠離五俱轉者謂善意識無隨轉色正見相應現

在前時得二支等八俱轉者謂此意識現在前時得五支等善惡業道於何界趣處幾唯成就幾亦通現行

頌曰

不善地獄中　麁雜瞋通二　貪邪見成就

北洲成後三　雜語通現成　餘欲十通二

善於一切處　後三通現成　無色无想天

前七唯成就　餘處通成現　除地獄北洲

論曰且於不善十業道中㮈落迦中三通二種謂麁惡語雜穢語瞋三種皆通現行成就苦逼相罵故有麁惡語怨嘆悲叫故有雜穢語身心麁強儱戾不調由手相憎故有瞋恚貪及邪見成而不行無可愛境故現見業果故無相害法故無煞生謂彼但由業盡故死無攝財女故無盜婬以無用故無虛誑語或虛誑語令他想倒彼想常倒故無誑語彼常離故或無用故無離間語北俱盧洲貪瞋邪見皆定成就而不現行不攝我所故身心柔軟故無惱害事故無惡意樂故唯雜穢語彼通現成由彼有時染心歌詠壽量定故無有煞生無攝財物

及女人故無不與取及欲邪行無誑心故無虛誑語或無用故常和穆故無離間語言清美故無麁惡語除前地獄北俱盧洲餘欲界中十皆通二謂於欲界天鬼傍生及人三洲十惡業道皆通成現然有差別謂天鬼傍生前七業道唯有處中攝無不律儀人三洲中二種俱有已說不善善業道中無貪等三於三界五趣皆通二種謂成就現行身語七支无色無想但容成就必不現行謂聖有情生无色界成就過未無漏律儀無想有情必成過未第四靜慮靜慮律儀然聖隨依何靜慮地曾起曾滅無漏尸羅生無色時成彼過去若未來世六地皆成二處皆無現起義者無色唯有四蘊性故無想有情無定心故律儀必託大種定心二處互無故不現起餘界趣處除地獄北洲七善皆通現行及成就然有差別謂鬼傍生有離律儀處中業道若於色界唯有律儀三洲欲天皆具二種

說一切有部顯宗論卷第二十二

阿毗達磨藏顯宗論卷第二十二

校勘記

一　底本，麗藏本。

一　二七六頁下四行首字「雖」，諸本(不含石，下同)作「離」。

一　二七六頁下末行「十業」，諸本作「十善」。

一　二七七頁上八行第一二字「同」，諸本作「因」。

一　二七七頁中末行第八字「相」，諸本作「根」。

一　二七八頁中五行首字「等」，諸本作「業」。

一　二七八頁中一九行第一一字「前」，磧、南作「何」。

一　二七八頁下一二行第七字「今」，磧、南作「令」。

一　二七九頁上一九行第一〇字「失」，資、磧、普、南、清作「夫」。

一　二七九頁中六行末字「各」，諸本作「名」。

一　二七九頁中一四行第三字「字」，磧作「子」。

一　二八〇頁中一三行第四字「行」，南作「得」。

一　二八〇頁下六行首字「漸」，資、磧、普、南作「斬」。

一　二八一頁中一八行第一〇字「見」，諸本作「定」。

一　二八二頁上九行「五識」，諸本作「意識」。

一　二八二頁中一三行「慞戾」，諸本作「慞悷」。

阿毗達磨藏顯宗論卷第二十三　好

尊者衆賢造

三藏法師玄奘奉　詔譯

辯業品第五之六

善惡業道得果云何頌曰

皆能招異熟　等流增上果　此令他受苦　斷命壞威故

論曰且先分別十惡業道各招三果其三者何異熟等流增上別故謂於十種若習若修若多所作由此力故生捺落迦是異熟果從彼出已來生此間人同分中受等流果謂煞生者壽量短促不與取者資財乏匱欲邪行者妻不貞良虛誑語者多遭誹謗離間語者親友乖離麁惡語者恒聞惡聲雜穢語者言不威肅貪者貪盛瞋者瞋增邪見者癡增上近增上果亦名等流此十所招增上果者謂外所有諸資生具由煞生故光澤尠少不與取故多遭霜雹稼穡微薄果實希少欲邪行故多諸塵埃虛誑語故多諸臰穢離間語故所居險曲麁惡語故多諸惡觸田豊荊棘磽确鹹鹵雜穢語故時候變改貪故果少瞋故果辛由邪見故果少或無是名業道增上果別為一煞業感地獄已復感短壽外惡果耶有餘師言即一煞業先受異熟次近增上後遠增上故有三果理實煞時能令所煞受苦命斷壞失威光令他苦故生於地獄斷他命故人中壽短先是加行果後是根本果根本近分俱名煞生由壞威光感惡外具是故煞業得三種果餘惡業道如理應思由此應准知善業道三果且於離煞若習若修若多所作由此力故生於天中受異熟果從彼歿已來生人中受極長壽近增上果即復由此感諸外具有大威光遠增上果餘善三果翻惡應說又契經說八邪支中分色業為三謂邪語業命離邪語業邪命是何雖離彼無而別說者頌曰

貪生身語業　邪命難除故　執命資貪生　違經故非理

論曰瞋癡所生身語二業如次唯名邪語邪業從貪所生身語二業名邪語邪業亦說名邪命以難除故異二別立貪細能棄諸有情心極聰慧人猶難禁護故此對二為極難除諸在家人邪見難斷以多妄執吉祥等故諸出家者邪命難除所有命緣皆屬他故為於正命令彼重修故佛離前別說為一有餘師執緣命資具貪欲所生身語二業方名邪命非餘貪生所以者何為自戲樂作歌儛等非資命故此違經故理定不然戒蘊經中觀象鬪等世尊亦立在邪命中邪受外塵虛延命故由此非獨命資糧貪所發身語方名邪命正語業命翻此應知諸業道中隨麁細說先身後語八道支內據順相生先語後身故契經中說尋伺已發語如前所說果有五種何等業有幾果頌曰

斷道有漏業　具足有五果　無漏業有四　謂唯除異熟　餘有漏善惡　亦四除離繫　餘無漏无記　三除前所除

論曰道能證斷及能斷惑得斷道名即無間道此道有二種謂有漏無漏

有漏道業具有五果等流果者謂自地中後等若增諸相似法異熟果者謂自地中斷道所招可愛異熟離繫果者謂此道力斷惑所證擇滅無為士用果者謂道所牽俱有解脫所修及斷言俱有者謂俱生法言解脫者謂無間生即解脫道言所修者謂未來修斷謂擇滅由道力故彼得方起增上果者有如是說謂離自性餘有為法唯除前生有作是言斷亦應是道增上果道增上力能證彼故即斷道中無漏道業唯有四果謂除異熟餘有漏善及不善業亦有四果謂除離繫異前斷道故說為餘次後餘言例此應釋謂餘無漏及無記業唯有三果除前所除謂除前所除異熟及離繫已總分別諸業有果次辯異門業有果相於中先辯善等三業頌曰

善等於善等　初有四二三　中有二三四
後二三三果

論曰寂後所說皆如次言顯隨所應遍前門義且善不善無記三業一二為因如其次第對善不善無記三法

辯有果數後例應知謂初善業以善法為四果除異熟以不善為二果謂士用及增上以無記為三果除等流及離繫中不善業以善法為二果謂士用及增上以不善為三果除異熟及離繫以無記為四果除離繫等流果者謂見苦所斷一切不善業及見集所斷遍行不善業以欲界中身邊見品諸無記法為等流故後無記業以善法為二果謂士用及增上以不善為三果除異熟及離繫等流果者謂身邊見品諸無記業以五部不善為等流故以無記為三果如不善巳辯三性當辯三世頌曰

過於三各四　現於未亦尒　現於現二果
未於未果三

論曰過去現在未來三業一一為因如其所應以過去等為果別者謂過去業以三世法各為四果除離繫現在業以未來為四果如前說以現在為二果謂士用及增上未來世業以未來為三果除等流及離繫不說後業有前果者前法定非後業果故巳

辯三世當辯諸地頌曰

同地有四果　異地二或三

論曰於諸地中隨何地業以同地法為四果除離繫若是有漏以異地法為二果謂士用及增上若是無漏以異地法為三果除異熟及離繫不隨界故不遮等流巳辯諸地當辯學等頌曰

學於三各三　無學一三二　非學非无學
有二二五果

論曰學等三業一一為因如其次第各以三法為果別者謂學業以學法為三果除異熟及離繫以無學法為三亦尒以非二為三果除異熟及等流無學業以學法為一果謂增上以無學為三果除異熟及離繫以非二為二果謂士用及增上非二業以學法為二果謂士用及增上以無學法為二亦尒以非二為五果巳辯學等當辯見所斷等頌曰

見所斷業等　一一各於三　初有三四一
中二四三果　後有一二四　皆如次應知

論曰見所斷等三業如次一一為因各以三法為果別者初見所斷業以

見所斷法為三果除異熟及離繫以修所斷法為四果除離繫以非所斷法為一果謂增上中修所斷業以見所斷法為二果謂士用及增上以修所斷法為四果除離繫以非所斷法為三果除異熟及等流後非所斷業以見所斷法為一果謂增上以修所斷法為二果謂士用及增上以非所斷法為四果除異熟皆如次者隨其所應遍上諸門略法應尒因辯諸業應復問言如本論中所說三業謂應作業不應作業及非應作非不應作其相云何頌曰

染業不應作　有說亦壞軌　應作業翻此

倶相違第三

論曰有說染汙身語意業名不應作以從非理作意生故有餘師言諸壞軌則身語意業設是不染亦不應作由彼不合世軌則故謂諸無覆無記身業若住若行若飲食等諸有不合世俗禮儀皆說名為壞軌身業諸有無覆無記語業壞形言時及作者等但有不合世俗禮儀皆說名為壞軌

語業等起前二思名壞軌意業此及染業名不應作應作業者與此相翻倶違前二是第三業若依世俗後亦可然若就勝義前說為善謂唯善業名為應作唯諸染業名不應作无覆無記身語意業名非應作非不應作然非一切不應作業皆惡行攝唯有不善是惡性故得惡行名以招愛果名為妙行招不愛果名為惡行有覆無記雖是不應作而非惡行攝由此所行決定不能招愛非愛果故今於此中復應思擇為由一業但引一生為引多生又為一生但一業引為多業引頌曰

一業引一生　多業能圓滿

論曰若依正理應決定說但由一業唯引一生此一生言顯衆同分以得同分方說名生若說一生由多業引或說一業能引多生如是二言於理何失且初有失謂一生中前業果終後業果起業果別故應有死生或應多生無死生理業果終起如一生故二倶有過一本有中應有衆多死生

有故或應乃至無餘涅槃中間永無死及生故何緣定限一趣處中有異業果生便有生死有異業果起而無死生一業果終餘業果起理定應立有死有生又許一生定為多種造作增長業所引故則應決定無中夭者或應不受果而永棄彼業然先已說先說者何謂理必無時分定業所感異熟轉餘時受又理必無時分定業非造作增長必受異熟故若謂有生由定不定多種業引或復有生唯為多種定業所引故有中夭及有盡壽此亦不然時分果業定不定受無決定故若有一類中年老年時分果業決定應受嬰孩童子少年果業不定受者彼復如何理必無容離前有後或應前位所有果業必是定受果故然於此中無決定理令前位業決定受果令後位業受果不定故無一生多業所引後亦有失一業引多生時分定業應成雜亂故此無雜乱如先已辯故無一業能引多生若尒何緣尊者無滅自言我憶昔於一時於殊

勝福田一施食異熟從茲七返生三十三天七生人中為轉輪聖帝家後生在大釋迦家豊足珎財多受快樂毗婆沙者已釋此言一施食為依起多勝思願能引位別多異熟生故作如是言一施食異熟不應異熟能復感生但為顯依一施食境起多思願所招異熟分位差別故作是言或顯初基故作是說彼由一業感一生中大貴多財及宿生智乘斯更造感餘生福如是展轉至最後身生富貴家得究竟果如有緣一迦栗沙鉢拏方便勤求息利成千倍言我本由一迦栗沙鉢拏遂至今時成大富貴是故一業唯引一生雖言一生由一業引而許圓滿由多業成譬如畫師先以一色圖其形狀後填衆彩令於此中一色所喻為一類業為一刹那若喻一類違此宗理以非一業引一生言可約一類類必多故多引一生不應理故若言一色喻一刹那非一刹那能圖形狀即所立喻於證無能令見此中喻一類業如何引業約類得成

引一趣業有衆多故此言意顯一類業中唯一刹那引衆同分同類異類多刹那業能為圓滿故說為多故如一色先圖形狀後填衆彩此言應理是故雖有同稟人身而於其中有具支體諸根形量色力莊嚴或有於前多缺減者為但由業能引滿生不尒一切業一果法勢力強故亦引滿生與此相違能滿非引如是二類其體是何頌曰

二無心定得　不能引餘通

論曰二無心定雖有異熟而無勢力引衆同分以與諸業非俱有故一切不善善有漏得亦無勢力引衆同分以與諸業非一果故諸餘不善善有漏法皆容通二謂引及滿契經中說重障有三謂業障煩惱障異熟障如是三障其體是何頌曰

三障無間業　及數行煩惱　并一切惡趣
北洲無想天

論曰業障體者謂五無間一者害母二者害父三者害阿羅漢四者破和合僧五者惡心出佛身血煩惱障體

者謂數行煩惱下品煩惱若有數行雖欲伏除難得其便由彼展轉令上品生難可伏除故亦名障上品煩惱若不數行對治道生易得其便雖極猛利而非障攝雖住欲界具縛有情平等皆成一切煩惱而現行別為障不同故煩惱中隨品上下但數行者名煩惱障異熟障體者謂三惡趣全及善趣一分即北洲無想何故名障能障聖道及道資糧并離染故雖有餘業能障見道而可轉故非如五逆毗婆沙說此五因緣易見易知說為業障謂處趣生果及補特伽羅餘障廢立如理應思此三障中煩惱最重以能發業業感果故有餘師言煩惱與業二障皆最重以有此者第二生中亦不可治故無間何義此無間業於無間生必受果故無餘生果業能障故有說造逆補特伽羅從此命終定墮地獄中無間隔故名無間三障應知何趣中有頌曰

三洲有無間　非餘扇搋等　少恩少羞恥
餘障通五趣

論曰非一切障諸趣皆有且無間業唯人三洲非北俱盧餘趣餘界於三洲内唯女及男非扇搋等如無惡戒有說父母於彼少恩彼於父母少羞恥故謂彼父母生不具身愛念又微故言恩少彼於父母慚愧亦微要懷重慚愧方觸無間罪若有人害非人父母亦不成逆罪少恩羞恥故謂彼於子無如人恩子於彼無如人慚愧已辯業障唯人三洲餘障應知五趣皆有然煩惱障遍一切處若異熟障全三惡趣人唯北洲天唯無想於前所辯三重障中說五無間為業障體五無間業其體是何頌曰

此五無間中　四身一語業　三煞一誑語
一煞生加行

論曰五無間中四是身業一是語業三是煞生一虛誑語根本業道一是煞生業道加行以如來身不可害故破僧無間是虛誑語既是虛誑語何緣名破僧因受果名或能破故若介僧破其體是何能所破人誰所成就頌曰

僧破不和合　心不相應行　無覆無記性
所破僧所成

論曰僧破體是不和合性無覆無記心不相應行蘊所攝豈成無間如是僧破因妄語生故說破僧是無間果非能破者成此僧破但是所破僧衆所成此能破人何所成就破僧異熟何處幾時頌曰

能破者唯成　此虛誑語罪　無間一劫熟
隨罪增苦增

論曰能破僧人成破僧罪此破僧罪誑語為性即僧破俱生語表無表業此必無間大地獄中經一中劫受極重苦餘逆不必生於無間然此不經一大劫者欲界無有此壽量故一中劫時亦不滿足經說天授人壽四万歲時来生人中證獨覺菩提故然不違背壽一劫言一劫少分中立一劫名故現有一分亦立全名如言此曰我有障等若造多逆初一已招無間獄生餘應無果无無果失造多逆人唯一能引餘助滿故隨彼罪增苦還增劇謂由多逆感地獄中大柔軟身

多猛苦具受二三四五倍重苦或無中夭受苦多時如何可言餘應無果誰於何處能破於誰破在何時經幾時破頌曰

苾芻見淨行　破異處愚夫　忍異師道時
名破不經宿

論曰能破僧者要大苾芻必非在家苾芻尼等以彼依止無威德故唯見行人非愛行者以惡意樂極堅深故於染淨品俱躁動故要住淨行方能破僧以犯戒人無威德故即由此證造餘逆後不能破僧以造餘逆及受彼果處無定故於斯且舉淨行為初類顯端嚴語具圓等醜陋訥等無破能故要異處破非對大師以諸如来不可輕逼言詞威肅對必無能唯破異生非破聖者他不能引得證淨故有說得忍亦不可破由決定忍佛所說故為含二義說愚夫言要所破僧忍師異佛忍異佛說有餘聖道應說僧破在如是時此夜必和不經宿住如是名曰破法輪僧能障佛法輪壞僧和合故謂由僧壞邪道轉時聖道

被遮暫時不轉言邪道者提婆達多妄說五事為出離道一者不應受用乳等二者斷肉三者斷鹽四者應被不截衣服五者應居聚落邊寺衆若忍許彼所說時名破法輪亦名僧破何洲人幾破法輪僧破羯磨僧何洲人幾頌曰

贍部洲九等　方破法輪僧　唯破羯磨僧
通三洲八等

論曰唯贍部洲人少至九或復過此能破法輪非於餘洲以無佛故要有佛處可立異師要八苾芻分為二衆以為所破能破第九故衆極少猶須九人等言為明過此無限唯破羯磨通在三洲極少八人多亦無限通三洲者以有聖教及有出家弟子衆故要一界中僧分二部別作羯磨故須八人過此無遮故亦言等於何時分容有破僧破羯磨僧從結界後迄今亦有至法未滅破法輪僧除六時分何等為六頌曰

初後皰雙前　佛滅未結界　於如是六位
無破法輪僧

論曰初謂世尊成佛未久有情有善阿世耶故惡阿世耶猶未起故後謂善逝將般涅槃聖教增廣善安住故必僧和合佛方涅槃有餘師言證法性定故衆咸憂慼故非初非後於聖教中戒見二皰若未起位亦無破僧要見皰生方敢破故未立止觀第一雙時法尒由彼速還合故佛滅後時他不信受無有真佛為敵對故未結界時無一界內僧分二部可名僧破於此六位無破法輪如是破僧諸佛皆有不尒要有宿破他業於此賢刧迦葉波佛時釋迦牟尼曾破他衆故且止傍論應辯逆緣頌曰

棄壞恩德田　轉形亦成逆　母謂因彼血
誤等無或有　打心出佛血　害後無學无

論曰何緣害母等成無間非餘由棄恩田壞德田故謂害父母是棄恩田如何有恩身生本故如何棄彼謂捨彼恩德田謂餘阿羅漢等具諸勝德及能生故壞德所依故成逆罪若有父母子初生時為煞棄於犲狼路等或於胎中方便欲煞由定業力子不

命終彼有何恩棄之成逆彼定由有不活等畏於子事急起欲煞心煞棄等時必懷悲愍數數緣子愛戀纏心若棄此恩下逆罪觸為顯逆罪有下中上故說棄恩皆成逆罪或由母等田器法然設彼無恩但害其命必應無間生地獄中諸聡慧人咸作是說世尊於法了達根源作如是言但應深信父母形轉煞成逆耶逆罪亦成依止一故設有女人羯剌藍墮餘女收取置產門中生子煞何成害母逆因彼血生者識託方增故第二女人但如養母鞞諸所作皆應諮決而害但成無間同類故唯人趣結生勝緣害成害母逆非唯持養者若於父母起煞加行誤煞餘人無無間罪於非父母起煞加行誤煞父母亦不成逆若一加行害母及餘二無表生表唯逆罪以無間業勢力強故鳴尊者言亦有二表表是積集極微成故今觀彼意表有多微有逆罪收有餘罪攝有於阿羅漢無阿羅漢想亦無決定解此非阿羅漢無簡別故害成逆罪

非於父母全與此同以易識知而不識者雖行煞害無棄恩心阿羅漢人無別標相既難識是亦難知非故湯心煞亦成無間若有害父父是阿羅漢得一逆罪以依止一故然顯一逆由二緣成或以二門訶責彼罪故告始大持汝已造二逆所謂害父殺阿羅漢若於佛所惡心出血一切皆得無間罪耶要以煞心方成逆罪打心出血無間則無无決定心壞福田故若煞加行位彼未成無學將死方得阿羅漢果能煞彼者有逆罪耶無於無學身无煞加行故若造無間加行不可轉為有離染及得聖果耶頌曰

造逆定加行　無離染得果

論曰無間加行若必定成中間決無離染得果餘惡業道加行中間若聖道生業道不起轉得相續定違彼故非已見諦者業道罪所觸然我所宗無間加行總說有二一近二遠近不可轉遠有轉義於諸惡行無間罪中何罪最重於諸妙行世善業中何最大果頌曰

破僧虛誑語　於罪中最大　感第一有思　世善中大果

論曰為破僧故發虛誑語諸惡行中此罪最大如何此罪虛誑語攝由所發言依異想故謂彼於法有法想於非法有非法想於大師有大師想於已身有非一切智想然由深固惡阿世耶隱覆此想作別異說設有不以異想破僧則不能生劫壽重罪何緣此罪惡行中最由此毀傷佛法身故障世生天解脫道故感第一有異熟果思於世善中為最大果能感最極靜異熟故約異熟果故作是說如其通就五果說者是則應說與金剛喻定相應思能得大果謂此能得異熟果外諸有為無為四阿羅漢果雖諸無漏無間道思皆除異熟得餘四果然此所得最為殊勝諸結永斷為此果故為簡此故說世善言為唯无間罪定生地獄諸無間同類亦定生彼非定無間生非無間業故無間同類其相云何頌曰

汙母無學尼　煞住定菩薩　及有學聖者

奪僧和合緣　破壞窣堵波　是無間同類

論曰言同類者是相似義若有於母阿羅漢尼行非梵行為極汙辱是名害母同類業相若有煞害住定菩薩是名害父同類業相若有煞害有學聖者是名第三同類業相若有侵奪僧和合緣是名破僧同類業相若有破壞佛窣堵波是名第五同類業相有異熟業於三時中極能為障言三時者頌曰

將得忍不還　無學業為障

論曰若從頂位將得忍時感惡趣業皆極為障以忍超彼異熟地故如人將離本所居國一切債主皆極為障若有將得不還果時欲界繫業皆極為障若有將得無學果時色无色業皆極為障此後二位喻說如前然於此中除順現受及順不定受異熟不定業并異熟定中非異處熟者

說一切有部顯宗論卷第二十三

甲辰歲高麗國大藏都監奉
勅彫造

阿毗達磨藏顯宗論卷第二十三

校勘記

一　底本，麗藏本。

一　二八四頁上一〇行「此力」，磧、普、南作「此方」。

一　二八四頁中一行第七字「田」，清作「由」。

一　二八五頁中一九行末字至次行首二字「現在業」，諸本（不含石，下同）作「現在世業」。

一　二八六頁中三行「前二」，諸本作「前三」。

一　二八七頁中三行末字「如」，諸本作「如以」。

一　二八八頁上七行第五字「觸」，諸本作「蠲」。

一　二九〇頁上一六行第一三字「决」，徑作「果」。

一　二九〇頁中七行「深固」，諸本作「染因」。

阿毗達磨藏顯宗論卷第二十四　好

尊者衆賢造

三藏法師玄奘奉　詔譯

辯業品第五之七

如上所言住定菩薩為從何位得住定名彼復於何說名為定頌曰

從修妙相業　菩薩得定名　生善趣貴家
具男念堅故

論曰從修能感妙三十二大士夫相異熟果業菩薩方得立住定名以從此時乃至成佛常生善趣及貴家等生善趣者謂生人天由此趣中多行善故妙可稱故立善趣名於善趣內常生貴家謂婆羅門或刹帝利巨富長者大婆羅門家於貴家中根有具缺然彼菩薩恒具勝根恒受男身尚不為女何況有受扇搋等身生生常能憶念宿命所作善事常無退屈謂於利樂一切有情一切時中一切方便心無猒倦名無退屈由無退屈故說為堅豈不未修妙相業位菩提心不退應立住定名何故要修妙相業位

菩薩方受住決定名尒時人天方共知故先時但為諸天所知或於尒時趣等覺定先唯等覺決定非餘何相應知脩妙相業頌曰

贍部男對佛　佛思思所成　餘百劫方修
各百福嚴飾

論曰菩薩要在贍部洲中方能造脩引妙相業此洲覺慧最明利故唯是男子非女等身尒時已超女等位故此不應說於前頌中恒受男身義已顯故造此業時唯現對佛謂親見佛不共色身相好端嚴種種奇特有欲引起感此類思不對如來無容起故此妙相業唯緣佛思佛是可欣順德境故感妙相業唯思所成非修所成不定界故所感異熟此所繫故非聞所成彼羸劣故亦非生得加行起故謂彼唯於三無數劫修行施等波羅蜜多圓滿身中方可得故唯是加行非生得善唯餘百劫造修非多一一妙相百福莊嚴此中百思名為百福謂將造一一妙相業時先起五十思淨治身器其次方起引一相業於後

復起五十善思莊嚴引業令得圓滿五十思者依十業道一一業道各起五思且依最初離煞業道有五思者一離煞思二勸導思三讚美思四隨喜思五迴向思謂迴所修向解脫故乃至邪見各五亦然有餘師言依十業道各起下等五品善思前後各然如熏靜慮有餘師說依十業道各起五思一加行淨二根本淨三後起淨四非尋害五念攝受復有師言一一相業各為緣佛未曾習思具百現前而為嚴飾百福一一其量云何有說以依三無數劫增長功德所集成身發起如斯無對無數殊勝福德量唯佛知有說若由業增上力感輪王位王四大洲自在而轉是一福量有說若由業增上力得為帝釋王二欲天自在而轉是一福量有說唯除近佛菩薩所餘一切有情所修富樂果業是一福量有餘師言此量大少應言世界將欲成時一切有情感大千土業增上力是一福量今薄伽梵昔菩薩時三無數劫中各供養幾佛頌曰

於三無數劫　各供養七万　又如次供養
五六七千佛
論曰初無數劫中供養七万五千佛次無數劫中供養七万六千佛後无數劫中供養七万七千佛三無數劫一滿時及初發心各逢何佛頌曰
三無數劫滿　逆次逢勝觀　然燈寶髻佛
初釋迦牟尼
論曰言逆次者自後向前謂於第三無數劫滿所逢事佛名為勝觀第二劫滿所逢事佛名曰然燈第一劫滿所逢事佛名為寶髻初無數劫首逢釋迦牟尼謂我世尊初發心位逢一薄伽梵号釋迦牟尼彼佛出時正居末劫滅後正法唯住千年時我世尊為陶師子於彼佛所起殷淨心塗以香油浴以香水設供養已發弘誓願願我當作佛一如今世尊故今如来二同彼我釋迦菩薩於何位中何波羅蜜多修習圓滿頌曰
但由悲普施　被折身無忿　讚歎底沙佛
次無上菩提　六波羅蜜多　於如是四位
一二又一二　如次脩圓滿

論曰菩薩發願初修施時未能遍於一切舍識施一切物唯運悲心彼於後時串習力故悲心轉盛能遍施與一切有情非一切物若時菩薩普於一切能施一切但由悲心非自希求勝生差別齊此布施波羅蜜多修習圓滿若時菩薩被折身支雖未離欲貪而心無少忿齊此戒忍波羅蜜多修習圓滿若時菩薩勇猛精進以一伽他經七晝夜讚底沙佛便超九劫齊此精進波羅蜜多修習圓滿若時菩薩處金剛座將登無上正等菩提次無上覺前住金剛喻定齊此定慧波羅蜜多修習圓滿理應此位無間方圓得盡智時此方滿故別別能到圓德彼岸故此六名波羅蜜多契經說有三福業事一施類福業事二戒類福業事三修類福業事此云何立福業事名頌曰
施戒修三類　各隨其所應　受福業事名
差別如業道
論曰三類皆福或業或事隨其所應如業道說謂如分別十業道中有業

亦道有道非業此中有福亦業亦事有福業非事有福事非業有唯是福非業非事且施類中身語二業具福業事三種義名善故是福作故亦業是能等起身語業思轉所依門故亦名事彼等起思唯名福業思俱有法唯受福名戒類既唯身語業性故皆具受福業事名修類中慈唯名福事業之事故慈相應思以慈為門而造作故慈俱思戒唯名福業餘俱有法唯受福名悲等准此皆應思擇有說福業顯作福義謂福加行事顯所依謂施戒修是福業之事為成彼三起福加行故有說唯思是真福業福業之事謂施戒修以三為門福業轉故何法名施施招何果頌曰
由此捨名施　謂為供為益　身語及能發
此招大富果
論曰雖所捨物及能捨具皆可名施而於此中所立施名但依捨具謂由此具捨事得成故捨所思是具施躰如所度境不得量名所立量名依能度具或為攝勝財藏稱譽傳習隨他

親愛親附由如是等捨事亦成然非此中正意所說為簡彼故說為供為益言於已涅槃唯為供養於餘亦為益彼大種諸根有行施時但為益彼具名何謂謂身語業及此能發能發謂何謂無貪俱能起此聚即身語業及能起心并此俱行捴名施體如有頌言

若人以淨心　輟已而行施　此剎那善蘊捴立以施名

應知如是施類福業事迴向解脫亦得離繫果而且就近決定為言但說能招大財富果依何立此大財富名以財妙廣不可奪故為何所益而行施耶頌曰

為益自他俱　不為二行施

論曰施主施時觀於二益一為自益感果善根二為益他諸根大種施主有二一有煩惱二無煩惱有煩惱者復有二種一未離欲貪二已離欲貪於此二中各有二種一諸聖者二諸異生此中未離欲貪聖者及已未離欲貪異生奉施制多唯為自益謂自增長二種善根一者能招大富為果二者為得上義資粮諸有已離欲貪聖者奉施制多除順現受不招大富由彼已能畢竟超彼異熟地故而容為得上義資粮是故亦名唯為自益非此能益他根大種故不益他無煩惱者施他有情唯為益他謂能益他諸根大種非自增長二種善根除順現受有煩惱者施他有情為二俱益無煩惱者奉施制多除順現受不為二益前已捴明施招大富今次當辯施果別因頌曰

由主財田異　故施果差別

論曰施有差別由三種因謂主財田有差別故施差別故果有差別言主財田有差別者謂如是類施主財田勝劣与餘主財田異且由施主有差別者頌曰

主異由信等　行敬重等施　得尊重廣愛應時難奪果

論曰或有施主於因果中得決定信或有施主於因果中心懷猶豫或有施主率尒隨欲或有施主具淨尸羅或少虧違或全無戒或有施主於佛教法具足多聞或有少聞或無聞等而行惠施由施主具信戒聞等差別功德故名主異由主異故施成差別由施差別得果有異諸有施主具如是德能如法行敬重等四施如次便得尊重等四果謂若施主行敬重施便感常為他所敬重若自手施便能感得於廣大財愛樂受用若應時施感應時財所須應時非餘時故若無損他施便感資財不為王火等之所侵壞由所施財有差別者頌曰

財異由色等　得妙色好名　衆愛柔軟身有隨時樂觸

論曰由所施財或闕或具色香味觸如次便得或闕或具妙色等果謂所施財色具足故便感妙色香具足故便感好名如香芬馥遍諸方故味具足故便感衆愛如味美妙衆所愛故觸具足故感柔軟身及有隨時生樂受觸若有所闕隨應果减如是亦由具色香等故名財異由財異故施體及果皆有差別由所施田有差別者頌曰

田異由趣苦　恩德有差別
論曰由所施田趣苦恩德各有差別故名田異由田異故施果有殊由趣別者如世尊說若施傍生受百倍果施犯戒人受千倍果由苦別者如七有依福業事中先說應施客行病侍園林常食及寒風等隨時食藥復說若有具足淨信男子女人成此所說七種有依福業事者所獲福德不可取量今於此中由緣差別故苦有異由除受者差別苦故果有差別由恩別者如父母師及餘有恩如熊鹿等本生經說諸有恩類於有恩所起諸惡業果現可知由此比知行報恩善其果必定由德別者如契經言施持戒人果百千倍乃至施佛果最無量雖皆無量亦有少多如殑伽河大海水滴如望財施法施為尊就財施中何為最勝頌曰
脫於脫菩薩　第八施最勝
論曰若已解脫者施已解脫田於財施中此最為勝若諸菩薩以勝意樂等欲利樂一切有情為大菩提而行

惠施雖非解脫施解脫田而施福中此最為勝除此更有八種施中第八施福亦最為勝八施者何一隨至施二怖畏施三報恩施四求報施五習先施六希天施七要名施八為莊嚴心為資助心為資瑜伽為得上義而行惠施如世尊說施聖果無量頗施非聖果亦無量耶頌曰
父母病法師　最後生菩薩　設非證聖者
施果亦無量
論曰如是五種設是異生施者亦能招無量果住最後有名最後生法師四田中是恩田所攝一切能感無量果業上下品類皆平等耶不尒云何由六因故令一切業成輕重品其六者何頌曰
後起田根本　加行思意樂　由此下上故
業成下上品
論曰後起謂作此業已或頻或數隨前而作田謂於彼造善造惡根本謂根本業道加行謂引彼身語思謂由彼業道究竟意樂謂所有意趣我應當造如是如是若有六因皆是上品

此業最重翻此最輕除此中間非最輕重如契經言審思作業名為造作亦名增長何因說業名增長耶由五種因何等為五頌曰
由審思圓滿　無惡作對治　有伴異熟故
此業名增長
論曰由審思故者謂審思而作非率尒思作亦非全不思由圓滿故者謂齊此量業應墮惡趣此業圓滿名為增長餘唯造作由無惡作對治故者謂無追悔無對治業由有伴故者謂作不善業不善為助伴由異熟故者謂時設不定定与異熟善上相違異此應知唯名造作如上所說未離欲等奉施制多唯為自益既無受用者施福如何成頌曰
制多捨類福　如慈等無受
論曰非我唯許所捨財物受者受用施福方成所許者何謂諸施福略有二類一捨二受捨類福者謂由善心但捨資財施福便起受類福者謂所施田受用施物施福方起於制多所奉施供具雖無受類有捨類福然捨

類福初捨資財此福即成對治貪故
無貪俱思所等起故捨資財已隨所
施田受用或不施福無失若不尒
者有施僧伽或別人等諸資生具
或彼未用物便壞失如是施主物應
唐捐施福不生無當果故彼既未用
福由何生用福雖無而有受福制多
無受福由何生復何因證知福生要
由受不受於彼無攝益故此非定證
所以者何如修慈等福亦生故謂修
慈定於諸有情平等發起與樂意樂
雖無受者亦無攝益而勝解力有多
福生修悲等定得福亦尒施制多福
類亦應然於有德田退生勝解起極
尊敬奉施制多雖無受者亦无攝益
由自心力有多福生然不唐捐起施
敬業要因起業方起勝思勝思方能
生勝福故有設難言於善田所植施
業種既愛果生植在惡田果應非愛
此難非理所以者何頌曰
惡田有愛果　果種無倒故
論曰現見田中種果無倒從未度迦
種苦果終不生賃婆種中不生甘果

非由田力種果有倒然由田過令所
植種或生果少或果全無如是雖於
惡田植施而由施主利樂他心唯愛
果生不招非愛已辯施類戒類當辯
頌曰
離犯戒及遮　名戒各有二　非犯戒因壞
依治滅淨等
論曰言犯戒者謂諸不善色即從煞
生乃至雜穢語此中性罪立犯戒名
遮謂佛所遮即非時食等雖非性罪
而佛為護正法有情別意遮止受戒
者犯亦名犯戒簡性罪故但立遮名
離性及遮俱說名戒此各有二謂表
無表以身語業為自性故戒具四德
得清淨名隨有所減不名清淨言四
德者一者不為犯戒所壞言犯戒者
謂審思犯二者不為彼因所壞彼因
謂貪等煩惱隨煩惱三者依治謂依
念住等此能對治犯戒及因故四者
依滅謂依涅槃迴向涅槃非有財故
等言為顯復有異說有說戒淨由五
種因一根本淨二眷屬淨三非尋害
四念攝受五迴向寂已辯戒類修類

當辯頌曰
等引善名修　極能熏心故
論曰等引善者謂於定中等持自性
及彼俱有即此名修極熏心故修是
熏義如花熏麻謂諸定善於心相續
極能熏習令成德類非不定善故獨
名修前辯施福能招大富戒修二類
所感云何頌曰
戒修勝如次　感生天解脫
論曰戒感生天修感解脫勝言為顯
就勝為言謂施亦能感生天果就勝
說戒持戒亦能感離繫果就勝說修
如是持戒亦感大富就勝說施准例
應知經說四人能生梵福一為供養
如來馱都建窣堵波於未曾處二為
供養四方僧伽造寺施園四事供給
三佛弟子破已能和四於有情普修
慈等如是梵福其量云何頌曰
感劫生天等　為一梵福量
論曰有餘師說隨福能感一劫生天
受諸快樂齊此名曰一梵福量由彼
所感受快樂時同梵輔天一劫壽故
以於餘部有伽他言

有信正見人　修十勝行者　便為生梵福
感劫天樂故
已離欲者修四無量生上界天受劫
壽樂若未離欲建窣堵波造寺和僧
能勤修習慈等加行彼亦如修無量
根本感劫天樂有餘師說此如所辯
妙相業中所說福量契經說施略有
二種一者財施二者法施財施已辯
法施云何頌曰
法施謂如實　無染辯經等
論曰若能如實為諸有情以無染心
辯契經等令生正解名為法施說如
實言顯法施主於契經等解無顛倒
說無染言顯法施主不希利養恭敬
名譽不尒便為自他俱損契經等者
等餘十一即顯契經乃至論議言契
經者謂能捴攝容納隨順世俗勝義
堅實理言如是契經是佛所說或佛
弟子佛許故說言應頌者謂以勝妙
緝句言詞隨述讚前契經所說有說
亦是不了義經言記別者謂隨餘問
酬荅辯拆如波羅衍拏等中辯或諸
所有辯曾當現真實義言皆名記別有

說是佛諸了義經言諷頌者謂以勝
妙緝句言詞非隨順前而為讚詠或
二三四五六句等言自說者謂不因
請世尊欲令正法久住覩希奇事悅
意自說妙辯等流如說此鄔伽由彼
鄔伽等言緣起者謂說一切起說所
由多是調伏相應論道彼由緣起之
所顯故言辟喻者為令曉悟所說義
宗廣引多門比例開示如長喻等契
經所說有說此是除諸菩薩說餘本
行能有所證示所化言本事者謂
說自昔展轉傳來不顯說人談所說
事言本生者謂說菩薩本所行行或
依過去事起諸言論即由過去事言
論究竟是名本事如曼駄多經若依
現在事起諸言論要由過去事言論
究竟是名本生如邏剎私經言方廣
者謂以正理廣辯諸法以一切法性
相衆多非廣言詞不能辯故亦名廣
破由此廣言能破極堅無智闇故或
名無比由此廣言理趣幽博餘無比
故有說此廣辯大菩提資粮言希法
者謂於此中唯說希奇出世間法由

此能正顯三乘希有故有餘師說辯
三寶言世所罕聞故名希法言論議
者謂於上說諸分義中無倒顯示釋
難決擇有說於經所說深義已見真
者或餘智人隨理辯釋亦名論議即
此名曰摩怛理迦釋餘經義時此為
本母故此又名為阿毗達磨以能現
對諸法相故無倒顯示諸法相故如
是所說十二分教略說應知三藏所
攝言三藏者一素怛纜藏二毗柰耶
藏三阿毗達磨藏如是三藏差別云
何未種善根未欣勝義令種欣故為
說契經已種已欣令熟相續作所作
故為說調伏已熟已作令悟解脫正
方便故為說對法或以廣略清妙文
詞綴緝雜染及清淨法令易解了名
為契經宣說修行尸羅軌則淨命方
便名為調伏善能顯示諸契經中深
義趣言名為對法或依增上心戒慧
學所興論道如其次第名為契經調
伏對法或素怛纜藏是力等流以諸
經中所說義理畢竟無有能屈伏故
毗柰耶藏是大悲等流辯說尸羅濟

惡趣故阿毗達磨藏是無畏等流真法相中能善安立問答決擇無所畏故如是等類三藏不同毗婆沙中已廣分別前已別釋三福業事今釋經中順三分善頌曰

順福順解脫　順決擇分三　感愛果涅槃
聖道善如次

論曰順福分善謂感世間人天等中愛果種子由此力故能感世間高族大宗大富妙色輪王帝釋魔王梵王如是等類諸可愛果順解脫分善謂安立解脫善阿世耶令無傾動由此決定當般涅槃辯此善根自性地等應知如辯賢聖處說順決擇分善謂煖等四此亦如後辯賢聖處說如世間所說書印筭文數此五自躰云何應知頌曰

諸如理所起　三業并能發　如次為書印
筭文數自躰

論曰如理起者正方便生三業應知即身語意能發即是能起此三如其所應受想等法此中書印以前身業及彼能發五蘊為躰非諸字像即名為書所雕印文即名為印然由業造字像印文應知名為此中書印次筭及文以前語業及彼能發五蘊為體後數應知以前意業及彼能發四蘊為體但由意思能數法故應辯聖教諸法相中少分異名令不迷謬頌曰

善無漏名妙　染有罪覆劣　善有為應習
解脫名無上

論曰善無漏法亦名為妙勝無記染有漏法故諸染汙法亦名有罪是諸智者所訶猒故亦名有覆以能覆障解脫道故亦名為劣極鄙穢故應棄捨故准此妙劣餘中已成故頌不辯即有漏善無覆无記惣名為中諸有為善亦名應習餘非應習義准已成解脫涅槃亦名無上以無一法能勝涅槃是善是常超衆法故涅槃是善極安隱故餘法有上義准已成即一切有為虛空非擇滅不異前說善常相故

說一切有部顯宗論卷第二十四

甲辰歲高麗國大藏都監奉
勅彫造

阿毗達磨藏顯宗論卷第二十四

校勘記

一　底本，麗藏本。

一　二九二頁上末行第五字「定」，諸本（不含石，下同）作「決定」。

一　二九二頁中一行第六字「决」，諸本無。

一　二九二頁中一七行第三字「彼」，徑、清作「後」。

一　二九二頁下六行第五字「各」，諸本作「名」。

一　二九二頁下一六行「而轉」，諸本作「而得」。

一　二九三頁上六行首字「一」，諸本作「於」。

一　二九三頁上七行「寶髻佛」，磧、普作「寶佛髻」。

一　二九三頁上一二行「髻初」，磧、普作「初髻」。

一　二九三頁下四行第七字「善」，諸本作「業」。

一二九三頁下二一行第一〇字「思」，徑、清作「由」。

一二九三頁下末行第五字「揃」，諸本作「角」。

一二九四頁上五行第三字「謂」，諸本無。

一二九四頁中五行第二字「此」，磧、南、徑、清作「他」。又「大種」，清作「火種」。

一二九四頁中一八行首字「主」，徑作「王」。

一二九四頁下二〇行首字「受」，磧、南、徑、清作「愛」。

一二九五頁中二〇行第七字「彼」，諸本作「後」。

一二九五頁下一九行第三字「方」，諸本作「力」。

一二九六頁上三行「不施」，諸本作「不受用物」。

一二九七頁上一行第三字「正」，磧作「立」。

一二九七頁上二〇行首字「絹」，諸本作「緝」。下同。

一二九七頁中一行「諷頌」，諸本作「諷誦」。

一二九七頁中八行第九字「令」，資、磧、普作「今」；南作「命」。

一二九七頁中九行「比例」，南作「此例」。

一二九七頁下七行第四字「此」，諸本無。

一二九七頁下一八行第四字「調」，南、徑作「詞」。

一二九七頁下一九行第一三字「戒」，諸本作「或」。

一二九八頁上一八行第五字「趣」，諸本作「起」。

一二九八頁中一五行第九字「應」，清作「磨」。

阿毗達磨藏顯宗論卷第二十五　好

尊者衆賢造

三藏法師玄奘奉　詔譯

辯隨眠品第六之一

已辯諸業契經處處說業感有然見世間已離染者雖造善業而無功能招後有果故於感有業應非因業獨為因非我所許要隨眠助方能感有故緣起教初說隨眠此復何因隨眠有幾頌曰

隨眠諸有本　此差別有六　謂貪瞋亦慢
無明見及疑

論曰以諸隨眠是諸有本要此所發業方有感有能此中有名目三有果故離染者雖造善業而無勢力招後有果如是隨眠略有六種謂貪瞋慢無明見疑頌說亦言顯同類義謂瞋如貪雖有多類而可總說為一隨眠慢等亦然故復言亦或此為顯如貪與瞋行相不同故別建立如是慢等行相雖同餘義有異故亦別立及言為顯釋據相違或顯總攝隨眠類盡

若諸隨眠數唯有六何緣經說有七隨眠頌曰

六由貪異七　有貪上二界　於內門轉故
為遮解脫想

論曰即前所說六隨眠中分貪為二故經說七欲貪有貪相差別故色无色愛佛說有貪彼貪多託內門轉故又於上二界有起解脫想為遮彼執故立有名以此有言目生身義既說有貪在上二界義准欲界貪名欲貪故於頌中不別顯示多緣五欲外門轉故如前所說六種隨眠復約異門建立為十頌曰

六由見異十　異謂有身見　邊執見邪見
見取戒禁取

論曰六隨眠中見行異為五餘非見五積數總成十即前六種復約異門成九十八其相云何頌曰

六行部界異　故成九十八　欲見苦等斷
十七七八四　謂如次具離　三二見見疑
色無色除瞋　餘等如欲說

論曰六種隨眠由行部界門差別故成九十八謂於六中由見行異建立

為十如前已辯即此所辯十種隨眠部界不同成九十八部謂見四諦修所斷五部界謂欲色無色三界且於欲界五部不同乘十隨眠成三十六謂見苦諦至修所斷如次有十七八四即上五部於十隨眠一三二一如其次第具離三見二見見疑謂見苦諦所斷具十一切皆違見苦諦故見集滅諦所斷各七離有身見邊見戒取見道諦所斷八於前七增戒取修所斷四離見及疑如是合成三十六種前三十二名見所斷纔見諦時彼即斷故最後有四名修所斷見四諦已後後時中數數習道彼方斷故由此已顯十隨眠中薩迦耶見唯在一部謂見苦所斷邊執見亦尒戒禁取通在二部謂見苦見道所斷邪見通四部謂見苦集滅道所斷見取疑亦尒餘貪等四各通五部謂見四諦及修所斷如是總說見分十二疑分為四餘四各五故欲界中有三十六此中若見緣苦為境名為見苦即是苦法苦類智忍此二所斷總說名為見

苦所斷乃至見道所斷亦然數習名修謂見迹者為得上義於苦等智數數熏習說名為修此道所除名修所斷色無色界五部各除瞋餘與欲同故各三十一由是一切正理論師以六隨眠約行部界門差別故立九十八於此所辯九十八中八十八見所斷忍所害故十隨眠修所斷智所害故約界非地建立隨眠由離界貪立遍知故謂四靜慮諸煩惱法性少相似雖有四地而合說一於四無色合說亦然經但說色貪无色貪等故何緣上界無瞋隨眠彼瞋隨眠事非有故謂於苦受有瞋隨增苦受彼無故瞋非有又彼相續由定潤故又彼非瞋異熟因故有說彼無惱害事故慈等善根所居處故諸所攝受皆遠離故言八十八見所斷等此見修斷為定尒耶不尒云何頌曰

忍所害隨眠　有頂唯見斷　餘通見修斷
智所害唯修

論曰於忍所害諸隨眠中有頂地攝唯見所斷唯類智忍方能斷故餘八

地攝通見修斷謂聖者斷唯見非修法類智忍如應斷故若異生斷唯修非見數習世俗智所斷故智所害諸隨眠一切地攝唯修所斷以諸聖者及諸異生如其所應皆由數習无漏世俗智所斷故如前所辯六隨眠中由行有殊見分為五名先已列自體如何頌曰

我我所斷常　撥無劣謂勝　非因道妄謂
是五見自體

論曰由因教力有諸愚夫五取蘊中執我我所此見名為薩迦耶見有故名薩衆謂迦耶顯此所緣有而非一即於所執我我所事執斷執常名邊執見以妄執取斷常邊故於實有體苦等諦中起見撥無名為邪見五種妄見皆顛倒轉並應名邪而但撥無名邪見者以過甚故如說臭蘇惡執惡等此唯損減餘增益故於劣謂勝名為見取有漏名劣聖所斷故執劣為勝捴名見取理實應立見等取名略去等言但名見取或見勝故但舉見名以見為初取餘法故於非因道

謂因道見一切捴說名戒禁取謂大自在時性或餘實非因妄起因執道有二種一增上生道二決定勝道投火水等種種邪行非生天因妄執為因名第一道唯受持戒禁性士夫智等非解脫因妄執為因名第二道如前除等或戒禁勝是故但立戒禁取名應知五見自體如是若於自在等非因計因如是戒禁取迷於因義此見何故非見集斷頌曰

於大自在等　非因妄執因　從常我倒生
故唯見苦斷

論曰於自在等非因計因彼必不能觀察深理但於自在等諸蘊麁果義妄謂是常一我作者此為上首方執為因是故此執見苦所斷謂執我者是有身見於苦果義妄執為我故現觀苦我執即除非我智生非於後位若有我見見集等斷於相續中我見隨故即非我智應不得生以見唯法時我見即滅故非我智起我見已除然有我見於自在等相續法中計一我已次即於彼相續法上起邊執見

計度為常由此應知於自在等法常我二執唯見苦所斷以非常等諸無漏行見苦諦時二見既滅於自在等非因計因隨二見生亦俱時滅故說計因執唯見苦所斷然於非道計為道中若違見道強即見道所斷豈不如計自在等為因執苦為因唯許見苦斷非見集斷如是亦應於非道計道執苦為道唯許見苦斷非見道斷此難不然以於苦諦見為非常等非彼對治故謂若有執自在等為因必先計為無始無終等故此因執唯見苦斷以非常等想治常等想故非見苦諦非常等時能治非道計為道執故彼道執非見苦斷由此亦遮見集所斷由見因等非彼治故謂非於集見因等時能治非道計為道執要於道諦見道等時方能治彼非道道執故彼道執應見道斷若尒如是非道道執理必應通見集滅斷謂如邪見撥無真道後即計此能得清淨此戒禁取許見道斷如是邪見撥無集滅後亦計為能得清淨彼二戒禁取

應見集滅斷此難不然體不成故謂戒禁取其體有二一非因計因二非道計道若有計彼謗集邪見能得清淨豈不此見無斷集因則不應生以都無心信有因故又苦與集無別物故自在等蘊亦應被撥若有計彼謗滅邪見能得清淨豈不此見無證滅用則不應生如何撥無滅諦見後計滅方便非不唐捐如是不成戒禁取體而言應有故彼非難如何非難見道所斷戒禁取體亦應不成以於撥無道諦見後即計有道應不成故謂緣道諦邪見或疑若撥若疑無解脫道如何即執此能得永清淨此戒禁取體非不成以許有於謗道邪見執為能證永清淨道由彼計為如理解故謂彼先以餘解脫道蘊在心中後執非謗真道邪見為如理覺言如理者彼謂撥疑真解脫道是不顛倒以如理故執為淨因由此得成戒禁取體彼心所蘊餘解脫道非見道所斷戒禁取所緣以彼唯緣自部法故道有多類於理無失若尒見滅所斷戒

取體亦應成與道同故謂有先以餘解脫處蘊在心中後執謗真解脫邪見為如理覺以如理故執為淨因如前應成戒禁取體無如是理捴許解脫是常是寂執彼謗心為清淨因理不成故如許涅槃體實非實謂若希求解脫方便彼應必定許有解脫諸許解脫決定有者必應許彼體是常寂若不許尒不應希求如正法中於涅槃體雖有謂實謂非實異而同許彼是常是寂故於非撥俱見為過如是若有以餘解脫蘊在心中彼必捴許涅槃常寂由此不執謗解脫見為如理解故見滅斷戒取定無又如天授雖捴許有常寂涅槃而離八支別計五法為解脫道外道所計理亦應然是故有於八支聖道能謗邪見謂如理覺無於謗滅謂如理解以戒禁等自體行相與聖道殊無謂涅槃常寂體相有差別者是故無滅與道同義今應思擇非道計道謂執戒禁為解脫因或執我見能證解脫此為見苦斷為見道斷耶若執二俱見苦斷

者則見道斷應畢竟無或應說別因等非道計道何緣此二見苦所斷所餘乃是見道斷耶若執二俱見道斷者應說何故見道斷耶非見道時能了彼境或了彼自體或斷彼所緣或應遍知建立理壞謂若見道所斷隨眠能緣見苦所斷為境誰遮遍知建立壞失如現觀位苦智已生集智未生見苦所斷猶為見集所斷緣縛雖以永斷未立遍知如是乃至滅智已生道智未生見苦所斷猶為見道所斷緣縛亦應雖斷未立遍知然非所許應辯理趣我宗說二俱見苦斷唯見苦所斷緣牛戒等故但計麁果為彼因故非許二俱見苦所斷見道所斷便畢竟無非道計道有二類故一緣戒禁等二緣親迷道緣戒禁等違悟道信力不如緣親迷道者緣戒禁等者行相極麁故不遠隨逐故意樂不堅故少設劬勞即便斷滅緣親迷道與此相違由此應知非道計道諸戒禁取有二類別一見苦斷二見道斷如前所說常我倒生為但有

斯二種顛倒不尒顛倒揔有四種一於非常執常顛倒二於諸苦執樂顛倒三於不淨執淨顛倒四於非我執我顛倒如是四倒其體是何頌曰

四顛倒自體　謂從於三見　唯倒推增故
想心隨見力

論曰從於三見立四倒體謂邊見中唯取常見以為常倒諸見取中取計樂淨為樂淨倒有身見中唯取我見以為我倒如是所說是一師宗然毗婆沙決定義者約部分別十二見中唯二見半是顛倒體謂有身見苦見取全邊執見中取計常分斷常二見行相乎違故可說言二體各別諸計我論者即執我於彼有自在力是我所見此即我見由二門轉豈不諸煩惱皆顛倒轉故應皆是倒非唯四種不尒違立倒相異故何謂倒相謂具三因何謂三因一向倒故推度性故妄增益故增聲亦顯體增勝故非餘煩惱具此三因謂戒禁取非一向倒所計容離欲染等故少分暫時得清淨故斷見邪見非妄增益於壞事門

此二轉故餘部見取非增勝故所餘煩惱非推度故由此顛倒唯四非餘豈不經中說諸顛倒揔有十二如契經言於非常計常有想心見倒於苦不淨非我亦然不尒想心非推度故隨見倒力亦立倒名與見相應行相同故然非受等亦如想心可立倒名有別因故謂於非常等起常等見時必由境中取常等相能取相者是想非餘故立倒名非於受等又治倒慧亦立想名謂非常等行中說為非常等想由慧與想近相資故相從立名受等不尒由所依力有倒推增取境相成故心名倒如契經說心引世間與心可立倒名世極成故謂心想倒於惑瀑流處處漂溺毗婆沙說唯想世間極成受等不然故經不說由此心想隨見倒力立顛倒名非於受等如是諸倒唯見苦斷以常顛倒等唯於苦轉故了非常等覺唯緣苦生故不應後見集滅道時方捨常樂我淨見故辯見隨眠差別相已為餘亦有差別相耶亦有云何頌曰

慢七九從三　皆通見修斷　聖如煞纏等
有修斷不行

論曰有愚癡者先於有事非有事中挍量自他心生高舉說名為慢由行轉異分為七種一慢二過慢三慢過慢四我慢五增上慢六卑慢七邪慢於他劣等族朋等中謂己勝等高舉名慢於他等勝族朋等中謂己勝等名為過慢於他殊勝族朋等中謂己勝彼名慢過慢於五取蘊執我我所心便高舉名為我慢於未證得地道斷等殊勝德中謂己證得名增上慢諸有在家或出家者於他工巧尸羅等德多分勝中謂己少劣心生高舉名為卑慢於無德中謂己有德名為邪慢言無德者謂諸惡行違功德故立無德名猶如不善然本論說慢類有九類是品類義即慢之差別九類者何一我勝慢類二我等慢類三我劣慢類四有勝我慢類五有等我慢類六有劣我慢類七無勝我慢類八無等我慢類九無劣我慢類此九皆依有身見起我勝者是過慢類我等

者是慢類我劣者是卑慢類有勝我者是卑慢類有等我者是慢類有劣我者是過慢類無勝我者是慢類無等我者是過慢類無劣我者是卑慢類是故此九從三慢出謂慢過慢及卑慢三行次有殊成三三類無劣我慢類高舉如何成謂有如斯於自所樂勝有情聚雖於己身知極下劣而自尊重如呈瑞者或栴荼羅彼雖自知世所共惡然於呈瑞執所作時尊重自身故成高舉如是七慢何所斷耶有餘師言我慢邪慢唯見所斷餘通見修理實應言七皆通二故能安隱作如是言我色等中不隨執我然於如是五取蘊中有我慢愛隨眠未斷諸修所斷聖未斷時定可現行此不決定謂有已斷而可現行如已離欲貪信苦隨眠等有雖未斷而定不行如未離欲貪聖者煞纏等言煞纏者謂由此纏發起故思斷衆生命等者等取盜婬誑纏無有愛全有愛一分無有名何法謂三界非常於此貪求名無有愛由此已簡无漏非常

彼定非貪安足處故有愛一分謂願當為藹羅伐拏大龍王等等言為顯阿素洛王北俱盧洲無想天等此煞纏等雖修所斷而諸聖者定不現行此不行因如後當釋有我慢等例亦應然無有愛中亦有見斷隨經說故言唯修斷如契經言一類若遍作如是念願我死後斷壞無有无病樂哉此愛但緣衆同分起何緣聖者有諸慢類我慢等法而不現起頌曰

慢類等我慢　惡作中不善　聖有而不起
見疑所增故

論曰等言為顯煞等諸纏無有愛全有愛一分以諸聖者善修空故善知業果相屬理故此慢類等我慢惡悔聖雖未斷而定不行又此見疑親所增故見疑已斷故不復行謂慢類我慢有身見所增煞生等纏邪見所增諸無有愛斷見所增有愛一分常見所增不善惡作是疑所增故聖身中雖有未斷而由背折皆定不行餘非見疑親所增故聖既成就容可現行九十八隨眠中幾是遍行幾非遍行

頌曰

見苦集所斷　諸見疑相應　及不共無明
遍行自界地　於中除二見　餘九能上緣
除得餘隨行　亦是遍行攝

論曰唯見苦集所斷隨眠力能遍行然非一切謂唯諸見疑彼相應不共無明非餘貪等見有七見疑有二疑相應无明即攝屬彼不共有二故成十一如是十一於諸界地中各能遍行自界地五部謂自界地五部法中遍緣隨眠為因生染是故唯此立遍行名且約界說言三十三是遍依何義立不共無明名如是說者相雜名為共此非共故立不共名即是望餘各別為義如契經說不共佛僧此顯佛僧二寶各別以不共行故名不共無明非餘隨眠相雜行故或普名共即是遍義此非共故立不共名與諸隨眠不相應故何故唯於見苦集斷諸隨眠內有遍行耶唯此普緣諸有漏法意樂无別勢力堅牢故能為因遍生五部見滅見道所斷隨眠唯有能緣有漏一分所緣有別勢不堅牢

不能為因遍生五部故唯前二部有遍行隨眠此遍隨眠具三遍義謂於五部遍緣隨眠及能為因遍生染法此相應法有二遍義謂於三義唯闕隨眠此俱有法有一遍義謂但為因遍生染法若遍行惑能緣五部薩迦耶見緣見滅道所斷法生為見何斷若見苦斷貪等亦應緣五部故唯見苦斷又如見取緣見滅道所斷能緣無漏境者以彼親迷迷滅道故亦是見滅見道所斷如是身見亦是親迷迷滅道故應見彼斷或應辯此差別因緣又如見滅見道斷見取要由遍知境所緣故斷如是身見例亦應然或復如身見遍知所緣斷如是見取例亦應然如是二途宗皆不許是故所立於理不然理必應然義有別故且初所例貪等亦應緣五部故唯見苦斷或且舉此反例身見理亦應通五部攝者此例非理貪等亦應一念頓緣五部法故謂有身見一刹那中頓緣五部受乃至識為我我所理不應言一念身見體分五部貪等皆是

自相惑故尚無一念頓緣二部況能緣五故例不成後所例言如見滅道所斷見取身見亦然俱是親迷迷滅道故應亦見滅見道斷者亦不應理薩迦耶見不能稱譽謗彼見故又所緣境無分限故非有身見要先稱譽謗滅道見方計為我亦非於境作分限緣見取必由稱譽能謗滅道邪見方計第一於所緣境作分限緣義既有殊不可為例然有身見見苦諦時遍知所緣即全永斷非見取者此有別因所緣行解等不等故謂如三界見苦所斷諸蘊非我乃至修斷諸蘊非我其相亦然故見苦時非我見起緣所見苦我見皆除計勝不然有於少法觀餘少法計為勝故由此身見隨行見取雖緣見滅道所斷法生麁故如身見唯見苦斷如緣修道所斷法生謗滅道見隨行見取雖亦緣彼所斷法生而彼望前極微細故樂淨行解所不攝故親執不欲滅道無明所引邪見為最勝故雖見苦位遍知所緣而要所緣永斷方斷是故見取

非如身見唯見苦時即全永斷故所說斷差別理成或緣見滅見道所斷見取各三謂見苦集及見滅道隨一斷故若於見滅見道所斷執果分勝是見苦斷執因分勝是見集斷若唯執彼為真實覺不偏執彼因分果分隨緣何生與彼俱斷故見取斷非如身見若有身見戒取見取頓緣五部名為遍行是則遍行非唯尒所以於是處有我見行是處必應起我愛慢若於是處淨勝見行是處必應希求高舉是則愛慢亦應遍行此難不然雖見力起而此二種分限緣故由此遍行唯有十一前說十一於諸界地中各能遍行自界地五部為有他界他地遍行簡彼故言自界自地亦有他界他地遍行謂十一中除身邊見所餘九種亦能上緣上言正明上界上地兼顯無有緣下隨眠緣下則應遍知界壞上境勝故緣无此失且欲見苦所斷邪見謗色無色苦果為無見取於中執為取勝戒取於彼非因計因疑懷猶豫無明不了見集所

斷如應當說色緣無色例此應知准界應思約地分別然諸界地決定異者欲界乃至第四靜慮有緣上界上地遍行三無色中闕緣上界有頂一地二種俱無雖有隨眠通緣自上然理無有自上頓緣以自地中諸境界事是所緣境亦所隨眠若上地中諸境界事是所緣境非所隨眠不可一念煩惱緣境有隨眠處有不隨眠勿於相應亦有尒故於上界地必頓緣耶非必頓緣或別或捴身邊見何緣不緣上界地緣他界地執我我所及計斷常理不成故謂非於此界此地中生他界地蘊中有計為我執有二我理不成故執我不成故執我所不成所執必依我執起故邊見隨從有身見生故亦無容緣他界地由此唯九緣上理成有餘師言身邊二見愛力起故取有執受為已有故以現見法為境界故必不上緣生欲界中若緣大梵起有情常見為何見攝耶理實應言此二非見是身邊見所引邪智現見蘊中執我常已於不現見此

謂如斯謂欲界生不作是執我是大梵亦不執言梵是我所故非身見身見無故邊見亦无邊見必隨身見起故非有餘見作此行相故是身邊見所引生邪智為遍行體唯是隨眠不尒云何并隨行法謂上所說遍行隨眠并彼隨行受等生等皆遍行攝同一果故然隨行中唯除諸得得與所得非一果故由是遍行因與隨眠相對具成四句差別九十八隨眠中幾緣有漏幾緣無漏頌曰

見滅道所斷　邪見疑相應　及不共無明
六能緣無漏　於中緣滅者　唯緣自地滅
緣道六九地　由別治相因　貪瞋慢二取
並非無漏緣　應離境非怨　清淨勝性故

論曰唯見滅道所斷邪見疑彼相應不共無明各三成六能緣无漏謂見滅道斷三邪見二疑相應無明即攝屬彼不共有二故合成六如是六種諸界地中能緣滅道名緣无漏餘緣有漏不說自成此無漏緣於二地各緣幾地滅道為境諸緣滅者緣自地滅謂欲界繫緣滅隨眠唯緣欲界諸

行擇滅乃至有頂緣滅隨眠唯緣有頂諸行擇滅諸緣道者緣六九地謂欲界繫緣道隨眠唯緣六地法智品道若治欲界若能治餘諸法智品皆能緣故色無色界八地所有緣道隨眠一一唯能通緣九地類智品道若治自地若能治餘諸類智品皆能緣故何緣謗苦謗集邪見欲界繫者能緣九地初靜慮者能緣八地乃至有頂唯緣彼地謗滅邪見於九地中一一唯能緣自地滅此有所以所以者何謂若有法此地愛所潤此地身見執為我我所彼諸法滅還為此地見滅所斷邪見所緣此說意言若有諸行此地我愛我見所緣彼由耽著此地行故若聞說有此地行滅便起此地邪見撥無非上行中有下耽著寧下邪見撥彼滅無雖界地相望因果隔絕而九地苦集展轉相牽又依生立因更互為因故一地邪見容有緣多滅無相牽及相因理故謗滅邪見唯緣自地滅然諸善智悟境理通容有預緣多地行滅諸邪見起於

境迷謬固執所隣不能捴緣何緣邪見緣苦集滅有通唯別緣道不然由治有殊互相因故謂所緣道雖諸地別而展轉相屬互為因果故由此邪見六九捴緣滅不相因唯緣自地豈不法類二智品道亦互相因下上邪見應俱能緣法類品道如緣苦集諸地無遮此責不然非對治故若尒六地法智品道應非欲界邪見捴緣上五地中法智品道於欲界法非對治故未至地亦非全屬上地者非欲治故治欲者亦非全邪見如是忍所治故色無色界謗道邪見應亦能緣法智品道有法智品道治色無色故若謂法智非全治彼苦集法智品非彼對治故亦非全能治色無色不能治彼見所斷故初品法智不能治彼初品煩惱非此所治故法智品非彼所緣是則應許色無色邪見不能捴緣九地類智品非類智品捴能對治上二界中諸煩惱故謂非第二靜慮地等類智品道亦能為初靜慮地等煩惱對治初靜慮等亦非全兩節推徵

如前說又緣道諦三界隨眠非苦集滅忍所對治故謗道見理應無能下上捴緣六九地道如是過網理實皆無法類相望種類別故法類智品治類同故互相因故互相緣故謂法智品道同是欲界中緣道諦惑對治種類此同類道由互相因互相緣故說非對治亦欲緣道煩惱所緣類智品道與法智品雖互相因由對治門種類別故不相緣故非欲緣道煩惱所緣准此已遮色無色界緣道煩惱亦應能緣治色無色法智品過謂於此中雖有少分法智品道能治上界少分煩惱亦互相因而由治門種類別故與類智品不相緣故非上緣道煩惱所緣於九地中類智品道由一種類展轉相因更互相緣治類同故雖非對治而可捴為上八地中緣道惑境是故如頌所說理成何故貪瞋慢及二取見無漏斷不緣無漏以諸依求真解脫者於貪煩惱定應捨離若緣無漏如善法欲希求涅槃及聖道故求解脫者不應離貪又滅道諦

應是所斷佛說離貪境名斷故如契
經說汝於色中若能斷貪色亦名斷
又於貪境見過失故方得離貪若許
有貪緣無漏者應於滅道見過失時
貪方得離此見非淨豈能盡惑又於
貪境見功德故貪方得生若許有貪
緣無漏者滅靜等行觀无漏時貪應
增長如何因此能盡諸惑既俱不盡
惑生死應無窮是故知貪不緣無漏
緣恚害事方得生瞋無漏事中離恚
害相故緣無漏瞋必不生又瞋隨眠
其相麤惡諸無漏法寂極微妙故瞋
於彼無容得行諸慢隨眠高舉相故
性不寂靜諸無漏法極寂靜故不生
高舉又生慢者作是念言我得此法
非無漏法力能為緣起如是慢以无
漏法能治慢故二取若能緣無漏者
是則應與正見相同無漏是真淨勝
性故二取既無倒應非見所斷是故
二取非無漏緣若尒有於謗涅槃者
邪見等上起瞋隨眠既稱所緣應無
有過於有過法起增背心正合其儀
應遠離故則應瞋恚非見滅斷無如

是失愚滅相者於能謗者方起瞋故
謂於餘處執解脫已於謗真解脫方
起不忍心是故要愚真滅相者方於
謗滅邪見等上起極憎背見滅斷瞋
諸有不愚真滅相者於能謗滅邪見
等上若生猒背非瞋隨眠乃是无貪
善根所攝又如腹內積多病者為活
命故雖食美食病所雜故皆成衰損
腹無病者凡有所食一切於身有益
無損如是若有於非滅中妄謂是滅
生貪愛者相續穢故於邪見等所起
憎嫌皆說名為緣見滅斷邪見等法
所起瞋恚若有如理於真滅中知是
真滅無貪愛者相續淨故於能謗滅
邪見等中所生猒背皆無過失若於
知有涅槃正見所起瞋恚見何所斷
此不應責見所斷瞋理必無容緣善
法故此緣正見定修所斷然已見諦
者此不復行緣謗滅見貪已永斷故
寧不信有緣無漏瞋豈不此瞋世現
知有謂有外道言涅槃中永滅諸根
是大衰損故我於此定不欣求此本
非瞋乃是邪見故本論說於樂計苦

是見滅斷邪見所攝理必應然以一
切苦至極樂處方得永滅極樂處者
唯真涅槃此極樂言顯勝義樂彼不
能了此樂相故又不能知生死過故
躭著諸有不樂出離故起邪見非般
涅槃寧執此為緣滅瞋恚

說一切有部顯宗論卷第二十五

甲辰歲高麗國大藏都監奉
勅彫造

阿毗達磨藏顯宗論卷第二十五

校勘記

一　底本，麗藏本。

一　三〇〇頁中九行第九字「目」，磧、南、徑、清作「自」。

一　三〇〇頁中末行第五字「謂」，諸本（不含石，下同）作「論」。

一　三〇〇頁下一六行第一二字「戒」，磧、南作「成」。

一　三〇〇頁下末行第六字「此」，磧、南作「比」。

一　三〇一頁上五行第二字「各」，諸本作「名」。

一　三〇一頁上一六行第四字「因」，諸本作「田」。

一　三〇一頁中一三行第三字「衆」，諸本作「聚」。

一　三〇二頁上五行第一一字「非」，諸本作「此」。

一　三〇四頁上一二行第五字「德」，諸本作「得」。

一　三〇四頁中一八行「隨眠」，諸本作「眠眠」。

一　三〇四頁下八行末字「哉」，諸本作「我」。

一　三〇六頁上一三行第四字「力」，清作「太」。又末字「由」，磧、普、南作「曰」。

一　三〇六頁上二一行第一一字「苦」，磧、普、南、徑、清作「若」。

一　三〇六頁中末行末字「比」，徑、清作「此」。

一　三〇六頁下一三行首字「六」，諸本作「亦」。

一　三〇六頁下一八行第四字「三」，諸本作「二」。

一　三〇七頁上八行第五字「苦」，磧、普、南、徑、清作「若」。

一　三〇七頁中一一行第五字「亦」，磧、南作「不」。

一　三〇七頁下六行第一一字「惑」，諸本作「或」。

一　三〇七頁下八行首字「説」，諸本作「設」。

一　三〇七頁下一二行第一二字「過」，諸本作「道」。

一　三〇七頁下一四行首字「少」，諸本作「上」。

一　三〇七頁下二二行「希求」，清作「若求」。

一　三〇八頁上二二行第八字「增」，諸本作「憎」。

一　三〇八頁下五行末字「般」，資、磧、普、徑作「撥」。

阿毗達磨藏顯宗論卷第二十六　好

尊者衆賢造

三藏法師玄奘奉　詔譯

辯隨眠品第六之二

九十八隨眠中幾由所緣故隨增幾由相應故隨增頌曰

未斷遍隨眠　於自地一切　非遍於自部
所緣故隨增　非無漏上緣　無攝有違故
隨於相應法　相應故隨增

論曰遍行隨眠差別有二謂於自界地他界地遍行不遍隨眠差別亦二謂有漏無漏緣且遍行中自界地者普於五部自界地法所緣隨增不遍行中有漏緣者唯於自部自界地法所緣隨增不遍行中無漏緣者及遍行中他界緣者於所緣境無隨增義所以者何彼所緣境非所攝受及相違故謂若有法為此地中身見及愛攝為已有可有為此身見愛地中所有隨眠所緣隨增理言隨增者謂諸隨眠於此法中隨住增長即是隨縛增惛滯義如衣有潤塵隨住中如有潤田種子增長非諸無漏及上地法為諸下身見愛攝為已有故緣彼下惑非所緣隨增以不隨縛增惛滯故若下地生求上地等是善法欲非謂染汙為求離染此欲生故聖道涅槃及上地法與能緣彼下惑相違故彼二亦無所緣隨增理如於炎石足不隨住如火焰中觸不增長此隨眠起親由所依然正起時兼託彼境如是已辯所緣隨增隨何隨眠於相應法由相應故於彼隨增所說隨增謂至未斷故初頌首標未斷言由此應知諸緣無漏他界地煩惱唯相應隨增諸緣有漏自界地遍具有所緣相應隨增去來隨眠有隨增不應言定有能發得故若異此者諸異生類無染心位應離隨眠然世尊言幼稚童子嬰孩眠病雖無染欲而有欲貪隨眠隨增故說隨增乃至未斷若彼已斷即無所緣相應隨增隨眠寧有彼猶不失隨眠相故謂由對治壞其勢力故不隨增然彼隨眠體相不失故言猶有或攝曾當有此用故令雖無用亦

號隨眠如失國王猶存王號工匠停作其名尚存九十八隨眠中幾不善幾無記頌曰

上二界隨眠　及欲身邊見　彼俱癡无記
所餘皆不善

論曰色無色界一切隨眠四支五支定所伏故無有勢力招異熟果故彼皆是無記性攝若謂彼能招異熟果應上二界有非愛受染招愛受理不成故然無聖道成無記失唯有漏法有異熟故此種類中無異熟者方可說為無記性故身邊二見及相應癡欲界繫者亦無記性顛倒轉故寧非不善且有身見順善行故違斷善故定非不善愛慢雖有順修福行而由見力引彼令起又斷善時為強因故背善友故欲俱不善邊執見中執斷邊者計生斷故不違涅槃順猒離門故非不善如世尊說若起此見我於一切皆不忍受當知此見不順貪欲隨順無貪乃至廣說又世尊說於諸外道諸見趣中此見最勝謂我不有我所亦不有我當不有我所當不有

執常邊見順我見生是無記理如我見說餘欲界繫一切隨眠與上相違皆是不善於此不善諸隨眠中有幾能為不善根體頌曰

不善根欲界　貪瞋不善癡

論曰唯欲界繫一切貪瞋及不善癡不善根攝如其次第世尊說為貪瞋癡三不善根體唯不善煩惱為不善法根名不善根宗義如是豈不一切已生惡法皆為後因非唯三種无越三理以不善根翻對善根而建立故何緣不建立不慢等善根五識身中無惡慢等可翻對故又具五義立不善根謂通五部遍依六識是隨眠性發惡身語斷善根時為勝加行慢等不尔如不善法有不善根無記法中有是根不亦有云何頌曰

無記根有三　無記愛癡慧　非餘二高故

外方立四種　中愛見慢癡　三定皆癡故

論曰迦濕弥羅國諸毗婆沙師　說無記根亦有三種謂諸無記愛癡慧三一切應知無記根攝慧根通攝有覆無覆根是因義无覆無記慧亦能為

因故無記根攝此三有力生諸無記何緣疑慢非無記根疑二趣轉慢高轉故謂疑猶豫二趣動轉故不立根根堅住故慢高舉相向上而轉故不立根根趣下故世間共見根相如是隱於土下故名為根是體下垂上生苗義此三如彼故亦名根餘非隨眠或無勝用故不立彼為無記根外方諸師立此有四謂諸無記愛見慢癡無記名中遮善惡故何緣此四立無記根以諸愚夫修上定者不過依託愛見慢三此三皆依無明力轉故立此四為無記根彼作是言无覆無記慧力劣故非無記根根義必依堅牢立故由慢力故諸瑜伽師退失百千殊勝功德故慢力勝立無記根此四能生無記染法諸契經中說有十四諸無記事彼為同此非善不善名無記耶不尒云何應捨置故謂問記論揔有四種其四者何頌曰

應一向分別　反詰捨置記　如死生殊勝

我蘊一異等

論曰等言義攝有約異門且問四者

一應一向記二應分別記三應反詰記四應捨置記此四如次如有問者問死生勝我一異等記有四者謂若四問若作是問一切生者皆當死耶應一向記一切生者皆定當死若作是問一切死者皆當生耶應分別記有煩惱者死已當生无煩惱者死已不生若作是問人為勝劣應反詰記為何所方為方諸天為方惡趣若言方天應記人劣若言方惡趣應記人勝若作是問蘊與有情為一為異應捨置記有情無實故一異性不成如馬角等利鈍等性已辯隨眠不善无記今應思擇何等隨眠於何事繫何名為事事雖非一而於此中辯所繫事此復有二謂就依緣及部類辯就依緣者謂眼識俱所有隨眠唯於色處為所緣繫於自相應諸心心所意處法處為相應繫如是乃至若身識俱所有隨眠唯於觸處為所緣繫於自相應諸心心所意處法處為相應繫若意識俱所有隨眠於十二處為所緣繫於自相應諸心心所意處法

處為相應繫就部類者謂見苦斷遍行隨眠於五部法為所緣繫於自相應諸心心所為相應繫見苦所斷非遍隨眠唯於自部為所緣繫於自相應諸心心所為相應繫如是一切隨應當說就三世辯何等有情有何隨眠能繫何事頌曰

若於此事中　未斷貪瞋慢　過現若已起
未来意遍行　五可生自世　不生亦遍行
餘過未遍行　現正緣能繫

論曰若有情類於此事中隨眠隨增名繫此事夫為能繫必是未斷故初未斷如應遍流且諸隨眠揔有二種一者自相謂貪瞋慢二者共相謂見疑癡貪瞋慢三是自相惑諸聖教内屢有明文且如經言告衣袋母汝眼於色若不見時彼色為緣起欲貪不不尒大德乃至廣說又契經說佛告大母汝意云何諸所有色非汝眼見非汝曾見非汝當見非希求見汝為因此起欲起貪起親起愛起阿賴耶起尼延底起耽著不不尒大德乃至廣說故此事中有貪瞋慢於過去世

已生未斷現在已生能繫此事以貪瞋慢是自相惑非諸有情定遍起故豈不已斷繫義便無既說繫言已顯未斷何緣說此被未来繫復說過去已生未斷此未斷言應成無用无無用過此未斷言顯有品別漸次斷故即於此論次下文中亦說未来意遍行等謂彼貪等九品不同修道斷時九品別斷有緣此事上品隨眠已起已滅已得永斷彼於此事尚有未来餘品隨眠未起未滅未得永斷猶能為繫是故本論於此義中雖說未来愛等所繫而於過去說未斷言故未斷言深成有用然過去世此品隨眠得永斷時未来亦斷容有餘品未来隨眠能繫此事未得永斷以未来世意識相應貪瞋慢三遍緣三世雖於此事或生不生但未斷時皆名能繫未来五識相應貪瞋若未斷可生唯繫未来世由此已顯五識相應可生隨眠若至過去唯繫過去至現亦尒義准若與意識相應可生隨眠若至過現未斷容繫非自世法非唯意識

相應隨眠若在未来能縛三世諸與五識相應隨眠若定不生亦縛三世謂彼境界或在未来或在現在或在過去彼雖已得畢竟不生而未斷時性能繫縛所餘一切見起无明去来未斷遍縛三世由此三種是共相惑一切有情俱遍縛故若現在世正緣境時隨其所應能縛此事以何為證知貪等惑緣過去等三世境生即於其中能為繫縛由聖教證故契經言欲貪處法揔有三種一者過去欲貪處法二者未来欲貪處法三者現在欲貪處法若緣過去欲貪處法生於欲貪此欲貪生當言於彼過去諸法繫非離繫乃至廣說又契經言若於過去未来現在所見色中起愛起恚應知於此非色繫眼非眼繫色此中欲貪是真能繫如是等類聖教非一為有去来於彼說繫應言彼有有相如何異畢竟無及現在有為實為假應言是實有實假相云何應知為境生覺是揔有相若无所待於中生覺是實有相如色受等若有所待於中

生覺是假有相如瓶軍等不可定執過去未來唯是假有無假依故又無所待能生覺故謂緣去來現世三境如次無待生宿住念求未來願了他心智過去未來既有所說實有相故決定實有然實有法復有二種一有作用二唯有體有作用法復有二種一有功能二功能闕由此已釋唯有體者諸假有法亦有二種一者依實二者依假此二如次如瓶如軍然有功能不名作用所有作用亦名功能據別功能前說有闕以如是理蘊在心中應固立宗去來定有由有因果現在得實有名現見世間有同時法染離染事自性非虛說為實有非如躰相雖一而有性殊如地界等內外性異受等自他樂等性別此性與有理定無差性既有殊有必有別由是地等體相雖同而可說為內外性別受等領等躰相雖同而可說為樂等性別又如眼等在一相續清淨所造色體相同而於其中有性類別以見聞等功能別故非於此中功能異有

可有性等功能差別然見等功能即眼等有由功能別故有性定別故知諸法有同一時體相無差有性類別既現見有法體同時體相無差有性類別故知諸法歷三世時體相無差有性類別故過未有與現有異寧知三世容皆實有頌曰

三世有由說　二有境果故　說三世有故
許說一切有

論曰實有過去未來現在了教正理俱極成故現在諸法實有極成何教理證去來實有且由經中世尊說故謂世尊說過去未來色尚非常何況現在若能如是觀色非常則諸多聞聖弟子眾於過去色勤修猒捨於未來色勤斷欣求現在色中勤猒離滅若過去色非有不應多聞聖弟子眾於過去色勤修猒捨以過去色是有故應多聞聖弟子眾於過去色勤修猒捨若未來色非有不應多聞聖弟子眾於未來色勤斷欣求以未來色是有故應多聞聖弟子眾於未來色勤斷欣求又契經言業雖過去盡滅

變壞而猶是有何緣知此所引契經說有去來定是了義曾無餘處決定遮止猶如補特伽羅等故謂雖處處說有補特伽羅而可說為實無有體又契經等分明遮故由此說有補特伽羅所有契經皆非了義又如經說應害父母理亦應是不了義經以餘經言是無間業无間必墮捺落迦故又如經言諸習欲者無有惡業而不能作此亦應是不了義經以餘經中遮諸聖者由故思造諸惡業故如是等類隨應當知非此分明決定說有去來世已復於餘處分明決定遮有去來可以准知此非了義然此決定是了義說以越餘經不了相故豈不亦有遮去來經如勝義空契經中說眼根生位無所從來眼根滅時無所造集本無今有有已還去若未來世先有眼根則不應言本無今有此意遮眼來從火輪或從自性或從自在眼根滅時還造集彼為顯正義故次復言本無今有有已還去因中無果故說本無或約作用故說今有又具

二緣識方生故謂契經說識二緣生如契經言眼色為緣生於眼識如是乃至意法為緣生於意識若未来世非實有者能緣彼識應闕二緣既說二緣能生於識此則唯說實及假依為根為境方能生識二唯用彼為自性故非無可為二緣所攝由此知佛巳方便遮無為所緣識亦得起既緣過未識亦得生故知去来體是實有又一切識必有境故謂見有境識方得生如世尊言各各了別彼彼境相名識取蘊所了者何謂色至法非彼經說有識無境由此應知緣去来識定有境故實有去来又巳謝業有當果故謂先所造善不善業待緣招當愛非愛果思擇業處巳廣成立非業无間異熟果生非當果生時異熟因現在若過去法其體巳無則應無因有果生義或應彼果畢竟不生由此應知去来實有諸有處俗及出家人信有如前所辯三世及有真實三種無為方可自稱說一切有以唯說有如是法故許彼是說一切有宗餘則

不然有增減故謂增益論者說有真實補特伽羅及前諸法分別論者唯說有現及過去世未與果業剎那論者唯說有現一剎那中十二處體假有論者說現在世所有諸法亦唯假有都無論者說一切法都無自性皆似空花此等皆非說一切有經唯揔說一切有者謂十二處曾不別說唯現在有無有去来處處經說去来是有故說一切有通三世無為唯執現在少分有論不應自稱說一切有如說現在唯假有論及都無論不可自稱說一切有彼亦應令由彼所言違背聖教及正理故為遮實有補特伽羅及為揔開有所知法佛為梵志說如是言一切有者唯十二處是故去来決定實有如是所許一切有宗自古師承差別有幾誰所立世最善可依頌曰

此中有四種　類相位待異　第三約作用
立世最為善

論曰尊者法救作如是說由類不同三世有異彼謂諸法行於世時由類有殊非體有異如破金器作餘物時

形雖有殊而體無異又如乳變成於酪時捨味勢等非捨顯色如是諸法行於世時從未来至現在從現在入過去雖捨得類非捨得體尊者妙音作如是說由相有別三世有異彼謂諸法行於世時過去正與過去相合而不名為離現未相未来正與未来相合而不名為離過現相現在正與現在相合而不名為離過未相如人正染一妻室時於餘姬媵不名離染尊者世友作如是說由位不同三世有異彼謂諸法行於世時至位位中作異異說由位有別非體有異如運一籌置一名一置百名百置千名千尊者覺天作如是說由待有別三世有異彼謂諸法行於世時前後相待立名有異非體非類非相有殊如一女人待前待後如其次第名女名母如是諸法行於世時待現未名過去待過現名未来待過未名現在此四種說一切有中傳說最初執法轉變故應置在數論朋中今謂不然非彼尊者說有為法其體是常歷三世時

法隱法顯但說諸法行於世時體相雖同而性類異此與尊者世友分同何容判同數論外道第二第四立世相雜故此四中第三最善以約作用位有差別由位不同立世有異如我所辯實有去來不違法性聖教所許若撥去來便違法性毀謗聖教有多過失由此應知尊者世友所立實有過去未來符理順經無能傾動謂彼尊者作如是言佛於經中說有三世此三世異云何建立約作用立三世有異謂一切行作用未有名為未來有作用時名為現在作用已滅名為過去非體有殊此作用名為何所目目有為法引果功能即餘性生時能為因性義若能依此立世有殊或能作餘無過辯異智者應許名鑒理人若有由迷立世別理怖他難故棄捨聖言或了義經撥為不了許有現在言無去來或許唯現仍是假有或揔非撥三世皆無此等皆違聖教正理智者應斥為迷理人然我且依尊者世友約作用立三世有殊隨已堪能

非諸過難是故三世實有義成諸有智人應隨信學已辯隨眠於如是位繫如是事復應思擇諸事未斷彼必被繫耶設事被繫彼必未斷耶若事未斷彼必被繫有事被繫而非未斷繫非未斷其相云何頌曰

於見苦已斷　餘緣此隨眠　及前品已斷
餘緣此猶繫

論曰且見道位苦智已生集智未生見苦所斷諸事已斷見集所除遍行隨眠若未永斷能緣此者於此猶繫及修道位隨何道生九品事中前品已斷餘未斷品所有隨眠能緣此者於此猶繫及聲兼明前前已斷後後未斷皆能繫義何事有幾隨眠隨增此中但應辯所緣相謂辯何法何識所緣則易了知此所繫事定有尒所隨眠隨增且法與識數各有幾諸法雖多略為十六三界五部及諸無漏能緣彼識名數亦然此中何法為幾識境頌曰

見苦集修斷　若欲界所繫　自界三色一
無漏識所行　色自下各三　上一淨識境
无色通三界　各三淨識行　見滅道所斷
皆增自識行　無漏三界中　後三淨識境

論曰若欲界繫見苦見集修所斷法各五識緣謂自界三即如前說及色界一即修所斷無漏第五皆容緣故且欲界繫見苦斷法為自界三識所緣者謂欲見苦所斷一切及欲見集所斷遍行欲修所斷善無記識色修所斷善識非餘無漏識中唯法智品見集修斷如應當知若色界繫即前所說三部諸法各八識緣謂自下三皆如前說及上界一即修所斷無漏第八皆容緣故且色界繫見苦斷法為自界三及上界一識所緣者准前應知為下界三識所緣者謂欲見苦見集所斷上緣相應修斷善識若无漏識唯類智品見集修斷如應當知若無色繫即前所說三部諸法各十識緣謂三界三皆如前說無漏第十皆容緣故准色界繫如應當知見滅見道所斷諸法應知一一增自識緣此復云何謂欲界繫見滅所斷為六識緣五識即如前增欲見滅斷見道

所斷義准應知色無色繫見滅道斷隨應為九十一識緣八十如前各增自識若無漏法為十識緣謂三界中各後三部即見滅道修所斷識無漏第十皆容緣故不委釋者如應當思應以如前所略建立十六法識蘊在心中思擇隨眠所隨增事恐文煩廣略示方隅且有問言所繫事內眼根有幾隨眠隨增應觀眼根捴唯有二謂欲色界各修所斷此隨所應欲色修斷及彼遍行隨眠隨增若有問言緣眼根識復有幾種隨眠隨增應觀此識捴有八種謂欲色界各有三識即見苦集所斷遍俱及修所斷合而成六無色界一即修所斷空處近分所攝善識无漏第八皆緣眼根且應了知一切無漏決定不為隨眠隨增前七隨應欲色各三部無色修斷遍隨眠隨增謂欲界繫見苦所斷遍行俱識欲見苦斷見集斷遍隨眠隨增翻此應知見集斷識修所斷識欲修所斷及諸遍行隨眠隨增准此應知色界三識無色善識能緣第四靜慮

眼根無色修斷及彼遍行隨眠隨增若復有問言緣緣眼根識復有幾種隨眠隨增應觀此識有十三種謂於三界各有四識除見滅斷合成十二并諸無漏識能緣緣眼根此隨所應三界四部除見滅斷隨眠隨增謂欲界繫見苦所斷遍行俱識能緣眼根此識容為欲見苦斷見集斷遍修道所斷善無記識及色界繫修斷善識并法智品無漏識緣此諸能緣緣眼根識隨應欲界見苦見集修道所斷色修所斷及彼遍行隨眠隨增餘隨所應當如理釋乃至無漏緣眼根識此識容為三界所繫見道所斷無漏緣識修所斷善無漏識緣此諸能緣緣眼根識隨應三界見道所斷修所斷遍隨眠隨增若別疏條前十二種各有尒所隨眠隨增應言欲界見苦所斷諸緣緣識欲見苦斷見集斷遍隨眠隨增翻此應知見集斷識修所斷識欲修所斷及諸遍行隨眠隨增見道斷識欲見道斷及諸遍行隨眠隨增然無漏緣唯相應縛所餘但作

所緣隨增准此應知色無色界有差別者見道斷識欲界上界如次應知緣法類品緣眼根識餘所繫事例眼應思今於此中復應思擇若心由彼名有隨眠彼於此心定隨增不此不決定謂彼隨眠未斷隨增非已斷故如本論說彼於此心或有隨增或不隨增去何隨增謂彼隨眠與此心相應及緣心未斷去何不隨增謂彼隨眠與此心相應已得永斷何等名曰有隨眠心有隨眠名依何義立復由何等名有隨眠且前所言三界各五部十五種識名有隨眠心如是諸心各有二種謂遍非遍行有漏无漏緣染不染心有差別故依二義立有隨眠名一是隨眠所隨增故二以隨眠為助伴故由隨眠故名有隨眠相應隨眠通斷未斷所緣唯未斷心名有隨眠云何與心相應煩惱乃至未斷於心隨增謂彼隨眠能引起得於心相續能為拘导又與来世為同類因引相續中心等染起故乃至未斷說於心隨增斷則不然無隨增義非由

斷故令彼離心故雖已斷而名有彼以助伴性不可壞故謂對治力於相續中能遮隨眠令不現起及能遮彼所引起得於心相續不為拘㝵故說已斷相應隨眠無隨增理非對治力能遮隨眠俱行伴性故彼雖已斷心名有隨眠若諸隨眠緣心未斷隨心斷未斷於心隨增故恒令心得有隨眠名若彼緣心隨眠已斷心不由彼名有隨眠道力令心離隨眠故雖為助伴及能所緣俱非道力能令相離而對助伴能所緣疎故此有名唯據未斷助伴性親斷亦名有此中身見相應之心由所相應無明身見隨增伴性名有隨眠由自部餘見集斷遍唯隨增性名有隨眠所餘俱非故非有彼其餘見苦見集所斷遍不遍心如理應思見滅所斷邪見俱心由所相應無明邪見隨增伴性名有隨眠由自部攝有漏緣遍唯隨增性名有隨眠所餘俱非故非有彼其餘見滅見道所斷若緣無漏緣有漏心如其所應例應思擇修道所斷貪相應心

由所相應無明及愛隨增伴性名有隨眠由自部餘及諸遍行唯隨增性名有隨眠所餘俱非故非有彼餘修所斷煩惱俱心如其所應例應思擇諸修所斷不染汙心由自部攝隨眠及遍唯隨增性名有隨眠如是所論皆約未斷彼若斷已有伴性者唯由伴性名有隨眠依此義門應作略說頌曰

有隨眠心二　謂有染無染　有染心通二
無染局隨增

論曰有隨眠心揔有二種有染無染心差別故於中有染所有隨眠若未斷時相應具二所緣唯一若已斷時相應有一所緣都無彼無染心所有煩惱唯未斷位名有隨眠斷已都無非助伴故此緣無染所有隨眠在有染心前或俱時斷斷緣染者通前後俱相應與心必俱時斷故染通二名有隨眠無染局一有隨增性

說一切有部顯宗論卷第二十六

阿毗達磨藏顯宗論卷第二十六

校勘記

一　底本，麗藏本。

一　三一〇頁上一三行首字「普」，諸本（不含石，下同）作「並」。

一　三一〇頁中八行第六字「鵄」，諸本作「蛾」。

一　三一一頁上一七行末字「曰」，資、磧、普、南無。

一　三一一頁中六行「土下」，諸本作「上下」。

一　三一一頁中末行第五字「義」，諸本作「兼」。

一　三一一頁下一〇行第一一字「趣」，諸本無。

一　三一二頁中一五行第二字「永」，磧、南、徑、清作「未」。

一　三一二頁下五行第一〇字「起」，諸本作「疑」。

一　三一三頁上一四行「染離」，諸本作「染雜」。

一 三一三頁中一四行第一二字「諸」，諸本作「說」。

一 三一四頁下一行第六字「體」，諸本作「顯」。

一 三一五頁上一五行第六字「果」，諸本作「異」。

一 三一六頁上四行第二字「後」，諸本作「復」。

一 三一六頁上七行第一三字「煩」，資、磧、普、徑作「繁」。

一 三一六頁中一七行「踈條」，諸本作「欲修」。

一 三一七頁上一四行「身見」，諸本作「自見」。

一 三一七頁中一〇行第一一字「有」，諸本作「無」。

一 三一七頁中一一行第三字「扃」，諸本作「局」。下同。

阿毗達磨藏顯宗論卷第二十七　好

尊者眾賢造

三藏法師玄奘奉　詔譯

辯隨眠品第六之三

如上所辯十種隨眠次第生時誰前誰後諸隨眠起無定次第可一切後一切生故然有一類煩惱現行前後相牽非無次第就此一類辯次第者頌曰

無明疑邪身　邊見戒見取　貪慢瞋如次　由前引後生

論曰謂彼煩惱次第生時先由無明於諦不了不欲觀苦乃至道諦由不了故無觀察能既闇二途便懷猶豫為苦非苦乃至廣說若遇邪論便生邪見撥無苦諦乃至廣說於取蘊中既撥無苦因此便起薩迦耶見從此復執我有斷常隨執一邊計為能淨於如是計執為第一見已見德緣之起貪謂此勝他恃而生慢於他所起邊見生瞋如執我徒憎無我見或於已見取捨位中必應起瞋憎嫌所捨此依一類辯十隨眠相牽現行前後次第理實煩惱行次无邊以所待緣有差別故諸煩惱起由幾因緣此起因緣乃有多種隨麁就勝要唯有三頌曰

由未斷隨眠　及隨應境現　非理作意起　說惑具因緣

論曰由三因緣諸煩惱起且如將起欲貪隨眠未斷未遍知欲貪隨眠故順欲貪境現在前故緣彼非理作意起故餘隨眠起類此應知未斷未遍知欲貪隨眠者三緣故說未斷遍知謂得未斷故對治未生故未遍知境故又斷有二一有分斷二無分斷故說未斷未遍知言此說隨眠由因力起順欲貪境現在前者謂有實境順欲貪纏此若現前欲貪便起此則說隨眠由境界力起緣彼非理作意起者謂有如木境界現前及有如鑽燧非理作意起鑽境界木欲貪火生此中何名非理作意謂於上妙衣服花鬘嚴具塗香彫粧采餝嬌姿所顯女想糞聚起有情想所住持心倶顛倒警覺名非理作意此則說隨眠由加行力起若隨眠起具三因緣云何許有阿羅漢退非阿羅漢隨眠未斷且非定許煩惱現前方得名為阿羅漢退然此且據從前煩惱無間引生故說無過以煩惱生揔有二種一從煩惱无間引生二次所餘非煩惱起若異此者善無記心無間不應有煩惱起此中不據次所餘生是故不應舉退為難或此且據具因緣說實有唯託境界力生無有因力加行力者即上所說隨眠并伴佛說為漏瀑流軛取漏謂三漏一欲漏二有漏三無明漏瀑流有四一欲瀑流二有瀑流三見瀑流四無明瀑流軛謂四軛如瀑流說取謂四取一欲取二見取三戒禁取四我語取如是漏等其體云何頌曰

欲煩惱并纏　除癡名欲漏　有漏上二界　唯煩惱除癡　同無記對治　定地故合一　無明諸有本　故別為一漏　瀑流軛亦然　別立見利故　見不順住故　非於漏獨立　欲有軛并癡　見分二名取　無明不別立

以非能取故
論曰欲界煩惱并纏除癡四十一物
捴名欲漏謂欲界繫根本煩惱三十
一并十纏色無色界煩惱除癡五十
二物捴名有漏謂上二界根本煩惱
各二十六色無色界雖復亦有惛沉
掉舉而纏不應依界分別上界纏少
不自在故由是有漏唯說煩惱若纏
亦依界分別者則有漏體有五十六
故品類足作如是言云何有漏謂除
無明餘色无色二界所繫結縛隨眠
隨煩惱纏何緣合說二界煩惱為一
有漏同無記性同一對治同定地故
亦緣色聲觸為境故不應唯說於內
門轉義准三界十五無明為無明漏
體故須不別說何緣唯此別立漏名
為顯無明過患勝故謂獨能作生死
根本如契經說無明為因生於貪染
乃至廣說又如頌言
諸所有惡趣　此及他世間　皆無明為根
貪欲所等起
今於此中唯據勝顯說一百八諸惑
為漏謂非染汙思等恨等非漏所攝

唯此諸惑稽留有情久住生死或令
流轉於生死中從有頂天至無間獄
用強易了是故偏說瀑流及軛體與
漏同然於其中見亦別立謂前欲漏
即欲瀑流及欲軛如是有漏即有瀑
流及有軛析出諸見為見瀑流及見軛
者以猛利故謂漂合執義立瀑流軛
取如餘煩惱但除無明捴手相資能
漂合執諸見亦尒由猛利故離餘相
助能漂合執故亦別立瀑流軛取又
諸煩惱皆令衆生漂淪染法離諸善
品無解邪解湧泛波濤漂激衆生於
善更遠故無明見於此別立若尒何
不別立見漏令住名漏如後當說見
不順彼義有別故謂令異生及諸聖
者等住生死故名為漏諸見無有令
聖住能漏義不全故不別立漂合執
義聖異生殊故後三門皆別立見謂
此諸惑能漂異生容有令離一切善
品漂諸聖者則不可然漂已能令諸
異生類遍與非愛界趣生合令聖者
合則不可然合已能令諸異生類無
不依執令聖不然由此三門異生異

聖於中見勝是故別立有餘師說見
躁利故於令住義獨不能辦故於漏
門與餘合立若與餘合便有住能如
於調象王繫縛生象子如是已顯二
十九物名欲瀑流謂貪瞋慢各有五
種疑四纏十二十八物名有瀑流謂
貪與慢各十疑八若足惛掉成三十
二色無色界各有二故三十六物名
見瀑流謂三界中各十二見十五物
名無明瀑流謂三界無明各有五應
知四軛與瀑流同四取應知體同四
軛然欲我語各并無明見分為二與
前軛別即前欲軛并欲無明三十四
物捴名欲取謂貪瞋慢无明各五疑
有四并十纏即前有軛并二界无明
三十八物捴名我語取謂貪慢無明
各十疑有八若足惛掉成四十二於
見軛中除戒禁取餘三十物捴名見
取所除六物名戒禁取由此獨為聖
道怨故雙誑在家出家衆故何故无
明不別立取依能取義建立取名然
諸無明非能取故謂不了相說名無
明彼非能取不猛利故但可與餘合

立為取已辯十種隨眠并纏經說為漏瀑流軛取此隨眠等名有何義頌曰

微細二隨增　隨逐與隨縛　住流漂合執
是隨眠等義

論曰根本煩惱現在前時行相難知故名微細是故聖者阿難陀言我今不知於同梵行起慢心不不說全无以慢隨眠行相微細彼尚不了慢心有无况諸異生餘例應尒有釋於一剎那極微亦有隨增故名微細二隨增者謂於所緣及所相應皆隨增故如何煩惱有於所緣相應隨增如前已辯或如怨害伺求瑕隙及如見毒應知煩惱於自所緣有隨增義如熱鐵丸能令水熱及如觸毒應知煩惱於自相應有隨增義二皆同乳母令嬰兒隨增乳母能令嬰兒增長及令伎藝漸次積集所緣相應令諸煩惱相續增長及得積集言隨逐者謂无始來於相續中起得隨逐言隨縛者極難離故如四日瘧及鼠毒等有說隨縛謂得恒隨如海水行隨空行影由此所說諸因緣故十種煩惱立隨眠名依訓詞門釋此名者謂隨流者相續中眠故名隨眠即順流者身中安住增惛滯義或隨勝者相續中眠故名隨眠即是趣入如實解位為惛迷義或有獄中長時隨逐覆有情類故名隨眠何故隨眠唯貪等十非餘忿等唯此十種習氣堅牢非忿等故稽留有情久住生死或令流轉於生死中從有頂天至無間獄由彼相續於六瘡門泄過無窮故名為漏極漂善品故名瀑流於界趣生和合名軛執取彼彼自體名取已辯十種隨眠并纏世尊說為漏流軛取為唯尒所為更有餘頌曰

由結等差別　復說有五種

論曰即諸煩惱結縛隨眠隨煩惱纏義有別故復說五種且結云何頌曰

結九物取等　立見取二結　由二唯不善
及自在起故　纏中唯嫉慳　建立為二結
或二數行故　為賊貪因故　遍顯隨惑故
惱亂二部故

論曰結有九種一愛結二恚結三慢結四無明結五見結六取結七疑結八嫉結九慳結以此九種於境於生有繫縛能故名為結如契經言苾芻當知非眼繫色非色繫眼繫謂此中所有欲貪又契經說諸愚夫類无聞異生結縛故生結縛故死由結縛故從此世間往彼世間或有此故令諸有情合衆多苦故名為結是衆苦惱安足處故此中愛結謂三界貪此約所依及所緣故若於違想及別離欲所攝行中令心憎背名為恚結慢謂七慢如前已說言無明結者謂三界無知此約所依非所緣故以諸無漏法不墮界故无明亦用彼為所緣故見結謂三見取結謂二取何緣三見別立見結二取別立為取結耶三見二取物取等故謂彼三見有十八物二取亦然故名物等說此物等於義何益於結義中見有益故此言意說如貪瞋等一一獨能成一結事三見二取各十八物和合各成一結事故若異此者應說五見各為一結如貪瞋等故見及取各十八物共立一結方敵貪等若尒身見邊見見取有

十八物戒取邪見十八亦然豈非物等不尒本釋其理決定所以者何以取等故三見等所取二取等能取所取能取有差別故謂於諸行執我斷常或撥為無後起二取執見第一或執為淨不雜乱故本釋為善有說由物及聲等故有說貪著有及財者見結於彼繫用增上若有貪著涅槃者取結於彼繫用增上疑結謂於四諦猶豫此異於慧有別法體令心不喜說名為嫉此異於瞋有別法體故有釋嫉不耐他榮令心怯著說名為慳謂勿令斯捨離於我令心堅執故名為慳何故經中嫉慳二種建立為結非餘纏耶若立八纏應作是釋二唯不善自在起故謂唯此二兩義具足餘六無一具兩義者無慚无愧雖唯不善非自在起悔自在起非唯不善餘兩皆无若立十纏應作是釋唯嫉慳二過失尤重故十纏中立二為結由此二種數現行故謂生欲界人天趣中此嫉與慳數數現起又二能為賤貧因故謂生欲界人天趣中多為賤貧重苦所軛現見卑賤及諸乏財乃至極親亦不敬愛又二遍顯隨煩惱故謂隨煩惱捴有二種一慼俱行二歡俱行嫉慳遍顯如是二相又此二能惱二部故謂在家衆於財位中由嫉及慳極為惱乱若出家衆於教行中由嫉及慳極為惱乱或能惱天阿素洛衆謂因色味極相擾惱或此能惱人天二衆如世尊告憍尸迦言由嫉慳結人天惱乱或此二能惱自他衆謂由嫉故惱乱他朋由內懷慳惱乱自侶故十纏內立二為結佛於餘處依差別門即以結聲說有五種頌曰

又五順下分　由二不超欲　由三復還下
攝門根故三　或不欲發趣　迷道及疑道
能障趣解脫　故唯說斷三

論曰何等為五謂有身見戒禁取疑欲貪瞋恚如是五種於下分法能為順益故名下分然下分法略有二種一下界謂欲界二下有情謂諸異生雖得聖法而不能超下分界者由為欲貪瞋恚二結所繫縛故雖離欲貪而不能越下有情者由為身見戒取疑結所繫縛故諸有情住欲界獄中欲貪及瞋猶如獄卒由彼禁約不越獄故身見等三如防邏者設有方便超欲界獄彼三執還置獄中故順下分結由此唯五巳見諦者由欲貪瞋不超下界其義可尒唯此但是欲界繫故離欲貪者見斷一切皆令不越下分有情何故世尊唯說三種雖有此責而佛世尊略攝門根且說三種言攝門者見所斷惑類捴有三唯一通二通四部故說此三種攝彼三門類顯彼故言攝根者身見等三是餘三根以邊執見見取邪見如其次第隨有身見戒禁取疑三種勝根而得轉故說此三種攝彼三根故順下分唯有此五諸得預流六煩惱斷何緣但說斷三結耶此亦如前攝門根故雖但有一通於二部即舉彼相以顯彼體由此故說攝彼三門或有餘師作如是釋趣異方者有三種障一不欲發謂見此餘方功德過失故息心不往二迷正道謂雖發趣而依邪路不

至彼方三疑正道謂不諳悉見有二路人皆數遊便於正道心懷猶豫此於趣彼為是為非如是應知趣解脫者亦有如是相似三障謂由身見於蘊涅槃見執我斷功德過失故於解脫不欲發趣由戒禁取鋒求解脫而迷正路依世間道徒經辛苦不至涅槃由疑不能善自觀察見諸邪道有多人修便於正道心懷猶豫於趣解脫為是為非佛顯預流永斷如是趣解脫障故說斷三錐見行常亦不趣解脫見世道勝亦迷失正道撥无聖道者亦不信正道而前三種是後三根後三必隨前三轉故舉本攝末但說前三佛於餘經如順下分說順上分亦有五種頌曰

順上分亦五　色無色二貪　掉舉慢无明
令不超上故

論曰如是五種體有八物掉舉等三亦界別故唯修所斷名順上分順益上分故名順上分結要斷見所斷彼方現行故見所斷惑未永斷時亦能資彼令順下分故要永斷見所斷惑方現行者名順上分此中既說色無色貪及順上言知掉舉等亦色无色非欲界繫品類足論即作是言結法云何謂九結非結法云何謂除九結所餘法由此證成掉舉一種少分是結謂二界繫少分非結謂欲界繫於少是結謂聖者於少非結謂異生有位是結謂已離欲貪有位非結謂未離欲貪由如是等差別不定品類足論不說為結掉舉擾惱三摩地故於順上分建立為結即由此理順上分中不說惛沉順等持故已辯結縛云何頌曰

縛三由三受

論曰以能繫縛故立縛名即是能遮趣離染義結縛二相雖无差別而依本母說縛有三一者貪縛二者瞋縛三者癡縛所餘諸結品類同故攝在三中謂五見疑同癡品類慢慳二結貪品類同嫉結同瞋故皆三攝又為顯示已見諦者餘所應作故說三縛通縛六識身置生死獄故又佛偏為覺慧劣者顯麁相煩惱故但說三縛有餘師說由隨三受勢力所引說縛有三謂貪多分於自樂受所緣相應二種隨增少分亦於不苦不樂於自他苦及他樂捨唯有一種所緣隨增瞋亦多分於自苦受所緣相應二種隨增少分亦於不苦不樂於自他樂及他苦捨唯有一種所緣隨增癡亦多分於自捨受所緣相應二種隨增少分亦於樂受苦受於他一切受唯所緣隨增是故世尊依多分理說隨三受建立三縛何類貪等遮趣離染說名為縛謂唯現行若異此者皆成三故則應畢竟遮趣離染已分別縛隨眠云何頌曰

隨眠前已說

論曰隨眠有六或七或十或九十八如前已說隨眠既已說隨煩惱云何頌曰

隨煩惱此餘　染心所行蘊

論曰能為擾乱故名煩惱隨諸煩惱轉得隨煩惱名有古師言若法不具滿煩惱相名隨煩惱如月不滿得隨月名然諸隨眠名為煩惱即此亦得

隨煩惱名以是圓滿煩惱品故由此故說即諸煩惱有結縛隨眠隨煩惱纏義所餘染汙心所行蘊隨煩惱起隨惱心故得隨煩惱名不得名煩惱以闕圓滿煩惱相故隨煩惱名為目幾法經種種說故有衆多謂憤發不忍及起惡言類如世尊告婆羅門言有二十一諸隨煩惱能惱乱心乃至廣說後當略辯纏煩惱垢攝者且應先辯纏相云何頌曰

纏八無慚愧　嫉慳并悔眠　及掉舉惛沉
或十加忿覆　无慚慳掉舉　皆從貪所生
无愧眠惛沉　從無明所起　嫉忿從瞋起
悔從疑覆諍

論曰根本煩惱亦名為纏經說欲貪纏為緣故若異此者貪等去何可得名為圓滿煩惱然諸論者離諸隨眠就勝說纏或八或十謂品類足說有八纏毗婆沙宗說纏有十即於前八更加忿覆如是十種繫縛含識置生死獄故名為纏或十為因起諸惡行令拘惡趣故名為纏無慚无愧嫉慳并悔掉舉惛沉如前已辯令心昧略

惛沉相應不能持身是為眠相眠雖亦有惛不相應此唯辯纏故作是說於此頌說眠三相者此三與眠義相順故因自反損怨益而生瞋恚為先心憤名忿有餘師說因處非處違逆而生力能令心無顧而轉乃王子上令心憤發說名為忿隱蔵自罪說名為覆罪謂可訶即是毀犯尸羅軌則及諸淨命隱蔵即是匿罪欲因有餘釋言捫拭名覆謂內懷惡捫拭外邊是欲令他不覺察義前說若法從煩惱起方可建立隨煩惱名此中何法何煩惱起無慚慳掉舉是貪等流要貪為近因方得生故无愧眠惛沉是无明等流此與無明相極相隣近故嫉忿是瞋等流由此相同瞋故悔是疑等流因猶豫生故覆有說是貪等流有說是無明等流有說是俱等流諸有知者因愛生故諸无知者因癡生故即由此相故有說言心著稱譽利養恭敬不了惡行所招當果是於自罪隱匿欲因為愛无明二等流果隨惱心法說名為覆如是十種從煩

惱生是煩惱等流故名隨煩惱餘煩惱垢其相云何頌曰

煩惱垢六惱　害恨謟誑憍　誑憍從貪生
害恨從瞋起　惱從見取起　謟從諸見生

論曰於可毀事決定堅執難令捨因說名為惱由有此故世間說為不可引導執惡所執於他有情非全不顧擬重攝受為損惱因悲障惱心說名為害於非愛相隨念分別生續忿後起心結怨名恨於已情事方便隱匿矯設謀略誘取他情實智相違心曲名謟於名利等貪為先故欲令他惑邪示現因正定相違心險名誑心險心曲相差別者如道如杖於他於自因貪因見故有差別憍相如前已具分別有餘師說從貪所生恃已少年無病壽等諸興盛事心傲名憍有餘師言於自相續興盛諸行耽染為先不顧於他謂已為勝心自舉恃說名為憍由不顧他與慢有異如是六種從煩惱生穢汙相麁名煩惱垢於此六種煩惱垢中誑憍是貪等流害恨是瞋等流惱是見取等流謟是諸見

等流如言阿曲謂諸惡見故諂定是
諸見等流此六亦從煩惱生故如纏
亦得隨煩惱名已說諸纏及煩惱垢
今次應辯彼斷對治諸纏垢中誰何
所斷頌曰
纏無慚愧眠　惛掉見修斷　餘及煩惱垢
自在故唯修
論曰且十纏中無慚無愧通與一切
不善心俱眠欲界中通與一切意識
俱起惛沉掉舉通與一切染汙心俱
故五皆通見修所斷餘嫉慳悔忿覆
并垢自在起故唯修所斷准與脩斷
他力無明共相應故名自在起與自
在起纏垢相應所有無明唯修斷故
此諸纏垢誰通何性頌曰
欲三二餘惡　上界皆無記
論曰欲界所繫眠惛掉三皆通不善
無記二性所餘一切皆唯不善即欲
界繫七纏六垢上二界中隨應所有
一切唯是無記性攝即諂誑憍惛沉
掉舉此諸纏垢誰何界繫頌曰
諂誑欲初定　三三界餘欲
論曰諂誑唯在欲界初定寧知梵世
有諂誑耶以大梵王匿已情事現相
誑惑馬勝苾芻傳聞此唯異生所起
非諸聖者亦可現前惛掉憍三通三
界繫所餘一切皆唯在欲謂十六中
五如前辯所餘十一唯欲界繫所說
隨眠及隨煩惱於中有幾唯依意地
有幾通依六識地起頌曰
見所斷慢眠　自在隨煩惱　皆唯意地起
餘通依六識
論曰一切見斷修斷慢眠隨煩惱中
自在起者如是三種皆依意識依五
識身無容起故所餘一切通依六識
謂修所斷貪瞋無明及彼相應諸隨
煩惱即無慚愧惛掉及餘大煩惱地
法所攝隨煩惱即是放逸懈怠不信
依六識身皆容起故理應通說諸隨
煩惱今此且依麁顯者說復應思擇
如先所辯樂等五受根對今此中所
辯一切煩惱隨煩惱何煩惱等何根
相應於此先應辯諸煩惱頌曰
欲界諸煩惱　貪喜樂相應　瞋憂苦癡遍
邪見憂及喜　疑憂餘五喜　一切捨相應
上地皆隨應　遍自識諸受
論曰欲界所繫諸煩惱中貪喜樂相
應以歡行轉遍六識故瞋憂苦相應
以慼行轉遍六識故無明遍與前四
相應歡慼行轉遍六識故與餘煩惱
遍相應故邪見通與憂喜相應歡慼
行轉唯意地故如次先造罪福業故
疑憂相應以慼行轉唯意地故懷猶
豫者求決定知心愁慼故餘四見慢
與喜相應以歡行轉唯意地故通說
皆與捨受相應以說捨受癡隨增故
癡與諸惑遍相應故煩惱相續至究
竟時取境耆緩起處中欲漸漸羸微
相續便斷尒時煩惱與捨相順是故
皆與捨受相應豈不捨根非歡非慼
如何歡慼煩惱相應如處中人俱无
違故欲界既尒上地云何皆隨所應
遍與自地自識俱起諸受相應謂若
地中具有四識彼一一識所起煩惱
各遍自識諸受相應若諸地中唯有
意識即彼意識所起煩惱遍與意識
諸受相應上諸地中識有多少謂初
靜慮具四餘一受有多少謂初二三
四等如次具喜樂捨喜捨樂捨唯捨

應知隨諸地中所有煩惱如應與彼識受相應何緣二疑俱不决定而上得與喜樂相應非欲界疑喜受俱起以諸煩惱在離欲地雖不决定亦不憂感雖懷疑網無癡情怡如在人間求得所愛雖多勞倦而生樂想有說色界雖復懷疑而於疑中生善品想故彼得與喜樂相應

說一切有部顯宗論卷第二十七

甲辰歲高麗國大藏都監奉
勅彫造

阿毗達磨藏顯宗論卷第二十七

校勘記

一　底本，麗藏本。

一　三一九頁上一〇行第五字「身」，諸本（不含石，下同）作「見」。

一　三一九頁中七行第二字「惑」，諸本作「或」。

一　三一九頁中二二行第七字「粧」，諸本作「装」。

一　三一九頁下一四行第一二字「瀑」，諸本作「漏」。

一　三二〇頁下二行「不能辦」，諸本作「不能辯」。

一　三二一頁上一四行末字「熱」，徑作「熟」。

一　三二一頁上二一行第八字「瘧」，諸本作「虐」。

一　三二一頁上末行「煩煩」，諸本作「煩惱」。

一　三二一頁下二行第三字「縛」，諸本作「結縛」。

一　三二一頁下九行第一一字「想」，諸本作「相」。

一　三二二頁上一三行第三字「勿」，諸本作「物」。

一　三二三頁中三行「即作」，諸本作「既作」。

一　三二三頁中一七行第六字「三」，磧、普、南作「二」。

一　三二四頁上五行第六字「相」，諸本作「有」。

一　三二四頁上一四行第五字「諍」，諸本作「淨」。

一　三二四頁中四行第三字「因」，諸本作「困」。

一　三二四頁下二〇行第七字「與」，諸本作「興」。

一　三二五頁下一七行「自地」，諸本作「自他」。

一　三二六頁上五行第八字「癡」，諸本作「廢」。

阿毗達磨藏顯宗論卷第二十八　好

尊者眾賢造

三藏法師玄奘奉　詔譯

辯隨眠品第六之四

已辯煩惱諸受相應今次復應辯隨煩惱頌曰

諸隨煩惱中　嫉悔忿及惱　害恨憂俱起
慳喜受相應　諂誑及眠覆　通憂喜相應
憍喜樂皆捨　餘四遍相應

論曰隨煩惱中嫉等六種一切皆與憂根相應以慼行轉唯意地故有餘師說惱喜相應見取等流應歡行故慳喜相應以歡行轉唯意地故歡行轉者慳相與貪極相似故諂誑眠覆憂喜相應歡慼行轉唯意地故歡慼行者謂或有時以歡喜心而行諂等或時有以憂慼心行有餘師言既說誑是貪等流故但應歡行不應說與憂根相應是歡等流不應慼故又正誑時不應慼故或應說誑是癡等流憍喜樂相應歡行唯意故在第三靜慮與樂相應若在下諸地與喜相應此

上所說諸隨煩惱一切皆與捨受相應相續斷時皆住捨故有通行在唯捨地故捨於一切相應無遮辟如無明遍相應故餘無慚愧惛沉掉舉四皆遍與五受相應前二是大不善地法攝故後二是大煩惱地法攝故說二及聲顯難及釋謂於惱誑設難如前理應釋言果因相別如無慚掉雖貪等流而與憂苦有相應義故知所說與受相應不唯同因但據相別許有憂慼而行誑者情有所憂而行誑故所說煩惱隨煩惱中有依異門佛說為蓋今次應辯蓋相云何頌曰

蓋五唯在欲　食治用同故　雖二立一蓋
障蘊故唯五

論曰如契經言若說五蓋為不善聚是為正說所以者何如是五種純是圓滿不善聚故其五者何一欲貪蓋二瞋恚蓋三惛眠蓋四掉悔蓋五疑蓋契經既說蓋唯不善故知唯在欲非色無色界由此為證知惛掉疑體雖皆通欲色无色而但欲界有得蓋名為顯惛沉掉舉二種唯欲界者有立為蓋故與眠悔和合而立眠悔唯是欲界繫故為顯眠悔唯染汙者有得蓋名故與惛沉掉舉二種和合而立惛掉唯是染汙性故疑准前四在欲可知何緣欲貪瞋恚疑蓋各於一體別立蓋名而彼惛眠掉悔二蓋各於二體合立蓋名欲貪瞋疑食治各別是故一一別立蓋名由惛與眠及掉與悔所食能治事用皆同故體雖殊俱合立一欲貪蓋食謂可愛相此蓋對治謂不淨想瞋恚蓋食謂可憎相此蓋對治謂慈善根疑蓋食謂三世如契經說於過去世生如是疑乃至廣說此蓋對治謂若有能如實觀察緣性緣起惛眠蓋食謂五種法一瞢瞢二不悅三頻申四食不平性五心昧劣性此蓋對治謂光明想此蓋事用謂俱能令心性沉昧掉悔蓋食謂四種法一親里尋二國土尋三不死尋四隨念昔種種所更笑戲歡娛承奉等事此蓋對治謂奢摩他此蓋事用謂俱能令心不寂靜由此說食治用同故惛眠掉悔二合為一或貪

瞋疑是滿煩惱二一能荷一覆蓋用惛眠掉悔非滿煩惱二合方荷一覆蓋用此五名蓋其義云何謂決定能覆障聖道聖道加行故立蓋名若尒則應諸煩惱等皆得名蓋一切皆能覆障聖道及加行故如世尊告諸苾芻言若為一法所覆障者則不能了眼是非常一法謂貪乃至廣說二一別說如雜事中何故世尊說蓋唯五理實應尒然佛世尊於立蓋門唯說五者唯此於五蘊能為勝障故謂貪恚蓋能障戒蘊如次令遠離欲恶故惛沉睡眠能障慧蘊此二俱令遠毗鉢舍那故掉舉恶作能障定蘊此俱令遠奢摩他故如是四蓋漸次令越出離白法由此於後令於業果四諦生疑疑故能令乃至解脫解脫智見皆不得起故唯此五建立為蓋若尒掉悔蓋應惛眠前說順戒定慧蘊次第而說故不尒此中壞次第者世尊意欲顯別義故謂契經中佛依正理說惛眠蓋毗鉢舍那能治非止說掉悔蓋唯奢摩他能治非觀此依伏斷

說觀止門別治惛眠掉悔二蓋若依永斷此觀止門對治一切用無差別為顯此理故壞次第何故無明不立為蓋不說成故如契經說無明所覆覆即是蓋有餘師說等荷擔者立諸蓋中無明於中所荷偏重是故不說惕復何緣不立為蓋以有由惕能修勝法為蓋義劣不立蓋中有餘師言夫為蓋者令心趣下惕則不然以能令心趣上法故諸見何故不立蓋中見諸有情鬪非我見者雖執有我而能離染故有說諸見性捷利故不順蓋義蓋性遲鈍隨煩惱中餘不立蓋准前所說應如理思上二界惑不立蓋者雜三界染初非障故又彼無記蓋唯不善今應思擇諸隨眠等由何而斷由慧觀見彼所緣故隨眠等斷若尒欲界他界遍行及三界中見滅道斷有漏緣惑應無斷義緣苦集諦法智忍生唯緣欲界苦集諦故緣滅道諦諸智忍生唯緣無漏為境界故無如是失我許諸惑永斷方便有多種故為有幾種摠有四種何等為四

頌曰

遍知所緣故　斷彼能緣故　斷彼所緣故
對治起故斷

論曰斷見所斷惑由前三方便一由遍知所緣故斷謂欲界繫見苦集斷自界緣惑色無色界見苦集斷所有諸惑以上二界他界地緣亦由遍知所緣斷故緣苦集諦類智忍生俱能預觀三界境故及通三界見滅道斷無漏緣惑如是諸惑皆由遍知所緣斷故二由斷彼能緣故斷謂欲界繫他界緣惑以欲界繫見苦集斷自界緣惑能緣於彼此惑於彼能作依持依持斷時彼隨斷故如羸病者却倚而立去所倚時彼隨倒故如何於彼能作依持由此於彼能為因故豈不此即說由害因故斷實尒此彼但是異名然為止濫故作是說謂欲界惑自他界緣皆有此彼互為因義然无此彼展轉相緣故於此中說能緣斷欲令易了唯他界緣由斷此因彼便隨斷三由斷彼所緣故斷謂見滅道斷諸有漏緣惑以無漏緣惑能為彼

所緣所緣斷時彼隨斷故如羸病者扶策而行去彼杖時彼隨倒故何緣於此所斷惑中有斷能緣故說所緣斷如緣欲苦集起現觀時有斷所緣故說能緣斷如緣諸滅道起現觀時雖實尒時此彼俱斷而由所斷有勝有劣故勝斷時言劣隨斷謂若於彼惑所緣中無漏慧生能為對治彼惑名勝所餘名劣何緣彼惑偏得勝名於彼所緣無漏慧起專為敵彼發切用故若許惑斷方便有多有由能緣斷故隨斷有由所緣斷故隨斷何故前說由慧觀見彼所緣故隨眠等斷但應於此先立宗言永斷諸惑由多方便勿先立宗與後解釋言義各異前後相違如先立宗後釋無異先據必觀惑所緣故後據於中有差別故惑先舉勝後兼辯劣正敵對者說名為勝已說三方便斷見所斷惑斷修所斷惑由第四方便謂彼但由治起故斷以若此品對治道生即此品中諸惑頓斷如下下品治道起時上上品惑即皆頓斷至上上品治道起時

下下品惑即皆頓斷如是理趣後當廣辯豈不一切見所斷惑斷時亦由對治道起以若此部對治道生則此部中諸惑斷故理實應尒然於此中為顯三界修所斷惑無不皆由九品道斷治道決定故說此言見所斷中唯有頂惑對治決定如前已辯惑見所斷諸惑斷時方便定三故就別說修所斷惑能斷方便不決定故就揔而說豈不所明第四方便與前宗義有不相關謂修位中以滅道智能斷三界修所斷惑慧非見此惑所緣故此與宗義實不相關前宗唯辯見所斷故設彼揔攝亦不相違見彼惑所緣此惑治生故所言對治揔有幾種頌曰

對治有四種　謂斷持遠猒

論曰諸對治門揔有四種一斷對治謂道親能斷諸惑得即無間道二持對治謂道初與斷得俱生即解脫道由如是道持斷得故令諸惑得不相續生三遠分對治謂道能令前所斷惑得轉更成遠即勝進道於解脫道

後所起道名為勝進乃至後得俱起生等亦得道名令與惑得相違諸得相續增故四猒患對治謂道隨於何界何地中見諸過失深生猒患即是於彼以種種門觀過失義此唯諸猒作意聚攝由此勢力設於後時屬妙境界亦不貪著應知多分是加行道非決定故不說在初說多分言應知為顯無間解脫勝進道中緣苦集諦者亦猒患對治已說惑對治當辯斷惑理諸惑永斷為定從何為從所緣為從相應為從自性何故生疑於此三種皆見過故且不應說斷從所緣謂若此法是彼所緣未曾有時非所緣故亦不可說斷從相應謂相應法互為因故此法無時非因性故又由此惑令心成染此心無時成不染故亦不可說斷從自性謂法無容捨自性故以斷惑時不可令彼所斷諸法失所斷性是故應思惑從何斷頌曰

應知從所緣　可令諸惑斷

論曰諸惑永斷定從所緣以於所緣遍知力故令惑永斷如前已說然惑

所緣揔有二種謂有繫事及無繫事緣有繫事為境諸惑及從此惑力所引生不緣此事為境諸惑如是二惑於一有情現相續中引起諸得設无染汙心現在前此得恒行無有間斷為去来世諸惑果因如是應知緣无繫事為境諸惑及因此惑勢力所引隨從現行不緣此事為境諸惑所引起得類亦同前言為去来惑果因者謂此諸得現在世時是過去惑等流性故說之為果是未来惑生緣性故說之為因然此諸得與斷對治等流諸得現行相違能持去来所得諸惑故令一切緣此事惑及緣餘惑相續而轉緣此事境諸斷對治等流起時惑得便絕所得諸惑於自所緣雖體猶有而由因果得永絕故可說名斷以於少境若未遍知緣此境惑及因此惑力所引起緣餘境惑所引去来惑果因得現相續中無間而轉若於少境得遍知時惑所引得便不復轉故知惑斷定從所緣如前所言遠分對治一切遠性揔有幾種頌曰

遠性有四種　謂相治處時　如大種尸羅
異方二世等

論曰一切遠性揔有四種一相遠性如四大種雖復俱在一聚中生以相異故亦名為遠二治遠性如持犯戒雖復俱在一身中行以相治故亦名為遠三處遠性如海兩岸雖復俱在一大海邊方處隔故亦名為遠四時遠性如去来世雖復俱依一法上立時分隔故亦名為遠望何說遠望現在世无間已滅及正生時與現相隣如何名遠非眼等境故或無作用故無為非時不可為難虛空體遍三滅遍得故契經中亦說為近等聲為明舉法未盡已辯煩惱對治差別修能對治勝進位中所斷諸惑為再斷不所得離繫有重得耶頌曰

諸惑无再斷　離繫有重得　謂治生得果
練根六時中

論曰所斷諸惑由得自分無間道故便頓永斷離退後時無再斷義斷已復斷則為唐捐所得離繫雖无隨道漸勝進理而道進時容有重起彼勝

得理以離繫得道所攝故捨得道時彼亦捨得故諸離繫有重得理此依容有時揔有六謂治道起得果練根說治生言通目二義若據住此能證離繫目無間道若據住此正證離繫目解脫道言得果者謂得預流一来不還阿羅漢果言練根者謂增進根由此六時得未曾道有捨曾道得離繫故說得果言既無差別如攝四果應攝練根以轉根時必得果故何勞長說此練根言為顯練根異斷惑得果故得果外說練根無失然得離繫隨其所應有具六時乃至唯二謂欲界繫見四諦斷及色無色見三諦斷所得離繫得具六時色無色界見道諦斷所得離繫得唯五時由治生時即得果故說得果已不說治生欲界修斷五品離繫亦五時得除預流果第六離繫得唯四時得果治生時無別故第七八品亦唯四時得四果中除前二故第九離繫得唯三時亦治生時即得果故色無色界修所斷中唯除有頂第九離繫所餘離繫亦唯

三時得果四中除前三故有頂第九得唯二時得果治生同一時故此約鈍說若就利根前諸位中除練根得豈不八地容世俗道斷應分二種對治生時得不尒此說漸次得故或此唯約無漏得故若依越次通有漏得則世俗道八地染中隨離少多入聖道者彼得離繫隨其所應有具六時乃至唯一以利根故除練根時謂欲界中先斷五品入見諦者彼見所斷五品離繫具六時得謂有二種自治生時及得果時復四或六彼修所斷五品離繫唯五時得除預流果先斷六品入見諦者彼見所斷六品離繫亦五時得除一如前彼修所斷六品離繫唯世俗道治生時得必不起彼無漏對治是一來果向道攝故非住果時起彼向道以住勝果不起劣故先斷八品入見諦者彼見所斷八品離繫亦五時得除一如前彼修所斷前六離繫唯一時得如前應知七八離繫唯四時得謂二治生及二得果先斷九品依未至地入見諦者彼見

所斷九品離繫亦四時得如前應知依根本地入見諦者彼見所斷九品離繫亦一時得如前應知根本非欲斷對治故若依未至若依根本彼修所斷九品離繫亦一時得如前應知必不起彼無漏對治是不還果向道攝故先斷上七地入見諦者彼見三諦斷七地離繫亦四時得如前應知見道諦斷七地離繫唯三時得謂一治生及二得果無漏治生即得果故彼修所斷七地離繫唯三時得謂二治生及一得果具離八地入聖道者見修位中斷有頂惑見三諦斷離繫三時謂一治生及二得果見道諦斷離繫二時由治生時即得果故修斷八品離繫二時謂一治生及一得果第九離繫唯一時得以治生時即得果故諸分離染見修位中進斷所餘准此應說以何因證得後果時重得先時所斷離繫由至教故謂契經中依正證得阿羅漢果說如是言應如是知應如是見彼從欲漏心得解脫乃至廣說由此位中亦得欲界猒患

對治等無學法智故知彼離繫亦應重得前言斷欲六品九品入見諦者彼先修斷六九離繫無无漏得為永不得暫不得耶應決定言彼永不得豈不證得阿羅漢時必得先時見修所斷一切離繫諸無漏得若彼先時所斷離繫有無漏得今時捨者於彼今應得無漏得若先无者今時亦無得離繫時唯自治起及捨劣道得勝時故諸有先依根本靜慮入見諦者得無學時容從欲漏心得解脫就依未至入見諦者及次第者說故无失即諸離繫彼彼位中得遍知名隨勝立故遍知有二一智遍知二斷遍知智遍知者體即是慧唯是无漏斷遍知者體即離繫是智果故得遍知名如業解名詮業解果若尒忍果應非遍知是智眷屬故名遍知無失或於後時轉成智果為一一斷道所得離繫各立一遍知為一切斷道所得離繫揔立一遍知二俱不然以有極廣極略過故若尒云何頌曰

斷遍知有九　欲初二斷一　二各一合三

上界三亦尒　餘五順下分　色一切斷三
論曰諸斷揔立九種遍知唯立九緣
如後當辯何等名曰九種遍知且三
界繫見諦所斷煩惱等斷立六遍知
謂欲界繫初二部斷立一遍知次二
各一上界亦然故合成六餘三界繫
修道所斷煩惱等斷立三遍知謂欲界
繫修道所斷煩惱等斷立一遍知應
知即是五順下分結盡遍知并前立
故色界所繫修道所斷煩惱等斷立
一遍知應知此即是色愛盡遍知无
色界繫修道所斷煩惱等斷立一遍
知即一切結永盡遍知此亦并前合
立一故如是所立九種遍知應辯於
中幾何道果頌曰
於中忍果六　餘三是智果　未至果一切
根本五或八　无色邊果一　三根本亦尒
俗果二聖九　法智三類二　法智品果六
類智品果五
論曰於此九中且應先辯與忍智道
為果差別忍果有六謂三界繫見斷
法斷六種遍知智果有三謂順下分
色愛一切結盡遍知由此三遍知是

修道果故由此已辯見修道果與靜
慮地為果別者未至靜慮果具有九
謂此為依斷一切故根本靜慮果五
或八所言五者毗婆沙師說根本靜
慮非欲斷治故所言八者尊者妙音
說根本靜慮亦欲斷治故除色无色
見道斷遍知道類智時揔集遍知故
中間靜慮如根本說豈不依止根本
靜慮入見諦時亦修未來依未至地
欲斷治道得斷治故亦應證彼欲見
斷法斷無漏離繫得寧說根本唯得
五果此責不然尒時所修依未至地
斷對治者唯色無色斷對治故根本
地道既不能為欲斷對治彼現起位
如何能修欲斷治道由彼所修未至
斷治唯治上界故果唯五與无色地
為果別者無色邊地果唯有一謂依
空處近分地道得色愛盡遍知果故
聖依俗道離諸染位所得斷果亦名
遍知以得無漏離繫得故前三根本
果亦唯一謂依無色前三根本得一
切盡遍知果故由此已辯靜慮無色
揔得遍知果多少別與俗聖道為果

別者俗道果二謂俗道力唯能獲得
順下分盡及色愛盡遍知果故聖道
果九謂聖道力乃至能越二有頂故
應知九中二是共果七不共果唯聖
果故與法類智為果別者法智果三
謂法智力能斷三界修所斷故類智
果二謂類智力斷色無色修所斷故
與法類品為果別者法智品果六謂
即是前法智法忍所得六果類智品
果五謂即是前類智類忍所得五果
品言通攝智及忍故法品六中四不
共果三屬法忍一屬法智二是共果
謂㝡後二雙屬法類二種智故類品
五中三不共果皆屬類忍二是共果
謂㝡後二義如前釋何緣一一道所
得斷不各各立為一遍知以永斷時
說遍知故如契經說吾今為汝宣說
遍知乃至廣說此中何等名為遍知
謂貪永斷瞋永斷癡永斷乃至廣說
說永斷言顯所得斷都无隨縛方名
遍知去何名為有隨縛斷去何名為
無隨縛斷斷具三種或四種緣名無
隨縛不具名有謂或有斷雖得離繫

得而闕餘得故容還永捨或復有斷餘得雖生未缺堅牢生死之首以八地染雖數曾離未能缺彼故還墜惡趣獄或復有斷雖亦缺彼而餘煩惱繫縛未除於永斷義未得圓滿或復有斷餘縛亦除而猶未能越所屬界以同類惑未斷无餘於永斷義亦未圓滿如是諸斷各有隨縛是故於彼不立遍知唯九位中三四緣具斷無隨縛可立遍知何謂具緣頌曰

得無漏斷得　及缺第一有　滅雙因越界
故立九遍知

論曰見斷法斷具三緣故便立遍知修斷法斷具四緣故方立遍知見斷法斷具三緣者謂得無漏離繫得故缺有頂故滅雙因故此中異生雖復亦有離八地染名滅雙因而斷非遍知闕餘二緣故見聖諦位第二三刹那諸斷雖有無漏離繫得餘二緣闕未立遍知第四五刹那雖亦缺有頂雙因未滅不立遍知見集斷因有未滅故集法智位欲二部斷具三緣故得遍知名後五刹那法類智位斷具

三緣故皆得遍知名修斷法斷具四緣者三緣如上越界第四謂諸界中聖未越地彼所得斷唯具二緣若已越地未越界者彼所得斷猶闕一緣若越界時四緣方具隨應彼斷得遍知名有說五緣加離俱繫義異前故說雙因滅俱繫離成故此不說離成就幾遍知頌曰

住見諦位無　或成一至五　修成六一二
無學唯成一

論曰異生位中雖能離染乃至八地不成遍知於聖位中依未至定入見諦者從初乃至集法忍位亦無遍知至集法智集類忍位唯成就一至集類智滅法忍位便成就二至滅法智滅類忍位便成就三至滅類智道法忍位便成就四至道法智道類忍位便成就五依根本定入見諦者至集類忍亦無遍知後位隨應如理思擇住修道位未離欲者道類智為初乃至未得全離欲界染及離欲退皆成就六至全離欲以離欲第九解脫道為初乃至離色界㝡後无間道先離

欲者從道類智乃至未起色盡道前唯成一遍知謂順下分盡從色愛盡及無學位起色纏退亦一如前有色愛者從色愛永盡先離色者從起色盡道至未全離無色愛前成下分盡色愛盡二從無學退起無色纏成二遍知名如前說住無學位唯成就一謂一切結永盡遍知若依根本入正決定道類智時彼所有斷亦得順下分斷遍知名者寧許根本果唯有五遍知唯色無色界見斷法斷得彼遍知名故無有失何緣唯此亦得彼名以漸次得不還果者於此斷上立彼名故又先俗道所斷下分今聖道力令永不生故彼所得斷假說為此果今實不得欲斷遍知何故不還阿羅漢果摠集諸斷立一遍知頌曰

越界得果故　二處集遍知

論曰具二緣故於所得斷摠集建立為一遍知一者越界二者得果所言集者是合一義若於無色分離染故得預流果全離染故得阿羅漢若於欲界分離染故得一來果全離染故

得不還果若於色界分離全離俱不得果唯於二處具足二緣謂得果時亦即越界故阿羅漢及不還果集所得斷立一遍知尒時捴起一味得故餘二果時得雖一味而未越界色愛盡時雖是越界無一味得故於彼位不集遍知要具二緣方捴集故誰捨誰得幾種遍知頌曰

捨一二五六　得亦然除五

論曰言捨一者謂從無學及色愛盡全離欲退言捨二者謂諸不還從色愛盡起欲纏退及彼獲得阿羅漢時諸先離欲依根本定入見諦者道類忍時言捨五者經主釋言謂先離欲道類智位此但應說道類忍時道類智時彼已捨故夫言得捨據捋說故又應簡言依未至定入見諦者若依根本入見諦者於欲界斷不得無漏離繫得故不得欲界見斷法斷三種遍知非先不得可言今捨言捨六者謂未離欲所有聖者得不還時得亦然者謂有得一得二得六言得一者謂勝進位集法忍等九種位中及從

無學起色纏退言得二者謂從無學起無色界諸纏退時言得六者謂不還退无得五者理無容故謂先離欲依未至定入見諦者道類忍時捨五遍知得不還果此果若退可得五遍知此退既無故无容得五豈不勝進得聖果時於諸無為更起勝得作可名得寧捨遍知約斷實然恒成就故但今且據九遍知中若得異名本名便失說名為捨亦無有過建立遍知與斷別故

說一切有部顯宗論卷第二十八

甲辰歲高麗國大藏都監奉

勑彫造

阿毗達磨藏顯宗論卷第二十八

校勘記

一　底本，麗藏本。

一　三二七頁上二〇行第六字「或」，諸本（不含[石]，下同）無。

一　三二七頁中一七行第一二字「種」，諸本作「纏」。

一　三二八頁上一行第二字「疑」，諸本作「癡」。

一　三二八頁上一五行末字「越」，[磧]作「趣」。

一　三二八頁中九行第七字「趣」，諸本作「起」。一〇行第三字同。

一　三二八頁中一一行第二字「諸」，諸本作「謂」。

一　三二八頁下七行「地緣」，諸本作「他緣」。

一　三二九頁上一八行首字「惑」，諸本作「或」。

一　三二九頁下一行第一一字「後」，諸本作「彼」。

一三三〇頁上一九行第一三字「去」，磧作「法」。

一三三〇頁中末行首字「漸」，諸本作「斷」。

一三三〇頁下一〇行「轉根」，徑、清作「練根」。

一三三〇頁下末行「所餘」，諸本作「所除」。

一三三一頁上七行第四字「道」，諸本作「通」。

一三三一頁上八行第七字「隨」，磧、南作「得」。

一三三一頁中二二行第八字「從」，諸本無。

一三三二頁下一三行「二種」，磧、南作「三種」。又「類品」，徑作「二品」。

一三三三頁中三行「二緣」，諸本作「三緣」。

一三三三頁中七行末字「成」，諸本作「惑」。

一三三三頁下二一行第四字「合」，諸本作「全」。

阿毗達磨藏顯宗論卷第二十九　好

尊者衆賢造

三藏法師玄奘奉　詔譯

辯賢聖品第七之一

已辯煩惱隨諸品類雖有無量而摠立為三界五部諸煩惱斷隨所繫事雖亦无量而就勝位立九遍知然斷必由道力故得此所由道其相云何

頌曰

已說煩惱斷　由見修道故　見道見聖諦

修道修九品

論曰世尊唯說有二煩惱見修所斷有差別故然諸論中開二為五即五所斷如前已說今就略攝唯二如經斷彼但由見修道故見道謂見四聖諦理修道謂修九品差別見唯無漏修通二種准前已顯故頌不說所見聖諦其相云何頌曰

諦四名已說　謂苦集滅道　彼自體亦然

次第隨現觀

論曰佛於經中說諦有四一苦二集三滅四道於此論中亦先已說謂有

為法除諸聖道為果性邊皆名苦諦為因性邊皆名集諦物雖無異數分無失依彼建立現觀位中諸忍智等行相別故如四正斷出離尋等擇滅無為名為滅諦學无學法皆名道諦因前果後理數必然由此定應列諦名處苦居集後道在滅前何故此中果前因後隨現觀位次第而說謂隨行者現觀位中前觀前說後觀後說然或有法說次隨生如念住等或復有法說次隨便如正勝等何緣現觀次第必然加行位中如是觀故何緣加行必如是觀謂若有法㝡為逼惱修加行位理應先觀次求彼因次求彼脫後應求彼解脫方便辟如良醫先觀病者所患病狀次尋其因次思病愈後求良藥故契經言夫醫王者謂具四德能拔毒箭一善知病狀二善知病因三善知病愈四善知良藥如來亦尒為大醫王如實了知苦集滅道故加行位依此次觀現觀位中觀次亦尒由加行力所引發故如縱心誦先所誦文故列聖諦名隨現觀

次第現等覺故立現觀名正覺所緣故唯無漏此覺真淨故得正名此聖諦名為目何義聖者諦故得聖諦名謂唯聖者於此四諦能以聖行聖智實觀異生不然故名聖諦唯受一分是苦自體所餘並非如何可言諸有漏行皆是苦諦頌曰

苦由三苦合　如所應一切　可意非可意

餘有漏行法

論曰有三苦性一苦苦性二行苦性三壞苦性諸有漏行如其所應與此三種苦性合故皆是苦諦亦無有失所以者何諸有漏行有三可意非可意餘可意者何謂諸樂受及彼資具餘二類然此中可意有漏行法由壞苦合故名為苦未離染者於彼壞時必定應生憂愁等故以薄伽梵契經中言諸樂受生時樂住時樂壞時苦順樂受諸行如樂受應知諸非可意有漏行法由苦苦合故名為苦苦受自躰及順苦法現前必能惱身心故以薄伽梵契經中言諸苦受生時苦住時苦壞時樂順苦受諸行如苦

受應知除此所餘有漏行法由行苦合故名為苦因緣所造皆是非常有漏非常無非是苦故有漏法皆是苦性豈不一切有漏行法攝此皆容是行苦性不應但說非苦樂受及彼資糧為行苦性雖有此理然於此中依不共故作如是說此三苦性其體是何應定判言三受為體由三受故順三受法如應亦得三苦性名道無漏故非苦性攝如上所辯四聖諦中幾是世俗幾是勝義如是二諦其相云何頌曰

彼覺破便无　慧析餘亦尒　如瓶水世俗
異此名勝義

論曰諸和合物隨其所應摠有二種性類差別一可以物破為細分二可以慧析除餘法謂且於色諸和合聚破為細分彼覺便无名世俗諦猶如瓶等非破瓶等為瓦等時復可於中生瓶等覺有和合聚雖破為多彼覺非無猶如水等若以勝慧析除餘法彼覺方無亦世俗諦非水等被慧析除色等時復可於中生水等覺故於

彼物未破析時以世想名施設為彼施設有故名為世俗依世俗理說有瓶等是實非虛名世俗諦如世俗理說為有故若物異此名勝義諦謂彼物覺彼破不無及慧析除彼覺仍有名勝義諦猶如色等如色等物碎為細分漸漸破析乃至極微或以勝慧析除味等彼色等覺如本恒存受等亦然但非色法無細分故不可碎彼以為細分乃至極微然可以慧析至刹那或可析除餘想等法彼受等覺如本恒存此真實有故名勝義以一切時躰恒有故依勝義理說有色等是實非虛名勝義諦如勝義理說為有故由此四聖諦皆勝義諦攝細分別時覺不捨故諸世俗諦依勝義理世俗自體為有為無若言是有諦應唯一若言是無諦應無二此應決定判言是有以彼尊者世友說言無倒顯義名是世俗諦此名所顯義是勝義諦名是實物如先已辯豈不已言諦應唯一理實應尒非勝義空可名諦故何故立二即勝義中依少別理

立為世俗非由躰異所以尒者名是言依隨世俗情流布性故依如是義應作是言諸是世俗必是勝義有是勝義而非世俗謂但除名餘實有義即依勝義是有義中約少分理名世俗諦約少分理名勝義諦謂無簡別摠相所取一合相理名世俗諦若有簡別別相所取或類或物名勝義諦如於一躰有漏事中所取果義名為苦諦所取因義名為集諦或如一躰心心所法有具六因及四緣性由如是理於大仙尊所說諦中無有違害如說一諦更無第二唯有一道更无餘道此四聖諦摠體云何一切有為及諸擇滅以是煩惱聖道境故染淨因果性差別故空非擇滅有自躰故正見境故亦是諦擇然非煩惱聖道境故亦非染淨因果性故亦非欣猒所行境故非覺悟彼得成聖故不預此中聖諦所攝何緣煩惱不緣彼生以彼二法是無漏故不能違害有漏法故謂愛但緣有漏為境於無漏法違諸有故不名為愛是善法欲若境

極能順生貪愛此境遍是煩惱所緣由愛所緣便於彼滅及彼滅道不欲疑謗空非擇滅與此相違故定不為煩惱境界豈不於二譬喻等師緣之亦生不欲疑謗寧說緣彼煩惱不生非緣彼生無智疑見障證苦滅及苦滅道如緣苦等成染汙性如阿羅漢於道路等亦有無智疑謗現行豈可說為染汙煩惱是故皆是不染汙性由此說無緣彼煩惱有說非謗空非擇滅但謗其名不緣其體此二唯善俗智境界於苦等諦何不亦然是故應知前說無失令應思擇於聖諦中求真見者初修何行求見聖諦初業地中所習行儀極為繁廣欲遍解者當於衆聖所集觀行諸論中求以要言之初修行者應於解脫具深意樂觀涅槃德背生死過先應方便親近善友善友能為衆行本故具聞等力得善友名能品物機如應授法故近善友名全梵行行者既為能說正法善友攝持應修何行頌曰

將趣見諦道　應住戒勤修　聞思修所成

謂名俱義境

論曰諸有發心將趣見諦應先安住清淨尸羅然後勤修聞所成等故世尊說依住尸羅於二法中能勤修習謂先安住清淨戒已復數親近諸瑜伽師隨瑜伽師教授誡勗精勤攝受順見諦聞聞已勤求所聞法義令師教誡所生慧增漸勝漸明乃至淳熟非唯於此生喜足心復於法義自專思擇如是如是決定慧生自思為因決慧生已能勤修習諸煩惱等自相共相二對治修令於此中略攝義者謂修行者住戒勤修依聞所成慧起思所成慧依思所成慧起修所成慧此三慧相差別云何謂如次緣名俱義境理實三慧於成滿時一切皆唯緣義為境今時難辯三慧相別故今且約加行位辯說聞思修緣名俱義非唯緣名境有決定慧生故聞所成慧不但緣名境然隨師說名句文力故於義差別有決定慧生此慧名為聞所成慧約入方便說但緣名聞慧成已為知別義復加精勤自審思擇欲

令思擇無謬失故復念師教名句文身由此後時於義差別生決定慧名思所成此加行時由思義力引念名故說緣俱境思慧成已等引現前不待名言證義差別此決定慧名修所成故毗婆沙辯三慧相謂若有慧於加行時由緣名力引生義解此所引慧名聞所成若加行時由思義力引念名解由此於後生決定慧名思所成若不待名唯觀於義起內證慧名修所成此中三慧名所成者是因聞思力所生義第三修慧名所成者是即以修為自性義如言命器食實所成諸有欲於修精勤學者如何淨身器令修速成頌曰

具身心遠離　無不足大欲　謂已得未得
多求名所无　治相違界三　無漏无貪性
四聖種亦尒　前三唯喜足　三生具後業
為治四愛生　我所我事欲　暫息永除故

論曰身器清淨略由三因何等為三一身心遠離二喜足少欲三住四聖種謂若欲令修速成者要先精勤清淨身器欲令身器得清淨者要先

修習身心遠離身遠離者謂遠惡朋心遠離者謂離惡尋由身心離惡朋尋故身器清淨心易得定此二由何易可成者由於衣等喜足少欲言喜足者無不喜足少欲者無大欲諸有多求資生具者晝抑惡朋侶夜起惡尋思由此無容令心得定所無二種差別云何謂於已得妙多衣等恨不得此倍妙倍多即於此中顯等倍勝更欣欲故名不喜足若於未得妙多衣等求得故名大欲諸所有物足能治苦若更多求便越善品是此中義如契經言隨有所得身安樂者令心易定及能說法由此希求治苦物者是為助道非為過失故於已得能治苦緣更求妙多名不喜足於全未得過量希求名為大欲是二別相喜足少欲能治此故與此相違應知相別謂治不喜足不喜足相違是喜足相能治大欲大欲相違是少欲相是於已得能治苦物不更希求名為喜足於所未得能治苦物不過量求名少欲義喜足少欲界繫通三亦有越三

無漏攝者謂欲界繫善心相應喜足少欲是欲界繫二界無漏例此應說所治二種唯欲界繫以何證知色無色界亦有能治喜足少欲以現見有生在欲界從色無色等引起時所治二種現行遠故能治二種現行增故已說喜足少欲別相二種通相所謂無貪以二俱能對治貪故所治通相所謂欲貪聖種應知如能治說謂亦通三界無漏是無貪如無色中雖無恚境而亦得有無瞋善根故无色中雖無衣等而亦得有無貪善根如彼不貪身亦不貪資具故無色界具四聖種受欲聖者於聖種中有阿世耶而無加行衆聖種故名為聖種聖衆皆從此四生故展轉承嗣次第不絕前為後種世所極成衆聖法身皆從於衣生喜足等力所引起是聖族姓得聖種名四中前三體唯喜足謂於衣服飲食卧具隨所得中皆生喜足此三喜足即三聖種无貪善根有多品類於中若治不喜足貪此乃名為前三聖種第四聖種謂樂斷修斷

謂離繫修謂聖道樂謂於彼情深欣慕以樂斷及修名樂斷修即是欣慕滅及道義或樂斷之修名樂斷修即是依慕滅之道義為證惑滅樂修道故由此能治有無有貪故此亦以無貪為性豈不第四亦能治瞋等則應亦以無瞋等為性非无此義然以前三為資糧故前三唯是无貪性故此亦自能對治貪故從顯偏說何緣唯立喜足為聖種非少欲耶以少欲者容於衣等物有希求故謂有意樂性下劣者於未得境不敢多求設已得多容求不歇見喜足者少有所得尚不更求況復多得故唯喜足建立聖種或為遮止苦行者欲不說少欲以為聖種非彼外道心有勝欲恒有劣欲熏相續故或隨所得生歡喜心不更欣求名為喜足斷樂欲樂此為最勝欲界有情多樂欲樂此樂欲樂違出家心於離惑中令心闇鈍能障梵行靜慮現前為過最深喜足能治故唯喜足建立聖種非於未得多衣等中起希求時心生歡喜何況於少是

故少欲於能對治樂欲樂中非最勝故不立聖種緣衣服等所生喜足如何可說是無漏耶誰言如是喜足是無漏若尒聖種寧皆通无漏由彼增上所生聖道彼所引故從彼為名故言聖種皆通無漏不作是言緣衣服等所有喜足皆通無漏少欲無漏准此應釋謂彼增上所生聖道彼所引故從彼為名非聖道生緣衣等境世尊何故說四聖種以諸弟子捨俗生具及俗事業歸佛出家為彼顯示於佛聖法毗柰耶中有能助道生具事業謂有猒離生死居家出家求脫有何生具於隨所得衣服等中深生喜足作何事業深樂斷修異此无能證涅槃故何緣唯四不增不減齊此滿足聖生因故謂聖生因略有二種一棄捨過二攝持德如次即是前三第四是故唯四不增不減或聞思修所成諸善皆是聖種解脫依故然為對治四種愛生是故世尊略說四種以契經說有四愛生故契經言苾芻諦聽愛因衣服應生時生應住時住應

執時執如是愛因飲食卧具及有無有皆如是說為治此四故唯說四聖種於樂喜足何非聖種不說於彼有愛生故為治愛生建立聖種經唯說有四種愛生是故於樂不立聖種或即攝在前三中故謂樂有在衣服中攝有在飲食中攝有在卧具中攝故於樂喜足不別立聖種或若於中引惰等過對治彼故建立聖種於樂无引惰等過生故聖種無於樂喜足或一切人皆受用者於彼喜足可立聖種非彼尊者縛矩羅等曾无有病受用藥故或一切時應受用者於彼喜足可立聖種非一切時受用藥故或醫方論亦見說有於樂喜足毗柰耶中方見說有衣等喜足聖種唯在內法有故有言雖有於樂喜足而不建立為聖種者諸樂有能順梵行故謂世現見樂學戒者於樂喜足障梵行故或佛為欲暫息未除我我所事欲故說四聖種謂為暫息我所事欲故說前三聖種為永滅除及我事欲故說第四聖種我所我執立以欲名謂

為暫時息我所執故世尊說前三聖種即於衣等所生喜足及彼增上所引聖道為永滅除及我事執故世尊說第四聖種即樂斷修及彼增上所引聖道皆名聖種此門意顯令有身見暫息永除說四聖種如是已說將趣見諦所應修行及修行已為修速成淨治身器既集如是聖道資糧欲正入修由何門入頌曰

入修要二門　不淨觀息念　貪尋增上者
如次第應修

論曰諸有情類行別衆多故入修門亦有多種然彼多分依二門入一不淨觀二持息念故唯此二名曰要門為諸有情入皆由二不尒如次貪尋增者謂貪增者入依初門尋增上者入依息念如非一病一藥能除就近治門說不淨觀能治貪病非不治餘息念治尋應知亦尒然持息念緣無差別微細境故所緣繫屬自相續故非如不淨觀緣多外境故能止乱尋既已捴說貪尋增者入修如次由前二門此中先應辯不淨觀如是觀相云何頌曰

為通治四貪 且辯觀骨瑣 廣至海復略
名初習業位 除足至頭半 名為已熟修
繫心在眉間 名超作意位
論曰修不淨觀正為治貪然貪差別略有四種一顯色貪二形色貪三妙觸貪四供奉貪對治四貪依二思擇一觀內屍二觀外屍利根初依前鈍根初依後謂利根者先於內身皮為邊際足上頂下周遍觀察令心猒患若鈍根者由根鈍故煩惱猛利難可摧伏藉外緣力方能伏治故先明了觀察外屍漸令自心煩惱摧伏謂彼初欲觀外屍時先起慈心往施身處觀外屍相以況內身彼相既然此亦應尒應修八想伏治四貪為欲伏治顯色貪故修青瘀想及異赤想為欲伏治形色貪故修被食想及分離想為欲伏治妙觸貪故修破壞想及骸骨想為欲伏治供奉貪故修膖脹想及膿爛想許緣骨瑣修不淨觀通能伏治如是四貪以一骨瑣中具離四貪境故應且辯修骨瑣觀然於引發諸善根時補特伽羅約所修行說有

三位一初習業二已熟修三超作意且觀行者欲修如是不淨觀時應先繫心於自身分或於足指或於眉間或鼻頞中或於額等隨所樂處專注不移為令等持得堅牢故從入已去名初習業入言為顯審初繫心假想自身足指等處下至能見錢量白骨由勝解力漸廣漸增乃至具見全身骨瑣謂於此位諸瑜伽師假想思惟皮肉爛墜漸令骨淨初量如錢乃至遍身皆成白骨彼於此位有多想轉想轉言顯不捨所緣數數轉生餘勝解想有餘師說觀行未成作意但由想力故轉觀行成已便由慧力此位未成故由想轉應知此中所言作意捴顯一切心心所法皆由想力相續而轉見全身已復方便入緣外白骨不淨觀門謂為漸令勝解增故觀外骨瑣在已身邊漸遍一牀一房一寺一園一邑一界一國乃至遍地以海為邊於其中間骨瑣充滿為令勝解漸復增故於所廣事漸略而觀乃至唯觀自身骨瑣齊此漸略不淨觀成

名瑜伽師初習業位為令略觀勝解漸增於白骨中復除足骨思惟餘骨繫心而住漸次乃至除頭半骨思惟半骨繫心而住齊此轉略不淨觀成名瑜伽師已熟修位為令略觀勝解自在除半頭骨繫心眉間專注一緣湛然而住齊此極略不淨觀成名瑜伽師超作意位應知至此不淨觀成諸所應為皆究竟故所緣自在若小若大應作四句如理應思隨欲而觀伏煩惱故不名顛倒得名為善此不淨觀何性幾地緣何境何處生何行相緣何世為有漏為無漏為離染得為加行得頌曰
無貪性十地 緣欲色人生 不淨自世緣
有漏通二得
論曰如先所問今次第荅謂此觀以無貪為性違逆作意為因所引猒惡弃背與貪相翻應知此中名不淨觀應是慧者理亦不然觀所順故謂不淨觀能近治貪故應正以无貪為性貪因淨相由觀力除故說無貪為觀所順諸不淨觀皆是無貪非諸无貪

皆不淨觀唯能伏治顯色等貪方說名為此觀體故此約自性若兼隨行具以四蘊五蘊為性通依十地謂四靜慮及四近分中間欲界唯尒所地此容有故此觀唯緣欲界色處境欲界顯形為此觀境故若尒何故契經中言耳根律儀所防護者住不淨觀乃至廣說此言為說諸為色貪所摧伏者彼必由為緣聲等貪之所摧伏故欲摧伏緣色貪者必先應住耳根律儀由此方能住不淨觀有說此觀唯依意識能引所餘違逆行相故若有住耳根律儀彼必應先住不淨觀此不淨觀力能遍緣欲界所攝一切色處若謂尊者阿泥律陁不能觀天以為不淨舍利子等於佛色身亦不能觀以為不淨如何此觀遍緣欲色此難不然勝無滅者能觀天色為不淨故佛能觀佛微妙色身為不淨故由是此觀定能遍緣欲色為境由此已顯緣義非名亦已顯成通緣三性初習業者唯依人趣能生此觀非北俱盧天趣中無青瘀等故不能初起

先於此起後生彼處亦得現前此觀行相唯不淨轉是善性故體應是淨約行相故說為不淨是身念住攝加行非根本雖與喜樂捨三根相應而猒俱行如苦集忍智隨在何世緣自世境若不生法通緣三世此觀行相非非常等十六行攝故唯有漏通加行得及離染得離彼彼地染得彼彼定時亦即獲得彼地此觀離染得已於後後時亦由加行令得現起未離染者唯加行得此中一切聖衆後有異生皆通未曾餘唯曾得說不淨觀相差別已次應辯持息念此差別相云何頌曰

息念慧五地　緣風依欲身　二得實外無
有六謂數等

論曰言息念者即契經中所說阿那阿波那念言阿那者謂持息入是引外風令入身義阿波那者謂持息出是引內風令出身義如契經說苾芻當知持息入者飲吸外風令入身內持息出者驅擯內風令出身外慧由念力觀此為境故名阿那阿波那念有

餘師說言阿那者謂能持来阿波那者謂能持去此言意顯入息出息有能持義慧由念觀此故得此念名辯屬身風略有六種一入息風二出息風三發語風四除弃風五隨轉風六動身風謂諸有情處胎卵位先於臍處業生風起穿身成穴如藕根莖衆初有風来入身內乗茲口鼻餘風續入此初及後名入息風此入息風適至身內有風續出名出息風如鍛金師開槖囊口自然風入風性法尒但有孔隙必隨入故入已按之其風還出入息出息次第亦然理實此風無入无出但如是轉能損益身相續道中假名入出入息轉位能逐身中腐敗汙垢諸臭穢物增長火界令身輕舉出息轉時能除欝蒸損減火界令身沉重發語風者謂有别風是欲為先展轉所引發語心起所令增盛生從臍處流轉衝喉擊異熟生長養大種引等流性風大種生鼓動齒脣舌腭差别由此勢力引起未来顯名句文造色自性此居口內名語亦業

流出外時但名為語心生大種其理極成謂見貪瞋癡心起者面有潤燥乱色異常又亦傳聞懷瞋毒者面門生𦦨非有慈心貪引火生焚身等故除弃風者謂有別風隨便路行能鐲二穢由穢內逼有苦受生由苦受生發除弃欲由除弃欲引起風心此心起風成除弃業又此風力令身安隱隨轉風者謂有別風遍隨身支諸毛孔轉由此故得隨轉風名此不依心但依業力隨身孔隙自然流行由此能除依孔隙住腐敗汙垢諸臭穢物動身風者謂有別風能擊動身引起表業應知此起以心為因遍諸身支能為擊動因顯風義兼辯六風然於此中正明二息此中意辯持息念故此念自性是慧非餘以契經說了知言故此品念勝故得念名由念力記持入出息量故為顯緣息定慧得成由念功能故說為念并隨行性應准前門此念所依唯通五地謂依欲界靜慮中間及初二三靜慮近分由此但與捨根相應為對治身脩此念故

樂苦等受能順引發親里等尋故對治尋要任運受現在前位有說下三根本靜慮正在定位亦有捨受彼說此念通依八地上定現前息便无故此念但緣息風為境非通緣上所說六風此念初依欲界身起唯人天趣除北俱盧唯加行得非離染得未離染者定由加行現在前故非離染得地所攝故已說皆是近分地攝非根本故又此念唯是勝加行引故不應說此有離染得此唯真實作意相應有說亦通勝解作意正法有情方能脩習外道无有無說者故彼不能覺微細法故此與我執極相違故彼我執有故此念無由具六因此相圓滿何等為六一數二隨三止四觀五轉六淨數謂繫心數入出息從一至十不減不增恐心於境極聚散故然於此中容有三失一數減失二數增失三雜乱失復有三失一太緩失二太急失三散乱失若十中間心散乱者復應從一次第數之終而復始乃至得定凡數息時應先數入以初生位

入息在先乃至死時出息最後如是覺察死生位故於非常想漸能修習隨謂繫心隨入出息念入出息為短為長為遠至何復還旋返且念入息為行遍身為行一分隨彼息入行至喉心臍髖髀膝脛腂足指念恒隨逐止謂繫念唯在鼻端或在眉間乃至足指隨所樂處安止其心觀息住身如珠中縷為冷為煖為損為益觀謂觀察此息風已兼觀息俱大種造色及依色住心及心所具觀五蘊以為境界轉謂移轉緣息風覺安置後後勝善根中謂念住為初至世第一法淨謂昇進入見道等有餘師說念住為初金剛喻定為後名轉盡智等方名淨息相差別云何應知頌曰

入出息隨身　依二差別轉　情數非執受
等流非下緣

論曰隨身生地息彼地攝以息是身一分攝故此入出息轉依身心差別故本論說息依身轉亦依心轉隨其所應具四緣故息方得轉依此理說隨所應言顯息必依身心差別言四

緣者一入出息所依身二毛孔開三
風道通四入出息地麁心現前於此
四中隨有所闕息便不轉此入出息
有情數攝無覺身中息无有故是雖
從外来而繫屬内義此入出息非有
執受以息關减執受相故身中雖有
有執受風而此息風唯无執受此入
出息躰是等流是同類因所生果故
身中雖有長養異熟風而此息風唯
是等流性身增長位息便損减身損
减時息增長故非所長養斷已於後
更相續故非異熟生餘異熟色无此
相故唯自上地心之所觀非下地心
所緣境故謂生欲界起欲界心彼欲
界身欲界息依欲界心轉即彼心所
觀若生欲界起初定心彼欲界身欲
界息依初定心轉即彼心所觀起二
三定心皆准前應說生初靜慮起三
地心生二生三起二起自准生欲界
如理應說若生上地起下地心彼上
地身上地息依下地心轉非彼心所
觀如是欲界息四地心所觀初二三
定息如其次第為三二地息地心所

觀有息地四無息地五住有息地起
無息地心息必不轉住無息地起有
息地心息亦不轉住有息地起有息
地心隨其所應有入出息轉所辯持
息念成滿相去何應作是言若觀行
者注想觀息微細徐流謂想遍身如
筒一穴息風連續如貫末尼不能動
身不發身識齊此應說持息念成有
餘師言增長自在所作事辦名此念
成初增長言顯持息念下中上品次
第成立乃至若時隨其所樂能入能
出名為自在若於此位能攝益身遠
躭嗜依尋名所作事辦有餘師說若
具六相遠離三失或若具足修十六
種殊勝行相齊此應說持息念成經
說息念有十七種謂念入出息了知
我已念入出息短入出息長覺遍身
止身行覺喜覺樂覺心行止心行覺
心令心歡喜令心攝持令心解脫隨
觀非常隨觀斷隨觀離隨觀滅如是
一一皆自了知此十七中初是摠觀
後十六種是差別觀約四念住如次
應知各有四門成十六種如何覺心

行可受念住攝因受果名故無有過
非此中說心行謂思應知此中受名
心行謂由躭著樂受味故便於彼彼
境界或生思造作心名為心行受是
思因故名心行無失或但能覺受自
躰者義准亦於思等自體次第能覺
生住壞相如嘗大海一滴水鹹則亦
遍知大海水味故唯覺受名覺心行
廣解一一相如經釋中辯

說一切有部顯宗論卷第二十九

甲辰歲高麗國大藏都監奉
勑彫造

阿毗達磨藏顯宗論卷第二十九

校勘記

一 底本，麗藏本。

一 三三六頁中一二行第五字「加」，諸本(不含石，下同)作「如」。

一 三三六頁下二〇行第五字「由」，

一 磧、南作「田」。又末字「受」，諸本作「受受」。

一 三三七頁上二二行第一二字「被」，經、清作「彼」。三四一頁上一七行第八字經同。

一 三三七頁中一行末字「彼」，資、磧、普作「被」。

一 三三七頁中五行第一〇字「除」，諸本作「餘」。

一 三三七頁下二行第二字「依」，諸本作「彼」。

一 三三七頁下三行第五字「諸」，諸本作「謂」。又「必是」，諸本作「必有」。

一 三三七頁下一一行第一二字「性」，磧作「往」。

一 三三七頁下一七行第八字「擇」，諸本作「攝」。

一 三三八頁中二行末字「住」，經作「作」。

一 三三八頁下一三行第一三字「寶」，資、磧、普、經作「實」。

一 三三八頁下二〇行第一三字「爲」，諸本作「謂」。

一 三三九頁上八行第九字「妙」，諸本作「少」。九行第四字、一〇行第一三字、一六行第五字同。

一 三三九頁中二行第九字「無」，諸本作「無無」。

一 三三九頁下一七行第二字「熏」，南作「重」。

一 三四〇頁下八行第六字「既」，資作「現」。

一 三四一頁上一行「骨瑣」，諸本作「骨鎖」。下同。

一 三四一頁上九行第四字「上」，磧作「土」。

一 三四一頁上一六行第九字「及」，資、南作「乃」。又第一〇字「異」，經作「黑」。

一 三四一頁中四行第三字「頞」，南、經、清作「頻」。

一 三四一頁下二行「白骨」，諸本作「自骨」。

一 三四二頁下一五行第一二字「逐」，磧、普、南、經、清作「遂」。

一 三四三頁上一三行第一〇字「擊」，經、清作「繫」。

一 三四三頁上末行第一〇字「身」，諸本作「尋」。

一 三四三頁下四行第八字「還」，磧、南作「遠」。

一 三四三頁下九行「爲令」，諸本作「爲冷」。

一 三四三頁下一三行第一一字「世」，磧、普、南、經、清作「出」。

一 三四四頁中六行第二字「注」，諸本作「住」。

一 三四四頁下一行第三字「受」，諸本作「愛」。

阿毗達磨藏顯宗論卷第三十　好

尊者衆賢造
三藏法師玄奘奉　詔譯

辯賢聖品第七之二

如是已說入修二門由此二門心便得定心得定已復何所脩頌曰

依已脩成止　為觀脩念住　以自相共相
觀身受心法　自性聞等慧　餘相雜所緣
說次第隨生　治倒故唯四

論曰已修成止以為所依為觀速成脩四念住非不得定者能如實見故如何脩習四念住耶以自相共相觀身受心法謂脩觀者專心一趣以自共相於身等境一一別觀修四念住分別此法與所餘法有差別義名觀自相分別此法與所餘法無差別義名觀共相且身念住觀自相者謂觀察身諸處別相觀共相者謂觀諸處同是身相成色相同或觀自相者謂觀身別相觀共相者謂觀察身與餘有為皆非常等受等念住准此應知此四各三謂自性等自性謂慧唯聞

等三相雜謂餘此俱有法所緣謂此三慧所緣何故此三皆名念住由念令慧得住所緣念慧相資勝定等故由此於慧立念住名此相雜所緣故亦名念住何緣故說三種念住為愚行相資糧所緣三種有情故說三種或根勝解分位各三機宜不同故說三種三中相雜能斷煩惱非二能斷太減增故然相雜言亦攝慧體慧與俱有互相雜故若言自性應無所待顯有所待說相雜言唯修所成法念住攝能斷煩惱要在定中能斷惑故緣四五蘊或緣涅槃能斷惑故法念住中共相作意能斷煩惱自相作意緣少分境故無此能四念住內前之三種唯不雜緣第四通二然三諦智唯有雜緣能斷煩惱唯滅諦智雖不雜緣亦斷煩惱身等念住各有三種緣內外俱有差別故且身念住有三種中緣自相續說名為內緣他身等說名為外雙緣二種說為內外以有我愛而慢緩者應觀內身猶如外故或內如前緣無執受說名為外緣他

相續說為內外待無執受及待自身得二名故或緣根境及俱名三或緣有情及非情數通緣二種差別為三或緣有情外非情數及毛髮等差別為三以彼皆從內身生故離根住故具得二名或緣有情現在名內緣外非情三世名外緣情去來說為內外有情類故墮法數故又彼未來當墮情數正墮法數彼過去時曾墮情數正墮法數彼不生法是生類故受等三種一一各三隨其所應准前應釋此四念住說次隨生生復何緣次第如是生次如是相隨順故有情多分於諸色中好受用故不違勝法好受用色以何為緣謂於受中情深欣樂欣樂於受由心不調心之不調由諸煩惱心由信等可令調伏隨觀此理四念住生或隨所緣麁細生故然非由此心審後觀法中涅槃極微細故彼想思等循觀受時准義已能了知其相同依心起等安危故有餘師說色可聚散可取可捨相似相續不淨苦等易了知故多分緣身生貪等故

男女展轉起會處故不淨觀持息念及分別界三入修門一切多緣身為境故修念住位應㝡初觀此觀為因生輕安觸由輕安觸引樂受生經說身安便受樂故如是樂受依心而生淨心為因得解脫果由是受等隨次而觀故念住生如是次第此四念住不增不減能治淨等四顛倒故觀身不淨治於不淨謂淨顛倒雖淨顛倒通緣五蘊然但觀身自性非淨便能摠伏如人已觀糞體不淨亦不欣樂從糞所生如是已觀身體不淨亦不欣樂從身所生由此觀身為不淨者於五取蘊皆不欣樂以有為身淨想迷者彼方欣樂依身所生是故觀身為不淨者於身所起亦不欣樂如有安住不淨觀時雖不親觀聲等為境而於歌等弃如糞穢如是安住身念住時雖不親觀受等為境觀身自體為不淨故終不欣樂受等三境又雖不觀色無色境以為不淨而於彼境非不引生不樂行相是故淨倒雖緣五蘊身念住成便能摠伏後三念住

雖各別觀例此應思能摠伏理觀受是苦能治於苦謂樂顛倒謂若有法真可欣欲是為樂義於多過患所雜行中見有可欣殊勝功德是名於苦謂樂顛倒此倒必用躭受為先以於受中深躭著已方於一切逼惱所依有漏行中妄生樂想是故觀受為苦性時便能摠伏計樂顛倒觀心非常能治非常謂常顛倒謂觀行者憎猒受故於所依心見有衆多品類差別引非常觀令現在前便於有為不生常想故能摠伏計常顛倒觀法非我能治非我謂我顛倒謂有一類聞我非常心不生喜遂作是念誰令此心有多差別彼即是我為遮彼計復應諦觀除三所餘亦唯是法便於一切不起我想故能惣伏計我顛倒或為對治段觸識思食如次建立身等四念住數唯有四不增不減如是熟修不淨觀持息念二加行已能次第引所緣不雜身受心法念住現前復於不雜緣法念住無間引所緣雜法念住生次應修摠緣共相法念住此法

念住其相云何頌曰

彼居法念住　摠觀四所緣　修非常及苦

空非我行相

論曰雜緣法念住摠有四種二三四五蘊為境別故唯摠緣五名此所修彼居此中修四行相摠觀一切身受心法所謂非常苦空非我然於修習此念住時有餘善根能為加行彼應次第修令現前謂彼已熟修雜緣法念住將欲修習此念住時先應摠緣修非我行次觀生滅次觀緣起以觀行者先觀諸行從因生滅便於因果相屬觀門易趣入故或有欲令先觀緣起此後引起緣三義觀此觀无間修七處善於七處善得善巧故能於先來諸所見境立因果諦次第觀察如是熟修智及定已便能安立順現觀諦謂欲上界苦等各別於如是八隨次第觀修未曾修十六行相彼由聞慧於八諦中初起如斯十六行觀如隣薄絹覩見衆色齊此名為聞慧圓滿思所成慧准此應說次於生死深生猒患欣樂涅槃寂靜功德此後

多引猒觀現前方便勤修漸增漸勝
引起如是能順決擇思所成攝最勝
善根即所修揔緣共相法念住從此
無間生何善根頌曰
從此生煗法　具觀四聖諦　修十六行相
次生頂亦然　如是二善根　皆初法後四
次忍唯法念　下中品同頂　上唯觀欲苦
一行一剎那　世第一亦然　皆慧五除得
論曰從順決擇勝思所成揔緣共相
法念住後有修所成順決擇分初善
根起名為煗法是揔緣共相法念住
差別如是所起是當所修能燒煩惱
薪聖道火前相如鑽火位初煗相生
法與煗同故名煗法此善根起分位
長故能具觀察四聖諦境由此具修
十六行相觀苦聖諦修四行相一非
常二苦三空四非我觀集聖諦修四
行相一因二集三生四緣觀滅聖諦
修四行相一滅二靜三妙四離觀道
聖諦修四行相一道二如三行四出
此相差別如後當辯然諸煗法雖緣
四諦而從多分說猒行俱以起彼時
蘊想多故行者修習此煗善根下中

上品漸次增進於佛所說苦集滅道
生隨順信觀察諸有恒為猛盛燄所
焚燒於三寶中信為上首有修所成
順決擇分次善根起名為頂法是揔
緣共相法念住差別頂聲顯此是最
勝處如吉祥事至成辦時世間說為
此人至頂謂色界攝四善根中二是
可動二不可動可動二中下者名煗
上者名頂動中上故不動二中下者
名忍於四諦境極堪忍故上者名為
世第一法世中勝故猶如醍醐開居
者言修此善品其相至頂故名頂法
此境行相與煗法同謂觀四諦境修
十六行相如是煗頂二種善根初安
足時唯法念住後增進位四皆現前
初安足言顯以行相最初遊踐四聖
諦迹後增進言顯從此後下中上品
次第數習諸先所得後不現前於彼
不生欽重心故以勝加行引此善根
故已得中不生欽重然此頂法雖緣
四諦緣三寶信多分現行此頂善根
下中上品漸次增長至成滿時有修
所成順決擇分勝善根起名為忍法

是揔緣共相法念住差別於四諦理
能忍可中此最勝故又此位忍無退
墮故名為忍法世第一法雖於聖諦
亦能忍可無間必能入見道故必无
退墮而不具觀四聖諦理此具觀故
偏得忍名故偏說此名順諦忍此忍
善根安足增進皆法念住與前有別
此與見道漸相似故以見道位中唯
法念住故然此忍法有下中上下中
二品與頂法同謂具觀察四聖諦境
及能具修十六行相上品有異唯觀
欲苦與世第一相鄰接故由此義准
煗等善根皆能具緣三界〃苦等義巳
成立無簡別故忍下中上如何分別
且下品忍具八類心謂瑜伽師以四
行相觀欲界苦名一類心如是次觀
色無色苦集滅道諦亦如是觀成八
類心名下品忍中忍減略行相所緣
謂瑜伽師以四行相觀欲界〃苦乃至
具足以四行相觀欲界道於上界道
減一行相從此名曰中品忍初如是
次第漸減漸略行相所緣乃至極少
唯以二心觀欲界苦如苦法忍苦法

智位齊此名為中品忍滿上忍唯觀欲界苦諦修一行相唯一剎那此善根起不相續故上忍無間有修所成初開聖道門世功德中勝是揔緣共相法念住善別順決擇分攝最上善根生此即說名世第一法此有漏故名為世間是最勝故名為第一有士用力離同類因引聖道起故名最勝是故名為世第一法此如上忍緣欲苦諦修一行相唯一剎那如是減略行相所緣如是如是漸近見諦故世第一唯緣欲苦修一行相唯一剎那謂無間入離生位故此位決定無相續理然色界繫有九善根下下下中下上名煖中下中中中上名頂上下上中名忍上上名世第一煖等四法以何為幹煖等自性皆慧為幹若并助伴皆五蘊攝定俱必有隨轉色故然除彼得勿諸聖者煖等善根重現前故然已見諦不許煖等重現在前已見諦者加行現前成無用故此中煖法初安足時於三諦中隨緣何諦法念住現在修未來四隨一行相現

在修未來四唯修同分非不同分緣滅諦法念住現在修未來一隨一行相現在修未來四非初觀蘊滅能修緣蘊道後增進位於三諦中隨緣何諦隨一念住現在修未來四隨一行相現在修未來十六緣滅諦法念住現在修未來四隨一行相現在修未來十六此初安足唯修同分者先未曾得如是種性故於諸諦中行未廣故後增進位與此相違故彼能修同分異分頂初安足於四諦中隨緣何諦法念住現在修未來四隨一行相現在修未來十六後增進位於三諦中隨緣何諦隨一念住現在修未來四隨一行相現在修未來十六緣滅諦法念住現在修未來四隨一行相現在修未來十六忍初安足及後增進於四諦中隨緣何諦法念住現在修未來四隨一行相現在修未來十六此依忍類揔相而說差別說者略所緣時隨略彼所緣不修彼行相謂具緣四具修十六若緣三二一修十二八四世第一法緣欲苦諦法念住

現在修未來四隨一行相現在修未來四唯同分修無緣餘諦世第一法是故唯修尒所行相有餘師說近見道故似見道故唯修尒所謂苦法忍唯緣欲苦諦修四行相世第一亦然已辯所生善根相體今次應辯彼差別義頌曰

此順決擇分　四皆修所成　六地二或七
依欲界身九　三女男得二　第四女亦尒
聖由失地捨　異生由命終　初二亦退捨
依本必見諦　捨已得非先　二捨性非得

論曰此煖頂忍世第一法四殊勝善根名順決擇分由下中上及上上品分為四種如前已說決謂決斷擇謂簡擇決斷簡擇謂諸聖道以諸聖道能斷疑故及能分別四諦相故分謂分段即是見道是決擇中一分攝故煖等為緣引決擇分順益彼故得順彼名故此名為順決擇分如是四種皆修所成非聞思所成遠決擇分故此四善根皆依六地謂四靜慮未至中間欲界中無闕等引故餘上地亦無見道眷屬故又無色界心不緣欲

界故欲界先應遍知斷故於三界中寂麤故此四善根能感色界五蘊異熟為圓滿因不能牽引衆同分故極猒諸有欣圓寂故或聲為顯二有異說謂煖頂二尊者妙音說依前六及欲七地對法諸師不許彼說非聞思所成順決擇分故此四善根依欲身起人天九處除北俱盧唯依欲九身容入離生故除增上忍世第一法餘三善根三洲初起後生天處亦續現前所除亦依天處初起有餘師說若於先時曾已修治此四加行彼於天處皆得初起此四善根唯依男女前三男女俱通得二第四女身亦得二種勿後得男身不成煖等故依男准得男身善根聖轉至餘生亦不為女故煖頂忍位容有轉形故二依善根展轉為因住世第一法依女身者能為二因女得聖已容有轉得男身理故依男身者但為一因已得女身非擇滅故聖依此地得此善根失此地時善根方捨失地言顯遷生上地異生於地若失不失但失衆同分必捨

此善根聖身見道力所資故此四善根無命終捨寧知命終捨唯異生非聖以本論說卵胎中異生唯成就身不成身業故豈不異生先依下地起煖法等後生上地亦必定捨煖等善根無如是失以彼異生尒時捨善根由捨同分故謂住死有無聖道資捨諸善根非由上地中有等起若諸聖者住死有中由聖道資不捨煖等但由上地中有等起捨下善根捨時雖同而所由別是故異生無失地捨聖者必無由命終捨異生命終雖捨忍法而定無有墮諸惡趣得惡趣生非擇滅故身是忍法曾所居故能感惡趣諸業煩惱不復能在身中行故如師子窟雜獸不居初二善根亦由退捨如是退捨異生非聖後二異生亦無退捨依根本地起煖等善根彼於此生必定得見諦以根利故猒有深故依未至中間起煖等者於此生不必得入見諦有餘師言依根本定起煖等者此生必定得至涅槃猒有深故若先捨已後重得時所得必非

先之所捨由先捨已後重得時亦大劬勞方得起故於先所捨不欽敬故如先已捨別解脫戒後重受時得未曾得煖等亦尒後得非先若先已得煖等善根經生故捨遇了分位善說法師便生頂等若不遇者還從本修失退二捨非得為性退捨必因起過而得失捨或有由德增進得此善根有何勝利頌曰

煖必至涅槃　頂終不斷善　忍不墮惡趣
第一入離生

論曰四善根中若得煖法雖有退斷善根造無間業墮惡趣等而無久流轉必至涅槃故若尒何殊順解脫分同故是等引攝勝善根故若得頂法雖有退等而增畢竟不斷善根觀察三寶殊勝功德為門引生淨信心故若得頂已不斷善根如何經說天授退頂由彼曾起近頂善根依未得退寄作是說若得忍法雖命終捨住異生位而增無退不造無間不墮惡趣然頌但說不墮惡趣言義准已知不

造無間業造无間業者必墮惡趣故
忍位无退如前已辯得忍不墮諸惡
者已遠趣彼業煩惱故得惡趣生非
擇滅故由下忍力已得一切惡趣無
生由上忍力復得少分生等無生少
分生者謂卵濕生由此二生多愚昧
故等言為顯處身有惑處謂無想大
梵北洲無想大梵僻見處故北俱盧
洲无現觀故身謂扇搋等多諸煩惱
故有謂第八等聖必不受故惑謂見
斷惑必不復起故得世第一法雖住
異生位而能趣入正性離生頌雖不
言離命終捨既無間入正性離生義
准已成無命終捨何緣唯此能入離
生已得異生非擇滅故能如無間道
捨異生性故此四善根各有三品由
聲聞等種性別故隨何種性善根已
生彼可移轉向餘乘不頌曰
轉聲聞種性　二成佛三餘　麟喻佛无轉
一坐成覺故
論曰未殖佛乘順解脫分依聲聞種
性起煖頂善根容可轉生佛乘煖頂
是經長時方能起義若起彼忍無向

佛乘以聲聞乘加行最久經六十劫
自果必成菩薩專求利他事故為欲
拔濟无邊有情弘擔莊嚴經無量劫
故往惡趣如遊園苑若不尒者無成
佛義起忍得一切惡趣非擇滅故起
彼忍無向佛乘斷絕衆多利他事故
若時菩薩已殖佛乘順解脫分為遮
惡趣展轉堅攝施戒慧三尒時無勞
起餘乘忍故聲聞煖頂可轉向佛乘
起忍則無轉成佛義依聲聞種性起
煖頂忍三皆可轉生獨覺乘道非聲
聞種性忍法已生於獨覺菩提有能
障義故起彼忍亦成獨覺此在佛外
故頌言餘起獨覺乘種性煖頂為有
轉向餘乘理不然獨覺乘惣有二種
一麟角喻二先聲聞若先聲聞如聲
聞說麟喻及佛俱不可轉以俱一坐
成菩提故第四靜慮是不傾動最極
明利三摩地故堪為麟喻大覺所依
故彼俱依第四靜慮從身念住至盡
無生唯於一坐能次第起故麟角喻
及佛種性煖等善根皆不可轉頗有
初殖順解脫分此生即能起順決擇

分耶不尒云何頌曰
前順解脫分　速三生解脫　聞思成三業
殖在人三洲
論曰順決擇分今生起者前生必起
順解脫分諸有創殖順解脫分極速
三生方得解脫謂初生殖順解脫分
次生成熟第三生起順決擇分即入
聖道若謂第二生起順決擇分第三
生入聖乃至得解脫彼言便與前說
相違謂依根本地起煖等者彼必於
此生得入見諦或彼應許極速二生
謂第二生依根本地起煖等者彼於
現生必入聖道得解脫故順解脫分
聞思所成非修所成諸有未殖順解
脫分者彼不能殖故順解脫分三業
為躰最勝唯是意地意業此思願力
攝起身語亦得名為順解脫分有由
少分施戒聞等便能種殖順解脫分
謂勝意樂至誠相續猒背生死欣樂
涅槃與此相違雖多修善而不能殖
順解脫分由意業勝殖此善根故唯
人中三方能殖猒離般若餘處劣故
有佛出世若無佛時俱能種殖順解

脫分已因便說順解脫分入觀次第是正所論於中已明諸加行道世第一法為其後邊應說從斯復生何道

頌曰

世第一無間　即緣欲界苦　生無漏法忍
忍次生法智　次緣餘界苦　生類忍類智
緣集滅道諦　各生四亦然　如是十六心
名聖諦現觀　此總有三種　謂見緣事別

論曰從世第一善根無間即緣欲界苦聖諦境有無漏攝法智忍生此忍名為苦法智忍寧知此忍是無漏攝從世第一無間而生以契經中言世第一無間入正性決定或正性離生尒時名超異生地故此忍既是決定離生一分所攝定是無漏從世第一無間而生說無漏言為欲簡別世第一法所從世忍此無漏忍以欲苦法為其所緣名苦法忍謂於苦法無始時来身見所迷執我我所今創見彼唯苦法性忍可現前名苦法忍此能引後苦法智生是彼智生障之對治故復名曰苦法智忍即此名入正性決定亦復名入正性離生由此是初

入正性決定亦如初入正性離生故經說正性所謂涅槃或正性言目諸聖道能決趣涅槃或決了諦相故諸聖道得決定名至得決定說名為入若尒何緣於無漏慧唯初見諦得決定名以於尒時於諸諦理初得難毀決定見故或於尒時望餘位道有非一種決定相故煩惱名生如契經說何謂生臭謂諸煩惱見位初越故名離生有說生言目根未熟見位初越故名離生至得離生說名為入捨異生性諸說不同有言世第一有言苦法忍有言共捨由此二種如無間道解脫道故此忍无間即緣欲苦有法智生名苦法智於唯是苦法得決斷慧故應知此智亦無漏攝前無漏言遍流後故如緣欲界苦聖諦境有苦法忍苦法智生如是復於法智無間揔緣餘界苦聖諦境有類智忍生名苦類智忍此忍無間即緣此境有類智生名苦類智審初證知諸法真理故名法智此後境智與前相似故得類名是後隨前而證境義或從前生

故後得前類名如世間言子是父類即是從欲界苦決定覺所生餘界苦決定覺義如緣苦諦欲界及餘生法類忍法類智四緣餘三諦各四亦然即緣一一有四心義如是次第有十六心揔說名為聖諦現觀以於三界四聖諦境次第現前如實觀故初習業地於諸諦境多返旋環已淳熟故今於此位能如是觀餘部有言唯頓現觀彼言既揔理或無違以諦現觀揔有三種其三者何謂見緣事唯无漏慧於諸諦境如實覺了名見現觀是即由見分明現前如實而觀四諦境義即无漏慧并餘相應同一所緣名緣現觀是即由見等心心所法同能取所緣四諦境義即諸能緣并餘俱有同一事業名事現觀是即由見等心心所法并餘俱有戒及生相等於諸諦中同所作義戒生相等是現觀因於現觀中彼有事用故亦於彼立現觀名如是應知不相應法唯一現觀除慧所餘心心所法有二現觀唯無漏慧具足有三諸說名為頓

現觀者謂於一諦得現觀時於餘諦中亦得現觀故於前說頓現觀宗應審推徵依何現觀若言依事應讚言善以於苦諦得現觀時於苦具三於餘唯事謂初觀見苦聖諦時盡煩惱故即名斷集得擇滅故即名證滅起對治故即名修道以見苦位於集等三有斷證修事現觀故約事現觀名頓無失若言依見應撥言非此現觀必漸諸諦相別故一見理無多行相故隨彼自相一一諦中世尊說言各別見故已辯現觀具十六心此十六心為依何地頌曰

皆與世第一　同依於一地

論曰隨世第一所依諸地應知即此十六心依彼依六地如前已說謂四靜慮未至中間何緣必有如是忍智前後次第相雜而起頌曰

忍智如次第　無間解脫道

論曰十六心中四法類忍名無間道四法類智名解脫道名如前說能忍可先來未見欲苦初念無漏慧名苦法忍以契經中世尊自說若於此法

以下劣慧或增上慧審察忍可名隨信行隨法行故應知此忍即無間道何處說此無間道名經說一法難可通達名為無間心等持故又世尊說有苦法智有苦類智乃至廣說非此二智同緣三界苦等境起如順理辯故於苦法忍所見欲苦中決斷解生名苦法智前忍能斷十煩惱得後智能與彼離繫得俱生經說智生隨於前忍故知後智名解脫道從此無間忍色無色未曾見苦第三剎那無漏慧生名苦類忍是見欲苦忍種類故次於苦類忍所觀上苦中決斷解生名苦類智忍智如次斷煩惱得名無間道離繫得俱名解脫道准前應說於餘三諦准苦應知故前八忍名無間道後之八智名解脫道復以何緣說斷對治名無間道說離繫得俱時起智名解脫道無間隔故名為無間无間即道名無間道是無同類道能為間隔令於解脫道不為緣義諸无間道唯一剎那諸解脫道或相續故於自所治諸煩惱得已得解脫與彼

斷得俱時起道名解脫道自所治言欲顯何義若類忍等諸無間道亦與他所治離繫得俱生勿彼亦名解脫道故此十六心皆見諦理一切皆說見道攝耶不尒云何頌曰

前十五見道　見未曾見故

論曰見未曾見四聖諦理名為見道故於現觀十六心中前十五心是見道攝道類忍位於諸諦中見圓滿故至第十六道類智時雖亦有一先未知諦而無一諦先未見者以一切忍皆見性故由此尒時不名見道豈不亦見曾未見諦謂道類智見道類忍相應俱有一念道故諸有唯見曾未見者名為見道尒時通見曾未曾見故無此失或此約諦不約剎那非尒時觀未曾見諦非於一諦多剎那中未見一剎那可名未見諦如刈畦稻唯餘一科不可名為此畦未刈故見未見名為見道是見道相義善成立故我宗說現觀後邊道類智品是修道攝兼修異境智行相故

說一切有部顯宗論卷第三十

阿毗達磨藏顯宗論卷第三十

校勘記

一 底本，麗藏本。

一 三四六頁上一九行第五字「成」，諸本(不含石，下同)作「或」。

一 三四六頁下一四行「不逮」，諸本作「不建」。

一 三四六頁下二一行「安危」，諸本作「安色」。

一 三四七頁中八行首字「性」，諸本作「惱」。

一 三四八頁中七行「二是」，磧作「三是」。

一 三四八頁下一七行第九字「亦」，諸本作「所」。

一 三五〇頁上一五行末字「男」，徑作「果」。

一 三五〇頁上一八行第六字「住」，諸本作「性」。

一 三五〇頁上末行第六字「失」，諸本無。

一 三五〇頁下二一行第三字「是」，諸本作「退」。

一 三五一頁上二行末字「惡」，諸本作「惡趣」。

一 三五一頁中一六行第五字「二」，資無。

一 三五二頁中二行第一三字「目」，徑作「自」。

一 三五二頁中一〇行末字「越」，諸本作「趣」。

一 三五二頁下一五行第二字「名」，諸本作「各」。

一 三五三頁中二行第五字「行」，資、磧、普、南作「得」。又第一三字「開」，徑、清作「閒」。

一 三五三頁中一一行第八字「苦」，資、磧、普、南作「若」。

一 三五三頁中一三行第一三字「解」，諸本作「能」。

一 三五三頁中二一行第四字「令」，清作「今」。

阿毗達磨藏顯宗論卷第三十一　爵

尊者衆賢造

三藏法師玄奘奉　詔譯

辯賢聖品第七之三

已辯見修二道生異當依此道分位差別建立衆聖補特伽羅且依見道十五心位建立衆聖有差別者頌曰

名隨信法行　由根鈍利別　具脩惑斷一
至五向初果　斷次三向二　離八地向三

論曰見道位中聖者有二一隨信行二隨法行由根鈍利別立二名諸鈍根名隨信行者由先信教力脩集加行故諸利根名隨法行者由先樂觀察脩集加行故諸有情類種姓差別法尒先來如是安住於諸事業有不樂觀或有樂觀能不能轉即二聖者由於脩惑具斷有殊立為三向謂彼二聖若於先來未以世道斷脩斷惑名為具縛或先已斷欲界一品乃至五品至此位中名初果向趣初果故言初果者謂預流果此於一切沙門果中必初得故若先已斷欲界六品或七八品至此位中名第二果向趣第二果故第二果者謂一來果遍得果中此第二故若先已離欲界九品或先已斷初定一品乃至具離無所有處至此位中名第三果向趣第三果故第三果者謂不還果數准前釋如是隨信隨法行者由先具縛斷惑有殊數別各成七十三種謂於欲界具縛為初至斷九品以為第十如是乃至無所有處地地各九為七十三諸後具縛即前離九故後七地無別具縛次依脩道道類智時建立衆聖有差別者頌曰

至第十六心　隨三向住果　名信解見至
亦由鈍利別

論曰即前隨信隨法行者至第十六道類智心名為住果不復名向隨前三向今住三果謂前預流向今住預流果前一來向今住一來果前不還向今住不還果阿羅漢果必無初得異生無容離有頂故見道無容斷脩惑故至住果位捨得二名謂不復名隨信法行轉得信解見至二名此亦

由根鈍利差别諸鈍根者先名隨信行今名信解由信增上力勝解顯故諸利根者先名隨法行今名見至由慧增上力正見顯故何緣先時斷修所斷欲一至五或七八品初定一品廣說乃至無所有處第九品惑至第十六道類智心但名預流一來不還果非一來不還阿羅漢向頌曰

諸得果位中　未得勝果道　故未起勝道　名住果非向

論曰依得聖道建立八聖故初得果位未得勝果道以得果心於勝果道所對治惑非對治故非非彼治現在前時得彼治道其理決定又非得果時即有勝果道所斷煩惱離繫得生道類忍不能斷彼繫得故若道力能斷彼繫得此道引彼離繫得生可說此道能證彼滅以得前果時未得勝果道故住果者乃至未起勝果道時雖先已斷修所斷惑欲一品等但名住果不名後向後於何時得先所斷修惑離繫無漏得耶於勝果道現前時得為諸先斷後修斷惑入離生位得前果已此生定起勝果道耶理必應然以本論說聖生第四靜慮以上無漏樂根定成就故彼障已斷必欣彼故障已斷道易現前故如是已依先具倍離及全離欲入見諦者十六心位立衆聖別當約修惑辯漸次生能對治道分位差別頌曰

地地失德九　下中上各三

論曰失謂過失即所治障德謂功德即能治道如先已辯次修斷惑九品差別上四靜慮及四無色應知亦然生死無非無九攝故如所治障一一地中各有九品諸能治道無間解脫九品亦然失德如何各分九品謂根本品有下中上此三各分下中上別由此失德各分九品謂下下下中下上中下中中中上上下上中上上品應知此中下下品道勢力能斷上上品障如是乃至上上品道勢力能斷下下品障上上品等諸能治德初未有故此德有時上上品等失已無故應知此中智雖勝惑未增盛故道名下品相續中惑雖極難斷細隨行故障名下品依如是理應立辟喻如浣衣位麤垢先除於後後時漸除細垢又如麤闇小明能滅要以大明方滅細闇失德相對理亦應然由此可言白勝黑劣以刹那頃能治道生拔無始來諸惑根故已辯失德差别九品次當依彼立聖者別且諸有學修道位中揔亦名為信解見至隨位復有多種差別先應建立都未斷者頌曰

未斷修斷失　住果極七返

論曰諸住果者於一切地修所斷失全未斷時名為預流生極七返七返言顯七往返生是人天中各七生義極言為顯受生最多非諸預流皆定七返故契經說極七返生是彼最多七返生義經說與此義無差別諸無漏道揔名為流由此為因趣涅槃故預言為顯最初至得彼預流故說名預流此預流名為目何義若初得道名為預流則預流名應目第八若初得果名為預流則倍離欲全離欲者至道類智應名預流此預流名目初得果然倍離欲全離欲者至道類智不名預流約

修惑斷立彼果故預流必依遍得果者
初所得果以立名故一來不還非定
初得雖有此果必初得故何緣此名
不目第八未具得向果無漏道故未
具得見修無漏道故未遍至得現觀
流故八忍八智名現觀流道類智時
皆具至得是故第八不名預流由此
預流雖是初果彼從此後欲人天中各
受七生應言十四何故說彼極受七
生此責不然七數等故如七葉樹及
七處善聖道力故不過七有中間雖
有聖道現前餘業力持不證圓寂唯
依佛出世有別解律儀故彼第七有
若不遇佛法便在家得阿羅漢果既
得果已必不住家苾芻威儀法爾成
就雖不會遇前佛所說而於餘命生
極厭心不經久時便入圓寂若於人
趣得預流果人中滿七天准應知非
聖亦有極七返生相續成熟得涅槃義
然非決定是故不說已辯修惑都未
斷者名果預流極七返生今次應辯
斷位衆聖且應建立一來向果頌曰
斷欲三四品　三二生家家　斷至五二向

斷六一來果
論曰即預流者進斷修惑若三緣具
轉名家家一由斷惑斷欲修惑三四
品故謂或於先異生位斷惑今預流
進修位斷二由成根得能治彼無漏
根故謂已成就彼能治道三品四品
無漏諸根三由受生更受欲有三二
生故謂斷三品更受三生若斷四品
更受二生此三二生由異生位造作及
增長感三二生業非諸聖者於聖位
中更能新作牽後有業以背生死向
涅槃故由此契經說諸聖者唯受故
業更不造新若三緣中隨闕一種闕
二全闕不名家家何故成根頌中不
說預流果後說進斷惑成能治彼無
漏諸根義准已成故不具說若爾應
不說三二生言說斷三四品義已成
故謂已進斷三四品惑決定餘有三
生二生故說家家相不圓滿則應於
頌更說等聲方可具收家家三相或
應不說三二生言然頌中言三二生
者以有增進於所受生或少或無或
過此故應知總有二種家家一天家

家謂欲天趣生三二家而證圓寂或
一天處或二或三二人家家謂於人
趣生三二家而證圓寂或一洲處或
二或三若有七生生不滿七非家家
位中間涅槃何類所攝攝屬七生七
中極聲顯極多故由此已顯生未滿
前得般涅槃亦是彼攝根最鈍者
具經七生非諸利根生定滿七寧無斷
五亦名家家以斷五時必斷第六非
一品惑能障得果猶如一間未越界
故即預流者進斷欲界一品修惑乃
至五品應知轉名一來果向若斷第六
成一來果彼往天上一來人間而般
涅槃名一來果過此以後更無生故
即由此義證家家中若天家家受
三生者人間受二天上受三受二生
者人一天二如應例釋人中家家若
謂不然彼一來果有何異彼二生家
家彼貪瞋癡唯餘下品故即一來果
名薄貪瞋癡已辯一來向果差別次
應建立不還向果頌曰
斷七或八品　一生名一間　此即第三向
斷九不還果

論曰即一來者進斷餘惑若三緣具轉名一間一由斷惑斷欲界中修斷七品或八品故二由成根得能治彼無間解脫無漏根故三由受生更受欲有天或人中餘一生故若三緣中隨闕一種闕二全闕不名一間成無漏根頌中不說及應復說一生所因准家家中如應當釋所言間者是隟異名謂彼位中由有一隟容一生故未得涅槃或此間名目間隔義謂於彼位有餘一生為間隔故不證圓寂有一間者說名一間如何有餘一品修惑能為障礙令受欲界生名為一間未得不還果若斷此品便為超越欲界所繫諸業煩惱異熟等流二果地故彼極為礙容更受生斷六品時未越彼地故無斷五中間受生現身不能證一來果即斷修惑七八品者應知亦名不還果向先斷三四七八品惑入見諦者後得果時即名家家及一間不此未名曰家家一間未得治彼無漏根故初得果位果道現前介時未修勝果道故要至後位起勝果道方得名曰家家一間治彼無漏根介時方得故即先成就一來果者斷欲界惑九品盡時捨一來名得不還果必不還受欲界生故此惑名為五下結斷此攝集斷審作是說必無五結俱時斷理或二或三先已斷故依不還位諸契經中以種種門建立差別令次應辯彼差別相頌曰

此中生有行　無行般涅槃　上流若雜修
能往色究竟　超半超遍歿　餘能往有頂
行無色有四　住此般涅槃

論曰此不還者揔說有七且行色界差別有五一中般涅槃二生般涅槃三有行般涅槃四無行般涅槃五者上流此於中間般涅槃故說此名曰中般涅槃如是應知此於生已此由有行此由無行般涅槃故名生般等此上流故名為上流言中般者謂有一類補特伽羅已於生結得非擇滅起結不介彼於欲界過逼惱緣之所逼惱便能自勉修斷餘結殊勝加行加行未滿遇捨命緣遂致命終由起結力受色中有猒多苦故乘前起道進斷餘結成阿羅漢得般涅槃言生般者謂有一類補特伽羅由先具造順起生業及增長故欲界歿已受色界生由具勤修速進道故生已不久成阿羅漢盡其壽量方般涅槃約有餘依說為生般非纔生已便般無餘彼捨壽中無自在故言有行般無行般者謂有一類補特伽羅生已多時方成無學於中有一勇猛精進有一稟性慢緩懈怠如次名為有行無行謂若一類先欲界中依不息加行三摩地力斷五下分結成不還果後生色界經於多時還能進修前種類道成阿羅漢名有行般無行般者與此相違或色界生經多時已依止苦行解脫餘結名有行般以彼修習依功用道般涅槃故與此相違名無行般豈不中般生般現般所依止行亦有此故應立有行無行般名無如是失此義雖等而彼各有差別位故謂中般等雖亦定依苦行樂行解脫餘結而彼各有分位不同對此名為不共差別此無如是分位別故約道不同顯

其差別如何以此例彼令同故於此中所辯無失由此有說二差別者由緣有為無為聖道如其次第得涅槃故應知亦無餘同此失然有經說無行在先亦有經中先說有行時既無異隨說無違有行可尊故我先說言上流者謂有一類補特伽羅上流有增非初生處即證圓寂謂欲界歿往色界生未即於中能證圓寂要轉生上方般涅槃即此上流差別有二由因及果有差別故因差別者此於靜慮由有雜修無雜修故果差別者色究竟天及有頂天為極處故謂若於靜慮有雜修者能往色究竟方般涅槃雜修能感淨居果故即此復有三種差別全超半超遍歿異故言全超者謂色界中從一處歿往色究竟由彼先在欲界身中已具雜修四種靜慮遇緣退失上三靜慮以初靜慮愛味為緣命終上生梵眾天處由先於世串習勢力復能雜修第四靜慮從彼處歿生色究竟以於色界十六處所審初處歿寂後處生頓越中間是全超

義言半超者謂色界中從初天等漸次而歿下至中間能越一處方能往趣色究竟天超而非全是半超義言遍歿者謂於色界愛味多故一切處生由彼遍於四靜慮地十六處所一一皆有下等愛味為感生緣從梵眾天一一處所一生歿已至色究竟方般涅槃故名遍歿由此義准初靜慮中大梵所居非是別處即是第二梵輔天攝若異此者大梵所居僻見處故一導師故必無聖者於中受生遍歿半超應無差別應知此謂二上流中由有雜修靜慮因故往色究竟般涅槃者餘於靜慮無雜修者能往有頂方般涅槃謂彼先無雜修靜慮由於諸定愛味為緣此歿遍生色界諸處唯不能往五淨居天色界命終於三無色次第生已後生有頂方般涅槃二上流中前是觀行後是止行樂慧樂定有差別故二上流者於下地中得般涅槃亦不違理而言此往色究竟天及有頂天依極處說無不還者於已生處受第二生由彼於生容求勝進

非等劣故唯欲界歿往名一界生有中有中般涅槃者非色界歿生色界者以色界中無灾害故若本有位有餘障緣不得涅槃中有亦尒中有薄劣非本有故又彼若有應屬上流中般上流應無差別謂定無有差別因緣可作是言唯欲界歿受色中有便般涅槃得中般名非色界歿何緣有學未離欲貪無中有中般涅槃者欲界中有依身微劣於多事業無堪能故住本有位於欲界法尚難越度況中有中能越欲界至得應果多事業者謂越三界及永斷除二種煩惱并得二三沙門果證住中有位無如是能又此有前未曾數習九品差別煩惱治故又不還果等非中有身得斷增上惑所證得故離三界染極為難故無欲中有能般涅槃色界中有與此皆異故有於中得涅槃者又此地中有得般涅槃唯起此地中所有聖道初靜慮地中有位中般涅槃者唯起自地根本靜慮聖道現前非未至中間難令現前故在中有位依身微劣

要易起者方能現前此五名為行色
界者行無色者差別有四謂在欲界
離色界貪從此命終生於無色此中
差別唯有四種謂生般等有差別故
此并前五成六不還復有不行色無
色界即住於此能般涅槃名現般涅
槃并前六為七或應揔立九種不還
謂現涅槃分為二種一於先位善辯
聖首二臨終時方能善辯於上流內
亦分二種一行色界二行無色并前
四種八足轉生成九言轉生者謂於
前生已得預流或一來果於今生內方
得不還前現般言唯目現世初得入聖
至涅槃者或不還者由根差別隨其
所應分成九種或行色界五不還中
復有異門分成九種頌曰
行色界有九　謂三各分三　業惑根有殊
故成三九別
論曰即行色界五種不還揔立為三
各分三種故成九種何等為三中生
上流有差別故云何三種各分為三
中般涅槃分為三者初起至遠近當
生處得般涅槃有差別故生般涅槃

分為三者纔生有行無行異故此皆生
已得般涅槃是故並應名為生般於
上流中分為三者全超半超遍歿異
故然諸三種一切皆由速非速經久
得般涅槃故分為九種不相雜亂如
是三種九種不還由業惑根有差別
故有速非速經久差別且揔成三由
先所集順起生後業有異故如其次
第下中上品煩惱現行有差別故及
上中下根有異故此三一一如其所應
亦業惑根有差別故各有三別故成
九種謂初二三由惑根別各成三種非
由業異後三亦由順後受業有差別
故分成三種故說如是行色行還業
惑根殊成二九別若尒何故諸契經
中佛唯說有七善士趣頌曰
立七善士趣　由上流無別　善惡行不行
有往無還故
論曰中生各三上流為一經依此立七
善士趣何故前二各分為三第三上
流唯立為一以上行故名為上流由
此義同但立為一前之二種雖亦義
同然為其中別相難了欲令易了

故各分三上流有三相別易了無煩
於彼更別建立又前二別唯有尒所
易顯示故各分為三第三上流別義
多種卒難顯示故揔立一謂初中
般唯在將生根惑品殊故分三種第
二生般唯在已生亦根惑殊故分三
種上流通有將生已生將生上流復
有二種謂於靜慮雜不雜修已生上
流分二亦尒復於如是二上流中若無
雜修容生二界若有雜修唯生一界
生一界者復分為三全超半超遍沒
異故於半超內差別有多由此上流別
相煩廣若一一辯難可周悉故依等
義揔立上流中生位中差別義少易
顯了故分之為六雖彼一一亦有同
義而等第三於上流中雖有異義
而等前三為相影顯故唯立七唯此
巳斷欲貪瞋等非善士法及與無學
大善士果極相近故經唯說此名善
士趣非謂預流及一來者都不可說
名善士趣佛亦說彼名善士故如契經
言云何善士謂居成就有學正見乃至
成就有學正定往上名趣謂趣上果

及趣上生故唯說七或唯此七皆能行善不行不善餘則不然又唯此七往上界生不復還來餘則不尒故但依此立善士趣諸在聖位曾經生者亦有此等差別相耶不尒云何頌曰

經欲界生聖　不往餘界生　此及往上生　無練根并退

論曰若在聖位經欲界生必不往生色無色界由彼證得不還果已定於現身般涅槃故若於色界經生聖者容有上生無色界義然天帝釋作如是言曾聞有天名色究竟我後退落當生彼者由彼不了對治相故即此已經欲界生者及已從此往上界生諸聖必無練根及退以曾經生於自相續蘊積聖道極堅牢故及得殊勝所依身故前說上流雜修靜慮為因能往色究竟天先應雜修何等靜慮由何等位知雜修成復為何緣雜修靜慮頌曰

先雜修第四　成由一念雜　為受生現樂　及遮煩惱退

論曰諸欲雜修四靜慮者必先雜修第四靜慮以彼等持最堪能故諸樂行中彼最勝故誰於靜慮能雜熏修唯諸聖者通學無學學位唯通信解見至於無學位通時非時必先三洲雜修靜慮退生色界亦能雜修退已練根成見至姓從欲界沒生色界中乘前後能雜修靜慮故六種姓皆有上流於雜修時作何方便彼必先入第四靜慮多念無漏相續現前從此引生多念有漏後復多念無漏現前如是旋環後後漸減乃至最後二念無漏次引二念有漏現前無間復生二念無漏名雜修定加行成滿從此以後不由功力任運唯從一念無漏引起一念有漏現前無間復生一念無漏如是有漏中間剎那前後剎那無漏雜故名雜修定根本圓成如是雜修第四定已乘此勢力隨其所應亦能雜修下三靜慮雜修靜慮五蘊為體然於此中諸世俗智是四法四類八智所雜修略有三緣雜修靜慮一為受生二為現樂三為遮止起煩惱退諸不還中若見至姓為前二緣若信解性具為三緣阿羅漢中不時解脫但為現樂時解脫者為後二緣若雜修靜慮為生五淨居何緣淨居處唯有五頌曰

由雜修五品　生有五淨居

論曰由雜熏修第四靜慮有五品故淨居唯五何謂五品謂下中上上勝上極品差別故此中初品三心現前便得成滿謂初無漏次起有漏後起無漏第二中品六心現前方得成滿謂二有漏為四無漏之所雜修如是所餘隨其次第有九十二十五念心如應現前方得成滿如是五品雜修為因如次能招五淨居果如是十五有漏無漏心皆是先來未曾得今得有餘師說初五無漏是從先來未得今得餘十皆是曾所得心前五現前時已未來修故有不起定雜修成滿有要數起方得圓成有餘師言由信等五次第增上感五淨居諸感淨居由雜修力亦由業力相資助故然唯有漏感彼異熟非無漏力棄背有

故經說不還有名身證依何勝德而立此名頌曰

得滅定不還　轉名為身證

論曰有滅定得名得滅定即不還者若於身中有滅定得轉名身證謂不還者由身證得似涅槃法故名身證如何說彼但名身證以無心故依身生故以身俱生得勢力故彼已滅位猶名得彼何緣佛說有學福田身證不還不預其數謂世尊告給孤獨言長者當知福田有二一者有學二者無學有學十八無學唯九何等名為十八有學謂預流向果一來向果不還向果阿羅漢向隨信法行信解見至家家一間中生有行無行上流是名十八何等名為九種無學謂退思護安住堪達不動不退慧俱解脫是名為九理亦應說而不說者以佛觀見有學無學由斷及根有殊勝故能生勝果名為福田然諸不還所得滅定是有漏故不可說言自性解脫故名清淨彼所依身猶有煩惱未永斷故不可說言相續解脫故名清淨故不約成

彼立有學福田無學位中有漏功德雖非自性解脫所收相續解脫故名清淨由此亦能生殊勝果是故約定及根差別說九應果皆名福田已辯不還義相差別若細分析數成多千此中且依行色界五約諸地等五門分別謂五約地數成二十四定地中各五種故五約種姓數成三十六種姓中各五種故五約生處數成八十十六處中各五種故五約種姓根數成九十謂退法種姓下中上根有差別故數成十五乃至不動種姓亦然五約地種姓數成百二十謂四地中各三十故五約地種姓根數成三百六十謂四地中各九十故五約生處種姓數成四百八十謂十六處各三十故五約生處種姓及根數成一千四百四十謂十六處各九十故五約離染處種姓根積數總成一万二千九百六十不還差別謂以離染九品不同乘前一千四百四十

說一切有部顯宗論卷第三十一

阿毗達磨藏顯宗論卷第三十一

校勘記

一　底本，金藏廣勝寺本。

一　三五五頁中一七行第四字「或」，諸本（不含石，下同）作「惑」。中一九行第四字資、磧、普、南、徑、清同。

一　三五六頁上一三行第七字「治」，資、磧、普、南、徑、清作「法」。

一　三五六頁中一〇行「次修」，諸本作「欲修」。

一　三五六頁中一二行「無九」，諸本作「九地」。

一　三五七頁上二一行「名果預流」，麗作「名預流果」。

一　三五七頁上末行「至五」，徑、清作「五至」。

一　三五七頁中四行第四字「或」，徑作「惑」。又第一一字「惑」，諸本作「或」。

一　三五七頁下一三行「彼往」，南作「彼住」。

一　三五八頁上一三行首字「惑」，磧、普、南、徑、清作「或」。中四行第一〇字麗同。

一　三五九頁上二〇行「由先於世」，諸本作「由於先世」。

一　三五九頁中五行第八字「地」，資、磧、普、南、徑、清作「第」。

一　三五九頁中一四行第二字「於」，南作「如」。又末字「猒」，諸本作「般」。

一　三五九頁中一七行「命終」，南作「命殁」。

一　三五九頁中二〇行「二上流」，徑作「一上流」。

一　三五九頁下一行「名一界」，諸本作「色界」。

一　三六〇頁上一一行第二字「種」，諸本作「爲」。

一　三六〇頁中一二行「初二三」，磧作「初一三」。

一　三六〇頁中一四行第一二字「行」、麗作「不」。

一　三六〇頁中一五行「二九」，諸本作「三九」。

一　三六〇頁中一七行「善惡」，南作「善趣」。

一　三六〇頁下二行第一三字「尒」，麗作「示」。

一　三六〇頁下一二行首字「異」，資、磧、普、南、徑、清作「果」。

一　三六〇頁下一七行第四字「三」，諸本作「二」。

一　三六〇頁下二二行第七字「居」，諸本作「若」。

一　三六一頁上一四行「對治」，資、磧、普、南、徑、清作「對法」。

一　三六一頁中七行「至姓」，資、磧、普、南、徑、清作「至性」。下同。

一　三六一頁中八行第二字「後」，諸本作「復」。

一　三六一頁中一六行第七字「前」，資、磧、普、南、徑、清作「行」。

一　三六二頁中末行經名，磧、普、南作「顯宗論卷第三十一」；徑、清作「阿毗達磨藏顯宗論卷第三十一」並有夾註「説一切有部」。

阿毗達磨藏顯宗論卷第三十二　爵

尊者衆賢造

三藏法師玄奘奉　詔譯

辯賢聖品第七之四

已辯第三向果差別次應建立第四向果頌曰

上界修惑中　斷初定一品　至有頂八品　皆向羅漢向　第九無間道　名金剛喻定　盡得俱盡智　成无學應果

論曰即不還者進斷色界及無色界修所斷惑從斷初定一品為初至斷有頂八品為後應知轉名阿羅漢向即此所說阿羅漢向中斷有頂惑第九無間道亦說名為金剛喻定此定堅銳喻若金剛無一隨眠不能破故先已破故不破一切實有能破一切能雖見道中亦有能斷有頂煩惱無漏對治而見斷惑可為一品頓斷九品勢力少故又無事惑易可斷故能治不立金剛喻名此中所明金剛喻定能治一切有事惑中最後微微極難斷品故知能破一切隨眠由此

力能一刹那頃證一切惑斷無漏離繫得如是所說金剛喻定雖與六智隨一相應謂四類智滅道法智緣四聖諦十六行相通依九地義准已成故此差別說有多種且未至攝有五十二謂苦集類智觀有頂苦集作非常等因等行相與彼相應差別成八滅道法智觀欲滅道作滅靜等道等行相與彼相應差別亦八滅類智於八地滅一一別觀作四行相與彼相應成三十二道類智於八地道一切揔觀作四行相與彼相應差別成四以治八地類智品道同類相因必揔緣故滅唯別緣道則不尒於隨眠品已具敌立如未至攝有五十二中四静慮應知亦然空無邊處有二十八謂除滅道法智品八及除觀下四地滅諦各四行相相應十六以依無色必無法智及緣下滅類智品故緣下地道於理無遮道必揔緣前已釋故餘如前故有二十八識無邊處有二十四無所有處唯有二十謂彼於前復除觀下滅聖諦境四八行相隨其次

第准前應釋諸有欲令三無色地有緣下地滅類智者彼作是說空無邊處加前十六識無邊處加前二十無所有處加二十四如是捴說依無色地金剛喻定七十二種或復說有百三十二有餘師說道類智品於八地道亦各别觀故前六地各有八十空無邊處准有四十識無邊處有三十二無所有處有二十四復有欲令滅類智品於八地滅有别捴觀故前六地中各百六十四空無邊處唯五十二識無邊處有三十六無所有處有二十四彼俱非理道必捴緣滅准别緣因有無故尊者妙音作如是說金剛喻定捴有十三謂斷有頂見脩斷惑無間道攝十三剎那此亦不然以四類忍前八無間道非極上品故此定既能斷有頂地第九品惑能引此惑盡得俱行盡智令起金剛喻定是斷惑中最後無間道所生盡智是斷惑中最後解脫道故說此定所引生智與第九品盡得俱起惑此盡言顯一切盡謂第九品及所餘惑皆得擇滅故名為盡金剛喻定能引諸惑盡得俱行盡智令起此與一切煩惱盡得最初俱生故名盡智有餘師說惑盡身中此最初生故名盡智如是盡智至已生時便成無學阿羅漢果已得無學應果法故為得别果所應脩學此無有故得無學名豈不無學亦希别果以無學者亦轉根故此難不然如先有學求得别果此不然故既說盡智至已生時便成無學阿羅漢果義准盡智未已生時前七聖者皆名有學為得别果勤脩學故住本性位何名有學學意未滿故學得常隨故何故無學名阿羅漢諸自利行脩學已成准應作他利益事故如契經說不自調伏能調伏他無有是處或是一切有學異生所應供養故名應果學法云何謂有學者無漏有為法無學法云何謂無學者无漏有為法諸無為法雖是無漏而不名為學无學法以有得者異生等身亦成就故若無得者都不繫屬學無學故如是有學及無學者捴成八聖補特伽羅行向住果各有四故名雖有八事唯有五謂住四果及初果向以後三果向不離前果故此依漸次得果者說若倍離欲全離欲者住見道中名為一來不還果向非前果攝脩道即通有漏無漏何道能離何地染耶二道現前離諸地染各引幾種離繫得耶

頌曰

有頂由無漏　餘由二離染　聖二離八脩
各二離繫得

論曰有頂地中所有煩惱唯無漏道能令永離此於有漏勢力增强自上地等皆能治故唯於次上近分地中起世俗道能治下惑有頂地惑既無上地故無有漏能離彼染諸世俗道不治自惑是自隨眠所隨增故不治上惑勢力劣故餘八地中所有煩惱通由二道能令永離皆有上邊世俗道故皆有自下無漏道故聖用有漏無漏二道離下八地脩所斷時各具引生二離繫得有漏無漏二種斷道於八地中所因故由此有學離八脩斷世出世道隨一現前各未來脩世

出世道此總相說以無漏道離上七地前八品時不修上邊世俗道故唯有無漏一離繫得離第九品方可具二或應許得離道而修或應斷染時許依下修上既說聖者二離八修各能引生二離繫得准知聖者離有頂修及見斷時用無漏道唯引無漏離繫得生亦不未來修世俗道與世俗道不同事故異生離八用有漏道唯引有漏離繫得生亦不未來修無漏道未入聖故不說自成有餘師言以無漏道離下八地修斷染時何緣知亦生有漏離繫得有捨無漏得煩惱不成故謂有學聖以無漏道離彼染時若不引生同治有漏離繫得者則以聖道具離八地後依靜慮得轉根時頓捨先來諸鈍聖道唯得靜慮利果聖道上惑離繫應皆不成是則還應成彼煩惱然非所許故具二得此證不然不決定故如分離有頂得轉根時及異生上生不成惑故此二雖無煩惱斷得而勝進故遮惑得生彼亦應然故證非理由此但可作如是

言二道於中所作同故隨一現起引二得生不可說言為成斷故已辯離染由道不同今次應辯由地差別由何地道離何地染頌曰

無漏未至道　能離一切地　餘八離自上
有漏離次下

論曰諸無漏道通依九地謂四靜慮未至中間及三無色若未至攝能離欲界乃至有頂餘八地攝隨其所應各能離自及上地染不能離下未離下時上道必無現在前故諸有漏道一切唯能離次下地非自地等自地煩惱所隨增故勢力劣故先已離故諸依近分離下地染如無間道皆近分攝諸解脫道亦近分耶不定云何頌曰

近分離下染　初三後解脫　根本或近分
上地唯根本

論曰諸道所依近分有八謂四靜慮無色下邊所離有九謂欲八定初三近分離下三染第九解脫現在前時或入根本或即近分上五近分各離下染第九解脫現在前時必入根

本非即近分近分根本等捨根故下三靜慮近分根本受根異故有不能入轉入異受少艱難故離下染時必欣上故若受無異必入根本諸出世道無間解脫前既已說緣四諦境十六行相義准自成世道緣何作何行相頌曰

世無間解脫　如次緣下上　作麁苦障行
及靜妙離三

論曰世俗無間及解脫道如次能緣下地上地為麁苦障及靜妙離謂諸無間道緣自次下地諸有漏法作麁苦等三行相中隨一行相若諸解脫道緣彼次上地諸有漏法作靜妙等三行相中隨一行相約容有說二道各三非諸有情於離染位無間解脫皆各具三諸下地中由多掉舉麤靜微劣故名為麁雖大劬勞暫令掉舉勢用微劣仍不能引美妙樂生故名為苦有極多種災害枸礙及能覆障令無功能見出離方故名為障諸上地中不作功用掉舉微劣故名為靜不設劬勞掉舉微劣引生勝樂故名為

妙於下地中所有灾害能决定見心不生欣及能越彼故名為離應知此中已兼顯示無間解脫行相各三相翻而生如其次第謂無間道緣下為麁解脫道中緣上為靜餘相翻起如次應知然離染時起則不定世俗無間及解脫道能離下等九品染故應知亦有九品差別此中異生離欲界染九無間道麁等三行隨一現前各未來脩麁等三行八解脫道靜等三行隨一現前各未來脩麁等六行後解脫道現在未來所脩如前八解脫道與前別者復脩未來初靜慮攝無邊行相如是乃至離無所有染无間解脫道所脩應知若諸聖者以世俗道離欲界染九無間道麁等三行隨一現前各於未來脩十九行謂麁等三有漏無漏十六聖行八解脫道靜等三行隨一現前各未來脩二十二行謂前十九加靜等三後解脫道現在未來所脩如前八解脫道與前別者復脩未來初靜慮攝無邊行相離初定染九无間道麁等三行隨一現

前各於未來脩十九行謂麁等三及准無漏十六聖行此十六行是下地攝以上地邊無聖行故後脩聖行准此應知八解脫道靜等三行隨一現前各未來脩二十二行謂前十九加靜等三後解脫道現在未來所脩如前八解脫道與前別者復脩未來二靜慮攝無邊行相如是乃至離无所有染無間解脫道所脩應知有餘師言異生聖者離欲無間解脫道中亦脩不淨息念慈等離餘上地所脩如前初靜慮邊善根廣故脩如是行上諸定邊善根少故所脩如前又欲界中有多煩惱為欲斷彼脩多對治上地不然故脩治少離欲界染九無間道未來所脩麁等三行唯緣欲界八解脫道未來所脩麁等三行通緣欲界及初靜慮靜等三行緣初靜慮後解脫道未來所脩麁等三行通緣三界靜等三行緣初靜慮乃至有頂離初定染九無間道未來所脩麁等三行緣初靜慮八解脫道未來所脩麁等三行緣初二定靜等三行緣第二

定後解脫道未來所脩麁等三行通緣三界靜等三行緣第二定乃至有頂離二靜慮三靜慮染隨其所應皆准前說離四定染九無間道未來所脩麁等三行緣第四定八解脫道未來所脩麁等三行緣第四定及緣空處然非一念以界別故靜等三行准緣空處後解脫道未來所脩麁等三行靜等三行皆緣空處乃至有頂離空處染九無間道未來所脩麁等三行唯緣空處八解脫道未來所脩麁等三行緣空識處靜等三行唯緣識處後解脫道未來所脩麁等三行靜等三行俱緣識處乃至有頂離識處染無所有染隨其所應皆准前說何緣最後解脫道中未來所脩麁等三行靜慮攝者通緣三界無色攝者唯自上緣諸靜慮中有遍緣智無色根本必不下緣故二所脩所緣有別傍論已了應辯本義本說諸位善根相生前既已說金剛喻定無間必有盡智續生盡智无間有何智起頌曰

不動盡智後 必起無生智 餘盡或正見

此應果皆有
論曰先不動法諸阿羅漢盡智无間無生智起此智是彼本所求故必與盡智俱時而得謂彼求得順記所解若無便有入涅槃障諸阿羅漢共得智時即亦志求得無生智然其盡智理應先起是因位中先所求故先不動法金剛定後得無生智而未現前盡智无間方得現起除先不動餘阿羅漢盡智無間有盡智生或即引生無學正見非無生智後容有退故謂若先是時解脫性雖於因位雙求二種而至極果容有退故金剛喻定正滅位中不得無生唯得盡智故盡智後盡智現前或即引生無學正見先不動法無生智後有無生智起或無學正見此無學見一切應果之所共有猶如盡智故金剛定正滅位中一切皆得無學正見然此正見非正所求故盡無生二智無間或有即起或未現前於此位中惣略義者若先不動初起盡智唯一剎那次無生智亦一剎那或有相續若時解脫初起盡智或一剎那或有相續此二所起無學正見皆無決定剎那相續如前說彼非正求故如說沙門及沙門果何謂沙門性此果體是何果位差別惣有幾種頌曰

淨道沙門性　有為無為果　此有八十九
解脫道及滅

論曰言沙門者能永息除諸界趣生生死魑魅或能勤勵息諸過失令永寂靜故名沙門如薄伽梵自作是釋以能勤勞息除種種惡不善法雜染過失廣說乃至故名沙門沙門所有名沙門性此即沙門所修熏法熏是排遣生臭惑義即以無漏聖道為體非世俗道以能無餘究竟靜息諸過失故由此異生雖能已斷無所有處染而非真沙門以諸過失尚有餘故暫時靜息非究竟故既無漏道是沙門性通以有為無為為果故沙門果體通有為無為此果佛說惣有四種謂初預流後阿羅漢道類智品是謂有為預流果體見斷法斷是謂无為預流果體道類智品或離欲界第六無漏解脫道品是謂有為一來果體見斷法斷及欲界繫修所斷中前六品斷是謂無為一來果體道類智品或離欲界第九無漏解脫道品是謂有為不還果體見斷法斷欲修斷斷是謂無為不還果體盡智無生智無學正見品是謂有為阿羅漢果體三界見修所斷法斷是謂無為阿羅漢果體然薄伽梵於契經中但說無為沙門果體如說云何名預流果謂斷三結乃至云何阿羅漢果謂已永斷貪瞋癡等應知斷言兼前斷說何緣於彼但說無為以此無為唯是果故謂諸擇滅唯沙門果道通沙門故略不說或以無為法是果非有果道通二種故略不說或無為法離有為過為令欣樂是故偏說或此唯說無為果經是有餘言不應封執謂此唯說三結斷等不遍說餘煩惱斷故如契經說心疌迴轉精進能證無上菩提超段食想越諸色想沒有對想非餘不然應知此經亦復如是如由別意唯說無為為沙門果亦由別意說沙門

果唯有四種若廣別意直論法相即沙門果有八十九皆解脫道擇滅為性謂為永斷三界煩惱有八十九無間道起見道所攝其數有八法類智忍各有四故修道所攝有八十一九地各九無間道故此八十九唯沙門性此沙門性無間所生八十九解脫道亦有為沙門果是彼等流士用果故即諸無間所斷惑斷八十九諸擇滅唯無為沙門果是彼離繫士用故彼能斷此得障得故豈不沙門性亦攝解脫道諸无間道亦彼等流士用果故應無間道亦是有為沙門果攝不尒且非諸無間道一切皆是解脫道果雖有是者而但可言無間道力解脫道起彼力能斷此起障故彼道無間此必生故非解脫道力引無間道起此不能斷彼障故非此無間彼必生故謂雖亦有無間而生而不皆然及非此力謂有餘時餘加行力所引起故或有畢竟不復生故無相類失何故契經說沙門果非八十九唯 說四耶豈不已言經有別意有何別意且

有釋言唯四位中諸觀行者分明觀恍覺恵生故謂唯四位極可信非餘設有退失未死還得故有餘復言唯此四位如次能越惡趣彼因人天趣生所顯示故唯上中品貪等勢力往惡趣生非下品故或有本有二謂欲界有頂二越有頂二越欲界故唯立四為沙門果或諸煩惱惣有二類一者無記二者不善初越二種後越無記一来不還唯越不善以惡難越故唯立四有餘師言非薄伽梵於八十九不現證知然唯四沙門果者頌曰

五因立四果　捨曾得勝道　集斷得八智
頓修十六行

論曰若斷道位具足五因佛於經中建立彼斷及與斷得俱時而生淨解脫道為沙門果言五因者一捨曾道謂捨先得果向道故二得勝道謂得果攝殊勝道故三惣集斷謂一果得惣得先来所得斷故四得八智謂一時中惣得四法四類智故五能頓修十六行相謂能頓修非常等故住四果位皆具五因餘位不然故唯說四

若唯淨道是沙門性有漏道力所得二果如何亦是沙門果攝頌曰

世道所得斷　聖所得雜故　無漏得持故
亦名沙門果

論曰且無漏道所得擇滅沙門果攝其理極成得二果時諸世俗道所得擇滅體數甚少與多聖道所得擇滅惣一得得共成一果是故於此以少從多俱說名為沙門果體謂世俗道得二果時此果非唯以世俗道所得擇滅為斷果惟兼以見道所得擇滅於中相雜惣成一果同一果道得所得故由此契經言云何一来果謂斷三結薄貪瞋癡云何不還果謂斷五下結故世俗道所得擇滅與无漏道所得雜故以少從多名沙門果又世俗道所得擇滅衆漏斷得所住持故由此力所持退不命終故無漏斷得印所印故亦得名為沙門果體如故人物王印所印不復名為能集者物此亦應尒故亦名沙門果有餘師說此滅當為金剛喻定真沙門果故亦得立沙門果名此滅雖非 彼離繫果是

彼士用果名彼果無失有餘復說由此無為因沙門性增上力得是故亦應名沙門果以世俗道斷煩惱時亦修治彼沙門性故如是已說世俗道斷修所斷得二果時所得擇滅名沙門果然沙門果酬沙門果性此沙門性如前已說即此復有差別名耶亦有云何頌曰

所說沙門性　亦名婆羅門　亦名為梵輪
真梵所轉故　於中唯見道　說名為法輪
由速等似輪　或具輻等故

論曰依世俗理則諸沙門果婆羅門如契經說應施沙門婆羅門等依勝義理則諸沙門即婆羅門如契經說此初沙門乃至第四在正法外無真沙門及婆羅門乃至廣說以能遣除惡不善法與勤止息相極相似故沙門體即婆羅門如說能遣除惡不善法廣說乃至故名婆羅門即婆羅門性亦名為梵輪是真梵王力所轉故佛與無上梵德相應是故世尊獨應名梵由契經說佛亦名梵亦名寂靜亦名清涼寂默冲虛悄然名梵佛具此德故立梵名既自覺悟為令他覺轉此授彼故名梵輪即梵輪中唯依見道世尊有處說名法輪以阿若多憍陣那等五苾芻衆見道生時地空天神即傳宣告世尊已轉正法輪故如何見道說名為輪以速行等似世輪故如聖王輪旋環不息速行捨取能伏未伏鎮壓已伏上下迴轉見道亦尒故名法輪謂聖王輪旋環不息見道亦尒無中歇故如聖王輪行用速疾見道亦尒各一念故如聖王輪取前捨後見道亦尒捨苦等境取集等故此則顯示見四聖諦必不俱時如聖王輪降伏未伏鎮壓已伏見道亦尒能見未見能斷未斷已見斷者無速退故如聖王輪上下迴轉見道亦尒觀上苦等已觀下苦等故由此見道獨名法輪尊者妙音作如是說如世間輪有輻轂輞八支聖道似彼名輪謂正見正思惟正勤正念似世輪輻正語正業正命似轂正定似輞故名法輪毗婆沙師本意總說一切聖道皆名法輪以說三轉三道攝故於他相續見道生時已至轉初故名已轉然唯見道是法輪初故說法輪唯是見道諸天神類即就最初言轉法輪不依二道然諸師多說見道名法輪以地空天神唯依此說故曾无說三道皆名法輪故唯見道見前所說輪義故雖諸見道皆名法輪而憍陣那身中先轉故經說彼見道生時名轉法輪非餘不轉憍陣那等見道生時說名世尊轉法輪者意顯彼得轉法輪本由世尊故推在佛令所化者生尊重故如是即說如來法輪轉至他身故名為轉若異此者天神應說菩提樹下佛轉法輪不應唱言世尊今在婆羅痆斯國轉無上法輪故轉授他此中名轉有說此教名為法輪轉至他身令解義故此但方便非真法輪如餘雜染無勝能故此中思擇四沙門果何沙門果依何界得頌曰

三依欲後三　由上無見道　無間無緣下
無猒及經故

論曰前三果但依欲界身得得阿羅

漢果依三界身前之二果未離欲故非依上得理且可然第三云何非依上得已離欲者亦可得故由理教故且理云何依上界身無見道故非離見道已離欲者可有起證不還果義何緣上界身必不起見道且依無色無容聽聞無我教故離聞此教必定無容入見道故又彼界生不緣下故見道先緣欲界苦故由此無色非見道依依色界身無勝猒故離勝猒能入見道謂欲界中有諸苦受為生少樂多稽劬勞人天中生壽量短促乏財多病親友乖離違境既多猒心增勝若生色界與此相違謂彼異生耽勝定樂長壽無病無貧無離違境既無猒心微劣非猒微劣能入見道能引見道勝猒無故依色界身不起見道不應言彼都無有猒以生彼者現有猒故如契經說勿怖大仙彼焰必無來近此理燒梵宮已於彼當滅此中怖聲唯自猒體又於餘處有伽他曰聞諸長壽天具妙色令譽而心懷怖猒如鹿對師子

此怖猒言顯怖即猒實怖與猒相差別者謂矚彼相恐為衰損心生驚怯故名為怖若觀彼相心不欣欲情樂棄捨故名為猒欲界具二上界唯一又此二體差別云何不審察為先心驚掉名怖若審察為先心不樂名猒或引愚癡心怯名怖若引棄捨心背名猒有餘師說恐為衰損心欲損捨是名為怖欲損捨故於彼境中心不生欣是名為猒此經怖言是恐懷義如說擲來勿怖其破由此理證上界無見道教復云何由契經說故經言有五補特伽羅此處通達彼處究竟所謂中般乃至上流此通達言唯自見道是證圓寂初加行故經既不言彼處通達故知見道上界定無

說一切有部顯宗論卷第三十二

阿毗達磨藏顯宗論卷第三十二

校勘記

一　底本，金藏廣勝寺本。三六六頁上至次頁下原版漫漶，以麗藏本換。

一　三六四頁中一一行首字「修」，資、磧、普作「無」。

一　三六四頁中一九行第五字「少」，諸本（不含石，下同）作「劣」。

一　三六五頁上三行第三字「前」，資、磧、普、南、徑、清作「行」。

一　三六五頁上五行第一〇字「或」，資、磧、普、南、徑、清作「惑」。三六九頁上九行第六字諸本同。

一　三六五頁上二二行第一一字「惑」，諸本作「或」。

一　三六五頁下五行第一三字「即」，資、磧、普、南、徑、清作「既」。

一　三六五頁下二二行「所因故」，諸本作「所作同故」。

一　三六六頁中二二行第一三字「各」，

徑作「名」。

一　三六七頁上四行第一三字「下」，南、徑作「不」。

一　三六八頁上一一行第一〇字「有」，諸本無。

一　三六八頁中一一行「離染」，資、磧、普、南、徑、清作「雜染」。

一　三六八頁中末行「欲界」，徑、清作「欲果」。

一　三六九頁上一〇行「用故」，諸本作「用果故」。

一　三六九頁上一三行第一三字「不」，徑作「亦」。

一　三六九頁上一四行首字「且」，資、磧、普作「但」。

一　三六九頁上一八行「障故」，資、磧、普、南、徑、清作「起障故」。

一　三六九頁中一行末字「觀」，諸本作「歡」。

一　三六九頁中一二行「然唯」，諸本作「然惟說」。

一　三六九頁中一九行第七字「二」，諸本作「三」。

一　三六九頁下一一行第五字「惟」，諸本作「性」。

一　三六九頁下一六行第八字「名」，資、磧、普作「若」。

一　三六九頁下一七行「衆漏斷得所住持故」，諸本作「無漏斷得所任持故」。

一　三七〇頁上四行「世俗道」，諸本作「依世俗道」。

一　三七〇頁上六行「沙門果性」，諸本作「沙門性」。

一　三七〇頁上一〇行第八字「准」，諸本作「唯」。

一　三七〇頁上一二行第一一字「果」，諸本作「異」。

一　三七〇頁上末行「悄然」，諸本作「蕭然」。

一　三七〇頁中一二行第九字「若」，諸本作「苦」。

一　三七〇頁下一行第一〇字「至」，資、磧、普、南、徑、清作「生」。

一　三七〇頁下六行第一二字「見」，諸本作「具」。

一　三七〇頁下一〇行第一三字「彼」，諸本作「彼等」。

一　三七〇頁下一八行「法輪」，資、磧、普、南、徑、清作「法轉」。

一　三七〇頁下一九行首字「擇」，麗作「釋」。

一　三七〇頁下二一行「無閒」，諸本作「無聞」。

一　三七〇頁下末行「得得」，麗作「得後」。

一　三七一頁上三行第一四字「故」，資、磧、普、南、徑、清作「道」。

一　三七一頁上一〇行「離勝猒」，諸本作「非離勝猒」。

一　三七一頁中八行「損捨」，資、磧、普、南、徑、清作「捐捨」。次行同。

一　三七一頁中一〇行第一三字「懷」，諸本作「壞」。

一　三七一頁中一四行末字「自」，資、麗作「目」。

一　三七一頁中末行經名，磧、普、南作「顯宗論卷第三十二」；徑、清作「顯宗論卷第三十二」並有夾註「説一切有部」。

阿毗達磨藏顯宗論卷第三十三　　　賓

尊者眾賢造

三藏法師玄奘奉　詔譯

辯賢聖品第七之五

已說學位預流果等有多差別為阿羅漢亦有多種差別相耶亦有云何頌曰

阿羅漢有六　謂退至不動　前五信解生　捴名時解脫　後不時解脫　從前見至生

論曰於契經中說阿羅漢由種性異故有六種一者退法二者思法三者護法四安住法五堪達法六不動法然餘經說無學有九謂初退法後俱解脫彼不退法此不動攝彼二解脫通此六攝故阿毗達磨唯說有六種言退法者謂彼獲得如是類根安住此根與退緣會便退所得無退緣者便般涅槃或有精勤進得勝性遇緣多退故名退法言思法者謂有獲得如是類根安住此根念力堅固多住猒觀恐失勝德為自勵心多思害已故名思法言護法者謂有一類恒於時愛心解脫中繫念現前專精防護不放逸住故名護法安住法者謂離勝退緣雖不自防而亦能不退離勝加行亦不練根多住處中故名安住堪達法者謂性堪能好修練根速達不動能親證利故名堪達不動法者謂有一類根性殊勝志不怯弱所獲功德遇勝退緣亦必不退故名不動有餘復釋此六異相謂六種性先學位中初二闕恒時及尊重加行然至無學思法少勤護法唯有恒時加行安住唯有尊重加行堪達具二而是鈍根不動具二而是利根有作是言退法必退乃至堪達必達不動若不介者立名唐捐彼執欲界具足有六色無色界中唯安住不動彼無退失自害自防及修練根故唯有二理實無定然退應果唯從先來退種性退乃至得不動唯堪達所能立退等名約容有說故六阿羅漢通三界皆有六中前五從信解生即此捴名時愛心解脫以一切時愛心解脫故亦說名為時解脫者謂待時處補特伽羅

資具等合時方得解脫故以所依止切能薄劣要待勝時方解脫故或復一切勝定現前要待勝時是此時義離繫縛故名為解脫此即待時及解脫義略初言故如言酥瓶不動法性說名為後即此名為不動心解脫彼心解脫非惑所動故亦說名為不時解脫以不待時得解脫故或復勝定隨處隨時隨所遇緣隨欲便起離繫縛故名為解脫即不待時及解脫義有餘釋此二差別言以於暫時得解脫故名時解脫後容退故以能畢竟得解脫故名不時解脫後無容退故此從前位見至性生如是所明六阿羅漢所有種性為是先有為後方得不定云何頌曰

有是先種性　有後練根得

論曰退法種性必是先有思法等五亦有後得謂有先來是思法性乃至不動有先退法練根成思至不動等多種差別如理應思如是六種阿羅漢中唯前五種容有退義誰從何退為性為果頌曰

四從種性退　五從果非先

論曰不動種性必無退理故唯前五容有退義於中後四有退種性退法一種無退性理由此種性最居下故五種皆有從果退理雖俱有退然並非先謂無學位中從退法種性修練根行轉成思等此四皆有退性果義退法種性雖必先得而是退法故容退果諸學位中從退法性修練根行轉成思等及得學果皆容退失諸無學者先學位中所住種性彼從此性必無退理學無學道所成堅故諸有學者先凡位中所住種性彼從此性亦無退理世出世道所成堅故二先位中住思等性必無有退此所得果此性二道所成堅故彼從思等修練根行轉得護等唯可退性轉所得性進得學果亦有退義由此種性非二道成不堅牢故若就四果辯退果義雖五種性皆可退果而先所得必無有退謂四果中先所得者即預流等前三隨一從此先果必無退義是斷見惑所得果故聖斷見惑必無退　故

何緣見惑聖斷無退以彼不緣所執事故謂見所斷煩惱現行無不皆由我見勢力以彼煩惱起我見為根故由此見惑不緣所執以所執事都無體故然有所緣諦為境故彼所執事都無種子於所緣境極乖違故聖者相續真無我解恒所隨故雖暫失念而必無容重執有我以見所斷依我事生故聖斷已必無退義修所斷惑雖顛倒轉而非無種有所執事謂於色等染著憎背高舉不了行相轉時於色等中非無少分淨妙怨害高下甚深故非境中極乖違轉由此聖者有時失念執淨妙等相退起修斷惑又見斷惑迷於諦理執我等相諦理中無理定可依聖見無退修所斷惑迷麁事生事變難依有失念退又見斷惑要審慮生聖審慮時必不起惑修所斷惑非審慮生聖失念時容有退義由此無退先所得果此中無學退法有三一增進根二退住學三住自位而般涅槃思法有四三如前說更加一種退住退性餘三如次有五

六七應知後後一一增故何緣練根成思等者退彼應果住學位時住先退性非所退者得思等道今已捨故豈不學位轉成思等得應果時雖捨所得學思等道而住應果思等種性此亦應然此例不齊以彼學道攝彼無學道為等流果故非無學位所捨思等與此學道為同類因可能引學思等種性故應退住先所捨者有餘於此別立證因謂若退住所退種性得勝種性故應是進非退此非證因若無二義可有是進非退過故然得勝性雖可名進而起惑故亦名為退由此彼難於理無失又彼退起障涅槃法聖欣涅槃過於聖道設得勝性退涅槃故但應名退不應名進復以何緣諸阿羅漢等雖有頂染同不受後生然於其中有於煩惱證不生法而非一切有說由根有差別故此釋非理以契經說退不退法根品同故如說五根增上猛利極圓滿故名俱解脫然有俱解脫是退種性故非根勝故證惑不生若介由何種性別

故六種種性唯應果有餘亦有耶修習練根唯無學位餘位亦有頌曰

學異生亦六　練根非見道

論曰有學異生種性亦六六種應果彼為先故由所安住種性差別故有斷惑往生不生定於何時於所斷惑證不生法謂得能止此類煩惱殊勝道時若介此不生應是擇滅非非擇滅若是非擇滅則非擇滅應是道果如是便與聖教相違如說云何非果法謂非擇滅及虛空無此不生成擇滅失以勝道轉非為此故既非所為故非道果今詳由道所證不生定不由報皆應得故但由殊勝種性力得故不動者惑必不生非唯無學有增進根有學異生亦有此義唯非見道能修練根此位無容起加行故謂見道位速疾運轉無暇於中更修餘事唯於信解異生位中能修練根如無學位如說不動退現法樂如何不動法亦許有退義無相違過所以者何頌曰

應知退有三　已未得受用　佛唯有最後

利中後能三

論曰應知諸退總有三種一已得退謂退已得殊勝功德二未得退謂未能得應得功德三受用退謂諸已得殊勝功德不現在前三中前二非得為體第三唯彼不現在前此三退中世尊唯有一受用退以有決定所作事業牽引其心雖有所餘無量希有不共佛法無暇起故除佛世尊餘不動法具有未得及受用退謂於殊勝無諍定等應得功德未能得故有未得退有餘事業牽引其心已得功德無暇起故有受用退餘五種性容具有三亦容退失已得德故約受用退說不動法退現法樂無相違過諸阿羅漢既許退果為更生不彼於退位帶惑命終應更受生諸住果時所不作事退時作不彼既起惑應有更為果相違事無如是過所以者何頌曰

一切從果退　必得不命終　住果所不為
慚增故不作

論曰無從果退中間命終退已須臾必還得故若有壽量將臨盡者必無

退理無失念故要有餘壽方有退理退已不久必還證得如契經說苾芻當知如是多聞諸聖弟子遲失正念速復還能令所退起盡沒滅離若謂不然修梵行果應非安隱可委信處又住果位所不應為違果事業由慙增故雖暫失念煩惱現行如住果時必無作理如高族者暫失位時不等凡庸造鄙下業又誰有退誰無退耶修不淨觀入聖道者容有退失修持息念入聖道者必無退失尊重止觀無貪癡增如次應知有退無退何界何趣容有退耶唯欲界人三洲有退六欲天處得聖果者有說利根故無有退以有勝智能制伏心令背妙境入聖道故有說退者由闕資緣或所依身不平等故六欲天處二事並無雖有鈍根隨信行性生彼得聖亦無退理諸有退者為起惑退為先退已惑方現前或有欲令由起惑退品類足論當云何通如彼論說欲貪隨眠由三處起一欲貪隨眠未斷遍知故二順彼纏法正現在前故三於彼

正起非理作意故乃至廣說無相違失所以者何煩惱現前略有二種已斷未斷有差別故此中偏說未斷起者又煩惱起略有二門染不染心無間起故此中偏說染無間者或煩惱起總有三緣然煩惱生所藉不定或有唯藉境界力生或藉境因或兼加行此約具者故說由三或起惑時三緣必具非理作意正起現前所斷隨眠必還成故何心無間起惑退耶且從無學起惑退者若起色纏無色纏退唯從自地順退分定相應善心無間而起非住欲界有上地攝無覆無記心現在前唯除通果心然無從彼退豈不順退分各於自地離染時捨如何無學者未退起惑彼心現前理實如是然順住分品類有三一少順退二少順進三守自位前言自地順退分定即順住分中少分順退者少順退故得順退名然此定心與守自位多相涉故順住分攝諸有未失順退分者彼心無間煩惱現前若捨彼心從順住攝少順退者起煩惱退故

於文義無所相違若起欲纏而退失者從自地善無覆無記二心無間皆容現前諸從學位起惑退者起色無色煩惱退時若先全離此地染者唯從此地順退分定相應善心無間而起若未全離此地染者從此地攝善及染汙二心無間皆容現前起欲界纏而退失者若先全離欲界繫染從自地善無覆無記二心無間皆容現前若未全離欲界染者從欲善染無覆無記二心無間皆容現前若未現前獲得清淨靜慮無色必無能起色無色纏退失所得彼惑從彼無間起故但起欲纏退失所得若現前得清淨靜慮猶未現前得淨無色必无能起無色纏退起欲色纏退失所得若已現前獲得清淨靜慮無色通起欲色無色界纏退失所得諸有退失先所得時若起上纏現在前退不失下善不成下惑若起下纏現在前退定失上善定成上惑復有欲令要先退已後時對境惑方現前施設足論當云何釋如彼論說無色三纏一一現

起退無色盡住色盡中說身足論復
云何釋如彼論說無色界繫染心現
前捨無學善續有學善退無學心住
有學心此俱不相違依覺時說故謂
先雖退而未覺知後起惑時方自覺
退如有先誦四阿笈摩中廢多時雖
忘不覺後誦不得方自知忘此亦應然
故無違失住何心退後起惑耶住欲
界中無覆無記威儀工巧異熟生心
退已後時方能起惑然此欲界繫無
覆無記心或有摠違三界煩惱此心
正起無有退得三界惑義或有但違
欲色煩惱此心正起容有退得無色
惑義或有但違欲界煩惱此心正起
容有退得二界惑義或有不違三界
煩惱此心正起容有退得三界惑義
一切退已隨其所應起惑前心皆如
上說於此二說前說為善如上所言
有練根得今應思擇諸聖練根有幾
無間幾解脫道用有漏道為無漏耶
依何身依何地頌曰
練根無學位　九無間解脫　久習故學一
無漏依人三　無學依九地　有學但依六

捨果勝果道　唯得果道故
論曰求勝種性修練根者無學位中
轉一一性各九無間九解脫道如得
應果所以者何彼鈍根性由久串習
非少功力可能令轉學無學道所成
堅故有學位中轉一一性各一無間
一解脫道如得初果非久習故彼加
行道諸位各一學無學位修練根時
皆漸次修後後種性得勝種性方捨
前劣故諸無學修練根時加行無間
前八解脫如應皆是退法等攝第九
解脫是思法等諸有學者修練根
加行無間是退等攝解脫道時名思
法等我所承稟諸大論師咸言練根
皆為遮遣見修斷惑力所引發無覆
無記無知現行故學位中修練根者
正為遮遣見惑所發無學位中修練
根者正為遮遣修惑所發如如斷彼
能發惑時所起無間解脫多少如是
如是斷彼所發無知現行道數亦尒
是故無學修練根時用九無間九解
脫道學位練根二道各一然見修惑
所發無知隨所障殊有多品類故轉

退等成思等時諸道現前各有所遣
由此無有起得勝姓有餘師說一切
練根皆一加行無間解脫前說為善
理如前故如是無間及解脫道一切
唯是無漏性攝聖者必無用有漏道
而轉根理以世俗法體非增上無堪
能故一切加行皆通二種　如是所說
但據現行兼未來修復有差別謂無
學位修練根時加行未來亦通修二
九無間道及八解脫未來所修亦唯
無漏第九解脫未來修二兼修三界
所有功德與初盡智所修同故若有
學位修練根時加行未來亦通修二
無間解脫未來所修亦唯無漏如得
初果然無學位修練根時道數所修
如斷有頂若有學位修練根時道數
所修如斷上界見道所斷由彼但與
隣得果時道相似故學無學位修練
根時加行皆通曾未曾得無間解脫
唯是未曾一切皆通法智類智修練
根者唯人三洲唯依此身有怖退故
以何等故名為練根謂練諸根令
增長故謂道力故令根相續捨下

得中捨中得上漸漸增勝名爲練根故練根名目轉根義雖八解脫漸得勝根而由本心求勝性故未得勝性不捨前劣如得後果方捨前向如在聖位種性有六能修練根於見道前暖等加行應知亦尒有差別者若聖位中得勝種性必捨前劣暖等位中修練根者但得勝性劣性不行名爲轉根非捨劣得無學練根通依九地謂四靜慮未至中間及三無色唯此九地有無漏道餘地無故有學練根唯依六地除三無色所以者何以轉根者容有捨果及勝果道所得唯果非勝果道心欣果故無有學果無色地攝故學練根但依六地設許學位依無色練根定是不還住勝果道位無不還果無色地攝故不依無色修練根得果以初二果唯未至攝不還唯通六地攝故有說唯有住果練根勿有捨多得少過故無如是過以練根者心期勝果不求多故由此學位修練根者若住果道加行等三皆果道攝若住勝道加行無間勝果道攝解脫道果道攝住無學位修練根者加行等三唯果道攝諸住果位修練根時捨果得果住勝道位修練根時捨二得果又諸聖位修練根時與本得果地同或異謂初二果依地必同彼此俱依未至地故不還應果依地不定或依本地或上或下有差別者若諸不還依下練根不得上果阿羅漢不尒如本得果故分斷有頂結練根得果時雖捨彼斷不成彼結如異生者生上七地隨應捨下斷而不成下結俱是進時非退時故諸無學位補特伽羅揔有幾種由何差別頌曰

七聲聞二佛　差別由九根

論曰居無學位聖者有九謂七聲聞及二覺者退法等五不動分二後先別故名七聲聞獨覺大覺名二覺者由下下等九品根異令無學聖成九差別有學無學補特伽羅一切揔取無過七種一隨信行二隨法行三信解四見至五身證六慧解脫七俱解脫依何立七事別有幾頌曰

加行根滅定　解脫故成七　此事別唯六
三道各二故

論曰依加行異立初二種謂依先時隨信他語及自隨法能於所求一切義中修加行故立隨信行隨法行名依根不同立次二種謂依鈍利信慧根增如次名爲信解見至依得滅定立身證名由身證得滅盡定故依解脫異立後二種謂依唯慧離煩惱障者立慧解脫依兼得定離解脫障者立俱解脫此名雖七事別唯六謂見道中有二聖者一隨信行二隨法行此至修道別立二名一信解二見至此至無學復立二名謂時解脫不時解脫然唯應說有二聖者隨信隨法行有異故即此二種隨道差別雖立異名而無別體如是所說補特伽羅以根性道離染依別諸門分析數成多千且如家初一隨信行根故成三謂下中上性故成五謂退法等道故成十五謂八忍七智離染故成七十三謂具縛離八地染依身故成九謂三洲欲天若根性道離染依身相乘合成一億四万七千八百二十五

種隨法行等如理應思如是等門差別無量若欲委細一一分別施功甚多所用極少故我於此略示方隅有智學徒應廣思擇前說依解脫衰二種立後二種相由何應知頌曰

俱由得滅定　餘名慧解脫

論曰諸阿羅漢得滅定者名俱解脫由慧定力雙脫煩惱解脫障故所餘未得滅盡定者名慧解脫但由慧力於煩惱障得解脫故何等名為解脫障體諸阿羅漢心已解脫而更求解脫為解脫彼障謂於所障諸解脫中有劣無知無覆無記性能障解脫是解脫障體於彼彼界得離染時雖已無餘斷而起解脫彼不行時方名解脫彼有餘師說此解脫障即以於諸定不自在為體有餘師說此解脫障即以諸定不得為體有餘師說於彼加行不勤求故不聽聞故不數習故解脫不生即此名為解脫障體初說應理所以者何必有少法力能為障令彼於定不自在轉若不尒者彼有何緣於諸定中不得自在不得定者

必有所因不可說言即因不得自體不應還因自故或煩惱障亦應可說即以應果不得為性彼既不然此云何尒阿羅漢果亦由於加行不勤求等故體不得生豈便無別煩惱障體故後三說皆不應理又無漏心亦有從此名得解脫由約在身及約行世說解脫故謂要解脫解脫障時方起在身及行世故諸阿羅漢有名同者根亦同耶應作四句第一句者慧解脫中有時解脫不時解脫俱解脫中有二亦尒第二句者時解脫中有慧解脫有俱解脫不時解脫有二亦尒第三句者慧解脫中二時解脫自互相望二不時解脫俱解脫亦尒第四句者慧解脫中取時解脫俱解脫中不時解脫展轉相望與此相違應知亦尒如世尊說五煩惱斷不可牽引未名滿學學無學位各由幾因於等位中獨稱為滿頌曰

有學名為滿　由根果定三　無學得滿名
但由根定二

論曰學於學位獨得滿名要具三因

謂根果定故見至身證獨得名為滿少有闕者尚非滿學況一切闕而得滿名何等名為少有闕者謂信解得滅定或見至不還未得滅盡定或見至未離欲或信解不還未得滅盡定何等名為一切闕者謂信解未離欲有許少闕亦得滿名彼作是言有有學者但由根故亦得滿名謂諸見至未離欲染有有學者但由果故亦得滿名謂信解不還未得滅盡定有有學者由根果故亦得滿名謂見至不還未得滅盡定有有學者由果定故亦得滿名謂諸信解得滅盡定有有學者具由三故獨得滿名謂諸見至得滅盡定無有學者但由定故及根定故亦得滿名此不可依如何有學於諸有學勝功德中猶未具證而許名滿故如前說理定可依無學位中無非果滿故不由果建立滿名自位相望獨名滿者要具二種謂根與定故雖不時俱解脫者望餘無學獨得滿名隨闕一者尚非滿無學何況雙闕得滿無學名何等名為隨闕一者

謂時解脫得滅盡定或不時解脫不得滅盡定何等名為雙闕二者謂時解脫不得滅定有許闕一亦得滿名此不可依理如前說如契經說二阿羅漢一具三明二不退法於前所說諸應果中二阿羅漢何應果攝且不退法攝在不動然此不動差別有二一者唯能不退應果二者不退一切勝德此中第一但名不動如思法等由練根得仍有退失阿羅漢果此異彼故得不動名然於應果一切勝德猶可退失不名不退第二亦無退諸勝德故經於彼立不退名以不動中於勝功德有可退者是故契經於不動內立不退法具三明者有言此攝在慧解脫俱解脫中通未已得滅盡定故有言唯在俱解脫攝宿住死生明依本靜慮故起本靜慮者名俱解脫故今詳經意慧俱解脫若圓滿者其體各異未起根本已得滅盡為懸隔故不圓滿者二體相雜隨說皆通然欲簡別令無雜者應就滅定未得得說以慧解脫無得滅定根本靜慮雖不現行然於未來必成就故由此可說具三明者理通攝在二解脫中廣說諸道差別無量謂世出世見修道等今應思擇於諸道中略說有幾可能遍攝頌曰

應知一切道　略說唯有四　謂加行無間
解脫勝進道

論曰加行道者謂此無間無間道生無間道者謂此能滅所應斷障解脫道者謂已解脫所應斷障最初所生勝進道者謂除無間加行解脫所餘諸道何義名道謂尋求依依此尋求涅槃果故由此一切修皆智等無不皆為尋求涅槃或此道名目涅槃路三乘賢聖涉此夷途速達二種涅槃界故道於餘處立通行名以於諦中能善通達復能速往涅槃城故此有幾種依何建立頌曰

通行有四種　樂依本靜慮　苦依所餘地
遲速鈍利根

論曰經說通行總有四種一苦遲通行二苦速通行三樂遲通行四樂速通行此四通行有差別者依地依根建立異故云何依地建立差別謂依根本四靜慮中所生聖道名樂通行任運轉故如乘船筏任運轉者由此地中止觀雙行無增減故又此諸地所有等持攝受五支四支成故依餘無色未至中間所生聖道名苦通行雖道非苦苦受相應艱辛轉故亦名為苦如依陸路乘馬等行艱辛轉者由此地中止觀雖俱而增減故謂無色地觀減止增未至中間觀增止減又此諸地所有等持不攝五支四支成故有餘師說未至地道難可成辦故立苦名謂有先來都未得定多起功用方得現前此既現前為勝加行根本靜慮易起故樂靜慮中間同一地攝異心品滅異心品生極為艱辛故亦名苦譬如以木折木極難謂一地中有尋有伺麁心品滅無尋唯伺細心品生多用功力諸無色定亦甚難成故亦名苦極微細故謂無色定行相眇然不易測量修難成辦又從靜慮起無色時五蘊定滅四蘊定起極為難辦故立苦名云何依根

建立差別謂即苦樂二通行中鈍根名遲利根名速二行於境通達稽遲說名遲通翻此名速或遲鈍者所起通行名遲通行速此相違或趣涅槃有遲有速由根鈍利如後當辯此行五蘊四蘊為性由依色定無色定別而名通者顯慧勝故如見道位雖具五蘊以慧勝故偏立見名如見道邊諸世俗智金剛喻定亦以五蘊四蘊為體立智定名然有經中說四通行五根為性亦就勝說慧勝中勝故立通名雖有中根即利鈍攝以利鈍中有非極故然向所言由根利鈍於趣圓寂有速有遲此據等修勤加行說若不據等則鈍利根趣向涅槃遲速不定又契經說有現法遲身壞速等四句差別此約加行有勤不勤不約轉根及有退說以諸聖者若已經生不退不轉根不生上界故大覺獨覺到究竟聲聞依何通行入聖證極果大覺唯依樂速通行謂以第四靜慮為依由極利根入正決定證得無上正等菩提於獨覺中麟角喻者如大覺說餘則不定於到究竟二聲聞中舍利子依苦速通行及樂速通行入聖證極果彼依未至入正決定依第四定得漏盡故目連唯依苦速通行謂依未至入正決定依無色定得漏盡故二聖先來樂慧樂定故證極果依色無色所到究竟諸大聲聞法爾唯應漸次得果故彼入聖道皆依未至地

說一切有部顯宗論卷第三十三

阿毗達磨藏顯宗論卷第三十三

校勘記

一　底本，金藏廣勝寺本。

一　三七四頁下九行第一三字「學」，資、磧、普、南、徑、清作「覺」。

一　三七五頁中一七行第七字「唯」，麗作「雖」。

一　三七五頁下二二行第二字「位」，資、磧、普、南、徑、清作「住」。

一　三七六頁中六行第三字「往」，諸本（不含石，下同）作「後」。

一　三七六頁中七行第八字「止」，清作「上」。

一　三七六頁中一一行第一〇字「無」，資、磧、普、南、徑、清作「無爲」。

一　三七六頁中一四行第三字「報」，諸本作「根」。

一　三七六頁下一三行「無暇」，諸本作「無暇」。

一　三七七頁中三行「偏説」，磧、南作「徧説」。中五行磧同。

一　三七七頁下七行「染汙」，徑作「深汙」。

一　三七七頁下一一行「二心」，資、普、南、徑、清、麗作「三心」；磧作「一心」。

一　三七七頁下一二行「獲得」，資、磧、普、南、徑、清作「後得」。

一　三七七頁下一三行第九字「惑」，資、磧、普、南、徑、清作「或」。

一　三七八頁上一行第一〇字「說」，諸本作「識」。

一　三七八頁上一五行「二界」，麗作「三界」。

一　三七八頁中一一行第一二字「取」，諸本作「收」。

一　三七八頁中一二行末字「根」，諸本作「根時」。

一　三七八頁下二行「勝姓」，諸本作「勝性」。

一　三七九頁中一六行「二覺」，磧、南作「二學」。

一　三七九頁中一八行第九字「令」，磧、南作「念」。

一　三八〇頁中六行「三說」，資、磧、普、南、徑、清作「二說」。

一　三八〇頁中二一行第八字「果」，資、磧、普、南、徑、清作「異」。

一　三八一頁中一行「未來」，資、磧、普、南、徑、清作「去來」。

一　三八一頁中四行第五字「廣」，諸本作「應」。

一　三八一頁下一〇行第一三字「土」，諸本作「止」。

一　三八一頁下一七行「折木」，諸本作「析木」。

一　三八一頁下一八行「一地」，資、磧、普、南、徑、清作「二地」。

一　三八二頁上七行末字「具」，資、磧、普、南、徑、清作「見」。

一　三八二頁中末行卷末經名，徑、清作「阿毗達磨藏顯宗論卷第三十三」並有夾註「說一切有部」。以下各卷例同。

阿毗達磨藏顯宗論卷第三十四　　　晉

尊者衆賢造

三藏法師玄奘奉　詔譯

辯賢聖品第七之六

道亦名為菩提分法此有幾種名義云何頌曰

覺分三十七　謂四念住等　覺謂盡無生　順此故名分

論曰經說覺分有三十七謂四念住四正斷四神足五根五力七等覺支八聖道支盡無生智說名為覺隨覺者別立三菩提一聲聞菩提二獨覺菩提三無上菩提無智睡眠皆永斷故及如實知已作已事不復作故此二名覺三十七法順趣菩提是故皆名菩提分法此三十七體各別耶不尒云何頌曰

此實事唯十　謂慧勤定信　念喜捨輕安　及戒尋為體

論曰此覺分名雖三十七實事唯十即慧勤等謂四念住慧根慧力擇法覺支正見以慧為體四正斷精進根

精進力精進覺支正精進以勤為體四神足定根定力定覺支正定以定為體信根信力以信為體念根念力念覺支正念以念為體喜覺支以喜為體捨覺支以行蘊攝捨為體輕安覺支以輕安為體正語正業正命以戒為體正思惟以尋為體如是覺分實事唯十前五即是信等五根由境等殊分為三十更加喜捨輕安戒尋戒分為三復揔成七并前合成三十七種毗婆沙師說有十一身業語業不相雜故戒分為二餘九同前念住等三名無別屬如何獨說為慧勤定頌曰

四念住正斷　神足隨增上　說為慧勤定　實諸加行善

論曰四念住等三品善法體實遍攝諸加行善然隨同品增上善根如次說為慧勤及定何緣於慧立念住名慧由念力持令住故何故說勤名為正斷於正修習斷修位中此勤力能斷懈怠故或名正勝於正持策身語意中此最勝故何緣　於定立神足名

諸靈妙德所依止故何緣信等立根力名以增上故難屈伏故何緣此五先說為根後名為力由此五法依下上品分先後故又依可屈伏不可屈伏故下品信等勢用劣故猶為所治同類屈伏上品翻此故得力名所說覺支為有何義能覺悟義名為覺支若尒覺支唯應有一不尒念等是擇法分皆順擇法從勝為名或覺之支是覺支義若尒應許覺支唯六不尒擇法是覺亦覺支所餘六種是覺支非覺所說道支為有何義尋求依義名為道支若尒道支唯應有一不尒餘七是正見分皆順正見從勝為名或道之支是道支義若尒應許道支唯七不尒正見是道亦道支所餘七種是道支非道當言何位何覺分增

頌曰

初業順決擇　及修見道位　念住等七品

應知次第增

論曰初修業位說念住增謂此位中為息顛倒由念勢力於身等境自相共相能審了知壞二種愚慧用勝故

於煖法位說正斷增謂此位中見生死過涅槃功德遂能勇猛發勤精進不墜生死速趣涅槃勤用勝故於頂法位說神足增謂此位中能制心識趣不退位終不匱乏信等善根定用勝故於忍法位說五根增謂此位中永息惡趣終不退墮速入離生增上義成根義勝故世第一位說五力增謂此位中不為煩惱之所屈伏力義勝故雖忍位中亦容如是然非決定是故不說或此位中不為一切餘異生法之所屈伏故於此位力義偏增修道位中近菩提位助覺勝故說覺支增或此位中斷九品惑數數覺故覺支義增見道位中所有道義皆具足故說道支增謂尋求依及通往趣二義具故說名為道見道位中二義審勝謂見道位聖慧初生如實尋求諦理勝故又於此位不起期心能速疾行往趣勝故隨數增故於契經中先七後八非修次第有餘於此立次第言行者審初由慧勢力於身等境自相共相如實了知導起衆善如

有目者將導衆盲是故審初說四念住由四念住了衆境已於斷惡修善能發起正勤故於第二說四正斷由正勤力令相續中過失損減功德增盛於殊勝定方能修習是故神足說在第三勝定為依便令信等與出世法為增上緣由此五根說為第四根義既立能拒惡趣惡業煩惱不能屈伏由此五力說為第五力義既成能如實覺四聖諦境無疑慮故說七覺支在於第六既如實覺四聖諦境猒捨生死欣趣涅槃故說道支以為第七於中一一辯其次第如釋經論應正思求今此論中思擇法相於次第理無勞煩述三十七覺分中幾唯無漏幾通二種頌曰

七覺八道支　一向是無漏　三四五根力

皆通於二種

論曰此中七覺八聖道支唯是無漏唯於修道見道位中方建立故謂修道位七覺支增鄰近菩提謂治有頂故覺支體一向無漏一切覺分皆助菩提唯此獨標覺支名者以審鄰近

菩提果故由此理趣證七覺支應知但依治有頂說此為上首類治下地唯於無漏立覺支名若不許然寧不通二或於一切菩提分中依近菩提立覺支号道中修道位近菩提性近菩提唯是無漏故無漏修道方立覺支名見道位中八道支勝故此一向無漏性攝雖正見等亦通有漏然彼不得聖道支名聖道支名目無漏故又諸論者許覺分法覺支後說定是無漏若說在前便通二種既覺支後方說道支故八道支一向無漏所餘通二義唯已成謂覺分中前位增者彼於後位勢用亦增後位增者非於前位故毗婆沙作如是說從初業位至盡無生念住常增乃至廣說此三十七何地有幾頌曰

初靜慮一切　未至除喜根　二靜慮除尋
三四中除二　前三無色地　除戒前二種
於欲界有頂　除覺及道支

論曰初靜慮中具三十七於未至地除喜覺支於下地法猶懷疑慮未能保信故不生喜又未至定初現前時

未能斷除下地煩惱後雖已斷而類同前故起彼時皆無有喜有說一切近分地道皆力勵轉故無喜義第二靜慮除正思惟彼靜慮中已無尋故由契經說彼地無尋彼上等持轉寂靜故由此二地各三十六第三第四靜慮中間雙除喜尋各三十五前三無色除戒三支并除喜尋各三十二欲界有頂除覺道支無無漏故各二十二如是諸地隨其所應覺分現前少多無定謂隨位別後必兼前可一體上義分多種故有多種俱時起義唯四念住必不俱生以約所緣分為四故尚無二慧俱時而生況有一時四慧並起不可一慧約境分多以若捴緣法念住攝必無一慧於一剎那緣四境生四行相故由此理趣初靜慮中捴而言之具三十七然於一念頃現在前極多但容有三十四如是未至第二靜慮極多但容有三十三三四中間極三十二前三無色極二十九欲界有頂極唯十九一切皆除三念住故其中減者隨位應思何故

心王不立覺分理亦攝在念住等中彼實攝諸加行善故然不別立如慧等者心於雜染清淨分中勢用均平無所偏黨覺分唯在清淨分中勢用增强是故不立有餘師說覺分多緣諸法共相心王多分緣自相生是故不立有餘復說修習覺分本為對治一切煩惱然諸煩惱心所非心故能治法非心唯所障治相翻而建立故有說覺分輔佐於覺覺是心所慧為體故不可心王輔佐心所如王不可輔佐於臣所以心王不立覺分有餘師說心道世間於界趣生輪迴無絕修習覺分為斷生死由此心王不立覺分有餘師說無始時來心為衆多煩惱雜染馳散諸境𢤱悷難調為調伏心修習覺分非所調伏即是能調是故心王不立覺分何緣諸大心所法中唯立四法為菩提分實捴攝在念住等中彼實攝諸加行善故然別建立念定慧者由此三種順清淨品勢用增强可立覺分想思觸欲於染分中勢用增强故不別立於假想觀勝

解徧增覺分唯攝順真實觀由此勝解非覺分攝有餘師說至無學位勝解方增經但立為無學支故菩提分法有學位增由此為因力能引起三菩提故所以勝解非覺分攝作意勢力能發動心令於所緣易脫不定覺分於境審諦觀察令心專一與彼相違是故作意非覺分攝若尒尋立尋為覺分尋於境界雖策發心而欲令心推求至理非令於境浮飄易脫於諦觀察有策發能說此力能策正見故由此作意不可例尋有餘師言若染若淨初取境位作意力增說為非理如理作意至境相續彼勢力微故不立為煩惱覺分煩惱覺分要於至境相續位中方增勝故受於雜染清淨分中勢用俱增故立覺分由此流轉緣起支中立為受支及於還滅菩提分中立喜覺支有餘師說受於雜染雖是增上而與淨品作饒益事亦有功能如旃荼羅性雖鄙劣能與豪族作饒益事故於靜慮為饒益支菩提分中立覺支另何緣三受皆通

無漏覺分唯喜非餘二邪覺分所為行相猛利樂捨行相遲鈍故非有餘師言樂捨二受為輕安樂行捨所覆相不明了是故不立何緣大善心所念住等攝彼實捴攝加行善故然別法中唯立四法為菩提分實亦捴是立信勤安捨者由此四種順覺强故如何此四順覺用强發趣菩提信為上首將修衆行信為初基清淨果因以信為本若無信者修趣不成故立信根以為覺分有餘師說如清水珠置濁水中水便澄潔令諸有目鑒衆色象如是以信置心品中能令俱生心品澄淨由此能見四聖諦理漸次增長成三菩提故信定應立為覺分勤於衆行遍能策發令其速趣三乘菩提若無正勤雖已發趣中間懈廢終無所成是故立勤以為覺分有餘師說無始時来所以不能見四聖諦都由懈怠不樂聽聞如理思惟四聖諦理勤能治彼令樂聽聞如理思惟四諦理故能見四諦速證菩提故勤亦應立為覺分輕安息務令心調適

行捨正直令心平等故能增長諸出世行令其速趣三乘菩提故立安捨以為覺分有餘師說無始時来惛掉亂心不見諦理由此不證三乘菩提輕安捨惛行捨止掉由斯見諦速趣菩提故此亦應立為覺分若尒慚愧自性善攝於衆善品得白法名亦應立為菩提分法彼不應立以無慚愧唯與一切惡心相應於散戒中為勝障礙於見諦理為障力微與彼相違名為慚愧自性善攝得白法名雖於散戒有勝功力而於定善為助力微菩提分中取順定善助覺諦理故彼不立若尒應立無貪無瞋彼是善根自性善故亦不應立以諸貪瞋六識相應遍通五部是隨眠性發麁惡業為勝加行斷滅善根障散善强違見諦劣翻彼故立無貪無瞋得善根名自性善攝於散善業功力雖强助定善中勢用微劣菩提分法取順定善助覺諦理故彼不立若尒不放逸應立為覺分不放逸故衆行皆成佛每勸令修不放逸亦不應立於散位中放逸

令心馳散五欲能違施等散善用強
非定位中此障用勝翻對彼故立不
放逸但於五欲能防護心令不馳散
專修施等故於散善力用雖強助定
善中勢用微劣菩提分法取順定善
助覺諦理故彼不立若尒不容應立
覺分害能逼惱無量有情墮三惡趣
彼能治故亦不應立害緣事生惱諸
有情障修散善不容翻此助定力微
故亦不應立為覺分有餘師說大善
法中若所治強自性勝者立為覺分
餘則不然所治強者謂與一切染心
相應自性勝者謂助見諦如先所說
信勤安捨具足二義慚愧等六無具
二者謂慚等五一義並無不放逸一
種唯闕自性勝何緣依猒非覺分耶
理實亦是念住等攝彼實揔攝加
行善故然不別立為覺分者由此二
種行相相違俱不遍緣四聖諦境無
一地位容恒現前心品狹少是故不
立有餘師說夫依猒者由慧觀境勢
力引生覺分謂能順生覺慧義相違
故不應別立何緣尋伺二種皆容有

加行善及有無漏而於覺分一是一
非實亦俱通義如前說然別立尋不
立伺尋於聖道策正見強由彼起時
行相猛利尋求諦理有助見能立為
道支伺則不尒以行相趣極微劣故
有餘師說二俱行時尋行相麁映蔽
於伺唯伺起位行相轉微故覺分中
不別立伺策發正見自有正勤何更
立尋以為覺分勤策正見有異於
尋故道支中應並建立謂勤策彼令
速進修尋力策令速觀聖諦何緣表
業不立覺分覺分唯是順定善法
心俱無表有勝順能表業不然是故
不立何緣不立不相應行以為覺分
彼於助覺無別勝能不相應故非如
無表雖不相應而於道輪有為轂用
故於覺分不別建立有餘師說二無
心定能滅心故與覺相違四相及得
於所相成有遷成用此於染淨起用
平等菩提分法順淨用增故不別立
何緣不立信為覺及道支初發趣時
信用增上已入聖位立覺道支信於
尒時勢用微劣故不立在覺道支中

何緣於覺支立喜輕安捨非亦立彼
在道支中彼偏順覺不順道故云何
順覺且修道中地地各修九品勝覺
如如於諦數數覺悟如是如是發生
勝喜由生勝喜復樂觀諦如人掘地
獲寶生喜由生喜故復樂更掘故喜
於覺隨順力增要由輕安息諸事務
及由捨力令心平等方能於境審諦
覺察故立安捨在覺支中云何此三
不順於道速疾運轉是聖道義此於
速運少有相違並能令心安隱住故
何緣於道立尋戒支於覺支中非亦
立彼彼偏順道不順覺故云何順道
且見道中尋策正見令於上下八諦
境中速疾觀察戒能為轂成見道
輪令於諦中速疾迴轉故尋及戒俱
立道支此復云何不順於覺且尋於
諦不稱靜轉於聖諦理尋求相故
覺已見諦安靜而轉故尋於覺少有
相違覺是相應有所緣境有攸有行
戒此相違故於覺支不建立彼通運
名道不可為例何緣覺分不攝聖種
分別論者許覺分攝故彼宗建立四

十一覺分我許攝在念住等中而不立為別覺分者以諸覺分在家出家俱能受行及有欣樂聖種唯有諸出家人受行欣樂在家有樂必無受行故不別立有餘師說若許聖種揔是無貪如前已釋者許第四體即是勤在覺分中無勞徵詰何緣證淨非覺分攝實亦攝在念住等中而不立為別覺分者以諸覺分進修義增數習方能證菩提故四種證淨證得義增見聖諦時漸頓得故由此證淨非覺分攝有餘師說此即信戒隨應亦在覺分中攝修覺分時必獲證淨此有幾種依何位得實體是何法有漏無漏耶頌曰

證淨有四種　謂佛法僧戒　見三得法戒
見道兼佛僧　法謂三諦全　菩薩獨覺道
信戒二為體　四皆唯無漏

論曰經說證淨揔有四種一於佛證淨二於法證淨三於僧證淨四聖戒證淨且見道位見三諦時一一唯得法戒證淨見道諦位兼得佛僧謂見苦時得聖愛戒及法證淨於何等法

如何而得法證淨耶謂唯於苦達唯有法無實有情生決定信如是次第見集諦時亦唯如前得二證淨達唯集法能為苦因無內士夫生決定信從此無間見滅諦時亦唯如前得二證淨達唯滅法是真涅槃誠可達求生決定信從此次後見道諦時兼於佛僧得二證淨於佛相續諸無學法得佛證淨於僧相續學無學法得僧證淨兼言為顯見道諦時亦得聖戒及法證淨達唯道法是證滅因誠可遵求生決定信然所信法略有二種一別二揔揔通四諦別唯三諦全菩薩獨覺道菩薩道者唯有學法獨覺道者通學無學者無漏信緣別法生名不雜緣於法證淨若無漏信兼緣佛僧名為雜緣於法證淨故見三諦唯得二種見道諦時具足得四見道諦位為於現前得佛法僧三證淨不非皆現得見道諦時現行揔緣諸道證故應知現在唯有雜緣一法證淨乘此勢力修得未來多剎那信於中有別緣佛法僧或有揔緣二三寶者

諸別緣者名三證淨諸揔緣者法證淨攝道類智時修八智故亦得三諦法戒二種道法忍等三剎那中未來唯修道諦四種由所信別故名有四應知實事唯有二種謂於佛等三種證淨以信為體聖戒證淨以戒為體故唯有二若七支戒實唯一者如何覺分中實事有十一應唯有十種或十六或多以覺分中身語二業說有差別及相有異正命一種雖有別說離身語業無別體相依有別相前覺分中說言實事有十一種雖身語業一一有多然種類同故各立一如四念住前三證淨謂慧與信若不離緣隨所緣別雖有多種而類同故各立為一此亦應然今證淨中依身語業聖戒相等及契經中同說不缺不穿等故揔立為一隨身語業類別分二聖戒相同揔立為一故二與一無相違過為依何義立證淨名如實覺知四聖諦理故名為證正信三寶及妙尸羅俱名為淨由證得淨立證淨名正信是心清淨相攝可名為淨尸羅

不是清淨相攝寧立淨名此四皆是清淨相攝離不信垢破戒垢故又此四種唯無漏故離垢無漏故立淨名此四何緣次第如是餘三以佛為根本故佛於正說有功能故於彼證淨立在初正說功能由悟法故於彼證淨立為第二現觀法藏唯聖僧故於彼證淨立為第三觀法藏能依聖戒故聖戒證淨立在最後有言佛是正說法師是故最初立佛證淨佛何所說愛盡涅槃是故第二立法證淨為誰說法為向果僧是故第三立僧證淨僧依聖戒而得建立是故第四立戒證淨有說此四猶如導師道路商侶及所乘乘故說此四次第如是經言學位成就八支無學位中具成就十學位亦成正脫正智何緣於彼不建立支正脫正智以何為體

頌曰

學有餘縛故　無正脫智支解脫為無為
謂勝解惑滅　有為無學支　即二解脫蘊
正智如覺說　謂盡無生智

論曰有學位中尚有餘縛未解脫故

無解脫支非離少縛可名脫者非無解脫體可立解脫智故有學位不立二支謂立支名依勝助用在有學位既有餘縛雖有解脫無勝助用況勝解脫故彼勝智亦無故此二支非在有學無學已脫一切縛故依內解脫生二智故有勝助用理可立支有學不然故唯成八解脫體有二謂有為無為有為解脫勝解為體無為解脫惑滅為體前復有二謂學無學依七聖身說名為學依第八聖立無學名唯有為中無學解脫可得建立為解脫支惑滅無為無支用故支攝解脫復有二種謂時不時有差別故有說慧心有差別故應知此二即解脫蘊如是已說正解脫體正智體者謂離正見如前覺說即盡無生前名菩提今名正智所言無學心解脫者心於何位正解脫耶為於未來現在過去

頌曰

無學心生時　正從障解脫

論曰如本論說初無學心未來生時從障解脫且應思擇本論此文說未

來言應成煩重說生時言義已顯故此責不然隨問荅故謂生問者問無學心於何世中正得解脫是故今荅言在未來恐彼謂通未來一切復為簡別言是生時或但應言生時解脫然或有謂生時是現在為遮彼故言未來生時現是已生非生時故或執相續立解脫名則一切未來皆名正解脫若執行世立解脫名則唯二時名正解脫為別顯二義說未來生時諸煩重言必顯別義理應推究無容非撥依如是義故有頌言

文於義已足　而復說餘言　非無義有文
應思求別義

雖於此位諸所有蘊皆得解脫而但說心然不可言有缺減失以心所等隨從心故染淨法中心為主故雖無有我而可於心假說縛者脫者等故若已說勝義已說餘或於此中如舉喻法舉心一法令類思餘雖諸學心亦於生位從障解脫而論但說初無學心生時脫者據無餘斷證解脫故又此唯說純解脫故此中有心是自

性解脫非相續脫應作四句有學無漏無學世俗無學無漏餘世俗心如次應知四句差別此中雖舉正生剎那而實未來皆得解脫與正生者生障同故依此勢力所修未來世俗善根亦得解脫依淨相續彼得生故為重顯示初無學心未來生時從障解脫是故本論復作是言謂無間道現趣已滅及解脫道現趣已生尒時無學心名從障解脫無間道者謂金剛定并定眷屬臨過去位立以現名次後施設過去名故趣已滅者顯在正滅鄰次必入已滅位故解脫道者謂初盡智并智眷屬臨現在位立以現名次後施設現在名故趣已生者顯在正生鄰次必入已生位故言尒時者謂正滅生時無學心者初盡智俱趣從障解脫者非唯煩惱障色無色界感生果業亦是尒時所脫障故此業亦障阿羅漢得由此古昔諸大論師咸作是言業於得忍不還應果極為障礙作如是釋本論所言則已釋經心解脫義道於何位令生障斷

頌曰

道唯正滅位　能令彼障斷

論曰唯言為顯正滅非餘如生未生道俱解脫非滅已滅俱令障斷寧知正滅位能斷障非餘以說道正生正從障脫故道未生位未得解脫道已生位已得解脫俱不可立正解脫名若道正滅時不能斷障如何道生位得正脫名故正滅時道能斷障於前後位斷用定無如何未生亦名解脫與正生者生障同故如世現見開水路時近水遠水皆言離障如是旣見能斷惑道身中已生亦應可說近心遠心皆得解脫或如正起初無學心有得正生名正解脫如是彼類未來所修無漏心等有得起故定不生法尚得名為正得解脫況當生者此中所說正解脫言顯已解脫心今正得解脫如是所說豈不相違已解脫言據自性解脫今解脫言據從障解脫所望各異何義相違或已解脫言據本有解脫據在身行世說今解脫言由此所言無相違失諸行世者

皆解脫耶不尒要勤破生障者有餘師說正解脫時亦得名為心已解脫性是已捨煩惱障故理必應然以解脫道依無煩惱相續轉故已出障故名已解脫今行世故名今解脫由此所說互不相違經說心從貪令得解脫此所言解脫其義云何為是令心與貪相離為令貪性不復緣心心名有貪為相應故為所緣故為得隨故若相應故應唯染心名得解脫便違自宗說離貪心得解脫故又若此法與彼相應必定無容令此離彼心應畢竟不解脫貪若所緣故應染汙心亦得解脫理不應說貪相應心名為解脫又彼貪性若緣此心無暫不緣及餘緣義如何可說心脫彼貪若得隨故應有學心亦名有貪依止貪得所隨相續而現起故正理論者作如是言唯離貪心今得解脫何等名曰有貪離貪二種心相謂心若與貪相應者名有貪心若不相應亦不為貪同類因者名離貪心乃至有癡離癡亦尒旣說離貪心得解脫即立解脫

唯不染心然不染心總有四種謂有漏中分善無記及無漏中分學無學言離貪心今解脫者今解脫有二謂行世相續諸有漏心一切皆有相續解脫加行得者亦許兼有行世解脫諸無漏心一切皆有行世解脫無學攝者亦許兼有相續解脫如契經中說有三界謂斷離滅於前所說二解脫中此何為體如是三界差別云何頌曰

無為說三界　離界唯離貪　斷界斷餘結
滅界滅彼事

論曰斷等三界即分前說無為解脫以為自體然三界體約假有異若就實事則無差別云何名為約假有異謂離貪結名為離界斷餘八結名為斷界滅餘一切貪等諸結所繫事體名為滅界何緣三界如是差別謂有漏法總略有三一者能繫而非能染二者能繫亦是能染三者非二順繫染法斷此三法所證無為如次名為斷等三界有餘師說唯斷能繫別有無為斷餘不介彼說能繫有緣八結有緣愛結有緣餘事斷此三種所證無為如次名為斷等三界有餘師說唯斷能染別有無為斷餘不介彼師說愛有緣八結有緣愛結有緣餘事斷此三種所證無為如次名為斷等三界隨所繫事別得擇滅故三說中初說為善唯此已釋諸契經中斷離滅想三相差別或初業地我當斷想名為斷想若離染地我正斷想名為離想若已辦地我已斷想名為滅想或於已受蘊重擔中見不捨過起欲捨想名為斷想以捨與斷名差別故若於餘蘊不復生中見勝功德起欲求想名為滅想不生與滅名差別故既得離染清淨相續於諸蘊法無所顧戀於般涅槃見靜妙想名為離想無戀與離名差別故若事能厭必能離耶不介云何頌曰

厭緣苦集慧　離緣四能斷　相對成廣狹
故應成四句

論曰唯緣苦集所起忍智說名為厭餘則不然四諦境中所起忍智能斷惑者皆得離名廣狹有殊故成四句有厭非離謂緣苦集不令惑斷所有忍智緣厭境故非離染故應知此中先離欲染後見諦者苦集法忍及見道中苦智集智但名為厭緣厭境故忍不名離惑先斷故智不名離非斷治故并修道中加行解脫勝進道攝苦智集智但名為厭緣厭境故不名為離非斷治故有離非厭謂緣滅道能令惑斷所有忍智能離染故緣欣境故應知此中未離欲染入見諦者滅道法忍及諸所有滅道類忍并修道中無間道攝滅智道智但名為離是斷治故不名為厭緣欣境故有厭亦離謂緣苦集能令惑斷所有忍智應知此中未離欲染入見諦者苦集法忍及諸所有苦集類忍并修道中無間道攝苦智集智有非厭離謂緣滅道不令惑斷所有忍智應知此中先離欲染後見諦者滅道法忍及見道中滅智道智并修道中加行解脫勝進道攝滅智道智

說一切有部顯宗論卷第三十四

阿毗達磨藏顯宗論卷第三十四

校勘記

一 底本，金藏廣勝寺本。三九〇頁中，原版殘缺，以麗藏本補。

一 三八五頁下三行「第二」，磧、普、南、徑、清作「第一」。

一 三八五頁下一七行「三四」，磧作「二四」。

一 三八六頁上九行第一一字「目」，磧、普、南、徑、清作「自」。

一 三八六頁上一三行第三字「准」，磧、普、南、徑、清作「唯」。

一 三八六頁上一六行第六字「住」，麗作「位」。

一 三八六頁中三行「力勵」，磧、普、南、徑、清作「勵力」。

一 三八六頁中一九行首字「項」，磧、普、南、徑、清作「頓」。

一 三八六頁中末行第七字「滅」，南、徑、清作「滅」。

一 三八六頁下一三行第二字「道」，磧、普、南、徑、清、麗作「導」。

一 三八六頁下一六行「㦕废」，磧、普、南、徑、清作「㦕悷」。

一 三八七頁下一六行第九字「發」，磧、普、南、徑、清作「廢」。

一 三八八頁上一四行「慙愧」，磧、普作「慙沉」。

一 三八八頁上一五行「一義」，磧、普、南、徑、清、麗作「二義」。

一 三八八頁中三行第二字「伺」，磧、普、南、徑、清、麗作「伺者」。

一 三八九頁上末行第五字「受」，磧、普、南、徑、清、麗作「愛」。

一 三八九頁中二一行首字「證」，磧、普、南、徑、清、麗作「諦」。

一 三八九頁下八行「十一」，清作「一一」。

一 三八九頁下一四行第四字「三」，磧作「二」。又第一三字「離」，麗作「雜」。

一 三九〇頁上九行第四字「聖」，徑、清作「於」。

一 三九〇頁中四行第一三字「況」，磧、普、南、徑、清作「無」。

一 三九〇頁下二行第一〇字「生」，磧、普、南、徑、清、麗作「先」。

一 三九〇頁下九行末字「二」，磧、普、南、徑、清、麗作「生」。

一 三九〇頁下二二行第五字「脫」，磧、普、南、徑、清作「解脫」。次頁上一行第七字磧、普、南、徑、清、麗同。

一 三九一頁上一八行首字「趣」，磧、普、南、徑、清作「起」。

一 三九一頁上一九行第一二字「障」，麗作「憧」。

一 三九二頁中二一行第一一字「說」，磧、普、南、徑、清作「就」。

阿毗達磨藏顯宗論卷第三十五　　爵

尊者眾賢造

三藏法師玄奘奉　詔譯

辯智品第八之二

如是已依諸道差別建立賢聖補特伽羅所依道中作如是說正見正智名無學支故於此中應審思擇為有慧見非智及有慧智非見而別建立見智二支亦有云何頌曰

聖慧忍非智　盡無生非見　餘二有漏慧

皆智六見性

論曰慧有二種有漏無漏唯無漏慧立以聖名此聖慧中八忍非智性所以者何非決斷性故唯決斷義是智義故如何八忍不能決斷自所斷疑得隨相續生故或求見境意樂止息加行奢緩說名為智諸忍正起推度意樂加行猛利故非智攝而名見者推度性故盡及無生二智非見性推度意樂一向止息故所起加行極奢緩故而名智者決斷性故所餘皆通智見二性已斷自疑推度性故謂前八忍盡無生餘有學八智無學正見一一皆通見智性攝豈不忍餘諸無間道亦自所治惑得隨生無非正起推度意樂加行猛利應非智攝盡無生餘解脫道等此相違故皆應非見此難不然餘無間道無自品疑得隨相續生故有漏無間不行諦理與斷疑得非親違故又彼唯見曾所見境非如八忍極違智故餘解脫等非全息求所起加行非極奢緩以皆於後有所作故由此一切皆通二種並具推度決斷用故諸有漏慧皆智性攝於中唯六亦是見性謂五染汙見世正見為六有餘師說能發身語五識所引及命終時意識相應善有漏慧亦非見性外門轉故如能引故勢力劣故此亦不然不應許故非決定故契經說故謂不應許唯內門轉方是見性勿聖慧中外身念住非見性攝然契經說於外身循身觀是見性攝亦非決定如五識身所引意識如是性轉以彼善等所引意識有時亦是不善等故由此不應所引意識同能引五

識是無分別性如契經說有命終時得正見俱善心心所故說所有意地善慧皆見性攝於理為善如是所說聖有漏慧皆擇法故並慧性攝智有幾種相別云何頌曰

智十總有二　有漏無漏別　有漏稱世俗
無漏名法類　世俗遍為境　法智及類智
如次欲上界　苦等諦為境

論曰智有十種攝一切智一世俗智二法智三類智四苦智五集智六滅智七道智八他心智九盡智十無生智如是十智總唯二種有漏無漏性差別故如是二智相別有三謂世俗智法智類智前有漏智總名世俗瓶衣等物性可毀壞顯在俗情故名世俗此智多取世俗境故多順世間俗事轉故從多建立世俗智名非無取勝義順勝義事轉然是愛境無勝功能息內衆惑故非無漏或覆出世引發世間得世俗名體即無智智隨屬彼得彼智名意顯此名目有漏智有說諸趣名為世俗此智多是往諸趣因從果為名名世俗智有說此智無始時來生

死身中顯現而轉由此故立世俗智名或諸有中隨流無絕名世俗智以一切時隨順諸有相續轉故或復此智於一切境能遍映發得世俗名獨能遍緣一切法故後無漏智分為二種法類二名所目別故此二名義如前已釋是名二智相別成三定心相應聖行相轉有漏無漏二智何別無漏於境行相明利彼有漏智與此相違如竭地羅餘木二炭於所燒練勢用不同及勝劣香能熏用別炎鐵草火勢有殊二智相望差別亦尒或俗智後起增上慢無漏不然故有差別又世俗智與法類智境有寬陿故有差別謂世俗智遍以一切有為無為為所緣境以契經說有善俗智能遍知苦廣說乃至遍知虛空非擇滅故亦有以非我行相總緣一切法為境以契經說諸行非常一切法非我涅槃寂靜故法智但緣欲界四諦類智能通緣上二界四諦由此三智境有差別即於如是三種智中　頌曰

法類由境別　立苦等四名　皆通盡無生

初唯苦集類

論曰法智類智由境差別分為苦集滅道四智何緣俗智亦緣苦等作苦等行相而非苦等智由彼先以苦等行相觀苦等已後時復容觀苦等境為樂等故又得如是世俗智已後緣諦疑容現行故如是六智若無學攝非見性者名盡無生此二初生唯苦集類以緣苦集六種行相緣有頂蘊為境界故金剛喻定若緣苦集與此境同緣滅道異若尒豈不至教相違如說於盡有初智生從此無間能自了達無違教失此於盡言是有第七聲非境第七故謂有煩惱無餘盡故有初智生非此智生緣盡為境何所違害彼言意顯有惑身中無此智生要有惑盡於前所說九種智中

頌曰

法類道世俗　有成他心智　於勝地根位
去來世不知　法類不相知　聲聞麟喻佛
如次知見道　二三念一切

論曰有法類道及世俗智成他心智餘則不然豈不道智離法類無應但

言二成他心智理實如是為顯他心智但知同類境故作是言謂為顯成此法類智知他無漏心心所法是道智攝非苦集智以無漏智決定不能知他有漏心心所故他身無漏心心所法細故勝故非已有漏他心智境其理可然何緣已身無漏他心智不能知他有漏心心所於有漏境無漏智生行相所緣異此智故謂無漏智緣有漏時必是總緣猒背行相是故決定不能別緣他心心所成他心智以諸聖智緣有漏時必於所緣深生猒背樂捴棄捨不樂別觀緣無漏時生欣樂故既捴觀已亦樂別觀如有見聞非所愛事捴緣便捨不樂別緣於所愛中則不如是捴見聞已亦樂別緣是故於他有漏心等必無聖智一一別觀成緣有漏心無漏他心智以他心智決定於他心心所法別別知故豈不亦有三念住攝苦集忍智雖有而非但緣一法緣多體故又他心智有決定相謂不知勝去來二世并法類品不互相知勝復有三謂地

根位地謂下地智不知上地心義唯能知自地下地根謂信解時解脫根智不知見至不時解脫心位謂不還聲聞應果獨覺大覺前前位智不知後後勝位者心義唯能知自下根位然他心智及所知境根地既殊知亦有異所知有漏心心所法曾未曾得各有十五謂欲四靜慮各下中上根能知但除欲界三品曾未曾得各有十二所知無漏及彼能知皆除欲三各有十二且諸有漏曾未曾得下根所攝他心智生隨其所應能知下地三根心品自地下根中品亦知自地中品上品捴了自下地三無漏下根他心智起唯知自地下地下根中亦知中上兼知上何緣有漏無漏智生知下地心多少有異有漏三品可一身成無漏隨根立聖差別尚無有一成二品根況有成三故有差別如何說一補特伽羅成九品道斷九品惑此道差別非根有異由因漸長後道轉增如次能令多品惑斷惑諸種性各有九品成一九品必不成餘故前後言無

相違失故依上地起下根心有上根心依下地起地根互勝必不相知地位位根相對亦尒此他心智不知去來本為知能緣心心所法故法類二品不互相知此二如次欲上界全分對治為所緣故此他心智見道中無捴觀諦理極速轉故然皆容作他心智境三乘聖者起此智時中下二乘必須加行聲聞加行或上或中麟喻但須下品加行佛無加行隨欲現前若諸有情將入見道聲聞獨覺預脩加行為欲知彼見道位心彼諸有情入見道位聲聞法分加行若滿知彼見道初二念心若為更知類分心故別脩加行至加行滿彼已度至第十六心雖知此心非知見道是故說彼唯知二念麟喻法分加行若滿知彼見道初二念心若為更知類分心故別脩加行至加行滿知彼第八集類智心有餘師言知第十五有說麟喻知四剎那謂初二心第八十四此言應理所以者何許從知初二念心已唯隣五念知第八心若復更脩法分加行

經五念須加行應成何不許知第十四念有餘亦說知四剎那謂初二心第十二佛於一切殊勝功德隨欲現前心自在故於十五念能次第知以佛世尊三無數劫精勤修習無量資糧故獲難思殊勝妙智具大勢用隨欲能知雖此智生亦知心所然修加行本為知心如空處等名他心知畧尊者曰引此智生要先知心後方知所從初但立他心智名引此智時修何加行先應觀察身之顯形所樂言音表心差別謂彼行者初修業時為欲審知他心差別先審觀察自身顯形所樂言音因何有別遂知顯等差別由心次復審觀他身顯等亦由心異有差別生由此後時離欲身意調柔清淨引勝定生依定發生有威德智此智真實照見他心如明珠中種種色縷差別之相了然可得是名脩世俗他心智加行若修無漏他心智時以觀非常等苦智為加行此加行位通緣色心至成滿時緣心非色又加行位緣自他心至成滿時緣他非自盡無生智二相何別頌曰

智於四聖諦　知我已知等　不應更知等
如次盡無生

論曰如本論說云何盡智謂無學位若正自知我已知苦我已斷集我已證滅我已修道由此所有智見明覺解慧光觀是名盡智云何無生智謂正自知我已知苦不應更知廣說乃至我已修道不應更修由此所有廣說乃至是名無生智由本意樂二智轉時力能引起如是解智非於無漏二智轉時作如是解無分別故謂出二智後得智中方作如是二類分別此二分別二智後生是盡無生力所引故此二俗智是彼士用果故舉二果表二智差別理必應然說由此故依為此義說由此聲即是為此所有智義不尒應言如是所有諸觀行者本修行時定起如斯要期意樂謂我當證阿羅漢時要應起此自審察智故今出觀此智必生為令此生所起之智隨應建立盡無生名即後智生所依止義故言此釋理必應然如是十智互相攝者謂世俗智攝一全一少分法類智各攝一全七少分苦集滅智各攝一全四少分道智攝一全五少分他心智攝一全四少分盡無生智各攝一全六少分何緣二智建立為十頌曰

由自性對治　行相行相境　加行辦因圓
故建立十智

論曰由七緣故立二為十一自性故立世俗智以世俗智為自性故二對治故立法類智全能對治欲上界故三行相故立苦集智此二智境體無別故四行相境故立滅道智此二行相境俱有別故五加行故立他心智非此不知他心所法本修加行為知他心雖成滿時亦知心所而約加行故立他心智名加行如前已具分別六事辦故建立盡智事辦身中定初生故七因圓故立無生智一切聖道為因生故謂有盡智非無生智為因故生無無生智不以盡智為因故起如上既言法智類智全能對治欲上界法為有少分治上欲耶頌曰

緣滅道法智 於修道位中 兼治上修斷
類無能治欲
論曰修道所攝滅道法智兼能對治
上界修斷望欲界法四諦法智全能
對治於欲見斷法智亦為持對治故
能治所治皆得全名望上俱缺俱名
少分何緣唯有滅道法智兼治上界
非苦集耶所緣麤靜出離同故謂欲
上滅及能治道展轉相望相無別故
以諸擇滅皆善皆常一切聖道皆能
出離所緣苦集欲上不同少多細麤
上下別故又苦集智緣所猒境無容
猒彼於此離貪理猒此地時斷此地
煩惱若許異猒異離貪應異離貪
異解脫若許不猒色無色界而能離
彼界貪習猒離貪理則應壞滅道二
智不緣猒境緣下治上亦無過失又
如不淨觀及欣涅槃欲謂不淨觀緣
欲界境唯能令心猒背欲界欣涅槃
欲現在前時普能令心猒背三界如
是緣欲苦集智生唯能令心離欲界
染緣欲界法滅道智生普能令心離
三界染故許滅道法智品增乃至得

成金剛喻定由此大聖妙善了知依全
治門立法類智法智少分有治上能
類智必無能治欲界要於自界所作
已周方可兼為他界所作非諸類智
已事成時他事未成有須助義故無
類智治欲界法豈不第十六道類智
生乘此便則能治欲界惑將斷欲惑
類智不行設許現行由自界障所拘
礙故必無勢力能助成他法智所作
由此類智無能治欲於此十智中誰
有何行相頌曰
法智及類智 行相俱十六 俗智此及餘
四諦智各四 他心智無漏 唯四謂緣道
有漏自相緣 俱但緣一事 盡無生十四
謂離空非我
論曰法智類智一一具有非常苦等
十六行相十六行相後當廣釋智有
此及更有餘能緣一切法自共相等
故謂世俗智或有具作十六行相如
於煖頂忍等位中或有不具如世弟
一重三摩地及現觀邊世俗智等或
有別作非聖行相如不淨觀息念慈
等諸世俗智行相無邊苦等四智一

一各有緣自諦境四種行相他心智
中若無漏者唯有緣道四種行相此
即道智一分攝故若有漏者取自所
緣心心所法自相境故如境自相行
相亦尒故此非前十六所攝 如是二
種於一切時一念但緣一事為境謂
緣心時不緣心所緣受等時不緣想
等若尒何故薄伽梵說如實了知有
貪心等非俱時取貪等及心如不俱
時取衣及垢如何他心智有行相所
緣而說不觀所緣行相以不觀他心
所緣行相故謂但知彼有染等心不
知彼心所染色等亦不知彼能緣行
相不尒他心智應亦緣色等又亦
應有能自緣失無漏他心智應緣苦
等境是則亦應許空無相相應既不
許然知不觀二諸他心智有決定相
謂唯能取欲色界繫及非所繫他相
續中現在同類心心所法一實自相
為所緣境空無相不相應盡無生所
不攝不在見道無間道中餘所不遮
如應容有盡無生智除空非我各具
有餘十四行相由與出觀心轉相違

故在觀中無二行相謂從二智出觀後時必自了知我生盡等此中意說盡無生智雖是勝義而涉世俗我生盡等是世俗故空非我是勝義必涉勝義此觀後決了知空非我故由此二智離空非我為有無漏越此十六更是所餘行相攝不須曰

淨無越十六　餘說有論故

論曰對法諸師有一類說無越十六無漏行相離此所餘不可得故豈不有說盡無生智必自了知我生盡等此不相違前已說故謂前已說無漏觀後世俗智中作此行相非無漏智此行相轉由盡無生引起俗智推功於本言彼了知故許此智離空非我本意樂力令此二智後必引生我生盡等非由觀內此行相轉令於後時起此行相我等行相觀內雖無而由不愚自證解脫義言此位必已應有我生盡等行相勢分由先世俗行相引生能引後時世俗行相故離十四無盡無生若謂此應言離十六無者此不應理除十四餘有盡無生非極

成故謂離十四有依審說計我生盡等為盡無生智遮彼故說離十四無餘不極成寧對遮此若尒既有無漏他心智應越十六有無漏行相謂他心智皆以一實自相為境道等行相皆以聚集共相為境彼此既殊知離十六決定別有無漏行相非定許故所難不然謂我所宗非決定許共相行相但緣聚集許有受心二念住故如觀一受體是非常此智生時以共相行相觀一實自相為境極成如是寧不許無漏他心智以共相行相緣一實自相謂知他心是真道等即緣一實是道等相若謂應如受心念住行相無漏他心智亦揔緣三世他無揔緣三世所有受心為非常等共相漏心等為道等行相便違自宗他心智起唯緣現在一實自相此亦不然加行異故此智加行為欲知他現能緣心有貪等別修非常等念住加行為揔猒背諸有漏法由前加行勢力有殊至成滿時現揔緣別是故無有應相例過若謂非常非受自體故應

觀受為非常時非緣一實自相為境寧可引此喻他心智則彼應許受非非常不應於受起非常觀如受與心其體各別必定無有觀受為心雖即觀受以為非常而無一物有多體過領納非常體無別故如損益等非離領納所餘行相餘法亦然若尒應與至教相違如說於身住循身觀應言法智乃至廣說又說觀老死應言是四智俱不相違且初所說非顯法智等離十六行相住循身觀觀身為身但如實觀為非常等我先已許共相行相亦以一實自相為境故彼所說於我無違後老死聲揔目取蘊觀五取蘊為非常等是四智攝何所相違若尒如說受樂受時如實了知受於樂受如何是法類世俗道智攝此應思擇受想在時必不了知自緣故亦不可說了知去來去來不名受樂時故而契經說受樂受時如實了知受於樂受故知此說別有審意釋此審意如盡無生謂出觀後時方起此行相故無漏行相越十六外無有一

類言有越十六本論說故如本論言頗有不繫心能了別欲界繫法耶曰能了別謂非常故苦故空故非我故因故集故生故緣故有是處有是事如理所引了別此證不成迷論意故論顯不繫行相衆多於中有緣欲界繫者依容有說有是處言有是事言顯無顛倒即由此故餘無此言謂彼論中復作是說頗有見斷心能了別欲界繫法耶曰能了別謂我故我所故斷故常故無因故無作故損減故尊故勝故上故第一故能清淨故能解脫故能出離故惑故疑故猶預故貪故瞋故慢故癡故不如理所引了別除此無容有餘行相由此不說有是處言由甘顛倒轉不言有是事故淨行相無越十六理教無違不可傾動所言行相有十六者為但名別實亦有異何謂行相能行所行頌曰

行相實十六　此體唯是慧　能行有所緣
所行諸有法

希氏施

論曰有說行相名雖十六實事唯七緣苦諦境治四倒故名實俱四緣三

諦境名四實一如是說者實亦十六所治所行相有別故言所對治相有別者為治常見故修非常行相為治樂諸行故修苦行相為治我所見故修空行相為治我見故修非我行相為治無因論故修因行相為治自在等一因論故修集行相為治轉變因常因論故修生行相為治知為先能生論故修緣行相為治歸自在為涅槃論顯諸蘊永滅是涅槃故修滅行相為治執自體所有解脫是雜染惑苦不正見故修靜行相為治執涅槃如被呪詛遂致殄滅是弊壞論故修妙行相為治執解脫還退見故修離行相為治執無解脫道故修道行相為治苦行是真道見及謗真道是邪論故修加行相為治不修道生死自淨及世間離染是真道故修行行相為治嘗遺不永離染道所誑惑於真聖道亦不敬故修出行相言所行境相有別者苦聖諦有四相一非常二苦三空四非我有生滅故非常逼迫性故違聖心故苦無主宰故空違我

相故非我集聖諦有四相一因二集三生四緣能生法故因有多種故集恒等產故生各別助故緣滅聖諦有四相一滅二靜三妙四離息衆苦故滅三有為相三火滅故靜有餘師說衆苦息故靜如說苾芻諸行皆苦唯有涅槃寂為寂靜善故常故妙一切災患永解脫故極安隱故離道聖諦有四相一道二如三行四出能通尋求諸法性相至解脫故道無倒轉故如如實趣故行有餘師說定能趣故行如說此道能至清淨餘見必無至清淨理一向趣故決能至故出如是所治及所行境相有別故實有十六如是行相以慧為體謂唯諸慧於境相中簡擇而轉名為行相豈不心心所皆名有行相如是無慧與慧相應如何可言慧有行相非有行相唯慧相應心等皆名有行相者是心心所等於所緣品類相中有能取義若依唯慧得行相名則慧之餘心心所法與行相等名有行相如等漏故得有漏名是與漏體同對治義如是所餘

心心所法等與行相行於所緣是俱時行無前後義或心心所有行相者多如已知根揔名有行相或依無間亦說有聲如有所依故無有過謂如心心所皆名有所依意識相應諸心所法與所依識亦俱時生識之所依唯無間滅有行相理應知亦然無間滅慧於現何能此於現有能如無間滅意若尒應受等得有受等名許亦無違然非所辯慧及諸餘心心所法有所緣故皆是能行此能行名應唯目慧行相體故餘心心所既非行相寧是能行若謂所餘名能行者以與行相相應起故是則慧等與受相應應名能受雖有此語而理不然謂慧異門稱為行相能行即是取境別名非能行言偏為詮慧寧以受等體非行相便作是難應非能行如於境中慧能簡擇便許說慧名為能行既於境中想能取像識能了等寧非能行故能行名通目取境故應受等亦是能行所行名通一切有法若實若假皆所行故由此三門體有寬陿慧通

行相能行所行餘心心所唯能所行諸餘有法唯是所行其理善成不可傾動已辯十智行相差別當辯性攝依身依地頌曰

性俗三九善　依地俗一切　他心智唯四
法六餘七九　現起所依身　他心依欲色
法智但依欲　餘八通二界 滁州錄事司張氏

論曰如是十智三性攝者謂世俗通三性餘九智唯是善依地別者謂世俗智通依欲界乃至有頂他心智唯依四根本靜慮不依近分靜慮中間此智所緣極微細故彼地道力微劣不能了達他相續中現在微細心心所法亦不依無色無此加行故又通性故餘地非依五通所依止觀等故法智通以六地為依謂未至中間四根本靜慮不依餘近分彼唯有漏故亦不依無色此緣欲界故所餘七智九地為依謂下三無色及前說六地揔說如是然有差別謂此所說七種智中類智決定依九地起苦集滅道盡無生智若法智攝六地為依類智攝者通依九地依身別者謂他心智

依欲色界俱可現前不依無色彼自無故不起下地他心智者此智隨轉色彼無容起故法智但依欲界身起非上二界入出此智諸有漏心唯欲有故又法智隨轉色所依大種唯欲繫故又此能治起破戒惑破戒唯欲非上界故餘八智現起通依三界身已辯性地身當辯念住攝頌曰

諸智念住攝　滅智唯最後　他心智後三
餘八智通四

論曰滅智攝在法念住中他心智後三攝所餘八皆通四如是十智展轉相望一一當言幾智為境頌曰

諸智互相緣　法類道各九　苦集智各二
四皆十滅非

論曰法智能緣九智為境除類智類智能緣九智為境除法智道智能緣九智為境除世俗智非道攝故苦集二智一一能緣二智為境謂世俗智及有漏他心智世俗他心盡無生智此四皆緣十智為境滅智不緣諸智為境唯以擇滅為所緣故十智所緣揔有幾法何智幾法為所幾境頌曰

阿毗達磨藏顯宗論卷第三十五　第二十四張　罰字号

所緣揔有十謂三界無漏無為各有二俗緣十法五類七苦集六滅緣一道二他心智緣三盡無生各九

論曰十智所緣揔有十法謂有為法分為八種三界所繫無漏有為各有相應不相應故無為分二種善無記別故俗智揔緣十法為境法智緣五謂欲界二無漏道二及善無為類智緣七謂色無色無漏道六及善無為苦集智各緣三界所繫六滅智緣一謂善無為道智緣二謂無漏道他心智緣欲色無漏三相應法盡無生智緣有為八及善無為頻有一念智緣一切法不不尒豈不非我觀智知一切法皆非我耶此亦不能緣一切法不緣何法此體是何頌曰

俗智除自品　揔緣一切法為非我行相
聞思脩所成

論曰以世俗智觀一切法為非我時猶除自品自品謂自體相應俱有法何故不緣自體為境諸對法者立此因言諸法必無待自體故即由此理不緣相應與相應一境轉故許緣相應

阿毗達磨藏顯宗論卷第三十五　第二十五張　罰字号

者便應許自緣亦不能緣俱有法者以俱有法極相近故如眼不見扶眼根色契經亦說一剎那智不能頓知一切法境如契經說無有沙門婆羅門等於一切法頓見頓知義准唯漸此智唯是欲色界攝無色界中雖有此類而緣法少非此所明此通聞思脩所成慧皆能除自品緣一切法故已辯所緣復應思擇誰成就幾智耶

頌曰　　　　潞州録事司張崟

異生聖見道　初念定成一　二定成三智
後四一一增　脩道定成七　離欲增他心
無學鈍利根　定成九成十

論曰諸異生位及聖見道第一剎那定成一智謂世俗智第二剎那定成三智謂加法苦第四六十十四剎那如次後後增類集滅道智諸未增位成數如前故脩位中亦定成七如是諸位若已離欲各各增一謂他心智唯除異生生無色者然異生位及見道中唯可成就俗他心智道類智時具成二種尒時初得不還果故兼得無漏以成果體餘脩位中皆具成二

阿毗達磨藏顯宗論卷第三十五　第二十六張　罰字号

生無色者便捨世俗諸時解脫定成九智謂加盡智不時解脫定成就十謂增無生　潞州刀字僧覔祥

說一切有部顯宗論卷第三十五

阿毗達磨藏顯宗論卷第三十五

校勘記

一　底本，金藏廣勝寺本。

一　三九五頁上二一行第八字「目」，磧、普、南、徑作「自」。中六行第七字南、徑、清同。

一　三九五頁中一〇行「燒練」，磧、普、南、徑、清、麗作「燒煉」。

一　三九五頁中一二行第二字「勢」，磧、普、南、徑、清、麗作「熱」。

一　三九六頁中一八行第七字「耄」，磧、普、南、徑、清作「者」。

一　三九六頁中二二行第九字「惑」，麗作「或」。

一　三九六頁下二行「地根」，磧、普、

南、徑、清作「地相」。

一　三九六頁下五行第九字「欲」，磧、普、南、徑、清、麗作「以欲」。

一　三九七頁上九行首字「知」，磧、普、南、徑、清、麗作「智」。

一　三九七頁中七行第三字「光」，磧、普、南、徑、清作「先」。

一　三九七頁中一三行第四字「得」，磧、普、南、徑、清作「德」。

一　三九七頁中二一行第一一字「今」，磧、普、南、徑、清、麗作「令」。

一　三九八頁上一八行第一一字「不」，徑作「下」。

一　三九八頁中一二行「俗智」，磧、普、南、徑、清作「世俗」。

一　三九八頁中一七行第一三字「智」，磧、普、南、徑、清、麗作「世智」。

一　三九九頁上一二行第四字「達」，南作「達」。

一　三九九頁上一七行第一三字「後」，磧、普、南、徑、清作「彼」。

一　三九九頁上一九行第二字「愚」，磧、普、南、徑、清作「遇」。

一　三九九頁中六行「共相」，南作「其相」。

一　三九九頁中一三行第六字「知」，徑、清作「智」。

一　三九九頁下一八行「想在」，磧、普、南、徑、清、麗作「現在」。又「自緣故」，磧、普、南、徑、清、麗作「不自緣故」。

一　四〇〇頁上一二行「第一」，磧作「第二」。

一　四〇〇頁中一七行第四字「加」，磧、普、南、徑、清、麗作「如」。

一　四〇〇頁中一八行「離染」，磧、普、普、徑、清作「雜染」。

一　四〇一頁上一行第一〇字「於」，磧、普、南、徑、清作「相」。

一　四〇一頁上二行「心心」，磧、普、南、徑、清作「於心」。

一　四〇一頁上一二行首字「目」，磧、南、徑、清作「自」。

一　四〇一頁中七行「三界」，磧、普、南、徑、清、麗作「三界」。

一　四〇一頁中二二行第五字「若」，磧、普、南、徑、清、麗作「苦」。

一　四〇一頁下六行第一〇字「惑」，磧作「感」。

一　四〇一頁下一九行「一一」，徑作「一二」。

一　四〇一頁下末行第一二字「幾」，磧、普、南、徑、清、麗作「緣」。

一　四〇二頁上九行第一〇字「六」，磧、普、南、徑、清作「言」。又末字「苦」，磧、普、南、徑、清作「法」。

一　四〇二頁上末行第四字「與」，磧、普、南、徑、清、麗作「以與」。

一　四〇二頁下一行第九字「諸」，磧、南、清作「謂」。

阿毗達磨藏顯宗論卷第三十六　爵

尊者衆賢造
三藏法師玄奘奉　詔譯

辯智品第八之二

於何位中頓修幾智且應思擇何謂為修謂習善有為令圓滿自在非染無記者無勝愛果故非善無為者不在相續故又無為無果故已辯修義本問應答且於見道十五心中頌曰

見道忍智起　即彼未來修　三類智兼修
現觀邊俗智　不生自下地　苦集四滅後
自諦行相境　唯加行所得

論曰見道位中隨起忍智皆即彼類於未來修然具修自諦諸行相念住何緣見道唯同類修所作所緣俱定別故有說此種性先未曾得故唯苦集滅三類智時能兼修未來現觀邊俗智於一一諦現觀後邊方能兼修故立斯号由此餘位未能兼修自諦所為未圓滿故有言若此於法智位修應說名為現觀中俗智經不應立現觀邊名三位所修何勝何劣若

據相續後勝於前同增長身起彼得故若就界說上皆勝下故前所修色界繫者界勝身劣後位所修欲界繫者界劣身勝此有四句如理應思道類智時何不修此此智雖是見道眷屬彼修道攝故不能修此意說言修七處善為種子故見道得生故見道生時說彼為眷屬或世俗智從無始來於三諦中曾知斷證未曾修道故今不修或由今時見真道故為道著避故非所修或現觀邊方修此智道無邊故此位不修謂三諦中依事現觀容一行者總得其邊必無有能遍修道者異根性道不能修故於自根姓雖容得修百千分中不起一故雖見道位未遍斷集未遍證滅而於當位斷集證滅其事已周道類智時迷道諦惑諸對治道亦不遍修以種性根有多品故由此於三諦世尊說邊譬如契經中說有身邊有身集邊有身滅邊曾無經說有身道邊無能修道至邊際故此世俗智是不生法於一切時無容起故此起依身定不生

故謂隨信行隨法行身容有為依引此智起在見道位此無容生故此依身住不生法依不生故此必不生若尒依何說有修義依得修故說名為修謂於尒時起得自在餘緣障故體不現前即由此因謂名為得以證彼得起自在故以有諸法得即現前如盡智等或有諸法先得後現前如無生智等或有諸法得永不現前如此智等或有諸法不得而現前如外色等無有情數法不得而現前故雖不生而有修義隨於何地見道現前能修未来自地下地謂此俗智七地為依即未至中間四靜慮欲界若依未至見道現前能修未来一地見道二地俗智至依第四見道現前能修未来六地見道七地俗智苦集邊修四念住攝滅邊修者唯法念住隨於何諦現觀邊修即以此行相緣此諦為境謂若苦諦現觀邊修即以緣苦四種行相若欲界繫緣欲界苦色界繫者緣上苦諦若於集諦現觀邊修即以緣集四種行相若欲界繫緣欲界

集色界繫者緣上集諦若於滅諦現觀邊修即以緣滅四種行相若欲界繫緣欲界滅色界繫者緣上滅諦此世俗智唯加行得即由見道加行得故欲界攝者是思所成色界攝者是修所成非聞所成彼微劣故智增故立智名若并隨行以欲四蘊色界五蘊為其自性次於修道離染位中頌曰

修道初刹那　修六或七智　斷八地無間
及有欲餘道　有頂八解脫　各修於七智
上無間餘道　如次修六八

論曰修道初念謂第十六道類智時現修二智謂道及類名異非體未離欲者未来修六謂法及類苦集滅道離欲修七謂加他心有頂治故不修世俗先已離欲入聖道者何緣見道中不修他心智以他心智遊觀德攝依容豫道方有修義見道位中為觀諦理加行極速故不能修無間道中義亦同此今第十六道類智時容豫道収故修此智斷欲修斷九無間道八解脫道俗四法智隨應現修斷上七地諸無間道四類世俗滅道法

智隨應現修斷欲加行有欲勝進俗四法類隨應現修此上未来皆修七智謂俗法類苦集滅道斷有頂地前八解脫四類二法隨應現修此於未来亦唯修七然除世俗加他心智斷有頂地九無間道四類二法隨應現修未来修法類苦集滅道六斷欲修斷第九解脫俗四法智隨應現修斷上七地諸解脫道四類世俗滅道法智隨應現修斷欲修斷第九勝進斷上八地諸加行道俗四法類隨應現修斷上七地有頂八品諸勝進道俗四法類及他心智隨應現修先所修通容現前故此上未来皆修八智謂俗法類四諦他心四類不能斷欲界染苦集二法非上對治何緣起彼治此智未来修若許兼修非對治者離有頂染等應兼修世俗此難非理唯同對治於未来修非所許故謂亦許有相屬故修如見道中修世俗智或由因力相資故修如斷欲時兼修四類斷上染位修苦集法若斷欲染不修類智斷上不修苦集二法則漸

次得不還果者應無容起類智現前
阿羅漢應無起苦集法智先所得者
皆已捨故先未得者非所修故由約
種類若先已得為同類因力引等流
智生此智由先彼智引故於彼智類
復能為因故此智生因力資彼離非
同治亦未來修次辯離染得無學位
頌曰
無學初刹那　修九或修十　鈍利根別故
勝進道亦然
論曰無學初念謂斷有頂第九解脫
苦集類盡隨應現修緣有頂故勝進
九十隨應現修未來隨應修九修十
謂鈍根者唯除無生利根亦修無生
智故次辯餘位修智多少頌曰
練根無間道　學六無學七　餘學六七八
應八九一切　離修通無間　學七應八九
餘道學修八　應九或一切　聖起餘功德
及異生諸位　所修智多少　皆如理應思
論曰學位練根諸無間道四法類智
隨應現修未來修六四諦法類以見
道故不修世俗能斷障故不修他心
諸解脫道四法類智隨應現修未離

欲者未來修六四諦法類已離欲者
未來修七謂加他心有餘師言解脫
道位亦修世俗諸加行道俗四法類
隨應現修未離欲者未來修七已離
欲八謂加他心諸勝進道若未離欲
俗四法類隨應現修未來亦七若已
離欲俗四法類及他心智隨應現修
未來亦八無學練根諸無間道四類
二法隨應現修未來修七四諦法類
盡不修世俗如治有頂故五前八解
脫四類二法隨應現修未來修八四
諦法類他心及盡四第九解脫苦集
類盡隨應現修未來修九寂後解脫
苦集類盡隨應現修未來修十諸加
行道現修如學未來修九諸勝進道
鈍者九智隨應現修未來亦九利者
十智隨應現修未來亦十學位離修
諸無間道四法類俗隨應現修未來
修七諸解脫道唯四法類加行增俗
諸勝進道又加他心隨應現修未來
皆八無學離修諸無間道現修如學
未來所修鈍八利九諸解脫道唯四
法類加行增俗隨應現修未來所修

鈍九利十諸勝進道與練根同學位
修通五無間道現修俗智未來修七
宿住神境二解脫道五加行道現修
俗智他心解脫法類道俗及他心智
一切勝進并苦集滅隨應現修此上
未來皆修八智無學修通五無間道
現修如學未來所修鈍八利九解脫
加行現修如學未來所修鈍九利十
諸勝進道與練根同天眼天耳二解
脫道無記性故不名為修聖起所餘
四無量等修所成攝有漏德時現在
皆修一世俗智有學未來未離欲七
已離欲八無學未來鈍九利十除微
微心此於未來唯修俗故若起所餘
無漏功德靜慮攝者四法類智隨應
現修無色攝者唯四類智隨應現修
未來所修同前有漏異生離染現修
俗智斷欲三定第九解脫及依根本
四靜慮定起勝進道離染加行未來
修二謂加他心所餘未來唯修世俗
修五通時諸加行道二解脫道現修
俗智一解脫道現俗他心諸勝進道
二隨應現未來一切皆修二種五無

間道現未唯俗依本靜慮修餘功德皆現修俗未來修二唯順決擇分必不修他心以是見道近眷屬故依餘地定修餘功德皆唯世俗現未來修諸未來修為修幾地諸所起得皆是修耶頌曰

諸道依得此　修此地有漏　為離得起此
修此下無漏　唯初盡遍修　九地有漏德
生上不修下　曾所得非修

論曰諸道依此地及得此地時能修未來此地有漏謂依此地世俗聖道現在前時未來唯修此地有漏以有漏法繫地堅牢難修餘故隨依何地離下地染第九解脫現在前時亦修未來所得上地根本近分有漏功德離此地時并此地中諸道現起皆能修下地縛必得上故聖為離此地及得此及下無漏謂隨何地有漏無漏加行等道正現在前為欲斷除此地煩惱未來修此及下無漏下於上染同能治故雖下聖道斷煩惱時諸上地邊有能同治然由有漏繫地堅牢未離下時未能修彼有說亦修彼起彼

斷得故隨依何地離下地染第九解脫現在前時亦修未來所得上地及諸下地無漏功德隨起此地世俗聖道現在前時未來皆修此及下地無漏功德唯初盡智現在前時力能遍修九地有漏意地所攝聞思修所成不淨觀等無量勝功德謂隨何地盡智現前通修未來自上下地何緣唯此初盡智時力能遍修諸有漏德創能殄滅無始時來一切善根苦惱惡故如有摧伏國所共怨一切俱來慶賴彌善又煩惱縛斷無餘故如能縛斷所縛氣通又彼心王登自在位一切善法起得來朝辟如大王登祚灌頂一切境土皆來朝貢然此生上必不修下謂身在欲得阿羅漢通修三界九地善根至生有頂唯修一地初盡智言顯離有頂及五練根位第九解脫道皆捨前道創得果故於見道位三類智邊雖亦能修自下俗智先已說故此不復論諸所言修唯先未得今起今得是能所修謂若先時未得今得用功得者方是所修若法先時曾得棄捨今雖還得而非所修非設劬勞而證得故若於先時未得而起極用功起勢力勝故此方能修未來功德若先已得今起現前被不能修未來功德非多功起勢力劣故修用止息故不能修未來若曾得現前能修未來者則薄伽梵得盡智時應未具修一切功德為具證得應更進修便同二乘功德未滿為唯約得說名為修不爾云何修有四種一得修二習修三對治修四除遣修如是四修依何法立頌曰

立得修習修　依善有為法　依諸有漏法
立遣修治修

論曰諸未曾得功德現前及得未來所餘功德漸修得故皆名得修曾得未曾功德現起現修習故皆名習修此二但依善有為立未來唯得現具二修於身等法得能治故所治身等名對治修故於身等得對治時即說名為修於身等餘有漏法類亦應然緣身等境煩惱斷故說身等法名除遣修故緣身等煩惱斷時亦說名為

修於身等餘有漏法例亦應然此二但依有漏法立故有漏善具足四修無漏有為餘有漏法如次各具前後二修有於此中約當修義分別諸法具修多少有法具四名為當修有法具三有法具二有法具一有法全無謂善有漏未永斷時可得可生具足四種此未永斷故當具治遣修以可得故當具得修是可生故當具習修已得可生具三除得可得不生具三除習已得不生及不可得已生具二謂治遣修染及無記未斷亦尒若善有漏已永斷時可得可生具得習二可得不生具一謂得已得可生具一謂習有為無漏應知亦尒除前所說皆是全無謂無漏法中已得不生等若不生法不住身中但由得故即名修者應許擇滅亦名為修無差別故此難非理彼同類法住身中故謂不生法雖不住身同類住身名修無失又彼由得為果住故謂未來世不生善法由令得生表為果住義言我等闕緣不生非謂令時不蒙招引擇滅異

此不可為例又未來世不生善法亦有因力攝益現身擇滅不然故無修義又由擇滅雖是果故謂修本為獲得勝果滅非有果故不應修又由擇滅無增減故謂可修法依下至中依中至上擇滅不尒於修無用故不可修如是已辯諸智差別智所成德今當顯示於中先辯佛不共德且初成佛盡智位修不共佛法有十八種何謂十八頌曰

十八不共法　謂佛十力等

論曰佛十力四無畏三念住及大悲如是合名為十八不共法唯於諸佛盡智時修餘聖所無故名不共且佛十力差別云何頌曰

力處非處十　業八除滅道　定根解界九
遍趣九或十　宿住死生俗　盡六或十智
宿住死生智　依靜慮餘通　贍部男佛身
於境無礙故

論曰佛十力者一處非處智力具以如來十智為性知一切法自性功德理定是有名為處智知一切法自性功能理定非有名非處智此智通緣

情非情境與一切智皆不相違恐於略說少功難悟故復此中卅出餘九二業異熟智力八智為性除滅道智謂善分別如是類業感如是類諸異熟果無罣礙智名業異熟智力或說名為自業智力謂善分別如是類果是自所造業力所招非妻子等所能與奪如是類業必招自果不可貿易無罣礙智名自業智力三靜慮解脫等持等至智力四根上下智力五種種勝解智力六種種界智力如是四力皆九智性唯除滅智謂如實知諸靜慮等自性名得方便攝持味淨無漏順退住進決擇分等無罣礙智名靜慮等智力靜慮等相定品當辯若如實知諸有情類能速勝德根品差別無罣礙智名根上下智力雖有中根而待勝劣是劣勝攝故不別顯此中根名為目何法謂目信等斷善根者捴相續中亦有去來信等善法或目意等若如實知諸有情類喜樂差別無罣礙智名種種勝解智力喜樂勝解名差別故若如實知諸有情類

阿毗達磨藏顯宗論卷第三十六　第十五張

前際無始數習所成志性隨眠及諸
法性種種差別無罣礙智名種種界
智力應知此中界與志性隨眠法性
之差別如是四力並緣有為故十智中
唯攝九智七遍趣行智力或聲顯此
義有二途若謂但緣諸能趣道九智
除滅若謂兼緣道所趣果十智為性
謂如實知生死因果及知盡道無罣
礙智名遍趣行智力八宿住隨念智
力九死生智力如是二力皆俗智性
此二力相有差別故謂如實知自他
過去宿住差別無罣礙智名第八力
若如實知諸有情類於未來世諸有
續生無罣礙智名第九力廣辯此二
如六通中十漏盡智力或聲亦顯義
有二途若謂但緣漏盡為境六智除
道苦集他心若謂兼緣漏盡方便十
智為性理應如是以辯相中言於盡
及為盡無罣礙智二種俱名漏盡智
力此後三力即是三通以六通中此
三殊勝在無學位立為三明在如來
身亦名為力神境天耳設在佛身亦
無大用故不名力且如天眼能見有

阿毗達磨藏顯宗論卷第三十六　第十六張

情善惡趣中異熟差別由此能引殊勝
智生亦正了知能感彼業由此建立
死生智名神境天耳無此大用是故
彼二不立為力然不別說他心力者
義已攝在根等力中以他根等中有
心心所故又薄伽梵具一切智於工
論等亦得自在而於佛事齊此已成
餘智於中無別勝用是故雖有亦不
別說唯依遍覺十種所知佛所應為
皆圓滿故何等名曰十種所知謂諸
法中因非因義多分散地業果差別
定地功德品類不同所化有情根解
界異所治能治因果差別前際後際
經歷不同雜染不續方便有異但由
覺此佛事已成餘設有無不致益損
故唯十種得名為力又佛觀察所化
有情設教應機唯須十智謂由初智
觀所化生於諸乘中堪無堪異由第
二智觀所化生於相續中業障差別
由第三智觀所化生於靜慮等有味
無味煩惱為障輕重差別由知此二
因亦知異熟障由第四智觀所化生
趣清淨品功能差別由第五智觀所

阿毗達磨藏顯宗論卷第三十六　第十七張

化生於證淨品加行差別由第六智
觀所化生於證淨品意志性別由第
七智觀所化生諸所施為有益無益
種種差別正勸修止由第八智觀所
化生過去世中所集差別由第九智
觀所化生當世中結生差別由第十
智觀所化生所證解脫方便有異於
此十智若隨闕一便不具足化有情
事多復無用故不增減已辯自性依
地別者第八第九依四靜慮餘八通
依十一地謂欲四靜慮未至中間并
四無色名十一地諸勝德地總有尒
所已辯依地依身別者皆依贍部男
子佛身唯此堪為力所依故如是十
智二乘亦有何故在佛方受力名夫
受力名謂無礙轉佛智於境無礙轉
故得名為力餘則不然以諸二乘尚
不能見諸有情相續順解脫分善況
復能知所餘深細如舍利子捨求度
人不能觀知鷹所逐鴿前後二際
生多少等大目乾連不能觀見業風
所引諸鬼差別是故二乘天眼通等
觀界遠近與佛有殊非無礙故不名

為力二乘與佛漏盡既同彼智何緣唯佛名力唯世尊有遍達有情一切漏盡別相智故謂薄伽梵於諸有情一切漏盡品類差別智無罣礙二乘不然是故力名唯屬於佛又唯諸佛智猛利故如何猛利佛智力能速斷煩惱并習氣故如强弱力補特伽羅執利鈍刀斬截草等諸有情類蘊相無別佛如何觀有種種界諸有情類蘊相雖同而於其中非無差別謂彼諸蘊體雖無異而有無量品類不同佛如量知都無罣礙故世尊得有種種界智力或諸如來名稱高遠希有智慧妙用無邊唯佛能知非餘所測於餘所了無別相中何依如來能知別相已辯諸佛心力方隅當辯菩薩特亦所成身力頌曰

身那羅延力　或節節皆然
象等七七增　此觸處為性

論曰佛生身力等那羅延有餘師言佛身支節一一皆具那羅延力理實諸佛身力無邊猶如心力能持無上正等菩提大功德故大覺獨覺及轉

輪王支節相連如其次第似龍蟠結連鎖相鉤故三相望力有勝劣那羅延力其量云何十十倍增象等七力謂凡象香象摩訶諾健那鉢羅塞建提伐浪伽遮怒羅那羅延後後力增前前十倍有說前六十十倍增敵那羅延半身之力此力千倍成那羅延有餘師說此量如龍羅伐拏天象王力此象王力其量云何三十三天將遊戲苑象王知已化作諸頭種種莊嚴往天宮所諸天眷屬數有多千乘已騰空如持樺葉速至戲苑隨意歡娛天大象王力勢如是此力千倍等那羅延於諸說中唯多應理如是身力觸處為性此應總是諸觸差別有說唯是大種差別有說是造觸離七外有有說力是重劣者是輕如是名為佛生身力佛四無畏相別云何頌曰

四無畏如次　初十二七力

論曰佛四無畏如經廣說一正等覺無畏十智為性猶如初力二漏永盡無畏六十智性如第十力三說障法

無畏八智為性如第二力四說出道無畏九十智性如第七力何緣諸佛無畏唯四但由此量顯佛世尊自他圓德俱究竟故謂初無畏顯佛世尊自智圓德第二無畏顯佛世尊自斷圓德此二顯佛自利德滿為顯世尊利他圓德是故復說後二無畏第三無畏遮行邪道第四無畏令趣正道謂佛處處為諸弟子說障法令斷除即是令修斷德方便又於處處為諸弟子說出道令正行即是令修智德方便此二顯佛利他德滿但由此四隨其所應顯佛自他智斷圓德至究竟故唯立四種如何可說無畏即智應言無畏是智所成理實應然但為顯示無畏以智為親近因是故就智出無畏體夫無畏者謂不怯懼由有智故不怯懼他故智得為無畏因性唯佛四妙智是四無畏因謂諸如來於一切法一切相妙智是初無畏因若諸如來一切煩惱并習氣斷妙智是第二無畏因若諸如來知弟子衆有損有益妙智是後無畏因

或無畏體即四妙智怯懼名畏此即於法無所了達懷恐怖義智於此畏有近治能與畏相違故名無畏豈不非無智即是畏體如何說智體即是無畏此責不然智與多法為近治故如即無疑謂智如能近治無智亦於怖畏有近治能故得智名亦名無畏如治無智亦能治疑故得智名亦名決定所治無智雖不即疑而智無疑名二體一如是無智雖與畏殊而無畏名即目智體一善能斷多惡法故有說無智亦攝畏體故於此中不應為難力與無畏有何差別此無差別體俱智故然於智體別義名力復依別義立無畏名謂不屈因說名為力不怯懼因說名無畏或初安立說名為力立已不動說名無畏或非他伏說名為力能摧伏他說名無畏有餘師說辟如良醫過達醫方說名為力善療衆疾說名無畏有說驍健說名為力勇悍不怯說名無畏如是二種義亦有別謂成辦事義是力義不怯憚義是無畏義佛三念住相別云何

頌曰

三念住念慧　緣順違俱境

論曰佛三念住如經廣說諸弟子衆一向恭敬能正受行如來緣之不生歡喜捨而安住正念正知是謂如來第一念住諸弟子衆唯不恭敬不正受行如來緣之不生憂慼捨而安住正念正知是謂如來第二念住諸弟子衆一類恭敬能正受行一類不敬不正受行如來緣之不生歡慼捨而安住正念正知是謂如來第三念住雖有所化不敬受行而佛世尊亦雨法雨由此方便拔於餘時或餘有情入正法故非前說四今復說三可揔說言念住有七今三攝在前四中故謂在緣外法念住攝然此三種體通念慧謂由安住正念正知於三境中不生歡慼不可見有諸大聲聞於三境中不生歡慼便謂此三種非佛不共法唯佛於此并習斷故善達有情種性別故或弟子衆隨屬如來有順違俱應其歡慼佛能不起可謂希奇非屬諸聲聞不起非奇特故唯在佛得

不共名諸佛大悲云何相別頌曰

大悲唯俗智　資糧行相境平等上品故

異悲由八因

論曰如來大悲俗智為性普緣一切有情為境作苦等三行相故非無漏智有如是理此大悲名依何義立依五義故此立大名一由資糧故大謂大福德智慧資糧所成辦故二由行相故大謂此力能於三苦境作行相故三由所緣故大謂此揔以三界有情為所緣故四由平等故大謂此等於一切有情作利樂故五由上品故大謂最上品更無餘悲能齊此故有餘師說由大加行所證得故唯大士身所成就故入大功德珍寶數故能拔有情大苦惱故立大悲名悲與大悲有何差別此二差別由八種因一由自性無瞋無癡自性異故二由依身遠餘唯佛依身異故三由行相一苦三苦行相異故四由所緣一界三界所緣異故五由依地通餘第四靜慮異故六由證得離欲有頂證得異故又悲為先離染時得唯離染得有差別

故七由救濟希望事成救濟異故八由哀愍平等不等哀愍異故有餘師說諸佛大悲速細遍隨能普饒益聲聞等類所起悲心不能悲愍色無色界佛於上界起極悲愍心過於二乘悲愍無間獄已辯佛德異餘有情諸佛相望法皆等不頌曰

由資糧法身　利他佛相似壽種性量等
諸佛有差別

論曰由三事故諸佛皆等一由資糧等圓滿故二由法身等成辦故三由利他等究竟故由壽種性身量等殊諸佛相望容有差別壽異謂佛壽有短長種異謂佛生刹帝利婆羅門種姓異謂佛姓喬荅摩迦葉波等量異謂佛身有小大等言顯諸佛法住久近等如是有異由出世時所化有情機宜別故諸有智者思惟如來三種圓德深生愛敬其三者何一因圓德二果圓德三恩圓德初因圓德復有四種一無餘修福德智慧二種資糧修無遺故二長時修經三大劫阿僧企耶修無倦故三無間修精勤勇猛

刹那刹那修無廢故四尊重修恭敬所學無所顧惜修無慢故次果圓德亦有四種一智圓德二斷圓德三威勢圓德四色身圓德智圓德有四種一無師智二一切智三一切種智四無功用智斷圓德有四種一一切煩惱斷二一切定障斷三畢竟斷四并習斷威勢圓德有四種一於外境化變住持自在威勢二於壽量若促若延自在威勢三於空障極遠速行小大相入自在威勢四令世間種種本性法尒轉勝希奇威勢威勢圓德復有四種一難化必能化二荅難必決疑三立教必出離四惡黨必能伏色身圓德有四種一具衆相二具隨好三具大力四內身骨堅越金剛外發神光踰百千日後恩圓德亦有四種謂令永解脫三惡趣生死或能安置善趣三乘捴說如來圓德如是若別分析則有無邊唯佛世尊能知能說要留命行經多大劫阿僧企耶說乃可盡如是則顯佛世尊身具有無邊殊勝奇特因果恩德如大寶山有諸愚夫自

乏衆德雖聞如是佛功德山及所說法不能信重諸有智者聞說如斯生信重心徹於骨髓彼由一念極信重心轉滅無邊不定惡業攝受殊勝人天涅槃故說如來出現於世爲諸智者無上福田依之引生不空可愛殊勝速疾究竟果故如薄伽梵自說頌言

若於佛福田　能殖少分善　初獲勝善趣
後必得涅槃

說一切有部顯宗論卷第三十六

阿毗達磨藏顯宗論卷第三十六

校勘記

一　底本，金藏廣勝寺本。

一　四〇四頁中七行「愛果」，磧、普、南、徑、清作「受果」。

一　四〇四頁下一行「同增長」，磧、普、南、徑、清、麗作「因增長」。

一　四〇四頁下三行「後位」，南作「後立」。

一　四〇五頁上六行「謂名」，磧、普、南、徑、清、麗作「說名」。

一　四〇五頁中六行第八字「彼」，磧、普、南、徑、清作「故」。

一　四〇五頁中一九行「極速」，磧、普、南、徑、清作「極遠」。

一　四〇六頁下一七行「異主」，磧、普、南、徑、清、麗作「異生」。

一　四〇七頁中一〇行「苦惱」，磧、普、南、徑、清、麗作「煩惱」。

一　四〇七頁中一四行末字「灑」，麗作「灌」。

一　四〇七頁下一六行「新修」，磧、普、南、徑、清、麗作「離修」。

一　四〇八頁中一四行第一二字「且」，磧作「具」。

一　四〇八頁中一八行第一三字「男」，磧、普、南、徑、清作「界」。

一　四〇八頁中二一行「功德」，磧、普、南、徑、清、麗作「功能」。

一　四〇八頁下一九行第五字、第九字及二一行首字「目」，磧、南、徑、清作「自」。四一一頁上一一行第四字同。

一　四〇九頁上三行「此中」，磧、普、南、徑、清作「此中別如」。

一　四〇九頁上四行「之差別如是」，磧、普作「名之差是」；南作「名之差別」；徑、清作「名之差別由是」；麗作「名之差別如是」。

一　四〇九頁下四行「正勸」，磧、普、南、徑、清、麗作「正觀」。

一　四〇九頁下六行「當世中」，磧、普、南、徑、清、麗作「當來世中」。

一　四〇九頁下一九行「深細」，磧、普、南、徑、清作「染細」。

一　四一〇頁上一八行「七七」，磧、普、南、徑、清、麗作「七十」。

一　四一〇頁中八行第七字「如」，磧、普、南、徑、清、麗作「如千」。

一　四一〇頁下一二行第四字「二」，磧、南作「一」。

一　四一一頁上六行末字「於」，徑作「與」。

一　四一一頁上九行「雖不」，南、徑、清作「雖亦」。

一　四一一頁中二二行第三字「其」，磧、普、南、徑、清、麗作「甚」。

一　四一一頁下五行第六字「苦」，磧、普、南、徑、清、麗作「苦苦」。

一　四一二頁上五行「二乘」，磧、普、南、徑、清作「三乘」。

一　四一二頁上一九行「其三」，磧、普、南作「其二」。

一　四一二頁中一六行末字「喻」，磧、普、南、徑、清、麗作「踰」。

一　四一二頁中末行「愚夫」，南、徑、清作「愚者」。又末字「自」，徑作「目」；清作「日」。

阿毗達磨藏顯宗論卷第三十七　爵

尊者眾賢造

三藏法師玄奘奉　詔譯

辯智品第八之三

已說如来不共功德共功德今當辯

頌曰

復有餘佛法　共餘聖異生　謂無諍願智

無礙解等德

論曰世尊復有無量功德與餘聖者及異生共謂無諍願智無礙解通靜慮無色等至等持無量解脫勝處遍處等隨其所應謂前三門唯共餘聖通靜慮等亦共異生雖佛身中一切功德行相清淨殊勝自在與聲聞等功德有殊然依類同說名為共且共餘聖三功德中無諍云何頌曰

無諍世俗智　後靜慮不動　三洲緣未生

欲界有事惑

論曰有阿羅漢憶昔多生受雜類身發自他惑由斯相續受非愛果便作是念有煩惱身緣之起惑尚招苦果況離煩惱具勝德身思已發生如是

相智由此方便令他有情不緣已身生貪瞋等此智但以俗智為性緣他未来修斷惑故非無漏智此行相轉若無諍體是智所攝如何說習無諍等持此不相違一相應品有多功德隨說一故如一山中有種種物隨舉一種以標山名理應無諍是智所攝護他相續當來惑生巧便為先事方成故然一切諍揔有三種蘊言煩惱有差別故蘊諍謂死言諍謂鬬煩惱諍謂百八煩惱由此俗智力能止息煩惱諍故得無諍名此智但依第四靜慮達苦因故第四靜慮樂通行中最為勝故不動應果能起非餘餘尚不能自防起惑況能止息他身煩惱此唯依止三洲人身非北及餘性猛利故緣欲未起有事惑生勿令他惑緣我生故諸無事惑不可遮防內起隨眠揔緣境故已辯無諍願智云何頌曰

願智能遍緣　餘如無諍說

論曰以願為先引妙智起如願而了故名願智此智自性地種姓身與無諍同但所緣別以一切法為所緣故

如何願智能知未來審觀過現而比知故如觀稼穡有感有微比知其田有良有薄若尒何故立願智名有學異生亦能知故不尒所知定不定故而聞傳說諸大聲聞記未來事有不定者非起願智有此謬知餘俗智觀所記別故或彼所記無不定失但觀於始不觀終故如先降雨未至地間為羅怙羅之所承稟先所懷孕其實是男彼於後時轉形成女王舍城鬼切戰得勝後為廣嚴諸鬼摧伏人欲相伐鬼先戰故或實願智方見未來然加行時先起比智觀過現世准度未來引願智生方能真見即由此故能知無色謂先觀彼因行等流有比智生引真願智或觀欲色死生時心比度而知所生從處引生願智方能實知或比智知亦無有失以證比智所緣必同若比不知如何能證是則願智應不可言力能遍緣三界三世不時解脫諸阿羅漢欲於彼境正了知時先作要期願我知彼後入邊際第四靜慮以為加行從此無間如先願力引正智起於所期境皆如實知邊際定言如後當釋此願智力能知過去與宿住智差別云何願智通知自相共相諸宿住智知共非餘知共相中亦有差別願智明了宿住不然於現所緣對他心智辯差別相如理應思已辯願智無礙解云何

頌曰

無礙解有四　謂法義詞辯　名義言說道
無退智為性　法詞唯俗智　五二地為依
義十六辯九　皆依一切地　但得必具四
餘如無諍說

論曰諸無礙解揔說有四一法無礙解二義無礙解三詞無礙解四辯無礙解此四揔說如其次第以緣名義言及說道不可退轉智為自性謂無退智緣能詮法名句文身立為第一趣所詮義說之為名皆是表召法自性義辯所詮義說之為句即是辯了法差別義不待義聲獨能為覺生所依託說之為文即是迦遮吒多波等理應有覺不待義聲此覺不應無所緣境此所緣境說之為文文謂不能親目於義但與名句為詮義依此三能持諸所詮義及執生解故名為法即三自性說之為身自性體身名差別故三與聲義極相鄰雜為境生覺別相難知故說身言顯有別體若無退智緣一切法所有勝義立為第二義即諸法自相共相雖名身等亦是義攝而非勝義有多想故謂有如義有不如義有有義有無義有依假轉有依實轉了此無間或於後時諸所度量名為勝義為欲顯示義無礙解所緣之境非語及名故此所緣說為勝義謂此但取依語起名名所顯義非取汎尒心之所行說名為義若無退智緣諸方域俗聖言詞立為第三即能了知世語典語於諸方域種種差別若無退智緣應正理無滯礙說及緣自在定慧二道立為第四即於文義能正宣揚無滯言詞說名為辯及諸所有已得功德不由加行任運現前自在功能亦名為辯此能起辯立以辯名了辯及因智名辯無礙解即前所說能正宣揚善應物機不

違勝義所有言說名應正理即前所說無滯言詞不待屢時及有情等辯析自在名無滯礙即上所言巳得功德不由加行任運現前名為自在定慧二道又能所詮相符會智名初二無礙解謂達此名屬如是義及達此義有如是名名能所詮相符會智達時作等加行言詞名第三無礙解達所樂言說及自在道因名第四無礙解又色等六所知識義即此善等有為無為色非色等差別謂法即詮此二言說謂詞三智即前三無礙解即緣三種無罣礙智名第四無礙解又達世俗勝義二諦名初二無礙解此即行者自利圓德能善宣說如是二諦名第三無礙解於此善巧問荅難通名第四無礙解此即行者利他圓德有說愚癡猶豫散亂是於宣辯有滯礙因由解脫此三得現法樂住及由此故利他行成此智名為辯無礙解若得如是定能宣說符會正理無滯言詞及得現前自在功德又於名等勝義言詞無滯說中各得善巧如

次建立四無礙解前三善巧說名為因由境不同故有差別第四名果能說無滯又由四分利他事成謂巧於文了達於義妙閑聲韻定慧自在故無礙解建立有四此即總說無礙解體兼顯四種所緣差別契經略舉此數及名諸對法中廣顯其相又經列此先義後法諸對法中先法後義此為顯示二智生時或義因名或名因義故經與論作差別說謂聽法者先分別名既正知名次尋其義正知義巳欲為他說次必應求無滯說智依此次第故名在先然此四中義智最勝餘是助伴故義在先謂於義中若正了達次應方便尋究其名既巳知名欲為他說次應於說求巧便智是故此四次第如是辯無礙解若緣說時何異第三詞無礙解第三了達訓釋言詞如有變礙故名色等此達應理無滯礙說有說詞詮諸法自性辯能顯示諸法差別有說於法直說名詞展轉無滯分析名辯緣此二種三四有別四中法詞俗智為性非無漏智

緣名身等及方言詞事境界故法無礙解通依五地謂依欲界四本靜慮上地中無名身等故彼不別緣下名等故詞無礙解唯依二地謂依欲界初本靜慮上諸地中無尋伺故彼地必無自語言故此因非理所以者何非發語智名無礙解勿無礙解定中無故由此不應作如是說無尋伺故上地中無无斯過失因義異故何謂因義謂此意言尋伺二法能發語故相不麤靜自性麤動上無此故麤靜微細詞無礙解緣外言詞亦不麤靜麤動類攝是故此解上地中無初靜慮中亦有尋伺故於定內亦有此解由此極成但依二地義無礙解十六智性謂若諸法皆名為義則十智性若唯涅槃名為義者則六智性謂俗法類滅盡無生辯無礙解九智為性謂唯除滅緣說道故此二通依一切地起謂依欲界乃至有頂辯無礙解於說道中說隨緣一皆得起故通依諸地亦無有失然於其中但緣說者唯依二地與第三同有說盡無生非無礙解

攝以無礙解是見性故彼說第二或四或八第四唯七准上應知此四應知如四聖種隨得一種必具得四非不具四可名為得隨欲現起或具不具有餘師言有不具得無理得一必令得四有說此四無礙解生如次串習算計佛語聲明因明為前加行若於四處未得善巧必不能生無礙解故理實一切無礙解生唯學佛語能為加行要待前生久習名等四種善巧今乃能修無礙解名釋有多義謂於彼彼境領悟無礙名無礙解或於彼彼境決斷無礙名無礙解或於彼彼境正說無礙名無导解有餘師說於境現前無顛倒智名無导解此四依地自性所緣與無諍別前來已辯種性依身如無諍說謂不動種性依三洲人身如是所說無諍智等頌曰

六依邊際得　邊際六後定　遍順至究竟
佛餘加行得

論曰無諍願智四無礙解六種皆依邊際定得邊際定力所引發故邊際靜慮體有六種前六除詞餘五少分及除

此外復更有餘加行所得上品靜慮名邊際定故成六種詞無礙解雖依彼得而體非彼靜慮所攝邊際名但依第四靜慮故此一切地遍所隨順故增至究竟故得邊際名由此不應亦通餘地云何此名遍所隨順謂正修學此靜慮時從初靜慮次第順入乃至有頂復從有頂次第逆入至初靜慮從初靜慮次第順入展轉乃至第四靜慮名一切地遍所隨順云何此名增至究竟謂專修習第四靜慮從下至中從中至上如是三品復各分三上上品生名至究竟如是靜慮得邊際名此中三乘非無差別而各於自得究竟名此中邊名顯無越義餘無越此故名為邊際言為顯類義極義如說四際及實際言如是二言顯此靜慮是最勝類定中最極殊勝功德多此引生樂通行中此最勝故如是所說無諍智等除佛餘聖唯加行得非離染得非皆得故唯佛於此亦離染得諸佛功德初盡智時由離染故一切頓得後時隨欲能引現前

不由加行以佛世尊於一切法自在轉故已辯前三唯共餘聖德於亦共凡德且應辯通頌曰

通六謂神境　天眼耳他心　宿住漏盡通
解脫道慧攝　四俗他心五　漏盡通如力
五依四靜慮　自下地為境　聲聞麟喻佛
二三千無數　未曾由加行　曾修離染得
三身一餘三　一法後法四　天眼耳無記
餘四通唯善

論曰通有六種一神境智證通二天眼智證通三天耳智證通四他心智證通五宿住隨念智證通六漏盡智證通雖六通中第六唯聖然其前五異生亦得依揔相說亦共異生如是六通解脫道攝慧為自性如沙門果解脫道言顯出障義勝進道中亦容有故如是通慧無間道無此位定遮他心智故勿阿羅漢捨無間道即名亦捨漏盡通故除他心漏盡餘四俗智攝他心通五智攝謂法類道俗他心漏盡通如力說謂或六或十智由此已顯漏盡智通依一切地緣一切境前之五通依四靜慮不依無色近

分中間彼無五通所依定故要攝支定是五通依非漏盡通亦不依彼諸地皆能緣漏盡故不待觀色為加行故前三通境無色不能緣由此三通但別緣色故修他心通色為門故修宿住通漸次憶念分位差別方得成滿於加行中必觀色故依無色地無如是能若尒中間及五近分亦容緣色應有五通不尒由前所說因故謂攝支定是五通依若不攝支等持劣故又彼止觀隨一減故若尒何緣有漏盡通樂苦遲速地皆能盡漏故五是別修殊勝功德要殊勝地方能發起修神境等前三通時思輕光聲以為加行成已自在隨所欲為諸有欲修他心通者先審觀已身心二相前後變異展轉相隨後復審觀他身心相由此加行漸次得成成已不觀自心諸色於他心等能如實知諸有欲修宿住通者先自審察次前滅心漸復逆觀此生分位前前差別至結生心乃至能憶知中有前一念名自宿住加行已成為憶念他加行亦尒此

通初起唯次第知串習成時亦能超憶諸所憶事要曾領受憶淨居者昔曾聞故從無色殁來生此者依他相續初起此通所餘亦依自相續起如是五通境唯自下且如神境隨依何地於自下地行化自在於上不然熱力劣故餘四亦尒隨其所應是故無能取無色界他心宿住為二通境即此五通於世界境作用廣陿諸聖不同謂大聲聞麟喻大覺不極作意如次能於一二三千諸世界境起行化等自在作用若極作意如次能於二千三千無數世界如是五通若有殊勝勢用猛利從無始來曾未得者由加行得若曾串習無勝勢用及彼種類由離染得若起現前皆由加行佛於一切皆離染得隨欲現前不由加行三乘聖者後有異生通得曾得未曾得者所餘異生唯得曾得約四念住辯六通者約境約體二義有殊有說二通即天眼耳所餘四種以慧為性彼說眼耳通是身念住境餘四皆是法念住境然實六種皆慧為性經說皆

能了達境故由此皆是法念住境若約體辯則六通中前三唯身但緣色故謂神境通緣外四處天眼緣色天耳緣聲若尒何緣說死生智知有情類由現身中成身語意諸惡行等非天眼通能知此事有別勝智是通眷屬依聖身起能如是知是天眼通力所引故與通合立死生智名他心智通三念住攝謂受心法緣心等故宿住智通法念住攝雖契經說念曾領受苦樂等事是憶前生苦樂等受所領眾具即是離緣法念住攝漏盡如力或法或四若約善等分別六通有餘師言六皆是善而實眼耳唯無記性餘之四通一向是善經主於此作是釋言天眼耳通無記性攝是眼耳識相應慧故此釋不然六通皆是解脫道攝眼耳二識是解脫道理不成故應作是說四靜慮中有定相應勝無記慧能引自地勝大種果此慧現前便引自地天眼天耳令現在前為所依根發眼耳識故眼耳二識相應慧非通但可說言是通所引如契經說

無學三明彼於六通以何為性頌曰
第五二六明　治三際愚故　後真二假說
學有闇非明
論曰言三明者一宿住智證明二死生智證明三漏盡智證明如其次第以無學位攝第五二六通為其自性六中三種獨名明者如次對治三際愚故謂宿住通治前際愚死生智通治後際愚漏盡智通治中際愚是故此三獨標明号又宿住通憶念前際自他苦事死生智通觀察後際他身苦事由此猒背生死衆苦起漏盡通觀涅槃樂故唯三種偏立為明又此三通如次能捨常斷有見故立為明又此能除有有情法三種愚故偏立為明有餘師言宿住能見過去諸蘊展轉相因次第傳来都無作者由此能引空解脫門死生能觀有情生死下上旋轉猶如灌輪故不希求三有果報由此能引無願解脫門猒離為門歸無相法故起漏盡無相解脫門是故三通獨標明号此三皆名　無學明者俱在無學身中起故於中寂後

潞州録事司李妙行

容有是真通無漏故餘二假說體唯非學非無學故由此寂後得無學名自性相續皆無學故前之二種得無學名但由相續不由自性如施設論作如是言有等持相應無覆無記慧不由善故及無漏故得立聖名由聖身中此可得故說名為聖此亦應尒故名無學有學身中有愚闇故雖有前二不立為明雖有暫時伏滅愚闇後還彼蔽不可立明要闇永無方名明故契經中說示導有三彼於六通以何為性頌曰

女弟子趙氏

第一四六導　教誡導為尊　定由通所成
引利樂果故

潞州録事司靳氏趙氏二人施

論曰三示導者一神變示導二記心示導三教誡示導如其次第以六通中第一四六為其自性唯此三種引所化生令初發心寂為勝故能示能導立示導名三示導中教誡寂勝定由通所成故定引利樂果故謂前二導呪等亦能不但由通故非決定如有呪術名健馱梨持此便能騰空自在或有藥草具勝功能若服若持

飛行自在復有呪術名伊刹尼持此便能知他心念或由觀相聽彼言音亦能了知他心所念教誡示導除漏盡通餘不能為故是決定或前二導外道亦能第三不然故名決定又前二導有但令他暫時迴心不能引得畢竟利益及安樂果教誡示導亦定令他引當利益及安樂果能如實方便說故由此教誡寂勝非餘　神境二言為目何義頌曰
神體謂等持　境二謂行化　行三意勢佛
運身勝解通　化二謂欲色　四二外處性
此各有二種　謂以自他身
論曰神名所目唯勝等持由此能為神變事故而契經說神果名神意為舉麁以顯細故又顯勝等持是彼近因故然神變事體實非神諸神變事說名為境此有二種謂行及化行復三種一者運身謂乘空行猶如飛鳥二者勝解謂極遠方作近思惟便能速至若於極遠色究竟天作近思惟即便能至本無来去何謂速行此實亦行但由近解行極速故得勝解名

或世尊言靜慮境界不思議故唯佛能了三者意勢謂極遠方舉心緣時身即能至此勢如意得意勢名如心取境頓至色究竟故於此三中意勢唯佛運身勝解亦通餘乘謂我世尊神通迅速隨方遠近舉心即至由此世尊作如是說諸佛境界不可思議如日舒光溢流亦介能頓至遠故說為行若謂不然此沒彼出中間既斷行義應無或佛威神不思議故舉心即至不可測量故意勢行唯世尊有勝解兼餘聖運身并異生化復二種謂欲色界若欲界化外四處除聲若色界化唯二謂色觸以色界中無香味故此二界化各有二種謂屬自身他身別故身在欲界化有四種在色亦然故捴成八雖生在色作欲界化而無色界成香味失化作自身唯二處故有說亦化四如衣等不成非神境通能起化事要此通果諸能化心此能化心有幾何相頌曰　程白定施

能化心十四　定果二至五　如所依定得
從淨自生二　化事由自地　語通由自下

化身與化主　語必俱非佛　先立願留身
後起餘心語　有死留堅體　餘說無留義
初多心一化　成滿此相違　修得無記攝
餘得通三性

論曰能變化心捴有十四謂依根本四靜慮生初靜慮生唯有二種一欲界攝二初靜慮第二第三第四靜慮如其次第有三四五無上依下下地劣故上下地繫一靜慮果所依行等地有勝劣一地繫上下靜慮果地雖等所依行勝劣下繫上果下果上繫如次地劣勝所依行勝劣如得靜慮化心亦然果與所依俱時得故然得靜慮捴有三時離染受生加行異故謂離下染得上靜慮時亦得此定所引化心果從上地歿生色界時及由加行起勝功德但有新得所依靜慮亦兼得彼所引化心依欲界身得阿羅漢及練根位得應果時十四化心一時捴得乃至身在第四靜慮得阿羅漢得五化心無從化心直出觀義此從淨定及自類生能無間生自類淨定故唯從二生二非餘唯自地化心

起自地化事化所發語由自下心謂欲初定化唯自地心語上化起語由初定心彼地自無起表心故若生欲界第二定等化事轉時如何起表非威儀路工巧處心依異界身而可現起彼必依止自界身故此無有過引彼界攝大種現前為所依故謂引色界大種現前與欲界身寄合而住依之起彼能發表心無定地表心依散地身過或起依定能發表心如依定生天眼耳識若一化主起多化身要化主語時諸化身方語言音詮表一切皆同故有伽他作如是說

一化主語時　諸所化皆語　一化主若默
諸所化亦然　潞州錄事司甄立施

此但說餘佛則不介諸佛定力寂自在故與所化語容不俱時言音所詮亦容有別若上三地所化語時初定表心現前發者此心起位已出化心應無化身化如何語由先願力留所化身後起餘心發語表業故無化語闕所依過非唯化主命現在時能留化身令久時住亦有令住至命終後

即如尊者大迦葉波留骨瑣身至慈尊世唯堅實體可得久留異此飲光應留肉等有餘師說願力留身必無有能令至死後聖大迦葉留骨瑣身由諸天神持令久住初習業者由多化心要附所依起一化事習成滿者由一化心能不附所依起衆多化事捴有二類能變化心一修所成二生得等所起化果亦如彼說修所成化攝處如前不能化為有情身故生所得等於欲界中化為九處色界化七依不離根言化九等理實無有能化作根修果無心餘化容有修果起表由化主心餘容自心起身語表修果飲食若為資身必在化主身中消化若為餘事吞金石等或即住彼化事身中或隨所宜置在別處餘化飲食隨住所依修果化心唯無記性餘通三性謂善惡等如天龍等能變化心彼亦能為自他身化天眼耳言為目何義為目慧體為目色根若慧不應名天眼耳若色根者不應名通此前已說前何所說謂說根本四靜慮中有

定相應勝無記慧名為天眼及天耳通此所引生勝大種果名天眼耳其體是何頌曰

天眼耳謂根　即定地淨色　恒同分無缺
取障細遠等

論曰此體即是天眼耳根謂緣聲光為加行故依四靜慮於眼耳邊引起彼地微妙大種所造淨色眼耳二根見色聞聲名天眼耳如是眼耳何故名天體即是天定地攝故極清淨故立以天名由此經言天眼耳者無有皮肉筋纏血塗唯妙大種所造淨色然天眼耳種類有三一修得天即如前說二者生得謂生天中三者似天謂生餘趣由勝業等之所引生能遠見聞似天眼耳如藏日實菩薩輪王諸龍鬼神及中有等修得眼耳過現當生恒是同分以至現在必與識俱能見聞故處所必具無瞖無缺如生色界一切有情能隨所應取彼障隔極細遠等諸方色聲故於此中有如是頌曰

潞州襄垣縣必底村楊氏施

肉眼於諸方　被障細遠色　無能見功用
天眼見無遺

前說化心修餘得異神境等五各有異耶亦有云何頌曰

神境五修生　咒藥業成故　他心修生咒
又加占相成　三修生業成　除修皆三性
人唯無生得　地獄初能知

潞州刁宇僧覺祥

論曰神境智類捴有五種一修得二生得三咒成四藥成五業成曼馱多王及中有等諸神境智是業成攝有餘師說神境有四即前行三變化為一言變化者如契經言分一為多乃至廣說他心智類捴有四種前三如上加占相成餘三各三謂修生業除修所得皆通善等非定果故不得通名人中都無生所得者餘皆容有隨其所應本性生念業所成攝人由先業能憶過去於地獄趣初受生時唯以生得他心宿住知他心等及過去生苦受逼已更無知義彼憶過去以何證知如契經言彼自憶念我等過去曾聞他說諸欲過失而不猒離故於今時受斯劇苦彼雖能憶次前一生餘趣隨應恒有知義傍生知過

阿毗達磨藏顯宗論卷第三十七　第十四張　僧字号

去如螺聲狗等鬼知過去如有頌言
我昔集衆財　以法或非法　他今受富樂
我獨受貧苦
天知過去如有頌曰
我施逝多林　蒙大法王住　賢聖僧受用
故我心歡喜
又契經說諸生天者初生必起三種
念言我從何歿今生何處乘何業故
來生此間故知諸天能憶過去

說一切有部顯宗論卷第三十七　僧

阿毗達磨藏顯宗論卷第三十七

校勘記

一　底本，金藏廣勝寺本。

一　四一四頁下一五行「煩惱」，磧作「類惱」。

一　四一四頁下一六行「非北」，資、磧、普、南、徑、清作「非比」。

一　四一四頁下二二行第九字「地」，資、磧、普、南、徑、清作「他」。

一　四一五頁上七行第二、三字「所記」，資、磧、普作「所說」。

一　四一五頁上二〇行末字「三」，磧作「二」。

一　四一五頁中一八行「皆是」，諸本(不含石，下同)作「即是」。

一　四一五頁中二一行「說之」，資作「託之」。

一　四一六頁上五行「二道」，徑作「一道」。

一　四一六頁上一〇行「議義」，諸本作「謂義」。

一　四一六頁中七行「列此」，資、磧、普、南、徑、清作「引此」。

一　四一六頁下一行第六字「方」，諸本作「世」。

一　四一六頁下一五行第四字「但」，清作「怛」。

一　四一六頁下一七行末字「類」，磧作「煩」。

一　四一六頁下二一行第三字「說」，諸本作「許」。

一　四一七頁中八行「逹入」，諸本作「逆入」。

一　四一七頁中一六行首字「餘」，資、磧、普、南、徑、清作「勝」。

一　四一七頁下二〇行第一三字「俗」，諸本作「世俗」。

一　四一八頁上一四行第一二字「光」，資、磧、普、南、徑、清作「先」。

一　四一八頁中六行「熱力」，諸本作「勢力」。

一　四一八頁下二一行第九字「令」，資、磧、普、南、徑、清作「今」。

一四一九頁上四行第三字「言」，麗作「有」。

一四一九頁上八行第五字「通」，麗作「智通」。

一四一九頁中九行「伏滅」，資、磧、普、南、徑、清作「伏滅」。

一四一九頁中一〇行「彼蔽」，諸本作「被蔽」。

一四一九頁下八行第一一字「能」，諸本作「以能」。

一四一九頁下一一行第一二字「三」，磧作「五」。

一四一九頁下一三行第七字「以」，諸本作「似」。

一四二〇頁上九行「既斷」，諸本作「即斷」。

一四二〇頁中二行末字「義」，資作「身」。

一四二〇頁中一五行第一〇字「此」，資、磧、普、南、徑、清、麗無。

一四二一頁上一行「瑣身」，資、磧、普、南、徑、清作「鎖身」。下同。

一四二一頁上三行「留内」，諸本作「留肉」。

一四二一頁上六行「成滿」，資、磧、普、南、徑、清作「成道」。

一四二一頁中四行第一一字「恒」，徑作「怛」。

一四二一頁中一九行「無醫」，南、徑、清作「無漏」。

一四二一頁下一〇行「前行」，麗作「前作」。

一四二一頁下一七行第一二字「趣」，資作「起」。

一四二一頁下末行「恒有」，資作「但有」。

阿毗達磨藏顯宗論卷第三十八　　罽

尊者衆賢造

三藏法師 玄奘奉 詔譯

辯定品第九之一

如是已辯諸智差別次當分別智所依定唯諸靜慮能具為依故於此中先辯靜慮或於先辯共功德中已辯智所成無諍等功德餘所成德今次當辯於中先辯所依止定且諸定內靜慮云何頌曰

靜慮四各二　於中生已說　定謂善一境

并伴五蘊性　初具伺喜樂　後漸離前支

論曰一切功德多依靜慮故應先辯靜慮差別此總有四種謂初二三四豈諸靜慮無如慈等不共名想而今但就初等四數建立別名此中非無不共名想然無唯遍攝一地名以諸靜慮各有二種謂定及生有差別故諸生靜慮如先已說謂第四八初二餘三無有別名總詮一地諸定靜慮總想無別謂此四體總而言之皆善性攝心一境性以善等持為自性故

若并助伴五蘊為性此二既同難知差別相雖無別而地有異為顯地異就數摽名故說為初乃至第四此中經主自興問答何名一境性謂專一所緣彼荅非理眼意二識若同一所緣應名一境性故於此處應求別理謂若依止一所依根專一所緣名一境性豈不一念無易所緣應一切心中皆有一境性理實皆有一一剎那心心所法一境轉故然非一切皆得定名以於此中說一境性但為顯示由勝等持令善心心所相續而轉故若亦即心依一根轉引緣自境餘心續生此即名為心一境性應離心外無別等持此難不然前已說故謂先廣辯心所法中已辯等持離心別有謂若心體即三摩地令心作等亦應無別差別因緣不可得故如是等難具顯如前故非即心名三摩地依何義故立靜慮名由依此寂靜方能審慮故審慮即是實了知義如說心在定能如實了知審慮義中置地界故此論宗審慮定以慧為體依訓

釋理此是凝審思度境處得靜慮名定令慧生無濁亂故有説此定持勝遍緣如理思惟故名靜慮勝言簡欲界遍緣簡無色如理思惟簡異顛倒能持此定是妙等持此妙等持名為靜慮此言顯示止觀均行無倒等持方名靜慮若尒染汙寧得此名由彼亦能邪審慮故於相似處亦立此名如世間言朽敗種等故無一切名靜慮失若善性攝心一境性并伴立為四靜慮者依何相立初二三四具伺喜樂建立為初謂若位中善一境性具與尋伺喜樂相應如是等持名初靜慮頌中但説與伺相應巳顯與尋亦相應義以若有伺與喜樂俱必無與尋不相應故為顯第二除伺建立故頌但説具伺非尋異此應言具尋喜樂舉尋有伺不説自成漸離前支立二三四離伺有二離二有樂具離三種如其次第故一境性分為四種巳辯靜慮無色云何頌曰

無色亦如是　四蘊離下地　并上三近分

揔名除色想　無色謂無色　後色起從心

空無邊等三　名從加行立　非想非非想

昧劣故立名

論曰此與靜慮數自性同謂四各二生如前説即世品説由生有四定無色體揔而言之亦善性攝心一境性依此故説亦如是言然助伴中此除色蘊無色無有隨轉色故雖一境性并伴無差離下地生故分四種謂若巳離第四靜慮生立空無邊處乃至巳離無所有處生立非想非非想處離名何義謂由此道解脱下地惑是離下染義即此四根本并上三近分揔説名為除去色想空處近分未得此名緣下地色起色想故非緣下色想可立除色名若尒何緣大種蘊説除去色想是第四定彼緣欲界住自身中所有諸色漸除去故非無色界可有此想是除色想前加行故立根本名亦無有失依何義故立無色名依彼都無一切色義後殁生下色從心生現見世間色非色法亦有展轉相依起故謂心異故色差別生色根有別識生便異故從無色將生下時

順色生心相續而住由彼勢力引下色生然不可言唯從彼起亦以先世色俱行心相續為緣久巳滅色為自種子令色方起許同類因通過現故諸阿羅漢般涅槃巳諸蘊相續無餘斷故現無少分諸蘊生緣不可例同從無色殁如是巳釋無色揔名何故別名空無邊等且前三種名從加行修加行位思無邊空及無邊識無所有故若由勝解思惟無邊空加行所成名空無邊處謂若有法雖與色俱而其自體不依屬色諸有於色求出離者必應審初思惟彼法謂虛空體雖與色俱而待色無方得顯了外法所攝其相無邊思惟彼時易能離色故加行位思惟虛空成時隨應亦緣餘法但從加行建立此名若由勝解思惟無邊識加行所成名識無邊處謂於純淨六種識身能了別中善取相巳安住勝解由假想力思惟觀察無邊識相由此加行為先所成隨其所應亦緣餘法但從加行建立此名若由勝解捨一切所有加行所成名

無所有處謂見無邊行相麤動為欲厭捨起此加行是故此處名寂勝捨以於此中不復樂作無邊行相心於所緣捨諸所有寂然住故由想昧劣立第四名謂此地中想不明勝如無想故得非想名而想非全無故名非非想此地猶有昧劣想故此言顯示有頂地想非如下七地故得非想名非如三無心故名非非想豈不有頂加行位中諸瑜伽師亦作是念諸想如病如箭如癰無想天中如癡如闇唯有非想非非想天與上相違寂靜美妙寧此不就加行立名理實應然以觀行者必先厭想及無想故然或有問行者何緣脩加行時作如是念必應舉此為酬問因故說立名由想昧劣此四無色皆言處者以是諸有生長處故謂此處為為有無有生長種種葉煩惱故為彼妄計彼是涅槃故佛說為生長有處已辯無色等至云何頌曰

此本等至八　前七各有三　謂味淨無漏
後味淨二種　味謂愛相應　淨謂世間善

此即所味著　無漏謂出世

論曰此上所辯靜慮無色根本等至捴有八種於中前七各具有三有頂等至唯有二種此地昧劣是生死根在諸地邊無無漏故初味等至謂愛相應愛能味著故名為味彼相應故此得味名愛相應言依自性說此以等持為自性故若并助伴應作是言愛俱品法名味等至此但取愛一果品法淨等至名目世善定離煞垢故與無貪等諸白淨法共相應故此是善故與味有殊是有漏故與無漏別此即是前所味著境此無間滅彼味定生緣過去淨深生味著今時雖名出所味定於能味定得名為入諸從定出捴有五種一出地二出剎那三出行相四出所緣五出種類從初靜慮入第二等名為出地於同一地行相所緣相續轉位前念無間入於後念名出剎那從非常行相入苦行相等名出行相從緣色蘊入緣受等名出所緣從有漏入無漏從不染汙入染汙等名出種類依出種類此中說言

從所味出入能味定豈不二言更相違反能味是愛非所入定所入是定不名能味如何可言入能味定無相違過現見相應隨舉一名說俱品故如勸長者作意記別乎相雜故俱得二名由愛相應等持名味等持力故愛得定名故無二言更相違過有說定愛相續現前諸後剎那緣前為境所味即是前滅剎那後生剎那說名能味此能味愛現在前時緣過去境不緣現在自性相應及俱有法以必不觀自性等故不緣未來未曾領故於所緣境專注不移方名為定愛相應定亦專一境故得定名餘惑相應則不如是謂餘煩惱於自所緣不能令心專注如愛故三摩地若與愛俱專注一緣與善相似無漏定者謂出世定愛不緣故非所味著如是所說八等至中靜慮攝支非諸無色以諸無色極寂靜故謂瑜伽師樂修善品若於廣大功德聚中別建立支精勤修習若諸無色寂靜增故心心所法昧劣而轉是故於彼不建立支或彼地

中等持偏勝非一偏勝可立支名要多法增方名支故由此靜慮獨得立支定慧均行多法增故由此近分亦不立支色近分中唯慧增故有餘師說若諸地中有別心所無餘斷滅方於此地立支非餘初靜慮中憂苦斷滅第二靜慮尋伺無餘第三滅喜第四斷樂無色地中雖捨漸滅而無隨地無餘斷滅此釋未能遣他疑問何緣唯此方建立支是故應如前釋為善於四靜慮各有幾支頌曰

靜慮初五支 尋伺喜樂定 第二有四支
內淨喜樂定 第三具五支 捨念慧樂定
第四有四支 捨念中受定

論曰唯淨無漏四靜慮中 初具五支一尋二伺三喜四樂五心一境性心一境性是定異名定與等持體同名異故言定者即勝等持此中說為心一境性第二靜慮唯有四支一內等淨二喜三樂四心一境性第三靜慮具有五支一行捨二正念三正慧四受樂五心一境性第四靜慮唯有四支一行捨清淨二念清淨三非苦樂

受四心一境性何緣初三支各具五第二第四唯各四支各唯尒所堪立支故或由欲界多諸惡法及妙五欲難斷難捨第二靜慮有重地喜其相動涌喜中之極引五部受難捨難斷為對治彼故初三各五支初三不然故餘各四或為隨順起等至法謂寂初起超等至時入異類難入同類易然起等至初起位中或從初入三或從二入四故二第四各唯四支初及第三各具有五後起則易故上無支靜慮支名既有十八於中實事總有幾種頌曰

此實事十一 初二樂輕安 內淨即信根
喜即是喜受

論曰此支實事唯有十一謂初五支即五實事第二靜慮三支如前增內淨支足前為六第三靜慮等持如前增餘四支足前為十第四靜慮三支如前增非苦樂支足前為十一何緣心等非靜慮支此應准前菩提分辯有異彼者今略分別受中立三非憂苦者憂苦唯是欲界攝故三受隨地為利益支順定用强故皆支攝何緣精

進非靜慮支諸靜慮支順自地勝精進順上故不立支或靜慮支適分安樂精進求勝策勵疲苦尋伺二種能助等持制策於心令離麤細對治欲惡故並立支何緣無表非靜慮支諸靜慮支助定住境彼不緣境故不立支故靜慮支隨地差別雖有十八而於實事種類中求應唯九種然受相異故分十一由此故說有是初支非第二支應作四句第一句謂尋伺第二句謂內淨第三句謂喜樂等持第四句謂除前餘法餘支相對如理應思此中支名為目何義目顯成義何所顯成謂顯成此是初靜慮乃至此是第四靜慮或此支名目隨順義如拘攝等名為餘支謂十八支各順自地或資具義說名為支如祠祀支即牛馬等謂尋伺等展轉相資毗婆沙師顯靜慮地等持寂勝故作是說三摩地是靜慮亦靜慮支尋伺等是靜慮支非靜慮寧知靜慮地等持寂勝耶以契經中作如是說於四靜慮應知定根然於相成及相防護義相似故作如

是言如四支軍亦無有失如王與衆雖互相資而於其中王最為勝豈不三定樂體是同則靜慮支應無十一第三定樂以受為體初二靜慮樂即輕安故靜慮支實有十一輕安行捨遍四靜慮何緣初二唯立輕安後二地中唯立行捨以此於彼偏隨順故謂欲界中有諸惡法初靜慮地有尋伺想能逼惱心猶如毒箭初二離彼故輕安增第二靜慮喜極動涌第三靜慮樂受極增二俱能為憂勝生處三四棄彼故行捨增或欲及初有色根識所引麁重甚於餘地初二離彼故輕安增三四地中離麁重速寂靜轉勝故行捨增謂輕安樂如初捨揩若更易地氣分微薄故唯初二建立輕安三四地中任運而轉寂靜轉勝故立行捨或初二定有輕安緣喜與輕安為勝緣故如契經說喜故輕安三四定中無喜緣故輕安微劣不立為支行捨輕安互相覆蔽若處有一第二便無輕安治沉其相飄舉行捨治掉其相寂止故安與捨互相覆蔽

何理為證知三樂支二是輕安第三是受已說於彼偏隨順故謂第三定樂非輕安安非彼支次前已說初二定樂必非樂受是身心受俱非理故謂初二樂必非身受正在定中無五識故亦非心受應即喜故要離喜愛餘地心悅方可異前立為樂受喜即喜受於一心中二受俱行不應理故若謂喜樂更互現起無斯過者理亦不然說具五支及四支故若謂五四約容有說不必俱行亦不應理應有有尋無伺定故然經但說有三等持有尋有伺乃至廣說若靜慮支非必俱起何緣不說有有尋無伺定又於欲界初靜慮中亦應俱有三三摩地是則違害契經所說今應思擇第三定中意地悅受既得喜相應名為喜何故名樂此名為樂亦有所因以諸喜根不寂靜故謂喜動涌擾亂定心如水波濤涌泛漂激初二靜慮意地悅受有如是相故得喜名第三定中此心悅受其相沉靜轉得樂名故此定中捨用增上棄捨喜故立行捨支

第四定中復棄捨樂故彼行捨得名清淨何緣念慧諸地皆有而念唯在上二靜慮慧在第三定方得立為支隨其所應偏隨順故謂喜與樂於三有中是諸有情極所耽味第三靜慮所味中極有生死中最勝樂故理應立慧觀察厭捨若無慧者自地善根尚不能成況進求勝為治如是自地過失第三靜慮立慧為支餘地不然故不立慧第二靜慮有最勝喜輕躁嬈亂如邏剎私第三定中有最勝樂如天妙欲極為難捨第三四定由行捨支隨其所應雖已棄捨而恐退起立念遮防餘地不然故不立念然第三念勢用堅强非唯助捨亦能助慧通能防備自他地失第四不尒無自失故由此第四不立慧支或初二定尋喜飄動雖有念慧防照用微第四定中二捨所蔽順無明故慧用不增故慧唯三念通上二或第三定樂過甚微不立慧支無能照察若不照察則無厭求自地過患上地功德然下尋喜上色過麁雖照厭求未為奇特故

餘三地慧不立支以第三定中樂過難覺故佛說聖者應說應知由此定中慧用最勝能知細過故立為支雖第四邊慧亦能了而但總相未為奇特謂彼與樂繫地不同是雜染道總觀下過非如日慧同一繫縛能別觀失方謂希奇故自立支上慧不尒又諸已得第三靜慮於第四邊非皆自在故於所離樂受深時彼慧無容立為支體故唯三定立慧為支然正了時及初已離皆應防守須立念支何故輕安立為支體以初二定輕安用增觸前所無殊勝位故由此勢用精勤不捨能令相續有所堪能能助等持令牽勝德有殊勝用故立為支內等淨名為目何法目尋伺息體即信根謂若證得第二靜慮則於定地亦可離中有深信生名內等淨故雖諸地皆有信根而可立支唯第二定以令創信諸定地法與散地法俱可離故又初靜慮尋伺識身如熱洪混信不明淨後二靜慮行捨用增映奪信根故無內淨謂由警覺信力方增捨

此相違故能映奪信是淨相故立淨名如清水珠令心淨故內心平等為緣故生由此信根名內等淨或第二定所有功德平等為緣引生此淨由此建立內等淨名非唯尋伺靜息為體此等皆是心所攝故如受想思別有實體有餘部說喜非喜受喜是行蘊心所法攝三定中樂皆是喜受故喜喜受其體各異非三定樂可名喜受二阿笈摩分明證故如辯顛倒契經中說漸無餘滅憂等五根第三定中無餘滅喜於第四定無餘滅樂又餘經說第四靜慮斷樂斷苦先喜憂沒故第三定必無喜根由此喜受是喜非樂如先所說八等至中前七各三第八有二諸染汙定如何知有此由契經及論說故謂契經說淨無漏定已猶言世尊未說一切定故知有餘染定未說本論亦說於諸靜慮自地一切隨眠隨增由此等文知有染定故說靜慮總有二種由定及生有差別故定復有二謂染不染不染復二種謂淨及無漏無漏復二謂學無

學如是差別理有眾多漏靜慮中為有支不有非一切何定無何頌曰

染如次從初　無喜樂內淨　正念慧捨念
餘說無安捨

論曰且有一類隨相說言初染中無離生喜樂非離煩惱而得生故雖染汙定亦喜相應非因離生故非支攝此不唯說離欲生喜亦說因離自地染生以契經中先作是說離諸欲惡不善法已復作是言離生喜樂此中重說離生言者為顯亦有喜離自地惑生為顯喜支唯是善性故薄伽梵與樂合說輕安相應必是善故由此染定必無喜支故初染支唯有三種第二染中無內等淨彼為煩惱所擾濁故雖諸世間說有染信而不信攝故不立支樂是輕安唯善性攝例同初定故不重遮故此染支唯有二種第二染定許有喜支初染中無以何為證以初定喜說從離生第二中無離生言故第三染中無正念慧彼為染樂所迷亂故染汙定中雖有念慧而得失念不正知名故此二支染中

非有行捨唯是大善法攝例同第四
故此不遮故此染支唯有二種第四
染中無捨念淨彼為煩惱所染汙故
由此第四染唯二支有餘師說初二
染定但無輕安後二染中但無行捨
大善攝故彼說染中喜信念慧皆是
支攝皆通染故契經中說三定有動
第四不動依何義說頌曰
第四名不動　離八災患故　八者謂尋伺
四受入出息
論曰下三靜慮名有動者有災患故
第四靜慮名不動者無災患故災患
有八其八者何尋伺四受入息出息此
八災患第四都無故佛世尊說為不
動然經唯說第四靜慮不為尋伺喜
樂動者經密意說論依法相以薄伽
梵有處說言斷樂斷苦先喜憂沒具
足安住第四靜慮又說彼定身行俱
滅入息出息名為身行故知此定非
唯獨免尋伺喜樂四動災患有餘師
說第四靜慮如密室燈照而無動故
名不動諭經說故尋伺何過而求靜
息此能令心於定境界雖恒繫念而

不爾靜如樹枝條依莖而住與風合
故動搖不息諸瑜伽師雖不願樂於
境行相心速易脫而尋伺力令彼馳
流故於定中尋伺有過喜樂於定亦
能鼓動唯此四動與定相應而能動
心故經偏說然實二息憂苦二受亦
能鼓動故論說八尋伺二法既有此
過不應說在靜慮支中經但應言尋
伺寂靜何容亦說有尋有伺為顯尋
伺雖定相應而於定中能為災患不
說不了故定應說或此於定初作資
糧作欲惡尋違分治故後於勝定方
為災患故說尋伺功不唐捐捨有行
儀方便法尒設是所捨初必應依如
欲渡河先依船筏後至彼岸理應捨
捨故契經言依色出欲依無色出色
依道出無色若得涅槃亦出聖道此
二容有與一心俱如勝劣風與一枝
合若此二業謂能鼓動如何說此與定
相應麤淺定心尋伺所策方能出離
欲界麤染故此得與初定相應由此
相應未為清淨如燈與日俱見色
緣燈細闇俱照不明了日光離闇照用

分明如是應知初靜慮定雖作自事
而尋伺俱未照而無動如第四靜慮
若尋在定能動亂心無漏定俱亦為
災患何緣建立為一道支已說彼能
策正見故行者於定未串習時不能
了知此為災患故於此地不欲猒捨
若已串習便能覺知初靜慮中有此
災患如水澄淨便見池中潛蟲下魚
能為濁亂行者既見初靜慮中尋伺
二法能為動亂便於一地總生猒捨
謂此麤淺理應捨故於初靜慮尋伺
既然於上地中喜等亦尒如定靜慮
諸受差別生亦尒不不尒云何頌曰
生靜慮從初　有喜樂捨受　及喜捨樂捨
唯捨受如次
論曰生靜慮中初有三受一者喜受
意識相應二者樂受三識相應三者
捨受四識相應第二者二謂喜與捨
意識相應無有樂受無餘識故心悅
麤故第三有二謂樂與捨意識相應
第四有一謂唯捨受意識相應是謂
定生受有差別上三靜慮無三識身
及無尋伺如何生彼能見聞觸及起

表業非生彼地無眼識等但非彼繫 阿毗達磨藏顯宗論卷第二十八 第二十張 路字号

所以者何頌曰

生上三靜慮　起三識表心皆初靜慮攝

唯無覆無記

論曰生上三地起三識身及發表心皆初定繫繫生上起下如起化心故能見聞觸及發表此四唯是無覆無記不起下染已離染故不起下善以下劣故

說一切有部顯宗論卷第二十八

阿毗達磨藏顯宗論卷第三十八

校勘記

一　底本，金藏廣勝寺本。

一　四二四頁中二一行第二字「想」，諸本（不含石，下同）作「相」。

一　四二四頁下一二行第五字「等」，資、磧、普作「身」。

一　四二四頁下一三行第一一字「引」，資、磧、普、南、徑、清作「別」。

一　四二五頁上一九行「有二」，南作「有一」。

一　四二五頁中六行第九字「然」，資作「終」。

一　四二五頁下一四行第六字「待」，資、磧、普、南、徑、清作「持」。

一　四二六頁上一五行第三字「問」，資、磧、普作「門」。

一　四二六頁上一六行第一二字「立」，資、磧作「五」。

一　四二六頁上一八行「此處爲爲」，諸本作「此四處爲」。

一　四二六頁中四行第一一字「是」，資、磧、普、南、徑、清作「建」。

一　四二七頁上一三行「內淨」，資、磧、普、南、徑、清作「內靜」。

一　四二七頁上一六行「一境性」，資、磧、普作「二境性」。

一　四二七頁中四行第九字「重」，諸本作「動」。

一　四二七頁中一七行「第三」，清作「第二」。

一　四二八頁上一八行第一三字「喜」，資、磧、普、南、徑、清作「善」。

一　四二八頁中五行「正在」，徑作「五在」。

一　四二八頁中六行末字「愛」，資、磧、普、南、徑、清作「受」。四三〇頁中六行第一三字諸本同。

一　四二八頁中一七行「喜相」，麗作「喜根」。

一　四二八頁下八行第五字「況」，徑作「汎」。

一　四二八頁下一七行第三字「由」，

資、磧、普作「自」。

一　四二九頁上六行第六字「目」，諸本作「自」。

一　四二九頁上八行「静處」，諸本作「静慮」。

一　四二九頁上一四行「能助」，資、磧、普、南、徑、清作「資助」。

一　四二九頁下一行第一〇字「漏」，諸本作「染」。

一　四二九頁下一二行首字「惑」，資、磧、普、南、徑、清作「或」。

一　四二九頁下末行「正知」，資、磧、普、南、徑、清作「正慧」。

一　四三〇頁中五行「四動」，諸本作「四種」。

一　四三〇頁下一八行第九字「者」，諸本作「有」。

一　四三一頁上六行第五字「繫」，諸本無。

阿毗達磨藏顯宗論卷第三十九　晉

尊者衆賢造

三藏法師玄奘奉　詔譯

辯定品第九之二

如是別釋靜慮事已諸等至得云何

頌曰　　潞州郭祖清祖琋同施一連

全不成而得　淨由離染生　無漏由離染

染由生及退

論曰八本等至隨其所應若全不成而獲得者諸淨等至由二因緣一由離染謂在下地離下染時二由受生謂從上地生自地時下七皆然有頂不尒唯由離染無上地故無從上地於彼受生此中但說本等至者以諸近分未離染時有全不成由加行得遮何故說全不成言為遮已成更得少分如由加行得淨本等至及由退故得彼順退分即依此義作是問言頗有淨定由離染得由離染捨由退得由退捨由生得由生捨耶曰有謂順退分且初靜慮順退分攝離欲染時得離自染時捨退離自染得

退離欲染捨從上生自得從自生下捨餘地所攝應如理思無漏但由離染故得謂聖離下染得上地無漏此亦但據全不成者若先已成餘時亦得謂盡智位得無學道於練根時得學無學餘加行及退皆如理應思雖有由入正性離生獲得根本無漏等至而非決定以次第者尒時未得根本定故此中但論決定得者聖離下染必定獲得上地根本無漏定故染由受生及退故得謂上地沒生下地時得下地染及於此地離染退時得此地染無由離染及加行得如是二時能捨染故何等至無間有幾等至生頌曰

無漏次生善　上下至第三　淨次生亦然

兼生自地染　染生自淨染　并一一地淨

死淨生一切　染生自下淨

論曰無漏次生自上下善善言具攝淨及無漏極相違故必不生染然於上下各至第三遠故無能超生第四故於無漏七等至中從初靜慮無間生六謂自二三各淨無漏無所有處無

間生七謂自下六上地唯淨第二靜
慮無間生八謂自上六并下地二識
無邊處無間生九謂自下六并上地
三第三四空無間生十謂上下八并
自地二類智無間能生無色法智不
然依緣別故從淨等至所生亦然而
各兼生自地染汙故有頂淨無間生
六謂自淨染下淨無漏從初靜慮無
間生七無所有八第二定九識處生
十餘生十一從染等至生自淨染并
生次下一地淨定謂為自地煩惱所
逼於下淨定亦生尊重故有從染生
次下淨極相違故不生無漏若於染
淨能正了知可能從染轉生下淨是
則此淨還從淨生以正了知是淨攝
故非諸染汙能正了知如何彼能從
染生淨先願力故謂先願言寧得下
淨不須上染先願勢力隨相續轉故
後從染生下淨定如先立願方趣睡
眠至所期時便能覺寤如是所說淨
染生染但約在定淨及染說若生淨
染生染不然謂命終時從生得淨一
一無間生一切染若從生染一一無

間能生自地一切下染不生上者未離
下故所言從淨生無漏者為一切種
皆能生耶不尒云何頌曰
淨定有四種　謂即順退分順住順勝進
順決擇分攝　如次順煩惱自上地無漏
下相望如次　生二三三一
論曰諸淨等至揔有四種一順退分
攝二順住分攝三順勝進分攝四順
決擇分攝地各有四有頂唯三由彼
更無上地可趣故彼地無有順勝進
分攝於此四中唯第四分能生無漏
所以者何由此四種有如是相順退
分能順煩惱順住分能順自地順勝
進分能順上地順決擇分能順無漏
故諸無漏唯從此生有餘師言順退
分者住彼可退順住分者住彼不退
亦不勝進順勝進分者住彼能勝進
順決擇分者住彼起聖道有言住彼
順通達諦由此無間能入離生應知
此中決定義者謂諸聖道必此無間
生非此無間必能生聖道若異此者
是則應說唯世第一法名順決擇分
有餘師言順退分者與諸煩惱下上

相雜染淨展轉現在前故順住分者
能以種種麁等行相棄背下地靜等
行相攝受自地順勝進分者觀自地
過上地功德順決擇分者如煖頂忍
世第一法無漏無間何分現前有說
通三除順退分理實唯二謂後種諸
有修習超等至等唯順決擇寂堅勝
故諸瑜伽師作如是說若觀行者於
自地定不善通達不恒安住於上地
定不能欣求數數現行順下地想彼
之等持名順退分或由自地雜染退
得名順退分成就此定補特伽羅名
為退者如成牛行說名為牛西勃難
迴說名牛行於自地定躭著不捨於
上地定不能欣求彼之等持名順住
分於自地定雖能多住而不躭著於
上地定欣樂牽引彼之等持名順勝
進分於自上定皆不躭著多住猒想
為欲令斷彼之等持名順決擇分諸
有安住順退分者於廣大果心多繫
縛諸有安住順住分者數住自定不
能上求諸有安住順勝進者能展轉
求所餘勝定勝進分揔有二種一者

自地殊勝功德二者上地殊勝功德若能牽引彼名順勝進分此有二類或猒或欣諸有安住順決擇者樂斷諸有樂修無漏是名安住四分者別若順煩惱名順退分諸阿羅漢容有退理非彼猶有順退分定可令現行離染捨故雖有此難而實無違謂順住中有順退者亦得建立順退分名從彼有退如先已說此四相望平相生者初能生二謂順退住第二生三除順決擇第三生三除順退分第四生一謂自非餘有說亦生順勝進分如上所言淨及無漏皆能上下超至第三行者如何修超等至加行成滿差別云何頌曰

二類定順逆　均間次及超　至間超為成
三洲利無學

論曰本善等至分為二類一者有漏二者無漏往上名順還下名逆同類名均異類名間相鄰名次越一名超謂觀行者修超定時先於有漏八地等至順逆均次現前數習次於無漏七地等至順逆均次現前數習次於

有漏無漏等至順逆間次現前數習次於有漏順逆均超現前數習次於無漏順逆均超現前數習是名修習超加行滿後於有漏無漏等至順逆間超名超定成此中超者謂頓超二一者超地二者超法唯能超一故至第三遠故無能超入第四修超等至唯欲三洲除北俱盧然通男女不時解脫諸阿羅漢要得無諍妙願智等邊際定者能起非餘定自在故無煩惱故時解脫者雖無煩惱定不自在諸見至者雖定自在有餘煩惱故皆不能修超等至勝解作意不能無間修超等至勢力劣故此諸等至依何身起頌曰

諸定依自下　非上無用故　唯生有頂聖
起下盡餘惑

論曰諸等至起依自下身依上地身無容起下上地起下無所用故自有勝定故下勢力劣故已棄捨故可猒毀故總相雖然若委細說聖生有頂必起無漏無所有處為盡自地所餘煩惱自無聖道欣樂起故唯無所有

寂鄰近故起彼現前盡餘煩惱離無漏道必無有能斷彼餘惑成阿羅漢是故有頂無漏無所有處依九地身有漏無所有處依八地身有漏無漏識無邊處依七地身空無邊處依六地身乃至初定依二地身謂自及欲地身諸等至中誰緣何境頌曰

味定緣自繫　淨無漏遍緣　根本善無色
不緣下有漏

論曰味定但緣自地有漏法以有漏法是所繫事故所繫言顯是三有攝不緣無漏法愛行相轉故若愛無漏應非煩惱不緣上地法愛界地別故不緣下地法已離彼貪故淨及無漏俱能遍緣自上下地有為無為皆為境故有差別者無記無為非無漏境唯有於法說能遍緣無非所緣前已說故根本地攝善無色定不緣下地諸有漏法以下地法不寂靜故本善無色極寂靜故由此理故經於無色皆言超越一切下地於諸靜慮不如是說以本無色不緣下繫是故於下說

起越言諸靜慮中有遍緣智故於下地不言超越既說超越色想等言故知但依超所緣說若此超越為顯離繫應說超一切非唯色想等又靜慮中應言超越自上地法無不能緣雖亦能緣下地無漏而但緣類不緣法品以但能緣自全治故法非全治如先已說又法品道於無色界雖能對治是客非主亦不能緣下地法滅既遮無色根本緣下義唯近分有緣下能彼無間道必緣下故味淨無漏三等至中何等力能斷諸煩惱頌曰

無漏能斷惑　及諸淨近分

論曰諸無漏定皆能斷惑本淨尚無能況諸染能斷謂本淨定不能斷下已離染故不能斷上以勝已故不能斷自與自地惑同一縛故又自於自非對治故若淨近分亦能斷惑以皆能斷次下地故中間攝淨亦不能斷近分有幾何受相應於味等三為皆具不頌曰

近分八捨淨　初亦聖惑三

論曰諸近分定亦有八種與八根本為入門故一切唯一捨受相應作功用轉故未離下怖故此八近分皆淨定攝唯初近分亦通無漏皆無有味離染道故上七近分無無漏者於自地法不猒背故唯初近分通無漏者於自地法能猒背故此地極鄰近多灾患界故以諸欲貪由尋伺起此地猶有尋伺隨故若尒何緣毗婆沙說諸近分地有結生心非無染心有結生理故應近分有味相應今於此中遮有定染不遮生染故不相違或有餘師作如是說初近分定亦有定染未起根本亦貪此故由此未至具有三種中間靜慮與諸近分為無別義為亦有殊義亦有殊謂諸近分是離染道入根本因中間不然復有別義頌曰

中靜慮無尋　具三唯捨受

論曰初本近分尋伺相應上七定中皆無尋伺唯中靜慮有伺無尋故彼勝初未及第二依此義故立中間名由此上無中間靜慮一地昇降無如此故謂中間定初靜慮攝而有差別謂此減尋上立中間減何成異故中間定初有上無豈不契經說七依定寧知別有未至中間由有契經及正理故且有未至如契經言諸有未能入初定等具足安住而由聖慧於現法中得諸漏盡若無未至聖慧依何又蘊使摩契經中說有慧解脫者不得根本定豈不依定成慧解脫由此證知有未至定有中間定如契經說有尋伺等三三摩地經說初定與尋伺俱第二等中尋伺皆息若無中靜慮誰有伺無尋以心心所漸次息故理應有定有伺無尋又大梵王是世界主離中間定誰為勝因由此證知有中間定然佛不數說有未至中間以二即初靜慮攝故說初靜慮即已說彼唯初近分名未至者為欲簡別餘近分故非此近分乘先定起又非住此已起愛味依如是義立未至名非上定邊亦名未至皆乘先定勢力引生及住彼時已起味故毗婆沙者作如是說未至本地立未至名是本地德未現前義此中間定具味等三以別繫屬一生處故謂極修習中間定者未來當在大梵處生故亦具三如

根本定非根本地起愛貪彼如所味
有別能味亦別故此有勝德可愛味
故無漏定生亦漸減故此亦一向捨
受相應無三識身故無樂受無喜受
者已不共初然於初貪未能離故又
由自勉功用轉故由此說為苦通行
攝非憂苦者已出欲故由此一向捨
受相應此定能招大梵處果多修習
者為大梵故已辯等至云何等持經
說等持總有三種一有尋有伺三摩
地二無尋唯伺三摩地三無尋無伺
三摩地如是三種相別云何頌曰

初下有尋伺 中唯伺上無

論曰前來因事屢辯此三今於此中
略顯別相有尋有伺三摩地者謂與
尋伺相應等持此初靜慮及未至攝
無尋唯伺三摩地者謂唯與伺相應
等持此即中間靜慮地攝無尋無伺
三摩地者謂非尋伺相應等持此從
第二靜慮近分乃至非想非非想攝
契經復說三種等持一空三摩地二
無願三摩地三無相三摩地如是三
種相別云何頌曰

空謂空非我 無相謂滅四 無願謂餘十
諦行相相應 此通淨無漏三脫門

論曰空三摩地謂空非我二種行相
相應等持故說空等持近治有身見
身見亦有二行相故謂空行相近治
我所見非我行相近治我見觀法非
我名非我行相觀此中無我名空行
相由此空行相近治我所見以此中都
無我故此法非我所無相三摩地謂
緣滅諦四種行相相應等持涅槃離
諸相故名無相緣彼三摩地得無相
名相略有十謂色等五男女二種三
有為相或復相者是因異名涅槃無
因故名無相或相謂世蘊上中下涅
槃異彼故名無相無願三摩地謂緣
餘諦十種行相相應等持十行相者
謂苦非常因集生緣道如行出如是
空等三三摩地三摩地相雖無差別
而依對治意樂所緣如其次第建立
三種由意樂故不願三有理且可然有
過患故寧由意樂不願聖道以諸聖
道依爲有故若尒何用修習聖道以
是涅槃能趣因故非離聖道有得涅

槃為求涅槃故修聖道道如船筏必應
捨故亦由意樂不願聖道故緣道行
相亦得無願名以本期心猒有為故
空非我相非所猒捨以與涅槃相相
似故由此二行相雖緣可猒法不取
可猒相不得無願名此三等持通淨
無漏世出世間等持攝故世間攝故
通十一地出世攝者唯通九地上七定
邊無勝德故於中無漏者名三解脫
門能與涅槃為入門故非諸有漏法
是真解脫門性住世門違解脫故三
三摩地緣境別者若有漏空緣一切
法若無漏空唯緣苦諦無願能緣苦
集道諦無相唯緣滅諦為境三三摩
地念住別者無相唯法餘皆通四契經
復說三重等持一空空三摩地二無
願無願三摩地三無相無相三摩地
是三種相別云何頌曰

重二緣無學 取空非常相 後緣無相定
非擇滅為靜 有漏人不時 離上七近分

論曰此三等持緣前空等取空等相
故立空空等名空空等持緣前無學
空三摩地取彼空相空相順猒勝非

我故謂彼先起無學等持於五取蘊思惟空相從此後起殊勝善根相應等持緣前無學空三摩地思惟空相於空取空故名空空如燒死屍以杖迴轉屍既盡已杖亦應燒如是由空燒煩惱已復起空定猒捨前空重空等持空行相後起即復還與空行相相應唯此寂能順猒捨故非我行相則不如是見非我者於諸有為法起猒背心不如見空故諸有已見諸法非我而於諸有猶生樂者以於諸行中不審見空故由此空定雖二行相俱而但名空不說為非我空於猒捨極隨順故無願無願緣前無學無願等持取非常相謂彼先起無學等持於五取蘊中思惟非常相從此後起殊勝善根相應等持緣前無學無願三摩地思惟非常相於無願不願名無願無願舉餘顯示如前應知重無願等持非常行相後起即復還與非常行相相應唯此可能緣猒道故非苦行相能緣聖道聖道非苦趣苦寂滅故苦法不能趣苦寂滅亦非因等四能緣

聖道以聖道不能令苦續故非道等四者此猒捨道故非欣行相能為猒捨豈不如無願不願聖道而作道等四此亦應然此例不然無願正猒有兼於聖道起不願心故謂前無願正猒於有聖道依有故兼不願雖望意樂說不願道而於聖道非正憎猒故亦能作道等四種無願無願正憎猒道故以非常觀道過失道等行相無容猒道是故於此不作彼四無相無相即緣無學無相三摩地非擇滅為境以無漏法無擇滅故但取靜相非滅妙離謂彼先起無學等持於擇滅中思惟靜相從此後起殊勝善根相應等持即緣無學無相三摩地非擇滅為境思惟靜相於無相滅復觀為無相名無相無相舉餘顯示如前應知重無相等持靜行相後起即復還與靜行相相應唯此能觀非擇滅故非妙行相境無記故非離行相以離證得彼非擇滅猶縛隨故非滅行相以非擇滅非永解脫一切苦故又若觀滅盡非常故所言靜者唯顯

止息故非擇滅得有靜相以修聖道經久劬勞於彼息中便生樂想故重無相取靜非餘重三等持唯是有漏以於聖道生猒捨故非無漏定猒捨聖道二緣聖道取空非常理可名為猒捨聖道無相無相但緣無為作靜行相何名猒道此於無學無相等持不轉之因故名猒道謂彼定起義作是言無相等持不生為善此既欣讚聖道不生如何不名猒捨聖道前無相定非此所緣如何此名無相無相或應許此定不緣非擇滅但緣無學無相不生此亦不然准前釋故謂緣無相之非擇滅此非擇滅亦離諸相緣無相無相故得無相無相名緣無相境作靜行相是故此定從境立名唯三洲人能起此定通依男女以依女身亦能自在延促壽故唯無學位以有學者但欣聖道未能猒故此亦非一切唯不時解脫以時解脫愛聖道故依十一地除上七邊以上七邊無勝德故若在欲界從未至攝聖道後起若在有頂無所有攝聖道後生餘皆自地

聖道後起就總類說此從法類若滅四智無間而生若就別說欲界攝者非類後生上界攝者非法後起前二非滅後起第三非若後生餘行相後起此定故應得此者皆盡智時由離染得後由加行方起現前唯我世尊不由加行順趣解脫起此現前於道尚猒豈欣諸有此後亦起聖道現前然猒道故非無間起欲界攝者是思所成餘修所成依定起故契經復說四修等持一為住現法樂修三摩地二為得勝知見修三摩地三為得分別慧修三摩地四為諸漏永盡修三摩地如是四種相別云何頌曰

為得現法樂　修諸善淨慮　為得勝知見
修淨天眼通　為得分別慧　修諸加行善
為得諸漏盡　修金剛喻定

論曰如契經說有修等持若習若修若多所作得現樂住乃至廣說善言通攝淨及無漏修諸善靜慮得住現法樂而經但說初靜慮者於中樂想最增盛故謂超欲界衆多過失故於此中樂想增盛如遊砂磧熱渴疲勞

創飲濁水亦為勝樂或聖道樂此具有故謂具一切菩提分法四沙門果九斷遍知三界對治又諸定首諸定樂因是故偏說豈不經說如是苾芻住此先受離生喜樂後生梵衆受樂同此何故不言住後法樂詳此唯說現法樂者為令棄捨喜樂現欲樂說現定樂令其欣樂或現樂住是後樂依但說所依能依已顯如契經說先住此間入諸等至後力生彼或現法樂三乘皆住後樂不定是故不說謂或退墮或上受生或般涅槃便不住故雖諸靜慮即現法樂依近分故說為得言修近分力得根本故或即依現樂說為得言如言名子體故無有過有說此定佛依自說如說菩薩居贍部林起初世間似無漏定能引一切有情共樂由此不說後法樂住即由此故亦但說初菩薩尒時唯得初故若依諸定修天眼通便能獲得殊勝知見此依何義立知見名本靜慮中有遍照智此遍照故立以見名見體即知故名知見眼根名見世所極

成為簡異彼以知標見或即此見決斷所緣故名為知即亦身見謂本靜慮是樂行道不多劬勞而現前故不劬勞故其體堅牢由體堅牢故用決定用決定故立以知名見義如前故名知見為知為見修此等持即是為求決定照義此亦善逝依自而說謂為顯佛以天眼通觀諸有情死生險難方為拔濟起靜慮等故為知見修天眼通有餘師言為欲勝伏諸隨煩惱起勝知見起此勝知見不離光明此光明想引天眼通由天眼通得勝知見若修三界諸加行善及無漏善得分別慧謂從欲界乃至有頂諸聞思修所成善法及餘一切無漏有為總說名為加行善法修此善法能引慧生於諸境中差別而轉故言修此得分別慧如說善逝住二尋思能如實知諸受起等此顯修善得分別慧說加行言為簡生得非修習生得得未曾得故若修金剛喻定便得諸漏永盡謂若修習第四靜慮金剛喻定并隨轉法便能獲得諸漏永盡第四靜慮佛依

阿毗達磨藏顯宗論卷第三十九　第三十張　晉字号

自說無上菩提依此得故金剛喻定頓證漏盡引盡智生是故偏說有說一切有頂斷治第四靜慮皆此所攝此經所說若習若修若多所作義差別者為欲顯示習修得修所治更遠如其次第

說一切有部顯宗論卷第三十九

阿毗達磨藏顯宗論卷第三十九

校勘記

一　底本，金藏廣勝寺本。

一　四三三頁中一〇行「獲得」，資、磧、普、南、徑、清作「復得」。本頁下七行同。

一　四三三頁下一七行「一一」，諸本（不含石，下同）作「下一」。

一　四三三頁下二二行第五字「七」，資、磧、普、南、徑、清作「七地」。

一　四三四頁中二〇行第三字「次」，諸本作「決」。

一　四三四頁下六行第一三字「種」，諸本作「二種」。

一　四三四頁下九行「通達」，南作「逋達」。

一　四三四頁下末行「勝進」，諸本作「然勝進」。

一　四三五頁上一七行「三洲」，資、磧、普、南、徑、清作「二洲」。

一　四三五頁下九行「味定」，磧作「未定」。

一　四三六頁上一〇行第九字「准」，磧、南、徑、清作「唯」。

一　四三七頁上一行第一二字「始」，諸本作「如」。

一　四三七頁上一六行第二字「伺」，磧、普作「同」。

一　四三七頁上二〇行「第二」，普、徑作「第一」。

一　四三七頁中二一行「不願」，清作「不順」。

一　四三七頁下一一行「世門」，諸本作「世間」。

一　四三八頁中六行第一三字「望」，諸本作「聖」。

一　四三九頁上一行第一三字「若」，諸本作「苦」。四行第七字同。

一　四三九頁上二行「攝者」，磧作「稱者」。

一　四三九頁上五行「此者」，徑作「比者」。

一　四三九頁上一五行「淨慮」，資、磧、

普、南、徑、清作「靜慮」。

一 四三九頁中一行「亦爲」，資、磧、普、南、徑、清作「亦生」。

一 四三九頁中七行第九字「喜」，麗無。

一 四三九頁中一〇行第九字「力」，諸本作「方」。

一 四三九頁中一五行「名子」，資、磧、普、南、徑、清作「石子」；麗作「身子」。

一 四三九頁中一七行第九字「似」，麗作「依」。

一 四三九頁下二行「身見」，諸本作「名見」。

一 四三九頁下一一行「不離光明」，諸本作「不離光明想」。

一 四四〇頁上三行「有擷」，資、磧、普、南、徑、清作「有頂」。

阿毗達磨藏顯宗論卷第四十　爵

尊者衆賢造

三藏法師玄奘奉　詔譯

辯定品第九之三

如是已辯所依止定當辯依定所起功德諸功德中先辯無量頌曰

無量有四種　對治瞋等故　慈悲無瞋性
喜喜捨無貪　此行相如次　與樂及拔苦
欣慰有情等　緣欲界有情　喜初二靜慮
餘六或五十　不能斷諸惑　人起定成三

論曰無量有四一慈二悲三喜四捨言無量者無量有情為所緣故此四能引無量福故無量愛果此為因故有說此能違無量戲論故貪等諸惑有名戲論何緣無量四無增減對治四種多行障故如契經說若習若修若多所作慈能斷瞋悲能斷害喜斷不欣慰捨斷欲貪瞋故唯有四瞋謂心所欲煞有情欲惱有情心所名害躭著境界於諸善品不樂住因名不欣慰於妙欲境起染欣樂情無厭足名為欲貪此中慈悲無瞋為性若尒此

二有何差別性雖無別然慈能治煞有情瞋悲能對治惱有情瞋慼行相轉是謂差別如苦與樂領納雖同而損益殊故體有別苦樂體別如先已辯慈悲二種差別亦然有作是言悲是不害近治害故理實如是但害似瞋以瞋名說悲之行相亦似無瞋立無瞋名實是不害諸古師說喜即喜受何緣觀行者尒時喜受生若緣與樂與慈無異若緣拔苦應與悲同又契經言欣故生喜喜即喜受如先已辯此喜行相與彼欣同喜故生喜義有何異若言下上義有異者輕安與樂義亦應然差別因緣不可得故又違本論云何名喜謂喜喜相應受想行識等此中意顯喜俱品法喜增上故総立喜名非受受俱有理決定若喜即喜受何言與受俱若言對法以理為量應如無過誦本論文此亦不然理為量論要有經證方可定文若與經違理必可壞不應隨意輙改論文是故此喜定非喜受以欣為體或即無貪謂別有貪是惡心所於有

情類作是思惟云何當令諸所有樂彼不能得皆屬於我喜能治彼故是無貪此與喜根必俱行故三地可得如悔憂俱喜亦無貪分明相者於他盛事心不貪著知他獲得深生欣慰心熱對治說名為喜故知此喜亦無貪性捨無量體唯是無貪此與第三有差別者離愛恚相等緣有情如創入林等生樹覺平等行因說名為捨若捨無量亦能治瞋寧唯無貪與慈何異又許此捨正治欲貪與不淨觀有何差別且捨與慈有差別者慈能對治瞋所引瞋無瞋為體捨能對治貪所引瞋無貪為體豈不如捨無貪為性亦能對治貪所引瞋如是許慈無瞋為性亦應能治瞋所引貪此難不然行相違故謂捨行相雙違貪瞋捨親非親差別相故從此愛恚俱不生故即由此故捨唯無貪正能治貪兼治瞋故慈之行相違瞋非貪於諸有情與樂轉故由此慈捨雖俱違瞋而慈順貪捨能違害是故此二極有差別或修捨者治非處瞋慈治處瞋故有

差別不淨與捨如次能治婬貪餘貪故有差別此四無量非損益他何緣唯善非無記性能近對治貪瞋等故愛非愛相不能引故力能令心自在轉故慈等體相已略分別此阿世耶有差別者觀有情類如已謂慈樂有情類離苦謂悲於他興盛欣慰謂喜於親怨相不思謂捨又不觀他有損有益等觀一切如友謂慈於遭苦者哀愍謂悲由勝解力想有情類得益離損欣慰謂喜於有情相等觀謂捨此四行相有差別者云何當令諸有情類得如是樂如是思惟入慈等至云何當令諸有情類離如是苦如是思惟入悲等至諸有情類得樂離苦豈不快哉如是思惟入喜等至諸有情類平等平等無有親怨如是思惟入捨等至如是所願竟無有成豈不唐捐修定功力能伏瞋等寧謂唐捐應是顛倒何能伏惑願得樂等寧謂顛倒謂此不言已得樂等但由勝解願諸有情當得樂等能伏諸惑故修此四功不唐捐於定蘊中說四行相云何

令等具如前說言如是思惟入其等至者此言若說等無間緣慈等應無無間生理別別思惟所引起故若俱生者入言相違初業位中別加行引至成滿位亦有俱生定蘊就初說入無過且慈無量願得何樂有說願得第三定樂諸受樂中此最勝故若自未證由聞故知有說願得涅槃妙樂於諸樂中此最勝故有說願得阿羅漢樂此已解脫諸煩惱故初修業者未證此樂未現證故不能運心但緣已身隨所證樂及他所證現可知者願諸有情同證此樂故但緣現如理所生無染汙樂願他同受若於所受已捨苾芻設未獲得真實對治亦處空閑受遠離樂力能映奪天帝等喜如五樂等伽他中說又住遠離勤修善者定有善得念念恒流如大海水遍滿相續喜輕安樂由此引生以無惱心緣如是樂願諸含識一切同受皆緣欲界有情為境能治緣彼瞋等障故謂於欲界有怨親中三聚有情能生瞋等於中有捨怨親等相便能伏

除瞋等煩惱是故此境唯欲有情必不能緣色無色界大悲體是無癡善根由此力能通緣三界若四無量唯緣有情何故經言思一方等此由勝解揔緣器中一切有情故無有失此四通在欲色界繫以契經說無量業招梵釋輪王殊勝果故品類足論依修所成說七智知色界修斷及彼遍行隨眠隨增有餘師言此四無量加行通欲本唯色界此四無量依地別者若喜即喜唯修所成彼應說喜異喜通思所成彼應說喜通依七地唯初二定以於餘地無喜根故若喜與樂捨受亦相應故有餘說喜唯喜受俱彼應說喜唯通三地或應如須唯二非餘慈悲捨三通依六地謂四靜慮未至中間或有欲令唯依五地謂除未至是容豫德已離欲者方能起故有說此四唯欲及初得無量名餘地不尒經說無量名梵住故又說修無量生梵世故又說招梵釋輪王果故有說隨應通依十地謂欲四本近分中間若悲亦依下三靜慮如何

得與喜樂相應悲緣苦有情慼行相轉故此如無漏猒作意生是故通依下三靜慮彼真實作意能順生欣喜樂相應可無有過此勝解作意不順生欣如何可言與彼相似疑是慼性不順生欣如何許疑喜樂俱起勝解作意應與彼同然此於欣極相隨順力能引生真作意故疑則不尒極違真故彼尚相應此寧不許此勝解作意理應違欣有歡慼處中行相別故悲既慼行相轉應非喜樂相應勿二行相俱時轉故若尒應不許與捨受相應捨受處中行相轉故既非不許捨受相應與喜樂俱理定應許勿全不與受相應故雖言此四能治瞋等而不能斷諸煩惱得勝解作意相應起故真實作意方能斷惑又此唯緣有情境故緣法作意方能斷惑又此唯緣現在境故通緣三世或緣非世方能斷惑又解脫道方可得故要無間道方能斷惑有作是說有漏根本靜慮攝故此因有失不應說三依六地故未至中間此應無故經何故說此斷

瞋等亦不相違斷有二故或由此力引斷道故謂伏瞋等引斷道生是故經中說斷瞋等若尒何故契經中說由善修慈住不還果此中聖道以慈名說如於餘處說想名等或依聖者先得慈心後數修行得離欲說或依為得修所成慈精進修行得離欲說有說此四依欲色身無色不緣然親等故修此必應先緣彼故如實義者唯依欲身於欲界中唯人能起若說喜非喜成一必具四若喜即喜受成一定成三生第三定等唯不成喜故初欲引起四無量時先於有情分為三品所謂親友處中怨讎三各分三謂上中下上親友者謂生法身賴彼重恩捨便難住中親友者謂財法交極相親愛下親友者謂唯財交亦相親愛上處中者謂於自昔曾不見聞中處中者謂雖見聞而不交往下處中者謂雖交往而離恩怨上怨讎者謂奪名譽命及至親中怨讎者謂奪己身命緣資具下怨讎者謂奪親友命緣資具於諸有情分品別已初修慈

者先於上親發起清淨與樂勝解若由無始數習所成惡阿世耶令心剛强少遭逼惱便懷深恨緣此還息與樂勝解復應策勵思其重恩於彼復生與樂意樂數習力故恨意永去與樂勝解相續無替此既成已於中下親亦漸次修如是勝解於親三品既得等心次於處中下中上怨所漸次修習與樂意樂乃至冣後於上怨親得平等心都無昇降齊此名曰修慈成滿修悲及喜例此應說謂觀二苦逼迫有情不應於中復加以苦但應如巳勤加濟拔漸次修習欲濟拔心乃至怨親等無昇降齊此名曰修悲成滿想諸有情得樂離苦深生欣慰如巳無差齊此名曰修喜成滿初修捨者先捨處中非先捨怨親恚愛難捨故又處中品順捨力增於中如前先捨上品次捨中下及與怨親從下至中從中至上先捨怨者以親難捨故如契經說貪難斷非瞋如是漸次修習於捨至上親友等上處中普於有情捨差別相齊此名曰修捨成滿若於有情樂求功德彼於慈等能速修成非於有情樂求過者以斷善者有德可録隣前獨覺有失可取先福罪果現可見故巳辯無量次辯解脫頌曰

解脫有八種　前三無貪性　二二一一定
四無色定善　滅受想解脫　微微無間生
由自地淨心　及下無漏出　三境欲可見
四境類品道　自上苦集滅　非擇滅虛空

論曰解脫有八一內有色想觀外色解脫二內無色想觀外色解脫三淨解脫身作證具足住四無色定為次四解脫滅受想定為第八解脫八中前三無貪為性近治貪故然契經中說想觀者想觀增故如宿住念除去色想三中初二不淨相轉作青瘀等諸行相故第三解脫清淨相轉作淨光鮮行相轉故三并助伴皆五蘊性初二解脫一一通依初二靜慮能治欲界初靜慮中顯色貪故初二通攝近分中間五地皆能起初二故欲及初定有顯色貪由眼識身所引起故為解脫彼初二定中建立初二不淨解脫二三定中眼識無故亦無所引緣顯色貪故三四定中無不淨解脫初二解脫相似善根雖欲界中亦容得有而為欲界貪所湊雜故不建立二解脫名三四定中雖亦得有去所治遠勢力微劣又樂淨伏故不得名第三解脫依後靜慮離八災患心澄淨故第四并近分立後靜慮名相似善根下地雖有非增上故不名解脫欲界欲貪所湊雜故初二定中不淨伏故第三定中樂所迷故又并八災所擾亂故次四解脫如其次第以四無色定善為性非無記染非解脫故亦非散善性羸劣故彼散善者如命終心有說餘時亦有散善唯生得善無間思故諸近分地九無間道八解脫道亦非解脫不背下地故緣下道雜故又未全脫下地染故契經說彼超過下故有說近分諸解脫道亦名解脫背下地故然於餘處唯說根本者以近分中非全解脫故第八解脫即滅盡定厭背受想而起此故或捴厭背有所緣故微微心後此定現前前對想心巳名微細此更微細

故曰微微次如是心入滅盡定謂有頂地心有三品即想微細及微微心由上中下品類別故要下品後滅定現前故次微微入滅盡定從滅定出或起有頂淨定心或即能起無所有處無漏心如是入心唯是有漏通從有漏無漏心出八中前三唯以欲界色處為境有差別者二取不淨一取淨相違欲貪故雖倒而善或少稱境非顛倒攝緣少思多名假勝解引聖道故亦名真實次四解脫各以自上苦集滅諦及一切地類智品道彼非擇滅及與虛空為所緣境無色解脫棄背下地故並不緣下地苦集行相別者初二不淨第三唯淨俱非十六無色解脫攝本定故所作行相十六或非念住俱者初三解脫身念住俱次四解脫通四念住智相應者初三第七唯世俗智第四五六八智相應根相應者初二解脫喜捨相應次五解脫唯捨相應世差別者皆通三世緣世別者初三解脫已生可生各緣自世不生緣三次四解脫緣三非世

三性別者皆唯善性緣性別者初三解脫通緣三性次四解脫緣善無記學等別者初三後二唯是俱非中三解脫皆通三種緣學等者初三解脫但緣俱非四緣三種見斷等者初三後二唯修所斷中三有漏修斷餘非緣見斷等者初三緣修斷次四解脫各通緣三緣自身等者初緣自他身次二緣他四緣三種得差別者第八第三唯未曾得餘六通二通二謂聖內法異生外法異生唯是曾得多因緣故得解脫名謂已解脫此方生故或此力能引解脫故或是種種解脫性故或與解脫勝解俱故此諸解脫依男女身聖者異生皆能修起唯滅盡定但依聖身於聖身中通學無學此八解脫何有情起若於所緣恒求對治是貪愛行樂修多道如是有情能起解脫行者何為修解脫等為令煩惱轉更遠故為於等至得自在故既得自在便能引發無諍等德及聖神通由此便能轉變諸境起留捨等種種事業已辯解脫次辯勝處頌曰

勝處有八種　二如初解脫　次二如第二
後四如第三

論曰勝處有八內有色想觀外色少若好若惡於此諸色勝知勝見有如是想是名為初內有色想觀外色多廣說乃至是名第二內無色想觀外色少廣說乃至是名第三內無色想觀外色多廣說乃至是名第四內無色想觀外色青青顯青現青光譬如烏莫迦花或如婆羅痆斯深染青衣於此諸色勝知勝見有如是想是名第五內無色想觀外色黃黃顯黃現黃光譬如羯尼迦花或如婆羅痆斯深染黃衣廣說乃至是名第六內無色想觀外色赤赤顯赤現赤光譬如槃豆時縛迦花或如婆羅痆斯深染赤衣廣說乃至是名第七內無色想觀外色白白顯白現白光譬如烏沙斯星或如婆羅痆斯極鮮白衣廣說乃至是名第八能制伏境故名勝處謂雖一切所緣色境清淨光華美妙具足而善根力悉能映蔽譬如僕隸雖服珍奇而為其主之可映蔽或於是

處轉變自在不隨起惑故名勝處勝於處故立勝處名或此善根即名為處處能勝故立勝處名前四勝處自性地等如次同前初二解脫謂初二勝處是初解脫果次二勝處是第二果彼為資糧能入此故後四勝處自性地等應知如前第三解脫以淨解脫為此四因彼為資糧能入此故前三解脫於諸色中但能捴取不淨淨相令八勝處於諸色中分別少多青等異相故前解脫但於色中棄背欲貪及不淨想令八勝處能於所緣分排制伏令隨心轉由此證知第三解脫捴取淨相故立一名八勝處中後四勝處差別取故分為四種若淨解脫亦差別緣取淨性同立為一者後四勝處應亦立一差別因緣不可得故已辯勝處次辯遍處頌曰

遍處有十種　八如淨解脫　後二淨無色
緣自地四蘊

論曰遍處有十謂周遍觀地水火風青黃赤白及空與識二無邊處經於此處皆言一想上下及傍無二無量

於一切處無間無隙周遍思惟故名遍處遍於處故立遍處名或此善根即名為處行相遍故立遍處名此中地等顯示所緣所說遍言顯示行相行相雖等而所緣別是故遍處分為十種經言一者顯此等至思惟一類境相現前想言顯是勝解作意若異此者應言一知上下傍言顯意流轉言無二者顯無間隙無量言顯勝解無邊由勝等持磨瑩力故令觀行者心自在生能於所緣周遍觀察何故唯十得遍處名此上更無遍行相故唯第四定空識無邊可得說有無邊行相前八遍處如淨解脫自性皆是無貪善根若并助伴皆五蘊性後四勝處加行引生故與彼同如淨解脫又如淨解脫依第四靜慮及緣欲界色處為境如何地等亦名色處地地界等有差別故顯形名地等如先已說故說地等遍處不言地界等故前八種但緣色處風與風界既無差別如何可言亦緣色處此難非理以諸世間亦說黑風團風等故由此前八緣色理

成後二遍處如次空識二淨無色為其自性各緣自地四蘊為境此解脫等三門功德為由何得依何身起

頌曰

滅定如先辯　餘皆通二得　無色依三界
餘唯人趣起

論曰第八解脫如先已辯以即是前滅盡定故餘解脫等通由二得謂由離染及加行得以有曾習未曾習故前八遍處初修習時皆以眼識為其加行空處遍處初修亦尒以初必緣空界色故由勝解力後成滿時通緣自地四蘊為境識處遍處初修習時但以意識為其加行以初必緣識為境故由勝解力後成滿時亦緣自地四蘊為境四無色解脫二無色遍處一一通依三界身起然其初起多依下地依自下地皆容後起唯無所有亦依上地所餘一切依欲界身唯在人中三洲除北餘慧力劣無聖教故治欲貪故上二界無有說初起唯依人趣要由教力所引起故人中有教天趣中無設有著樂不能初起故人

初起退生欲天由宿習力有後起義
復以何緣第三靜慮有通無量等無
解脫等耶無解脫緣前已具辯解脫
無故勝處亦無解脫為門入勝處故
勝處無故遍處亦無勝處為門入遍
處故又第三定耽著妙樂於生死中
此樂勝故不能發起解脫等三此三
皆欲背生死故通無量等隨順於樂
故依此定亦能修起此解脫等三門
功德若隨得一得一切不此不皆尒其
義云何得後必前前非必後謂得遍
處必具得三得勝處者必得解脫遍
處不定或得或無若得解脫餘二不
定以入遍處勝處為門解脫為門入
勝處故此解脫等差別云何唯能棄
背名為解脫兼折所緣名為勝處加
無邊解得遍處名此三善根漸次修
故有餘師說此三善根由下中上故有
差別謂能棄捨勝伏所緣行相無邊
有劣勝故有餘師說解脫唯因遍處
唯果勝處通二今應思擇上二界中
說者既無何緣起定頌曰
二界由因業 能起無色定 色界起靜慮

亦由法尒力
論曰生上二界總由三緣能進引生
色無色定一由因力謂於先時近及
數修為起因故二由業力謂先曾造
感上地生順後受業彼業異熟將起
現前勢力能令進起彼定以若未離
下地煩惱必定无容生上地故三法
尒力謂器世界將欲壞時下地有情
法尒能起上地靜慮以於此位所有
善法由法尒力皆增盛故諸有生在
上二界中起無色定由因業力非法
尒力無雲等天不為三災之所壞故
生在色界起靜慮時由上二緣及法
尒力若生欲界起上定時一一應知
加由教力由教力者謂人三洲天亦
聞教微故不說前來分別諸勝法門
皆為弘持世尊正法何謂正法當住
幾時頌曰
佛正法有二 謂教證為體 有持說行者
此便住世間
論曰世尊正法體有二種一教二證
教謂契經調伏勝法證謂三乘諸無
漏道若證正法住在世間此所弘持

教法亦住理必應尒現見東方證法
衰微教多隱沒北方證法猶增盛故
世尊正教流布尚多由此如來無上
智境衆聖樓宅阿毗達磨無倒實義
此國盛行非東方等所能傳習此二
正法依持者住持者謂何謂說行者
若教正法依說者住證正法 住唯依
行者然非行者唯證法 依教法亦應
依行者故謂有無倒修行法者能令
證法久住世間證法住時教法亦住
故教法住由說行者但由行者令證
法住故佛正法隨說行人住尒所時
便住於世阿毗達磨此所論依此攝
彼中真實要義彼論中義釋有多
途今此論中依何理釋頌曰
迦濕弥羅議理成 我唯依彼釋對法
或有差違是我失 判法正理在牟尼
論曰迦濕弥羅國毗婆沙師議阿毗
達磨理善成立我唯依彼釋對法宗
故於頌中自述本意謂依此國諸善
逝子議對法理大毗婆沙發起正勤
如理觀察為令正法久住世間饒益
有情故造斯論唯言為顯更無異途

一切皆依毗婆沙故然諸法性廣大甚
深如實說者甚為難遇自惟覺慧
極為微劣又惰遍求如實說者故於廣
論所立理中或有違逆是我過失諸法
正理廣大甚深要昔曾於無量佛所
親近修習真智資糧方於智境一切
無惑麟喻獨覺尚於法相不能決判
況諸聲聞彼所證法隨他教故由此
決判諸法正理唯在真實大牟尼尊
是故定知阿毗達磨真是佛說應隨
信受無倒修行勤求解脫

大覺所行真妙義　唯隨對法正理鈎
諸善逝子能證知　定非自執所迷者
諸欲證知真妙義　要依正理了義經
非唯執教所堪能　應亦標心於正理
故順佛言正理論　及順正理阿笈摩
足能為證妙義依　何用固求邪難論
智者但能依此教　可無損墜不由餘
故判法義真不真　唯大覺尊為定量

[illegible]

說一切有部顯宗論卷第四十

阿毗達磨藏顯宗論卷第四十

校勘記

一　底本，金藏廣勝寺本。
一　四四二頁中一五行「有名」，諸本（不含石，下同）作「皆名」。
一　四四二頁下一行第一二字「能」，資、磧、普、南、徑、清作「能對」。
一　四四二頁下八行「古師」，麗作「占師」。
一　四四二頁下一七行「有理」，諸本作「共理」。
一　四四三頁下二行「若說」，資、磧、普、南、徑、清作「若就」。
一　四四四頁中三行「真實」，資作「具實」。
一　四四四頁中八行「疑則」，徑作「疑作」。
一　四四四頁下一〇行第九字至一一行第一〇字「唯人……即」與一一行至次行第一三字「喜受……故」，磧、普、南、徑、清倒置。
一　四四四頁下二一行「及至」，資、磧、普作「乃至」。
一　四四五頁上五行「永去」，諸本作「永亡」。
一　四四五頁上一一行末字「二」，諸本作「三」。次頁上二〇行第六字同。
一　四四五頁下七行末字「名」，磧作「各」。
一　四四六頁上六行第一三字「通」，資、磧、普、南、徑、清作「道」。
一　四四六頁上八行「二取」，麗作「一取」。
一　四四六頁中三行「後二」，資、磧、普、南、徑、清作「後三」。
一　四四六頁下一行「次二」，南、徑、清作「次三」。
一　四四六頁下五行第二字「想」，資、磧、普、南、徑、清作「相」。
一　四四六頁下末行第一〇字「可」，諸本作「所」。
一　四四七頁上二行「名爲」，資、磧、普作「名名」。

一　四四七頁上一〇行「八勝處」，磧、普、南、徑、清作「入勝處」。

一　四四七頁上一四行末字「後」，資、磧、普、南、徑、清作「從」。

一　四四七頁上二一行「有十」，資、磧、普作「有七」。

一　四四七頁下二行「自地」，磧作「曰地」。

一　四四八頁中四行「二由」，資、磧、普、南、徑、清作「二因」。

一　四四八頁中六行「進起」，資、磧、普、南、徑、清作「進趣」。

一　四四八頁中一五行首字「加」，磧、普、南、徑、清作「皆」。

一　四四八頁中二一行「二證」，資、磧、南作「一證」。

一　四四八頁下一三行「此所論依」，諸本作「此論所依」。

阿毗曇心論經序

今欲解釋阿毗曇心利益弟子故問
曰不須解釋所以者何古昔論師巳
釋阿毗曇心利益弟子故不須釋荅
曰不然應須解釋所以者何古昔論
師雖釋阿毗曇心太廣太略彼未學
者迷惑煩勞無由能取我今離於廣
略但光顯脩多羅自性是故須釋問
曰何故釋阿毗曇心利益弟子耶荅
曰彼中巳說不顛倒法相釋不顛倒
法相令彼覺悟真實是故離諸過惡
生諸功德得勇猛第一義利問曰若
如是者隨意解釋荅曰我當解釋但
諸師造論以吉為初一切吉中三寶
㝡勝是故本師為顯三寶少分功德
故於論初先說此偈

阿毗曇心論經卷第一

法勝論　大德優波扇多釋
高齊天竺三藏那連提耶舍譯　大秦成部

界品第一

前頂礼㝡勝　離熱饒益言　彼言說相應
羅漢見實等

前者先也頂礼者淨信曲躬礼也㝡
勝者世尊為應供者之所供養又於
一切法中勝故名㝡勝復次世尊於
一切法於一切種而得自在故名㝡
勝離熱者離燒義也謂煩惱熱能燒
身心世尊離彼故名離熱此是自巳
智斷成就彼師如是說者彰於如來
自利滿足次說饒益言者世尊言說
能饒益一切衆生饒益者謂安隱也
安隱饒益一義異名此彰世尊利他
滿足此略說天人師自利利他功德
滿足彼二種世尊等作究竟是故應
供中勝彼言說相應者謂道理義顯
示相應如是功德相應天人師語礼
敬此者名礼法寶羅漢見實等者應
受天人阿脩羅等供養故名阿羅漢
此說無學寶者謂四聖諦以學見者
彼名見實此唯說學此學无學等
謂第一義僧礼敬此者名礼僧寶問
曰何故礼敬荅曰

佛開覺慧眼　若知諸法衆　亦為他顯現
我今說少分

佛者知一切法知一切種故名為佛

開覺慧眼者謂无导智眼義也若者
若佛所說所顯所宣所釋法也知者
解也法者持也持於自性為他作緣
故名為法法有積聚故名法衆法衆
群聚一義異名亦為他顯現者自覺
知巳利世間故為他顯示或有覺知
不為他說如昇攝波林經說我今說
少分者於彼佛說法中我今但說少
分法相豈能盡說如是義巳問曰何
法是佛所說而欲說耶荅曰所謂有
漏無漏有煩惱無煩惱受蔭有諍无
諍色无色等我今當說

一切有漏行　離我樂常淨　此受於我等
不見有漏故

一切有漏行離我樂常淨者諸有漏
行離我離樂離常離淨彼中世間
不能觀察无明覆障闇智於此四門
顛倒而見故名顛倒問曰何因故知
諸有漏行離於我耶荅曰我事无故
屬因緣故行名為他非我自性計我
者說我不屬他除此更无是故我性
不可得无我因故諸行離我問曰何
因故知諸行離樂荅曰作逼迫故諸

有漏行是苦自性亦是苦緣是故逼
迫逼迫名苦是故離樂問曰何因故
知諸行離常荅曰以生滅故現見諸
行生而即滅无見常者是故離常問
曰何因故知諸有漏行離於淨耶荅
曰汙染事故諸有漏事煩惱境界不
淨汙染是故離淨問曰如是諸行離
於我等世間何故取我等耶荅曰此
受於我等不見有漏故諸有漏行不
如實見世間不能觀察作我等解猶
如怨家匿藏惡欲詐出美言遊行家
內實非親友作親友解我我所覆故
不見無我是故現見行等作業以迷
惑故無我事中而見於我對治覆苦
事故於行住等想謂為樂故於苦受
陰中而作樂解相似相續覆无常事
彼現見色相似相續記憶宿事誦持
經論故於无常行中而作常解皮色
覆於不淨事故彼於幾毛爪齒處等
少時見淨於不淨中而作淨解雖見
戾屍雖復不淨猶生迷惑此雖不淨
餘者應淨猶如野干看緊叔迦華問
曰何故論初先說顛倒荅曰為知不

顛倒法相故我先已說欲令弟子解真
實故以不顛倒心安隱易解是故論
初先說顛倒問曰為當但有此離我
等諸有漏法更有餘耶荅曰更有

若處生煩惱　是聖說有漏　以彼漏名故
慧者說煩惱

若處生煩惱是聖說有漏者若依若
聚若緣若衆生數非衆生數生身見
等煩惱是法說有漏問曰何故荅曰
以彼漏名故慧者說煩惱觀察煩惱
為作漏名故以彼法生於煩惱依漏
起故名為有漏如有怖道有毒食等
應如是說若事屬漏為漏所攝彼名
有漏此說无漏緣生煩惱非無漏法
屬於煩惱為煩惱攝無漏法但緣生
煩惱問曰漏義云何荅曰從有頂下
至無間獄於其中間六入瘡漏是故
名漏猶如瘡漏又留住生死故名為
漏問曰此更有名耶荅曰更有

亦名有煩惱　取蔭及有諍　煩取諍生故
知彼自性說

亦名有煩惱取蔭及有諍者是有漏
法亦名有煩惱亦名取蔭亦名有諍

問曰何故彼諸名說荅曰煩取諍生
故知彼自性說諸煩惱取諍等漏之
異名從煩惱生彼亦生煩惱故名有
煩惱如是從取生彼亦生取故名有
取從諍生彼亦生諍故名有諍問曰
是蔭世尊所說為取蔭即是蔭為離
取蔭別有蔭耶荅曰若取蔭者彼即是
蔭或有蔭而非取蔭問曰何者是耶
荅曰

若行離煩惱　此是無漏蔭　及前有取蔭
是蔭聖所說

若行離煩惱此是无漏蔭者此蔭更
有餘說有二種蔭無漏有漏若行離
身見等煩惱是名無漏是蔭非取蔭
及前有取蔭是蔭聖所說者若此無
漏蔭及前所說取蔭合說為蔭謂色
等五蔭問曰蔭義云何荅曰聚義是
蔭義問曰若如是者蔭但假名无有
實事非但一物得有聚名和合故名
聚荅曰非但有相亦有實事有此事
者便有彼相故蔭有相如佛所說㝵
相是色蔭等是故有事界等所攝智
識使等境界如四聖諦故蔭有事非

阿毗曇心論經卷第一　第七張　自

但假名問曰陰界入等有何差别

荅曰

十種謂色入　亦名无教色　是分别色陰
世尊之所說

色有二種一者微塵積聚色二者非微塵積聚色微塵積聚色者謂十色入眼乃至觸非微塵積聚色者名無教色法入所攝彼業品當說此等一切是色陰相入色陰數佛說為色陰以此觸彼以彼觸此是故名色以此惱彼以彼惱此義也如佛所說如手等觸觸故名色問曰若如是者除无教色彼非是色何以故非手等可觸以无對故汝意若謂以所依者是可觸故彼亦是可觸故無過者受等亦應是色汝意若謂彼所依四大是可觸故彼亦是可觸者我當說言現見所須作功業事作畫作泥若如是者受等心數亦應是色故汝有過彼等亦依眼等諸根彼亦應是可觸荅曰非但生心心數因非心心數依眼等根如光依珠彼生時眼等作因如是眼等是觸彼非觸也復次造色依大

阿毗曇心論經卷第一　第八張　自　衮

如光依珠是故大是觸故彼亦是觸問曰雖如是說汝相猶自不成何以故除過去未来微塵色故荅曰相不可壞過去色觸已滅未来色亦如是相生如是微塵亦是可觸以微細故不可得知是故一切諸色皆是可觸

所名為識陰　是說為意入　於十八界中
亦說為七界

識陰者謂六識身是十二入中說為意入於十八界中分别為七心界眼識界耳識界鼻識界舌識界身識界意識界意界等識者能知於縁故名為識識者能取縁義也

餘則有三陰　無教三無為　是說為法入
彼亦是法界

如前所說受等諸法惣為一法入十八界中為一法界彼入義者門義是入義如窓牖如佛所說婆羅門眼為門乃至見色入字義者是輸義也能增長心心數法以是義故名之為入界義者性義是界義如朱砂界雄黄界等界字義者能持自相與他作縁是故名界是界事有十七或復十二

阿毗曇心論經卷第一　第九張　自　蔑

何以故除六識界更無意界是故十七即六識身展轉相續名為意界如父子名子展轉相續次第名父如是除意界外无别六識界是故十二依及依者縁差别故故有十八彼界入事等攝一切法故彼陰一向但是有為問曰陰中何故不攝无為荅曰無陰相故二種陰相共相别相共相者聚義是陰義及无常等别相者色等等是二種相无為中無是故不攝無為餘更有何義謂非顛倒事及斷方便无為非顛倒事及斷顛倒方便顛倒事故說取陰為斷顛倒方便故說无漏陰是故陰中不攝無為如是說陰界入境界寬廣故建立於界欲說種種義故如是說

界中一可見　十界說有對　八界是无記
餘則善不善

界中一可見者十八界中當知一界可見所謂色界何以故是眼識境界故是故可見復次可示此示彼是故可見餘十七種定不可見十界說有對者十八界中五內界謂眼耳鼻舌

身五外界謂色聲香味觸是等十界說有對三種有對所謂障㝵有對境界有對緣有對障㝵有對者如手左右手相對境界有對者謂根與境界相對緣有對者意識於一切法此中唯取障㝵有對更相障㝵故名有對彼一切十種界更手相對若不介者彼不增長如上座鳩摩羅多說若心欲起時為他所障㝵當知是有對相違是無對餘八界定无對八界是無記者十八界中當知八界是無記所謂眼耳鼻舌身香味觸彼无愛不愛果可記是故无記餘則善不善者餘十界說无記善不善謂色聲界身口意作是善不善何以故從善不善心起故餘者是无記眼識等七心界是善不善无記心相應法界是善不善無記心數法界是自性相應善不善无記彼自性善者謂慙愧不貪等三善根相應善者與彼受等心數相應自性不善者謂无慙無愧貪等三不善根相應不善者與彼受等心數相應與二相違是无記不相應法界雜

品當說無為中一善二無記數緣是善虛空非數滅是無記於中善攝愛果安隱故名為善善攝者謂道諦苦集諦少分愛果者謂苦集諦少分安隱者謂滅諦相違名不善彼苦集諦少分除此名無記无善不善可記故名无記無果可記亦名无記

十五定有漏　餘二三三有　欲有中有四
十一在二有

十五定有漏者五內界五外界五識界此十五界一向有漏餘二者餘有三界意界法界意識界等彼有二種有漏无漏有漏者生漏共漏相應滿足跡處故名有漏與此相違是名無漏略說未知欲知根等諸无漏根俱生法及彼得出世間解脫得及无為是無漏餘是有漏三三有者即此三界於三有中可得欲有中有四者香味鼻識舌識界等一向欲界攝彼非色界離摶食愛故十一在二有者五內界色聲觸界及緣彼三識界此等十一在欲色界非无色界无色故彼為欲界使所繫是欲界繫為色界使

所繫是色界繫為无色界使所繫是无色界繫

有覺有觀五　三種三餘无　有緣當知七
亦法界少分

有覺有觀五者五識界一向有覺有觀與覺觀相應義故三種三者意界法界意識界彼有三種欲界初禪有覺有觀中間禪无覺有觀第二禪上乃至有頂无覺无觀法界有覺有觀者欲界及梵世除覺觀心數法界無覺有觀者中間禪除觀心數法界無覺无觀者第二禪上乃至有頂心數法界中間禪觀一切無教等不相應法界欲界梵世觀此三中不攝若欲說者應言无觀有覺餘無者餘十界无覺无觀彼與覺觀不相應故有緣當知七亦法界少分者七心界及心數法界是有緣有此緣故名為有緣彼有境界可取故說有緣復有餘緣名如手緣杖此等世俗言說當知餘定無緣

九不受餘二　有為无為一　一向是有為
當知十七界

九不受者九界決定不受受名若色在根數及不離根若割截殘壞心心數法於中受在中住故異則不受彼七心界聲界法界此等九界名為不受彼非心心數法止住處故餘二者餘九界二種五内界若在現在名受或此現在識雖空亦名有受以彼種類衆生數攝故說為受如是過去未来及非衆生數名為不受色香味觸與根不相離在現在者名受如根中心心數法止住彼中亦尒餘名不受略說若法生而未滅衆生數有對可牽可推彼名為受彼生而未滅者除過去未来衆生數者除現在非衆生數有對者除生未滅心心數法可牽可推者除聲界有為无為一者因緣和合作故名為此能生義也作者何故名作一法界合有為无為此中三種常故無為虛空數滅非數滅受等三陰及无作色名有為一向是有為當知十七界者餘十七界有因故一向是有為問曰如是分別法相竟云

何攝法為自性為他性答曰

諸法離他性　各自住已性　是故一切法
自性之所攝

諸法離他性者謂眼離耳如是一切事若性離性相攝者是說不相應是故非他性攝彼有何過若一生滅餘一切亦生滅此非道理是故他性不攝各自住已性者眼自住眼性如是一切法是故一切法自性之所攝者是故自性攝一切法此師所說自相攝義也此亦二種生及分齊生者色陰攝十色入乃至法入中色眼界攝眼界分齊者此一念攝一念不攝餘念若餘攝名者如臺觀攝基陛梁椽等是世俗言說彼眼界一界一入一陰所攝當知一切法亦如是

行品第二

已說諸法相生差別今當說問曰若一切法自性攝者亦應自力能生耶答曰

初無一能生　以離伴侶故　一切彼此力
諸法乃得生

初无一能生以離伴侶故者有為諸

行自性羸劣是故无法自力能生問曰云何得生答曰一切彼此力諸法乃得生有為諸法彼此力生如二羸人彼此力起此一切行略說四種所謂色心心數法心不相應行彼生亦有四種作取作依作增上作伴彼作取者依果報果及丈夫果少分作依者諸界六入造色四大作增上者一刹郍生事一切諸法作伴者心心數法彼此為伴及諸有為相如是等有為我當先說共心俱生作伴

若有心生處　必與心共生　諸心法等衆
及不相應行

心者心意識義一異名是心善等分別界分別種分別依分別無漏等分別无量種差別是心若依若緣若刹郍生決定共心心數法及心不相應行生問曰心心數法云何答曰

想欲及觸慧　念思與解脫　作意於境界
三摩提受等

想者於緣能取相貌謂取男女麁細木杌長短等相欲者受樂如見已樂等觸者依緣心和合如日光珠異和

合生火慧者能知於緣如此是色非
味非是等念者繫念於緣思者善不
善俱相違心轉解脫者於緣中心轉
不障㝵故作意者取緣勇健有人言
心專注義也三摩提者取緣時心不
乱也受者於樂不樂俱相違緣中
受也
一切心生時　是生聖所說　同於一緣轉
亦復常相應
一切心生時是生聖所說者是想等
十法共一切心俱生故名大地是大
心地故名大地同於一緣轉者此十
法共一切心俱一緣中轉不別緣也
有五種同所謂相貌緣時依事同一
相貌一緣一時一依一事同者共相
應義亦復常相應者此常與心相應
彼此俱生相應取緣故名相應已說
一切心中相應法非一切心中相應
法今當說
諸根有慚愧　信猗不放逸　不害精進捨
或熱及覺觀
諸根者不貪不瞋二善根也不癡善
根體即是慧大地共故此中不說不

貪者於有无有不著不瞋者於衆生
數不恚慙者尊重巳身於惡羞耻愧
者尊重世間法信者不顛倒因果信
猗者善心離惡身中怡泰不放逸者
調柔方便於可作不可作捨作方便
一向心此是修善義不害者於衆生
數不惱心精進者捨離過惡修習功
德守護增長策勵心捨者心平等一
切善心俱順道理此十法一切善心
中可得故名善大地或熱者我見等
煩惱使品當說心麁名覺是揵利義
心細名觀是微少義此法非一切心
中可得或有可得或不可得次後若
聚乃至心數生我今當說此心心數
法善等分别有五種聚所謂不善不
共善隱没无記不隱没无記欲界成
就五種色无色界成就四種除不善
不善心聚中　心數二十一　三見中減一
欲二見少三
不善心聚中心數二十一者不善心
者若心與無慙无愧相應此心聚中
有二十一心數謂十大地及覺觀二
煩惱貪瞋慢疑及彼中一无明貪乃

至疑等彼此不相應無明與彼相應
與一切煩惱相應故七種起煩惱謂
无慙无愧睡掉不信放逸解怠問曰
一切不善心中悉有二十一耶荅曰
不尒三見中減一欲二見少三不善
心聚中邪見見取戒取心相應有二
十法此中除慧欲二見少三者欲界
身邊二見相應有十八法除慧前巳
說除无慙无愧見是慧性故見相應
聚中无慧非一聚中有二慧事身邊
二見是无記無慙无愧一向不善是
故少三
善心二十二　不共有二十　无記有十二
悔眠俱被增
善心二十二者十大地十善大地及
覺觀不共有二十者不善心聚二十
一中除一煩惱不共者唯一無明非
餘使无記有十二者不隱没无記聚
中有十二心數謂十大地及覺觀彼
中无信等功德无貪等過惡何以故
無記故不隱没者非是穢汙悔眠俱
被增者追變名悔是悔三種善不善
无記於中善不善行作名善不善彼

四種差別或有善建立不善如作施
等已悔或有不善建立善如作惡已
悔或有不善建立不善如作惡已悔
少或有善建立善如作施等善已悔
少若餘威儀等悔彼是无記是故與
悔相應聚中增悔餘心數如前說於
中悔人非貪等使轉非无癡人生悔
是故不善悔相應聚中但一无明是
煩惱非餘是故有二十一種善悔相
應聚中但增於悔如是二十三種不
隱没无記者十三種此於三聚中轉
謂不共善不隱没无記眠者寐也此
於一切五聚中轉何以故眠者有不
善穢汙无記心是故彼中增一眠餘
心數如前說如是三聚二種悔眠俱
轉彼中增二此是欲界心法次第問
曰色无色界云何荅曰

初禪離不善　當知如欲界　中間禪除覺
於上觀亦然

初禪離不善當知如欲界者初禪離
不善聚離无慙無愧故餘有四聚如
欲界說中間禪除覺者中間禪除覺
餘如初禪說於上觀亦然者二禪以

上乃至有頂除覺觀餘如初禪說已
說心心數法由伴力生色法今當說

微塵在四根　十種應當知　身根九外八
謂在有香地

微塵在四根十種應當知者謂眼根
微塵有十種當知十種不相離義也
謂地水火風色香味觸眼根身根此
等十種常不相離耳鼻舌亦如是身
根九者除眼根等餘悉同前外八者
非根法中八種微塵謂四大色等四
塵問曰何界微塵如是說耶荅曰謂
在有香地此是欲界中義彼有香故
色界微塵離於香味是故彼中除於
香味餘如前說問曰前說若心起時
彼心數法及不相應行生已說心心
數法不相應行云何荅曰

一切有為行　生住及異壞　是亦有四相
彼此更相為

一切有為行生住及異壞者一切有
為行有四種相生住異壞未生生故
名生生已自事立故名住住已衰變
故名異異已勢滅故名壞如是說若
有為法得如是相者名心不相應行

我今當說有為相此事可知故名相
彼生住老无常生者有為事生住者
安立老者衰變无常者壞也彼非一
時作生者以生為業餘者生竟作業
是故有為生住異壞非是一相問曰
若一切有為法有四相者此亦是有
為此更有餘相耶荅曰是亦有四相
是亦有四種相共彼生謂生生住住
異異壞壞問曰若如是者便為无窮
荅曰彼此更相為此相彼此相為生
生生生生生如是住住住彼此
相住異異異彼此相異壞壞壞彼此
相壞故非无窮此後四為一法生生
生生事非餘法如是住住住事非
餘法餘亦如是前四種相各為八法
生生八法謂前三相後四起相及彼
所相法當知餘亦如是已說諸行共
生隨伴故生無伴不生今當說

所作共相似　普遍相應根　從此六種因
轉生有為法

此六種因轉生有為法所作因者若
法於餘法生中不作障导以此力故
彼法得生如眼生時一切法除自性

如是耳等除自性非自性與自性作因共因者諸行與伴共生如心心數法心不相應行有為相如是四大微塵隨心戒等相似因者若義能生相似法如習善生善習不善生不善如習工巧能知工巧如種麥生麥如是等一切遍因者若諸煩惱必相續生如執著我見者以見力故於我執著斷常謗於陰相疑或取清淨及最勝慢等過生餘亦如是一切遍應當知相應因者心心數法彼此力俱一時一緣中轉問曰若心心數法一時彼共生因與相應因何差別答曰不相離義是相應因同一果義是共生因如執杖杖業如渡河牽手不斷等報因者謂世間生中受生相續事果名生如善愛果不善不愛果已說諸因法若法從因生今當說

報生心心法　及餘離煩惱　悉從五因生

共生應當知

若報生心心數法及穢汙心心數法等從五因生報生心心數法五因者謂所作因共生因相似因相應因報

因所作因者彼法生時相似不相似事不作障㝵共生因者彼此伴生彼生等心不相應行伴力生相似因者前生无記法或作是解是報因生非威儀等何以故彼勝故非勝與劣作因相應因者彼此力一時一緣中轉報因者彼或善不善業此則彼果穢汙心心數法无報因何以故隱没非無記果報性故遍因第五由彼力故此得生餘四因如前說

是彼不相應　及餘相應法　除最初無漏

彼從四因生

是彼不相應者若報生色及報生心不相應行從四因生謂所作因共生因相似因報因穢汙色及穢汙心不相應行亦從四因生謂所作因共生因相似因遍因及餘相應法除最初无漏從四因生者餘心心數法除最初无漏亦從四因生謂所作因共生因相似因相應因餘者謂不隱没無記除報

若餘不相應　相似當知三　及諸餘相應

最初無漏法

若餘不相應相似當知三者前所說心不相應及餘彼餘名餘彼謂善不隱没无記除報若彼相似因成就除初無漏從三因生謂所作因共生因相似因及諸餘相應最初无漏法者彼初生无漏相應亦從三因生謂所作因共生因相應因彼無相似前生無漏故無相似因

彼中不相應　是從二因生　若從一因生

必定無此事

彼中不相應是從二因生者彼初生無漏聚中色及心不相應行從二因生謂所作因共生因已說一切有為法若從一因生必定无此事者一切法必定從所作因共生因生餘因不定是故无法從一因生已說因差別世尊以如是因為化衆生故說緣我今當說

次第亦緣緣　增上及與因　法從四緣生

世尊之所說

如是四緣生一切有為法彼次第緣者心一一生次第相續作容受方便緣緣者心心數法境界攀挽方便緣

彼故能生增上緣者法生時不作障㝵如王自在即是前說所作因因緣者除所作因其餘五因彼是因緣問曰因之與緣有何差別答曰或有說者无有差別我說因者如種子法緣者彼持方便如地糞等已分別緣若法隨緣生今當說

心及諸心法　是從四緣生　二正受從三
餘法說於二

心及諸心法是從四緣生者心心數法從四緣生前容受此法是次第緣境界是緣緣除自性餘一切法是增上緣共生因自分因相應因是因緣或時有遍因報因二正受從三者无想正受滅盡正受從三緣生彼二入定心是次第緣彼前生正受念及正受心界地善自分名相似因共生生住異壞名共生因如此二因是彼因緣增上緣如前說餘法說於二者餘心不相應行及色從二緣生謂因緣增上緣問曰此法何故名行答曰

多法生一法　是亦能生多　緣行所作故
名行應當知

多法生一法是亦能生多者一法以多法力故生是亦能生多法如是一切彼此力緣行所作故名行應當知者此亦是緣亦是行故名緣行緣行所作故名緣行所作此亦能作緣行是故名行如是說者此行為他所作亦能作他是故名行

阿毗曇心論經卷第一

甲辰歲高麗國大藏都監奉
勅彫造

次第是轉生自地於自地者一切諸煩惱於自地煩惱次第緣可得一一次第生一切上地亦生下此事當分別者梵天上命終次第生欲界一切若彼中穢污心命終此中一向穢污心相續如是一切地

已說諸使自相如此煩惱世尊教化故多種說今當分別問世尊說七使欲愛恚有愛慢見疑及無明此云何答

欲界五種欲　此說欲愛使　色無色如上
有愛當分別

欲界五種欲此說欲愛使者見苦習滅道思惟斷色無色如上有愛當分別者色界愛五種無色界亦尒

五種如前說　憍慢及無明
恚即是恚使
十五在三界

恚即是恚使五種如前說者瞋恚亦如是五種憍慢及無明十五在三界者慢欲界五種色界五種無色界五種無明亦尒

見使三十六　說普在三界　疑使有十二
此七有異名

見使三十六說普在三界者欲界十二見五見苦斷二見習斷二見滅斷三見道斷色無色界亦尒疑使有十二者欲界有四見苦習滅道斷色無色界亦爾此七有異名者此煩惱說扼受流漏問以何等故答

扼縛及受流　漏一切無窮　諸扼及受流
煩惱是說漏

繫一切衆生故說扼受生具故說受流下一切衆生故說流漏一切無窮故說漏已說種種相相應根今當說

阿毗曇心論經卷第一

校勘記

一　底本，麗藏本。

一　四五一頁上一行「阿毗曇心論經序」，資、磧、普、南作「法勝阿毗曇心論序」並有夾註「別譯」；徑、清作「法勝阿毗曇心論序」。

一　四五一頁上七行第一一字「今」，磧作「人」。

一　四五一頁上八行第三字「光」，南、徑、清作「先」。

一　四五一頁上一七行經名，資作「阿毗曇心論卷第一」；磧、普、南作「法勝阿毗曇心論卷第一」；徑、清作「法勝阿毗曇心論卷第一」並有夾註「別譯」。

一　四五一頁上一八行「法勝論」，磧、普、南、徑、清無。

一　四五一頁上一九行「那連提耶舍譯」，南、徑、清作「那連提黎耶舍譯」。又「六卷成部」，資、磧、普、徑無。

一　四五一頁中一三行「中勝」，資、磧、南作「衆勝」。

一　四五一頁下四行末二字「法衆」，諸本（不含石，下同）無。

一　四五一頁下九行「義已」，諸本作「義也」。

一　四五一頁下二〇行「爲他」，諸本作「屬他」。

一　四五二頁上一二行第六字「作」，資、磧作「非」。

一　四五二頁上一七行「記憶」，磧、普、南、徑、清作「計憶」。

一　四五二頁上二〇行第四字「淨」，磧無。又第五字「於」，南、徑、清無。

一　四五二頁上二二行「緊叔迦華」，南、徑、清作「堅叔迦華」。

一　四五二頁下一九行第一〇字「名」，磧作「各」。

一　四五三頁上七行第七字至本頁中一九行第九字「微……者」，磧、普、南與此大異，今據宋磧砂藏本附録於卷末，即四五九頁下一行至末行「次第……今當說」。

一　四五三頁中一二行「識者」，徑、清作「識界者」。

一　四五三頁中一四行「三蔭」，徑、清作「天蔭」。

一　四五三頁下五行首字「及」，磧作「教」。

一　四五三頁下一〇行末字「無」，磧作「爲」。

一　四五四頁中一二行「意識界」，磧作「意識果」。

一　四五四頁中一三行末字「滿」，諸本作「漏」。

一　四五五頁上一七行末字「何」，諸本作「何義」。

一　四五五頁上二二行「有因」，資、磧、南作「無因」。

一　四五五頁下八行「諸界」，諸本作「諸識」。

一　四五五頁下九行第七字「諸」，資、磧作「識」。

一　四五五頁下一二行末字「聚」，徑作「衆」。

一　四五五頁下二二行「如見」，南、徑、清作「如是」。

一　四五六頁中一三行「次後」，南、徑、清作「次復」。

一　四五六頁中一八行「滅一」，諸本作「滅一一」。本頁下五行同。

一　四五六頁下三行「放逸」，磧作「故逸」。

一　四五六頁下五行第一一字「以」，諸本作「少」。

一　四五六頁下一四行「被增」，諸本作「彼增」。二二行同。

一　四五七頁上七行第一一字「癡」，諸本作「凝」。

一　四五七頁中四行第三字「有」，諸本作「於」。

一　四五七頁下二行「住者」，清作「位者」。

一　四五七頁下三行「彼非」，徑作「彼北」；清作「彼此」。

一　四五七頁下一一行第四至七字「生生生生」，徑、清作「彼此相生」。

一　四五七頁下一二行「相異」，資、磧、普、南作「相衰」。

一　四五七頁下一三行第八字「後」，磧、南作「彼」。

一　四五七頁下一九行「相應根」，諸本作「相應報」。

一　四五八頁上七行第四字「因」，磧、普作「用」。

一　四五八頁中一二行「彼從」，徑、清作「從彼」。

一　四五八頁中一八行第三字「從」，諸本作「從彼」。

一　四五八頁中二一行「除報」，諸本作「餘報」。

一　四五八頁下一八行首字「今」，南作「令」。

一　四五九頁中卷末經名，諸本作「法勝阿毗曇心論卷第一」。

阿毗曇心論經卷第二　自

法勝論　大德優波扇多釋

高齊大丞三藏那連提耶舍譯　六卷成部

業品第三　别譯

已說諸行因緣力生次觀察世間生滅差别由於煩惱業因故生當思彼業師欲廣說於業是故說此

業莊飾世間　趣趣各各異　是以當思業　求離世解脫

業莊飾世間趣趣各各異者如是一切世間五趣種種身生業能莊飾當思彼業為世間因生種種身如世尊說衆生差别由業所作謂高下優劣是以當思業求離世解脫彼業自性種地成就善不善差别為知彼故當勤思惟問曰何者彼業云何思惟為世間因生種種身答曰

身口意集業　在於有有中　從彼生諸行　及受種種身

身口意集業在於有有中者有三種業謂身口意業彼身所作或業依身名為身業若口所作名為口業意相應名為意業衆生世世造作身口意業從彼生諸行及受種種身者彼業生於諸行及外衆具宅舍色力罪福命等及受衆生種種身此行有二種謂衆生數非衆生數共不共不共者各各衆生業增上生共者一切衆生業增上生如是地等五趣淨不淨種種業身受苦樂種種差别以彼衆生種種是故求解脫者必定應知是業

身業應當知　有教及无教　口業亦如是　意業唯无教

身業應當知有教及無教者身業二種謂有教數及无教數彼有教者身動无教者身動滅已與餘識相應彼相續轉如受戒竟雖不善無記心善戒隨生如捕鳥等雖善無記心惡戒隨生口業亦如是者口業亦有二種謂有教性無教性意業唯无教者意業唯无教性非如色教此業不可示他故名無教有言辞故名教此五業中

有教當知三　善不善無記　意業亦如是　餘不說無記

有教當知三善不善無記者身教口教當知三種善不善無記善者謂行施受戒等善心起動身不善者謂殺生等不善心起動身無記者有二種謂隱没不隱没隱没者謂穢汙无記心起動身不隱没者非穢汙無記心起動身所謂威儀工巧口教亦如是應當知意業亦如是者意業亦有三種彼善心相應名善不善心相應名不善穢汙無記心相應必隱没無記非穢汙無記心相應名不隱没無記餘不説無記者餘有二業謂身口無教彼有二種謂善不善无无記何以故羸劣故以無記心羸劣故不能起强業若與餘識俱與彼事相續如執須摩那華雖復捨之猶見香隨何以故香勢續生故非如執木石等已記彼諸業

色无記二種　隱没不隱没　隱没繫在色
餘在於二界

色无記二種隱没不隱没者若色性業教無記名前已說此有二種當知隱没不隱没隱没繫在色者若隱没

者繫在色界梵世非上地何以故彼無起作心故非在上地下地煩惱起現在前何以故以離欲故亦不在欲界修道断煩惱能起身口業何以故外門轉故見道断煩惱内門行故不能起身口業欲界修道断煩惱但是不善非不善煩惱能起無記業餘在於二界者若不隱没無記繫在欲色二界意業如心説何以故彼隱没不隱没通三界故於中

若教无教戒　略説有三種　無漏及禪生
依順解脱戒

若教无教戒略説有三種者无教戒略説當知有三種問曰云何荅曰無漏及禪生依順解脱戒無漏戒者與道俱生謂正語正業正命禪生戒者與禪俱生謂離欲不離欲凡夫及聖人依順解脱戒者謂衆聚和合於彼士夫邊啓請受得此三種戒攝一切戒問曰如是分別有教無教戒竟何者與心俱生何者不與心俱生荅曰

無教在欲界　教依於二有　當知非心俱
謂餘心俱說

欲界無教若順解脱戒所攝及不攝彼一切非心俱不隨心轉義問曰何故不隨心轉荅曰彼受戒已不善无記心亦隨生故不與善不善无記心隨轉何以故无心亦隨轉故教者欲色二界不隨心轉何以故屬身故餘心亦有故謂餘心俱說者餘謂禪无漏戒彼二種隨心轉何以故異心不隨轉故以彼心力生二種彼常隨心作隨順義故彼二種過去過去成就未来未来成就現在現在成就已說業差別若業成就今當說

无漏戒律儀　見實則成就　禪生若得禪
持戒生欲界

無漏戒律儀見實則成就者謂從初苦法忍及一切聖人成就無漏戒是戒在於六地未来中間根本四禪此色地亦無漏彼未離欲見諦成就未来地戒若離欲一切有學極少成就三地或有六地一切阿羅漢成就六地禪生若得禪者成就禪戒非餘是戒在九地謂禪近地中閒四禪若人若得諸地若凡夫若聖人是得成就

彼地戒持戒生欲界者若受戒者彼成就順解脱戒是戒欲界人得非餘趣受已略說成就差别隨成就過去未来現在戒今當說有三種人謂住戒人住非戒人住非戒非非戒人住戒人者亦有三種以戒有三種故彼者

若住解脱戒 彼無教現在 當知恒成就

或盡成過去

若住解脱戒彼無教現在當知恒成就者若住順解脱戒彼人從初刹那受无教戒現在一切時成就彼現在無教常次第相續乃至命未盡何以故要期分齊故或盡成過去者或有住順解脱戒成就過去无教戒謂已滅不捨捨事有五因緣後當說

若有作於教 成就於中世 彼盡而不捨

當知成過去

若有作於教成就於中世者中世名現在若人作身口教求受戒時成就現在教戒彼盡而不捨當知成過去者盡者過去義彼教盡時若不捨者成就過去教戒此捨因緣如前說略說如是初念教時成就現在教及无教彼後乃至教未盡未来成就過去現在教及無教此教盡已若不捨者成就過去現在无教彼但成就於過去教非現在教

若得禪無教 成就滅未来 中若入正受

教亦如前說

若得禪無教成就滅未来者若得禪者成就過去未来禪戒如成就禪彼人無教雖深定滅由彼禪力故初如是彼得過去如禪第二念等三世成就乃至未起禪若起不捨成就過去未来无漏戒與禪同故此中不說既說禪戒亦說彼已何以故若有見諦教者彼人決定得於禪戒故說禪戒即是說彼

若作不善業 住戒成就二 共煩惱纏俱

當知彼盡盡

若作不善業住戒成就二者若人住順解脱戒若住禪戒彼不見諦作於不善增上纏時不善无教便起彼人介時成就不善教及无教問曰何者住禪戒作不善耶答曰若未離欲依未来禪得作不善問曰幾時成就無教耶答曰共煩惱纏俱是人乃至未捨於不善纏當知彼盡盡若捨彼纏彼教無教亦捨

若住非戒處 無教成就中 當知不愛果

或復盡過去

若住非戒處無教成就中當知不愛果者住非戒者所謂屠羊殺雞殺猪捕魚捕鳥等是人於一切時成就現在不善無教是人初發作業刹那時即於一切衆生所成就不善戒攝無教若人初殺生時即得殺生所攝無教於時隨所殺生更得殺生所攝无教非律儀攝戒先已得故更不重得或復盡過去者第二念以去殺生及非律儀攝無教成就過去現在乃至不捨刹那謝過去者名盡

若刹那住教 是說成就中 亦復盡過去

善於上相違

若刹那住教是說成就中者隨住教時成就現在教刹那現在名刹那住亦復盡過去者隨教刹那謝於過去未斷以來是時成就過去現在若盡而未捨但成就過去善於上相違者

如住律儀說不善如是住非律儀說
善極淨信心作施等善彼時善无教
起彼捨此亦捨
若處中所作是說成就中　亦復盡過去
或二亦復一
若處中所作是說成就中者處中謂
非律儀非不律儀彼若作善成就現
在善教若作不善成就現在不善教
亦復盡過去者是教若滅未斷亦成
就過去現在若盡已不捨但成就過
去或二者或教無教過去現在若極
欲作必定方便不捨亦復一者方便
盡已但成就現在無教有人乃至命
未盡來成就現在無教不欲止故問
曰已說教順解脫戒禪无漏戒云何
得耶答曰
色界中善心　得禪律儀戒　是捨彼亦捨
无漏有六心
色界中善心得禪律儀戒者若有人
得色界善心或時離欲或不離欲彼
一切得禪律儀戒一切色界善心戒
常隨順唯除六心所謂眼耳身識及
聞慧心臨命終心起作業心問曰此

云何捨答曰是捨彼亦捨若捨色界
善心亦捨於彼無漏有六心者彼無
漏戒六心共得所謂未來中間根本
四禪彼捨此亦捨問曰如是諸戒彼
何者戒幾時捨耶答曰
順解脫調伏　是捨於五時　禪生无漏戒
二時智所說
順解脫調伏是捨於五時者謂捨自
分種類時捨戒時斷善根時二根生
時正法隱沒時捨或有人說犯戒根
本梵行時捨罽賓者說有四時捨除
後二種禪生无漏戒二時智所說者
禪戒二時捨退及度界地无漏戒亦
二時捨退及得果彼根次第得果相
似故不別說有人別之彼三時捨問
曰非律儀云何捨答曰
非律儀四時　如是善无名　穢汙唯一時
是說在於意
非律儀四時者謂受戒時得禪戒時
二根生時捨自分種類時彼戒非戒
於三時捨謂本勢過希望止方便息
是說捨戒非戒應當觀察問曰已說
色自性業无色自性業竟復云何答

曰如是善無色善無色業亦四時捨
謂得果時退時斷善根時度界地時
穢汙唯一時是說在於意者穢汙意
業於一時捨謂離欲時隨處處離欲
彼彼捨已說業自性及成就隨彼業
世尊无量門分別今當說
若業與苦果　當知是惡行　復有意惡行
貪瞋及邪見
若業與苦果當知是惡行者若業感
不愛果當知是惡行謂殺生等所有
不善身口意業及後眷屬是謂惡行
隱没无記无果報故不說惡行復有
意惡行貪瞋及邪見者彼不善思是
意惡行如前所說復有貪瞋邪見業
分當知如業以果成因故如女為梵
行垢如是等已說
彼相違善行　㝡勝之所說　於中若增上
聖說十業道
彼相違善行㝡勝之所說者與惡行
相違當知是善行謂一切善業意
業無貪無瞋正見於中若增上聖說
十業道者彼善行惡行業中若增上
業勝者說名業道彼惡行中增上者

名不善業道若善行中增上者是善業道不善業道者謂殺生等七種及貪瞋邪見等善業道者謂離殺等七種及不貪不瞋正見或行方便重非業道或業道重故如是說殺生者於彼他衆生想作欲殺意欲害命方便彼業究竟是名殺生不與取者於他物中作他物解不與想欲刧奪意取屬於已是名不與取邪行者於所行處非道非處非時於非所行處行是名邪行妄語者異想誑他想言說是名妄語兩舌者穢汙心欲壞他語業是名兩舌麁惡語者以瞋忿心他不愛語說是名麁惡語耎見貪等被蹴頓不善語无益語非法語是名綺語貪者愛他資產惡欲是名為貪瞋者增上惱他壞他心過惡是名為瞋邪見者謗無因果是名邪見此為十六不善業道與此相違名善業道餘業不名業道謂此業道後方便及飲酒打拍等惡行礼拜等善行離飲酒思如是等是業非業道問曰業道有何義答曰是業是道故名業道又業之道故名業道業道業道故名業道七業亦業亦道是思之道故三是業道此非業義問曰何故諸煩惱中此貪等三說是業道非餘答曰增上惡故自惱惱他故此極過惡餘不如是彼對治不貪等白道於此業道攝不攝業略說二種謂定不定定有二種報定時定有三種問曰云何答曰

謂現法果業　次受於生果　後果亦復然
當知時各定

若業於此生作即此生熟名現法受業若業次生熟者名生受業過次生後餘生熟者名後受業此等三種名時決定報決定者報決定熟非時決定若得因緣便熟餘名不定問曰如世尊說樂受等三業云何差別答曰

欲界中善業　及色界三地　是說為樂受
此亦定不定

欲界中善業及色界三地是說為樂受者欲界中善業能生與樂俱行報色界初禪二禪三禪地中亦生與樂俱行報彼揔說樂受問曰此業亦時定耶答曰此亦定不定若定若不定

此四地中善業悉名樂受此是樂受所攝果報故名樂受

生不苦不樂　彼在於上善　若受持苦報
是說不善業

生不苦不樂彼在於上善者若第四禪及無色界善業名不苦不樂受彼業能生不苦不樂俱行報故若受於苦報是說不善業者謂不善業名為苦受彼業能生苦受俱行報故此業亦定不定問曰如世尊說黑黑報等四業云何分別答曰

若色中善業　是白是白報　黑白欲界中
二黑說不淨

若色界中善業是白是白報者色界中善業是白一向無惱故彼報亦白一向可愛故黑白欲界中者欲界善業雜於不善故名黑白彼無一業黑白二報雜受問曰若報非黑云何名黑答曰以不愛故名之為黑愛者名白二黑說不淨者不善業名黑不可愛故彼黑還生黑報

若思能破壞　彼諸成就業　無导道相應
是說第四業

若道能斷彼三種業謂无㝵道攝七
七學思是第四業此不可呵故名不
黒无有染著故名不白與流轉相違
故名無報彼見道中法智分攝相應
四思及離欲界八无㝵道相應八思
此十二思斷黒黒報業第九無㝵
道相應一思斷黒白報業初禪離欲
乃至第四禪離欲第九无㝵道攝相
應四思斷白白報業餘非報業无色
善業此中不數何以故無二白事謂
鮮絜白可憙樂白故不說白此經中
世尊說中有問曰如世尊說身口意
業曲過濁等何者是耶荅曰

諂生謂為曲　過從瞋恚生　欲生謂為濁
世尊之所說

諂生謂為曲者方便諂他覆藏已事
心曲名諂此在欲界梵世非上地彼
在意地修道所斷若業從諂起以果
成因故世尊說曲彼非曲性過從瞋
恚生者從瞋生業以果成因故世尊
說過欲生謂為濁者若業從欲生果
中說因故世尊說濁問曰如世尊說
三種清淨三種寂靜彼相云何荅曰

一切妙行淨　無學身口淨　所謂意淨者
即是无學心

一切妙行淨者所有身口意有漏無
漏妙行一切說淨問曰有漏妙行不
淨處所云何說淨荅曰與煩惱不淨
相違故彼少分淨能引道第一義淨
故問曰云何名淨荅曰無學身口淨无
學身口妙行名身口淨所謂意淨者
即是無學心彼無學心名為意淨得
牟尼相離煩惱語言斷三界辯疑揃
依有頂煩惱繫身有起作意不寂靜
是故不說牟尼牟尼者是寂靜義為
斷樂水洗淨等教是故說淨為斷牟
尼教故說身口意牟尼已說業和合
差別業果差別今當說

善業不善業　是俱說二果　善或成三果
餘一果當知

善業不善業是俱說二果者善業有
二種果彼有漏善有依果報果依果
者前生後生界地自分善報果者無
記無漏斷煩惱業有依果解脫果依
果者前生聖道後生聖道一切相似
增長不減解脫果者謂无㝵道斷諸
煩惱彼不善業亦有二果依果報果
善或成三果者若有漏善斷煩惱者
彼有三果依果報果解脫果如世俗
斷結道餘一果當知者謂無記業及
餘无漏不斷結者彼有一果所謂依
果問曰彼身口業造色自性四大所
起彼何者業何四大造荅曰

自地若有大　身口業所依　无漏隨力得
是還依彼力

自地若有大身口業所依者若欲界
身口業彼但欲界四大造色界亦如
是無漏隨力得是還依彼力者無漏
身口業隨力所得還依彼地如是四
大生若欲界無漏道起彼還依欲界
如是四大造無漏身口業應當知如
是色界還依彼地如是四大造無漏
業應當知問曰若生無色界捨於學
戒得无學戒彼捨依何地戒得依何
地戒耶荅曰隨依彼地生隨依彼地
滅依彼地過去戒及依五地未來戒
等皆悉捨之更得依五地未来戒五
地者謂欲界四禪問曰如世尊說三
障是相云何荅曰

无間無救業　廣生諸煩惱　惡道受惡報
障㝵應當知
有三種障所謂業障煩惱障報障
㝵聖道及聖道方便故名為障業障
者五無間業所謂殺母殺父殺　阿羅
漢破僧惡心出佛身血作此業已必
定次生無間地獄故名無間殺母殺
父棄背恩義故墮無間地獄其餘三
種壞福田故煩惱障者謂勤煩惱及
利煩惱勤煩惱者數行煩惱利煩惱
者增上煩惱現行煩惱名之為障非
成就者何以故一切衆生平等成就
諸煩惱故報障者隨所住報非聖道
器報過惡故問曰彼何者是荅曰一
切惡道北欝單越无想衆生一向是
凡夫地故問曰此三業中何者㝡為
大惡荅曰
妄語破壞僧　當知極過惡　有頂世中思
善中㝡大果
妄語破壞僧當知極過惡者一切業
中破僧妄語㝡為極惡彼得阿鼻地
獄經一劫住十三聚火圍遶其身何
以故彼法非法想非法法想亦破壞

見法想破僧起異道故破壞法輪是
故此業一切業中㝡為極惡有二種
破僧謂破法輪及破羯磨破羯磨者
同一界内別衆布薩作羯磨等問曰
何者善業得㝡大果荅曰有頂丗中
思善中㝡大果有頂正受思一切善
中得㝡大果彼八万劫極寂滅故果
報因緣故有頂中思說為大果餘金
剛喻相應思一切大果彼一切結究
竟盡果故
使品第四
業及煩惱因緣流轉已廣說業彼業
煩惱力故受種種生非離煩惱是故
師欲分別煩惱作如是說
一切有根本　業侶生百苦　九十八種使
全㞐說當思
一切有者謂欲有色有無色有此等
三有九十八使以為根本何以故此
為業侶能生種種受生等苦彼業由
於煩惱力故受生有力非離煩惱是
故欲求解脫者應當知之知已遠離
何以故如不識怨則為所害經中佛
說有七種使彼界行種分別為九十

八使所謂貪使界分別為三種分別
為五界種分別為十五慢無明使亦
復如是瞋使界分別為一種分別為
五疑使界分別為三種分別為四界種
分別為十二見使界分別為三種分
別為四行分別為五行種分別為十
二身邊二見同見苦斷故為一種戒
取見苦見道斷故為二種邪見見取
為四種如是為十二使界行種分別
為三十六使是故有九十八使問曰
云何知耶荅曰
一切諸使品　當知立二分　謂見道斷分
及以修道斷
見道所斷乃至修道所斷唯有此等
諸使更無有餘見者覩也彼為見所
斷故名見道斷此言為忍所害義也
修者是數習義為修所斷故名修道
斷此說為得性道所斷義也
煩惱二十八　當知障見苦　彼當見苦時
斷盡無有餘
彼見道修道所斷九十八使中二十
八使障於見苦故見苦斷此後當說
見集斷十九　當知滅亦然　增三見道斷

十說修道滅

見集斷十九者十九使障於見集故見集斷當知滅亦然者當知見滅亦斷十九使也增三見道斷者二十二使見道所斷十說修道滅者當知十使修道所斷已說使種差別彼界差別今當說

㝡初煩惱種　欲界當知十　二中各有七

八種見道斷

㝡初煩惱種欲界當知十者如前所說初見苦斷煩惱種類彼中十使繫在欲界在謂身見邊見邪見見取戒取貪瞋慢疑无明二中各有七者如前所說見集滅斷煩惱種類彼中各有七使亦係欲界當知於此十中除身見邊見戒取為七八種見道斷者此欲界係七中增於戒取

欲界應當知　四是修道斷　謂餘上二界

當知同可得

欲界應當知四是修道斷者謂貪瞋慢無明等如是彼三十六使係在欲界應當知謂餘上二界者餘六十二使係在色無色界當知同可得者如

是三十一使係在色界三十一使係无色界三十六中除五瞋使已說使數種界差別使自性今當說

所謂有身見　邊見及邪見　二取應當知

此五見煩惱

此五煩惱皆是見性身見者彼於五受陰中執我我所是名身見邊見者於彼計著斷常是名邊見邪見者誹謗四諦審介計著是名邪見戒取者於自在等自性丈夫中間智等彼非解脫苦因中妄執為因取戒等此中除等名取戒故名戒取見取者於有漏法執為㝡勝取見等此亦除等名故名見取此智慧性故說名見此等五見攝一切見此一邪見邪執著故以行差別故說五種

貪欲及疑瞋　慢无明非見　境界差別轉

說有種種名

貪欲及疑瞋慢無明非見者貪者彼於有中愛想樂著是名為貪疑者於諦實義計以為實或謗實義彼中猶豫是名為疑瞋者若他侵陵不能容忍便生惡欲於衆生所極作逼迫破

壞非處生心惱彼是名為瞋慢者於自他中稱量心舉是名為慢無明者於諦相中不知不淨是名無明此五煩惱非慧性故使不說見如是一切煩惱境界差別轉說有種種名者此十煩惱隨於境界差別轉故立種種名此中若緣苦轉說見苦斷如是見集斷等亦介

下苦於一切　離三見二轉　道除於三見

上界不行瞋

下苦於一切者欲界中苦是名下苦彼一切十使與見苦相違問曰云何相違荅曰世間不能觀察彼於苦陰不如實知聞說陰苦不喜不樂此不觀察是名愚癡以愚癡故於中生疑為但是陰為有我耶起如是心是名為疑疑故邪說或本習故謗言无陰是名邪見計有於我是名身見見彼相似相續不斷故生常見見彼因果相續壞滅以迷惑故生於斷見執於斷常故名邊見於此見中取以為淨是名戒取於此見等取為㝡上是名見取若愛已見是名為貪若恚他見

是名為瞋以此自高是名為慢如是次第此十煩惱與苦相違離三見三轉者除身見邊見戒取其餘七使集及滅轉彼於苦因不知是名無明癡故生疑疑於苦因為有為無是名為疑疑故邪說或因本習謗無苦因是名邪見於彼取勝是名見取餘如前說如是於滅諦涅槃不知是名無明以愚癡故迷惑涅槃為有為无是名為疑餘如前說道除於二見者道除身邊二見餘八種轉於彼不信受道是名無明餘一切如前說戒取者於此諸見牛戒等中信以為淨問曰彼身見等何故不於集滅道中轉耶答曰身見於果中行我我所轉無有作如是解於此苦因及滅道等計於我者是故身見於苦中轉故見苦斷無餘邊見從身見生是故苦緣若見斷身見者彼緣彼見亦斷邊見問曰若戒取不信於因計自在因為道彼云何見苦斷耶答曰彼愚於果計自在等陰名而起彼常分別於自在等以作因想彼時能以無常等行觀

察苦諦計自在等因想即斷故見苦斷亦不信道彼計非道為道為道故見道斷見真道故滅中無此何以故如是因道滅中无故上界不行瞋者色無色界除瞋餘如欲界說何以故彼无損害相故有善欲故性寂靜故心滋潤故是故無瞋已說諸使自性差別緣差別今當說

普遍在苦因　疑見及无明　是使一切品
謂在於一地

見苦見集所斷品中疑見及相應無明不共无明此十一使當知界界自界地中一切遍此於自地一切五品中緣使上不使下何以故離欲性故下不使上何以故非境界故故說使於自地問曰一切遍義云何答曰緣一切有漏事義故名一切遍義彼一切一切衆生一切有漏事中本来起故是名一切遍義无有一有漏法若凡夫人本来不取執我我所等者問曰何故見苦見集所斷品中說一切遍非滅道耶答曰一切有漏緣故同一意故是以堅固一切有漏事苦集

諦攝見滅見道所斷諸使少分有漏緣少分無漏緣非同一意故非堅固亦非一切緣問曰何故貪瞋慢等非一切遍答曰此是自相使故於一衆生少分亦生一切遍使則不如是一切遍者緣一切界一切地故貪等作意起求貪欲具一切遍者但於他現生惡行猶如河流已說自界地一切遍他界地一切遍今當說

初煩惱五種　四說為第一　於上境界轉
普遍智所說

前說十一切遍中除身邊二見餘九煩惱他界地中說一切遍彼欲界見苦所斷邪見謗色无色界苦果見取取勝戒取於非苦因取為苦因疑彼中猶豫无明迷惑如是欲界見集所斷邪見謗色無色界陰因見取於因事取勝疑於因事猶豫无明迷惑如是色界邪見謗无色界苦果如是應廣說地亦如是初禪地謗第二禪苦如是應廣說乃至不用處謗非想非非想處復次無色界異彼无他界一切遍何以故上無界故非想非非想

阿毗曇心論經卷第二 第二十七張 白字號

處无他地一切遍上無地故問曰何故身邊二見非他界地一切遍耶荅曰非異界地生於異界地陰生我我所无此理也無二身事行此非現見故彼无我故無生我所理也邊見者於已陰中計存斷常

邪見及興疑 俱生獨无明 見滅道二斷當知無漏緣

見滅斷邪見謗於滅諦疑者疑於滅諦彼二相應无明及獨一無明無明不見相於滅處轉此三煩惱緣滅諦故是无漏緣道中亦介如是三界有十八使定無漏緣問曰何故見滅所斷貪等煩惱非無漏緣荅曰如其无漏緣者則不見貪過是故貪使非无漏緣若貪滅道者是善法欲非貪使也非瞋者毀呰相不生故自性柔㜨作故無漏非可慢也清淨寂勝是涅槃道故非二取

阿毗曇心論経卷第二

阿毗曇心論經卷第二

校勘記

一 底本，金藏廣勝寺本。

一 四六二頁中一行經名，資、磧、普、南、徑、清作「法勝阿毗曇心論卷第二」並有夾註「別譯」。卷三至卷五例同。

一 四六二頁中二行「法勝論」，資、磧、普、南、徑、清無。以下各卷同。

一 四六二頁中三行「天竺三藏那連提耶舍譯」，資作「沙門那連提黎耶舍譯」；磧、普、南、徑、清作「天竺三藏那連提黎耶舍譯」，卷三至卷五同。又夾註「六卷成部」，資、磧、普、徑無。以下各卷同。

一 四六二頁中四行夾註「別譯」，資、磧、普、南、徑、清無。以下各卷同。

一 四六二頁中一五行第八字「差」，磧作「善」。

一 四六二頁下七行第七字「地」，諸本(不含石，下同)作「地獄」。

一 四六二頁下一三行第一二字「教」，麗作「教數」。

一 四六三頁上三行末字「殺」，磧、普作「教」。

一 四六三頁上九行第七字「名」，麗作「必」。

一 四六三頁上一〇行第一〇字「必」，資、磧、普、南、徑、清作「名」。

一 四六三頁上一三行「无无記」，麗作「无記」。

一 四六三頁上一六行第六字「復」，徑作「後」。

一 四六三頁上一七行末字「記」，諸本作「說」。

一 四六三頁下五行末字至次行首字「欲色」，磧、普、南、徑、清作「色欲」。

一 四六三頁下二二行「九地」，資、磧、普、南、徑、清作「六地」。

一 四六四頁上一五行首字「滅」，資、磧、普、南、徑、清作「過」。

一 四六四頁中一行「彼後」，資、磧、普作「彼彼」。

一 四六四頁中一〇行第六字「如」，南、徑、清無。

一 四六四頁下一二行「於時」，諸本作「於後」。

一 四六五頁中一〇行「有人」，南、徑、清作「有一」。

一 四六五頁中一七行「无名」，諸本作「無色」。

一 四六五頁下九行首字及第一二字「若」，清作「苦」。

一 四六五頁下一一行第八字「後」，資、磧、普、南、徑、清作「彼」。

一 四六六頁上四行第一〇字「行」，資、磧、普、南、徑、清作「後」。

一 四六六頁上一二行「㝵壞」，諸本作「破壞」。

一 四六六頁上一九行首字「六」，諸本無。

一 四六六頁上二二行第六字「業」，資、磧、普、南、徑、清作「等」。

一 四六六頁中五行「自惱」，麗作「自煩」。

一 四六六頁中六行「白道」，磧、普、南、徑、清作「自道」。

一 四六六頁中二二行末字「時」，徑、清作「是」。

一 四六六頁下三行第一一字及下七行第一二字「若」，清作「苦」。又第一三字「持」，諸本作「於」。

一 四六七頁上一行末字「七」，諸本作「十」。

一 四六七頁中一行「一切」，磧、南作「一世」。又「意淨」，資、磧、普、南、徑、清作「意静」。

一 四六七頁中八行及九行徑、清同。

一 四六七頁中一一行首字「依」，資、磧、普、南、徑、清作「衣」。

一 四六八頁上六行第九字「盃」，諸本作「血」。

一 四六八頁上一一行「增上」，磧作「增生」。

一 四六八頁上一九行「大果」，麗作「大乘」。

一 四六八頁中二〇行第九字「力」，資、磧、普、南、徑、清作「九」。

一 四六八頁下七行「苦斷」，徑作「若斷」。

一 四六八頁下九行「界行種」，資、磧、普、南、徑、清作「行界種」。

一 四六八頁下一八行第五字「得」，資、磧、普、南、徑、清作「智」。

一 四六八頁下末行第一二字「三」，徑、清作「亦」。次頁上四行第七字清同。

一 四六九頁上一二行第四字「在」，諸本作「所」。

一 四六九頁下三行「諦相」，徑、清作「諦想」。

一 四六九頁下四行第七字「使」，資、磧、普、南、徑、清作「彼」。

一 四七〇頁上二行末字「三」，諸本作「二」。

一 四七〇頁上一一行第一〇字「彼」，磧、南作「徐」。

一 四七〇頁上一八行末字「若」，清作「苦」。

一　四七〇頁中一〇行「一地」，資、磧、普、南、徑、清作「一切」。

一　四七〇頁中二一行第五字「苦」，徑作「若」。

一　四七〇頁下一〇行「第一」，資、磧、普、南、徑、清作「第二」。

一　四七〇頁下一七行第一三字「取」，磧、南作「則」。

一　四七一頁上末行經名，資、磧、普、南、徑、清作「法勝阿毗曇心論卷第二」。以下各卷例同。

阿毗曇心論經卷第三　自

法勝論　大德優波扇多譯

高齊天竺三藏那連提耶舍譯　六卷成部

使品之二　別譯

問曰彼何者使何處使

欲界一切種　一切遍使使　緣縛於自地
上地亦如是

欲界一切種一切遍使使緣縛於自地者欲界一切遍使使欲界一切種上地亦如是者色无色界自地亦如是

其餘諸結使　當知於自種　緣使於自地
一切共依品

其餘諸結使當知於自種緣使於自地者非一切遍使於自種類自地法中緣使所使此彼境界一切共依品者一切遍使及不遍使於自種類自品相應法中相應使

若无漏所行　他地緣煩惱　彼相應所使
境界解脫故

若无漏所行他地緣煩惱彼相應所使者若使无漏緣及他界地緣煩惱彼相應所使非緣使問曰何故答曰

境界解脫故此使解脫境界故無漏諸法解脫一切煩惱問曰云何緣而不使答曰無住處故彼對治無漏是故不得住處譬如炎熾琉璃鉸鈉等蟲樂昇其上而不能住如人履於熱地以熱觸故不能停足彼亦如是上地諸法解脫下地是故緣而不使問曰此使云何為是不善為是无記答曰

身見及邊見　彼俱生无明　是欲中无記
色无色一切

身見及邊見彼俱生無明是欲中无記者欲界身邊二見及彼相應无明是无記何以故與施戒等不相違故身見常見於施戒脩不相違何以故欲受未來可愛果故是故作施等事不善則與施等相違是故无記又諸衆生常行此見若此煩惱是不善者欲界應无有一衆生得受樂者何以故常行不善故復次此見愚於自事不逼迫他是故身見非是不善斷見隨順離欲近於无我能作厭離无常行故亦非不善欲界諸餘煩惱皆是不善色无色一切者色无色界所

有諸使悉是无記四支五支三昧所制伏故不能生報譬如善呪制伏毒虵不能為害彼亦如是復次不能為報因者不善能生苦受報上无苦受不可欲界受於彼果問曰云何一切煩惱決定於自境界中轉為當不耶答曰不也問曰云何答曰

貪瞋慢當知　過去或緣縛　未來說一切
餘一切三世

貪瞋慢當知過去或緣縛者若過去世貪瞋慢等彼非　切於自境界中過去世縛何以故非不見不聞不聞不分別事起貪瞋慢何以故分齊緣故或時有人於眼生貪非餘身分何以故自相使故非貪等使共取境界如身見等未來說一切者若未來世貪瞋慢等緣縛三世諸有漏法彼中若五識身必定生法係縛未來若不生法係縛三世及意地生不生法亦緣縛三世諸有漏法何以故彼緣一切有漏法故餘一切三世者見疑无明是名為餘彼共相縛故若過去未來緣縛三世諸有漏法何以故彼是共

相使故現在使不定是故不說若有者彼自相使隨現在前彼現在未來縛未來縛者謂意地及不生五識身等過去世者若於彼起已滅不斷於彼中縛若共相使現在前者彼縛三世諸有漏法已說使世差別次第轉今當說

煩惱次第轉　自地於自地　上地亦生下
次第應當知

煩惱次第轉自地於自地者謂一切使於自地使次第緣轉一一次第生於一切上地亦生下次第應當知者於梵世地命終次第生欲界一切彼中染汙心命終次第欲界中陰識汙心生如是乃至有頂中生或生如是生如生无色界還生無色界問曰如世尊說貪等七使云何差別為九十八答曰

欲界五種貪　此說欲愛使　色无色亦尒
有愛應當知

欲界五種貪此說欲愛使者所謂見苦集滅道修道斷等五種欲貪說欲愛使此如前說色无色亦尒有愛應

當知者色界五種无色界中亦有五種說有愛使

瞋即是瞋使　五種如前說　憍慢及无明
十五在三界

瞋即是瞋使五種如前說者欲界瞋有五種見苦斷等說為瞋使憍慢及无明十五在三界者欲界憍慢亦有五種見苦斷等色无色界亦有五種此十五種慢說為慢使無明亦尒

見使三十六　當知在三界　疑使有十二
略說為七種

見使三十六當知在三界者見使三十六當知十二係在欲界謂見苦斷五見集斷二見滅斷二見道斷三色无色界亦尒疑使有十二者四種係在欲界謂見苦集滅道斷色无色界亦尒此十二種說為疑使略說為七種者此界性種差別為九十八使世尊經中略說為七種問曰使有何義答曰彼微細義是為使義使微細行麁者名纏常隨入義名使如胡麻搏相著義名使猶如小兒著於乳母相續義名使猶如鼠毒如四日瘧病如責

日息如鐵黑色不捨如讀誦漸積如是煩惱世尊說為扼流取漏縛問曰何故答曰

扼取及漂流　泄漏與繫縛　以是義故說
扼流取漏縛

苦繫義說扼此有四種謂欲扼有扼見扼无明扼取生生具故說為取此亦四種謂欲取見取等漂衆生故說流亦有四種如扼中說彼流出義是漏義一切生中行漏有三種謂欲漏有漏無明漏能繫縛世間義故名縛問曰何者為結答曰結有九種謂愛結恚結慢結無明結見結他取結疑結慳結嫉結已說煩惱名差別根相應今當說

諸使在三界　盡捨根相應　隨地諸根使
相應至色有

諸使在三界盡捨根相應者三界一切煩惱盡與捨根相應何以故無明與捨根相應彼隨順一切煩惱及隨順別煩惱一切煩惱後時悉皆處中而息隨地諸根使相應至色有者如梵世有喜根樂根彼中諸使與此相

應如光曜天有喜根彼地諸使與喜根相應遍淨天亦有樂根彼中諸使與樂根相應

邪見及无明　欲界中樂苦　瞋恚疑唯苦

謂餘一向樂

邪見及无明欲界中樂苦者欲界邪見與苦根樂根相應邪見者作惡業則喜作善業則憂无明者與一切根相應瞋恚疑唯苦者欲界疑使不定故不喜故與憂根相應瞋恚於不愛相轉故與苦根憂根相應謂餘一向樂者欲界諸餘煩惱與喜根樂根相應彼除邪見謂餘見貪慢等喜轉

謂熏二種身　見斷唯意地　欲界諸煩惱

說諸根相應

謂熏二種身者修道所斷煩惱名熏彼與身受心受相應除慢唯意地故彼苦根樂根是說身受憂根喜根是說心受捨根二種受一切身受修道所斷心受二種斷見斷唯意地者見斷煩惱與心受諸根相應一切見斷煩惱在意地故欲界諸煩惱說諸根相應者此必定欲界煩惱法如是

上地隨地根相應亦如是疑者色界中唯與喜根樂根相應彼疑善助道想與喜相應已說煩惱起煩惱今當說

无慙與无愧　睡悔及慳嫉　掉眠煩惱上

故說起煩惱

使者亦說煩惱彼增上者是起煩惱此等八法彼中生故名起煩惱亦名為纏彼中睡眠无愧三種依於癡起掉慳无慙三種依於貪起悔依疑起嫉依瞋起自身作惡不嫌名為無慙不顧他不羞名為无愧睡時令心無所堪能以眠著故令五根不能轉意不自在於愛不愛境界生於分別心不寂靜是名為掉於可作不作作不可作想後退變心熱是名為悔見他資產心中不喜是名為嫉於法於財福德悋惜與施相違慳心是名為慳

一切煩惱伴　當知睡與掉　无慙及无愧

必定不善俱

一切煩惱伴當知睡與掉者此二起煩惱與一切煩惱相應何以故通三界故一切煩惱不寂靜故當知掉煩

惱現前於善無能故當知睡无慙與无愧必定不善俱者此二起煩惱與不善使相應欲界一向不善故

悔在意說苦　修道之所斷　眠唯在欲意

餘各自建立

悔在意說苦者悔在意地下劣憂生故與憂根相應說苦者當知在欲界非上界問曰為誰所斷荅曰修道之所斷悔在善行惡行中故修道所斷眠唯在欲意者眠在欲界意地眠時一切煩惱共行是故欲界意地一切煩惱相應餘各自建立者餘謂慳嫉彼自力轉不與餘煩惱相應義除无明決定修道所斷與不共無明使相應問曰此使與幾識身相應荅曰

貪欲瞋恚癡　當知依六識　謂欲修道斷

上地隨所得

貪欲瞋恚癡當知依六識謂欲修道斷者欲界修道所斷愛恚無明六識相應若見道斷者唯在意地上地隨所得者色無色界愛无明等隨所得識身即與相應如梵世四十四識身可得彼中二使即與四識身相應此上

唯與意識相應彼中餘使一向在意
地故已分別煩惱斷分別今當說
一切斷煩惱　方便智所說　如此得解脫
當知非一時
一切斷煩惱方便智所說者此諸煩
惱謂在无㝵道中一時頓斷不數數
斷彼斷有四種謂知緣伴斷斷緣自
清淨彼知緣者謂見苦集所斷自界
緣及无漏緣伴斷者謂他界緣斷緣
者謂滅道所斷有漏緣自清淨者謂
脩道所斷隨彼彼所斷如是如是自
身清淨如此得解脫當知非一時者
此得解脫隨彼數數得如欲界見斷
五時作證謂自分對治時如見苦斷
苦法智如是乃至見道斷道法智及
四沙門果此前所斷須陁洹果攝一
解脫得生斯陁含阿那含阿羅漢果
攝亦如是色無色界三諦亦如是此
中說自分對治比智分見道斷者斷
作證決定凡夫聖者色無色界見道
所斷一時斷是故此中无自分對治
有頂地中見苦集滅斷者決定五時
如前說賢聖次第法見道斷者但四

沙門果自分對治即是須陁洹果決
定脩道斷欲界三時謂凡夫地阿那
含果及阿羅漢果一切悉斷法此自
分對治須陁洹果中不說色界二種
謂自分對治阿羅漢果自分對治者
一切色界離欲無色界但阿羅漢果
一切斷法已說滅作證斷知今當說
欲界中解脫　佛說四斷知　色無色解脫
當知五斷知
因盡斷得无漏解脫得度界建立斷
知何以故解脫無餘隨得斷知名彼
有九種彼中欲界見苦集斷斷者得
無餘解脫何以故開一切遍因故斷
故此一斷知見滅斷第二見道斷第
三脩道斷第四此斷下分分別色無
色界亦尒見斷三如前說色界脩道
斷第四此無餘離色欲故分別无色
界脩道斷第五此一切結盡分別於
此斷知分別有二謂得阿那含果及
阿羅漢果以此二處度界得果故問
曰諸使為與心相應為不相應毗婆
闍婆提說心不相應是故生疑荅曰
決定相應何以故

為心作煩惱　障㝵淨法相　諸妙善可得
故非不相應
為心作煩惱者若使決定心不相應
者不應為心作煩惱應如色等境界
然為心作煩惱如說貪欲穢心以此
言故當知相應障㝵者若使心不相
應者善智生時不應障㝵應如虛空
不作障㝵今為障㝵故知相應淨相
違者若使與心不相應者便應與善
不相違不相違故則應非過然為過
故當知相違若相違者故知相應諸
妙善可得者若汝使與善相違心不
相應者使恒相續於中善應不能得
起現見善法能得起故是故諸使非
不相應是相應也

賢聖品第五

已說流轉次第不流轉次第今當說
賢聖棄如此　煩惱衆怖獷　精進方便智
彼方便善聽
賢聖者於人天中應受供養故名賢
聖棄者捨離義也如者若方便如是
義此者次第說使辨其相貌煩惱者
相續煩勞衆生故名煩惱衆怖獷者

謂是一切苦惱因義正精進者如法精進義也方便智者謂舍摩他制發捨時智義方便者謂彼方便義也善聽者謂至心聽聽智攝持義方便者攝始業地人乃至無學地人戒等所作方便行者始業今當說

始於身一分　行者係自心　係縛於識足
為殺智慧怨

始於身一分行者係自心者問曰何處係耶荅曰若鼻端若眉間不淨阿那波那界入三方便觀故自身分中說係心非外法雖有外緣方便不說問曰何故係心荅曰係縛於識足心性躁乱動轉不住如驚猨猴此是係一緣中義問曰何故係一緣中荅曰為殺智慧怨實智怨者所謂煩惱為斷彼義是故一心得觀如實非乱心也見如實故能斷煩惱以是義故作如是說

此方便於身　真實相決定　諸受及自心
法亦隨順觀

心係一緣故觀身實相身實相者謂不顛倒相如義也問曰何者是身實

相荅曰自相及共相彼自相者謂十色入及法入中少分色也彼共相者所謂無常苦空無我如是等義不乱心行者三方便中隨意現前方便行次第身實相得決定此行者觀微塵色念念散壞是時身念處觀滿如畦水流法入受念處无色法中受是最麁故觀身後次觀於受是人觀受自相共相尒時受念處滿彼受依心是故受後次觀於心此處亦自相共相決定意解心念處滿尒時為觀其餘法故入法念處其餘法者所謂二陰及无為法彼亦觀於自相共相尒時法念處滿

入法中摠觀　得法真實相　此四是无常
空无我非樂

入法中摠觀得法真實相者入餘法念處已行者知分齊緣念處脩方便於一切法餘共相壞緣念處數數慣習脩身受緣共相法念處如是身心緣如是三二當知如是壞緣數數慣習脩已一切身受心法念處一來摠觀問曰去何荅曰此四是無常空無

我非樂摠觀一切有為諸法无常等如是義彼念念展轉壞滅故是无常虛無故空不自在故無我三苦常隨逐故非樂彼人欲壞煩惱見其元首如所見法因果差別分別於諦彼中二種因果有漏無漏彼有漏者集因苦果彼無漏者道因滅果彼人如是分別諦已初發趣次第聞思念處曰相共相攝取分齊緣諦中分布彼時壞緣法念處四諦中思惟十六行觀

從是名為暖　於覺法而生　十六行等起
觀察四聖諦

從是名為暖於覺法而生者行者思惟共法念處次後最初修事共法念處相續建立聖者名暖善根問曰彼法幾行何境界荅曰十六行等起觀察四聖諦行者以十六行觀察四諦彼以四行觀察苦諦此苦本无今有已有還離故无常三苦隨逐故苦内離人故空不自在故无我如是亦以四行觀察集諦此集生相似果故因能生流轉故集能牽一切生死故有能和合不相似事故緣亦以四行觀

察滅諦此滅與一切生死相違故滅
離一切煩惱火故止於一切法中勝
故妙能捨生死故離亦以四行觀察
道諦此道能至非品故道不顛倒故
正一切聖足所履處故跡出過生死
故出問曰暖有何義答曰智於所知
如鑽燧相研能窮盡諸有生無漏智
火暖為相故名暖

是法增長已　生頂及於忍　次世第一法
依於一剎那

是法增長已生頂及於忍者行者入
正精進故得善助道隨順衆具增長
勝進力故暖得增長成就已彼人修
一切苦法念處生勝善根名頂問曰
頂是何義答曰不動善根彼住此頂
時離諸過故能入忍中彼若不者還
退住暖如人登山若不至頂則墮四
邊行者如是正方便相續頂增長已
次生善根名順諦忍是修一切共法
念處勝進彼二法以十六行觀察四
諦問曰忍有何義答曰彼於四諦無
常等行樂欲增長是故名忍是故說
順諦忍能除四諦增上愚暖頂能除

四諦下中愚非增上忍增長已次世
第一法依於一剎那忍增長已一切
共法念處勝進故生如是一切世間
功德中最勝善根彼初開聖道門故
名世第一法有說世間中最勝故名
世第一法此法一剎那起此行者開
涅槃門已滅與苦法忍次第緣故一
念暖頂忍及彼最上功德此一切善
根皆五陰性問曰汝言世第一法與
聖道作次第緣云何是五陰性答曰
心心數法與次第緣色心不相應行
隨順一果是故非過問曰此世第一
法何緣答曰苦諦彼緣苦諦義也問
曰幾行答曰四行若苦諦境界四行
如上所說彼行此行問曰幾地所攝
答曰六地生當知未來中間根本四
禪問曰餘達分善根幾地所攝答曰
餘亦依六地彼亦六地如世第一法
問曰何故達分善根六地所攝答曰
從彼能生見道彼地有見道有見道
處即有此等何以故見道眷屬故是
故如是

世間第一法　次必起於忍　忍次生於智

能覺於下苦

世間第一法次必起於忍者暖等次
第生如上因分乃至能生世第一法
世第一法次第生無漏法欲界見苦
斷十使對治名苦法忍昔所未見法
欲知樂名忍此最初無漏無㝵道忍
次生於智者苦法忍次第生苦法智
解脫道自性問曰此忍智何緣答曰
能覺於下苦下苦謂欲界苦此二種
緣如是義

謂色無色苦　集滅道亦然　此法無間等
從於十六心

謂色無色苦者色無色界苦亦如是
生忍無㝵道智解脫道聖者亦說苦
比忍苦比智集滅道亦然者集滅道
亦如是生四種異義二忍為無㝵道
二智為解脫道此法無間等說於十
六心者此十六心須成就無間等無
間等是見義此十五心須是見道最
後一心是修道攝從此名修地乃至
金剛喻定此後名所作已辦地略說
三地謂見地修地無學地隨此地建
立人今當說

隨法行利見　此在於十五　隨信行非利
當知亦在中
隨法行利見此在於十五者見道所攝十五心人若利根者說隨法行智慧隨法行故名隨法行此障不信於他義也隨信行非利當知亦在中者即此十五心人若軟慧者說隨信行是信他法得行義也彼人信現在前慧隨順與彼相違說法行

未離欲界欲　趣向於初果　第二捨於六
第三九無垢
未離欲界欲趣向於初果者此隨信行隨法行人先未離欲具一切縛至決定分名向須陁洹果第二捨於六者欲界修道所斷煩惱分別九種所謂下下下中下上中下中中中上上下上中上上彼信行法行人在凡夫地已剗六種煩惱後入決定是時說向斯陁含果第三九无垢者若剗九種煩惱後入決定是時說向阿那含果

若至十六心　是說住於果　軟見信解脫
淨見說見到

若至十六心是說信於果者在十六心道比智相應彼起若利根若軟根俱說信果先未離欲須陁洹果離六種欲斯陁含果離九種欲阿那含果軟見信解脫者若軟根者向地中名信行彼住三果名信解脫淨見說見到者彼利根者住果名見到

未盡修道斷　當知七往来　家家有三盡
彼住須陁洹
未盡修道斷當知七往来者此人住果未斷修道斷故當知七生死彼人中受七生欲界天中受七生及中陰二十八生俱受七生故名七生如七葉樹如七處善家家有三盡者若住果若凡夫人欲界修道斷中三種盡上上上中上下彼說家家家者從家至家往来而入涅槃故名家家人中二三家天中二三家往来此有二種謂人家家及天家家以業根斷煩惱差别故名家家業者於凡夫分作受二三有集業根者得無漏根斷煩惱者斷三四種煩惱彼住須陁洹者彼七往来及家家說住須陁洹果問曰

何故名須陁洹荅曰須陁名聖道流洹名為入若人相續初見修道入彼流中又是人得須陁洹果故名須陁洹如裹孕女兒以法名人

六盡斯陁含　離八一種子　九品盡不還
已出欲泥故
六盡斯陁含者若人斷六種盡謂上品三種中品三種是斯陁含從此命終生於天上復生人中而般涅槃名斯陁含離八一種子者一生種子義彼人餘唯一生若人若天有一種一種子謂人一種子天一種子或煩惱差别名一種子彼餘唯一有未盡故名一種子是人為阿那含果向當知斯陁含果中勝道攝九品盡不還者若人欲界一切九種煩惱斷名阿那含不還来欲界生故名阿那含問曰何故不還来荅曰已出欲泥故出愛欲泥是故不復還来欲界

如是九煩惱　在於上八地　彼雙道所斷
世尊之所說
如是九煩惱在於上八地者如是欲界修道斷煩惱如前說九種煩惱下

下乃至上上當知八地亦如是謂四禪四無色定彼雙道所斷世尊之所說者彼三界煩惱當知無㝵解脫道斷無㝵道斷結得解脫道證解脫下下道斷上上種乃至上上道斷下下種此略說一百七十八道及見道問曰云何決定出世間道斷煩惱為當不耶荅曰不也問曰云何荅曰

有垢無垢道　俱能勝八地　住彼說身證

謂得滅正受

有垢无垢道俱能勝八地者有垢者世間道無垢者无漏道彼八地欲界四禪三無色定世間出世間道能過彼有頂中必出世間道能過彼世俗道亦无㝵道解脫道彼无㝵道三種轉謂苦麁障解脫道亦三種謂上妙出世間道如前所說无常行等住彼說身證謂得滅正受者彼八地離欲中住學人若得滅盡定者彼名身證身證涅槃相似法故是名身證

金剛喻三昧　次必生盡智　生意我生盡

羅漢離諸漏

金剛喻三昧次必生盡智者生有頂

離欲第九無㝵道最後學心名金剛喻三昧猶如金剛無不能壞次後必生盡智此初无學心彼二智異或苦比智或集比智如彼人從盡智起作如是緣盡隨順生慧生意我生盡者非想非非想處四陰當知此中生何以故最後斷故羅漢離諸漏者彼盡智起時一切漏盡名阿羅漢於天人中應受供養故名阿羅漢問曰阿羅漢有幾種荅曰

阿羅漢六種　五從於信生　彼得於二智

當知時離垢

阿羅漢六種者謂退法思法護法住法必昇進法不動法彼中若人軟智軟方便最初與退具相應必定退故名退法若人軟智軟方便常厭惡身念欲壞滅彼死成就思法若軟智增上精進以精進力自護是名護法若中智等精進彼住此道不進不退故名住法少利智極精進必能進至不動名必昇進法若利智廣精進初得不動是名不動法五從於信生彼得於二智者此六種阿羅漢中前五種

本是信行彼有二智盡智无學正見彼或時退是故不生无生智彼盡智或一剎那若次第無學正見現在前或增長若彼現在前當知時無垢者彼時解脫觀察若國土若時若伴若說法若衣食等進修善根此善根分不一切時隨所欲進修故名時解脫

不動法利根　是非時解脫　彼得於三智

自解脫成就

不動法利根是非時解脫者若人一向利根是不動法當知非時解脫彼人善分於一切時隨所欲進不觀於時故名非時解脫彼得於三智者彼生三智謂盡智無生智無學正見彼是不退法是故生无生智是人盡智一剎那无生智或一剎那若次第无學正見現在前或時得勝進便彼現在前自解脫成就者彼人成就自相似名解脫當知時解脫者彼決定時得解脫成就不動者非非彼煩惱之所能動猶如王印故名不動

當知慧解脫　不得滅盡定　唯有俱解脫

成就滅盡定

當知慧解脫不得滅盡定者是六種阿羅漢中若不得滅盡定者當知是慧解脫慧解脫者彼唯慧力得解脫故名慧解脫唯有俱解脫成就滅盡定者彼六種阿羅漢中若得滅盡定者當知是俱解脫以慧力故於煩惱障而得解脫以定力故於解脫障而得解脫以是義故名俱解脫如上所說賢聖士夫略說二種謂學无學為斷煩惱故學是名為學非斷煩惱故名无學何故不學學已竟故已分別賢聖人法差別今當說

若隨信行法　及隨法行法　如是見諦道

是盡同一相

若隨信行法若隨法行法若見諦彼同一相見諦道中信行法行差別以法名人

彼中諸根數　是說未知根　諸餘有學法

智者說智根

彼中諸根數是說未知根者彼見諦道所攝之中若根數法所謂意根樂根喜根捨根信等五根是名未知根未知欲知故名未知根彼見道所攝

士夫當知如是根諸餘有學法智者說知根者見道已上即此諸根數法說為知根知已復知故名知根若修道所攝士夫當知如是根

於中無學法　當知知已根　得果捨前道

此義應當知

於中無學法當知知已根者於无學法中即此諸根數法名知已根知已更无所知故名知已根若無學所攝士夫當知如是根問曰此賢聖人二次第如上所說彼人一切成就先所得道為當不耶答曰得果捨前道此義應當知若此士夫入道已當知勝進行此得果已捨於前道何以故不欲令彼果向一故若退根及增進根彼亦捨道此中不說得須陁洹果捨於見道得斯陁含果或捨見道或捨須陁洹果勝道得阿那含果或捨見道或捨斯陁含果勝道得阿羅漢果捨阿那含果捨阿那含果勝道若增進根差別者捨果勝道亦得果利根所攝學無學捨果亦得果若退者捨勝得劣問曰如得果者捨於向道彼

亦捨斷不耶答曰捨道非斷

已盡為解脫　得係於一果　不穢汙第九

除斷應當知

已盡為解脫得係於一果者先所斷煩惱一解脫得得果攝是故不捨斷向道中所有解脫道得如是解脫問曰斷煩惱如前說彼不穢汙云何斷耶答曰不穢汙第九除斷應當知已說九種煩惱九種道斷彼不穢汙決定第九无㝵道時頓斷非漸漸斷不穢汙者謂善有漏不隱沒无記行穢汙色亦必定最後斷問曰何故煩惱九種斷非善等耶答曰煩惱相違故聖道與煩惱相違不與善相違厭煩惱故亦捨善同一係縛故問曰已說阿羅漢勝進根云何阿羅漢得不動答曰

若有相似名　彼能得不動　此人亦信脫

彼性亦增道

若有相似名彼能得不動者非一切阿羅漢皆能得不動若功德名相似者彼能得之謂必昇進此人亦信脫彼性亦增道者此語有餘若信解脫

阿毗曇心論經卷第三　第二十八張　自

必昇進性能得見到非餘增道者根增如是義問曰已說次第見諦未說其因當說彼因荅曰
功德惡差別　次第見真諦　無㝵道力得有為无為果
功德惡差別次第見真諦者此中二諦過惡差別二諦功德差別非見過惡者見於功德非見功德者見於過惡何以故行緣差別故非不於諦真實見故而諦无閒等非此一智能揔觀諦功德過惡差別以是義故次第見諦問曰見諦得沙門果彼云何為是有為是无為耶荅曰无㝵道力得有為无為果若斷煩惱無為若解脫道有為彼二種皆無㝵道力得是故二種俱說沙門果

阿毗曇心論經卷第三

甲辰歲高麗國大藏都監奉
勑彫造

阿毗曇心論經卷第三

校勘記

一　底本，麗藏本。
一　四七四頁上二行末字「譯」，諸本（不含石，下同）作「釋」。
一　四七四頁上四行「使品之二」，資、磧、普、南作「使品第四之二」；徑、清作「使品第四之餘」。
一　四七四頁上九行第八字「使」，資作「使緣」；磧、普、南、徑、清作「地緣」。
一　四七四頁中八行第六字「爲」，諸本（不含石，下同）作「答爲」。
一　四七四頁下三行「不能」，磧、南作「不善」。
一　四七四頁下四行第八字「苦」，諸本作「於苦」。
一　四七四頁下六行第一〇字「轉」，諸本作「縛」。
一　四七四頁下八行第八字「或」，南、徑、清作「世」。
一　四七四頁下一〇行第八字「或」，徑、清作「世」。
一　四七四頁下一一行第八字「切」，諸本作「一切」。
一　四七四頁下一二行末二字「不聞」，諸本無。
一　四七四頁下一六行第二字「身」，徑作「是」。
一　四七五頁上一行第六字「使」，南作「便」。
一　四七五頁中二〇行第一一字「使」，諸本作「彼」。
一　四七五頁中二一行「隨入」，諸本作「入隨」。
一　四七五頁下四行首字「厄」，諸本作「扼」。下同。
一　四七六頁上一七行第一〇字「愣」，諸本作「慢慢」。
一　四七六頁中一〇行首字「掉」，資、磧、普作「悼」；南、徑、清作「恪」。
一　四七六頁下一行末字「與」，徑、清作「及」。

一 四七六頁下二二行「四十四」，諸本作「四」。

一 四七七頁上三行「一切」，徑、清作「一時」。五行同。

一 四七七頁上一七行第一〇字「含」，磧作「貪」。

一 四七七頁上一八行「三諦」，諸本作「三地」。

一 四七七頁上末行「前說」，資、磧、普、南作「時謂」。

一 四七七頁下一行「法相」，諸本作「相違」。

一 四七七頁下三行第一一字「心」，諸本無。

一 四七七頁下一二行末字「不」，南、徑、清作「取」。

一 四七七頁下一八行第一〇字「獷」，磧、普、南、徑、清作「礦」。末行第一三字同。

一 四七八頁中三行第四字「常」，清作「當」。

一 四七八頁中八行第一一字「人」，南、徑、清作「次」。

一 四七八頁中九行末字「是」，磧作「異」。

一 四七八頁中一三行末字「時」，徑無。

一 四七八頁下六行「無漏」，清作「無滿」。

一 四七八頁下七行首字「苦」，徑作「若」，一九行第九及第一三字同。又第三字「彼」，磧、普、南、徑、清無。

一 四七八頁下八行末字「目」，諸本作「自」。

一 四七九頁上二四行第三字「苦」，諸本作「共」。

一 四七九頁中八行第三字「項」，諸本作「頂」。

一 四七九頁下一二行首字「從」，徑、清作「說」。

一 四七九頁下一八行第八字「須」，資、磧、普、徑作「頃」。一九行第一〇字同。

一 四八〇頁上一七行第八字「行」，諸本無。

一 四八〇頁上一八行「後入」，諸本作「後人」。

一 四八〇頁中一行第八字「信」，諸本作「住」。三行第三字同。

一 四八〇頁中二行第五字「相」，磧、南作「根」。

一 四八〇頁中一七行第一〇字「名」，諸本作「言」。

一 四八〇頁中二〇行第一三字「作」，南、徑、清作「中」。

一 四八〇頁中二二行「三四種」，磧、普、南、徑、清作「二四種」。

一 四八〇頁下四行「裹孕」，諸本作「懷孕」。

一 四八〇頁下一一行「一種」，諸本作「二種」。

一 四八一頁下四行「無垢」，徑、清作「離垢」。

一 四八一頁下一二行第三字「分」，諸本作「分別」。

一 四八一頁下一九行末字「時」，諸本作「待時」。

一 四八一頁下二〇行「非非」，諸本作「非」。

一 四八二頁上一一行「不學」，資、磧、普作「不淨」。

一 四八二頁上一五行第六字「若」，徑、清作「及」。又第一三字「諦」，諸本作「諦道」。

一 四八二頁中五行「前道」，徑作「前進」。

一 四八二頁下二一行「名相」，諸本作「名相名相」。

阿毗曇心論經卷第四

法勝論　大德優波扇多釋
高齊天竺三藏那連提耶舍譯

智品第六　別譯

今欲分別涅槃分智何以故以智能斷諸煩惱故欲廣釋智故先說此

若智性能了　觀察一切有　有无有涅槃
彼相我當說

有無有者所謂涅槃是故智者觀有无有有者一切有漏法謂苦集義有无有者謂滅諦也一切有无有故名有無有於彼中无有義也此說有對治謂是滅是故滅非無也非無物有對治如滅盡正受心心數法不行故對治說滅是有物如是涅槃一切有對治是故有事如除病得無病彼相謂寂滅寂滅相等彼攀緣智智者觀察於彼非無境界而有智轉是故若智觀察此即是道問曰彼何者是答曰

三智佛所說　最上第一覺　法智隨順智
及以世俗智

此三智攝一切智法智者若智欲界

境界或欲界滅對治或境界無漏彼初取法決定行故名法智隨順智者若智色无色界境界色无色界滅對治或境界無漏次法智後次第隨順故名隨順智世俗智者若有漏智多受俗數謂男女等故說世智如是等名世俗智

苦集及滅道　二智而隨生　如是四種智
牟尼隨名說

法智隨順智者隨聖諦轉世尊隨名說苦諦境界故說苦智如是集滅道諦境界故曰集滅道智於此苦集二智行差別苦行轉名苦智集行轉名集智緣无差別同緣五陰故滅道二智行緣差別

若智觀他心　是從三中說　盡无生智二
當知在四門

若智觀他心是從三中說者三智中他心智有漏是世智若欲界對治境界彼是法智若色无色界對治境界是隨順智心心數境界彼心心數方便成就故名他心智盡無生智二者盡智無生智是二智謂法智隨順智

彼所作究竟受是盡智不復更作受是無生智問曰盡智无生智何諦境界答曰當知在四門此緣四諦義也除初盡智彼緣二諦已分別十智行分別今當說

二智十六行　法智隨順智　上已說及餘
是說世俗智

世智十六行轉前後皆有彼十六行暖頂忍攝餘聞思修慧第一法攝四行无間等邊十二行彼外更有行謂施戒慈等

四智有四行　決定行所說　若知他心智
如是行或非

四智有四行決定行所說者苦智有四行集滅道智亦如是若知他心智如是行或非者若无漏他心智彼有四行如道智是道智少分故若有漏者行則異但攝有漏心心數法

盡智无生智　離空无我行　說有十四行
受相為最上

盡智無生智離空无我行說有十四行者盡智无生智第一義轉亦親近世智作意我生盡如是等取我衆生

相似行空行无我行定是第一義轉非世俗緣是故盡智無生智空行無我行不轉故有十四行問曰所有無漏智一切十六行攝不耶答曰不尒受相為寂上彼十六行是共行若復取自相無漏智如身念處等彼非十六行攝已說行差別得今當說

寂初無漏心　或有成就一二或成就三
於上四增一

寂初无漏心或有成就一者寂初苦法忍相應心未離欲成就一智謂世智離欲成就他心智不現在前非見道次第他心智現在前何以故與流轉相違故二或成就三者第二無漏苦法智相應心未離欲成就三法智苦智世智若離欲成就他心智於上四增一者於上四心刹那中當知一一增苦比智得比智集法智得集智滅法智得滅智道法智得道智集滅道比智及忍不得未曾得智問曰在何地答曰

九智聖所說　此依於二地　當知禪有十
無色地中八

九智聖所說此依於二地者九智依未來禪中間禪除他心智當知禪有十者根本四禪各有十智問曰何故中間禪未來禪无他心智答曰微細境界故此境界微細於他身中心心數法未來禪少道非少道能取微細義彼根本禪道止觀雙行是強力道故彼能取无色地中八者除法智他心智法智者欲界境界无色界於欲界依對治行緣遠是故无色界无法智他心智緣色能生是故於色界轉非无色中餘未來有頂有一世智何以故有漏故已說地差別修差別今當說修有六種所謂得修習修對治修出離修戒修觀察修彼得修者若於善法不得得現在未來故習修者先所得功德現前修習對治修者諸有漏法修對治道出離修者若修道時捨離識法戒修者若能調伏諸根道觀察修者若觀察身等此中唯取二修謂得修習修

若得修諸智　謂在聖見道　彼即當來修
諸忍亦如是

若得修諸智謂在聖見道彼即當來修者若見道諸智現前修彼即當來修謂苦法智現在修彼亦未來修非忍非餘智如是乃至道法忍諸忍亦如是者忍中亦如是苦法忍現在修彼亦未來修非智非餘忍一切忍亦如是問曰何故見道唯修自分道修道修自分非自分耶答曰未修智故故見道中智未習未練修道中二種並作

於彼三心中　得修於世智　或修七或六
當知寂後心

於彼三心中得修於世智者彼見道三心中得修世智謂苦集滅比智隨彼地見道即彼地有世智及欲界世智修若彼依未來地得決定彼修未來及欲界世智如是依第四禪得決定彼修七地世俗智問曰道比智何故不修答曰彼无邊故諦无間等邊成就故名无間等邊无能修一切道於他道不能修於自身修乃至未來彼行者自分不現前於三諦自他俱能知能斷能證是故隨得邊故能修

是故彼能修非餘是故法智亦不修何以故諦无間等未究竟故於此諦世俗智本曾作證是故此智修但有善名方便猶未得或修七或六當知最後心者若離欲界欲道比智彼修七智阿那舍果所攝除世俗智盡智无生智若未離欲修六智除他心智非想非非想處對治彼得沙門果是以不修世智

於彼上修道　十七无漏心　當知修七種

增益根修六

於彼上修道十七無漏心當知修七種者若未離六種欲從須陁洹果上修道中十七剎那當知修七智此道未来禪攝故无他心智亦无盡智無生智以无學故是故彼中修餘七智彼若以世俗道進彼世俗智現在前七種未来若出世間道四種法智一一現在前餘七智未来增益根修六者增益根者謂或信解脫練治諸根進得見到彼增進根一切无㝵道解脫道中得修六智未離欲故无他心智又復修道精進非斷煩惱精進是

人未得修進功德是故不修世智

得不還果時　出過上七地　熏修諸神通

解脫修習八

得不還果時者若得阿那舍果時必得根本禪是故修他心智及前說七種出過上七地者彼四禪三无色離七地欲時九解脫道中亦修八智若以世俗道修進彼世俗智現在前未来八若出世間道修進彼時四比智及滅道法智一一現在前未来八熏修諸神通解脫修習八者熏修起一解脫道彼中八法智比智一一現在前未来八起神通境界宿命智解脫道中世俗智現在前未来八智他心智解脫道法智比智若世智中他心智一一現在前未来八天耳生死通解脫道无記故不修

此无㝵道中　及出第一有　彼八解脫道

當知修於七

七地離欲一切无㝵道中修七智無㝵道中修對治智是故不修他心智彼非對治故熏修起二心無㝵道相似初是無漏第二世俗無漏心中八

法智比智一一現在前未来七除他心智一切無㝵道不修他心智世俗道世俗智現在前未来亦七起四神通無㝵道中世俗智現在前未来定七他心智有漏亦然無漏他心智道法比智一一現前未来定七有頂離欲八解脫道四比智二法智一一現在前未来亦七世俗智於彼中退非對治故世俗智未曾至有頂彼或時作方便不決定

出過第一有　无㝵道修六　上乘應當知

修習於下地

出過第一有无㝵道修六者第一有離欲九无㝵道修六智除他心智世俗智餘現在前解脫道前已說六智謂四比智二法智上乘應當知修習於下地者一切地中當知修自地智及下地智若初禪進彼修自地功德亦修未来禪攝功德如是乃至不用處次第亦如是若人乃至不用處離欲依初禪乃至有頂離欲是人九地无漏智修進如是一切應當知

无學初心修　諸地生功德　漏无漏一切

此是隨順智
無學初心修諸地生功德漏无漏一切者得阿羅漢果一切地漏无漏功德一切修進問曰何故此地修一切功德荅曰斷一切縛得蘇息故如来解縛法降伏煩惱力士衆咸慶快心得自在首繫解脫紹如王登祚諸方万姓貢上珎寶盡難勝煩惱怨離殺怨家故一切國土人皆歸伏彼先雖得下地功德有煩惱相續故不明淨今除煩惱盡故功德明淨及入出定心成就是故熏修若住欲界得阿羅漢果法或如是若住色界得阿羅漢者彼二界功德修進滿足是故一界生如是地地應當知問曰無學初心何智相應荅曰此是隨順智此隨順智相應彼作如是意我生已盡非想非非想處陰取此中生彼人緣彼何以故冣後斷故是故彼苦比智或集比智問曰世尊說若見智慧此為一為異耶荅曰彼是慧性世尊觀因緣故故如是說

諸忍則非智　盡无生非見　若餘諸聖慧

當知三種性

諸忍則非智者八無間等忍非智何以故不決定故決定義是智義忍不決定自品對治疑隨生故忍者求欲轉智者求欲斷是故忍非智盡无生非見者盡无生二智能見示故慧決定故智何故非見无求故中平故若餘諸聖慧當知三種性者餘无漏慧事見智慧性

若善有漏智　在意則是見　煩惱見是智
此及餘說慧

若善有漏智在意則是見者善有漏意地智能求故亦說見煩惱見是智者若煩惱見自性謂身見等彼從測量思覺轉故推求故名見彼決定故名智此及餘說慧者若已說者見事慧事及餘未說者如無記意地五見外穢汙意地及五識身相應所有智一切是慧當知此中未說者說彼中若无記不能測量不能覺察不能推求故非見穢汙煩惱所汙故五識身相應不能分別現境界故一往墮故諸見不尒問曰一一智緣幾智荅曰

法智隨順智　觀察於九智　因智及果智
二智境當知

法智隨順智觀察於九智者法智緣九智除比智比智亦緣九智除法智道法智緣一切法智彼分亦餘智苦集法智緣欲界世智如是道比智緣自分比智苦集比智緣色无色界世智及世俗他心智問曰何故法智比智不更互彼此相緣荅曰上下緣差別故如二人觀地虛空因智及果智二智境當知者集智緣有漏他心智及世俗智何以故集諦分數故不緣餘智餘无漏故苦智亦尒

道智緣九智　滅智无境界　餘一切境界
決定智所說

道智緣九智者道智緣九智除世俗智何以故有漏故餘九智緣何以故道諦分數故滅智无境界者滅智不緣智何以故緣无為故餘一切境界決定智所說者餘四智緣十智世智緣十智何以故一切法境界故如是他心智一切他心心數境界故彼有漏他心智緣有漏智如是无漏緣無

漏彼中法智法智分隨順隨順智分地根人度非緣盡無生智亦如是一切有為境界故問曰如佛說隨順智若有頂離欲得阿羅漢果不盡是隨順智耶答曰彼分對治法智斷故亦有法智彼分對治問曰何者是耶

答曰

若彼滅道中　法智之所轉　彼三界對治
非欲隨順智

若彼滅道中法智之所轉彼三界對治者諸修道中滅道法智亦色无色界對治彼人生欲界捨色无色界結彼自地陰所逼惱彼中極見其過故為離彼故求對治三界中離欲去彼有頂離欲但法智无㝵道彼隨順智解脫道問曰何故非苦集法智去答曰苦集不等故欲界苦集下劣色无色上勝不應觀察下劣厭離於上有何過異處惱異處厭離滅道相似是故觀彼厭離三界欲此道理說也問曰頗有隨順智亦於欲界為對治耶答曰非欲隨順智无有隨順智為欲界對治无有一人於彼見增上過

無此道理也若於色无色離欲然後於欲界離欲者无有如是理也或初難斷自地不能離辟如國王不能降伏自國而欲降伏他國如王降伏自國然後降伏他國法智亦介問曰神通何智性答曰

神足天眼耳　當知一世智　六智憶宿命
五說他心智

神足天眼耳當知一世智者神足天眼天耳是一世智非無漏智如是轉彼神足通智能示現種種事示現種種事是智慧能天耳通者天耳識相應慧生死智通者天眼識相應慧六智憶宿命者憶念過去處神通六智謂法智憶法智分隨順智憶隨順智分世智憶世智分苦智憶過去苦集智亦如是道智出世間行罰賞論師說但一世智五說他心智者他心智通五智謂法智隨順智世智道智及他心智等

九智漏盡通　決定智所說　八智身中轉
法十九智二

九智漏盡通決定智所說者漏盡通

無漏九智漏盡智攝故問曰如他心智盡无生智不攝去何言攝耶答曰无學正見攝故彼一切三種智說漏盡通問曰念處何智性答曰八智身中轉苦有色身名彼中八智轉除他心智及滅智法十者除色受心餘法名法念處彼中十智轉如前說九智二者受心中除滅智九智轉問曰如来十力四無所畏是智性彼智去何差別答曰

是處非處力　及以初无畏　當知佛十智
餘此中差別

是處非處力及以初無畏當知佛十智者若彼是處非處力十智如是初無畏我正遍知如是廣說彼亦十智何以故正取故餘此中差別者處非處力差別餘力初无畏差別餘无畏問曰佛何故差別作多種答曰佛隨處化衆生欲故差別多種有人信樂廣說不樂摠說有人樂於略說力義者隨自樂欲能成就義是力義无障㝵義是力義能制義是力義无能侵欺義是力義能映奪他義是力義彼

處非處力者因果中決定无㝵者是名處非處力自業智力者善不善業處事因報若多若少若定不定如是等義中若无㝵智是名自業智力彼禪解脫三昧正受智力者此禪等自性名字得方便攝有味淨无漏退住勝達分如是等義中若无㝵智是名定力根差別智力者於衆生下中上根能知若無㝵智是名根差別智力種種解智力者衆生下中上自解知無障㝵是名種種解智力種種性智力知衆生性知法差別性若無㝵智是名種種性智力一切至處道力者一切生死轉業能盡一切生法知無障㝵智是名至處道智力憶宿命智力者自他過去生死展轉憶知無障㝵智是名憶宿命智力生死智力者衆生未來有相續見无障㝵智是名生死智力漏盡智力者若漏盡漏盡方便若無㝵智是名漏盡智力如來十力無畏如經中廣說不怯弱義是无畏義无恐怖義是无畏義无逃避義是無畏義不下劣義是無畏義如

師子自力雄猛滿足不假於伴如師子无畏是无畏義問曰無㝵現見亦是智性彼云何差別荅曰

法辯辭辯一　樂義辯俱十　七智是願智
智者之所說

法辯辭辯一者彼法無㝵者句味現前若无㝵智是名法无㝵是世智辭無㝵者言音正不正方便隨方俗語若无㝵智是名辭无㝵彼亦世智樂義辯俱十者樂說無㝵者法辭義相應任放不怯弱說種種說若無㝵智是名樂說无㝵此有十智義无㝵者於法自相共相若無㝵智是名義无㝵是亦十智能受真實相故問曰願智有幾智荅曰願智是七智智者之所說願初轉樂欲義轉故名願智彼七智罽賓論師說除他心智盡智无生智

定品第七之一

如是知諸智智依義今當說

智依於三昧　无罣㝵而轉　是故思惟定
求於真實相

智依於三昧無罣㝵而轉者如燈依

淨油炷離風動處光焰不動而甚明淨如是三昧依智離諸乱風無障㝵轉其心不動如是義也轉行於緣無有疑惑是故思惟定求於真實相者若无定不能生真實智无有離真實智能趣涅槃是故求真實相者必定須知三昧彼三昧者何謂善一心是最勝根義也如是一根轉自善心相續名一心最勝者或云境界名也如是一緣轉是善心相續名一心問曰何者是三昧云何知耶荅曰

決定說四禪　及與无色定　是中一一說
有味淨无漏

決定說四禪及與無色定者略說八種三昧攝一切三昧是中一一說有味淨无漏者是中一一三昧有三種味相應淨无漏

善有漏名淨　無熱說无漏　有味愛相應
有頂无无漏

善有漏名淨者彼中若有漏善當知名淨無熱說无漏者若離煩惱者當知是无漏問曰若無漏第一義淨何故世間煩惱相續說名為淨不說無

漏為淨荅曰無漏不待言說自知是淨世間法淨不障他人不知為欲成彼故說離煩惱是名彼非相違能牽無漏故是故說淨有味愛相應者若三昧愛相應者是味相應亦有與餘煩惱相應禪等見疑增上慢穢定者緣縛力禪等愛相應非餘煩惱共相應非餘煩惱能如是緣縛心如愛為三昧緣縛有頂无无漏者有頂有淨味相應非无漏不捷利故聖道捷利

問曰此禪何等性耶荅曰

五支有覺觀　亦復有三受　彼種種四心
是說為初禪

五支者除五支故名五支問曰除支更有禪耶荅曰不然彼支一一是禪各各相支義須分別分義是支義如車支如王支問曰何者是支荅曰覺觀喜樂及一心彼覺者正受初分別麁心利義觀者麁心隨順相續法說細心微細少義也喜者入定心悅樂者身心樂離麁重猗息心調柔方便一心者心繫一緣有覺有觀問曰初說五支今何故說有覺有觀荅曰支

者善有覺有觀此說穢汙三受者此中有三受三識身樂根意地喜根四識身捨根彼種種者梵世種種身彼上下身以覺觀力故生四心者彼有四心眼耳身意識是說為初禪者此諸法是說初禪俱生正受此禪中攝

第二有四支　種種及二受　第三有五支
此禪說二受

第二有四支者內淨是信義也離初禪欲決定界地過故正信喜樂一心彼无共種種身何以故無覺觀故成就種種心或時喜根現在前有時捨根現在前彼根本喜根未來捨根二受者喜根捨根必定意地如是等事說第二禪第三有五支此禪說二受者第三禪五支捨念安慧樂一心樂著樂故不求餘名捨護喜食故名念恐第二禪地喜牽自地過一切世間勝樂對治及正智樂意地樂根一心名定二受者樂根捨根此中二受樂根捨根此等法是說第三禪

離息入息出　第四有四支　支者謂說善
隨事如先說

離息入息出第四有四支者第四禪无出入息三昧力故彼身無孔四支者彼不苦不樂受捨念清淨一心問曰味相應等三種禪悉成就耶荅曰支者謂說善善禪與支相應當知非穢汙問曰穢汙中无何者荅曰初禪中无離生喜樂問曰穢汙中亦有喜何故言無荅曰猗樂彼離生與喜相應故說離生喜樂此一向善故彼無餘者有喜於此有喜彼非支穢汙第二禪無內淨煩惱濁乱故猗樂先捨是故第三禪中无憶念安慧最勝樂惑心故无憶念若彼有念者是失念失念故非支非安隱非安隱故非支捨亦無一向善故第四禪中除何以故二種等故第四禪无捨念清淨非善故无捨煩惱染汙故念不清淨是故非支彼或失念故非支隨事如先說者若事善禪中已說穢汙禪中不除彼穢汙禪中亦說彼初禪中覺觀一心餘人欲立喜者是故穢汙初禪四支彼第二禪喜一心餘人欲立信者

是故第二禪三支第三禪樂一心餘
人欲立念慧是故第三禪四支第四
禪不苦不樂一心亦有欲立念者是
故第四禪三支一切攝故說支是善
問曰已說初禪有覺有觀未來禪中
間禪初禪攝彼云何彼中　有覺觀
荅曰

相應有覺觀　智說未來禪　觀相應中間
明智之所說

相應有覺觀智說未來禪者未來依
有覺觀觀相應中間明智之所說者
中間禪有觀无覺何以故止息地故
次第方便人相續止息問曰彼何自
性荅曰

未來二自性　或離味相應　中間禪三生
二俱有一受

未來二自性或離味相應者未來禪
淨无漏二非味相應正受愛故說味
厭離欲道於中无執著是故无味受
生愛不除何以故於彼連節縛故未
來禪連節縛隨中間禪三性　者淨无
漏味相應二俱有一受者未來禪中間
禪必定一受謂捨根問曰何故未來

禪无喜荅曰有怖畏故近欲界故彼
行者有怖畏是故彼中喜不生所作
未究竟故欲界離故彼起此未得是
故所作未究竟是人不生喜又止少
故中間禪亦止少是故彼中無喜已
說地彼中功德今當說

三昧通无量　一切入處修　除入及諸智
解脫於中起

三昧者三三昧空無願無相彼空有
二種有漏无漏有漏者有漏无漏法
空无我思惟无漏者有漏法空无我
思惟若三昧无願亦二種有漏無
漏有漏者有為法无常苦因道等行
思惟若三昧无漏者有漏法无常苦
因道等行思惟若三昧无相者滅等
行思惟若有漏无漏三昧此中一向
取无漏當知通者六通如智品說無
量者四無量慈悲喜捨此無量衆生
緣故故名无量彼慈者欲令一切衆
生得樂如是想心轉恚對治是无恚
善根性故說名慈苦衆生如何得脫
如是想轉害對治無恚善根性名悲
喜衆生如是想轉嫉對治喜根名喜

捨者捨衆生想如是心轉欲愛瞋恚
對治故无癡善根性是名捨彼一切
共伴共方便欲界中四陰性色界五
陰性一切入處修者十一切入如修
多羅中說彼中八無貪善根性貪對治
故及伴及方便五陰性於上四陰性
相續無閒无有空缺廣作意解是說
一切入處除入者八除入如經中說
彼一切无貪貪對治故及伴及方便
欲界是四陰色界是五陰能映奪緣
故名除入極增上極光曜極㝡勝緣
此善根速得除入如奴雖莊嚴猶為
主欺或說非一切聖人能欺緣彼依
緣煩惱不能起是故名除入智者十
智如智品說解脫者八解脫如經說
彼初三解脫不貪善根貪對治故共
伴共方便五陰性餘四無色解脫四
陰性滅盡定不相應行陰性問曰解
脫有何義荅曰不現前斷後心故名
解脫初三色貪背捨故淨不淨背捨
於上四種一切行轉背捨想受滅一
切緣轉背捨及斷後故於中起者三
昧等解脫邊功德禪中生當知已說

阿毗曇心論經卷第四　第二十五張　白　ㄔ七

解脱邊功德今隨彼彼地可得今當說
五通四禪中　及見他心智　六中有法智
五中三无量
五通四禪中者五通攝受支三摩提
故及見他心智者他心智亦如是六
中有法智者法智六地四根本禪中
間及未來五中三無量者五地中除
喜无量四禪中及欲界
除入中說四　及與喜无量　亦二種解脱
初禪第二禪
初四除入及喜無量初第二解脱初
禪第二禪欲界色貪對治故初禪
中立二解脱四除入初禪地色貪對
治故第二禪立二解脱四除入第二
禪无色貪何以故眼識身无故是第
三不立解脱是故是中亦不立除入
及一切處欲入解脱中入除入欲入
除入故入一切處彼爲勝樂所惑彼
不能生如是善根喜根亦如是故初
第二禪中有非餘禪
餘有四除入　及與一解脱　亦入一切入
佛說寂後禪
後四除入淨解脱及八一切處在第

阿毗曇心論經卷第四　第二十六張　白

四禪非餘
餘脱自名說　二一切亦然　滅盡寂在後
餘无垢九地
餘脱自名說者无邊虛空處解脱乃
至非想非非想處解脱二一切亦然
者餘自名說無邊虛空處无邊識處
滅盡在後者決定有頂攝隨順斷後
邊次第下地心心數法斷已乃至非
想非非想地初斷上上次斷上中後
斷下下一切斷已彼滅盡定餘無垢
九地者若餘无漏功德所謂三三昧
七智及漏盡通彼九地中四禪中三
无色中未來中間世智有頂處亦
有是故說遍一切地
三解脱當知　有漏及无漏　定智通已說
其餘悉有漏
三解脱當知有漏及无漏者无邊虛
空處無邊識處不用處解脱當知有
漏無漏定智通已說者定修多羅品
當更廣說彼无漏智神通智品已說
其餘悉有漏者如是三通威儀故受
色聲自相故无量衆生緣故一切除
入初三解脱彼一切信解念處故非

阿毗曇心論經卷第四　第二十七張　白　營

想非非想非捷利行故想受滅無慧
故皆有漏

阿毗曇心論経卷第四

甲辰歲高麗國大歲都監奉
勑彫造

阿毗曇心論經卷第四

校勘記

一　底本，麗藏本。
一　四八六頁上八行「當說」，徑作「當知」。
一　四八六頁中六行第二字「俗」，諸本（不含石，下同）作「欲」。
一　四八六頁中一二行「故曰」，諸本作「故名」。
一　四八六頁下四行第一〇字「分」，資、磧、南作「八」。
一　四八七頁中二二行「諸智」，磧、南作「習智」。
一　四八七頁下二二行「彼行者自分」，

資作「彼行者百分」；磧、普、南、徑、清作「行行者百分」。

一　四八八頁上一九行第一三字「修」，資、磧、南作「或」。

一　四八八頁中一六行「天耳」，磧、普、南、徑、清作「不此」。

一　四八九頁上七行第八字「絹」，諸本作「繒」。

一　四八九頁上八行第一三字「離」，諸本作「敵」。

一　四八九頁上九行第一三字「先」，磧、南作「生」。又末字「雖」，磧作「惟」。

一　四八九頁下一三行第七字「苦」，徑作「若」。次頁中一六行第一三字同。

一　四九〇頁上二行「地根」，諸本作「根地」。

一　四九〇頁上一一行第三字「諸」，諸本作「謂」。

一　四九〇頁中一三行「天眼」，磧、普、南、徑、清作「天耳」。

一　四九〇頁下五行第三字「苦」，徑、清作「若」。

一　四九一頁上九行「若無㝵智」，磧、南作「若礙無智」。

一　四九一頁上一二行第六字「知」，諸本作「智」。

一　四九一頁中二行第一二字「現」，諸本作「辯」。

一　四九一頁中一九行品名，諸本作「定品第七」。

一　四九二頁上二行第七字「障」，諸本作「彰」。又末字「成」，諸本作「或」。

一　四九二頁上三行「是名」，諸本作「是故」。

一　四九二頁上四行第七字「淨」，磧、普、南、徑、清作「離」。

一　四九二頁上五行第三字「愛」，諸本作「受」。

一　四九二頁上二二行「一緣」，南作「十緣」。

一　四九二頁中一二行第九字「故」，諸本無。

一　四九二頁下一六行第一〇字「禪」，諸本無。

一　四九三頁上一一行第四字「觀」，諸本無。

一　四九三頁上一三行第一〇字「問」，磧、普、南、徑、清作「間」。

一　四九三頁上一五行末字「生」，諸本作「性」。

一　四九三頁上二一行第六字「墮」，磧、普、南、徑、清作「隨」。

一　四九三頁中末行第一一字「喜」，清作「善根」。

一　四九三頁下一行第一二字「愛」，磧、普、南、徑、清作「爲」。

一　四九三頁下三行首字「共」，磧、普、南、徑、清作「捨」。

一　四九三頁下四行第二字「性」，磧、普、南、徑、清作「除」。

一　四九四頁上末行第五字「淨」，磧、普作「浮」。

一　四九四頁中七行第三字「在」，諸

本作「最在」。

一　四九四頁下二行第二字「皆」，諸本作「皆悉」。

阿毗曇心論經卷第五　自

法勝論　大德優波扇多釋

高齊天竺三藏那連提耶舍譯　六卷成部

定品之二　别譯

已說功德自性亦說有漏無漏成就今當說

當知未離欲　成就味相應　離下未至上

成就淨諸定

當知未離欲成就味相應者若人若此地未離欲成就此地味相應離下未至上成就淨諸定者離欲界欲未生第二禪等中梵世若離欲若不離欲成就淨初禪及彼地餘善功德

住上應當知　成就下无漏　方便生功德

當知非離欲

住上應當知成就下無漏者聖人生梵世上成就无漏初禪及餘無漏三昧神通及智等諸功德彼地有漏功德生處縛无漏斷縛是故離生處捨有漏非无漏如是一切地隨其義說方便生功德當知非離欲者已說離下地欲成就諸功德當知說得成就

不現在前方便現在前者彼非離欲方便得者如天眼耳彼無記故無漏淨味相應不攝是故得彼三種禪時不得滅盡是滅盡定者方便故彼得現前二十三種正受八味相應八淨七无漏問曰彼中一一幾種因答曰

所謂无漏定　一一七種因　味淨相應禪

當知因有一

所謂无漏定一一七種因者一一無漏七種无漏中自分因中因自地者亦相應共生因味淨相應禪當知因有一者味相應初禪味相應初禪因非餘初禪因不相似故非餘地穢汙因行相違故非穢汙行相違亦非自分如是淨初禪淨初禪因非穢汙非无漏何以故不相似故非餘地淨因自地果報故及自地係縛故如是一切問曰一一次第生幾種荅曰

无漏禪無色　逆順超次第　次第生六種

當知乃至十

無漏初禪次第生六種自地淨及無漏如是第二第三禪如是超越正受无漏无所有處次第生七自地二下

地四上地一無漏第二禪次第生八自地二初禪地二上地四無漏无邊識處次第生九自地二下地四上地三餘无漏次第生十自地二下地四上地四

或六至十一　謂淨次第生　從二乃至十

當知說有味

或六至十一謂淨次第生者淨非想非非想處次第生六自地味相應離欲淨下地四淨及无漏非味相應離欲故淨初禪次第生七自地三上地四淨及无漏淨不用處次第生八自地三上地一下地四淨第二禪次第生九无邊識處次第生十餘十一如是一切當知正受時如是說非死時是故彼中上下地味相應不攝生得淨次第上下味相應生從二乃至十當知說有味者味相應初禪次第生二自地味相應及淨彼此不相違故有頂味相應次第生十正受味三自地二及下地淨自地煩惱所惱故依不用處地淨以自救護如是一切地下地淨三及死時上地退下地一切味

相應問曰前說正受煩惱今當說答曰淨次第正受煩惱說味相應及受生煩惱何以故煩惱力生非定力是故此中說一切煩惱淨必定定力是故說共正受煩惱問曰彼中一一緣幾種答曰

淨及无漏禪　一切地中轉自地有漏法
味相應所緣

淨及无漏禪一切地中轉者淨及無漏禪緣一切地一切事自地有漏法味相應所緣者味相應禪緣自地味相應及淨非無漏何以故非无漏緣有愛亦非愛他地

無色則不行　於下有漏事　若根本彼善
穢汙如味禪

无色則不行於下有漏事者无色正受不緣下地有漏法何以故下地不寂滅故亦緣下地无漏如比智分問曰一切有漏不緣下地耶答曰不尒若根本彼善若根本无色淨及無漏彼緣自地及上地不緣下地未來禪若緣下地彼於下地麁想緣猒離穢汙如味禪者如味相應禪說无色穢汙亦如是

色界若有餘　無量等功德　彼欲界境界
世尊之所說

若色界功德謂四無量一切處等彼緣欲界何以故除神通說无量等彼五神通緣欲色界問曰如前說熏禪中修智彼云何熏答曰

若能熏諸禪　是依第四禪　三地愛盡故
淨居唯廣果

若能熏諸禪是依第四禪者得第四禪能熏禪非餘彼人數數入無漏四禪起無漏數數入有漏禪復還入無漏還入有漏漸略乃至住二剎那如是方便若一無漏心若一有漏心是時一念有漏一念無漏二念一有漏一無漏是說成就問曰此何處得果答曰淨居天中何以故三地愛盡故淨居唯廣果若得第四禪離三地愛是故此得第四禪人淨居廣果中凡夫共修熏禪不與凡夫共五種者下中上上中上上彼如是五種不廣天無熱天善見天善現天及色究竟天是故彼中得果問曰如前說七種願智是云何答曰

无著不動法　得一切正受　彼三昧智力
能起頂四禪

彼人煩惱不能逼惱心相續故一切正受力心相續生故得三功德謂願智無諍及無㝵彼願智者若欲知過去未來現在及无為彼時願智邊際住第四禪正受能知無諍名於他相續中煩惱諍不欲起此人他相續中不起煩惱諍无㝵名如前說問曰願智何地攝答曰

三地有願智　無諍五地中　二地法辭辯
二辯依九地

三地有願智者第四禪初禪及欲界決定第四禪中得欲界人中能起欲界梵世相應心記起言說心彼處有是故說三地無諍五地中者根本四禪及欲界此決定於四禪中得人中能起非餘處二地法辭辯者法辯欲界梵世此五地根本四禪及欲界此但名緣言從名轉是故起語言道有覺觀處說辭辯欲界及梵世何以故言語緣故二辯依九地者義辯樂說

辯欲界四禪中及四无色定未來中間禪根本初禪攝問曰云何得此正受答曰

離欲及受生　而得於淨禪　穢汙退及生
无漏唯離欲

離欲及受生而得於淨禪者淨初禪二時得離欲時得及上地沒生梵世彼地過捨如是一切穢汙退及生者味相應禪退上得下或第二禪中若欲界纏若梵世纏退尒時得味相應初禪生得者如上地沒生欲界及梵世尒時得味相應初禪如是一切無漏唯離欲者无漏禪離欲得謂聖人離欲界欲彼得无漏初禪昔所未得故得如是一切問曰此功德何者能除煩惱答曰

无漏除煩惱　正受中間者　一切定中間
相應於捨根

无漏除煩惱者无漏禪無色除煩惱非世俗問曰何故世俗不斷煩惱答曰同一係縛故世俗共煩惱一縛是故自地煩惱不能斷如人被反縛不能自解若彼對治及斷中生問曰一

切世俗不能斷煩惱耶答曰有世俗能斷煩惱問曰何者是答曰正受中間者謂未來禪猶未得根本禪若作方便得離下地欲彼初禪未來有漏无漏餘未來一向有漏為根本禪无色正受是故說世俗不斷煩惱問曰此近禪何處答曰一切定中間相應於捨根一切正受中捨根相應未得所求故不生喜問曰雖說神足境界智證神通未說幾種變化心今當說答曰十四欲界初禪果初禪地初禪果欲界二禪果初禪地二禪果二禪地二禪果乃至第四禪亦如是問曰彼誰成就答曰

下地變化心　成就彼種果　隨彼識相應
彼上地成就

下地變化心成就彼種果者若人成就禪是人成就彼果下地變化心如得初禪是初禪地欲界中初禪果成就如是一切應當知問曰汝先說第二禪等無五識身若生於上若欲見聞彼云何見聞答曰梵世識現前問曰何故上地无此識答曰無覺觀故

問曰彼幾時成就答曰隨彼識相應彼上地成就乃至彼識相應尒時成就或眼識或耳識或身識隨尒時現在前尒時成就此識滅時名捨何以故係屬根故

修多羅品第八

一切智口所說最深微細義此餘我今當說

一切智口說　甚深微細義　我今說少分
修多羅諦聽

問曰如佛說三界彼何者是答曰

欲界十居處　色界說十七　無色界有四
決定唯彼有

欲界十居處者謂地獄畜生餓鬼人六欲界天種類此十居處當知說欲界此衆生有欲想轉若此處具足彼一切愛欲相應是故說欲界色界說十七者梵身梵富樓少光無量光光曜少淨無量淨遍淨無陰福生大果无想衆生不廣不熱善見善現色究竟此十七居處說色界此居處欲想不轉彼極大色非男女想是故說色界無色界有四者无色界有四

居處無邊虛空處无邊識處无所有處非想非非想處此居處中色不生何以故離色欲故又次第滅故若无色中生色者便无次第滅然有次第滅若无者應色中生欲過是故无色中不生色是故說无色問曰如佛說三有欲有色有无色有此云何答曰決定唯彼有前所說界此即是有問曰如世尊說七識住彼何者是答曰

善趣是欲界　及色界三地　无色亦三地
當知為識住

欲界善趣數謂人天色界前三地无色界前三地此七地說識住處問曰何故三惡道第四禪有頂不說識住耶答曰若地為見斷修斷若不斷生識彼說識住三惡趣中無不斷事第四禪中无想眾生及淨居天无見斷事是故第四禪不攝有頂一向有漏若識樂住說識住三惡道中識不樂住何以故苦逼迫故淨居天向涅槃故識不樂住无想眾生亦一向無心是故第四禪不攝有頂行不捷利是故彼亦不攝三種眾生或樂境界樂

樂樂想彼中樂境界眾生人及欲界天樂樂三禪地樂想三無色是故彼說識住問曰九眾生居云何答曰

有頂及无想　是說眾生居　四種有漏陰
當知識住處

有頂及无想是說眾生居者前說七識住及无想天有頂此說九眾生居問曰何故惡道無想眾生外第四禪不說眾生居耶答曰隨何處樂住不欲去彼處名眾生居惡道中无此二廣果中雖欲樂住亦欲樂去問曰如佛說四識住彼云何答曰四種有漏陰當知識住處有漏色受想行是名陰說識住取俱識生住執著長養故名識住是故无漏非識住彼壞有故彼亦非取和合識住處問曰何故識非識住處答曰彼因由不成如王道王非是道無住分俱生識名住處三和合名住處此識非如是問曰無有他識現前緣耶答曰自和合不生故彼亦不成就彼亦眾生數非眾生數問曰云何外識住處事作答曰和合俱生依緣住多故无過彼亦緣住彼

自分地界非他分地界問曰如世尊說十二緣起彼有何相答曰

諸煩惱及業　有事次第生　當知是有支
眾生一切生

無明愛取是煩惱行及有是業餘支是事如是此煩惱業事彼彼生中次第起故說緣起支彼中煩惱依事煩惱作業業作事如是

彼諸分建立　謂眾生受生　過去及未來
中間當知八

彼諸分建立謂眾生受生者此分差別說十二支問曰此云何答曰過去及未來中間當知八於中无明者過去煩惱行者過去業識者相續心及眷屬名色者已受生相續連縛不滅未生四種色根六入未具是名名色六入者已生四種色根未能為觸作所依是時名六入觸者此諸根已能為觸作所依未能分別苦樂不能分別利衰是時名觸受者能分別苦樂利衰因能知老別食分別愛不起婬欲是時名受愛者於欲具中愛求欲不能求有分別是時名愛取者能取

有分別有者此於彼境界求趣向速疾廣生諸有趣當來生是時名有生者彼死次第相續連節縛是時名生老死者次後名色受等是名老死問曰世尊說六界此云何答曰

所謂四大種　及諸有漏識　亦色中間見
是界說生本

所謂四大種及諸有漏識亦色中閒見者四大及五識身有漏意識若色孔眼所取虛空數此說六界問曰何故十八界中別說六界耶答曰是界說生本彼法生本此中丈夫想地所成立水和合潤漬火熟除臭爛風界推空中間孔飲食入出相應識力建立得名丈夫想是故此名界想何以故是生性故如世尊說因六界因緣入母腹胎脩多羅句如是彼大亦生是故名大生如大眾生如大生於此中地堅相水濕相火熱相風輕舉相色邊受色相名虛空界色者是興患異事也識者了知相也問曰聖諦有何相答曰

果相似諸行　有漏是說苦　因相似是集
滅諦眾苦盡

果相似諸行有漏是說苦者一切有漏行從因生逼惱相是故說苦因相似是集者一切有漏行他因相似是故彼說苦集如一稻種子前後相望故亦說果亦說因如是有漏行觀已生當生故亦說苦說集滅諦眾苦盡者一切有漏行究竟盡滅是說滅諦

若无漏諸行　是說為道諦　彼二種名故
從麁次第見

若無漏諸行是說為道諦者一切無漏行說道諦彼一切苦滅故說道問曰何故說名諦答彼二種名故二種事故名諦謂自相不虛及見彼生不顛倒心覺問何故虛空非數滅非諦攝答曰非因果故此觀察苦盡故觀察聖諦彼非苦因非離苦方便但欲盡苦故觀察辟如病因病藥病差如觀察病問曰聖諦有何義答曰聖者如實覺已為他顯示故名聖諦是中逼迫相是苦生相是集寂靜相是滅出離相是道問曰如見因有果何故佛先說果後說因耶答曰從麁次

第見如是但見无間等故世尊前說果行者先得苦无間等後苦因先滅後道何以故先知果已後斷因脩智生故彼行者於苦自性無間已彼時為斷苦因故決定智生是過患因故如是彼行者先見滅相彼時為欲證滅故脩方便生決定智是故先說果如是先見麁後見細故苦麁集細施設推求故信故滅麁道細是故先說滅後說道如脩多羅說比丘當為說滅為趣滅故說道如是等是故先求滅後脩道如向城道先見道已然後得入一切皆信滅而不信道是故欲易知故從麁次第說問曰世尊說四沙門果彼幾事答曰

聖果事有六　冣勝在九地　第三在六地
二種依未來

聖果事有六者六事說沙門果五无漏陰及數緣滅問曰沙門果何義答曰聖道說沙門彼精進成就故名沙門果問曰世俗道亦精進丈夫得彼亦得沙門果答曰彼見聖道果差別問曰此何果何地攝答曰冣勝在九

地阿羅漢果九地攝未來中間四禪

三无色第三在六地阿那含果六地
攝除无色二種依未來須陁洹斯陁
含果未來攝何以故未離欲故問曰
跡有何相荅曰
隨信行諸法　無煩惱鈍根　隨法行諸法
无煩惱速相
隨信行諸法无煩惱鈍根者隨信行
人自身无漏法軟分攝者當知鈍信
行攝故信解脫時解脫亦攝當知軟
根故隨法行諸法无煩惱速相者隨
法行自身法利根所攝故當知速相
彼攝故見到不時解脫法亦攝當知
何以故利根故
彼禪根本中　當知是樂通　小及難得故
當知餘說苦
彼禪根本中當知是樂通者根本四
禪若軟根法及利根法當知樂跡止
觀等得道故及樂行故小及難得故
當知餘說苦者餘者无漏地攝道名
苦以少故彼未來中間禪止道少無
色中觀少无漏未來禪難得何以故
世間從未來得故得彼故易修禪中

閒禪一地中間心心數斷除現前謂

覺斷觀現前成就如木斷木無色界
微細難成就五陰轉斷四陰轉現前
彼難如是難得故說難非聖道苦自
性非苦受相應此中建立勝道故入
涅槃城義故名跡義問曰不壞淨去
何荅曰
佛及聲聞法　解脫亦餘因　清淨無垢信
聖戒謂決定
佛及聲聞法解脫亦餘因清淨无垢
信者一切種正覺智菩提佛彼阿羅
漢攝功德佛法當知於彼中若无漏
信彼名佛不壞淨他教授得正決定
聲聞當知彼中學無學得聲聞法若
彼无漏信彼是僧不壞信若於涅槃
若無漏信轉餘有為法中如苦諦集
諦等信如是無漏菩薩功德學无學
辟支佛法一切法中不壞信彼苦集
中正信清淨滅道中希求信无漏戒
聖道俱生第四不壞淨去何名不壞
知已決定清淨信名不壞信問曰何
所知不壞荅曰四聖諦中問曰何故
无漏不壞信荅曰決定故彼實智俱

生無漏信及戒決定有漏信者能障

欺呵不信持戒破戒呵欺障无漏餘
不生能障欺呵是故決定无漏不壞
信差別者問曰修定有何相荅曰
初禪若有善　當知現法樂　謂得生死智
是說名知見
初禪若有善當知現法樂者淨及无
漏初禪現法樂住是名修定得現法
樂謂得生死智是說名知見者生死
智通是說修定得知見
慧分別當知　方便生功德　金剛喻四禪
是名為漏盡
慧分別當知方便生功德者所有方
便生功德　乃至欲界有　教戒聞思修
功德三界中隨所有若有為無漏彼
一切說名修定得分別慧金剛喻四
禪是名為漏盡者金剛喻定者最後
學心彼共眷屬相應第四禪地漏盡
故是說修定此世尊自說已功德菩
薩閻浮提樹影中初禪正受彼見法樂
住十一起煩惱清淨天眼智見如趺
祇羅經說彼經說知受生如是等慧
差別依第四禪无上正真道證漏盡

阿毗曇心論經卷第五　第十九張　白

問曰如意足何自性荅曰
善有為諸法　方便之所起　佛說如意足
是亦說正燒
善有為諸法方便之所起佛說如意
足者若彼方便所起法已說彼一切
如意器故說如意足自心自在起種
種功德成就如意足名如意足足支
具因一義也何者是謂三昧彼四種
增上差別如欲增上生三昧名欲三
昧如是精進心增上生名簡擇三昧
初起欲故欲增上欲生已欲所求為
得故精進定增上起精進已不捨精
進隨順趣向心名心定此欲精進心
道理現前如意足具身中究竟故名
慧二昧若不簡擇餘此一心一切成
就一切心中生故方便差別彼增長
故說餘功德彼亦說正燒此如是所
說功德亦說為正燒依道理能燒煩
惱草故名正燒或以能斷煩惱故說
正斷入正決定故名正勝彼捨過惡
功德生守護增長策勤業名精進正
勝彼四種業差別故一心建立精進
能作四業現在煩惱得斷未來不生

阿毗曇心論經卷第五　第二十張　白

於善法容受生故生已相續不失方
便力彼亦四種差別
彼亦說念處　亦說四聖種　隨其勢力生
以彼名說彼
彼亦說念處亦說四聖種彼前所說
功德說念處如脩多羅身受心法內
外俱自相共相是名念處彼四種緣
差別故彼一切緣分齊差別故身念
處身緣非餘法如是受念處說受念
處非餘心念處說心念處非餘法念
處二種餘法緣以想陰行陰有為緣及
壞緣以身受身心受如是等乃至一
切法緣問曰云何聖種荅曰聖種亦
如是彼所說功德亦說聖種聖以此
為種故名聖種此法自性是聖種故
說聖種於此種中生故名聖種四種
愛生對治故說四差別因衣服故愛
生廣說四種如脩多羅問曰云何以
此功德為如意足乃至四正斷等耶
荅曰隨彼勢力生以彼名說彼此法
以定力生故名如意足精進力生故
說正斷念增上生故說念處知足增
上生故說聖種已說助菩提分共此

阿毗曇心論經卷第五　第二十一張　白

自相今當說
淨信精進念　智慧及喜猗　覺分及與捨
思戒三摩提
如佛所說三十七助菩提分法彼名
有三十七事有十於中信等如偈中
結集彼中信根信力名信正斷精進
根精進力精進覺支正精進此是精
進念根念力念覺支正念是名念四
念處慧根慧力擇法覺支正見是等
名慧喜猗捨覺支正思惟戒是正語
正業正命如意足定根定力定覺支
正定八支是定支問曰何故如是多
種說荅曰
處方便一心　軟及利亦然　見道亦脩道
故說三十七
處者正緣處故說念處方便者正方
便說正斷一心者一心中住處是故
說如意足軟根相續見名根利事此
亦是根利根相續見故名力彼中增
上義是根義餘不能陵名力見道得
見故名道分脩道見故名覺支說三
十七此十法如是各各業差別故佛
說三十七此中覺支一向無漏餘有

漏无漏問曰道品云何有漏菩提是
无漏彼菩提器菩提眷屬是故名菩
提分如是此中與菩提遠有漏隨順菩
提故名菩提分是故无過
二禪三十六　未來禪亦然　三四及中間
是悉三十五
二禪三十六者除思何以故此地無
覺觀故未來禪亦然者亦三十六除
喜覺支何以故未成就是故无喜我
已先說三四及中間是悉三十五者
第四第三中間三十五除喜除正思惟
初禪說一切　三空三十二　有頂二十二
欲界亦如是
初禪說一切者初禪中一切三十七
三空三十二除喜正思正語正業正
命有頂二十二者一切無覺支道支
是故二十二隨何處覺支次說道分
彼中當知有漏無漏欲界亦如是者
欲界亦二十二一向是有漏二處一
向有漏故問曰四食何地何性荅曰
諸食中摶食　欲界說三入　識食及思觸
是食說有漏
諸食中摶食欲界說三入者摶食是

欲界三入香味觸事有十三十一事
是觸四大七種造色所謂澁滑重輕
冷飢渴及香味問曰何故色聲非食
荅曰見聞非增長滿足根大資益義
是食義或見或聞妄分別力故生樂
受觸生喜彼喜不能潤益根大是故
觸為食能利益非色聲香味離分別
亦能資益身識食及思觸是食說有
漏者識思觸是有漏彼持生相續縛
能牽有是故名食无漏觸等雖利益
諸根大彼不能牽有故斷除有是故
非食有三種事故名食能牽後有牽
已復牽攝持自身是故名食彼意思
識牽未來有摶食觸食生已諸有攝
持或復一切諸食皆能牽有皆能攝
持諸根問曰先所說諸三昧何者三
昧幾種轉荅曰
无願有十行　空二行當知　四行說無相
是說為聖行
无願有十行者无願三昧摠說十行
緣三諦故十行轉苦中無常苦二行
集中四行如前說道中四行亦如前
說問曰何故不緣滅荅曰不願求故

名无願是不樂求義也不願何等謂
苦彼因盡則无是故彼因亦捨彼因
修道盡是故緣道是故此定緣苦因
道不緣滅或復說於有為不願是故
緣三諦是中修道如服苦藥如是如
空二行當知身見近對治故空三昧
有二行何等為二空無我身見取我
我所行見我對治故說無我行我所
對治故說空行如彼法无我是故无
我四行說无相者无相三昧滅四行
轉除有為行但緣於法行說无相此
中顯示解脫門故一向无漏三昧問
曰顛倒云何斷何自性荅曰
謂彼四顛倒　當知見苦斷　於彼增上見
見實者廢立
謂彼四顛倒當知見苦斷者一切四
顛倒依苦轉是故見苦斷已說三見
中於彼增上見者此四顛倒三見中
少分是見自性經中想心濁故說想
心倒見實者廢立何以故增上見中
若得增上如是力顛倒建立如我見
顛倒非我所見如是邊見常見顛倒
非斷見見取淨樂見顛倒問曰誰增

上荅曰推建立一向顛倒是故顛倒彼如是想是故非一切見是顛倒邪見斷見雖推及一向倒壞事轉建立戒取推建立非一向顛倒取少淨非勝見勝取少勝我見力建立我所是故我所見不立顛倒問曰世尊說多見如六十二見彼見何見攝荅曰五見攝問曰此云何荅曰

誹謗於真實　此見說邪見　非實而建立
二見及是智

誹謗於真實此見說邪見者若見誹謗真實有義言無所有如无施等是為邪見非實而建立二見及是智者於陰中非實我所建立身見非真實樂淨建立見取若餘非實建立如見抗建立人想邪智非邪見

又戒威儀取　非因而見因　若攝受邊見
依常見斷見

又戒威儀取非因而見因者如自在天因牛戒見等生天世間流轉解脫若攝受邊見依常見斷見者若見諸行常是名常見如說常者彼不知因果連續是故於事中立斷是名斷見

是二見名受邊見除此更无餘見是故一切見入此見中當知問曰此見何斷何不斷荅曰

誹謗而建立　因見依二邊　隨於此事轉
若見彼則斷

誹謗邪見已說彼若謗苦彼說見苦斷如是集等建立不實說二見彼身見於苦建立見苦斷見取若見苦斷樂等建立是故見苦斷當知如是見集斷等戒取若依於有漏轉彼見苦斷若依无漏轉彼見道斷當知斷見常見依苦轉是故見苦所斷

阿毗曇心論經卷第五

甲辰歲高麗國大藏都監奉
勅彫造

阿毗曇心論經卷第五

校勘記

一　底本，麗藏本。
一　四九七頁上四行「定品之二」，[徑]、[清]作「定品第七之餘」。
一　四九七頁中四行第五字「是」，諸本（不含[石]，下同）作「定」。
一　四九七頁下一六行第一二字「生」，諸本作「不生」。
一　四九七頁下二〇行第一一字「味」，諸本作「時」。
一　四九八頁上二〇行「及無漏」，諸本作「無無漏」。
一　四九八頁中四行末字「彼」，[資]、[磧]、[普]作「後」。
一　四九八頁中二一行第五字「上」，[磧]、[普]、[南]、[徑]、[清]作「下」。
一　四九八頁下一六行第七字「記」，諸本作「說」。
一　四九九頁下二二行「男女想」，諸本作「男女相」。

一 五〇〇頁上二〇行第五字「苦」，磧作「若」。

一 五〇〇頁下八行「如是」，諸本作「如是無無始有輪轉」。

一 五〇〇頁下九行及一二行「過去」，諸本作「過二」。

一 五〇〇頁下二一行第一一字「愛」，諸本作「受」。五〇三頁中一七行首字及末字同。

一 五〇一頁上一九行「火熱相」，諸本作「火煖相」。

一 五〇一頁上二〇行第一三字「與」，諸本作「興」。

一 五〇一頁中一五行第三字「心」，諸本作「正」。

一 五〇一頁中一八行第九字「病」，諸本作「病病」。

一 五〇一頁下四行「彼時」，諸本作「後時」。

一 五〇二頁上六行及八行「鈍根」，諸本作「鈍相」。

一 五〇二頁上一五行及一七行「樂通」，諸本作「樂道」。

一 五〇二頁上末行第一一字「易」，徑、清作「爲」。

一 五〇二頁中一八行「不壞信」，諸本作「不壞信彼是法不壞信」。

一 五〇二頁下一二行「爲漏盡」，南作「無漏盡」。

一 五〇二頁下二〇行第四字「提」，諸本無。

一 五〇二頁下二一行末字「趺」，諸本作「跌」。

一 五〇三頁上一五行「二昧」，諸本作「三昧」。

一 五〇三頁上一六行「一切」，諸本作「彼一切」。

一 五〇三頁上一九行「能斷」，諸本作「能正斷」。

一 五〇三頁中一六行第四字「於」，諸本作「聖於」。

一 五〇三頁下八行第一二字「名」，諸本無。

一 五〇四頁中末行第八字「滅」，磧作「成」。

一 五〇四頁下五行末字「如」，諸本作「知」。

一 五〇四頁下一六行第七字「知」，磧無。

一 五〇五頁上九行第一四字「建」，磧、普、南、徑、清作「見」。

一 五〇五頁中六行第一〇字「苦」，徑作「若」。八行第七字、九行第八字同。

阿毗曇心論經卷第六

法勝論　大德優波扇多釋

高齊天竺三藏那連提耶舍譯　六卷成部

修多羅品之二　別譯

問曰世尊說二十二根彼云何答曰

謂眼等四根　身根有三種　如意根及命
此根生死依

謂眼等四根者眼耳鼻舌彼眼根眼識依淨色於色已見今見未來或當知此或復有異彼餘自分問曰何謂自分答曰彼相似義也如色不曾見今不見當不見何以故識空故如是一切如識自依說身根有三種者身根亦如是彼說三種身根男根女根如意根何者意根若心意識彼復六識身若已知法今知法當知法或復是自分彼無生法如是當來及命者命根第九彼三界壽此根說生死依故說根衆生生死故

受是煩惱伴　信等依涅槃　九根若无漏
此三依於道

受是煩惱伴者苦樂憂喜捨受雜煩

惱煩惱伴依地故說根信等依涅槃者信精進念定慧依寂滅伴故說根九根若无漏是三依於道者信等五喜樂捨意根等有漏無漏此中若無漏彼依於道三根說如賢聖品說如是諸根名二十二事十七男根女根身根少分三無漏无異問曰何者是根義答曰彼增上義是根義如人主獸王一切法有增上主彼最勝增上主名根彼取六境界增上主男女二根衆生差別分別增上主初時無差別命根持衆生身增上受有煩惱增上信等涅槃增上无漏道差別增上

欲界四善八　色種根有七　諸心數有十
一心智者說

欲界四者如是根四在欲界男女憂苦決定欲界相應問曰何故色界無男女根答曰無受用事故鼻舌二根亦應无為端嚴身故生無妨又男女二根令身醜惡故無無苦根非逼迫果故彼他不惱故无憂根何以故無知生故彼智知欲界餘色根意根界品已說捨根信等五根三界相應不

相應喜樂根色欲相應不相應无漏三根決定不相應命根雜品當說問曰幾善答曰善八信等五三無漏必定是善非不善餘憂根受等善不善无記憂根命根後當說餘如界品說如是取色七者眼等五及男女根此等是色餘非色問曰幾心性幾非心性如是廣說答曰諸心數有十五受五信等一心智者說者意根一種心自性无漏前已說九根無漏三餘非心心數決定問曰幾有報幾無報答曰

一及十有報　此義應當知　十三中是報
見實者所說

一及十有報此義應當知者憂根一向有報何以故善不善故問曰何故憂根無記無答曰憂根與喜下劣行相違非身邊見相應故非隱沒无記分別轉故非不隱沒无記非工巧報生威儀等分別生若彼分別生誰在於後非離欲滅離欲不斷故非不隱沒无記是故非不隱沒无記憂根信等中若有漏彼有報若无漏彼无報

阿毗曇心論經卷第六　第四張　自　仝書

意根及三受若不善善有漏彼有報無記無漏无報毕根善不善有報无記无報餘根非有報問曰何故不善善有漏有報答曰堅固住故資助力如畦水潤糞覆爛壞堅固種子生非無漏無資緣故如在倉中種子雖堅不生愛水不潤故餘煩惱如糞无故不能爛壞非无記有報如爛種子雖置畦中不生問曰幾根是報答曰十三中是報見實者所說七色根意根命根除憂根四受是有報亦有非報色長養非報餘是報命根正受果壽行數彼非報餘是報意根及受善穢汙非報威儀工巧變化心數非報餘是報餘根決定非報問曰幾根寂初生時得報答曰

二或六七八　初念生時得　欲中有報相
色六及上一

若衆生根次第生卵生濕生胎生彼初念二根報生身根及命根意根彼是穢汙是故不取非穢汙心為連繫報非穢汙是故非報捨根亦如是化生無根六色根五及命根一切化生不少眼根等一根七二根八欲中有報根故此法用欲界衆生當知色六及上一者色界得六无色界一但命根問曰死時寂後捨幾根答曰

阿毗曇心論經卷第六　第五張　自　仝書

捨四八與九　亦說捨於十　漸終及頓沒
善捨各增五

捨四八與九亦說捨於十漸終及頓没者无記心漸終捨四身意命捨根无根一時无記心死捨八謂眼等根命意捨根一根九二根十不善心亦尒問曰善心捨幾根答曰善捨各增五於是中加信等五根色无色隨所得亦如是問曰幾見斷如是等應當廣說答曰

二斷无斷四　六根則二種　三無漏不斷
餘則修道盡

二斷無斷四者意根及三種受此見斷修斷若无漏无斷六根則二種者憂根見修斷信等五根修道斷不斷三无漏不斷者一向無漏故餘則修道盡者餘九根修道斷彼眼等八不穢汙故修道斷墮生死故非不斷毕根五識身是故修道斷問曰世尊說六識身彼取何法答曰

阿毗曇心論經卷第六　第六張　自　仝書

若取識根義　五種心境界　若取一切法
是則意識界

若取識根義五種心境界者色等五境界五識身取眼識取色色形相色者謂青等无量種形相者長等无量種彼眼等不到取眼著藥揮則不見耳識聲亦不到取鼻香舌味身觸此到取一切五識身能取現在境界問曰意識云何取答曰若取一切法是則意識界若五識身所取彼若不取過去未來現在法及無為一切意識取除彼剎那自體共生相應法問曰初知不壞境界已說此境界云何十種差別答欲界相應不相應如是色界无色界如是无漏有為无為善無記問曰十智一一智幾法境界答曰

五法應當知　法智之境界　七種隨順智
他心境界三

五法應當知法智之境界者欲界相應不相應及无漏无為善七種隨順智者色无色无漏相應不相應善无為他心境界三者欲色界无漏相應

有漏當知十　因果智有六　解脫智一法
道智二餘九
有漏當知十者世俗智一切十種法境界因果智有六者苦集智三界相應不相應解脫智一法者滅智中一无為善道智二者道智有為无漏相應不相應餘九者盡智无生智境界九法除无為无記使境界如前說復欲揔說故說此

自地諸煩惱　定使於自地　自種一切遍
在彼種類中
自地諸煩惱定使於自地者欲界一切使所使欲界乃至有頂地彼地亦然勝故對治故下地上地不使離欲現前上地下地不使自種一切遍在彼種類中者自種類法自種類使所使一切遍他類亦使如身見見苦斷使所使見集斷等他類亦使如是一切遍使說乃至修道斷修道斷一切使所使一切遍使

三界定煩惱　如是定三界　如是說二界
一界生亦然
三界定煩惱如是定三界者三界攝

煩惱中三界使所使隨方便如意根三界於中一切三界使所使如是說二界者二界所攝法二界使所使如方便如覺觀欲界及色界於中欲界色界使所使一界生亦然者一界所攝法一界使所使如憂根欲界於中欲界使所使

此佛所說經　若事我已說　識智及諸使
觀察此三門
此佛所說經中若我所說法此三門應宣說識門智門使門如欲界中根事一切有是故欲界六識身當知相應不相應故七智知除比智滅智道智五種類攝故欲界一切使所使色界三根事有此四識識七智知色无色界一切使所使无色界无五境界但一識識六智知除他心智法智滅智道智无色界一切使所使如是一切應當知

雜品第九

已說定相續　種種諸餘法　於上眾雜義
我今當略說
已說定相續種種諸餘法者已說諸

法彼此相續種種聚於上眾雜義我今當略說者於上所說廣義今略說

有緣有相應　有行及有依　心及心數等
是說揔略義
此是心心數法名於種種法中攀緣轉故名有緣俱同行同方便名相應境界行作故名有行依根轉故名有依

從緣生亦因　有因及有為　說事及世道
有果此決定
此是有為法名彼彼緣和合得生故名緣生他法生故因由因力故有因諸法和合作故名有為多因差別顯示故名說事未有有轉自相行名世彼有果名有果

有罪亦隱沒　穢汙下賤黑　善有為及習
亦復名修學
有罪亦隱沒穢汙下賤黑者此是不善隱沒无記法種種名可猒惡故名有罪煩惱覆蔽故名隱沒煩惱垢汙故名穢汙凡鄙故名下賤无智闇分故名黑善有為及習亦復名修學者善有為法如此名也智中有或相續

此法名智是故善如世間說善巧人歌舞善巧手或善者慧名彼慧善談說故名善攝取如是義也功德增上成就說習亦說偕心不相應行此中當說

无想二正受　亦衆生種類　句味與名身
命根與法得　謂彼凡夫性　及諸法四相
非色不相應　說是有為行

无想名无想衆生生心心數法不轉二無心定者無想定滅盡定无想定名猒於生死解脫想第四禪力心相續次第中間滅滅盡定名猒散乱心寂滅想初住想心思念非想非非想過惡心心數次第滅衆生種類名一趣生衆生身根長短来去住飲食自共分句名字集隨所欲說義分齊究竟名句如婆伽羅那去言說味者字生名者隨義名也如牛馬等如毗伽羅論言句命者隨得根大心和合事次第相續不壞因得名得法到成就得一義也凡夫性者末到正決定聚遠離聖士夫法四相者生老住无常如行品說非色者非此法色自性不

相應者不相應无緣也說是有為行者行隱攝故問曰此行幾是善如是等廣說荅曰

二善五種三　當知七無記　二在於色界
一在无色地

二善者無想正受滅盡正受一向是善有報故無想正受無想報滅盡正受除命根有頂四陰五種三者得生老住无常等善中善不善中不善无記中无記當知七無記者无想種類句味名命根凡夫性問曰幾欲界如是等應廣知荅曰二在於色界无想正受廣果地故一在無色地者滅盡定非想非非想處攝故

二界三當知　餘在於三界　有漏无漏五
其餘定有漏

二界三當知者名句味欲界色界非无色界離語言故餘在於三界者種類得命凡夫相問曰幾有漏幾无漏如是等荅曰有漏无漏五得生老住无常相等有漏中有漏無漏中无漏得者有漏中有漏无漏盡為无漏數滅聖凡夫有漏无漏非數緣無為唯

有漏其餘定有漏者當知餘行決定有漏問曰離聖法名凡夫彼去何捨去何斷荅曰

寂初無漏心　是聖不得捨　愚夫流轉界
離欲時滅盡

寂初無漏心是聖不得捨者聖者皆法忍捨凡夫性是捨凡夫對治愚夫流轉界者此凡夫事界流轉捨隨彼處決捨地生隨地得不隱没無記故如是一刹那得離欲時滅盡者隨地離欲若凡或聖彼地凡夫事斷問曰三无為已說彼有何相荅曰

斷煩惱遠離　是名數緣滅　無諸障㝵相
是名為虛空

斷煩惱遠離是名數緣滅者若身見等煩惱數緣力所滅彼斷次第斷若遠離欲得彼數分名數滅无諸障㝵相是名為虛空者容受色无障㝵住來去等事得是名虛空

依於衆緣法　有依及攀緣　若不具不生
此滅非是智

有為法依緣力能生彼無不生如眼識眼色明空憶彼生和合意作眼識

生餘閡一則不生若與餘識相應念念眼生滅和合閡此眼識不生若彼眼依識欲生彼不生若彼眼生滅已彼必定不復生如是色彼緣閡彼眼識未來滅不復生如是餘識身如得生說若彼生滅彼初非智緣如是事不數數而滅名非數滅略說未來不生法中緣閡畢竟不生自然滅名非數滅問曰已說有為法因彼何法何因答曰

前因相似增　或俱依倚生　二因及一緣
一向已生說

前因相似增者前前法如是相似未來因亦增因非減因如軟善根軟中上自地善根因中增增增因修習法住增非減非勝法為下因或俱依倚生者如相應共有因二因及一緣一向已生說者自分因已生說非未生前生後生自分因說非未生有前後如是一切遍因亦說當知次第緣過去現在阿羅漢最後心心數除餘過去現在心心數彼一切名次第緣一種一種不差別前聚後聚次第緣故

名次第緣問曰何故色心不相應行非次第緣耶答曰衆雜事色雜如是一時欲界色界不相應現前如受戒凡夫及聖人亦不相應行三界不相應一時現前心心數不雜事故得名次第緣問曰報為衆生數非衆生數耶答曰

報是衆生數　有為解脫果　有緣說俱轉
謂於他相轉

報是衆生數者衆生數法必定得名為報何以故不共故非非衆生數共故問曰報者何義答曰不相似受故如善不善无記問曰果法說何者答曰有為解脫果一切有為法善不善無記果因緣相依故數緣滅無為者彼說道果問曰有緣法去何緣中轉答曰有緣說俱轉若法有緣彼一時緣轉不別異問曰何處緣轉答曰謂於他相轉他攀緣義也非自性自性緣何以故自性離自性故一切事中如眼不自見指端不自觸刀不自割相應不緣何以故一緣故俱生亦不緣太相近故如眼著藥押眼睫眼睫

太近故不見自依不能緣問曰彼有住處无住處耶答曰

遍因無處所　欲生時解脫　煩惱智心中
道欲滅時滅

遍因无處所者此遍因心心數二眼因生一識如是耳鼻舌識亦然若有處所應一眼中生若然者應一眼見非二眼見或兩識生不然是故無處所問曰何心解脫為過去現在未來耶答曰欲生時解脫欲生時道滅煩惱是故欲生時得解脫无學心障中得解脫問曰道生時斷煩惱耶答曰煩惱智心中道欲滅時捨道欲滅時斷煩惱欲生是未來未來道不能作事是故無导道欲滅時捨煩惱解脫道欲生時解脫煩惱得次說煩惱名問曰有愛有幾種答曰

有愛有五種　無有唯一相　愛事餘煩惱
斷離是三界

有愛有五種者有愛名有中貪著彼五種苦集滅道見修道斷無有唯一相者無有愛名斷見自身斷樂彼亦修道斷何以故見愛見道斷此亦轉

愛是故修道断此須陁洹雖不断亦
不共行何以故断見所長養故彼皆
上現前彼須陁洹断盡因縁相應知
故問曰如世尊說断界離界滅界何
者是荅曰愛事餘煩惱断離是三界
断愛離界彼愛染著相應事断滅界
彼亦染亦相應彼若餘煩惱断彼断
界彼相應非染近對治故如是建立
如是一切一相十一心欲界善不善
隱没無記不隱没無記色界三除不
善無色界三亦如是及无漏問曰此
中幾穢汙心得幾善幾無記荅曰
穢汙心得十　智者如是說　善心必得六
无記即无記
穢汙心得十智者如是說者界地地
來還二界善穢汙隱没無記心得相
續心餘無色界善穢汙不隱没无記
彼現前事得問曰欲界色界不隱没
無記云何荅曰變化心色界欲生時
得彼禪力得非餘是故非无記得退
非无漏如无學退學得如是等如是
得故縁次第說非一人一剎那中得
十善心必得六者善心得六如盡智

欲界善无漏心中變化心亦無記如
是色界无色界善心及無漏无記即
無記者不隱没無記心唯得無記心
非餘現前亦得前已說非彼剎那未
得心得問曰十法菩提分彼中幾根
性荅曰
菩提分六法　當知是根性　諸法若相應
當知是他分
菩提分六法當知是根性者信等五
及喜覺支餘者非根自性問曰為自
性相應法為他性相應法荅曰諸法
若相應當知是他分他分相應當知
非自性自性伴一時無二故問曰何
處得解脫荅曰
縁中得解脫　大仙如是說　亦少断而縛
見道及修道
縁中得解脫大仙如是說者縁中離
煩惱不能於相應解脫何以故一剎
那故煩惱心一念縁中衆生愚惑於
縁不愚故解脫煩惱成就問曰若不
相應亦断不断耶所断者相應不相
應耶荅曰若不相應亦断亦少断而
縛見道及修道有少分断亦非解脫

如苦智生集智未生若見苦断煩惱
断彼見集断一切遍煩惱縛修道中
亦一種断彼中八種縛乃至八断究
竟下下縛問曰見諦云何得不壞淨
荅曰
二覺於三諦　四由見正道　能起不壞淨
修習於二世
二覺於三諦四由見正道能起不壞
淨者苦集滅無間等得法不壞淨及
聖愛戒彼三法自性故見道一切得
四種佛法僧彼中有故問曰幾世法
修荅曰修習於二世現世修行未来
得修問曰何法隨心轉荅曰
一切心數法　說與心俱轉　若心相及餘
作亦應當知
一切心數法說與心俱轉者一切心
數法說與心共行何以故共心一縁
故若心相及餘者此心相生等彼亦
隨心轉共心一生滅故及餘者如是
餘心數相亦隨心轉一種方便安隱
故作亦應當知者此業名也彼中說
心數處已說思身口業未盡今當說
彼禪道无教戒彼力生故說作彼隨

心轉心一果故心作一事一切隨心轉說問曰斷法云何荅曰

斷諸有漏法　智者亦無垢　滅未來說遠　此餘說則近

斷諸有漏法者一切有漏法斷有過故是故無漏不斷彼无垢故无過去垢故名斷如衣有垢浣事問曰知法云何荅曰知者亦無垢若有漏法及無漏法是一切知法一切法智境界故隨方便智如智品說問曰遠法云何荅曰滅未來說遠不辦事故四種遠作事遠處遠相遠自分遠不辦事遠者過去未來世道處遠者海此彼岸相遠者如地與虛空濕與暖異分遠者善法不善法欲色无色雖一相彼亦是遠此餘則說近者餘現在及无為彼當知近現在能辦事故近无為隨處速得數緣非數緣滅隨處得虛空者遍一切處問曰決定法云何荅曰

所謂無間業　及諸无垢行　慧者說決定　見處是有漏

所謂無間業及諸无垢行慧者說決

定者无間業邪定如是法決定将向地獄故餘亦有惡行決定能趣地獄彼不定無間非不定已說決定無垢行正決定得解脫果除五无間業餘者不定有漏及無為不定問曰見處法云何荅曰見處是有漏一切有漏法是見處五見相應故若此法穢汙見緣相應使俱生伴法中住彼法名見處問曰幾根衆生成就荅曰

說有十九根　謂成就極多　極少成就八　曉了根所說

說有十九根謂成就極多者若一切多成就根彼十九如不斷善根不缺根二根故此凡夫是故彼无无漏根不缺根如是未離欲聖人彼一根二无漏無極少成就八曉了根所說者若一切少成就但八如餘身根斷善根彼有身意命根五受等及生无色界凡夫彼意命捨根信等五根有問曰幾種觸荅曰

增語及有對　明無明處中　所謂得果者　是則雙道事

增語及有對明無明處中者彼意識

相應觸增語觸何以故增語依轉故由增語轉彼名增語由意識故語轉是故意識與彼相應觸名增語觸或增語名彼意識分別境界非餘五識是故增語境界相應觸名增語觸五識身相應觸名有對觸何以故有對依緣故五有對觸穢汙无明觸无漏明觸非穢汙有漏非明非無明觸問曰云何無㝵道得果者為无㝵道解脫道耶荅曰所謂得果者是則雙道事雙道俱得果无㝵道斷結得解脫道得解脫證如以毒虵一手著甕中一手蔽頭如怨家一手推出一手閉門問曰阿羅漢住何心入涅槃荅曰

无著住報心　得入於涅槃　生有及壞有　本有亦復中

无著住報心得入於涅槃者一切所作事中平住任運心阿羅漢住報生心中入涅槃亦住威儀心入涅槃何以故任運行故說住報心入涅槃彼自然心斷隨順故住無記心入涅槃善心中相續彼次第心自息不善心身離欲時捨穢汙心有頂離欲時捨

善無記現前彼最後心是故住如是
無記心入涅槃問曰幾種有荅曰四
種有生有及壞有本有亦復中彼生
有者生剎那若陰生壞有者死時最
後陰本有名生有死有中間陰名本
有中間有名死已乃至未受生有此
中間處所陰名中有或有不立中有
者彼人處所中間不相續彼言不相
應何以故心數依處轉見此心數依處
見非餘彼何所依共報身此不存中
陰者欲界處相續見行相違心數轉
是故不生相續若存中陰者彼依處
如是中有陰生見法不相違心數轉
相應成就處相續故是故必有中陰
問曰如佛說有猒離去何猒去何離
荅曰
諸智在苦因　及忍修於猒　離欲得无欲
說在於四中
諸智在苦因及忍修於猒者苦集緣
智及忍說猒猒事轉故離欲得無欲
說在於四中者苦集滅道中智及忍說
猒離能壞欲故彼中忍見道壞智者
修道無㝵道斷煩惱不復見道智無

㝵道修道中有四智
問論品第十
離律不律儀　而得於律儀　不因彼得勝
若能知者說
荅曰有无色界没生色界凡夫法彼
人界流轉時捨戒繫屬界故是人生
色界時得彼禪戒退分故是故不增
頗得沙門果　聖賢離諸過　得有為善法
不名為修習
荅曰有如本得退得過去彼但得不
增是故名不修習餘習修不能現前
本所得者更得
頗道興起時　未離諸過咎　解脫時離惡
能決定者說
荅曰有如未來修如前生現前盡智
除若餘未來盡智彼欲生時得彼時
未解脫何以故本時障解脫一切未
來无學相續心解脫故
頗光曜煩惱　起已定相應　清淨初禪中
而得於退法
荅曰有光曜纏生退阿羅漢得盡智
者初清淨禪盡智力得彼時捨彼學
无學或熏修初禪等

頗有見諦道　得於諸善法　彼法是有緣
智者不見緣
荅曰有欲界中無間等邊得世智欲
界陰不見比智彼無間邊得世智是
故彼時不見欲界陰
頗果有漏慧　相應淨功德　不相應智慧
彼時得彼果
荅曰有如欲界離欲非梵世離欲彼
欲界第四禪果變化心不相應斷故
成就彼於此禪中彼果彼禪中不相
應慧不斷故如是色界變化心說於
下上地離欲不離欲
頗住无㝵道　成就於諸滅　障㝵彼煩惱
非彼无漏見
荅曰有如有漏通生住无㝵道隨地
通能生彼地離欲彼有通離欲斷是
故彼住无㝵道彼遠離成就常相續
得遠離
頗有煩惱滅　無垢者獲得　非捨彼煩惱
於彼无垢盡
荅曰有如光燿中梵世生欲生時欲
界煩惱遠離得如是彼前已斷彼遠
離得世俗故彼地繫屬是故地流轉

阿毗曇心論經卷第六　第卄五張　白　　石

捨又復還來得彼得名遠離得
頗無垢淨地　未曾得而得　非離欲非退
不依於見道
荅曰有如色離欲證決定無漏無色
修道中方便得
頗未得法中　而得於勝利　不捨彼不利
若曾學者否
荅曰有彼初生無漏品除餘無漏功
德得時彼不捨凡夫事皆法忍彼退
一切無漏功德不得凡夫事
大德優波扇多爲利益弟子故造此
阿毗曇心論

阿毗曇心論經卷第六
甲辰歲高麗國大藏都監奉
勑彫造

阿毗曇心論經卷第六

校勘記

一　底本，麗藏本。

一　五〇七頁上一行經名，資、磧、普、南作「法勝阿毗曇心論卷第六」；徑、清作「法勝阿毗曇心論卷第六」並有夾註「別譯」。

一　五〇七頁上三行譯者，資、磧、普、南作「高齊沙門那連提黎耶舍譯」；徑、清作「高齊天竺三藏那連提黎耶舍譯」。

一　五〇七頁上四行「修多羅品之二」，徑、清作「修多羅品第八之餘」。

一　五〇七頁中二行第二字「信」，磧、普、徑、清作「言」。

一　五〇七頁下三行「無漏」，諸本（不含石，下同）作「無漏根」。

一　五〇八頁上一〇行「七色根」，諸本作「十色根」。

一　五〇八頁上一一行「命根」，諸本無。

一　五〇八頁上一七行「二或六七八」，諸本作「二六或七八」。

一　五〇八頁上二〇行「意根」，清作「童根」。

一　五〇八頁中一行「一根七」，清作「一根十」。

一　五〇八頁中二行第二字「根」，諸本作「相」。

一　五〇八頁中三行第三字「上」，徑作「生」。

一　五〇八頁中一〇行第二字「意」，清作「於」。

一　五〇八頁中一二行第九字「根」，清作「於」。

一　五〇八頁下二行「識根義」，諸本作「諸根義」。四行同。

一　五〇八頁下七行「藥掉」，諸本作「藥蓖」。下同。

一　五〇九頁上一三行第三字「所」，諸本無。

一　五〇九頁上二〇行「遍使」，資、磧、普作「遍使一」；南、徑、清作「遍使使」。

一　五〇九頁中一三行「比智」，南作「此智」。

一　五〇九頁下一四行第八字「有」，徑、清作「由」。又第一三字「名」，諸本作「故名」，一五行第四字同。

一　五一〇頁上三行「義也」，磧、普、南、徑、清作「善也」。

一　五一〇頁上二一行第二字「一」，資無。

一　五一〇頁中二行第三字「隱」，諸本作「陰」。

一　五一〇頁中四行第一一字「二」，清作「一」。

一　五一〇頁中一二行「應廣知」，徑、清作「應當知」。

一　五一〇頁中一五行「二界」，徑作「三界」。

一　五一〇頁下九行第二字「決」，諸本作「沒」。

一　五一〇頁下末行第二字「眼」，磧作「根」。

一　五一一頁上一一行「二因」，磧作「一因」。

一　五一一頁上一四行「減因」，徑、清作「滅因」。

一　五一一頁中一二行第四字「報」，諸本作「數」。

一　五一一頁下五行「心心」，諸本作「心」。

一　五一二頁上三行首字「上」，徑、清作「土」。

一　五一二頁上一五行末字「地」，諸本無。

一　五一二頁中一三行「無二」，磧作「無一」。

一　五一二頁下一二行「二世」，磧作「三世」。又「修行」，諸本作「行修」。

一　五一三頁中四行第一〇字「五」，南、徑、清作「正」。

一　五一三頁中一六行第三字「無」，諸本作「根」。

一　五一三頁下七行第四字「五」，諸本作「五識身依有對及緣有對是故彼相應觸名」。

一　五一三頁下一六行第三字「亦」，南作「一」。

一　五一四頁上一一行第四字「界」，諸本作「異」。

一　五一四頁上二二行「猒離」，諸本作「離欲」。

一　五一四頁中一三行末字「惡」，磧、普、南、徑、清作「欲」。

一　五一四頁中一六行「若餘」，資作「若無」；磧、普、南、徑、清作「去餘」。

一　五一四頁下四行第七字「彼」，諸本作「後」。

阿毗曇心論卷第一　自

尊者法勝造

晉太元元年僧伽提婆共惠遠於廬山譯

界品第一

前頂礼最勝　離恚慈哀顏　亦敬順教衆
无著應真僧

說曰法相應當知何故應知法相者常定知常定相彼曰定智有定智相則為決定以是故說法相應當知問世間亦知法相此極愚亦知堅相地濕相水熱相火動相風無㝵相空非色相識如是一切不應已知復知若已知復知此則无窮无窮者此事不然云何說法相應當知荅世間不知法相若世間知法相一切世間亦應決定而不決定法相者常定不可說知法相而不決定若然者不決定亦應決定但不尒是以世間不知法相復次堅相地无常相苦相非我相若不尒者堅相應有常相樂相有我相而不尒是故堅相即無常相苦相无我相若世間於地知堅相者无常相

苦相无我相亦應知而不知是故世間不知地堅相問前說法相應當知此法云何荅

若知諸法相　正覺開慧眼　亦為他顯現
是今我當說

問佛知何法荅

有常我樂淨　離諸有漏行

諸有漏行轉相生故離常不自在故離我壞敗故離樂慧所惡故離淨問若有常我樂淨離諸有漏法者云何衆生於中受有常我樂淨荅

計常而為首　妄見有漏中

衆生於有漏法不知相已便受有常我樂淨如人夜行有見起賊相彼亦如是問云何是有漏法荅

若生諸煩惱　是聖說有漏

若於法生身見等諸煩惱如使品說是法說有漏問何故荅

所謂煩惱漏　慧者之假名

煩惱者說漏漏諸入故心漏連注故留住生死故如非人所持故是故說有漏問此更有名耶荅

是名為受陰　亦復煩惱諍　是法說盛陰

說勞說諍問何故荅

煩受諍起故　是彼應當知

身見等諸煩惱勞於衆生故說煩惱受身故說受忿怒心故說諍從身見等生諸有漏法是生勞故說勞生受故說受生諍故說諍已說盛陰陰相今當說

若遠離煩惱　无漏諸有為　一切離受陰
是陰聖所說

謂法離身見等諸煩惱亦解脫諸漏有為從因生故是一切及前說盛陰此揔說陰是五陰色痛(應云覺也)想行識問色陰云何荅

十種謂色入　亦无教假色　是分別色陰
牟尼之所說

十種謂色入者眼色耳聲鼻香舌味身細滑亦无教假色者如業品說此色是色陰分別色陰時是世尊說

所名曰識陰　此即是意入　於十八界中
亦復說七種

謂識陰即是意入亦界中七種分別眼識耳鼻舌身意識及意

餘則有三陰　無教三無為　謂是說法入

亦復是法界

餘則有三陰者痛陰想陰行陰无教三無為者虛空數緣滅亦非數緣滅此揔說法入亦復是法界如是此法說陰界入但陰一向有為界及入有為無為已說陰界入一一相今當說

界中一可見　十則說有對　无記謂八種
餘則善不善

界中一可見者色界此可視在此在彼是故可見當知十七不可見十則說有對者十界有對眼色耳聲鼻香舌味身細滑是各各相對各各相障㝵處所若有一則无二是故有對當知八無對无記謂八種者眼耳鼻香舌味身細滑此非樂報可記亦非苦報可記故曰无記餘則善不善者色聲意法及六識善身動是善色不善身動是不善色餘色无記如是聲口動淨心七識界善不善煩惱相應是不善餘无記法界識心相應彼如心說若不相應如雜品說

有漏有十五　餘二三三有　欲有中有四
十一在二有

有漏有十五者五內界五外界五識界漏止住故餘二者意界意識界法界此或有漏或無漏若漏止住是有漏異則无漏三三有者意法識界是三有中可得欲有色有無色有欲有中有四者香味鼻識舌識是一向欲有中攝非色无色有離欲揣食故一切香味是性揣食十一在二有者欲有色有十一界內五色聲細滑及是境界識此非无色中以離色故

有覺有觀五　三行三餘無　有緣當知七
法入少所入

有覺有觀五者五識界與覺觀俱麁故覺觀相應三行三者意法識界此三行若欲界及初禪是有覺有觀若中間禪是无覺少觀是上无覺无觀餘无者謂餘界非覺俱亦非觀俱不相應故有緣當知七者七界有緣有此緣故故曰有緣如人有子謂之有子彼亦如是眼識緣色耳識緣聲鼻識緣香舌識緣味身識緣細滑意識緣諸法法入少所入者若心心數法是有緣餘則无緣

九不受餘二　為無為共一　一向是有為
當知十七界

九不受者受名謂若色根數亦不離根是心心數法所行於中止住故異則不受於中九界不受聲心法界非於中心心數法止住餘二者五內界若現在是受於中心心數法止住過去未来不受非彼心心數法止住色香味細滑若不離根及現在是受如心心數法根中止住彼中亦尒不離根故餘則不受為无為共一者一法界有為及无為於中三種有常故不可有為餘法界无常故有為有為无為荅施設故是以為无為共一一向是有為當知十七界者十七界無常故一切有為是故一向有為問如是分別法相已去何攝法為自性為他性荅自性問何故荅

諸法離他性　各自住已性　故說一切法
自性定所攝

諸法離他性者謂眼離耳如是一切法不應說若離者是攝以故非他性所攝各自住已性者眼自住眼性如

是一切法應當說若住者是攝故說一切法自性之所攝已施設自性所攝於中可見法一界一陰一入所攝如是一切法復次此義契經品當廣說

行品第二

已說諸法自相如法生今當說問若諸法自性所攝者亦當以自力故生荅

至竟无能生　用離等侶故

一切法不能自生所以者何諸行性劣无勢力故如羸病人不能自力起問若不自力起當云何起荅

一切衆緣力　諸法乃得生

如羸病人由他扶起彼亦如是如心由伴生今當說若心有所起是心必有俱心數法等聚及不相應行心者意意者識實同而異名此心若依若緣若時起彼心共俱心數法等聚生問何者心數法等聚荅

想欲更樂慧　念思及解脫　作意於境界　三摩提與痛

想者事立時隨其像貌受欲者受緣時欲受更樂者心依緣和合不相離慧者於緣決定審諦念者於緣憶不忘思者功德惡俱相違於心造作解脫者於緣中受想時彼必有是作意者於緣中勇猛發動定者受緣時心不散痛者樂不樂俱相違緣受

一切心生時　是生聖所說　同共一緣行　亦復常相應

一切心生時是生聖所說者此十法一切心生時共生是故說名大地同共一緣行者一切心共俱同一緣行不相離亦復常相應者各各共俱及與心俱常相應共行離增減故故曰相應已說心數法謂通一切心中不通今當說

諸根及覺觀　信猗不放逸　進護衆煩惱　或時不相應

諸根者善根无貪無恚无愚癡覺者於心麁相續觀者於心細相續信者成實真淨猗者善心時於身心離惡故快樂不放逸者信善時方便不捨進者作事專著護者作事行以不行求以不求自守无為衆煩惱者如使品說此法非一切心中可得或時相應或時不相應問何故說心數荅意謂之心彼眷屬故說心數已說諸心數法相如所生今當說

不善心品中　心數二十一　穢汙二損減　欲界非不善

不善心品中心數二十一者不善名若心生欲界諸煩惱除欲界身見邊見是轉成不愛果故謂不善此心品中當知有二十一心數法十大地覺觀二煩惱无慚无愧睡調不信放逸懈怠穢汙二損減欲界非不善者謂心品是欲界穢汙非是不善如身見邊見相應心此品中當知有十九心數法除無慚无愧一向不善故

善不共二十　无記有十二　悔及於眠心　是能以為增

善不共二十者不共名謂心獨一無明煩惱生是二十心數除一煩惱餘如前說善名謂淨心能轉成愛果此心共俱當知有二十大地覺觀信進猗不放逸善根護慚愧无記有十二者不穢汙心品中有十二心數法十

大地覺觀悔及於眠　心是能以為增者悔名事不成恨為悔是善不善彼相應心品中增悔餘心數法如前說眠名滅心一向合不自在為眠是一切五品中生彼盡增益餘心數法如前說若悔眠不行三品中是增二餘心數法如前說問此欲界心相續說色界云何荅

初禪離不善　餘知如欲有　禪中間除覺
於上觀亦然

初禪離不善餘知如欲有者初禪无不善彼中有四品善穢汙不共无記是如欲界說善中二十無記十二穢汙十九已離不善當知亦離无慚无愧一向不善故不共有十八禪中間除覺者中間禪无覺彼一向除覺餘如初禪說於上觀亦然者第二第三第四禪亦復无觀及无色界於中一切除觀覺前已除已說心數法由伴生色今當說

極微在四根　十種應當知　身根有九種
餘八種謂香

極微在四根十種應當知者謂極微在

眼中是知有十種地種水火風種色種香味細滑種眼根種身根種耳鼻舌極微亦如是身根有九種者謂餘身根極微九種彼有一根種餘如上說餘八種者於中餘非根色中極微有八種問此極微何界說荅謂香欲界中有香色界中離香彼一切除香味種餘種如欲界說問前已說若心生彼中必心數法生及心不相應行於中已說心數法心不相應行云何荅

一切有為法　生住變異壞

一切有為法各各有四相生住異壞世中起故生已起自事立故住已住勢衰故異已異滅故壞此相說心不相應行問若一切有為法各有四相者是為相復有相荅

是亦有四相

彼相中餘四相俱生生為生住為住異為異壞為壞問若尒者便无窮荅

展轉更相為

此相各各相為如生生各各相生如是住住各各相住異異各各相異壞壞各各相壞是以非无窮後四相各

行一法前四相各行八法生者生八法前三後四及彼法餘亦如是已說諸行伴如由伴生今當說

所作共自然　普遍相應報　從是六種因
轉生有為法

一切因盡在六因中此因生一切有為行於中所作因者生法時不障㝵不留住由此故生不相似法如由地万物得生共因者諸行各各相伴由此故生如心心數法心不相應行及極微種自然因者謂彼自已相似如習善生善習不善生不善習无記生无記如物種隨類相因一切遍因者謂諸煩惱轉相續生如見我審入計著由此見故於我有常无常審入計著謗陰相審入計著於陰相猶豫受有常樂淨等生諸煩惱如是說諸一切遍如使品說相應因者心及心數法各各力於一緣中一時行相離則不生報因者謂行生於生中轉成果如善愛果不善不愛果由此故生已說諸因諸法隨因中生今當說

若心因報生　心數及煩惱　是從於五因

興起應當知

若心心數法因報生及諸煩惱是從五因生報因生者從所作因生彼生時相似不相似物不障㝵故住從共因生伴力故生彼各各相伴及心不相應行共伴從自然因生彼有相似前生無記法從相應因生俱一時一緣中行從報因生彼善不善謂此果穢汙心心數法除報因无記故是從一切遍因生由此故生餘四因如前說

是彼不相應 諸餘相應法 除其初无漏
是從四因生

是彼不相應者若色從報生及心不相應行是從四因生所作因共因報因自然因穢汙色及心不相應行亦從四因生所作因共因自然因一切遍因諸餘相應法除其初无漏是從四因生者餘心心數法除其初無漏亦從四因生所作因共因自然因相應因

謂餘不相應 因生當知三 及諸餘相應
初生无漏法

謂不相應法前所說於中餘若有自

然因除初無漏是從三因生所作因自然因共因初无漏相應亦從三因生所作因共因相應因是前无自然

於中不相應 應從二因生 若從一因中
生者必无有

於中不相應應從二因生者初无漏品中色心不相應行從二因生所作因共因已說一切有為於中若從一因生者必无有已說諸因如此因如來定知諸法相覺力教化故說緣今當說

次第亦緣緣 增上及與因 法從四緣生
明智之所說

次第緣者一一心生相續无間緣緣者心心數法境界緣彼故心心數法生增上緣者是所作因一切万物万物生時不作罣㝵但自所作為要是說增上緣因緣者共因相應因自然因報因一切遍因已說諸緣諸法隨緣生今當說

心及諸心數 是從四緣生 二正受從三
謂餘說於二

心及諸心數是從四緣生者心心數

法從四緣生前開道故生是彼次第緣境界是彼緣緣除其自已餘一切諸法是彼增上緣二正受從三者無想定滅盡定是從三緣生於中入定心是彼次第緣於中自地前生功德是彼因緣及餘俱生生住異壞亦彼因緣彼增上緣如前說謂餘說於二者離彼餘心不相應行及色從二緣生因緣及增上緣問以何故此諸法謂之行荅

多法生一法 一亦能生多 緣行所作行
如是應當知

多法生一法一亦能生多者無有一法能自力生但一法由多法生多法亦由一法生以是故謂緣行所作行如是應當知

業品第三

已說諸行已性及由諸因緣生今謂此有因能嚴飾果種生種生差別可得今當說

業能莊嚴世 趣趣在處處 以是當思業
求離世解脫

業能莊飾世趣趣在處處者三世於

五趣中種種身差別嚴飾是世嚴飾事唯業是以當思業求離世解脫

身業及口意　有有之所造　從是生諸行
嚴飾種種身

身業及口意有有之所造者謂身口意業生生所造作從是生諸行嚴飾種種身此業相今當略說

身業教无教　當知二俱有　口業亦如是
意業唯无教

身業教无教當知二俱有者身業性二種有教性无教性於中有教者身動是善不善无記善從善心生不善從不善心生无記從无記心生无教者若作業牢固轉異心中此種子生如善受戒人不善无記心中彼猶相隨惡業人惡戒相隨口業亦如是者口業性亦二種意業唯无教者意業性一向無教所以者何不現故思微相續故問此五業幾善幾不善幾无記答

教當知三種　善不善无記　意无教亦然
餘不說无記

教當知三種善不善无記者身口教說三種善不善无記於中善身教者行施持戒等善心作身動不善身教者殺生不與取非梵行等不善心作身動无記身教者无記心作身動如威儀工巧伎術如是口動善者如不虛言饒益相應應時言等從善心生口業不善者如妄言兩舌惡口綺語等從不善心生口業无記者從无記心生口業意无教亦然者意業无教亦三種善不善無記善心相應思是善不善心相應思是不善无記心相應思是无記餘不說无記者餘有二身无教及口无教彼二種善不善无无記所以者何无記心羸劣彼不能生強力業謂轉異心中彼相似相隨是故身无教口无教无无記問无記業何業性何處繫答

色有无記二　隱沒不隱沒　隱沒繫在色
餘在於二界

色有無記二隱沒不隱沒者身口業是色性以業色性故二種隱沒及不隱沒隱沒者謂煩惱所覆亦從諸煩惱生異者是不隱沒隱沒繫在色者若隱沒一向繫色界所以者何思惟斷煩惱能起身口業此欲界思惟斷煩惱一向不善不以不善煩惱能起無記業餘在於二界者不隱沒无記業亦繫在欲界亦繫在色界意業如心說是餘處分別故今不說

身口業无教　當知善不善　三相禪無漏
調御威儀戒

身口業無教當知善不善者業若色性於中若无教性是善不善三相禪無漏調御威儀戒者无教戒有三相无漏禪生調御威儀無漏者謂戒道共俱行正語正業正命禪生者謂禪俱行離惡調御威儀戒者謂欲界戒

无教在欲界　教依於二有　當知非心俱
謂餘心俱說

謂欲界无教是非心共俱所以者何謂受戒戒雖善心不善心无記心隨行而不與善不善无記共俱教者亦在欲界亦在色界但非心共俱所以者何由身故色界无教及无漏與心共俱所以者何由心故此非餘心中隨行已分別諸業若成就業今當說

无漏戒律儀　見諦所成就　禪生若得禪
持戒生欲界

無漏戒律儀見諦所成就者見諦謂无漏見見聖諦初生無漏見時見於欲界苦諦是故一切聖人成就无漏戒禪生若得禪者謂得禪是成就禪戒持戒生欲界者若受戒者故成就欲界戒已略說成就如過去未来現在可得今當說

謂住威儀戒　无教在於今　當知恒成就
或復盡過去

謂住威儀戒无教在於今當知恒成就者若住威儀一切時成就无教戒彼終不離至命盡所縛或復盡過去者或成就過去无教戒若盡不失謂初已盡是成就過去過去者假名為盡

若有作於教　即時立中世　當知成過去
已盡而不捨

若有作於教即時立中世若作身口教尒時即成就現在教現在者假名中世當知成過去已盡而不捨者若彼教已盡不失尒時即成就過去

謂得禪無教　成就滅未至　中若入正受

教亦如前說謂得禪无教成就滅未至者若得禪彼成就過去未来所以者何如彼禪成就戒亦復尒中若入正受者現在假名中彼若入定空尒時成就現在无教所以者何與定俱故教亦如前說者如住威儀戒若作教尒時成就現在教若不作教尒時不成就教若盡不失尒時成就過去若不盡設盡便失尒時不成就住禪戒亦復如是

悉成就當知　得道若未生　中間在道心
盡不捨前世

悉成就當知得道若未生者一切得道成就未来无漏无教所以者何如彼无漏心成就戒亦復尒中間在道心者已合道若入於定尒時即成就現在盡不捨前世者前世是過去彼於此無教若盡不失如得聖果及退者成就過去无教

若作惡不善　立戒成就二　至彼纏所纏
盡已盡當知

若作惡不善立戒成就二者如此住威儀戒或住禪戒或住无漏戒或作

不善濁重纏尒時於不善中起無教即成就教及无教若非濁重纏不起无教問幾時成就答至彼纏所纏若纏所纏隨可得成就盡已盡當知者彼纏若盡教及无教亦隨盡

處不威儀戒　无教成就中　惡而不愛果
亦復過去盡

處不威儀戒无教成就中惡而不愛果者若住不威儀戒尒時成就不善无教不善名不愛果亦復過去盡者滅非不滅

有教現於時　是說成就中　亦復盡過去
善於上相違

有教現於時是說成就中亦復盡過去者教謂如前說善於上相違者如住威儀戒說不善如是住不威儀說善至彼善心

若處中所作　即成就中世　亦復過去盡
或二亦復一

處中者不威儀亦非不威儀住是居中容彼如善住說善或復二有教及无教或一向教或善不善或一問去何得色界戒去何捨為根本禪得為

餘方便荅非一向根本禪
色界中善心　得定威儀戒　是失彼亦失
無漏有六心
色界中善心得定威儀戒者若得色界善心或離欲或不離欲彼一切得色界戒所以者何一切色界善心中戒常共俱問云何失荅是失彼亦失問無漏云何荅無漏有六心無漏戒无漏六地心共得問云何失荅是失彼亦失六地者未來禪中間禪根本四禪問此戒幾時捨荅
調御威儀戒　是捨於五時　禪生及无漏
二時覺所說
調御威儀戒是捨於五時者威儀戒五時捨罷道犯戒死時邪見增法沒盡禪生及无漏二時覺所說者禪戒二時捨退及上生无漏戒亦二時捨退及得果問餘業云何捨荅
不善戒有二　善無色亦然　穢汙說一時
若業住於意
不善戒有二者不作方便及死時善无色亦然者善無色業亦二時捨善根斷時及上生穢汙說一時若業在

於意者穢汙意業一時捨離欲時已說諸業性及成就如此業世尊種種分別今當說
若業與苦果　當知是惡行　意惡行增上
貪瞋恚邪見
若業與苦果當知是惡行者謂業是不善盡說是惡行不善者苦果意惡行增上貪瞋恚邪見者不善思願是意惡行復三種說意惡行貪瞋恚邪見
此相違妙行　最勝之所說　若於中最上
是名為十道
此相違妙行最勝之所說者此相違一切善業及无貪无恚正見若於中最上是名為十道者若於不善業中若業最上者是說業道如殺生不與取邪行妄言兩舌惡口綺語貪恚邪見於中殺生者衆生想捨衆生意斷他命求方便成業不與取者物他所有他想不與輒取邪行者婦女他所有犯於道若自所有時時犯非道妄言者異想意欺誑他說兩舌者憎他故親相離方便說惡口者以瞋於他

不愛言綺語者不善心无義言貪者欲界欲恚者忿怒邪見者謗因果此是業道餘者非業道謂此行方便求及飲酒等不正業思願者是根本業此以彼十為道
若業現法報　次受於生報　後報亦復然
餘則說不定
謂業能成現法果時則不定問如世尊說三業樂報苦報不苦不樂報此云何荅
若欲界中善　及色界三地　是應有樂報
受者定不定
若欲界中善及色界三地是應有樂報者欲界善業生報與樂俱及色界初禪第二第三亦生報與樂俱此惣說樂報問此亦是定耶荅受者定不定若定若不定是四地中善一切有樂報
生不苦不樂　謂在於上善　若受於苦報
是說不善業
生不苦不樂謂在於上善者第四禪地善業及无色中是不苦不樂報是生報與不苦不樂俱於中无樂痛若受於苦報是說不善業者不善業

是若報必與若痛俱受報此亦定不定如上問世尊說四業黑黑報白白報黑白黑白報不黑不白无報此云何答

色中有善業　是白有白報　黑白在欲界　黑報說不淨

色中有善業是白有白報者色界善業是白報一向不淨故及離不善故彼一向極妙報是謂白有白報黑白在欲中者欲界善業黑白黑白報所以者何是不善所壞羸劣故說黑白彼雜受報愛不愛故說黑白報黑報說不淨者不善謂不淨是黑增惡故鄙賤故是說黑報

若思能捨離　是盡无有餘　彼在无㝵道　謂是第四業

謂道能滅此三業是无㝵道若有思此思是第四業於中四思惟道滅第二業十三有二道見諦道四思惟道九是无漏思不增惡故不黑不五樂故不白與无窮相違故無報問世尊說身口意曲穢濁此云何答

曲生於諂偽　穢從瞋恚生　欲生謂為濁　世尊之所說

曲生於諂偽者若業從偽生是曲欺誑故穢從瞋恚生者若業從恚生是穢一向諍故欲生謂為濁世尊之所說者若業從欲生是濁一向壓垢故問如世尊說三淨身口意此云何答

淨一切妙行　滿者是身口　謂无學意滿　即是无學心

淨一切妙行者若有妙行是一切淨離煩惱不淨故問滿云何答滿者是身口無學意中身口妙行是謂滿善除一切垩㝵故謂無學意滿即是无學心者若无學意滿是无學心所以者何无學心者已逮得文足相故

已說諸業假名果今當說

善惡不善業　是俱有二果　善或成三果　一果謂餘說

善惡不善業是俱有二果者善業成二果所依果及報果无漏業亦有一果所依果及解脫果不善業亦有二果所依果及報果善或成三果者謂善有漏業能除諸煩惱是三果所依果報果及解脫果一果謂餘說者謂

餘无記業是一果所依果无餘問造色相是身口業是業何四大造答

自地若有大　依於身口業　無漏隨力得　是彼謂之果

自地若有大依於身口業者若欲界諸業是依於欲界大此所造故色界業亦如是問无漏諸業云何答無漏隨力得是彼謂之果者無漏色若依四大得即依彼地若住欲界得道彼身口業欲界四大造如是一切地謂力除色界欲及无色界彼若命終生无色中若未得而得身口業是身口業即彼地四大造問如世尊說三障業障煩惱障報障是相云何答

无間无救業　廣能生煩惱　惡道受惡業　障㝵亦應知

此三法障㝵者必不受聖法是故說障㝵問此業何等㝡大惡答

若業壞僧者　是說為極惡

謂業壞僧是業㝡惡是阿鼻大地獄住刧問何者㝡大妙答

第一有中思　當知彼㝡大

非想非非想處於有第一彼地攝思

是大妙極大果彼八万劫壽報 阿毗曇心論卷第一 第十八張 白

阿毗曇心論卷第一

甲辰歲高麗國大藏都監奉

勅彫造

阿毗曇心論卷第一

校勘記

一 底本，麗藏本。

一 五一七頁上一行經名下，資、磧、普、南有夾註「一部四卷」。卷第二同。

一 五一七頁上三行譯者，資、磧、普、南作「東晉僧伽提婆共惠遠於廬山譯」；徑、清作「東晉僧伽提婆共慧遠譯」。卷二至卷四同。

一 五一七頁上一五行第八字「相」，諸本（不含石，下同）作「相者」。

一 五一七頁下二行第二字「受」，徑作「惱」。

一 五一七頁下四行首字「惱」，諸本無。

一 五一七頁下二一行第七字「入」，資作「人」。

一 五一八頁上二〇行第八字「識」，諸本作「謂」。

一 五一八頁下一二行「不可」，南、徑、清作「不可說」。

一 五一八頁下二〇行第三字「定」，諸本作「之」。

一 五一九頁中二一行第八字「信」，諸本作「作」。

一 五一九頁下一一行第一〇字「調」，諸本作「掉」。

一 五一九頁下一四行「心此」，諸本作「此心」。

一 五一九頁下一六行第三字「共」，磧、普作「善」。

一 五一九頁下二一行「十十」，諸本作「十」。

一 五二〇頁上四行第七字「合」，南作「今」；徑、清作「令」。

一 五二〇頁中四行第二字「根」，徑作「種」。

一 五二〇頁中九行第四字「必」，諸本作「心」。

一 五二〇頁中二〇行第三字「更」，南作「及」。

一 五二一頁上一行首字「興」，磧作「與」。

一 五二一頁上三行第一三字「彼」，南、徑作「從」。

一 五二一頁上四行第一二字「住」，南、徑、清作「生」。

一 五二一頁中四行末字「中」，磧、普、南、徑、清作「生」。

一 五二一頁下六行第六字「餘」，諸本作「彼」。

一 五二一頁下二一行「莊嚴」，磧、普、南、徑、清作「莊飾」。

一 五二二頁上一七行第九字「唯」，諸本作「性」。

一 五二二頁中二行第二字「施」，資、磧作「於」。

一　五二二頁中一七行「何業」，諸本作「何等」。

一　五二二頁下一五行「二有」，諸本作「二界」。

一　五二二頁下一八行「戒戒雖」，資、磧、普、南作「戒戒唯」；徑、清作「戒唯」。

一　五二三頁上七行第一二字「故」，諸本作「彼」。

一　五二三頁上一三行「威儀」，諸本作「威儀戒」。

一　五二三頁中五行第一〇字「空」，諸本無。

一　五二三頁中一一、一三行第一〇字「生」，南、徑、清作「至」。

一　五二四頁上一行末字「禪」，諸本作「禪若得」。

一　五二四頁上二行首字「色」，資、磧、普、南作「一」。

一　五二四頁上五行第四字「或」，資作「以」。

一　五二四頁上一三行首字「二」，資作「一」。

一　五二四頁上二〇行第三字「住」，諸本作「在」。

一　五二四頁中二〇行末字至二一行首字「所有」，徑作「有所」。

一　五二四頁中二二行第一三字「憎」，諸本作「增」。

一　五二四頁下二行第一〇字「者」，磧、普、南、徑、清無。

一　五二四頁下三行首字「是」，磧、普、南、徑、清作「是是」。

一　五二五頁上三行第一三字「此」，諸本作「此業」。

一　五二五頁上八行第八字「淨」，諸本作「諍」。

一　五二五頁上一〇行第三字「中」，徑、清作「界」。

一　五二五頁上一五行末字「道」，徑作「碍」。

一　五二五頁上二〇行末字「五」，諸本作「可」。

一　五二五頁中一四行「文尼」，諸本作「牟尼」。

一　五二五頁中一九行末字「一」，諸本作「二」。

一　五二五頁下二行「四大」，徑作「大四」。

一　五二五頁下一一行首字「除」，徑、清作「隨」。

一　五二五頁下一五行「惡業」，諸本作「惡報」。

一　五二五頁下一六行「應知」，徑作「應如」。

阿毗曇心論卷第二　自

尊者法勝造

晉太元元年僧伽提婆共慧遠於廬山譯

使品第四

已說諸業諸煩惱今當說

一切有根本　業侶生百苦　九十八使者
文尽當說思

辟怨不識則害成若識則得離諸煩
惱亦然當知如怨家問云何知荅

一切諸使品　當知立二種　見諦所斷種
亦思惟所斷

若有使者盡見斷及思惟斷謂從見
道是見斷從思惟道是思惟斷於中

說二十八使　是繫在見苦　謂當見苦時
斷滅盡无餘　見習斷當知　十九滅亦然
增三見道斷　十說思惟止

是謂九十八使已說種界今當說

第一煩惱種　在欲當知十　二種種有七
餘八見道斷　在欲界當知　四是思惟斷
謂餘在二界　是亦當分別

在欲界當知四是思惟斷者此二十
六使是欲界繫謂餘在二界是亦當
分別者餘六十二使於中三十一色

界繫三十一無色界繫已說界諸使
今當說

受邊見邪見　及與五我見　二盜應當知
是煩惱說見

從因相續不識諸法性於中或有常
相或有斷相斷常是二邊世尊之所
說於中若見受邊是謂受邊見誹謗
真實義此見是邪見若有情識顛愚
於中計我是謂身見有漏法受第一
此見是見盜非因見因此見是戒盜
此五煩惱是慧性故說見

欲猶豫瞋恚　慢癡說非見　是界差別故
轉行種種名

欲猶豫瞋恚慢癡說非見者欲名受
念想思於諸行中樂著猶豫名如前
所見於中或思惟瞋恚名所作相違
忿怒慢名自舉癡名所有不識此五
煩惱說非見是謂一切諸煩惱是界
差別故轉行種種名者是十煩惱或
從苦行或從習或從滅或從道於中
若從苦行者是見苦斷如是至道餘
思惟斷

下苦於一切　離三見行二　道除於二見

上界不行恚

下苦於一切者下苦是欲界苦於中
行一切十煩惱凡愚於欲界苦不了
因見斷不了果見常謗果謗苦邪見
苦受第一見盜謂法於法非因計因
戒盜自見欲他見恚從見中或從自
見舉慢不了無明離三見行二者習
及滅各七行身見行於現五陰習者
細微不現是故於中不行滅亦如是
受邊見者亦行於現戒盜行於界彼
亦非習滅道除於二見者身見邊見
不行於道有漏境界故戒盜者行於
道似道故終竟不解至不見正道上
界不行恚者如欲界分別色无色界
亦介除其恚彼中无恚意止柔濡故
諸見及疑非思惟所斷餘欲界四思
惟所斷色界三无色界二問云何彼
緣境界荅

普遍在苦因　疑見及无明　是一切種使
樂在一地中

見苦斷種及見習斷疑見及無明此
煩惱是普遍一切五種行於自地所
以者何一切有漏法是苦習性問何

故行於自地非他地荅非境界故不
行於上離欲故不行於下是謂欲界
十二切遍煩惱色無色界亦尒餘不
一切遍自種境界故
初煩惱五種　四說為第二　境界於上界
未離慧所説
欲界見苦斷邪見謗色无色界苦見
盜受第一戒盜受解脫方便疑惑无
明不了見習斷邪見謗色无色界因
見盜於因受第一疑惑無明不了如
是色无色界一切地乃至无所有處
邪疑是俱生　及不共無明　息止道二斷
當知无漏緣
見滅斷邪見謗於滅是緣滅故无漏
緣如是疑惑於滅及彼相應无明無
漏緣如是見滅斷不共無明謂不欲於
涅槃彼亦无漏緣見道斷亦復如是
是十八使无漏緣問云何有漏種諸
使所縛荅
若種在欲界　一切諸遍使　緣縛於巳地
在上界亦然
諸一切遍使是於自地中緣使一切種
其餘諸結使　當知自種緣　所使於自界

及是相應品
其餘諸結使當知自種緣所使於自
界者一切不遍使自於種中緣諸法
即彼所使及是相應品者一切遍及
不一切遍是一切自品中相應所使
若无漏所行　及他地緣惱　是相應所使
境界解脫故
若无漏所行及他地緣惱是相應所
使者若使无漏緣及上地緣是自品
相應所使非緣使所以者何境界解
脫故此使不緣於境界无漏諸法解
脫一切煩惱上地諸法解脫下地煩
惱問此使當言不善為無記荅
巳身見邊見　此相應无明　是欲中無記
色無色一切
巳身見邊見此相應无明是欲中无
記者欲界身見邊見及相應无明是
无記所以者何巳身見數數行者當
不善者欲界衆生應無有樂多作不
善故復次若不善者相違於福此中
計我人行福令我得樂不善者相違
於善是以身見非不善斷見是无常
見厭於生死是亦非不善是故非不

善有常見亦不違善如身見是故非
不善餘欲界煩惱一向不善色无色一
切者色界无色界諸使盡无記所以
者何正受所壞故不善者受苦痛報
彼中无苦痛問一切諸煩惱盡縛自
所有境界為不荅
貪欲瞋恚慢　知或過去縛　未来受一切
餘二世盡受
貪欲瞋恚慢知或過去縛者謂過去
受恚慢是不必於前一切自境界起
愛者不能於前一切法中起非以不
見生故未来受一切者謂未来愛恚
慢縛一切有漏法所以者何緣一切
有漏故餘二世盡受者見疑及无明
惣緣一切法是故縛過去未来諸有
漏法現在使不定故不說若有者受自
相彼應說如過去巳說諸使境界次
第今當說
次第是轉生　自地於自地　上地亦生下
此事當分別
次第是轉生自地於自地者一切諸
煩惱於自地煩惱次第緣可得二一
次第生一切上地亦生下此事當分

別者梵天上命終次第生欲界一切
若彼中穢汙心命終此中一向穢汙
心相續如是一切地
已說諸使自相如此煩惱世尊教化
故多種說今當分別問世尊說七使
欲愛恚有愛憍見疑及無明此云
何荅
欲界五種欲　此說欲愛使　色无色如上
有愛當分別
欲界五種欲此說欲愛使者見苦習
滅道思惟斷色無色如上有愛當分
別者色界愛五種无色界亦尒
恚即是恚使　五種如前說　憍慢及无明
十五在三界
恚即是恚使五種如前說者瞋恚亦
如是五種憍慢及无明十五在三界
者慢欲界五種色界五種無色界五
種无明亦尒
見使三十六　說普在三界　疑使有十二
此七有異名
見使三十六說普在三界者欲界十
二見五見苦斷二見習斷二見滅斷
三見道斷色無色界亦尒疑使有十

二者欲界有四見苦習滅道斷色無
色界亦尒此七有異名者此煩惱說
扼受流漏問何以等故荅
扼縛及受流　漏一切無窮　諸扼及受流
煩惱是說漏
繫一切衆生故說扼受生具故說受
流下一切衆生故說流漏一切無窮
故說漏已說種種相相應根今當說
諸使在三界　盡護根相應　隨地諸根使
相應於色身
諸使在三界盡護根相應者一切九
十八使盡護根相應諸煩惱後時依
於无末而止隨地諸根使相應於色
有者梵天及光曜有喜根彼地諸使
喜根相應及護根過淨有樂根彼地
諸使樂根相應及護根
邪見及無明　欲界中樂苦　瞋恚疑唯苦
謂餘一向樂
邪見及無明欲界中樂苦者欲界邪
見無明樂根相應及苦邪見者作惡業
為喜淨業為憂彼相應無明亦尒瞋
恚疑唯苦者疑憂慼為本不決定故
不喜瞋恚亦尒謂餘一向樂者欲界

餘使一向樂相應非苦彼歡喜為本
二勳堅著身見斷唯應意欲界諸煩惱
此根是相應
二勳堅著名諸煩惱思惟斷彼身痛
相應心痛於中身痛者樂根及苦根
心痛者喜根及憂根俱有護根一切
身痛思惟斷意俱有見斷唯應意者
見諦斷結唯意相應欲界諸煩惱此
根是相應者是謂欲界諸煩惱已分
別相應根上煩惱今當說
無慙亦無愧　睡悔及與慳　嫉掉眠煩慼
故設上煩惱
此八事說上煩惱諸使是煩惱於中
此上從中起此是使垢依於使問何
者使垢荅
一切煩惱俱　說睡及與掉　無慚不善俱
无愧亦復然
一切煩惱俱說睡及與掉者掉名於
心不止息是一切煩惱相應煩惱是
不止息眠雖名沉意彼亦一切煩惱
相應以沉心使生煩惱無慚不善俱
无愧亦復然者無慚名行惡時不慚
他无愧名自惡不厭不著此二上煩

惱一向不善相應非無記
謂苦在於意　悔思惟所斷　眠唯在欲意
餘各自建立
謂苦在於意悔思惟所斷者悔名作善作惡事不成而悔不可說是喜故一向苦相應是意憂根相應從惡行生故說思惟斷苦相應故當知是欲界眠唯在欲意者眠意鬧故眠是一向欲界在意地彼於欲界一切煩惱相應一切諸煩惱行於眠時餘各自建立者謂餘二上煩惱嫉及慳嫉名見他樂生熱慳名守護惜著彼俱自建立非餘煩惱相應問諸煩惱幾識相應荅
欲瞋恚无明　當知依六識　謂欲思惟斷
色中隨所得
欲瞋恚無明當知依六識謂欲思惟斷者欲界思惟所斷愛恚無明六識相應色中隨所得者愛無明色界隨所可得梵天上四識彼中此二煩惱四識相應餘煩惱在意識中已說諸煩惱如所斷今當說
一時斷煩惱　而於中解脫　無量時所得

正智之所說
一時斷煩惱而於中解脫者此煩惱无量道一時斷非已斷復斷无量時所得正智之所說者此得盡數數如欲界見斷五時得盡證自分及四沙門果如是一切如賢聖品說
欲界中解脫　聖說四斷智　離色無色界
當知五斷智
永盡无餘謂之斷智於中若欲界見苦習所斷若盡得无餘解脫是一斷智見滅斷二見道斷三思惟斷四色無色界見苦習斷一斷智見滅斷二見道斷三色界思惟斷四無色界思惟斷五問以何等故於斷分斷智荅智果故說斷智如瞿曇性中生亦名瞿曇此亦復介問此諸使為心相應為不相應荅相應所以者何
心為使煩惱　障导清淨違　諸妙善可得
當知相應使
心為使煩惱者若使心不相應不以煩心若煩心者是故相應障导名若使心不相應不障导諸善法若障导者善法不生不障导使生是故相應

淨相違諸妙善可得者若使不相應不與善相違若不與善相違者善意亦應生若不相應是煩惱性亦不應作患若相違常相隨不生善不相隨則生善因此事故是相應使
賢聖品第五
已說使品賢聖品今當說
如此聖斷勢　衆恐怖之本　等方便正智
今當說善聽
不亭心者無能起正見是以
始自身處所繫縛心令定　亦欲縛識足
及盡煩惱怨　是方便於身　真實相常定
諸痛及此心　法亦如是觀
此身不淨相无常相苦相無我相是相定真實彼自身一處繫心離心乱始真實觀身相次觀痛後觀心彼伴彼依及彼相應餘心數法觀亦諸心不相應行如其性如其相所有如是彼身痛心法意正次第生
入法中摠觀　同觀諸法相　此四是无常
空无我非樂
入法中摠觀同觀諸法相者入法意止中彼聖摠觀諸行相觀諸行相已

增長養止生無垢智眼一切身痛心
法想觀問云何答
此四是无常 空无我非樂
此身痛心法展轉相生故无常不自
在故空非主故无我惡厭患故苦
從是名煗法 即是意中生 行是十六行
正觀四真諦
從是名煗法即是意中生者彼如是
觀生善煗於中當生无漏智火能燒
一切行薪問彼何行何境界答
行是十六行 正觀四真諦
彼行是十六行境界四真諦四行觀
苦諦此苦性劣從因緣生故无常无
常力所壞故苦内離人故空不自在
故无我四行觀習此習成相似果故因行
相續習一切生死无窮可得故有不
相似事相續故緣四行觀滅此滅覆
一切患盡故滅除一切煩惱火故止
勝一切法故妙捨生死故離四行觀
道此道至非品故道非顛倒故如一
切聖所履故迹生死患轉出故乘是
謂彼行十六行境界四真諦善根謂
之煗法

彼起已成立 生頂及于忍 得世第一法
依倚於一相
彼起已成立生頂及于忍者若已成
煗法於中復於欲界生善根如頂亦
十六行觀四真諦勝煗法故說頂已
增上頂生善根名為忍亦十六行觀
四真諦堪任故說忍若忍已成立
得世第一法 依倚於一相
一切世俗功德中最勝生善根名世
間第一法闢涅槃門故於凡夫意中
最勝故說第一法問以何等故說依
倚於一相答於凡夫意中更無有比
二功德若有者彼亦應開涅槃門而
不開是故說依倚於一相問彼幾行
何緣何地所攝答
彼行苦四行 說攝依六地
彼行苦者彼即緣苦諦非餘四行者
謂行苦諦境界无常為首所以者何
如初无漏心緣彼亦復尒說攝依六
地者彼法攝於六地未來禪中間禪
根本四禪非欲界不定界故非无色
界无見道故問餘善根何地所攝答
忍亦攝六地 餘則依於七

忍亦攝六地者諦順忍六地所攝如
世間第一法餘則依於七者煗及頂
七地所攝此六及欲界未除欲欲界
已除欲色界
世第一法次 必興起法忍 忍次生於智
俱觀於下苦
世第一法次必興起法忍者世間第
一法次第生無漏法忍名苦法忍彼
未曾觀今觀時堪任故曰忍是謂初
無漏无㝵道忍次生於智者彼次第
生苦法智同境界受真實性解脫道
問彼忍及智何緣答
俱觀於下苦
下苦者欲界苦彼同緣
上苦亦如是 因滅道亦然 是正觀諸法
說十六淨心
上苦亦如是者上苦是色无色界苦
彼亦如是生忍无㝵道智解脫道苦
未知忍及苦未知智因者是習諦彼
亦如是生四道如苦習法忍習法智
習未知忍習未知智滅者滅亦如是
生四道滅法忍滅法智滅未知忍滅
未知智道亦然者道亦如是生四道

道法忍道法智道未知忍道未知智是正觀諸法說十六淨心者是見法見法者謂之正觀是見異名

從法行利根　此在十五意從信行當知鈍見亦在中

從法行利根此在十五意者彼十五心頂若利根是說從法行從信行當知鈍見亦在中者即彼十五心頂若鈍根是說從信行

未離欲界欲　趣向於始果捨　六趣至二三向九無漏

未離欲界欲趣向於始果者彼從信行及從法行趣沙門果時若未離欲俱趣須陁洹果捨六趣至二者欲界煩惱九種微微微中微上上中微中中中上上微上中上上上彼若凡夫時已離六種彼於後若趣證是俱趣第二果三向九無漏者若已離九種是俱趣阿那含果

若至十六心　是名住於果信解脫濡見見到說利見

若至十六心是名住於果者十六心名道未知智心相應彼生已說住於

果未曾離欲界欲俱須陁洹已曾離六品俱斯陁含盡離九品俱阿那含信解脫濡見見到說利見者若彼趣時從信行鈍根是信解脫若彼從法行利根是見到

未盡思惟斷　極生生死七　家家有三盡俱在道迹果

未盡思惟斷極生生死七者彼信解脫及見到未離欲界思惟所斷煩惱是生生死七彼有天上七生及人中故說極生生死七家家有三盡者若三種盡上微上中上上是說家家彼天上及人中或生二家或生三家後般涅槃故說家家俱在道迹果者極七有及家家當言俱住須陁洹

六盡一往來　離八謂一種　九滅盡不還已出欲汙泥

六盡一往來者若有六種盡上三中三是斯陁含彼餘一生天上一生人中一往來已般涅槃故說斯陁含離八謂一種者若八品盡是一種彼餘唯一生無餘故說一種九滅盡不還者若一切九品盡是阿那含彼不復

来欲界故說阿那含所以者何已出欲汙泥

如是九煩惱　若在上八地　彼雙道所滅世尊之所說

如是九煩惱若在上八地者如欲界九種煩惱濡濡至上上上界亦如是八地中梵世光曜遍淨果實无量空處無量識處無所有處非想非非想處彼雙道所滅世尊之所說者此一切煩惱欲界及色无色界雙道所滅以無㝵道滅解脫道得證問此道為世俗為無漏荅

有垢无垢道　俱能離八地　住中說身證謂獲滅盡定

欲界地一色界地四無色界地三亦世俗道滅亦無漏凡夫從世俗道尚得遠離況復聖住中說身證謂獲滅盡定者住於八地无欲中謂學得滅盡定是身證所以者何法似涅槃身所觸故說身證

金剛喻定次　必逮得盡智　生意我生盡離於一切漏

金剛喻定次必逮得盡智者金剛喻

定名非想非非想處離欲時第九無㝵道審後學心於中一切諸煩惱永盡無餘一切聖行畢竟故說金剛喻三摩提此次第生盡智審初无學智生意我生盡離於一切漏者彼生定意我一切生盡彼於尒時無著解脫於一切漏問無著幾種荅

无著有六種　是從信生五　逮得於二智
當知時解脫

无著有六種者世尊說六無著退法念法護法等住必昇進不動法於中若漏智及漏進是得退具便退故說退法漏智及漏進數數惡身惡身已念壞故說念法漏智而廣進進力常自護心故說護法中智及等進是不增不損等住於中道故說等住必利而廣進彼必得不動故說必昇進利智及廣進是始得不動故說不動是從信生五逮得於二智者於中五曾從信行彼有二智盡智及无學等見當知時解脫者彼當知時解脫是求時不能一切時隨所欲學善

不動法利根　是不時解脫　獲得於三智

成就等解脫

不動法利根是不時解脫者謂一向利根是不動法彼不時解脫能一切時隨所欲學善不求時獲得於三智者彼有三智盡智无生智无學等見成就等解脫者謂此五无著時解脫是成就等意解脫謂不動法是成就不動解脫

慧解脫當知　不得滅盡定　唯有俱解脫
成就滅盡定

慧解脫當知不得滅盡定者此六无著若不成就滅盡定是說慧解脫是慧力解脫非定力唯有俱解脫成就滅盡定者此六无著若得滅盡定是說俱解脫彼俱力解脫慧力及定力已說賢聖人法今當說

從信行諸法　及從法行法　聖道見諦道
是盡同一相

從信行法從法行法是說見道

於中諸根法　是名未知根　謂餘有學法
佛說已知根

於中諸根法是名未知根者於見道法中謂根根數如心及痛信首五根

是未知根謂餘有學法佛說已知根者離見道學法諸餘學法中即彼根說已知根

當知無知根　在於无學中　已得果便捨
前道應當說

當知无知根在於無學中者无學法中即彼根說無知根已得果便捨前道應當說者此無漏法昇進得果時捨无㝵道所攝及解脫道

已盡為解脫　得攝於一果　不穢汙第九
滅盡應當說

已盡為解脫得攝於一果者无㝵道至解脫道於其中間得煩惱盡但得果時一切煩惱盡得一解脫果不穢汙第九滅盡應當說者說諸煩惱九種道所滅但不穢汙第九无㝵道一時斷不漸漸

若有相似名　彼能獲不動　無著及信脫
彼同性增道

若有相似名彼能獲不動者謂无著不能一切得不動性必昇進得彼是相似名无著及信脫彼同性增道者謂信解脫一向性必昇進是增益諸

阿毗曇心論卷第二　第二十三張　白從十

根逮得見到非餘問去何知漸漸見
諦荅
建立功德惡　次第見真諦
非以見功德時見惡亦不以見惡時
見功德亦非初想觀彼惡亦非一時
一切厭亦非想功德諸功德亦非一
時合是以建立功德惡次第見真諦
問去何知有為无為果荅以无㝵道
力得自為无為果無㝵道力得有為
果及无為果是故以無㝵道力得有
為无為果

阿毗曇心論卷第二

甲辰歲高麗國大藏都監奉
勅彫造

阿毗曇心論卷第二

校勘記

一　底本，麗藏本。
一　五二八頁上七行「當說」，諸本（不含石，下同）作「說當」。
一　五二八頁上一四行第五字「使」，諸本作「結」。
一　五二八頁上二一行「二十」，諸本作「三十」。
一　五二八頁中三行第八字「五」，諸本作「吾」。
一　五二八頁中六行首字及第五字「相」，諸本作「想」。
一　五二八頁中一四行末字「受」，諸本作「愛」。
一　五二八頁中一七行第六字「舉」，磧、普、南、徑、清作「與」。
一　五二八頁下六行第一三字「從」，諸本作「疑」。
一　五二八頁下八行第四字「七」，磧作「十」。
一　五二八頁下一〇行第一三字「界」，徑、清作「果」。
一　五二八頁下一五行第一三字「濡」，資作「輭」。下同。
一　五二八頁下一九行第四字及二一行第二字「苦」，徑、清作「若」。
一　五二八頁下二〇行第四字「地」，南、徑、清作「切」。
一　五二九頁上一〇行第九字「惑」，諸本作「或」。
一　五二九頁上二〇行第一四字「已」，諸本作「色」。
一　五二九頁中一一行第六字「緣」，諸本作「縛」。
一　五二九頁下一行第八字「善」，諸本作「於善」。
一　五二九頁下二行第九字「向」，資、南無。
一　五二九頁下四行末字「報」，資、磧、普、南作「想」。
一　五三〇頁中三行「何以」，諸本作「以何」。

一 五三〇頁中一〇行末字「身」，諸本作「有」。

一 五三〇頁下五行第三字「心」，諸本作「及心」。

一 五三〇頁下一二行第二字「設」，諸本作「說」。

一 五三〇頁下二〇行第四字「眠」，諸本作「睡」。

一 五三〇頁下二一行第六字「使」，諸本作「便」。次頁中末行第九字，南、徑、清同。

一 五三〇頁下末行第一〇字「著」，諸本作「羞」。

一 五三一頁上五行第一三字「喜」，南作「苦」。

一 五三一頁中一二行第五字「苦」，資、磧、普作「若」。

一 五三一頁中一四行第一〇字「分」，諸本作「名」。

一 五三一頁中一五行第九字「性」，諸本作「姓」。

一 五三一頁中一八行「清淨」，諸本作「淨相」。

一 五三一頁中二一行第一三字「名」，徑、清作「者」。

一 五三一頁下三行第七字「應」，諸本作「違非」。

一 五三一頁下一九行第七字「正」，諸本作「止」。

一 五三二頁上一行第四字「止」，諸本作「心」。

一 五三二頁上六行第七字「是」，資、磧、普、南作「時」。

一 五三二頁上一六行第三字「習」，諸本作「故習」。

一 五三二頁中一〇行「凡夫」，磧作「凡未」。

一 五三三頁上七行第二字、八行第一三字「頂」，諸本作「頃」。

一 五三三頁上一五行「上上」，諸本作「上」。

一 五三三頁上一六行第九字「彼」，南作「微」。

一 五三三頁上二〇行第一四字「濡」，磧作「軟」。下同。

一 五三三頁中五行第二字「利」，磧作「剃」。

一 五三三頁下一七行第六字「聖」，諸本作「賢聖」。

一 五三四頁上七行第八字「幾」，諸本作「有幾」。

一 五三四頁上一六行首字「增」，諸本作「壞」。

一 五三四頁中末行第一二字「首」，諸本作「等」。

一 五三四頁下二一行第八字「性」，諸本作「惟」。

一 五三五頁上五行第三字「德」，資、磧作「先」。

一 五三五頁上七行第九字「惡」，諸本作「非」。

一 五三五頁上九行第三字「自」，諸本作「有」。

阿毗曇心論卷第三　自

尊者法勝造

晉太元元年僧伽提婆共惠遠於廬山譯

智品第六

智慧性能了　明觀一切有　有無有涅槃　是相今當說

謂智賢聖品已略說有無有境界今當說

三智佛所說　冣上第一意　法智未知智　及世俗等智

此三智攝一切智於中法智名謂境界於欲界苦習滅道无漏智境界是初受法相故曰法智從法智根現見已非根現亦見未知智未知智名謂境界色无色界苦習滅道无漏智境界是後受法相故曰未知智等智名謂有漏智是多取等諦智男女長短為首

苦習息止道　二智如可得　此名與四智　解脫師所說

此二智法智未知智若行於諦如是相似名所說苦諦境界說苦智習諦

境界說習智滅諦境界說滅智道諦境界說道智解脫師所說

若智觀他心　是從三中說　盡无生智二　境界在四門

若智觀他心是從三中說者他心智謂有漏境界是等智境界欲界道是法智境界色界道是未知智盡無生智二者無學二智盡智无生智於中所作已竟受无學智是盡智不復更作受无學智是无生智是亦法智未知智間盡智无生智何諦境界答境界在四門此二智四諦境界苦習滅道已說十智行今當說

二智十六行　法智未知智　如是行或非　是說為等智

二智十六行法智未知智者法智性是十六行四行受苦四行習四行滅四行道未知智色无色界亦尒如是行或非是說為等智者煗頂忍第一法中攝等智行无漏行二諦所攝十六行第一法攝四行聞思及餘思惟等智十六行離此餘等智非十六行謂施戒慈如是比

四智有四行　決定行所說　正觀他心智　此或是或非

四智有四行決定行所說者苦智四行如上說習滅道智亦如是正觀他心智此或是或非者無漏他心智四行如道智有漏非

盡智无生智　離空无我行　說有十四行　受相為冣勝

盡智无生智離空无我行說有十四行者盡智无生智十四行除空无我行所以者何彼行等諦我已作不復更作空無我者不以此行受相為冣勝者非一切无漏智在十六行十六行者是惣行更有无漏智受十六相如身意止是自相智不在十六行前受十六行此自相行於諸无漏智前受故勝已說十六行如此智所得今當說

第一无漏心　或有成就一　二或成就三　於上增益一

第一無漏心或有成就一者第一无漏心苦法忍相應未離欲成就一等智已離欲成就他心智二或成就三

者第二無漏心苦法智相應未離欲成就三法智苦智等智巳離欲成就他心智於上增益一者於上四時增說一四時得苦未知智得未知智習法智得習智滅法智得滅智道法智得道智忍中不得智問此智何地所攝荅

九智聖所説　依倚於上地　禪中有十智
无色地中八

九智聖所說依倚於上地者未來禪中間禪无他心智根本禪攝故禪中有十智者根本四禪中有十智无色地中八者无色中有八智除法智他心智法智者境界於欲界不以无色境界於欲界他心智行乗色无色中无色巳說地修今當說修有二種得修行修得修者謂功德未曾得而得得巳諸餘功德彼所倚亦得得巳後時不求而生行修者謂曾得功德今現在前行問此諸智云何修荅

若以得為修　智者諸聖見　彼即當來修
諸忍亦如是

若巳得為修智者諸聖見彼即當來

修者見諦道中謂智現在前修即彼當來修法智乃至道智諸忍亦如是者忍亦如是苦法忍現在前修即苦法忍當來修非智非餘忍如是一切

是於三心中　得修於等智　或修七或六
最後心所說

是於三心中得修於等智者即見諦道中三心須當來修等智苦未知智習未知智滅未知智行此三諦時得修等智所以者何此三諦習巳觀非道諦謂地見道即彼地等智及欲界或修七或六最後心所說者道未知智離欲修七智謂向那舍果所攝未離欲修六智除他心智彼中非想非非想道得沙門果是以不修等智

十七无漏心　於上思惟道　當知修於七
六修增益根

十七无漏心於上思惟道當知修於七者須陁洹果上思惟道十七心須修七智此道未來禪所攝是以无他心智盡智無生智是無學以故无餘七智必修所以者何彼意此功德常不空若不修者曾得巳捨復未更得

於其中間應空而不空是以必修六種增益根者增益根名謂信解脫增益諸根逮得見到彼有九无㝵道九解脫道是一切無㝵道一切解脫道修六智此說未離欲是以無他心智尒時學道不學斷煩惱彼未曾得修功德非巳曾得是以不修等智

得不還果時　遠離於七地　思學諸通道
解脫修習八

得不還果時者若得不還果修八智彼中要得根本禪是以修他心智餘智如前遠離於七地者四禪三無色離欲時一切九解脫道修八智於中一切修下地禪思學諸通道解脫修習八者三通如意足天眼天耳一切九解脫道修八智所以者何攝根本禪故

此无㝵道中　及滅第一有　彼八解脫道
說者修習七

七地離欲時一切无㝵道中修七智除他心智所以者何此无㝵道修滅結智他心智非滅結以故不修非想非非想處第一有彼離欲時八解脫

道中修七智除等智所以者何等智於非想非非想處轉還以非離故

離於第一有　六修无㝵道　垂上應當知　修習於下地

離於第一有六修无㝵道者第一離欲時九无㝵道中修六智除他心智及等智垂上應當知修習於下地者此修一切地當知修自地諸智及下地所攝謂依初禪離欲彼修二地功德自地所攝及未來禪如是至無所有處

漏无漏一切　諸地修功德　初無學心中　此未知智意

漏無漏一切諸地修功德初無學心中者得无著果時九地及自地亦一切諸地於中修所以者何非想非非想處地煩惱相違一切地有煩惱意不明淨無煩惱意明淨是以離彼修一切問此無學初心何智相應荅此未知智意是初无學心未知智相應彼作是念我生已滅是非想非非想處生緣所以者何冣後盡故是以苦未知智相應問又世尊言見智慧此

三為一種為種種荅此是慧之差別慧性所有但以事故世尊或說見或說智問此義云何荅

謂決定能知　諸忍非智性　盡智則非見　无生智亦然

謂決定能知諸忍非智性者修行八忍能求故見能視故慧但非智不決定故所以者何用始緣故盡智則非見無生智亦然者盡智无生智視故慧決定故智但非見不求故無所為故餘无漏慧種三性所有見智及慧

善俗有漏智　在意及諸見　當知此則見　說一切是慧

善俗有漏智在意及諸見當知此則見者意識地中善有漏慧三性見智及慧五見煩惱性此見所有觀察故亦不離智及慧餘有漏慧種非見性所有所以者何无記意識相應慧種非見性所有不觀察故穢汙慧種亦非見性所有煩惱所壞故五識相應慧種亦非見性所有不觀察故亦不離智性說一切是慧者謂前所說離如忍中離智盡智無生智離見除善

意識地及五見已餘有漏慧離見慧不如是所以者何一切智種一切見種即是慧種故問一一智幾智緣荅

法智未知智　曉了於九智　因智及果智　是二智境界

法智未知智曉了於九智者法智觀九智緣九智除未知智所以者何未知智者非欲界果非欲界因非欲界滅非欲界道未知智亦如是九智緣除法智因智及果智是二智境界者習智是因智彼有漏他心智及等智緣同習故餘非緣无漏故苦智亦如是此即果智

道智是九智　解脫智无緣　餘一切境界　決定智所說

道智是九智者道智境界九智不緣等智有漏故餘盡緣同道諦故解脫智无緣者解脫智是滅智非緣智緣無為故餘一切境界決定智所說者餘有四智緣一切十智等智緣十智境界一切法故他心智亦緣十智具他心境界故盡智无生智亦緣十智一切有為境界故問又世尊言未知

智如離非想非非想處得无著果未
知智是彼道非以此可知未知智是
彼道非餘耶荅亦有法智是色无色
界道問何者荅
若息止及道　法智之所行　是滅於三界
非欲未知智
若息止及道法智之所行是滅於三
界者謂滅法智及道法智在思惟道
是滅於三界結或有法智離色无色界欲
謂此重見惡是於欲界思惟滅及道
離色无色界欲非苦智非習智所以
者何不同苦習同於滅道故問頗有
未知智滅欲界不荅非欲未知智无
有未知智能滅於欲界所以者何無
彼重見惡而悲此問神通智性所有
彼亦應當說一一幾智荅
如意足等智　天眼耳亦然　六於宿命中
五說他心智
如意足等智天眼耳亦然者如意足
說等智天眼天耳亦如是无漏智不
以此行六於宿命中者宿命通有六
智法智憶法智分未知智憶未知智
分等智憶俗苦智憶過去苦習智憶

過去習道智憶過去道五說他心智
者他心智通有五智法智知他心中
法智及彼相應心心數法未知智亦
如是等智知他俗心心數法道智知
他无漏心心數法他心智五
九智漏盡通　聖人之所說　八境界於身
法十九智二
九智漏盡通聖人之所說者漏盡通
无漏九智一切漏相違故問又世尊
言身身觀意止觀者是慧此意止何
智所有荅八境界於身八智觀身色
假名為身是八智所知除他心智及
滅智若智緣色者是身意止此二智
不緣色法十者法意止有十智離色
痛心餘法謂法是境界有十智自相
界及一切揔如是法意止九智二者
痛及心九智除滅智謂智緣痛是痛
意止謂智緣心是心意止問諸如來
有智力云何如來力施設智及如來
四無所畏智性所有如所說我等正
覺此諸法未等正覺不見此相如是
一切此亦應當分別一一幾智性所
有荅

是處非處力及无畏第一　此是佛十智
餘此中差別
是處非處力及無畏第一此是佛十
智者佛有十智是處非處力是處智
名受諸法真實相真實行受知此法
如是相如是行是謂是處智非處智
名諸法他相他行不可得則知非此
法如是相如是行是名非處智是佛十
智初無畏亦十智等正受故餘此中
差別者是處非處力差別有十力初
无畏差別有四無所畏處非處智是
境界差別故十種分別初无畏亦境
界差別故四種分別問四辯亦智性
所有此亦應當分別一一幾智荅
法辯辭辯一　應義辯俱十　願智是七智
智最勝所說
法辯辭辯一者法辯名覺諸法名是
等智非以無漏智受名世俗中名是
假号无漏智不以此行辭辯名覺正
說此亦等智是俗中假号應義辯
俱十者應辯名觀及現無所罣㝵方
便智是十智義辯名覺諸法真實彼
亦十智受真實相故其人云辭應二辯應一等智法義二辭十智也

問頗智有幾智荅頗智是七智智㝡
勝所說頗智有七智除他心智盡智
无生智頗智者利揵疾境界於三世
受一切諸法是七智性所有（其人云一等智）
定品第七
問如是知諸智此智當云何荅
智依於諸定　行无量等行　是以思惟定
欲求其真實
智依於諸定行无量等行者如燈依
油離風處光焰甚明如是智依於定
意離諸乱智光甚明必定无疑行於
緣是以思惟定欲求其真實
決定說四禪　及與無色定　此中一一說
雜味淨无漏
決定說四禪及與无色定者有八定
四禪及四無色定此中一一說雜味
淨無漏者初禪有三種味相應淨无
漏如是一切諸定門云何味相應云
何淨云何无漏荅
善有漏是淨　无熱謂无漏　氣味愛相應
㝡上無無漏
善有漏是淨者謂善是淨故說淨无
熱謂无漏者煩惱假名熱謂定无煩

惱是无漏氣味愛相應者謂禪无色
定愛相應是具足共相應共行是說
味相應㝡上无无漏者㝡上非想非
非想處彼中无无漏不揵疾行故是
有三種餘各三種問禪何性所有荅
五枝有覺觀　亦復有三痛　若干種四心
謂之是初禪
五枝者謂五枝攝受初禪令堅固亦
從此得名覺觀喜樂一心覺名當入
定時生善功德始麁心思惟觀名令
心細相續相連喜名於定中悅樂名
已悅於身心中安隱快樂一心名於
緣中心專不散此種住定時是枝及
入時捨時是故五枝初禪有覺觀者
有覺有觀即是初禪問以受五枝
今覺觀何用荅枝者謂善是於五枝
中說穢汙及无記亦有覺有觀而不
是善亦復有三痛者初禪有三痛樂
根喜根護根於痛中樂根是身痛喜
根是意地護根在四識若干種者梵
世中若干種有上有下是說具足生
處四心者初禪有四心眼識耳識身
識意識謂之是初禪者此一切諸法

謂是初禪已說初禪第二今當說
二痛若干種　二禪有四枝　五枝是第三
此禪說二痛
二痛者第二禪有二痛喜根及護根
若干種者於中身有若干種已離覺
觀有若干心或時入喜根或時入護
根但喜是根本邊有護根二禪有四
枝者第二禪有四枝內淨喜樂一心
內淨名是信於離中生信已得初禪
離便作是念一切可離餘枝如前說
此種於第二禪是枝五枝是第三者
第三禪有五枝樂護念智一心樂者
意識地中樂根護者已樂於樂不求
餘（其人云護辟有義不應云枝也）念者是護方便不捨
智者不令樂一心者定此種於第三
禪中是枝此禪說二痛者第三禪有
二痛樂根及護根樂根是根本護根
是邊
離息入息出　第四有四枝　此枝謂說善
亦復分別種
離息入息出者息入者來息出者去
是第四禪中无所以者何彼由定力
故身諸毛孔合第四有四枝者第四

禪有四枝不苦不樂護淨念一心求
離苦樂不苦不樂餘如前說問何禪
是枝相應荅此枝謂說善善禪枝相
應枝非穢汙亦非无記亦復分別種
者謂種隨處已說當知是餘處不應
有如初禪有覺有觀四心說此種餘
一切地無第四禪離息入息出是三中
无不應說已說四禪四无色定謂餘
今當說問如世尊言有根本依若未
離欲未有根本依而有无漏功德是
無漏功德何地所攝荅未来禪所攝
又世尊所說有三定有覺有觀无覺
少觀无覺無觀於中初禪是有覺有
觀第二禪是无覺无觀謂无覺少觀
定是何地所攝荅是中間禪所攝是
未来禪中間禪相今當說
相應有覺觀　俱在未来禪　觀相應中間
明智之所說
相應有覺觀俱在未来禪者未来禪
中有覺有觀觀相應中間明智之所說
者中間禪少有觀而無覺彼漸漸心
息止
无依而二種　除其味相應　中禪有三種

俱為說一痛
无依而二種除其味相應者未来禪
一向善有漏及无漏有漏者淨无漏
即无漏中禪有三種者中間禪有三
種味淨无漏生死居故俱為說一痛
者未来禪及中間禪俱有一痛護根
非根本地故已說諸定餘功德於中
攝今當說
三摩提有通　无量修一切　除入及諸智
解脫於中起
三摩提者三三摩提空無願无相无
漏心繫縛故有通者有六通如意足
智天耳智他心通智憶宿命智生死智
漏盡通智无量者四无量慈悲喜護
无量衆生境界故曰無量修一切者
十一切入地一切入水火風青黄赤
白一切入无量空處一切入无量識
處一切入盡具解故一切入除入者
八除入內未除色想不淨觀少境界
一无量境界二除色相少境界三無
量境界四復除色想青黄赤白觀除
入除淨境界故故曰除入及諸智者
諸智有十如前說解脫者八解脫未

除色想不淨思惟一除色想不淨思
惟二淨思惟三四無色及滅盡定境
界背不向故說解脫於中起者此諸
功德九地中可得及於中起其人去應十地已
說諸功德隨地可得今當說
一慧悲及護　慈亦有五通　說遍四禪中
六中有現智
一慧悲及護慈亦有五通說遍四禪
中者一慧謂他心智三无量及五通
是一切功德根本四禪中非餘六中
有現智者現智是法智六地中有根
本四禪未来禪中間禪
除入中說四　於中亦有喜　初解脫及二
功德初二禪
前四除入喜等初第二解脫此功德
初第二禪中非餘
除入謂有餘　及與解脫一　亦八一切入
佛說寂上禪
後四除入淨解脫前八一切入是功
德第四禪中非餘
餘脫即名說　二一切亦然　滅盡寂在後
餘九謂无漏
餘脫即名說二一切亦然者餘四解

脫自名所說及二一切入亦如是无量空處解脫无量空處一切入於无想處所攝如是至非想非非想處滅盡處在後者滅盡定非想非非想處所攝所以者何謂未離彼欲亦入餘九謂无漏者謂餘无漏法九地所攝如三三摩提七智漏盡通是九地所攝四禪三无色未來及中間等智是十地所攝此亦非想非非想處可得以定數故問此功德幾有漏幾无漏答

三解脫當知　有漏及无漏　定智已分別
謂餘盡有漏

三解脫當知有漏及無漏者无量空處无量識處无所有處解脫是有漏无漏定智无分別者定如契經品說无漏智及諸通如智品說謂餘盡有漏者餘一切功德一向有漏如三通威儀法故色聲受相故无量衆生緣故一切入意解悕望故三解脫亦如是非想非非想處非捷疾行故想智滅離覺觀故除入亦意解悕望故已說諸功德相成就今當說

未能度於欲　成就味相應　度下未至上
成就淨諸定

未能度於欲成就味相應者謂地若未離欲於彼地成就味相應度下未至上成就淨諸定者謂離欲界欲若未生梵世上地彼成就淨初禪及初禪地有漏功德如是一切盡當知

住上應當知　无漏成就禪　求得諸功德
知非无欲中

住上應當知無漏成就禪者謂離下地欲彼住上地亦成就下地无漏如見諦離欲住梵世上地成就无漏初禪及初禪地定等諸无漏功德如是一切盡當知世俗功德繫在隨生處无漏在斷中是以離生處捨有漏功德不捨无漏求得諸功德知非无欲中者已說離下地欲成就上功德當知非一切功德離欲時得如如意足智天眼智天耳智无記性所有欲及滅盡定此求得非離下地欲時得已說成就因緣今當說定種有二十三八味相應八淨七无漏問此一一種幾種因答

妙无漏无染　七種謂之因　淨味相應禪
當知因有一

妙无漏无染七種謂之因者一一無漏七種自然因自地相應因共因淨味相應禪當知因有一者味相應初禪於味相應初禪因非餘非善因不相似故非餘地穢汙因行相違故淨初禪於淨初禪因非穢汙因不相似故非無漏因亦不相似故非餘地淨因自地果報故及自地繫縛故如是一切盡當知已說因緣次第緣今當說問一一次第生幾種答

无漏禪次第　興起六種禪　七八九有十
起禪亦空定

无漏初禪次第生六種自地淨及無漏如是第二第三禪无漏无所有處次第生七自地二下地四上地一无漏第三禪次第生八自地二下地二上地四無漏无量識處次第生九自地二下地四上地三餘無漏次第生十自地二下地四上地四

淨六有七八　九十生十一　味相應諸禪
興二乃已十

阿毗曇心論卷第三　第二十二張　自

淨六有七八九十生十一者淨非想
非非想處次第生六自地味相應及
淨下地四淨無漏无所有處无量識
處非味相應離欲故如是一切盡當
知一切自地味相應味相應諸禪與
二乃以十者味相應禪次第生二自
地味相應及淨不生餘各各相違故
如是一切自地二下地一淨 其人亦不應有下地一淨
一切味相應死時生已說次第緣緣
今當說問一一幾種緣荅
淨以無漏禪　必緣一切地　穢汙相應禪
獨緣於已地
淨以無漏禪必緣一切地者淨及無
漏禪一切地緣一切種穢汙相應禪
獨緣於已地者味相應禪緣於自地
味相應禪及淨非无漏愛无无漏緣
亦不樂於他地
无色无有力　緣下有漏地　善有根本地
穢汙如味禪
無色无有力緣下有漏地者無色定
不能緣下地有漏法極寂靜故問何
謂无色不能緣下地有漏法荅善有
根本地淨及无漏根本无色是自地

阿毗曇心論卷第三　第二十三張　自

緣及上地非下地緣穢汙如味禪者
如味相應說无色亦然
謂餘於色界　無量等功德　是必欲界緣
世尊之所說
謂色界餘功德如无量等一切入除
入及解脫唯緣欲界緣无量苦衆生
青等諸色此則欲界所以者何神通
二界緣故問世尊所說勳禪是云何
荅勳一切四禪无漏者勳有漏是无
漏力故受淨居果報問若一切四禪
勳者以何等故下三禪中无淨居果荅
若能勳諸禪　是依第四禪　三地愛盡故
淨居果實中
若得第四禪是能勳禪第四禪者先
勳餘者後謂得第四禪離三禪欲以
是故下地无有淨居果實中有問世
尊言有願智是云何荅謂無著性不
動是得一切定彼由定力故能起頂
四禪於中若彼意生功德願智不淨
辯首諸功德願智者如所願入定或
過去或未來或現在或有為或無為
是一切盡知不諍者欲令他意不起
諍便不起辯者諸法義及味决定无

阿毗曇心論卷第三　第二十四張　自

疑不罣㝵无所畏問是願智不諍及
辯何地攝荅
三地有願智　無諍依五地　法辭辯依二
二辯依於九
三地有願智者願智三地所攝第四
禪初禪及欲界入第四禪知初禪及
欲界說无諍依五地者无諍五地可
得根本四禪四及欲界欲令一切不
諍法辭辯依二者法辯名緣味是欲
界及梵天世非上地離覺觀故辭辯
名是味撰智彼亦二地中可得欲界
及梵天世二辯依於九者義辯及應
辯九地中可得四禪四無色及欲界
已說初禪當知已說未來及中間此
是初禪眷屬故問云何得此定荅
斷欲亦復生　而得於淨禪　穢汙退及生
无漏唯斷欲
斷欲亦復生而得於淨禪者淨初禪
二時得離欲時及上地沒生梵天世
如是一切盡當知穢汙退及生者穢
汙味相應是退時得若欲界及梵天
世經退於尒時得味相應初禪生時得
者若上地命終生欲界及梵天世於

阿毗曇心論卷第三 第二十五張 白 [illegible]

尒時得味相應初禪如是一切盡當
知无漏唯斷欲者无漏唯斷欲時得
謂聖得離欲於尒時得无漏初禪如
是一切盡當知問此功德誰能除煩
惱荅
无漏除煩惱 亦復定中間 一切定中間
相應於護根
无漏除煩惱者無漏初禪八地除煩
惱如是一切盡當知亦復定中間者
定中間名謂下地除欲以方便道故
終不得根本生未得離欲餘不能除
一切定中間相應於護根者一切定
中間護根相應終不得喜至不得義
問變化心有幾謂有如意足能變化
荅八四禪果欲界四禪果初禪地問
彼誰成就荅
下地變化意 成就彼種果 若合三種心
上地應當說
下地變化意成就彼種果者謂若成
就禪是成就彼果下地變化心問如
說初禪有四心住於上地欲聞欲見
彼去何見聞荅
梵世地識現在前問彼幾時成就荅

阿毗曇心論卷第三 第二十六張 自

若合三種心 上地應當說若時彼識
現在前若眼識若鼻識若耳識若身
識尒時成就彼識若不現在前即滅
尒時不成就

阿毗曇心論卷第三

甲辰歲高麗國大藏都監奉
勑彫造

阿毗曇心論卷第三

校勘記

一 底本，麗藏本。
一 五三七頁上七行末字「令」，諸本（不含石，下同）作「今」。
一 五三七頁上一七行第一〇字「智」，諸本作「知」。
一 五三七頁下九行第一一字「說」，磧、普、南作「者」。
一 五三八頁上三行末字「增」，諸本作「中增」。
一 五三八頁上六行第四字「忍」，清作「思」。
一 五三八頁上一三行、一五行「色中」，諸本作「色地中」。
一 五三八頁中八行第五字、一九行末字「須」，諸本作「頃」。
一 五三八頁中二一行第一〇字「學」，南、徑、清作「學智」。
一 五三八頁下二行首字「種」，諸本作「修」。

一 五三八頁下一二行第三字「前」，諸本作「前説」。

一 五三八頁下二二行第二字「智」，諸本作「習」。

一 五三九頁上二行「離故」，諸本作「敵故」。

一 五三九頁上二一行第八字「滅」，諸本作「盡」。

一 五三九頁下二二行「境界」，磧作「境亦」。同行第一三字「十」，磧作「一」。

一 五四〇頁上一五行第六字「悲」，諸本作「非」。

一 五四〇頁中一一行首字「智」，諸本作「智性」。

一 五四〇頁中一六行「界及一切惣如」，諸本作「境界及一切惣智」。

一 五四〇頁下末行夾註右「其人」，南、徑、清作「經師」。同行夾註左「二辞」；磧、南、清作「二辯」。

一 五四一頁上四行夾註右「其人」，清作「有人」。

一 五四一頁上一一行第五字「智」，磧作「知」。

一 五四一頁上一八行第八字「門」，諸本作「問」。

一 五四一頁中二行第五字「是」，諸本作「是以」。

一 五四一頁中四行第一〇字「揵」，諸本作「捷」。五四三頁上二一行第九字資、磧同。

一 五四一頁中五行第二字「三」，諸本作「二」。

一 五四一頁中一〇行第三字「生」，諸本作「初生」。

一 五四一頁中一四行首字「入」，南、徑、清作「受」。

一 五四一頁下一行「第二」，諸本作「第二禪」。

一 五四一頁下二行末字「三」，南、徑作「四」。

一 五四一頁下一四行夾註右「其人云」，徑作「有人立」；清作「有人云」。同行夾註左第四字「云」，諸本作「立」。

一 五四一頁下一七行首字「二」，徑、清作「三」。

一 五四一頁下二二行「第四禪」，磧作「禪」；南、徑、清作「第三禪」。

一 五四二頁上一行末字「求」，諸本作「永」。

一 五四二頁上三行第三字「相」，資、磧、普作「根」。

一 五四二頁中一八行第四字「入」，諸本作「令」。

一 五四二頁中二〇行「色相」，諸本作「色想」。

一 五四三頁上九行第一〇字「想」，南作「相」。

一 五四三頁上一六行第五字「无」，南、徑、清作「已」。

一 五四三頁中一九行「性所有欲」，資作「餘所有故」；磧、普、南、徑、清作「性所有故」。

一 五四三頁中二〇行第四字「此」，諸本作「此功德」。

一　五四三頁中二二行第三字「相」，諸本作「無相」。

一　五四三頁下四行「七種」，磧作「十種」。同行第七字「自」，資作「白」。

一　五四三頁下六行第一〇字「餘」，磧、普、南、徑作「因」。

一　五四三頁下二二行第六字「九」，資、磧、普、南作「無」。次頁上一行第六字同。

一　五四四頁上九行「緣緣」，諸本作「緣緣緣」。

一　五四四頁中二行第五字「説」，諸本作「禪説」。

一　五四四頁中六行首字「人」，諸本作「入」。

一　五四四頁中一七行第一〇字「謂」，諸本無。

一　五四四頁中一九行末字「淨」，諸本作「諍」。

一　五四四頁下二行第四字「攝」，諸本作「所攝」。

一　五四五頁上四行第一三字「除」，諸本作「斷」。

一　五四五頁上一一行第六字「生」，資、磧、普作「至」，南、徑、清作「地至」。

一　五四五頁中二行「若鼻識」，諸本無。

阿毗曇心論卷第四　自

尊者法勝造

晉太元元年僧伽提婆共惠遠於廬山譯

契經品第八

巳說定品契經品今當說

一切智所說　契經微妙義　此吾今當說
宜應善心聽

雖有一切阿毗曇契經義然諸契經應具分別今當說世尊說三界欲界色界无色界問此云何荅

欲界十居止　色界說十七　无色中有四
三有亦復然

欲界十居止者此欲界十居止地獄畜生餓鬼人六欲天四王天三十三天炎摩兜師哆化樂他化自在是衆生起欲想此處所中若可得物盡望婬欲所有是以說欲界問色界云何荅色界說十七色界說十七者居梵身梵富樓光少光無量光光曜少淨无量淨遍淨無罣㝵受福果實无想衆生不煩不熱善見善現色究竟此處所不起欲想但成極妙色非男非女形是

故色界无色中有四者无色界四居无量空處无量識處无所有處非想非非想處此處所無色彼離色欲是以說无色界問世尊說三有欲有色有無色有此云何荅三有亦復然謂前三界分別即是三有問如世尊所說七識住是云何荅

善趣是欲界　及色界三地　无色亦如是
慧知諸識住

此欲界中若趣善數如人及六欲天色界前三地无色前三地初禪地上二禪地三二禪地上三禪地三三禪地上四禪　地九於中前三地及　无色前三地是說七識住何以故不壞識故惡趣中苦痛壞故不得立識住第四禪無想定壞故亦不得立識住非想非非想處滅盡定壞故不得立識住是故不說

第一有无想　衆生居說九　諸有漏四陰
是說四識住

第一有無想衆生居說九者此七識住及无想衆生非想非非想處是說九衆生居於中衆生居止是故說衆

生居諸有漏四陰是說四識住者有漏色痛想行若識相續有此伴是故說識住問世尊說十二枝緣起此亦應當說相荅

諸煩惱及業　有體漸漸生　是名說有枝
衆生一切生

於中煩惱是无明愛受名說業者行及有名說體者餘枝是一切衆生漸漸生依體立煩惱煩惱所作業業所作體是故十二種分別問此枝為一時行為漸漸荅非一時十二皆陰說

十二枝无明為首

彼是次第立　受於生死中　過去及未來
處中說於八

彼有枝次第立於中前生時一切煩惱共有及伴說无明由此故造業業造果是行彼生種心是識彼共生四陰相續是名色於中所依眼為首諸根是六入根境界心和合是更樂更樂所生受是痛痛所著是愛痛具所煩勞是受彼所勞造業是有於中更受果是生彼生中无量起災患是老死如是此有枝一切生中二攝過去

世二未来八現在生中攝問世尊說
六界此云何荅
諸大謂有四 及與有漏識 亦色中間知
是界說生本
諸大謂有四及與有漏識亦色中間
知者四大地水火風有漏識及色中
間可知謂眼所受此六法說界問以
何等故於衆多法中說六界荅是界
說生本是六法生死之本此中有士
夫想於中身地所生水所潤火成熟
除爛腐臭風所起空中間飲食由風
行出入識所立此中起士夫想是生
死性故說界問世尊說四聖諦此相
云何荅
諸行若有果 有漏是說苦 若有因是習
苦盡謂之滅
諸行若有果有漏是說苦者一切有
漏從行因中生亦作一切苦患是故
一切行說苦諦若有因是習者一切
有漏行他因是以一切行說習諦如
一女亦說母亦說女前後故如是有
漏行亦說苦諦亦說習諦已生當生
故苦盡謂之滅者一切有漏行滅休

息止謂之滅諦若有无漏行是說為
道諦彼為二事故見著則知微若有
无漏行是說為道諦者一切無漏行
說道諦何以故休息苦時盡是具
故問何以故說諦荅彼為二事故二
事說諦自相真實非顛倒及見彼得
非顛倒意問如前因後果以何等故
世尊前說果後說因荅見著則知微
聖諦雖有前習後苦先修道後得滅
但應前見苦諦後見習諦如是應先
見滅諦後見道諦何以故苦麤習細
滅麤道細是故世尊先說苦諦後說
習諦先說滅諦後說道諦問世尊說
四聖沙門果此幾種荅
聖果有六種 最勝在九地 第三在六地
二俱依未来
聖果有六種者六種四沙門果無漏
五陰及數緣滅問四沙門果何地所
攝荅最勝在九地最勝是無著果是
九地所攝根本四禪三無色未来及
中間第三在六地者不還果六地所
攝具足四禪未来及中非无色以無法智
故二俱依未来者須陁洹果及斯陁含

未来禪所攝以未離欲故問世尊說
四道皆非速通皆速通樂不速通樂
速通此何相荅
從信行諸法 無煩惱遲想 從法行諸法
无煩惱速想
從信行諸法無煩惱遲想者從信行
无漏法是非速鈍根輩所攝是遲若
受此當知信解脫時解脫亦受同鈍
根故從法行諸法無煩惱速想者從
法行無漏法利根輩所攝是速若受
此當知見到不時解脫亦受同利根故
根本禪地中 知假名樂想 小及難得故
餘皆是苦想
根本禪地中知假名樂想者根本四
禪中利根及鈍根法說樂道何以故
止觀導等故及樂行故小及難得故
餘皆是苦想者餘地攝無漏是苦想
所以者何以小故未来禪中間禪止
道小無色中觀小是故極苦一向難
得及小故說苦問世尊說四不壞淨
於佛不壞淨於法僧聖戒不壞淨此
云何荅
自覺聲聞法 解脫亦餘因 清淨無垢信

聖戒及決定
自覺聲聞法解脫亦餘因清淨无垢
信者自覺是佛彼佛無著果所攝无
學功德是佛法於此法若無漏信是
說於佛不壞淨已取正證聲聞彼學
無學功德是說聲聞法於此法若無
漏信是說於僧不壞淨涅槃中无漏
信及餘有為法如苦諦習諦信菩薩
无漏功德信學無學辟支佛法信是
說於法不壞淨聖戒者無漏戒是說
於戒不壞淨問以何等故不壞淨一
向無漏非有漏荅及決定此是決定
從正見中生故無漏信無漏戒定無
漏有漏信者為不信所壞有漏戒
者為非戒所壞是以不決定无漏不
壞至後生是以決定故不壞淨一向无
漏問世尊說修定有四有修定於現
法中得樂居有修定得知見有修定
分別慧有修定得漏盡此何相荅
初禪若有善　說現法是樂　若知於生死
是說名知見
初禪若有善說現法是樂者淨及无
漏初禪能得現法樂居若知於生死

是說名知見者生死智通是說修定
知見共依五陰
慧分別當知　求得諸功德　金剛喻四禪
是名為漏盡
慧分別當知求得諸功德者方便生
功德名欲界戒聞思修功德一切色
無色界善法一切無漏有為法是一
切修定分別慧金剛喻四禪是名為
漏盡者金剛喻名最後學心共相應
共有第四禪所攝是說修定漏盡何
義此如來自已說問世尊說四如意
足四正斷四意止彼亦應當說相荅
善有為諸法　求方便等起　佛說如意足
亦現正意斷
善有為諸法求方便等起佛說如意
足者求方便等起如前修定分別慧
說是一切如意足如意乘器故亦現
正意斷者即此一切功德說正斷
彼亦是意止　四聖種亦然　謂有恩力生
彼聖之所說
彼亦是意止者即此法亦說意止問
世尊說四聖種此云何荅四聖種亦
然即此法亦說四聖種問何以故此一

切功德說意止正斷如意足聖種荅
謂有恩力生彼聖之所說此諸法謂
定恩力生由定住是故說如意足精
進恩力生故說正斷念恩力生故說
意止少欲知足恩力生故說聖種已
共分別道品自相今當說
淨信精進念　喜慧及倚覺　護思惟戒定
是法謂道品
此十法說道品非餘於中信是信根
信力精進是四正斷精進根精進力
精進覺枝正方便念是念根念力念
覺枝正念喜是喜覺枝慧是四意止
慧根慧力擇法覺枝正見倚是倚覺
枝護是護覺枝思惟是正志戒是正
語正業正命定是四如意足定根定
力定覺枝正定問何以此法如是多
種分別荅
處方便一意　濡鈍及利根　見道思惟道
佛說三十七
處者正念立緣中故說意止方便者
正方便故說正斷一意者立一意故
說如意足濡鈍意得故說根利根者
利根意得故說力見道者見道得故

說道支思惟道者思惟道得故說覺支是謂分別事故佛說三十七此十法事故佛說三十七問此道品何地所攝荅禪第二未来是說三十六三四三十五中間禪亦然禪第二未来是說三十六者第二禪无正志未来禪无喜覺枝餘有三四三十五中間禪亦然者第三第四禪中間禪无喜覺枝无正志餘有

第一說一切　三空三十一　寂上二十一
欲界二十二

第一說一切者初禪具有三十七三空三十一者三空中有三十一喜正志正語正業正命身意止彼中无餘有寂上二十一者非想非非想處无七覺八道及身意止欲界二十二者除覺枝道枝餘有問世尊說四食揣食更樂食意思食識食是何想荅

諸食中揣食　是欲界三種　識思及更樂
是食謂有漏

諸食中揣食是欲界三種者欲界揣食三種香味細滑除飢渴故說食識思及更樂是食謂有漏者有漏識有

漏思有漏更樂是說食有何義後生相續不斷故說食問世尊說三三摩提空無願无相此三摩提去何行幾行荅

无願有十行　二行是空定　聖行中四行
說是無想定

无願有十行者无願三摩提行十行無常行苦行習諦四行道諦四行二行是空定者空三摩提二行空及无我行聖行中四行說是無想定者無想三摩提滅諦四行問世尊說四顛倒於无常有常想心顛倒想顛倒見顛倒苦有樂想不淨有淨想非我有我想心顛倒想顛倒見顛倒此何見斷為何性荅

曉了見苦斷　四種是顛倒　三見性所有
捨見正見說

曉了見苦斷四種是顛倒者一切四顛倒見苦斷以行苦處故三見性所有捨見正見說者顛倒是見性三見中寂上即是說顛倒身見是說我見我是我見故邊見見有常及斷見盜不淨見淨彼一切行苦處及見性所

有心想見作乱故說心顛倒想顛倒見顛倒但非性顛倒問世尊說多見六十二首是何見所攝荅一切見是五見所攝身見為首問云何知荅

誹謗於真實　此說為邪見　非實而見實
是二見及智

誹謗於真實此說為邪見者謂見誹謗真實法无此如說无施無齋無說如是一切說邪見非實而見實是二見及智者五陰中不真實我見我觀有是實見說身見非真實樂淨觀有樂淨是見見盜及餘邪智思惟所斷如夜有見謂是賊如竪木人像

淨見謂戒盜　是非因見因　受邊說此見
依斷滅有常

淨見謂戒盜是非因見因者謂法於法非因見是因此見是戒盜如苦行至解脫受邊說此見依斷滅有常者謂見无常事見常是謂有常見謂因緣相續不識已見斷是謂斷見謂之受邊見

建立諸誹謗　因依於二邊　若有事轉行
是正見應斷

建立諸誹謗者說邪見彼若誹謗苦

是見苦斷若誹謗習是見習斷若誹
謗滅是見滅斷若誹謗道是見道斷
身見建立於苦我是我是見苦斷見
盜建立苦為樂是見苦斷若習是見
習斷若滅是見滅斷不受正法是
故見滅斷道亦復然戒盜若行有漏
處是見苦斷若行无漏處是見道斷
見斷滅計常是亦見苦斷現五陰受
斷滅計常非不現此中分別一切諸
見問世尊說二十二根此云何答
諸界在於內　身三及命根　是根生死依
聖人之所說
諸界在於內者眼耳鼻舌意身三者
身根三種身根男根女根及命根者
命根第九是根生死依聖人之所說
者此九根生死依故說根眾生是生
死想
從痛諸煩惱　信首依清淨　九根謂無漏
是三依於道
從痛諸煩惱者樂根苦根喜根憂根
護根是諸痛從此諸煩惱故說根信
首依清淨者信根精進念定慧根依

此解脫故說根九根謂無漏是三依

於道者信首五根三痛及意根是若
无漏依道故說根謂從信行法行道
所攝是未知根謂思惟道所攝是已
知根謂无學道所攝是無知根問此
中幾欲界繫幾色界繫幾無色界
繫答
欲界四善八　色種性有七　諸心數者十
一心慧所說
欲界四者男根女根苦根憂根是一
向欲界繫餘如界品說善八者信首
五根及三無漏色種性有七者色根
有七五色根男根女根餘者非色問
幾性心幾性心數幾非性心　非性心
數答諸心數者十信首五根及五痛
一心慧所說者意根是餘根非性心
非性心數問幾有報幾無報答
一及十有報　是慧之所說　十三中是報
見實者分別
一者憂根一定有報　一向善不善故
現在方便起是不從報生非威儀非
工巧是以非無記故一向有報及十
有報是慧之所說者信首五根謂有

漏是有報謂无漏是无報意根及三

痛謂無記及無漏是無報餘善不善
是有報苦根謂无記是無報餘有報
問幾是報幾非是報答十三中是報
見實者分別十三根中或性是報或
非色根七命根意根及四痛无記法
者善不善中生故報問生時幾根最
初得報答
二或六七八　謂初時可得　欲中有報相
亦六及上一
二或六七八謂初時可得者謂漸漸
成根如卵生濕生胎生是最初時二
根生身根及命根化生無形得六根
五色根及命根一形七二形八欲中
有報想者此說是一向欲界眾生亦
六及上一者色界最初得六根无色
一根彼尒時一向穢汙心是以一向
穢汙得心心數法非報問命終時幾
根最後捨答
四捨八與九　或復捨於十　死時漸漸滅
善捨各增五
四捨八與九或復捨於十死時漸漸
滅者无記心漸命終時最後捨四根

身意命護根无形 一時無記心命終
捨八根一形九二形十善捨各增五
者即彼善心加增信首五根如是色
無色界隨根可得亦如是問幾見斷
幾思惟斷幾無斷荅
二斷无斷四 二種根有六 三微妙不斷
謂餘思惟斷
二斷無斷四者四根見斷思惟斷无
斷意根及三痛二種根有六者信首
五根及憂根三微妙不斷者三无漏
是不斷謂餘思惟斷者九根思惟斷
命根八及苦根已說諸經門今當說
問世尊說六識眼識耳鼻舌身意識
此識識何法荅
若取諸根義 是五種心界 受一切諸法
是謂意識界
若取諸根義是五種心界者義名五
種色是五識識眼識識色乃至身識
識細滑受一切諸法是謂意識界者
意識識一切諸法此境界一切諸法
問有十法欲界相應不相應色界相
應不相應无色界相應不相應有為
無漏相應不相應无為二種尊及無

記此中應分別智一智境界幾法荅
五法應當知 法智之境界 未知智為七
他心境界三
五法應當知法智之境界者五法法
智境界欲界相應不相應无漏相應
不相應无為善未知智為七者未知
智境界七法色无色界及无漏相應
不相應無為善他心境界三者他心
智境界三法欲色及無漏相應
有漏智有十 因果境界六 解脫智一法
道二謂餘九
有漏智有十者有漏智是等智彼一
切十法境界一切法境界故因果境
界六者苦智及習智是境界六法三
界相應不相應解脫智一法者滅智
境界一法唯無為善道二者道智境
界二法有為无漏相應不相應謂餘
九者餘盡智无生智是境界九法除
其無為无記是謂智解
自地煩惱定 所使於自地 一切遍是種
隨在於彼類
自地煩惱定所使於自地者欲界諸
煩惱所使於欲界梵世諸煩惱所使

於梵世如是至非想非非想處盡當
知一切遍是種隨在於彼類者通一
切遍不通一切遍諸煩惱所使隨種
通一切遍亦他種如身見見苦斷此
中苦諦所斷一切使所使及見習斷
通一切如是至命根思惟斷此思惟
所斷一切所使及通一切
三界煩惱定 定在於三界 二界應當知
一界亦復然
三界煩惱定定在於三界者謂法三
界所攝是定在於三界此中三界一
切使所使如意根定在三界此中一
切使所使二界應當知者謂法二界
所攝是定於二界此中二界一切使
所使隨界可得如覺觀定在欲色界
此中欲色界一切使所使一界亦復
然者謂法定在一界此中一界一切
使所使如憂根定在欲界一切使所使
此佛說契經 顯示於諸法 識智及諸使
分別此三門
此佛契經中若說諸法是三門應分
別識門智門使門如欲有中五根義
是六識識色界四識除鼻識舌識相

應不相應故七智知五種故欲色界
阿毗曇心論卷第四　第十九張　自　漢
使所使

雜品第九

已說契經品雜品今當說

已說隨相應　一一分別法　於上衆雜義
今略說善聽　有緣亦相應　有行或與依
心及心數法　是同一義說

心及心數法此名差別一切行一緣是故說有緣更互相應故說相應境界行故說行由依生故說依

從緣生亦因　有因及有為　說處有道路
有果應當知

有為法中此名差別由依緣故說緣生他故說因由依因故說有因由依造有故說有為多方便善顯現故說處依過去未來現在道路故說道路有轉成果故說有果

有惡亦隱沒　穢汙下賤黑　善有為及習
亦復名修學

有惡亦隱沒穢汙下賤黑者不善及隱沒无記法此名差別不可說葦中立故說有惡煩惱所覆故說隱沒煩惱垢汙故說穢汙凡鄙故說下賤無智闇乱故說黑善有為及習者善有
阿毗曇心論卷第四　第二十張　自　漢
為法此名差別慧中生故說善行時能得功德及可行故說習及修已說心相應行心不相應行今當說

无思想二定　亦衆生種類　句身味名身
命根與法得　凡夫性所有　及諸法四相
非色不相應　說是有為行

無思想者生无想天心心數法不起二定者无想定滅盡定無想定名厭於生死解脫想由第四禪心相續一時斷滅盡定名厭於勞務息止想由非想非非想心相續一時斷亦衆生種類者生處已生於此處衆生依及心相似句者名會所說如所行非常謂興衰法味者句會事廣說如偈及契經名者字會說義如說常命根者根及大等相續不斷得者成就諸法不捨凡夫性者未取正證離聖法是凡夫性所有四相者生住老無常非色者此一切諸法如上所說非色非色所攝不相應者無緣故說是有為行者有為造故說有為行問此中幾善幾不善幾無記荅

善二三種五　七應是无記　二在色當知
阿毗曇心論卷第四　第二十一張　自　漢
一在無色地

善二者無想定滅盡定三種五者得生老住無常善中善不善中不善無記中無記七應是无記者七無記无想天衆生種類句味名命凡夫性所有問此中幾欲界繫幾色界繫幾无色界繫荅

二在色當知　一在無色地

二在色當知者无想定及無想天是色界一在无色地者滅盡定在无色界

二界說於三　謂餘在三界　有漏无漏五
其餘定有漏

二界說於三者句味名亦在欲界亦在色界非無色界離言語故謂餘在三界者衆生種類命得凡夫性所有及四相通在三界問此中幾有漏幾无漏荅曰有漏无漏五其餘定有漏五者得生老住无常在有漏中有漏在無漏中无漏其餘定有漏者謂餘一切定有漏問此離聖法假名凡夫三界中無記此云何捨云何斷荅

初無漏心中　聖不成就捨　凡夫流諸界
離欲時滅盡

初無漏心中聖不成就捨者第一无漏
心中得聖法時得不成就捨凡夫流
諸界者流諸界時謂處所命終此處
所捨謂處所生彼處所得無記故離
欲時滅盡者謂地凡夫所有若此地
離欲尒時得滅凡夫性巳說心不相
應行無為今當說三無為法數緣滅
非數緣及虛空於中數緣滅者解脫
諸煩惱依於數緣滅有漏法離煩惱
解脫數緣力智力計挍事有而無是
名數緣滅無星㝵之相是名曰虛空
謂不障㝵色是虛空
諸法衆緣起亦從依與緣　不具以不生
此滅非是明
一切有為法從衆緣而生无緣則不
生如眼識依根依色依空依明依地
依寂然若此一切共和者便得生若
餘不具便不得生如眼時眠一切時
生尒時是餘事不具眼識不得生若
彼眼識應當生而不生眼生巳終不
復更生離此緣故是有未來不復當
生彼起具乖違不和是非數緣滅如
是一切行盡當知巳說无為因今當

說問有為法說是因此中云何因為
誰因荅
前因相似增　或俱依倚生　二因及一緣
一向巳生說
前因相似增者前生法後生相似因
轉增如濡善於自地濡善因及中因
上因中於中因及上因上唯上因行
法時有住有增終不減以是故非為
濡因或俱依倚生者或因俱生如相
應因及共有因二因及一緣一向巳
生說者自然因巳生當言因非不生
前者後因未生者无前後若為有者
應隨時生不從因但不尒是故不有
一切遍因亦如是及次第緣問謂此
報者為是衆生數為非衆生數荅
報是衆生數報者衆生數法中說非
不衆生數所以者何衆生數者不共
有非衆生數共有是故非報問是果
法云何荅有為解脫果一切有為法
性果所有由因緣故无為解脫亦應
說道果問有緣法云何行緣荅有緣
者共俱有緣法是相應是共俱一緣
中行不別問何處行荅行於他境界

他境界中行非自性離自行及緣乖
別故問心心數法為有處所為无處
所荅無處所所以者何普因故普因
生心心數法因二眼生一識若有住
處者應住一眼中一識故若尒者第
二眼不應見色而見是故非一眼中
住如是一切盡知若如是者以是故
无住處問世尊說心解脫云何心解
脫為過去為未來為現在荅生時而
解脫道生時解脫所以者何道生時
諸煩惱滅是故生時解脫問道生時
斷煩惱為不荅
道滅時滅結　明慧之所說
道滅時斷諸煩惱非生時所以者何
道生時是未來未來道者不能行事
以是故无㝵道滅時斷煩惱解脫道
生時解脫問世尊說有愛无有愛有
愛幾種无有幾種荅
有愛有五種　无有獨一相
有愛有五種有愛名於生不生物若
愛是名有愛此五種有苦斷見習滅
道斷及思惟斷无有獨一相者无有
愛名巳見斷樂於斷是名无有愛此

一向思惟斷所以者何從見愛思惟
斷此是不轉行相續中愛非愛見是
故思惟斷問世尊說三界斷界無欲
界滅界此何相答
愛處餘煩惱滅盡是三界
愛斷是無欲界處斷是滅界餘煩
惱斷是斷界問十心欲界善穢汙
無記色界善穢汙無記無色界善
穢汙無記及無漏此心幾穢汙心
中可得幾善心中可得幾無記心
中答
穢汙心得十 正覺之所說 善心中得六
無記即無記
穢汙心得十正覺之所說者穢汙
心中得一切十心界及地來還時
三界善穢汙及無記此心一切得
退時得無漏善心中得六者善心
中得六心欲界善求學得及身口
行亦變化心無記色界善變化心
無記無色界善心及無漏無記即
無記者無記心唯無記以劣故問
前已說道品十法此中幾根性所
有幾非根答

道品有六法 當知是為根
此中六法根性所有信首五根及喜
餘者非根所有問諸法為自性相應
為他性答相應於諸法是說謂為他
諸法他性相應不自性非為自性於
自性伴問若此解脫當云何答緣中
解於縛大仙人所說諸煩惱於緣中
愚即彼不起愚緣中縛即於中解不
可以相應解相應所以者何以空故
問若斷即是解脫為異答如是若解
脫者即是斷問頗斷非解脫不答有或
斷已故縛見道及思惟苦智已生習
智未生見苦所斷煩惱斷而見習所
斷煩惱縛如是思惟所斷一切種更
手相緣故問見四真諦云何得不壞
淨答
二解於三諦 四由見正道 興起清淨信
修習於二世
二解於三諦者觀苦習滅得於法不
壞淨苦智習滅相應信是名不壞淨
得是及聖戒四由見正道興起清淨
信者見道時具得四問幾世修答修
習於二世諸法修於二世現在修行

未来者得修問心共行法云何答
一切心數法 說是心共行 此相及餘法
作亦應當知
一切心數法說是心共行者一切心
數法說心共行心近故此相者此心
有四相生住老無常亦心近故及餘
法者餘心數法相亦心共行作亦應
當知者无教戒如前說問斷法云何
答斷諸有漏法一切有漏法斷雜惡
故問知法云何答知及諸无垢有漏
及无漏是一切知法一切智境界故問
遠法云何答過去未来是說遠不辨
事故問近法云何答餘說近現在近
辨事故无為近遠得故問定法云何
答无間无救業及諸无漏行慧者說
是定五無間業是定必至地獄故無
漏行亦是定必至解脫果故餘不定
問見處云何答見處必有漏一切有
漏法見處五見處所故問若成就根
是成就幾根答
說有十九根 謂成就極多 必成就極八
曉了根所說
說有十九根謂成就極多者十九根

成就極多如二形及具根者未離欲見諦少成就極八曉了根所說者成就八根如不具身根斷善根及生无色中凡夫問幾種更樂荅五種

增有對無明　處中明更樂　聖道俱有二
能興起成果

意識相應更樂是說增更樂五識相應更樂是謂有對更樂穢汙更樂是說无明更樂無漏更樂是說明更樂有漏非穢汙更樂是說非明非無明更樂問何等道德果為无㝵道為解脫道荅聖道俱有二能興起成果二道共得果一者解縛二者得解脫此二道成果問无著住何心般涅槃荅無著心中得無為涅槃无著一切事無所作无為無所求住從報心中便般涅槃問幾有荅

生有及死有　根本亦復中

生有者始生時陰是謂生有死有者死時陰是謂死有根本有者除生有及死有於其中間陰是謂根本有中有者有所至陰是謂中有問說有厭有離欲云何厭云何離欲荅

諸智在苦因　此忍修於厭　滅欲得無欲
說普在四中

諸智在苦因此忍修於厭者若智及忍緣苦習是說猒行猒處故滅欲得無欲說普在四中者四諦中智及忍說離欲能斷欲故

論品第十

威儀不威儀　若離復獲得　不由此致勝
能決定者荅

荅有從無　色

頗得聖果時　一切離諸惡　有為淨善法
得已而不修

荅有退時得過去

道者興起時　未遠離諸惡　解脫時離惡
願荅已必定

荅有謂當來願

頗光曜煩惱　興起於定時　清淨初禪中
獲得墮衰退

荅有無著果修及動修

頗見諦道中　逮得諸善法　是法亦有緣
聖者不見緣

荅有欲界中修行等智

頗慧有漏果　遠離淨功德　不離從於意
此亦是彼果

荅有欲界變化心

頗住无㝵道　成就於諸滅　諸煩惱從彼
非如无漏見

荅有修學諸道時

頗結不解脫　无垢者獲得　而不斷煩惱
謂此無垢盡

荅有從光曜中生梵天時

頗无漏淨地　未曾得已得　不離欲非退
不依於見道

荅有離色欲取證時得無漏無色思惟道

頗未得諸法　而遠得此法　不捨彼不得
若能知者荅

荅有餘初無漏心品得餘無漏功德捨凡夫事餘者一切不得

阿毗曇心論卷第四

甲辰歲高麗國大藏都監奉
勅彫造

阿毗曇心論卷第四

校勘記

一 底本，麗藏本。

一 五四八頁上一四行第九字「四」，諸本(不含石，下同)作「四天」。

一 五四八頁上一五行「兜師哆化樂他化自在」，諸本作「天兜率陀天化樂天他化自在天」。

一 五四八頁上一六行第一四字「望」，諸本無。

一 五四八頁上一七行第六字「欲」，徑作「故」。

一 五四八頁上一八行第一一字「居」，諸本作「居止」。頁中一行末字同。

一 五四八頁上一九行第二字「光」，諸本無。

一 五四八頁中一行首字「故」，諸本作「故說」。

一 五四八頁中一〇行第一二字「六」，磧作「七」。

一 五四八頁中一二行第五字「二」，南作「一」。

一 五四八頁下一行第八字「是」，諸本作「故」。

一 五四八頁下七行第九字「受」，諸本作「取」。

一 五四八頁下一一行第一二字「苦」，徑作「若」。

一 五四八頁下一七行第七字「種」，諸本作「種子」。

一 五四八頁下二二行第一二字「患」，諸本作「害」。

一 五四九頁上一〇行首字「天」，諸本作「夫」。

一 五四九頁上一八行「從行」，諸本作「行從」。

一 五四九頁上二〇行第四字「他」，磧、普、南、徑、清作「說」。

一 五四九頁上二一行第七字「說」，磧作「他」。

一 五四九頁中四行末字「具」，徑、清作「道」。

一 五四九頁中二二行第九字「中」，諸本作「中間」。

一 五四九頁下二行第六、第九、第一三字，三行第二字「通」，南、徑、清作「道」。

一 五四九頁下一一行「當知」，磧作「常知」。

一 五四九頁下一六行「導等」，諸本作「等道」。

一 五五〇頁下三行第七字「住」，南、徑、清作「生」。

一 五五〇頁下一三行第二字「根」，南作「相」。

一 五五〇頁下一五行第五字「命」，南作「命正」。

一 五五〇頁下二二行「濡鈍」，諸本作「軟鈍者輭鈍」。

一 五五一頁上一八行第一二字「想」，諸本無。

一 五五一頁中六行第四字、一〇行第一一字、一一行首字「想」，諸本作「相」。

一 五五一頁下三行第四字「首」，諸

一　本作「爲首」。同行第一〇字「答」，諸本作「答曰」。

一　五五一頁下八行第一二字「齊」，諸本作「齋」。

一　五五一頁下一一行「是實」，諸本作「實是」。

一　五五一頁下二〇行第一二字「見」，磧作「是」。

一　五五二頁上四行第六字「苦」，磧作「若」。

一　五五二頁上八行末字「斷」，諸本作「斷滅」。

一　五五二頁上九行第五字「常」，磧作「當」。

一　五五二頁上一二行第九字「命」，磧作「四」。

一　五五二頁下八行首字「初」，諸本作「初初」。

一　五五二頁下九行末字「相」，諸本作「想」。

一　五五三頁上二行第六字「九」，南作「九根」。

一　五五三頁上一二行第一一字「門」，諸本作「問」。

一　五五三頁中一四行末字「三」，資、磧、普作「二」。

一　五五三頁下六行「一切」，諸本作「一切徧」。

一　五五三頁下七行第四字「切」，諸本作「切使」。

一　五五三頁下一八行第一〇字「界」，諸本作「界此中欲界」。

一　五五四頁上六行第二字「略」，磧作「路」。

一　五五四頁下一六行第四字「通」，磧作「道」。

一　五五五頁上一六行第六字「根」，諸本作「眼」。

一　五五五頁中二行第二字「因」，諸本作「不因」。

一　五五五頁下一八行第五字「有」，諸本作「有愛」。

一　五五五頁下一九行第二字「愛」，磧、普、南作「爲」。

一　五五五頁下二一行第九字「有」，諸本作「見」。同行第一三字「習」，經作「集」。

一　五五六頁上二一行第七字「唯」，諸本作「惟得」。

一　五五六頁中一〇行第一〇字「答」，諸本作「不答」。

一　五五七頁上七行第二字「識」，磧作「誠」。

一　五五七頁上八行第五字「謂」，諸本作「說」。

一　五五七頁上一一行第七字「德」，諸本作「得」。

一　五五七頁上一五行首字「著」，諸本作「著報」。

一　五五七頁上一六行第三字「无」，諸本作「無所」。

一　五五七頁中一〇行第四字「無」，諸本作「無色生」。

一　五五七頁中一六行末字「願」，諸本作「修」。

一　五五七頁下五行第六字「道」，諸

本作「通」。

一五五七頁下一七行「第四」，資、磧、普作「第四勝」。

雜阿毗曇心論卷第一

尊者法救造

宋天竺三藏僧伽跋摩等譯

序品第一

古昔諸大師　於諸甚深法　多聞見聖跡　巳說一切義　精勤方便求　未曾得異分　阿毗曇心論　多聞者巳說　或有極捴略　或復廣无量　如是種種說　不順修多羅　光顯善隨順　唯此論為最　無依虛空論　智者尚不了　極略難解知　極廣令智退　我今處中說　廣說義莊嚴廣說梵音大毗婆沙以毗婆沙中義莊嚴處中之說諸師釋法勝阿毗曇心義廣略不同法勝所釋最為略也優婆扇多有八千偈釋又有一師万二千偈釋此二論名為廣也和修槃頭以六千偈釋法寶安遠玄曠无所執者於三藏者為無依虛空論也　敬礼尊法勝　所說我頂受　我達摩多羅　說彼未曾說　弟子咸勸請　毗曇毗婆沙　專精思惟義　賢衆所應學　正要易解了　離惱濟群生

復次為顯現清淨煩惱對治依阿毗曇毗婆沙所應故大德法勝及我達摩多羅共莊嚴雜阿毗曇心離諸廣略說真實義問且置真實義云何名阿毗曇云何名毗婆沙荅於牟尼所

說等諦第一義諦甚深義味宣暢顯說真實性義名阿毗曇又能顯現修多羅義如燈照明是慧根性若取自相則覺法是阿毗曇若取衆具是五陰性名者諸論中勝趣向解脫是名阿毗曇

復次毗婆沙者於牟尼所說性真實義問荅分別究暢真要隨順契經開悅衆心所謂性相名字地依行緣念智根定世善及界學見諦斷義緣方便得亦離欲得何處初起攝相應因緣果有果等无量諸法種種義生說種種類種種說是名毗婆沙論如佛世尊略說二智法智比智毗婆沙論无量分別所謂彼法智者是无漏慧性是智相名者初知法故是名法智在六地依欲界十六行境界四諦四念處智即智相三根三三昧相應三根者喜樂捨也三三昧謂有覺有觀无覺有觀無覺无觀墮三世緣三世及離世是善緣三種謂善不善无記是不繫緣欲界及不繫是學无學緣三種謂學无學非學非無學也是不斷緣三種謂見諦斷修道斷不斷也名緣及義緣方便得離欲得欲界起法界法入

行陰所攝意界法界意識界相應三因自性三因所生四緣自性四緣所生是初生无漏依果及功用果俱生者唯功用果有果者三果謂前二及解脫果不說增上果如是一切法應當知問已知久遠緣起根本阿毗曇毗婆沙說彼對治何故說真實義荅為知真實義故若不分別諸論難可了知以不知故實智不生實智不生故不知真實不知真實故不見煩惱諸行過惡以不見過故墮於惡趣與彼相違則生天解脫問已說所以說當說真實義荅是論於諸論中冣為殊勝具足顯示一切境界於阿毗曇論增廣智惠五濁世增時命智慧念皆悉損减觀察是等於廣大論聞持恐怖為利自他略說真實三時善說哀愍外道邪論諸師遠慕前勝正論法主及諸聖衆普於是中生大敬信開發衆生佛法僧念故顯示三寶真實功德方造論端故說是偈

雜阿毗曇心論界品第二

頂礼前冣勝　離惱安教尊　所說悉具足
羅漢見真諦

頂礼者起善心轉受果舉體敬礼也前者先也何者為先謂冣勝也示供養處故冣勝有何義伏諸煩惱故名冣勝如偈所說憂波伽當知如我等諸佛悉已離諸漏是故名冣勝離惱者煩惱諸纏燒其身心世尊曠劫悉安衆生熾然永盡故名離惱安樂說故當知離惱是故次說安教安者謂安隱也教謂言說教有所安故曰安教略說自安安他離惱者自安也安教者安他也不顛倒故故知安教是故次說所說悉具足說者言說也即是安教具足者辯正深妙顯現决斷說不顛倒到真實義不違二諦故曰具足是故礼彼名供養法阿羅漢者到究竟處法相滿足是故次說阿羅漢真實福田應彼供養

故名阿羅漢此一向說无學說無學已次說學見真實真實者四聖諦不顛倒謂已學八忍八智見彼真諦故名見真實雖往見道未周四諦必當見故亦名見真實問何故敬礼荅

牟尼尊悉知　法聚二種相　亦為他顯現
我今說少分

牟尼者身口意滿故曰牟尼悉者凡一切智所說脩多羅毗尼阿毗曇流布至今知者知見覺義也法者持也持自性故名法法有積聚故名法聚彼善法善法聚不善无記法亦如是二者數名相者相貌也問云何二相荅自相及共相自相者不共即此非餘如㝵相是色如是比共相者共此及餘如色无常如是比問若㝵相是色自相者亦是共相觀四陰故是自相觀十種色故是共相如是自相即共相觀故二種自相共相則為不成荅一自故㝵者色相故名色自相衆色差別故說十種汝言觀故自相共相不成者不然何以故不壞故如父子如果種如苦集諦如聽制若觀自相則非共相若觀共相則非自相如一人亦名父亦名子以父故名子以子故名父若觀父則不觀子若觀子則不觀父若言不成者不然何以故已成故是為父子義成若善若惡正

見耶見於中廣說起无間業若無父
義亦无無父耶見及有父正見此若无
者淨穢亦无淨穢無者解脫亦無若
无無間業者亦無因果因果无者一
切法亦無莫言非過是故父子義成
不可已成更成若已成更成此則无
窮是故自相共相義成問佛所知法
一切當說耶荅不也問何所說荅亦
為他顯現我今說少分顯現者開示
義也他者受化人也若義饒益隨順
梵行如申恕林契經說於彼為他說
法中我餘說少分如來所知深廣无
量如舍利弗等尚不能盡說況復餘
人問世尊說何法荅有漏无漏如是
一切

一切有漏行　離我樂常淨　不見有漏故
計我等忘受

此諸有漏行不自在故離我三苦成
故離樂緣力故離常煩惱處故離淨
問何等是有漏行荅諸煩惱所生五
陰問若有漏行離我樂常淨者云何
衆生而計受荅不見有漏故計我等
妄受衆生於有漏行不知相已便受

我樂常淨作業所覆故不知非我威
儀所覆故不知是苦相似相續覆故
不知非常薄皮覆故不知不淨如是
不知故受我樂常淨問何相為有漏行荅

若增諸煩惱　是聖說有漏　以彼漏名故
惠者說煩惱

若依若緣增長身見等諸煩惱如使
品說彼諸行從漏生故生漏故漏處
故是說有漏法无漏緣不增長軟中
上者不然增依故非不增增依不增
緣問何故荅以彼漏名故惠者說煩
惱煩惱說名漏一切入處常漏故心
漏連注故是故增煩惱諸行當知是
有漏問彼更有名耶荅

亦名為煩惱　受陰及與諍　煩受諍起故
是諸賢聖說

即此有漏行名為煩惱受陰諍何以
故煩受諍起故是諸聖賢說身見
等諸煩惱惱衆生故名煩惱受自身
故名受擾乱心故名諍諍有三種煩
惱諍陰諍鬪諍煩惱諍者百八煩惱
陰諍者死鬪諍者各各相違當知此
中說煩惱諍身見等諸煩惱生諸有

漏行從煩惱生故說煩惱從受生故
說受陰從諍生故說諍已說受陰相
陰相今當說

若行離煩惱　亦解脫諸漏　此及前受陰
是陰聖所說

若行離身見等諸煩惱及諸漏故當
知是无漏行此諸无漏行及前說受
陰是名為陰相陰受陰差別者轉不
轉合是陰轉者是受陰問何者是荅

所謂色受陰　想行及與識　是五陰次第
麁細隨順說

是五陰謂色陰受想行識陰云何色
陰一切諸色過去未來現在如是廣
說彼起已滅是說過去未起未滅是
說未來已起未滅是說現在在自身
名為內在他身及非衆生數名為外
復次內外義如入處說麁者名有對
細者名无對若言不成是則不然觀
故觀故不成者不然若觀麁則非細
染汙名惡色不染汙名好色過去未
來名為遠現在名為近遠義四種如
行品說彼一切一向略說色陰此名
略非事略如色陰受想行識亦如是

於中差別者自身受名為內他身受名為外內緣外緣方便力起境界力起麁者五識身細者意地染汙不染汙界地亦如是乃至識陰亦如是行是行陰外者衆生非衆生數當知問色乃至識有何相荅导相是色相隨覺是受相順知是想相造作是行相分別是識相彼過去色雖不导曾导故當来色雖未导當导故極微一一雖不导衆微集則导无作雖不导以作色是导故彼亦导如樹動影亦動如色陰過去未来餘四陰亦如是問何故前說色陰乃至識陰荅是五陰次第麁細隨順說彼五陰中色陰冣麁五識依故六識境界故是故前說受陰雖非色行麁故如色說如我首足等受隨轉如是乃至識陰冣細是故後說復次從不可知本際已来男為女色女為男色染著處故是故前說樂受貪故起色欲想顛倒故起樂受貪煩惱故起想顛倒依意故起煩惱復次二種色觀故入佛法中為甘露門謂不淨觀及安般念彼不淨觀

者觀造色安般念者觀四大是故前觀色陰觀色已見受過見受過已想不顛倒想不顛倒已煩惱不行煩惱不行已心則堪忍此則順說五陰今當逆說淨纖之生以心為本故前觀識陰觀識已煩惱薄煩惱薄已起法想起法想已則貪受不生貪受不生故觀察色是故先說色陰乃至識陰問云何分別說陰荅

十種謂色入　及无作假色　是分別色陰
牟尼之所說

十種謂色入者眼色耳聲鼻香舌味身觸無作假色者如業品說是諸色一一說色陰

所名為識陰　此即是意入　於十八界中
亦復說七種

謂識陰即是意入十八界中說七心界

餘則有三陰　无作三無為　是則說法入
亦復說法界

餘三陰者受陰想陰行陰无作三無為者虛空數滅非數滅此七法說法入亦說法界問以何等故受想別立陰餘心法立一行陰荅

輪轉於生死　當知二諍根　是故別受想
建立二種陰

二事故衆生輪轉生死謂樂受貪及顛倒想樂受貪故行愛倒想計著故行見二諍根者習欲愛貪欲縛從受生見欲縛從想生受修諸禪想修无色復次心法或根或非根根法是受非根法是想是故隨義說問五陰一切是行何故說一行陰荅

五陰雖是行　而一受行名　有為法多故
說行陰非餘

以行陰中有相應不相應等有為行多相應者思願等不相應者謂得等問一切悉是行陰何故契經說一思為行陰非餘荅勝故增上故前故作相是行相彼思是作性若有餘陰悉入五陰中今當如實說

廣說諸法陰　其數有八万　戒等及餘法
悉是五陰攝

八万法陰皆色陰攝以佛說語性故有說名性者行陰攝餘戒等五陰彼戒陰色陰攝定恵解脫解脫知見陰皆行陰攝若有餘陰名悉入五陰中

問齊何當言法陰荅
法陰謂經論　如是一一說　及諸對治行
悉名法陰數
有說一一經論名為法陰如是經論數有六千復有說一一陰處是法陰處又說陰處界處等為法陰數如是說者謂衆生有八万行是故世尊隨彼所行為說對治悉是法陰數問前說十種謂色入亦无作假色是名色陰何等為入荅
所謂眼耳鼻舌身及與意　色聲香味觸
餘則說法入
彼眼入者眼識所依四大所造淨色不可見有對耳鼻舌身亦如是差別者隨識所依意入者是心意識名義業世施設彼名等所作差別應當知名者名為心名為意名為識義者集起是心義思量是意義別知是識義業者遠知是心前知是意續生是識世者過去世是意當來世是心現在世是識施設者界施設心入施設意陰施設識復次貪恚癡等分別則无量境界定心名不乱此相違涤汙心

名為乱懈怠相應心名為下精進相應心名為舉少習淨心及涤汙心名為少多習淨心名為多少根易得少對治少隨轉諸涤汙心名為小此相違善心名為大於彼得修習修不修習如是涤汙心名不修此相違善心名為修自性解脫及在解脫於彼涤汙心名不解脫此相違善心名解脫或有心自性解脫非在解脫或有心在解脫非自性解脫或有心自性解脫亦在解脫或有心非自性解脫亦非在解脫自性解脫非在解脫者是學无漏心在解脫非自性解脫者是無學有漏心自性解脫亦在解脫者是无學無漏心非自性解脫亦非在解脫者是學有漏心及凡夫心色入者三種謂色處俱色者青黄赤白如是廣說處者身作色俱者如造畫等聲入者三種謂因受四大聲因不受四大聲因俱聲因受四大者謂咽喉唇舌因緣發聲因不受四大者謂風鈴樹等因緣發聲因俱聲者謂擊鼓吹貝因緣發聲彼聲一一有二種謂

可意不可意香入者三種謂好香惡香非好惡香味入者六種謂辛酸甛苦醎淡問若嘗味時別味者為舌識先覺為身識耶荅若先覺冷暖則先身識後舌識若先別辛等味者則先舌識後身識觸入者十一種謂四大及七種造色七種造色謂澁滑輕重冷暖飢渴澁者麁强滑者細軟輕者不可稱重者淳厚冷者求暖飢者欲食渴者欲飲問何大增故澁滑乃至飢渴荅或有說无偏增者彼業報先得澁四大果乃至飢渴復有說水火增故滑地風增故澁地水增故重風火增故輕水風增故冷風增故飢火增故渴問幾觸能起身識荅有說從澁至渴一一能起又說五觸能起四大與澁如是乃至飢渴復有說者十一種起身識等是身識境界故无過有二種自相事自相及入處自相事自相者等境界入處自相者自相境界故此十一種二種欲界繫飢及渴非色界繫九種欲界色界繫色界衣雖不可稱餘亦可稱亦可積聚雖无

冷暖之患而有長養調適飢渴者或
說依果以飲食能斷故阿毗曇者說
報色不可斷已更續罽賓者說飢渴
是善不善報障故不可知食消已還
復可知是故富者飢渴是善報貧者
一室十二人止事業各異彼亦如是
又依緣差別說十二謂六識身有六
依六緣又自性分別說十二若眼自
性乃至非法自性若法自性乃至非
眼自性問十入處及法入少分是色
何故獨說一入處為色入荅
滅問入處觸入處何差別荅觸入處
即是入處或入處非觸入處外入是
也若內入處非分者是入處非觸入
處（緣差不起觸者名非分也）觸所住故名觸入處觸空
者唯是入處觸所入門故如窓牖（天竺為窓牖為風入）
觸所住故如聖住亦應說受入處觸
長養心心法觸所持來觸所轉故觸
力故現在前是故說觸入（聖住者中國名聖住邊地地名弥離車住）問去何一身具十二入荅
雖於一身中　所作事各異　依緣自性故
十二種分別

於一身中具十二入但事各異若事
是眼入此事乃至非法入若事是法
入此事乃至非眼入問何等為眼入
事乃至法入事荅眼以見色為事色
以眼所行為事如是乃至法入辟如
飢渴是不善報法入者四種无作色
如業品說心法如行品說心不相應
行如雜品說無為此品後當說內入
中眼入境界麁故前說外入中色入
自性麁故前說苦樂所入門故說入
處又然義是入處義心心法於此中
雖有衆多色但說一色入當知一色入
三眼境界故
於彼入中三眼境界者名為色入內
眼天眼聖惠眼以色麁故說二十種
所謂青黃赤白長短正不正方圓高
下煙雲塵霧光影明闇彼長等八事
三種分別餘悉無記問一切十二入
盡是法性何故但說一法入荅
彼一切諸法　雖盡是法入　法中衆多故
一法入非餘
彼一切雖盡是法入但一入中衆多
法故謂色法无色法相應不相應法

有為无為法是故但說一法入復次
三有為相彼法相不相違彼入法入
中是故但說一法入又一切諸法以
名顯現彼名入法入中法者真實相
謂空解脫門以前法覺法故是空入
法入中身見能自覺者不然顛倒轉
故法者第一義謂寂滅涅槃是法入
法入中問世尊說契經无量入何故
但說十二入荅
彼十一切入　八入二四入　及五解脫入
皆悉十二攝
十一切入中前八入及八勝處是无
貪善根性悉入法入中若取眷屬則
五陰性悉入意入法入中十一切入
中後二入及四无色入是四陰性悉
入意入法入中二入者謂无想衆生
入及非想衆生入無想衆生入十入
法除香味入說四无色則已說非想
入五解脫入是慧性眷屬是五陰性
悉入三入中聲入意入法入（五解脫入者一者佛說即得解脫二者聞已思惟得三者因自誦經得四者因為他說法得五者因禪得也）問所說十
八界為種有十八名有十八荅
界種說十七　或說為十二　境界依者依

分別十八種

十八界或十七種或十二種若取意界則失六識若取六識則失意界辟如別取樹則失林若取林則失樹指捲等辟亦如是若取意界則失六識若取六識則失意界問若然者云何說十八界荅

境界依者依　分別十八種

三事故說十八界依故依者故境界故依謂六依眼界乃至意界依者謂六識界眼識界乃至意識界境界謂六外界若言阿羅漢寂後心不生後識非意界者此則不然以餘緣故後識不續如地无種復次因觸故立十八界眼觸三因緣生謂眼色識如是乃至意器故食故食者故器謂眼界食謂色界食者謂識界問應說二十一界二眼二耳二鼻為六舌界身界七心界六外界荅

二眼說一界　以二一自故耳鼻亦如是
二共說一界　為令身端嚴彼皆不二

雖有二眼而說一界以一自故共一四大造故一自見故非一自有二根

一識所依故二眼眼識依亦不應二根一識依一入處故一入境界亦俱受一入境界故二眼共取一色以一眼見色則不明了二眼見色則明了二耳二鼻成一界亦如眼說為莊嚴身故生二眼二耳二鼻以一眼者人不愛敬故是故眼等生二身舌生一如佛世尊雖說種種界悉入十八界中今當次第說

若有諸餘界　世尊契經說　各隨其自性
悉入十八界

若世尊說餘界悉入十八界中以三事故依故依者故緣故如世尊說憍尸迦世有種種界謂諸見以界名說彼悉入法界中若彼說六十二界如多界經說及餘契經以界名說者各隨其義入十八界中

問界入陰何差別荅

界說一切法　彼即十二入　除三无為法
餘則說五陰

一切法說十八界以不離依故依者故緣故彼一切法即說十二入七心界為意入此即義差別除三无為餘

法說五陰積聚勢故問若一切法說界界即是入除三無為說陰何故世尊三種說荅

牟尼觀衆生　欲解根不同　性行愚差別
故說陰界入

衆生三種欲解廣略中廣者為說界中者為說入略者為說陰軟中上根亦如是恃性憍逸為說界性義是界義恃財憍逸為說入輸門義是入義恃命憍逸為說陰以陰死法故始行者為說界少行者為說入已行者為說陰愚於色心為說界愚於色為說入愚於心法為說陰問陰入界有何義荅

聚積是陰義　輸門義說入　種性義說界
是三種差別

十一種無量色等惣說色陰如庫藏如軍衆辟如四種軍其類各別名為軍衆色亦如是雖有十一同一色相名為色陰如阿毗曇說善觀色陰者一極微攝一界一入一陰少分不善觀者言一極微攝一界一入一陰如色陰受想行識陰亦如是輸門義說入

者通苦樂故種性義說界者如一山
中多有諸性金性銀性等如是一身
中種種性各異故說十八界問以何
等故說十八界十二入五陰不增不
減荅
境界依者依　度量法所應　是故界入陰
不增亦不減
界度量所應者六依六依者六緣彼
依若增則非依以无依者故若減則
依者无所依故如是一切入亦以依
緣為量陰者何故深著色樂受著故
何故樂受著想顛倒故何故想顛倒
煩惱相應故煩惱依意意即依意如
所說意緣法生意識離是依更无餘
依故已說界入陰自性及因緣今當
廣說界
界中一可見又說一切界　无記謂八種
餘則善不善
界中一可見者十八界中色界可見
可視在此在彼是故可見復次示人
心行是故可見復次自現故謂眼所
行當知十七不可見无彼相故又說
一切界皆可見慧眼境界故如所說

偈彼一切諸法慧者見無我如阿毗
曇說學見跡見四真諦迹故是故十
八界一切皆可見无記謂八種者八
界無記謂五情香味觸无愛不愛果
可記故說无記餘十界可記善及不
善故謂色聲法七心界善身動是善
色不善身動是不善色餘色無記如
是聲口動淨心七識界是善无慚無
愧相應心是不善餘則無記法界若
心相應如心說若不相應如雜品說
善有四種自性相應共起第一義自
性善者慚愧及三善根相應者即彼
相應心心法共起者即彼所起身口
業及心不相應行第一義者謂涅槃
是為四種善自性不善者无慚无愧
三不善根相應者即彼相應心心法
共起者即彼所起身口業及心不相
應行第一義者輪轉危嶮俱相違者
是無記問一切法十二入即是世尊
所記何故記無記荅不以一向不說
故名無記善者記為善不善者記為
不善不記善不善故說无記若因果
時則記因果異則无記或有不記名

無記如記論契經說
一切皆當死　是論一向記　一切死復生
是名分別論　若問生殊勝　是名詰問論
衆生五陰異　是名止記論
一向記論者若有問一切衆生悉當
死耶應一向荅一切衆生皆悉當死
分別論者若有問一切皆當死死復
生耶應分別荅有煩惱者死而復生
無煩惱者死已不生詰問記論者若
有問人生殊勝不應反問汝方何趣
故問若言方天趣應荅言劣若言方
惡趣應荅言勝止記論者若有問陰
與衆生為異為同耶應當止何以故
以不應故辟如有問石女兒善恭敬
不妄無兒何得荅言恭敬不恭敬如
是有陰而无衆生何得有同異耶以
不應故不荅阿毗曇者說一向記論
者若有問如来無所著等正覺耶善
說教法耶世尊弟子善向耶色无常
耶應一向荅益義饒荅故分別論者若
受想行識无常耶善分別苦集滅道
言為我說法應問言法有衆多若過
去若未来若現在欲說何法若言為

我說過去法應問過去法亦多或色陰或受想行識陰為說何者若言色陰應問色陰亦多或善不善无記為說何者若言善色應問善色有七種不煞生乃至不綺語為說何者若言不煞應問不煞有三種不貪不恚不癡為說何者若言不貪應問言不貪有二種作及无作為說何者如是等論名為分別記論詰問論者若有問法應反詰法有衆多汝問何者不為分別若過去未來現在乃至作无作若軟心者為分別說若諂曲者則還反問令彼自荅是名詰問論止記論者若有問言世有邊耶世无邊耶如是等如虛空花鬘不可記言香與不香是名止記論已說記无記十二有對今當說

十二界有對　一界說少分　十界七有對
一少分亦然　說境界有對　障导及與緣

眼耳鼻舌身界及七心界此十二界說有對法界中少分亦說有對謂心法又十色界說有對七心界及法界少分亦說有對問此中說何等有對

荅說境界有對障导及與緣三種有對境界有對障导有對緣有對境界有對者如施設經所說眼與色對乃至意與法對已說意界當知已說七心界法界少分是故當知十二界一界少分是有對五外界法界少分是无對如彼經等說若觀陸則不觀水如是廣說障导有對者謂各各相對各各處障导若彼有一則無第二住極微聚故障导故可分故據處所故當知八无對此中應廣說緣有對者心心法於境界轉應如是言若法境界有對彼法障导有對耶應作四句或境界有對非障导有對者七心界及心相應法界或障导有對非境界有對者五外界或境界亦障导有對者五內界或非境界亦非障导有對者法入所攝色无為心不相應行若法境界有對彼緣有對耶謂緣有對是境界有對或境界有對非緣有對謂五內界

有漏有十五　餘二三三有　欲有中有四
十一在二有

十五界一向有漏五內界五外界五識界漏所生故生漏故漏處故漏於中起故是故說有漏如前有怖畏與漏俱故說有漏如雜毒食餘二者意界法界意識界此三界二種或有漏或无漏若漏所生是有漏相違則无漏三三有者意界法界意識界三有中可得欲有色有無色有无漏者是不繫雖三界身中得非自性得欲界中有四者香界味界及此境界識非色无色界離揣食欲故三入是揣食性彼亦應无觸者此則不然觸入性有二種或是揣食性或非非揣食者在色界彼无揣食性以身微妙故香味一向揣食性是故彼無境界无故彼識亦無問彼无香味亦无彼識者鼻界舌界亦應无荅具諸根故諸根展轉相持故十一在二有者欲有色有五內界色聲觸界及此境界識此十一非無色界離色性故

有覺有觀五　三行三餘無　有緣當知七
法入說少分

有覺有觀五者五識界有覺有觀麁

故乃至梵世非上地三行三者三界三種意界意識界心相應法界欲界及初禪有覺有觀禪中間无覺有觀上地及一切不相應法无覺無觀問有覺有觀地法有四種或有覺有觀無覺有觀无覺無觀非有覺有觀非无覺有觀非無覺无觀云何有覺有觀荅曰欲界及初禪除覺觀諸餘心心法云何无覺有觀荅曰覺云何无覺无觀荅色心不相應行云何非有覺有觀非无覺有觀非無覺无觀荅曰觀餘无者謂餘非有覺非有觀无緣故有緣當知七法入說少分者七心界說有緣有此緣故故曰有緣如人有子謂之有子法界少分有緣者心法少分无緣者非心法謂眼識及相應法緣色乃至身識及相應法觸緣意識及相應法一切法緣謂以一切法為境界耳非攀緣義上眼身識亦同此

九不受餘二　為無為共一　一向是有為　當知十七界

九不受者九界不受受名若色現在根數及不離根若此斷壞破裂逼迫

心心法受於彼止住故異則不受謂九界不受七心界聲界法界无斷壞故餘二者五內界現在是受起斷等知故過去未来是不受心心法不住故色香味觸若現在及不離根是受如心心法根中止住彼中亦尒不離根故為無為共一者一法界有為无為於中三種常故無為餘法无常故有為是故為無為共一一向是有為當知十七界者十七界無常故一向有為生滅故三有為相所成故有因故墮陰故墮世故軟中上故與上相違是無為

有罪及有報　染汙及隱沒　修習則有十　一界中有見　亦說有心法　一界是見性

七心界色聲法界二種或有罪或無罪穢汙是有罪不穢汙是无罪如有罪如無罪如是穢汙隱沒亦如是五識界色界聲界若善不善是有報若無記是無報意界意識界法界若不善善有漏是有報若无記無漏是无報問以何等故不善善有漏是有報無記無漏是无報荅辟如外種三事和

合生有種堅實溉之以水覆以草土自性衆具力故芽莖得生有種雖堅實不以水溉不草土覆衆緣不具故芽莖不生有種不實雖溉以水覆以草土自性不實故芽莖不生如外種三事差別如是內緣起亦三事差別如初種如是不善善有漏法堅固溉以愛水覆以餘結以自性衆緣力故有芽得生如第二種如是无漏法堅固無愛水溉及餘結覆因緣不具故有芽不生如第三種如是無記法雖溉以愛水覆以餘結自性不實有芽不生修習則有十者七心界色聲界善者修不善無記者不修法界善有為修不善無記及數滅不修問以何等故不善无記及數滅是不修荅為愛果故修不善無記無愛果故不修數滅性是果不相續生故不修當知八界無罪无報無染汙無隱沒不修一界中有見者法界中有八種見身見等五見世俗等見學見无學見見者觀視故決定故堅受故緣深入故如陰夜見色穢汙慧見法亦如是如晴夜

見色世俗等見亦如是如陰畫見色學見亦如是如晴晝見色无學見亦如是亦說有心法者即此法界有心法謂受想等有此心法故說有心法當知十七界及一界少分非心法一界是見性者一界是見性謂眼界能視故當知十六界及一界少分非見問去何見為眼見為眼識見為眼識相應慧見為和合見彼何所疑一切有過若言眼見者餘識俱時何故不見何故不俱得一切境界若言眼識見者識相非見相無眼者亦應見若言眼識相應慧見者復以耳識相應慧聞耶若言和合見者此則不定或時眼識二十二法或二十一或十二荅自分眼見色非彼眼識見非慧非和合不見障色故

自分眼見色是故餘識俱時則不見以餘識俱空眼現在前非自分故以是因故不俱得一切境界自分諸根不俱識住根故名自分无有二識俱行無第二次第緣故問若眼離識不見色者是則識見非眼見眼復何用

荅識成彼則成彼非分則因非分故如受不離想想不離受彼亦如是若眼識見者誰復識耶若慧見者誰復知耶若和合見者此等諸法事業各異其義有間則無和合若和合見者則應有二決定自法是義不然若復眼識見者應見障色以无對故慧及和合亦復如是以眼識無對不識障色謂不見者不然應分別故分別者應言何故眼識不識障色應說眼一境界轉故是故眼識不識障色眼有對有對故不見障色是故眼識不識識應有二自性若識若見餘亦如是又復眼識見者何故不識已知眼識不識障色復應知眼一境界轉故當復說身有對依故不識障色葺然有無對依故眼識二種依眼及次第滅意若有對依故不見障色者无對依故應見障色異說有過眼是不共依意是共依不見障色者不然依者於色等相非分亦非眼是色故眼識是色亦非眼無緣故无緣亦非眼不相應故不相應如是等皆有過復次意亦是不

共依若依意眼識生未曾依彼餘識生心一一相續轉故是故意亦是不共依見識无間識即見者不然四種不壞故世尊說見聞覺識　四種不壞若識即見者唯聞覺識三種見即識故不如是是故當知眼見識用分別建立四種者不然不見障色先已說過識見有間名義各異眼光照名為見　心隨分別名為識若復言眼見彼應稱眼量者彼自生過識无限量故識無限量世尊所說如世尊說眼有見而謂識見者不然如言意識法復有餘法於中識耶若言即意識法者當知眼亦如是如所說梵志眼是門為見色故此見之異名汝於所說妄解心心法无方處而言出入者不然即彼契經說意是門為識法故更無異法於中識法是故眼中即見從眼識非見至此凡七章初諮問辯非餘六章辯析釋識等非見抑異人異叙其所執終則捻歸同邁以成己義

極微數有十九界四大造二界說少分内界說十二此即是根性一界中有根極微數有十者十色界是極微聚有

分故覆障故大导故攝處所故當知八界非極微聚九界四大造者除觸界餘九色界四大造四大所生故四大因故四大與此諸界五因生生因依因建立因養因長因二界說少分者二界當分別觸界法界或四大造或非四大造觸界中四大性非四大造七種造色四大造法界中身業口業四大造餘法界非四大造七心界非四大造十一種四大眼入所依乃至法入所依非意入造色亦十一種眼入乃至法入非意入或有說眼入所依四大生眼入餘亦如是復有說者眼入所依四大生三入眼入身入觸入如是乃至舌入所依是中差别者說自根身入所依生二入身入觸入色聲香味入所依亦如是觸入所依雖生觸入所依亦如是又作是說一切四大生色聲一切欲界色不離香味法入所依亦如是眼入所依生七入眼入身入及五境界如是乃至舌入所依身入所依生六入除眼等四根法入所依亦如是色入所依生五入乃至觸入所依亦如是復有說者眼入所依生十一入乃至法入所依亦如是於此四大因緣分別異相四大起異相造色應作四句有同相四大起異相造色有異相四大起同相造色有異相四大起異相造色有同相四大起同相造色云何同相四大起異相造色謂觸相四大起十一種造色云何異相四大起同相造色謂堅濕暖動相四大起觸相造色云何異相四大起異相造色謂堅濕暖動相四大起十一種造色云何同相四大起同相造色謂觸相四大起觸相造色問四大造色何差别荅四大是因造色是果堅濕暖動相是四大若色因四大而無四大相彼是造色復次不可見者四大可見不可見者造色如是等說內界說十二者內五色及七心界此十二是內界當知六界是外問法故說內入故說內耶荅法故說內者一切法无自者人故說內者法无有人荅法故說內但非一切法心心法所依故說內彼意界亦依亦依者彼五色界是依非依者心法雖是依者而非依餘非依亦非依者此即是根性者即此十二說根二界中有根者法界中十一法是根餘者非根當知五界及一界少分非根

分餘分十七　一界說有分　十七界墮世
一少分三業

分餘分十七者除法界餘界說有分及餘有分彼眼界有分者三種世分别故過去已見色現在今見色未來當見色餘有分者四種過去不見色已滅現在不見色而滅未来世二種謂不生法及生法生法者不見色當滅餘色界亦如是七心界若未来不生法彼餘有分餘者是有分一界說有分者法界一向是有分非餘有分以一切法界意識境界故若言餘界亦應非餘有分者此則不然彼不以意識故立有分餘有分謂眼見色是有分不見色是餘有分謂色眼所見是有分所不見是餘有分差别者若眼是一有分餘一切亦有分若一餘有分餘一切亦餘有分色若見者是有

分非餘耳鼻舌身聲香味觸亦如是第一義如眼說俗數如色說問頗共有法或有分或餘有分耶荅有十色入或餘有分彼生等相是有分法界攝故若不生法意是餘有分彼相應共有法是有分法界攝故問有分餘有分有何義荅有分時說有分問眼界有二種有業及無業分彼有業分為无業分所分故說有分彼无業分亦為有業分所分亦說有分二分俱得有分相問何等分數名分荅无業分為有業分所分故說餘有分何以故得有業分力故如人有子彼亦如是十七界墮世者十七界墮三世事故說三世或過去或未来或現在若起已滅是過去若未起是未来已起未滅是現在復次若未作是說未来若作是說現在若作已滅是說過去一界當分別者法界若有為墮三世若无為則不墮世三業者三界有業謂色聲法色界身作是業謂餘色界非業聲界口作是業餘聲非業法界身口業及思是業餘法界非業業相業

品當廣說

非學非无學　當知十五界　彼悉修道斷
餘界俱三種　於彼三界中　說持戒犯戒

非學非无學當知十五界者十色界五識界是非學非无學有漏故即此諸界修道斷智對治故餘界俱三種者餘三界意界法界意識界俱三種或學或无學或非學非无學或見斷或修斷或无斷學相應意是學謂苦法忍乃至金剛三昧相應意是學无學相應意是无學謂盡智無生智及无學等見相應意是無學非學非无學相應意是非學非无學謂善染汙无記善有三種方便得離欲得生得染汙有二種不善及隱没无記無記有四種威儀工巧報生變化如意界識界意識界亦如是法界或學或無學或非學非无學謂學身口業受想行陰是學此即無學法界所攝有漏身口業受想行陰及無為是非學非无學學無學義業品當廣說三界忍對治是見斷智對治是修斷智无漏是無斷見斷修斷義使品當廣說於彼

三界中說持戒犯戒者謂色界善身作是持戒不善身作是犯戒聲界是口作法界唯无作持戒犯戒相業品當廣說

十七說有上　一界說二種　果有果十七
一三覺所說

十七說有上者除法界彼十七界有上有為故一界說二種者法界或有上或無上有為法界及虛空非數滅是有上數滅善故常故說无上果有果十七者除法界餘十七界是果有果以有為法性劣展轉相因生故一三覺所說者法界有三種或果非有果或果有果或非果非有果果非有果者數滅果有果者有為法界非果非有果者虛空非數滅

三界三種緣　一依亦復然　五一或分別
餘緣唯說一

三界三種緣者眼耳意識界三種緣善不善无記一依亦復然者意識界所依亦三種善不善无記五一者五識依一種或分別者謂俱起五根及次第滅意若取俱起依則一无記以

五根唯无記故若取次第滅意則三種以意界善不善無記故復次眼識依分次第緣分應作四句或依分非次第緣分或次第緣分非依分或依分亦次第緣分或非依分非次第緣分依分非次第緣分者眼識俱起眼根次第緣分非依分者彼次第滅心法依分亦次第緣分者次第滅意非依分非次第緣分者除上介所事乃至身識依亦如是問意識依是次第緣耶荅曰如是意識依是次第緣頗次第緣非意識依耶荅意識依相應心法問若眼識以意界為依者何故名眼識不名意識耶荅眼是不共依故如種牙如鼓聲眼是眼識不共依意是共依以六識身展轉次第緣生故餘緣唯說一者鼻識舌識身識唯緣無記以香味觸一向無記故意界即六識身離是無餘故不說法界若心相應如心說

若眼隨生見　耳界隨生聞　三界隨生覺
意界隨生識

若眼隨生名為見耳隨生名為聞三事隨生名為覺意隨生名為識彼三界以方便得離欲得修得神通性四支五支定果是故彼隨生各別建立餘三隨生無彼相分故共建立一問覺有何義荅

境界唯無記　覺心於中轉　隨生三種識
是則名為覺

香味觸一向無記无記故說覺是故隨生三識名為覺

二境不近受　遠近境界一　餘一向近受
依及境界等

二境不近受者眼識耳識不近受境界如逼眼色不見故耳亦如是逼則不聞雖深在內而遠聞外聲若言遠亦不見聞者此則不論意識者遠近境界悉受除自已及相應共有餘一切法悉受餘一向近受者鼻舌身識近受境界依緣無間故依及境界等者謂鼻舌識身識此三識依取等境界鼻根香微均而生識舌身根微亦如是謂根塵合處乃生著

二界說不定　一界境亦然　五界依或俱
一界依說遠

二界說不定者眼識耳識依緣俱不定眼識界或依大而緣小如見毛端或依小而緣大如見山或依緣等如見蒲桃果耳識亦如是一境界亦然者意識境界不定境界或大或小一切法境界故依无形故大小不可說故離意界六識无別體故不說心法如心說五界依或俱者五識身或與依俱俱者謂五根遠者次第滅意一界依說遠者意識界依說遠謂彼次第滅意

十一界有二　六三一四種　事及長養報
剎那與依種

十一界有二者五內界聲界五識界二種六三者色香味觸意界意識界此六界三種一四種者法界四種問云何種說二三四荅事及長養報剎那與依種彼眼界二種報及長養彼報生者善不善業報果三惡道是不善業果人天是善業果眼及眾具梵行正受所長養故是長養无別依性故不說依剎那事亦介如眼耳鼻舌身界亦如是聲界亦二種長養及依問何故聲非報荅現在方便生故聲

者現在方便生報者前業所起聲者隨欲生報非隨欲生復次聲聲有斷報報无間若聲是報者應如色一切時不斷而聲有斷是故非報五識界報及依色香味觸界三種報依長養意界三種報依剎那剎那者苦法忍俱生意界意識界亦如是法界四種報剎那依事彼報者善不善業報果剎那者苦法忍眷屬依者除苦法忍眷屬餘善有為法界除報餘不隱沒无記有為法界染汙法界無為法界唯有事

生身眼色界　自地及他地　若彼眼識生
自他地亦然

生欲界欲界身欲界眼欲界色欲界眼識生如是生初禪地初禪地身初禪地眼初禪地色初禪地眼識生是名自地他地者生欲界初禪地眼見欲界色彼欲界身初禪地眼欲界色初禪地眼識生見初禪者彼欲界身初禪地眼色初禪地眼識生生欲界二禪地眼見欲界色彼欲界身二禪地眼欲界色初禪地眼識生見初禪

地者彼欲界身二禪地眼初禪地色初禪地眼識生見二禪者彼欲界身二禪地眼色初禪地眼識生生欲界三禪地眼見欲界色彼欲界身三禪地眼見欲界色初禪地眼識生見初禪者彼欲界身三禪地眼初禪地色初禪地眼識生見二禪者彼欲界身三禪地眼二禪地色初禪地眼識生見三禪者彼欲界身三禪地眼色初禪地眼識生生欲界四禪地眼色欲界色彼欲界身四禪地眼見欲界色初禪地眼識生見初禪者彼欲界身四禪地眼初禪地色初禪地眼識生見二禪者彼欲界身四禪地眼二禪地色初禪地眼識生見三禪者彼欲界身四禪地眼三禪地色初禪地眼識生見四禪者彼欲界身四禪地眼色初禪地眼識生如說生欲界乃至生第四禪亦如是有差別者謂下地眼不見上地色生上地下地眼不現在前

耳界如前說　鼻舌界自地　身觸即地說
意識則衆多

耳界如前說者如前說眼識耳識亦

如是鼻界說自地者生欲界欲界身欲界鼻欲界香欲界鼻識生舌界亦如是身觸即地說者身識有差別故生欲界欲界身欲界觸欲界身識生初禪亦如是生二禪二禪身觸初禪地身識生以覺自地觸故非他地生第三第四禪亦如是意識則衆多者或自地意自地法自地意識生或他地彼自地者生欲界欲界意欲界法欲界意識生乃至生有想无想處亦如是他地者生欲界正受時欲界善心次第初禪正受起彼欲界意初禪地意識生法或三界繫或不繫初禪次第欲界善心現在前彼初禪意欲界意識生法或三界繫或不繫初禪次第二禪正受彼初禪意二禪意識生法或三界繫或不繫如是第二禪初禪初禪第二禪初禪第三禪第二禪初禪乃至有想无想處逆順次第超越應廣說有差別者此正受為意界彼正受為意識若禪為意識者法或三界繫或不繫若无色為意識者彼法自地上地及不繫又復正受淨

初禪次第欲界初禪界變化心現在前彼初禪意欲界意識生法者欲界化即彼欲界初禪界次第淨初禪現在前彼欲界意初禪意識生法或三界繫或不繫乃至第四禪亦如是生者彼欲界沒生初禪地彼欲界意初禪地意識生法或色無色界繫或不繫初禪地沒生欲界彼初禪地意欲界意識生法或三界繫或不繫乃至有想無想處亦如是彼沒者是意受生者是意識但彼法自地上地及不繫

若彼得眼界　或彼所依識　二俱得不得
亦色及與捨

若彼得眼界者或眼界不成就得成就非眼識界謂无色界沒生第二第三第四禪生欲界漸得眼根或彼所依識者或眼識界不成就得成就非眼界謂上三禪地沒生欲界及初禪若即住彼眼識現在前二俱得者或眼及眼識界俱得謂無色界沒生欲界及初禪俱不可得者非眼界不成就得成就亦非眼識界不成就得成就謂生欲界不失眼根及梵天上若

命終生梵天及欲界第二第三第四禪沒生第二第三第四禪无色界沒生無色界亦色者若色界不成就得成就彼即眼界不成就得成就或眼界非色界者生欲界漸得眼界若色界不成就得成就彼眼識界耶應作四句色界不成就得成就非眼識界者无色界沒生上三禪中眼識界不成就得成就非色者即彼三禪沒生欲界及初禪若即住彼眼識現在前色界不成就得成就亦眼識界者无色界沒生欲界及初禪非色界亦非眼識界者除上尒所事及與捨者如說得捨亦如是廣說

色界二識識　乃至觸亦然　諸餘十三界
一向意識緣

色界二識識者謂色界二識識眼識及意識眼識界自相意識界自相及共相乃至觸亦然者聲界二識識耳識及意識耳識界自相意識界自相及共相乃至觸界二識識身識及意識身識自相意識自相及共相以五識身自相境界故不思惟故現在境

界故一念故諸餘十三界一向意識緣者五色根七心界及法界此十三界一向意識識自相及共相此意識二種壞緣及不壞緣不壞緣者即此十三界緣壞緣者十三與五境界一一合緣乃至十八界搃緣

思惟識三種　是意欲有中　色无色分別
一種謂餘界

思惟識三種是意欲有中者欲界意識有三種思惟自性思惟隨憶思惟分別思惟彼自性思惟者謂覺也隨憶思惟者意地念也分別思惟者意地不定慧也此三思惟欲界意識思惟也色無色分別者色无色界意識或三種謂初禪地不定入定者二不定者三三禪意識不定者二除自性思惟若定者一隨憶思惟有說无色界无不定者彼惟一種隨憶思惟若說有不定者定者一不定者二一種謂餘界者五識身說餘唯有自性思惟不利故問如是分別法相已去何攝法為自性為他性答自性何以故

諸法離他性　各自住已性　故說一切法

自性之所攝

諸法離他性者眼界離十七界異性故餘界亦如是不應說若離性是攝以異相故故說自性之所攝非他性各自住已性者一切性各住自相此性非他相故應說若住者是攝非餘故說一切法自性之所攝義謂自性自性不空非餘如色色不空叉復說相持義是攝如契經說如樓觀中心衆材所依為樓觀之家如所說如綖持衣如戶樞持扇如斧持薪或說方便攝如所說此五根慧為首謂攝故或說和合攝謂四攝事修攝衆或說隨順攝如所說等見等至等方便是慧身或攝取故名攝謂和上以財法攝此等世俗言說非究竟攝自性自性攝者是究竟第一義三段攝此中說者是自性攝如是自性攝不捨第一義故已說自性攝眼界攝一界一入一陰不攝十七界十一入五陰復次右眼攝右眼左眼攝左眼眼二種長養及報長養攝長養報攝報復二種善業報不善業報善業攝善業報不善業報攝不善業報不善業報三種謂三惡趣畜生攝畜生餓鬼地獄亦如是善業報二種謂人天人攝人天攝天過去攝過去未來現在乃至剎那攝剎那

界中說一界　陰入亦復然　如是陰入界
則攝一切法

一界者法界一入者意入一陰者色陰也(界品竟)

雜阿毗曇心論卷第一

雜阿毗曇心論卷第一

校勘記

一　底本，金藏廣勝寺本。

一　五六一頁中一行經名下，清有夾註「上」。

一　五六一頁中三行「三藏」，資無。下至卷第四同。

一　五六一頁中六行「精勤」，徑作「精進」。

一　五六一頁中一三行小字右行末字「宏」，諸本（不含石，以下各卷同）無。

一　五六一頁下一行「宣暢」，資、磧、普、南、徑、清作「宣揚」。

一　五六一頁下八行「契經」，資、磧、普、南、徑、清作「修多羅」。

一　五六一頁下一四行末字「論」，麗作「說」。

一　五六一頁下一九行小字左行末字「觀」，資、磧、普、南、徑、清作「觀也」。

一　五六二頁上一二行第六字「天」，徑無。

一　五六二頁上二一行第五字「方」，資、磧、普、南、徑、清作「爲」。

一　五六二頁上二二行「雜……第二」，資、磧、普、南作「雜阿毗曇心界品第一」；徑、清作「心界品第二」；麗作「雜阿毗曇心論界品第一」。

一　五六二頁中四行第五字「勝」，資、磧、普、南、徑、清作「勝者」。

一　五六二頁中一〇行第七字「說」，資、磧、普、南、徑、清作「說也」。

一　五六二頁中一九行「故名」，資、磧、普、南、徑、清作「故曰」。同行第一一字「學」，資、磧、普、南、徑、清作「學也」。

一　五六二頁下一五行「色相」，麗作「是色相」。

一　五六三頁上九行末字「亦」，諸本作「示」。

一　五六三頁上一二行第四字「餘」，諸本作「今」。

一　五六三頁上一七行「忘受」，諸本作「妄受」。

一　五六三頁中三行「薄皮」，資、磧、普、南、徑、清作「爲薄皮」。

一　五六三頁中九行「是說有漏法无漏緣」，資、磧、普、南、徑、清作「是故說有漏無漏緣」。

一　五六三頁中一二行「煩惱」，諸本作「煩惱者」。

一　五六三頁中一八行「聖賢」，資、磧、普、南、徑、清作「賢聖」。

一　五六三頁下二行、八行「陰相」，資、磧、普、南、徑、清作「陰想」。

一　五六三頁下一四行「彼起」，資、磧、普、南、徑、清作「彼已起」。

一　五六四頁上一七行第三字「受」，麗作「痛受」。

一　五六四頁中二行首字「觀」，資、磧、普、南、徑、清作「說」。

一　五六四頁中五行第一二字「故」，資、磧、普、南、徑、清作「是故」。

一　五六四頁中六行第四字「識」，資、磧、普、南、徑、清作「識陰」。

一　五六四頁中九行第七字「陰」，麗作「色陰」。

一　五六四頁中二〇行首字「餘」，資、磧、普、南、徑、清作「餘則有」。

一　五六四頁下二行「二種」，磧、普、南、徑、清作「一種」。

一　五六四頁下一三行「謂得」，資、磧、普、南、徑、清作「諸得」。

一　五六四頁下一六行「相是行相」，資、磧、普、南、徑、清作「想是行想」。

一　五六四頁下一八行末字「法」，諸本作「陰」。

一　五六五頁上一行「法陰」，資、磧、普、南、徑、清作「法陰數」。

一　五六五頁上五行首字「數」，資、磧、普、南、徑、清作「其數」。

一　五六五頁上九行「是名」，資、磧、普、南、徑、清作「是名爲」。

一　五六五頁中末行「吹貝」，資、磧、普、南、徑、清作「吹貝等」。

一　五六五頁下四行「冷暖」，資、磧、普、南、徑、清作「冷暖等」。

一　五六五頁下七行第九字「色」，資、磧、普、南、徑、清作「色者」。

一　五六五頁下一一行「偏增」，資、磧、普、南、徑、清作「偏增」。

一　五六六頁上六行至一一行「一室……入答」共八十一字，與本頁中六行至一一行「飢渴……此中」，共八十四字，兩段經文諸本互置。

一　五六六頁上八行第四字「又」，資、磧、普、南、徑、清作「又有」。

一　五六六頁上一〇行「法入」，資、磧、普、南、徑、清作「一入」。

一　五六六頁上一六行夾註「天竺爲」，資、磧、普、南、徑、清作「天竺謂」。

一　五六六頁上一七行夾註「風入」，資、磧、普、南、徑、清作「風入也」。

一　五六六頁上二〇行第一〇字「入」，資、磧、普、南、徑、清作「入處」。同行夾註「地地」，資、磧、普、南、徑、清作「地」。

一　五六六頁上二一行夾註左行首字「住」，諸本作「住也」。

一　五六六頁下二行第一一字「彼」，資、磧、普、南、徑、清作「彼相」。

一　五六六頁下八行「說契經」，資、磧、普、南、徑、清作「契經說」。

一　五六六頁下一六行「无想」，麗作「無相」。

一　五六六頁下一八行首字「法」，諸本作「性」。

一　五六六頁下二一行夾註「因爲他說法得五者」，資、磧、普、南、徑、清作「因他說法得五者觀」。

一　五六六頁下二二行第八字「名」，資、磧、普、南、徑、清作「爲名」。

一　五六七頁上二二行第三字「二」，資、磧、普作「一」。

一　五六七頁中九行第二字「今」，徑作「令」。

一　五六七頁中一七行第四字「入」，資、磧、普、南、徑、清作「悉入」。

一　五六七頁中二二行「緣故」，資、磧、普、南、徑、清作「緣緣故」。

一　五六七頁下五行「界入」，資、磧、普、南、徑、清作「入界」。

一　五六七頁下一六行末字「別」，至此，清換卷，卷第一上終，卷第一下始。

一　五六八頁上二二行第一〇字「彼」，麗作「行」。

一　五六八頁中六行第六字「法」，資、磧、普、南、徑、清作「法界」。五七〇頁上四行第九字，五七三頁上二一行第三字同。

一　五六八頁中一九行第七字「法」，資、磧、普、南、徑、清作「法者」。

一　五六八頁中二〇行第五字及末行第一三字「記」，諸本作「說」。

一　五六八頁下二一行「益義饒答故」，諸本作「答義饒益故」。

一　五六九頁上一三行第一〇字「記」，諸本無。

一　五六九頁中五行「法界」，資、磧、普、南、徑、清作「及法界」。

一　五六九頁中二二行「欲有」，資、磧、普、南、徑、清作「欲界」。

一　五六九頁下三行「是故」，諸本無。同行「如前」，資、磧、普、南、徑、清作「如道」。

一　五六九頁下九行「欲界中有」，麗作「故欲」。

一　五六九頁下一三行「或非非揣食者」，資、磧、普、南、徑、清作「或非揣食性者」。

一　五六九頁下一九行「十一」，磧、南、徑、清作「十二」。

一　五七〇頁上一七行至一八行「觸緣」，資、磧、普、南、徑、清作「緣觸」。

一　五七〇頁上一八行「一切法緣」，資、磧、普、南、徑、清作「緣一切法」。

一　五七〇頁中一八行「穢汙」，資、磧、普、南、徑、清作「染汙」。

一　五七〇頁下六行「內緣」，資、磧、普、南、徑、清作「內因緣」。

一　五七一頁上四行第四字「想」，麗作「相」。

一　五七一頁上一五行「二十一」，資、磧、普、南、徑、清作「二十一法」。

一　五七一頁中四行「事業」，資、磧、普作「事業合」。

一　五七一頁中六行第一四字「復」，資、磧、普、南、徑、清無。

一　五七一頁中一一行末字「有」，資、磧、普、南、徑、清作「故眼有」。

一　五七一頁中一八行第九字「者」，及第一三字「故」，資、磧、普、南、徑、清均無。

一　五七一頁下一五行第一二字「故」，資、磧、普、南、徑、清作「者」。

一　五七一頁下一九行夾註左行末字「抑」，麗作「物」。

一　五七一頁下二〇行夾註右行第三字「異」，資、磧、普、南、徑、清無。

一　同行夾註左行末字「義」，資、徑、清作「義也」。

一　五七二頁上一八行「所依亦如是又作是說」，資、磧、普、南、徑、清作「又復作是說」；麗作「彼又作是說」。

一　五七二頁中一五行末二字「四大」，資、磧、普、南、徑、清作「四大生」。

一　五七二頁中一八行「五色」，資、磧、普、南、徑、清作「五色界」。

一　五七二頁下三行「二界」，諸本作「一界」。

一　五七二頁下五行「五界」，資、磧、普、南、徑、清作「五外界」。

一　五七三頁上七行第一三字「問」，麗無。

一　五七三頁上一〇行「所分」，資、磧、普、南、徑、清作「所分故」。

一　五七三頁上一九行第六字「者」，資、磧、普、南、徑、清無。

一　五七三頁上二〇行「世三」，麗作「三世」。

一　五七三頁上二一行第一〇字「謂」，資、磧、普、南、徑、清無。

一　五七三頁中九行「斷學」，資、磧、普、南、徑、清作「學斷」。

一　五七三頁中一六行末字至一七行首字「識界」，諸本無。

一　五七三頁中二二行第一一字「智」，徑、清無。

一　五七四頁上一七行「鼻識舌識身識」，資、磧、普、南、徑、清作「鼻舌身識界此三界」。

一　五七四頁上一九行小字左行首字「說」，資、磧、普、南、徑、清作「記」。

一　五七四頁中九行首字「二」，徑作「三」。次頁下一八行末字諸本同。

一　五七四頁中一七行第二字「受」，資、磧、普、南、徑、清無。

一　五七四頁中一八行第二字「鼻」，資、磧、普、南、徑、清作「鼻識」。

一　五七四頁中二〇行夾註左行末字「著」，資、磧、普、南、徑、清作「識」。

一　五七四頁下三行「境界」，諸本作「界境」。

一　五七四頁下六行首字「故」，資、磧、普、南、徑、清無。

一　五七四頁下一九行第七、八字「善業」，徑作「善報」。

一　五七五頁上二行末字「閒」，資、磧、普作「聞」。

一　五七五頁上五行首字「報」，資、磧、普、南、徑、清作「報生」。

一　五七五頁上一三行「他地」，徑作「他說」。

一　五七五頁中一〇行「色欲」，諸本作「見欲」。

一　五七六頁中二行第一三字「界」，資、磧、普、南、徑、清無。

一　五七六頁中五行「眼界」，資、磧、普、南、徑、清作「眼根」。

一　五七六頁下四行第五字「及」，資、磧、普、南、徑、清作「又」。

一　五七七頁上七行「所攝」，資、磧、普、南、徑、清作「所攝攝」。

一　五七七頁上八行第七字「如」，麗作「自」。

一　五七七頁上一一行「持薪」，資、磧、普作「持新」。

一　五七七頁上一三行第一〇字「修」，諸本作「能」。同行第一二字「衆」，麗作「衆生」。

一　五七七頁上一四行第一〇字「至」，資、磧、普、南、徑、清作「志」。

一　五七七頁上一五行第三字「或」，資、磧、普、南、徑、清作「或說」。

一　五七七頁上二一行「左眼眼」，資、磧、普、南、徑、清作「左眼右眼」。

一　五七七頁上末行第一一字「攝」，資、磧、普、南、徑、清作「報攝」。

一　五七七頁中九行夾註「界品竟」，資、磧、普、南、徑、清無。

雜阿毗曇心論卷第二　　　廉

尊者法救造

宋天竺三藏僧伽跋摩等譯

行品第二

已說諸法自相住法生今當說若以諸法攝自性謂以自力生者不然何以故

至竟無能生　用離等侶故　一切衆緣力

諸法乃得生

至竟无能生用離等侶故者諸行自性羸劣不能自生問若不自生當云何生荅

一切衆緣力　諸法乃得生

如人船相假得度彼岸彼心心法展轉力生攝受境界亦如是先當說心心法由伴生

若彼心起時　是心必有俱　諸心法等聚

及不相應行

諸行展轉相因生彼心若依若緣若剎那生彼心法等聚生問云何心法等聚荅

想欲及觸慧　念思與解脫　憶定及與受

此說心等聚

想者於境界取像貌欲者於緣欲受觸者於依緣心和合生觸境界慧者於緣決定審諦念者於緣記不忘思者功德惡俱相違造作轉心解脫者於緣作想受彼限量是事必介憶者於緣發悟定者受緣不亂受者可樂不可樂俱相違於境界受

一切心生時　是生聖所說　同共一緣行

亦復常相應

此十法一切善不善無記心俱生大地可得故說大地同共一緣行者一切心同一緣轉不相離无二決定亦復常相應者展轉共俱及與心俱常相應辦一事故問相應有何義荅等義是相應義問心法或多或少云何等義是相應義荅事等故若一心中一想二受者非相應義以一心一想生餘心法亦介以是故等義是相應義者復次時依行緣等義是相應義時等者一剎那時生故依等者若心依眼生心法亦介行等者若心行青生心法亦介緣等者若心緣色生彼亦緣色是故說常相應已說心法通

雜阿毗曇心論第二卷　第三張　席字号

一切不通今當說

諸根有慚愧　信猗不放逸　不害精進捨
一切善心俱

諸根者謂二善根不貪不恚於生及資生具壞貪著名不貪於衆生數及非衆生數壞瞋恚名不瞋恚於諸過惡自猒名為慚於諸過惡羞他名為愧於三寶四諦淨心名為信身心離惡名為猗息作善方便離惡不作名不放逸不逼迫他名不害斷起未起惡生起未起善欲方便勤修不息名精進心平等名為捨此善十法通一切善心中若有漏无漏五識相應意識相應故說善大地巳說善大地煩惱大地今當說

邪解不正憶　不順智失念　不信懈怠亂
無明掉放逸

顛倒解名邪解脱邪受境界名不正憶顛倒决定名不順智邪記妄受名失念於三寶四諦不淨心名不信不斷起未起惡不生起未起善不勤方便名懈怠境界所牽散隨諸緣名為乱前際等不知名无明躁動不息名為掉離作善方便名放逸

雜阿毗曇心論第二卷　第四張　席字号

煩惱大地十　一切穢汙心　無慚及无愧
說不善大地

煩惱大地十一切穢汙心者此邪解脱等十法一切染汙心俱謂欲界色界无色界五識身意識地是故說煩惱大地問睡亦一切穢汙心俱何故不立煩惱大地荅順正受故謂衆生睡速發定是故不立若大地彼煩惱大地應作四句或有大地非煩惱大地謂受想思觸欲或煩惱大地非大地謂不信懈怠无明掉放逸或大地亦煩惱大地謂憶解脱念定慧或非大地非煩惱大地除上尒所事巳說煩惱大地不善大地今當說

無慚及无愧　說不善大地

謂於諸過惡不自猒名无慚於諸過惡不羞他名无愧此二法一向不善一切不善心相應是故立不善大地中巳說不善大地小煩惱大地今當說

忿恨誑慳嫉　惱諂覆高害　如此諸煩惱
說為小大地

於饒益不饒益應作不作非作反作瞋相續生名為忿於可欲不可欲應作不作非作反作忿相續生名為恨為欺彼故現承事相名為誑於財法惜著名為慳於他利養恭敬名譽功德不忍心忌名為嫉不欲事會所欲事乖思惟心熱名為惱覆藏自性曲順時宜名為諂為名利故自隱過惡名為覆方他性族財富色力梵行持戒智慧正業心自舉恃名為高欲逼迫他名為害此十法說小煩惱大地不通有故修道斷非見道斷在意地非五識非一心俱生行各異故有一則無二問善大地善大地煩惱大地不善大地小煩惱大地何差別荅大地四種善不善隱没无記不隱没无記善大地唯善煩惱大地二種不善及隱没无記不善大地唯不善小煩惱大地中誑諂高二種不善及隱没无記餘一向不善

雜阿毗曇心論第二卷　第五張　席字号

不善心品中　心法二十一　欲三見一減
二見除三種

不善心品中心法二十一者不善謂欲界煩惱相應除身見邊見轉成不

愛果故名不善不善有八種貪恚慢疑邪見見取戒取不共及彼相應无明彼貪恚慢疑心二十一法共生十大地及懈怠等十法謂懈怠无明不信放逸掉睡覺觀无慚無愧欲三見一滅者欲界邪見見取戒取彼相應心二十法共生除慧二見除三種者欲界身見邊見彼相應心十八法共生除慧及无慚無愧餘如前說除无慚無愧一向不善故无兩慧使見即慧故

欲善二十二　不共有二十　無記說十二
悔眠俱即增

欲善者謂欲界淨心轉成愛果有三種生得及聞思彼心二十二法共生十大地十善大地覺觀不共有二十者不共名彼心獨一無明煩惱有二十心法共生除一煩惱无記說十二者欲界不隱沒无記心四種報生威儀工巧變化心彼四種無記心十二心法共生十大地覺觀悔眠俱即增者心追變名為悔是善不善无記彼心品中憎悔餘如前說當知悔三種善不善及不隱沒无記非餘自力故毗

婆沙者說不欲令悔有无記以悔捷利故眠名身心昬昧略緣境界名為眠彼一切五品心俱生即彼心品增眠者悔眠俱生於三品中增二問此說欲界心色界復云何答

初禪離不善　餘知如欲有　禪中間除覺
於上觀亦然

初禪無不善彼有四品心善不共隱沒无記不隱沒無記此諸心品除无慚無愧餘如欲界說彼善品二十二愛慢疑俱生十九五見及不共俱生有十八不隱沒无記十二无慚無愧一向不善故彼色界無色界无悔眠亦尒禪中間除覺餘如初禪說於上觀亦然者第二第三第四禪及無色界无觀已說心心法伴力生色今當說

極微在四根　十種應當知　身根九餘八
謂是有香地

極微在四根十種應當知者四根十種極微共生四大色香味觸眼根身根耳鼻舌根亦尒身根九者謂餘身根有九種彼唯有身根種餘如前說餘八者離根色香味觸極微八種問

此諸極微何界說答謂是有香地欲界中極微與香合香味不相離有香則有味色界極微非揣食性故離香味色界四根極微八種餘身根極微七種外極微六種問若眼根極微十種者云何不答眼即是色即是餘種如是則法性雜乱與阿毗曇相違阿毗曇說眼根一界一入一陰攝答二種極微事極微聚極微事極微者謂眼根極微即眼根微餘極微皆說自事以事極微故阿毗曇說眼根一界一入一陰攝聚極微者衆多事此中說聚極微住自相故法相不雜乱如心相應法其相各異非為雜乱彼亦如是四種遠義此品後當說問前說若心生必心法共生及不相應行於中已說心法心不相應行云何答

一切有為法　生住及異滅　此亦有四相
展轉更相為

一切有為法生住及異滅者一切有為法有四相生住異滅世中起故生已起自事立故住已住勢衰故異已異勢壞故滅此相說心不相應行聞

若一切有為法有四相者應相復有相荅此亦有四相即此相俱生生生住住異異滅滅問若今者便无窮荅展轉更相為相隨相展轉相生非无窮前生生生生生生前生如是住住住各各相住異異各各相異滅滅滅各各相滅問相隨相展轉相為前相為幾法荅

當知前四相　相各為八法　隨相亦應知　相相唯相一

前四相一一為八法前生除自已生八法三相四隨相及彼法住者除自已住八法異者除自已異八法滅者除自已滅八法三相四隨相及彼法自性不自為故自性不自滅如指端不自觸問隨相為幾法荅隨相亦應如相相唯相一此四隨相各為一法隨生生前生隨住住前住隨異異前異隨滅滅前滅已說諸行展轉相生謂一時生不乱今當說

異性相說遠　處所時亦然　戒種及大地　諸識性分別

異性相說遠處所時亦然者遠有四種所謂異性遠相遠處所遠時遠問何等遠法荅戒種及大地諸識性分別彼異性遠者謂如身中善戒惡戒無作相續生雖於一身中一時起同无作性而性各異故說遠相遠者謂四大種展轉相養共一處住合為一體其相各異故說遠處所遠者謂天竺振旦地雖一時生合成一體然彼處異故說遠時遠者謂眼生眼識彼後生前生時間遠故說遠已說諸行一時生不乱諸行從因生彼因今當說

所作共自分　一切相應報　從是六種因　轉生有為法

謂所作因共有因自分因一切遍因相應因報因此六因攝一切因此六因生一切有為行已說因名一一相今當說

相似不相似　各除其自性　一切是作因　生時无障故

相似不相似各除其自性一切是作因者若相似不相似法除自性展轉為因說所作因何以故生時无障故法生時除自性一切性各自住異分等生不障导如因地故作淨不淨業因空故得往来如眼識生時十七界不障导故生如是一切界問何以故自性於自性非所作因荅自性不自為故不自依故自性於自性不養不損不受不害不持不壞不增不減不成不敗不障导名所作因自性於自性無不障导故不立所作因問若不障导是所作因者以何等故不一切法一時生耶一時滅耶生時滅耶滅時生耶荅不和合故雖有所作因要須和合生亦非一切法一時和合生和合滅亦非一和合二果問若如是者有一煞衆生餘衆生不為障导何故煞者有罪非餘衆生耶荅无惡心分又不作業故盜等亦如是問若外物是一切衆生增上所生者何以故不與取不於一切衆生邊得盜罪荅無受分故无人功果故若一切衆生於彼悉有受分及人功果者取者彼則得盜罪而非一物一切衆生受及人功果三種增上自增上法增上世增上自增上者彼起煩惱境界現在

前能自守護不為罪業莫令我受苦法增上者如有多聞者彼起煩惱境界現在前為護法故而不為罪世增上者如有一名聞大德彼起煩惱境界現在前護世間故而不為罪已說所作因共有因今當說

一起性有依　亦復說無依　當知共有因
展轉為因果

一起性有依亦復說无依當知共有因者一時生心心法隨心轉心不相應行道共定共戒及共生四大此諸法說共有因展轉為因果者若一時起展轉為果是共有因十一入雖一時生彼不展轉為果自分因者異時共一果共有因者諸行展轉力一時生謂心於心法隨心轉心不相應行隨心轉色此亦於心也眼於生等生等於眼及四大種展轉共有因有對造色非展轉果故非共有因問隨轉有何義答若有心則有彼法如下則下中則中上則上如是比彼有十隨轉所謂一起一住一滅一果一依一報善則善不善則不善无記則無記

墮一世生已說十種隨轉於中有漏斷結道八種隨轉除不善无記世俗方便道解脫道勝進道及餘善有漏心七種隨轉除不善无記及解脫果無漏斷結道七種隨轉除不善无記及報无漏方便道解脫道勝進道六種隨轉除不善无記解脫果及報不善心七種隨轉除善无記及解脫果無記心六種隨轉除善不善解脫果及報有共有亦共有因有共有非共有因彼眼於八法共有亦共有因謂四相四隨相相於眼共有共有因隨相於眼共有非共有因生於八法共有共有因除生自性眼及餘相隨相生此五法於生共有共有因餘隨相共有非共有因如是餘相隨相亦如是乃至觸入亦如是意入於五十八法共有共有因謂十大地十大地相四十意入相隨相八法於餘共有非共有因有五十四法於意入共有共有因除四隨相又說十四法於意入共有共有因謂十大地心相四餘八十四法共有非共有因大地亦如是說五十

四法於心共有共有因除心隨相是說為善者異此者與事分阿毗曇相違故知彼說除身見等法生住異滅諸餘穢汙苦諦如是一切法盡當知已說共有因自分因今當說

前生與後生　亦說彼未生　自地相似因
或說於他地

前生與後生者謂過去前生於過去後生及現在自分因問為已生已生因復未生因耶答亦說彼未生未生者謂未來如是前生後生因當知過去現在於未來自分因未來於未來无自分因無前後故問云何一切前生於後生未生自分因為不答自地欲界欲界因非他地乃至非想非非想非想非非想地因非他地何以故因果斷地故問云何一切自地一切自地因為不答相似自分因自地亦相似自分因非不相似如善善因穢汙穢汙因无記無記因以相似相似法相續謂習善生善習不善生不善習工巧生工巧習威儀生威儀是說內分外分隨種生亦如是問一向自

地自分因復為他地耶荅或説於他地他地當分别若无漏法一切九地展轉因離愛故不墮界故下與勝因非勝下因有漏者愛縛故墮界故唯自地巳説種種自分因謂善法非一切善法因今當説

穢汙有九種 展轉更相因 謂受生所得
方便生非下

穢汙有九種者此染汙九種下下乃至上上展轉更相因以展轉相續現在前故及彼彼受生一切頓得故問穢汙九種展轉相因餘者復云何荅謂受生所得若受生得善彼亦九種展轉相因問方便生者復云何荅方便生非下若方便生謂聞思修生彼於等及增因非下謂下下因乃至上上因上上唯上上因乃至非下下因復次聞聞因思因修因復次思思因及修因非聞因以下故修唯修因非餘以下故復次修慧四種暖頂忍世間第一法彼暖法四種因頂三忍二世間第一法唯世間第一法因非餘此説善有漏法不隱没无記四種報生

威儀工巧變化心彼報生四種因威儀三工巧二化心唯化因是説有漏無漏法者苦法忍苦法忍因乃至无生智因无生智唯無生智因非餘巳説自分因謂此因受果與果今當説

善等自分因 受果而不與 或與而不受
或俱不俱説

有善自分因受果而不與應作四句受而不與者謂善根斷時㝡後捨得或與而不受者謂善根續生時㝡生得得或俱者不斷善根餘自性住俱非者除上尒所事復次穢汙受而不與者謂當得阿羅漢果時穢汙得㝡後捨與而不受者阿羅漢果退時㝡初俱得得者未離欲餘自性住俱非者除上尒所事巳説无緣有緣法受而不與者善心次第穢汙及无記心現在前與而不受者穢汙及無記心次第善心現在前俱者善心次第善心現在前俱非者除上尒所事穢汙及无記心亦如是説巳説自分因一切遍因今當説

苦集於自地 疑見及无明 説一切遍因

諸煩惱前起

苦集於自地疑見及无明説一切遍因者長養境界故一向決定故二種使故一切煩惱苦集諦攝故見苦集所斷煩惱種見疑即彼相應无明及不共无明此諸使不勤方便亦熾然故及遍煩惱故説一切遍因斷知分别故界分别故自地非他地問為誰遍因為何分是遍因荅諸煩惱前起過去現在未来一切遍因現在未来一切遍因及復諸煩惱心相續生如我見審尒計著以見力故起常審尒計著謗真諦相受第一及清淨於諦猶豫貪恚癡慢等諸過差别生如是一切一切遍應當知一切遍使品當説巳説一切遍因相應因今當説

謂同一行法 一依亦一時 及一境界轉
是説相應因

若行若依若時若境界心轉即彼行彼依彼時彼境界受等心法轉若彼心法轉即彼心轉性羸劣故展轉力生如束蘆是故説心於心法相應因心法於心法及心因非心於心因何

以故三事故无一剎那二心俱生前
心不待後心一切諸法自性不自顧
色心不相應行无相應因无緣故巳
說相應因報因今當說
不善善有漏 三世之所攝 以彼有報故
說名為報因
若善有漏及不善墮三世行於生死
中生生相續果報生謂善愛果不善
不愛果有業一入果報生謂命根若
得意入則二入謂意入法入觸入亦
如是若得身入則三入謂身入觸入
法入色香味入亦如是若得眼入則
四入謂眼入耳入觸入法入耳鼻舌
入亦如是有業或五六七八九十十
一入報以業種種故當知果報亦種
種如外種種果亦種種如稻甘蔗蒲
桃等非種種者如麵麦等當知內緣
起亦如是有一世業三世報无三世
業一世報果不減因故如是一剎那
業多剎那果非多剎那業一剎那果
欲界一陰報因得一果謂得也二陰
報因得一果謂身業口業四陰報因
得一果謂善不善心心法色界一陰

報因得一果謂得及无想正受二陰
報因得一果謂初禪作色四陰報因
得一果謂无隨轉業善心心法五陰
報因得一果謂有隨轉業善心心法
無色界一陰報因得一果謂得及滅
盡正受四陰報因得一果謂善心心
法一業種一身種類非多謂現報業
等各別故與阿那律陁契經相違者
不然彼說初故如是說一施報故生
大性家生識宿命自見施果巳更增
淨業果報增廣乃至漏盡說彼根本
如一粒種子又復說彼一施時有衆
多行於一緣中發願或願天上或願
人中巳說因自性如此因受果與果
今當說
五中世受果 亦說二與果 巳盡與果一
二因當分別
五中世受果者現在名中世五因住
現在世受果亦說二與果者若相應
因共有因住現在世與果於此時受
果即於此時與果故說二與果巳盡
與果一者巳盡名過去報因於過去
世住與果二因當分別者謂自分因

及遍因或住現在世與果或過去世
所作因不說以乱故巳說因受果與
果世建立今當說
作因一切法 二因說二世 餘三說三世
增依報功果
作因一切法二因說二世餘三說三
世者有為无為一切法說作因自分
因一切遍因說過去現在餘三因說三
世巳分別三世諸因若果因有果今
當說增依報功果作因有增上果自
分因遍因有依果報因有報果相應
因共有因有功用果巳分別諸因諸法
從因生今當說
報生心心法 及與諸煩惱 悉從五因生
是義應當知
報生心心法及與諸煩惱悉從五因
生者彼報生心心法及煩惱心心法
從五因生報生心心法五因所作共
有自分相應報因所作因者彼法生
時相似不相似法住不障身共有因
者展轉力生展轉為伴及心不相應行伴自生分
因者彼前生自分法相應因者彼俱
一緣中轉報 因者彼善不善此則

彼果除遍因報无記故煩惱心心法
除報因染汙故從遍因生餘四因如
前說
若彼不相應　諸餘相應法　除其初无漏
是從四因生
報色及心不相應行從四因生除遍
因無記故除相應因无緣故穢汙色
及心不相應行從四因生除相應因
無緣故除報因染汙故諸餘相應法
除其初無漏者謂善有漏心心法威
儀工巧變化心心法除呰法忍相應
諸餘无漏心心法從四因生除遍因
報因
謂餘不相應　自分當知三　及諸餘相應
初生无漏法
謂報生穢汙餘若有自分因除初无
漏從三因生所作因共有因自分因
非相應因无緣故二因前已除及諸
餘相應初生无漏法者如呰法忍相
應法亦三因生所作因共有因相應
因无前生無漏故无自分因亦无遍
因報因
於中不相應　是從於二因　若從一因生
當知必無有

於中不相應是從於二因生者初無漏
品中色心不相應行從是因生所作
因共有因已說一切有為法於彼廣
說中從一因生者必无有何以故自
性羸劣故乃至一極微生亦除自已
諸餘一切法所作因及共生生住異
滅亦共有因此揔說義略說四種法
報生穢汙除報及初无漏諸餘不穢
汙彼初无漏彼報生相應不相應乃
至初無漏法彼報生相應從五因生
除遍因報生不相應從四因生除遍因
相應因如是穢汙相應不相應差別
者唯除報因從一切遍因生除報及
初无漏諸餘不染汙相應四因生除
遍因報因不相應三因生除遍因相
應因報因初無漏相應三因生相應
因共有因所作因不相應二因生所
作因共有因已說諸因如此因世尊教
化力及覺真實相力故說緣今當說
次第亦緣緣　增上及與因　法從四緣生
世尊之所說
一切法性緣力境界力攝受生性羸

劣故一切緣皆四緣攝彼與開道方
便是次第緣任杖方便是緣緣不障
导分是增上緣種子法方便是因緣
除羅漢後心　諸餘心心法　常有行已生
是說次第緣
除阿羅漢㝡後心相應諸餘過去現
在心心法一一相續生彼諸心一一
生相續无閒故名次第緣彼阿羅漢
㝡後心相應非次第緣无餘心相續
故未來心心法未起故無餘心相續
亦无次第緣亦非未來先後次第方
便立若未來先後次第方便立者壞
正方便修義正方便修耶方便修應
隨分次第生若言一心次第建立二
心善及穢汙若正思惟時善心生穢
汙心非數滅若耶方便思惟時穢汙
心生善心非數滅如種子亦為牙亦
為麋若牙具和合牙則生麋則不生
若麋具和合麋則生牙則不生此則
不然何以故前已說先後非分故以
阿羅漢㝡後心是意界故應是次第
緣者不然緣分異故若言阿羅漢㝡
後心不為意識依亦名意界者得依

相故如是阿羅漢寂後心无間相續亦名次第緣此亦不然何以故緣分異故相故立界如无分眼不見色以眼識空故亦名眼界亦得依相故阿羅漢寂後心如前說緣者業建立阿羅漢寂後心作次第緣業无間相續生非分心法亦如是說常者非如自分因遍因問以何等故色心不相應行非次第緣荅以乱故不乱者說次第緣色心不相應行乱故非次第緣以一時善不善无記漏無漏異界行現在前故欲界三種思惟聞慧思慧生慧非修慧不定故彼欲界聞慧思慧次第聖道現在前聖道次第三種思惟現在前色界三種思惟聞慧修慧生慧非思慧色界定故彼聞慧修慧次第聖道現在前聖道次第聞慧修慧現在前无色界二種思惟修慧生慧彼修慧次第聖道現在前聖道次第修慧現在前此義釋品當廣說

或法心次第　　非彼心無間

無間非次第　　俱不俱當知

或法次第心非彼心無間者除初正受刹那諸餘正受刹那相續及起定心無間非次第者初正受刹那彼生住異無常及諸常續心彼生住異無常俱者初正受刹那除起定心諸餘常續心不俱者除初正受刹那彼生住異無常諸餘相續正受刹那等彼生住異無常若法心次第彼正受無間應作四句或法心次第非正受無間者初正受刹那除起定心諸餘常續心正受無間非心次第者除初正受刹那彼生住異無常諸餘相續正受等彼生住異無常俱者除初正受刹那諸餘相續正受及起定心不俱者初正受刹那彼生住異無常除起定心生住異無常諸餘常相續心彼生住異無常滅盡正受心所牽心所作故心次第心相違故非心次第緣起定心前雖有定無間相續以非心故還以心爲次第緣已說次第緣緣緣今當說

境界於一切　　心及諸心法

是故一切法　　說名爲緣緣

一切法是心心法緣隨其事謂眼識及相應以色爲緣乃至意識及相應以一切法爲緣於一色眼識生一决定知言並見衆色者此則不然以速故非俱見言俱者增上慢如旋火輪非輪輪想增上慢若不了了見色差別者則可惣受如觀藂林聲香味觸亦應如是知已說緣緣增上緣今當說

若彼所作因　　此即增上緣

所謂因緣者　　當知餘因說

前說所作因當知即是增上緣除自性一切性不障礙故法生時自作已事以勝故名增上緣已說增上緣因緣今當說所謂因緣者當知餘因說除所作因餘因說因緣已說緣緣諸法隨緣生今當說

心及諸心法　　是從四緣生

二正受從三　　謂餘說於二

心及諸心法是從四緣生者心心法從四緣生前開導故生是彼次第緣境界是彼緣緣除自已餘一切法是彼增上緣餘因隨其所應說因緣二正受從

三者無想正受滅盡正受從三緣生二正受前心心法是彼次第緣自地前生善法及彼共起四相是彼因緣增上緣如前說謂餘說於二者除無想定滅盡定餘心不相應行及色此諸法二緣生謂因緣增上緣已說諸法從緣生有爲法分齊今當說

分齊有三種　　名色及與時
初分說一字　　極微刹那餘

分齊有三種名色及與時者一切有爲法立三種分齊隨其事名分齊色分齊時分齊問此云何荅初分說一字極微刹那餘少名者謂一字名之至少極於一字故說一字爲名分齊少色者謂一極微若真實行智分析色相色之至細極於一微故說一微爲色分齊少時者謂一刹那時之至少極於一念故說刹那爲時分齊刹那量者有說如壯夫疾迴歷觀衆星隨其所歷一星一刹那如是一切又說如壯夫彈指頃經六十四刹那又說如壯夫以極利刀斷迦尸細縷斷一縷一刹那如是一切又說世尊不說

刹那如所說比丘當知四善射夫執弓俱射如彼廣說已說極微如是色增長今當說

七微成阿耨　　七耨成銅塵
水兎羊毛塵　　當知從七起

七極微成一阿耨彼是最細色天眼能見及菩薩轉輪王見七阿耨爲銅上塵七銅上塵爲水上塵七水上塵爲兎毫上塵七兎毫上塵爲一羊毛上塵

牛毛戸向塵　　蟣蝨穬麦等
小大是轉增　　皆從七數起

七羊毛塵成一牛毛塵七牛毛塵成一向遊塵七向遊塵成一蟣七蟣成一蝨七蝨成一穬麦

如是七穬麦　　轉增爲一指
二十四指量　　名之爲一肘

七穬麦爲一指二十四指爲一肘

四肘爲一弓　　五百拘屢舍
去村拘屢舍　　是名爲空處

如何應當知彼數即身量四肘爲一弓去村五百弓名空處是摩竭提一拘屢舍北方名拘屢舍半問已知刹

那乃至拘屢舍八拘屢舍名一由旬當說身量以何爲身量荅彼數即身量前所說肘量及拘屢舍當知即是身量彼人間肘作身量閻浮提人長三肘半或四肘弗婆提人長八肘瞿陁尼人十六肘欝單越人三十二肘以前說拘屢舍爲天身量四天王身拘屢舍四分之一三十三天半拘屢舍焰摩天身拘屢舍四分之三兜率陁天身一拘屢舍化自在天身一拘屢舍及拘屢舍四分之一他化自在天身一拘屢舍半此是欲界天身量色界梵天身半由延梵福樓天身一由延大梵天身一由延半少光天身二由延無量光天身四由延光音天身八由延少淨天身十六由延無量淨天身三十二由延遍淨天身六十四由延福愛天身百二十五由延福生天身二百五十由延廣果天身五百由延無想天身亦尒無悕望天身千由延無熱天身二千由延善見天身四千由延善現天身八千由延色究竟天身万六千由延此說色界天身量此名色

分齊問如前說時分齊一刹那餘時今當說荅

刹那百二十　說名怛刹那
六十名羅婆　三十摩睺羅

百二十刹那名一怛刹那六十怛刹那名一羅婆七千二百刹那也三十羅婆名一摩睺羅多二十一万六千刹那也

三十摩睺羅　說名一日夜
欲界或晝夜　於上以劫數

三十摩睺羅多爲一日一夜有六百四十八万刹那也已知日夜刹那數壽命今當說欲界或晝夜於上以劫數者欲界衆生壽即以晝夜數爲欲界壽量或劫數閻浮提人壽或無量或十歲弗婆提人二百五十歲瞿陁尼人五百歲欝單越人千歲人間五十歲爲四天王天上一日一夜即以是日三十日爲一月十二月爲一歲如是日月歲數四天王天壽五百歲人間九百万歲是等活地獄一日一夜即以是日三十日爲一月十二月爲一歲如是日月歲數等活地獄壽五百歲人間百

歲爲三十三天一日一夜如是日月歲數三十三天壽千歲人間三億六百萬歲是黑繩大地獄一日一夜如是日月歲數黑繩大地獄壽千歲人間二百歲爲焰摩天上一日一夜如是日月歲數焰摩天壽二千歲人間十四億四百萬歲是衆合大地獄一日一夜如是日月歲數衆合大地獄壽二千歲人間四百歲爲兜率陁天上一日一夜如是日月歲數兜率陁天壽四千歲人間五十七億六百萬歲是叫呼地獄一日一夜如是日月歲數叫呼地獄壽四千歲人間八百歲爲化樂天上一日一夜如是日月歲數化樂天壽八千歲人間一百三十億四百萬歲是大叫呼地獄一日一夜如是日月歲數大呼地獄壽八千歲人間千六百歲爲他化自在天一日一夜如是日月歲數他化自在天壽一萬六千歲人間九百二十一億六百萬歲是熱大地獄一日一夜如是日月歲數熱大地獄壽一萬六千歲衆熱大地獄壽半劫無擇大地獄壽一劫畜生趣極長

壽亦一劫如持地龍王餓鬼極長壽五百歲問已說欲界壽上界復云何荅於上以劫數彼色界梵身天壽半劫梵福樓天壽一劫大梵天壽一劫半少光天二劫無量光天四劫光音天八劫少淨天十六劫無量淨天三十二劫遍淨天六十四劫福愛天一百二十五劫福生天二百五十劫廣果天五百劫無想天亦如是無悕望天千劫無熱天二千劫善見天四千劫善現天八千劫色究竟天萬六千劫無色界空處二萬劫識處四萬劫無所有處六萬劫非想非非想處八萬劫一切三界皆有中夭唯除欝單越及兜率天最後身菩薩及無想天問以何等故此諸法說行荅

多法生一法　一亦能生多
緣行所作行　是行應當知

無有法自力生一法以多法力故生多法亦以一法力故生如是一切有爲法是故說緣行所作行是行應當知緣彼行故有所作故說緣行行所作故作彼

行故說作行

雜阿毗曇心論卷二　第十三張　康字号

雜阿毗曇心論卷第二

雜阿毗曇心論卷第二 校勘記

一　底本，金藏廣勝寺本。

一　五八二頁中四行「第二」，南、徑、清作「行品第三」。

一　五八二頁中五行第五字「自」，資、磧、普、南、徑、清無。

一　五八二頁下一八行「以是」，磧作「又是」。

一　五八二頁下一九行第二字「者」，諸本無。

一　五八三頁上四行第四字「謂」，資、磧、普、南、徑、清無。同行「不恚」，資、磧、普、南、徑、清作「不恚心」。

一　五八三頁上九行第二字「爲」，資、磧、普、南、徑、清無。

一　五八三頁上一八行第七字「脱」，資、磧、普、南、徑、清無。

一　五八三頁上末行第九字「明」，麗作「明心」。

一　五八三頁中一九行「相應」，資、磧、普、南、徑、清作「相應故」。

一　五八三頁下四行第九字「養」，資、磧、普、南、徑、清無。

一　五八三頁下八行「方他性族」，資作「方他姓族」；磧、普、南、徑、清作「妨他姓族」。

一　五八三頁下一三行「善問善」，諸本作「問」。

一　五八三頁下二〇行末字「滅」，磧作「減」。

一　五八四頁上一五行「二十」，資、磧、普、南作「十二」。

一　五八四頁上一六行第一三字「有」，資、磧、普、南、徑、清無。

一　五八四頁上二一行「彼心」，資、磧、普、南、徑、清作「心」。

一　五八四頁上二二行第三字「憎」，資、磧、普、南、徑、清作「增」。

一　五八四頁中一行第四字「說」，資、磧、普、南、徑、清無。

一　五八四頁中四行「三品」，資、南作「二品」。

一 五八四頁中一三行第八字「界」，資、磧、普、南、徑、清無。
一 五八四頁下六行第五字「答」，諸本無。
一 五八四頁下一〇行第六字「微」，資、磧、普、南、徑、清作「極微」。同行末字至次行首字「以事」，資、磧、普、南、徑、清無。
一 五八四頁下一五行第七字「後」，徑作「彼」。
一 五八五頁上一〇行「相一」，資、磧、普、南、徑、清作「一相」。
一 五八五頁上一七行首字「如」，資、磧、普、南、徑、清作「知」。
一 五八五頁上二〇行首字及頁中五、七、九行、次頁上一六行、次頁下二一行各行之「謂」，資、磧、普、南、徑、清均作「如」。
一 五八五頁中二行「戒種」，資、磧、普、南、徑、清作「所謂戒種」。
一 五八五頁中一〇行第五字「聞」，麗作「間」。
一 五八五頁下二〇行末字「彼」，諸本作「於彼」。
一 五八五頁下二一行第五字「而」，諸本作「亦」。
一 五八六頁上二〇行「如下」，麗作「謂下」。
一 五八六頁中一八行第一一字「十」，諸本無。
一 五八六頁下三行第三字「知」，諸本作「如」。
一 五八六頁下一九行首二字「相似」，資、磧、普、南、徑、清作「相似相似」。
一 五八七頁上一六行第八字「謂」，資、磧、普、南、徑、清作「如」。
一 五八七頁上一七行「下下」，資、磧、普、南、徑、清作「下」。
一 五八七頁中五行「謂此因」，資、磧、普、南、徑、清作「如此自分因」。
一 五八七頁中一〇行末字至一一行第三字「生初得得」，資、磧、普、南、徑、清作「初生得」；麗作「生初得」。
一 五八七頁中一五行「俱得得者」，資、磧、普、南、徑、清作「得俱得者」；麗作「得得俱者」。
一 五八七頁下一〇行「過去」，資、磧、普、南、徑、清作「過去過去」。
一 五八八頁上一三行「耳入」，諸本作「身入」。
一 五八八頁上一六行「種種果」，資、磧、普、南、徑、清作「種種種果」。
一 五八八頁下二一行「自生」，諸本作「生自」。
一 五八九頁上一八行第六字「緣」，徑作「漏」。
一 五八九頁中二行「於二因生者」，資、磧、普、南、徑、清作「於二因者」；麗作「二因生者」。
一 五八九頁中三行第一〇字「是」，諸本無。
一 五八九頁中一二行第九字「從」，資、磧、普、南、徑、清無。
一 五八九頁下一行「彼與開道」，資、磧、普、南、清作「彼與開導」；徑作「彼於開導」。

一　五八九頁下二行「任杖」，普、南、徑、清作「任持」。

一　五八九頁下一八行第二字及次行第二字「糜」，資、磧、普、南、徑、清作「糜」。

一　五九〇頁上五行第一〇字「者」，資、磧、普、南、徑、清作「生者」。

一　五九〇頁上六行「緣業」，麗作「緣業事」。

一　五九〇頁上一一行第二字「一」，徑作「亦」。

一　五九〇頁上末行「釋品」，諸本作「擇品」。

一　五九〇頁中三行「次第心」，諸本作「心次第」。

一　五九〇頁中七行及一二行「常續」，麗作「相續」。

一　五九〇頁中一八行首字「生」，麗作「彼生」。同行「常相續心」，磧、麗作「相續心」；南、徑、清作「常續心」。

一　五九〇頁下七行第二字「見」，資、磧、普、南、徑、清無。

一　五九一頁上一四行「爲名」，徑作「名爲」。

一　五九一頁中二行「已說」，資、磧、普、南、徑、清作「已說時」。

一　五九一頁中九行第二字「兔」，麗作「一兔」。

一　五九一頁中一一行第三字「户」，南、徑、清作「及」。

一　五九一頁中一七行「二十」，磧作「三十」。次頁上五行同。

一　五九一頁中二一行「如何」，諸本作「如是」。

一　五九一頁中二二行第七字「名」，麗作「名爲」。

一　五九一頁下九行「焰摩」，資、磧、普、南、徑、清作「帝釋身一拘屢舍炎摩」；麗作「帝釋身一拘屢舍夜摩」。同行第一一字「二」，諸本作「三」。

一　五九二頁中一二行及一六行「呼呼」，諸本皆作「呼」。

一　五九二頁中一五行「一百」，諸本作「二百」。

一　五九二頁中一八行第五字「天」，資、磧、普、南、徑、清作「天上」。

一　五九二頁下八行第七字「生」，資、磧、普、南、徑、清作「光」。

一　五九三頁上二行卷末經名下，資、磧、普有夾註「行品說竟」。

雜阿毗曇心論卷第三　麼

尊者法救造
宋天竺三藏僧伽跋摩等譯

業品第三

已說諸行展轉因緣力生彼諸行所起種種生生差別勝者唯業彼業今當說

業能莊飾世　趣趣各處處　是以當思業
求離世解脫

業能莊飾世趣趣各處處者如是一切五趣種種性生種種業莊飾以業為種彼有芽生業差別故生差別如種差別故芽差別是以當思業求離世解脫業於受生勝故是故欲背生死者當善觀察問誰業荅

身口意集業　在於有有中　彼業為諸行
嚴飾種種身

身口意集業在於有有中者身業口業意業此三業生種種果衆生住於本有死有中有生有中修集諸業問云何立三業為自性故為依故為等起故若自性者應一業謂語業若依

者一切依身亦應一業謂身業若等起者一切從意起亦應一業謂意業荅此亦如是三事故彼自性者語業以語即業故依者身業以業依身故身作故身合故身運故等起者意業雖身業口業意業所起然不共受名如眼識問如所說業何所為荅彼業為諸行及受種種身此說一切衆生增上果謂外衆具名為行若衆生形相壽命等是彼業果問若彼內外分種種相者此云何為四大種種相為造色種種相為業種種相荅三種悉有生因依因建立因養因長因故是四大種種相自分因故是造色種種相報因故是業種種相雖外分无報因然衆生作善行彼得好色好處若作惡行得惡色惡處以業種種故內外分亦種種是業相今當略說

身業當知二　謂作及无作　口業亦如是
意業當知思

身業當知二謂作及無作者身業二種作性及无作性作者身動身方便身作無作者身動滅已與餘識俱彼

性隨生如善受戒穢汙无記心現在前善戒隨生如惡戒人善无記心現在前惡戒隨生口業亦如是者口業二種作无作性如前說意業當知思者意業是思自性有欲令意業是无作性此則不然意非作性非色故及三種故無作亦名不樂亦名離亦名捨亦名不作以不作之名是无作言非業者不然何以故作故若善不作不善若不善不作善亦名作如捨覺支不以名捨故捨修道止餘事故名為捨彼亦如是又復作因故作果故見因說果如世尊說形質故是色無作亦非色以作是色故彼亦名色彼亦如是已說五業如此業種種差別今當說

作當知三種　善不善无記　意業亦如是
餘不說無記

作當知三種善不善无記者身作及口作三種善不善無記彼善者淨心身口動如施戒等不善者不善心身口動如殺生等無記者无記心身口動意業亦如是者意業亦三種善心

相應是善不善心相應是不善无記心相應是无記餘不說无記者餘二業身无作及口无作彼二種善不善無无記何以故無記心羸劣故强力心能起身口業餘心俱行相續生如手執香華雖復捨之餘氣續生非如執木石等問已知五業思非色性大地中已說故餘業有何性答

色性染不染　不染汙五地　隱沒繫在色　不善在欲界

色者一切身業口業是色性因四大故彼身作可見有對口作不可見有對无作俱不可見無對問身口業幾種答染汙不染汙彼色二種染汙不染汙染汙者煩惱所起彼有二種隱沒無記及不善隱沒無記者無報无慚无愧不相應一果煩惱等起不善者有報無慚无愧相應二果煩惱等起不染汙亦二種善及不隱沒無記善者得愛果彼亦二種有漏及无漏此品後當廣說不隱沒無記者不隱沒无記心等起謂威儀工巧非報生强力心能起身口業報生心羸劣故

不起是故身口業非報性若報生心能起身口業者彼身口業亦應是報但不尒現在方便生故若報生心不應名威儀工巧是故身口業非報問幾地所攝答不染汙五地欲界及四禪此則揔說若善作唯至初禪非上地問何故善身口作至初禪非上地答廣心起身口作業彼心細故外向心起作業彼心内向故覺觀起作業彼地無故善无作者五地欲界及四禪有無作禪律儀無漏律儀不隱沒無記身作亦五地如前說差别者欲界作威儀工巧心等起色界作威儀心等起彼无工巧心問已說上地無起作心云何有作答彼初禪力起作心現在前故起若說善亦應尒者不然以生上地下地善心不現在前以彼劣故隱沒繫在色者若隱沒無記身口業在色界初禪非上地無起作心故非生上地下地染汙心現在前離欲故亦不在欲界修道斷煩惱等起身口業而欲界修道斷煩惱一向不善故見道斷心不起身口業此品

後當說不善在欲界者若染汙中不善者在欲界非色界何以故彼善心易得故正受長養故無无慚無愧故無苦受故不善者受苦受眷屬報色无色界無无有色界業受欲界報界異故因果斷界故已說身口業自性種地謂无作律儀差别今當說

若作無作戒　略說有三種　無漏及禪生　依别解脫戒

若作无作戒略說有三種者无作戒若律儀所攝略說當知三種問何者是答无漏及禪生依别解脫戒彼无漏戒與道一果道俱行謂學无學禪生者彼禪戒與禪一果禪俱行正語正業正命正命者建立身業口業无别體故身業口業從无貪無恚无癡生無恚无癡生者名正語正業无貪生者名正命雖一心中有三善根以增上故說如貪等行如動風藥如字音依别解脫戒者謂受戒式叉尸羅隨轉亦有斷律儀契經品當廣說問是身業口業何等不隨心轉何等隨心轉答

无作在欲界　作依於二有　當知非心俱
謂餘心俱說
欲界無作不隨心轉謂受戒已不善
無記心亦隨轉亦不與善不善无記
心隨轉異相故又復覆惡戒故由作
故不定故作者欲色界亦不隨心轉
由身故非心一果故謂餘心俱說者
禪律儀无漏律儀是餘彼隨心轉心
一果故由心故已說建立業成就戒今
當說
无漏戒律儀　得道則成就　禪生若得禪
持戒生欲界
無漏戒律儀得道則成就者得道謂
一切聖道從苦法忍乃至無生智成
就无漏律儀此無漏律儀在六地未
來中間根本四禪彼須陁洹斯陁含
向及果成就一地無漏戒阿那含向
或成就一地或六地阿那含果或三
地乃至六地阿羅漢六地禪生若得
禪者若得禪成就禪律儀謂得不失
此亦六地持戒生欲界者若受戒則
成就別解脫律儀此律儀謂欲界人
非餘無受分故已略說成就戒世分

別今當說
謂住別解脫　無作於轉時　當知恒成就
盡不捨過去
謂住別解脫無作於轉時當知恒成
就者別解脫律儀現在无作戒常成
就念念得未曾得盡不捨過去者住
別解脫律儀无作若滅而不捨則成
就過去捨事此品後當說
若有作於作　即時立中世　已盡而不捨
當知成過去
若有作於作即時立中世者中世謂
現在住身口求受戒尒時成就現在
身口作已盡而不捨當知成過去者
若作盡不捨尒時成就過去作非現
在以作不念念相續生故
若得禪无作　成就滅未至　中若入正受
作亦如前說
若得禪無作成就滅未至者若得禪
彼則成就過去未來禪律儀若初得
禪彼无始生死滅過去者今悉得之中
若入正受者如禪正受現在彼无作
亦尒隨心生故作亦如前說者如前
別解脫作求時成就現在若滅已不

捨尒時成就過去非現在住禪者作
亦如是問若生色界色界去何成就作荅
世尊到色界色界諸天礼敬右遶乃
至未究竟尒時成就過去作
悉成就當知　得道若未生　中間道在心
盡不捨前世
悉成就當知得道若未生者一切聖
人一切時成就未來无漏律儀中間
道在心者若道現在尒時成就无漏
無作律儀盡不捨前世者前世是過
去若彼无作滅已不捨是成就過去
若作不善業　立戒成就二　至彼纏所纏
盡已盡當知
若作不善業立戒成就二者謂住別
解脫禪生无漏律儀若以不善極惱
纏起加撾等不善作无作此則成就
作无作此說未離欲行不善故問幾
時成就荅至彼纏所纏乃至纏未捨
住非律儀盡已盡當知者若彼纏盡
作無作亦盡
若住不律儀　无作成就中　能受不愛果
或復盡不捨
若住不律儀无作成就中能受不愛

果者住不律儀謂屠膾等彼一切時現在成就不善无作不善無作念念生故或復盡不捨者彼无作滅不捨則成就過去

若剎那住作　即時說中世　巳盡而不捨　善於上相違

若剎那住作即時說中世者彼住不律儀者受不律儀時成就現在作巳盡而不捨者彼作滅而不失則成就過去非現在不相續故善於上相違者如住律儀說不善住不律儀說善

若處中所作　是則立中世　若盡而不捨　或二亦復一

若處中所作是則立中世者處中謂非律儀非不律儀若受善時心不淳淨成就現在善作若住不善時不極惱纏成就現在不善作若盡而不捨者滅巳不捨彼成就過去作非現在不相續生故或二者若善淳淨心不善極惱纏受彼現在成就作及无作亦復一者謂第二剎那起唯无作現在若過去現在分別若善不善分別亦尒

隱沒不隱沒　二作俱非盡　及淨不淨等　一切無生說

隱沒不隱沒二作俱非盡者若隱沒無記及不隱沒無記作不成就過去羸劣心等起故餘勢不强故若現在受作時則成就現在剎那成就故亦不說無作以无記無俱故及淨不淨等一切無生說者若善不善隱沒无記及不隱沒無記作悉不成就未來以无住未來世受作故問何等為律儀不律儀荅

流注相續成　善及不善戒　於一切衆生　律儀不律儀

彼別解脫律儀者謂受戒於一切衆生一切時戒不斷或十二種或二十一種隨轉不律儀者謂住不律儀於一切衆生一切時惡戒不斷問何等住不律儀荅十二種住不律儀所謂屠羊養雞養賭捕鳥捕魚獵師作賊魁膾守獄呪龍屠犬司獵屠羊者謂煞羊以殺心若養若賣若殺悉名屠羊養雞養賭亦如是捕鳥者殺鳥自活捕魚獵師亦如是作賊者常行

刧害魁膾者主殺人自活守獄者以守獄自活呪龍者習呪龍虵戲樂自活屠犬者旃陁羅司獵者王家獵主若屠羊者雖不煞餘衆生而於一切衆生所得不律儀何以故若一切衆生為羊像在前者於彼一切悉起害心一切衆生有作羊理故若復无作羊理者於彼亦有害心故得不律儀如住慈心仁想普周當知住餘不律儀亦如是若王若典刑若聽訟官有害心者悉墮不律儀義問得律儀齋何時荅

謂受律儀戒　盡壽或日夜　不律儀盡壽　二俱无增受

謂受律儀戒盡壽或日夜者受別解脫律儀有二種或盡壽者謂七衆七衆者比丘比丘尼式叉摩尼沙弥沙弥尼優婆塞優婆夷日夜者謂受齋有二種時分齋日夜及盡壽問不律儀復云何荅不律儀盡壽謂不律儀盡形壽非日夜問以何等故律儀得日夜非不律儀荅彼无受性故无有言我日夜受不律儀者以可羞猒故

善律儀有受性可依處故二俱無增受者律儀不律儀俱无增受半月一月六月善惡悕望不究竟捨日夜戒亦如是過者不然無分齊性故二種分齊前已說彼因緣故不律儀无白夜受是因緣前已說問別解脫律儀云何得荅

受別解脫戒　當知從他教　隨心下中上

得三品律儀

受別解脫戒當知從他教者別解脫律儀從他教得若衆若人若法衆者謂白四羯磨受具足人者謂善来法者謂佛及五比丘等又問樂謂須陁耶律毗婆沙說十種受具足所謂自起謂佛起外離生謂五比丘善来謂耶舍等師受謂摩訶迦葉問樂者謂須陁耶受重法謂摩訶波闍波提遣使謂法與律師第五人謂邊地十衆謂中國三歸三說問何等種得律儀荅隨心下中上得三品律儀若下心受別解脫戒彼得下戒下心果故若極方便行善乃至離色无色界欲種三乘種子衆生種類相續彼猶下品

隨轉若中心受戒得中律儀若極方便行善若不捨戒作諸惡行彼猶中品隨轉若增上心受戒得上律儀乃至種類相續猶增上隨轉或有年少比丘得增上律儀雖復阿羅漢猶成就下戒有別解脫戒從下中從中上謂先以下心受優婆塞律儀次以中心受沙弥律儀後以上心受比丘律儀從中下上從上下中謂住律儀有於一切衆生起非一切支非一切因有於一切衆生起一切支非一切因有於一切衆生起一切支一切因有於一切衆生起一切因非一切支者無也彼衆生者謂蜎動類枝者不殺生乃至不綺語因者下中上心又說无貪無恚无癡有於一切衆生起非一切支非一切因者謂下心受優婆塞戒下心受沙弥戒有於一切衆生起一切支非一切因者謂下心受三種戒或中或上或二有於一切衆生起一切支一切因者謂三種心受三種戒是故於一切衆生起一切因非一切支者无有也若以初下心受日

夜戒次中心受優婆塞戒後上心受沙弥戒謂言應說於一切衆生起一切因非一切支者此義不然彼為盡壽故說問住何等心得別解脫律儀荅於一切衆生起慈心若言我於此受於彼受不得律儀惡心隨故如言我受不獵獸以少分故是善業不得律儀以別解脫戒普於一切能不能所得律儀故若異此者律儀應有增減以能者生不能處不能者生能處故如是有何過謂非捨時應捨別解脫律儀應頓得別捨應不受而得別解脫律儀於現在陰界入得衆生處所得故非過去未来墮法數故以是故應作四句有陰界入得別解脫律儀非禅無漏律儀者謂於現在起前後眷屬及制罪有陰界入得禅无漏律儀非別解脫律儀者謂於過去未来起根本業道有陰界入得別解脫律儀亦禅无漏律儀者謂於現在起根本業道有陰界入不得別解脫律儀及禅无漏律儀者謂於過去未来起前後眷屬於生草等得干時捨者

不然生草處起故謂能不能如是說者不然衆生前後同性生草等後非性於此論阿羅漢般涅槃同此說後非性故此義擇品當廣說問已說別解脫律儀禪律儀云何得荅

得色界善心　得禪律儀戒　是捨彼亦捨
無漏有六心

得色界善心得禪律儀戒者若有得色界善心彼得禪律儀以色界善心戒常隨故除六心初禪三識身心聞慧心起作業心命終心以不定故定心戒常隨轉以三識身心外向起故起作業心亦如是聞慧心名處起故死時心羸劣故第二禪第三禪第四禪有二不定心謂聞慧心命終心問無色界何故无戒耶荅彼无色性故戒者是色彼中無色无四大性故若彼有四大者應有戒无色界無四大故戒者惡戒對治非無色界惡戒對治惡戒者在欲界无色界四遠遠故所謂依遠行遠緣遠對治遠根本禪一切比智品雖非斷對治然有持對治及遠分對治若苦法智集法智有

壞對治根本禪攝故未來禪有斷對治若滅道法智根本禪攝者非壞對治無漏緣故問云何捨荅是捨彼亦捨若失色界心彼律儀亦失由心故問無漏律儀云何得荅無漏有六心

無漏律儀　六地心共得　禪未來乃至
第四禪以六地有見道非上地上地不廣境界故若依未來超升離生修一地見道無間等邊修二地等智謂禪未來所攝　及欲界乃至依第四禪超升離生修六地見道无間等邊修七地等智　問何故无色界無見道耶荅無忍及法智性故无拘舍羅善根故（拘舍羅者言善行也）無戒故不緣欲界故問禪律儀無漏律儀有何差別荅禪律儀有垢无漏律儀離垢又說禪律儀是根本禪戒無漏律儀一切無漏戒此應作四句或禪律儀非无漏者謂根本禪世俗戒无漏律儀非禪者謂未来中間無漏戒亦禪無漏律儀者謂根本禪無漏戒非禪无漏律儀者謂未来中間世俗戒得四句亦如是問不律儀云何得荅

若作及受事　而得不律儀　隨心下中上
三品惡戒生

若作及受事而得不律儀者有二因緣得不律儀謂作及受事作者謂不律儀家生乃至未殺生未得不律儀若殺生彼得不律儀受事者若生餘家作是言我當作此業以自活彼即得不律儀問以何名住不律儀為具耶不具耶荅有說不具亦名住不律儀謂不律儀家生彼性不能語而殺生得身業性非口業毗婆沙者說如律儀不具足不名住律儀不律儀亦如是但以惡悕望具故生不律儀家雖性不能語而以身表語義故從彼得不律儀問若住不律儀而受日夜律儀法尒時得律儀捨不律儀至明相出彼復捨律儀還得不律儀耶荅有說得捨不律儀得律儀捨律儀得不律儀有說不得若一身種類不殺生乃至身種類盡不得不律儀無作無受故捨不律儀得律儀捨律儀得不律儀亦非不律儀問云何得不律儀荅隨心下中上三品惡戒生若初

以下心殺衆生若受事彼得下殺生無作及下不律儀謂於餘一切衆生得不律儀所攝彼後若以中上心殺生彼得中上殺生無作不律儀先已得從中上起亦如是有住不律儀於一切衆生起非一切支非一切因有於一切衆生起一切支非一切因有於一切衆生起一切因非一切支有於一切衆生起一切因一切支有於一切衆生起非一切支非一切因者謂以下纏殺衆生若中若上而不作餘業道有於一切衆生起一切支非一切因者謂以下纏殺衆生乃至綺語非中上有於一切衆生起一切因非一切支者謂以下中上纏殺衆生非餘業道有於一切衆生起一切因一切支者謂以下中上纏殺衆生乃至綺語彼說不具足不律儀不名住不律儀者彼說於一切衆生起及一切支而因不定問諸律儀幾時捨答

別解脫調伏　是捨於四時　若捨及命終
斷善二根生

別解脫調伏是捨於四時者別解脫調伏當知四時捨問何時荅若捨及命終斷善二根生謂捨戒身種類滅善根斷二形生持律者云法沒盡時彼說戒結界羯磨一切息阿毗曇者說法沒盡時先所受律儀相續生不捨未曾得律儀不得是故說一切息有說犯初衆罪名捨律儀此則不然若捨律儀者犯根本罪已還俗應得更出家以捨律儀故佛言非比丘者以非第一義比丘故此說無過也犯初衆罪於別解脫律儀是比丘於无漏律儀非比丘盡壽律儀有四時捨齋律儀至明相起時捨謂住律儀而犯律儀者是犯戒非捨戒當知彼人住持戒犯戒也彼若悔者即捨犯戒住持戒也如富人負債名富者亦名負債者若還債已唯名富者彼亦如是

謂禪生律儀　當知二時捨　若起煩惱退
生上及下地

禪律儀二時捨問何時荅若起煩惱退生上及下地謂禪退時捨彼律儀由禪故及生上生下時

無漏戒律儀　是說三時捨　退及得聖果
增益根當知

無漏律儀三時捨問何時荅退及得聖果增益根當知退者失勝功德得果者謂得須陁洹果乃至阿羅漢果增益根者謂信解脫得見到時解脫得不動問不律儀云何捨荅

不律儀四時　受戒及命終　逮得諸禪定
二根生亦然

不律儀四時捨受戒時捨身種類時得禪律儀時二根生時問住不律儀若捨殺具名捨不律儀不荅名為止業若不受律儀不名捨不律儀非對治故如不服藥而捨病因病則隨生問已知律儀不律儀捨時彼俱離者作善戒惡戒捨時云何荅

謂彼限勢過　及與悕望止　亦捨於方便
是說善惡捨

彼俱離者若善戒惡戒三時捨謂限勢過悕望止捨方便限勢過者若欲作善戒惡戒事時先作齊限限過則止如陶家輪勢極則住悕望止者彼發心念言後更不作捨方便者息身口行彼俱離者作善行惡行盡身種

類無作隨生謂作是誓言不供養佛終不先食若以香華讚歎礼及餘種種日日供養盡身種類无作隨生有作是誓言不施他乃至一揣終不先食彼亦盡身種類无作隨生若作定期施若日若月若歲作是誓言我盡壽作即出少物以供彼用彼盡身種類無作隨生若起塔若四方僧舍若僧舍若別房若園觀浴池若橋船如是等有三因緣无作不斷若悕望若身若事惡戒者彼亦作是誓言我當日日於彼怨家常作不饒益事若一打若一惡言彼盡壽不善无作隨生已說捨色業无色今當說

善無色捨時　斷退生諸地　穢汙唯離欲　當知是意業

善無色捨時斷退生諸地者若善有漏無色法三時捨謂斷善根時退時生諸地時穢汙唯離欲者穢汙无色法離欲時捨若此品對治生即捨此品已說諸業自性及成就如此業世尊種種分別今當說

若業與苦果　當知是惡行　復有意惡行

貪瞋恚邪見

若業與苦果當知是惡行者若身口業及思不愛報果生故當知是惡行問唯此惡行耶答復有意惡行謂貪瞋恚邪見不善思是意惡行如前說

復有貪恚邪見

是相違妙行　最勝之所說　若於中增上　說名十業道

是相違妙行最勝之所說者惡行相違悉是妙行若身善業悉是身妙行若口善業悉是口妙行若意善業及无貪無恚正見悉是意妙行隱沒不隱沒无記業無報故非惡行非妙行若彼不隱沒无記巧便者如行行如說說與此相違不隱沒無記及隱沒名不巧便問一切善行惡行皆業道所攝耶答若於中增上說名十業道此諸善行惡行中增上業勝者是業道彼妙行增者說善業道惡行增者說不善業道若言不定者不然以根本業道多增上極逼迫故極恐怖故事究竟故是故說增上者是根本業道問何等為業道答殺生乃至邪見

彼殺生今當說

有欲煞生心　衆生想煞生　是名為煞生　盜婬亦如是

有欲殺生心衆生想殺生者謂欲殺他衆生定不定衆生起衆生想殺彼衆生名作无作或復一向名無作是身業殺生非餘不具自在者口語及仙人意所嫌而殺謂是口意業自性者不然業自性異故事不究竟故若謂有心无心煞彼衆生俱應得煞罪如觸火食毒者不然非辟故若手執刀若手擲刀若有心若无心觸火不燒若呪毒若藥雜毒服者若有心若無心不死殺生不如是是故非辟若復謂於火毒得不燒不死因緣而殺生不得不煞因緣者不然得不惡心故如彼刀呪衆藥等是不燒不死因緣不惡心是不煞因緣亦如是以不惡心煞生則非煞生如執刀觸火不燒問无心害衆生不死耶答死雖煞生不得煞罪无惡心故雖逼迫他不得煞罪謂此非說者不然如不逼迫不攝他而罪福長養故謂斷善根得慈

心是故不非說盜者物他所有他物想知不與欲取取作已有想名作無作或一向名無作是身業盜邪婬者父母等護起護想道非道行无護者非處非時是不應行而行名作无作是身業邪婬

謂彼異想說　別離不軟語　无義不誠說
是則口業道

見聞等事顛倒不顛倒覆藏想起名作无作或一向名无作是口業妄語或身動或默然謂布薩事是亦名妄語若言身意業性者不然業性異故着身口業故譬如着身若身放作者是身業譬如曾眼更後身觸得長等譬如受戒時口作得身業譬如受具足時若默然若无心得身業別離者若壞若不壞欲壞想若已壞不令和合名作無作或一向名无作是口業兩舌不軟語者惱乱心若惱不惱名作无作或一向名无作是口業惡口無義不誠語者不善心非義非時不應法言隨入一切口惡行如无明隨煩惱如音聲隨字

衆生相違害　是名為瞋恚　他物已想貪
邪見謂何見

衆生相違害是名為瞋恚者於他衆生惡心欲煞欲打與慈悲相違是名瞋恚他物已想貪者愛他物欲為已有想名為貪是一切欲界貪邪見謂何見者於施等作無見名為邪見問何業道誰究竟答

煞生與惡口　及瞋恚業道　皆由瞋恚成
衆生處所起

煞生與惡口及瞋恚業道皆由瞋恚成者煞生惡口瞋恚當知從瞋恚成究竟時要與瞋恚俱問從何處生答衆生處所起此三業道當知從衆生處所起

身二業及貪　貪欲所究竟　皆由貪欲成
衆具處所起

身二業及貪貪欲所究竟皆由貪欲成者偷盜邪婬及貪是三業道當知貪究竟問此復何處起答衆具處所起此三業道當知從衆具處所起

謂有餘口業　是皆三所成　從名處所起
明智之所說

謂有餘口業是皆三所成者妄語兩舌綺語當知從貪欲瞋恚愚癡究竟問彼復從何處起答從名處所起明智之所說此三口業道當知從名起

邪見名色起　亦從愚癡成　一切諸業道
三種為方便

邪見名色起亦從愚癡成者謂邪見從名色處所起問此誰究竟答亦從愚癡成此邪見當知從愚癡究竟問一切業道方便如根本究竟為有異耶答一切諸業道三種為方便一切十不善業道貪欲瞋恚愚癡悉為作方便貪煞者為皮肉筋骨等故煞為已故或為親友故瞋恚煞者煞怨家及怨親友令其憂惱愚癡煞者言煞諸毒虫等因緣无罪以害人故煞諸禽獸等因緣無罪為人食故波私國說如父母老若惡病應煞因緣无罪貪盜者盜所須物為已他故瞋盜者若盜怨若怨親物令其憂惱癡盜者如婆羅門說一切地所生物悉施婆羅門婆羅門弱劣故剎利等受用是故婆羅門言自取已物无罪而彼取

時作他物想故名盜貪邪婬者於衆生所貪心方便若他所受及自所受若為財利非貪方便則瞋恚起謂於怨家及怨親所受癡邪婬者如說橋舩野田華果道路女人一切衆生恚共受用如婆羅門說婆羅門應有四婦刹利應三鞞舍應二首陁羅唯一口業若貪起當知從貪生若恚起當知從恚生若癡起當知從癡生貪者若貪次第起是即從貪生若瞋所起是從瞋恚生愚癡所起是從愚癡生瞋恚邪見亦如是問云何業道定是作無作非耶荅

根本業无作　或復說有作　方便終則異
貪不貪等起

根本業無作或復說有作者色自性七業道定无作或復作邪婬定有作以自究竟故非他餘業道不定若自作則有作若使他作者一向无作問頗非身作而得煞生耶荅有謂口作頗非口作而得妄語耶荅有謂身作頗非身口作而得二罪耶荅有謂仙人起惡心謂布薩事若欲界色性善

業道定有作及无作禅無漏律儀唯無作非作由心故方便者有作若淳淨心及極利纏作有无作若不淳淨心及不極利纏作者唯有作無无作終則異者業道終唯无作作業已息故問何等為業道方便何等為終荅煞方便謂屠羊者若捉若買若牽来一打三打乃至命未盡悉名方便當斷命時剎那頃作及无作是根本業道後乃至於是處不善身所作及無作是煞生終乃至綺語亦如是是名為終貪恚邪見无方便現在前則是根本起有說身口業道一切十業為方便及終此云何如欲殺彼衆生煞此衆生為因煞後煞彼謂煞生析請助力煞彼或刦他財以資煞事或婬彼所受令殺其主或於彼知友妄語惡口兩舌綺語以離其親或貪彼財或復瞋彼或起邪見長養殺法後煞彼子復婬彼婦次第乃至十不善業道當知是終如是一切盡當知貪不貪等起者不善業道貪恚癡為方便亦為終善業道以不貪不恚不癡起

捨不善業道方便即是善業道方便捨根本即是根本捨終即是終問此云何荅如沙弥受具足入戒場周匝礼僧求和上受衣鉢白一羯磨乃至二羯磨皆是方便第三羯磨彼剎那頃作及无作是根本業道次說四依如是乃至於是處身口所作及无作是名為終問何處有幾業道荅

地獄五業道　欝單曰後四　餘方具有十
及餘惡趣天

地獄五業道者地獄衆生有五不善業道惡口綺語貪恚邪見無相煞故無煞業道无受財故无盜無執受女人故无邪婬異想說故名妄語彼无異想故無妄語常離故无兩舌為苦所逼故有惡口不時說故有綺語貪及邪見成就而不行瞋恚者俱有欝單曰後四者有後四不善業道壽分定故無煞生无受財故無盜无執受女人故无邪婬欲行欲時將彼女人往詣樹下樹自曲枝而覆其上然後行欲去已還復若樹不覆並愧而離無欺他故無妄語常和故无兩舌柔

歎故无麁言有歎歎故有綺語意業道雖成就而不行餘方具有十者除欝單曰餘三方有十業道或不律儀所攝或離不律儀所攝及餘惡趣天者畜生餓鬼及欲界天有十業道離不律儀雖天不害天而害餘趣又說天亦有截手足斷而還生若斬首若中截則死展轉相奪等乃至十業道一切恚有色无色天無有不善業道

問何處有幾善業道 荅

地獄欝單曰 有三善業道 等現於無色 彼聖成就十

地獄欝單曰有三善業道者地獄有無貪无恚正見欝單曰亦尒等現於无色者无色界即此三現在前行彼聖成就十者无色界聖人成就无漏十善業道

如此亦復異 謂色界律儀 畜生餓鬼異 餘如是亦異

如此亦復異謂色界律儀者色界禪律儀所攝具十善業道亦成就亦現在前聖人生彼則有无漏業道畜生餓鬼異者畜生餓鬼亦有十善業道離律儀亦離不律儀餘如是亦異者閻浮提弗婆提瞿陁尼及欲界天說餘彼有十善業道是律儀所攝或離律儀謂欲界天唯有禪無漏律儀問幾不善業道一時與思俱轉荅

不善業道起 一與思俱轉 二三乃至八 當知次第增

此身自性三不善業道彼一一與思俱轉謂殺生偷盜邪婬二俱轉者煞他衆生而盜取三俱轉者遣二使已自行邪婬以此行自究竟非他故若彼種類和合者則一切俱究竟口業道一俱轉者謂綺語二俱轉者攝妄語非時說綺語攝欲別離說非時說綺語攝惡口說非時說綺語三俱轉者攝欲別離說妄語非時說綺語攝惡口妄語非時說綺語攝惡口欲別離說非時說綺語四俱轉者攝欲別離妄語惡口非時說綺語意業道者一一俱轉行別故不二如是五六七八俱轉遣六使自行邪婬不由他故若彼種類和合者則一時俱究竟及貪現在前如是八不善業道與思俱轉問幾善業道一時與思俱轉荅

所謂善業道 二三及與四 六七九與十 一時思俱轉

欲界善五識身現在前初禪地三識及依无色盡智无生智此二善業道與思俱轉謂无貪無恚欲界善意識現在前色界不定心及無色界又依無色无漏正見三事與思俱轉優婆塞及沙弥染汙及无記心受律儀四即此善五識住六即此善意識住及比丘染汙无記心非心七比丘善五識住若依禪盡智无生智俱心九即此比丘善意識住及色界定心依禪無漏正見現在前十善業道與思俱轉問何業道有幾果荅

一一果有三 所謂為報果 依果及增上 是名業道果

一一業道皆有三果謂報果依果增上果彼業道修習多修習生地獄中是報果從地獄出來生人中受相似果謂煞生者短壽盜者失財邪婬者妻不貞良妄語者惡名識論兩舌者親友乖離惡口者常聞惡聲綺語者

言語不正貪者增貪瞋者增瞋邪見者增癡是為依果此諸業道增上果者謂衆具麁悴無有光澤多遭霜雹塵垢汙濁臭穢不淨居處嶮曲茨蕀惡刺果實零落尠少纖細極大苦惱無有花果問云何果相似苦

苦他惡道苦　傷壽則短壽　外具不光澤
壞彼光澤故

苦他惡道苦者謂煞生令彼受苦得惡道苦此是相似問煞何等陰為色陰耶為五陰耶荅有說色陰以色可斷壞故四陰非觸有說五陰四陰雖非觸彼依色陰轉煞色陰亦煞彼如瓶破則失乳問為煞無記為三種耶荅有說無記以無記受刀杖故餘二非觸又說一切三種如前說問煞何陰過去耶未來現在耶若過去者彼已滅若未來者不可得若現在者彼剎那須不住荅有說未來現在世住壞未來和合又說未來現在以現在受刀杖不相續陰滅傷壽則短命者謂彼煞者斷彼命故而得短壽外具不光澤壞彼光澤故者謂彼煞者壞彼光澤故所得衆具惡不光澤一切業道隨其所應當知盜及邪婬雖不令彼苦以壞悕望故如不別離亦名兩舌彼雖不惱亦名惡口已說業道分差別今當說

謂現法果業　次受於生果　後果亦復第
當知分各定

三業現受生受後受現法受業者若業此生作即此生熟名為現受若第二生熟者名為生受第二生後熟者名為後受或有欲令四業前三及不定受前三者不轉不定者轉轉者謂持戒等護故辟喻者說一切業轉乃至無間彼說若無間不轉者亦无有越第一有若越第一有者故知無間業亦轉彼有說現法業不必現報熟若熟者現法受非餘如是說者說八業現法報或定不定乃至不定受業亦如是是故彼說分定熟不定應作四句或分定熟不定或熟定分不定或分定熟亦定或非分定亦非熟定問此四業幾一身種類種荅三除現法受欲界四種業種色无色界亦如是地獄趣四種不善業種善者三種除現受業餘趣俱四種生欲界凡夫欲愛未盡欲界四種若欲愛盡梵天愛未盡若不退種性法者欲界三種除生受梵天亦三種除現受若退種性法者梵天如前說欲界四種善業種如是隨其義一切地生凡夫聖人亦如是說已說現受等樂受今當說

欲界中善業　及色界三地　說名為樂受
此亦定不定

欲界中善業及色界三地說名為樂受者欲界善業得樂受及衆具報色界乃至第三禪業皆得樂報問禪中間業得何等報荅有說初禪樂報此非說以阿毗曇說或業得心受非身耶荅有善無覺業又說禪中間業不得受報唯有色心不相應行問此分亦定耶荅此亦定不定若定若不定此四地中善皆有樂報

得不苦不樂　是說為上善　若受於苦報
是說不善業

得不苦不樂是說為上善者第四禪

地善業及无色地善業說不苦不
樂報以彼得不苦不樂受及衆具故
問下地何故無不苦不樂報耶荅有
說下地麁而彼受細故下地不寂靜
而彼受寂靜故若下地作善業皆爲
樂受故无有求不苦不樂受者雖不
求苦報以求樂故作惡行是故雖不
求而受苦報若受於苦報是說不善
業者不善業說苦報苦受果故非獨
業受報四陰五陰亦受報但業勝故
說業受報當知此亦定不定問幾種
受荅
所謂自性受　相應與報受　現前及境界
是說五種受
五種受謂自性受相應受報受現前
受境界受自性受者受也相應受者
受相應法報受者樂受等業現前受
者現在受如大因經說若樂受現在
前時二受則滅境界受者眼觸生覺
受色是攀緣義此五種受中當知說
報受非餘問世尊說黑報等四業云
何建立荅
色有中善業　是白有白報　黑白在欲中

俱黑說不淨
色有中善業是白有白報者色界善
業一向无瞋恚離黑問无色界業勝
非色界何故不說荅二報故色界受
中陰及生陰无色界唯有生陰如是
色無色可見不可見有對无對受報
又彼有三業五陰十善業道受報故
說黑白在欲中者欲界善業雜不善
業故是故說黑白又一身中二種業
可得亦二種報是故如是說非黑即
是白黑異相故俱黑說不淨者不善
業說黑彼有黑報彼因穢汙穢汙故
說黑及鄙賤可惡故說黑報唯鄙賤
黑非穢汙黑不染汙故
若有思能壞　彼諸業无餘　此說無閡道
謂是第四業
若道能滅彼三業彼道相應思是第
四業此業不染汙故不黑不可樂故
不白不墮界故无報問何業幾思斷荅
說有十二思　斷於黑報業　四思能斷白
一思二俱離
說有十二思斷於黑報業者黑業十
二思斷見道四法忍相應思及離欲

界欲八无閡道相應思四思能斷白
者四思斷白業初禪離欲第九无閡
道相應思乃至第四禪離欲亦尒以
善有漏法最後无閡道斷故一思二
俱離者欲界離欲第九無閡道相應
思滅黑業及黑白業問世尊說曲穢
濁此云何荅
曲者從諂起　穢從瞋恚生　欲生謂爲濁
世尊之所說
曲者從諂起者諂者說曲於曲相法
所起業名爲曲彼曲果故諂者以不直
故名爲曲以諂所閡難出生死難入
涅槃譬如曲木穢從瞋恚生者二種
穢穢自身及他身故瞋恚者名爲穢
於穢相法所起業名爲穢彼果故欲
生謂爲濁世尊之所說者欲者染性
故名爲濁若業欲所起名爲濁彼果
故果似因說問幾種等起荅
等起有二種　因及彼剎那　如前所迴轉
此亦隨迴轉
等起有二種因及彼剎那者有二種
等起因等起者我當作所作彼剎那
等起者若心住作彼業問此二等起

何等為轉何等為隨轉荅轉者謂彼前若彼因等起者名轉後者說隨轉彼刹那等起說隨轉問六識身何等為轉何等為隨轉荅

若識修道斷　在意有二種　五種心說一
餘則說有漏

若識修道斷在意有二種者修道所斷意識亦轉亦隨轉以彼俱能起業故彼亦善不善无記彼善轉即善隨轉不善无記亦如是無記者威儀工巧彼威儀心轉即彼隨轉善穢汙心現在前去者不然以速起故如旋火輪工巧心亦如是前已說報生心不起身口業五種心說一者五識身說隨轉受自作故非轉無思惟故餘則說有漏者見道斷心說餘彼是轉能為因等起故非隨轉不以見道斷心等起身口業以微細故內向故若復見道斷心等起身口業者彼業為見道斷為修道斷為俱道斷若言見道斷者無有色見道斷明无明相違故若言修道斷者修道斷法而見道斷心等起者此則不應若言俱斷者則

有可分此亦不然如契經說邪見人身口業說是見彼亦說因等起問何等為淨荅

一切妙行淨　無學身口滿　所謂意滿者
即是無學心

一切妙行淨者若所有妙行一切說淨若身妙行是說身淨如是比問有漏法有垢云何說淨荅煩惱相違故引導第一義淨故問云何滿荅无學身口滿無學身口妙行說滿所謂意滿者即是无學心無學心說意滿牟尼相故問以何等故色陰識陰說滿非餘荅麁細故心者第一義滿以身口業比知止息增廣故煩惱熱不損故意語不壞故是故說阿羅漢滿非餘問妙行淨滿何差別荅所作善故說妙行清淨故說淨牟尼故說滿復次受果故說妙行離煩惱故說淨離癡故說滿已說業業果今當說

相似說依果　報則不相似　淨及不淨果
是則說為報

依果者謂善生善如是比當知說自分因報果者謂淨不淨果如前說報

因與果相似者謂依果不相似者善不善因無記果

所謂解脫果　離欲見真說　以功力所得
是說功用果

所謂解脫果離欲見真說者解脫果謂斷也以功力所得是說功用果者若果以功力所招及斷是說功用果

種種相諸法　其果唯一相　是說增上果
除前所起法

若多相諸法相似不相似唯一果謂增上果謂所作因除前所起法者除前生於後生非果問增上果功用果何差別荅所作事成為功用果受用為增上果謂種殖者有二果受用者有增上果已拋說果若彼果是業有今當說

有漏斷結業　五果是有果　无漏斷結道
彼則有四果

有漏斷結業五果是有果者世俗斷結道彼業有五果彼後相似及增上是依果彼業報是報果彼結斷是解脫果彼所招及斷是功用果除自已餘一切法是增上果无漏斷結道彼

則有四果者無漏斷結道彼業有四果除報果餘果如前說

不善業四果　亦餘善有漏　餘无漏有三　無記業亦然

不善業四果亦餘善有漏者不善業四果除斷結道諸餘善有漏業謂方便道解脫道勝進道及聞等慧此諸業亦有四果除解脫果餘无漏有三無記業亦然者除斷結无漏諸餘無漏業及无記業有三果除報果及解脫果

四二及三果　三四亦復二　三二三淨等　是說為業果

善業者以善法為四果除報果以不善為二果功用及增上果以無記為三果除依果及解脫果不善業者以不善法為三果除報果解脫果以無記法為四果除解脫果自分因遍因以欲界身見邊見无記法為依果以善為二果功用及增上果无記業者以無記法為三果依果功用果增上果以善為二果功用果及增上果以不善為三果除報果解脫果

過去一切四　中未來亦然　中於中說二　未生未生三

過去一切四者過去業以一切三世法為四果除解脫果不墮世故中未來亦然者現在業以未來法為四果如前說中於中說二者現在業以現在法為二果功用果及增上果未生未生三者未來業以未來法為三果報果功用果增上果

自地自地四　或以他地二　若正思惟地　亦有解脫果

自地自地四者自地業以自地法為四果除解脫果如欲界繫以欲界繫乃至非想非非想亦如是或以他地二者他地業以他地法為二果功用果增上果若无漏業以他地無漏為依果若正思惟地亦有解脫果者定地或有解脫果謂无閡道所攝

皆以一切三　三二一復五　二三次第說　謂是學等業

學業以學為三果依果功用果增上果以无學為三果亦如是以非學非無學為三果解脫果功用果增上果无學業以無學為三果依果功用果增上果以非學非无學為二果功用果增上果以學為一果增上果非學非無學業以非學非无學為五果以學為二果功用果增上果以無學為二果亦如是

謂說三四一　四三及與二　四復一亦二　是說見等業

見道斷業以見道斷法為三果依果功用果增上果以修道斷法為四果除解脫果以無斷法為一果增上果修道斷業以修道斷法為四果除解脫果以无斷法為三果解脫果功用果增上果以見斷法為二果功用果增上果无斷業以无斷法為四果除報果以見斷法為一果增上果以修道斷法為二果功用果增上果已說業有果身業口業四大造今當說

自地若有大　身口業所依　无漏隨力得　此即是彼果

自地若有大身口業所依者若欲界身口業即欲界四大造色界初禪地身口業即初禪四大造乃至第四禪

亦如是以墮界故煩惱合故無漏隨力得此即是彼果者无漏身口業隨所依力得即彼地四大造若生欲界無漏初禪正受乃至第四禪彼身口業即欲界四大造一切地生亦如是不墮界故非煩惱合故若須陁洹斯陁含阿那含果及向佛辟支佛聲聞波羅蜜道法智比智品依欲界身現在前彼一切業欲界四大造若依色界身現在前彼一切業色界四大造學生無色界依五地未来戒成就若先彼地起无漏道即依彼地過去若彼得阿羅漢果彼捨學戒得無學未来依五地戒問世尊說三障此云何荅

無間无救業　廣生諸煩惱　悪道受悪報
障閡應當知

三障業障煩惱障報障謂障閡聖道及聖道方便故說障除此三障餘法雖為障然此三障五因緣易見易知所謂處趣生果人彼業障者五无間業所謂害父害母害阿羅漢壞僧出佛身血此業報无間必生地獄中是故說无間有二因緣故得无間背恩義及壞福田彼害父母是背恩无間餘者壞福田无間罪冣大者所謂壞僧次出佛身血次害阿羅漢次害母次害父此義雜品當廣說煩惱障者謂勤及利煩惱有衆生煩惱勤而不利應作四句勤而不利者數行軟煩惱利而不勤者增上煩惱不數行亦勤亦利者數行增上煩惱不勤不利者不數行軟煩惱彼軟煩惱勤利者此說煩惱障以依軟結便有中依中便增故若利煩惱不勤者非障以不數行故若俱者一切悪不俱者一切勝當知善根亦如是以行煩惱故建立障非成就者以一切衆生等成就煩惱故隨其所應彼煩惱障者當知黄門氣噓冨蘭那等又復說難陁央掘魔欝鞞羅迦葉如是比以說力故彼得見諦舍利弗等非其境界報障者悪道處欝單曰無想天處問此障何者冣大悪荅

所謂煩惱障　是說冣大悪　无間業為中
報障則為軟

三障中煩惱障冣大悪次業障次報障以煩惱障能轉業障業障轉報障故又說報障冣大悪以一切因時可轉果時不可轉故此則不然彼或有煩惱障成就或業障或報障或煩惱障業障（業障或煩惱障報障或業）障報障俱成就以因果不俱故彼業障者三方煩惱障報障者五趣問如所說无間業其罪冣大謂壞僧僧壞有何性荅

謂不和合性　當知是僧壞　不隱沒無記
是不相應行

僧壞者是不和合性不隱沒无記不相應行陰攝壞僧罪是妄語問何等誰成就荅

壞者則是僧　罪則壞僧人　彼受一劫報
无擇地獄中

壞者則是僧罪則壞僧人者僧成就壞壞僧人成就罪彼受一劫報无擇地獄中者壞僧罪无擇地獄中受一劫報若作餘悪行種餘地獄報彼或無擇彼後不能壞僧壞僧後作餘悪行彼一切皆無擇地獄果若多行悪行者所受身廣大而柔軟多受衆苦餘无間業後不能壞僧者要族姓端

正戒閒才辯如是之人乃能壞僧以彼自立為大師故犯戒者非增上問云何壞僧荅

大師及是道　諸比丘異忍　破壞和合僧
所謂見行增

大師及是道諸比丘異忍破壞和合僧者謂比丘起如是悕望提婆達多是我大師非瞿曇彼所制五法是道非八正當知是壞僧又說受籌見聞俱增問何等人破僧荅謂見行增上者見行人壞僧悪悕望故非愛行人輕動故問為在家人壞僧為出家荅比丘受具足比丘壞僧非在家非沙弥非比丘尼若彼心住壞僧即彼心是果六識身一一現在前壞僧覺亦如是問何處壞僧為幾人荅

三方極少八　是則羯磨壞　閻浮提至九
是則法輪壞

三方極少八是則羯磨壞者三天下羯磨僧壞極少者至八以四人名僧非三故若於一住處界內二部僧各别作布薩羯磨當知是僧壞問何處壞法輪為幾人荅閻浮提至九是則法輪壞閻浮提法輪壞非餘處以此有道則有異道若此有大師則有異師極少至九人乃至二部各别有一人僧所同者教僧者僧隨順者教无慚無愧部謂提婆達也問為壞聖僧為凡夫僧荅凡夫壞非聖人以正定聚故不壞淨故又說得忍凡夫亦不壞巳入決定聖僧世尊不壞眷屬故問住何分僧不壞荅

不結界前後　牟尼巳涅槃　瘡肉未起時
及无第一雙　於此六時中　則無壞法輪

有六時僧不壞謂不結界結界因緣前巳說亦非前亦非後以此二分中僧一味故亦非大師般涅槃後无異師故亦非未起悪戒悪見息肉亦非未建立第一雙以僧壞不經一宿别住第一雙還和合故或有欲令七因緣不壞謂大師在衆彼无威光故非一切諸佛悉有壞僧由行故問此五無間業何等最大悪荅

妄語破壞僧　於諸業最悪　第一有中思
是說最大果

妄語破壞僧於諸業最悪者壞僧妄語是為最悪以轉法身故法者佛所重以彼廣方便轉故壞僧者惱乱大衆故若僧壞未起昇離生者不起昇離生亦无得果亦無坐禪學問思惟業生大千世界法輪不轉若僧還和合者未起昇離生者起昇離生及得果離欲漏盡坐禪學問思惟業生大千世界法輪復轉問此說妄語最大罪及餘處說意業及邪見是諸大罪有何差别荅五無間罪中妄語為最大三業中意業為最大五見中邪見為最大復次報廣故妄語最大罪惱大衆故意業最大罪斷善根故邪見最大罪問何等業最大果荅第一有中思是說最大果以彼思於非想非非想處八万劫壽以報果故說解脫果者金剛三昧相應思最大以彼思永斷一切煩惱得果故又說一思種八万劫然後多思成滿如畫師先以一色作摸後布衆綵又說一時正受一行一緣衆多思現在前於中或有思受十千劫壽有三十千劫四十千劫壽者此說大劫數

雜阿毗曇心論卷第三

雜阿毗曇心論卷第三

校勘記

一　底本，麗藏本。六一〇頁中至六一一頁下及六一二頁中至六一三頁上共八版，爲廣勝寺本。

一　五九六頁上一行「第三」下，[清]有夾註「上」。

一　五九六頁上四行「第三」，[徑]、[清]作「第四」。

一　五九七頁上九行第九字「五」，[徑]作「無」。

一　五九七頁中三行「生心」，諸本作「心生」。

一　五九七頁中一一行首字「禪」，諸本作「禪禪」。

一　五九七頁下二〇行第七字「者」，諸本無。

一　五九八頁下四行第三字「究」，諸本無。

一　五九八頁下五行第一〇字「生」，[徑]作「至」。

一　五九九頁上二行「不善無作念念」，諸本作「念念不善無作」。

一　五九九頁上一七行首字「惱」，[磧]作「斷」。

一　五九九頁上一九行第一〇字「善」，諸本作「言」。

一　五九九頁中二二行第一二字「殺」，諸本作「若殺」。

一　五九九頁下一一行第一一字「得」，諸本作「得不」。

一　六〇〇頁上五行至次行「彼因⋮⋮已說」共十七字，諸本無。

一　六〇〇頁上一九行第一一字「種」，諸本無。

一　六〇〇頁中三行「增上」，諸本作「增上律儀」。

一　六〇〇頁中六行「下戒」，諸本作「下心戒」。

一　六〇一頁上一九行首字「故」，諸本無。同行第一三字「戒」，諸本作「界」。

一　六〇二頁上八行「一切因非一切

支」，諸本作「非一切支一切因」。

一 六〇二頁上一七行第七字「下」，徑無。

一 六〇二頁上一八行第三字「語」，徑作「語下」。

一 六〇二頁中八行第一〇字「己」，諸本作「名」。

一 六〇二頁下一四行「彼俱」，徑、清作「彼具」。

一 六〇二頁下一五行第五字「戒」，徑無。

一 六〇二頁下一六行「謂彼」，諸本作「彼謂」。

一 六〇三頁中一一行末字「及」，諸本無。

一 六〇三頁下四行「想殺」，諸本作「殺想」。

一 六〇三頁下二一行第一〇字「雖」，諸本無。

一 六〇四頁上二行「取取」，諸本作「取」。

一 六〇四頁上二一行第五字「語」，諸本作「說」。

一 六〇四頁上末行後，清換卷，卷第三上終，卷第三下始。

一 六〇四頁中一三行第四字「要」，諸本作「惡」。

一 六〇五頁中八行「三打」，諸本作「二打」。同行末字「當」，諸本無。

一 六〇五頁中一一行第五字「終」，諸本作「後」。

一 六〇五頁中一七行第三字「受」，諸本作「愛」。

一 六〇五頁下一四行「異想」，諸本作「異相」。

一 六〇五頁下末行末字「柔」，徑作「雖」。

一 六〇六頁中一行第五字「離」，諸本作「不」。

一 六〇六頁下二二行「識論」，諸本作「識謗」。

一 六〇七頁上三行第六字「悴」，諸本作「惡」。

一 六〇七頁上四行「茨蘇」，諸本作「荊棘」。

一 六〇七頁上五行「苦惱」，諸本作「苦澀」。

一 六〇七頁上七行「短壽」，諸本作「短命」。

一 六〇七頁上一五行末字「二」，諸本作「三」。

一 六〇七頁中二行第二字「道」，諸本無。

一 六〇七頁中六行末字「第」，諸本作「然」。

一 六〇七頁下二行末字「夫」，徑、清作「未」。

一 六〇七頁下三行第八字及五行第九字「種」，諸本作「種種」。

一 六〇七頁下六行第一〇字「說」，徑無。

一 六〇七頁下一五行「樂報」，諸本作「樂根」。

一 六〇八頁上一三行「現前」，諸本作「現在」。

一 六〇八頁上末行及頁中二行「有

中」，諸本作「中有」。

一　六〇八頁下一八行「果似」，諸本作「似果」。

一　六〇九頁上一行第三字「爲」，諸本無。

一　六〇九頁上六行第二字「則」，諸本作「者」。

一　六〇九頁中一六行第一三字「善」，諸本作「是」。

一　六〇九頁中二〇行第一二字「及」，諸本作「以」。

一　六〇九頁下九行第三字「所」，資、磧、普作「前」。

一　六一〇頁上一〇行「果及」，諸本作「及果」。

一　六一〇頁上一七行首字「不」，諸本無。

一　六一〇頁下三行第三字「土」，諸本作「上」。

一　六一一頁中九行「勤不利者」，資、磧、普、南、徑、清作「勤而不利者」；麗作「不利者」。

一　六一一頁下四行末字「惱」，資、磧、普、南、徑、清作「惱障」。

一　六一二頁上五行末字「增」，諸本作「者」。

一　六一二頁上一一行「見行」及「愛行」，諸本分別作「行見」、「行愛」。

一　六一二頁中二一行及末行「諸業」，資、磧、普、南、徑、清作「諸法」。

一　六一二頁中末行第一三字「增」，諸本作「僧」。

一　六一二頁下六行第五字「昇」，磧、南、徑、清作「是」。

一　六一二頁下一一行末字「爲」，資、磧、普、南、徑、清無。

一　六一二頁下二〇行第七字「綵」，資、磧、普、南、徑、清作「彩」。

一　六一三頁上一行「第三」下，清有夾註「下」。

雜阿毗曇心論卷第四　　摩

尊者法救造

宋天竺三藏僧伽跋摩等譯

使品第四

已廣說業彼業伴煩惱受種種生非離煩惱煩惱今當說

一切有根本　業侶生百苦　謂彼有七使
牟尼說當思

謂欲有色有無色有此有貪欲等七使為種以煩惱故業業故受生彼煩惱業伴生百苦不離於業煩惱轉時作十事所謂根堅固分相續起於田生依果種業有執自具愚於緣引識流越善業急縛義不令作越界方便彼智者當知此義如此七使為九十八今當說

界行種分別　說有九十八　十種修道滅
餘則見道斷

此七使界行種分別為九十八使彼七使中貪欲使於九十八使中以種分別為五恚使亦如是有愛使界種分別為十慢使界種分別為十　五无

明使亦如是見使行分別為五行種分別為十二界行種分別為三十六疑使界種分別為十二是為七使分別為九十八問此九十八使幾見斷幾修斷答十種修道滅餘則見道斷愛慢無明界分別為九瞋恚為十餘八十八使見道斷彼於諦處見則斷故曰見道若數習道而斷故曰修道若見道所斷是說見斷若修道所斷是說修斷如是不覺心覺心九種一種九種九種破石方便斷藕絲方便未見尒炎觀已見尒炎觀彼斷時修四行道是見道斷彼斷時修十六行道是修道斷對无事對有事亦如是已說使對治差別謂種差別今當說

使有二十八　是障於見苦　彼當見苦時
永盡无有餘

見斷八十八使中二十八障見苦故見苦斷斷義此品後當說

見集斷十九　當知滅亦然　增三見道斷
十說修道滅

見集斷十九使障見集故見集斷當知滅亦然者見滅斷十九使亦如是

增三見道斷者二十二使見道斷十說修道滅者十使修道斷如前說已說使種差別界差別今當說

第一煩惱種　在欲當知十　二種種有七
餘八見道斷

第一煩惱種在欲當知十者如前說初見苦斷煩惱種彼十使欲界繫二種種有七者見集見滅斷各七使欲界繫餘八見道斷者見道斷八使欲界繫

欲界應當知　四是修道斷　謂餘上二界
當知同可得

欲界應當知四是修道斷者若修道斷煩惱四是欲界繫如是說欲界三十六使謂餘上二界者餘六十二使在色无色界問幾色界繫幾无色界繫答當知同可得彼三十一使色界繫三十一使无色界繫已說界種差別使自相今當說

所謂有身見　受邊見邪見　二取應當知
是五說名見

諸行從緣起而無知乱心愚夫於五受陰若自若共起我我所審尒計著

是名有身見於諸行受斷常審尒計著是名受邊見无施等審尒計著是名邪見於有漏法受第一審尒計著取見等除等故是名取見見於有漏行受淨等審尒計著取戒等除等故是名取戒見此五煩惱決斷故說見此一邪見邪決斷故行差別故說五見（梵云音中亦可言摩亦可言此並有竊取義提擇義雖貴与理乘而舊存求實故言選擇所受非道故言竊取）

貪欲疑瞋恚　慢癡說非見　境界差別轉　建立種種名

貪欲疑瞋恚慢癡說非見者於彼境界樂著名貪欲於諦或名為疑衆生非衆生數忿怒名瞋恚族姓色力富勢伎術等方他卑等上起意自高名為慢於諦愚名為癡此五煩惱非慧性故非見是為十使境界差別轉建立種種名者此十使境界差別轉故建立種種名此諸使若障見苦說見苦斷如是障見集滅道說見道斷

下苦說一切　二行離三見　道除於二見　上界不行恚

下苦說一切者下苦謂欲界苦彼一切十使與見苦相違故見苦斷 二行

離三見者除身見邊見戒取餘七使與見集滅相違故見集滅斷道除於二見者除身見邊見餘八使與見道相違故見道斷問何故身見邊見見苦斷非餘耶荅苦處轉故果處轉故見彼則斷不遠隨至根此見不隨根故初見諦則斷問何故戒取見苦見道斷非集滅耶荅彼處起故異學於彼二諦相違非集滅彼垢處故於集諦欲洗浴處故於滅諦欲者內法者見苦斷外法者見道斷問疑使何故不修道斷荅於事不見故疑於事見故斷彼方起見故无有見修道斷上界不行恚者色无色界除恚餘如欲界說彼色界見苦斷九見集滅斷六見道斷七修道斷三無色界亦如是問上二界何故无恚耶荅彼无有無慚无愧慳嫉憂苦性故寂止養身故得慈心故無九惱性故離不饒益相故離一向不善故二果故是瞋恚已說使界建立一切遍今當說

苦遍在苦因　疑見及无明　是使一切種　謂在於一地

見苦集所斷疑見彼相應无明及不共此十一使當知地地一切遍廣境界故自地如是緣使五種上不使下非境界故離欲故斷知故下不使上劣非所使事故使果不可得故當知見諦所斷是一切穢汙法因彼應如是何以故聖人不起無有愛瞋恚纏慢種現在前者應說轉非分故无有愛者斷見所長養隨斷見起彼斷見滅故瞋纏者邪見所長養隨邪見起彼邪見滅故慢種者身見所長養隨身見起彼身見滅故已說自地一切遍他地今當說

他地為境界　除二見如前　地地九遍使　非想則不然

前說十一切遍除身見邊見餘九一切遍徙欲界乃至无所有處是他地一切遍彼欲界見苦斷邪見若自若共謗色无色界果見取受第一戒取受淨起疑或无明不了欲界見集斷邪見若自若共謗色无色界陰因見取於因受第一疑或無明不了如是初禪見苦集所斷邪見若自若共

謗七地苦集如是廣說乃至無所有處見苦集所斷邪見若自若共謗一地苦集如是廣說非想非非想處地無他地一切遍无上地故界亦如是說无色界無他界一切地遍无上界故問一切遍有何義荅一切有漏種普緣義是一切遍義緣力持義是一切遍義一切起一切衆生一切事故名一切遍無有凡夫於有漏法本來不取我等行問何故身見邊見說自地一切遍非他地耶荅見現境界故此見見現境界非下地生見上地雖上地生見下地前已說上地使不緣下地愛恚慢自相起故不緣他種況緣他地未離欲者雖樂上地是欲非貪

若緣苦邪見　是違於見苦　一地緣九地
緣集亦復然

若緣苦邪見是違於見苦一地緣九地者欲界見苦斷邪見緣九地苦從欲界乃至非想非非想處非一時謂欲界非色界　無色界　若異者則斷知壞及界壞初禪緣八地二禪　七地乃至非想非非想緣非想非非想緣集

亦復然者如說見苦斷邪見見集斷邪見亦如是問云何唯使是一切遍復餘法耶荅

若一切遍使　同一果諸行　當知一切遍
非為諸得等

若一切遍使相應受等法及共有生等彼亦一切遍同一果故和合故相隨行故前後无不合故是名一切遍一果等非性故得非一切遍一切遍使三事故五種因緣五種使五種彼相應法五種因緣五種不使五種非使性故彼共有法五種因不緣五種不使五種是故說若一切遍使一切遍因作四句一切遍使非一切遍因者未來一切遍使也一切遍因非一切遍使者過去現在一切遍使相應共有法也一切遍使一切遍因者過去現在一切遍使也非一切遍使非一切遍因者除上說

邪見疑相應　及不共无明　滅道之所斷
當知無漏緣

見滅見道斷邪見疑相應无明及不共無明此六使當知界界無漏緣彼

見滅斷邪見謗於滅疑惑無明不了於滅處轉如是見道斷於道處轉問見滅斷邪見為見滅謗耶不見耶若見者不應謗以見故若不見者不應無漏緣荅見謗但邪見如有處人想謗處彼亦如是問如欲界見苦斷邪見緣九地苦乃至非想非非想處緣一地見滅斷亦然耶荅不然問云何荅

若滅境界見　自地諸行滅　是境界非餘
滅盡非因故

若滅境界見自地諸行滅是境界非餘者欲界見滅斷邪見緣欲界諸行滅非餘初禪初禪乃至非想非非想處亦如是問何故非他地荅滅盡非因故滅盡者无為故非展轉因非展轉因故自地諸行滅為邪見境界故非餘謂善知亦如是者不然何以故轉生相違故善智者行諦與轉生相違是故彼轉異穢汙亦異以有漏地因果斷故謂見苦斷邪見亦自地苦為境界者不然展轉相牽故若生若依若立若因展轉因故問見道斷邪見云何轉如見苦集斷耶如見滅斷耶

荅異轉問云何荅

若道境界見　彼見則緣道　展轉相因故
六地及九地

道者展轉相因故欲界見道斷邪見緣六地法智品色界無色界八地見道斷邪見緣九地未知智品唯法智未知智展轉相因若彼法欲界愛所潤見我我所受彼諸對治應欲界見道斷邪見緣非此煩惱他地緣如此論未知智亦如是說問滅道法智非色無色界法對治耶是故彼智應為色无色界見道斷邪見境界若非境界者亦不應說若法色无色界愛所潤見我我所受彼諸對治應色无色界見道斷邪見緣荅俱不全故無過非全法智為彼界對治雖滅道法智非苦集法智亦非滅道法智全為色無色界對治唯修道法智對治非見道彼初非分故是故汝所說不然辟如樂根意行憂喜捨在意地因六識故立十八意行欲界樂根不在意地故不立意行問何故貪恚慢見取戒取非无漏緣耶荅

貪緣不應責　不為不饒益　寂靜第一淨
彼非无漏緣

智者見貪過若無漏緣者不應見過若不見過亦不應斷若欲涅槃者是善法欲則非貪愛不饒益故起瞋彼非不饒益不寂靜故起慢而彼寂靜見取者第一行轉無漏法第一若彼無漏緣者應是正見非煩惱不顛倒故戒取亦如是問諸使何所使荅

欲界一切種　一切遍使使　緣縛於自地
上地亦復然

欲界一切種一切遍使使緣縛於自地者欲界一切遍使緣使欲界五種問色無色界云何荅上地亦復然如是色无色界自地一切遍使緣使自地五種

謂彼諸餘使　當知緣自種　緣使自境界
一切所依品

謂彼諸餘使當知緣自種緣使自境界者餘不一切遍及一切遍使自相境界故緣使自種法一切所依品者若一切遍及不一切遍若有漏緣若無漏緣彼各使自品相應法

若使无漏緣　他地緣煩惱　自品相應使
境界解脫故

若使無漏緣他地緣煩惱自品相應使者若使无漏緣及他地緣自品相應使非緣使何以故境界解脫故此使境界解脫以無漏法解脫一切煩惱上地諸法解脫下地煩惱故問一一使幾使使荅

彼使身見者　見苦所斷種　見集一切遍
見苦餘亦然

彼使身見者見苦所斷種見集一切遍者謂身見為見苦斷一切使所使以自種故及見集斷一切遍所使廣境界故問見苦斷餘使云何荅見苦餘亦然如說身見當知見苦斷餘使亦如是

如苦集亦尒　滅道有漏緣　盡使於自種
修道斷亦然

如苦集亦尒者如說見苦斷見集斷亦如是滅道有漏緣盡使於自種修道斷亦然者如是見滅見道修道斷亦如是差別者見滅見道斷使自種有漏緣使盡使自種及一切遍使使亦无漏緣相應使使問已知使諸使

使所使諸使使誰為緣使使非相應使使乃至誰非緣使使亦非相應使使荅

見苦使自品　緣使及相應　見相應无明
緣使餘亦然

彼身見身見相應无明二種使使緣及相應餘見苦斷使及見集斷一切遍緣使非相應使不同品故餘使亦非緣使亦非相應使身見相應非使法身見及相應无明相應使亦緣使餘見苦斷使及見集斷一切遍使緣使非相應使餘使亦非相應亦非緣如身見如是邊見見苦斷邪見見取戒取疑貪恚慢亦如是見苦斷无明於見苦斷无明及見集斷一切遍緣使非相應餘見苦斷使亦緣亦相應使餘亦非緣亦非相應使如見苦斷見集斷亦如是見滅見道斷有漏緣及修道斷亦如是差別者若使相應可得即彼使相應使及緣使

若滅境界見　彼俱生无明　諸一切遍使
有漏緣相違

若滅境界見彼俱生无明者見滅斷邪見彼相應无明相應使彼无明邪見相應使彼相應法二俱相應使問餘使復云何荅諸一切遍使有漏緣相違若一切遍及見滅斷種有漏緣使緣使餘非相應使亦非緣使以是義故當知餘无漏緣使亦如是不共無明差別者彼無相應使使

彼使與微入　隨入亦隨逐　是從三事起
當知不斷等

彼使與微入隨入亦隨逐者彼使者作也微入者性也隨入者相應也隨逐者得也復次使者如乳嬰兒微入者微細行也隨入者如麻中油隨逐者如空行影水行隨問云何起彼使荅是從三事起當知不斷等三事故起貪使因力境界力方便力彼貪欲使不斷不知是因力貪欲纏所緣是境界力彼不正思惟是方便力此說煩惱具足因緣不必要具三事若必具三事起者不應退當知一切使亦如是問諸使為不善為无記耶荅

身見受邊見　彼相應无明　欲界中无記
色無色一切

身見受邊見彼相應無明欲界中无記者欲界身見邊見及相應无明是無記何以故於施戒修不相違故若計我者行施令我後世得樂亦持戒令我生天亦修道令我得解脱斷滅見者順解脱復次此見於自事中愚故起不為逼迫他起彼計我者眼見色言我見非眼見不以我見色逼迫他是故非不善餘欲界煩惱是不善色無色一切者色界无色界使一切無記正受壞故無苦受性故不善者苦受報彼色无色界无非色無色界有欲界報果報斷地故問何使何處轉荅

貪欲瞋恚慢　過去或緣起　未來說一切
餘三世盡縛

貪欲瞋恚慢過去或緣起者過去貪恚慢是自相煩惱故不能於一切有漏法起貪者不能不見不聞不思惟境界起由方便故熾然或時有人於眼起愛非餘身分恚慢亦如是未來說一切者未來貪恚慢緣縛三世一切有漏法以三世緣故餘二世盡縛

雜阿毗曇心論第四卷　第十六張

者見疑無明是餘彼共相起故若過
去未来縛三世有漏法現在使不定
故不說若有者若自相煩惱現在前
即彼現在未来縛過去若於彼起已
滅不斷問非為過去使斷即彼未来
斷耶何故說過去起已滅不斷耶荅
不以等種故說有時增上中種先起
彼若過去斷即彼未来斷於彼事中
未来軟煩惱縛是故无過若共相煩
惱現在前縛三世一切有漏法此則
揔說若五識身煩惱過去縛過去現
在縛現在未来若生法縛未来若不
生法縛三世事若意地者過去未来
現在盡縛三世事問云何縛荅若眼
識身煩惱縛所縛緣色彼相應法相
應縛彼相應法意入及法入如是乃
至身識身煩惱縛所緣觸彼相應法
相應縛若意地煩惱縛所緣十二入
彼相應法相應縛彼相應法意入及
法入彼婆𨁝部說人成結成事成阿
毗曇者說人不成結成事成辟喻者
說結成人不成事不成境界不定有
欲无欲故有時於彼起欲起恚起

雜阿毗曇心論第四卷　第十七張

慢起嫉起慳起悲起捨已說使世建
立次第今當說
煩惱次第起　自地於自地　上地亦生下
當知隨次生
煩惱次第起自地於自地者自地
一切使於自地一切煩惱次第轉一
次第生一切上地亦生下當知隨
次生　者上地煩惱次第生下地煩
惱彼染汙心命終起下地中陰生陰
彼非想非非想地次第生八地乃至梵
世次第生欲界問此諸煩惱世尊說
扼流取受漏縛彼云何荅
有扼漂流取　泄漏與結縛　以是義故說
扼流取漏縛
呰所扼故說扼故彼四種欲扼有扼
見扼無明扼問何故五見說見扼一
無明立一扼耶荅等擔故問何故色
无色界結除見无明餘立一有扼耶
荅等正定地故及隱没无記故漂衆
生故說流彼亦四種如扼說取有故
說取極執故彼亦四種欲取見取戒
取說我取問何故无明說扼流而不
說取耶荅非捷疾行故執受義是取

雜阿毗曇心論第四卷　第十八張

義捷疾行彼无明非捷疾行以愚故
不說取問何故四見說見取一取說
戒取耶荅等擔故謂彼䏻熾然業及
違道故内外可得故外道不食等呰
作道想内道糞掃衣等作道想問何
故色无色界結說我取非欲界耶荅
内處起故色無色界結内向起自己
緣故欲界結外向起故是故說欲取
一切入處漏故心漏連注故說漏彼
三種欲漏有漏无明漏問何故說見
流見扼不說見漏耶荅住義是漏義
此見捷疾於住不順是故餘不捷疾
煩惱雜已說漏漂義是流義見於漂
順是故建立流苦繫義是縛義問扼
流取漏縛有何性荅
數有二十九　亦說二十八　三十六十五
欲等扼流性
彼欲扼性二十九貪五恚五慢五疑
四十纒纒此品後當說有扼二十八
愛十慢十疑八見扼三十六五見界
行種分别三十六無明扼界種分别
有十五流亦如是
謂前三十四　次種說三十　第三者說六

第四三十八
欲取性三十四貪五恚五慢五无明
五疑四十纏見取三十除戒取戒取性
六戒取界種分別有六說我取性三
十八愛十慢十無明十疑八色無色
界有二纏睡及掉纏非界種分別前
已說故此中不說

說彼欲漏性　當知四十一　有漏五十二
無明漏十五

欲漏性四十一貪五恚五慢五疑四
見十二十纏有漏性五十二愛十慢
十疑八見二十四無明漏性十五此
百八煩惱扼義故說扼漂義故說流
取義故說取為漏義故說漏問諸煩
惱種云何起荅

無知故猶預　猶預故邪見　因此邪見故
轉生諸身見

初以無知故苦不欲乃至道不欲是
名無明无明故猶預苦非苦耶乃至
道非道耶是无明轉生疑疑故求決
定若得正方便生正決定則有苦集
滅道若邪方便生邪決定則无苦集
滅道是疑轉生邪見若此非苦者則

是我是邪見轉生身見

從是起邊見　戒取戒挹取　於彼決定已
次第生見取

彼於我見變壞便見斷若見相似相
續便見常是身見轉生邊見若見一
邊淨是邊見轉生戒取若淨者是為
第一是戒取轉生見取

自見則生欲　他見則起恚　自見舉名慢
從使轉生纏

彼自見生染他見起恚自見舉慢是
從見起貪恚慢從使生上煩惱纏問
何者是荅

無慚與无愧　睡悔慳嫉掉　眠忿及與覆
是上煩惱纏

十纏所謂無慚无愧睡悔慳嫉掉眠
忿覆此相行品已說謂此是使依（依者梵音嚫山地獸山地義言津液謂纏是使之津液如蘋蒀叛津液流出也）問何纏何使依荅

無愧睡與眠　此三無明依　掉慳及无慚
是從貪欲生

無愧睡與眠此三无明依者无愧睡
眠當知无明依問若彼纏是無明依
者以無明相應耶荅若無明依即无
明相應或無明相應非无明依者餘

七纏是掉慳及无慚是從貪欲生者
掉慳无慚纏是貪欲依問若纏是貪
欲依即彼相應耶荅作四句依不相
應者慳纏是相應不依者無愧睡眠
是亦依亦相應者掉及无慚是非依
非相應者除上說

覆纏二使依　悔則因猶豫　忿嫉瞋恚依
明智之所說

覆纏二使依者或說覆纏是愛依以愛
力故覆藏有說是无明依以无知力
故覆藏悔則因猶豫者悔纏是疑依
忿嫉瞋恚依明智之所說者忿纏嫉
纏是瞋恚依問此煩惱垢有六何依
荅（急縛是纏義輕繫是垢義是十纏六垢差別義也）

所謂煩惱垢　害恨瞋恚依　誑高依貪欲
是義應當知

所謂煩惱垢害恨瞋恚依者害及恨
是瞋恚依誑高依貪欲是義應當知
者誑高垢是貪欲依

所謂五邪見　諂依由是生　說依見取果
是惱應當知

所謂五邪見諂依由是生者五見起
諂依健疾故說依見取果是惱應當

知者惱垢是見取依問何纏與何煩惱相應答

一切煩惱俱　說睡及與掉　無慚不善俱　无愧亦復然

一切煩惱俱說睡及與掉者此二纏一切煩惱相應一切穢汙心不寂靜故當知掉煩惱現在前心無所堪故當知睡雖掉掉不相應及睡睡不相應自性故以少故不說當知使即煩惱彼纏一切煩惱俱故五種六識身三界不善及無記无慚不善俱无愧亦復然者此二纏一切不善使相應一切不善心現在前壞恭敬不畏罪是故彼纏說五種六識身不善故欲界繫

悔在於意地　修道之所斷　眠唯在欲意　餘各自建立

悔在於意地者悔在意地捷疾故以愁慼起故憂相應故苦受所攝故在欲界問此何斷答修道之所斷善行惡行中生故修道斷眠唯在欲意者眠在欲界意地眠時一切煩惱共行是故欲界一切煩惱相應餘各自建立

者餘纏上煩惱各自建立所謂忿覆慳嫉不與餘使相應除无明當知悔亦自建立餘煩惱行非性故問何故慳嫉立九結中非餘耶答

所謂慳與嫉　獨立離於二　是故此二纏　立於九結中

慳嫉二纏自力起故獨立一向不善故離於二以是故立於九結中睡掉者一切煩惱俱故不獨立不善及无記故不離二眠亦與餘使相應故不獨立善不善无記故不離二无慚無愧雖離二而不獨立悔雖獨立而不離二善不善故忿及覆雖獨立亦離二或有欲令是使性彼記有八纏悔眠若善者當知非纏纏一向穢汙故問愛何故立一結而二使或三或六耶答得一縛相故立一結正定地不定地故說二使界別故說三依別故說六問何故三見立見結二見立他取結耶答名等故事等故身見邊見邪見是女名十八使自性是故立一結他取結是男名彼亦十八使自性是故立一結是故如是說若見相應

法愛結繫非見結亦非不見使使若集智生滅智未生見滅見道斷見取戒取相應法愛結繫以愛結有漏緣故非見結以彼一切遍見結斷故雖自種見結不斷而不緣彼无漏緣故非相應異品故非見使不使以五見為見使三見為見結故已說煩惱自性根相應今當說

諸使在三界　盡捨根相應　隨地諸根使　相應至色有

諸使在三界盡捨根相應者三界一切使捨根相應何以故隨順一切煩惱故與欣慼及俱煩惱轉行故以一切煩惱皆處中而息故若異者无離煩惱是故捨根得五種六識身三界隨地諸根使相應至色有者謂喜根樂根乃至梵世彼諸使喜根樂根相應光音天亦有喜根彼地使喜根相應遍淨天有樂根彼地使樂根相應果實天有一捨根彼諸使捨根相應非餘愛等是欣煩惱恚疑是慼煩惱邪見是俱煩惱捨根悉與彼相應同共一緣行也

邪見及无明　欲界中樂苦　瞋恚疑唯苦　謂餘一向樂

邪見及無明欲界中樂苦者邪見起惡業則喜淨業則憂无明一切根相應瞋恚疑唯苦者欲界疑不決定故不喜是故苦受相應初禪二禪无餘根性與喜根相應欲界喜根麁故衆生不應起而起如貪賤人常戲笑隨彼事不應起而起欲界疑微細故不與喜根相應瞋恚憂慼行起故苦受相應謂餘一向樂者欲界餘煩惱樂行起故樂受相應

謂勳二相應　見斷唯應意　欲界諸煩惱
說諸根相應

謂勳二相應者修道斷煩惱名為勳身受相應及心受若六識身者彼五根相應如所起隨其義說彼苦根欲界樂根五識身喜根憂根意地捨根六識身一切身受修道斷意俱有見斷唯應意者見道斷煩惱在意地意識諸根相應非隨事起故欲界諸煩惱說諸根相應者此說欲界諸煩惱上地隨地根相應亦如是說問諸纒何根相應荅睡掉無慚無愧五根相

應眠三根除樂根苦根忿悔嫉恨害惱憂根及捨根覆誑諂三根除樂根苦根慳喜根及捨根高三根除苦根憂根以高意地故三界喜行轉故問諸使幾識相應荅

貪欲瞋恚癡　當知六識俱　謂欲隨道斷
上地隨所得

貪欲瞋恚癡當知六識俱謂欲修道斷者欲界修道斷欲恚无明六識相應上地隨所得者色無色界无瞋恚愛無明隨有識身即彼相應謂梵世四識身可得即彼地二使四識相應

無色界一切　非事慢意地　當知彼七使
自性果及人

無色界一切者謂使无色界見道斷及修道斷非事慢意地者欲色界見道斷及慢此諸使在意地雖上三禪亦意地以界分別故不說地問去何知使荅當知彼七使自性果及人三事故知使謂自性果及人彼自性者貪欲使如興渠勳瞋恚使如苦種子有愛使如嬰兒衣慢使如憍人无明使如愚癡人見使如迷失道疑使如

惑二道果者貪欲使修習多修習生鴛鴦雀等衆鳥中瞋恚使修習多修習生虺虵中有愛使修習多修習生色无色界慢使修習多修習生卑賤中無明使生闇冥中謂世界中間見使生邪見家疑使生邊地及人者貪欲使當觀如難陀等瞋恚使如央掘魔等有愛使如阿私多阿羅蘭欝頭藍子等慢使如慢高兒等無明使如欝鞞羅迦葉等見使如須那剎多羅等疑使如摩訶迦葉等以此三事知使者則能遠離如知嶮道滿煩惱為使不滿煩惱為纒是故纒不立使煩惱垢亦如是以是五事具故名滿煩惱五事者謂諸結縛使上煩惱纒若一一不具名不滿煩惱已說煩惱建立斷煩惱今當說

一時斷煩惱　正智之所說　如此諸解脫
亦非一時得

一時斷煩惱正智之所說者此諸煩惱頓斷不漸漸謂自分對治起時而苦法忍起欲界見苦所斷十使頓斷苦未知忍色無色界十八使頓斷如是乃

至道未知忍十四使頓斷修道漸漸聖道起上上四使頓斷乃至上上聖道起漸漸四使頓斷如是一切地問見道一時斷應尒以一種道斷九種結故修道斷者以九種道斷九種結云何一時斷荅修道斷者若此種對治起即此種頓斷不漸漸初已斷故如此諸解脱亦非一時得者彼諸解脱數數得謂欲界見苦諦斷及色无色界見苦集滅斷六時得謂自分對治時及四沙門果時及增益根時色無色界見道斷五時得除自分對治以道未知智初得故欲界修道斷五種五時除須陁洹果三種四時軟軟種三時色无色界七地及非想非非想地八種三時除前三沙門果軟軟種二時阿羅漢果及增益根問諸煩惱云何斷荅

謂彼緣中覺　及說彼緣斷　亦說得對治
又復彼緣滅

四事斷煩惱謂知緣緣斷得對治彼緣滅知緣者見苦見集斷自界緣及無漏緣緣斷者見滅見道斷有漏緣

得對治者修道斷彼緣滅者他界緣復次五事斷煩惱謂因永滅得斷轉依知緣得對治已說斷煩惱因緣建立斷知今當說

欲界中解脱　聖說四斷知　離色無色界
當知五斷知

九斷知欲界煩惱斷立四斷知色无色界煩惱斷立五斷知雖智知而斷是智果故說斷知如業果亦名業

苦集煩惱盡　揔說一斷知　滅道斷各一
如欲上亦三

彼欲界見苦集斷煩惱盡立一斷知見滅斷二見道斷三如欲界色无色界見苦見集斷亦立一見滅斷二見道斷三此品後廣說

修道斷當知　界界斷說一　三斷是智果
餘則說忍果

欲界修道斷一斷知色界斷二無色界斷此三當知是智果問以何等故色无色界見道斷立一斷知修道斷立二耶荅見道斷同對治故修道斷不同故問餘斷知何果荅餘則說忍果見道斷盡六斷知說忍果忍對治故

見道斷盡若言忍果非斷知者不然謂忍智眷屬故與智同一果故是故

見道修道　斷俱得名智果已說

斷知是智果謂若地若道若法智未知智若彼同品果今當說

初地說一切　禪五亦復八　無色說一果
眷屬果亦然

初地說一切者未至依具九斷知果彼三界對治故禪五亦復八者阿毗曇者說根本禪五斷知果謂色无色界煩惱斷如前說尊者瞿沙說有八除五下分結盡斷知是未至依果故彼欲界見諦斷盡是禪果禪中間如禪說无色說一果者三無色定說一斷知果一切結盡是眷屬果亦然者如色空處眷屬亦說一斷知果色愛盡是雖四地修道斷盡建立斷知但第四禪軟軟種盡得斷知名是故說是空處眷屬果

世俗道果二　聖九法智三　未知智說二
彼品果六五

世俗道果二者五下分結盡及色愛盡是世俗道果謂聖人以世俗道斷

二界結故聖九者一切九斷知是聖道果以聖道對治一切煩惱故法智三者三斷知是法智果五下分結盡色愛盡及一切結盡是以修道法智斷三界結故未知智說二者二斷知是未知智果色愛盡及一切結盡是以色无色界修道果故彼品果六五者法智品果有六斷知欲界見道斷三及前說法智果三未知智品五斷知果色无色見道斷三及前說未知智果二問誰成就幾斷知答

或有諸聖人　未成就斷知　或成一二三
四五及與六

見道五心須不成就斷知集法智集未智忍一集未知智滅法忍二滅法智滅未知忍三滅未知智道法忍四道法智道未知忍五須陁洹六向斯陁含果者若倍欲盡超升離生如前說若次第向成就六斯陁含果亦六向阿那含果若欲愛盡超升離生如前說若次第向成就六得阿那含果一下分結盡是向阿羅漢果者若色愛未盡一色愛盡二阿羅漢果一一

切結盡斷知是問誰捨幾斷知答

捨一二五六　如捨得亦然　得果及度界
二處斷知集

捨一二五六者阿羅漢果退捨一斷知色愛盡阿那含色界纏退捨一若色愛未盡欲界纏退捨一色愛盡阿那含果欲界纏退捨二得阿羅漢果捨二若欲愛盡超越阿那含捨五次第捨六問誰得幾斷知答如捨得亦然或有得一斷知見道第六第八第十第十二第十四乃至道未知智心一一得一次第阿那含果得一五下分結盡是聖人色愛盡一色愛盡是阿羅漢果一一切結盡是得二者阿羅漢无色界纏退得六者若阿羅漢若阿那含欲界纏退无有得五者是故經中无問此斷知何處集答得果及度界二處斷知集此斷知二處集阿那含果阿羅漢果以彼處得果即彼度界是故下分結上分結斷時得道未知智生六種斷雖得果非度界色愛盡雖度界非得果餘非度界亦非得果是故此諸斷知處不名為集

已說建立自性果成就捨得集若因緣彼斷得斷知名今當說

謂彼三因滅　離繫及度界　得於无漏得
及缺第一有

以四因緣故或五彼斷得斷知名見道四因緣謂俱因滅俱繫離得无漏解脫得及缺第一有彼苦法忍苦法智苦未知忍生非俱因滅雖見苦斷因滅非見集斷以是義故非俱繫離雖得无漏解脫得未缺第一有故如是一因緣合三因緣不合苦未知智集法忍生雖得无漏解脫得及缺第一有餘二因不具是故此處不立斷知集法智生俱因滅謂先見苦斷因滅今見集斷因滅當知亦是俱繫離得無漏解脫得苦未知智生時已缺第一有是故此處建立斷知集未知智生一切因緣具是故此處建立斷知如是滅法智第三滅未知智第四道法智第五道未知智第六此說見道也修道斷五因緣前四及界永斷是為五欲界修道斷煩惱九種展轉相縛乃至非相非非想地亦如是彼欲界一種

斷乃至八種具二因緣謂得无漏解脫得及缺第一有三因緣不具第九種滅具五因緣是故此處建立斷知初禪一種斷乃至八種具二因緣非餘如前說第九種斷具四因緣一因緣不具謂度界第二第三禪及三无色亦如是第四禪地乃至八種斷具二因緣非餘第九種斷具五因緣是故此處建立斷知非想非非想亦如是以是義故凡夫離欲不立斷知以彼不得无漏解脫得亦不缺第一有故已說斷知三種境界五種愛生今當說

好境俱不俱　彼二種愛生　惡境二亦然
一則謂為捨

好境俱不俱彼二種愛生者好名可愛樂境界若得彼境界不離愛生云何令我於此事不離若未得者想得愛生云何當得惡境二亦然者惡名不可愛樂境界彼亦二種愛生俱者離想愛生不俱者不得想愛生一則謂為捨者捨名境界非可愛樂非不可愛樂一向愚愛生問彼使為心相應為不相應此何所疑二師異說故毗婆闍婆提欲令不相應育多婆提欲令相應於此有疑荅相應何者

謂使煩惱心　障㝵不違淨　妙善心可得
非不相應使

使有二事故惱心緣及相應若使心不相應者不應於緣中惱心以彼无緣故一切心不相應法无緣亦不相應非有相應法故心為使所惱如所說貪欲惱心故心不解脫以此說故知使心相應障㝵者若使心不相應者道生時不應障㝵不違心相續故以障㝵故非不相應不違淨者若使心不相應不應與善心相違與善心一時俱生不應作過作過故是故非不相應復次善妙心可得功德相違故名使若使心不相應者彼常行故善心應无生處善心生故當知非不相應復次說著相等故云何貪使謂染著相云何瞋使謂心法惱云何慢使謂心法舉如是比是故使心非不相應若纏善心相違非使者不然何以故得使相故貪欲纏故名貪欲纏如是比不說差別因俱是貪欲而言纏相應使不相應者但有言說竟不說差別因緣若言纏以使為種子者所說不成因不相應果相應故有過是使非不相應

雜阿毗曇心論卷第四

甲辰歲高麗國分司大藏都監奉
勑彫造

雜阿毗曇心論卷第四

校勘記

一　底本，麗藏本。

一　六一六頁上四行「第四」，徑、清作「第五」。

一　六一六頁上一三行第六字「有」，徑、清作「者」。

一　六一六頁中一三行第七字「彼」，諸本（不含石，下同）無。

一　六一六頁下三行「使種差別界差別今當說」，諸本作「差別今當說使種差別界」。

一六一六頁下四行末字「七」，資作「十」。

一六一六頁下一九行第三字「白」，諸本作「自」。

一六一七頁上八行夾註右「言此」，諸本作「言疵」。

一六一七頁上二〇行「二見」，資、磧、普作「一見」。

一六一七頁中一三行第四字「方」，諸本作「力」。

一六一七頁中二〇行第二字「離」，諸本無。

一六一七頁下二行「地地」，諸本作「他地」。

一六一七頁下五行首字「劣」，諸本作「劣故」。

一六一七頁下一三行「他地」，諸本作「他境界地」。

一六一八頁上四行「他地」，磧、普、南、徑、清作「地地」。

一六一八頁上五行第九字及一五行第二字「地」，諸本無。

一六一八頁上一七行第四字「復」，徑作「非」。

一六一八頁上二二行「七地」，磧、南作「十地」。

一六一八頁中一八行「使非」，諸本作「因非」。

一六一八頁中一九行「遍因」，諸本作「遍使」。

一六一九頁上六行「未知智」，諸本作「未知」，七行、一〇行同。同行第一二字「唯」，諸本作「雖」。

一六一九頁上二〇行夾註右行及左行「意地」，資、磧、普作「意也」。

一六一九頁上二一行夾註「意行」，諸本作「意行也」。

一六一九頁中一〇行「上地」，徑作「上界」。

一六一九頁下八行第一〇字「種」，資、磧、南作「衆」。

一六二〇頁上一行首字「使」，諸本無。同行第一三字「相」，磧、南、徑、清作「根」。

一六二〇頁上一六行首二字「相應」，諸本作「相應使」。

一六二〇頁上二〇行第五字「使」，諸本作「使使」。

一六二〇頁上末行「見滅」，諸本作「見減」。

一六二〇頁中二一行第九字「爲」，諸本無。

一六二〇頁下三行「修不相違」，徑作「違修不相」。

一六二〇頁下七行第九字「彼」，諸本作「故」。

一六二一頁上九行第一二字「共」，徑、清作「六」。

一六二一頁上一五行第七字「縛」，諸本無。

一六二一頁中一五行第七字「故」，諸本無。

一六二一頁下九行第五字「漏」，諸本作「當漏」。

一六二一頁下一一行第一〇字及一二行第六字「住」，諸本作「注」。

一　六二二頁上一四行第六字「爲」，資、磧、普、南、徑、清無。

一　六二二頁中一七行夾註左行末字「也」，諸本無。

一　六二二頁中二二行第二字「以」，諸本作「與」。

一　六二二頁下一三行「何依」，諸本作「爲何依」。

一　六二二頁下末行第三字「健」，諸本作「捷」。

一　六二三頁上一六行第二字「在」，徑作「不」。

一　六二三頁中一二行首字「愧」，資、磧、南、清作「慚」。

一　六二三頁下二一行夾註「癡是」，諸本作「疑是」。同行夾註左「行也」，諸本作「行」。

一　六二四頁上一四行第一二字「者」，諸本無。

一　六二四頁下二行第三字「雀」，徑作「省」。

一　六二四頁下一五行「結縛」，磧作「結緣」。

一　六二五頁上一行及三行「漸漸」，諸本作「軟軟」。

一　六二五頁上一四行「四時」，諸本作「四種」。

一　六二五頁中一二行第六字「集」，諸本作「見集」。

一　六二五頁中一五行第六字「後」，諸本作「後當」。

一　六二五頁中二〇行第七字「斷」，諸本無。

一　六二五頁下一行第九字「非」，徑、清作「五」。

一　六二五頁下二行「是故」，徑、清作「若故」。

一　六二五頁下八行第六字「者」，諸本無。

一　六二五頁下一六行「如色」，諸本無。

一　六二五頁下一七行第五字「地」，諸本作「修地」。

一　六二五頁下二一行「六五」，徑作「五六」。

一　六二六頁中四行第七字「阿」，諸本無。

一　六二六頁下二行第六字「知」，諸本作「如」。

一　六二六頁下末行「非相」，諸本作「非想」。

一　六二七頁上一六行「若得」，徑作「若彼」。

一　六二七頁中八行第三字「有」，諸本無。

一　六二七頁中一五行「善妙」，諸本作「妙善」。

一　六二七頁下四行首字「是」，諸本作「是故」。

一　六二七頁下五行「卷第四」，徑作「卷四」。

雜阿毗曇心論卷第五　　塵

尊者法救造

宋天竺三藏僧伽跋摩等譯

賢聖品第五

已說諸煩惱修行今當說

初則名始業　次則已習行　思惟已度者
當知第三種

三種修行謂始業已習行思惟已度始業者不淨轉未曾得境界意解思惟分已習行者受自相念處轉未曾得決定分善根此上當知思惟已度以此上一乘道故復次不淨觀亦三種修行謂從足指起乃至頂除去皮血肉意解思惟是名始業於此骨璅不作想生周遍大地又觀骨璅不作想彼骨璅展轉相對大風飄摶消為雪聚是名已習行略觀骨璅還至自身於其所緣清淨寂靜唯觀一色是名思惟已度如是乃至略境界當知善根漸增當知一切餘方便善根亦如是

已說修行餘今當說

若此煩惱怖　遠離諸賢聖　如實正具足
方便應善聽

若者若種若方便若分別此者次第說示煩惱煩惱者熱惱故亦離一切有漏但煩惱過如毒飯是故說離煩惱衆恐怖本者起種種業種種生遠離者數滅賢聖者正定聚謂七人及真實凡夫如實正具足者謂住真實道方便應善聽者彼方便道當一心聽方便者一切善法方便向解脫行施等起非唯道三苦所逼迫世間不能覺欲令修定故

始於自身分　繫縛心令定　欲縛於識足
為盡智慧怨

始者先也自身分者自身中一處也若眉間鼻端及足指繫縛者安立緣中令不散何所安立謂自心定力故起智慧問何故答欲縛於識足心流轉不住故縛一緣中一心故知真實不亂問何故縛一緣中答為盡智慧怨智慧怨者謂諸煩惱彼應斷離觀他身如觀死尸契經說以彼遠因故此說近因觀又隨順一切度門故謂觀白骨身分隨順三度門觀死尸唯

隨順一不淨度門三度門者謂不淨觀安般念界方便觀彼貪欲者以不淨觀度覺觀者以安般念度見行者以界方便觀度如師所授隨樂修行不淨觀安般念契經品廣說界方便觀今當說此以愚夫不正思惟障蔽慧眼不觀真實緣起之法宿業煩惱種無量法積聚五陰起積聚想以愚惑故於緣起所作中計我作等諸邪見縛或時修行近善知識得聞正法起正思惟已能於自身界方便觀此身種種自性種種業種種相謂地等六界彼地界為水界潤故不相離水界為地界持故不流散火界成熟故不淤壞風界動搖故得增長空界空故食等入出識界合故有所造作又觀此身從足至頂種種不淨穢惡充滿觀察此色猶如猛風飄散積沙於無色法先後相續異分觀察如是觀者得空解脫門種子於彼生死猒離不樂得无願解脫門種子於生死不樂已正向涅槃得無相解脫門種子若於此得不作想覺已觀一切有為

皆悉散壞是名界方便滿問如是觀（雜阿毗曇心論第五卷 第五張 廣 上）已復云何答

是方便於身　真實相決定　諸受及自心

法亦如是觀

披修行者不淨觀安般念界方便觀一一住已身受心法各觀真實真實者不顛倒相者二種謂自相及共相色相是身自相四種及所造隨覺相是受自相識相是心自相法念處有種種法種種各異相隨知是想相為作是思相如是比共相後當說問此念處如大地建立應說一有漏无漏分別應說二軟中上分別應說三即此有漏無漏分別應說六身等有漏無漏分別應說八九品分別應說九身等若內若外若內外分別應說十二九品有漏無漏分別應說十八身等軟中上有漏无漏分別應說二十四身等若內若外若內外若厭離若不樂若觀察分別應說三十六身等九品有漏无漏分別應說七十二若念念分別應說無量何故說四念處耶答四倒四念四識住及陰以四種

修所治故說四種隨修法彼治不淨（雜阿毗曇心論第五卷 第六張 廣 上）淨想顛倒故說身念處治苦樂想顛倒故說受念處治无常常想顛倒故說心念處治無我我想顛倒故說法念處如是餘種隨所應說問此念處云何滿答以二因緣滿謂壞境界及善根增壞境界者以極微剎那壞境界隨其義善根增者謂依軟善根中依中增是名為滿問何故前說身念處後乃至法念處耶答起隨順故世尊說三種隨順起隨順說隨順无間等隨順起隨順者謂念處及禪無色修行者前起身念處乃至後起法念處是故世尊前說身念處乃至法念處當知禪无色亦如是說隨順者正斷如意足根力覺道枝秉一剎那起精進具四正斷說易故已生惡不善法方便令斷乃至已生善法方便令住如是廣說如是正斷以所作故說四正斷非自性故无間等隨順者說真諦修行者先入苦無間等故是故前說廣說如是問何故修行者先起身念處乃至法念處耶答麁故五陰何者麁

謂四種及所造是故先觀受雖非色以（雜阿毗曇心論第五卷 第七張 廣）行麁故次說謂手足等痛受則隨轉雖想行陰麁非識而與涅槃合施設法念處故彼麁細是故先觀心後觀法雖一切悉是法此於法想滿故建立是故說一法念處非餘如界品中說法入此中亦尒（想滿者於聲是攝於義是名滿）問幾種念處答

三種說念處　自性及與共　亦說名為緣

聞等慧亦然

三種說念處自性及與共亦說名為緣者三種念處謂自性念處共念處緣念處自性念處者說不顛倒惠何以故如說順身觀身觀者是惠念者所作事不忘授緣故除自性過故說念處共念處者與正慧一果法如世尊說比丘善法積聚謂四念處是為正說緣念處者一切法如所說比丘一切法說四念處是為正說也攝受具故及略緣故共念處斷煩惱非餘自性念處雖有略境界彼具不足故攝受具道斷煩惱緣念處雖攝衆具然境界普散故略境界道斷煩惱問唯此念處三種餘亦然耶答聞等慧

亦然餘亦三種謂聞思修聞者常於名處起從師受契經律阿毗曇思者或思處起或離思修者一向離名起如三人學浮一始學二半學三善學始學者近岸半學者或近或離善學者離岸初人者辟聞慧第二者辟思慧第三者辟修慧修慧能斷煩惱永離名故及正定故謂二種无義者不然何故趣修慧故修慧者具四念處身受心法彼法念處斷煩惱非餘揔境界故非餘事境界故起法念處故亦非無義法念處二種壞緣不壞緣若慧緣色是身念處若緣受是受念處若緣心是心念處若緣想行及无為是不壞緣法念處餘今當說

入法中揔觀　得法真實相　此四是無常
空无我非樂

入法中揔觀得法真實相者修行者入不壞緣法念處修一一念處遍觀一切法自相共相已入壞緣法念處色受緣念處色想緣色行緣色識緣如是三四五陰緣是法念處成一切身受心法念處一覺揔觀度此云何

此四是無常空无我非樂以无常等行揔觀一切有漏法彼念念滅故無常離常等故空不自在故無我實逼迫故苦

從是名為煖　於法覺而生　十六行等起
觀察四聖諦

從是名為煖於法覺而生者彼修行者於壞緣法念處次第生善根名為煖問幾行何境界荅十六行等起觀察四聖諦彼煖法行苦諦等十六行彼苦聖諦四行乃至道聖諦四行行義智品當廣說彼煖法生緣三諦法念處現在修未來四一行現在修未来四自分非不自分緣滅諦法念處現在修即此未来修非初離陰觀得修緣陰道一行現在修未来四緣三諦增進四念處一一念處現在修未来四一行現在修未来十六緣滅諦增進法念處現在修未来四一行現在修未来十六修未增善根修自分行曾善根現在修修自分不自分行煖法是慧自在隨轉法則五陰性煖者生聖智火故煖為種故說煖法

是法增長已　生頂及於忍　得世第一法
依於一刹那

是法增長已生頂及於忍者修行者正方便正憶念增長得隨順善業聚具故煖法得增長次生善根名為頂緣四聖諦行十六行彼頂法緣四諦緣滅諦增進法念處現在修未来四一行現在修未来十六緣三諦增進四念處一一現在修未来四一行現在修未来十六此善根亦慧性隨轉法五陰性頂法者在煖上故曰頂劣於忍名為下或時世尊說信如為波羅延說或說慧如為諸年少比丘說受事於此頂退名頂退名頂墮煖亦應有墮但不說頂墮者以多憂惱故有三處起大憂惱如失大寶謂非想非非想離欲退離欲界欲及頂法退者名不成就性彼修行者於此正方便成就頂善根增進生諦順忍緣四諦行十六行初忍及增進法念處現在修未来四一行現在修未来十六忍者於四聖諦堪忍欲樂煖頂亦堪忍者不然忍不退故遠惡趣故近聖道

故是故說諦順忍非煖頂問忍增長生何善根荅得世第一法依於一剎那謂增上忍次第緣生凡夫所得最勝善根名世間第一法此亦五陰性彼有漏故名世間勝煖等故說第一此亦凡夫所修最上功德一剎那不住故似見道故煖頂忍相續故有說彼慧修一切捴觀法念處次第生決定分世間行善根彼建立九品彼軟軟軟中軟上名煖法中軟中中名頂法中上上軟上中名忍法上上名世間第一法若觀陰无常等善根名煖法觀三寶功德名頂法觀察聖諦名忍法觀苦聖諦次第聖道名世間第一法彼得煖法已若退捨若命終捨若度界地捨亦起無間業斷善根生惡趣中緣此福故要得涅槃頂法退亦如是唯除斷善根忍則不退有命終捨及度界地捨不作無間業不斷善根不墮惡趣以忍大力故如師子王群獸遠避忍力如是一切惡心非數滅亦如大王之所住處人天惡行心皆柔軟問世間第一法何緣幾行荅

下苦有四行　說攝依六地　忍法亦如是
謂餘或依七

下苦有四行者欲界苦說下彼世間第一法所緣无常苦空無我行轉非餘似見道故有二種修行者愛行及見行愛行有二種我慢行及懈怠增見行亦二種我及我所計著我慢者修無常行世間第一法懈怠增者修苦行我行計著者修非我行我所計著者修空行問幾地所攝荅謂攝依六地未來中間根本四禪非欲界无定故非無色界无見道故問餘決定分善根幾地攝荅忍法亦如是謂忍六地攝如世間第一法謂餘或依七者煖頂亦六地尊者瞿沙欲令欲界亦有問已說決定分次第起聖道次第起復去何荅

世間第一法　次生苦法忍　忍次生於智
俱觀於下苦

世間第一法次生苦法忍者世間第一法次第生苦法忍欲界見苦斷十使對治是則初无漏無㝵道復次世間第一法次第不作不向不行捨邪業

邪趣邪見邪業者五无間業邪趣者惡趣邪見者五見又世間第一法分苦法忍作五種定謂地定行定緣定剎那定次第緣定地定者若此地世間第一法即此地苦法忍行定者若此行世間第一法即此行苦法忍緣定者必同緣故剎那定者若此剎那背即此剎那生次第緣定者世間第一法次第必生苦法忍增上忍分作三種定除剎那及次第緣以是故緣苦忍後得超昇離生彼思惟欲界苦及色无色界苦乃至色無色界行對治是名下忍彼復思惟欲界苦乃至欲界行對治捨色無色界行對治是中忍彼一一諦觀察捨還乃至欲界苦相續修然後復捨相續乃至欲界苦一剎那思惟是增上忍然後生世間第一法忍次生於智者苦法忍次第生苦法智解脫道自性問此忍智何緣荅俱觀於下苦下苦是欲界苦彼苦俱觀

謂色無色苦　集滅道亦然　此法无間等
說是十六心

謂色無色苦者色无色界苦亦如是苦比忍无㝵道苦比智解脫道集滅道亦然者集滅道諦亦以二忍為无㝵道二智為解脫道此法无間等是說十六心者此十六心須為法無間等无間等是見義此十五心須是見道寂後一心是修道問何故三諦忍及智見道攝道諦寂後心修道攝耶荅修十六行道故道比智相應修十六行非見道修十六行道比智相續故果道所攝謂不應者不然如盡智成者此則成若此非分者无學道亦非分略說三地見地修地無學地於此諸地建立人如是義今當說

隨法行利根　此在十五意　隨信行鈍見
當知亦在中

隨法行利根此在十五意者見道十五心人若利根說隨法行隨法行故說隨法行不從他信故隨信行鈍見當知亦在中者即此十五心人若鈍根者說隨信行信他得度故隨信行者少觀察隨法行者多觀察

隨信隨法行　若具煩惱縛　乃至五種斷

當知向始果

此隨信隨法行人若具煩惱縛若一二三四五種斷名向須陁洹果煩惱上上等分別故立九品彼若凡夫時未曾斷一品名具縛若斷一品名不具縛若斷五品超昇離生欲界見苦斷五品斷苦法智得解脫證乃至見道斷五品斷道法智得解脫證欲界修道斷五品斷斯陁含果得解脫證

六斷乃至八　是向第二果　離欲至八地
是則第三向

六盡乃至八是向第二果者此隨信行隨法行者若已六七八品斷此說向斯陁含果離欲至八地是則第三向者此隨信行隨法行者若離欲乃至无所有處盡彼俱向阿那含果

若至十六心　是名住於果　軟見信解脫
利見名見到

若至十六心是名住於果者第十六心名道比智相應彼起俱說住果若須陁洹若斯陁含若阿那含軟見信解脫者若軟見入見道名隨信行彼住三果時名信解脫利見名見到者

若利根入見道名隨法行彼住三果時名見到見到信根勝信解脫但以慧所熏故說見到

非事諸煩惱　謂彼一切盡　乃至未進行
是名須陁洹

若見道斷八十八結盡是須陁洹果乃至未集行是名住須陁洹果若方便斷上上種是名向斯陁含果即此種乃至五品斷超昇離生道比智起名須陁洹非向斯陁含以向彼果道未一念現在前故問斷衆多煩惱何故世尊說三結盡耶荅十使是根本五見疑愛恚慢无明彼見道斷六五見及疑彼見道斷六使永盡彼三轉三隨轉彼身見是轉邊見是隨轉戒取是轉見取是隨轉疑是轉邪見是隨轉已說轉當知已說隨轉是故世尊說三結盡是須陁洹復次此諸煩惱或一種二種四種已說身見當知已說一種已說戒取當知已說二種已說疑當知已說四種如是一切遍不一切遍有漏緣无漏緣盡當知此結已盡已知乃至阿羅漢猶有相似

隨轉故

未盡修道種　受生生死七　當知彼所說
極滿須陀洹
彼須陀洹修道種未盡彼極滿當知
七有七生人間中陰生陰及欲界天
此揔說七有不過七故如七葉樹問
何故說七有不增不減耶荅如七步
虵所螫四大力故至七步毒力故不
至八如是業力故七生道力故不至
八彼住增上忍時除欲界七生餘一
切生得非數滅至竟不現在前若人
間起昇離生人間滿七天上者還天
上滿中間聖道雖現在前業力持故
不般涅槃問若滿七生佛不出世彼
云何得阿羅漢果荅有說在家得阿
羅漢果得果已不住家又說即彼形
自出家成就不壞淨故悕望具足故
見惡行過故是故須陀洹法不墮惡
趣又佛種性中生故智火明淨故見
境界過故止觀具足故聖道藥所勲
故如王太子如內火增人如巧便魚
是故須陀洹不墮惡趣凡夫雖不墮
惡趣以少及不定故不說住正定聚

故說定必得涅槃故說趣正覺七有

者如前說住者中陰生者生陰故說
住生更不受餘生故名住皆邊不必
一切須陀洹滿七有也
若斷三四種　成就彼對治　餘二生三生
是說名家家
三因緣故建立家家謂煩惱斷成就
根及受生煩惱斷者欲界修道斷煩
惱三品四品斷無有五品斷名家家
若能斷五品者勢力故必斷六品成
斯陀含非第六品力能障令不至果
成就根者得彼對治无漏諸根受生
者或更受欲界餘二生三生若三因
緣一一不具非家家有二種家家若
天若人天家家者謂欲界天或受二
生三生或受一天處種類身或二或
三人家家者謂人間身或一天下或
二或三或一家或二或三問家家有
何義荅從家至家而般涅槃故曰家
家須陀洹勝者名家家
六品煩惱斷　見道斷一切　是說斯陀含
謂彼未進行
若欲界修道斷上三品中三品及見

道斷一切盡住果未進行名斯陀含

問斯陀含有何義荅於此命終生欲
界天一来人間而般涅槃
若七八品斷　成就對治根　餘則受一生
是名一種子
若欲界修道斷七品八品及見道斷
一切盡得彼對治无漏根欲界餘一
生名一種子三因緣一一不具非一
種子若天一種子受天一身而般涅
槃人間亦尒餘一生種子故說一種
子問何故八品斷名一種子五品斷
不名家家耶荅正使六品斷為家家
者猶生欲界是故欲界業煩惱不為
障㝵一種子九品盡生色界是故欲
界業煩惱極作障㝵以是故說三處
衆生業極作惱乱三處後當說一種
子者是上斯陀含
九品盡不還　當知有多種　或五及七八
或復說衆多
九品盡不還者見道斷一切及欲界
修道斷九品結盡當知阿那含問有
尒所煩惱斷何故世尊說五下分結
盡為阿那含耶荅一二四五種如是

一切五下分悉攝故可惡畢下同義復次二種下界下及衆生下界下者欲界衆生下者凡夫貪恚繫故下界者難度故身見戒取疑繫故衆生下如守門防還故聖人或先斷二結或三結集斷故說五不還欲界名阿那舍此亦多種或五及七八或復說衆多是說阿那舍五種者謂中般涅槃生般涅槃行般涅槃无行般涅槃上流般涅槃七者中般涅槃有三種如契經說中般涅槃三種者一如小迸木火二如小迸熱鐵三如迸焼鐵丸此即譬經說四如前說八者五種如前說又現法般涅槃无色界阿那舍及不定人色界五種根建立則十五中般涅槃上中下根乃至上流亦如是地建立則二十初禪有五乃至第四禪亦五種性建立則三十中般涅槃有六種謂退法種性思法護法住法昇進法不動法種性如是乃至上流亦如是處所建立則八十梵身天五如是乃至阿迦膩吒天種性根建立則九十地種性建立則百二十地種性根建立則三百六十種性處建立則四百八十種性處根建立則一千四百四十記曰十五有二十三十與八十九十百二十及三百六十四百八十種千四百四十如是廣略說攝受阿那舍根地及種性處所廣建立隨彼煩惱斷今當次第說復次一阿那舍謂中般涅槃根建立三地四種性六處所十六種性根十八地種性二十四地離欲三十六地種性根七十二處種性九十六地種性根八十八地種性根離欲六百四十八處種性離欲八百六十四處種性根離欲建立二千五百九十二當知是中般涅槃數乃至上流亦如是此一切攝受万二千九百六十記曰一三四與六十六及十八謂說二十四復說三十六七十有二種九十有六種二百一十六二百八十八六百四十八八百六十四又復說二千五百九十二如是阿那舍其數有五倍即上二千五百九十二五倍一萬二千九百六十巳說一切阿那舍五阿那舍相今當說

利根軟煩惱住於一種業是中般涅槃分別六種性

利根軟煩惱住於一種業是中般涅槃者此人利根及軟煩惱作中陰業增長不作生陰業彼於欲界沒住色界中陰得无漏道以此道捨餘結而般涅槃是名中般涅槃度欲界難故非欲界中陰般涅槃若欲令般涅槃者彼應斷不善無記二種結得若二若三沙門果越度三界而欲界中陰於此无能若色界沒者上流品所攝問此人幾種性荅分別六種性中般涅槃當知六種性退法乃至不動若說利根不應退種性者不然彼亦建立九品根故

精進勤方便修習速進道是生般涅槃彼亦有二說

精進勤方便修習速進道是生般涅槃者生般涅槃人作中陰生陰業命終受色界天中陰及生陰彼初生起有行道謂勤方便及速進道疾斷餘結初生便般涅槃故說生般涅槃彼亦有二說者有說若初生斷煩惱般涅槃者不然无捨壽行分故无有捨

壽行者乃至盡壽住此義為勝
第三勤方便離於速進道第四不勤求
三俱說六種
第三勤方便離於速進道者彼行般涅槃若差別者不行速進道餘如前說名者起有行道斷餘煩惱而般涅槃是 行般涅槃復次依有為緣三昧斷煩惱而般涅槃亦是 行般涅槃第四不勤求者此无行般涅槃亦不勤求亦不行速進道餘如前說名者起無行道斷餘煩惱而般涅槃是无行般涅槃復次依無為緣三昧斷煩惱而般涅槃亦是无行般涅槃三俱說六種者行與無行及生般涅槃當知俱說六種性此三種雖皆是生般涅槃義差別故說三無過

超半超處處 是名為上流此亦六種性
當知進不進

超半超處處是名為上流者上流有二種或先得勳禪或不得彼先得者先勳修三禪而後退住初禪初禪味相應命終生梵天中彼亦三種超半超及一切處没彼超者生初禪乃至離第三禪欲勳修滿超第四禪彼命終生阿迦膩吒天半超者從梵天没或生一二三處然後生阿迦膩吒天一切處没者生一一處乃至阿迦膩吒天先不得勳者不生淨居天生无色界餘如前說問此幾種性荅此亦六種性上流亦六種性退法乃至不動此非初住不動種性根謂退法種性於勳修禪退後得見到當知進不進者上流者當知有進不進應作四句當進修非不進者謂住欲界梵天不進非當進者謂住阿迦膩吒天亦進亦不進者謂住餘天非進非不進者無也若向无色界者非勳修是故說生无色界問世尊說七士夫趣彼去何建立七士夫趣荅

謂生根煩惱 是說有三種 不生亦復然
及二上流一

一阿那含四因緣故七種建立所謂根建立煩惱建立生不生建立及上進建立彼生者初利根軟煩惱第二中根中煩惱第三軟根上煩惱如生三不生亦三上流者說上進凡夫轉還故非上流無色界上流有五事勝謂界勝地勝正受勝陰滅煩惱斷離有五事勝不得勳修故不建立士夫趣

如是九煩惱 在於上八地 謂彼雙道滅
世尊之所說

如是九煩惱在於上八地者如欲界修道斷煩惱有九品從軟軟至上上上八地亦如是謂四禪四無色彼初見道起以一種道斷九種煩惱問若色無色界煩惱亦九種彼何故不建立離欲人耶荅一處中二生非分故欲界有如是天如是方如是家聖人二生非色無色界聖人二生若二生者无生般涅槃乃至上流謂彼雙道滅世尊之所說者此三界煩惱當知無㝵解脫道滅無㝵道能斷煩惱得解脫道得解脫證无㝵道斷煩惱解脫道不失所作故說雙道滅若言解脫道斷煩惱者云何為起耶未起耶若起者彼初盡智生時應有煩惱此則非究竟若未起者不應未來道斷煩惱耶問為何道斷煩惱耶荅

有垢无垢道 俱能離八地 住彼說身證

謂得滅正受

有垢無垢道俱能離　八地者有垢者世俗道无垢者聖道除第一有餘地離欲時當知有漏无漏道離第一有唯無漏有漏於彼非分故世俗道攀上地故離下地煩惱如折樓重非想非非想處無有上地可攀能離彼結自地繫縛故不能離自地結如人被縛不能自解彼世俗无㝵道三行若麤若苦若麤障彼現故說麤三苦成故說苦易覩故說麤障解脫道亦解脫道上緣聖行後當說住彼說身三行謂止妙出一一行無㝵道下緣證謂得滅正受者住八地見道修道斷一地見道斷中住得滅正受說名身證是故學人於第一有一一離欲中起滅正受彼或具結所縛得滅正受或八品盡得世尊以度諸正受故說言度一切非想非非想想知滅身作證具足住法以涅槃與身合故說身證滅正受定品當廣說

金剛喻定次　必生於盡智　生意我生盡

應供離諸漏

金剛喻定次必生於盡智者非想非非想地離欲第九无㝵道名金剛三摩提无一不壞故名金剛此義擇品當廣說金剛定次第必生盡智此初二智或苦比智或集比智謂彼盡智起已起自已行生意我生盡彼非想非非想處四陰緣有根本故應供離諸漏者彼盡智生一切有漏盡名為應供應一切供養故害一切煩惱故更不於有田種識種子故不動阿羅漢盡智次第无生智起彼盡智一剎那无生智或一剎那若次第等見現在前一剎那若无生智現在前則相續時意解脫盡智或一剎那若次第等見現在前一剎那若復盡智現在前則相續問阿羅漢幾種荅

阿羅漢六種　隨信行生五　彼得於二智

當知時解脫

阿羅漢六種者謂退法思法護法住法必昇進法不動法若初學地不常方便不頻方便是名退法思法亦如是堪能思願護法者常方便不頻方便以隨護故不退住法者頻方便不

常方便不退亦不進必昇進者常方便頻方便是鈍根能得不動不動法者常頻方便是利根有說若退法者必退乃至得必昇進必昇進者必昇進彼說六種是欲界阿羅漢色无色界有二種住法及不動法有說退法不必退若退者唯此種性非餘彼說三界悉有六種阿羅漢隨信行生五者此六種阿羅漢中前五種是信種性彼成就二智謂盡智及无學等見彼或時退故不說无生智世尊以更不受生故一切契經說更不受後有知如真當知時解脫者當知此是時解脫衣食牀卧具處所說法及人隨順故善根增進不能一切時隨所欲進故說時解脫

不動法利根　是不時解脫　彼得於三智

自解脫成就

不動法利根是不時解脫者若不動法一向利根能一切時隨所欲進修善業不待衆具是不時解脫彼得於三智者彼成就三智盡智无生智及無學等見是不退法自解脫成就者

當知彼自巳相似名解脱成就時意解脱者待時故時意解脱成就不動法者不動故不為煩惱所動故說不動是不退義問何故時意解脱名為愛非不動耶荅彼極自護故猶如一目不自在故畏退故如借他物彼相繫善根非分故不動解脱有相繫善根謂彼有餘三摩提故是故不名愛謂空空无願无願无作無作以定捨定名相繫

慧解脱當知　不得滅盡定　若得滅盡定
當知俱解脱

慧解脱當知不得滅盡定者此六種阿羅漢不得滅盡定者說慧解脱以慧力解脱煩惱障故名慧解脱若得滅盡定當知俱解脱者此六種阿羅漢得滅盡定者說俱解脱彼慧力離煩惱障心得解脱滅正受力離解脱障得解脱是故名俱解脱若復退法一切俱解脱作四句退法非俱解脱者謂退法不得滅盡定俱解脱非退法者謂五種羅漢得滅盡定亦退法亦俱解脱者謂退法得滅盡定亦非退法亦非俱解脱者謂五種羅漢不

得滅盡定乃至不動解脱亦如是

諸根說九種　亦說九種人　七種諸聲聞
緣覺及如來

此說九種根謂軟軟乃至上上阿羅漢人亦九種謂前五種及二不動解脱或因時解脱得不動或始得不動此七種聲聞及緣覺如來是名九種人巳說根建立人若人成就根今當說

軟中軟根　是為初種人　乃至增上上
第九人當知

彼退法成就軟軟根思法軟中護法軟上住法中軟昇進中中因時解脱種性不動法中上初不動解脱上軟緣覺上中如來上上

謂以學種性　得彼无學果　或即彼種性
或進不退轉

六種阿羅漢或以學地如是種性得阿羅漢即彼種性羅漢或增益根得不退轉彼種性修習根故彼退法有三事後當說不動法唯一事即住彼般涅槃餘阿羅漢有二事巳說根本種性阿羅漢增進根今當說

所謂三四五　六七次第增　是諸退法等

說五羅漢等

彼退法有三事謂退住學法退法根若住彼般涅槃若上增進根思法有四事謂退住學根退即住退法根若異者應進不退前說彼種性不退故住退法根即住彼般涅槃上增進根護法有五事謂護法退住學根住退法根住思法根即住彼般涅槃上增進根住法六種必昇進七隨其義說巳說建立賢聖人相建立法今當說

謂隨信行法　若隨法行法　及與見諦道
是盡同一相

隨信行法隨法行法及見諦道此三種法盡同一相差別者隨信行者鈍根隨法行者利根

於中諸根法　是名未知根　謂餘有學法
佛說巳知根

於中諸根法是名未知根者彼見諦所攝根數有九法謂意根樂根喜根捨根信等五根是名未知根此諸根隨信行隨法行所成就名者未知當知故說未知根問苦法忍生觀欲界五陰後苦法智生非於五陰巳知當

知耶若言未知當知此則不然答忍　雜阿毗曇心論第三卷　第十二張　答
非智非智性故无過忍是見非智性
故以智知故非不然謂餘有學法佛
說已知根者除見道學法餘學法即
此根數九法說已知根此根信解脫
見到身證所成就雖道比智生觀道
比忍是未知當知以少故不說如大
海一渧須弥一塵虛空致處
當知无學法　是說无知根　得果捨前道
無导智所說
當知無學法是說無知根者當知無
學法即此根數九法說无知根此根
慧解脫俱解脫所成就彼見道六地
四禪未來中間非上地方便善根非
分及非廣境界故修道學法九地此
六地及三無色五陰性得果捨前道
無导智所說者得果時當知捨前无
漏道得須陁洹果捨見得斯陁含果
若先倍欲盡亦捨見道若次第者捨
須陁洹果及須陁洹進向道得阿那
含果若先欲愛盡亦捨見道若次第
者捨斯陁含果及斯陁含進向道得
阿羅漢果捨阿那含果及阿那含進

向道問世尊說隨信行等七人云何　雜阿毗曇心論第五卷　第五十二張　問
建立耶答
方便及諸根　正受解脫俱　當知賢聖七
事則說有六
方便及諸根正受解脫俱當知賢聖
七者五因緣故說七人名七非事七
五因緣者謂方便根正受解脫正受
解脫方便者隨信行隨法行隨信行
者信多故說隨信行先種諸業信他
故作後得道已以本名說隨法行者
先自思惟興造諸業後得道已以本
名說根者信解脫見到鈍根說信解
脫利根說見到正受者是身證解脫者
是慧解脫正受解脫者是俱解脫事
則說有六者此諸聖人有六見道有
二謂隨信行隨法行修道有二謂信
解脫見到无學道有二謂時解脫不
時解脫隨信行人應說一謂七人根
故應說三謂軟中上種性故應說五
謂退法乃至必昇進道故應說十五
住此法忍乃至道比忍離欲者應說
七十三欲界離欲十謂具縛乃至九
品盡初禪九乃至無所有處復次根

種性道依建立增亦應廣說如是隨　雜阿毗曇心論第五卷　第十五張　答　問
信行人有十四万七千八百二十五
彼所攝受
一三五十五及與七十三謂根種性道
離煩惱當知三倍次五倍十五及九倍
如是衆多種唯說隨信行
當知餘聖人隨其義亦應如是說問
如契經說向須陁洹等八人此云何答
以有五事故　說有八人名　先後事各一
中間則有三
此四向四果說八人名事有五向須陁
洹及阿羅漢此名一事亦一須陁洹
及向斯陁含此名二事一斯陁含及
向阿那含阿那含及向阿羅漢亦如
是彼前四人成就一地聖道即此亦
說家家及一種向阿那含果或一地
乃至六地阿那含果或三地乃至六
地向阿羅漢或三地乃至九地阿羅
漢成就九地彼沙門果道壞地壞應
作四句道壞非地壞者斯陁含果地
壞非道壞者阿羅漢果道壞地壞者
阿那含果道不壞地不壞者須陁洹
果　雜有漏无漏名道壞　雜依諸禪名地壞

已盡為解脫　得依於一果　不穢汙第九
滅盡應當說

已盡為解脫得依於一果者向道中諸解脫道得解脫得果時法智品所斷盡得一解脫得比智品所斷盡得二解脫得道不壞故故說一得果時說五因緣得未曾道捨曾道頓得八智一時修十六行得一味解脫果問穢汙斷前已說不穢汙云何斷答不穢汙第九滅盡應當說前已說煩惱眷屬九品斷不穢汙者住第九无㝵頓斷非漸漸不穢汙者世俗善及不隱沒無記五陰穢汙色亦第九無㝵斷以少故不說問何故煩惱九品斷不穢汙第九無㝵斷耶答煩惱聖道相違故聖道與煩惱相違不穢汙不相違是故彼如是如是道起隨所應斷煩惱斷軟軟道起上上煩惱斷乃至上上道起軟軟煩惱斷如小明滅麁闇大明滅微闇彼亦如是以穢汙者自性斷不成就不穢汙者捨煩惱過如雜毒

無著相似名　彼能獲不動　信解脫種性
昇進亦增道

無著相似名彼能獲不動者非彼一切阿羅漢能得不動唯功德名相似者得謂必昇進於彼五種中增進根者得謂退法進至思法如是次第盡當知又得不動有九無㝵及九解脫道如得阿羅漢也九无㝵道八解脫道時解脫攝第九解脫道不時解脫攝彼一切果道所攝彼方便道若无漏者果道所攝有漏者不攝信解脫種性昇進亦增道者彼信解脫若必昇進種性能得見到非餘性是故學地五種亦增進根增進道者謂熾然根增進根者人中增非餘趣聖道增非世俗道學者依禪無學者依禪及無色須陁洹斯陁含依未來增進根即彼捨一地得一地阿那含若先依初禪及眷屬超昇離生及次第未得第二禪彼增進根者捨三地果得三地果若得第二禪非第三禪後依初禪增進根者彼捨三地果及四地勝果道即得三地果如是乃至得无漏无所有處捨三地果及捨九地勝果道得三地果若謂捨多道得少道應退者不然何以故得勝道故彼人意解故問捨道亦捨斷耶答世俗道斷者不捨若非想非非想處煩惱二種斷得見到時彼非想非非想修道斷捨斷及對治而不成就煩惱得如凡夫生上地時又復若先依初禪超昇離生後依第二禪增進根者彼捨三地果及四地勝果道得四地果如是一切地應廣說若住果而增進根者彼方便无㝵及解脫道果所攝若住勝果道增進根者若彼方便无㝵道勝果道所攝若解脫道果所攝一方便道一无㝵道亦一解脫道如是見道亦六種性而無增進根以速道故如是決定分善根亦六種性修行者次第增進根唯世間第一法无增進根以一念故已說諸根滿謂學滿非滿今當說

或有學果滿　或根或正受　或復三俱滿
无學二亦然

彼學有三事滿或果滿或根滿或正受滿若信解脫阿那含不得滅盡定

雜阿毗曇心論第五卷　第三十七張

者唯果滿非根滿軟根故非正受滿不得滅盡定故見到須陁洹斯陁含唯根滿非果滿非正受滿信解脫阿那含得滅盡定果滿及正受滿非根滿見到阿那含不得滅盡定者果滿及根滿非正受滿見到得滅盡定者三事滿无學二亦然者一切無學果滿無二果性故慧解脫軟根者果滿非根滿利根者果滿及根滿俱非正受滿俱解脫軟根者果滿及正受滿非根滿利根者三事滿問三種滿謂

建立功德惡　漸漸見真諦　无𭀚道力得
善觀諦云何觀諦為頓耶為漸漸耶荅
有為无為果

建立功德惡漸漸見真諦者於此真諦見過惡故立苦集諦見功德故立滅道諦是故非見過惡時見功德亦非見功德時見過惡體異故亦非不如實見諦名諦无間等亦非一智揔觀諦諦衆多性故是故漸漸見真諦有說无我行頓無間等彼如是說无我行緣一切法應頓無間等者不然何以故顛倒衆多故自性相應共有

雜阿毗曇心論第五卷　第三十八張

法非境界故諦異相故無我等於此諦衆多門顛倒非一無我起斷衆多自性惑是故非一无間等漸漸無間等擇品當廣說問諦無間等得沙門果云何為有為果耶无為果耶荅无𭀚道力得有為无為果煩惱數滅及解脫道俱無𭀚道力得是故俱說沙門果煩惱滅是解脫果及功用果解脫道是功用果及依果問此无間等有幾種荅

謂三無間等　緣事見无間　當知有三種
或二亦復一

三種無間等謂緣无間等事無間等見无間等彼慧三種無間等緣无間等者有緣故事無間等者能成事故見無間等者見性故慧相應法二種无間等緣無間等及事无間等彼共有法唯一事無間等彼苦忍苦智於苦諦三種无間等於滅諦道諦事無間等當知集忍集智於集諦亦如是滅忍滅智於滅諦三無間等於苦集道諦事無間等道忍道智於道諦三无間等於苦集滅諦事無間等修道

雜阿毗曇心論第五卷　第三十九張

隨其義當知如是見諦无間等以是因緣當知漸次无間等

雜阿毗曇心論卷第五

甲辰歲高麗國分司大藏都監奉
勅彫造

雜阿毗曇心論卷第五

校勘記

一　底本，麗藏本。

一　六三〇頁上一行「第五」，清作「第五上」。

一　六三〇頁上四行「第五」，徑、清作「第六」。

一　六三〇頁上一三行第一〇字「除」，磧、普、南、徑、清作「際」。

一　六三〇頁上一四行「骨璅」，諸本作「骨鎖」。下至一七行同。

一　六三〇頁中一四行「自身」，徑作「自分」。

一　六三〇頁下五行「廣說」，諸本作「當廣說」。

一　六三〇頁下六行「此以」，[徑]作「以此」。

一　六三〇頁下一一行「自身」，諸本作「此身」。

一　六三一頁上一一行「當說」，[徑]作「相說」。

一　六三一頁上末行第六字「念」，諸本作「食」。

一　六三一頁中一八行第四字「令」，[徑]作「今」。

一　六三一頁中二〇行第五字「自」，諸本無。

一　六三一頁中二一行至二二行「廣說如是」，諸本作「如是廣說」。

一　六三一頁下七行夾註左「名滿」，諸本作「名名滿也」。

一　六三一頁下一三行「觀身」，諸本作「身觀」。

一　六三二頁上九行「何故」，諸本作「何以故」。

一　六三二頁上一一行第一〇字「起」，諸本作「趣」。

一　六三二頁中一一行首字「彼」，諸本無。

一　六三二頁中二一行第二字「曾」，諸本作「增」。

一　六三二頁中二二行「自在」，諸本作「性」。

一　六三二頁下一四行第八至一〇字「頂退名」，諸本無。

一　六三二頁下一七行末字「退」，諸本作「退退」。

一　六三三頁上八行「慧修」，諸本作「修慧」。

一　六三三頁中一三行首字「分」，[徑]無。

一　六三三頁中一五行首字「者」，諸本無。同行末字「界」，[徑]作「界界」。

一　六三三頁中一九行第四字「下」，[資]、[磧]、[普]作「法」。

一　六三三頁下二一行首字「苦」，諸本無。

一　六三三頁下末行「說是」，諸本作「是說」。

一　六三四頁上一四行第八字「是」，諸本作「其」。

一　六三四頁中六行「欲界」，諸本作「欲斷」。

一　六三四頁中二一行末字「信」，[資]、[磧]、[普]作「住」。

一　六三四頁中二二行第七字「入」，[資]、[磧]作「人」。

一　六三四頁下七行第四字「集」，諸本作「進」。

一　六三五頁下二行第一一字「命」，諸本無。

一　六三五頁下六行第六字「斷」，諸本作「斷斷」。

一　六三五頁下一七行第二字「者」，[磧]、[普]、[南]、[徑]、[清]作「皆」。

一　六三六頁上一一行第三字「說」，諸本無。同行夾註右「木火」，諸本作「大火」。

一　六三六頁上一三行第一一字「人」，

諸本作「又」。

一　六三六頁中五行「次第說」下，徑有「賢聖品第六之餘」；清換卷，卷第五上終，卷第五下始。

一　六三七頁上七行第二字及八行第九字「是」，諸本作「是有」。

一　六三七頁中一行「第三」，徑作「地三」。

一　六三七頁中六行第八字「此」，諸本作「此義」。

一　六三七頁下四行第六字「在」，磧作「正」。

一　六三八頁上二〇行第七字「以」，諸本作「似」。

一　六三八頁中一六行第二字「則」，諸本無。

一　六三八頁下二行「頡方便」，諸本無。

一　六三八頁下四行第一三字至五行首字「必昇進」，諸本無。

一　六三九頁中一八行第八字至第九字「羅漢」，諸本作「阿羅漢」。

一　六三九頁中二〇行「住彼」，諸本作「彼住」。

一　六三九頁下一行末字「等」，諸本作「事」。

一　六三九頁下一八行末字「諦」，諸本作「諦道」。

一　六四〇頁上一八行第九字「見」，諸本作「見道」。

一　六四〇頁下一五行末字「亦」，徑作「一」。

一　六四〇頁下一六行第六字「種」，諸本作「種子」。

一　六四〇頁下末行夾註右「離有」及左「離依」，諸本作「離有」及「離依」。同行夾註左「地壞」，諸本作「地壞也」。

一　六四一頁上四行第五字「得」，諸本作「得果」。

一　六四一頁上六行「故故」，諸本作「故」。

一　六四一頁中二一行第六字「彼」，諸本無。

一　六四一頁下末行「阿那舍」，資、磧作「阿那含」。

一　六四二頁上一二行「漸漸」，諸本作「漸」。

一　六四二頁中二行第四字「門」，諸本作「性」。

一　六四二頁中一四行「三種」，諸本作「二種」。

一　六四二頁下三行「第五」，清作「第五下」。

趙城縣廣勝寺

雜阿毗曇心論卷第六

尊者法救造

宋天竺三藏僧伽跋摩等譯

智品第六

已說建立賢聖人智今當說

若智性能了　明照一切有　有无有涅槃
彼諸相今說

若者若其事智者決定義了者分別也明照者觀察也一切有者極三有際謂苦集諦有者有性也有無有者有盡也涅槃者諸煩惱滅此說滅諦彼諸中亦示道諦相者自性自然性今說者顯示自性也問何等為智荅

三智佛所說　寂上第一覺　謂法智比智
及世俗等智

此三智攝一切智法智者若智境界欲界苦集滅道无漏智也此初受法相故說法智比智者若智境界色无色界苦集滅道无漏智也若此行法智轉即此行隨轉是比智以比類智故說比智等智者若智境界一切法有漏智也等者多受俗數謂男女長短等故說等智等者衆事聚會義也

雜阿毗曇心論卷第六　第二張　樂

苦集及滅道　二智從諦生　是名與四智
手足隨諦說

此法智比智隨諦轉世尊隨彼諦聲說境界苦諦說苦智境界集滅道諦說道智

若智觀他心　是從三中說　盡无生智二
境界在四門

若智觀他心是從三中說者三智觀他心以法智品為境界說法智以比智品為境界說比智以有漏心心法為境界說等智盡无生智二者盡智無生智是二智謂法智比智彼所作究竟決定轉是盡智不復當作決定轉是无生智問何諦境界荅境界在四門謂彼緣四諦問若世尊說三智云何說十荅

對治及方便　自性行行緣　已作因長養
是故說十智

七因緣故說十智謂對治方便自性行行緣已作因長養彼對治者法智比智是无漏智欲界對治說法智色無色界對治說比智法智雖色

無色界對治而非一切亦非全種是
故不說方便者他心智亦智心法但

彼方便欲知彼心故自性者等智多
取俗數如前說行者苦智集智此二
智行不壞緣壞一緣故此二智共一
緣是故於彼緣無常行轉是苦智亦
應說无常智以苦極增猒故名苦智
復次不共故苦行一向有漏緣无常
行者若有漏三諦緣若无漏有漏緣
空无我行者若有漏一切法緣若无
漏有漏緣是故苦智苦行應作四句或
苦智非苦行者謂苦智行餘行或苦
行非苦智者謂苦智相應法或苦智
亦苦行者謂苦智行苦行或非苦智
亦非苦行者謂苦智行餘行諸相應
法如行已行當行亦如是如苦行無
常空无我亦如是如苦智十二乃至
道智亦如是行緣者謂滅智道智以
彼智緣不壞行亦不壞已作者謂盡
智所作已作故因長養者謂无生智
因一切无漏智故住不動身故已說
因緣建立十智善等分別今當說
九智唯說善一智三分別一見二非見
餘則有二種

九智唯說善者除等智餘九智說善
愛果故一知三分別者等智或善或
不善无記一見者他心智是見分別
性故二非見者盡智无生智非見非
分別性故餘則有二種者餘七智或
見或非見若法智比智苦集滅道智
盡智无生智所不攝者是見攝者非
見等智或見或非見五見世俗正見
是見以捷疾故疑愛恚慢无明相應
慧非見何以故二使覆故無明相應
慧雖无二使一能極覆非餘煩惱何
以故非觀察方便故不隱沒无記慧
非見不捷疾故五識相應慧非見非
思量性故
學與無學六二智說無學非學无學一
當知一三種
學與無學六者謂法智比智苦集滅
道智或學或无學若學人所得是學
若无學人所得是无學二智說无學
者盡智无生智是無學離煩惱住故
非學非無學一者謂等智是非學非
無學有漏故當知一三種者謂他心
智或學或無學非學非无學若唯以

學心心法為境界是學若以無學心
心法為境界是无學若唯以有漏心
心法為境界是非學非无學
八智性不斷二知二種說有漏无漏一
一則說有漏
八智性不斷者除他心智及等智餘
八智不斷離垢故二智二種說者他
心智若有漏是修道斷若无漏是不
斷等智若忍對治是見斷若智對治
是修斷有漏无漏一者他心智或有
漏或无漏以有漏心心法為境界是
有漏以无漏心心法為境界是無漏
一則說有漏者等智一向有漏煩惱
住處故當知八智不斷說无漏
四智有為緣有常緣則一五智二境界
明智之所說
四智有為緣者謂他心智苦集道智
有為緣以陰為境界故有常緣則一
者謂滅智无為緣以涅槃為境界故
五智二境界者謂法智比智盡智无
生智以三諦為境界是有為緣以滅
諦為境界是无為緣等智亦以三諦

為境界是有為緣敷滅及虛空為境
界是无為緣
法智應當知　是從六地起　比智則九地
他心智在禪
法智應當知是從六地起者法智六
地可得自性得也謂四禪未來中間
非無色无色不緣欲界故比智則九
地者比智九地可得謂未來中間四
禪三無色他心智在禪者謂根本禪
有他心智是四支五支定果故
等智應當知　在於十一地　謂彼諸餘智
品品如前說
等智應當知在於十一地者等智在
十一地謂欲界未來中間四禪四無
色謂彼諸餘智品品如前說者謂苦
集滅道智盡智无生智若法智品在
六地如法智若比智品在九地如比智
若說諸念處　一智當知後　三則說一智
餘四明智說
若說諸念處一智當知後者謂滅智
是法念處无為緣故三則說一智者謂
他心智他心心法緣故是三念處除
身念處餘四明智說者謂餘八智是

四念處五陰緣故
一智欲界依　二界依有一　二智三界依
餘六一或三
一智欲界依者法智唯欲界依以法
智隨生或欲界四大造故二界依有
一者他心智欲色界依依色故二智
三界依者比智等智三界依餘六一
或三者苦智等六智若法智品欲界
依比智品三界依（依者身之別名）
名則十六行　事或說十六　離於十六行
餘闇非无漏
名則十六行者謂无常苦空非我因
集有緣滅止妙出道正迹乘衆緣所
持故无常逼迫故苦我所見對治故
空我見對治故非我種子法故因等
起故集相續故有相成熟故緣諸陰
盡故滅三火息故止離內惱故妙離
外惱故出趣向故道巧便故正等趣
故迹至究竟故乘復次非究竟故無
常重擔故苦內離人故空不自在故
非我來方便故因出生方便故集增
長故有與依故緣不相續離相續故
滅離三有為相故止善故常故妙第

一休息故離邪徑對治故道不正對
治故正登涅槃城故足一切有對治
故乘問事有幾行荅事或說十六此名
十六行有說事有七謂苦行名四事
亦四顛倒對治故集行名四事一滅
道亦如是如是說者名十六事亦十
六者善問離十六行更有无漏慧耶
荅離於十六行餘闇非無漏離十六
行无有無漏慧如契經說我生已盡
此亦是苦等行生盡如言我斫木為
誰斫謂斧斫此亦如是問此諸智各
有幾行荅
二智十六行　法智及比智　如是行或非
是說為等智
二智十六行法智及比智者如所說
十六行一切法智比智轉如是行或
非是說為等智者等智行十六行亦
非十六行十六行者謂煖等善根是
十六行及餘不定聞思慧亦非者如
病如癰等行是名為非問若等智是
十六行者何故不說名苦智乃至道智荅
壞境界故無漏行不壞境界別諦緣
故有漏行壞境界有漏無常行三諦

緣空非我行一切法緣

四智有四行 決定行所說若智知他心
如是行或非

四智有四行決定行所說者苦智有四行乃至道智亦如是若智知他心如是行或非者若無漏他心智是道四行有漏智非自相境界故

盡智无生智 離空无我行 說有十四行
謂近於等故

盡智無生智離空無我行說有十四行者盡智无生智十四行除空无我行問何故非空無我行耶答謂近於等故盡智无生智第一義而近等空無我行第一義近第一問彼諸行為誰能行亦為他所行耶為何等性答

謂慧行能行亦為他所行餘有依二種
無依他所行

謂慧行能行亦為他所行者慧自性是行能於彼彼尒炎中行无常等行彼亦為無常等行所行餘有依二種者除慧餘相應等法是亦能行有緣故亦為他所行他所緣故非行非慧性故無依他所行者若彼不相應法謂

色無為心不相應行是他所行非慧性故非能行无緣故已說建立行建立得今當說

謂初無漏心或有成就一二或成就三
四時各增一

謂初无漏心或有成就一者謂初苦法忍相應心若未離欲成就一等智若離欲成就他心智二或成就三者第二苦法智相應心若未離欲成就三智苦智法智等智若離欲成就他心智四時各增一者於上四時一一增苦比智若未離欲四智法智比智苦智等智若離欲得他心智集法智增集智滅法智增滅智道法智增道智忍中不得智非智性故集滅道比智不增智以苦比智得名故已說成就智修今當說

若得修於智 謂在聖見道 即彼當來修
諸忍亦如是

若得修於智謂在聖見道即彼當來修者見道諸智現在修即彼未來修謂苦法智現在修未來修苦法智非忍非餘智如是乃至道法智諸忍亦如是者苦法忍現在修即彼未來修非智非餘忍一切忍亦如是問何故見道唯修自分修道修自分及非自分耶答彼初得種性故見道初見諦故唯修自分非餘又不雜道故捷疾故不覺道故

於彼三心中 得修於等智 當知最後心
或修七或六

於彼三心中得修於等智者見道三心無間等邊修等智謂苦集滅比智若依禪未來超昇離生彼修一地見道二地等智謂禪未來及欲界若依初禪超昇離生修二地見道三地等智乃至第四禪修六地見道七地等智問道比智邊何故不修等智耶答邊非分故諦無間等邊修故名无間等邊無能修一切道及佛邊際而知一切苦集滅復次世俗智於彼諦曾無間等故修見道眷屬故无間等邊等智是見道眷屬道比智是修道所以无色界不修以無見道故問法智何故不修答諦无間不究竟故若修者應說无間等中若欲界者則四陰

性以不定故若色界者五陰性以定
故（有定則有定共色故有色陰是若至陰智）增故說修等智若苦无間等邊
有四事欲界緣欲界苦色界緣色無
色界苦集滅无間等邊亦如是是不
生法依隨信行隨法行故彼隨信行
隨法行成就而不現在前或修七或
六當知家後心者若離欲得道比智
禾来修七智除等智盡智无生智若
未離欲修六智除他心智修非想非
非想處對治道等智非彼對治故不修
於彼上修道十七無漏心當知修於七
增益根或六
於彼上修道十七无漏心當知修於
七者若未離六種欲從須陁洹果進
九無㝵道八解脫道修七智此道禪
未来攝故无他心智盡智无生智是
無學故不修餘七智必修若世俗智
離欲彼現在修一等智未来修七若
無漏者四法智一一現在修未来七
增益根或六者謂信解脫求見到彼
無㝵道修六智非他心智無㝵道𢖍
違故非等智似見道故非盡智无生
智無學故若未離欲解脫道亦修此

六若離欲修七智是故說或㝵進得
不動者九無㝵道修七智非他心智
無㝵道相違故非等智非第一有對
治故非无生智未得故八解脫道修
八智亦得他心智故第九解脫道修
十智是故說或
得不還果時　及離上七地　勳修諸神通
解脫修習八
得阿那含果必得根本禪故修八智
除盡智無生智及四禪三無色此七
地離欲時九解脫道修八智若世俗
道離欲時等智現在修未来八若无
漏道離欲者是苦等六智一現在修未
来八六智者謂苦比智集滅道比智
及滅道法智也勳修禪一解脫道學
修八智无學修十智神足他心智宿
命通一解脫道亦修八智根本禪攝
故天眼天耳解脫道无記故不修（上三通得時及用時悉是解脫道解脫道悉是善神足降伏衆生故餘二所見微達故眼耳无此故無記）
此諸無㝵道　及滅第一有　即彼八解脫
當知修於七　七地離欲無㝵道
及熏修禪二　無㝵道學諸通　五無㝵
道（七地離欲及熏修以一等智一無漏智為無礙道二念故言二五通各有一無礙故言五）修七智除他心

智無㝵道相違故第一有離欲八解
脫道修七智除等智非對治故
第一有離欲　無㝵道修六　上乘應當知
修習於下地
第一有離欲無㝵道修六者第一有
離欲九无㝵道修六智除他心智及
等智一切方便道有漏无漏修八智
上乘應當知修習於下地者若此地
離欲即修此地无漏智及下地謂初
禪離欲即修初禪功德及未来如是
乃至第一有離欲修一切地无漏功
德上對治名為上乘
無學初心中　修於一切地　無學相似修
或苦習比智
無學初心中修於一切地者无學初
盡智相應心修九地功德問修何等
種无學功德荅謂无學相似修若退
法者修九地軟軟功德乃至如来地
修上上功德問无學初心何智荅或
苦集比智或苦比智或集比智生緣
故作如是念我生已盡此非想非非
想處四陰生緣家後盡故已說修无
漏功德有漏今當說

盡智心俱修 善有漏功德 九地至一地
次第修亦滅
得阿羅漢果時或修九地善有漏功德乃至成一地問何故九地乃至一地也荅謂生於欲界修九地有漏若生第一有則修於一地若生欲界得阿羅漢果
得盡智所修九地善根若生初禪修八地除欲界如是乃至非想非非想處即修彼地善根問何故於此處修三界善根荅一切縛解永穢息故如三等縛解如降伏煩惱力士衆咸稱善如王登祚解脫灌頂一切皆獻珎奇寶物先雖得下地功德以上地煩惱故智光不明得阿羅漢果一切功德增修照明修義擇品當廣說問世尊說見智慧為一為異耶荅
諸忍則非智 盡無生非見 餘一切聖慧
當知三種性
諸忍則非智者八无間等忍非智不決定故自品對治疑得縛故決定義是智義故復次忍者悕望求智者悕望息復次忍是見非智性智性盡无生非見者盡智无生智非見息求故中平故背生死故餘一切聖慧當知三種性者除忍及盡智无生智餘慧種能求故見決定故智問何者是荅學八智及无學等見
若善有漏智 在意則是見 煩惱見是智
此及餘說慧
善有漏意地智能求故見有說非一切意識相應善有漏智是見性謂從不思量識身所起故非覺（五識不生慧識非見也）命終心非見羸劣故起作心非見外向故如是好謂初說（凡從煩惱者名知見是娃）煩惱見者 者若見自性謂身見等從思量生故說見亦說智決定故此及餘說慧者此說若智若見及餘未說者謂意識相應无記除五見諸餘意地染汙及一切五識相應當知一切是慧謂彼說者若无記慧非見不捷疾故工巧慧雖捷疾而非見求生所障故染汙前已說五識相應慧非見不分別故不捷疾故一性故問一一智幾智緣荅
法智及比智 觀察於九智 因智及果智
境界於二智
法智及比智觀察於九智者法智緣九智除比智比智亦緣九智除法智問何故不展轉相緣荅下上境界故法智緣下比智緣上是故不展轉相緣如二人同止一人觀下一人觀上地空異觀故不相見面若言不自緣如不自見面者不然續觀故因智及果智境界於二智者苦集智緣有漏他心智及等智苦集諦所攝故
道智緣九智 解脫智无緣 餘一切境界
決定智所說
道智緣九智者道智緣九智除等智餘九智緣道諦所攝故解脫智无緣者滅智不緣智緣无為故餘一切境界決定智所說者餘四智他心智等智盡智无生智緣十智問如前說若欲界對治是法智雖色无色界對治非一切亦非全何等法智為色无色界對治荅
謂彼滅及道 法智之所行 是三界對治
非欲界比智
謂彼滅及道法智之所行是三界對治者有修道滅法智道法智是三界修

道所斷對治彼於欲界極見過患思惟欲界行滅及對治得離三界欲問何故非苦集法智荅下劣上勝故非觀劣能離勝處欲滅道俱勝是故觀此滅三界欲 復次若緣欲界離色无色界者是為異肰異不樂異解脱此則不然問頗比智離欲界也荅非欲界比智无比智欲界對治自事未究竟故如王降伏自界怨已然後伏他法智亦如是无有比智先滅色無色界後滅欲界也又法智是極利 智尚滅不善況无記也問神通幾智性荅

神足天眼耳 是說一等智 或六智宿命 五說他心智

神足天眼耳是說一等智者神足天眼天耳一等智无漏智不以此行神足者種種示現天耳通是天耳識相應慧生死通是天眼識相應慧神足餘品當說天耳方便思惟大聲彼方便漸增得色界四大所造清淨天耳隨聲遠近一切悉聞天眼方便思惟明相彼方便漸增於眼周圓得色界四大所造清淨天眼處於一方遍觀十方一切悉見而非一時或六智宿命者尊者瞿沙說六智非他心智緣現在故非滅智緣无為故非盡智无生智非見性故阿毗曇者說一等智緣衆生名姓等故方便者或於自身或於他身於是處方便即於是處究竟或復餘也聲聞緣覺從前身起乃至究竟隨其所欲唯有如来隨意自在若前若後隨所聞見皆悉憶念五說他心智者五智知他心謂法智知他法智品心心法自分境界故比智亦如是道智知他无漏心心法等智知他世俗心心法他心智五也方便者或從自身或從自心取其相貌如是相身有如是相心以是方便善根漸增乃至知他心心法是名成就於色方便及自心起至成就時不緣色及自心離於行緣知他心智根地人度不知根度者軟不知中上根謂乃至第四禪地軟知下地軟无漏非餘有漏者知有漏不知無漏地度者初禪不知二禪人度者學人不知无學人是故佛心心法非一切他心智境界一切他心智事境界自相境界心心法境界現在境界他心境界除見道是修道得故空無相不相應盡智无生智不攝離无㝵道問神通云何如說而生為異也荅或有說如說而生如世尊先說神足是故前生乃至後說生死智是故後生尊者瞿沙說謂欲界處起神通如說而生若色界則異此修行者聞說色界天而不見欲見故起天眼見而不能往故起神足往而不聞說故起天耳雖聞而不知心云何往故起他心智知他心而不自知无所從来故起宿命智如是說者神通无有次第正受亦无超越正受亦无順正受亦無逆正受當知神通解脱道所攝非无㝵道問力无所畏一一幾智性荅

處非處智力及第一無畏 此是佛十智 餘此中差別

處非處智力及第一無畏此是佛十智者處非處力及初无畏此十智性普境界故問餘力无畏何智性也荅除此中差別處非處力差別有餘力

雜阿毗曇心論第六卷　第三十一張　摩字號

初無畏差别有餘无畏世尊觀受化
者悕望故建立多種問何故世尊自
說功德也荅為求佛道者修念佛三
昧故復次於等解脫現差别故樂說
辯才故无盡無滯無缺乃至降伏醉
象等中有疑者不知誰力為彼故顯
示自力故復次為受化者說實功德
不過量故離非大人法故
淨業有愛果不淨果不愛此說為是處
異則說非處　應當如是知　是處非處力
淨業有愛果不淨果不愛　此說為是
處者因果決定彼無障导智知此是
處非處力者等起容受義是處義也
與是相違名非處義也不伏不屈故
彼十智自性　在於十一地　決定說如来
無勝无動故說力
謂閻浮提依
彼十智自性者如前說普境界故十
智自性緣一切法是十六行或離行
四念處三正受三根相應在於十一

雜阿毗曇心論第六卷　第三十二張　摩字號

地者謂欲界四禪未来中間四无色
決定說如来者說建立如来力非聲
聞緣覺以如来除二種無知故謂染
汙不染汙是故佛智不為非智所屈
是無學及非學非无學非是學聲聞
緣覺雖除染汙不除不染汙如来除
二種疑使處疑處非處疑謂閻浮提
依者謂閻浮提身現在前非餘餘方
無佛出世故閻浮提人利根易覺是
故佛閻浮提出世非餘
第二力八智　於彼事業轉　及法受煩惱
餘則如前說
第二力八智者自業智力八智除滅
智道智无漏緣故是故說八行或離
行或空无願相應問何緣荅於彼事業
轉及法受煩惱彼事者是業果身口
業及思是業法受者有四法受有法
受現世樂後世樂如是比煩惱者是
業因於此轉緣此起餘則如前說者
餘如處非處力說
諸禪及背捨　正受三摩提　第三力迴轉
九智餘如前
諸禪及背捨正受三摩提第三力迴

轉者禪者四禪背捨八者背捨正受
者无想定滅盡定及四无色三摩提
者空無相無願第三力者於此禪背
捨正受三摩提中轉緣此起問此力
何性荅九智性除滅智及滅四行无
相三昧無為緣故餘如前者餘如自
業智力說
於上下諸根　第四力迴轉　第五說解力
第六於界緣
於上下諸根者上者勝下者劣根者
主第四力者上下諸根力也迴轉者
緣也謂緣三諦徙緣根方便起故說
上下諸根力如他心智第五說解力
者解者欲也彼亦二種有勝有劣勝
者善欲劣者惡欲復次欲道及道果
者勝欲生死者劣此亦緣三諦徙欲
方便起故說欲力第六於界緣者界
者自性也有二種如前說
於彼種種趣　第七力迴轉　當知已說四
餘皆如前說
於彼種種趣第七力迴轉者趣者道
也彼亦種種向地獄乃至涅槃彼緣
趣及衆具故名趣力當知已說四餘

皆如前說者已說根解界趣力餘因緣當知如禪背捨正受三昧說或有說趣智力是十智性

知宿命有行　是說第八力　謂禪有煩惱

餘則如前說

知宿命有行是說第八力者宿命力於宿命所受若所行所受種種悉知彼所行者謂中陰所受者謂本有以本有有所受若剎利若婆羅門如是比悉知是宿命力說一智謂宿命智有二種謂曾得今得上中下說三地建立說四軟中上曾得今得說六地曾得今得說八下下至上上說九地及下中上分別說十二下下等曾得今得說十八地下中上曾得今得說二十四地下下等分別說三十六地下下等曾得今得說七十二此揔說一宿命智謂禪者根本禪非眷屬非無色无神通所依三摩提故四支五支所攝三摩提神通所依唯禪非餘若依彼禪得宿命通即知彼禪及下地若依初禪得神通知初禪及中間同一地故有煩惱者前已說是等智

是故无無漏事是法念處餘則如前說者如趣智力說

第九力當知　遠離於所緣　命終及受生

行於衆生數

第九力當知遠離於所緣者生死智力除緣餘如宿命智說聲聞不方便見千世界方便者見二千世界緣覺不方便見二千世界方便見三千世界佛不方便見三千世界方便見无量无邊億百千三千世界問何緣荅命終及受生行於衆生數彼緣色入如所說隨業法受如實智當知彼說眷屬生死智此則內法

第十力十智　或六一切地　示現力明通

餘皆如前說

第十力十智或六者若說漏盡人所得為漏盡智者彼說十智性若以漏盡緣故為漏盡智者彼說六智除他心智苦集道智一切地者漏盡智在十一地攝受生故示現力明通者彼漏盡智說名示現謂教誡示現令彼歡喜不傾動故說力永離無明故說明通種性故說通宿命智力生死智

力是說通明力非示現問此非非學非無學耶何故契經說三明一向無學荅无學身中得故導第一義明故問六通何故三通建立明非餘耶荅三種愚對治故彼初明滅前際愚第二滅後際愚第三滅真諦愚導三解脫門故六通中二通是示現非明謂神足他心智二是明非示現謂宿命智及生死智漏盡通俱有天耳通俱無餘皆如前說者餘所未說者因緣如前說已說力无畏今當說

初則如初力　第二如第十　餘二如二十

是名无畏安

初則如初力者言我等正覺此初無畏即處非處力第二如第十者言我諸漏已盡此即漏盡力餘二如二七是名无畏安者言我為諸弟子說障道法彼言不障道者無此畏也此即自業智力言我為諸弟子說道是賢聖出離言不出離者無此畏也當知此即趣力問世尊何故說此契經荅制善星及婆羅婆誹謗故說此契經善星言沙門瞿曇無過人法為制彼

故說前二無畏婆羅婆言沙門釋種子法我悉知見為制彼故說後二无畏復次前二無畏是說自安後二無畏是說安他不屈伏義是無畏義難恐怖故問力无畏何差別荅有說无差別又說智是力智光普照是无畏安住是力勇猛是无畏智無盡是力辯无盡是無畏如是等復次一一力攝四無畏一一无畏攝十力此十四法又三不共念處及大悲是佛十八不共法不共一切聲聞緣覺故不共念處及大悲是慧性問无諍何地𠫓何行何處現在前何緣何等人起何等自性也荅

第四禪有垢　無諍三方依　緣欲未生惱
依不動智慧

第四禪者无諍在第四禪非餘普境界故於一切依冣勝故是有離垢聖行故無諍者煩惱相違故三方依者三方現在前非餘說力所起故緣欲未生惱者緣欲界未来煩惱謂貪恚癡慢自相煩惱非捴相捴相是普境界是故得四念處捨根相應依不動

若依離煩惱身得故三昧力故唯不動法者所能起非餘智慧者是智慧自性也彼阿羅漢不行五因緣故則能令彼不起煩惱謂正威儀及正說分別應受不應受觀察住處及觀察入正威儀者於一方正身坐若有人来即觀其心觀察彼何等威儀令不起結若此威儀令彼不起即時便住如是威儀正說者若有人来即觀其心若說而起彼結則不為說不說而起則便為說分別應受不應受者他施衆具即觀察之若受其施而起彼結雖須不受不受而起雖不須而受觀察住處者若住此處而起彼結雖衆具豊足則便捨去觀察人者先觀察人然後入里若舍若巷有起結者則便不入去何於彼復作惡緣為攝他故作是思惟我於往昔煩惱身時彼等於我起煩惱故受不愛果况今離欲當作方便令彼於我必不起惱佛及波羅蜜諸聲聞等得无諍滿而不數入為令衆生因惱得度故有時不入无諍三昧也

所謂妙願智　遠離彼境界　於彼冣後得
六智自在性

所謂妙願智遠離境界者妙願智亦在第四禪是有漏依三方不動者所得是智慧性緣一切法盡境界故無色依者上言無色依者此依是依止義謂欲色界非無色界分故名為依此禪願智所依果如無色界也觀行差別如田夫是故說四念處如願智而知故說願智欲知是其義於彼冣後得者若起彼智時謂欲界善心次第初禪現在前如是次第乃至非想非非想處如是逆次第乃至欲界善心復順次第乃至第四禪現在前彼復於第四禪從軟至中從中至增於彼增上第四禪後起願智六智自在性者此智六種自性謂三無㝵智除辞無㝵又无諍智後邊智及妙願智此智三因緣故起攝他故攝教法故覺世間安不安故

義辯漏无漏　在於一切地　佛說為方便
餘則如前說

義辯漏无漏者此辯十智性以一切法第一義故有說六智性除他心智苦集道智以滅諦冣第一義故是故說行念處三昧緣在於一切地者此

辯在十一地自性得　故佛說為方
便者義辯以佛所說為方便若先无
佛說則無能起者不知義故餘則如
前說者餘所未說者如願智說
所謂為應辯　境界道及說因明論方便
或三餘如前
所謂為應辯境界道及說者應辯緣
道及言說是故九智自性除滅智有
十二行因明論方便者此辯不以因
明論為方便則无能起者不知應不
應故是故說阿毗曇為方便以因明
論无如阿毗曇者以智具足故或三
者此辯三智性謂辯及願智審後智有
說知一切法第一義彼亦義辯餘前
者餘所未說者如義辯說
法辯緣施設　在於五地中　以數為方便
餘如无諍說
法辯緣施設者法辯緣名分齊在於
五地中者謂欲界及四禪非上地以
無色界不緣名及下地非分故以數為
方便者法辯以數論為方便餘如无
諍說者餘所未說者如前無諍說
聲明論方便　是則為辭辯　境界於言說
二地餘如前
聲明論方便是則為辭辯者辭辯以
聲明論為方便若先不習聲明論則
不能起離種子故境界於言說者此
辯緣言說是故是身念處二地者欲
界及初禪非上地離覺觀故餘如前
說者餘法辯說問辯云何如說生耶
為異耶答有說如說生謂先於法起
名巧便知名未知義故次第起義辯
雖知義不知辭故次起辭辯知辭辯已
不能連注說故次起應辯又說先起
義辯知義不知名故次起法辯知名
不知辭故次起辭辯知辭不能連注
說故次起應辯應辯如前說又說名
隨說轉是故先起辭辯後起法辯義
依名轉是故次起義辯此三辯導應
辯問此辯云何為一一得也答不然
若得則具四如四聖種一時得此亦
如是

雜阿毗曇心論卷第六

雜阿毗曇心論卷第六

校勘記

一　底本，金藏廣勝寺本。六四五頁中至六四八頁中及六四九頁中至六五〇頁上、六五〇頁下，共十四版，原版殘缺，以麗藏本換。

一　六四五頁中三行「三藏」，資、磧、普、南無。

一　六四五頁中四行「第六」，南、徑、清作「第七」。

一　六四五頁中一四行「謂法智」，諸本作「法智及」。

一　六四五頁中一五行首字「及」，諸本作「亦」。

一　六四五頁下二行第一三字「與」，諸本作「興」。

一　六四五頁下一三行末字「作」，諸本作「作境界」。

一　六四六頁上八行「復次」，諸本作「次復」。

一　六四六頁上一八行第九字「謂」，

南、徑、清作「諸」。

一 六四六頁上二〇行第二字「所」，諸本作「彼所」。

一 六四六頁中四行「无記」，諸本作「或無記」。

一 六四六頁中二一行首字「者」，諸本作「者謂」。

一 六四六頁下一行「非學」，諸本作「或非學」。

一 六四七頁上一一行「謂彼」，諸本作「彼謂」。

一 六四七頁中一一行及本頁下八行「餘闇」，諸本作「除闇」。

一 六四七頁中一五行第三字「見」，諸本作「見所」。

一 六四七頁下二行第九字「足」，普、南、徑、清作「迹」。

一 六四七頁下一七行第七字「者」，徑無。

一 六四八頁上二一行第六字「等」，諸本無。

一 六四八頁中一行「非慧」，諸本作「非行非慧」。

一 六四八頁下一三行第三字「超」，資、磧作「起」。

一 六四九頁上七行第四字「寂」，磧、普、南、徑、清作「是」。

一 六四九頁上二二行第六字「似」，磧、普、徑、清作「以」。

一 六四九頁中一〇行第四字「無」，磧、普、南、徑、清作「及無」。

一 六四九頁中一九行夾註左「無記」，諸本作「無記也」。

一 六四九頁中末行夾註左「二五」，資、磧、南、徑、清作「二一也五」。同行夾註「有一」，諸本作「有」。

一 六五〇頁上四行第四字「成」，諸本作「或」。

一 六五〇頁上五行第二字「也」，諸本作「耶」。以下時有出現。

一 六五〇頁中四行「故智」，資、磧、普、南、徑、清作「智故」。

一 六五〇頁中一二行夾註左「是說」，資、磧、普、南、徑、清作「是說也」。

一 六五〇頁中一七行「彼說」，諸本作「彼說未說」。

一 六五〇頁下一九行「對治」，資、磧、普、南、徑、清作「對治耶」。

一 六五一頁上一一行第一〇字「是」，資、磧、普、南、徑、清無。

一 六五一頁下二行第九字「心」，麗無。

一 六五一頁下三行第五字「故」，資、磧、普、南、徑、清無。

一 六五一頁下一二行第四字「往」，資、磧、普、南、徑、清作「住」。

一 六五一頁下一三行第三字「无」，諸本作「先」。

一 六五一頁下末行首字「除」，諸本作「餘」。

一 六五二頁上一一行「果不愛」，麗作「不愛果」。

一 六五二頁上一五行第一〇字「當」，諸本作「應當」。同行末字「是」，資、磧、普、南、徑、清無。

一 六五二頁中六行第三字「雖」，資、

磧、普、南、徑、清作「唯」。

一　六五二頁中七行第七字「處」，資、磧、普、南、徑、清無。

一　六五二頁中一五行第二字「或」，諸本無。

一　六五二頁中一六行第一三字「身」，資、磧、普、南、徑、清作「身業」。

一　六五二頁下一行「八者」，諸本作「者八」。

一　六五二頁下一八行第九字「前」，徑無。

一　六五二頁下末行首字「趣」，資、磧、普、南、徑、清作「起」。

一　六五三頁上一〇行首字「比」，磧、南、徑作「華」。

一　六五三頁上末行第二字「一」，徑作「一一」。

一　六五三頁中三行「命終」，徑、清作「命緣」。

一　六五三頁中一二行「法受」，麗作「受法」。

一　六五三頁下一行「非非」，資、磧、普、南、徑、清作「非」。

一　六五三頁下一二行「二十」，資、南、徑、清、麗作「二七」；磧作「三七」。

一　六五四頁上二行第一二字「後」，資、磧、南作「彼」。

一　六五四頁上一一行「故不共」，徑、清作「故名不共」。

一　六五四頁上一八行「離垢」，諸本作「垢離」。

一　六五四頁中一行第八字「故」，資、磧、普、南、徑、清無。

一　六五四頁中一〇行「彼結」，資、磧、普、南、徑、清作「結者」。

一　六五四頁中一〇行「不說而起」，資、磧、普、南、徑、清作「若不共說而起結者」。

一　六五四頁下二行第七字「離」，資、磧、普、南、徑、清作「離彼」。

一　六五四頁下四行夾註右「上云」，資、磧、普、南、徑、清作「云」。

一　六五四頁下五行夾註右「名爲」，南、徑、清作「名爲膩」。同行夾註左「如無色」，麗作「知無色」。

一　六五四頁下六行第五字「智」，麗無。同行第一三字「知」，麗作「知而知」。

一　六五四頁下一一行第五字「彼」，資、磧、普、南、徑、清作「後」。

一　六五五頁中七行第三字「餘」，麗無。

一　六五五頁中一〇行第一四字「辯」，資、磧、普、南、徑、清無。

雜阿毗曇心論卷第七　　麼

尊者法救造

宋天竺三藏僧伽跋摩等譯

定品第七

已說智定今當說

智依於諸定　安不動而轉　是故當思定　勤求見真實

決定義名智彼善心正性相續名定建立義名依依有二種共起及次第緣彼二說名依依定而立故說依諸定智有八種四法智四比智安不動者不動搖故說不動轉者取緣義如燈依淨油炷離風處光焰甚明如是智依諸定離於乱風則不動而轉是故者說因緣也定者智所依後當說思者知見義勤求者求欲時也真實者不顛倒謂四真諦見者謂无間等是說真實見以不離定而起實智故

問有幾種三昧荅

決定說四禪　及與无色定　是中一一說　味淨及无漏

決定說四禪及與無色定者謂決定智者略說八種三昧攝一切三昧謂世尊知差別三昧正受一切聲聞緣覺不知其名如修多羅廣說是中一一說味淨及無漏者一一三昧說三種未淨無漏

善有漏是淨　無漏離熾然　味則愛相應　寂上无無漏

善有漏是淨者若善有漏當知是淨問善有漏有垢云何說淨耶荅煩惱相違故煩惱不雜故引導无漏故無漏離熾然者離煩惱熾然當知是无漏彼雖永離煩惱第一義淨當知為差別故立名味則愛相應者若愛相應定者當知是味相應問何故愛相應說禪非餘煩惱耶荅相似故一向動著緣是三昧餘煩惱无有著緣如彼愛者復次巳說愛當知巳說餘煩惱是煩惱足故寂上无無漏者彼揔說故言一一三種當知第一有唯二種无無漏不捷疾故有二邊謂欲界及第一有聖道離二邊名為中道離二有根本亦如是若味相應著者名味正受若不味著者名淨正受若无

雜阿毗曇心論卷第七　第三張　處字

漏思惟五陰無常等行當知是无漏
正受問淨有幾種荅
淨者有四分　退分及住分　勝進決定分
隨順諸功德
退分者順煩惱住分者順自地勝分者順上地決定分者順聖道復次退分者若住彼則退住分者若住彼不進亦不退勝分者若住彼能勝進決定分者若住彼則能次第超昇離生復次退分者為煩惱所陵所離從禪次第煩惱現在前煩惱次第禪現在前住分者彼能厭下地麁等行受自地寂靜等行勝分者能厭自地過受上地功德決定分者暖頂忍世間第一法如禪無色亦如是唯除暖等功德問禪何等性荅
五支有覺觀　亦復有三受　種種及四心
是說為初禪
五支者五支所成分義是支義如車有衆分衆具義是支義如王有將士支者若異若即若異者如毗陁六支（四毗陁經一者億力毗陁二者阿他毗陁三者耶訓毗陁四者三摩毗陁毗陁者智也有六支所成一學二欲三想四辞五說六星歷也）比丘五勝支（比丘五勝支所成一信二不諂三不病四精進五智）若即者如十六支散八支聖道彼支者謂覺觀喜樂一心正受時先麁心法作想名為覺麁心法相續隨轉名為觀正受時心悅名為喜身心離惡故快樂名為樂是猗息樂非受樂於緣心心法不散名一心有覺有觀者初禪有覺有觀問已說五支何故別說有覺有觀耶荅支者謂善穢汙亦有覺觀故別說亦復有三受者彼有三受謂三識身有樂根意地有喜根四識身有捨根種種者謂梵天有種種身有勝有劣以覺觀力生故有尊長眷屬處及四心者彼有四心眼識耳識身識意識是說為初禪者此諸法說初禪勝一切煩惱故正觀一切境界故說禪
第二有四支　種種及二受　第三說五支
此禪亦二受
第二有四支者內淨喜樂一心種種者彼无種種身覺觀非分故有種種心謂根本有喜根喜息已眷屬捨根現在前捨息已復入喜根及二受者謂喜根及捨根此諸法說第二禪第三說五支者謂念正知樂行捨（行捨此行如當行等行也此是行捨非根捨也）一心念者於緣不忘記正知者止舉捨時分別知樂者於緣隨順受行捨者樂著樂故不受餘求一心者於緣不散此禪亦二受者彼亦二受樂根及捨根此諸法說第三禪
離息入息出　第四有四枝　枝者謂說善
隨事如先說
離息入息出第四有四枝者第四禪無入息出息彼正受身毛孔合四大極密故四支者不苦不樂行捨淨念一心不苦不樂者已離苦樂故行捨者不求餘事故淨念者護善根故念離八上煩惱故淨八上煩惱者謂四根覺觀出入息離內外乱故乱義擇品當廣說一心者於緣心不散問初禪二禪何故不立正知耶荅喜及覺觀乱故不立支種以是故亦不立念又不立行捨猗樂與行捨相違故（樂謂功德況靜）問第三禪何故不立不苦不樂耶荅隨順无明品故明无明相違以是義故第四禪不立正知問味相應等三種禪悉成就支耶荅支者唯　說善當

知善禪與支相應非穢汙問穢汙无
何等荅初禪无離生喜樂煩惱相應
故第二禪無內淨煩惱濁乱故第三
禪無念及正知煩惱樂所迷故第四
禪无淨念及行捨煩惱相違故復次
初禪二禪無猗樂一向善故三禪四
禪亦无行捨隨事如先說者若彼禪
先已說餘禪復說者非未曾事增益
如初禪二禪說喜樂當知此二枝非
四如是一切地問此禪支有幾荅

禪支名十八　事則有十一　无色無有支
禪眷屬亦然

禪支名十八者禪支名有十八初禪
有五支第三禪亦尒第二禪四支第
四禪亦尒支前已說事則有十一者
初禪五支名五事亦五第二增內淨
第三增行捨念樂正智第四增不苦
不樂初禪支非二禪支作四句初禪
支非二禪者謂覺觀第二非初者謂
內淨亦初亦第二者謂喜樂一心非
初非第二者除上說如是乃至第四
禪展轉說无色無有支禪眷屬亦然
者四无色及禪眷屬不立支以苦行

故支所攝禪是樂行是故說彼地為
苦道若彼立支者應一切地名樂道

有覺亦有觀　是說未來禪　禪中間有觀
明智之所說

有覺亦有觀是說未來禪者未至依
有覺有觀未至者是初禪眷屬禪中
間有觀明智之所說者禪中間有觀
而无覺修行者轉寂靜故問何故初
禪二禪立中間依非上地耶荅彼昇
降可得故初禪有覺有觀第二禪无
彼中間有觀無覺故別立依上地無
此昇降故不立

未来或二種　謂離味相應　禪中間三種
亦俱說一受

未來或二種謂離味相應者有說禪
未來二種性淨及无漏非味相應彼
雖有連鎖縛（以愛力令未來禪受梵天生生死相連由初禪愛縛除此則二取此則三）彼無正受愛不除受生愛無過如
是說者有味相應禪中間三種者禪
中間有三種性味相應淨無漏亦有
味相應如餘地亦俱說一受者未來
及中間俱有一受謂捨受未來者有
畏故無樂受近欲界故修行者有畏

故樂受不起事未究竟故修行者向
離欲而未得故樂受不起憂隨生故
欲界縛有餘故如人被縛（有解有餘猶生）
疑畏不起樂受彼亦如是寂靜劣故
如未來禪中間亦如是隨其義說已說
地所起功德今當說

三摩提與通　无量一切處　勝處及諸智
背捨於中起

彼三摩提者三三摩提空无願（无願應言無實）
無相彼善心平正故說三摩提彼空
者二種謂有漏無漏若有漏者一切
法緣無漏者有漏緣此復九種謂內
空外空內外空有為空无為空有為
无為空無事空第一義空空空內空
者謂內入空作无我思惟外空內外
空有為空無為空有為无為空亦如
是無事空者謂無彼彼物第一義空
者謂眼起時无所從來滅時无所至
如是比說空空者謂有漏空於無漏
空作空思惟无願亦二種謂有漏
無漏俱二種緣隨其義說彼復五種
謂內等三種及有為無願无願無願
有為無願者於有為法（以有漏無漏无願）

作無常等行思惟餘如空說无相者無相有種謂有漏无漏彼復四種謂於內入數滅以有漏无漏作滅止妙出無相思惟如是外及內外无相亦無相无相三摩提修多羅品當廣說重三昧雜品當廣說通者六通智品已說問若修神通作證證者顯現義也謂不失所作則所作顯也出定名為起若解脫是无記者則出三昧也若是善耶三昧也道彼成神通時為起耶不起耶答若解脫是无記者彼則起若善者不起無量者

二无量無恚 寂後說无貪 第三說喜根 謂彼欲界依

二無量无恚者謂慈及悲是無恚善根性瞋恚對治故是處恚者以慈對治非處恚者以悲對治復次為捨衆生命起恚以慈對治為楚罰衆生起恚以悲對治是故求功德者能起无量非求過惡彼乃至斷善根所亦求功德謂見本淨業求過惡者乃至阿羅漢所亦求過惡謂見本不淨業寂後說无貪者捨無量是无貪善根性謂无貪非欲愛瞋恚對治者不然何以故不絕无恚故問捨是貪欲對治

不淨觀亦貪欲對治何貪以捨對治何貪以不淨觀對治耶答色貪以不淨觀對治婬貪以捨對治第三說喜根者喜无量是喜根性隨生法是五陰性相者以安饒益是慈相除不安是悲相隨喜是喜相任放是捨相謂彼欲界依者依者身也欲界現在前非餘何以故樂饒益轉故謂見欲界衆生苦欲令得樂饒益以除苦故色无色界無苦復次瞋恚對治故慈無量者瞋恚過對治如所說慈修習多修習除瞋恚悲除害喜除不樂捨除欲愛瞋恚色无色界无此諸過又欲界有三方除欝單越問無量正受何等思惟答

樂苦喜衆生 衆生无餘想 隨其所應轉 无量衆生緣

於彼衆生欲令得樂如是思惟 入慈正受於苦衆生歎言苦哉欲令脫苦如是思惟入悲正受欣彼衆生如是思惟入喜正受惟彼衆生无有餘想如是思惟入捨正受問慈力不能令苦衆生得樂何故非顛倒耶答善故

安悕望所起故正思惟相應故瞋恚相違故衆生緣者緣欲界衆生如所說若思惟滿一方成就住者此說器及器中以是義故當知無量是有漏衆生緣故周遍揔緣一切衆生謂四生離此更無有餘衆生離欲得方便得離欲得者離欲時得後方便現在前問云何方便答慈者從親起謂欲起慈心時於一切衆生立為三品謂親怨中親復分別下中上品先於上親品起真實悕望謂父母及餘尊重者謂彼久習悪悕望故饒益心不至還復攝心作饒益想如是上親乃至上怨得平等住是名成就慈心正受悲喜亦如是捨從中品起如是廣說名者緣無量衆生故說無量

勝處說有八 前三色背捨 及八一切處 無貪善根性

此諸善根當知无貪性貪對治故是有漏意解思惟故問此非无貪善根性何以故說觀說想故如契經說內色想外觀色如是廣說觀者是慧是故勝處是慧性阿毗曇解脫處云勝知勝見即慧也 背捨亦

說色觀色是初背捨是故前三背捨
是慧性如是一切處說法音一想是
故一切處是想性而說无貪性者不
然荅此諸善根無貪性慧想增故彼
說觀及想如宿命念及勝色想是故
無過如曾滅處隨念智念增故言彼
憶念曾所更無量事彼亦是智如勝
色想是慧性以想增故說勝色想復次
想近故說是故說想無過无貪慧想不相
離一依一行一緣一果一依果（依果此依亦是）
（律藏義也律藏果凡三種一從過因生二從自分因生三從報因餘勢生謂煞生得短壽也）是故
說一當知說餘云何知無貪性貪對
治故此善根當知貪對治若是无癡
性者應說癡對治慧離一切煩惱對
治癡寂近故非貪若一切處是想自
性者非煩惱對治不决定故是故當
知此善根是無貪性
若說彼眷屬　是則五陰性　此說三方依
境界欲界色
若說彼眷屬是則五陰性者當知此
諸善根及眷屬是五陰性此說三方
依者此諸善根於三方身起除欝單
越亦非餘何以故此諸善根貪欲對

治故非色无色界有貪欲欝單越雖有
貪欲慧力劣故是故不能起此善根
欲界諸天雖有貪欲以著樂故亦不
能起此諸善根境界欲界色者此諸
善根緣欲界色初二背捨前四勝處
作青瘀等行於色處轉不淨行轉故
餘者淨行轉是故得為身念處問何
故彼修行者於緣受淨相耶答為試
不淨故為成不成耶觀不淨者懈怠
心生欲令攝持故又欲自觀知所堪
能作是念以不淨觀不起煩惱未是為
奇淨觀不起乃為奇特又現善根有
所堪能故
背捨中寂後　心不相應行　是說二界依
先從欲界起
背捨中寂後心不相應行者想受滅
背捨是心不相應行性問一切心心
法滅何故說想受滅耶荅以此二力
故令修行者於二界極生疲勞受大
故於禪疲勞想力故於无色疲勞受
想義如陰中說是說二界依者欲界
色界身現在前非無色何以故非心
故欲色界有色是故彼心心法滅命

根依色轉无色中無色若彼正受時
心心法滅命根應斷無所依故應死
非正受是事不然先從欲界起者滅
盡正受先從欲界起於彼退生色界
復離彼欲而現在前問何故色無色
界得初起禪無色非滅盡正受耶荅
禪以三事故起謂因力業力法方便
力因力者謂彼於禪曾已近起業力
者謂已作受業長養（有四法受業已作而長養）法方便
力者如劫成敗時無色界二事起因
力及業力無法方便力以彼無成敗
故滅盡正受從說力起說者欲界謂
佛及波羅蜜聲聞說是故彼欲界身
能初起非餘欲界一入正受時不過七
日揣食身故若過者出則融消色界
一入正受經劫住
餘則四陰性　說彼三界依　或无色境界
及以無漏緣
餘則四陰性者餘功德謂四背捨二
一切處四陰性除色陰彼无色故說
彼三界依者此功德三界現在前空
處背捨空處一切處初從欲色界起
（為捨色故修空故初從色處起也）或无色境界及以无漏

緣者空處一切處空處地四陰緣識處一切處識處地四陰緣空處背捨緣四無色及彼因彼滅一切比智品識處背捨緣三无色餘如上說無所有處背捨緣二無色餘如上說非想非非想處背捨即緣彼地及彼因彼滅一切比智品已說善根自性謂成就功德今當說

當知或有說　成就四无量　或復成就三

減者則不然

若生欲界離欲界欲及生初禪二禪成就四无量若生第三第四禪成就三无量除喜喜根性在二禪非上地故減此者無有

或一乃至八　成就於背捨　或四亦復八

成就於勝處

或一乃至八成就於背捨者或有成就一背捨或有成就乃至八成就一者若生遍淨天於彼愛盡果實愛未盡若生果實於彼愛未盡若生空處於彼愛未盡成就二者若生欲界及生初禪二禪於彼愛盡遍淨愛未盡若生三禪四禪色愛盡空處愛未盡若生空處空處愛盡識處愛未盡若生識處即彼愛未盡成就三者若生欲界及初禪二禪遍淨愛盡果實愛未盡若生遍淨及果實空處愛盡上愛未盡若生空處識處（无漏生上不失下故生識處成就空處背捨如是一切也）識處愛盡上愛未盡若生无所有處即彼愛未盡成就四者若生欲界及初禪二禪色愛盡空處愛未盡若生三禪四禪識處愛盡上愛未盡若生空處識處無所有處无所有處愛盡若生非想非非想處不得滅盡三昧成就五者若生欲界及初禪二禪空處愛盡識處愛未盡若生遍淨及果實无所有處愛盡不得滅盡三昧若生非想非非想處得滅盡三昧成就六者若生欲界及初禪二禪識處愛盡上愛未盡若生遍淨及果實得滅盡三昧成就七者若生欲界及初禪二禪无所有處愛盡不得滅盡三昧成就八者若生欲界及初禪二禪得滅盡三昧此是揔說若有漏背捨者下地離欲未生上地則皆成就若無漏者生上地亦成就或四亦復八成就於勝處者或有成就四勝處或八成就四者若生欲界及初禪二禪於彼愛盡遍淨愛未盡若生遍淨於彼愛盡及生果實成就八者若生欲界及初禪二禪遍淨愛盡

或一亦復二　八九及與十　當知彼修行

成就一切處

或有成就一一切處或二或八或九或十成就一者若生空處即彼愛未盡及生識處成就二者若生空處於彼愛盡成就八者若生欲色界遍淨愛盡果實愛未盡成就九者若生欲色界果實愛盡空處愛未盡成就十者若生欲色界空處愛盡已說成就謂隨地功德今當說

五通在四禪　根本非餘地　諸智如前說

三無量或六

五通在四禪根本非餘地者四根本禪成就五通非餘地除漏盡通何以故攝受支三摩提故諸智如前說者如前智品說隨地所得三無量或六者除喜餘无量在六地未來中間根本四禪或有不欲令在未來或復說

初禪二禪不起悲喜根相違故喜根者是自性受喜行轉悲者憂行轉是故彼不相應如苦集忍智者不然何以故真實行轉故若言苦集忍智極猒而與喜根相應悲行亦如是者彼說有過彼真實思惟故歡喜生悲者意解思惟是故有過如是說者導真實思惟故无過悲雖非真實思惟而能導真實思惟是故无過（依苦除苦故悲與喜俱也）問悲大悲何差別荅悲者無恚性大悲者無癡性復次悲者共聲聞緣覺大悲者不共復次悲者能悲不能度大悲者能悲能度復次悲者緣苦苦衆生大悲者緣三苦衆生悲者緣身苦大悲者緣身心苦問何故名大悲荅度大苦衆生故名大悲大實得故名大悲攝受大聚衆生故名大悲大士入大嶮難故名大悲

彼前四勝處　及與喜无量　亦初二背捨
在於初二禪

前四勝處及喜等初二背捨在初禪二禪中非餘也第三第四禪雖有初二背捨相似善根而不建立是故亦

有初四勝處相似善根如修多羅說慈極至遍淨悲極至空處喜極至識處捨極至無所有處有說此經以無量名說聖道彼受化者以无量名入聖道故復次佚對治覺支以無量名說謂第三禪對治覺支以慈名說如是乃至无所有處對治覺支以捨名說復次以相似名說者謂慈者樂行樂受乃至第三禪悲者苦行空處呵責色轉喜者欣悅行識處者悅識住捨者捨行无所有處說捨

餘有四勝處　及與一背捨　亦八一切處
說在㝡上禪

後四勝處淨背捨前八一切處在第四禪非餘下地亦有淨背捨相似善根而不建立不淨所壞故是故有後四勝處相似善根說地正受及地一切處彼地正受在欲界及四禪地一切處在第四禪非餘何以故離八事惱亂故欲界色欲有二種（身欲心欲也）對治彼故初禪立二背捨四勝處初禪色欲亦有二種故二禪立二背捨二禪无二種色欲故三禪不立背捨樂勝

樂故不能起此等善根及一切處以彼背捨入勝處以勝處入一切處以初背捨入初二勝處以第二背捨入第三第四勝處以淨背捨入後四勝處以後四勝處復入一切處

餘即名背捨　二一切亦然　滅盡㝡在後
餘無漏九地

餘即名背捨者除空處九无閡道及命終心餘善盡說空處背捨無閡道向第四禪命終心向生是故不立背捨當知餘無色亦如是二一切亦然者空處識處一切處亦即名說問識處上何故不立一切處耶荅修行者先入背捨觀而不能勝然後入勝處而不能无邊意解觀然後入一切處無邊青意解觀如是黃赤白復如是思惟此色何所依觀依地大種然後入無邊地意解觀餘大亦如是彼復如是思惟去何昇進謂覺知即先入空處一切處彼覺知何依觀依意識彼即入无邊識處一切處此依更無所依是故上不立一切處滅盡㝡在後者滅盡正受第一有中攝何以故

隨順滅心故次第漸微故易滅問滅盡定不應第一有攝何以故如所說度一切非想非非想處想受滅成就住答第一有攝世尊以彼度諸正受及愛欲故說也學者度正受住故說無學者度愛欲故說復次度一切非想非非想處者此說見道斷想受滅者此說修道斷如是曾習未曾習共不共離欲得及方便得盡當知以勝故不共故界地究竟故二背捨說身作證識滅盡正受及入定心是有漏隨順滅心故出定心有漏無漏彼正受方便得非離欲得若退而更起者得未曾得非已曾得餘无漏九地者若餘無漏功德謂三三昧漏盡通在九地謂四禪三无色未來中間有漏三昧在十一地謂此九及欲界亦第一有

三背捨當知　有漏及无漏　定智通已說
其餘悉有漏

三背捨當知有漏及无漏者空處識處无所有處背捨當知有漏亦无漏定智通已說者定前已說諸智神通

如智品說其餘悉有漏者餘三通似工巧故受色聲自相故無量者緣衆生故一切處勝處初三背捨得解思惟故第一有正受不捷疾故想受滅心相違故皆悉有漏問背捨勝處一切處何差別答

謂彼性背捨　能勝所緣處　無閒普周滿
名如所度說

不向故說背捨勝彼處故說勝處以勝處故世尊說勝處雖非一切修行者能勝彼處但於緣中煩惱不起亦名勝處無邊意解故說一切處復次軟善根說背捨中者說勝處上者說一切處復次因說背捨果說一切處因果說勝處已說諸功德自性成就地有漏無漏謂禪無色三種成就今當說

未離欲當知　成就味相應　離下未至上
成就淨諸定

未離欲當知成就味相應者若彼地未離欲成就彼地味相應離下未至上成就淨諸定者謂離欲界欲非梵天彼成就淨初禪及初禪地餘功德凡夫人成就味相應及淨聖人成就三種

住上應當知　成就下无漏　方便生功德
當知非離欲

住上應當知成就下無漏者聖人生梵天上成就無漏初禪及餘無漏三昧神通等諸功德有漏諸功德生處縛無漏不縛是故離生處捨有漏功德非無漏方便生功德當知非離欲者已說離下地欲成就諸功德當知得非現在現在前者彼非離欲方便得者謂天眼天耳智此無記性故不入淨無漏味相應是故得彼三種禪時不得作方便已乃現在前六通二是无記解脫道所攝故餘四是善問此諸方便所得功德何等斷煩惱何等不斷煩惱耶答

根本淨初禪　是亦同一縛　不能斷煩惱
無量亦復然

根本淨初禪是亦同一縛不能斷煩惱者根本淨初禪自地煩惱一縛所縛故不能斷煩惱他地世俗道現在前時乃能捨離如人被縛不能自解

彼亦如是自地味所味故不能捨離如人親友雖劣不捨彼亦如是若諸煩惱根本禪對治者彼斷得若不斷得彼非對治是故無漏禪煩惱對治有漏者方便斷如是乃至非想非非想處無量亦復然者无量不斷煩惱緣衆生故法想者斷煩惱復次解脫道攝故无閡道攝者斷煩惱復次緣現在故緣三世者斷煩惱以須臾治故世尊修多羅說慈斷瞋恚須臾治者謂暫息如負債寬期

當知五背捨　及與八勝處　亦十一切處　不能斷煩惱

空處識處一切處及非想非非想背捨此法根本所攝不斷煩惱如前說想受滅背捨心相違故不斷煩惱色背捨勝處一切處亦不斷煩惱自相境界故共相道斷煩惱非自相復次意解思惟故真實思惟斷煩惱非意解復次假想思惟故不假想思惟斷煩惱復次事境界故非事思惟斷煩惱復次解脫道攝故无閡道所攝斷煩惱二十三種正受八味相應八淨七無

漏問此三昧一一幾種因答

所謂無漏定　一一七種因　味相應因一　謂彼淨亦然

所謂無漏定一一七種因者無漏初禪於无漏初禪相應共有自分因於无漏三禪三無色自分因如是乃至無所有處此則捴說初禪所攝道有六種隨信行隨法行信解脫見到時解脫不時解脫隨信行信解脫道六種因隨法行道三種因信解脫道四種因見到道二種因時解脫道亦二種因不時解脫即不時解脫因味相應因一者味相應初禪味相應初禪因非餘初禪因不相似故非他地因因果斷故彼味相應五種見苦斷乃至修道斷見苦斷見苦斷因如是一切謂彼淨亦然者淨初禪淨初禪因非味相應非無漏不相似故非他地淨因自地繫縛故淨初禪四種退分住分勝分決定分彼退分四種因住分三勝分二決定分唯決定分非餘以劣故當知餘地亦如是問一一次第生幾種答

無漏禪无色　逆順超次第　次第生六種　七八九與十

無漏初禪次第生六種自地淨及无漏第二第三禪亦如是无漏無所有處次第生七自地二上地一下地四无漏第二禪次第生八自地二下地二上地四无漏識處次第生九自地二上地三下地四餘无漏次第生十比智品所攝禪次第無色現在前非法智品所攝法智品者下地依下地緣是故次第无色不現在前

從六至十一　謂淨次第生　次生二至十　味相應非三

從六至十一謂淨次第生者淨非想非非想處次第生六種自地味相應離欲故淨及淨下地四淨及无漏非味相應離欲故淨初禪次第生七自地三上地四淨及无漏淨無所有處次第生八自地三上地一下地四淨第二禪次第生九淨識處次第生十餘十一此說方便得離欲得非生得是故不說上下地味相應生得淨命終時次第生一切地味相應問何等淨初禪次

第生聖道耶荅謂決定分若異者不應建立四種次生二至十味相應非三者味相應初禪次第生二種自地味相應及淨非无漏煩惱相違故非上地未離欲故非三者不生三若說三者不然第二禪味相應次第生四自地二除无漏下地二味相應及生得淨謂第二禪愛畏故依淨初禪自護如修多羅說尊依初禪厭離俱思惟正受不依第二禪劣思惟第三禪生五自地二第二禪二初禪一味相應第四禪生六空處七識處八無所有處九非想非非想處十自地二无所有處二下地味相應六謂受生煩惱故問一一緣幾種荅

淨與無漏禪　緣於一切地　自地有漏法
味相應所緣

淨與无漏禪緣於一切地者淨及無漏禪緣一切地一切種廣境界故彼無漏比智品緣八地法智品緣一地方便善根緣四諦自地有漏法味相應所緣者味相應初禪緣自地味相應及淨非餘此義使品已廣說不緣

无漏及他地

無色則不緣　下地有漏種　謂根本善有
穢汙如味禪

無色則不緣下地有漏種謂根本善有者无色根本淨及無漏不緣下地有漏法離色相故緣自地及上地故說非下比智品緣下無漏故說非有漏種以方便所攝无閡道緣下地故說根本（世俗道斷結无㝵下縛解既上縛也）味相應緣自地故說善有穢汙如味禪者如味相應禪緣自地味相應無色亦如是

謂色界有餘　無量諸功德　是則緣欲界
宻勝之所說

四无量等諸功德緣欲界前已說除神通故說无量等諸功德彼五神通緣欲色界謂初禪者緣初禪及欲界非上地餘亦如是隨其義說淨禪三種一煩惱勳二道勳三不勳煩惱勳者退分（有漏有煩惱氣故名煩惱勳也）道勳者道所勳謂勳修餘者非勳問彼何等禪能勳荅

若能勳諸禪　是依第四禪　三地愛盡故
淨居唯果實

依第四禪勳初禪何以故離八事惱乱故於一切依宻勝故有五種勳軟中上上中上上此生五種淨居下地亦有五種勳第三禪愛盡故下地不生淨居彼所依或起不起勳（起不起是出定不出定也）方便者以无漏第四禪流注具足正受然後有漏次復无漏於彼流注漸略乃至无漏二剎那次第有漏二剎那現在前此則有漏無漏勳禪方便成若一剎那無漏一剎那有漏復一剎那无漏是名勳禪成有十五心五有漏心十無漏心問何故勳禪荅

或有念正受　或畏諸煩惱　或復樂受生
是各隨義說

勳禪有三因緣念正受者謂修行者愛念正受為現法樂住故畏煩惱者畏退故樂受生者樂生淨居故彼信解脫具三因緣正受見到有二不畏煩惱不退法故時解脫亦二不樂生背一切生故不時解脫唯一愛念正受不畏煩惱不退法故不樂生背一切生故勳禪五陰性有漏及無漏緣四諦（以无漏散有漏如花鬘支提義言勳也）如是廣說无漏心

動有漏心如花散支提問已說三種正受彼云何得答

離欲及受生　而得於淨禪　穢汙退及生　無漏唯離欲

離欲及受生而得於淨禪者淨初禪二時得離欲界欲及上地沒生梵天間退時亦得謂初禪離欲退得初禪退分善根何故不說耶答此中說一切淨先不得而得退時退分善根雖先不得而得餘三種先成就（先失一得三今失三得一非先都无故非一切不得而得也）是故不說頂淨初禪離欲得離欲捨退及受生亦如是耶答有退分初禪欲界離欲時得梵天離欲時捨（梵天離欲時得勝分等故捨退分）梵天離欲退時得欲界離欲退時捨上地沒生梵天時得梵天沒生欲界時捨乃至无所有處亦如是非想非非想離欲得非生得無上地故穢汙退及生者味相應初禪退時得謂初禪離欲欲界及梵天纏退生得者謂上地沒生欲界及梵天如是乃至无所有處非想非非想唯退得无漏唯離欲者无漏初禪離欲得謂聖人離欲界欲此說次第人

若依初禪起昇離生亦得乃至一切地亦如是問此諸功德何等斷煩惱答

無漏除煩惱　及正受中間　一切定中間　相應於捨根

無漏除煩惱者无漏根本初禪八地煩惱對治乃至無所有處二地煩惱對治及正受中間者正受中間名方便道謂斷下地煩惱乃至未離下地欲不得根本正受餘非對治一切定中間相應於捨根者一切方便道捨根相應未得故不生歡悅問如所說上地無身識若上地欲眼見耳聞身觸時彼云何見聞觸耶答梵世識現在前問上地何故無此識耶答前已說上地覺觀非分故無此三識身上地欲見欲聞欲觸初禪識現在前則見聞觸非欲界非修果故問何時成就答

隨識現在前　上地則成就　捨則不成就　心力羸劣故

乃至此識現在前若眼識若耳識若身識尒時成就心羸劣不隱沒无記故是故剎那成就從彼起已不隨轉問已知善穢汙正受得時及諸識成

就彼化心云何得一時得幾心答

受生及離欲　得是諸化心　二三及與四　亦五一時得

有二因緣得化心受生及離欲或頓得二三四五受生者上地沒生梵天尒時得初禪果二心欲界二初禪若生二禪得三心一欲界二初禪三即自地生三禪得四心下地三自地一若生四禪得五心下地四自地一是說受生得離欲者離欲界欲得二心如前說初禪離欲得三心二禪離欲得四心三禪離欲得五心是故說或一剎那得化心而不斷欲界離欲時寂後无閡道作四句得而不斷者謂初禪地初禪果化心（離欲界欲時得初禪果化心此心為初禪結所縛故不斷）斷而不得者謂欲界第二第三第四禪果化心（三地化心是欲界法故為欲界煩惱縛離欲界欲斷初禪未離欲故不得也）亦得亦斷者謂欲界初禪果化心不得不斷者謂餘化心乃至第三禪離欲隨義說於此十四化心欲界四色界十彼欲界化心化作欲界化色界化心化作色界化自分故彼化八種生欲界化欲界化自身及他身如是

色界生色界亦如是欲界化四入色界化二入何以故不化根故是故化无心一心作一化或多但一地也住神足能令住雖涅槃化隨轉如尊者阤驃涅槃已化火燒身（離欲得化心是無記方便得化心是善善為伏衆生故此住神足當知是善）尊者大迦葉全身久住世尊教化非分佛事竟故般涅槃不留化問為修慧化亦生慧耶答亦生慧（退生得化心故是先離欲所得修慧也魔天化心是生慧也）如魔化為佛身魔天女化身詣佛所若化人所食之食若彼化主本欲自養身者彼食即在化主身中消也若本不欲養身者則彼食但聚在化人處也

問成就幾種化心答

或有二三四　五七及與九　增三或亦五

如是成化心

若生欲界欲愛盡梵天愛未盡及生梵天於彼愛未盡是成就二若生第二禪於彼愛未盡是成就三若生第三禪於彼愛未盡是成就四若生第四禪是成就五若生欲界及梵天梵天愛盡二禪愛未盡是亦成就五若生二禪二禪愛盡三禪愛未盡是成就七如是廣說（廣說九及增三五第四禪愛盡生第三禪九生第二禪更增三生初禪更增五也）問若欲界化初禪果及初禪地化初禪果有何差別答色界界勝故勝又欲界第二禪果色界初禪果欲界去勝（能至二禪故言去勝）色界界勝一切化皆如是說（離欲得化心及方便得化心各有十四種上地下生時得光離欲所得十四種）

雜阿毗曇心論卷第七

雜阿毗曇心論卷第七

校勘記

一　底本，金藏廣勝寺本。

一　六五八頁中三行「三藏」，資無。

一　六五八頁中四行「第七」，徑、清作「第八」。

一　六五八頁下四行及五行「未淨」，諸本作「味淨」。

一　六五八頁下一六行首字「勳」，磧、普作「重」；南、徑、清作「熏」。

一　六五九頁上二二行夾註左「五說」，麗作「五記」。

一　六五九頁上末行首夾註「星歷也」，麗作「緣歷也」。

一　六五九頁下一行夾註左「如當」，諸本作「如常」。

一　六五九頁下一九行夾註「樂靜助捨沉靜」，資、磧、普、南、徑、清作「樂動捨沉靜也」；麗作「樂動捨沉靜」。

一　六六〇頁上一九行第五字「者」，

麗作「支者」。

一 六六〇頁中八行「故問」，徑作「故間」。

一 六六〇頁中一七行夾註左「愛璅」，資、磧、普、南、徑、清作「愛鎖」。

一 六六〇頁下五行第四字「禪」，資、磧、普、南、徑、清無。

一 六六〇頁下二二行第一二字「願」，資、磧、普、南、徑、清作「相」。

一 六六〇頁下末行「無漏」，資、磧、普、南、徑、清無。

一 六六一頁上二行「彼復」，徑作「復復」。

一 六六一頁上五行「无相」，資、磧、普、南、徑、清無。

一 六六一頁上七行「作證」，麗作「作證道」。

一 六六一頁上七至八行夾註「出定名……三昧也」二十四字，與八行至十行「彼成……彼則起」二十二字，麗互置。

一 六六一頁上八行「道彼成」，麗作「彼成」。

一 六六一頁上末行「不絶」，資、磧、普、南、徑、清作「不然」。

一 六六二頁上二行第一〇字「法」，諸本作「地」。

一 六六二頁上五行第二字「觀」，諸本作「見」。

一 六六二頁上九行首字「想」，資、磧、普、南、徑、清作「相」。

一 六六二頁上一五行「是想」，磧、普、南、徑、清作「是根」。

一 六六二頁中六行第八字「處」，諸本作「入處」。

一 六六二頁中八行末字「試」，清作「識」。

一 六六二頁中一一行「未是」，麗作「未足」。

一 六六二頁中一九行末字「大」，諸本作「力」。

一 六六二頁下一四行第一二字「時」，諸本無。

一 六六二頁下一六行第四字「受」，麗作「受時」。

一 六六三頁上一三行「二禪」，資、磧、普、南、徑、清作「初二禪」。

一 六六三頁中四行第二字「盡」，徑作「淨」。

一 六六三頁中五行夾註左第三字「處」，資、磧、普、南、徑、清無。

一 六六三頁中一四行首字「及」，麗作「天及」。

一 六六四頁上九行夾註右「依於」，諸本作「欣於」。

一 六六四頁中五行第六字「伙」，諸本作「彼」。

一 六六四頁中一三行首字「說」，資、磧、普、南、徑、清作「謂」。

一 六六四頁下二行第一〇字及一八行首字「人」，諸本作「入」。

一 六六五頁上一一行第三字「識」，資、磧、普、南、徑、清無。

一 六六五頁中七行「無間」，麗作「無闇」。

一 六六五頁下一一行第五字「前」，

麗無。

一　六六五頁下一二行「天眼」，磧、普作「入眼」。

一　六六六頁上七行第六字「想」，諸本作「相」。

一　六六六頁上一一行第二字「謂」，麗作「諸結」。

一　六六六頁上二〇行第一一字「想」，資、磧、普、南、徑、清無。

一　六六六頁中五行第二字「於」，磧、南、徑、清作「捨」。

一　六六六頁中六行「無色」，麗作「無色定」。

一　六六六頁中二〇行「三勝」，麗作「三昧勝」。

一　六六六頁下九行「無色」，資、磧、普、南、徑、清作「九色」。

一　六六七頁中一九行第二字「退」，南、徑、清作「謂退」。

一　六六七頁下末行「廣說」，資、磧、普、南、徑、清作「應廣說」。

一　六六八頁中一二行第八字「地」，資、磧、普、南、徑、清無。

一　六六八頁下七行第五字「三」，徑作「二」。

一　六六九頁上三行第五字「作」，諸本無。

一　六六九頁上五行夾註「離欲……是善」，諸本無。

一　六六九頁上六行「教化」，諸本作「化教化」。

一　六六九頁上八行夾註右「欲所」，資、磧、普、南、徑、清作「所」。

一　六六九頁上一一行第四字「即」，麗作「現」。

一　六六九頁上一二行「欲養」，資、磧、普、南、徑、清作「欲自養」。

一　六六九頁上一六行「及生」，南、徑、清作「是生」。

一　六六九頁上末行夾註右「廣說」，磧、南、清、麗作「應說」。同行夾註左「九生」，諸本作「生」。

一　六六九頁中五行夾註左「得光」，資、磧、普、南、徑、清作「先」；麗作「得先」。

一　六六九頁中末行「卷第七」，徑作「卷七」。

雜阿毗曇心論卷第八　都
尊者法救造
宋天竺三藏僧伽跋摩等譯
修多羅品第八
已說定修多羅今當說
一切智所說　修多羅妙義　我今當少說
修行宜善聽
知一切故說一切智一切者謂十二入
於彼自相共相一切悉知所說者一
切智人親自演說妙義者謂甚深性
相微妙義也此微妙義是修多羅說
故言修多羅妙義今者謂此論少說
者以牟尼所說無量无邊故言少說
修多羅者凡有五義一曰出生出生
諸義故二曰泉涌義味無盡故三曰
顯示顯示諸義故四曰繩墨辨諸邪
正故五曰結鬘貫穿諸法故如是五
義是修多羅義雖義不在說而因說
顯現故言說義謂因說名轉因名顯
義善聽者宜一其心決定善聽問世
尊說施戒修彼一一有幾種荅
惠施持淨戒　是各有四種　修禪則有二

說名為功德
畏三種畏欲方便令度三畏故世尊
略說此三種功德彼畏貧窮畏者方
便令度是故說施畏惡道畏者方便
令度是故說戒畏生死畏者方便令
度是故說修問何等為施性荅
無貪相應思　俱起同一果　衆具處所生
此則是施性
無貪善根相應思施物處所生及隨
轉身口業是五陰施自性以說色香
味等具足故言思願等非施者不然
何以故於物說施名世尊開發施主
心故令思願堅牢故於物說施名即
是施物處所生問前說四種施何等
為施種荅
所謂自攝受　亦復攝受他　或有二俱攝
或二俱不攝
有自攝故施有攝他故施有攝自他
故施有報恩故不為攝自他施
謂阿羅漢供養佛為報恩故不為自他彼自攝者
若未離欲者　供養於支提　及凡夫離欲
是名自安施
聖人未離欲及凡夫離欲供養支提

則自攝施以施受欲界報故謂未離
欲者生欲界故凡夫雖離欲生色無
色界後還受欲界後報及不定報是
名自攝不攝他何以故支提非衆生故
離欲非凡夫　除其現法果　施與諸衆生
是名為攝他
若阿羅漢若阿那含除起現法果施
若餘施為衆生者是名攝他非自攝
阿羅漢生非分故阿那含雖受生在
色無色界而不受施果以因果斷故
建立界
未離欲界欲　已離欲凡夫　施與諸衆生
當知二俱攝
謂聖人未離欲及離欲凡夫施與衆
生當知二俱攝
離欲非凡夫　除其現法果　供養於支提
是則俱不攝
若阿羅漢若阿那含除起現法果施
而供養支提此非自攝亦非攝他阿
羅漢無生故阿那含雖有生而欲界
非分故不自攝支提非衆生故不攝
他彼憶念本恩為報恩故佛雖般涅
槃猶供養支提復次

或有為攝他　供養於支提　無量衆見聞
皆生隨喜心

或供養支提亦為攝他以幢幡花蓋燒香散花供養支提令無量衆生見者隨喜生天解脫因是故世尊修多羅說於未曾立處建立支提能生梵福以攝無量衆生故名梵福問齊何當言梵福荅有說除近佛地菩薩諸餘一切衆生能生大富大力等增上果業是梵福量復有說者世界成時一切衆生器世界生此能生器世界業是名梵福量又復此施

謂彼悕望等　七種施非上　第八莊嚴心
是名冣勝施

世尊說八種施謂悕望施怖畏施反報施期報施家法施生天施求名施為莊嚴心為調伏心為順修行為得冣上義故施悕望施者選擇福田欲求多果故施來求者施來求者施是舊阿毗曇說悕望施怖畏施者方於亡失施故施謂見有失想寧施不失反報施者曾得彼利云何不報期報施者若施於彼期彼還報家法施者

習先人施非自信施生天施者求生天故施求名施者為稱譽故施此七種施慧所鄙故非上不求生死樂施是名莊嚴心施此道方便施故於財施中冣為第一是名上施已說施施果今當說

壽色力安樂　辯才等五種　施報百千等
施主之所獲

布施如上說五種如世尊施五德修多羅中說食已壽非不食是故施壽乃至辯才亦復如是相似因生相似果謂得長壽乃至辯才報如種外種隨類收實此亦如是壽者謂人天非惡趣此以持因故說施壽如說離煞生修習多修習得長壽此以招引因故說辟如二種母生母及養母離煞生者如生母施食者如養母施畜生五種報得百倍福謂和合者得如是廣說見道中雖不食而能受施已說施及果謂即施即果今當說

慈無諍滅定　見道及无學　從彼正受起
施者得即果

慈心無諍三昧滅盡三昧見道阿羅

漢果從此起已若有施者得即果何以故於無量衆生以安饒益相是慈以慈熏身故從此起已施者得即果無諍三昧令无量衆生煩惱不起以廣攝功德熏身故從此起已施者得即果滅盡三昧以廣功德熏身故似涅槃故從此起已施者得即果見道所斷結永盡以聖道熏身故從此起已施者得即果修道斷結永盡心得自在住阿羅漢果從此起已施者得即果已說即果大果今當說

父母若病人　及與說法師　近佛諸菩薩
施者得大果

施此五種人得大果何以故父母長育生身恩故施者得大果病者無所依怙增悲心故施者得大果說法者增長法身故示人善惡故施者得大果近佛地者積集功德廣攝衆生故施者得大果問為恩願勝令施清淨為福田勝耶若恩願勝者何故世尊讚歎福田若福田勝者何故施一福田而果不得等耶荅恩願勝故施清淨福田因力故是故先說恩願及眷

屬名布施福以淳淨心離身財求隨智慧行如是施者則獲大果若異者彼求名稱施勝福田非大人施若以田力生罪福者不成田力等應得无間業而不得故當知思願力也功德福田能起勝思願是故世尊讚歎福田問已知長養生身施長養法身施復云何荅

善説諸經法　遠離諸顛倒　不謗於牟尼

是説為法施

於修多羅毗尼阿毗曇真實分別不著名利廣攝衆生是名法施彼雖無想者而顛倒説誹謗如来真實因縁而作異想當知此則乱心因縁雖説不顛倒而心染著如彼商人是故偈説不知牟尼説如刀火及毒於此善分別猶如食甘露復次三種顛倒謂法顛倒人顛倒時顛倒法顛倒者如有説修習淨想斷貪欲人顛倒者謂貪欲者而為説慈時顛倒者人根未熟為説真諦如是比與此相違名不顛倒説法已説法施無畏施今當説

以離等受説　安慰諸恐懼　是名無畏施

能壞貪窮怖

若見衆生今世後世及俱恐怖以離受戒説慈心安慰言衆生勿怖我當為汝所作令得無畏是名无畏施彼恐怖如貧窮與彼真實對治名無畏施已説無畏施大施今當説

普於群生類　等受戒律儀　功德流增廣

是則為大施

世尊説五戒為大施攝無邊衆生故起无邊樂故財施者不能攝一切衆生唯受戒則能已受持五戒已於一切衆生盡形壽念念中得十二種未曽得律儀（三善根二起身口作無作）彼戒流注相續不斷問已知四種施前四種戒云何荅

欲界及禪生　無漏戒律儀　斷律儀從二

是説律儀種

四種律儀謂別解脱律儀禪律儀無漏律儀斷律儀別解脱律儀者謂七衆所受戒禪律儀者謂有漏隨生戒無漏律儀者謂學无學戒斷律儀者謂離欲界欲九無閡道隨生戒若有漏是禪戒若無漏是无漏戒此律儀兼品巳説巳説四種戒謂餘四今當説

或以怖望受　或以恐怖持　有順菩提支

及與清淨戒

有四種戒所謂怖望戒恐怖戒順覺支戒清淨戒怖望戒者謂求生天及餘處故持戒恐怖戒者畏自責畏他責畏罰畏惡趣畏不活畏惡名故持戒順覺支戒者為莊嚴心故為方便衆具故求寂勝義故持戒清淨戒者謂無漏戒離垢故問云何淨持戒荅

根本眷屬淨　不為覺所壞　攝受於正念

隨順般涅槃

有五因縁戒清淨所謂根本淨眷屬淨不為覺所壞攝受正念正向解脱根本淨者離越根本業道眷屬淨者離煞生等方便不為覺所壞者離欲恚害三覺惱乱攝受正念者攝受佛法僧念以是故亦離諸無記心正向解脱者為解脱持戒不為身財及餘所作是故亦説隨順覺支此五因縁戒清淨世尊説得大果離一切惱乱故問巳知一切正行所依戒如天德瓶云何二種修荅

雜阿毗曇心論卷第八　第十張

禪無色无量　得修及習修　不淨安般念
二修義亦然
此諸禪等功德熏心如熏衣如花熏麻如融金是故如是說如熏衣修如熏麻修如融金修現在者習修未來者得修現在者用故未來者起故現在者作所作未來者當作現在者生故未來者得故現在者現前分未來者成就分禪無色無量定品已廣說不淨觀者無貪性貪對治故又對治四種貪故復說四種謂斷威儀貪故修死屍觀斷色貪故修青瘀等觀斷觸貪故去皮宍修骨鏁觀斷處所貪故修骨節分離觀此不淨觀復有四種謂退分住分勝分決定分退分者住彼則退住分者住彼不進不退勝分者住彼必非進決定分者住彼順聖道界者欲色界地者十地欲界禪中間根本四禪及四眷屬依者欲界行者非行緣者緣欲界念處者身念處智者等智非三昧受生故三根相應墮三世過去者緣過去現在者緣現在未來者若生法緣未來若不生

雜阿毗曇心論卷第八　第十一張

法緣三世是善緣無記是非學非无學緣非學非無學是修道斷緣修道斷當言緣義問為方便得離欲得荅亦方便得亦離欲得若離欲界欲得初禪乃至離三禪欲得第四禪後方便現在前問不淨觀云何方便荅彼修不淨觀者至塚間極善取彼相取已還至坐處洗足安坐柔軟其身心離諸蓋取彼外緣以方己身繫心在足骨脛骨膝骨髀骨臗骨腰骨脊骨脇骨手骨臂骨肩骨頭骨頤骨牙骨齒骨髑髏骨若繫心眉間若樂略觀者先從身念處度若樂廣觀者從眉間觀髑髏乃至足骨從此一座一房一堂一僧伽藍一村一鄉一國若但從想起者非有是處若周遍大地至眼光者能觀彼處白骨充滿若復略者次第還至眉間繫心眉間是名不淨觀成或有不淨觀緣少非自在少作四句緣少非自在少者謂於自身數數入不淨觀自在少非緣少者謂周滿四海大地不淨一時觀察不能數數入不淨觀緣少亦自在少者謂一時觀察

雜阿毗曇心論卷第八　第十二張

自身不淨而不能數數入不淨觀非緣少亦非自在少者周滿四海大地不淨亦能數數入不淨觀復次不淨觀緣無量非自在无量作四句緣無量非自在无量者謂周滿四海大地不清淨而不能數數入不淨觀自在無量非緣無量者謂於自身數數入不淨觀緣无量亦自在無量者謂周滿四海大地不淨亦能數數入不淨觀非緣無量亦非自在无量者謂於自身不能數數入不淨觀已說不淨觀安般念今當說安那者持來般那者持去亦名阿濕波娑婆濕波娑念者憶念於安那般那審諦繫念心不虛妄修習彼念故說修安般念是慧性於彼品念增故說安般念如念處如念宿命初起者於母胎中齊處所業生風起或向下或向上向下者造下身分身諸毛孔向上者造上身分身諸毛孔毛孔成已出息最初乃至命終出息最後正受亦介謂出初入定入初出定六因緣得六種安般念所謂數隨止觀還淨數者修行者巧

便繫念數出入息無一出入息而不覺知若心乱者或時減數或時增數或時乱數減數者以二為一增數者以一為二乱數者出作入想入作出想心不乱者名為等數五出息五入息此名十數若修行者數時於十中間心乱者還從一數起若十數滿已若乱不乱要還從一起畏心散故不過十畏心聚故不減十於上無未曾數故隨者出入息去无所行而隨為長為短耶為遍身耶為在一處耶入為遠為近齊何轉還耶止者隨心所樂於身一分繫心令住而觀察之彼息於身為益為損為冷為暖如是等觀者修習極修習如憶自己名隨其所欲而現在前還者若依欲覺者少行依出離覺者勤行淨者淨諸蓋彼修行者於出入息作一想觀身如竹筒觀息如穿珠出入息不動於身不發身識是名安般念成有說亦起身識但不傷於身又修行者於出入息以極微壞是名身觀受出入息是名受即觀彼受是名受觀識出入息是

名識即觀彼識是名識觀想出入息是名想即觀彼想是名想觀謂極微壞色色盡滅盡然後以喜及想識起令現前便即觀彼三以為三念處方便種子非入息未滅而有出息生非出息未滅而有入息生是名因安般無常行度入息逼迫故出息滅是名苦行度此名得方便無願解脫門種子出入息生住滅不自在是名因出入息無我行度觀出入息離常等因彼故空行度是名得方便空解脫門種子於出入息生厭心向涅槃是名得方便無相解脫門種子依彼軟三三昧中依中增如是次第暖法乃至盡智無生智問世尊說界此云何答

二十說欲界　色界或十六　無色界有四
處所次第說

二十說欲界者謂八大地獄畜生餓鬼四天下六欲天此二十說欲界此諸衆生以欲受身衆具及第二是故說欲界色界或十六者謂梵身梵富樓少光無量光光音少淨无量淨遍淨無陰福生果實无煩無熱善見善現色究竟此十六處說色界有欲人

十七如前十六及大梵彼衆生受色身非衆具非第二是故說色界無色界有四者謂空處識處無所有處非想非非想處此處衆生不受色身離色欲故名無色界問云何立三界為愛斷故為處所故若愛斷者應有九謂欲界愛斷欲界如是初禪乃至非想非非想處若處所故立者應有四十如前說答捴愛斷故說謂欲界愛斷欲界如是色界愛斷無色界愛斷無色界欲界不定故一使色无色界定故不一使問云何建立界答處所次第說有說從下次第上謂最下無擇地獄次大熱地獄如是次第乃至色究竟色究竟上復有無擇地獄次第乃至色究竟若離一欲界欲則離一切欲界欲若得初禪神足能到一欲界及一梵世復有欲令周遍傍立界問世尊說七識住此云何答

善趣在欲界　及色界三地　無色三亦然
是說為識住

欲界善趣謂天及人色界前三地無色前三地此七地說識住有色衆生

者成就色身種種身者種種形種種想者苦樂不苦不樂想是名初識住復次種種身者如前説一想者染汙想彼梵身天初生作是念我從大梵天生大梵天作是念我能生彼尊卑處所故及覺觀識身故梵天有種種身是名第二識住一身者色身形處量等種種想者樂及不苦不樂想根本喜疲猒眷屬捨根現在前捨疲猒已喜復現在前是名第三識住一身一想者一身如前説一想者樂是名第四識住無色衆生者不成就色身離色欲故度一切色想者行離色故説以色想眼識相應故若離初禪欲度欲愛行離第四禪欲度行色行以是義故説滅有對想五識身相應故不念種種想者彼種種想謂第四禪地普散以緣種種入故若染汙者緣十入不染汙者緣十二入離欲擾乱故説不念無量者无量行故方便思惟空入空正受故説空處入空處入成就者得成就彼地四陰是名第五識住方便思惟識入識處是名第六

識住無量行非分故説无所有處是名第七識住問何以故立七識住荅若識於彼樂住故説識住惡道苦逼迫故識不樂住淨居天向涅槃故識不樂住無想衆生无心故餘第四禪或求無色或求淨居或求无想故識不樂住第一有不攝疾故識不樂住復次若彼有壞識法故不立識住惡道者苦根壞故第四禪無想三昧壞故第一有滅盡三昧壞故不立識住

問九衆生居云何荅

第一有無想　是説衆生居　謂有漏四陰

是説四識住

第一有無想是説衆生居者前説七識住及無想天第一有是説九衆生居問惡道何故不説衆生居耶荅樂住非分故多苦故不樂住淨居天疾向涅槃故不樂住餘第四禪如前説

問四識住云何荅謂有漏四陰是説四識住除識陰餘有漏四陰説識住有説衆生數陰説識住者不然何以故依行緣相應分義故名為住（依者識所依依緣者能緣非所緣分者胡音云何婆他那義去流注謂受生胎分相續過去未來雖非衆生

數亦有此五義故得為識住乎）無漏法亦説識住者不然何以故壞染汙識故不立識住識陰非識住二非分故先後不俱故不顧自性故自分識住自分陰謂欲界住欲界如是比不異界不異地不異身問何故自分陰説識住非不自分荅以自分陰攝識故問不自分心陰及非心陰云何名識住（他界心住時名非自分心陰無心法住時名非心陰）荅得相故彼亦識住相成就若彼自分識生者彼則隨轉彼有住識義中間因緣導故識不生非識住非分問世尊説緣起彼有何相荅

煩惱及業事　彼隨次第生　當知是有支

衆生一切生

三分緣起支謂煩惱業事此煩惱業及事於彼彼生次第起名緣起支當知是緣起支

此諸分建立　謂衆生受生　過二及未生

中間説於八

此諸分建立謂衆生受生者於此三分緣起説十二支問此云何荅過二及未生中間説於八彼過去生時諸煩惱分説無明過去生時業説行現

在相續說識彼相續已六入分未滿
說名色諸根滿分說六入未能分別
苦樂不苦不樂根塵識合說觸分別
苦樂分齊而未能分別煩惱分齊說
受樂受於可愛不可愛若離若合悉
愛生說愛現在廣生煩惱說取更生
後有說有現在有種未來陰生說生
未來陰熟說老未來陰捨說死
三有支煩惱　二業事則七　七名前有支
五則說後分
三有支煩惱二業事則七者謂无明
愛及取三有支是煩惱行及有二支
是業餘支說事七名前有支五則說
後分者當知從無明至受七支是名
前緣起餘五支說後緣起
前支五說果　餘二則為因　後支三說因
餘二則為果
前緣起從識乃至受是果無明行是
因後緣起前三支說因後二支說果
問有支前後得展轉合耶答得此云何
前癡後愛取　行有合亦然　名色入觸受
是說同老死　謂初受身識　是則未來生
問已知有支前後展轉相攝彼云何

起答
煩惱起煩業　彼業轉生事　事亦生於事
亦復生煩惱
緣煩惱生煩惱者謂緣愛生取緣煩
惱生業者謂緣取生有緣業生事者
謂緣有生生緣事生事者謂緣生生
老死緣事復生煩惱者前說名色六入
觸受即是後支老死以是故說緣受愛
亦說緣老死無明是名為無始有輪
問有四種緣起何等為四答
謂彼相續轉　剎那與連縛　及前謂分段
此則說緣起
相續轉者是無始義因果展轉相縛
故說緣起輪猶如滿月始不可知是
故修多羅說有愛本際不可知應說
無不應說不可知自有有而不可知
者不然何以故无言說因故言說無
者若有問言何故無則不容言說因
說言不可知者若問何故不可知則
答言無何等如滿月輪始不可知如
是因緣相續緣起滿月輪始不可知
是故言不可知一剎那頃一切有支
現在前故說剎那如識身論說於瘂嚴

事無知故起貪无知者是無明貪者
是行於事知者是識識共起四陰是
名色名色建立諸根是六入六入所
著是觸觸隨覺是受受所喜樂是愛
愛俱生纏是取受當來生業是有未
來陰起是生陰熟故是老捨陰是死
展轉相縛故說連縛因緣根本展轉
久遠義非唯十二支說緣起若生若
所生一切有為法說緣起尊者富那
耶舍說或緣起非已緣起者謂未來
法已緣起非緣起者謂過去現在阿
羅漢命終五陰緣起已緣起者除過
去現在阿羅漢命終五陰諸餘過去
現在法非緣起非已緣起者謂無為
法分段間可得故說分段彼過去生
時煩惱分說無明餘如前說問世尊
說生及趣為生攝趣為趣攝生耶答
生攝一切趣　非趣攝於生　謂生中陰增
當知非趣攝
生攝趣非趣攝生問何故答謂生中
陰增中陰者生所攝非趣攝以到故
說趣中陰者是去非到是故非趣生
者謂四生卵生胎生濕生化生欲界

具四生色無色界一切化生地獄化生畜生四種餓鬼化生亦有胎生人四種天化生化生處廣以全二趣三趣少分故此亦處勝問若處勝世尊何故不化生耶荅時不俱故若有化生時則無佛出佛出世時則無化生人復次一切勝故世尊一切勝所生種性於一切衆生處勝說法信受故及斷種性貢高慢故趣者五趣謂地獄畜生餓鬼人天不可樂故說地獄身横行故說畜生從他悕求故說餓鬼意寂靜故說人光明故說天有欲令阿修羅與天同趣是故說言汝先是天問若然者何故不見諦耶荅諂曲所覆故有說是大力餓鬼天趣不說故問若尒者釋天云何與相習近耶荅貪色故負多究槃荼勒叉亦餓鬼趣攝緊那羅毗舍遮臨嗇娑迦闍羅頗求羅畜生趣攝問世尊說六界此云何荅

所謂四大種　及諸有漏識　亦色中間相
此界說生本

所謂四大種及諸有漏識亦色中間

相者四大五識身及有漏意識亦色中間謂眼所受是空界數是名六界問已說十八界何故別說六界耶荅此界說生本此界說士夫數建立生根本故是故無漏法不立六界中四大如界品說問諦有何相荅

謂性果諸行　有漏是說苦　因性則為集
滅諦衆苦盡

謂性果諸行有漏是說苦者一切有漏行有因及縛性故說苦因性則為集者此有漏行是因性者說集諦是故苦集是一物因果故立二諦滅諦衆苦盡者一切有漏法究竟寂滅是說滅諦

若無漏諸行　是說為道諦　此二因緣故
麁細次第現

若無漏諸行是說為道諦者一切無漏行說道諦有相違故問何故說名諦荅此二因緣故有二因緣說諦謂自性不虛及見彼得不顛倒覺虛空非數緣滅雖自性不虛無記故无漏故不說諦若法是苦苦因離苦苦對治故彼立諦彼無漏故非苦非苦因

無記故非離苦无為故非苦對治是故說四諦病病因無病藥亦如是說問聖諦有何義荅聖於此諸諦起真實覺及顯示他故說聖諦此逼迫相說苦生相說集寂止相說滅出離相說道問應前因後果何故世尊前說果耶荅麁細次第現雖如是以隨順無間等故前說果苦麁故無間等如是比滅雖微非道先施設說諦求滅麁非道復次易度義故從麁次第立麁者欲界苦彼先無間等後色无色界苦色界苦雖麁非无色界定故不定故是一無間等問真諦無間等云何為自相為共相耶荅諦故自相陰故共相問世尊說四沙門果為幾事荅

聖果事有六　處勝在九地　第三在六地
二種依未來

聖果事有六者六事說沙門果謂无漏五陰及數滅聖道說沙門彼是此果沙門果擇品當廣說問此果何地攝荅處上在九地阿羅漢果九地攝謂未來中間根本四禪及三無色第三在六地者阿那含果六地攝除無

色二果依未來者須陀洹斯陀含果依未來未離欲故問道有何相答

隨信行行法　離煩惱遲想　隨法行行法　離煩惱速相

隨信行行法離煩惱遲想者隨信行所行無漏法軟根品所攝故當知是遲若隨信行所受當知信解脫時解脫亦受同軟根故隨法行行法離煩惱速相者隨法行所行無漏法利根品所攝當知是速道若隨法行所受當知見到不時解脫亦受同利根故

根本禪地中　當知是樂道　滅及難得故　當知是說苦

根本禪地中當知是樂道者謂根本四禪地輭根法及利根法說樂道止觀等故彼地道樂行滅及難得故當知是說苦者依餘地道說苦道以滅故謂未來中間止道滅無色定觀道滅是以方便難得故說苦非聖道是苦受性亦非苦受相應非苦盡道亦無量分別此地及根建立故說四彼根本禪地若利根說樂道及速道若鈍根說樂道及非速道餘地道若利根說苦道及速道若鈍根說苦道及非速道正昇進故說道正向解脫故說道問云何不壞淨答

佛及聲聞法　解脫亦餘因　清淨無垢信　聖戒謂決定

佛及聲聞法解脫亦餘因清淨無垢信者若於佛所得無學法起无漏信是名於佛不壞淨若於僧所行學无學法起無漏信是名於僧不壞淨若於涅槃起無漏信除前所說法謂於餘苦集諦及菩薩无漏功德辟支佛無漏功德起无漏信是名不壞緣法不壞淨（別緣法寶故定不壞緣法也）若於佛法辟支佛法聲聞法起無漏信是名壞緣法不壞淨（雜緣三寶故曰壞緣也）聖戒者无漏戒是四大淨（信是心淨戒是四大淨也）問何故无漏說不壞淨答謂決定故真實智俱生無漏信戒決定有漏信為不信所壞有漏戒為惡戒所壞無漏者經生不壞是以決定故無漏立不壞淨此義擇品當廣說問修定有何相答

初禪若有善　說名現法樂　謂得生死智　是說名知見

初禪若有善說名現法樂者淨無漏初禪現法安樂住是名修定得現法樂當知第四禪亦如是初禪亦說後世樂住然不一切若退若生上地若般涅槃後世樂不定故世尊說現法現法安樂住謂得生死智是說名知見者生死智通是名修定得知見如力處說盡當知

當知分別慧　方便生功德　金剛喻四禪　是名為漏盡

當知分別慧方便生功德者若方便生諸功德從善法欲聞思修三界善及無漏是一切說名修定得分別慧金剛喻四禪是名為漏盡者金剛喻定名最後學心相應依第四禪是名修定得漏盡此世尊自已說第四禪一切菩薩無所有憂受盡依第四禪超昇離生乃至漏盡問如意足何等自性答

善有為諸法　方便之所起　佛說如意足　是亦說正斷

善有為諸法方便之所起佛說如意足者前所說方便所生功德彼一切

如意器故說如意足自心自在起種種功德故說如意彼如意足故說如意足支俱同一義問何者是荅謂三昧彼復四種增上分別若欲增上起三昧名欲定精進心慧增上起三昧亦如是彼先欲故欲增上欲生已求成故精進增上精進方便已隨順求故心增上於欲精進心正向如意足究竟故慧增上若無慧者餘則失問何等為如意何等為足荅定為如意欲等為足雖有愛等諸法生但取此生定故說此為足此義雜品當廣說是亦說正斷者即此諸功德說正斷以正智火燒諸煩惱草故說正燒此亦斷諸煩惱故說正斷復次滅煩惱寂勝故說正勝彼過惡功德捨離長養者防若增堪能故說正斷彼復四種事分別故如一剎那燈作四事謂燒炷油盡器熱破闇如是一剎那精進現在前作四事已生惡法等如修多羅廣說息煩惱種道根斷過去未來煩惱得煩惱得斷說過去滅未來不起雖斷一切有漏以惡法極惡故

聖道相違故唯說惡法斷生一果故說惡生二果故說不善已生善法相續住故說住歡中上增長故說重修增廣阿羅漢雖無不善法及斷對治而有壞對治（毀呰呵責是壞對治）持對治遠分對治故亦說四正斷色無色界亦如是

此說四念處　四聖種亦然　如其增上生
是皆隨名說

此說四念處者謂前說功德亦說念處謂身受心法內外俱自相共相隨順觀故說念處如賢聖品說四聖種亦然者謂前所說功德亦說四聖種聖以此為種故說聖種聖從彼生故說聖種問聖種何等性荅無貪善根性若眷屬是五陰性四種愛取對治故說四因衣生愛因乞食因牀卧具因有無有生愛（無有愛者愛斷滅上三及此也餘愛惣名有愛也）隨彼次第對治立四聖種衣乞食牀樂故又不一切不一切時故藥不別立聖種現在境界起故知足立聖種非少欲知足於現在處起少欲於未來處起現在不取一錢雖非未來轉輪王聖種者於出家者有二種勝謂

悕望及受用在家者唯悕望種者是故持義是故別解脫律儀以無作為聖種非作色無色界雖无衣食然有聖種謂無漏律儀問何故此諸功德說如意足乃至聖種耶荅如其增上生是皆隨名說此諸功德定增上生故說如意足精進增上生故說正斷念增上生故說念處知足增上生故說聖種問世尊說三十七覺品有幾種性荅

淨信精進念　智慧及喜猗　覺品相應捨
思戒三摩提

如所說十事餘覺品分悉入其中此去何謂信是信根信力精進是正斷精進根精進力精進覺支正方便念是念根念力念覺支正念慧是念處慧根慧力擇法覺支正見喜是喜覺支猗是猗覺支捨是捨覺支思是正思惟戒是正語正業正命三摩提是如意足定根定力定覺支正定鞞婆娑欲令戒有二種身口業不壞故說十一事問何故此諸法多種建立荅

處方便自在　軟及利亦然　見道亦修道
故說三十七

處者正緣處建立故說念處方便者正方便故說正斷自在者自在功德故說如意足軟者信等五法軟者說根及利亦然者此諸根若增上者說力是故增上義說根難伏故說力問何者是根去何次第荅信精進念定慧是根次第者信因果能為一切善法根本是故前說信信已捨惡修善故精進方便精進方便已心於境界念住心住已於緣不乱不乱已堪能觀察復次於法觀察已心定心定已隨正念住正念住已正堪能正堪能已信業果是說逆次第問去何立五根荅地故建立彼初業地信修導一切勝法故見地精進修見道速進故薄地說念修念住令貪恚癡薄故離欲地說定修定修根本禪故無學地說慧修慧求離無明故說力亦如是見道者見道支修見道速進故正見乃至正定彼於法顯示自相共相故說正見思量正義故說正思惟邪命所不攝口四惡行數滅離故說正語邪命所不攝身三惡業數滅離故說正

業邪命數滅離故說正命正方便堪能故說正方便正念緣不忘故說正念執正一心念故說正定次第如修多羅說正見者彼正見是道亦道支餘者是道支非道如定是禪亦禪支餘者是禪支非禪如說定八種亦如是修道者修道覺支修道所斷煩惱種九品斷頓極覺故以覺義故說覺支彼擇法覺是覺亦覺支餘者是覺支非覺次第如修多羅說問何故喜猗捨立覺支非道支正思正語正業正命立道支非覺支信俱非耶荅隨順覺故乃至知緣常生喜乃至生喜常生覺謂息一切事及捨常生覺於進不隨順故非道支進去是道義喜者不去樂住處故猗捨與去一向相違故不說道支戒者於道輪為轂故立道輪支非相應故非覺支正思業正見故於進去隨順非覺故立道支非覺支信者始習度覺道者已度是故俱不立是說三十七者此十法各別事分別故世尊說三十七彼初業地說念處於身等分別修故暖法說正

方便生聖智火暖故頂法說如意足得頂法功德自在故忍法說根彼於進增上故世間第一法說力住彼勢不可伏故見諦說道支速進故修道說覺支覺悟故以數漸增故先覺支次道支四乃至八此諸覺品

二禪三十六　未來亦復然　三四及中間
是悉三十五

二禪三十六者除正思地無思故未來亦復然者未來禪亦三十六除喜難起故未來難生喜三四及中間是悉三十五者第三第四及中間禪三十五除喜及正思

初禪說一切　無色三十二　欲上二十二
欲界亦復然

初禪說一切者初禪具三十七品無色三十二者三無色三十二除喜正思正語正業正命欲上二十二者非想非非想處無道支及覺支道支雖有漏在覺支後說當知是无漏是故修多羅說三十七覺品一向無漏故如修多羅說修不淨觀俱念覺支彼以不淨觀調心故然後覺支現在前

欲界亦復然者欲界二十二問四食
在何地有何性荅
諸食中摶食　欲界說三入　識食思及觸
是食說有漏
諸食中摶食欲界說三入者摶食是
欲界中三入處謂香味觸事則有十
三謂十一觸及香味隨其所應彼或
以草或以木或以根或以果或以五
穀或以汁或以香或以溫暖如是比
識食思及觸是食說有漏者謂識思
觸若有漏者持生相續及招有故是
故說食無漏觸等雖攝持諸根四大
而不招有斷有故是故非食問何故
色非食荅色麁故非食壞色故不名食
色不能極攝諸根四大攝義是食義
此義擇品當廣說問三三昧一一有
幾行轉荅
無願有十行　二行是空定　四行說無相
是說為正行
無願有十行者无願三昧十行轉所
謂无常行苦行集四行道四行二行
是空定者空三昧空行及無我行轉
四行說無相是說為聖行者无相三

昧滅諦四行轉定品已廣說問四顛
倒云何斷何等性荅
謂彼四顛倒　當知見苦斷　三見自性增
見實者分別
謂彼四顛倒當知見苦斷者一切四
顛倒不遠尋根本故苦處起故見苦
斷毗婆闍婆提欲令有十二顛倒所謂
無常常倒想倒見倒心倒餘亦如是
彼八種見道斷無常无我六（此二各有心想見故六也）
苦有樂見倒不淨淨見倒四見道修
道斷苦及不淨想倒心倒（樂淨見一向見諦斷樂淨想心見道修道斷以見諦者見斷而想心不盡）如是說者此義不然
何以故顛倒是見性故想心為見所
乱故說想心顛倒受等雖為見所乱
非世所傳故不說若問須陁洹云何
染著者煩惱不斷故如在家須陁洹
我倒斷猶起男女結非法想起男女
結彼亦如是三見自性增見實者分
別者此四顛倒是三見自性但說少
分見真實者所建立問何故荅以增
上故若彼見增上分建立顛倒謂如
身見中立我見是倒非我所見邊見
中立常見是顛倒非斷見見取中立

樂淨見是倒非餘（計惡為好計劣為勝如是一切不立倒也）
悉是見取但以輕故問何故餘見不
立倒荅三事故說倒所謂決斷妄置
一向倒（一向倒謂正反如轉下為上）
謂彼邪見及邊見所攝斷見雖決斷
及一向倒而非妄置從壞事生故戒
取雖決斷及妄置不一向倒謂少實
於少實處起故阿毗曇說身見見取
全倒無始久習倒煩惱斷已須陁洹
斯陁含猶染著境界問世尊說多見
何見攝荅五見攝問此云何荅
誹謗於真實　此見是邪見　不實而妄置
是二見及智
誹謗於真實此見是邪見者若見誹謗真
實謂無有（無有謗施戒等）无苦等是說邪見不
實而妄置是二見及智者於陰不實
妄置我我所是身見妄置樂淨是見
取若於餘處所不實而妄置士夫等
如是一切是邪智非見
非因而見因　是說為戒取　若攝受邊見
依斷滅有常
非因而見因是見說戒取者謂於彼
無因而見因是戒取如為自在天故

斷食等求生天能辨性及士夫得解脫性者（世性謂能知世性與士夫異者得解脫也）若攝受邊見依斷滅有常者若相似相續隱覆无常行而見常是常見不識因果分相續而見斷是斷見除此五見更無餘見是故說一切見五見攝問此見云何斷荅

誹謗及妄置　因見及二邊　於此諸事轉
或見彼則斷

誹謗者說邪見若謗苦當知見苦斷苦處起故見集等亦如是如見滅道斷見取戒取異處生見異處斷以此義故欲界上緣煩惱亦如是說不實而妄置者說二見彼身見苦處起故見苦斷見取者若於果不實而妄置者見苦斷於因起者見集斷於見滅所斷起者見滅斷見道所斷起亦如是非修斷史斷故戒取者非因見因若於有漏處起者見苦斷若見道所斷處起者見道斷斷常見見苦處起苦者見苦斷問世尊說二十二根彼云何荅

謂眼等四根　身根有三種　意根及與命
是根生死依

謂眼等四根者如界品說身根有三種者身根說三種謂身根男根女根意者意根前已說以意界即意根故及與命者壽說命根是根生死依者此諸根生死依故立根問根有何義荅

增上是根義　五根說四種　當知餘四根
各有二增上

增上是根義者彼增上義是根義端嚴義是根義勝義是根義上義是根義主義是根義雖一切有為法各各增上然或劣或勝當知勝者立根如人主天主問增上義有幾種荅眼等四種增上謂眼等五根四種增上緣所謂令身端嚴導養已身依生識不共事彼眼根令身端嚴者若眼根不具人不喜見多所增惡不為增上導養已身者若眼見安危去危就安令身久住依生識者依眼生眼識及相應法不共事者唯眼見色非餘耳根令身端嚴導養已身如前說依生識者依耳生耳識及相應法不共事者唯耳聞聲非餘餘根令身端嚴如前

說導養已身此三根通摶食令身久住依生識者此三根各各生自分識不共事者各行境界當知餘四根各有二增上男根女根有二事增上緣故勝謂衆生別相別始者一衆生二根生已衆生別及衆生相別復次煩惱清淨故謂此二根具足能作不律儀乃至能作五無間業斷善根清淨者謂受律儀得果離欲種三乘種子若無形二形不能起如是善惡命根者種類相續及持意根者續當來有自在隨轉有相續者如所說香陰有二心展轉現在前若受若恚自在者如所說心牽世間如是廣說

受或煩惱分　信等依清淨　九根若無漏
此三依於道

受或煩惱分者苦樂喜憂捨受隨順煩惱分為增上緣謂受熏諸煩惱以受樂著故煩惱樂著復次受為煩惱清淨增上緣煩惱分者如所說樂受貪使苦受恚使捨受癡使清淨分者如所說樂已心定因苦集信依六出離捨行信等信等依清淨者隨順清

淨故信等五根修清淨分九根若無漏是三依於道者信等五根喜樂捨及意根此九根有漏無漏若無漏者依道故立三根若隨信行隨法行道所攝是未知根若信解脫見到道所攝是已知根若無學道所攝是无知根已說諸根餘因緣擇品當說問此諸根何界繫荅

欲界四善八　色種根有七　心法則有十
一心三根二

欲界四者謂男根女根苦根憂根欲界繫餘色根及意根如界品說如意根信等及捨根亦如是樂根喜根若有漏欲色界繫無漏則不繫命根雜品當說三無漏根不斷故不繫問幾善荅善八謂信等五根三無漏根是善愛果故命根及諸受有報果當說餘如界品說色種根有七者眼等七根是色餘者非色問幾性心幾性心法幾非心幾非心法荅心法則有十謂信等五根五受根此是心法心相應故一心者意根是心自性得心相故命根等八非心非心法無緣故三根

二者無漏三根有二種謂心法及心性多集故問幾有報幾無報荅

於此諸根中　一及十有報　十二中是報
命根唯是報

於此諸根中一及十有報者憂根一向有報彼善不善有漏故現在方便生故非報生非威儀非工巧非學習法故亦非無漏從煩惱生故意根不善善有漏是有報無漏无記是無報三受亦如是苦根善不善是有報无記是無報信等五根若有漏是有報若无漏是無報餘命根等八是無報无記性故三無漏是无報問幾是報幾非報荅十二中是報謂色根七有是報有非報如界品說意根及四受或是報或非報若善不善果是報命根唯是報者命根一向是報有欲令是正受果問初生時得幾根報荅

二或六七八　寂初生時得　當知欲界報
色六無色一

二或六七八寂初生時得當知欲界報者此諸根漸漸生謂胎生卵生濕生彼初生剎那得二根謂身根命根

彼剎那意根是穢汙非不穢汙心相續受生故捨根亦如是餘根亦得而不說非報故化生無形六謂五色根及命根一形七二形八此一向說欲界色六無色一者色界得六根一向化生故無男女前已說无色界唯一命根問命終時幾根寂後捨荅

捨四八與九　或復捨於十　漸終及頓沒
善捨各增五

捨四八與九或復捨於十漸終及頓沒者無記心漸命終捨四根謂身意命捨若無形无記心一時命終捨八根謂眼等五根意命及捨根無記心一形九二形十不善心亦尒問善心捨幾根荅善捨各增五若善心命終各增信等五根是說欲界没還生欲界者欲界没生上界者除無形二形離欲俱非分故色无色界命終隨所得根亦如是說無漸命終此說諸攝在前捨非成就捨不隱没無記說得捨善者於此命終即此生說行捨若生餘處則得捨問幾見斷幾修斷幾不斷荅

二斷無斷四　六根則二種　三無漏不斷
餘則修道斷

二斷無斷四者謂意根樂根喜根捨根有三種或見斷或修斷或不斷彼隨信行隨法行道斷說見斷信解脫見到道斷說修斷無漏說不斷六根則二種者謂憂根見斷及修斷信等五根修斷及不斷非見斷不染汙故三無漏不斷者一向无漏故餘則修道斷者謂餘九根修道斷命根等八不隱沒無記故非見斷墮生故非無斷苦根五識身相應故非見斷從煩惱生故非不斷問若成就根彼成就幾根答

或成就三四　五七及與八　十一與十三
是說定成就

若成就意根必成就三根謂意命捨餘或成就或不成就眼耳鼻舌根若生色界必成就若生欲界得而不失則成就若生無色界及生欲界處胎漸厚諸根未滿及得而失則不成就身根若生欲色界必成就生無色界不成就樂根生遍淨天若下及聖人

生上必成就凡夫生上不成就喜根生光音天必成就餘如樂根說苦根生欲界必成就生上界不成就憂根未離欲必成就離欲不成就信等五根不斷善根必成就斷則不成就三無漏根隨地聖人必成就（見地修地無學地也）凡夫不成就如意根命根捨根亦如是若成就身根必成就四根謂身意命捨餘如前說若成就樂根亦成就四根謂命意樂捨若成就眼根必成就五根謂身意命捨及眼根耳鼻舌根亦如是若成就喜根亦成就五根謂喜樂意命捨若成就苦根必成就七根謂身意命四受除憂根若成就男根必成就八根謂前七及一形女根亦如是若成就憂根亦成就八根謂身意命及五受若成就信根亦成就八根謂信等五根及意命捨精進念定慧根亦如是若成就已知根必成就十一根謂意命喜樂捨信等五根及已知根無知根亦如是若成就未知根必成就十三根謂身意命苦樂喜捨信等五根及未知根問幾根得

沙門果答

九根得初果　或獲二沙門　謂以十一根
究竟第四果

九根得初果者九根得須陀洹果謂意根捨根信等五根未知已知根未知根無㝵道已知根解脫道俱有七根或獲二沙門者若倍欲盡得斯陀含果九根如前說若欲愛盡得阿那含果亦九根八根如前說三受隨所用說若次第得斯陀含果世俗道七謂意捨及信等五根無漏道八前七及已知根次第得阿那含果亦如是謂以十一根究竟第四果者十一根得阿羅漢果謂意根及三受信等五根已知根無知根已知根无㝵道無知根解脫道問此去何為分定為用定耶若分定者阿那含果亦有三受若用定者無此三用尚无二受一時行何況三耶答用定身故非剎那故謂以樂根得阿羅漢果於彼退已復從喜根得若復退已復從捨根得而阿那含果以此受得若彼退者還從此受得非餘問世尊修多羅說六識身

此諸識識何境界荅

若取諸根義　五種心境界　若取一切法

是則說意識

若取諸根義五種心境界者色等五境界五識所取眼識取色乃至身識取觸受自相故及現在境界故若取一切法是則說意識者意識緣一切法共相境界故思惟故數數念故此義廣說如界品已說識境界智境界今當說

欲色界諸陰　無色與无漏　有依無依八

及彼二無為

有十法欲界相應不相應色无色界亦如是有為無漏相應不相應二種無為善及无記問此十法智所知一一智幾法為境界荅

五法應當知　法智之境界　比智七為緣

他心境界三

五法應當知法智之境界者謂欲界相應不相應無漏相應不相應无為善比智七為緣者謂色無色界及无漏相應不相應無為善他心境界三者謂欲色界及無漏相應心心法境界故

有漏當知十　因果智有六　解脫一道二

餘二境界九

有漏當知十者等智行一切十法廣境界故因果智有六者苦集智知六法謂三界相應不相應有漏境界故法智比智故解脫一者滅智緣一法謂無為善數滅境界故道二者道智緣二法謂有為無漏相應不相應學無學境界故餘二境界九者盡智无生智緣九法除無記无為四諦境界故問諸使何所使荅

自地諸煩惱　定使於自地　自種一切遍

隨使於彼種

自地諸煩惱定使於自地者彼欲界煩惱即使欲界法乃至第一有亦如是勝故對治故下不使上離欲身行故上不使下自種一切遍隨使於彼種者自種諸法自種使所使一切遍亦他種五種境界故

若定三界法　三界使所使　二界生當知

一界亦復然

若定三界法三界使所使者三界所攝五種法彼三界一切使所使如是一切法隨所應說二界生當知者二界所攝法二界煩惱所使隨其所應謂覺觀欲色界五種彼欲色界一切使所使謂意根三界五種彼三界一切使所使如是一切法隨其所應一界亦復然者若定一界法彼一界使所使謂憂根欲界五種彼欲界一切使所使如是一切法隨其所應

此經牟尼說　其性巳分別　識知及諸使

當知是三門

此佛所說修多羅我巳具分別當以三門通所謂識門智門使門如施欲界修道斷五陰性彼七智知除比智滅智道智欲界故除比智有漏故除滅智道智三識識謂眼識耳識意識四入攝故欲界一切遍及修道所斷使所使戒八智知除他心智滅智三識識謂眼識耳識意識欲色界一切遍及修道所斷使所使修者不放逸性九智知除滅智意識識三界一切遍及修道所斷使所使一切修多羅皆如是說隨其所應此捴說義欲知

雜阿毗曇心論卷第八　第四十九張　和

攝者當觀界建立欲知智門者當觀諦建立欲知識門者當觀入建立欲知使門者當觀種建立如是說者此則易知　修多羅品竟

雜阿毗曇心論卷第八

甲辰歲高麗國分司大藏都監奉勅彫造

雜阿毗曇心論卷第八校勘記

一　底本，麗藏本。

一　六七二頁上一行「第八」，徑、清作「第八上」。

一　六七二頁上三行「天竺」，資無。同行「僧伽跋摩等譯」，諸本作「僧伽跋摩譯」。

一　六七二頁上四行「第八」，徑、清作「第九」。

一　六七二頁上末行第七字「各」，磧、普、南、徑、清作「名」。

一　六七二頁中一二行末字「主」，南、徑、清作「生」。

一　六七二頁中末行「支提」下，諸本有夾註「請福處名支提」及正文「是」。

一　六七二頁下一五行末字「攝」，諸本作「攝施」。

一　六七三頁上二一行首字「亡」，諸本作「忘」。

一　六七三頁上二一行第一〇字及次頁上一三行首字「想」，諸本作「相」。

一　六七三頁下七行「涅脒」，徑作「滅槃」。

一　六七四頁上四行「田力」，徑、清作「男」。

一　六七四頁中五行「貧窮」下，諸本有夾註「人於不畏如貧乏財」。

一　六七四頁中一三行夾註「二起」，磧、普、南、徑、清作「一一起」。同行夾註左「作無作」，諸本作「無作」。

一　六七四頁中一四行第八字「前」，諸本作「前說」。

一　六七四頁下二行「或以」，諸本皆作「戒以」。

一　六七五頁上一四行首字「故」下，諸本有夾註「謂有上諸處也」。

一　六七五頁中三行第一〇字「得」，諸本作「得爲」。

一　六七五頁下六行第二字「清」，諸

本無。

一　六七五頁下一三行「娑婆」，諸本作「娑阿」。

一　六七六頁上四行第一一字「想」，資、磧、普作「除」。

一　六七六頁上一七行「勤行」，徑作「懃修」。

一　六七七頁中末行夾註左「流注」，諸本作「流住」。

一　六七七頁下一三行「彼隨」，諸本作「隨彼」。

一　六七八頁上六行首字「愛」，諸本作「受」。

一　六七八頁上一四行第六字「從」，諸本無。

一　六七八頁中二行第四字「煩」，諸本作「惱」。

一　六七八頁中三行「煩惱」，徑、清作「煩業」。

一　六七八頁中七行第三字「緣」，諸本無。

一　六七八頁下一七行第四字「趣」，下，諸本有夾註「趣者應言倒也」。

一　六七九頁上六行第五字「出」，諸本作「出世」。

一　六七九頁上一八行第一一字「娑」，諸本作「婆」。

一　六七九頁上二一行第七字「諸」，徑、清作「謂」。

一　六七九頁下一三行首字「是」，諸本作「是故」。

一　六七九頁下一九行「沙門」，諸本作「沙門果」。

一　六八〇頁上三行及五行「遲想」，諸本作「遲相」。

一　六八〇頁上一〇行「當知」，諸本作「故當知」。

一　六八〇頁上一七行第九字「道」，諸本無。

「　六八〇頁上一九行「是以」，諸本作「彼」。

一　六八〇頁上二〇行末字「亦」，諸本作「迹」。

一　六八〇頁中一三行夾証「別緣……緣也」十字，諸本作「雜緣三寶故曰壞緣」八字。

一　六八〇頁中一五行夾註「雜……也」九字，諸本作「別緣法寶故言不壞緣也」十字。

一　六八〇頁中一七行末字「信」，諸本作「信無漏信」。

一　六八〇頁中一九行第一三字「是」，諸本無。

一　六八〇頁中二一行「廣說」，至此，徑、清「卷第八上」終，「卷第八下」始。造者、譯者同卷首，並有「修多羅品第九之餘」。

一　六八〇頁下五行「現法」，諸本無。

一　六八〇頁下一三行「無漏」，徑作「漏漏」。

一　六八一頁上二行第七字「意」，諸本作「意足」。

一　六八一頁上二二行第四字「得」，諸本作「得斷」。

一　六八一頁中一七行夾註「上三及此」，磧、南作「除上三及一」；徑、

[清]作「除上三及此」。

一　六八一頁中末行第二字「王」，諸本作「聖王」。

一　六八一頁下一行末字「故」，諸本無。

一　六八一頁下五行「如其」，諸本作「如是」。

一　六八二頁上一四行「信修」下，諸本有夾註「修者應言勳謂以信勳初業下一切修應如是知」。

一　六八二頁中三行第二字「執」，諸本作「報」。

一　六八二頁下四行第六字「諦」，諸本作「道」。

一　六八二頁下五行第五字「悟」，諸本作「寤」。

一　六八二頁下一二行第七字「及」，諸本作「及禪」。

一　六八三頁上一行「二十二」，諸本作「亦二十二」。

一　六八三頁上一四行第一三字「不」，諸本無。

一　六八三頁上一九行「正行」，諸本作「聖行」。

一　六八三頁中七行第三字「娑」，諸本作「婆」。

一　六八三頁中八行「常倒想」，[磧]、[南]作「常倒」；[徑]、[清]作「常想常」。

一　六八三頁中九行夾註右「各有」，諸本作「各」。

一　六八三頁中一二行夾註右「想心」，諸本作「想二」。同行夾註左「心不盡」，諸本作「不盡也」。

一　六八三頁中一四行第六字「顛」，諸本無。

一　六八三頁中一五行第四字「傳」，[磧]、[普]、[南]、[徑]、[清]作「縛」。

一　六八三頁中一八行「如是」下，諸本有夾註「謂上說想心非倒亦如此」。

一　六八三頁下一行夾註右「好計」，[磧]、[南]、[徑]、[清]作「好」。同行夾註左「一切不立倒也」，諸本作「一切悉是見取但以輕故不立倒」。

一　六八三頁下二行「悉是……輕故」，諸本無。

一　六八三頁下四行夾註左「如轉」，諸本作「轉」。

一　六八三頁下八行「於少實」，諸本無。

一　六八三頁下二二行「是見說」，諸本作「是說爲」。

一　六八四頁上一一行第一一字「如」，諸本無。

一　六八四頁上二一行首字「苦」，諸本無。

一　六八四頁中四行首字「意」，諸本作「意根」。

一　六八四頁中一一行第二字「主」，諸本作「生」。一三行第二字，[南]、[徑]、[清]同。

一　六八四頁中一七行「憎惡」，諸本作「增惡」。

一　六八四頁下一行第五字「身」，諸本作「身者」。

一　六八四頁下四行第四字「上」，諸

本作「上者」。

一　六八四頁下二〇行「清淨」，諸本作「清淨分」。

一　六八五頁上七行「諸根」，諸本作「諸根事」。同行「當說」，諸本作「當廣說」。

一　六八五頁上一七行「報果」，諸本作「報章」。

一　六八五頁中一行「法及心」，諸本作「及心法」。

一　六八五頁中八行「不善」，諸本作「善不」。

一　六八五頁下三行第五字「故」，諸本作「故謂」並有夾註「上界沒生時先所求者今悉得」。

一　六八五頁下五行「一向」，諸本作「彼一向」。

一　六八五頁下一二行第二字「捨」，諸本作「捨根」。

一　六八六頁上二一行第一〇字「尖」，諸本作「失」。

一　六八六頁下一五行第四字「根」，諸本無。

一　六八六頁下二二行末字「此」，徑作「次」。

一　六八七頁上二行第四字及四行第四字「根」，諸本作「相」。

一　六八七頁中五行「境界」，磧、南作「現界」。

一　六八八頁上四行下小字「修多羅品竟」，諸本無。

一　六八八頁上五行「卷第八」，徑、清作「卷第八下」。

雜阿毗曇心論卷第九　　都

尊者法救造

宋天竺三藏僧伽跋摩等譯

已分別諸法　一一定相續　於上衆雜義　是今當略說

雜品第九

已分別諸法一一定相續者已說諸法展轉相續種種品類於上衆雜義（謂决定應相續說者已說竟即此義上衆雜於此品說）是今當略說

有緣亦相應　有行及有依　心及諸心法　是同一義說

此是諸心法名差別有彼緣故說有緣於境界轉故時依行緣事俱轉故說相應有行者是慧智品已說彼於緣作行故說有行依他轉故說有依

從緣生亦因　有因亦有為　說處及與道　有果應當知

此是諸有為法名差別彼彼緣和合等生故說從緣生生餘法故說因由因力故說有因因緣等作故說有為能主說故名說處過去未來現在道所攝故說道彼有果故說有果

有罪亦隱沒　穢汙下賤黑　善有為說習　亦復說名修

有罪亦隱沒穢汙下賤黑者此是不善及隱沒無記諸名差別與罪俱故說有罪是可惡厭義煩惱上煩惱所覆故說隱沒是漏所覆義煩惱垢所汙故說穢汙極鄙故說下賤闇冥故說黑黑者有二種穢汙黑及不可意黑此說穢汙黑不說不可意黑以不可意黑亦有不善報黑故善有為說習亦復說名修者此是善有為法諸名差別彼善法所攝及愛果故說善增長功德故說習及修此說得修及習修（親近是習義種義是修義現在名習未來名修）故說善有為對治修斷修者一切有漏法亦說修

問何等為心不相應行荅

無想二正受　亦衆生種類　句味與名身　命根與法得

無想者彼无想衆生受生心心法滅有說無想正受果有說名第四禪眷屬果有說乃至有心是有心果無心是無心果間為前心多為後心多荅有說後心多前心樂欲速入無想如

雜阿毗曇心論卷第九　第三張　都字号

是說者此不定或前多或後多若以此威儀入無想正定即以此威儀入無想住從彼起已謗涅槃乘後報業生欲界彼報業盡不起餘業故二正受者無想正受滅盡正受无想正受者遍淨愛盡上愛未盡先作出離想思惟心心法滅從欲界起非餘此根利故凡夫起非聖人無有聖人於有作出離想方便得非離欲不退轉問無想正受无想何差別荅無想正受是因无想是果此善彼無記此有報彼是報此有行彼无行滅盡正受者離無所有處欲先止息想思惟心心法滅問此正受云何荅心心法滅相續中間心不相應行隨流四大諸根住是說滅盡正受餘如定品說種類者衆生身諸根支節事業飲食相似彼種類有六種所謂界種類趣種類生種類處所種類自身種類性種類界種類者欲界衆生欲界衆生種類色無色界亦如是趣種類者於一趣生一趣種類生種類者受一生一生種類處所種類者生无擇獄無擇獄

雜阿毗曇心論卷第九　第四張　都字号

種類乃至第一有亦如是自身種類者同生一界一趣一生（一生者四生中一）而有種種自身如衆鳥如是比性種類者所稟性同是性種類若六種類相似者是名種類句者集諸名味究竟顯義味身者是字身（味者是字胡音中有味聲謂是字之摸法非命形色字也）名者名諸法以名顯義如名男女命者壽謂得陰界入不壞問命行壽行何差別荅有說無差別有說宿業果名壽修果名命問世尊何故捨第五分壽荅善究竟佛事故餘事聲聞究竟故復次住四聖種故有及衆具盡無餘故得者得諸法得成就同一義後當廣說

謂彼凡夫性　及諸法四相　非色不相應　說是有為行

凡夫性者謂不得聖法四相者謂生住老無常行品已說非色者此諸法非色性四種及造色非分故不相應者無緣故說是有為行者他為故為他故問此諸行幾善幾不善幾無記荅

二善五種三　當知七無記　二在於色中　一在無色地

雜阿毗曇心論卷第九　第五張　都字号

二善者無想正受滅盡正受是善修性故五種三者得生住老無常善中善不善中不善无記中无記生等與法一果故得者非不自分故當知七無記者无想種類句味名身命根凡夫性問此諸法幾欲界繫幾色界繫幾無色界繫荅二在於色中謂无想天無想正受色界繫无想天第四禪果故无想正受第四禪攝故一在無色地者滅盡正受無色界繫第一有攝故

二界說有三　餘在於三界　有漏無漏五　餘則盡有漏

二界說有三者句味名身在欲色界非無色界語非分故餘在於三界者種類得命根凡夫性諸得相在三界普遍故問幾有漏幾無漏荅有漏无漏五謂四有為相在無漏法中則无漏有漏法中則有漏與法一果故得者若得有為亦如是若得數滅或有漏或無漏共凡夫故若得非數滅是有漏無記故即以此義說繫不繫餘則盡有漏者無想天无想正受滅盡

正受衆生種類命根句味名凡夫性一向有漏有攝故問離聖法名凡夫性云何捨云何斷答

初無漏心中當知捨不得凡夫流諸界離欲時滅盡

初无漏心中當知捨不得者聖人初無漏心生時捨凡夫性初无漏心謂苦法忍相應彼生時捨凡夫性若言起已捨者彼住苦法忍時應非聖人不捨凡夫故是故說生時是故佛說二法生時究竟其事內事謂苦法忍眷屬外事謂諸光明凡夫流諸界者凡夫流諸界時若此地命終即捨此地若生彼地即得彼地不隱没无記故非究竟捨不得聖法故離欲時滅盡者若離此地欲若凡夫及聖人尒時斷此地凡夫性不隱没無記故問三無為有何相答

煩惱斷離繫是名為數滅无諸鄣閡相是說為虛空

煩惱斷離繫是名為數滅者以智慧斷身見等煩惱及眷屬得於此得離繫此諸離繫名數滅（謂藥病種數相對也）有說

唯一滅事無自分故有衆多得若此得滅得證即此涅槃是故涅槃不共毗婆沙說於此繫事即此離繫事若異者見苦所斷結種斷餘煩惱亦應斷作證一事故若尒者後諸對治則應無用但未究竟故是故事各別無自分因故說無自分此无自分因亦不與他苦法忍及眷屬雖無自分因而與他自分因彼品非分故說非品煩惱滅故說涅槃無邊說故言非說勝一切法故說最勝智果故說智不動故說無生在解脫道邊故說邊出一切法故說出離無常等過故說妙無諸障閡相是說為虛空者謂不障閡種種色以有來去等故說虛空譬喻者說虛空非色亦非非色言虛空者隨順世間故說有說非無虛空容有故若無虛空者不應容有容有故是故有虛空事

依於諸緣法　有依及境界　不具則不生此滅非是明

一切有為法依緣及境界力生羸劣故彼非分則不生如眼識依眼色明

空及彼憶念和合故生一一不具則不生餘識現在前時念念須餘眼滅餘眼生衆緣不具故眼識不得生若眼識應依彼眼生者則不生依等已滅故至竟不生以先無方便而滅故說非數滅如眼識一切識身亦如是又無漏者隨信行道進得隨法行道非數滅一切道亦如是隨其義盡當知問若此勝進道得何故非道果攝答為餘事故斷煩惱故勤方便不為非數滅故是故非道果攝問一切有為法說因誰為誰因答

前因相似增　或俱依倚生　二因及一緣一向已生說

前因相似增者前法為後相似法因及增因非軟因謂修法時若住若增非減或俱依倚生者謂相應因及共有因二因及一緣一向已生說者謂自分因已生說非未生前者後因未生者無前後故一切遍因亦如是次第緣亦已生說因緣義行品已說問報當言衆生數非衆生數耶答

報謂衆生數　有為解脫果　有緣說俱行

謂於他相轉

報謂衆生數者報說衆生數不共故不以他眼見亦不成就餘報義亦如是衣食等衆具當知是功用果增上果非衆生數以共故問果云何答

有爲解脫果　一切有爲法　說果有因生　故及數緣滅

亦說道果果義藂品已說問心心法云何於緣轉答有緣說俱行若有緣法俱於緣中轉辦一事故問於何緣轉答謂於他相轉心心法緣他法非自性何以故無二決定不自行故亦不緣相應一行一緣故亦不緣共有同一果故此義擇品當廣說問心心法爲有方處爲無方處答

普因無方處　生時心解脫　煩惱在道心　乃至滅時捨

普因無方處者心心法普因生謂因二眼生一識耳鼻識亦如是若有方處所者應於一眼中轉若然者應一眼見色不應俱見此義界品已說若言二識俱生者不然何以故第二次第緣非分故一識住二眼見色者不

然無分故若一識住二眼中者應有分生若住左眼者非右眼方處別故此則非說無色无分故若復一識住二眼者彼二眼間身根中亦應生若介者眼識即身識若中間不生者應斷作二分非一前已說無二識俱生故問何世心解脫答生時心解脫道生時是煩惱滅時是故道生時心解脫如坯塘漏近水先出彼亦如是又說一切未來心解脫非獨生時但以初解脫故說生時問道生時斷煩惱爲不答煩惱在道心乃至滅時捨道滅時滅煩惱事究竟故生時是未來云何未來道能究竟事是故說無閡道滅時斷煩惱問有愛有幾種答

有愛有五種　無有唯一相　愛事餘煩惱　滅盡是三界

有愛有五種者有愛貪於有有五種謂見苦集滅道修道斷以五行種有貪故無有唯一相者无有愛謂見斷已於自報斷生樂者是修道斷何以故見貪見道斷此貪隨報無常起報者修道斷不隱没無記故報无常亦如

是與報同一果故非見道斷貪緣修道斷非一切遍故此無有愛須陁洹斯陁含不斷而不行斷見所長養故如悔疑所長養須陁洹斯陁含亦不行問世尊說三界斷界無欲界滅界此云何答愛事餘煩惱滅盡是三界彼愛盡是無欲界事盡是滅界餘煩惱盡是斷界最近對治故論者如是說世尊修多羅說一切行盡名斷界無欲界滅界亦如是問十二法欲界善不善隱没無記不隱没无記色界三除不善無色界三亦如是及學無學此十二法幾穢汙心中得幾善心中得幾無記心中得答

若得九種法　當知穢汙心　善心得六種　無記即无記

若得九種法當知穢汙心者界及地來還時欲色界得七心（上界没還生色界時得欲界化無記心及色界三心）及欲界善善根續時得退時得三界穢汙及學心餘不得者謂無色界善不隱没無記及无學雖無色界善少有退得謂退分但此中說悉不成就而得此則通說非一人一心中得

九法善心得六種者善心中得六心
欲界不隱沒無記色界善不隱沒無記無色界善及學无學此亦通說非一時得无記即無記者不隱沒無記即得無記（此無記謂威儀工巧心能往還欲界時得二心善色界得威儀心）非餘羸劣故問道品十法幾根性幾非根性答

道品有六法　當知是根性　諸法若相應　是說為他性

道品有六法當知是根性者信等五根及喜覺支當知是根性得根相故餘者非根性問相應者為自性為他性答諸法若相應是說為他性諸法他性相應非自性無有一性二剎那俱起故前與後不合故自性不自為故此義行品已廣說問於何解脫答

緣中得解脫　大仙之所說　亦有斷而縛　見道及修道

緣中得解脫大仙之所說者當知緣中得解脫不能於相應解一剎那故心與煩惱俱生故眾生於緣中愚即彼起不愚煩惱解脫問斷即解脫耶答若解脫即是斷亦有斷而縛有少斷非解脫謂苦智生集智未生見苦所斷煩惱斷見集所斷一切遍使縛
彼緣未斷故及修道一品斷餘八品縛乃至八品斷第九品縛一使故彼八品先斷後解脫第九品即斷即解脫餘一切亦如是問見諦云何得不壞淨答

二解於三諦　四由見正道　而得不壞淨　修習於二世

二解於三諦四由見正道而得不壞淨者苦集滅無間等得法不壞淨及聖戒道無間等得四不壞淨此義擇品當廣說問何等世修答修習於二世現在者習修現在前故未來者得修不現前故得隨續故過去非修現在因非分故問何等法隨心俱轉答

一切諸心法　說與心俱轉　亦此心諸相　餘相及所作

一切諸心法說與心俱轉者一切心法與心俱轉與心同一果故亦此心諸相者此心生等相亦與心俱轉亦與心同一果故餘相者此心法相亦與心俱轉及所作者作名無作戒由心故亦與心俱轉亦與心同一果故問斷法云何答

斷法謂有漏　知者亦無垢　滅未來說遠　餘則說於近

斷法謂有漏者有過故如衣有垢則浣非無垢彼亦如是問知法云何答知者亦無垢若有漏无漏法一切說知隨其事何以故除無知故問遠法云何答滅未來說遠過去未來法說遠遠現在識故此說時遠四遠義行品已說餘則說於近者現在說近與識身俱故無為說近不繫方處故隨彼彼方得滅由道故非數滅離勤求故世義界品已廣說問定法云何答

所謂無間業　及諸无漏道　慧說名為定　見處說有漏

所謂無間業及諸无漏道慧說名為定者無間業說邪定定趣地獄故无漏行說正定定趣解脫果故餘者不定問世尊於菩提樹下於一切眾生建立三聚為建立眾生分齊耶為建立法分齊耶若眾生分齊者云何說不得眾生邊而眾生無邊若法分齊者聲聞亦應建立云何說如來不共

耶答有説衆生分齊揔相非自相謂說四生除此更無衆生問若然者聲聞亦應建立如来聲聞何差別答有差別如来自力建立聲聞從佛聞此則差別又説如来建立衆生分齊聲聞緣覺建立法分齊世尊建立三聚衆生已令猶安樂衆生大悲故晝夜三時以佛眼觀察衆生問見處云何答見處謂有漏一切有漏法是見處所穢汙見俱若法穢汙見緣使及相應使彼說見處又説緣自界見力故有漏法得見處名非餘緣使非分故如是好者謂前説問若衆生成就根彼成就幾根答

説有十九根　謂成就極多　極少成就八
曉了根所説

説有十九根謂成就極多者聖人極多成就十九根謂未離欲具諸根若住見道除已知無知根及一形若住修道除未知無知根及一形凡夫不斷善根具諸根及二形除三無漏根極少成就八曉了根所説者極少成就八根謂餘（謂身根滅死餘有少分也）身根善根斷漸命終生無擇地獄大山所迫唯有身根命根意根及五受根若生無色界凡夫意命捨信等五根問有幾種觸答

增語（以多名故說增語）　及有對　明無明處中
所謂得果者是則雙道事

增語及有對明無明處中者增語者若意識身相應觸緣一切法故説增語又緣多名故説增語雖第五觸亦緣多名彼初得名故無過若五識身相應觸依有對根故説有對无漏者説明觸明相應故穢汙者説无明觸無明生故不穢汙有漏者説非明非無明觸俱不相應故此五觸隨順不隨順相應依分別故説十六種隨順不隨順建立者謂愛恚相應觸相應分別故説苦樂不苦不樂觸依分別故説眼耳鼻舌身意觸問得果者為無閡道為解脫道答所謂得果者是則雙道事雙道俱得果無㝵道及解脫道無㝵道斷煩惱得解脫道得解脫證又説無㝵道得果解脫道護彼所作事令不失故如是説問世尊説厭已離欲云何厭云何離欲答

若智在苦因　及忍説為厭　能離貪欲故
説四為離欲

若智在苦因及忍説為厭者緣苦集智及忍説厭緣可厭事故苦集諦悪行煩惱所依故説為厭事能離貪欲故説四為離欲者若忍及智於四諦轉盡説為離欲壞貪欲故雖離一切煩惱但貪欲是諸煩惱足是故説離欲彼憎不樂背悪此厭之差別離欲滅解脫斷盡此離欲之差別問阿羅漢住何心般涅槃答

羅漢住報生及與威儀心　隨順心滅故
趣向般涅槃

阿羅漢住報生及威儀心而般涅槃何以故隨順心滅故善心堅住於心滅不隨順無記心羸劣羸劣故於心滅隨順復次少過故善心依果報果門過生故無記雖有依果門無報果門復次背諸趣故若向諸趣者彼必善心勤現在前莫令我生悪趣中是故彼背一切趣故住常性心有時彼身分中善心空如断善根不善心亦

空如離欲界欲復次漸離生死故謂於欲界離欲離不善心第一有離欲離染汙心無記心現在前離善心命終心現在前離無記心尊者說曰（斗達摩多羅以古昔達摩多羅為尊者）勤相續者善心彼命終時不隨轉也有說欲令下地有不苦不樂報者彼說欲界乃至第四禪報生及威儀心般涅槃無色界唯報生非威儀色非分故有欲令下地無不苦不樂報者彼說欲界乃至第三禪唯住威儀心般涅槃餘如上說問幾種有荅

生有及壞有　本有亦復中　當知二剎那
一染三有二

生有及壞有本有亦復中者生有者謂生分五陰與生俱故名生有相續心俱生義壞有者死邊五陰與死俱故名死有沒心俱起義本有者除生分死分五陰彼中間有本業所種久住故故名本有中有者死已乃至未得餘生有於其中間向受生有五陰趣所不攝於二中間起故名中有問此諸有幾剎那幾久住荅當知二剎

那死有及生有各剎那須不久住故以此義當知本有中有久住問幾染汙幾不染汙荅一染三有二生有一向染汙以染汙心故生相續非不染汙彼欲界凡夫三十六使一一使令生相續聖人修道斷四使一一亦如是色界凡夫三十一使一一使令生相續聖人三使無色界亦如是使令相續非纏垢餘有染汙不染汙問修行者幾時極為業所障㝵荅

若離欲界欲　越度第一有　及與起忍法
極為業障礙

於此三時修行者業極作障㝵謂聖人離欲界欲時彼欲界業極作障㝵義言汝若離欲我於何處受報以聖人離欲界欲不受欲界生死永得蘇息故以不退果命終（聖人退者欲命終時要還得果）故謂取阿羅漢果時彼受後生報業極作障㝵義言汝度第一有無復生處我於何處受報謂住頂法起忍時彼受惡趣報業極作障㝵以起忍法永離惡趣故餘如前說問事有幾種荅

當知有五種　自性及與因　繫縛若攝受

一切境界事

五種事所謂自性事因事繫事攝受事境界事自性事者若法自己性以事名說如所說若得事是成就彼事因事者如所說云何有事法荅言有因繫事者如所說若此事愛結繫即彼事瞋恚繫耶彼五種法以事（五種法是五行也）名說攝受事者（如妄取之受也）如所說田事家事如是比境界事者如所說一切法智所知隨其事若法彼法緣以事名說復有異五種事

說陰即為事　界入事亦然　及與世剎那
是名五種事

若說陰即以陰為事非餘種如是乃至說剎那即以剎那為事非餘種如是略說同實異名盡當知問如業品說五種果云何唯此果復有餘耶荅有欲令更有四果

育多婆提說　安立及方便　亦說和合修
是名為四果

安立果者如水住風輪水輪是風輪安立果如是一切方便果者謂從不淨觀方便乃至起盡智無生智彼盡

智無生智是不淨觀方便果如是一切方便（此是以因求果趣向方便也）盡當知和合果者謂眼色明念和合眼識生如是法和合生法此法是和合果修果者謂色界道欲界化化及作欲界語彼化及語是色界修道果如是一切問神足幾種（胡言果地或言神足或言如意足或言自在或言富滿皆義出其意不全得）答

運身及意解　意念自在通　意念唯如來　當知二則共

三種自在運身自在意解自在意念自在運身自在者舉身陵虛猶若鳥飛意解自在者遠作近解屈申臂頃至色究竟意念自在者如眼識至色須隨意即至此意念自在者唯佛非餘一切智所知到彼岸故當知二則共者運身自在及意解自在如來緣覺聲聞共是禪果故問一切阿那含入色無色界不一切信解脫得見到不一切退法者必退不答

入色無色界　亦復增益根　及與賢聖退　生中間定无

聖人還受生者如前所說餘因緣定無（還受生者定不至上二界亦不增進根亦復不退）還受生者謂欲界得果還生欲界者猒於處胎見有之過不入色無色界以壽長故也久修聖道故不能增進根如下親友不能捨離彼亦如是生中間修習聖道故不退問何時佛出世何時轉輪聖王出世何時辟支佛出世答

劫減佛興世　增時轉輪王　二時辟支佛　如是應當知

劫減時佛興於世順解脫師故佛是解脫師為捨生死出世說法增時衆生向生死見轉勝樂故若尒時佛出世者則為空出以衆生不能捨生死極著樂故減時衆生背生死見煩惱惡行極增上故能捨生死是故乃至百歲衆生時佛乃出世非減也若減者尒時衆生非法貪不正貪恚行邪法勤利煩惱非善法器故轉輪聖王多於增時出于世間能以十善建立衆生是故減時不出以彼衆生向惡行故是故增時易化時淳故初減時轉輪聖王亦出於世猶淳故辟支佛二時出世作自事故問得為有得得為無若得復有得者此得復應有餘得去何非无窮若無得得者得去何成就答

若彼諸法生　二得共俱起　二得俱生者　當知有得得

若諸法生即彼法二得俱生得及得得彼得力故成就法及得得得力故成就得以得及得得故俱一心中展轉相得是故非無窮彼色陰行陰一得餘陰亦如是（初得能得陰及小得）有為无為一得（初得能得無為及小得）欲界善戒惡戒若過去者三世得若現在者現在未來得若未來者即未來得欲界善及穢汙四陰色界善五陰及穢汙四陰無色界善及穢汙四陰无漏五陰變化心共生四陰三世三世得隨其類得威儀四陰多以世斷及剎那斷得若彼善修者三世得工巧亦如是無記色及報生四陰以世斷及剎那斷得過去過去未來未來現在現在問苦法忍有幾得乃至道比忍有幾得答

諸得有十五　得於苦法忍　其餘見增道　當知一一減

諸得有十五得於苦法忍者苦法忍有十五得以見道十五心故一切心彼得生一得與彼忍俱生十四後生其餘見增道當知一一減者見道名見增上故餘見道漸度一一心中得轉減苦法智十四得一俱生十三後生無前生未曾得故（苦法智俱生得今始起故无前生故）（十四餘無前生故漸少）苦比忍十三得一俱生十二後生苦比智十二得一俱生十一後生乃至道比忍一得俱生無後生者見道究竟故无前生未曾得忍故（既無後起又無前生故唯一也）問解脫得何地攝荅

若於彼地中　斷及壞對治　即攝解脫得
法智比智品

若於彼地中斷及壞對治即攝解脫得者有說若彼地斷對治彼解脫得即彼地攝由斷對治故如是說者謂欲界見道修道斷解脫得禪未來攝初禪地未來初禪及中間攝第二禪四地攝即前三地及第二禪第三禪五地攝即前四地及第三禪第四禪見道修道斷及无色見道斷六地攝即前五地及第四禪空處修道斷七

地攝即前六地及空處識處修道斷八地攝即前七地及識處無所有處及非想非非想處修道斷解脫得九地攝未來中間根本四禪及三无色又有說者若彼地攝斷對治及壞對治此說欲色界見道修道斷無色界見道斷解脫得六地攝无色界修道斷如前說法智比智品者又復有說若地法智品欲界見道修道斷解脫得即彼地攝若地比智品色無色界見道修道斷解脫得即彼地攝此說欲界解脫得六地攝色无色界解脫得九地攝問若道俱起得彼得是俱起道因不（唯除所作因餘通爾）荅

與道俱起得　俱起而非因　道亦非彼因
後起或有无

與道俱起得俱起而非因者（俱起道与得缺非共）（因又无餘因故相与无因也）道俱起得彼非道因不一果故不一果則無共因義道亦非彼因者得俱起道亦非得因亦不一果故問後起得云何荅後起或有无前起道於後起得或有因或無因與後相似增道得相似增解脫得因非軟

道得軟道解脫得因（此是自然因故不為中上因非中上為因）謂苦法忍一得俱生彼得非忍因忍亦非得因苦法智三得俱生二道得一解脫得苦法智非彼諸得因彼諸得亦非苦法智因彼苦法忍三得因苦比忍四得俱生三道得一解脫得苦比忍非彼諸得因彼諸得亦非忍因苦法智三得因非苦法忍得因以忍劣故（比忍比智及解脫得）苦比智六得俱生四道得二解脫得苦比智非彼諸得因彼諸得亦非智因苦比忍三得因三得非因謂法智品中得乃至道比忍二十二得俱生十五道得七解脫得道比忍非彼諸得因彼諸得亦非忍因道法智三得因（法智自於未來得解脫得及比忍得作自然因）（下諸得劣故非因）非餘因問空空何行何自性何緣何地攝耶荅

空行有垢住　是說為空空　說无學境界
在於十一地

空行生巳空空後起空行觀五盛陰空彼空空起於彼空思惟空如人燒死屍時執杖轉側然後燒杖彼亦如是有垢者謂有漏義繫聖道故空空

雜阿毗曇心論卷第九　第十七張　都字号

繫聖道不以聖道繫聖道以無漏猒行不緣無漏故住者三昧自性空空者於空行空義无學境界者以無學為緣義謂無學空行是彼緣又說緣空行俱生五陰十一地者有漏故普境界故空空十一地欲界乃至非想非非想處問云何無願无願荅

行於無常行　是无願無願　俱在於不動

欲界餘如前

行於無常行是无願無願者无常行相應無願觀五盛陰無常於彼後起无願無願思惟无願無常若苦行者則為顛倒聖道非苦性故亦非因等行與聖道相違故以无願无願与聖道相違故不作因等行若作因等行者應順聖道然彼繫聖道以違聖道故亦不道等行以道等行樂道故俱在於不動者謂前說空空及無願无願此二是不動法阿羅漢能現在前三昧有勢力故離煩惱故見到者雖利根得自在三昧然未離煩惱故時解脫雖離煩惱不得自在三昧鈍根故不時解脫者得自在三昧利根故離三界欲故是故能現在

雜阿毗曇心論卷第九　第十八張　都字号

前非餘欲界者欲界現在前多從說力起故非餘除欝單曰餘三方餘如前者餘事如空空說

謂无相無相　彼行於寂止　行於无記滅

餘則如前說

謂无相無相彼行於寂止者无相者於數滅觀寂止於彼後起無相无相行義言汝非數滅亦寂止問彼何緣荅行於無記滅非數滅是彼緣是无記亦不起非數滅不起如前說以是義故不說滅行以有二種滅謂非數滅無常滅若言滅行者不知何等滅亦非妙出行以無記非妙非出故非三相所成故止餘如前說者餘如空空說又彼三昧利根者盡智生時得後方便現在前佛不方便辟支佛少方便聲聞或中或上空空无願無願法智比智苦智後現在前无相無相法智比智滅智後現在前若欲界三昧禪未來所攝聖道後起若非想非非想地無所有處聖道後起餘者自地次第問起越三昧云何正受荅

超越三摩提　上下至第三　及不念思惟

雜阿毗曇心論卷第九　第十九張　都字号

於緣超亦然

超越三摩提上下至第三者謂超越三昧正受時有漏初禪次第有漏第二禪現在前如是次第乃至非想非非想處然後次第還至初禪於此諸地善修習已起無漏初禪次第乃至無所有處又復次第還至初禪又此地善修習已復起有漏初禪正受從初禪起超入有漏第三禪第三禪起已入空處空處起已入無所有處逆起亦如是此地善修習已然後起無漏超正受是名超越方便然後能有漏初禪起次第入無漏第三禪正受無漏第三禪次第有漏空處有漏空處次第無漏无所有處逆起亦如是是名超越正受成就也相違故不起第四禪正受也三方不時解脫能起非餘何以故離煩惱故自在三昧勢力故如前說及不念思惟於緣超亦然者若不織汙而斷境界者彼因不憶念思惟境界有聞名為斷或有染心而緣斷境界故寧不染以別之被因不念思惟者寧亦能緣起至三也亦至第三謂初禪緣欲界次第上緣初禪二禪而正受此中明境界超而也

（又言唯次第將先後起如上三昧中故舉始以明終耳）緣初禪次第下緣欲界次第上緣第二第三禪也初禪緣二禪次第下緣欲界及初禪上緣第三第四禪如是一切地盡當知無色不緣下前已說雖苦法智次第苦比法智乃至緣第一有此不斷境界故（相接不斷故雖逆非超也）淨背捨次第雖緣自地心起或緣上地但彼染汙問佛語當言善為无記耶答

佛語善无記　如彼初心轉　究竟亦復然
無記或清淨

佛語善无記者善調伏處方便而說是善如說一切行無常一切法无我涅槃永滅如是比若彼不方便說是無記如問阿難何故園中高聲大聲如是比如彼初心轉究竟亦復然無記或清淨者世尊以善心發語即以善心究竟无記心發語或無記心究竟或善心究竟無有善心發語无記心究竟說時轉增不減故問聲聞云何答

聲聞則不定　究竟及與轉　說時不退減
唯是佛世尊

聲聞則不定究竟及與轉者聲聞善心發語或善心究竟或無記心究竟无記心發語或善心究竟或无記心究竟問何故世尊善心發語善心究竟聲聞善心發語無記心究竟耶答說時不退減唯是佛世尊唯佛世尊說時不退聲聞者舍利弗等說時猶退問幾入可燒幾入能燒答

諸入中有四　可燒亦能燒　可稱亦能稱
斷能斷无惑

諸入中有四可燒亦能燒者色香味觸可燒亦能燒不相離故有說此四入可燒不相離故更有一入能燒謂火大得燒相故可稱亦能稱者即前說四入可稱亦能稱不相離故有說四入能稱一種可稱得重相故斷能斷無惑者即前說四入可斷亦能斷此中无惑說問地地界何差別答

地謂色形處　堅相說地界　餘二亦二種
風即風或異

地謂色形處者色形處是地色入所攝眼識識此世間名地界說堅相者堅相是地界觸入攝身識識此則第

一義餘二亦二種者水及火亦二種色形處是水濕潤是水界色形處是火煴熱是火界餘如前說風即風或異者有說風即風種以非世間立名故有說此亦世間立名有塵風无塵風如是比問善根有幾種答

福分說一種　及與解脫分　於福決定分
第四離諸漏

福分說一種者若欲界聞思慧勝進施戒等俱生得轉輪王帝釋及餘欲界大力自在身報及色無色界勝進善根能得有果者是名福分及與解脫分者解脫分亦是欲界聞思施戒等俱生背諸有向解脫殖此諸善根者中間雖斷善根猶名逆流何以故必得涅槃故是故如是說寧為調達不為外道欝頭藍子調達雖造三逆斷諸善根滅善種子入无間地獄（阿毗至阿者無毗至者擇也間也獄也以其善種子故果名无擇餘二義如舊）地獄罪畢於四万歲壽人中得辟支佛證諸根猛利勝舍利弗等欝頭藍子雖離八地生第一有於彼報盡命終來生於法林中作著翅飛狸殘害一切水陸衆

生死墮無間地獄世尊不記得解脫時種解脫種者有如是相處聽法坐若聞法時悲泣流淚身毛為竪見生死過涅槃善利敬信正法及說法者於福決定分者觀察真諦暖等善根於諦決定故於諦滿足故順向聖道故名決定分彼賢聖品已說第四離諸漏者無漏善根謂學无學彼前已說問云何於惡趣得非數滅荅

當知布施等　能轉於惡趣　必定與忍俱
施等同或異

當知布施等能轉於惡趣者或有施不墮惡道或戒或聞或思或暖或頂若見生死過涅槃善利故背生死向涅槃而行布施如此施者能轉惡道餘善根亦如是布施能轉惡道而非頂若謂不介者不然何以故背生死故或有未得決定善根而能極猒生死非得決定善根者復次施與惡趣煩惱業極相違非頂是故無過問若諸善根不必定離惡趣者何者必定荅必定與忍俱損捨惡道必在於忍忍與一切惡趣煩惱業相違故捨忍者惡趣煩惱業尚不起況不捨施等同或異者從施乃至頂或時離惡趣或不離以非一切施能違惡趣煩惱業故餘善根亦如是已說轉惡趣因緣謂意識不共今當說意識有六事不與五識共

離欲及退時　受生亦命終　斷善及相續
當知是意識

此六事說住意識思惟故普緣故世尊雖說眼見色耳聞聲身覺觸退彼亦牽意識現在前故退問住何等受命終及生荅

謂一切衆生　悉住於捨受　命終及受生
以不捷疾故

謂一切衆生悉住於捨受命終及受生者一切衆生住不苦不樂受命終及受生問何故荅以不捷疾故一切分中生分死分不明了不覺悟故於諸受中不苦不樂受㝡不捷疾不明了故是故一切衆生住不苦不樂受命終及受生問若然者不苦不樂受應無无漏聖道捷疾故荅非不苦不樂受无無漏聖道力能令利故如水在辛則辛在苦則苦甜酢醎淡亦如是

雜阿毗曇心論卷第九

雜阿毗曇心論卷第九

校勘記

一　底本，金藏廣勝寺本。

一　六九二頁中三行「天竺」，資、磧、普、南無。同行第一〇字「等」，資、磧、普、南、徑、清無。下至卷第十一同。

一　六九二頁中四行「第九」，徑、清作「第十」。

一　六九二頁中八行第一三字「雜」，資、磧、普、南、徑、清無。

一　六九二頁中九行夾註左「上衆雜」，諸本作「上衆雜義」。

一　六九二頁中一〇行第八字「及」，資、磧、普、南、徑、清作「亦」。

一　六九二頁中二一行第二字「主」，諸本作「生」。

一　六九二頁下末行第七字「心」，資、磧、普、南、徑、清作「心少」。

一　六九三頁上二行「正定」，資、磧、普、南、徑、清作「正受」。

一　六九三頁上九行第三字「離」，麗作「有」。

一　六九三頁中二〇行第七字「有」，資、磧作「在」。

一　六九四頁中一二行首字「動」，資、磧、普、南、徑、清作「種」。

一　六九四頁下二二行末字「答」，徑、清無。

一　六九五頁上一一行「他相」，資、磧、普、南、徑、清作「相地」。

一　六九五頁中九行「坵塘」，資、磧、普、南、徑、清作「堤塘」。

一　六九五頁下八行第六字「最」，諸本作「取」。

一　六九六頁上三行「此亦」，麗作「亦此」。

一　六九六頁上四行第二字「得」，資、磧、普、南、徑、清無。

一　六九六頁上五行夾註「此無記……威儀心」，諸本無。

一　六九六頁上一九行第一〇字「解」，麗作「解脱」。

一　六九六頁中一〇行第七字「間」，徑作「問」。

一　六九六頁下末行第七字「立」，資、磧、普、南、徑、清作「立法」。

一　六九七頁中一〇行第四字「彼」，麗作「彼五識」。

一　六九八頁上二行首字「於」，資、磧、普、南、徑、清無。

一　六九八頁中八行末字「令」，諸本作「令生」。

一　六九八頁中一〇行第四字「極」，徑作「及」。

一　六九八頁中一六行「生死」，資、磧、普、南、徑、清作「生」。

一　六九八頁中一七行夾註「聖人……得果」，諸本無。

一　六九八頁下八行正文第六字「者」下夾註「受取」，資、磧、普、南、徑、清作「受邪」。

一　六九八頁下九行第六字「比」，南、徑、清作「此」。

一　六九九頁上七行夾註右「果地」，

資、磧、普、南、徑、清作「粟地」。

一　六九九頁中一七行「正貪」，麗作「正貪謂樂生天」。

一　六九九頁中末行「自事」，資、磧作「目事」。

一　六九九頁下七行第一三字「得」，麗無。

一　六九九頁下一〇行首字及一一行首字「得」，資、磧、普、南、徑、清作「得得」。同行夾註「能得陰」，諸本作「能得一陰」。

一　七〇〇頁上五行「增恚」，資、磧、普、南、徑、清作「慧」。

一　七〇〇頁中一四行夾註「所作」，資作「所」。

一　七〇〇頁中末行「相似」，資、磧、普作「相以」。

一　七〇〇頁下一行夾註左「中上爲下因」，資、麗作「上下因」；磧、普、南、徑、清作「中上下因」。

一　七〇〇頁下一一行末字至一二行第二字「三得非」，諸本作「非三得」。

一　七〇〇頁下一三行第一一字「七」，磧、南、徑、清作「十」。

一　七〇〇頁下一六行夾註左「非因」，資、磧、普、南、徑、清作「得因也」。

一　七〇一頁上六行第三字「故」，麗作「空」。

一　七〇一頁上一二行「若苦」，資、磧、普、南、徑、清作「苦苦」。

一　七〇一頁上一六行第七字「不」，資、磧、普、南、徑、清作「不作」。

一　七〇一頁中二行「三方」，麗作「二方」。

一　七〇一頁中四行「无記」，資、磧、普、南、徑、清作「記無」。

一　七〇一頁中一二行第六字「言」，資、磧、普、南、徑、清作「言行」。

一　七〇一頁下五行第九字「至」，資、磧、普、南、徑、清作「乃至」。

一　七〇一頁下一六行「不起」，麗作「不趍」。

一　七〇一頁下一七行第二字「禪」，諸本無。

一　七〇一頁下一八行第四字「離」，資、磧、普作「惟」。

一　七〇一頁下一九行「緣超」，諸本作「緣起」。

一　七〇一頁下二一行夾註右「境界」，徑作「竟者」。同行夾註「聞名」，資、磧、普、南、徑、清作「聞名爲聞名」；麗作「閒名」。同行夾註左「界故」，磧、南、徑、清作「界又」；同行夾註「彼因」，諸本作「因」。

一　七〇二頁上一行夾註右「又言」，諸本作「文言」。

一　七〇二頁上六行第四字「法」，諸本無。

一　七〇二頁上一二行「善調」，諸本作「若調」。

一　七〇二頁中六行第五字「滅」，資、磧、普、南、徑、清作「滅故」。

一　七〇二頁中一二行第七字「閑」，資、磧、普、南、徑、清作「間」。

一　七〇二頁下一行第七字「種」，資、

磧、普、南作「稱」。

一　七〇二頁下一八行第六字「善」，資、磧、普、南、徑、清作「善根善滅」。

一　七〇二頁下一九行夾註右「種也」，諸本無。

一　七〇三頁上一行「無間」，諸本作「無間」。

一　七〇三頁上一七行「不然」，資、磧、普、南、徑、清作「不能」。

一　七〇三頁中一一行第三字「生」，資、磧、普、南、徑、清作「受生」。

趙城縣廣勝寺

雜阿毗曇心論卷第十　都

尊者法救造

宋天竺三藏僧伽跋摩等譯

擇品第十之一

雖已說多法　決定衆雜義　於彼無量處
當復擇其要　牟尼說見道　疾故名法輪
或說學八支　轉至於他心

牟尼說見道疾故名法輪者滅二種癡故說牟尼寂滅滿足故說牟尼說者顯示也彼見增故說見道以慧增故求尒炎故至非品故說道疾者速進也見道是捷疾道不起定故一品道頓斷九品結是法故說法離衆生故捨此至彼故說輪謂捨苦至集乃至捨滅至道復次似輪故說輪如輪下轉至上上轉至下如是見道輪下忍轉至上智復轉至忍復次上下義故說轉如輪下至上上至下如是見道輪緣欲界已上緣第一有緣第一有已下緣欲界復次降伏諦方故說輪如聖王輪或說學八支轉至於他心者尊者瞿沙說學八支轉至他心名轉法輪是故說如来於波羅柰仙

人住處轉法輪以是義故別於二乘聲聞辟支佛自力轉法輪雖拘隣等自轉法輪自脩道非他然由開悟因緣故說世尊轉法輪雖苦法忍起已轉但道比智起說名為轉以彼處具五因緣故所謂捨曾道得未曾道結盡得一味頓得八智一時修十六行拘隣等五人及八万四千諸天見諦彼先見諦故以拘隣為因緣世尊及拘隣起世俗心地神知故於大力尊天所聞故踊躍歡喜故本常守護故近住地神舉聲大唱遠住地神展轉宣告非彼自力知見是常勝心非劣心境界故如是須臾頃虛空神天展轉唱聲乃至梵天不至上地以彼自地耳識非分故有說以梵名名阿迦膩吒天聲雖念念滅而相續起故言聲至梵天轉輪王出世以十善業道化導衆生以十善業道欲界受報是故轉輪王出世聲至他化自在天以未離欲故不至離欲地梵天勸請世尊轉法輪故是故聲至梵天淨居天勸發成無上道故是故聲至淨居天成稱

業故聲有齋限問云何為梵輪荅
佛說具足道　廣大名梵輪　齋輻輞具足
對治非梵行
一切八聖道共依廣大故名為梵輪
彼正語正業正命不壞故名為齋齊
轂也正見正思惟正方便依戒立故
廣緣故名為輻正念正定攝正見正
思惟正方便輻故名為輞煩惱名非梵
不愛果故道者對治非梵煩惱是故
名梵輪已說梵輪賢聖八支成就齋
（本音優波婆素如下釋）今當說
謂優波婆素　受時他二說　具足一日夜
離嚴餝威儀
優波者近婆素者住近盡壽三婆遲
住故說近住三者等婆遲者護謂等
護一切衆生（一切經論中言律儀者悉應言等護）是故說隨一
切衆生慈心住得律儀彼若作是念
於此受不於彼受不得律儀心不淨
故別受不得律儀律儀離增減故受
者受取由作故非發心而得時者謂
明相出時受他者從他人受從衆生
故不從非衆生數不言語故非嬰孩
非眠非癡非狂不解齋法故彼此和
合故得受若得犯戒及煩惱起能見過
者從彼受二俱說者授者受者二皆
說授者先說受者隨說若授者不說
則不成授授不成故受亦不成若受
者不說則不成受無受說故非無說
而作業生作不生故無作亦不生無
作不生故則無餘識俱生功德若二
人一時說者亦不成受無授故具足
者聖八支成就如比丘不具足律儀
則非比丘此亦如是一日一夜者第
三分齋非分故有二分齋如前說齋
律儀得日夜分齊餘律儀得盡壽分
齊離嚴飾威儀者謂纓絡被服為嚴
飾故著者悉應捨離住威儀受以莊
嚴為放逸足故調伏住則不放逸放逸
者不應作而作壞成儀者不恭敬故
不得律儀黃門時黃門無形二形不
生律儀何以故貪欲增故無慚愧增
故在人趣依三方非餘捷疾知覺故
五種清淨因緣修多羅品已說問齋
幾是尸羅支幾是不放逸支幾是持
支荅尸羅支有四不放逸支一餘則是
持支齋支慧所說前四是尸羅支（尸羅譯言[illegible]習）
捨性罪自性戒故不飲酒是（亦言正順三昧亦言清涼亦言安眠）
不放逸支飲酒是放逸足令心失念故
是故離彼名不放逸支餘則是持支
者隨順戒故有說離非時食是齋餘
者齋支復有說離非時食是齋亦齋
支餘者是支如等見是道亦道支擇
法覺是覺亦覺支彼亦如是若說九
支者不然何以故離高床大床塗身
香華共立一支俱莊嚴起故如老
死立一有支俱熟故彼亦如是間離兩
舌惡口綺語等是離性罪何故不立
齋律儀耶荅難護故常習近故出家
者尚難護以常行故況復在家如是
難護者諸威儀除不飲酒餘遮罪亦
不立齋支問已知惡戒熱所燒齋律
儀掬搵塗今當說何故無不具足律
儀優婆塞何所疑俱見其過若有不
具足優婆塞律儀優婆塞者何故無
不具足沙弥律儀沙弥耶若無者何故
說一行等優婆塞何得具說非無義荅
具律優婆塞　比丘律儀一　以彼缺減義
牟尼說少分
具律優婆塞比丘律儀一者有一說具

足優婆塞律儀名優婆塞非不具足沙弥比丘亦如是如說我某甲歸依佛兩足尊歸依法離欲尊歸依僧諸衆尊我是優婆塞當證知盡壽捨衆生受歸依心清淨乃至第三口作得優婆塞律儀問此是離煞生口作云何得餘律儀耶荅當知除等故應說我盡壽捨衆生等如戒等取除等故名戒取彼亦如是復次捨衆生者謂捨自衆生故從今乃至捨自衆生所受戒終不毀犯復次波羅提木叉律儀於衆生處得彼作是說我從今日不煞衆生亦於彼不盜不邪婬不妄語以護彼故不飲酒是故一切遮罪中放逸是故自所受難護故是故說離他離飲酒立優婆塞律儀以飲酒一切婬當知兩舌惡口綺語亦如是說以彼聖人經生猶故知而不說犯若言無一行等優婆塞者不然實有一行等優婆塞建立此云何以彼缺戒義半尼說少分佛以缺戒者故說少分優婆塞彼具戒優婆塞若持一不持四是名一行持二不持三是名少分餘亦如是謂所得戒令知故為說非無義問若人九歲若十歲受優婆塞律儀然後取妻以彼女人為妻分先於彼女人所為得律儀不若得者云何不犯戒若不得者何得非少分荅得支非具足得不他婬處不得離非梵行處謂為妻分已不起他婬所不應作亦如是優婆塞受沙彌戒不捨優婆塞戒得沙彌戒以勝為名故不名優婆塞若彼沙彌還俗時說言我作優婆塞當證知即是優婆塞若異者應更受優婆塞律儀比丘亦如是已說律儀律儀比類今當說

二律儀妙行　業道初解脫　說業及尸羅
如是七種名

波羅提木叉律儀作時即彼剎那無作凡有七種名一名律儀二名波羅提木叉律儀三名妙行四名業道五名波羅提木叉六名業七名尸羅彼一切惡戒對治故名律儀防護惡戒故入七衆具故名波羅提木叉律儀於一切衆生所得故善作故名妙行得愛果故思願道故名業道思願從彼道轉故彼最初隨順解脫故名波羅提木叉隨一切衆生慈心得故業者作所起作故言是思者不然是說波羅提木叉故以此當知亦非後三業道尸羅者淳善義不害心起故後諸無作有五種名除波羅提木叉又業道除波羅提木叉者非前故除業道者在起業思願後故已說律儀類名謂身身業成就不成就今當說

成就身非業　或說業非身　或有身業俱
或亦不俱說

成就身非業者謂或有凡夫人處卵胎迦羅羅胞肉段堅厚前身作已捨此身未成未能起作無麁心現在前故麁心現在前能起身業而彼細心現在前如是內向外向內事外事盡當知復次彼分中極苦逼迫故不能動轉何能起作若生欲界不住律儀亦非不律儀處身無作若眠若狂若醉無求無方便捨作因緣業品已說或說業非身者謂聖人生無色界彼成就道共身業非身彼色非分故或有身業俱者聖人處母胎迦羅羅胞

肉段堅厚若生欲界處律儀波羅提木叉禪無漏住不律儀不住律儀亦非不律儀身有作有作不失若生色界此諸身色衆生居故身業者或有說律儀或說不律儀或不捨作故或亦不俱說者無色界凡夫非身無色故非身業凡夫故口業亦如是問世尊說四種入胎此云何答

謂入不正知　及住與出胎　乃至入正知

住出亦復然

彼少福衆生入母胎顛倒想轉顛倒解所謂風飄雨雪大寒大闇多衆擾亂聲入華間林中草窟華窟樹下墻間住於母胎亦顛倒想及顛倒解所見如前說出胎亦顛倒想解所見如前多福衆生見園林浴池殿堂樓閣跏趺端坐餘如前說是名第一入胎第二入胎者自知入胎不顛倒想不顛倒解而住出顛倒如前說第三入胎者自知我如是入胎如是住胎出則顛倒如前說第四入胎者自知我如是入胎住時自知我如是住胎出時自知我如是出胎問此諸入胎者

說何等人答初者不淨業亦復不求智中二各成一第四俱成就彼初者善業不清淨亦不求智第二者業清淨而不求智第三者求智業不清淨第四者俱成就又說初入胎者一切衆生第二轉輪王第三辟支佛第四如來問須陁洹有不善業邪若有者何故不墮惡趣若無者應離欲離欲者無有是處答

住於初果者　一種不淨業　而不墮惡趣

業不具足故

須陁洹雖有修道斷不淨業無見道斷業無對事故是故不墮惡趣具不具足故如車二輪具能有所運一輪壞則無所堪彼亦如是鳥譬亦然愚者墮惡趣非智者凡夫墮惡趣非聖人犯戒墮惡趣非持戒惡心墮惡趣非善心如脩多羅品說食擇品當說

今當說

四食在欲界　四生趣亦然　三食上二界

摶食彼則無

四食在欲界者欲界有四食四生趣亦然者四生五趣亦有四食地獄中

鐵丸洋銅雖復增苦壞飢渴故名食及冷風觸身亦名爲食三食上二界摶食彼則無者色無色界無摶食身輕微故無色故問諸趣一一趣何食增答

於彼餓鬼趣　意思食爲增

及與諸卵生　三無色亦然

於彼餓鬼趣意思食爲增者餓鬼趣意思食增以彼意行多故及與諸卵生者彼亦意思食增以彼處卵生常念母故得不爛壞三無色亦然者除非想非非想餘三無色亦意思食增意行多故

胎生摶食增　謂彼人趣中

地獄識食增　第一有亦然

胎生摶食增謂彼人趣中者胎生者人趣中摶食增多以摶食持身故地獄識食增第一有亦然者地獄識食增識持名色故非想非非想亦識食增以識持名故

欲天如人趣　色界觸食增

及與畜生趣　濕生亦復然

欲天如人趣者欲界天摶食增色界

觸食增者色界天觸食增受修禪故及與畜生趣濕生亦復然者畜生趣中濕生者觸食增持義是食義如楷持瓶安住不壞如是以食持身身則不壞牽有故說食問若然者一切有漏法是食牽有故答增上故說力能牽有故說食有二事故名食謂前方便牽牽已復長養問何故說四是食答此不應問一切雜起但隨量所應故說四彼摶食者長養諸根四大故說食觸答當知此說有心者然無心者亦同謂入無想滅盡正受者彼餘衆生心起此初正受刹那亦起從定覺時餘衆生心滅此後正受亦滅若住定時餘衆生心亦起亦滅此正受亦起亦滅復有說言一切心起不必同或有心起不滅作四句初句從無想滅盡正受起第二句入正受時第三句有心者第四句住正受時此無有小大無形故已說諸心起滅廣心義今當說

欲界中有四　色無色各三

亦學無學心　說此次第生

說無諍等諸有漏法自性不解脫故以是故當知亦除生身若言於如來所起惡心傷足出血不得無間罪者不然何以故起惡心故謂於佛所得無學法起惡心而傷足故得無間罪復次壞佛所得無學功德所依故所依壞故依者亦壞如瓶壞乳亦壞歸依愛盡名歸法善故常故當知除餘法以餘法無善及常故歸依僧所得學無學法名歸僧不歸僧所成就非學非無學法及生身以有漏故亦非等僧可壞故問歸依以何爲自性答有說口業自性言說假合故復有說亦身口業自性戒自性故問歸依有何義答覆護義是依義安慰義是依義以是因緣故歸依是受律儀門修多羅品說四不壞淨言擇品當廣說今當說

緣覺菩薩道　及與三眞諦

於彼無垢信　是法不壞淨

辟支佛所得三根及眷屬一切菩薩所修行道及苦集滅諦緣此諸法起無漏信是名不壞緣法不壞淨壞緣後當說

隨生清淨戒　佛僧如歸說

此事有二種　說有四種名

隨生清淨戒者謂無漏隨生身口業是賢聖所重戒是名戒不壞淨佛僧如歸說者佛及僧當知如前歸依說彼緣佛法無漏信是於佛不壞淨緣僧法無漏信是於僧不壞淨若緣佛所得無學法及菩薩所得學藥是名壞緣法不壞淨如是緣佛辟支佛法聲聞法乃至一切學無學法是者長養心心法故說食意思者長養當來有故說食識者長養名色故說食是故說四食問若歸依佛法僧者（梵本中三寶名覆護歸依趣向義寫者歸趣佛覆護法僧亦如是）爲何所歸三寶各二種佛有二種身謂生身及法身法亦二種謂第一義涅槃法及一切無我法僧亦二種謂第一義僧及等僧爲歸何等答

歸依彼諸佛　所得無學法

涅槃無上法　僧學無學法

諸佛所成就無學法名爲佛歸者歸佛所得無學法名歸佛不歸佛所成

說謂法爲誰說謂僧誰持法謂戒復次良醫者佛治病者法看病者僧藥者聖戒是名次第說彼於苦集諦及下根於道諦一因緣得不壞淨謂信也（三根於苦集盡生信下根於道未離愛樂唯信也）彼於滅諦及中上根於道諦二因緣得不壞淨謂信及欲樂（三根於滅悉皆愛樂中上根於道乃能愛樂信具有）修多羅品說沙門果擇品當廣說今當說

所謂沙門果　無爲亦有爲
有爲學果三　無學果第四

二種沙門果有爲及無爲有爲學果有三有爲無學果第四一切無爲悉非學非無學

八十九聖人　沙門無爲果
亦說於有爲　一切沙門道

彼見道八忍是沙門八智是沙門有爲果八種煩惱斷是沙門無爲果欲界修道離欲九無礙道是沙門九解脫道是沙門有爲果九種煩惱斷是沙門無爲果如是乃至非想非非想離欲盡當知顯現故世尊說四以此處五因緣具故謂捨曾道得未曾道結盡得一味解脫頓得八智一時修十六行以此處道決定及決定究竟故若斷者所作及所作究竟問頗一念頃一智知一切法耶荅無也何以故

雖知一切空　而非知一切
除其共相應　自性亦復然

若此智生知一切法空及無我而不知自己自性不自顧如指端不自觸此亦如是又無二決定故無有一智二決定自知知他亦不知相應法共一行一緣故一切相應品法同行同緣不知共有法一果故同決定轉故此智聞慧思慧非修慧何以故修慧者分段緣故是故說欲界色界以無色界聞思非分故問對治幾種荅

所謂斷對治　壞持及遠分
此四應當知　是名對治種

有四種對治所謂斷對治壞對治持對治遠分對治斷對治者無礙道斷煩惱得故壞對治者於緣中作過行故謂無常苦空非我等如是比持對治者與煩惱斷得合謂解脫道及後諸餘與煩惱斷得合遠分對治者解脫道爲首苦法忍是見苦所斷煩惱斷對治及壞對治於餘欲界繫法壞對治若欲愛盡超昇離生苦法忍亦是遠分對治如是一切道隨其義盡當知修多羅品說修義擇品當廣說今當說

初得若習行　對治及斷修
當知此四種　是名爲修義

四種修謂得修行修對治修斷修得修者謂初得未曾得有爲功德習修者謂曾得善法相續生對治修者謂修四種對治名爲對治修是有漏法敵對治道斷修者謂斷煩惱故修道是斷煩惱得義（上取能治能斷爲修今取所治所斷爲修依下四句可知也）有法得修及習修非對治修斷修作四句初句無漏有爲法第二句不善法無記有爲法第三句善有漏法第四句無爲法有說六種修前四及分別修防護修分別修者如修多羅說謂此身髮毛爪齒如是比防護修者謂根如所說善調御六根如是廣說如是好者謂四種修如前說此二種修斷修對治修所攝已說見道修道決定相差別義今當說

煩惱通三界　若見斷二種
二斷則三種　俱見道前行
若煩惱三界繫見道斷謂五見及疑此見道前行二種（五見疑定見道前斷愛恚無明與見俱滅實雖未盡名已盡攝隨見受名名為前行下瞋恚不待見道故修道前行）或見道斷或見道修道斷云何見道斷若結非想非非想處繫隨信行隨法行無間忍斷彼非想非非想處繫此以地定故說隨信行隨法行此以人定故說無間忍此以對治定故說斷者此以所作定故說云何見道修道斷謂八地若凡夫斷修道斷若聖人斷見道斷問何故凡夫斷煩惱一向修道邪苔凡夫不能部分捨煩惱如是見斷如是修斷復次凡夫不能一種道斷九種故若三界五種謂愛慢無明此見道前行三種或見道斷或修道斷或見道修道斷若彼煩惱非想非非想處繫隨信行隨法行無間忍斷是見道斷若九地學見迹修道斷是修道斷餘八地若凡夫斷修道斷若聖人斷見道斷
若欲界煩惱　五行有二種
彼修齊限故　說修道前行
若欲界五行彼修道前行二種或修道斷或見道修道斷若學見迹修道斷是修道斷餘若凡夫斷修道斷若聖人斷見道斷彼決定前斷是故說前行問前說緣此諸緣何時作事苔
次第緣所作　說彼法生時
緣緣所作業　彼法滅時說
次第緣所作說彼法生時者生時是未來與轉俱故亦應說轉時彼法生時次第緣為作業與處義故名次第緣彼法生者得處故若言色及一切心不相應行亦得處而生應說次第緣者不然彼事行品已說緣緣所作業彼法滅時說者法滅時緣緣為作業以法滅時是現在能攝受境界非未來未起故非過去已滅故
三因所作業　謂彼法生時
二因之所作　當知滅時說
三因所作業謂彼法生時者法生時三因作業所謂自分因一切遍因報因自分因力故法生相似相續是故法生時自分因作業一切遍因報因隨順建立生法故彼法生時作業摠說故說法生時三因作業除初無漏餘善除報餘不隱沒無記自分因作業染汙者自分因一切遍因作業報者自分因報因作業二因之所作當知滅時說者有緣法滅時相應因共有因作業業同故一果故不相應法共有因無緣故增上緣者一切時不障礙住是故不說不待說故所作因亦如是問云何一切衆生等心起等心住等心滅為不邪所以問者有衆生身或大或小為身大則心大身小則心小邪為一切等又衆生進止遲速不同為遲行心遲速行心速為悉等邪復次衆生或有安靜知覺如山或有不住動若飛塵為靜者心遲動者心速為悉等邪苔
一切衆生類　心起住滅等
貪欲等相應　不相應亦然
一切衆生類心起住滅等者一切衆生心等起等住等滅時無多少何以故刹那故亦無大小非色故四大差別

故身有大小身輕者速身重者遲
心轉多緣故則覺飄動心止一緣則
念安靜貪欲等相應不相應亦然
者若心有貪無貪彼一切心俱起俱
住俱滅剎那故貪心不作業故現重
無貪心作業故現輕乃至有解脫無
解脫盡當知有貪無貪如界品說
問已說有心分一切衆生心俱起俱
住俱滅無心分復云何等謂入無想
滅盡正受者此心滅餘衆生心起還
從定覺此心生餘衆生心滅云何等
亦名壞緣法不壞淨問不壞淨有幾
淨戒者四大淨說有四種 名者事緣
事荅此事有一種謂信 及戒信者心
建立故有四以信緣別故為三種 知
淨者若知若得若持清淨問何所知
荅四真諦復有說者名不壞淨如首
羅長者復次勇猛故不斷有說者名
不斷淨如依長者（此二長者皆得初道魔不能壞不能斷各依已自說）
問云何次第荅佛知淨在前佛是
根本以說故問佛何所能荅曰覺法
問誰持法荅曰僧問 彼僧云何得一
味荅曰聖戒復次能說者為佛何所

欲界中有四色無色各三亦學無學
心者有十二心所謂欲界繫善心不
善心隱沒無記心不隱沒無記心色
界繫善心隱沒無記心不隱沒無記
心無色界亦如是及學心無學心問
十二心云何建立荅繫不繫界種建
立繫及不繫立二心繫者界種分
別立十心不繫者種分別立二心是故
說十二心說此次第生者此諸心二次
第生諸心今當說

欲界善生九　亦復從八起
二穢汙生四　亦從十心生

欲界善生九者欲界善心次第生九
心欲界四自地故色界善心謂初方
便入正受時彼隨順故此則揔說非
色界一切有說未來禪攝非餘又說
未來及初禪又復說中間禪尊者
瞿沙說乃至第二禪如超越正受從
初禪起超第二禪及眷屬第三禪現
在前此亦如是色界穢汙心謂受生
時此善心命終彼穢汙心相續生無
色界穢汙心亦如是及學無學心彼
亦隨順故色無色界不隱沒無記心
不次第現在前心縛自地故無色界
善亦不現在前極相遠故此亦從八
起者欲界善心亦從八心次第生欲
界四自地故色界善及穢汙善心
如前說穢汙者謂初禪地煩惱所惱
即依欲界善心防護故從學無學
心起欲界善心現在前二穢汙生四
者欲界不善心及隱沒無記心次第
生自界四心非上地相違故亦從十
心生者彼欲界二種穢汙心從十心
次第生自界四色無色界六謂受
生時

無記次生七　亦復從五起
色界善十一　亦從九心生

無記次生七者欲界不隱沒無記
心次第生七心自界四色界善謂變
化心次第生隱沒無記謂受生時無
色界亦隱沒無記心亦復從五起者
欲界不隱沒無記心從五心次第生
自界四色界善次第生謂變化心色
界善十一者色界善心次第生十一
心除無色界不隱沒無記心亦從九
心生者色界善心從九心次第生除

欲界二穢汙心及無色界不隱沒無記心

色界穢汙六　　亦從八心起
無記次生六　　從三次第生

色界穢汙六者色界隱沒無記心次第生六心自界三欲界三除欲界不隱沒無記亦從八心起者色界隱沒無記心從八心次第生除欲界二穢汙及二無漏無記次生六者色界不隱沒無記心次第生六心自界三欲界二穢汙無色界穢汙從三次第生者從自界三心次第生

無色善生九　　亦從六心起
穢汙心生七　　彼亦從七生

無色善生九者無色界善心次第生九心除欲界善不隱沒無記心及色界不隱沒無記心亦從六心起者無色界善心亦從六心次第生自界三色界善及二無漏穢汙心生七者無色界隱沒無記心次第生七心自界三色界善心及穢汙欲界二穢汙心彼亦從七生者無色界隱沒無記亦從七心次第生自界三欲色界善及不隱沒無記心

無記心生六　　亦復從三起
學心生於五　　亦從四心生

無記心生六者無色界不隱沒無記心次第生六心自界三下界穢汙三亦復從三起者無色界不隱沒無記心從自界三心次第生非餘報數故學心生於五者學心次第生五心二無漏及三界善心非穢汙性相違故非不隱沒無記性不捷疾故亦從四心生者學心亦從四心次第生即學心及三界善心非無學是因故亦非餘如前說

無學心生四　　亦從五心生
已說十二心　　二十應當說

無學心生四者無學心次第生四心即無學心及三界善心非學是果故非餘如前說亦從五心生者無學心從五心次第生二無漏及三界善心已說十二心二十應當說者已說十二心次第生如此十二心分別為二十今當說

二善二穢汙　　報生及威儀
工巧諸禪果　　欲界中八心

欲界八心謂方便生善心及生得善不善及隱沒無記不隱沒無記者有四種報生威儀工巧變化心

除不善工巧　　餘則在色界
離禪果威儀　　餘四在無色

除不善工巧餘則在色界者色界有六心除不善及工巧餘如前說離禪果威儀餘四在無色者無色界有四心除威儀及變化心色無色界除工巧無事業故除不善離無慚無愧故無色界除威儀往來非分故除變化心支所攝禪非分故

學與無學心　　此則為二十
彼心次第生　　各隨其義說

學與無學心此則為二十者學與無學心及前十八是為二十心繫不繫界種分別此差別者前摠說善及不隱沒無記今亦種分別彼心次第生各隨其義說者謂此心展轉次第生今當說

欲方便生十　　亦從八心起
生得次生九　　亦從十一生

欲方便生十者欲界方便善心次第生十心自界七除變化心以彼淨禪次第生故色界方便善心及學無學心亦從八心生者彼欲界方便善心從八心次第生自界二善心及二穢汙心色界方便善心穢汙心及學無學心生得次生九者欲界生得善心次第生九心自界七除變化心色無色界穢汙心亦從十一生者欲界生得善心從十一心次第生自界七如前說色界方便善心穢汙心及學無學心

二穢汙生七　亦從十四起
報生威儀八　是亦從七生

二穢汙生七者欲界不善及隱沒無記次第生自界七心除變化心亦從十四起者此二穢汙從十四心次第生自界七除變化心色界四種除方便善心及變化心無色界三除方便善心報生威儀八者欲界報生及威儀次第生八心自界六除方便善心及變化心色無色界穢汙心是亦從七生者此欲界報生及威儀心亦從自界七心次第生除變化心

工巧心生六　亦復從七起
變化心生二　亦即從二生

工巧心生六者欲界工巧心次第生自界六心除方便善心及變化心亦復從七生者彼亦從自界七心次第生除變化心變化心生二者欲界變化心次第生二心欲界變化心及色界方便善心亦即從二生者亦即從此二心次第生

色方便十二　是亦從十起
生得次生八　亦從五心生

色方便十二者色界方便善心次第生十二心自界六欲界三方便善心及生得善心變化心無色界方便善心及學無學心是亦從十起者色界方便善心從十心次第生自界四除威儀及報生欲界二方便善心及變化心無色界三方便善心穢汙心及學無學心生得次第生八者色界生得善心次第生八心自界五除變化心欲界二穢汙心無色界穢汙心亦從五心生者色界生得善心從自界五心次第生除變化心

色穢汙生九　亦從十一起
威儀心生七　從五次第生

色穢汙生九者色界穢汙心次第生九心自界五除變化心欲界四二善二穢汙心亦從十一起者色界穢汙心從十一心次第生自界五除變化心欲界三生得善威儀及報生無色界三除方便善心威儀心生七者色界威儀心次第生七心自界四除方便善心及變化心欲界二穢汙無色界穢汙從五次第生者色界威儀心從自界五心次第生除變化心

當知色報生　亦如威儀說
謂彼諸禪果　當知如欲界

當知色報生亦如威儀說者色界報生心次第生七心亦從五心生如威儀說謂彼諸禪果當知如欲界者色界變化心次第生二心色界方便善心及變化心亦即從此二心次第生

無色初生七　是亦從六生
生得亦生七　當知從四起

無色初生七者無色界方便善心次

第生七心自界四色界方便善心及學無學心是亦從六生者無色界方便善心從六心次第生自界三除報生色界方便善心及學無學心生得亦生七者無色界生得善亦次第生七心自界四下界三穢汙當知從四起者彼從自界四心次第生

穢汙生八心　是從十心起
報心生於六　是亦從四生

穢汙生八心者無色界穢汙心次第生八心自界四欲界二穢汙色界方便善心及穢汙心是從十心起者無色界穢汙心從十心次第生自界四欲界三生得善威儀及報生色界亦如是報心生於六者無色界報生心次第生六心自界三除方便善心下地三穢汙心是亦從四生者彼報生心從自界四心次第生

學心次生六　從四次第起
無學心生五　是亦從五生

學心次生六者學心次第生六心三界方便善心欲界生得善（欲界生得善強而利二界弱而鈍也）及學無學心從四次第起者學心從四心次第生三界方便善心及學心無學心生五者無學心次第生五心三界方便善心欲界生得善及無學心亦從五心生者三界方便善心及學無學心問何故方便善心次第生威儀工巧及報生心此諸心何故不次第生方便善心邪荅威儀工巧自樂所作故報生心羸劣故無所作故謂威儀心樂習威儀故是故次第不起方便善心出心不勤方便故方便善心次第生威儀心工巧心亦如是報生心羸劣無所作故本業所種故是故不能入彼心也出心不勤方便故從方便善心次第生若言穢汙心樂著境界及羸劣故不應從穢汙心境界次第生方便善心者不然何以故境界不異故見過故不羸劣故於彼境界過惡轉即彼起功德是故彼境界不異於彼行煩惱疲猒故即彼境界觀察生長夜習煩惱故穢汙心不羸劣是故彼應次第生方便善心欲界生得善心雖捷疾而非方便以捷疾故從彼色界方便善心及學無學心次第生以非方便故不能次第生彼諸心色界生得善心不捷疾亦非方便不捷疾故不從學無學心及無色界方便善心次第生非方便故故不次第生彼諸心無色界亦如是色界穢汙心次第生欲界生得善心以捷疾故無色界穢汙心不次第生色界生得善心不捷疾故問云何正法荅

經律阿毗曇　是名俗正法
三十七覺品　是說第一義

經律阿毗曇是名俗正法者修多羅律阿毗曇是言說正法依名處起故前已說佛語是語自性語則依名轉以他處轉故是故名俗數顯第一義故名正法以名顯義故三十七覺品是說第一義者三十七覺品是第一義正法離名起故有漏修慧雖離名轉有垢故不說第一義正法如正法有二種行法者亦二種修法及修修法者謂誦習修者謂修禪彼俗數正法者是修法是持義第一義正法是修是故說修行法者住則正法住修行者

滅則正法滅世尊勸發修行者故不
說分齊如前說金剛三昧擇品當廣
說今當說
五十二及餘　亦復說八十
或有說十二　是金剛三昧
有說五十二金剛三昧禪未來所攝
若依禪未來苦比智得阿羅漢果於
非想非非想處四陰無常苦空非我
思惟若集比智得者集諦四行一一
行思惟若滅法智欲界繫行滅滅
諦四行思惟若道法智斷欲界繫行
道道諦四行思惟若滅比智或初禪
地繫行滅思惟或乃至非想非非想
繫行滅思惟若道比智於彼九地比
智品道四行思惟得阿羅漢果如是
智行緣分別則五十二（若具故滅具情滿故總別是以八地滅有三十二行道則類介通異地同性情無礙故說通亦彼九地唯有四行今前四諦十六行為五十二行）
如禪未來乃至第四禪亦如是空
處二十八（自地苦集八行四空滅諦十六行九地道四行於上滅諦少故唯處滅四）
識處二十四無所有處二十以無色
無法智法智緣欲界故非無色下地
行滅緣下地若非境界故下地對治
緣展轉因故有說禪未來八十金剛

三昧是中差別者說道比智亦一一地
對治緣得阿羅漢果（總七地道比智地各四行有二十八合前五十二為八十也）如禪未來乃至第四禪亦如是空
處四十識處三十二無所有處二十四
尊者瞿沙說禪未來所攝金剛三
昧十三見道四比忍相應四三昧修
道非想非非想離欲九無礙道相應
九三昧彼一切第一有對治金剛三昧
世俗道非境界故乃至第四禪亦如
是空處九乃至無所有處亦如是比
是總說若說忍智行種緣分別禪未
來所攝則有一千四百九十二金剛三
昧乃至第四禪亦如是空處四百六
十八識處三百二十四無所有處二
百一十六問彼智品所說神通彼神
通為一切善為非苦
三通則說善　餘二是無記
當知依欲色　世尊說慧性
三通則說善者神足智他心智宿命
智此三通說善何以故愛果故極方
便所起故調伏他故不信樂者令信
樂故此三通令他極調伏故歡喜歡
喜心相應慧是善信心相應故餘

二是無記者謂天眼天耳此二神通
是無記愛果及極方便非分故又受
色聲起是故無記問何處現在前何
等性答當知依欲色世尊說慧性此
神通欲色界現在前非餘彼色故彼
先欲界起故後色界能現在前彼非
初業堪能非分故是智慧性從分別
起故依成依者故（此釋通有眼名由眼起故）如施設經
說尒時色界四大造眼處周圓天眼
淨如修多羅品說諸根事言擇品當
廣說今當說
當知彼諸根　慧者善分別
名有二十二　事則說十七
佛說諸根名有二十二事有十七以
男女根及三無漏根無別事故不立
事餘根攝故男女根離身根更無
故是故說云男根身根少分女根亦
如是又一識依故若識依身根起即
依男女根無異相根共生一識三無
漏根九根合成故九根者意根樂根
喜根捨根信等五根此九根道及人
分別故立三根道分別者見道說未
知根修道說已知根無學道說無知

根人分別者隨信行隨法行說未知根信解脫見到身證說已知根慧解脫俱解脫說無知根問等及第一義有何相荅

若事分別時　捨名則說等
分別無所捨　是則第一義

若事分別時捨名者此則等事（等事梵音云三比栗提譯言等集亦言等積聚丸會有三種者名等集）非第一義決定事不可得故如瓶分別色香味觸時捨瓶名亦非捨色香味觸別有瓶名是故名等事如是一切分別無所捨是則第一義者若事分別時不捨名者是第一義如五盛陰名苦諦若分別五時亦不捨苦名以色是苦故乃至識亦如是彼色復十一種一一入皆苦乃至剎那及極微分別時亦不捨苦名彼得相故如是一切如雜品說中陰擇品當廣說問爲定爲不定荅

界趣地必定　中陰五無礙
說名爲香食　求有乘意行

界趣地必定者中陰界趣地不轉欲界中陰必生欲界色界生色界如是地獄趣生地獄乃至人趣生人四天王生四天王乃至阿迦膩吒天亦如是中陰五者中陰五陰性有去來故非離色有去來是故欲色界有中陰非無色界色非分故無礙者極微故一切形障所不能礙業力故住母胎若異者不應住胎說名爲香食求有乘意行者以香爲食故說香食若薄福者食諸穢香若大力者食諸淨香求於生有故說求有從意生故說乘意行此諸衆生或業生謂地獄如所說彼諸衆生業所縛或煩惱生謂人及欲界天或報生謂飛鳥或從意生謂無色界天及劫初人化及中陰二有中間起離趣故是故說中陰問中陰幾時住荅

七日或七七　乃至彼和合
或裸形食香　諸根悉具足

七日者有說中陰七日住身羸劣故問若和合者應尒若彼父母異處者是人命終當云何荅當觀是衆生業轉不轉若於母可轉於父不可轉者彼父則從他女人令中陰會於父緣可轉者亦如是若二俱不可轉者此人未死而彼先和合此說常行欲者若時節行者彼衆生業因緣故令彼非時亦行有說或於相似處生謂若應生時行處者非彼時故則於相似常行處生隨其類說七七者有說七七日住乃至彼和合者復有說不定乃至未和合間常住問中陰有衣無衣荅或裸形色界中陰有衣色界慙愧增故如彼法身不裸形生身亦尒欲界菩薩及白淨比丘尼中陰有衣餘衆生無衣無慙愧增故問中陰何食荅香食欲界中陰以香爲食前已說色界離揣食貪身極微故唯三種食問具諸根不荅諸根悉具足中陰具諸根何以故中陰報淳故又彼衆生求有故於六入門常求有問形爲云何荅

隨行量不定　或有見不見
入則從生門　或生顛倒想

隨行者各如其趣地獄中陰如地獄形乃至人天如人天形問中陰云何行身量云何荅行量不定中陰行及身

量不定地獄中陰足上頭下而行天中陰上昇如箭射空餘中陰側身傍去如畫人飛量者色界中陰量如本有欲界菩薩中陰亦如本有三十二相莊嚴其身是故菩薩中陰光明徹照百億天下言白象身入母胎者不然已離畜生故菩薩從九十一劫來常離畜生順相書故令菩薩母見如是夢欲界餘衆生中陰身量如有知小兒形諸根猛利故以顛倒想入胎問中陰中陰爲相見不荅或有見不見或中陰以中陰爲境界不一切有說地獄中陰見地獄中陰如是一切又說地獄中陰見地獄中陰畜生見三趣餓鬼見三趣人見四趣天見五趣生陰眼則不見若天眼極清淨者能見問從何處入胎荅入則從生門彼從生門入是故雙生者後生爲長問以何想入胎荅或生顛倒想非一切衆生顛倒想入母胎除近佛地菩薩彼近佛地菩薩於母母想於父父想餘衆生惡顛倒想入胎若男中陰者於母染想於父恚想彼作是念若無此男者與此女會想見男去而與女會見彼精時而謂已有即生歡喜生歡喜故陰則漸厚陰漸厚已依母右脅向背蹲坐女則相違說中陰因緣後當說

雜阿毗曇心論卷第十

雜阿毗曇心論卷第十

校勘記

一　底本，金藏廣勝寺本。七〇七頁中至七〇八頁上及七〇九頁中至七一〇頁上、七一〇頁下、七一一頁中、七一九頁上、七一九頁下、七二〇頁上，共十一版，原版殘缺，以麗藏本換。

一　七〇七頁中一行「第十」，清作「第十上」。

一　七〇七頁中四行「第十之一」，資、磧、普、南作「第十」；徑、清作「第十一之一」。

一　七〇七頁中一八行第二字「轉」，諸本作「輪」。

一　七〇八頁中一四行第八字「雖」，麗作「離」。

一　七〇八頁中一六行第八字「成」，諸本作「威」。

一　七〇八頁下二行第一〇字「足」，麗作「支」。

一　七〇八頁下八行第一〇字「床」，資、磧、普、南、徑、清無。

一　七〇八頁下二〇行第一〇字「具」諸本作「所」。

一　七〇九頁上二二行第二字「彼」，資、磧、普、南、徑、清無。

一　七〇九頁上末行第一〇字「名」，資、磧、普、南、徑、清無。

一　七〇九頁中二行第四字「若」，諸本無。

一　七〇九頁中二一行第三字「具」，諸本無。

一　七〇九頁下八行「起業」，諸本作「業起」。同行第一一字「類」，諸本作「比類」。

一　七一〇頁中三行末二字「清淨」，磧作「淨淨」。

一　七一〇頁中一二行第四字「雖」，資、磧、普、南、徑、清作「唯」。

一　七一〇頁中一三行第一三字「具」，資、磧、普、南、徑、清作「故不具」。

一　七一〇頁中一八行「當說」，資、磧、普、南、徑、清無。

一　七一一頁上一〇行第四字「起」，資、磧、普、南、徑、清作「趣」。

一　七一一頁上一二行至末行「答當……第生」，諸本載於七一四頁上一一行後。

一　七一一頁下一二行至末行「者長……所成」，諸本載於本頁上一一行後。

一　七一一頁中一七行第四字「門」，資、磧、普、南、徑、清作「問」。

一　七一一頁下九行第六字「學」，諸本作「漏」。同行末字「藥」，諸本作「法」。

一　七一一頁下一〇行第一三字「法」，諸本無。

一　七一一頁下一五行夾註「梵音……亦如是」二十五字與十六行至一九行「爲何……何等」五十三字，資、磧、普、南、徑、清互置。

一　七一二頁上五行末字至六行首字「中上」，資、磧、普、南、徑、清作「上中」。

一　七一二頁上七行小字左行「具有」，資、磧、普、南、徑、清作「俱有也」。

一　七一二頁中七行「自性」，資、磧、普、南、徑、清作「若性」。

一　七一二頁中一三行末字「以」，資、磧、普、南、徑、清無。

一　七一二頁下一九行第五字「身」，資、磧、普、南、徑、清作「身上」。

一　七一三頁上三行第七字「見」，資、磧、普、南、徑、清作「見諦」。

一　七一三頁上五行夾註左「瞋恚」，諸本作「修道」。

一　七一三頁中一四行第八字「處」，資、磧、普、南、徑、清無。

一　七一三頁下一七行第七字「飛」，資、磧、普、南、徑、清作「風」。

一　七一三頁下末行「四大」，資、磧、普、南、徑、清作「四大所起」。

一　七一四頁上一行第三字「有」，資、磧、普、南、徑、清無。

一　七一四頁上七行「如界品說」，至此，徑、清卷第十上終，卷第十下始。並有「擇品第十一之二」各一行。

一　七一四頁上一二行至末行「亦名……何所」，諸本載於七一一頁下一一行後。

一　七一四頁上一三行第六字「一」，諸本作「二」。

一　七一四頁上一九行第二字「斷」，諸本作「壞」。

一　七一四頁中一行「無色」，麗作「無色界」。

一　七一四頁中一九行第四字「超」，資、磧、普、南、徑、清作「越」。

一 七一五頁上四行末字「生」，徑作「五」。

一 七一五頁上二〇行「隱沒無記」，資、磧、普、南、徑、清作「穢汙」。

一 七一五頁下三行「無記者」，資、磧、普、南、徑、清作「無記無記」。

一 七一六頁上八行第九字「七」，資、磧、普、南、徑、清作「十」。

一 七一六頁上九行第六字「汙」，資、磧、普、南、徑、清無。

一 七一六頁中三行「心生」，資、磧、普、南、徑、清作「生心」。

一 七一六頁中九行「一生」，諸本作「二生」。

一 七一六頁中一九行第六字「三」，資、磧、普、南、徑、清作「二」。

一 七一七頁中一三行「不能入彼心也」，諸本作「入彼心者不能」。

一 七一七頁下八行第六字「心」，資、磧、普、南、徑、清作「心以」。

一 七一七頁下末行第二字「說」，資、磧、普、南作「記」；徑、清作「謂」。

一 七一八頁上五行「十二」，諸本作「十三」。

一 七一八頁上一七行夾註左「九地」，資、磧、普、南、徑、清作「地」。同行夾註「五十二行」，資、磧、普、南、徑、清作「五十二也」。

一 七一八頁中三行夾註「五十三爲入十也」，諸本作「五十二爲八十也」。

一 七一八頁中一〇行末字「比」，諸本作「此」。

一 七一八頁下九行「周圓」，資、磧、普、南、徑、清作「周圍」。

一 七一八頁下一七行第五字「云」，麗作「云何」。

一 七一九頁上一一行第二字「亦」，資、磧、普、南、徑、清無。

一 七一九頁上一三行第一三字「者」，資、磧、普、南、徑、清無。

一 七一九頁中二行「如是」，磧、普、南、徑、清作「如是乃至地獄亦如是」。

一 七一九頁中七行第七字「說」，資、磧、普、南、徑、清無。

一 七一九頁中一三行「欲界天」，磧、南、徑、清作「欲天」。

一 七一九頁中一四行首字「謂」，麗作「謂色」。

一 七一九頁中一五行第五字「離」，資、磧、普、南、徑、清作「雜」。

一 七二〇頁上一七行末字「彼」，資、磧、普、南、徑、清無。

一 七二〇頁上一八行第九字「者」，資、磧、普、南、徑、清作「兒」。

一 七二〇頁中末行「卷第十」，清作「卷第十下」。

雜阿毗曇心論卷第十一　都

尊者法救造

宋天竺三藏僧伽跋摩等譯

擇品下

問知法識法明法此云何答

知者一切法　識明亦復然　知及意識明
彼各隨事說

彼苦智知苦乃至道智知道無漏智分段緣故善等智者亦知苦乃至虛空數非數滅普緣一切法故識者亦識一切法彼眼識識色乃至身識識觸攝受自相故意識識眼色眼識如是一切普緣故明者亦明一切法隨其事彼苦忍苦智明苦乃至道忍道智明道分段緣故善有漏慧亦明苦乃至虛空非數滅問劫云何過答

刀兵病饑饉　說名中劫過　除地餘三種
說名大劫過

刀兵病饑饉說名中劫過者三種中劫過謂刀兵病疫饑饉刀兵劫者謂乃至人壽十歲時貪麁惡境界行諸邪法各住害心手執草木皆成刀劒

更相煞害如是經七日刀兵中劫過疾疫劫者亦壽十歲時多諸疾病無有醫師方藥瞻病薄福德故遇病輒死如是經七月七日疾疫中劫過饑饉劫者亦壽十歲時饑渴增上體極羸劣普天亢旱種殖不收數米而食煎煮人骨以飲其汁如是經七年七月七日饑饉中劫過如是說者若於今世一日一夜持不煞戒終不生彼刀兵劫中一呵梨勒果施僧福田終不生彼疾疫劫中若以一食施僧福田終不生彼饑饉劫中此閻浮提惡劫平起餘方則少有相似如此閒刀兵劫起彼唯瞋恚增上如此閒疾疫劫起彼唯羸劣少力如此閒饑饉劫起彼唯增饑渴問云何大劫過答除地餘三種是名大劫過三大種說大劫過謂火水風非地種何以故不利故利者壞大劫復次地種壞劫者壞劫應至第四禪而未曾至第四禪問何故壞劫不至第四禪答淨居天故彼无上地生即彼般涅槃故亦不下生下地非數滅故若彼住經壞劫者亦不

然增上福力生彼處故內擾乱非分故若彼地內有擾乱者則外有灾患彼初禪內有覺觀火擾乱故外為火灾所燒第二禪內有喜水擾乱故外為水灾所漂第三禪內有出入息風擾乱故外為風灾所壞問第四禪未曾有擾乱者何得不常答剎那無常所壞故如是說者第四禪地不定相續隨彼天生宮殿俱起若天命終彼亦俱沒問何等劫盡最初答

七火次第過　然後一水灾　七七火七水
復七火後風

七火次第起者謂最初火劫起如是說言若火劫將起尒時人壽八万歲地獄命終者不復還生當知劫盡乃至地獄無有一眾生住是名地獄劫盡如地獄劫盡畜生餓鬼亦如是若畜生共人有用者與人俱盡是時閻浮提唯有一人無有教者能入初禪從初禪起已舉聲唱言離生喜樂甚為快樂如是音聲展轉相告遍閻浮提諸餘眾生亦无師教悉入初禪乃至閻浮提無一眾生住是名閻浮提

劫盡唯除欝單曰欲界一切善趣亦復如是欝單曰命終無得禪者離欲非分故又於彼時初禪一衆生无有教者而入第二禪從禪起已舉聲唱言定生喜樂甚為快樂如是音聲遍至梵天餘諸衆生亦復如是乃至初禪無一衆生住是名衆生世劫盡是時世界久遠虛空乃至七日出問曰從何處出荅有說劫成時由乾陁山後有七日輪住從彼而出有說一日分為七分復有說一日七倍熱復有說從無間地獄火出如是說者衆生業力故增上果器世界起彼業盡如是擾乱生乃至梵天燒燃如是七火次第過然後一水灾者七火灾過已然後一水灾乃至壞第二禪問水從何處起荅有說從第三禪際雨熱灰水復有說水輪涌出擾乱起如前說七七火七水者七火灾次第過然後一水灾如是七七火灾一七水灾復七火後風者復七火灾過然後一風灾水灾風灾從火灾次第起此則善說是遍淨天六十四劫壽也水灾所

漂乃至第二禪風灾所壞乃至第三禪百億四天下一時俱壞十九中劫世間空一中劫器世界壞一中劫器世界成十九中劫漸次第住若處審初空是處審後住若處審後空是處審前住問云何心乱荅

錯乱本業報　恐怖及傷害　若彼解支節
聖說水火風

錯乱本業報怖畏及傷害者四因緣心乱謂四大錯乱本業報恐怖及傷害身四大錯乱者飲食不適故四大錯乱四大錯乱故令彼心乱本業報者本造心乱業報已熟問何者是荅好傳衰禍令他愁苦或復罵言汝癡狂心乱驅迫衆生令墮嶮處焚燒山澤强與人酒或以妄想倒說佛語如是比業得心乱果恐怖者見非人形來驚畏恐怖故彼心則乱傷害身者為非人所打故彼以不淨汙大衆會處及佛僧塔故彼處非人瞋即打故彼則心乱此說凡夫人聖人无本業行報心乱若先種定報業者先受報已然後起昇離生若種不定報業者

若起勝離生彼業則滅心乱者在欲界彼地獄不心乱常乱故畜生餓鬼及人則心乱除欝單曰欲界天亦有心乱問何等聖人心乱荅須陁洹斯陁含阿那含阿羅漢辟支佛唯佛心不乱聲不壞眼不白面不皺不漸般涅槃

世尊擾乱業久已滅盡行妙行故乱者意識非五識心不分別故有漏心乱非無漏眞實行故是故若說心狂乱是散乱耶作四句初句謂狂者善有漏心不隱沒無記心第二句謂自相住者穢汙心第三句謂狂者穢汙心第四句謂自相住善心及不隱沒無記心問何等大能解支節耶荅若能解支節聖說水火風三大能解支節非地大不利故火大解支節者謂命終時火大增遍燒節燒節已節節解節節解已不久命終水大解支節者謂節節解時先令節爛節爛已餘如前說風大解支節者令節碎節碎已餘如前說支節解已不過日夜命終四大錯乱故地獄無解支節支節常解故業

報故不死畜生餓鬼及三方解支節除欝單曰無罪業故天亦如是凡夫聖人解支節唯除佛罪報者解支節佛無罪報故已說解支節退今當說

退法有三種　得未得習行　或一人一退

未得退說二　謂彼習行退　三聖俱亦然

退法有三種得退未得退習行退得退者所得功德遇退因緣則退未得退者應得功德放逸故不得習行退者已得功德有因緣故不得習行問何等人何事退荅或一人一退若得退者是鈍根聲聞非利根利根者三昧力故是故說或云何知有得退荅以說二種阿羅漢故謂退法不退法若言道退果不退者不然何以故斷得與道合故得者道諦攝是故道退非斷者不然若言離煩惱種云何生者應說如初无漏心無前因而生彼亦如是復次有自分因分故從無際生死煩惱自分因分生言煩惱於三處起非說者不然何以故為起煩惱具滿故說衆生起煩惱具有三因緣謂因力境界力方便力彼欲愛使未斷

未知是因力斷者無尋知者解脫欲愛纏所著法是境界力彼不正思惟是方便力是彼說意若從彼說不正思惟者前不正思惟非分則不起若有前不正思惟此則無窮又復善无記心至竟不生若不正思惟相續無窮則隨念不得生也若不生者解脫亦非分燒諸煩惱不應還生如火燒木為灰至竟為灰不復為木如是阿羅漢以智火燒煩惱薪不應復為煩惱彼不應如是何以故辟不合故云何如燒薪有灰若如是阿羅漢煩惱有餘如灰耶若有餘者非阿羅漢有煩惱故若無者不如上辟然非彼聖道如火燒薪但聖道起斷煩惱得解脫得作證彼若離聖道亦捨解脫得繫得還起如諸退相違經說當知說不時解脫故未得退說二者若彼未得退者謂聲聞辟支佛非佛住一切寂勝根故聲聞者不得佛辟支佛勝根辟支佛不得佛勝根是故有未得退略說一切衆生若修行皆應得聖慧眼若不修行入名色者是為未得退問云何知有未得退荅信佛說故如世尊

說諸天及世人退於智慧者染著於名色不見聖諦故謂彼習行退三聖俱亦然者若習行退者　謂聲聞辟支佛如來三聖悉有以中間諸因緣故所得功德不能常現在前問云何知有習行退荅說心心法退故如世尊說於此四種心心法得現法安樂住我說彼一一退如修多羅廣說又復說不動意解脫身作證成就遊者彼不退以是故知世尊亦有習行退是故說世尊多遊未至非根本地何以故近欲界故雖不動意解脫有習行退然彼成就得修故彼一切現在時得常隨轉彼心心法者現在脩謂不現在前者名為退習行退寂多者謂世尊何以故功德無邊故如轉輪聖王廣受境界又說攝他故名不動自攝故名心心法世尊多攝他少自攝如是世尊大悲大捨問何處不退荅

諸天則不退　果退終不死　亦不造彼業

住果所不為

諸天則不退者諸天不退以利根天得果故利根者則不退若鈍根人得

果然後生天亦不退無生故聖人無生不退此前已說退具非分故世尊說五退具多事業等五退法彼天則無是故不退以天不退故當知退者必人中以退具可得故果退終不死者果退者終不死要還得果何以故下地生非數滅故非數滅法終不更現在前不生法故以果所攝道決定及決定究竟故以果道穌息處故彼人得穌息又果處善自護故以果處具三因緣及五因緣故前已說彼三果退非須陁洹果見道斷煩惱非對治事故見道斷煩惱依我處轉而无有我修道斷煩惱是對事修道斷煩惱淨處轉彼有淨想不淨想彼思惟諸行不淨得離欲淨思惟於見不淨退無有法我我所思惟於非我見退復次須陁洹果方便廣前施戒修等向解脫如是比又須陁洹果見道得故無有見道退速道故利故非想非非想處對治故若阿羅漢果退至須陁洹果當知退三果彼對治煩惱得成就故亦不造諸業如彼住於果者若

得果人所不為彼退果人亦不作何以故得不作律儀故聖道已滅惡行故如曾服藥復次悕望具足故彼人悕望滅果對治惡行故問齊何當言菩薩答

若修諸相好　方便起彼業　從是轉增進　說名為菩薩

若有衆生以一食施起決定心發無畏言我當作佛能起相報增長彼業齊是名菩薩以能徙此作相似相續業故若不如是但有空名菩薩雖有初起不退心是則菩提決定非趣（趣應）（言到与趣同名）決定謂造相報業已是則俱決定是故齊相報業為名以彼離四因緣故謂離惡趣離非男離卑姓離不具根得一因緣謂生姓識宿命以生識宿命故聞即受持眷屬信受離衆生過度三阿僧祇劫於百劫中種相報業除釋迦牟尼釋迦牟尼菩薩精進故除九劫餘九十一劫有說二三阿僧祇非劫阿僧祇謂劫阿僧祇生阿僧祇善行阿僧祇問相報業為何等性荅身業口業增上意業又是思

慧性非聞慧以劣故非修慧欲界不定故閻浮提種非餘方男子非女人佛出世非不出世見佛非不見佛緣造業非緣餘有說一思願種三十二相業後種種業滿又復說一定心一行一緣衆多思願現在前有願足下安平住果有願乃至宍髻彼一一相百福眷屬福量者有說一轉輪聖王福是名一福量又復說一帝釋福有說劫成時一切衆生業增上器世界生是名福量有說除近佛地菩薩諸餘衆生福樂自在業是名一福量佛無學法是菩提謂盡智无生智薩埵求此智故名菩提薩埵得此菩提覺一切法故名為佛雖相報業後得轉輪聖王而聖王相者當知是餘業報

問幾種薩婆多荅

一種異分別　或有說相異　或說分分異　或復說異異

此四種薩婆多一種異分別者彼說諸法隨世轉時分異非事異如乳變為酪捨味力饒益不捨色如金銀器破已更作餘器捨形不捨色法從未

来至現在亦如是當知此是轉變薩婆多相異者過去法與過去相合不離未来現在相如人著一色非不著餘彼亦如是此說有過若過去諸法不離未来現在相者竟何所成亦成合義若尒者則世乱如人著一色於一色愛著亦行亦成就於餘成就而不行是故彼說世乱辟亦相違分分異者說諸法隨世轉時分分異非事異此則不乱建立世何以故業數謂法未作業說未来作業說現在作業已說過去彼異者彼說諸法隨世轉時前後相待非事異亦非分異如一女人亦名女亦名母前後相待故謂觀女則知母觀母則知女此不乱建立世彼說過去世一刹那有三世說言觀前起相名未来觀後起相名現在問諸師說諦無間等各各異薩婆多及婆嗟部說次第諦无間等曇无得等說一無間等何者為實荅今當以五支如實說 五支者一日常二日因三日縁四日合五日結六日義如下偈說

次第无間等　智諦異相故　見瓶不見衣　是故彼亦然

修行者先苦无間等後乃至道問何故荅智諦異相故苦集滅道智各異相行別故若行是苦智此行非餘智若不尒者無四智建立諦亦異相彼逼迫是苦相生起是集相寂滅是滅相出離是道相非不異智異相諦一無間等辟如見瓶時不見衣以瓶衣異相故以異相故見瓶不見衣見衣不見瓶彼亦如是於異相諦見苦時不見餘如是一切是故次第无間等說一無間等者彼說於諦无間等何以故信聖賢故如世尊說比丘於苦無疑集亦无疑滅道亦如是如燈俱作四事熱器燒炷油盡破闇如是一智苦乃至修道是故一無間等彼說智諦異相者不然一相故一切慧一智相於一切法境界作无我行如世尊說一切法無我智慧者能見彼猒於苦時是即道清淨諦相亦如是說瓶衣異相者此亦不然何以故自相無間等非分故共相境界无間等非自相謂色等五陰壞相壞相即无常相共境界智一

無間等若異者則自生過次第无間者言汝言賢聖說者此則容語此說有餘義如世尊說若苦無疑於一切無疑為彼疑行故說若彼苦无間等生彼疑至竟不行非數滅故為除有餘說故世尊說給孤獨脩多羅如是說言長者於四聖諦次第無間等如是廣說所說如燈者燈有多性多業過我不取燈事若分別時燈捨自名前已說彼明色入觸力能破闇彼熱觸入觸能作餘事若不尒者壞决定義慧不如是若言同者則有過若言一相者此亦不然行別故无常行智異若空無我等行智亦各異如是比若不尒者无解脫門不壞行是解脫門離壞名為壞三昧異觀故不壞如汝說縁一切法作無我行以頓觀一切法故此則不定思惟分定思惟行各別諦縁是故不應說彼猒於苦時是即道清淨不可以猒行縁於滅道滅道是可樂事故一切縁者不通一切相違故以無我行不即行此无我行故自性不自觀故亦無二决定性亦不觀相應共一行一

緣故亦不觀共有共一果一決定故
又說一切行無常者亦非无常行作
滅無間等滅者常故當知彼行速以
向真諦故說如所說觀此衆生長夜
成就身口意惡行言此衆生即是地
獄及餘惡趣實非此人即是地獄以
向地獄故說彼亦如是又復是空无間
等者則非無願无相彼一切法境界
非分故莫言有過是故一切法無我
行是不定思惟定思惟者有漏緣若
不尒者解脫門滅若言自相无間等
非分者不然何以故以觀故是自相
共相謂逼迫相是苦相觀三諦故是
自相觀陰故是共相如是一切當知
皆以觀故說自相共相言不尒者不
然何以故以不壞觀故前已說前說
中陰後當說今當說問為有中陰為
無荅

當知有中陰　世尊之所說　譬如村間道
彼則有俱過

此說有中陰何以故世尊所說故如
世尊說七士夫趣有中般涅槃若无
中陰者則無中般涅槃若言有中夭

從彼般涅槃者不然天趣中不說故
世尊修多羅說四天王天乃至非想
非非想處不說有中夭餘亦有過若說
生般涅槃復有名生天耶如是一切
阿那含亦應如是說過是故彼是妄
想說若言壽命中間般涅槃者不然
除欝單曰及後邊菩薩多有衆生不
盡壽而死此皆是中般涅槃耶是故
此皆有過問此云何荅譬如村間道
如從一村至一村如是死陰生陰從
死陰趣生陰亦如是如阿濕波羅延
經說若彼處来如是廣說若无中陰
者則無去来是故應有中陰若言為
除有餘說修多羅故世尊說修多羅
及偈言五無間罪作已次第生无間
地獄中又復為梵志說偈言少為老
病漂到於閻王所梵志無住處亦无
有資粮是故無中陰者此不然何以
故業趣无間故說修多羅及偈謂作
無間業已必先受无間報然後受餘
業報亦必生地獄趣中非餘趣如汝
所解世尊說修多羅五無間業作已
次第生地獄中為要五無間生地獄

中為二三四耶為更餘罪生地獄中
耶當知此經及偈意
若言如影者如月極遠影現水中非彼月
来至水中如是死陰生陰如影衆生
生何用中陰為者此亦不然何以故
彼則有俱過月及水俱死陰生陰不
俱是故有過眼識足下身識譬亦如
是若先取生陰而捨死陰如折樓垂
者不然何以故趣不別及二識合過
故是故說有中陰如所說四種薩婆
多問為有一切有為無荅

當知一切有　非有一切相　一切無一切
無有他相法

此有是薩婆多所立一切者謂十二
入彼諸入有自相非餘一切相所作
別故作業別前已說一切無一切者
謂學法中有學法無无學法无學法
中有无學法亦無學法如空中亦无
有跡如是比問此說有云何無有荅
无有他相法如眼相是眼入無餘入
相相別故以是故說一切法不雜

一切世悉有　不違其所應　牟尼之所說
聲聞僧无佛

有三世薩婆多此薩婆多所立問何故荅現在世者觀過去未来故施設若无過去未来者則無現在世現在世無者亦無有為法是故有三世莫言咎若言久遠是過去當有是未来非是有唯有現在者此不然何以故有業報故世尊說有業有報非是業報俱現在若業現在當知報在未来若報現在當知業已過去若言俗數說者亦說作者不可得若言俗數說有業有報者此亦不然世尊亦說作者不可得此亦俗數說耶神口所說第一義空修多羅而汝妄想說此有故彼有如是比當知如汝說久遠是過去當有是未来非是有唯現在是有者莫作是說我亦能說現在者於既往是未来於當有是過去此非智者說如所說若無信等五根我說是凡夫輩若學人經所纏信等五根不現在前道與煩惱不俱故是故應知有過去未来若異者聖人應是凡夫若言得隨生此亦不然无法得非分故依處非分故聲聞僧无佛者聲聞僧不攝佛何以故

三寶不減故若世尊聲聞所攝應有三寶非三佛無別體故歸依及不壞淨念等亦如是莫言有過是故聲聞僧不攝佛如尊修多羅說憍曇弥施僧亦是供養我當知是說比丘僧聖僧福田僧世尊者彼三僧所攝破煩惱故聖故第一義福田故非聲聞僧自覺故

設令廣章句　群生大恐怖　無勝甚深相
我今但略說

若廣說者衆生怖畏是故我今不廣說章句深達阿毗曇明淨智慧所解諸論音聲妙義於此略說

古昔諸大師　演說无量義　我今隨所解
分別說少分

我今於尊者法勝所說中以少智慧思量撰集造立章句將以申述助宣遺法非欲憍慢求名稱故如彼所說若生諸煩惱是聖說有漏滅道亦生煩惱而非有漏增煩惱非分故无漏緣煩惱滅而不增前已說是故我說增也無漏緣數中上不增者不然依增故

決定知此論　章句微妙義　於彼智慧衆
勇猛无所畏

於此論章句義味能決定知善分別說者於諸智慧衆中心无怯畏善解法相故

我今增益論　其心無所貪　為令智者樂
疾得寂滅樂

經本至略義說深廣難可受持如虛空論難可了知前已說是故增益論本隨順修多羅義令易了知以知義故煩惱則斷

雜阿毗曇心論品第十一

已說擇品今當略說諸論令智者欣樂

離律不律儀　而得於律儀　不因彼致勝
能決定者說

荅有謂无色界没生色界時無色界凡夫名非律儀非不律儀无色界善惡律儀非分故從彼命終生色界時得善律儀色界律儀與心俱故非勝進無色界界勝故

頗得沙門果　賢聖離諸過　得有為善法
不名為修習

荅有謂果所攝聖道滅已然後退不

增進根還得彼先過去果所攝道先
滅故非修現在因非分故離諸過者
非世俗故有為者非无為故善者非
不善無記故
道未興起時　速離諸過咎　解脫時離惡
能決定者說
荅有謂修行者住金剛三昧除初盡
智諸餘无學法是未起時不向故解
脫時者一切無學道須解脫初盡智
生時是生時是解脫時離諸過惡者
非有漏故
頗光音纏起　是彼定相應　清淨初禪退
而得於退法
荅有謂阿羅漢第二禪纏退時盡智
所得初禪退與盡智合故又退熏修
初禪與第四禪合故阿那含亦尒言
淨者明所退非无學故
頗於見諦道　得彼諸善法　彼法是有緣
聖智不見緣
荅有謂與苦比智俱欲界等智苦無
間等邊修亦不見彼智緣以彼緣欲
界而苦比智不緣欲界故集滅无間
等邊亦如是道比忍得緣三諦智而

不觀彼諦住異境界故如住學法得
無學法得无學法非學法如是從法
智品至比智品比智品復至法智品
頗果有漏慧　无漏慧所斷　彼果所因起
謂不離欲慧
荅有謂聖人離欲界欲未離初禪欲
欲界初禪果化心離欲欲界愛盡故
初禪慧未離欲彼愛未盡故一切化
心亦如是隨其義除自地果
頗住無㝵道　而得於諸滅　此相違煩惱
非彼無漏見
荅有謂凡夫人修神通時无㝵道斷
神通相違煩惱而得諸滅非無漏見
相違何以故聖人離欲時法忍現在
前得忍相違煩惱滅故
頗諸煩惱滅　離欲者獲得　不斷於煩惱
而得無垢盡
荅有謂上地命終生梵天時得欲界
煩惱滅而不斷彼煩惱先已斷故餘
一切地亦如是
頗無垢淨地　未曾得而得　非離欲非退
不依於見道
荅有謂初禪離欲依　初禪及眷屬起

昇離生道比智生成就三地阿那含
果從彼定起入第二禪得第二禪无
漏得彼無漏時非離欲先離欲故非
退勝進故非見道見道究竟故當知
上地及增益諸根亦如是
頗獲未曾得　而得於寂滅　不捨彼不得
若能知者說
荅有謂除苦法忍眷屬得餘无漏道
得彼初無漏捨一切凡夫性不得餘
不捨先已捨故
若成就八忍　亦成就七智　此諸無漏見
不見何无漏
荅有謂此人住道比忍成就一切見
道慧見一切滅一切道唯除道比忍
眷屬彼忍不見自性不自觀故無二
性故亦不見相應一行一緣故不見
共有一果一決定故
頗法未曾得　有漏邊境界　唯有不動者
彼能繫善法
荅有謂無相无相於無窮生死未曾
得而得空聖道故說有漏緣非數滅
故說邊境界餘非分故說唯不動空
聖道故說繫善法

已起无漏慧於彼未起者前生非後因
若能知者說
荅有謂前增非後歎因彼果相似及
增故
頌離六地欲　聖亦成彼果　不成无漏禪
若能知者說
荅有謂空處離欲依禪未至超昇離
生苦法忍生道比智未生以八十九
沙門果故故言成彼果以苦法智是
苦法忍依果及功用果見苦所斷煩
惱盡是解脫果及功用果而不成無
漏禪未得故
頌諸无漏法　而為界所攝　能生彼法者
不入彼界中
荅有謂无漏戒彼界所攝非漏所攝
戒者四大所造彼果故四大者觸界
所攝身識境界故
頌一大種滅　於禪地不起　二大種在前
若能知者說
荅有謂聖人生欲界無漏初禪次第
有漏初禪現在前一種四大滅謂欲
界四大以无漏隨轉若於彼生現在
前即彼地四大造故二種四大現在

前者謂欲界及初禪地四大道共戒名无漏隨轉
若於彼欲界生即彼欲界四大造故此四大与無漏俱起滅也
頌法因三道　是三種自性　謂三種一地
亦復在三地
荅有謂无學慧以彼見道修道无學
道為因盡智無生智无學等見是自
性軟中上分別故說三種無學地所
攝故說一地有覺有觀等分別故在
三地
頌有有漏受　二成一不成　二根二種成
是說為身證
荅有謂身證人依初禪初禪眷屬及
第二禪增進根上地不現在前成就
苦根有漏樂根此人先得第三禪地
無漏樂以轉根故捨復未更得以依
下地增進根故不修上地學道如得
學果一憂根不成就離欲故喜根捨
根各有二種謂有漏無漏是悉成就
以禪未至中間攝捨根是故得捨根
初禪二禪攝喜根是故得喜根
九地煩惱滅而得於諸禪　不得無色定
或復得當說
荅有謂阿羅漢能得禪定非无色諸

禪亦得亦現在前無色者成就而不行
一法衆多性　或一三有無　彼是无學法
因力所長養
荅有謂無知根建立一根故說言一
九根和合故說衆多性以衆多性故
說非一一无學地故說一地覺觀分
別故說三地有者謂有名无者無別
事无學得故說無學法三因成故說
因長養
頌法是有分　與彼餘有分　相似生住壞
若能知者說
荅有謂色入是餘有分彼相與入俱
生住滅共一果故色入者不作業故
說餘有分彼相者法入攝故是有分
頌諸相應法　或說餘有分　或復說有分
若能知者說
荅有謂未來不生法意入是餘有分
不作業故餘心法是有分法入攝故
頌二阿那含　共生於一地　第一法或成
俱得一地果
荅有謂一阿那含依第二禪超昇離
生第二阿那含依第三禪彼命終俱
生第三禪彼依二禪超昇離生者增

進禪故捨世間第一法即依第三禪者成就不捨上諸地亦如是得一地果者謂无覺無觀禪

頗有不動法俱受於一有一成就九地善有漏一无

荅有謂一生欲界一生初禪生欲界者九地有漏法成就生初禪者八地除欲界地增捨俱受一有故說一有有漏者以无漏生上成就下故說有漏

頗住一刹那得捨三脫門或復捨於二一捨還復得

荅有謂生無色界當得阿羅漢住金剛三昧得無學三昧門捨學三脫門捨滅受想定及非想非非想處捨一切退分得一切勝分（一念中亦捨亦得故言一念滅受想定及非想得斷知言捨二捨退得勝故捨一得一也）

頗成沙門果成就聖非聖而不得斷知

若能知者說

荅有謂無間等苦智生集智未生尒時於八十九沙門果分成就於四沙門果不成就亦不得斷知

度彼无勝海少力所不任今我隨所能宣說甚深義世間貧窮人彼可卒令富

無智則不然要須大方便世間寳易得慧寳甚難獲是故應勤學漸入甚深智正解涅槃路邪惑生死徑慧能滅癡闇如日除幽真為求解脫故當勤修智慧薩婆多比丘莊嚴阿毗曇偈願令一切衆生智慧漸增疾得解脫

雜阿毗曇心論卷第十一

甲辰歲高麗國分司大藏都監奉

勑彫造

雜阿毗曇心論卷第十一

校勘記

一　底本，麗藏本。

一　七二三頁上四行第三字「下」，〔徑〕、〔清〕作「第十一之三」。

一　七二三頁上一五行末字至一六行「苦乃至」，諸本無。

一　七二三頁上二〇行第六字「病」，諸本作「疾」。

一　七二三頁中一〇行第四字「一」，諸本作「以一」。

一　七二三頁中一七行第三字「是」，諸本作「說」。

一　七二四頁上二一行第六字「復」，諸本作「後復」。

一　七二四頁中一八行「心則」，諸本作「則心」。

一　七二四頁中二〇行第一二字「即」，諸本作「節節」。

一　七二四頁下一行第三字「勝」，諸本作「升」。

一　七二五頁上八行第九字「因」，諸本無。

一　七二五頁上一三行第六字「或」，〔南〕、〔徑〕、〔清〕作「問」。

一　七二五頁上一九行「復次」，諸本作「彼次」。

一　七二五頁中一七行「退說」，諸本作「說退」。

一　七二五頁下一行第一二字「染」，諸本作「深」。

一　七二五頁下一三行「得修」，諸本作「修得」。

一七二五頁下一八行第二字「故」，諸本作「故故」。
一七二六頁上一行第九字及末字「無」，諸本作「經」。
一七二六頁上一二行末字「治」，諸本無。
一七二六頁下一四行第三字「智」，諸本無。
一七二六頁下一五行第八字「雖」，諸本作「唯」。
一七二七頁上一二行第六字「異」，諸本作「異異」。
一七二七頁下一五行夾註「雜觀」，磧、南、徑、清作「離觀」。
一七二八頁上末行及本頁中三行「中天」，諸本作「中天」。
一七二八頁中一二行第五字「處」，諸本作「處處」。
一七二九頁上二行首字「答」，諸本無。同行第一四字「若」，諸本作「答若」。
一七二九頁中二行首字「三」，諸本作「二」。
一七二九頁中一二行第五字「達」，南、徑、清作「遠」。
一七二九頁中一六行第二字「今」，諸本無。
一七二九頁中一八行第三字「非」，磧、普、南、徑、清作「悲」。
一七二九頁中二一行第四字「減」，諸本作「滅」。
一七二九頁下四行第七字「衆」，諸本作「衆生」。
一七二九頁下六行「我今」，諸本作「今我」。
一七二九頁下一一行「則斷」下，資有「雜阿毗曇心擇品竟」八字；磧、普、南有「擇品下竟」四字。
一七二九頁下一二行「雜……第十一」，徑、清作「論品第十二」。
一七二九頁下一四行首字「離」，諸本作「雜」。
一七三〇頁上一五行第一一字「又」，資、磧、南、清作「有」。
一七三〇頁下八行第一〇字「得」，諸本作「得得」。
一七三一頁上九行第一一字「苦」，諸本作「若」。
一七三一頁上一三行第八字「界」，諸本作「果」。
一七三一頁中一行第一〇字「四」，諸本無。
一七三一頁中五行第一三字「无」，諸本無。
一七三一頁中一五行第三字「樂」，諸本作「樂根」。
一七三一頁中一八行第一一字「是」，磧、普、南、徑、清作「起」。
一七三一頁下一四行末字「分」，資作「八」；磧、普、南、徑、清作「入」。
一七三二頁上一三行「三昧門」，諸本作「三脫門」。
一七三二頁上二二行第一〇字「任」，諸本作「住」。

阿毗曇甘露味論卷上 都

尊者瞿沙造
曹魏代譯失三藏名

布施持戒品第一

云何布施自持財物施與為三種故
自為身故為他人故為彼我故供養
塔寺佛辟支佛阿羅漢自為身故施
與衆生為他人故布施與人為彼我
故恩田物好得好報云何恩好信淨
與供養云何田好有三種田有大德
有貧苦有大德貧苦云何大德佛菩
薩辟支佛阿羅漢阿那含斯陁含須
陁洹云何貧苦畜生老病聾盲瘖瘂
如是種種貧苦云何大德貧苦有佛
菩薩辟支佛阿羅漢阿那含斯陁含
須陁洹老病聾盲瘖瘂貧苦大德田
者恭敬心得大報貧苦田者憐愍心
得大報大德貧苦田者恭敬憐愍心
得大報是為福田好云何物好不煞
他不偷不奪不繫不鞭不欺不誑淨
物隨多少隨時布施是為物好信云
何知後世果若涅槃一心不動是謂

信淨云何自除慳貪恭敬於人是謂
淨供養云何奉迎礼拜自手施與等
是謂供養云何田異行善持戒禪定
智慧解脫得果等功德若有是是謂田
異救濟危厄異因緣得異苦有無苦
發心供給得妙果報布施佛即時一
切得福布施衆僧若受用得一切福
未受用不得一切福供養法故得大
報若學人聰明大智慧以法故供養
是謂供養法布施得富受施竟得樂
力壽等功德除結勝得尖果報若施
畜生受百世報若施不善人受千世
報若施善人受千万世報若施離欲
凡夫受千万億世報若施得道人得
無數世報若施佛至涅槃受報布施
有六難一者憍慢施二者求名施三
者為力施四者强與施五者因緣施
六者求報施衆僧中分別施是謂布
施六難云何持戒有二種律儀不善
善律儀云何不善煞生偷盗婬妷是
謂身三惡律儀兩舌惡口妄言綺語
是謂口四惡律儀貪恚惡邪是謂意
三惡律儀云何煞生有他生知是生

故奪命如是煞生有他受物知是他
受物故盗心偷奪如是盗有婦女他
所有知他婦女故欲共婬若道非道
中自有婦犯非道如是婬妷若知言
不知不知言知若疑言不疑不疑言
疑如是妄語若有實欲別離故異說
是謂兩舌滌汙心他人不愛言如是
惡口不知時無義言如是綺語財物
他有貪愛應我有如是貪見彼不喜
欲令苦痛如是恚惡邪有二種實有
物而言無顛倒見聞云何實有物而
言無无罪无福報無今世後世無父
母無佛辟支佛阿羅漢餘得道等如
是實有而言無云何顛倒見聞善惡
天作非行報果如是惡邪是謂三種
不善業悔是三事除却不作是謂二
種善業常遠三種惡行三種善是謂
持戒堅固布施持戒禪定思惟必得
三果得財富得生天得解脫世三十種福
田父母老病善人離欲凡夫有漏七
人四道向四道果從滅禪入起辟支
佛菩薩佛比丘僧有去來人飢渴

阿毗曇甘露味界道品第二

三界欲界色界無色界是三界中有五種道地獄畜生鬼神人天及中陰道去何地獄大地獄八種第一僧時拔第二黑繩第三合會第四曾腨第五摩呵曾腨第六般鄰第七波多般第八阿鼻一一大地獄各有十六地獄眷屬去何畜生無脚兩脚四脚多脚水行陸行空行去何鬼神道種種身欲界不善行三種上中下上報地獄中報畜生下報餓鬼去何人道四種人東弗于逮人西瞿耶尼人南閻浮提人北欝單曰人欲界四種善行報生去何天道欲界有六天第一四天王天第二忉利天第三鹽天第四兜術天第五尼摩羅天第六他化自在天欲界中六種善報生色界十七處梵富樓梵迦夷摩呵梵少光無量光光曜少淨無量淨遍淨果實得德大果不煩不惱善觀快見阿迦尼吒四禪三種上中下報十二處生四禪有漏無漏雜報五淨居聖人生三處聖人凡夫共生大果處凡夫得無想定生無想天无色界空處識處不用處

有想無想處得无色定是次第生無色處隨定力得生處是為天道欲受欲用欲畜以是因緣說欲界無欲有色以是因緣說色界無色界四陰以是因緣說無色界人中五十歲是四王天一日一夜如是三十日為一月十二月為一歲四天王壽天上五百歲當人間一万歲是僧時泥犁中一日一夜如是三十日為一月十二月為一歲僧時泥犁壽五百歲復次人中百歲是忉利天一日一夜如是三十日為一月十二月為一歲忉利天壽天上千歲當人間三億六万歲是黑繩泥犁中一日一夜如是三十日為一月十二月為一歲黑繩泥犁壽千歲復次人中二百歲是鹽天一日一夜如是三十日為一月十二月為一歲鹽天壽天上二千歲當人間數十四億四萬歲是曾腨泥犁中一日一夜如是三十日為一月十二月為一歲曾腨泥犁壽二千歲復次人中四百歲是兜術天一日一夜如是三十日為一月十二月為一歲兜術天

上壽四千歲當人間數五十七億六萬歲是摩呵曾腨泥犁中一日一夜如是三十日為一月十二月為一歲摩呵曾腨泥犁壽四千歲復次人中八百歲是化應聲天一日一夜如是三十日為一月十二月為一歲化應聲天上壽八千歲當人間數二百三十億四万歲是多般泥犁中一日一夜如是三十日為一月十二月為一歲多般泥犁中壽八千歲復次人中千六百歲是他化自在天一日一夜如是三十日為一月十二月為一歲他化自在天上壽萬六千歲當人間數九百二十一億六萬歲是般多賒泥犁中一日一夜如是三十日為一月十二月為一歲般多賒泥犁中壽萬六千歲僧渴半劫壽阿鼻泥犁壽一劫畜生中壽有彈指須半日一日一月一歲十歲一百千萬億歲乃至一劫壽餓鬼中壽乃至七萬歲人中閻浮提人壽或無數歲或至十歲今時壽百歲多少過瞿耶尼人壽二百五十歲東弗于逮人壽五百歲北欝單曰

人壽千歲不增減餘處衆生壽有增
減是謂欲界中衆生壽云何色界中
壽梵迦夷天壽半劫梵富樓天壽一
劫摩呵梵天壽一劫半是謂初禪壽
少光天壽二劫無量光天壽四劫光
曜天壽八劫是謂二禪壽約淨天壽
十六劫無量淨天壽三十二劫遍淨
天壽六十四劫是謂三禪壽果實天
壽一百二十五劫得徳天壽二百五
十劫大果天壽五百劫無急天壽千
劫無惱天壽二千劫善觀天壽四千
劫快見天壽八千劫阿迦膩吒天壽
萬六千劫是謂四禪壽空處壽二萬
劫識處壽四萬劫不用處壽六萬劫
有想無想處壽八万劫是謂無色界壽
如是三界衆生壽

阿毗曇甘露味住食生品第三

有四識住云何四色痛想行欲界色
界中識多緣色住空處識處識多緣
痛住不用處識多緣想住有想無想
識多緣行住有四種食情命根大長
故云何四食一者摶食二者樂食三
者意思食四者識食揣食三入攝香

味細滑入以何等故色入不攝揣食
眼見食情命根大不長故揣食有二
種有麁有細云何麁飯餅如是一切
云何細歘消香塗身云何樂食眼更
樂耳鼻舌身更樂有漏意更樂能後
世生相續不斷樂食多鳥卵鵝鴈如
是一切意思食多水虫卵魚如是一
切識食多有想無想處及中陰衆生
揣食多欲界中餘三食多色無色界
中揣食第一麁樂食細意思食次細
識食最細四種生卵生胎生濕生化
生泥犁天中陰一切化生鬼神二種
生胎生及化生餘衆生四種生化中
衆生一時得六情根餘殘生寂初得
身根命根諸餘根次第得四有生有
死有本有中有死生中間細五陰是
謂中有中有生有辟如印作字如父
子相似除無色界餘一切受中陰無
色界終生欲色界受中陰辟如中阿
鄉含有中陰餘生中有生有亦如是

阿毗曇甘露味業品第四

雜心中緣雜垢起雜行雜行中雜受
報云何雜行有三種行身行口行意

行善行不善行無記行學行無學行
非學非無學行見諦斷行思惟斷行
無斷行現世報生報後報樂報苦報
不樂不苦報黑報白報雜報不黑不
白無報行行盡必受報行不必受報
行云何身行身動身作云何口行口
動口作云何意行意動意思云何善
行善身作善口作善意思云何不善
行不善身作不善口作不善意思云
何無記行无記身動無記口動无記
意思云何學行學身無教學口无教
學意思云何無學行無學身无教無
學口無教无學意思云何非學非無
學行有漏身動口動意思云何見諦
斷行堅信堅法見忍斷八十八結相
應思云何思惟斷行信解脫見到思
惟斷十使相應思及染汙身行口行
善有漏行無記行云何無斷行諸無
漏行云何現世報若作善惡行今世
得非後世得云何生報隨善惡後行
第一生得非餘生云何後法報隨行
善惡後第二生得若第三第四若過
得報云何樂報欲界善行色界乃至

三禪善行是受樂報云何苦報不善行受報云何不苦不樂報第四禪善有漏行及無色界善有漏行云何黑黑報不善行黑黑報云何白白報善有漏行白白報云何雜報欲界善惡雜行雜受報云何不黑不白無報行行盡三界漏盡時無㝵道攝无漏思也云何必受報行五逆行必受惡報現世報生報後報餘殘有緣有人必受報無緣无人不必受報一切有漏行故作熟得報不故作不熟不得報故作不熟不得報三種行身業教無教口業教無教意業有教云何教行若身口意作云何無教行身口作意起餘心時常在不失無教色善不善心不生無記心不生无教色所以者何無記心力劣故無記有二種有隱没不隱没結使所覆是隱没不覆是不隱没云何隱没無記法欲界中身耶邊耶及彼相應無明共有法色无色界一切結使及色界身口行是謂隱没無記法云何不隱没无記法坐卧立行伎巧報法變化心虛空非智

緣盡是謂不隱没無記法无教三種一無漏二定共三戒律儀云何无漏戒正語正業正命云何定共戒得禪離欲惡法云何戒律儀受戒時得善有漏身口行云何得三種律儀一切得道無漏律儀成就一切得禪定共律儀成就欲界人受戒戒律儀成就戒律儀人最初教作時現前無教成就若盡不失成就過去得禪人一切過去未來定共律儀成就若入定過去未來現在成就無漏律儀未來一切成就若入道現在前成就若盡不失成就過去律儀人若作重惡不善成就不善教無教若不重惡成就不善教無无教若惡心滅不成就教無教不律儀人現在成就不善無教若盡不失成就過去不善無教若作重善成就善教無教若不重善成就善教無无教若善心滅不成就教无教若中間人若作重善若不善成就善不善教無教若作不重善不善成就教無无教若善不善心滅不成就教无教得色界善心成就禪律儀若心

退不成就禪律儀一切色界善心中律儀心相應除眼心耳身心聞慧死時心六地無漏心力成就無漏律儀云何六地未到禪地初禪中禪二禪三禪四禪退六地心不成就無漏律儀有二事失無漏律儀若退若得道果有二事失禪律儀若退若命終有三事失戒律儀一犯戒二捨戒三惡邪起若法滅盡時有人言失戒律儀有言不失實不失有四事失不律儀一受戒二不更作三一心息求四得道善色云何失若斷善根若命終餘殘染汙心數法斷結時斷有五種果一報果二所依果三增上果四身力果五解脫果善有漏法或四果或五果能斷結使是謂五果不能斷結是謂四果除解脫果不善法有四果除解脫果無漏法或四果或三果若斷結四果除報果若不斷結三果除報果解脫果無記法三果除報果解脫果云何報果不善法善有漏法得報果云何所依果善不善無記法常行增長益至竟得是謂所依果云何增

上果若好若不好共俱受寂上受是謂增上果云何身力果身行為作等是謂身力果云何解脫果智滅結是謂解脫果善根不善根無記根三種善根不貪不恚無癡善根三種不善根貪欲瞋恚愚癡四種無記根无記愛無記无明無記見无記慢三種法善法不善法無記法云何善法善身口業善心心相應法及心不相應行及智緣盡是為善法云何不善法不善身口業不善心心相應法及心不相應行是為不善法云何無記法无記身口業無記心心相應法及心不相應行虛空非智緣盡是謂無記法不飲酒布施供養尊重等是謂善身口業攝飲酒撾打憍慢尊重等是不善身口業攝是為十業道不攝欲界身口業欲界四大造如是色界無漏身口業何四大造若依六種地即彼地四大造若生無色界如是本得無漏身口業即彼地四大造三種命終有命盡福不盡有福盡命不盡有福命盡也

阿毗曇甘露味陰持入品第五

諸有漏法四事離云何四無常无我無樂无淨煩惱諸漏何以故趣一切生處心漏連注隨世界故是謂有漏三界有百八煩惱九十八結十纏是煩惱何處生是說有漏法亦名受陰及煩惱處從是中有二種五陰有漏無漏受陰一切有漏云何色陰諸四大造十二入除意入諸餘入及法入攝無教色是謂色陰是色陰二種可見不可見云何可見一入色入云何不可見九入及法入攝無教色復有三種色有可見有對有不可見有對有不可見無對色入可見有對餘九入不可見有對法入無教色不可見無對是謂色陰云何痛陰受痛六更樂生是有二種痛身痛心痛三種痛苦痛樂痛不苦不樂痛四種痛身記無記心記无記五種痛五痛根是六種痛眼更痛耳鼻舌身意更痛十八種痛眼有喜樂護三十六種痛十八痛中有善不善百八種痛過去未來現在各三十六一一衆生湏更起無

數痛是謂痛陰云何想陰意種種緣一切法想是三種小大無數種種取入攝以是因緣想是謂想陰云何行陰有為法中行作種種諸法是行陰二種心相應心不相應云何心相應一思二更樂三憶等諸法是名心相應云何心不相應一得二無想三滅盡定等心不相應是謂行陰云何識陰青黃赤白等諸法分別識是識有六種眼識耳鼻舌身意識云何眼識眼情依止識色是謂眼識如是耳鼻舌身意意情依止識法是謂意識是謂識陰十二入眼入耳入鼻舌身意入是內六入色入聲香味細滑法入是外六入亦復眼識乃至意識合十八持四大淨造色識因緣是謂眼如是四大淨造聲香味細滑識因緣是謂耳鼻舌身一切眼識塵色十二種長短明闇青黃赤白麁細色邊空色身教色一切耳識塵聲衆生數聲非衆生數聲一切鼻識塵香好香臭香等香一切舌識塵味辛酸醎苦甘等六十三種味一切身識塵細滑輕重堅

阿毗曇甘露味論卷上　第十六張　郡

軟寒熱飢渴四大等一切意識塵法
是謂一切法五識不能分別意識分
別心意識無差別說有差別情塵識
合是生更樂共生痛等十大地十煩
惱大地十小煩惱地是諸法共心生
共緣共住共起共滅辟如燈明熱共
起共住共盡問十八持幾善幾不善
幾無記荅八无記十當分別色持聲
持七識持法持有善不善無記云何
善色善身教云何不善色不善身教
云何無記色除善不善身教諸餘色
持是謂無記如是聲塵眼識有善不
善無記云何善善憶相應眼識云何
不善不善憶相應眼識云何無記无
記憶相應眼識如是耳鼻舌身意意
識持法持或善不善無記云何善法
持攝善身口業善痛想行陰及智緣
盡云何不善法持攝不善身口業不
善痛想行陰云何無記法持攝無記
痛想行陰及虛空非智緣盡問十八
持幾有漏幾無漏荅十八持十五持
有漏三當分別云何三意持法持意
識持有漏憶相應意持是謂有漏無

阿毗曇甘露味論卷上　第十七張　郡

漏憶相應意持是謂无漏意識亦如
是法持中攝有漏身口業有漏痛想
行陰是謂有漏法持攝無漏身口業
無漏痛想行陰及无為法是謂無漏
問十八持幾欲界繫幾色界繫幾无
色界繫幾不繫荅四持欲界繫香味
鼻識舌識以揣食處故十四當分別
眼持欲色界繫云何欲界繫欲界
繫四大造如是耳鼻舌身色聲細滑
持欲界繫欲界繫四大造云何色界
繫眼持色界繫四大造如是耳鼻舌
身色聲細滑持色界繫色界繫四大
造眼識欲色界繫云何欲界欲界憶
相應眼識耳身識持亦如是云何色
界色界憶相應眼識耳身亦如是意
持欲界繫色無色界繫或不繫云何
欲界繫欲界憶相應意持云何色界
繫色界憶相應意持云何無色界繫
無色界憶相應意持云何不繫无漏
憶相應意持意識持亦如是法持或
欲界繫或色無色界繫或不繫法持
攝欲界繫身口業及痛想行陰是謂
欲界繫云何色界繫法持攝色界

第十八張　郡

繫身口業及痛想行陰是謂色界
繫云何无色界繫法持攝无色界痛
想行陰是謂無色界繫云何不繫法
持攝無漏身口口業无漏痛想行陰
及無為法是謂不繫問十八持幾內
入攝幾外入攝荅十二持內入攝眼
耳鼻舌身意眼識持耳鼻舌身意識
持六外入攝色持聲香味細滑法持
問幾有覺有觀幾有覺無觀幾无
覺無觀荅十無覺无觀五情五塵五
識有覺有觀三當分別意持或有覺
有觀有覺無觀无覺無觀云何有覺
有觀欲界初禪有覺有觀中間禪有
覺無觀上地無覺无觀意識亦如是
法持攝身口業諸不相應行無為无
覺無觀餘殘如意持問幾共緣幾不
共緣荅七心持共緣何以故自塵緣
故十持不共緣五情五塵法持當分
別法持攝身口業識心不相應行無
為不共緣餘殘共緣問十八持幾受
幾不受荅九持情根合若現在是受
於中心心數法止住過去未來不受
非彼心心數法止住聲持七識持法

持是不受非彼心心數法止住問十八持幾有為幾無為荅十七持有為法持當分別或有為或無為云何有為法持攝身口業痛想行陰是謂有為智緣盡非智緣盡虛空是謂無為

阿毗曇甘露味行品第六

一切有為法無勢力起因他力共生是諸法有四相起住老無常問若有四相是應更復有相荅更有四相彼相中餘四相俱生生為生住為住老為老無常為无常問若尒者不可盡荅展轉自相為諸行法二種有心相應有心不相應云何心相應痛想思更樂憶欲解脫信精進念定慧覺觀邪行不邪行善根不善根無記根一切使惱結縛纏一切智慧如是種種心相應法是謂心相應行云何心不相應行得生住老無常无想定滅盡定無想處種種方得物得入得名衆句衆味衆凡夫性如是種種法是謂心不相應行因緣次第緣緣緣增上緣一切有為法從是四緣生云何因緣五因相應共有自然遍報因是謂

因緣云何次第緣諸法中心心數是是法滅是法起是為次第緣云何緣緣緣塵故心心數法生是謂緣緣云何增上緣一切万物不相障导是謂增上緣六因相應因共有自然遍報所作因云何相應因心諸數法因諸心數法心因是謂相應云何共有因諸法各各相伴心諸心數法因諸心數法心因復次共生四大共有因造色心不相應行心心數法心不相應行因云何自然因謂彼前生善後生善前生不善後生不善前无記後無記云何遍因謂身見計我我有常諸陰受有常我樂淨等生諸煩惱云何報因謂善生樂報不善生苦報云何所作因一切諸法各各不相障导不留不住報心有五因除遍因如是心數法一切煩惱有五因除報因報生色及不相應行有四因除相應因遍因染汙色及不相應行有四因除相應因報因餘殘心心數法有四因除報因遍因餘殘心不相應行或二因或三因除相應因遍因報因或除自

然因或不無初无漏心相應法有三因除自然因報因遍因是無漏心心中生色及心不相應行有二因共因所作因心心數法是從四緣生无想定滅盡定是從三緣生除緣緣心不相應行及諸色法是從二緣生除次第緣緣緣無有法一緣生餘法力故生一法三事會更樂共生痛想思憶欲解脫信精進念定慧護共心起合成就是諸法共心俱三法會更樂身心受痛緣分別識想動思心不忘憶欲作欲心無导解脫信種種事勤精進緣勝不忘念心不動定分別法慧心不著護事緣起心法相應得諸法成就痛想思更樂憶欲解脫念定慧是十大地法何以故一切心共生云何相應共一緣行不增不減是謂相應十煩惱大地一切不善心中共生不信懈怠忘心乱闇鈍邪憶邪解脫調無明邪行云何不信心不入法云何懈怠心穢在作云何忘不念云何心乱不一心云何闇鈍不曉事云何邪憶非道念云何邪解脫不捨顛倒

云何調心走不息云何無明三界中無智云何邪行不住善法十小煩惱地瞋僾波鄒不語波陁舍摩夜舍耻慳嫉慢大慢云何瞋心忿動云何僾波鄒心含毒住云何不語覆藏罪事云何波陁舍非法事惡持不捨云何摩夜身口欺人云何舍耻心技叔云何慳心惜畏盡云何嫉見他好事瞋云何慢於卑賤我勝於上我等云何大慢等中我大於大中我勝大此十煩惱地意識相應非五識故言小也於中七煩惱欲界繫舍耻欲界及梵天慢大慢三界繫十善大地不貪不恚信猗不放逸精進護不嬈惱云何不貪自身他身財物不欲不利云何不恚若衆生邊非衆生邊心不起恚云何信知實事心清淨云何猗心善離重得輕冷云何不放逸心繫善法云何精進習近善法云何護於諸法離住云何不嬈惱一切衆生中身口意不犯惡云何慙自作惡事羞云何愧於人中作不可事愧是十法一切善心相應是故說大地三處愛處不愛處中處愛處者婬欲慳貪惜等諸煩惱生不愛處者瞋恚鬪諍嫉妬等諸煩惱生中處者愚癡憍慢等諸煩惱生一切結使煩惱三毒所攝所以者何有三不善根一切結使煩惱此三毒生能斷三善根能惱亂三界衆生是故三毒所攝

阿毗曇甘露味因緣種品第七

十二因緣者無明行識名色六入更樂痛愛受有生老死是十二因緣有三種一煩惱二業三苦三種煩惱無明愛受二種業行及有七種苦識名色六入更樂痛生老死二種過去攝二種未來攝八現在攝諸煩惱業因業苦因苦煩惱因煩惱煩惱因煩惱業因業苦因苦苦因彼種次第起過去無明與一切煩惱相應是无明緣此造業造業造世間果是名行彼行因緣染汙心得身根分別識辟如犢子識母是識是識共生四無色陰亦相續生色是名色依眼等根境界是六入情塵心和是更樂更樂生受是痛痛所著是愛渴與所煩勞是受勞

造業是有未來果是生生起無量苦是老死復次無明不知四諦內外法去來今佛法衆因緣如是種種實法不知是謂無明癡人作三種行有德行無德行不動行云何有德行得好報云何無德行得惡報云何不動行生色無色界復次布施持戒禪云何布施二種布施一者財施二者法施五種持戒若受戒至竟淨除惡心垢常念守護不求世間報禪者不淨觀數息等意一切有漏善定法是有德行云何無德行三不善根十不善道等種種罪是謂無德行云何不動行初禪乃至有想無想定是謂不動行三因緣有漏識受第一七有是謂識從識有名色痛想行識陰是謂名四大及造色是謂色二事俱說名色名色生六入六入生更樂更樂有六種二種身意起有對增語六識分別故六種更樂更樂生愛不愛不愛不不愛有三種痛苦樂不苦不樂云何苦痛瞋恚使所使云何樂痛欲使所使云何不苦不樂痛無明使所使起樂

住樂盡不樂是謂樂痛起苦住苦盡不苦是謂苦痛不習不樂習時樂是謂不苦不樂痛生三種渴欲渴色渴無色渴求无猒足想渴生四種受欲受見受戒受我受欲界繫除十二見諸餘煩惱是謂欲受四邪見是謂見受外持戒求索道是謂戒受色無色界繫除二十四見諸餘煩惱是謂我受四受生諸結使業處三種有欲有色有無色有有生得五陰是謂生行衰古是老二種老一漸消漸消老二年熟老二種死有自死他煞死得愁憂悲惱苦云何愁心不用不欲事来心熱是謂愁云何悲哭種種說哭是謂悲云何苦身惱苦是謂苦云何憂心惱是謂憂云何惱縣官水火盜賊等種種急及餘事是謂惱如是无量苦聚是無明等因緣是因緣盡諸報果盡如是無量苦聚盡六種合得人身云何六種四大空識地水火風三大有色地水火量度長短麁細風風種一種四大常合無差別堅相地濕相水熱相火動相風外四大成就內

四大種色中空眼識緣有內外是謂空種五識及有漏意識是謂識種生卅六種堅高地水潤合火煮除爛臭風動坐起動作生長因空餘食消化風持去識力有命是謂人

阿毗曇甘露味淨根品第八

婬怒癡心相應是謂煩惱是謂結縛欲除是三種者一制二除三智斷云何制若未得無漏心持戒思惟却婬怒癡心不受是謂制云何除得禪定離婬恚不善法是謂除云何智斷覺意緣苦習斷是謂斷若制若除或時淨或不淨無漏智斷是謂清淨二十二根諸外入男女命苦樂憂喜護信精進念定慧未知已知大知根內六根如前說男相男識是謂男根女相女識是謂女根三界中活相是謂命根六識相應樂痛是謂樂根五識相應苦痛是謂苦根意識相應樂痛是謂喜根意識相應苦痛是謂憂根六識相應不苦不樂痛是謂護根諸善法中信是謂信根如是精進念定慧根堅信堅法道攝無漏九根是未知

根信解脫見到道攝無漏九根是已知根無學道攝无漏九根是大知根云何根義有力有利是謂根六情男女命九根世界中有力有利五痛根煩惱生有力有利信等五根善法中有力有利三無漏根道中有力有利得道故諸根各自有力有利二十二根幾欲界繫幾色無色界繫幾不繫四根欲界繫男女憂苦根五根欲色界繫眼耳鼻舌身根有漏喜樂根欲色界繫有漏護意命根信等五根一切三界繫無漏意根護根喜樂根信等五根是不繫是九根合是三無漏根未知根已知根大知根二十二根幾受幾不受樂等五根信等五根一切無漏根是不受餘殘根或受或不受二十二根幾善幾不善幾无記八根善信等五三無漏八无記根眼等五根男女命根六當分別意根樂等五痛根或善或不善或無記二十二根幾有漏幾无漏信等五樂喜護意或有漏或無漏後三根一向無漏十根有漏眼耳鼻舌身男女命憂苦三

種生家初得二根身根及命根化生或六七八無形六一形七二形八眼等五及命男女根餘殘根次第得色界家中家初得六根五情命根無色界家初得一命根欲界無記心漸命終四或八或九或十若善心死九若十三若十四若十五二十二根幾見諦斷幾思惟斷幾不斷四根或見諦斷或思惟斷或不斷意樂喜護根憂根或見諦斷或思惟斷信等五根或思惟斷或不斷三無漏根不斷餘殘根思惟斷

阿毗曇甘露味結使禪智品第九

九十八使二種斷見諦斷思惟斷二十八見苦斷十九見習斷十九見盡斷二十二見道斷十思惟斷欲界繫見苦斷十使見習斷七使見盡斷七使見道斷八使思惟斷四是三十六使欲界繫除瞋恚餘殘結使色無色中各斷三十一略言實十使身邪邊邪邪見盜戒盜疑愛恚慢無明云何身邪五陰中計我如是見謂身邪世界有邊無邊如是見謂邊邪無四諦因緣果報如是見謂邪見有漏法中

計常第一如是見謂見盜非淨因緣中求淨道如是見謂戒盜未得道心疑不了是不是有不有是謂疑癡心諸法中欲著是謂愛癡心中不欲對來心忿動是謂瞋自大心貢高是謂慢諸法實相不知是謂無明是諸使欲界苦諦一切習諦七盡諦亦尒道諦八諸邪疑見諦斷欲界四思惟斷色無色界六思惟所斷貪恚慢无明五行斷疑邪邪見盜四諦斷身邪邊邪苦諦斷戒盜苦諦道諦斷欲界苦諦斷六五邪疑習諦斷三二邪疑無明二種苦諦斷無明或遍或不遍云何遍六使相應及不共無明是謂遍云何不遍三使相應無明是不遍如是習三使相應及不共無明是謂遍餘殘不遍諸使除愛恚慢餘殘一切遍何以故是諸使五緣是一切遍使中二邪及彼相應無明自界一切遍非他界色界亦如是无色界一切遍使自界一切遍餘殘一切遍使自界一切遍亦緣他界無明一切使相應因及不共無明三界盡諦道諦所斷

邪邪疑無明是十八使無漏緣餘有漏緣諸有漏緣使及彼相應無明有漏緣餘殘無明无漏緣一切三界結使護根相應梵天光耀天中諸使護根相應及喜根遍淨天諸使護根樂根相應欲界繫邪邪見無明三根相應喜根憂根護根疑二根相應憂根護根瞋恚三根相應憂根苦根護根餘殘欲界見諦斷二根相應喜根護根欲界中思惟所斷六識相應除慳慢意識相應一切見諦所斷意識相應十小煩惱是說纏一瞋二自罪怖三睡四眠五調六戲七慳八嫉九無慙十無愧云何瞋心恚利動云何自罪怖畏人見聞云何睡心沉心重身重一切結使相應云何眠心合卧出不自在眠欲界繫意識相應云何調心不善不息與一切結使相應云何戲作善不善後悔與憂根相應云何慳愛惜心悋云何嫉見他得好事不歡喜欲使得苦是二結欲界繫思惟所斷云何無慙自作惡不羞云何無愧作惡不愧他是二一切不善法相應三

結愛恚無明六識相應色界二愛無明四識相應餘殘結使意識相應一時無㝵道斷結使作證時重作證斷欲界結得三斷智欲界苦諦習諦所斷一斷智盡諦所斷二斷智道諦所斷三斷智色無色界四諦所斷結盡三斷智欲界中五下分結盡七斷智色界思惟所斷八斷智一切結使煩惱盡九斷智滅結無餘是謂斷智有如是諸結使心不相應纏心相應是事不然一切心相應何以故起結使煩惱壞善法見結使是時善法生是故知一切結使心相應是諸一切結使二事斷禪智相應心云何禪斷初柔軟心云何智分別諸法入定一心諸法無常等觀思惟是謂智禪智俱行共思惟得解脫三時善精進一心護坐禪時若心柔軟是時應思惟精進若心調是時應一心思惟善若是二事俱不柔軟不調是時放心去辟如鍜金師持金著火中時時囊吹時時持水澆時時放休何以故若常吹金便燋融常水澆冷不熱若常放不調熟坐禪亦如是囊吹如精進著水澆如禪放捨如護何以故常精進心調常定一心心柔軟常護不受諸心是故時時勤精進時時一心定時時護如是心和調一切結使中得解脫

阿毗曇甘露味三十七無漏人品第十

坐禪法先繫心一處若頂上若額端若眉間若鼻頭若心中令心一處住若念走攝來還著處處是心者辟如獼猴繫頭著柱繞柱走不得去極便住心走亦如是繫心者法便不去極便住漸漸觀身痛意法是入法意止中淳淑一心得實智慧觀一切行實相生滅不住故無常積災患故苦內無人故空不自在故非我從是得煖法意中起辟如鑽火木中生佛法中生信淨善根四緣觀十六行四行觀苦諦從因緣生不住故無常无常力壞故苦無人故空不自在故非我四行觀習諦生相似果故習因生死不絕故習不可盡故有不相似相續故緣四行觀盡諦一切苦患閇故盡除一切結使火故止勝一切法故妙出三界故度四行觀道諦能到涅槃故道非顛倒故應聖人所行故住能離世間惱故出觀十六行善法常勤精進是謂煖法從是煖善根增勝長是謂頂善根信三寶若信五陰無常若苦空非我如是緣四諦十六行勝煖法故說頂已增上頂隨諦忍名忍善根是有三種上中下緣四諦觀十六行順諦增上善根是名世間第一法一心時心心數法是謂世間第一善根有言信等五根是世間第一法如實義一心時心心數法是世間第一善根能開涅槃門是凡夫法中第一緣觀一諦四行無常苦空非我何以故第一無漏心緣苦諦世間第一法亦如是六禪地未到禪中間禪四禪是忍頂煖善根六地中有世間第一法次第起無漏人是名苦法忍未曾見始見能忍故說忍是初忍无㝵道次第苦法智生實知苦相苦法智解脫道是二心緣欲界繫苦未知忍無㝵道未知智解脫道是二心緣

色無色界繫苦習盡道諦亦如是是正觀諸法十六淨心十五心中利根是說隨法行鈍根是說隨信行是二人未離欲界結向第一果欲界結使六種斷向第二果若九種結盡向第三果向第一果欲到十五心中行人亦復果中間行人是二人隨法行隨信行到十六心中得果住是二人先未斷結滿十六心俱須陀洹若斷六種結滿十六心俱斯陀含若斷九種結滿十六心俱阿那含得第三果八十八結盡是人無漏戒善根成就故說須陀洹利根得果名見到鈍根得果名信解脫是二人若欲界繫思惟斷結不盡七死七生若先盡三品是名家家三死三生八直道水流到涅槃是中行須陀洹六種結盡是說斯陀含八種結盡是說一種生欲界天還生人中便般涅槃是名一種及斯陀含五阿那含中般涅槃生般涅槃行般涅槃無行般涅槃上流阿迦尼到阿那含復有無色界生阿那含色無色界苦盡得般涅槃不生下界是說阿那含欲界結使九種色無色界亦如是是諸結使兩道斷無㝵道解脫道先無㝵斷解脫道成就辟如得毒虵著瓶中蓋口世俗道出世出世界道界道斷欲界色無色界繫諸結使世俗道亦能斷除世界上繫八地離欲得滅盡定是說身證阿那含若俱解脫阿羅漢法以涅槃身中著五下分結盡得阿那含五上分結盡得阿羅漢是色無色界中諸餘結使纏縛是說心調如金剛定次第滅智生是時得阿羅漢果是㝡上有離欲無㝵道亦㝡後學心是金剛定次第初無學滅智生我諸生盡滅我得阿羅漢一切結盡大小煩惱斷滅是說阿羅漢一切人天中應受供養是名阿羅漢是無學九種一退法二不退法三思法四守法五住法六能進法七不動法八慧解脫九俱解脫云何退法軟智軟精進五退具中行退道果是謂退法云何不退法利智勤精進五退具中不行不退道果是謂不退法云何思法軟智軟精進勤觀身不淨可惡思惟自滅身是思法云何守法軟智勤精進自守身是守法云何住法中智中精進中道行不增減是住法云何能進法少利智勤精進能得不動善是能進法云何不動法利根大勤精進先時得不動善是不動法云何慧解脫不得滅盡定是慧解脫云何俱解脫能得滅盡定是俱解脫隨信行五種阿羅漢名時解脫是諸阿羅漢二智滅智無學直見隨法行一種阿羅漢利根是名不時解脫是阿羅漢三智滅智無生智無學直見八阿羅漢受時解脫成就不動法成就隨信行見諦道十五心中無漏九根是名未知根十六心得果是无漏九根是名已知根是九根俱無學法是名大知根得果時失向道道中斷結使盡二種成就有為無為得大果時一切失本二種得一種成就九種斷結使諸不隱沒法第九心一切得斷能進法阿羅漢得不動善非餘信解脫學得利根名見到非餘見諦道中結使各各異無漏法各各異以是

故漸漸見諦不一時見無导道力得
果以是故二種果有為果無為果

阿毗曇甘露味論卷上

甲辰歲高麗國分司大藏都監奉
勑彫造

阿毗曇甘露味論卷上

校勘記

一　底本，麗藏本。
一　七三四頁上三行譯者，徑、清作「曹魏代譯失人名」。卷下同。
一　七三四頁下七行第一一字「愛」，諸本(不含石，下同)作「受」。
一　七三四頁下一九行「三十」，諸本無。
一　七三四頁下末行品名「阿毗曇甘露味」，徑、清無。下同。
一　七三五頁上三行第六字「大」，諸本作「道大」。
一　七三五頁上七行「畜生」，諸本作「畜生道」。
一　七三五頁中四行第一二字「四」，諸本作「有四」。
一　七三五頁中六行「王天」，諸本作「天王」。
一　七三五頁中八行「一万」，諸本作「九万」。
一　七三五頁中八行第一〇字及一〇行第五字「時」，諸本作「時拔」。
一　七三五頁中一八行「天上」，諸本無。
一　七三五頁中一九行、二一行「曽膸」，諸本作「合會」。
一　七三五頁下二行、四行「摩呵」，諸本無。
一　七三五頁下八行、一〇行「多般」，諸本作「摩訶會膸」。
一　七三五頁下一四行及一六行「般多腂」，諸本作「般那」。
一　七三五頁下一七行「僧渴」，諸本作「波多般泥黎增」。
一　七三六頁上一〇行「無恚」，諸本作「無煩」。
一　七三六頁上一八行「痛想」，諸本作「想痛」。
一　七三六頁上二〇行末字「想」，諸本作「想處」。
一　七三六頁下七行第八字「意」，諸本作「行一。

一　七三六頁下二〇行「後行」，諸本作「行後」。

一　七三六頁下二一行第一一字「法」，諸本無。

一　七三七頁上一二行「故作不熟不得報」，諸本無。同行「三種」，普、南、徑、清作「二種」。

一　七三七頁上一四行末字「意」，諸本作「竟」。

一　七三七頁上一六行第二字「不」，諸本作「中」。

一　七三八頁上二二行末字「福」，諸本作「福盡」。

一　七三八頁中四行第七字「隨」，諸本作「墮」。

一　七三八頁中一二行第二字「可」，諸本無。

一　七三八頁中二一行第三字「眼」，諸本作「眼等」。

一　七三八頁中末行「須更」，諸本作「須臾」。

一　七三八頁下二行末字「收」，諸本作「外」。

一　七三九頁中一三行第一一字及一五行首字「界」，諸本作「界繫」。

一　七三九頁下四行「口口」，諸本作「口」。

一　七三九頁下七行「眼識持」，資、磧、普、南作「識持識」，徑、清作「持眼識」。

一　七三九頁下一九行第八字「識」，諸本作「諸」。

一　七四〇頁上一九行「種種」，諸本作「種類」。

一　七四〇頁中一行末字「是」，諸本無。

一　七四〇頁中七行「相應」，諸本作「相應因」。

一　七四〇頁下一五行「思更樂」，諸本作「更樂思」。

一　七四〇頁下二一行第五字「寂」，諸本作「疲」。

一　七四一頁上一四行第一二字「惱」，諸本作「惱慚愧」。

一　七四二頁上一一行第二字「古」，諸本作「苦」。

一　七四二頁中三行首字「卅」，諸本作「世」。同行第九字「合」，諸本作「洽」。

一　七四二頁中四行「餘食」，諸本作「飲食」。

一　七四二頁下一五行末字至次行「一切」，諸本作「意根三」。

一　七四二頁下一八行第一二字「根」，諸本無。

一　七四三頁上二行第一〇字「七」，資、磧、普、南作「七形」。

一　七四三頁上一七行「四是」，諸本作「四使是」。

一　七四三頁上二〇行第三字「見」，諸本作「見見」。

一　七四三頁中五行第八字「自」，磧、南作「目」。

一　七四三頁中一〇行及下一行「邪邪」，諸本作「邪見」。

一　七四三頁下六行「邪邪」，諸本作

「邪」。

一 七四四頁中一〇行「處處」，諸本作「一處」。

一 七四四頁中一二行「便不」，諸本作「使不」。

一 七四四頁中一三行「漸漸」，諸本作「漸」。

一 七四四頁中一四行第三字「淑」，諸本作「熟」。

一 七四四頁中一八行第八字「觀」，諸本作「觀觀」。

一 七四四頁中二一行「故習」，諸本作「故」。

一 七四四頁下一行第七字「止」，磧、普、南、清作「上」。

一 七四四頁下五行第一二字「勝」，諸本無。

一 七四四頁下六行「五陰」，諸本作「五受陰」。

一 七四四頁下二〇行第四字「始」，諸本作「姪」。

一 七四五頁上二行「諸法」，諸本作「法諸」。

一 七四五頁上一一行「第三」，諸本作「第二」。

一 七四五頁中四行至五行「出世界道」，諸本作「界道出世」。

一 七四五頁中六行首字「世」，諸本作「世界」。

一 七四五頁下一行第三字「惡」，諸本作「得」。

一 七四五頁下一〇行第一一字及一二行末字「直」，諸本作「真」。

阿毗曇甘露味論卷下

尊者瞿沙造

曹魏代譯失三藏名

都

智品第十一

十智法智未知智等智知他人心智苦智習智盡智道智滅智無生智云何法智欲界繫諸行苦中無漏智欲界繫諸行習中無漏智欲界繫諸行盡中無漏智欲界繫諸行道斷故道中無漏智及法智地中無漏智是謂法智云何未知智色無色界繫諸行苦中無漏智色无色界繫諸行習中無漏智色無色界繫諸行盡中无漏智色無色界繫諸行道斷故道中无漏智及未知智未知智地中無漏智是謂未知智云何等智一切有漏智慧若善不善無記是謂等智云何知他人心智禪中思惟力得欲界中知他心心數法是謂知他心智云何苦智五受陰中無常苦空非我无漏智觀是謂苦智云何習智五受陰習因有緣無漏智觀是謂習智云何盡智盡止妙

出無漏智觀是謂盡智云何道智八直道應住出無漏智觀是謂道智云何滅智見苦斷習盡證思惟道是四法中無漏智觀是謂滅智云何无生智我已見苦不復更見我已斷習不復更斷已盡作證不復更作證已思惟道不復更思惟道是四法中无漏智觀是謂無生智是十智中二智十六行法智未知智煖頂忍法中等智十六行世間第一法中等智四行餘殘無行无漏他心智四行如道智有漏知他心智無行苦智四行習智四行盡智四行道智四行滅智無生智各十四行除空無我行未到禪及中禪地有九智除知他心智餘四禪中十智無色定八智除法智知他人心智第一無漏心成就一等智第二無漏心成就三智等智法智苦智第三無漏心過第四无漏心成就四智等智法智苦智未知智第五無漏心過第六無漏心成就五智等智法智苦智未知智習法智第七無漏心過第八無漏心亦過第九无漏心成就六

智等智法智苦智未知智習智盡智第十第十一無漏心過十二无漏心成就七智等智法智苦智未知智習智盡智道智若已離欲曾知他人心智二種修智得修行修先未得功德今得是謂得修先得功德現在前入是謂行修見諦道中現在前修彼即當来修如是諸忍現在前修亦當来修苦未知智習未知智盡未知智是三未知智中修等智道未知智中或修六或修七若未離欲修六智已離欲修七智知他人心智過須陁洹果十七心中修七智除滅智無生智知他心智是十七心中信解脫得利根時無㝵解脫兩道中修六智除他心智等智滅智無生智得阿那含果解脫道中修八智除滅智無生智如是七地離欲時解脫道中修八智除滅智無生智是謂无㝵道中修七智除他人心智滅智無生智有想无想離欲時八解脫道中修七智除等智滅智無生智九无㝵道中修六智除等智知他心智滅智無生智初无學心

中修有漏無漏諸善根初无學心苦未知智相應有言習未知智相應何以故有想無想處生緣相應初无學心見諦八忍求覔故名見非智滅智無生智是智非見餘殘无漏慧亦慧亦見亦智除意識相應善有漏慧及五邪見餘殘有漏慧亦智亦慧非見法智九智緣除未知智未知智九智緣除法智道智九智緣除等智苦智習智一切有漏法緣餘殘智十智緣等智他心智滅智無生智一智盡法智道法智能滅三界結六通四通等智身通耳通眼通宿命通他心通五智法智未知智道智等智他心智漏盡通無漏九智除等智四意止身意止八智除他心智盡智痛意止心意止九智除盡智法意止十智四辯法辯辭辯等智應辯義辯各十智願智七智除他心智滅智無生智十力第一力十智知二力三力四力五力六力九智除盡智七力十智八力九力一智等智十力九智除等智第一無畏十智知二無畏九智知除等智三無畏八智知除道智盡智四无畏八智知除苦智習智

阿毗曇甘露味禪定品第十二

得禪定一心心不分散智慧清淨辟如油燈離風處明清淨云何禪定八禪定四禪四無色定四禪初禪二三四禪是諸禪定三禪味淨無漏愛相應是謂有味善有漏禪是謂淨無煩惱是謂無漏有頂中二種定有味及淨無无漏定善法空閑靜處坐若立若卧若行若步定意智巧心中歡信如是心應入禪定禪相應欲精進念慧一心是諸善法趣初禪定離欲離惡不善法有覺有觀離欲生得喜樂是謂初禪染著外入是謂貪欲瞋恚睡眠調戲疑此諸蓋是謂惡不善法是二內外惡法斷是謂離心迴轉緣是謂覺心受行思惟是謂觀惡不善法斷力得禪是謂離欲心生悅是謂喜身心安隱是謂樂心繫緣中是謂一心是初禪五支婬欲大苦罪不樂離力安隱出如是思惟欲等諸善法心中生是謂得初禪道是三痛根相應

喜樂護根樂根三識身相應眼耳身識喜根意識相應護根四識相應是初禪有別身別想有別身一想四心初禪眼耳身意是謂初禪諸覺觀滅內淨一心無覺无觀定生得喜樂相應是謂二禪覺觀如前說斷却是謂滅諸地信無垢是謂內清淨意識繫緣不散是謂一心喜樂支如前說是二痛根相應喜根護根別身一想喜相應根本近地護根相應除滅覺觀垢除滅思惟功德是道趣二禪離喜垢故護行下受身樂無漏人是說樂護念下樂入三禪離喜如前說護心放捨樂二種痛樂不煩惱是樂身中行念守看是樂難知實法是故無漏說樂亦行護欲等諸善法是道趣三禪觀喜惡罪不喜樂觀禪止樂護念智一心是謂五支如前說是謂三禪斷樂苦先滅憂喜根護念淨入四禪欲等諸善法亦復觀樂苦垢不苦不樂善止是道入四禪四支護念善智一心禪力滅喘息是謂四禪一切禪支善未到禪地有覺有觀中間禪无覺有

觀是二地護根相應未到禪地二種淨無漏非味四禪中三種味淨无漏是謂禪法離色憶亦觀無量空入空定觀色垢空處善止觀是道趣空定憶無量識入識處觀空處垢識處善止觀是道趣識定無量識行是為苦憶不用處行入不用定觀無量識處垢不用處善止觀是道趣不用定有想處病無想處癡如是思惟入有想無想定觀不用處垢有想无想善止觀是道趣有想無想定是謂有想无想定趣涅槃道二種一觀身不淨二念數息身意止中第一二解脫四除入中廣說不淨法入定數息一二乃到十念守出入息如守門人觀一切法起滅是二相自相六種分別觀身無常苦空非我如是一切諸法觀恐畏世界漸漸滅垢行善法起至涅槃未到禪地中間禪地四禪地三無色地有二種有漏無漏有頂一切有漏十想無常苦苦無我觀食一切世間不可樂不淨死斷無欲盡想憶念諸行无常是謂無常想憶念生等苦滿世

間是謂苦想憶念內外無常苦不自在空是謂苦無我想憶念多勤苦得食噉時不淨是謂觀食想憶念生老病死等怖畏種種煩惱滿世界是謂一切世間不可樂想自身內實觀是謂不淨想憶念一切生必得死是謂死想憶念滅一切煩惱善止是謂斷想憶念非常離欲是謂無欲想憶念五受陰更不生盡止妙離涅槃是謂盡想是十想常憶念得盡苦際

阿毗曇甘露味雜定品第十三

三昧等通一切入除入智解脫禪三三昧空三昧無願三昧无想三昧心繫緣無漏故是謂三昧一心觀五受陰空無我非我是謂空三昧入是三昧不願婬怒癡更有生是謂無願三昧是三昧緣離十想法去何十想色等五塵男女生老無常是謂無想三昧空三昧二行空行無我行无願三昧十行無常苦行亦習道行无想三昧盡四行四等慈悲喜護自得快樂事念與一切衆生是有三種心先所親眷屬次及中人後怨家賊一心思惟一

切三界衆生身及怨家等無異除內瞋恚是慈等相應痛想行識能起正語正業亦不相應諸行是謂慈等一心思惟三界衆生身心種辛苦欲拔濟如是思惟能除外惱是悲等相應痛想行識能起正語正業亦不相應諸行是謂悲等一心思惟三界衆生歡喜得樂能除憂苦喜等相應痛想行識能起正語正業亦不相應諸行是謂喜等一心思惟三界衆生樂苦喜放護能除欲瞋護等相應痛想行識能起正語正業亦不相應諸行是謂護等六通神足天眼天耳識宿命他心智漏盡通除第六通餘殘凡夫亦得去何神足通是有三種一者飛行二變化三聖人通有三種飛行一自身去辟如飛鳥二於此土忽然不現到他方三心力自在如屈申臂是謂諸佛神通非餘道常觀身空學輕舉是道趣神通能大能小能多少能少多能轉作種種物是謂變化神通凡夫人變化至七日不過七日滅佛佛弟子自在變化變化時觀世間

淨作不淨不淨作淨除淨不淨念心念護是謂聖人神通是三種通從四神足力生一切色緣漸漸得輕舉諸佛一時得天眼通自眼邊色界四大造淨生得天眼自地下地近遠徹視見一切細微色憶念日月星宿火明珠是道得天眼通天耳通自耳邊色界四大造淨生得天耳天人地獄餓鬼畜生種種聲憶念識知是道趣天耳通識宿命通念先世事所來生處是道趣宿命通知他人心通常念他染汙心及他清淨心悉知自心生滅能分別知是道趣知他心通三界漏一切我盡如是知五受陰無常等憶念是道得漏盡通宿命通及天眼漏盡是謂明宿命通知因緣世次第是謂明天眼通知因緣如行業得報是謂明漏盡通欲界色無色界漏盡我盡諸漏是謂明十一切入憶念一切地不念餘是謂地一切入乃至識一切入亦如是八解脫內有色想外觀色內無色想外觀色淨解脫作證四無色定滅盡定是謂八解脫緣觀

轉心得解脫是謂解脫觀內色不淨及觀外色是謂初解脫不觀內色觀外色不淨是第二解脫分別觀內外色一切淨色是第三解脫四無色定四解脫滅盡解脫內有色想外觀色少好醜是緣勝知見第一除入內有色想外觀色無量好醜是緣勝知見第二除入內無色想外觀色少好醜是緣勝知見第三除入內無色想外觀色無量好醜是緣勝知見第四除入內無色想外觀色青是緣勝知見第五除入黃赤白亦如是內不除色想外淨少色觀一無量緣二內除色想外淨少色觀三無量緣四餘青黃赤白憶念四除入淨緣勝是故說除入好色形像端正除垢故解脫是謂除入名別三解脫四除入八一切入淨解脫攝十智如前說三等慈悲護及五通根本四禪中有六地中法智未到禪中間禪根本四禪喜等第一第二解脫初四除入禪初禪二禪中有餘殘除入淨解脫八一切入第四禪中有餘殘解脫二一切入自名攝

滅盡解脫有頂中攝三三昧七智漏盡通九地中攝除有頂中等智十地中有無色界三解脫或有漏或无漏餘三解脫八除入十一切入有漏有頂中一切有漏鈍不捷疾是故有漏滅盡定無智慧是故有漏五通中多無記心四等緣衆生是故有漏欲愛未盡三界結使成就欲愛已盡色無色界結使成就色愛盡無色界結使成就無色界愛盡三界結使不成就欲界愛盡淨無漏初禪成就如是一切地中聖人無漏成就聖人生上下地無漏成就未得五通四等下地結垢不成就世俗道依未到禪地離下地欲如是一切地無漏道依根本禪地自地亦上地離欲如是一切地是故凡夫有頂中不能離欲煖法頂法忍法世間第一法離欲人修有漏禪定二時現在未來見諦道中苦習盡未知智中現在前修無漏智未來二種有漏無漏智餘殘心中現前無漏未來无漏世尊弟子若離欲愛依未到禪地現在前修有漏道未來修有

漏無漏道第九解脫道現在修有漏道未來修有漏無漏初禪及修無漏未到禪若依未到禪現在修无漏道未來修有漏無漏道第九解脫道中現在前修無漏道未來修有漏无漏道初禪世尊弟子若離初禪愛欲依未到二禪地現在前修有漏道未來修有漏無漏道第九解脫道中現在前修有漏道未來修無漏三種初禪及修淨無漏第二禪若離初禪愛依無漏道趣二禪自地修無漏他地修有漏无漏道第九解脫道中現在前修無漏道未來修無漏三種初禪及淨無漏第二禪乃至不用處離欲亦復如是有頂中離欲時修一切無漏禪定第九解脫道中現在前修無漏道未來修无漏及修三界繫善根二十三種定有味八淨八無漏七一切無漏七地无漏自然因自地無漏自地无漏三種因相應因共有因自然因第一有味定第一有味定因非他因第一淨定第一淨定因非他因第一無漏定次第起六種定第一禪二

種淨無漏如是第二第三禪无漏第二禪次第生八地自地二上地四下地二無漏第三禪第四禪空處定次第生十上地四下地四自地二無漏識處次第生九上地三下地四自地二無漏不用處定次第生七上地一下地四自地二第四無色定次第生六下地四自地二淨禪亦如是有味次第生二自地有味亦復淨如是一切地諸禪定淨無漏一切緣一切法緣有味自地自地有味緣亦復淨緣有味不能無漏緣諸淨无漏無色定不緣有漏地有味無色定自地有味緣及緣淨不能緣無漏四等八除入三解脫八一切入是諸法一切欲界緣五通欲色界緣一切薰禪无漏禪薰有漏禪得四禪人先薰第四禪後薰下三禪得五淨居報不動法阿羅漢得一切禪定是能得頂禪能住壽亦能捨壽願智從心所願盡知去來今諸法多知未來法四辯法辯辭辯應辯義辯令他心不起恚是謂無諍四禪中攝亦復欲界願智第四禪攝

亦復欲界法辯辭辯欲界攝及梵天中餘二辯九地攝欲界四禪四無色淨禪二時得離欲時得生時得有味禪二時得退時得生時得無漏禪二種得若退時得若離欲得九地攝無漏能斷結使變化有十四心色界十心欲界四心初禪有二變化心初禪一欲界一二禪有三變化心二禪一初禪一欲界一三禪有四變化心三禪一二禪一初禪一欲界一四禪有五變化心四禪一三禪一二禪一初禪一欲界一何等禪成就是果下地變化心成就三禪地住梵天識現在前能見聞尒時成就即滅尒時不成就

阿毗曇甘露味三十七品第十四

意止意斷神足根力覺道是七法到涅槃是中七覺無漏六當分別或有漏或無漏有言七覺意八直道一切無漏餘殘當分別四意止一切地禪定中有攝四種智常念守是謂念止三種念身中行智慧是謂身念止如是痛心法念止是謂四念止以何等故不說三念止若五念止以破四顛

倒故說四念止云何身念止淨想顛倒壞故身實相觀三十六不淨若死虫生臭爛骨在等如是觀身淨想顛倒壞云何痛念止觀諸有痛生住滅苦樂痛中婬欲使苦痛中瞋恚使不苦不樂痛中無明使觀無常苦空無我是謂痛念止云何心念止觀染汙心不染汙心若一心若散心苦無常等觀是謂心念止云何法念止觀內法觀外法觀內外法若觀去來法若觀諸結使幾斷幾不斷若觀苦無常觀習因緣觀盡止是謂法念止云何四意斷心中生惡不善法欲除却欲勤精進制心住善法未生惡不善法莫令生勤精進制心住善法未生善法欲使生勤精進住善法已生善法念住莫失增長廣大勤精進住善法是謂四意斷云何四神足欲定精進定心定勤慧定從是得一切功德是謂四神足欲定斷諸行成就第一神足欲作是謂欲心不分散是謂定欲精進念慧喜猗是謂諸行合欲定如是精進心慧欲大欲得定故是謂欲定如是精進心慧是謂四神足信精進念定慧

是謂五根四不壞信中有信是謂信根四意精進是謂精進根四念止中念不忘是謂念根四禪定中一心是謂定根四諦中慧是謂慧根根利疾第一是謂根義信等五力惡不善法不能壞是謂力小是根大是力念擇法精進喜猗定護是謂七覺云何念念有為法生滅種種罪涅槃至妙是謂念覺是中分別思惟是謂擇法覺是中思惟勤精進是謂精進覺是中得善法味歡悅是謂喜覺是中思惟身心輕軟安隱隨定是謂猗覺是中因緣攝心住不亂是謂定覺是中放心息不念不欲是謂護覺種種智慧得禪定力除一切煩惱是謂七覺果一切煩惱斷念等七法是名覺直見直思直語直業直命直念直方便直定是謂八直道四諦中實智慧是謂直見是中善不瞋不惱三種覺觀是謂直思四種邪語斷是謂直語三種邪業斷是謂直業不善邪命斷是謂直命是中思惟勤精進是謂直方便是中思惟念不忘是謂直念是中一

心住是謂直定是謂八直道趣涅槃信精進念定慧喜猗護思戒是十法分別說三十七信法是謂信根信力精進精進根精進力四意斷精進覺意直方便念根念力念覺意直念喜喜覺慧慧根慧力四念止擇法覺直見猗猗覺定定根定力四神足定覺直定護護覺思直思戒直語直業直命直因緣四種智慧住是名念止直精進是名意斷緣中一心住不散是名四神足鈍根人心中生是名五根利根人心中生是名五力見諦道中是名八直道思惟道中是名七覺是十法攝三十七品未到禪地三十六除喜覺二禪地亦三十六除直思三禪四禪中間禪三十五除喜覺直思初禪三十七三空定三十二除喜覺直思直語直業直命有頂中二十二除七覺八道欲界亦二十二除七覺八道

阿毗曇甘露味四諦品第十五

四諦苦諦習盡道諦云何苦諦一種惱相為苦二種身苦心苦三種苦苦

別離苦行無常苦四種身内外苦心
内外苦五種五盛陰苦六種三界苦
三毒苦七種七識處苦八種苦生老
病死怨憎會恩愛別離所求不得苦
一切種種苦是謂苦諦云何習諦是
種種苦因五受陰是謂習諦云何盡
諦苦習盡無餘智緣盡是謂盡諦行
八直道是謂道諦是四諦次第應知
斷證自思惟實相實得果得行入不
欺誑是謂諦麁識故次第苦諦麁易
識以是先苦諦識苦推苦因從習中
生以是習諦第二是苦諦何處滅盡
得解脫思惟涅槃中以是故盡諦
第三是盡去何得思惟行八直道斷
結使得盡諦以是故道諦第四五受
陰報果時是謂苦諦五受陰因緣時
是謂習諦亦謂苦諦辟如人亦名子
亦名父習諦多是結使何等結使九
結愛結瞋恚憍慢無明疑見失願慳
嫉結三界欲是愛結衆生中心忿動
惡利是瞋恚結七種慢是慢結三界
繫愚癡是無明結三見是見結二見
是失願結四諦中不定了是疑結心

惜愛恡是慳結妬他舍恚是嫉結盡
諦二種有漏斷結使盡是一種無漏
道斷結使盡是二種種種諸淨法若四
辯法辭應義一切名字知實相是謂
法辯一切語言談論智是謂辭辯一
切法知實相是謂應辯一切智慧語
言禪定通智是謂義辯須陁洹四不
壞信佛不壞信法不壞信僧不壞信
淨戒中不壞信阿羅漢果攝諸無學
法種種佛大功德中無漏信是謂佛
不壞信涅槃中無漏及無漏諦中學
無學法中及菩薩實功德中无漏信
淨是謂法不壞信得無漏道果信有
四雙八輩一切功德佛弟子衆中信
非餘處是謂僧不壞信無教无漏戒
是中無漏信是謂戒不壞信淨實智
慧共合信以是故無能勝是无漏戒
是故不壞信是謂四不壞信有四事
修定修定於現法中得樂居修定得
智見修定分別慧修定得漏盡諸善
初禪能得現在樂居生死智通是謂
智見方便求功德是欲界無教戒聞
思修功德一切色無色界法一切无

漏有為法是謂分別慧金剛喻四禪
是冣後學心共相應漏盡是謂修定
得漏盡第四禪所攝四道苦難知苦
易知樂難知樂易知隨信行无漏法
鈍根是苦難知隨法行無漏法利根
苦易知根本四禪中利根及鈍根法
說樂道何以故止觀道等故他地中
止觀多少故是說苦未到禪中間禪
二處止道少觀道多無色中觀道少
止道多是謂苦道難得故七識住一
欲界中諸天及人色界〻梵衆天除初
生天是異身異想二梵衆天初生異
身一想三二禪生天一身異想四三
禪生天一身一想五空處生天六識
處生天七不用處生天是謂七識住
何以故不立識住惡趣中苦痛壞識
故不立識住第四禪無想定壞識故
亦不立識住非想非非想處滅盡定
壞識故亦不得立識住九衆生居此
七識住及無想衆生非想非非想處
是謂九衆生居於中居止故衣被飲
食臥具憙斷結使思惟緣力得道是
說四聖種若好若不好衣被飲食臥

具知足三聖種未守失苦是三苦失善道不食命不活以是故趣得知足三苦失離欲心中得樂歡喜是謂第四百八種痛眼耳鼻舌身意更樂生是謂六更有三種眼見色憂喜護乃至意念法憂喜護是中有善不善善十八不善十八是謂三十六三種是謂百八三十六過去三十六未来三十六現在五識不能分別是故無憂喜意行中心數法相續不斷常憶是謂念憶因緣隨順是法因緣重憶識念力強是故不忘過去法眼人心心數法因緣夢見有無因无緣夢見是夢若過去世若未来世若夢見人生角是先牛角是强思惟人何以不生角如是念已夢見人生角心散心乱是謂癡若身病故癡若鬼魅故癡若先世因緣故癡三支戒支定支慧支云何戒支欲界有教無教戒色界中無教戒云何定支修十四定云何慧支三種慧聞思惟修欲界二種聞思惟色界二種聞思惟無色界一種思惟二種律儀一情律儀二戒律儀云何

情律儀不得起婬母等想若姉妹女想見女人不應憶不生念女根想從是多罪惱觀心身離是謂情律儀除却婬欲種種不善法不毀戒行無玷汙心無瑕穢淨却七婬欲是謂戒律儀煩惱惡業惡業報是有三障逆業極重煩惱三惡道報是三事若一事不受聖法是故説障不善覺觀有三種婬欲恚惱是破三種善覺觀不婬不恚不惱三種病婬瞋癡是病有三種藥身不淨觀慈念衆生觀十二因緣是謂三種藥修身修戒修心修慧是法不受一切惡報或少少受報或今世或後世少受報云何修身種種觀無常等云何修戒持戒不犯常守護云何修心除惡覺觀行善覺觀云何修慧種種分別善法增益智慧行善人易得好道行不善人易得惡道或有善人墮惡道或有惡人生好道先世大力因緣餘報未盡若死時前後心善不善是故善墮惡道不善人生好道

阿毗曇甘露味雜品第十六

四沙門果六法五陰智緣盡是謂分別四果阿羅漢果九地所攝除有頂中第三果六地所攝除四無色以无法智故須陁洹斯陁含未到禪地所攝以未離欲人身故有四顛倒無常有常想心顛倒想顛倒見顛倒苦有樂想不淨有淨想非我有我想心顛倒想顛倒見顛倒一切顛倒見苦諦斷何以故行緣苦處三見攝顛倒身見邊見見盜一切六十二見五邪見所攝五陰中不實我見有實我是身見常斷依止因緣果報不識是邊見諦真實法無今世後世无涅槃及四諦等是邪見非真實樂淨觀有樂淨辟如斷樹木竪立夜中遥看謂是人是見盜非因見因非道見道是戒盜身見苦諦斷五陰中計我故常想斷想苦諦斷緣現在五陰故邪見若諦若見苦斷如是諦習盡道見習盡道斷見盜若苦諦中計有樂淨等見苦斷如是習盡道中計有樂淨等見習盡道斷戒盜非道求涅槃及非因見因是戒盜見苦見道斷六修得修行

修斷修除修分別修律儀修云何得修未曾得善法功德而得得已諸餘功德亦得云何修行曾得諸功德令現在行云何斷修善法斷諸結使云何除修能却諸不善法云何分別修分別觀身實相云何律儀修六情染汙塵緣勝故五根憂根初禪滅无餘苦根二禪滅無餘喜根三禪滅无餘樂根四禪滅无餘護根无想三昧滅无餘三界斷界无欲界盡界除愛結諸餘煩惱斷是謂斷界愛結斷是謂無欲界諸餘法斷是謂盡界滅婬欲得心解脱滅愚癡得慧解脱内外入不相繫婬欲是能繫譬兩牛為軛所繫以是故愛不愛塵中應護心不應有愛瞋恚心十法欲界色界无色界无漏相應不相應善无為无記无為是謂十法五法法智緣云何五欲界繫相應不相應法无漏相應不相應法善无為法是為五法未知智緣七法何等七色界繫相應不相應法无色界繫相應不相應法无漏相應法不相應法善无為法他心智緣三法

欲界繫相應法色界繫相應法無漏相應法等智緣十法欲界繫相應法不相應法色界繫相應法不相應法無色界繫相應法不相應法無漏相應不相應法善無為法无記無為皆智習智各各六法緣三界繫相應法不相應法是謂六法盡智緣一法善無為法道智緣二法无漏相應法不相應法滅智無生智緣九法除无記無為法自地煩惱自地使所使一切遍使自地他地中一切遍餘各自地使所使有二種法相應不相應法云何相應法諸心心數法云何不相應法得等十七法十七法者一成就二無想定三滅盡定四無想處五命根六種類七處得八物得九入得十生十一老十二住十三無常十四名衆十五字衆十六味衆十七凡夫性得諸法時心不相應法俱得是謂成就猒生死涅槃想四禪力多少時滅心心數法是謂無想定猒於勞厚息止想有想无想定力多少時滅心心數法是謂滅盡定生无想天中心心數

法不行斷止是謂無想處四大諸根等相續不壞是謂命根種種生處他衆生身心語言相似是謂衆生種類到異方土所得是謂處得諸行雜物是謂物得得諸内外入是謂入得諸行起是生行熟是老是行未滅是住行滅是無常合字義是名衆合名說事是句衆合廣說是語衆未得聖無漏道是凡夫性是謂十七心不相應法是中幾善幾不善幾無記二善七無記八當分別無想定滅盡定是謂善无想處種類名衆句衆語衆命根凡夫性是謂無記成就生老住无常善中善不善中不善无記中无記處得物得入得有善不善無記幾欲界繫幾色界繫幾無色界繫幾不繫三欲界繫二色界繫一無色界繫十一當分別或欲界繫或色界繫或無色界繫有不繫名衆句衆語衆是欲色界繫無想定无想處是色界繫滅盡定是無色界繫成就命根種類處得物得入得凡夫性是三界繫生老住無常欲界繫法中欲界繫色界繫

法中色界繫無色界繫法中无色界繫不繫法中是不繫是中幾有漏幾無漏十三有漏四當分別生老住無常有漏中有漏无漏中無漏得初無漏心是時捨凡夫性生他界時亦捨凡夫性得他界凡夫性離欲時第九解脫道中斷去何三無為智緣盡非智緣盡虛空去何智緣盡有漏無漏智慧力諸結使斷得解脫是謂智緣盡去何非智緣盡未來因應生不生是謂非智緣盡去何虛空無色處無對不可見是謂虛空共依因相應因共有因先生自似因未生後諸法因如是遍因亦次第緣衆生中報因一切有為法有為法果亦涅槃果何以故一切有為法因緣生涅槃道果諸相應法一緣中一時共行他相中非自相中心心數法無處无方土所以者何緣一切處故道生時諸結使欲滅是故欲生道得解脫不滅道時欲滅無㝵道斷結使欲生解脫得解脫三愛欲愛有愛不有愛諸物求索是謂欲愛得時貪惜是謂有愛見斷求

斷是謂不有愛思惟所斷三十七品除直思直語直業直命猗護餘殘是根法四念止一一現在前何以故分別緣諸法諸法他相應自不相應緣諸法中結使應離是為斷有斷未離去何斷未離得苦智未得習智習諦所斷苦諦所斷緣三諦中得二不壞信苦諦習諦盡諦法戒不壞信道諦中得四不壞信一切心數法隨心行共一緣故如是無教戒生住老壞隨心行一切有漏法應斷何以故罪垢故一切有漏無漏法應知何以故智緣一切法過去未來諸法遠何以故不辦事故現在諸法近何以故辦事故無為亦近何以故疾得故一切有漏法見處五見緣故極多少成就十九根情不壞有二根亦復見諦人不壞情未離欲是謂十九㝡少八根斷善根漸命終有殘身根亦復無色界凡夫更樂三事合情緣識是更樂五種有對增語明無明非明非无明五識相應是謂有對意識相應是謂增語染汙更樂是謂無明无漏更樂是

謂明不染汙有漏更樂是謂非明非無明兩道得果一斷結使二得解脫阿羅漢報心般涅槃一切法放捨故四有生有死有本有中有初生得五陰是謂生有死時五陰是謂死有除生死五陰中間是謂本有死已能到諸趣五陰是謂中有苦習諦智忍緣諸法是謂厭厭物緣故四諦中諸智忍是為離欲欲滅故三有漏欲有無明欲界除無明餘殘煩惱是謂欲有漏色無色界除无明餘殘煩惱是有有漏三界繫癡是無明漏是諸漏一切盡是時得一切苦盡得一切智甘露味得道聖人名瞿沙造

阿毗曇甘露味論卷下

甲辰歲高麗國分司大藏都監奉

勅彫造

阿毗曇甘露味論卷下

校勘記

一 底本，麗藏本。

一 七四九頁中三行第八字「盡」，磧、南、清作「無」。

一 七四九頁中一七行「第二」，諸本作「等二」。

一 七四九頁中二二行第六字「法」，諸本無。

一 七四九頁下一九行第六字「謂」，諸本作「諸」。

一 七四九頁下二〇行首字「他」，諸本作「知他」。

一 七五〇頁上一八行第三字「辯」，諸本無。

一 七五〇頁中五行第二字「油」，諸本無。同行「八禪」，諸本作「八種」。

一 七五〇頁中一〇行第一一字「坐」，諸本作「若坐」。

一 七五〇頁中一一行「軟信」，諸本作「深信」。

一 七五〇頁中一六行第六字「諸」，諸本作「五」。

一 七五〇頁中二二行「諸善」，諸本作「諸善心」。

一 七五一頁上一八行「起至」，諸本作「趣至到」。

一 七五一頁中一二行第七字「入」，諸本作「人」。

一 七五一頁中一三行第一〇字「想」，諸本作「相」。下至一八行第一二字同。

一 七五一頁下一九行「神通」，諸本作「神通佛通」。

一 七五二頁中二一行第九字「禪」，諸本無。

一 七五三頁上七行「末來」，諸本作「未來」。

一 七五三頁上末行「第一禪」，磧作「第二禪」。

一 七五三頁中四行第三字「十」，諸本作「十地」。

一 七五三頁中五行第七字「九」，諸本作「九地」。

一 七五三頁中六行第七字「處」，諸本無。同行第一二字「七」，諸本作「七地」。

一 七五三頁中八行首字「六」，諸本作「六地」。

一 七五三頁下三行第九字「得」，諸本無。

一 七五四頁上一二行第九字「生」，諸本作「已生」。

一 七五四頁上一七行末字「勤」，諸本無。

一 七五四頁中二行「四意」，磧、南作「四憶」。

一 七五四頁中一七行「直念直方便」，諸本作「直方便直念」。

一 七五四頁下五行第五字「念」，諸本作「念念」。

一 七五五頁上九行第一一字「得」，諸本無。

一 七五五頁下三行末字「苦」，磧、南作「法」。

一七五五頁下四行第六字「樂」，徑作「難」。

一七五六頁上一行第七字「未」，諸本作「求」。

一七五六頁上三行「三苦失」，諸本無。

一七五六頁上九行「是故」，徑作「是謂」。

一七五六頁上一二行第一一字「眠」，諸本作「眠」。

一七五六頁上一四行第五字「世」，徑作「法」。

一七五六頁上一五行第三字「先」，諸本作「先見」。

一七五六頁上二二行「思惟……思惟」，諸本作「及修無色界一種謂修」。

一七五六頁中五行首字「玷」，諸本作「點」。

一七五六頁下一八行末字及一九行第七字「諦」，諸本作「謗」。

一七五七頁上三行「修行」，諸本作「行修」。

一七五七頁上一四行末字「輒」，資、磧、普、南作「輙」。

一七五七頁上一五行第一一字「應」，諸本無。

一七五七頁中五行第一三字「爲」，諸本作「爲法」。

一七五七頁下五行「得得」，諸本作「得」。

一七五七頁下一九行第四字「有」，諸本作「或」。

一七五七頁下二〇行第七字「无」，諸本作「三」。

一七五八頁上一四行第一一字「中」，徑作「定」。

一七五八頁上二〇行「不滅道」，諸本作「道滅」。

一七五八頁下八行「厭厭」，資、磧、普、南作「猒」。

一七五八頁下一一行「有有」，諸本作「有」。

一七五八頁下一二行第九字「漏」，諸本作「有漏」。

隨相論一卷　都

德慧法師造

陳天竺三藏真諦　譯

論中解十六諦

十六諦揔問為物有十六為名有十六耶沓毗(防夷反)頗(判何反)沙(翻為廣解)師解為物有十六故立十六名實有其體故稱物經優波提舍(翻為論議脩善說)師解名有十六物唯有七苦諦有四謂無常苦空无我集滅道三諦各一合為七佛本說優波提舍經以解諸義佛滅後阿難迦旃延等還誦出先時所聞以解經中義如諸弟子造論解經故名為經優波提舍毗婆沙復從優波提舍中出略優波提舍旣是傳出故不言經毗婆沙今先依前釋屬緣故稱無常有為法無力不能自起藉緣方起如嬰孩小兒不能自起藉他扶持方復得起所言緣者即是貪愛及業必須具此二法五陰方得生業能生果雖復能生若無貪愛愛著應生處者果亦不起由如地水等能生穀牙若無

人功以穀子安置地中牙終不得生未起貪愛及業時果則是无起貪愛及業因緣和合果方得生生則是有業力若盡果則謝滅還復成無即是先後先後无繫屬於緣故言屬緣故名無常逼惱性故名苦逼惱有兩種一違逆逼惱二隨順逼惱若於佛弟子是違逆逼惱佛弟子於生死中恒生怖畏經中辟云辟如燒利劒火光耀眼人執之在側欲以相害於念念中恒生大怖畏佛弟子怖畏生死亦如此此下是違逆義而生老病死等恒相逼惱故苦若於凡夫是隨順逼惱凡夫愛著生死即是隨順義如兄弟二人兄甚愛弟弟恒惱兄兄雖受惱猶自愛之凡夫愛著生死雖復受苦猶愛著之故以逼惱性為苦對治我我所見故名空凡夫執一切法言是我所今明一切悉非我所為對治此見故名為空對治我見故名無我凡夫執五陰等以為我今明一切法悉無有我為對治此見故說無我(此四是苦諦)次釋集諦四名種子法道理故名因

能生果是種子法具四義是其道理四義者一種子破則不能生如取種子磨之令破雖具諸緣不復能生牙貪愛等煩惱亦是生果之種子若為道所破雖具餘緣不復能生果二陳宿故雖具諸緣亦不能生牙以種子經時節久故貪愛等生果亦復如此聲聞六十大劫修行獨覺百大劫修行佛三阿僧祇劫修行三乘人在未發心之前於一闡提位中起貪愛等煩惱煩惱生業業所感果猶未受之從修行已去多歷時節功德智慧旣轉深廣映蔽先因力用衰弱雖具餘緣不能生果大有經說九十八惑生一煩惱一煩惱生九十八惑如因貪具生九十八惑皆能生貪三失時故雖具餘緣則不生牙如春種則生冬則不生因失時亦不能生果如鴦掘魔羅因無明斷二千命死必應入地獄而現身得成阿羅漢先所作惡以時老故雖具餘緣不復得生果四因緣不具雖不破不陳宿不失時亦不生牙如地水人功等因緣不具故不

能生牙因生果亦尒雖未被破未經久時及失時兩因緣不具則不能生果若衆生作業能牽生果須具三事一親近善知識二有信向心三作功力惡業須三事對此求之若無三事因緣不具則不能得果故醜陋經云若衆生願生人中而作業因緣不具故乃於畜生等中受果若作惡業應於畜生等中受生因緣不具乃於人中受果如阿羅漢雖具有諸業以斷煩惱盡業無煩惱為伴故則不能牽生又如中滅阿那含用業已盡而貪愛未盡不得受色界生生在中陰中又如得初果竟起修道所滅煩惱煩惱生業雖具業煩惱由斷見道所破煩惱故不復得用新業受生世間種子法必須具四種道理方得生牙貪愛及業為種子法亦尒必須具四種道理方能生果生果故名因問業及煩惱何者正為種子答煩惱為正煩惱生業業不能生煩惱煩惱是本故又有業無煩惱必不能牽生有煩惱无業由得中陰生

二顯現故名集起顯現有兩義一貪愛與業相應令果得生未生時果未現生時則顯現二貪愛能顯於境界境界實是鄙惡而貪愛轉心謂境界為好即顯現境界令好如一女人三識往觀之凡夫見之謂為可愛之境虎狼觀之謂是可食之物聖人觀之謂為骨蔵謂為骨蔵此是稱境而知謂為可愛可食並由貪愛顯現此境故尒由貪愛顯現應生處境於中起染著故業得生果若無此二顯現果則不得生明此兩種顯現為釋集起義外道謂一切法唯有一因生言自在天一因生一切物令為破此見明衆緣集聚方能生果雖復衆緣集聚若不能令果起亦非因義集聚而令果起方得是因二種顯現亦明集聚義亦明令果起義故以顯現釋集起如窯師埏埴繩水等衆緣聚集共生一瓶能拔出果令成就故名緣因直感果令起緣則能令果生使一期報得具足成就次釋滅諦四名五陰盡不生故名滅此據果報為語現在五

陰盡未來五陰不生故名為滅令取滅名目無為體耳滅諦自以無為為體不取五陰滅不生為體五陰滅不生有三世滅諦體是無為非三世法五陰滅不生有三世者如舍利弗目揵連等五陰是過去滅不生凡夫五陰則於未來方滅不生若現在聖人五陰則是現在滅不生無為法中无五陰五陰不於此中生故用盡不生義以目無為又五陰若盡滅不生時方證得此無為故以盡不生義目無為故名无為為滅能滅三火故名寂靜三火有兩種一欲瞋癡為三火此三有三義故名火一能燒衆生一切善根二此三煩惱能使心熱即有燒心義三能然三界故名火此三煩惱遍三界中從六塵六根六識生此煩惱根塵識皆是有流由此三煩惱故不得安樂三煩惱如火能然根塵識如薪是所燃問上界無瞋令那得言有瞋耶答凡夫生上界者具有見諦煩惱在上界非無之但不得起故言無今言有者就理為語二以三苦為

三火此三苦能燒衆生令不得安樂若欲界則具三苦色界則具壞行二苦無色界唯有行苦三苦即是三災苦苦是火災壞苦是水災行苦是風災有此二種三火則喧動以滅此二種三火故名寂靜無三狂故名妙三狂者謂生老死為三苦此三苦平等遍三界中故偏說此三苦為三狂三界皆有生故有生苦若欲界則有頭白面皺之老六天及色界乃無此老相貌亦有改異義如采畫始時則分明可愛久則采色歇薄上界色身亦有此義即名此為老無色界心亦有老果報將盡之時心用改異昔時定心堅固將終定心劣弱恒欲退墮故三界皆有老苦三界皆有終盡故皆有死苦所以名此為狂者凡夫之性恒求安樂所以修世俗善望得樂報而此三横災使其受苦故名三苦為三狂無為之中无此三狂故名為妙問上界生時自不苦何故名為苦耶荅未必生苦受故名苦生是苦本故名為苦无為不生所以無苦生死有

生所以有苦故名生為苦如地獄是處所之名處實非苦但處能生苦故名地獄為苦問生苦三苦中是何苦耶荅若是苦受生是苦苦若樂受生是壞苦捨受生是行苦欲界生具有三苦色界生具二苦謂壞苦行苦無色界唯是行苦老苦亦具三苦若轉樂為苦則是苦苦若轉苦為樂轉樂為樂則是壞苦轉樂為捨則是行苦約三界類此死苦亦具三苦類前可解耳問經中說有幾苦耶荅說有无量苦此間所說八苦以外分別復有諸苦但止說七苦耳舊八苦中不說病苦說七苦竟言等等餘諸苦所以不說病苦者病苦唯在欲界人中近不遍欲界天中故不說之天中所以無病苦者病從內外緣生外謂寒熱不平等飲食不調適故致病苦內者或行多令四大弱或坐多令四大弱四大弱故成病上界外無寒熱不平等飲食不調適之緣內四大既强无有行坐過差之緣故不得有病苦曲解亦有病義六天作欲事或三日不

食乃至七日不至七日則死未死之前四大弱亦得名病苦問餘四苦云何荅五陰若通三界求不得愛別離怨憎會此三苦上二界定無以名自住果報無有雜住一處故無此三苦欲界六天則具有之下品諸天願樂上品不得故生苦即求不得苦與阿修羅鬪戰即怨憎會苦鬪戰不如為阿修羅所縛所破即愛別離苦解脫一切失故名永離一切失者是因緣果報因是煩惱緣是業所受五陰是果報此三是過失法究竟解脫此三非暫時解脫故名永離問煩惱何故稱因業為緣荅煩惱是種子正能牽生故名因若無煩惱雖復有業則不能牽生若无業有煩惱猶得生中陰若煩惱盡業雖得莊嚴果終由煩惱生業故得果次釋道諦四名於中行故名道凡有兩釋一云盡無生智是能行戒定慧是所行從苦法智訖道比智十二心皆斷煩惱是盡智第十三心是無生智戒有有流本是有流由兩智行之故成無流定亦如此智

有三種謂聞思修修慧亦有有流无
流亦由兩智行之故成無流盡智行
之者若流智現前具八分聖道戒定
本是有流令為盡智行之故成无流
盡智有二種一是正見二是正思惟
同觀無常而有麁細正見細見思惟
麁而此二乘得相生若以正見為盡
智亦得言使正見成無流終是比盡
智令智慧成无流如此明義則一時
中為盡智所行故令戒定慧成無流
以異性故得同時乃至阿羅漢悉如
此若還以正見望正見正思惟望正
思惟者則不得同時必以前正見使
後正見成無流正思惟亦尒一時中
不得並有一性兩法故若如此明義
則異時明智慧為盡智所行乃至阿
羅漢悉如此為无生智所行乃至阿
羅漢悉如此為无生智行故戒定慧
成無流者見諦有後十心後十心屬
果若須陁洹人作十二心觀者則是
无生智使同時戒定慧及異時慧成
无流問若法見即是無生智何不說
之耶答若法見若形待苦法智亦得

名其作無生智若望苦類智者其復
為苦類智作本斷上界煩惱復屬盡
智既不定是无生智故悉屬盡智唯
第十三心定故可說為無生智第二
解言戒定慧為無流心所行成无流
故名道則以无流心為能行戒定慧
為所行盡無生智是助心法故前解
異後釋言於中者於戒定慧中與理
相應故名如者若通論則與四相應
理相應故名如若別論與不斷不常
中道理相應故名如如是得理之智
若以邪思惟不如破之不能使其成
不如故名如
正見所作故名正行若聲聞人聞正
師說正教從正聲名生正聞正聞生
正修作如此次第習學名為所作若是
獨覺及佛則從正思生正修无有從
正聲名生正聞義以此兩乘根利自
能思惟得悟問獨覺及佛根本悉經
聞法故得生思惟修慧何故无正聞
生正思耶答宿世非不經聞今論即
事非是憶昔所聞乎時師作此說依
此說依此而生思慧直端然思惟自

得悟理聲聞則必依師語思惟之永
過度故名出離有兩解一解言由邪
思惟故生煩惱煩惱生業業生果報
此等皆是不正思惟故若生無流智
慧智慧生戒定等皆悉是正正與不
正相反正即過度不正非暫時過度
及是永過度又一解煩惱是倒智慧
是不倒倒與不倒相反不倒永過度
倒前解則廣後解則略故有異用前
家又一解十六名言非永法性故名
無常若无為法本来是有永無有生
永无住滅有為法暫生暫住暫滅此
法性尒故名無常從无明生故苦者
不解世間事故苦近不解世間事已
自是苦死不解真實甚深理邪弥是
大苦无明根本是苦由無明故受生
死報故生死無處不苦中間人所離
故名空六根是中間佛自以聚落譬
六根今言中間如聚落之中間我人
不在此中間故言人所離以為我人
所離故名為空不自在故名無我者
自在有兩義一不依他故名自在若
不由他生住滅則是自在二者隨意

所作故名自在若欲令火冷火輙冷
欲令水不濕水即不濕者此則是自
在一切有為法依他故有生住滅又
不得如意若有神通能轉變者終須
依定等修學方有此用既不免依故
無自在既无自在故無有我来道理
故名因今次第舉譬釋之以種子為
譬如有種子不藉餘緣自有生樹之
力樹猶未生而種子既有能生力能
令牙等後時来現在業分為四分初
分者當作善惡業時不藉餘緣便
自有能感果力果至命終猶在未来
業既有能感果力能令果後時来現
在有能令来之道理故言来道理名
因出道理故名集起者種子本能生
樹樹牙莖枝葉等本在未来今以種
子内土中藉地水等外緣方得出牙
牙纔起現在種子即滅業亦如此本
能感果果在未来現在𠬧既盡先受
中陰生中陰生纔起業初分即謝業
有能出中陰之道理必須因緣聚集
中陰果方生故言出道理故名集起
行度故名生處者牙先出現在從牙

生莖從莖初訖至未生華以来名為
行度行者漸漸增長度牙位莖纔生
牙便謝業亦如此先受中陰牙捨中
陰牙受正生從柯羅邏初至第七分
之終名為行度漸漸增長故名行過
中陰位故名度柯羅邏纔生業第二
分便謝柯羅邏等次第生故名生此
生從業生故名業為處故言行度故
名生處業第三分自用强若无業用
雖有餘緣生果終不得起
所依道理故名緣莖先漸長猶未生
華從生華以去至結子子又生未来
樹皆名所依道理華果等皆依此位
種子而得生華纔生種子第三分便
謝業亦如此從柯羅邏初至第七分
未能作生死因及解脫至六根具足
第二剎那已去能造生死解脫因此
位是業第四分此第四分初以去若
苦樂若惡若善皆依業第四分業第
四分是依道理故名為緣業第四分
纔生業第三分便謝業第四分自用
亦强果既已生藉餘緣義則弱正由
業用故果得具足若業第二分感中

陰生因緣俱弱以貪愛為因業為緣
二事俱弱不可以種子全為譬止少
分為譬耳當作業時具能感此四位
果逐時節有異有此四種約此位故
分業為四分問一業那忽具感此果
耶答就一剎那明一業亦得義分為
三分前分後分弱中分明强弱感中
陰强感生果若无流業則初强後弱
問業生果與種子若為異耶答此義
不同若依薩婆多等部明有為法皆
剎那剎那滅者一種子且據十剎那
為語若當分論相生者第一剎那能
生第二剎那第二剎那能生第三
恒隣次明相生第一生而即滅不至
第二豈能生第三耶若就向分因約
相續為語者第一剎那同分因即能
生第二剎那以去乃至華實同分因
攝此業果在未来第一剎那滅第二
剎那同分即攝第三剎那以去果在
未来後去次第類此若無第一剎那
種子為本則不得有第二第三剎那
次第相續故初一剎那種子以得說
其能生後諸果言同分因者種子四

大即四分同能生一果故有此名不
如業有同隨得攝其因果若正量部
色不念念滅有暫住義種子未生牙
時只是一種子耳若當分論生果正
生牙果若約相續亦有生莖葉等義
後去類皆如此業則不尒業雖自滅
有無失法在攝其果令不失今且據
戒善為語戒有根本根本有前方便
及正方便前方便有三事一大衆和合許
為受戒二正乞戒三時節時節者要期
盡形壽息一切惡正方便者師為其
說一白三羯磨至第三羯磨竟即得
護身口善此善即是戒以要期心等
緣攝之以此為根本盡形壽不滅從
此後相續恒流若中間作罪戒則不
復流若懺悔竟則還復流言流者從
根本流出一刹那戒善所流出者亦
生即滅不從此刹那戒生第二刹那
戒還從根本流出第二刹那戒如此
後後生者能從根本流出若是薩婆多
義有同隨得繫之戒善生雖謝同隨
得繫其住在過去繫果在未来若正
量部戒善生此善業與无失法俱生

其不說有業能業體生即謝滅無失
法不滅攝業果令不失无失法非念
念滅法是待時滅法其有暫住義待
果生時其體方謝若是定戒皆有隨
根本相續流義布施物則隨物在善
恒流若無流善不能得果无有無失
法與善俱生无有出在餘心無流善
恒流義問業與無失法俱生同是有
為法業體何故滅无失法不滅耶答
善是心相應法故生而即滅无失法
非心相應法故不念念滅薩婆多義
同隨得亦念念滅但非心相應法種
類自相續不斷問布施善恒流走去
何荅身口是業體以相貌為身業以
語言為口業運手捉物或取物或擎
物與前人此即是相貌即以此相貌
為身業發言呼取某物施某人此語
言即是口業發起身口業緣有三種
一三善根二從三善根生正思惟三
從正思惟生作意謂作施意若惣論
用此三緣發身口業近論正是作意
發身口業言布施者以三緣發身口
業故名布施善菩薩默念而雨實意

業亦是施業田有三種一福德田如
佛及菩薩等二恩養田如父母等三
貧窮田即饑寒衆生等若施福德田
則无癡善根多若施貧窮田則無癡
瞋善根多對貧窮衆生必起慈悲故
無瞋善根多一時中乃具三善根隨
所對田故不无多少之異施復有二
種一恭敬施二利益施若恭敬當施
時善生施竟則善不復流所以尒者
如佛已涅槃為恭敬佛故以衣食等
供養又如世人以衣食等供養過去
世尊亦有恭敬故既無人受用此物
故善不得隨事而流二利益施者為
利益前人四大以前人受用此物四
大增長故為利益而施者善則隨三
事恒流三事者一三善根二餘物三
衆生三事中若一事不具善則不復
流如餘物雖未盡衆生猶受用之而
施主已死或起邪見斷善根善无復
根本則善不復流若施主生存善根
不斷能受用人未滅而餘物已盡善
亦不復流若施主不斷善根亦不死
餘物又未盡而能受用人已謝滅無

復人受用之善亦不復流餘人雖用非施主本心所期唐自受用善然不資若檀越施心通普此則隨用皆有善資故為福田者受他施時須將其約若聽隨意用則隨所迴施傳傳生福則無窮若不介者輒迴與他乘施主心迴施人非但無福亦更招罪乃至後應墮惡道中更相報償此不容易故宜慎之問斷善根竟善既無復根本云何得更生善耶答此應更作兩問須陁洹初道無流无有無流種類為根本何得以阿羅漢退起修道所破煩惱煩惱無不善根為本云何得生耶答生有兩種因一先生因二俱生因先生因即是三善根未作善時先有此善根能生所作善故名先生因俱生因者即是作意思擇故善生只思擇時是善生時故名俱生因若善根未斷作善之時從兩因生若善根已斷作善之時則唯從俱生因生若善生時還復接三善根令與善心得相應斷善根非是善根體都滅盡直以邪見障之无復有善心與其

相應名之為斷若無流道生者有流善根體則滅須陁洹初道无流介前未有無流善根唯從俱生阿羅漢退起煩惱三不善根已盡亦但從俱生因生問小乘佛受施食食此食時作便利不答佛無便利佛領下兩邊向頸各有千筋受一切食味食下至此便變為血肉故无便利轉輪王有兩解一云有便利一云無有三乘同凡夫亦有便利若六天食名須陁須翻為善陁翻為貞實此食精妙亦不成便利

無共繫義是滅義共繫淨盡故名滅例前止應有後句而有前句者天竺云尼盧陁此一名有十義覆亦名尼盧陁蘭亦名尼盧陁滅亦名尼盧陁今示說滅義不說餘義故以初句分別之中阿含中有解繫縛經云佛語比丘貪愛在汝眼中汝須滅之若滅貪愛汝眼亦滅因眼對色生貪愛共繫縛識貪愛即煩惱繫縛眼及色境界是繫縛若滅貪愛繫縛眼等繫縛亦壞滅經辟之云如以鎖鎖繫人置

牢獄中鎖是一繫縛獄是一繫縛若打除鎖又燒滅獄則離二繫縛兩縛共繫衆生故言共繫解脫貪愛故言淨解脫境界故言盡此即是餘无餘涅槃貪愛滅是有餘涅槃境界滅是無餘涅槃眼既如此耳鼻等悉然三有為相解脫故名寂靜三有為自有二種一以三世為三有為相二以生老滅為三有為相所以不明有住者有為法无住住是無為相故不說之由邪思惟故起煩惱煩惱生業業生果報既有因果相生故有三世無為法無因果相生故无三世有為法本是無故有生有生故有老滅无為法本有故无生無生故无老滅有為法具有二種二相喧動故非寂靜无為法解脫此二種三相既無喧動故名寂靜就一煩惱有一解脫九十八煩惱即有九十八解脫諸法本來不生不生即解脫衆生顛倒故於色等而起貪著因貪著生業業生果報煩惱貪著色不能稱所對無為之理所對無為即是此貪愛若被斷即證得此

無為故九十八惑有九十八无為業及果報逐煩惱無別有无為

真實善故名妙善自有四種一真實善二自性善三相雜善四發起善真實善者即是涅槃生死是惡法涅槃无惡不從因緣生故名真實善自性善者即是無貪无瞋無癡三善根此三善根不藉餘緣性能對治貪瞋癡三惡涅槃无三惡其與涅槃相稱故名為善譬如三藥非藉餘緣性能治病油能治風蘇能治熱蜜能治淡三相雜善者是意業善由與三善根相應故生信智等善信智等生時心及助心法與三善根相應悉皆成善未雜之時三善根各能治一惡心及助心法不與三善根相雜則无治惡用相雜之時則能備破諸惡如衆藥未相和雜之時各能治病和雜以後則無所不治

四發起善者是身口善身口本无善由意業善發起身口故身口生善譬如水本非藥以藥內水中而煮之由藥發起水使水亦成藥三善根皆由

隨順真實善故得成善惡是麁法无為無惡是真實善故名妙好問心及助心法與三善根相應時一時中具與三善根相應不答一時中具與三善根相應如信智等現前時此心得理即是无癡貪瞋不起即是無貪瞋問心及助心法與三不善根相應時一時中具與三不善根相應不答惡心現前時此心乖理恒與無明相應者與貪相應時不與瞋相應以惡性相反故問三善根是心法不答非心法故有時不與心相應如僧祇等部說衆生心性本淨客塵所汙淨即是三善根衆生無始生死已來有客塵即是煩惱煩惱即是隨眠等煩惱隨眠煩惱即是三不善根由有三善根故生信智等信智等生時與三善根相扶故名相應由有三不善根故起貪瞋等不善不善生時與三不善相扶故言相應若起邪見斷三善根三善根蹔滅非永滅後若生善還接之令生若斷三不善根者斷則永不生寂勝息故名永離者如人處在怨賊

之中則不得安息若斷離怨賊離之未遠乃有安息義非寂勝安息若都出其境界者方是寂勝安息內合亦尒若在煩惱怨賊中則都未安息若雖復稍斷斷之未盡乃有安息義非寂勝安息斷之若盡永出煩惱外方是寂勝安息阿羅漢煩惱都盡永不復生是寂勝安息須陁洹見諦煩惱都盡永不復生亦是寂勝安息

為對治邪道故名為道九十六種沙門皆行邪道所以稱邪道者行此道者去無所至故名邪道若行戒定慧正直道者得至涅槃為對治邪道故說戒定慧為道又解言可覓故名道如人期心欲至一方先須覓道路若欲求解脫須先覓出世道戒定慧是可覓之處故名道對治非如故名如有兩解一明對治非如理二明對治非如行四倒與理不相應即是非如以常樂我淨置生死中以无常苦無我不淨置涅槃中今觀生死是无常苦无我不淨涅槃是常樂我淨與理相應即是如問小乘涅槃云何得是

我耶是我則一切法不皆是無我荅小乘明一切法中无我故名無我耳涅槃有體有體即是法我對治行不如者外道有常見斷見常見者計我不滅於未来受報為未来報故於現在修苦行凡有十一事一永坐恒坐不起二大發行不住不避山谷險難而湧行三不食斷食自餓四長倚恒立一處五隨日仰頭視日朝則東視隨日上落視之不懈六五炙當晝大熱以日炙頭四邊燃火以炙身七眠剌取剌置一處以眠其上八投巖九赴火十投水十一供養諸天自挑出筋為琵琶弦彈之而預供養諸天斷見者謂身滅我亦滅无有未来現在恣心所作造種種罪此行並不與正行相應故名不如行令觀不常不斷離二邊行中道與涅槃國相稱事故名正行所以呼涅槃為國者有二義一大力人所鎮故大力人即是佛及獨覺阿羅漢證得涅槃無有過失故言鎮二怨賊不侵故涅槃之中永離煩惱即是不侵不稱事有三義一不

肯去二僻路三疑路若起我見者以生死為極處不復進求涅槃即是不肯去義雖欲進求而修戒取即是僻路於無流八定及有流八定不知何者是正即是疑路若修无流慧分別是非即除疑路既除疑路亦除僻路不著生死即除不肯去修無流慧能除我見戒取疑等煩惱涅槃无煩惱即是與涅槃相稱事此事不邪故名正行對治一切怖畏故名出離一切怖畏者佛問波斯匿王有人說有大山從東方来下壓地上際日輪如是次第明有人說餘三方有大山来汝今欲作何計王荅佛言世尊此不可以愛語而得却之不可以布施而得却之不可作怖畏事而得却之不可興兵而得却之非此四方便所如我令唯當一心急修八分聖道以求出離耳

佛又問如有火来爛汝頭燒汝衣汝為當先須滅火先須修八分聖道耶王荅言世尊火燒我頭及衣我若滅火乃是蹔時得免苦非是永免若修

八分聖道則永離苦我當先修八分聖道不先滅火四方山即譬老病死愛別離四苦老苦能壞少壯病苦能奪強健死苦能傾壽命愛別離苦能乖富樂前来皆是出異義天親所執同經優波提舍師義論主云如我所信所解今當說之有生有滅故名无常有為法有生滅故不得是常生即是有滅即是無先有後无故是無常生何故非常生滅何故非常滅而言生滅是无常耶解言生壞於滅故滅非常滅復壞生故生亦無常相違性故名苦五陰是苦衆恒違逆衆生心令其受苦衆生无不愛所受身以衣服飲食種種將養而其不知此恩恒生諸苦違逆衆生心於衣食增減之間恒生苦惱欲令得安所以坐久則生苦卧坐須行久行又生苦如此四威儀中恒相違逆所以恒違逆衆生心者由所緣境界非真實故違逆生苦體所離故名空一切諸法皆是假名有名有義而无有體和合能生是因義於和合中以立因名所生是果義

於所生中以立果名而因果无體何以故然根塵和合能生識離根塵外豈別有因體耶和合故說識生離和合外豈復別有識體生耶有因果无能作能用無有因果是有因果名義无能作者因无體無真實能作无能用者果無體无真實能受用苦樂名義中无體即是體所離義故名空無自人故名無我佛說有法不出十八界若言有我是何界所攝若十八界不攝故知無我此破跋和弗多羅可住子部義其救義去我遍十八界中豈可令別為一界所攝耶其所執我言不一不異是不可說藏今更破之如眼根與色塵是所緣眼識是能緣緣根塵故生識今先就所緣中破之我遍在根塵中為一為異若其異者則應所緣有根塵我三法佛何故止說二不說三耶若言有我異於根塵而佛不說為所緣者此我則无用又若言異根塵者汝說不異義此則壞若言我與根塵一則唯有根塵何處有我則汝說不一義又壞次就能緣

破之我與識為一為異耶若異則能緣有二種謂我及識若有二法佛何故不說耶若雖有而佛不說則我无用又汝說不異義則壞若我與識一識從緣生既是有為我亦應是有為汝立我非有為非无為此言則壞又汝言不一此言又壞若破外道計我者外道立我義以四智證知有我一證智二比智三譬智四聲智以此四智證知有我外道有斷常二見若是斷見者謂即此身是我故身滅我亦滅既即身是現見有身即是證智知有我若見出息入息等五種是我相既見其相則知有我此即是比智知有我若見自身有我知他身亦有我即是譬智知有我聞聖師說有我則知有我是聲智知有我若常見者則唯比聲二智知有我耳常見者言隣虛及我不可見非證智所知復有常見者亦言我是證智所知其說眼中之白精是月白之中間赤精是日赤之中間青精言是空青精中人子是我我則常此亦可見故是證智所知

月是母造日是父造空是自在天造我非因造故是常所以名青精為空者若覆之則不見知其是空天親次第破之證智所知不過七法即是六塵及識六塵及識並非是我豈得為證智所知耶比智所知者如眼色空作意等因緣生眼識識即是明用既見其有用比智知必有眼我無別用以何義比知有我耶譬智者如見家牛形容譬類知野牛形容狀亦應如此我既非證智所知亦非譬智所知聲智者其執我是聖師說言有我我信聖師聲說故立有我此亦不然汝師有斷常二說若如跋婆梨柯阿賴伽也（場奇反）優樓迦（時何反）等三外道起常見執言有我說有未來若是訶梨多聞陁阿輸羅耶鄉等三外道起斷見執言無我不說有未來汝師所說有无自不定豈可以此為證有我耶言无自人者計我者言我是五陰主獨居五陰中譬如國王國是自已所有不與他共今明五陰无主故言无自人故名无我問外道明我有何用耶若

有用則可以此智知㕘其說我外相有五内相有九此是優樓迦等作此執外相有五者一出息二入息三瞬四視五壽命具此五相故知有我五相即五用令破之者以前四相知有我者如宂無前四相豈有我耶其救義云雖无前四相有第五相則知有我又破之壽命必與身相接汝明我得解脫時我則離身我離身時則无復壽命豈得以壽命證知有我耶内相者其說我是常心是隣虛心亦是常別有法非法法者是善非法是惡法非法能令我心共合我心共合生九法從我心生覺能覺知故從覺生苦樂從苦樂生欲憎於樂生欲於苦起憎從欲憎生切力作切力欲滅苦求樂從切力生法非法若常見者計有未来故於現在修諸苦行名之為法若斷見者計无未来故於現在恣心造惡名為非法從法非法生修習修習旣熟其用速疾修疾即是因力修疾故能疾憶念過去事由別有法非法合之故九法中生法非法有時

作善有時作惡別有法非法凡有五種事一能使火上昇二能使風傍行三能使地水沉下四能使隣虛和合五能使我心和合外道說有二災一中間災二火災中間災者凡經三百千拘胵即是三百千拘胵刧一百千拘胵火一百千拘胵水一百千拘胵風世界於火災時世界一刧滅一刧生水風時亦尒滅則麁塵滅本隣虛相離而住生則是法非法使其共合法合為善道非法合為惡道本塵旣合從此增長更生諸塵故成世界我心亦逐外塵離合度三百千拘胵中間災滿至火災時復經三百拘胵世界一向滅本塵一向相離而住我心亦一向相離而住則我暫時解脫度三百千拘胵火災滿法非法復使其共合問火何故上風何故傍行地水何故下㕘火能成熟物若火不上昇衆生則无以得成熟飲食等物又火有光明主於智慧故在上自在天身偹有六道從心向上是人天從心下向至臍是阿修羅及鬼從臍下至足

是畜生及地獄人天光明有智慧故在上火有光明主於智慧故在上風若不傍行衆生則无以得去来如船在海風若沉下上昇船則不得進由風傍行故有去来地水若不在下則衆生無依處地水闇生惑惑屬地獄畜生故在下地獄畜生闇而有惑故在下地地水闇生惑故在下為欲永得解脫故修戒施苦行定四法從四法生正法正法者是其得道從正法生樂生智智樂者受天中樂果智慧若後時斷法非法我與心則永相離九法永不復得生則永得解脫若破我見及隣虛此執自壞論云愛欲有四種一執我是不分別愛欲二執當我是不分別更有愛欲三執當我有勝劣是分別更有愛欲四結有相接愛欲今且次第釋之第一執我者於現在執言身中有我而不分別執一陰為我餘陰非我亦不分別五陰都非我而於我生愛於我所色香味觸等境生染著心故名欲我及愛是見道所破欲是修道所破第二愛欲者

常見者謂我不滅得至未来故名當我分別不異向釋未来言更有我於更有我生愛於我所六塵生染著故名欲第三執當我如向釋亦不分別有勝劣是分別者分別未来我或受苦或受樂或於上地生或於下地生此即是勝劣義更有愛欲不異向解第四愛欲論文乃不説執我亦是執我愛欲執我無分別不異向解謂我不滅得至未来於未来生處起染著故推此身即愛後身結前後二有命相接不斷故言結有相接愛欲不異向解論云經中佛説五陰者以愛欲為根本愛欲為集起愛欲為生處愛欲為緣經中復説愛欲有四種論更次第列前四名後乃釋之釋因云第一愛欲是五陰初根本故名因如種子與果者根本是因義故初引經言以愛欲為根本即是愛欲為因今以根本釋因義言初根本者先於現在執我生愛欲此愛欲即有感未来果力故名初如有種子便有生果之力故言如種子與果

釋集起云第二愛欲者是五陰集起能令當果来故辟如牙等與果者第二愛欲緣未来有我及諸塵生以愛欲共和合能令當果来現在故名愛欲為集起由如牙乃至華能生實等節等莖葉及華果即是實釋生處云第三愛欲者是五陰生處能生五陰勝劣辟如果與田水土等故有香味力變熟感德者第三愛欲分別未来有勝劣故愛報之時有昇有沉由第三愛欲使未来勝劣報得生故名第三愛欲為生處第二辟以實為果今言果亦取實為果果已生田及水土等為果作緣增長其香味等田等有肥瘦等諸力用不同果於中生香味等隨緣有異亦介隨愛欲分別故得果有勝有劣香依正量部及外道立義謂有三種一香二臭三平平者无香臭若是餘部止有香臭無別餘氣而香臭各有二種一增二損如麝香人若齅之則增鼻隣虚塵蟲有聞此香則損鼻隣虚塵糞等臭人若齅人損鼻隣虚塵豬狗齅之則增鼻隣虚

塵味有七種謂甜苦辛酢鹹澁灰汁味澁者如生査等灰味私謂只應是淡味耳力者有十種即輕重冷熱澁滑堅軟澁侯為又粳上音又果子熟如林檎之流其肉則粳變熟者有三種一甜二酸三剌此非三味以三味為名耳食果入腹變熟成淡者名甜變熟成熱者名酸變熟成風者名剌淡體甜滑重故名淡為甜熱體使酢咽故熱名酸風體能使身瘦面澁剌體无肥而澁故名風為剌人身有三分從心向上是淡位從心下至臍是熱位從臍下至足是風位此三分若相通者則調適無病若壅結不通則成病若以六味約之變熟則不同甘鹹二味變熟成甜酢味變熟成酸苦辛澁三味變熟則成剌感德者藥木等自有感德或根能出光或能却鬼或能除毒如摩伽藥所生之處一切毒草皆无復毒力果隨緣有此不同以喻衆生感報差別

釋緣云第四愛欲者是五陰生緣五陰從其起故辟如果緣華滅故生者

第四愛欲染著未来生處結二有使相接未来五陰緣其得起故名第四愛欲為緣如緣華滅故實得生事斷故名滅者事即十二緣生此據因為事以因斷不復相續故名滅即明第一愛欲斷令十六諦有十六物故滅下四各以一法為體无苦故名寂靜苦不擾苦受為語從前生者是果名果為苦前明因斷今明果無若果更生喧動不已豈稱寂靜並由果无故所以寂靜此即明無第二愛欲第二愛欲從初愛欲生即是果无上故名美妙者最勝無過无等故言無上即明无第三愛欲第三愛欲分別勝負今明唯勝無劣即除勝劣愛欲不更還故名永離者若出而更還非謂永離今出而不還故名永離即明无第四愛欲第四愛欲結有今相接是更還生死今斷此結不得復還無流心所行故名道者道即戒定慧為體從无流心生名之為行無流心自有三種一熟二直三明熟故无退明故不迷直故是真也得修慧離散動故熟

熟故不復退失也若心闇則迷境由明故不迷也若有邪僻則不得名直正趣不邪故名為直直而无雜故稱真無流心既具此三德所生之道亦具三德也通達真實境故名如與四諦理真實境界相稱故名如也決定故名正行如經說唯此是道更无別道為清淨見故者无勝之無等之者故名決定若更有一法勝此法則成不定若更有別法等此法者亦非是定不定則不得稱正行也論引經證定義故言唯此是道无別法等之勝之故言更無別道也見有兩種一是僻見即五見也二是正見即盡智也盡智即阿羅漢斷煩惱已盡所得智也能斷除僻見得阿羅漢正見故言為清淨見故也若曲解見道第十三心亦得名正見以能清淨見故名為正行故唯正行是道此外豈復有別道耶畢竟度故名出離者滅諦是畢竟以畢竟不生故也無流智斷除煩惱越諸流證得无為故名為度無為既是畢竟證得无為度亦畢竟故以

滅諦畢竟之名目度名為畢竟以畢竟度故稱出離也論云經中又說眾生有四見一常見二樂見三我所見四我見佛為破此四見故說无常苦空無我釋此語者起見之時必先起我見起我見時即具起餘三見起我見者計我為常即起常見我既是常如刀不能斫火不可燒既不可破壞此即是樂即是樂見既計有我我所在處即是我所即是我所見若破我見餘三見俱被破僧佉鞞世師等作此執也僧佉鞞世師等又起常見云無不有有不无一切法無則恒無无不成有有則恒有有不成无故一切法皆是常現見一切法有生滅者此是轉異耳非其體始生非其體終滅如金轉為環釧金體不曾生滅也其說自性生空等五大五大復生五根何者自性生空空與聲俱起空是本聲是末聲是空德空最細無物能破之自性生風與觸俱起風是本觸是末觸即是風德風麁空細以空来破風風雜於空風則具兩德自德是觸他

德是聲色自性生火火與色俱生火是本色是赤色即是火德火麁風細風來破火火雜於風火具三德自德是色他德是聲觸自性生水水與味俱生水是本味是赤味即是水德水麁火細火來破水水雜於火水具四德自德是味他德是聲色觸也自性生地地與香俱起地是本香是赤香是地德地麁而水細水來破地地雜於水地具五德自德是香他德是聲色觸味也五大作因生五根五根是果空生耳耳還取空自德不取他德故唯聞於聲不見色等也風生皮皮即皮肉等也皮還取風自德唯取觸不取餘德也以火生眼以水生舌以地生鼻類前兩可解耳五根既從五大生五根滅還歸五大耳根滅還歸空乃至鼻根滅還歸地故諸法是常也破常見者明未有已有滅即是先無後无故是無常其言无不有今明未有有未有是无本是无今成有則無不恒无其言有不無今明已有无先是有今成無則有不恒有也問火

云何能破水荅色是火德水中有色即是以火破水也問何者是自性而說其能生耶荅有三種法一名自性二名人三名變異三種中初一但名自性人但名人變異亦名自性亦名變異所以尒者初一無知故不得名人无轉故不得名變異故但稱自性也人有知不能取不得名自性無轉故不得名變異但得名人也從三德以去悉无知其能傳生後故名性從他生有轉故名變異也三法悉是常前兩是常而無變異後一是常而變異如金性不改而有環釧之異人即是我也自性如盲人能行而不見路人如有目而無足人能見不能行自性能作而不能知人能知而不能作人與自性共合則生變異自性自性凡有八種一根本自性二三德自性三大自性四我執自性五唯塵自性六大實自性七知根自性八業根自性三中之第一是根本自性本來有之從根本自性生七種自性七種自性並是變異自性也從根本性生三德

自性三德者天竺語第一名薩埵無的相翻義翻應言妙有其生時精妙而體是有也二名阿羅社(常荷反)正翻為塵動而能染染故名塵三名多摩正翻為闇其體塞也若以義立者第一名輕光第二名動持第三名重塞一切法若內若外不出此三種先論外論外法約四大論之者空大及火大是輕光風大是動持而能持物令不墮落也地水是重塞其體重而闇塞也約六趣者天是輕光人是動持四惡趣是重塞也約內法論之者捨受是輕光樂受是動持心動搖而執捉於境苦受是重塞智慧是輕光貪是動持瞋癡是重塞也初生三德時內妙有始顯外法未顯後時方顯也從三德自性生大自性大者是覺覺是諸知之本有覺察之用也從大自性生我執自性執言有我與他異也若是僧佉義從我執生唯塵唯塵生大實若鞞世師義從大實生唯塵今且依前釋言唯塵者唯有五塵餘法未顯也從五塵生大實即五大一切法

無出其外者故名大也實者一切法去来皆在此五中一切法自有變異其體常在无異如眼根壞還歸空大眼根自有壞空大不壞乃至鼻根歸地亦尒故名實也從大實生知根眼等五根能知故也從知根生業根業根有五一口二手三脚四尻五男女根口能語為語之根語即是口業手為捉根捉是手業脚為行根行是脚業尻為放根能放眞穢放是尻業男女根能生子為生子根生子是男女根業也此即是二十五句實諦義五業根五知根五塵五大為二十我執為二十一大為二十二三德為二十三人為二十四自性為二十五也問約五大論三德五大只應屬大實耶忽屬三德耶荅其體性屬三德五大自屬大實由如一牙分為多牙或刻為馬或刻為象象馬雖異體性是牙五大亦尒五大自屬大實遂其體性相攝自屬三德也前言自性生空等即說根本自性能生也借佉義明因中具有果如鉢多樹子中具足已有

枝葉華果自性之中已具足有七種變異自性人與其合時七種則次第顯現名之為生耳非先無後有名為生也問三德有智慧及三煩惱緣何物為境荅其是妙有法不緣境起如佛家三善根三不善根復何所緣起耶問三德中有智慧大言是覺耶忽言變異自性悉非知耶人是知者人能知耳七種變異自无知用如人能斫故名刀為能斫耳刀實不能斫也問唯塵是色等五塵云何用塵来顯大實耶荅五大並是隣虛不可見色等五塵是五大之末見末方得顯本色等五塵非隣虛故可見也問自性是能生亦是能變三德望自性是所生所變望大是能生能變何故自性能生得受生名能變不得受變名而三德具受兩名耶荅能變能生並是因名所變所生並是果名直呼為變直呼為生者此是果名果起方是變是生耳因未有變及生也今言自性能生者即是能變說能變為能生耳其非所變故不得受變名三德具能

所二義故受兩名也問何以能生為自性耶荅能生是本本是自性義故受自性名問人亦是本何不受自性名耶荅其無作用不能變他故不受自性名也樂見者尼揵子等起見謂言生死眞實是樂涅槃眞實是苦其推之云如人無一手一目此是苦不若是苦者无一手一目以自是苦都无此身豈非極苦耶涅槃中既無復五陰故云涅槃是眞實極苦也無一手一目傍人為治更得一手一目時此是樂不是樂者得一手一目以自是樂具足一身豈非極樂現在世既具有五根故知有身眞實是極樂也僧佉鞞世師又起樂見云生死眞實有樂有苦人天是眞實樂地獄畜生等眞實是苦其以因推之因既眞實有善有惡惡能感苦善能感樂以因眞實故知果亦眞實也破此兩見者生死不相待故生樂耳何以知然以麁為樂以細為苦如餓鬼緣地獄為苦自緣其報為樂畜生緣餓鬼為苦自緣其報為樂阿修羅緣畜生為苦自

緣其報為樂如此人天色無色界中乐相形待妄謂為樂極至非想若以涅槃望非想非想為苦涅槃為樂既無復有勝涅槃者故涅槃是真實樂生死真實是苦若大乘三乘涅槃復有異今不論此也問常言上罪地獄中罪畜生下罪餓鬼今那得言畜生勝餓鬼耶答若小乘則如所引大乘理論畜生勝餓鬼餓鬼帶火而行受重之苦頭小腹大恒患飢渴設值清流謂為猛火畜生之中無此等事故知為勝也破後見者生死以有流為因雖是善因善亦有流既是有流故非真實如有好食以毒藥內中則不復成好食善既非真實樂豈是真實耶論言我作器故名我所者僧佉鞞世師作此執一是內作器二是外作器我是知者作者受者知是我法即是九法中之覺法也心是我內作器根是我外作器塵是我資粮知有五根塵各五心只是一心及我皆常非法令其共合已前解所以名作器者如世間斧鋸等是工巧人之作器其

用之作牀机等心及根亦尒我用之見色聞聲故名作器由塵生知故名資粮也以內作器證有我以外作器證有內作器以資粮證有根我法通證有我及作器資粮也內作器證有我者我是作者若无有我誰使心在眼或時在耳鼻舌中耶故知有我也外作器證有內作器者凡證兩義一證心是一心若是多何故一時中不並生五知以知五塵耶故知只是一心在眼中則能見不能聞在耳中則能聞不能見色故五根不並用也二證心是有若有心者既恒有有我恒有五根何不恒生知知五塵耶心在根中時方能知塵故知必定有心也資粮證有外作器者若無外作器眼根壞時何故不見復見色耶故知必有外作器也我法通證四事者心非是知根塵亦尒若无有我豈得有知我是知者故知是我法既有我法證有我也若無有心則一時中並有五知若知色時不能知聲故知必定有心在根中故知得生亦得以知證心

是一心若不一五心並在根中則一時一時中應有五知也若無有根根壞之時何故不生知耶若無有五塵知何所知耶心與我共合故名內作器根不與我合故名外作器塵是前境能資生我法名我資粮也其即名我作器及我資粮為我所也

僧佉立有我以五義為證一聚集為他故知有我如世人為弘通法故聚集經書非是自為乃是為他又如世人聚集牀席亦非自為乃為擬他既見聚集為他則有他人也衆生身亦尒五塵四大五根五陰等聚集見其聚集知非自為必是為他他即是我故知有我也二見自性變異為三德等七法故知有我自性非知其不能變異為三德等七法既能變異為三德等七法知必有知者來合之方得有變異知者即是我故知有我也

三見變異中有覺故知有我自性非覺自性是本變異是末本既无覺末中不應有覺變異中既有覺故知別有覺體來合自性故變異中有覺覺

隨相論一卷　第四十九張

體即是我是我故知有我也此一事即顯我被繫縛以從覺生我執故也四見有可用故知有我既有可用知必有能用自性是可用我是能用既見有可用故知必有能用故知有我也其辟支如女人是可用男子是能用見有女即知有男也自性是可用故我與之合合故變異為三德等七法七法繫縛於我後聞師教得聞思修慧知從自性生此繫縛住在生死於自性及繫縛生猒惡既生猒惡永離繫縛故我得解脫其辟支如男子於闇中與病癩女人共為欲事數數為之了無猒惡後於光明中見之即生猒離若是強性女人猶來就此男子若是軟性者一被猒惡即不復來雖當時不来猶有來義自性一被猒惡則永不與我共合無一軟性女人及此自性軟性者也五獨住義真實有故知有我既知從自性生變異故被縛繫修得智慧於自性生猒離自性既與我相離故我獨住我獨住故我得解脫若无有我則無獨住義獨住義既真實有故知有我也後別委悉破我執不復兩煩也

隨相論一卷　第五十張

十六諦義　出隨相論釋

甲辰歲高麗國分司大藏都監奉勑彫造

隨相論一卷

校勘記

一　底本，麗藏本。

一　七六一頁上一行「一卷」，諸本（不含石，下同）作「卷上」。

一　七六一頁上三行「天竺」，資作「世」。

一　七六一頁上一二行「迦旃延」，諸本作「大迦旃延」。

一　七六一頁中一〇行「眼人」，諸本作「人眼」。

一　七六一頁中一三行第六字「苦」，諸本無。

一　七六一頁中一四行「隨順義」下，諸本有「而生老病死等恒相逼惱故苦三藏譬云」十六字。

一　七六二頁上二行第四字「失」，諸本作「未失」。

一　七六二頁中六行「凡夫」，諸本作「凡人」。

一　七六二頁中八行「謂爲胃藏」，諸

本無。

一七六三頁下一行「不至」，諸本作「不食至」。

一七六三頁下三行第五字「若」，徑、清作「苦」。

一七六三頁下四行「名自」，諸本作「各自」。

一七六三頁下一二行「有流」，諸本作「有流無流」。

一七六四頁上三行「苦流」，諸本作「苦法」。

一七六四頁上六行「細見」，諸本作「細正」。

一七六四頁上八行「是比」，諸本作「是以」。

一七六四頁中九行末字「應」，諸本作「道」。

一七六四頁中一二行第八字「乎」，諸本作「于」。

一七六四頁下二行「一解」，諸本作「一報」。

一七六四頁下一六行首字「大」，諸本作「故」。

一七六五頁下七行「明强」，諸本作「則强」。

一七六五頁下一五行「向分」，諸本作「同分」。

一七六六頁上八行第九至一〇字「根本」，諸本無。

一七六六頁下四行末字「癡」，諸本無。

一七六六頁下五行「必起」，諸本作「心起」。

一七六六頁下一二行「世尊」，諸本作「所尊」。

一七六七頁上一二行「何得以」，諸本作「何以得生」。

一七六七頁上一三行第五至六字「煩惱」，諸本無。

一七六七頁中九行「三乘」，諸本作「二乘」。

一七六七頁中一一行「貞實」，磧作「貞寶」；徑作「真實」。

一七六七頁下一六行「二相」，諸本作「三相」。

一七六八頁下二行第四字「有」，徑作「至」。

一七六九頁上九行第四字「五」，諸本作「已」。

一七六九頁上一〇行末字「大」，諸本作「火」。

一七六九頁中三行第四字「雖」，諸本作「離」。同行第一一字「取」，諸本無。

一七六九頁中一二行第八字「地」，諸本作「於地」。

一七六九頁中一七行第一二字「所」，諸本作「所治」。

一七六九頁下六行「優波提舍師義」，至此，諸本卷上終，卷下始。譯者資、磧、普作「陳世三藏真諦譯」。

一七六九頁下一二行第三字「滅」，諸本作「滅滅」。同行「無常」，諸本作「無常生」。

一七六九頁下末行第八字「因」，諸本無。

一七七〇頁上二行第二字「故」，諸本作「知」。

一七七〇頁上一一行第一〇字「和」，諸本作「私」。

一七七〇頁中一九行第七字「非」，磧、普、南、清作「作」。

一七七〇頁下七行「是明」，諸本作「是眼」。

一七七〇頁下一五行「伽也」，諸本作「伽杝」。

一七七一頁上一行第二字「用」，諸本無。

一七七一頁上一三行第四字「能」，磧、南作「非」。

一七七一頁中一行「作惡」，諸本作「行惡」。

一七七一頁中三行「和合」，諸本作「離合」。

一七七一頁中八行第一二字「減」，諸本作「滅」。

一七七一頁中一四行「三百」，諸本作「三百千」。

一七七一頁中一九行第三字「下」，諸本作「沉下」。

一七七一頁下六行「惑惑」，諸本作「惑」。

一七七二頁上一一行第六字「愛」，諸本作「受」。

一七七二頁中九行「感德」，諸本作「威德」。

一七七二頁中二一行第七字「鼻」，諸本作「臭」。

一七七二頁中二二行末字「人」，諸本作「之」。

一七七二頁下五行第三字「肉」，諸本作「内」。

一七七二頁下六行第三字「刺」，諸本作「辢」。下至一一行第六字同。

一七七二頁下一六行「辛溢」，諸本作「溢辛」。

一七七二頁下一七行第五字「刺」，諸本作「辛」。

一七七三頁上一三行第三字「者」，諸本作「音」。

一七七三頁上一九行第四字「今」，諸本作「令」。

一七七三頁中二行末字「直」，諸本作「真」。

一七七三頁中四行首字「真」，諸本作「直」。

一七七三頁下二行第七字「也」，諸本無。

一七七三頁下八行第七字「可」，南作「能」。

一七七三頁下一七行及次頁中一三行「環玔」，諸本作「環釧」。

一七七四頁上一行第四字「色」，諸本作「也」。

一七七四頁上一九行「未有」，諸本作「未有有」。

一七七四頁中末行第一一字「性」，諸本作「自性」。

一七七四頁下二行第五字「翻」，諸本無。

一七七五頁上八行第六字「語」，諸本無。

一　七七五頁上一八行「多牙」，諸本作「多片」。

一　七七六頁上三行「非想非想」，諸本作「非想非非想」。

一　七七六頁上八行「所引」，諸本作「所別」。

一　七七六頁中七行末字「也」，諸本無。

一　七七六頁中一二行「能聞」，諸本無。

一　七七六頁中一三行「有有」，諸本作「有」。

一　七七六頁中一四行「知知」，諸本作「知」。

一　七七六頁中一七行第七字「見」，諸本無。

一　七七六頁下二行「一時」，諸本無。

一　七七六頁下末行第四字「未」，諸本作「來」。

一　七七七頁上一行「是我是我」，諸本作「是我」。

一　七七七頁中三行「十六……論釋」，諸本作「隨相論卷下」。

尊婆須蜜菩薩所集論序

婆須蜜菩薩大士次繼弥勒作佛名師子如来也從釋迦文降生鞞提國為大婆羅門梵摩渝子厥名鬱多羅父命覲佛尋侍四月具覩相表威變容止還白所見父得不還已出家學改字婆須蜜佛般涅槃後遊教周妬國槃奈園高才蓋世奇逸絕塵撰集斯經焉此七品為一揵度盡十二揵度其所集也後四品一揵度訓釋佛偈也凡十一品十四揵度也該羅深廣與阿毗曇並興外國傍通大乘持明盡漏博涉十法百行之能事畢矣尋之滯然猶滄海之無崖可不謂之廣乎陟之瞠尒猶崐岳之無頂可不謂之高乎寶渚極目厥夜光之珍巖岫舉睫厥天智之玉聲乎富也何過此經外國昇高座者未墜於地也集斯經已入三昧定如彈指頃神昇兜術弥妬路弥妬路刀利及僧迦羅利適彼天宮斯二三君子皆次補處人也弥妬路刀利者光炎如来也僧迦羅利者柔仁佛也茲四大士集乎一堂對揚權智賢聖默然洋洋盈耳不亦樂乎罽賓沙門僧伽跋澄以秦建元二十年持此經一部来詣長安武威太守趙政文業者學不厭士也求令出之佛念譯傳跋澄難陀禘婆三人執梵慧嵩筆受以三月五日出至七月十三日乃訖梵本十二千首盧也余與法和對校修飾武威少多潤色此經說三乘為九品持善條行以止觀經十六家悉每尋上人之高韻未嘗不忘意味也闚數仞之門馳懼不悉其宗廟之美百官之富矣

尊婆須蜜菩薩所集論卷第一

尊婆須蜜造

符秦罽賓三藏僧伽跋澄等譯

聚揵度首第一（秦言總觀也自品首盡七品名聚揵度）

十力衆出世　覺知一切法　我今礼如来

法及諸聖衆　衆勝之善句　諸賢善聽聞

瞿曇大衆中有益衆生類

云何為色相問色相云何荅曰如覺知諸法云何覺知諸法荅曰為有界想為有勝耶荅曰彼有一想問一想

為有勝耶荅曰一想之中著欲諸垢諸界所縛終不縛者是故諸結則褒問如中諸結為有勝耶荅曰當有還甘露問如中當還甘露為有勝耶荅曰依生身意受諸苦惱縁亦不起是過去未来所說或作是說色相有三種可見有對不可見有對不可見無對問若諸色不可見無對欲使彼無色相耶或作是說色相徃来是謂色相問過去未来義不有異或作是說色相為色或作是說因四大義為色故身意諸苦惱已過去問如中無色相問設無色相色亦無相荅曰若無色相亦無彼色色相亦無相亦無淫色相問猶如汝無色相有色如是我無色相亦無相亦有色相耶或作是說漸漸興色相問一色中或興或不興此義云何或作是說若色一時漸積彼無色相或作是說漸漸分別色相此亦如本所說或作是說攝統色相問過去未来色家别無教便有無色或作是說攝繫色相或作是說及諸盖色相或作是說壞敗色相此亦

世尊亦說四大緣彼四大生色陰受戚問取要言之彼則不說緣諸所有色彼一切是四大四大所造荅曰此非取要又作是說緣更生諸痛陰或作是說汝問何色相設青青為色相設黄即彼色相也問我問一切色相設彼是色相相無勝荅曰色不同一相此中有何咎設相相不同此義不然猶若地為堅相如今地異堅異問一切色同一相猶如無常問自相無相地為自相是故不應作是說問我無自相我問一切諸相或作是說有對色相是色為色相有對相者猶如捻箭等是謂有色如種槃子在地隨時漑灌彼便有色云何非色相荅曰反上所說義尊曇摩多羅說諸物無對彼非色是謂非色相無對之物彼亦不生是謂無對猶如無對是對迹彼便是無對如是非色相四大所造色有何等異或作是說無有異也諸四大即是造色問如世尊言諸所有色彼一切是四大四大所造耶於此經有違荅曰非所造聲更有餘貌

如說六更樂愚人所貪忍苦樂行從此所興樂以来於其中間不出六更樂外更有七更樂也亦無造者問若無造聲者亦不變易欲色是我所色亦是我有耶或作是說堅濡熱動是四大相猶如非地色從色造色問四大轉轉優劣色不常作欲使彼有造色耶荅曰雖彼四大轉轉優劣得四大相四大所興色非得四大相彼非所興色或作是說諸緣彼四大四大所興色問四大亦因四大欲使是興色耶荅曰彼雖因四大有若干所因四大是興色相問色緣色相色轉生色荅曰云何得知色轉生色復不緣四大耶或作是說有漏四大所興色亦有漏亦無漏問諸有漏所造興色彼四大有何差降諸無漏所興色何等四大造耶或作是說無記四大所興復次所造色者善不善無記此亦如上所說或作是說依彼四大得興色問心心念法亦依四大欲使彼是興色耶荅曰依四大諸根諸根亦依心心念法是故彼不依四大問名色

者展轉不相依或作是說增上四大四大增上興色問是謂襄耗增上是謂增上不生猶如一切法展轉增上相生是故彼不生尊僧伽多羅說四大大事興因緣生色問四大各各不相離亦非大事興此義云何荅曰若得不離或四大非色如風種空流離色種無香味四大非色入色造尊婆須蜜說更樂亦是四大所興色也如地色地香地味尊曇摩多羅說猶如微妙色四大得解亦及餘色是謂與色也以何等故身識入細滑入或是四大或非四大或作是說彼無因緣如明識色或青或非青是謂身識入細滑入或是四大或非四大或作是說謂四大相彼非一切從細滑得四大相不同濡堅相亦不同麁細輕重寒飢渴於彼細滑麁地所生輕者火風所造重者地所生寒者水所造飢渴火風所造問無有出地堅者細滑麁是地處所是謂有增如地平政故曰細滑如地不平正故曰堅麁也是故無麁細滑設麁細滑當成就者一切

常可得如青色不可得是故不成就彼或有輕因彼復有重是故輕重不得成就若成寒者云何得生青蓮華不於彼四大得是故寒不成就若火感則飢風為渴本或作是說一切身識細滑入當言四大也不離四大有身識也四大轉增各各說云何無明或作是說無智是無明也問云何無智言非智耶設是非智彼是無明草木牆壁皆不智欲使彼是無明耶荅曰心念法與心相應問心所念法衆名心法相無智云何弥沙塞作是說未辯無明脩行無明彼不有明時彼謂無明如不有蓋彼謂之無蓋問若彼無有明時彼便起明則有無明猶如彼器無蓋彼器謂之無蓋若不有明彼無明空便有無明若是明物是無明者云何行有緣或作是說五蓋是無明世尊亦說世間愚入無明所覆問緣無有要處或作是說思惟不淨是謂無明世尊亦說比丘當思惟不淨未生欲漏便生已生欲漏倍增廣有漏無明漏亦復如是亦言無明

習即是有漏習是故思惟不淨是謂無明也問非思惟不淨是無明耶彼緣思惟不淨亦是無明

又世尊言如是比丘思惟不淨緣是無明無明緣愛是故無此思惟不淨是無明也問若無明緣无明意有何違如所說無明緣癡或作是說四顛倒是無明問苦見斷顛倒是故無明見苦斷見結無明結亦如是無有要處或作是說一切結是無明智者是明一切結不覺知是故一切結是無明問使無有要處荅曰若有十現色入要處如是有使要處或作是說實不生也邪生無明或作是說無明名者無智疑順邪也或作是說無明有六相癡傾邪疑悕望欲得無要處或作是說無明於聖諦不作無智也順邪是謂無智或作是說自造有衆生是我所無明或造非有也無明相云何如上所說復作是說於此衆生愚癡無明相云何無明有緣如上所說復次有我物有無明無明四顛倒有何差別或作是說見是顛倒無常有常

若有樂不淨有淨無我有我有彼相應及餘結使相應無智是無明問彼所相應無智無常有常苦有樂乃至無我有我一處顛倒是此無智是顛倒此義云何或作是說見諦所斷顛倒見諦思惟所斷無明問若　無明見所斷彼顛倒有何差別或作是說無有差別顛倒者是無明也問若當介者須陀洹亦無有無明也或作是說無明無有壞敗壞敗者是顛倒也問相應者或有壞敗或無敗壞此義云何或作是說無道者謂之無明邪道者謂之顛倒或作是說無要者謂之無明要者謂之顛倒或作是說一切結使是無明也無明微者謂之顛倒復次一切結是顛倒顛倒微者亦是無明云何內相云何外相荅曰諸法自相壞者外相內相外相有何差別或作是說不普遍是內相普遍者是外相問設當普者虛空亦復普設內相攝持非內相逮外相是故有內相有外相或作是說不壞外相壞者內相問普者亦壞餘者無常苦亦無常

荅曰五陰已壞一不壞無常普遍問如壞自相不壞普遍相如是不壞自相壞者外相或作是說其不相類問青象青黃者不相象欲使彼是內相是外相荅曰青異不同欲使青是內相非外相或作是說現者是內相未知智是外相問彼或有未知智欲使彼是內相是外相乃至未知智究竟自相或作是說依是自相依者外相問名色各各相依亦是內相外相耶若依外相彼自相外相依外相無無常依無常或作是說不共自相共者外相問外亦是不共無常苦別荅曰五陰中云何無常外不共問如彼無常色無常痛想行識如實思惟乃至識無常或作是說與自然相應是內相不相應是外相問若外無實者今亦無也若外相有者彼亦有自相或作是說無有外相一切自相問若無外相者諸法亦無外或作是說已辨自相不辨外相或作是說覺是自相不覺者外相遍有不壞象未知智所依不共不自有無有不辨造也偈猶如

有此三有為有為相餘者亦有為辟訶僧耆說當說此無常的異相異無為相今亦當有為相作是說當說無量還有為法問一一諸相與三相相應問有何等異荅曰展轉相生生者已滅亦復不住問我有二起等生展轉相生是故於中不異或作是說說已當復說問有為相無為相當有為耶或作是說非此非彼還有為法亦當說餘此非相視有為法此生此滅常住不變易是故不說彼當說有常當說無常或作是說當說有常問有常相者是為有為或作是說當說無常逮有為法此亦如上所說或作是說當說有常當說無常起常住及彼當言無常問有無為相今當有為或作是說不得說有常無常以何等故諸法行成故彼無常彼法行成是故非無常數諸法縛著是故非有常非無常

初偈品竟

尊婆須蜜菩薩所集偈品首　聚律度之二

口口行有何等異或作是說無有異

口者即口行也問設口是口行者身
非身行耶問若口與口行無異者身
與身行亦無有異此義云何少不屬
身或是身行或作是說文字語文字
所載是口行問若一一字非口行者
非與口行相應耶荅曰一一諸字非
口行非相應如一一字有諸義音響
相應或作是說有所言是口所作如
口行中從口行者是口語言他有喜
有樂有愁憂當言是口行耶荅曰非
口語使彼有喜有樂復次但作餘義
義有所思惟則生喜相或作是說口
有所說口思惟行出口者皆是口行
問若思惟是身行者思惟是口行思
惟是意行是故三行無有定處荅曰
我身行異心行異口行異意行異問
所作行不定處者復次聲是口行字
數亦是口行也口字數有何等異或
作是說口是善不善無記字數者無
記問若曰無記語者彼字數有何等
異或作是說字數斷是口非是字數
問云何瘖瘂人與畜生有何等異欲
使彼無口行耶或作是說言是口義

非字數問如彼字數亦是義猶如自
然物如風吹鈴鳴非口行耶本入三
昧或作是說口造衆行非字數亦造
行尊作是說二聲無有差別二事相
行別念知善字數斷是口數演深義
亦是口亦是口行二聲俱等異尊曇摩多
羅入三昧乃知以何等故口善不善無記字數
者礼無記或作是說口發由心然非
字數也問字數發亦由心非不用心
或作是說妙無妙口所造然非字數
問字數妙非妙所造猶如夢中覺及
從三昧起或作是說口指授教戒然
非字數也問如無記口言非指授教
戒我為所造是故彼善不善無記然
非字數也或作是說口身行集然非
字數問字數者亦集身行尊作是說
當量此二事不見彼不自相亦不見
其功口意等起生妙無指授受報兩
相須偈也想與識有何差別或作是說
無有差別此二俱發出由心問設發
出由心者必有定處若無差別者陰
亦定處荅曰若如汝有三心意時則
有陰處或作是說此是差別是謂想

是識問名有定處當說自相或作是
說想為想識為識知問此何義為所
作或作是說想為想識為識問此亦
是我疑想自知想識自知識有何等
異或作是說心即是想心亦是識間
設心當介者則無有異想痛心有何
差別或作是說想憶所作識能自識
問彼想為憶何等若憶何者是故想
自憶相若憶餘者彼則有一緣或作
是說名憶是想自想是識問一法俱
有二名字及自相問設一法俱有二
名字者彼名亦異自相亦異設名不
與相同者是故想亦自　有相識者
憶名或作是說外憶為想自相是識
如此本已說尊作是說分別名自想
自想憶識不惟此所作意名是外乃
至眼更痛及想及心及識有何等差
別當以此七方便說之尊作是說眼
緣色生眼識自相受識識流馳此諸
法還更以此差降意有三法識別與
識共俱彼所得苦樂造諸想追本所
作亦是想心所行法是心此法當言
一相當言若干想或作是說當言一

相若識緣青意亦當尒若不尒者正
有一緣一緣相應法荅曰一相無有
自相問忍痛識想分別心能思惟想
亦相知問一切別青實其青想亦相
知心亦心知識亦識知此義去何或
作是說此無量相妙非妙痛名為想
所作自識所作自識自相問無有一
緣尊作是說當言無量相設一相者
法則有壞法則有亂此無有定處如
此諸法而有自相猶如此有為法不
可得作無為法無為法亦不可得作
有為法若尒者世尊出世為何所為
荅曰不以此義佛世尊出言我使有
為作無為無為作有為辟如珎寶不
可言非珎寶非珎寶不可言是珎寶
但分別者知辟如導方師非道不可
言道道不可言非道但導者能知辟
如然燈下不可言高高不可言下但照
明其高下辟如醫師藥不可言苦苦
不可言樂苦樂各異上亦復如是
復次世尊為衆生故說此法義猶如
此有為法於三世各有自相得知外
相以何等故或起或不起此之謂也

或作是說相有若干問彼相本無住
是故彼有相生荅曰本有此相未生
問設本有相相無若干荅曰如彼不
種自生相者則織相各各異生不與
同相各未生是謂相若干問設彼相
巳生若未生者是故彼各有增減是
故彼本無有而有生荅曰如如来言
相無若干彼則織相生有異或不生
以此生有異辟如青異無常苦異各
無勝如此亦如是或作是說事有若
于此亦如本所說或作是說因緣或
生或不生也問或無有緣荅曰別無
有緣此二不等等生問初無等語耶
荅曰非不有語或作是說三世處或
生或不生此之謂也未来處是謂未
来過去世是謂過去現在世是謂現
在問世與行有異耶設當世別行別
者世常住若世即是行者是故彼行
或聚或移或作是說一一事不同或
生或不生過去行者知過去行未来
行知未来行是謂未来現在行知現
在行是謂現在問如彼未来非現在
設非現在常住也若現在是故彼未

来知有現在則有現在若彼未来知
現在者則無現在現在者便知現在
知有現在如彼現在移者則有過去
設無過去者則有常有過去是故汝
現在知過去則有過去設當如現在
知過去無有過去也汝過去知有過
去則無則無過去或作是說此為何
作是說此為何作自相相應荅曰是
謂住常巳作自相若常不與自相相
應者則無有世自相生世問若自相
生世者即彼相生過去是故世無有
常處荅曰我相未生未来世未生不
壞現在世不以生無生為異是故世
有常處也問若彼相不生亦　非今
有荅曰若今不生亦不生無為復次
常自相相應此亦當無或生或不生
是謂若無常者彼亦不生今亦無相應
相作若干種　因緣世如是　一一共相生
本相為所作
猶如此有為法非不無非為不有無
為法非不無非為不有以何等故有
為法謂之無常無為謂之有常或作
是說有為法相有若干不有無為法

或作是說有為法作若干種不有無為法或作是說有為法定有因緣不有無為法或作是說有為法有世處所不有無為法或作是說有為法種種別異不有無為法尊作是說有為法所作相因緣相因緣相生因與緣有何差別或作是說無有差別合會所有無合會則無即是因與緣如所說因即是緣者是謂生老病死問設合會有者彼即是緣因眼有眼識欲使彼是因非緣耶荅曰非眼合會生眼識有對則有眼識是故合會亦是因亦是緣或作是說合會是因所作是緣問若合會作合會者因非緣乎荅曰一一所作緣合會有因問若一一所作非因者合會亦非因耶荅曰一一所作非因合會有如一一所作非合會合會有合會亦復如是或作是說自然是因非自然是緣問麦所生牙牙與麦相類耶設與麦相類者欲使四大同因業耶或作是說次第是因在遠者是緣問因緣及次第緣因緣及次第緣無有差別若善次第起

不善心是因非緣耶或作是說不共是因共是緣問眼不共生眼識欲使此是因非緣麦與根牙共生坐此是緣非因或作是說生者是因更生是緣問今生無緣麦更生無因或作是說自長養是因養他是緣問若自心生善即為自養欲使此是因非緣耶尊作是說

迴轉是因不迴轉是緣

無有合會　自然次第　諸共所生
自身迴轉

云何次第緣耶或作是說過去心所念法次第緣也問未來心心法中間生次第緣或作是說過去現在心心法次第緣問未來心心法若久生中間彼次第緣生或作是說一切心心法謂之次第緣問如今阿羅漢後心次第更生餘心或作是說除阿羅漢後心餘心心法謂之次第緣問滅盡三昧後心復生餘心荅曰起心中間次第緣也尊作是說若心次第生心者即次第緣也何以故非色心心法有次第緣也從何法出何以故次第

少者生多多者生少次第緣相云何或作是說行施所避是次第緣相或作是說照其心是次第緣相或作是說次第心性迴轉是次第緣相或作是說次第心性益次第緣相次第緣當言定當言非定當言常定或作是說當言常定問如阿羅漢於今後心次第更生餘心荅曰阿羅漢非有後心次第緣或作是說當言非常定問則無次第緣荅曰猶如因緣無有常定必有因緣亦復如是尊作是說以觀現在次第緣彼當言常定觀現在相次第緣自有常當言已果云何得知有無教或作是說從所生知亦作是說有色不可見無對問云何審從所生知此非現在若色不可見無對無色亦不可見無對是故汝色無色無有差別或作是說常住餘得知見有無教戒成就彼所作供養我觀有無教戒觀彼所作相問彼非觀所作無教彼觀所作智教若作有無教者諸所有無教彼一切當觀所作彼所有教冣是妙行或作是說事事相觀

照戒律不戒律滅盡戒有不見戒律滅見有戒律不戒律滅盡問非戒律滅盡道亦非戒律滅盡或作是說由墮罪知說禁戒時知有墮不墮者犯無量罪觀彼有此無教諸犯罪者問彼非無教憶本所犯設無教犯相者乃至無教彼一切犯罪或作是說知有勝不勝者不觀教則有無教如觀有為則有無為雖有此教我觀彼無教問彼不盡有勝無勝若觀一切無勝者欲使彼有勝耶設有者則無有勝若一切妙有勝者彼則無也或作是說生天上然後能知習行不犯然後生天上問云何習行不犯為數數不犯能知心不犯從彼修行心然後得生天上或作是說不知何以故彼非智章彼有教義往與共相應況無教者彼依經生天如彼智章無教身身痛有何差別或作是說無教身縛身痛心縛問彼為身根所縛或作是說無教戒數色陰所攝又身痛者是意法痛陰所攝或作是說二俱無對增減難說無教心心不相應行有何

種別或作是說無教是色心不相應行非色或作是說無教者是物心不相應行非物或作是說無教非智觀物各各成心不相應行不自然法所造

第二偈品竟（胡本題在此理應疑於偈後也）

口識有三種　猶如三有為　因緣有四種

無教有三業

尊婆須蜜菩薩所集偈品首　聚揵度之三

苦由因意得　無智亦有五　色根悉具足

各各有七苦

得心心法因緣不思惟緣心心法緣自相欲使作緣或作是說無也何以故因緣心心法之所攝持不可使青國覺緣也（外國見圖皆曰國）問設當覺者青國有緣如彼覺青國則有覺若青有國作緣因緣自相則有二覺若覺若餘覺緣青國攝餘青國若覺緣青國彼亦不觀青國攝覺作緣或作是說得如所說如恐怖人不知為誰所恐心自相作緣緣亦不自知問彼非自相作緣耶設作緣者自知有緣自相性自介或作是說得如所說有是想有是心荅曰是誰想是誰心若作是說

彼即是緣若不作是說是為想是為心如是心不合不相應或作是說得若未來心心法作緣　彼即是緣當熟思惟彼心心法自相作緣彼不知有緣何以故不以未來緣造有緣荅曰彼不自相作緣若作自相緣者緣亦有智生自相自識或作是說得如頭腹脅有痛痛自緣相而造緣緣不自知問彼痛自相而造緣不作緣痛無處所痛自相生現其實頭腹有痛或作是說得設當不得者則有二知他人心心不各各作緣巳心自作緣是故自然不知此非是妙是故巳得或作是說得設當不得者心緣心無有究竟則有因緣此非是妙是故巳得尊作是說得痛相心有何差別此意識境界不從中得得識若不得識受自相此謂究竟於中有餘意識入則有壞敗

不還心恐怖　未來想亦介　痛及他人心

心緣痛此彼

還心心法設心心緣此二俱前後而自作相或作是說得如覺青國一時作

緣問此非譬喻設當作緣者則有二自覺或作是說不可得也設作緣者青與覺等無有異也覺亦復無異是故是等是耶是故不等此非如或作是說不可得何以故非以此轉而受諂法非一轉非再轉故曰為一是故可得以何等故眼識不知眼根或作是說可見緣眼識不可見緣眼根問耳識令知耳根彼緣不可見或作是說攝境界是眼近者是眼根是故不知問鼻識令知鼻根彼還境界或作是說四大是眼非四大境界是故不知問身識令知身根彼是四大境界或作是說依眼根識非心心法自依是故不知問意識令不知意根彼即是依問不可知無有一切諸法境界或作是說若眼壞敗是眼識眼不掩眼是故彼不知問此亦是我疑何故眼不掩眼荅曰此中無物自然自然所壞或作是說不可知設當知者諸入則有壞敗六識未壞時或作是說彼非此境界問此亦是我疑何以故彼非境界或作是說色自相攝受諸

眼識非色自然非眼根是故彼不知

可見以近坐　我依彼四大　掩眼而有壞
境界是色相

耳根可見亦復如是鼻根可見當言非近坐舌根身根可見彼是四大我所造當作是說如此五根色一切四大所造以何等故若干相有若干貌或作是說無有相貌猶如眼識諸所有色一切四大之所造有若干相有若干貌無所有故亦復如是或作是說處有勝故及餘處眼根乃至身根是故種種相所以種種相故是故種種貌問餘處有一貌或復有二欲使彼眼根有若干相有若干貌一切處盡是身根欲使身根有若干相若干貌或作是說四大所造色歡喜根及餘四大歡喜眼根餘乃至身根於中種種相問餘四大歡喜一眼或有餘二眼欲使眼所視處有種種相耶或作是說我作四大眼根及餘四大眼餘乃至身根於中種種相廣說如上問餘四大一眼或餘有二欲使眼根有種種貌或作是說行垢所造根因

緣行垢得眼根餘乃至身根於中種種相種種貌廣說如上荅曰餘因行垢而成一眼根或復成二根欲使眼根作種種貌耶或作是說四大之中相應行所以有種種相者以其作種種相問或一四大或二或四荅曰一切少通有四大少多共合或作是說四大境界有增減是故妙四大所造色亦妙問頗或時地有堅相無堅相荅曰一切堅相但堅相但堅相有增減譬如鐵鈆錫下至金首尊作是說始生百物有種種相所以種種相者以其有種種貌

色處諸勝者　歡喜及我造　速疾行相應
自興病生老

眼根相作此等者有何差別或作是說已眼見色見已見當見是謂眼見問此亦是我疑云何以眼見色見已見當見終不起法眼不見色不已見不當見欲使彼是眼耶荅曰我已說是設如此像亦是自然問云何不見是見自然耶荅曰貌是其根或作是說黑童子是眼所照者作耳

問曰何得知黑童子是眼荅曰黑童子是本問黑童子非其本荅曰及餘事無所攝欲彼是使眼是故此事不然彼亦當異是故彼事無所攝欲使彼非眼耶或作是說四大所造色眼根歡喜因有眼識境界是謂指授教戒是謂彼作問一切五根所造色歡喜是故彼非眼根自相或作是說依眼識根有眼根依眼識是謂其事問諸不起法是眼識異不等依彼眼識欲使彼非眼耶或作是說四大是眼根眼識相依是謂其事問四大相自壞是謂四大相自壞眼根相不壞一相依眼識造衆事問如四大自相壞一相眼根如是我相根不壞一相眼識相依而成或作是說色香味細滑所緾眼根眼識增益作衆事問今五識身各知眼根或作是說此非境界問此亦是我說何以故或作是說彼非境界眼根無自相無有數然後成眼根問若眼根無自相者眼無有覺荅曰知眼數之物是謂覺知眼如身數之物謂之獸足身獸足者非四大身

有一自相或作是說所造色自然眼識增上現有增減是謂其事等數彼時漸漸知性自然尒於中諸入亦復當尒

觀眼黑瞳子　歡喜各相依　四大皆集聚
無造無狐疑

五根亦復如是意根自相作有何差別或作是說意知諸法知已知當知眼根亦復如是意識造增上是謂其事或作是說意識相依相意根依意識是謂其事或作是說或出或沒五識身意根依識是謂其事問無色界不生意識於彼無五識身或作是說六識身意識身增上從增上諸所生識是謂其事問名色展轉不相依復次彼識自相意根作增上是謂其事等數彼時及至究竟彼性自然於中意識則有壞云何為意云何為意識前說四事六識身相應意增上識所生智心緣彼是意識也

第三偈品竟

尊婆須蜜菩薩所集偈品首　聚揵度之四

如現在痛自身不更過去未來痛亦

不樂亦不苦云何得知我苦我樂尊摩訶僧耆作是說彼痛自然自身更自然識知問此非辟喻不見有物自然所迴轉如有斷絕之物能不自相斷戟不自刻指頭自不相觸此亦如是尊曇摩崛作是說心相應智慧而得知問設當尒者自然知自然一緣相應法尊弥沙塞作是說以心不相應智知之問若當尒者則有二智言有人者（一部僧名）作是說人知問人亦用智知設不用智知者初不知盡當有所知或作是說第一義無有知若苦若樂言知衆生者亦是邪慯言有苦有樂問阿羅漢如今不知者彼有邪慯耶或作是說痛為意轉中間中閒我自生識彼境界於中得知問如意識性彼非意境界意識者及意識　境界彼非痛性云何得知或作是說見樂見苦然後得知問愚人今亦知復不有是　苦是樂或作是說依身苦樂然後得知問如彼依痛已滅云何得知是謂依樂痛是謂依苦痛猶如彼痛身不自更云何攝意或作是說

心已生時緣現在痛問心欲生時未來彼非緣未來是故彼是境界或作是說現在心次第以沒緣彼痛問次第痛沒亦不知苦亦不知樂云何得知或作是說苦樂相憑無復有餘有苦有樂彼生意中間境界生意識境界彼乘識處自性作識相有苦有樂況復衆生隨痛志乱

自然智慧者　人寂第一義　志所造痛身
已生苦樂行

猶如此心心法內依外生諸入以何等故依內生不依外或作是說依內生問等無㝵中依彼生內然不依外此義云何答曰猶如等無㝵是謂內是謂外問云何此非顛倒耶如等無㝵是謂內是謂外如是等無㝵已生內非外或作是說由有妙事外無也此亦是我疑或作是說內自性成就然非外問外性亦自成就如自身色香味或作是說內親近非外也問無處所則無近遠已還境界二俱相近二俱相依生或作是說內生然非外問外亦復生如自身中色香味或作

是說內造苦樂問外亦造苦樂如自身中色香味細滑或作是說內有上中下上中下者從心心法生問外亦有上中下上中下者從心心法生復有異鍾聲興起耳識復有異大力鼓聲或作是說內不牢固問次第因緣亦不牢固欲使彼相依生或作是說內是增上問外亦是增上等無㝵中內增上非是外增上此義云何一切諸有為法各各有增上或作是說以內故造苦然非外如畫眉點眼而見色問如所說倍畫使大而視之高聲語我當諦聽或作是說依內諸入此師意所造與心俱有諸依四大彼各各有勝諸根充足

自性依微妙　遠近及取捨　下無牢增上
師意識在後

猶如此心心法內依外緣入因緣生以何等故內有壞敗然非外或作是說此現在事猶如觀彼日影眼則有敗然日無咎問此亦是我疑以何等故眼有敗壞非日之咎或作是說內諸根縛然非外也問外亦諸根縛如

自身中色香味或作是說內有吾我想問外亦有吾我想阿羅漢無有吾我想欲使彼不壞敗耶或作是說依內生諸入然非外也如上所說或作是說內得親近然非外問此無入處不有入處安有近遠已還境界二俱親近欲使依二生耶或作是說內已生然非外問外亦復生如自身中色香味或作是說自性住者然非外也問外亦自性住如自身中色香味尊作是說若自依物轉心心法在彼住者內外諸入彼諸法展轉生諸根壞敗也

現在縛諸根　依造有吾我　親近諸所造
自性是我有

如尊者舍利弗說彼諸賢眼內入無有壞敗見其色光不諦思惟亦無眼識深思惟者何者是或作是說次第緣是其思惟問頗次第緣無耶答曰無不有時一切識身有現在也設有現在彼則生或作是說自然因彼是思惟問曰頗有時無自然因耶答曰無不無時不常有等問曰頗有不等耶

答曰非不有等或作是說大義思惟問設無大義者云何不生識耶答曰不生問若鞭杖捶打彼不起識耶答曰以境界力彼識則起或有不起如入無想三昧滅盡三昧及餘定心者此亦如上所說或作是說發起心者先已說竟或作是說心所憶識則其思惟此亦是我疑或作是說語思惟是其相問志思惟無有差別或作是說心心法與心相應是其思惟問諸相應法是其思惟生諸識然識非思惟此義云何或作是說思惟衆生緣生識性起諸縛此之謂也

次第有彼緣　因大義照明　悕望作衆行
相應及諸智

生彼有思惟有何差別或作是說次第緣是彼思惟生者為生問彼不生思惟設當生者無有差別若不生者所說非是思惟非彼眼識得生此則相違五事亦復如是或作是說彼思惟心法心相應行生彼思惟生非心相應行尊作是說彼生心心轉法彼思惟復次生者自然造法辟如炎光

前後相因生云何得知炎因光或作是說有炎便有光無光則無炎於中得知炎因有光問若二俱起者云何得知炎因有光無光則無炎答曰炎所生貌然非光問云何得知炎生光然非光答曰炎所纏縛問炎所纏縛或作是語若有炎時光隨時應此亦如上所說或作是說炎壞則光壞是故得知炎因光問二俱壞者云何得知炎壞則光壞光壞炎不壞或作是說炎熾盛則有光此亦是我疑或作是說合會而有此亦是我疑或作是說炎大光大炎短光短炎此亦前已說或作是說炎不淨時光則不淨淨則光淨此亦是我疑或作是說以見光炎是其本由是得知炎因光問見光義故求索油炷欲使油炷因光耶答曰不以光故求索油炷但以光故求索炎也以炎故求索油炷或作是說非炎故有其光也相應有光炎與光寂是妙事問設二俱生是謂妙是謂非妙此義云何或作是說本與炎生光由是知之炎因光也問此非辟

喻不見炎無光者答曰此亦非辟喻如覺彼炎更相緣時時無有光如其光非其炎迴轉悕望覺亦不相生則有慢意

各各壞敗相　悕望相應行　達清淨義者
合會如前說

猶如六識身必依過去自然因志不錯異緣亦不誤以何等故一人非前非後六識身二俱起或作是說一次第緣一識住問一者識相應一一識相依或作是說一者彼思惟一識則相應住問設一識相應此是一識或作是說一相依一識相應住若一識相應一一識住

如一切衆生必有所趣受報自作當受彼有未來現在所造以何等故一人不前不後五有不轉或作是說一趣結使熾盛或作是說一趣受諸報尊作是說識共相應然後轉一一諸識轉所造報行皆應種以是知之如無有衆生未曾有而生有便般涅洹以何等故衆生無有減或作是說汝莫計尒所數耶有尒所衆生不知減

若不筭計者何以故不知減或作是說衆生無有窮是故不知減辟如大海水無限量千瓶往取亦無減此亦如是問大海江河及餘泉源皆往趣欲使衆生本無今有耶荅曰於異方剎土衆生來到此閒尊作是說於彼剎衆生無有減此義云何有衆生遊異方界執賢聖道出界到界志性云何有何等悕望當作是觀猶如此三聚衆生有損無益以何等故三聚衆生不知有減或作是說汝為計筭介所數耶介所衆生無有減若不數者誰知有減或作是說無量所造衆生此亦如上所說尊作是說在在處處無有減此事云何如阿毗曇說必有世不絕有邪聚當言滅盡設介者此義不然如今有此盡

如此三世一世中未來有損無益一世中過去有增無損以何等故未來世無減過去有滿或作是說汝計介所數耶過去未來有介所數耶知有減若不筭計者誰知有減或作是說過去已壞未來未生或作是說過去

未來無有處所或作是說過去未來無有限量世尊作是說若二法照明何以故此無處所事相應緣生已生當壞是其事（衆生增減乃是聖人存而不論者也故曰誰計互而不該也本無今有若有斯言則亦有咎故皆抑之耳佛止梵志亦其事也聖人之教進覺号也衆生無兼形而上事也）如入寂靜三昧無量無邊福彼非盡淨彼三昧為緣何等或作是說無量邊福是其緣問今不盡淨荅曰彼不自知問設自知者彼緣何等若淨無量彼非邪智耶或作是說不淨謂之淨訓心是義問若淨言淨者訓心不常無常解說訓心是義或作是說一切寂靜此之謂也彼亦如是問如今入第二禪是時眼盡見黃是故一時自相壞敗或作是說淨是彼緣問誰無此三昧荅曰思惟無空缺處有是三昧問一切三昧亦無空缺處處欲使一切三昧作寂靜三昧耶荅曰非一切自相相受非一切造無量相若自相受無量相者彼是行人三昧尊作是說淨是其緣彼以此相應如緣然薪起烟及諸因緣各相依而生淨如是起諸相應及諸因緣當

作是觀彼三昧當言不順當言順如上五事無異尊作是說當言非不順漸漸近順

食謂觀人然食非人彼愚觀者為緣何等或作是說食是其緣問彼非愚觀非思惟食設餘思惟食者復有餘緣欲使寂靜無寂靜緣耶或作是說人是其緣問食非是人荅曰如彼不自知問設自知者吾我是緣耶復次彼愚觀者食此處所悕望求索彼愚觀當言順當言不順如上二事說尊作是說當言順味愛是對若依骨瑣起若干想自知我身骨瑣亦復如是彼想為緣何等或作是說骨瑣即是其緣問身非骨瑣荅曰此亦骨瑣皮肉所纏或作是說自身是緣此骨瑣皮肉所纏問彼想非身若觀骨瑣想則緣自身欲使青緣黃色耶復次義想緣彼自身分別悕望彼相當言順當言不順如上二事說尊作是說當言順欲使有對

第四偈品竟

痛及二心　炎影光滅　未曾有聚

尊婆須蜜論卷第一　第三十九張　邑字号

青食骨瑣

尊婆須蜜論卷第一

尊婆須蜜菩薩所集論卷第一

校勘記

一　底本，金藏廣勝寺本。

一　七八一頁中一至二行間，資、磧、普、南有「未詳作者」一行；徑、清有「失述序人名」一行。

一　七八一頁中二行首字「婆」，資、磧、普、南、清作「尊婆」。

一　七八一頁中九行第四字「此」，諸本（不含石，下同）作「別」。同行第一一字「盡」，資、磧、普、南、徑、清作「蓋」。

一　七八一頁中一四行第一〇字「崖」，資、磧、南、徑、清作「涯」。

一　七八一頁中一七行第九字「聲」，諸本作「懿」。

一　七八一頁中二〇行第八字及末行第五字「刀」，資、磧、普作「力」。同行末字「利」，諸本作「剎」。

一　七八一頁下七行第三字「梵」，資、磧、普、南、徑、清作「梵本」；麗作「胡文」。

一　七八一頁下一一行「止觀經」，資、磧、普、南作「止觀逕」；麗作「正觀逕」。

一　七八一頁下一二行第二字「甞」，磧、普、南作「常」。同行第八字「鬩」，麗作「恨鬩」。同行末「晩懼」，資、磧、普、南、徑、清作「晚懼」；麗作「晚懼」。

一　七八一頁下一五行「尊婆須蜜造」，資、磧、普、南、徑、清無。以下各卷同。

一　七八一頁下一七行品名，資、磧、普、南作「聚揵度首」；徑、清作「聚揵度首第一之一」。

一　七八一頁下一九行第五字「衆」，南作「中」。同行第一三字「善」，麗作「聖」。

一　七八二頁上三行末字「還」，資、磧、普、南、徑、清作「逮」。同頁上四行第七字同。

一　七八二頁上六行首至一一行末「過

去……爲色」八十四字，諸本置於末行末字「亦」後。

一　七八二頁上九行第一三字「謂」，資、磧、普、南、徑、清作「諸」。

一　七八二頁上一四行末字「谣」，資、磧、普、南、徑、清作「汝」。

一　七八二頁中二〇行第一二字「有」，清作「所」。

一　七八二頁中末行末字「貌」，諸本作「根」。

一　七八二頁下一三行第一三字「轉」，資、磧、普、南、徑、清作「縛」。

一　七八二頁下一四行首字「色」，資、磧、普、南、徑、清作「死」。

一　七八二頁下一七行首字「彼」，資、磧、普、南、麗作「被」。

一　七八三頁中一二行首字「名」，資、磧、普、南、徑、清作「多」。

一　七八三頁中二〇行第三字「緣」，諸本作「結」。

一　七八三頁下六行第一〇字「无」，資、磧、普、南、徑、清無。

一　七八三頁下一八行第九字「自」，資作「目」。

一　七八三頁下一九行第五字「或」，諸本作「我」。

一　七八三頁下末行「有常」，資、磧、普、南、徑、清無。

一　七八四頁上四行第九字「是」，諸本作「見」。

一　七八四頁上六行第一一字「若」，資、磧、普、南、徑、清作「若苦」。

一　七八四頁上一二行第一一字「之」，諸本無。

一　七八四頁上二一行第七字「逮」，諸本作「還」。

一　七八四頁中五行第七字「異」，麗作「黄」。

一　七八四頁中二〇行第四字「諸」，資、磧、普、南、徑、清作「說」。

一　七八四頁下四行第六字「問」，資、磧、普、南、徑、清作「門」。

一　七八四頁下二一行品名，徑、清作「聚揵度第一之一竟」。

一　七八四頁下二二行品名，資、磧、普作「尊婆須蜜菩薩所集偈品首」及夾註「聚律度」；徑、清作「聚揵度首第一之二」。

一　七八五頁上一行第四字「口」，資、磧、普、南、徑、清作「口口」。

一　七八五頁上四行第一二字「語」，諸本作「說」。

一　七八五頁上九行第六字「行」，資、磧、普、南、徑、清作「中」。

一　七八五頁上二〇行第四字「曰」，麗作「口」。

一　七八五頁中六行「等不」，諸本作「不」。

一　七八五頁中八行第二字「礼」，麗作「唯」。

一　七八五頁中一四行首字「戒」，磧、南作「成」。同行第八字「彼」，南作「被」。

一　七八五頁下六行第五字「者」，資、磧、普、南、徑、清作「時」。

一　七八五頁下八行第一〇字「何」，

資、磧、普、南、徑、清作「向」。

一　七八五頁下九行第三字「相」，諸本作「想」。一二行第九字，麗同。

一　七八五頁下一○行第八字「想」，諸本作「相」。

一　七八五頁下一三行第一○字「有」，諸本作「亦有」。

一　七八六頁上一九行第九字「樂」，麗作「藥」。

一　七八六頁中一一行首字「于」，諸本作「干」。

一　七八六頁下四行第一二字「是」，資、磧、普、南、徑、清作「過」。

一　七八六頁下一○行「世問」，徑、清作「世間」。

一　七八六頁下一二行第一二字「未」，資、磧、普、南、徑、清無。

一　七八六頁下一四行第一一字「亦」，諸本作「亦生」。

一　七八七頁上二行第一○字「定」，諸本無。

一　七八七頁上六行第六字「相」，諸本作「則」。

一　七八七頁中八行「是說」，諸本作「是說迴轉是說」。

一　七八七頁下五行第七字「益」，資、磧、普、南、徑、清作「蓋」。

一　七八八頁上九行「無爲」，磧、普、南、徑、清作「爲無」。

一　七八八頁上一七行第八字「往」，諸本作「住」。

一　七八八頁中五行「第二偈品竟」及夾註，磧、普、南、徑、清無。

一　七八八頁中七行「三業」後，磧、普南有「第二偈品竟」，並夾註「梵本題在偈前理應題於偈後也」一行；徑、清換卷，卷第一終，卷第二始。

一　七八八頁中一八行第三字「觀」，麗作「歡」。

一　七八八頁下三行第八字「緣」，諸本作「緣緣」。

一　七八八頁下一二行第五字「不」，諸本作「心」。

一　七八八頁下二○行第二字及二二行首字「還」，資、磧、普、南、徑、清作「遠」。

一　七八八頁下末行第五字「作」，資、磧、普、南、徑、清無。

一　七八九頁上四行第九字「等」，諸本作「得」。

一　七八九頁上一四行第七字「根」，資作「眼」。

一　七八九頁上一八行「何以故」，諸本作「何故」。

一　七八九頁中一一行末字「根」，麗作「髮」。

一　七八九頁中一二行第五字「相」，諸本作「根」。

一　七八九頁中一五行第九字「有」，諸本作「作」。

一　七八九頁下一行首字「緣」，資、磧、普、南、徑、清作「餘」。

一　七八九頁下四行第五字「貌」，資、磧、普、南、徑、清作「根」；麗作「相」。

一　七八九頁下六行第二字「相」，資

作「眼」；磧、普、南、徑、清作「根」；麗作「貌」。次頁上八行第八字及二一行第八字，資、磧、普、南、徑、清同。

一　七八九頁下七行第三字「通」，資、磧、普、南、徑、清作「遍」。

一　七八九頁下一五行第二字「興」，資、磧、普、南、徑、清作「與」。

一　七八九頁下二二行「貌是其根」，資、磧、普、南、徑、清作「眼是其根」；麗作「眼是其貌」。

一　七八九頁下末行「黑童」，諸本作「黑瞳」。次頁上一行及二行同。

一　七八九頁下末行末字「耳」，麗作「者」。

一　七九〇頁上一行第二字「曰」，麗作「云」。

一　七九〇頁上三行「彼是使」，資、磧、普、南、徑、清作「彼是」；麗作「使彼是」。

一　七九〇頁上一四行「自相」，徑、清作「相自」。

一　七九〇頁上一五行「根如是我相根」，資作「眼如是我相眼」；磧、普、南、徑、清作「根如是我相眼」；麗作「根如是我相眼根」。

一　七九〇頁中七行第一一字「作」，麗作「依」。

一　七九〇頁中一七行第五字「及」，諸本作「乃」。

一　七九〇頁中二一行「第三偈品竟」，徑、清作「聚揵度第一之三竟」。

一　七九〇頁中二二行品名及夾註，徑、清作「聚揵度首第一之四」。

一　七九〇頁下三行第五字「問」，資、磧、普、南、徑、清作「聞」。同行第一一字「見」，資、磧、普、南、徑、清無。

一　七九〇頁下六行第五字「作」，資、磧、普、南、徑、清作「非」。

一　七九〇頁下一七行第一二字「識」，諸本作「識識」。

一　七九〇頁下二〇行第三字「是」，麗作「是是」。

一　七九一頁上四行第二字「痛」，徑、清作「緣」。

一　七九一頁上五行第八字「相」，資、磧、普、南、徑、清作「想」。

一　七九一頁上一七行第八字「由」，諸本作「內」。

一　七九一頁上二一行第三字「則」，磧、南作「出」。

一　七九一頁中一一行第四字「然」，資、磧、普、南、徑、清作「惱」。

一　七九一頁中一四行第八字「諸」，資、磧、普、南、徑、清、麗作「識」。

一　七九一頁下一一行第一二字「在」，麗作「居」。

一　七九一頁下一二行「內外」，諸本作「外內」。同行第一一字「生」，資、磧、普、南、徑、清作「有」。

一　七九一頁下一八行「何者」，資、磧、普、南、徑、清無。

一　七九一頁下一九行末字「無」，諸本作「無有」。

一　七九二頁上八行第一二字「語」，

一 磧、普、南、清作「諸」。

一 七九二頁上一四行末字「行」，諸本作「生」。

一 七九二頁中七行第四字「語」，資、磧、普、南、徑、清作「說」。

一 七九二頁中一五行末字「見」，諸本作「是」。

一 七九二頁下五行第一一字「達」，資、磧、普、南、徑、清作「違」。

一 七九二頁下一三行「相依一識」，磧、普、徑、清作「根依一識」；南作「根依一」。同行第一二字「若」，諸本作「者」。

一 七九二頁下一九行末字至二〇行首字「諸識」，諸本作「識諸」。

一 七九二頁下二〇行「應種」，資作「應識」；磧、普、南、徑、清作「識種」；麗作「應識種」。

一 七九二頁下二二行第二字「何」，徑作「何故」。

一 七九二頁下末行首字「莫」，資、磧、普、南、徑、清作「筭」。

一 七九三頁上一行第三字「筭」，麗作「能」。

一 七九三頁上一四行「在在處處」，麗作「在處在處」。

一 七九三頁上一五行第三字「滅」，麗作「減」。

一 七九三頁中四行夾註右第九字「存」，南作「九」。同行夾註左「計豆」，資作「訃豆」；南、徑、清作「計豈」。

一 七九三頁中五行夾註右第一四字「故」，清作「而」。

一 七九三頁中八行「無量」，資、磧、普、南、徑、清作「無量無」。

一 七九三頁中一四行第七字「禪」，資、磧、普、南、徑、清作「福」。

一 七九三頁中一八行「處處」，資、磧、普、南、徑、清作「處」。

一 七九三頁下二二行「第四偈品竟」，資、磧、普、南作「第四偈品意」；徑、清無。

一 七九四頁上末行「論卷第一」，資、磧、普、南作「菩薩所集論卷第一」；徑、清作「菩薩所集論卷第二聚揵度第一之四竟」。

尊婆須蜜菩薩所集論卷第二　邑

尊婆須蜜造

苻秦罽賓三藏僧伽跋澄等譯

偈品首　摩揵度之五

又世尊言四事攝人攝人者其義云何或作是說衆生性壞如彼洿沙彼以此四事更相共攝故曰其義如彼沙為水所浸各相粘著亦復如是或作是說衆生性自壞以此四事相攝各成辦是故攝人猶如作盖廾廾攝諸子此亦如是或作是說集聚法來生方便故曰攝人以何等故共義謂之攝人或作是說俱有戒行或作是說俱同境界或作是說俱同所見復次勸助義謂之攝人又世尊言無常是無常法云何無常云何無常法或作是說過去行無常未來現在行是無常法亦當求法亦當次住或作是說過去未來現在行無常未來行是無常法亦當往求彼法或作是說過去現在行無常未來生法不生法是無常法彼亦與法相應或作是說一

切諸行亦是無常亦是無常法如所說如因是無常如果是無常法問因亦緣餘果果亦緣餘因豈彼不是無常無常法耶答曰惟因緣餘果果緣餘因如因是無常如果是無常法問如今因非無常如今果非無常法是故彼即無常即無常法復次諸行迴轉彼無常是法是無常法

又世尊言諸有塵垢是塵垢法云何名塵垢云何名塵垢法或作是說塵垢展轉相緣是謂塵垢法或作是說彼塵垢相應法謂之塵垢法也或作是說塵垢雜塵垢彼迴轉法是謂塵垢法也或作是說塵垢雜塵垢彼所起身行口行是謂塵垢法或作是說一切有漏行塵垢是塵垢法如其因是塵垢如其果是塵垢法尊作是說衆生不壞造五陰行衆惱見逼是謂塵垢法

又世尊言汝今比丘生老病死終更受形生更受形逝死有何差别或作是說中陰諸形此是生更轉陰往生此是生中陰壞敗謂之逝初死陰壞敗

此是死或作是說出母胞胎此是生始入母胎此是更生形展轉增此是逝初死陰壞敗此是死或作是說卵膜合會生此事云何此諸根漸漸熟受生化生合會彼諸根不漸漸熟欲生轉放化生者若彼命終時不見其身卵濕合會死已見其身或作是說無有差別當說須臾須臾復次趣往生時審初受陰生造陰住超越超越造陰受生處所是謂尒時命終住超越造陰受生處所陰更移轉是謂終命斷絶諸陰散落是謂死

又世尊言諸比丘結常隨從彼時有死設有死是故有數說是語時此義云何或作是說愛隨從彼命終時習行彼謂死受諸有欲愛欲受欲陰色愛色愛無色愛無色愛無色陰已得彼陰是謂有數若欲界色無色界故曰彼有數或作是說使所纏諸使纏受陰受諸有已得此有是謂有數故曰彼有數或作是說一切結所使若力勝者當命終時便自憶彼謂死故曰彼有數涤怒愚或作是說軟色因

緣起諸垢垢色所使中色起緣色所使起增上結故曰有數或作是說色著色所使色著色死為色所持因生色故曰有數或作是說諸欲有所須為彼所使方便求索已得竟是故有數如是諸有所須便求索已得彼物彼便死彼便有數泥犁中若餘惡趣或作是說愛所使造有持往生老病死彼有數或作是說垢所使結起行持往有悔意惡趣中彼有數若死時不悔便生天上或作是說數演四諦世尊說法若比丘使所使是謂死為現胃諦彼有數為現苦諦於是比丘不使所使則不死為現道諦彼有數為現盡諦尊作是說五盛陰非使唯無明有愛彼相應五陰纏裹已纏裹則有數泥犁若餘惡趣

一切諸愛使　軟色自纏裹　若復有餘愛

行諦後有五

又世尊言於是比丘色無常過去未來況復現在以何等故世尊說況復現在或作是說過去色壞敗未來色未生現在色生不壞彼名無常若壞

若生及未生況復生法有壞敗故曰況復現在或作是說過去未來色無處所現在有處所故曰無常如其無處所無常況無處所故曰況復現在或作是說過去未來色不可壞現在可壞彼名無常能使壞者可壞況復能壞故曰況復現在或作是說未來色未來久遠住過去色過去久遠住現在色現在久遠一時住故曰無常若久遠住者若當久遠住況復一時住故曰況復現在或作是說壽欲終時世尊故說過去久遠人壽命長壽八十四千歲亦有阿僧祇歲者未來久遠人亦當壽極長壽八十四千歲亦有阿僧祇歲如今壽者極壽百歲出百歲者少少故曰況復現在或作是說此世尊教誡語況復衆生現在色言是我所意涤著過去未來未必涤著於中嬈意偏多現無常故曰況復現在尊作是說現在變現過去未來不常住展轉往來按契經句說

又世尊言比丘當取塚間五納衣少易得人無貪愛云何塚間衣易得云

何少云何易得云何不貪愛或作是說人著者少故曰少處處易得故曰易得是佛所許人無貪者價數甚少故曰少不從人求亦復無主

又世尊言比丘行道甚苦比丘乞求苦共居苦彼云何行道云何乞求云何共居或作是說五盛陰是行道愛身是乞求結使是共居尊作是說如向者語比丘行道苦乞求苦共居苦衆生於彼流轉生死苦於此義故說行道苦於三苦甚苦身苦行苦變易苦悕望他樂亦是苦是苦一切乞求無方便共居苦

第五偈品竟

處無常法界　生諸著塵垢　使况復現在補納衣甚苦

尊婆須蜜菩薩所集偈品首　聚揵度之六

又世尊言如彼偈所說不可食彼食以何等故佛世尊說偈不可食或作是說世尊不以食故住但欲教化彼婆羅門是故不受問不以偈故說不可食食非其義故曰不可食或作是說彼婆羅門耕田淨意慳貪嫉妬受彼食

時彼便作是念沙門瞿曇以食故而說法如採合詩須以錢財故歎譽乞者如彼良醫歎譽藥草無病不療或作是說欲現神足變化彼婆羅門佛為現三變化而教誡之尊作是說以二事故佛世尊說偈不受取自現其義現衆生應受化故使起護心

又世尊言斷柵斷塹而住門閫門閫者義云何或作是說於此愓怠彼依門閫吾我所造如婆嵯種說如是瞿曇沙門於法化中無有枝葉莖節皮牙麁淨牢固不可移動云何於法化中枝葉莖節皮牙麁淨言牢固者其義云何或作是說戒於此法化中枝葉莖利養是皮三昧是麁解脫是牢固問云何於法化中無有戒無有業無有利養無有三昧或作是說戒牢固是　枝葉莖利養利養是牢固皮麁者三昧現其少相解脫牢固或作是說有諸邪見於此經中枝葉莖皮麁作是說如是現其義此非瞿曇世尊法化見牢固解脫牢固或作是說戒成就葉莖現其相類三昧成就皮麁現其相類智慧成就現其塹如是瞿曇世尊非以是故修梵行餘解脫牢固神通之德也

又世尊偈言本所更歷云何色處不相類失本所更歷起慈悲或作是說自然或作是說威儀自然或作是說以二事故因本所經歷而起慈悲自識宿命或有來告語者或作是說如彼事說本因緣也

又世尊言羚居進反扠軀樹喻介時二使者如其實事往語國主巳復道而還彼云何如其實事云何復道而還或作是說四賢聖諦如其實事八賢聖道是復道而還問設道諦中云何有定處云何有別名荅曰無虛偽者出要為道或作是說如其章如其實語如其所知復道而還或作是說如見諦道實語亦復如是如思惟道復道而還亦復如是尊作是說四賢聖諦如其實語八賢聖道復道而還此諦相語勸無相物契經中清淨說是語蔡經說

又世尊言著塚間五納衣有五事則

不應法皃色壞脆餓鬼婆羅夜叉所
居處云何塚間云何皃云何色壞云
何餓鬼云何婆羅夜叉荅曰衣死所
纏用裹死人若卧若被在身故曰塚
間衣被塵垢汙無色陰闇染不成色
不淨皃處熱暑暴如此衣有悕望乃
至鵽為首置彼巳天神不往詣惡鬼
近故曰婆羅夜叉
又世尊言愛盡欲盡欲盡愛盡愛與
欲有何差別或作是說無有差別愛
即是欲問今無愛盡欲盡當作是說
欲盡欲盡故曰愛盡欲盡或作是說
愛少欲多問欲有上中下愛有中下
或作是說念食為欲於彼遂染著彼
是愛故曰愛問如所說如痛貪欲愛
彼便滅如是彼痛當滅彼有違或作
是說得欲未得愛時得便是欲問今
巳得無有染未得無有欲或作是說
受取為欲不受取為愛問受取無有
欲不受取無有愛或作是說意地是
愛六身識是欲問若意地愛彼欲有
何差別或作是說內是欲外是愛問
今內無染外無有欲或作是說欲是

欲造者是愛問如所說痛中欲者彼
所造是愛則有差違或作是說未得
巳得諸生歡喜是謂欲巳得食欲諸
貪著是謂愛也尊作是說和顏悅色
是欲娛樂志悅意迴轉是謂愛
無有柔軟念　巳得而染著　意及內諸愛
悅色所娛樂
又世尊言因是有便有是不因是有
非為不有說此語時此義云何或作
是說現在無明生諸行生過去未來
問猶如此現在無有或作是說無明
依吾我生諸行不依則無故因依此
吾我無有或作是說不盡有餘無明
生諸行巳盡無餘則不生行故曰此
不盡有餘無有或作是說一切衆具
生無明行無衆具則不生故曰因此
具無有尊作是說自憑仰依意增益
故依此說今非有無有苦諦當言過
去耶當言未來耶當言現在耶或作
是說當言現在不以過去未來覺苦
問過去巳縛未來當縛現在或有不
縛欲使彼非苦諦耶復次五盛陰中
起苦諦想無數世時敷演智慧苦諦

習諦亦復如是或作是說當言現在
非以過去未來愛而受有問過去巳
辯未來當辯現在愛非一切辯耶欲
使彼非習諦耶復次有漏行中起習
諦想無數世中敷演習諦道諦亦復
如是或作是說當言現在非以過去
未來道斷結問過去巳滅未來當滅
現在或有不滅欲使彼非道諦耶復
次無漏行中巳起道諦想無數世時
數演道諦
偈詩頌門闞　婆嗟耆矜㭱　塚間衣及欲
因諦各有三
第六偈品竟
尊婆須蜜菩薩所集衆揵度偈品之七
佛有五眼　及三種生　有為相實
不生有空
又世尊言比丘我以佛眼觀彼衆生
利根鈍根可化易教少諸塵垢不聞
過法者猶如此三眼云何眼謂之佛
眼肉眼天眼慧眼或作是說如來三
眼者當言一切佛眼耶何以故一切
是如來智慧眼問如今不觀一切衆
生諸所觀者幽冥處悉遍尊作是說

如来聖智常住不變移一切衆生蠕
動之類謂之佛眼佛眼者當言善耶
當言無記耶或作是說當言善亦是
無記何以故一切三眼是佛眼尊作
是說當言善無有錯乱志佛眼者當
言有漏當言無漏耶或作是說當言
有漏當言無漏當言無漏何以故三
眼是佛眼尊作是說當言無漏何以
故不以有漏中間生有漏猶如此如
来十智何等智是佛眼或作是說諸
如来十智彼一切當言是佛眼也何
以故一切如来是智慧眼或作是說
法智未知智是如来常住不起不移
不共一切衆生蠕動之類當言佛眼
也猶如此十力何等力是佛眼或作
是說根智者當言佛眼也以此智之
或有衆生利根鈍根中根或作是說
是一切十力當言佛眼此非如来智
乃至十力猶如此諸行無數緣生以
何等故生者言生或作是說生者寂
妙辟如以衆多事染衣裳染者是人
問等無异中是妙是非妙此義云何
有染青衣是故不定或作是說雖有

此緣生不縛是故生者生問緣有此
生緣所縛生是故不定或作是說初
無有實不生問初無有生及彼緣是
故此非緣或作是說非生行生今合
會行生是故合會行生或作是說若
生行生如是彼緣無有方便等無异
中生所生非緣生則有差違如彼緣
法生諸法無緣則不生如是不異是
故當捨此然生非自然造起諸法此
事不然猶如此諸行二生等生何以
故言一生或作是說一者生行餘生
者亦是生問此亦是我疑何以故一
者非生餘行亦是生或作是說彼有
一因餘者是果問雖有各各生此二
非二因彼亦是果或作是說行無二
生問此衆事不相應行多云何有一
生或作是說此二俱不生相應則生行
復次此有欲意生自然生以何等故
生者言生彼非有等法或作是說生
者已生行或作是說此非生餘者生
乃生若生有生者則有流轉生不絕
若行自生行已自生此是自生彼云
何無生者生是故此義不然猶如此

三　有為有為相起盡住無變易云
何住者有變易或作是說起者名生
盡者無常住老者變易是謂變易問
設彼老有勝者勝者變易若無變易
則無有異或作是說未来久遠住過
去現在則有變易如是住便有變易
問若起未起變易有勝者設無有勝
則無變易復次無有一物住有變易
意住有變易起寂初生死者滅所生
處各各相憑身住轉轉移住則有變
易此事當言等耶當言漸漸等或作
是說當言適等一時俱起問一時老
變易則有壞敗或作是說當言漸漸
等起所作於彼住便有變易漸至盡
俱生漸漸生復次作衆行有為相更
不造行若得造行者則有等則俱生
是故一時生老變易壞敗是故此非
義云何為苦諦相習諦相盡諦相道
諦相或作是說衆惱苦諦相轉移習
諦相休息為盡諦相出要為道諦相
或作是說成就為苦諦相迴轉為習
諦相轉住為盡諦相能轉還為道諦相
復次章義作實諦相於五陰聚中洋

銅鐵丸受如此三苦涂著憂惱如吞
熱丸苦苦　　行苦變易苦如彼
燒鐵丸入火與火無異如是當觀苦
苦知其惱相於此苦愛轉行變易惡
趣之處奔走馳向是謂等有觀其習
諦相行垢造行不縛等有是謂非等
有當觀盡諦相修戒休息智慧生相
應因滅如是修行觀道諦相以何等
故過去行不復生或作是說諦見更
生者若疑過去行或作是說已滅不
生問現在復生耶或作是說若不相
應彼不生也問如彼過去相應有
復次一相應成一果非一相應成二
果是故不生去何得知言有虛空或
作是說此現事問謂增上慢空無根
本現在事得知亦有不可知或作是
說無著無生問有著者生則可知無
彼著則無生或作是說設無空者物
無分齊雖有分齊是故有虛空問夢
中所見一切物盡住若物所容受容
受增容受彼展轉彼展轉是故不定
亦不可究竟是故無虛空或作是說
以世俗故說此耳如衆生号薩嗏

那羅未竟闍摩納婆嗏觀過反喍奴流反或
作是說不可究知何以故此非智所知
何以故色與空不相應無色不與空
相應於此至彼無所有言空是世俗
言數
佛有五眼　　及三種生　　二有為諦
不生有空
世間八法攝幾陰幾持幾入如章所
說有利無利粟利財利衣裳利攝四
持四入色陰所攝為利馬利男女利
攝十七持十一入五陰已獲所得利
攝法持法入行陰所攝有名稱無名
稱譽攝聲持聲入色陰苦樂攝法持
法入痛陰所攝一切世間八法攝十
八持十二入五陰五欲若苦若樂當
言成就當言不成就或作是說樂當
言成就因彼緣生欲樂問因緣生苦
欲使成就苦耶或作是說苦當言成
就世尊亦說如是摩擅提婆羅門名衆生
欲未盡於欲苦中起娛樂樂想得諸
顛倒乃至契經說問如今無有生欲
樂想答曰顛倒起樂想或作是說無
有苦無有成就樂假号言有苦樂慯

生如種種趣或有一趣方俗殊異思
惟生苦樂慯阿毗曇者其義去何或
作是說契經偈決生諸法義理深邃
故曰阿毗曇或作是說四賢聖諦法
能專修行故曰阿毗曇或作是說逕
洹是法修行受證故曰阿毗曇或作
是說十二因緣十二緣法能自覺悟
故曰阿毗曇或作是說八賢聖道敷
演彼義故曰阿毗曇復次諸縛著解
脫永盡無餘於此義中分別諸法因
有名身句身味身漸漸著漸漸住漸
漸等相應是謂阿毗曇諸神形人形
而作人聲當言是人當言非人聲或
作是說當言此非人聲昔見捷陁越
國鬼著摩竭國人語作捷陁越聲音
語摩竭國鬼抯揵陁越國人作摩竭
國音聲或作是說此是人聲非鬼夜叉
羅刹音響是人音響過知聲響音此其甲
音響問非人著人形語是故有音聲
復次當言此非人聲見過去人見未
來人亦見方俗神著人語實無虛神
阿屑雞不憶所說世尊亦說此非阿
拘婆羅天子阿拘婆羅天子說此偈

言魔天波旬著阿拘婆羅天子說此
偈言此魔所說非其天子以何等故
天謂之鬼或作是說居住天上故曰
天如生水中謂之水種生山澤中謂
之山澤種或作是說生至天上故曰
天如其乘車謂乘車人或作是說宿
止天上謂之天如住城墎是城墎人
若比丘著衣食起欲想瞋恚想起煞
害想彼檀越主頗有罪無耶或作是
說彼檀越無有罪何以故彼人作罪
已不受問如世尊言若比丘彼比丘
身著衣裳入無量念三昧專志不移
彼檀越主得無量善業功德如是契
經各相違荅曰彼不作是心我作欲
想問不作是念彼受我物入無量念
三昧專志不移問彼不作是心施此
人食食入無量三昧者檀越衣荅曰
若著檀越衣食彼使檀福問不應作
是說自身有患餘人受疼痛不於中
間思惟不淨有非罪各應慙不慙應
不善彼慚愧著當言善耶當言不善
耶當言無記耶或作是說當言善與
法相應問彼不與法相應可慚便慚

彼當言法相應或作是說當不善有
顛倒想為好復次當言不善如是彼
說增益魔界如所說命異身異語所
生是命作是說此義云何問生者即命
耶命非生是故命非命命非命餘命
餘身此事不然身亦不得異或作是
說若生是命者又身非命是故身非
生身不生時命異身異身與命各各
異或作是說身者是命身者即生是
故身是命身與命命異對異無有此
若諸法因對生者此法當言與法相
應生或作是說當言生曾一時見炎
光同出問此非辟喻如意炎者非光
如光非炎若俱取者則有二情或作
是說當言俱相應生若隻生者無初
火自然猶如彼有薪然無火設復有
火彼復無薪是故當言相應生問如
彼初火自然火當生時謂之然如生
無薪或作是說此當言生設彼隻生
者十二因緣則不順如彼有無明無
有行如無明滅時彼便有行問彼十
二因緣則不有順如有無明彼行不
生行生無有無明或作是說此等俱

相應生設隻生者相應無有果果無
有因如俱生無有果如有果無有俱
相應生問彼俱相應生彼俱無有果
果無有因如俱相應生果不生若果
不無生無有俱相應生或作是說當
言俱相應生若隻生著本亦當隻生是
故當言本生若不隻生亦復不俱相
應生亦當隻生是故當言本生若不
隻生亦復不俱相應生永不復生問
非境界因有果彼相應生隻生先亦
當隻生是故本當壞若本不壞俱相
應生亦復不壞是故永不壞問已生
我有壞是故本不壞問若隻不生相
應亦不生是故永不生相應俱生或
作是說當言相應生先有蘗種後有
萌牙問中間蘗子盡若種子時時則
有生荅曰此非辟喻蘗子腐則無或
作是說當言相應生若俱起相應與
果二俱起此非方便言果證猶如牛
角問俱有炎光炎因有光此亦當介
問此非辟喻二炎光二俱不可得或
作是說當言俱相應生設俱生者因
與果則齊等問此義云何荅曰若心

因心彼則有齊等問我心已盡俱相
應在内或作是說若一時俱相應果
心彼亦展轉相因不一時俱生是故
一時盡相應問或以我過去俱相應
在内或時現在是故非我過去或作
是說當言相應生設有相應生者如
俱相應在内彼無也俱相應生是果
果亦俱相應在内彼無相應俱有果
是故俱應生
又世尊言如是相像邪命呪術畜生
虽蠱畜生呪者此義云何或作是說
虵虺厲毒唐畜生是故畜生呪或作
是說諸畜生趣相應呪亦是呪如鹿
烏鷲呪降爲出蟠龍或作是說一切
邪命是畜呪復次畜生之趣常有餘
怖望是畜生呪解脫名者是義云何
或作是說解脫縛著淨無染汙解脫
或作是說心得解脫故曰解脫復次
增上離三界有故曰解脫
法欲阿毗曇　二鬼及衣裳　慚愧命相應
邪命諸解脫
又世尊言痛緣有愛云何痛緣有愛
或作是說樂痛起愛如是痛緣有愛

問云何非求起愛荅曰彼亦求樂痛
有樂痛求是謂樂痛求問今云何
苦痛求起愛著荅曰彼亦名起苦緣
起樂痛求愛
又世尊言彼爲苦痛所逼娛樂欲想
問云何今不苦不樂痛是愛因緣荅
曰不苦不樂痛息想不復興感自知
息想不復更求或作是說五愛獨處
愛不獨處愛復求他愛不求他愛愚
愛於彼樂痛現在起不獨處愛未起
求他愛苦痛起不求他愛已起獨處
愛不苦不樂痛便休息想未起求他
愛已起不獨處愛復起愚愛或作是
說苦痛起三惡道上彼衆生有愛自
患是故身自有愛以是愛身緣樂痛
人所造是故苦痛愛是緣樂痛從人
乃至遍淨天生彼衆生於彼已趣我
想是故樂痛是愛緣不苦不樂痛至
果實天乃至攝有想無想天生彼衆
生於已自起愛是故不苦不樂痛是
愛緣或作是說愛樂報處當知痛如
是愛緣此法當言相應起當言一一
起或作是說當說相應起如緣細滑

起愛與細滑相應如痛緣愛與愛相
應問欲使六入緣細滑耶與六入相
應或作是說當言相應起何以故亦
作是說眼更痛眼更愛問眼更苦痛
眼更樂痛欲使苦痛樂痛與共相應
或作是說當言一一生何以故痛緣
愛生非相應法各各相緣或作是說
當言一一生世尊亦說眼更痛緣起眼
更愛然不眼更愛緣眼更生痛或作
是說當言相應生有伴侶一一生受樂
報又世尊言如婆闍明清國人如彼男
女強相劫奪云何他男他女荅曰妻
人自守若爲人所守下至婬女華飾
香丸此當言他女或女未出門嫁或
復出門嫁有日期數當出門嫁當言
他女成就者其義云何或作是說一
切法空則不成就問如所說人成就
善法此契經有違或作是說諸有所
生是成就義閒學法無學法欲使彼
成就耶或作是說不滅盡者是成就
義問凡夫人一切法在未盡欲使彼
成就耶或作是說形有所得是成就

問無垢人已得學法欲使彼得阿羅漢成就耶或作是說無棄捨法是成就義問學人不棄捨無學法欲使成就耶荅曰彼已不得問汝所說無棄捨法是成就義是義不然或作是說設俱得者彼則成就是謂成就復次不相應衆生法漸漸有身縛彼成就猶如此人能有所忍寒熱地獄衆生復有冬夏不或作是說受地獄苦彼亦受寒熱自然所逼如苦酒中虫在蜜則死問如是行成此事不虛荅曰何以故彼行受此罪苦問彼身無有苦何以故所作因緣不堪忍展轉生苦以此因緣亦生樂亦生微苦或作是說彼不俱有身體瘡疱有千苦生懊惱啼哭苦問彼不命過耶荅曰行報未盡是故不死如衆生處胎以何等故泥梨畜生餓鬼及天自識宿命然非人或作是說彼道自介以是自識宿命受陰入是故彼自識問若彼已得生餘者何以不自識或作是說諸化生者自識人處胎是故不識問設化生自識者餘者一切不自識耶

荅曰一切生時皆自識諸天染著亦不自識三惡趣中苦痛切身意忘自識問此不相類何以故亦說化生天子展轉告化生天子所從來生復次一切無邊亦無定處或有衆生自識不自識者或以三昧力自識宿命或以智現在前彼當言自識宿命

又世尊言若有作是想思惟不淨未生欲漏便生已生欲漏便增設介思惟者欲漏為增耶或作是說若未生便生已生不復生於中便增多問前生不住或作是說彼不為多復次如來生前境界彼審初生如是未生便生如奔走境界如是增多或作是說彼不為多但依少有中便增是增多復次得一物修行斷諸著人不相應縛

選擇結使

愛著相應行　悕望取他妻　二俱憶宿命

無漏有四種

云何種種論　云何畜生論或作是說種種論者復種種論是故種種論如王論下至賊論畜生論造畜生論如所說如論如為廣說或作是說無因緣論種種論無儀論畜生論復次諸論者無端緒無因緣無所應無有處是謂種種論諸所論者趣畜生及依餘是謂畜生論種種論者謂畜生論者有何差別如前所說復次諸種種論者及畜生論非種種論諸所論昔所更歷生死亦是畜生論諸所論是謂畜生論以何等故等越次取證先從法得喜然後佛僧或作是說先修行法修行法已是微妙法得法喜嘆一切智乃說此微妙法然後得佛喜彼善任任此法者彼更得增喜復次等生法智忍當言法喜不可壞如彼法喜彼得佛喜如所說於苦無恨於佛法僧是等得喜

又世尊言若比丘觀十二緣起彼則觀法云何觀十二緣起彼則觀法耶或作是說觀十二緣起亦觀法時不觀人或作是說觀十二緣起如實觀之如人見諦此謂之法復次觀十二緣起等越次取證彼已越次取證則見賢聖法證見十二緣起彼一切觀法耶設觀法彼一切觀十二緣起耶

或作是說諸觀十二緣起彼一切觀法也設觀諸法彼一切觀十二緣起觀十二緣起時彼亦觀法觀法時彼亦觀十二緣起或作是說頗觀十二緣起不觀法耶以世間智觀不等越次取證頗觀法不觀十二緣起耶空解脫門等越次取證頗觀法及十二緣起以是緣觀無願解脫門等越次取證頗不觀法不觀十二緣除上介取事則其義也復次諸觀十二緣起彼一切觀諸法也頗觀法非十二緣起耶及諸方便行

又世尊言諸比丘我不與世俗諍世與我諍云何世俗與世尊諍或作是說世尊敏俗是故世尊不與世俗諍俗無此心我讓世尊或作是說以二事故有諍訟起貪欲受意不肯離耶見取纏甚著愛欲如此法世尊以盡是故世尊不與世俗諍世俗未盡是故世俗諍或作是說猶如惡馬不隨正路行如是世俗與世尊諍

又世尊現其義漸漸教化是故世尊不與世俗諍以何等故名阿掘摩是

賊盡其力後逐世尊然不能還或作是說世尊前地卷後舒或作是說世尊威神使彼身重或作是說諸天使彼身重或作是說神足境界不可思議復次世尊於地上化使無色肉眼所不見是故世尊行疾自在解脫如是行時非人能測如尊者羅吒婆羅說彼微法言非法云何為微法或作是說如王法輪財或作是說如諸長者外斛稱寶復次如法難違甚微如貪利強言作想悕望利不親強親諂病求物比丘佐助衆事詐病所須取服胡麻子或詐言狂癡求索無厭足及諸非法現在前者諸病皆求利是謂微法

又世尊言諸比丘此八部衆刹利衆婆羅門衆長者衆沙門衆四大天衆三十三天衆魔衆梵衆以何等故餘諸天不言是衆或作是說一切是衆世尊但說此世間不可思議或作是說是世尊勸化語然此諸衆數數來會盡流諸天至世尊所或作是說此衆則盡說八復次方便集會皆成衆

事於彼衆皆有數皆成衆事故曰八部衆以何等故物近眼不見遠則見然耳則聞聲或作是說此非方喻墻界法介或作是說無所到是眼境界是故不與耳同復次明是眼伴曉了諸色近眼失明境界不復得明

種種論歡喜　觀彼彼觀我　無諍世自諍

八部衆觀色

得等諦第一義諦定無有疑不可沮壞或作是說得是世俗義故曰等諦不曉了世俗是謂第一義諦或作是說名等諦說義名第一義諦復次曉了衆生心意故是等諦有此因緣曉了心意是謂第一義諦得名苦諦習諦定無有疑不可导壞或作是說得五盛陰是苦諦愛習諦問愛亦是陰中或作是說五盛陰是苦諦行垢是習諦問行垢亦在陰中或作是說果是苦諦因緣是習諦問果緣他果緣他果此非是苦是習耶答曰苦即是習習即是苦如果是苦如緣是習問如果非習如緣非苦是故苦即是習習即是苦復次得五陰有漏苦習問

修行苦時亦有修行習耶答曰修習
時不修行苦唯修行習得智通達定
無有疑不可破壞或作是說得諸智
耶知彼是智一一分別是通達相問
智由他知智彼即是智耶通達亦復
如是或作是說智即是通達耶或有
通達非智知解脫物復次若智耶知
及餘自然即是其事此無定義得味
定無有疑不可破壞或作是說得味
即是義味諸法是謂味問味味非其
義云何義非其味或作是說一義之
中有若干味是味異義異問一味之
中有若干義義非味乎或作是說味
即是義或義非味味解脫物復次味
即是義或處處有味如彼所說緣無
定處自相相應相如上說因與緣如
前所說得十二緣起十二緣起法定
無有疑不可沮壞或作是說得如契
經所說此十二緣起如性法法常住
廣說十二緣起法無明行問十二緣
起諸緣起法或作是說十二緣起因
十二緣起法是果問因非果果非因
十二緣起非十二緣起法耶或作是

說十二緣起十二緣起法　起問起
亦是十二緣起或作是緣若十二緣
起是十二緣起法耶或十二緣起法
彼非十二緣起諸起空寂法或作是
說諸法生時是十二緣起諸法已生
十二緣起法問如是者義無有定十
二緣起即是十二緣起法或作是說
與十二緣起相應果實是十二緣起
法或作是說已生諸行是十二緣起
彼諸法生由十二緣起問彼所生不
由十二緣起耶復次諸法自應尒十
二緣起不造自相味相應法微妙法
成就授決有何差別或作是說平等
說如實無虛或作是說十二緣起是
平等法成就十二緣起相是授決法
或作是說說四聖諦是平等法順從
四諦是授決法或作是說寂勝功德
是平等法弟子功德成就是授決法
復次語不麁獷是平等法語無狐疑
成就是受決法慈孝於父慈孝於母
有何差別或作是說恩慈於母孝養
於父故無差別
等智苦諦　智義自相　緣起十二

慈孝父母
云何眼識意識分別或作是說以是
因緣彼境界如是眼識意識分別問
不壞意識耶答曰如倒彼眼識界有
意識界然界不壞如是倒彼色入法
入不壞或作是說有眼識意識分別
彼相類造是故造境界是意識問云
何造相類設更眼識憶不忘失彼即
不分別耶設不憶者云何不憶造色
相類或作是說非更眼識意分別設
當分別識入則壞問境界壞答曰亦
說境界壞或作是說非更眼識意識
分別何以故世尊亦說以二緣故生
識意緣生法設彼更眼識意識分別
者則增諸入意色意聲亦復如是問
多有諸入或生一或生二識雖有一
物意識緣想多痛生識是故彼有多
或作是說若眼識定青意識亦定青
相類識是眼識此意識此是眼識義
云何答曰若眼增上者彼是眼識若
意識增上者彼是意識或作是說設
眼增上不相應緣青起識意增上彼
不相應緣青起識是故相應壞果無

有壞問如彼眼增上及相應或起諸識或黄相應壞果壞如是眼增上及相應意增上定青起識有相應壞有果壞也云何世尊知彼衆生宿命或作是說刼燒流轉衆多衆生生果實天於彼各各自相告語本宿命以是得知問若衆生不生彼不自識宿命從此已来經歷皆不知或作是說衆生之類曾止住自識彼宿命餘不止宿者觀察便知問一切不共行或作是說自挍計思惟則知彼意上已說或作是說佛境界不可思議或作是說十二緣起善分別說或作是說自識宿命智知其力勢或作是說微妙智得其力勢復次各各别異於彼如来神智便生得阿惟三佛故曰常住如所說難陁摩陁優波夷說尊者我夫無常犯戒惡法生餓鬼中其婦人夢見夫主云我生餓鬼中云何餓鬼夢中作是　說化作人形不作本像造如是貎問如今云何造或作是說餓鬼夢中不作本形昔造因緣有其力勢又盡思想夢轉見形言

覩形像復次睡眠志不如本狂有所見或聞悪聲響諸法定有彼一切法等定耶定設諸法等定耶定彼一切法定有耶或作是說諸法等定有耶定彼一切法定有耶頗彼法定有彼非等定耶定自相定有復次當言非諸法等定耶定餘人當言等定耶定達嚫名者何等法或作是說報施之法名曰達嚫導引福地亦是達嚫問非以所施而生上界如所說生上界者善功德報是達嚫業或作是說施法果報是達嚫法故曰說檀嚫法問非以施法果處所復次割意所愛成彼施處於今所養義是檀嚫秦言財施法如餓鬼檀嚫以何等故佛世尊是大法主或作是說如王攝統國界誅斷刑罰如是世尊為諸聲聞斷疑網結故曰法主或作是說如王典國民無不順如是世尊一切善法無不成辦故曰法主或作是說如王典國所作自在刑罰榜笞皆悉自在如是世尊於聲聞中法得自在療諸悪趣故曰法主或作是說如轉輪聖王施貧窮人

衣裳寶物如是世尊無財衆生施以七寶故曰法主或作是說正法之主故曰法主或作是說如所說梵相應契經我所覺寤法善諷誦念供養承事依彼住如所說云何如来至真等正覺主法比丘世尊告曰以此契經義故曰世尊法主十六婆羅門阿逆祢勒是其二云何得知世尊有方齒四十味味皆别或作是說或觀一切種好三十二相盡知一切相然後得知復次等數者如觀掌器無不分别觀方類車師子臆知方齒四十味味分別如二因緣攝生死受諸行報無色界衆生以此因緣與欲界相應不成就行垢云何彼没生此間或作是說過去行垢来生此間如彼不成就云何来生答曰若退轉時便得成就如阿羅漢不成就一切結從阿羅漢退轉時復得成就諸結問阿羅漢云何成就諸結或作是說善根功德空無有不解脫不善根無所還問如欲界中餘善根滅盡以何因緣彼善根滅何等故復還善根或作是說欲愛未盡便

尊婆須蜜論卷第二　第三十六張　邑字号

生彼界問如所說外神仙異學欲愛
盡說欲愛已盡問愛未盡若當言盡
如所說在塵土戲童女猷之便棄去
後愛未盡便有盡名如所說乃至死
便盡如人言有吾我或作是說處處
有一切結於彼亦有欲界結問若處
處有一切結者界有壞敗荅曰猶如
此間有無色界結界不有壞如是彼
間有欲界結界不有壞或作是說如
於此間漸漸增益彼間漸漸減如於
此間親近界便與彼合問設住彼起
欲界結不為終耶荅曰如住此間起
無色界結彼則不終也如是彼間起
欲界結則不終也問住此間起無色
界結欲界中色則不減盡則於彼間
終也問我喜言無色界有色是故彼
間起欲界結無色界不盡彼便終如
阿羅漢於色界化形往至色界欲界
形體都在不除欲使作彼形取阿那
含生有想無想天入不用定賢聖道
現在前欲作是言彼終耶復次彼行
陰所纒欲界使識藏依彼行陰於我
愛未永盡愚癡不除是故生此間甚

尊婆須蜜論卷第二　第三十七張　邑字号

者不離非過去行而辯衆事
相有二貌行　四行亦有二　四無明愛使
相應及有弟
是謂物偈　第一品始撮以結揵度
識是世尊母　邪聚及檀嚫　十六婆羅門
生死是因緣　此聚七品終結揵度
尊婆須蜜菩薩所集揵度初竟

尊婆須蜜論卷第二

尊婆須蜜菩薩所集論卷第二

校勘記

一　底本，金藏廣勝寺本。七九九頁中及下，原版殘缺以麗藏本補。

一　七九九頁中一行「第二」，[徑]、[清]作「第三」。

一　七九九頁中四行「偈品首聚揵度之五」，[徑]、[清]作「聚揵度首第一之五」。

一　七九九頁中六行第一二字「洿」，[資]、[磧]、[普]、[南]、[徑]、[清]作「滓」。

一　七九九頁中一〇行「升升」，[資]、[磧]、[普]、[南]、[徑]、[清]作「斗斗」。

一　七九九頁中一一行第一三字「法」，[徑]作「沙」。

一　七九九頁中一八行第五字「當」，[磧]作「常」。同行第一一字「住」，[資]、[磧]、[普]、[南]、[徑]、[清]作「往」。

一　七九九頁下九行第六字「有」，[南]作「言」。

一　七九九頁下二二行第一四字「生」，

資、磧、普、南、徑、清無。

一七九九頁下末行「初死」，徑作「初使」。

一八〇〇頁上一四行第二字「設」，麗作「諸」。

一八〇〇頁上一七行第一三字「已」，磧作「色」。

一八〇〇頁中一行「垢垢」，資、磧、普、南、徑、清作「垢」。

一八〇〇頁中七行「泥棃」，資、磧、普、南、徑、清作「泥犁」。下同。

一八〇〇頁中一一行「四諦」，清作「曰諦」。

一八〇〇頁中一五行「盛陰非」，清作「成陰所」。

一八〇〇頁下四行第四字「常」，磧作「當」。

一八〇〇頁下二一行第二字「不」，磧作「現」。

一八〇一頁上一一行第一二字「苦」，磧作「若」。

一八〇一頁上一二行「是苦是苦」，資、磧、普、南、徑、清作「是苦」。

一八〇一頁上一四行「第五偈品竟」，徑、清無；麗列於一六、一七行間。

一八〇一頁上一六行第五字「苦」下，徑、清有夾註「聚揵度第一之五竟」。

一八〇一頁上一七行品名，徑、清作「聚揵度首第一之六」。

一八〇一頁上二〇行第九字「住」，諸本(不含石，下同)作「往」。

一八〇一頁中九行「彼依」，諸本作「依彼」。

一八〇一頁中一二行第二字「雹」，資、磧、普、南、徑、清作「飽」。下同。

一八〇一頁中一八行第二字「是」，麗作「是故」。

一八〇一頁中末行第四字「菜」，資、磧、普、南、徑、清作「枝葉」。

一八〇一頁下七行第八字「經」，麗作「逕」。

一八〇一頁下一〇行第五字「狑」，麗作「矜」。同行夾註「居進反」，資、磧、普、南作「已進反」；徑、清無。

一八〇一頁下一五行首字「有」，資、磧、普、南、徑、清作「其」。

一八〇一頁下二〇行第七字「賢」，麗無。

一八〇二頁上五行第一〇字「雖」，資、磧、普、南、徑、清無。

一八〇二頁上一九行首字、第六字、第一一字及二〇行第三字「受」，麗作「愛」。

一八〇二頁中一二行第一二字「因」，資、磧、普、南、徑、清作「曰」。

一八〇二頁下一二行末字「三」下，徑、清有夾註「聚揵度第一之六竟」。

一八〇二頁下一三行「第六偈品竟」，徑、清無。

一八〇二頁下一四行品名，徑、清作「聚揵度首第一之七」。

一八〇二頁下一九行首字「過」，諸本作「退」。

一八〇三頁上四行「三眼」，磧、南作

「一眼」。

一 八〇三頁上七行「當言無漏當言無漏」，資、磧、普、南、徑、清作「當言無漏」。

一 八〇三頁上一六行第七字「言」，徑作「作」。

一 八〇三頁上二一行第一二字「者」，資、磧、普、南、徑、清作「著」。

一 八〇三頁中二二行第四字「生」，磧、南作「三」。

一 八〇三頁下一行首字「三」，麗作「三者」。

一 八〇三頁下一五行第八字「作」，資、磧、普、南、徑、清作「住」。

一 八〇三頁下二二行第一〇字「轉」，諸本作「迴」。

一 八〇四頁上二行「苦苦」，資、磧、普、南、徑、清作「苦苦苦」。

一 八〇四頁上一七行末字至一八行首字「無彼」，資、磧、普、南、徑、清作「彼無」。

一 八〇四頁上二〇行「受容」，資、磧、普、南、徑、清無。

一 八〇四頁中一行第四字「兗」，諸本作「嗏」。同行夾註「覩過反」，「奴流反」，徑、清無。

一 八〇四頁中二行第一二字「非」，麗無。

一 八〇四頁中一七行第一一字「因」，資、磧、普、南、徑、清作「因彼」。

一 八〇四頁下一行第七字「有」，徑、清作「作」。

一 八〇五頁上五行第九字「生」，資、磧、普、南、徑、清作「往」。

一 八〇五頁上一二行第五字「入」，徑作「人」。

一 八〇五頁上二〇行第九字「各」，諸本作「咎」。同行末字「應」，諸本作「應羞」。

一 八〇五頁中一行第三字「言」，資、磧、普、南、徑、清作「言與」。

一 八〇五頁中三行第一三字「語」，諸本作「諸」。

一 八〇五頁中九行第六字「身」，諸本作「生」。

一 八〇五頁中一〇行「命命」，麗作「命」。

一 八〇五頁中一七行第二字「彼」，諸本作「然」。

一 八〇五頁下五行第二字「無」，諸本無。

一 八〇五頁下六行第八字「生」，麗無。

一 八〇五頁下一六行第一一字「子」，資、磧、普、南、徑、清作「穀子」。

一 八〇五頁下二一行首字「問」，資、磧、普、南、徑、清作「答」。

一 八〇六頁上三行第七字「因」，徑作「應」。

一 八〇六頁上一二行「厲毒唐」，資、磧、普、南、徑、清作「薑毒」。

一 八〇六頁上一四行首字「烏」，徑作「鳥」。

一 八〇六頁中一四行第四字「起」，資、磧、普、南、徑、清作「趣」。

一 八〇六頁中一七行「於彼」，資、磧、

一 普、南、徑、清作「彼於」。
一 八〇六頁中二一行第七字「愛」，資、磧、普、南、徑、清作「受」。
一 八〇六頁下四行第二字「是」，麗作「是言」。
一 八〇六頁下六行「何以故」，麗作「以何故」。
一 八〇六頁下一〇行第一四字「受」，麗作「愛」。
一 八〇六頁下末行末字「就」，諸本作「就義」。
一 八〇七頁中一三行首字「來」，磧、普、南、徑、清、麗作「未」。
一 八〇七頁下一二行第一一字「增」，諸本作「僧」。
一 八〇七頁下一八行第一三字「時」，徑、清作「則」。
一 八〇七頁下二二行第五字「證」，資、磧、普、南、徑、清作「諸」。
一 八〇八頁上五行第九字「間」，磧作「問」。
一 八〇八頁上一五行第四字「敏」，磧、普、南、徑、清作「愍」；麗作「慜」。
一 八〇八頁上一九行第一二字「未」，資、磧、普、南、徑、清作「志」。
一 八〇八頁中八行第二字「彼」，資、磧、普、南、徑、清無。
一 八〇八頁中一〇行第二字「廾」，資、磧、普、南、徑、清作「斗」。
一 八〇八頁中一二行第一〇字「詐」，磧作「許」。
一 八〇八頁中一四行第九字「諸」，資、磧、普、南、徑、清作「託」。
一 八〇八頁下七行第一三字「世」，徑、清作「苦」。
一 八〇八頁下一五行第八字「㝵」，諸本作「破」。
一 八〇八頁下一八行首字「習」，資、磧、普、南、徑、清作「苦」。
一 八〇九頁上一二行第六字「是」，諸本作「是故」。
一 八〇九頁上一六行第一二字「與」，資、磧、普、南、徑、清作「興」。
一 八〇九頁中二行第一〇字「緣」，諸本作「說」。
一 八〇九頁中三、四行「十二」，麗作「十一」。
一 八〇九頁中一一行第一一字「自」，資、磧、普、南、徑、清作「自相」。
一 八〇九頁中一七行「決法」，麗作「法決」。
一 八〇九頁中二〇行第三字「是」，資、磧、普、南、徑、清無。
一 八〇九頁下一六行末字「一」，資、磧、普、南、徑、清作「二」。
一 八〇九頁下一七行第五字「想」，麗作「相」。
一 八一〇頁上四行第八字「知」，磧作「如」。
一 八一〇頁上一四行第五字「知」，資、磧、普、南、徑、清作「得」。
一 八一〇頁上二〇行第四字「是」，諸本作「是語或作是」。
一 八一〇頁上末行第一一字「轉」，資、磧、普、南、徑、清作「輙」。

一　八一〇頁中四行第一三字「有」，諸本無。

一　八一〇頁中一四行夾註右「秦言」，徑、清作「此言」。

一　八一〇頁中二一行第五字「笞」，磧作「答」。

一　八一〇頁下二行第七字「主」，磧作「王」。六行第四字，諸本同。

一　八一一頁上五行首字「使」，資作「便」。

一　八一一頁上一〇行第一二字「減」，資、磧、普、南、徑、清作「滅」。

一　八一一頁上一一行第一二字「住」，麗作「往」。

一　八一一頁上一七行第八字「界」，諸本作「界色」。

一　八一一頁中一行首字「者」，諸本作「著」。

一　八一一頁中二行第七字「行」，資、磧、普、南、徑、清作「大」。

一　八一一頁中四行第三字「物」，諸本作「初」。

一　八一一頁中七行「尊婆……竟」，資、磧、普、南、徑、清無。

一　八一一頁中末行卷末經名，資、磧、普、南作「尊婆須蜜菩薩所集論卷第二」；徑、清作「尊婆須蜜菩薩所集論卷第三」。

尊婆須蜜菩薩所集論卷第三　邑

尊婆須蜜造

苻秦罽賓三藏僧伽跋澄等譯

心揵度首

又世尊言彼心意執持不去乎手非二心齊等云何心意執持不去乎手摩訶僧耆作是說心自然持問攝不善心非善攝不善曇摩崛作是說心相應智慧攝問不善心善智慧攝非善智慧攝不善心相應尊弥沙塞作是說心不相應智慧而攝問心不相應智慧非心非意如所說心意所攝持跋次子作是說執持人心問人無心意如所說攝心意或作是說脩不善心時善心因緣便斷如是彼心乃至不生如是彼心則有所攝問不善心脩不善心時善心緣斷絶欲使善心成不善心耶荅曰非不善心知善心因緣或作是說思惟增益心不淨猶如為欲所縛思惟欲欲不淨彼欲漸少問欲與不淨二事不異或作是說思惟挍計心有乱思惟心不有乱

如是彼心則攝問非思惟不淨及心有乱則等清淨或作是說心意生時緣現在心如是當言心有攝持問心已生未生不緣未生或作是說不善心意作大方便不順住不善心取其一緣如是攝持彼心問如不善心不作方便如其方便無不善心是故方便無有定處或作是說過去不善心意有處所識惡厭不用心常避如是彼心則有攝持問此義不然如二人相倚人人執持復次然二心俱等不有疑錯如燈燃見明復次當親近善知識衆生類聞正法思惟挍計善心因緣轉增益縛著展轉相依漸漸多如是等相應力有增益彼力利不善心不普廣脩行脩行善心遂有增益如是彼心則有執持如所說心廣有覺心微有觀云何心廣或作是說有覺心感心感則廣是故心廣有覺或作是說五識身廣意識身微或作是說不善心廣善有漏微或作是說不脩行心廣脩行心微或作是說見諦所斷心廣思惟所斷心微或作是

說造彼造廣便有微欲界相應心大色界相應心微色界相應廣無色界相應微或作是說泥梨心廣畜生心微畜生心廣餓鬼心微如是相像乃至有想無想天當是說復次阿毗曇說選擇三界心展轉生造廣照明有覺與梵天相應更不出梵天上齊是說何以等故五識身有欲愛然非無欲或作是說如契經所說眼見色愛著好色問眼見色意識地愛著當如所見說彼契經眼見色眼根成就見不淨思惟挍計欲使五識身無有欲耶或作是說如所說此六愛身及眼更愛乃至意問眼更因緣起意地愛彼有眼更愛如所見說思惟六識行欲使五識身有歡喜耶或作是說五識身無三昧心無三昧心中結則熾盛三昧心不解脫是故五識身有欲非不無故問不一切等有欲愛設當一切有者阿羅漢亦當有愛生彼阿羅漢於五識身中無有三昧脩行心意便生欲愛如色愛無色愛如所喜一切十大地相應非五識身中有

三昧耶或作是說不方便求五識身便有結使不方便求使欲不生是故五識身有愛非為無愛問若我等不勤求者是故有欲一切盡相近有方便求是故一切盡成就欲或作是說無有處所便有五識身生結使亦生非不欲有欲便有欲盡是故五識身有欲非為無欲此亦如上所說或作是說觀色欲便縛眼識迴轉不於中間廣出義方便脩七覺意住求無欲是故五識身欲非為無欲或作是說五識身中不越次親近共住中間中間生意識彼則有愛彼一切是五識身全越次彼五識身休息五識身觀不淨欲使無欲是故五識身有欲非為無欲或作是說身亦不有愛亦不無愛何以故世尊亦說

典六增上王　於染甚染著　不染便無染
染者謂之愚

問我受此語思惟染便有染思惟不染便無染以此契經五識身亦不有欲亦不無欲此義云何答曰若無護喜五識身思惟染便有染思惟無染

便無染是故以此契經五識身亦不有欲亦不無欲或作是說五識身不錯乱設不錯乱若有欲若無欲是故五識身亦不有欲亦不無欲問彼相應法有錯乱無色界無有錯乱欲使彼亦不有欲亦不無欲耶答曰諸相應法或有乱或無乱此義云何無色界計有吾我便有愛復次自相所攝五識身不言自相欲無欲是故五識身亦不有欲亦不無欲猶若此心所念法俱相應生云何相應義或作是說乘載義是相應義問眼識招致意識欲使眼識與意識相應耶答曰此依餘不與同問如所說乘載義是相應義此事不然或作是說不移動義是相應義問四大不移動欲使彼各相應耶答曰此非因緣問如所說不移動義是相應義此事不然或作是說有因緣是相應義問眼識緣意識有因緣欲使彼相應耶答曰彼依餘問如所說不移動義是相應義此事不然或作是說有因緣是相應義問眼識緣意識有因緣欲使彼相應耶

答曰彼依餘問如所說不移動義是相應義此事不然或作是說一因緣義是相應義問有衆多衆生觀月初出欲使同一緣相應耶答曰彼依餘問如所說一因緣義是相應義此事不然或作是說所有悕望義是相應義問壽命煖氣生欲使彼相應耶答曰此無因緣問如所說壽命煖氣是相應義是事不然或作是說俱生義是相應義問心不相應行等生欲使彼相應耶答曰此非因緣問如所說等生義是相應義是事不然或作是說一起一住一盡彼相應此亦如上所說或作是說一悕望一因緣一時造是謂相應問此義云何答云依一緣一時造或作是說一事所須義是相應義問忍智是一欲使彼相應耶答曰彼非一時造問如所說一事義者是相應義是事不然或作是說千義是相應義識所適處各相開避心所念法則有選數或作是說無有相應何以故彼非一切不俱生問如所說心所念法與心相應與心縛著依

心迴轉彼有違亦說俱生痛想念彼所說不與相應亦不俱生如是彼無惟說無相應亦說見諦信不壞智相應問若相相應聲二比丘亦說小有諍訟與共相應欲使彼共相應耶若已念聞聲是念者亦說眼色以二因緣生念法識更樂痛行及因緣欲使識是念耶若與聲俱生者亦說比丘心俱生毗摩質阿須倫頭有五縛而自觀見欲使彼心俱生耶誰依意識或作是說五識身已生依盡問無色界中不生意識彼無五識身或作是說依六識身問色有增減則不可知或作是說心左右四大依意識問彼視色無有增減或作是說一切身四大依意識問所造色無有增減荅曰以彼四大便有依名字尊僧迦蜜作如是說自根依身意識見一一心一切自根身心所作處處有勝復次心俱有四大當言依識識與彼四大各各相依如索繩縱

如菩薩夢見五事如彼識為依何等或作是說見聞念知是其緣問彼初

不作如是大夢夢見緹醧木在臍中生問我聞阿須倫作如是大卧具我亦聞婆修提婆臍中生大蓮花或作是說曩昔三耶三佛作如是大夢彼聞某甲授決時彼是識因緣或作是說彼識見聞念知本亦經歷彼非不有緣晝想夜夢是故彼夢彼識當言顛倒當言非顛倒耶或作是說當言顛倒本無今造復次當言非顛倒等正覺果如菩薩所說安詳降母胎安詳止住安詳出母胎云何菩薩降母胎云何止住云何出母胎或作是說彼降神時便自知我處母胎止住時便自知我止住母胎後出胎時便自知我出母胎次降時亦自知是我家後處母胎住亦自知家後住更不復處出母胎亦自知更不復入母胎彼安詳心當言相應當言不相應或作是說當言相應如所說我安詳降神問著所生心不著是安詳云何著與不著相應或作是說當言不相應何以故生心染著不染著心是安詳是故著不與無著相應問云何今安詳

降神荅曰自知身意如所說先起安詳心後生染著心復次本亦有安詳與中陰心相應觀身漸厚

生心與何等著相應或作是說與欲相應問若尒者無入地獄或作是說或與欲相應或與瞋恚相應或作是說生惡趣中者彼與欲瞋恚相應生善趣中者彼不與染著垢相應善心便生天上復次不與諸垢著相應生心與本行相應如瓦陶輪當作是觀

以何等故身根言是身識緣非因或作是說有瞋恚身根無瞋恚身識非瞋恚無瞋恚緣問有瞋恚是四大無瞋恚無教戒緣俱或作是說集聚是身根不集聚是身識非集聚無集聚緣問無集聚甚微欲使微因心耶或作是說色是身根無色是身識色非無色緣問設當有色便有因善不善心無色欲使善是不善因耶或作是說處所是身根無處所是身識非處所無處所緣或作是說無境界是身根有境界是身識非無境界是境界緣或作是說若身根是身識緣者乃

至身根彼便有身識是故有一根或作是說若身根是身識緣者身根生身識是故身根有差違或作是說若身根是身識緣者則有因緣處所不有因緣有增上緣或作是說自然因無自然身根身識復次彼非自性亦非迴轉及他眾生迴轉如一切心四因緣生有阿羅漢最後緣心以何等故阿羅漢最後心不還或作是說次第中間悕望因緣彼非後心次第緣或作是說有悕望或作是說所生因悕望復次於彼後心有四因緣果於彼數當作是說不於中間當有無明有愛當來受此非緣言阿羅漢有如所見法心意所迴如是身壞以何等故阿羅漢善無記心終不還或作是說中間緣有悕望或作是說悕望有違或作是說因悕望復次以二事故於現法中心性得還或以本行或現在造當來亦有以三事故得還行垢得還行垢自然阿羅漢無有行垢是故阿羅漢不迴轉

心定覺觀法　無欲相應意　睡眠諸義起

造生四因緣

顛五識身有顛倒行耶或作是說有如旋杖輪眼識謂是輪問非眼識謂是輪色自相境界眼識意識謂是輪或作是說五識身有欲顛倒性有欲是故五識身顛倒問當言非顛倒如樂痛言有樂或作是說非移動五識身非以移動當言有顛倒見問不移動亦是顛倒如於色生邪見復次自相攝五識身不顛倒攝自相是故顛倒移動

如非一心選擇有勝作是得是云何不善心心避不親近者善威儀一心者（一部僧名）作是說曰若心意空轉轉有實虛空一心彼便有選擇問一心無有選擇此事不異便有增益以選擇無增益或作是說非一心選擇有勝意有選擇問如一一心不選擇勝意不有選擇耶荅曰如二心意有多如是一一心無眾多有選擇眾多或作是說第一義無有心選擇行亦無不善便生善心於中遊復次善心以生則無有不善心問作是不得是復次

心有選擇不應作是說吾我自性自累教化眾生便有和合以作選擇見功德彼避不善緣妙行善威儀與儀相應頗有一心不在此彼自相不前不後作緣也或作是說有辟如五欲發意相緣欲使一時周遍耶荅曰無有自然五欲一時周遍設當緣者便有三痛生或作是說辟如青青謂青國意一時作緣問此非辟喻若當作緣如青則等如覺則有耶是故彼有等是故彼有耶復次作識想心當言無也非以本作有餘識非一迴有二轉惟有一我是故無也

如一切眾生一一心迴轉一自相境界過去未來心不憶不知云何得知種種二自相或作是說由義說得知問設復說義云何得知或作是說餘各各心空彼無所有便得知一心憶本所更由是得知問若一心憶彼便憶青非黃一擠願或作是說一一取自相和合取二相由是得知復次我自性意所一一相方便迴轉如青發黃色有種種二相非所自相方便無

色界没生色界時去何欲界相應心所念法得成就或作是說悕望得不疑悕望是吾我欲界心所念法問無漏心所念法有悕望欲使無漏心所念法得成就耶或作是說得生便有彼生解脱欲界心所念法問彼無漏心所念法亦復解脱欲使得欲界成就無漏耶或作是說得生有有是欲界心所念法亦生欲界問生欲界中起無漏心所念法欲使彼得無漏成就耶復次必化作欲界形欲界心所念法迴轉無色界没生色界時諸欲界心所念法得成就當言彼心無威儀耶當言伎術荅曰當言彼伎術當言威儀諸化化形彼是伎術變化住處心非有移動當言威儀無色界欲没時來生色界諸得善根彼善根與誰相應去何得彼善根或作是說彼善根色界相應便得悕望巳得生必得生不疑定生得復次當言欲界相應當言色界相應得色有有本所觀觀近生不得過去當觀亦還時去何得知一切心與十大地相應或作是

說若彼無痛者則無痛界亦無想者則無心若無念者便無心無更樂者則無此三法無思惟者則不生識若無欲者一切心所念法不生若無解脱者則無解脱若無念者則無境界若無三昧者心則有乱若無智慧著境界不可分別復次阿毗曇必有實相依因緣等生諸法相應一一相應不一相應觀心果也以何等故生心不得報或作是說設生心有報者便迴轉非以報有報餘者有還是彼非報問報有福報如所說不住乃至智知有福報有所照或作是說染著生心不染著是報是故非報問染著有報如所說修行無明思惟廣說等住如是衆生婬意偏多復次行垢彼心有熾盛去何彼報行

頗一心乱一定或作是說或乱相應心心乱三昧相應心三昧思惟一乱相應心一三昧相應是故一心乱一心三昧問若乱相應乱三昧相應思惟彼乱相應彼三昧相應是故彼有乱彼有三昧或作是說不善心乱善

心三昧一善一不善是故一乱一三昧問不善不得言三昧或作是說一心之中無有乱無有三昧意有乱有三昧無所因緣是心意是謂乱心意一緣是謂三昧惟一一心意乱三昧一切有一一分别是故一切心無乱無三昧彼非微妙不可究竟是故此非緣問若一心乱一心三昧彼一切一一分别是故一切心有乱有三昧此非微妙是故不緣

頗彼心乱是三昧耶或作是說有乱相應心乱三昧相應心及乱相應彼與三昧相應一切心十大地法是故彼有乱有三昧問三昧無乱相應乱亦與三昧相應欲使三昧與乱相應乱與三昧相應耶此非微妙是故非緣或作是說無也不善心乱善心是三昧善與不善異是故乱異三昧異問不善不得言三昧荅曰無有不善三昧如所說三昧何者是謂善心獨處復次無有一心有乱有三昧此亦如上所說

滅盡三昧起心緣何等或作是說本

末是緣如所說本心成具有所興起作如是心者無有興起問云何斷滅心所念作緣荅曰如斷滅不善意善意中間復起不善問彼不斷滅心意便有縛著心意復次諸有此處不可思義滅盡三昧若本心本意有斷滅緣彼則有也心非為無因是故緣起復次若心次第起心於彼次第緣欲起當言因本緣以何等故心所念法不知自然滅或作是說若自然滅者三等相應無有更樂或作是說若自知者無有二亦說二緣生識如偈所說親近自然斷滅邪見有勝攝他不異於我如餘方便苦則有等以何等故心所念法自不知相應法或作是說不知二俱生設當知者生緣無生無生緣生生緣無作或作是說空一聚畜設當知者則不空則有無數聚攝一時須二分相應法如有餘緣如有餘相應法復次不知一緣設當知者亦知自然設當知者識緣痛痛亦緣自然如所說智者彼即是痛也以何等故心所念法不知等有法或作

是說此非等有或作是說等有不自知復次若還迹者云何有因緣彼有攝持

以何等故相應法謂之心內入然不餘相應法或作是說一切是內心亦是外心是一切心差降問無入處所或作是說內根及意根非餘相應法問意念心所念根如彼樂根乃至慧根或作是說由心故念迴轉猶如心流馳不住心所念法問二俱並生為由何等生若一一續生者由痛識念生想亦生智慧或作是說心所念法如彼境界心生彼亦生念問二俱並生為云何所若一一續生者痛識想念亦復生或作是說意心所依有識法問心亦依心欲使心非內耶荅曰雖復心依心依心有識法念非依心或作是說心增益上此心念法此亦如上所說或作是說心意不自滅念便有滅如滅盡三昧問想痛於彼盡然非有心荅曰心於彼滅何以故心行所念彼非有行已得休息世尊亦說誰當有人說有有想而無此言亦

無是念此事不然復次想識滅有所選擇當言內入及餘相應法意識入持常住不移復次識依衆生不牢固牢固與餘法相應於中得知過去識當言內入不與餘法相應

又世尊言無常是苦云何苦痛無常苦或作是說若有常彼是苦如無常彼是涅槃問如自知苦痛彼自以苦若有常彼不自知者非有常苦耶或作是說苦痛盡時餘苦則避無常滅盡時欲使無常是樂耶或作是說苦痛生時便有苦苦痛滅時便是無常生無常是故無常苦問樂痛生時便有樂便生無常欲使無常是樂耶或作是說彼非無常苦所攝彼苦自然彼無常非自然苦問如所說若無常是苦者此事不然荅曰諸無常者彼一切是苦少有自然苦少有無常苦少有種苦復次彼非無常苦無常義異苦義異復次苦痛生時無常所逼自然苦各各自聚集

又世尊言受樂痛時彼便自知受樂痛云何受樂痛時彼便自知受樂痛

如上初捷度說云何自知有苦復次
樂痛放逸彼境界生意識念彼識與
意共同作吾我想便自知我受樂痛
況復衆生以痛見逼心便憒乱以何
等故心所念法不自依處所或作是
說頗有見自依處所耶如心所念法
問有色之物各自親近荅曰有色之
物極微亦極微各各不相觸是故此
非問或作是說無色亦不相觸問色
識有教戒不自親近或作是說選擇
不觸問選擇非教戒不自親近是故
此非義或作是說無對不可觸復次
設當受觸者則有細滑入問如觸身
根此非更樂如是彼觸者非有更入也
頗緣不愁憂生樂痛耶或作是說有
如人見怨家死便生樂痛問彼樂痛
非緣怨家怨家緣彼樂痛是故彼愁
憂或作是說無也此事不定緣不
愁憂不生苦痛問以彼因緣或生樂
痛或生苦痛或緣二生不以因緣俱
知二事復次無有因緣有愁憂無愁
憂皮就如彼或有愁憂或無愁憂或
彼亦不有愁憂亦不無愁憂彼或有

愁憂或無愁憂或亦不有愁憂亦不
無愁憂因緣合會或生樂痛或生苦
痛或生不樂痛或生不苦痛
頗緣愁憂生苦痛耶或作是說有如
見母死便生苦痛問彼痛不緣母母
緣彼痛是故彼愁憂或作是說無也
定緣不愁憂生樂痛聞以彼因緣或
生樂痛或生苦痛復次無有因緣成
就有愁憂無愁憂或有愁憂或無愁
憂或亦不有愁憂亦不無愁憂彼因
緣合會或生樂痛或生苦痛或生不
苦不樂痛二牢固及一滅盡自然增
上慢苦痛意不相觸無愁憂有愁憂
以他人為父起樂痛彼痛緣何等或
作是說父是其緣問彼非親父荅曰
起如是思想問如有言是我痛我是
其緣或作是說怨家緣問彼痛非怨
若彼不造諸痛與因緣欲使造青耶
若痛不緣青復次痛義父相是其緣
怨是處所也諸身中痛彼是心痛耶
設是心痛彼是身痛耶或作是說諸
身中所有痛彼一切痛與心相應也
問如所說有此二痛身痛心痛則有

相違或作是說一切痛是心痛乃至
五根增上是謂身也色增上者乃至
意根增上彼是心痛心增上也或作
是說諸到境界攝諸根生是謂身也
無有思想諸不到境界攝由三根生
彼是心有思想也或作是說諸痛依
身根攝內更樂緣生是謂身痛於中
有餘痛生者是謂心痛復次諸身痛
與心相應頗有心痛非身痛耶諸所
痛外所造痛若知長短亦知長彼
識為緣何等或作是說若知長短彼
緣短若短知長彼緣長也問長非短
短非長荅曰以此得知問若知有我
我是緣耶或作是說若知長短彼則
緣長若知長彼則緣短問如今不知
如所造若知餘者識則有餘緣欲使
青非緣青色耶或作是說無有不知
長短短知長彼識不得言住不觀香
味更樂造長短也頗有盲人不得天
眼以眼識見諸色耶或作是說有若
曾與相應後獲果彼生眼識眼便壞
敗是故盲人生眼識眼腐敗是故盲
人眼識知色問彼眼有餘生是故不

得言旨荅曰非以彼眼觀若觀眼者眼則不旨從生旨者是故不旨問非以從生旨此眼識觀若觀眼不旨者覺諸識相相應有諸覺或作是說若眼沒時生眼識彼眼識壞敗彼時生眼識是故旨人攝色問不等有是故彼生眼識若盡滅生眼識若一切滅盡生眼識者彼生眼不起眼識欲使旨人生眼識耶起眼生眼識復次不斷眼有彼迴轉亦有開避處便生眼識已得因緣迹則有相應若實相應不得言是眼識

又世尊言六塵界比丘以何等故意識言有漏耶或作是說彼界有漏所生是故言有漏也或作是說有漏生彼界故曰有漏也或作是說彼界行報故曰有漏或作是說彼界是人竿數然人非無漏故曰有漏或作是說流轉生死無有窮極故曰有漏或作是說緣彼界降母胎中不緣無漏法降母胎中是故彼界言有漏也復次彼界言有吾我此非無漏實生有漏是故彼界曰有漏也

又世尊言攝諸相比丘識所攝尒時命過處所趣三惡趣展轉不止涅槃餓鬼畜生生不染汙心云何生天上或作是說由諸結使生天上亦由結使或入地獄問云何造不善行耶或作是說由結使故便生天上以瞋恚故入地獄瞋恚之相當尒時或作是說以小染著亦得生天增上結使生三惡趣增上瞋恚尒時命過或作是說行相重累生諸結使如行造不善便生惡趣如結使所纏作諸善行便生天上起不善行有諸襄耗尒時命過也或作是說一切結使拔諸善根隨行善惡各趣其道復次從上來生契經句則有違今當說要如船度彼此報行生行則受其果當於尒時無力之人不造善本是故有處所不得言冢是後識合會有是死復次識與本行相應

又世尊言長夜依心思惟修行善諷誦讀云何心長夜修行一心者一部僧名作是說一心長夜修行不得衆多心修行修行得生問一心如是長

夜修行則不有生亦無差降思惟差降無有異展轉生思惟則有思惟展轉心意則有長益是故生意長夜思惟復次心有三行不有時乃至命終從此發意菩薩求道從是思惟乃至得無學術得利展轉心取相彼有思惟一時惟心所念善法當觀意思惟以何等故諸相應法想及識不謂是食或作是說彼一切是食世尊教語說一切則說一切問非以說識則說一切或作是說彼一切是食是世尊勸教語問諸相應法等有生或作是說二於中還食識意心有二方便揣食樂食問諸相應法或受有或不受此義云何復次相應法或有食相或無食相如色香味聲更樂欲使二生色是眼識境界耶餘者亦尒但欲自養是食義揣食差違諸根四大得長益軟美飽彼以食想則生彼界思惟相應意所念如彼有痛彼生無有量如心有痛若此諸法以樂為食想彼生受諸身根痛亦得將行想亦得行彼則生受諸識將去識乃至識意相

應身根縛著及心所念法當言迴轉
而有開避處痛食想復次合會造相
是其相
供養及身名　長短音意界　取非以相著
有漏意在後
以何故諸相應法想痛是意行耶非
餘相應法法或作是說此一切由意
行興是世尊勸教語說此為首則說
一切意問說一則說一切或作是說
此世尊勸教語問諸相應法等生力
勢或作是說由意而生是故謂意行
問諸相應法法或隨意生或不隨意
生此義云何或作是說此意所作故
曰意行問諸相應法或意所作或非
意所作此義云何復次意所纏如是
諸法不於中間有迴轉意識展轉迴
轉無有休止
又世尊言更樂習痛習想習行習名
習色習識習以何等故諸相應法更
樂習痛習想習行習名色習識習或
作是說一切相應法更樂習名色習
復次更樂勝意中名色識更樂增乃
至痛有增名色增識有增問等中間

此妙此非妙此義云何以一更樂非
相由心生是故彼無也更樂增意便
有增或作是說眼緣色因緣等中間
緣緣名色生識此三集聚故曰更樂
緣更樂更樂便生痛或想或意問惟
由更樂生痛復由餘更樂生想世尊
亦說有彼痛不言有彼痛便言有想
此事不然此契經有違非以心所念
法展轉相應或作是說眼緣色生眼
識此三集聚有更樂彼識等有便生
痛由痛便生想緣想便生意復次諸
相應法方便便勝如二人共行一道
所至必到色聲香味細滑萠牙欲使
二俱生耶有增減如實
又世尊言畎罽羅多曾叉帝婆羅門
如一人色住百歲及餘行痛起便盡
不生色展轉不相應說此義云何或
作是說色色展轉此世尊教戒語世
作是相彼色是我所我著色住或作
是說色亦展轉生死無記意自迴轉
心所念法亦有善亦有不善或作是
說色亦展轉復次色以人迴轉心所
念法有實復有餘趣復次色亦展轉

然色自然乃至住不死如作智他自
作方便求色亦住百歲
又世尊言此四顛倒想顛倒心顛倒
見顛倒以何等故諸相應法不謂痛
顛倒或作是說此世尊教戒語說此
則盡說痛問說一則說一切或作是
說此世尊勸助語如上所說結善有
定問諸相應法無有勸助或作是說
此世尊教戒語此教戒與世尊教戒
語此教戒與世顛倒想顛倒心顛倒
見顛倒然痛非顛倒或作是說此一
切顛倒也復次微想顛倒中心顛倒
增上見顛倒復次一顛倒心所作無
常想見有常想得諸相應法或說言
不顛倒或作是說不可得也如識境
界迴轉心亦迴轉問設一切有常者
一切常者非一切痛耶一切智或作
有常有常知痛相知想心知心問若
我一定自相無境界荅曰有常是識
是說得識自相攝是故彼非顛倒心
心亦顛倒亦非顛倒問善不顛倒然
善不與不善相應是故此非義復次
處所相緣無由業相應是故彼有生

一切顛倒一切不顛倒一無有勝自
造我
又世尊言三集聚更樂去何意地有
三集聚更樂意界一部僧名作是說意持
意境界等樂問二心俱等亦說心意
識一心作是說若展轉心彼無有三
集聚復次依一心境界等有更樂問
亦說意緣生諸法意識三集聚更樂
彼不依心意是故無三集聚若彼依
心則有三心心性一部僧名作是說心滅
盡時生心境界此三集聚問心生時
未來未生心是故無三集聚復次過
去有得意根現在得意識境界普照
意識所更如是意地三集聚有更樂
問去何過去現在有集聚荅曰此非
等集聚事集聚如是得彼事亦相應
云何眼識緣善或作是說以眼識善
心等起緣身教是謂眼識緣善問若
彼身教自然善云何彼等起不觀身
身有教色無彼，輪無有眼唯色相現
故曰輪轉此謂身教若身乱是善者
去何讀頌不如是耶此非故當熟觀
復次非自相境界眼識非色自相境

界善是故無有眼識緣善也去何眼
識緣無記耶或作是說所可用眼識
善不善心起除其身教及餘色處因
緣是謂眼識緣無記問一一無有處
所住色聲香味細滑觀其所生處復
次色自相境界眼識非色自相善不
善也是故一切眼識緣無記也善緣
眼識不善緣無記緣有何差別此亦
如上所說問若不善無記心起身教
相類是故眼識無有差降非以所愛
造有識自相緣青心心所念法青為
意喜所更有何差別或作是說識青
喜識痛青喜痛想知心念問一二共
相應或作是說非一識與二相應復
次眼識青自相迴轉痛痛喜忍此名
數等所作心亦如是復次如是所說
一識與二相應是故如是非識自性
我一性自性非我自性是故無我此
二有織是故一識青善成就心造意
造是故此事不相應彼或有喜或亦
不有喜亦不無喜是故或有喜或無
喜或亦不有喜亦不無喜是故此事
不相應

頗心三時住耶荅曰無也何以故心
無有壞是故初時不壞永不復壞是
故心空若心有增住者因緣有若干
相彼上更三緣若心第三時住者青
黃赤無有色相有色相亦無增減亦
無悕望是故心虛空或作是說若心
增上住者或時歡喜而修行道此非
微妙是故心虛空或作是說若心三
時作者或遭惡時悕望境界便生悕
望境界過去悕望境界二悕望境界
不可究竟是故心虛空或作是說若
心自然彼三時住初第二過時則有
增減增減有餘是故心虛空若無增
減中究竟亦虛空是故永不復壞若
彼不自覺知彼三時壞何以故彼自
覺知初時則壞是故心虛空復次若
心住三昧中間心中間心中間相應
心住相應心住相應亦虛空不於中
間相應住中間不為不空是故心虛
空以何等故言心虛空然不及色此
亦所說上偈亦說聲是色因不有命
等有迴轉或作是說若色空者住无
住所生之處即於彼壞敗彼不有妙

是故上色住或作是說色亦虛空如心何以故若色不虛空者受生色住恚生恚生色是故一時空則不有色此非微妙是故色虛空或作是說若色增上住者命過時心生色中陰心則有迴轉此非微妙是故色虛空或作是說若色自然三時或第二時時有增上轉有增上若初第二增時轉住若無增空是故永不有壞若彼自覺三時壞敗何以故即彼自覺初時壞敗是故色虛空復次若色增上住者中間相應住若中間相應住者初時亦當中間相應住若中間不相應住者相應則不虛空不於中間相應住相應非不虛空是故色空

想痛二字在　梵志織意行　眼覺境界青

惕性亦虛空

如所說所觀見彼是眼所知者是識去何眼所觀識所知或作是說眼觀視色攝境界或作是說依眼生識如眼觀色識為因緣如是所知或作是說無有眼觀視設當觀視者乃至有眼則觀如識等有生如是識知是故

眼不觀視或作是說眼無所觀設當觀者乃至色有二相眼有所照一切觀視非一切觀緣是故眼不觀視或作是說眼無所觀識無所知復次眼緣色生眼識彼作觀想觀識所知世尊亦作是說復次眼無所觀設眼觀者耳所當聞鼻聞香是故二根義則有所攝是故眼無所觀

觀識有何差別或作是說眼有所觀識有所知或作是說所觀照是眼攝境界是識或作是說無有差別觀識而無有異此是一義是世尊教戒語復次有此處所觀異識異二俱不同觀他識識他設當如觀餘識同者是眼是識無有差別設眼境界識亦是境界眼觀色識無巧便攝取境界此事不然也是故當捨此

如眼緣色生眼識以彼眼識知有色然非眼也以何等故彼眼謂之識耶非色識當方便說如聚揵度依諸內入或作是說眼識知眼謂之眼識或作是說彼無有識復次眼緣色生眼識於彼作十世俗想謂眼識也世尊

亦作是說或作是說修諸根身識由根有識也如種種趣一趣之中由食思惟隨時自性造諸根當言身識如無色界相應諸心所念法色界為妙高下麤細思惟此已云何彼作壞敗色想或作是說彼無有壞敗想然彼色未盡設色盡者彼謂壞敗想也或作是說彼有壞敗想彼不修色想若以離色想以離謂之壞敗色想復次彼非壞敗色想彼不入無色界定若入無色界定成就彼定彼謂壞敗色想如此五識身不知各自相依云何意識不自知相依耶或作是說知意依意識設意不知意識者則心心不相觀也或作是說知自身諸根依彼意識彼是意識境界一切諸法境界是意識也或作是說知一切身體周遍四大比依意識彼是意識境界設不知者此亦無痛也有依意識或作是說不知若以意識知者則無三聚此非微妙是故不知或作是說不知設當知者則有二世尊亦說二因緣生諸識是故不知復次諸根則依識設

意識自知根依者如是意識則有壞敗復次心俱生如是四大當言依識身彼非意識境界未壞六識身入無記心心所念法根得增益四大增益當言未得或作是說當言未得不以無記心心所念法生諸怖望問無記心性迴轉怖望則壞敗或作是說當言得也觀見諸根歡喜心者獘惡心者無記心者是故當言得也或作是說如此處所有隱沒無記心彼則成就有無記心心所念法諸根四大增益欲使我等說隱沒無記心耶復次一切心色增益一切心依色而有展轉相生乃至眼識生諸行此不微細若超越彼念識身起眼識亦無法不轉諸根四大如種子復次伎術諸藝成就威儀礼節皆以成辦威儀心無記如是伎術此則得知無記心所念法諸根四大得增益若心卒乱彼一切心解散耶設心解散彼一切心卒乱耶或作是說若心卒乱彼一切心解散設心解散彼一切心卒乱一切心染著亦卒乱亦解散彼與卒乱相

應彼是解散問無有愁心不善無有三昧或作是說無有一心若乱若散意亦無有乱散頗心卒乱非解散耶心有一因縁意有所攝持頗心解散非乱耶意識無數因縁亦無所攝頗心有乱有解散耶意性無數因縁亦有所攝持頗心不卒乱不解散一縁意識無所攝持問如一一心不卒乱不解散彼不一切解散耶荅曰如一一心不在意有衆多意如是一一心瞋恚無有解散亦無衆多復次若心解散彼一切心有乱也頗心乱非解散一縁迴轉辟如士夫從一路走如縁五識身自相迴轉如是想像意識或作是說如彼迴轉彼不想像或作是說若眼識青有定意識意識亦青想像識是謂眼識是謂意識者此事不然問想像意識若眼增上彼是眼識頗意增上彼是意識耶荅曰有如汝眼增上諸相應青黄白黑生識諸著亦有勝如是我眼增上諸生相應眼識如意增上相應生者彼是意識或作是說若眼增上及相應青黄

白黑生識者是意增上諸相應青黄白黑生識著是故相應果壞問眼增上果乃至諸生相應意增上果於中則果壞若眼青黄白黑果不壞汝眼增上諸相應青黄白黑生諸識欲使眼增上相應不耶相應不增是故此非義或作是說不如彼造彼相像問為誰造相像若憶彼境界則彼是縁若不憶者為誰造想像若憶彼境界彼即是因縁若不憶者或作是說不如彼迴轉設如彼迴轉者則二衆多世尊亦說以二因縁生諸識問衆多生二識或一二生諸識如汝有衆多二也汝意縁生想痛識是故汝衆多二或作是說不如彼迴轉設如彼迴轉者則不有壞諸入已定是故不如彼迴轉問已建中間無有色入法入如還中間眼識持意識持不壞敗如是有諸入中陰中初心為依何處色或中陰或初死或作是說初死不生作衆事問非現中陰依心而住耶荅曰心無有住處心生便滅滅無所作是故彼無所依滅不生復次中陰依

色心耶念法亦是依色展轉相生如大萊阿羅漢取後心為緣何等或作是說自緣意命等命想空解脫門而現在前取般涅槃或作是說一切諸行是其緣作一切諸行作不淨想無願解脫門而現在前取般涅槃或作是說涅槃是其緣涅槃滅想無想解脫門而現在前取般涅槃復次見聞念知是其緣彼心無記自無吾我想取般涅槃本行已棄永滅不起

諸根因緣本　依意增益生　心廣意遊行
中陰羅漢心

尊婆須蜜菩薩所集心揵度第二竟

尊婆須蜜論卷第三

甲辰歲高麗國分司大藏都監奉
勅彫造

尊婆須蜜菩薩所集論卷第三

校勘記

一　底本，麗藏本。
一　八一六頁上四行末字「首」，資、磧、普、南作「首品」；徑、清作「首第二」。
一　八一六頁上七行第四字「耆」，諸本（不含石，下同）作「祇」。
一　八一六頁中一二行「燈燃」，諸本作「然燈」。
一　八一六頁下一行末字「大」，諸本作「本少」。
一　八一六頁下二行第一一字「廣」，諸本作「造」。
一　八一六頁下三行第一〇字「梨」，諸本作「犁」。
一　八一六頁下八行第一〇字「有」，諸本作「言有」。
一　八一六頁下一九行第五字「故」，諸本作「欲」。
一　八一七頁上七行第三字「欲」，諸本無。
一　八一七頁上一〇行第一一字「住」，諸本作「任」。
一　八一七頁上一六行第七字「說」，資作「記」；磧、普作「識」；南、徑、清作「說五識」。
一　八一七頁上二二行末字「護」，諸本作「歡」。
一　八一七頁中九行第八字「欲」，資、磧、普、南、徑、清作「有欲」。
一　八一七頁下一五行第一二字「云」，諸本作「曰」。
一　八一七頁下一九行末字「千」，徑作「十」。
一　八一七頁下二一行第六字「選」，諸本作「筭」。
一　八一八頁上四行第一三字「小」，諸本作「少」。
一　八一八頁上五行第四字「共」，磧、南作「若」。
一　八一八頁中七行第四字「想」，諸本作「相」。

一八一九頁中三行第三字「杖」，諸本作「枝」。
一八二〇頁上二〇行第七字「得」，諸本無。
一八二〇頁上二二行首字「觀」，諸本作「覩」。
一八二〇頁中一二行「住乃至智」，諸本作「往乃至」。
一八二〇頁下一一行首字「頗」，資、磧、普、南作「損」。
一八二〇頁下一八行第四字「與」，諸本作「異」。
一八二〇頁下二一行第一〇字「有」，徑作「有亂有」。
一八二一頁上一行第四字「如」，磧作「女」。
一八二一頁上一四行第八字「苦」，諸本作「若」。
一八二一頁上二一行第一〇字「識」，徑作「設」。
一八二一頁下七行第六字「若」，徑作「苦」。

一八二二頁上四行「心便」，諸本作「便心」。
一八二二頁上末行首字「彼」，諸本作「復」。
一八二二頁中七行第九字「聞」，諸本作「問」。
一八二二頁中一七行第八字「家」，諸本作「其」。
一八二三頁上三行第五字「此」，諸本作「有」。
一八二三頁上八行第八字「眼」，徑作「眼識」。
一八二三頁中一四行第五字「各」，南無。
一八二三頁下七行第四字「惟」，諸本作「思惟」。
一八二三頁下二二行第九字「將」，諸本無。
一八二四頁上四行末字「著」，資作「差」。
一八二四頁上六行「何故」，諸本作「何等故」。

一八二四頁上一一行第一二字「謂」，磧、普、南、徑、清作「曰」。
一八二四頁上一五行第一二字「緾」，諸本作「縛」。
一八二四頁上一九行首字「習」，諸本無。
一八二四頁中四行第一一字「故」，磧作「教」。
一八二四頁下七行第一三字「善」，諸本作「著」。
一八二四頁下一八行「有常有常」，諸本作「知識有常」。同行第七字「相」，諸本作「想」。
一八二五頁上四行「意持」，諸本作「竟持」。
一八二五頁上二〇行第四字「色」，諸本作「旋」。
一八二五頁中一〇行末字「愛」，諸本作「更」。
一八二五頁中一三行第七字「想」，徑作「念」。
一八二五頁下四行第五字「三」，諸

本作「二」。

一 八二五頁下五行第二字「赤」，磧、普、南、徑、清作「亦」。同行第一三字「滅」，磧作「藏」。

一 八二五頁下一七行「三昧」，諸本作「三時」。

一 八二六頁上九行首字「住」，諸本作「往」。

一 八二六頁中二一行首字「入」，徑作「人」。

一 八二六頁下一八行第三字「比」，諸本作「皆」。

一 八二七頁上一行第五字「根」，諸本作「相」。

一 八二七頁上一三行第二字「切」，南、徑、清作「初」。

一 八二七頁上一六行首字「轉」，諸本作「縛」。

一 八二七頁上一八行末字「念」，磧、普、南、徑、清作「心」。

一 八二七頁中一六行第八字「有」，諸本作「青」。

一 八二七頁下六行第一一字「增」，諸本作「壞」。

一 八二七頁下七行第一二字及八行第四字「相」，諸本作「想」。

一 八二七頁下一〇行第九字「者」下諸本有夾註「此中少」。

一 八二七頁下一六行「不有」，諸本作「有不」。

一 八二七頁下一七行第六字「建」，諸本作「逮」。

一 八二七頁下一八行第二字「還」，諸本作「逮」。

一 八二八頁上一二行末字「心」下，徑、清有夾註「心揵度第二竟」。

一 八二八頁上一三行「尊婆……二竟」，徑、清無。

一 八二八頁上一四行卷末經名，資、磧、普、南作「尊婆須蜜菩薩所集論卷第三」；徑、清作「尊婆須蜜菩薩所集論卷第四」。

尊婆須蜜菩薩所集論卷第四　邑

尊婆須蜜造

苻秦罽賓三藏僧伽跋澄等譯

三昧揵度首

又世尊言諸比丘集聚來會有二因緣若當論經深義若當賢聖默然口不出言云何論經深義云何賢聖默然口不出言或作是說於欲不著觀欲惡露不淨是謂論經深義於第二禪賢聖默然思惟尊者大目揵連亦作是說於是比丘思惟第二禪是謂賢聖默然或作是說十二因緣是謂論經深義思惟十二因緣是謂賢聖默然或作是說契經偈決廣布是深經義心專一不亂而聽法是謂賢聖默然或作是說棄一切惡行是深經義念棄一切行而思惟之是謂賢聖默然或作是說空無想願分別廣布是深經義思惟空無想願是謂賢聖默然或作是說分別四賢聖諦是深經義善思惟四賢聖諦是賢聖默然或作是說法論者合集人民布現等

法賢聖默然者思惟不淨觀法起則起法滅則滅或作是說說法聲遠聞是謂法論思惟內事是謂賢聖默然復次集聚來會亦是其事當說諸法已說當善聽之於彼法論親近賢聖辟如戒輪定輪智慧輪解脫輪解脫智慧見智慧輪乃至十二因緣輪聞此輪已持諷誦讀意不流者不猒心不亂善思惟是謂賢聖默然如所說尊者大目揵連賢聖默然此是其義曇摩提那比丘尼作是說彼比丘從滅盡三昧起近三更樂寂更樂不用定更樂無想更樂云何寂更樂云何不用定更樂云何無想更樂或作是說空解脫門是寂更樂無願解脫門不用定更樂無想解脫門是無想更樂或作是說彼從滅盡三昧起緣涅槃無漏故不用定現在前即當言不用定彼不用定彼無相定無漏不用定不用定緣涅槃無相也復次彼從滅盡三昧起住有想無想起若干心當言近無想更樂彼住時入不用定起若干心當言近不用定更樂若住彼時

起識處起若干心當言近寂更樂是謂其義於五三昧彼起若干心當言起心猶如漸漸睡眠覺便速起疾如是漸漸入滅盡三昧不漸漸起當言是觀頗有二斯陁含成就無漏一禪現在前第二禪不現在前耶或作是說有若應空者則現在前若應無願者不現在前或作是說若所依有力者則現在前若所依力少則不現在前或作是說若利根者則現在前若鈍根者不現在前或作是說若猒欲界棄欲界行則現在前若猒三界棄三界行則不現在前復次未曾有所造行入無漏三昧觀應無漏頗初禪中間近滅盡三昧耶或作是說有若得翳寋度三昧則於禪中間入滅盡三昧也或作是說若依初禪等越次取證則於初禪中間四諦所斷結使則近滅盡三昧問彼非近初禪中間入三昧彼便得近或作是說初禪中間入第二禪時梵天上諸相應結則得滅盡問必起禪中間是故彼不近禪中間或作是說若依初禪中間等越

次取證彼於初禪中間四諦所斷結近滅盡三昧問此非初禪中間何以故必起世俗禪中間賢聖道而現在前復次非入初禪中間近滅盡三昧結使未盡外觀盡彼智種俱住之法當無覺有觀即起不滅盡如樂衆生入慈三昧非一切衆生有樂彼三昧為緣何等或作是說諸樂衆生即彼因緣問不緣一切衆生有其慈或作是說一切衆生有其樂根彼即緣問非一切衆生有樂根現在前亦有現在衆生有樂根或作是說若自更樂彼一切衆生解脫問非以此樂使衆生樂或作是說非以慈堂一切衆生有樂復次以此方便堅住其心滅諸瞋恚成就諸法問以顛倒故滅諸瞋恚復次覺諸衆生有其樂根求衆樂解脫施恩衆生皆成就之如本所說彼三昧當言顛倒當言不顛倒或作是說當言非顛倒諸樂衆生是其因緣或作是說當言非顛倒一切衆生皆樂根此是慈因緣如本所說復次當言非顛倒瞋恚滅盡如苦衆生入

慈三昧非一切衆生有苦彼三昧為緣何等或作是說諸苦衆生彼即其因緣或作是說一切衆生有苦根彼悲是其緣或作是說非以悲堂故一切衆生有苦復次以此方便而堅住其心滅其害心復次覺諸衆生有苦想苦解脫并及悲一切衆生皆求使安如本所說彼三昧當言顛倒當言非顛倒或作是說言非顛倒諸苦衆生即是其緣或作是說當言非顛倒滅其害心如喜衆生入喜三昧非一切衆生喜彼三昧為緣何等或作是說諸喜衆生是其緣或作是說一切衆生有喜根是喜其緣或作是說自得歡喜欲使一切衆生同或作是說非以喜堂故一切衆生有喜復次以此方便堅住其心滅諸愁憂復次覺諸衆生歡喜相喜解脫於一切衆生同喜如本所說彼三昧當言顛倒當言非顛倒或作是說當言非顛倒諸喜衆生即是因緣或作是說當言非顛倒一切衆生有喜根是故是喜因緣如本所說復次當言非顛倒愁有埊

達又世尊言於是比丘當修安般守意斷諸觀想云何當修安般守意斷諸觀想或作是說修安般守意入弟二禪已入第二禪觀已越過　亦有餘方便入第二禪是故餘方便斷諸觀想或作是說修安般守意依色界迴轉不依觀想諸觀斷此亦如上所說或作是說計出入息有一緣於中無觀無覺如是斷諸觀此亦如上所說復次安般守意緣近不緣為若干緣無衆生彼少生業斷諸觀想又世尊言遍觀諸身覺出息遍觀諸身覺入息云何遍觀諸身出息云何遍觀諸身入息或作是說觀身盡無常覺出入息問不從三昧起耶荅曰三昧不起彼方便必作不疑或作是說觀身一切不淨出息入息俱不染著亦不捨或作是說一切身中出息入息皆悉覺知或作是說一切身中觀色界觀迴轉時出息入息不攝其想亦不捨復次以此方便堅住其心以此事廣思惟之云何入第四禪盡出入息或作是說計出入息時即彼覺知

入第四禪於中出入息能悉滅之問以餘方便入第四禪彼出入息滅耶或作是說入第四禪時於四禪地息有迴轉壅諸毛孔無出入息問不從起三昧出入息不迴轉耶荅曰起更依餘息迴轉或作是說如入初禪遂便增長第二禪微第三亦微如是漸漸息時第四禪無有復次捐棄覺彼時禪出入息不迴轉以何等故生欲界衆生得禪於禪不退命終時便生色界已生色界得一切禪於禪不退便命終還生色界或作是說此閒行對地此閒起禪而生彼閒設彼入三昧設生彼閒者有報不以報有報問如今無有彼沒還生彼閒耶或作是說入第三禪淨氣味相應無漏禪淨得生彼閒於氣味相應退以無漏般涅槃如是生彼閒若淨禪三昧即生彼閒若入氣味相應禪於彼閒退若入無漏禪即於彼閒而般涅槃或作是說此閒入四種禪漸漸退住退增上退漸漸退住退生彼閒增上退越彼閒猒退般涅槃如是生彼閒若入

漸漸退三昧便於彼閒退若入住退三昧即生彼閒若入增退三昧超越彼地以無漏道於彼閒般涅槃或作是說非以禪得生彼閒行垢染著得生彼閒若已行對死者若復住彼閒以行對不死即生彼閒若不以禪生彼閒者非中閒禪生彼閒荅曰無苦若依未來禪還欲愛盡於中閒禪得生彼閒復次此二俱非妙衆生生欲界得諸禪色愛未盡便命終生色界色愛盡無色愛未盡命終不生　無色界無色界愛盡便命終生　無處耶問云何今受報耶荅曰若愛盡報相應則無也如彼前則隨後中閒相應報果生色界衆生得禪色愛未盡便命終不作方便求生欲界若不猒棄方便不增方便求者便生　色界愛盡無色愛未盡便命終不生無色界無色界愛盡命終生無處所問云何今受報耶荅曰無有定愛相應行報於色界行禪甚難得況無色界三昧也

更樂隨斯含　有滅盡無量　念說一切身

云何滅欲界

若一切超越識入處無有不用定云何彼無耶少有思惟或作是說彼無猗處有所恃怙無有思惟問一切三昧思惟此事或作是說彼無有樂無有常亦有不思惟此亦如上所說或作是說彼無有吾我亦不思惟此亦如上所說復次如若干種相貌便離想解脫以何等故不用定謂之讓耶或作是說彼三昧無有定无有當暑已有是故不用定謂之讓也或作是說道讓越彼道是故不用定謂之讓也或作是說讓是果世尊亦說修讓廣布越不用定復次無量定不選擇不造利養住也云何淨是不淨義或作是說諸不淨相則是淨義問無有不淨相彼或有淨或不淨答曰所謂淨者彼是顛倒彼或有常或無常欲使言無無常相耶或作是說淨相者言無淨問設彼無淨相者則不染著非以淨相彼染著答曰不淨作淨相則染著設彼有淨相者如彼觀之彼則染著若不如實觀者是故彼無淨相或作是說專意心念如是不淨問彼或

終成或不終成欲使彼彼是淨欲使彼不淨耶復次色無有淨無有不淨也如彼所趣貪著不離頗捨修四禪不用定生淨居天耶或作是說無也捨修四禪得生彼間問諸有修第四禪生淨居天彼一切生淨居天耶答曰以事行故不生叙子生萌芽行事故不生復次頗依未來禪修無漏道彼滅諸結生淨居天諸修分別禪入第四禪彼一切生淨居天耶設生淨居天彼一切修分別禪入第四禪耶或作是說諸生淨居天彼一切修分別禪入第四禪頗修分別禪入第四禪不生淨居天耶阿羅漢若無色界阿那含或作是說頗修分別禪入第四禪彼不生淨居天得修分別入第四禪淨居天上愛盡也頗生淨居天不修分別入第四禪耶依未來修無漏道彼滅諸結使也頗修分別入第四禪亦生淨居天耶得修分別入第四禪淨居天上愛未盡頗不修分別入第四禪亦不生淨居天上耶除上尒所事則其義也云何修分別入第四

禪耶或作是說入淨禪三昧以無漏思惟分別問淨禪彼非無漏思惟如無漏思惟者彼不淨禪復次無漏禪於其中間入淨禪淨禪中間入無漏禪不以無漏長養淨禪彼長養淨居禪云何知有淨居天耶或作是說修分別第四禪生淨居天如此間見修分別第四禪無色愛未盡命終然後得知有淨居天如此禪因緣復次由阿那含知世尊亦說此趣不易得猶如我凡夫人長處生死除淨居天如初第二第三禪修分別禪以何等故初第二第三禪不生淨居天耶或作是說最初得頂第四禪復能分別禪及欲愛盡不生餘地問如不觀入思惟三昧分別四禪何故不觀入第四禪分別八地或作是說諸得利根便能分別四禪恃怙利根復越餘地問越第四禪是故不生第四禪地復次天地變易時乃至第三禪地壞然非賢地變易世尊變易時此有諸賢以行報對故得生淨居天若得第四禪依初禪等越次取證諸結不相應

於四禪退當言得彼諸結彼成就耶或作是說當言得問如所說以外道滅便得賢聖道乃至究竟盡彼無或作是說當言不得以作彼賢聖道乃至究竟問不於中間生四禪地荅曰此事無若復越第四禪或作是說思惟所斷非四禪所斷何以故四諦所斷是賢聖道非思惟所斷復次依彼念復更造念復次於第四禪退何以故彼等越次取證忍智迴轉時彼等方便力不於等方便力退是故不於四禪退若得想三昧依第三禪等越次取證無想三昧不退命終後生無想衆生或作是說生果實天此三昧是彼間地問如彼越地去何復言彼地等越次取證或作是說不得無想三昧等越次取證彼意遲鈍彼三昧未寂問入第三禪意耶無疑復次等越次生第四禪越次取證想三昧不廣布亦不親近復次生第四禪中

無有淨不淨　云何知方便　如得三四禪
無想名不終

如一切第四禪得念待喜以何等故

謂三禪非餘禪耶或作是說此世尊教誡語也問此義云何謂第三觀禪念待喜非第四禪或作是說世尊勸助語說此則說餘問說初禪則說餘禪耶或作是說三禪中樂彼是寂妙是故念待護於中不退問當護一切禪或作是說三禪中樂是妙者念待是其事如氣味者問此非第三禪念待所以著樂第四禪亦當有念造無教如是我有禪復次彼事有勝云何第二禪相應念心不斷喜處所也如一切第四禪得護念淨以何等故得護念淨謂之四禪非餘禪耶或作是說是世尊教誡語問於中念護有淨相則一切護或作是說於中有淨護念求護喜根或作是說威力初禪迴轉是其緣亦依第四禪得念處所護若苦若樂有覺有觀及出入息以離諸惡或作是說於彼衆生多結盡介時護念亦護諸禪復次於中　行有增心不移動樂所造念息而護　三昧頗凡夫人入滅盡三昧耶或作是說凡夫人不入彼三昧此非凡夫人三昧

也或作是說凡夫人緣上界得滅上界至有想無想有生入處如所緣滅有想無想處是故不入彼三昧或作是說凡夫人亦有三昧入三昧時心初得休止想心得定復次想界彼是因緣捐棄彼緣不欲三昧如憂持迦羅耶子入無想定便恐懼生有想無想天是故不入三昧復次不入定也何以故如如凡夫人入三昧漸漸有力勢乃至究竟凡夫人恐懼自見吾我滅盡想是故不入彼三昧頗有菩薩入滅盡三昧耶或作是說入彼三昧也菩薩發大弘誓求索一切處所若不入此三昧者則不能一切衆生處所或作是說不入彼三昧何以故彼非凡夫三昧此凡夫人菩薩或作是說不入彼三昧也菩薩以世俗道緣上地滅下分結有想無想盡無所有有緣滅有想無想處是故不入三昧世尊曇摩多羅作是說雖菩薩自觀羸劣不究竟恐懼復次菩薩以智慧越彼瞋恚竟無有恨非不有三昧方便無想三昧滅盡三昧有何差

別或作是說無想三昧是凡夫人三昧滅盡三昧非凡夫人三昧問我不論此事為誰三昧復次當說三昧相貌或作是說此無想三昧廣大無邊滅盡三昧休止不起問若此俱無心所念法此二俱非廣大休止耶或作是說無想三昧與色相應滅盡三昧與無色相應問我亦不論此三昧處所但當說三昧自相或作是說無想三昧無想衆生果滅盡三昧有想無想果問我亦不論為誰果但當說三昧自相或作是說無想三昧自知入有想三昧滅盡三昧想痛自知入三昧此如上所說復次如所欲二俱心所念法則有是相無相如所說有想三昧心得覺知於心三昧廣大休止色無色界相應果方便則有勝善依不用定得阿羅漢為思惟何等相應心所念法得阿羅漢或作是說不用定相應世尊亦說如彼所有痛想行識法思惟彼法如契經本說或作是說有想無想相應自知有想無想遠有想無想不遠不用定也得有想無

想欲盡或作是說若不用定愛未盡依不用定逮阿羅漢果彼與不用定相應有想無想相應心所念法思惟得阿羅漢果若得有想無想三昧依不用定逮阿羅漢果彼與有想無想心所念法相應逮阿羅漢果復次如自思惟吾我無吾我所纏已得斷智便得愛盡思惟何等苦陰行而得盡餘苦如自田業作餘者不獲此一亦當如是以何等故無漏三昧謂之餘緣非淨三昧耶或作是說無漏三昧緣三界以無漏初禪覺知三界然淨初禪無巧便覺知梵天是故若有因緣然非淨或作是說無漏三昧者一一相生是故以此初禪得無常想則獲一切也然淨初禪不以此同或作是說無漏三昧者斷諸一切結使永盡無餘依無漏初禪滅三界結如是一切以淨初禪無巧便滅梵天上或作是說以得無漏初禪得已無漏色然不以淨初禪而現在前亦不得第二禪復次非以淨三昧展轉而得修行增上禪淨現在前復以餘方便第

二淨禪而現在前無漏初禪現在前時得增上無漏無色是故無漏三昧展轉有因緣然非淨以何等故諸三昧上氣味相應三昧與下氣味相應三昧中間因緣謂之因緣然非下上緣或作是說入三昧時起禪中間彼退不迴如欲上梯從一一梯始若從梯下亦由一一下復次入第二禪氣味相應退復有入初禪然非初禪氣味相應入第二禪慈大慈有何差別或作是說微謂之慈廣謂之大慈或作是說少所入為慈一切遍入為大慈或作是說慈緣身苦大慈緣身意或作是說慈緣衆生善大慈緣救衆生苦苦復次大慈廣無有邊遍至一切衆生無不蒙賴復次如來世尊護一切衆生然非聲聞有近有遠一切衆生有所慜念欲使聲聞慜有色無色衆生若淨解脫門如自因緣八現色入及自因緣十二入此有何差別或作是說微解脫門中八現色入增上十二入或作是說少有三昧解脫門大三昧謂之現色入無量三昧十

二入或作是說淨相謂之解脫門結
盡八現色入無有思惟十二入復次
增上是解脫門因緣十二入長諸結
亦是十二入
一切苦凡夫 或菩薩威勝 無漏上下界
勝行解脫門
又世尊言無禪不智無智不禪有禪
有智是謂涅槃說此語其義云何或
作是說以此契經得須陀洹得諸禪
故說無智不禪須陀洹亦有斯智慧
是故禪亦依彼門平等覺觀於中有
禪若如契經者外亦有禪是故彼有
智故說無禪不智問外亦有世俗智
慧答曰若彼外有智慧者亦外涅槃
故說有禪有智是謂涅槃或作是說
若智慧是心地者亦無智慧彼無有
一心禪故說無禪不智若無一心禪
彼亦无有思惟智慧故曰無智不禪若
有一心禪思惟智慧彼滅諸結使故
曰有禪有智是謂依涅槃復次若有
無生智得等禪法便有休止況成果
實故曰無禪不智若縛著心意得便
變易況當有果實故曰無智不禪彼

若有止觀彼止觀觀外時時修行解
脫牢固不有滅盡故曰有禪有智是
謂涅槃三昧義云何或作是說緣一
心所念法是謂三昧閑無想三昧滅
盡三昧無有心所念法等生欲使彼
非三昧耶或作是說衆多心緣一處
所是謂三昧此亦如上所說
復次三昧有若干相善法三昧雄雌
三昧九次第禪護諸義與心等者是
謂三昧頗因苦相應禪禪現在前耶
或作是說無也與苦相應便有念待
念待禪是故不現在前或作是說或
現在前與苦相應如實知之便起念
於中禪現在前復次不戲笑時依苦
禪現在前此大瞋恚四等梵堂何者
寂勝或作是說慈寂是勝慈愍衆生
皆令安隱慈彼而已入慈三昧無有
狐疑或作是說悲寂是勝以大悲故
来出世說法亦不見有大慈大悲大
護或作是說護寂是勝為良果實修
護則修不用定復次護寂是勝衆事
休息是護蓊力欲瞋恚滅以衆生故
是故護勝以何等故初禪曰寂第二

禪曰三昧或作是說斯二俱寂三昧
初禪休息衆多是故第二禪寂復次
如其地種水種如是空寂不善法由
初禪生故曰空寂是故意定由二禪
生故曰三昧内喜者此義云何或作
是說有覺有觀生心離緣有覺有觀
生心便歡喜如去汙涅水漸漸清或
作是說調戲心息便清淨如水踊使
緩流洧洧澄清或作是說彼心緣一
任彼謂等清淨如所說去濁復清復
次入二禪意得清淨有此彼處得初
禪也喜樂有差別或作是說下為喜
增上為樂或作是說心所念樂痛為
喜身樂痛為樂或作是說踊躍生喜
猗生樂復次彼方便心喜樂無有罣㝵
於中相應喜身心不亂謂之樂諸有
不廢禪者彼一切成就禪耶設成就
禪彼一切不廢禪耶或作是說諸成
就禪彼一切不廢禪也頗不廢禪彼
不成就禪耶若無始人生無色界復
次頗不廢禪不成就禪耶諸有漸漸
稍稍彈指之頃思惟眼無常也頗成
就禪非有不廢禪耶阿羅漢智慧解

脫也頗不廢禪亦成就禪耶諸得禪不失頗不成就禪亦廢禪耶除上尒所事則其義也以何等故世尊於四禪起於四禪涅槃然不用餘耶或作是說後慜衆生故現照明以斯後衆生知佛世尊常不離四禪況當我等能離禪耶或作是說如擅𡈽寶客時欲命終以珎奇寶物寂後妙寶施彼貧窮如是四禪衆禪中妙是故留在後然非如来世尊有諸垢著或作是說彼有自在非有巧便初死時入羸弱養得莇力或作是說衆荼人也名全師子報其施福或作是說為後衆生故現照明或作是說現有自在不有自在命終時入第一禪尚難況入一切禪解脫正受復次現法不盡如来世尊一切切德成就以得自在所第一禪尚難況第四禪復次諸入一切佛如轉輪聖王所欲便至佛世尊亦復如是自在諸法王所欲便至當作是觀以何等故佛世尊般涅槃時一切禪解脫入三昧正受而現在前或作是說自將養身或作是說身體

欲便至禪三昧苦樂

尚寂及心意歡喜念不廢四禪寂在後如所說十八經安般守意貪欲恚瞋睡眠調戲疑無想攝不思惟止不端思惟方便求少有方便多語無益悕望念著多行貪寶怨恨從此以起集聚意此有何差別荅曰欲有義是謂貪欲衆生心瞋恚是謂瞋恚心有煩悶是謂睡睡重謂之眠心未休止謂之調戲心不専定謂之疑心不究竟流馳萬端亦疑出息入息觀不離意攝無想思惟處所安般守意於中作方便安般守意少方便不思惟不専意思惟增上方便安般守意意少方便不作增上方便等數多語有覺有觀力所遏以此方便不樂怨恨增上悕望思想萬端喜愛安般守意得他處意方便起意有所攝二月専成行經如經所說說此說其義云何以何等故世尊二月専成行經或作是說此非問也是佛世尊威儀化導緣大慈悲故說此法或作是說當言於尒時無有佛事諸淳淑根便得度脫諸

不淳淑根彼得聞法或作是說彼比丘數往親近於如来所彼時世尊入三昧定渴善易化或作是說彼比丘聽深妙法數往承受不入正受是故世尊常三昧定我若入此定彼諸比丘亦當入此定或作是說以後沉溺衆生故現照明或作是說於現法中自在所欲如所說欝多羅摩納或作是說此是要言義使諸比丘無有異行世尊說入定福然不自入定或作是說一切智長養如種樹隨時漑灌因緣相成或作是說有異學梵志倫作是說瞿曇沙門無有禪定但說法耳是故世尊入定坐禪如所化邪見衆生而攝取之是故世尊入定坐禪復次以二因緣故世尊入定三昧自所見法而遊戲其中復以衆生故現其照明當於尒時我比丘専念入息専念出息現四意止觀入息短自知息短觀入息長自知息長入定不久息出入速如入定三昧亦堪任久住一切身毛孔悉皆知之此亦如上所說猗身行觀身行相廣布漸漸至

於其中間住出入息依歡喜喜若初禪地若觀第二禪地常作是觀地亦依其事樂初禪地若第二若第三禪地皆觀其地心行所由亦觀想痛或作是說觀心意行猗心意行意行漸薄是謂由心觀識心遂歡喜如來無有憂喜心等若當解脫所以菩薩心常歡喜若三昧若解脫起若千相觀無常想觀出入息常觀滅盡除愛結使永盡無餘觀無欲觀愛盡觀諸使盡復作是說無常觀身無常觀盡觀無明盡觀無欲觀有愛盡觀盡觀有餘有餘無餘涅槃果盡復作是說觀無常觀五陰無常觀五陰空無我觀無欲觀五陰苦觀盡觀五陰無生法復以微妙無欲入第四禪彼有天曰嗚呼哀哉如來命過無出入息雖諸根未錯命終不久此諸賢聖堂相諸賢聖入持以此得賢聖道神通堂淨天堂淨天處梵天堂佛堂是佛行不還者還阿羅漢於現法樂四禪賢聖樂行復次專念入息有入息想觀出息有出息想不離方便有出入息行

如是埽除思惟念出入息想有覺有觀漸漸薄廣大休息彼復作是念身意連屬自知息短便自知之不捨本相如復有餘世尊思惟思惟漸休息作無覺心休息彼身心無有是念身心有移動身住心住無願息長觀出息長觀出息長亦知之不離本相於中世尊出入息一切身體皆悉觀之不離本相復次世尊轉脩行倚得休息心出入息薄皆悉觀之不離本相是謂世尊四種思惟出入息是其事無量因緣自然氣味復次世尊作是象彼心不移動心如金剛迴轉歡喜和顏悅色皆悉觀之不離本相復次世尊實生身心皆悉觀之不離本相復次世尊觀彼喜樂無命有無命想心行得解脫皆悉觀之不樂本相復次世尊彼歡喜樂有曠大想心得解脫彼心休息行漸薄休息皆悉觀之不離本相是謂如來四種痛思惟彼痛分別解脫無量因緣所由除其自相復次世尊彼受化人無命有命想心得解脫皆悉觀之不離本相彼心

得歡喜思惟歡喜倍甚歡喜皆悉觀之不離本相彼心歡喜為一水味起方便皆悉觀之不離本相彼心緣三昧定方便解脫如實無異皆悉觀之不離本相是謂如來四種思惟心分別解脫無量因緣所由除其自相復次世尊廣解脫心如實觀之無異以作勞勤當於尒時出息入息展轉觀之是謂觀安般守意亦觀其緣觀次第縛觀罪行報觀遍一切心所行展轉觀之是謂觀安般守意次第縛罪福行報彼如此法無常心解脫皆悉觀之不離本相彼如是十事住諸法想法想諸感陰皆悉捐棄思惟休息皆悉觀之不離本相無相無常想者受永盡無欲思惟休息皆悉觀之不離本相彼心所作降伏修行作我斷想思惟休息皆悉觀之不離本相是謂如來四種思惟法分別解脫無量因緣所由除其自相如是十六事者以更歷廣大安般守意堂世尊思惟未曾離彼則有相與共應亦與行相應以微妙行起第四禪乃至滅盡三

昧彼有一無觀此無出息入息亦不摇動亦無所覺知亦無本心嗚呼哉我瞿曇沙門命過有第二天觀如来身顔色未變便作是語此未命過今命過亦當不久有第三天曾觀世尊及弟子入三昧正受時亦見從三昧起便作是語此非命過亦當不命過所入堂作如是形像當成阿羅漢問云何今世尊知從三昧起本所迴轉荅曰聽時清淨諸根清淨是故彼大因縁清淨意識生從彼起復作是語自覺知無數之念修自在智是謂賢聖堂無垢賢聖清淨天也神通不乱乃至梵天所覺斷結學阿羅漢無學如来堂諸學比丘不還者還無學果實於現法中善講堂得無疑法

如尊者舍利弗說善樂休息謂之涅槃尊者摩訶拘絺羅問尊者舍利弗彼云何樂無有痛痒廣說如契經彼無痛痒故曰樂說此語時其義云何或作是說尊者拘絺羅痛樂為彼說然樂痛不究竟尊者舍利弗說休止樂乃至究竟樂有常樂或作是說觀

痛樂彼少有痛樂少有苦樂無觀樂是涅槃故曰所以樂者彼無痛或作是說痛樂為苦所縛休息樂者不與苦相應故曰彼樂或作是說痛樂無有定實樂休息樂有定實樂故曰彼樂復次如性行迴轉得彼入初禪時欲界相應遂便有增若彼與欲縛見思惟想行瞋恚便感如樂衆生必當受苦是故生死垢外唯涅槃樂是謂尊者說此義故曰無痛痒故樂又世尊汝有吒婆羅色四大人自言是我所者則當久住若更生餘想者亦有滅盡說此語時此義云何問世尊所許汝學布吒婆羅彼想起便滅欲使移轉問云何瞿曇沙門我者即是想耶想頗有所見耶設當見者是我想者便知想若干種如上所說便知想非類彼時世尊逆質其義云何汝有吒婆羅人有吾我耶彼曰實尒瞿曇有色四天人有吾我彼時世尊欲生其言汝有吒婆羅言色妙及四天身人有吾我住者是我所若生餘想生便滅如来性行志不可移動又世尊言如是阿難想三昧者教戒成就又生有想無想天若比丘入彼禪一一分別說此語時

其義云何或作是說此七三昧志如金剛衆事悉備是故教誡成就無想三昧及有想無想三昧滅盡三昧心不相應休息不起是故彼無教誡成就或作是說此七三昧亦有漏亦無漏以無漏道教成就是故彼賢聖教誡成就無想三昧及有想無想三昧滅盡三昧盡有漏非以有漏道得成就教誡是故彼無教戒成就也或作是說無常想苦想無我想滅盡休息想道出要想使教誡成就無想三昧及有想無想三昧想遊出三昧想是故彼無教誡成就復次智慧照明與身相應等觀身中彼無想三昧滅盡三昧相應行以得休息猶如禪人從禪中起能有所說若親近住入禪中餘時不能有所說有想無世尊故說此耳又世尊言五法成就常處閑居山頂藂林衣裳麁弊不以為醜不擇飲食牀卧病瘦醫藥常作去欲之想觀如是色法成就諸義常處閑居山頂藂林說此諸語時其義云何或作是說猶如有人婬意偏多欲愛未盡

有此諸病或作是說是世尊勸教語況成就五法不樂閑居常作城傍行雖處閑居亦少少耳復次如是澤法不肯修行不能至閑居所樹閑空處不修變易想是故彼人不處閑居山頂藂林自計吾我彼處閑居復有是忌自計吾我者常處人間又世尊言於彼比丘內起無色想外觀色乃至觀白有白想如契經說以何等故白像色色便有鮮寂衆行中妙或作是說此為上色是故彼緣色為上或作是說緣白思惟生心白復次亦天眼與諸行以是故白色為上又世尊言有此三樂無諍訟樂居獨處樂無欲於人樂云何無諍訟樂云何獨處樂云何無欲於人樂或作是說戒無諍訟是故常學禁戒無欲於人樂者思惟三昧定居獨處者降伏其心居獨處樂智無有乱是故當學智慧無諍訟樂當學智慧身意無怨樂或作是說一切生死為苦無生死為樂彼禁戒盡無諍訟樂諸乱永盡居獨處樂無有戒禁盡居閑處樂復次戒禁清

淨去苦行意無過行痛樂便生念與相應無欲於人樂念禁戒者身有尋惱於此禁戒常意修行生諸樂痛念相應者居閑處樂如尊者舍利弗說諸賢半月說戒不起法現在前作證不起法觀者何等是或作是說所可用道得須陁洹果常親近彼道半月說戒成阿羅漢果或作是說彼諸賢半月說戒以無常智苦諦未生便見習諦習諦中間便見盡諦盡諦中便見道諦或作是說半月說戒與長爪梵志說法時即思惟十二事所遭衆相分別無數乃不起法觀

垢著念身樂　色劣想想至　閑居分別行

三樂及止觀

尊婆須蜜菩薩集之三昧揵度第三竟

尊婆須蜜菩薩所集天揵度首

又世尊言汝等比丘如人三十三天快我徃生善處以何等故如人三十三天言快我徃生善處或作是說於此間造行使人天所生或作是說於此間諸佛興出世復作是說於此間說等法故此間得信於此間修梵

行於此間受具足於此間等越次取證於此間阿羅漢果復次一切諸趣唯天人彼如人天善處如是天人善處何以故光音天身一形像有若干想耶或作是說彼一切自有得禪報是故有若干想彼一切天皆樂想苦想故曰若干想間梵迦夷天光音天得禪報彼一切天有樂想有苦想欲使彼一身一形像有若干想耶復次有覺有觀三昧心便熾盛便得因緣此心等數入第二禪有覺有觀休息若光音天顏色暐暐彼同一形此之謂也念者生高下是故彼有若干想以何等故色界天眼觀色耳聞聲然鼻不聞香舌不知味耶或作是說彼不有香味處所間色界之中無香味耶荅曰得境界諸根以遠離香味故也問如来欲界不遠離則知荅曰彼根不錯乱欲界香味錯乱彼以行故來云何欲界之中無錯乱縛閡或以欲界香味縛著方便求滅若未曾更者欲使緣報此事不然若使苦復加苦者色聲亦復當尒是故色聲而不

可得荅曰眼非境界耳者色聲不縛著問色聲在遠亦縛著日月在遠遥曜目睛若擊大皷而耳聞聲設得色聲香味更樂身根亦當縛著是故身更樂不縛著或作是說彼無苦根鼻根則有乱亦諸根成就是故彼一切諸根荅曰彼所問者是故彼根成就也問彼諸所有者即是諸根成就耶生喪目者根亦當具足荅曰人事生喪目者亦不同其相根不有具問無色界中根不具足此非妙是故無或作是說彼無有鼻識舌識問光音相應無五識身彼彼使不見不聞耶荅曰梵天上念相應生眼識耳識亦見亦聞何以故不與欲界相應生鼻識舌識知有香味荅曰彼不因香味是故彼不生識彼亦用色聲是故生眼識耳識或作是說彼根鈍彼境界鈍是故不迴轉問眼耳不迴轉耶荅曰眼耳攎疾不攝境界亦能起神通復次亦聞香味知於少少不明設彼本不得香味是故彼根成就得自在境界已得根境界便生纖根如色界未来

至欲界眼見色耳聲彼眼識耳識當言欲界相應耶當言色界相應耶或作是說當言欲界相應亦當言色界相應化作是欲界形来彼當言欲界相應還作欲界形来者彼當言梵天上相應次諸相應彼自然當言彼相應彼便作是念如有覺有觀五識身云何彼光音天相應三昧亦有覺然非三昧心乃至有想無想以何等故色界天有鼻根舌根然無男根女根耶或作是說彼說無男女用也問鼻根舌根彼亦當無用或作是說彼不習欲問不於香味無欲耶鼻根舌根亦無欲或作是說男根女根亦無欲或作是說彼生入處自尒復次已除婬想彼行不住彼有男根女根彼便作是念云何於此間有不成男阿羅漢亦有此亦復如是欲界之中無女根不成男處悪胎欲使知識愛欲更樂彼阿羅漢識本所更至死不起心以何等故色界天起壽行謂之住耶或作是說淨無有乱問入欲界禪三昧欲使彼各各無壽行耶或作是說

彼自然意尒此亦如上所說彼亦名名壽世尊亦說閣婆耶天子壽命速疾壽不常住無處所復次無有壽命生死有住者彼相應生自然縛著若作是說諸有怨家彼則有害意也又世尊言比丘閻浮利人三處勝欝單越人此間健勇猛亦修梵行住其義云何荅曰此勝於彼勇健亦不畏死一切生死方便求天無有境界著有勝志憶本所說造詩頌天無有境界縛勝於此間修梵行而不遠離於此間出家於此間修行道然天無有境界勝以何等故諸天子喪逝便懐愁憂或作是說身愛未盡也問色界之中身愛未盡彼使彼亶逝時生愁憂耶荅不以色界相應有根也問如今愛未盡生欲界中復次彼境界淨甚深著彼不相應便生愁憂諸有命觀六愛身愚騃力行何以故彼命過時不生愁憂依彼勝亦作是說欲界之中有愁憂云何天子知亶逝法或作是說亦自知我久生我壽命盡不久問彼不定壽命復次本有相應相彼

即知亦當聞云何天子知於此没生彼間或作是說於彼道受報行欲使宿命所更則有果報果報未熟彼自憶知我當生彼間或作是說彼亶逝時彼行相應以此行故以此法當生彼處復次聞須誰能分別知生因緣自知所趣云何天子知於彼間逝生此間或作是說彼生自然或作是說憶彼化生復次彼不一切憶諸不捷疾根者彼不憶捷疾根者憶如所說彼化天子語使憶乃至契經意

善趣各各觀　此間無有根　生憂無所攝
自知此間没

彼天子亶逝法便五相此義云何或作是說本所造緣善報不善報善報行者得天眼自然福不善報者則生五相或作是說愁憂因緣則是彼緣若已生愁憂彼則有生是故愁憂中間當言愁憂因緣或作是說自依因緣則生彼行報因緣愁憂因緣如因緣淳淑自依因緣則有行報壞緣無常心天子亶逝法生五相時當言等生當言漸漸生或作是說當言等生

也彼一切緣愁憂生故愁憂生此五相起或作是說當言漸生已生愁憂便順熱使彼華鎊枯見已倍懷愁憂色變憔悴便自驚愕使彼流汗盈面已有流汗衣裳自見衣裳汗便自不樂坐復次當言漸生如蓮華欲熟時葉稍稍落如是彼天行果熟時此相漸漸生以何等故曰天子住一劫或作是說衆生行果使日徃行增上則有此報問衆生行無有經劫者或作是說天地融爛時行報便滅問前造行後受報彼無有力勢盡壞敗爛復次曾聞此非劫之數以何等故月住一劫荅曰如日無異以何等故梵天言住一劫或作是說天地融爛便有此生天地不融爛便斷間此非劫數或作是說二十中劫四劫大劫住二十中劫是謂作劫問契經則有違如所說天地反覆梵天宫室便生彼間若天地不反覆生光音天宫復次此曾聞不有生處壽住劫也又世尊言於是比丘有六更樂地獄云何六更樂地獄或作是說阿鼻名六更樂

地獄於彼衆多復次一切地獄皆六更樂於彼衆多苦毒愁憂又世尊言於是比丘有六更樂天云何六更樂天或作是說他化自在天彼宫衆多復次一切天皆更樂共相娯樂而受其福以何等故七神止處是惡趣果實有想無想天非所攝或作是說此如來勸教語人欲界天說欲界已初第二第三禪地分別則分別無色界說三無色界則說色界問如所說二入處彼則有違或作是說是如來勸教語於中識捷疾如諸惡趣果實有想無想問此亦不生亦說二入處淨居天捷疾識處亦不住或作是說諸有六識處相彼是識處住惡趣有想無想天無斷滅無識淨居天見諦所斷無識無想衆生盡無有識是故彼識無住處問彼不生也云何阿那眂天（淨居天也）弗樓天果實天彼有識處有捷疾識亦不識彼處相應復次所樂處識住處不樂惡趣苦惱衆多果實天或與相應學餘滅有或求無想睡眠時住或無想衆生是故彼不樂處

所更增生有想無想天復次天心得休息彼少所樂是故不得言彼識攝處所以何等故無衆生居謂惡趣然果實天所以攝或作是説是如来教誡語説人則説惡趣餘殘説色界則説果實或作是説是如来教誡語此衆生居衆多衆生娛樂其中復次惡趣苦多不樂其中果實天或攝住處所或不攝住處所何以等故無想衆生自生壽命行住然此丘不入有相三昧或作是説彼志寂静問於此比丘入想三昧志意寂静欲使彼不名各有壽命行耶或作是説彼無有壞敗無刀火毒害或作是説於彼心意則有迴轉亦不死或作是説彼常入三昧此亦如上所説或作是説彼亦各各有壽命行世尊亦説如住牢固契經所説復次或有壽命行自説生或皆相應生然於此間多有怨家此不究竟入三昧若作是説則無壞敗如無想衆生修道想盡云何彼間終来生此間或作是説如想中間入無想三昧於無想三昧退還彼想則作因縁或作是説非彼三昧想有滅盡於此間起復修行想如久處閑居造諸愚寘上亦有增復次行因縁故受諸想著以彼行故猗著愛染自愚等彼愚如所脩處則墮其中如以槃子散虛空中即還墮地

命終上日月　梵天劫數限　泥梨趣七處

九神有想天

尊婆須蜜菩薩所集天揵度第四竟

尊婆須蜜論卷第四

尊婆須蜜菩薩所集論卷第四

校勘記

一　底本，金藏廣勝寺本。八三一頁中，原版殘缺以麗藏本補。

一　八三一頁中一行「卷第四」，徑、清作「第五」。

一　八三一頁中四行末字「首」，徑、清作「首第三」。

一　八三一頁中八行第一三字「著」，資作「者」。

一　八三一頁中一二行第八字「説」，資、磧、普、南、徑、清作「説説」。

一　八三一頁中一八、一九行第九字及頁下一六行第五字「想」，資、磧、普、南、徑、清作「相」。次頁下六行末字，諸本（不含石，下同）同。

一　八三一頁下七行第四字「智」，資、磧、普、南、徑、清無。

一　八三一頁下一九行「相定」，資、磧、普、南、徑、清作「想寂」；麗作「想定」。

一　八三一頁下二〇行第七字「相」，麗作「想」。八三六頁上一五行第七字同。

一　八三二頁上二二行第一二字「彼」，麗無。

一　八三二頁中五行第一二字「住」，資、磧、普、南、徑、清作「往」。

一　八三二頁下一行首字「慈」，資、磧、普、南、徑、清作「悲」。同行末字「緣」，資、磧、普、南、徑、清無。

一　八三三頁上四行第一一字「過」，諸本作「過問」。

一　八三三頁上七行「想諸觀斷」，資、磧、普、南、徑、清作「斷諸觀想」；麗作「想諸觀斷想」。

一　八三三頁上末行第一二字「彼」，資、磧、普、南、徑、清作「彼禪」。

一　八三三頁中二行首字「以」，資、磧、普、南、徑、清作「復以」。

一　八三三頁中四行第四字「壍」，資、磧、普、南、徑、清作「唯」。

一　八三三頁中九行第四字「入」，磧作「八」。

一　八三三頁中一四行末字「問」，磧作「間」。次頁上末行第一二字同。

一　八三三頁下一一行第一二字「生」，麗作「生色」。

一　八三三頁下一二行第五字「界」，資、磧、普、南、徑、清無。

一　八三三頁下一三行第五字「今」，麗無。

一　八三三頁下一五行末字「便」，麗作「更」。

一　八三三頁下一七行第一〇字「生」，諸本作「生生」。

一　八三三頁下二〇行第一〇字「愛」，諸本作「受」。

一　八三四頁上一七行第九字「或」，資、磧、普、南、徑、清作「或有」。

一　八三四頁上二〇行第一〇字「作」，徑作「則」。

一　八三四頁上末行第一二字「問」，南作「聞」。

一　八三四頁中一八行第四字「入」，資、磧、普作「人」。

一　八三四頁下一行第四字「作」，磧作「行」。

一　八三四頁下一四行第一〇字「復」，資、磧、普、南、徑、清作「彼」。

一　八三四頁下二一行「世尊」，資、磧、普、南、徑、清作「世界」。

一　八三五頁上六行第六字「越」，資、磧、普、南、徑、清作「起」。

一　八三五頁上七行第六字「禪」，資、磧、普、南、徑、清作「諦」。

一　八三五頁上一〇行第一二字「時」，麗作「然」。

一　八三五頁上二八行第九字「耶」，資、磧、普、南、徑、清作「都」。

一　八三五頁中九行第四字「著」，磧作「者」。

一　八三五頁中一五行第五字「護」，資、磧、普、南、徑、清作「説」。

一　八三五頁中二二行及末行第四字「入」，麗作「及」。

一　八三五頁下六行第一三字「持」，資、磧、普、南、徑、清作「特」。

一　八三五頁下一〇行第四字「至」，資、磧、普、南、徑、清無。

一　八三五頁下一六行第四字「夫」，資、磧、普、南、徑、清作「夫人」。

一　八三五頁下一九行「有有」，資、磧、普、南、徑、清作「有」。

一　八三五頁下二一行第二字「觀」，資、磧、普、南、徑、清作「説」。

一　八三五頁下二二行第一〇字「恨」，

麗作「限」。

一 八三六頁上六行第一一字「止」，磧作「正」。

一 八三六頁上一一行第八字「爲」，資、磧、普、南、徑、清作「爲是」。

一 八三六頁上一七行第一三字「苦」，磧、普、南、徑、清作「相」。

一 八三六頁中九行第五字「田」，徑、清作「由」。同行「此一」，諸本作「此此」。

一 八三六頁中一一行第三字「淨」，徑作「異」。

一 八三六頁下一四行「苦苦」，諸本作「苦」。

一 八三六頁下一九行第一三字「八」，磧、南、徑、清作「入」。

一 八三七頁上一一行第七字「門」，諸本作「問」。

一 八三七頁中九行第七字「護」，資、磧、普、南、徑、清作「設」。

一 八三七頁下六行「離緣」，資、磧、普、南、徑、清作「雜糅」。

一 八三七頁下一一行第三字「二」，南作「一」。

一 八三七頁下一五行第一一字「樂」，麗無。

一 八三八頁上五行「後慼」，諸本作「慼後」。

一 八三八頁上一二行首字「羸」至一七行末字「所」共八十三字經文與一八行首字「第」至末行末字「體」八十四字經文，諸本互置。

一 八三八頁上二〇行第五字「自」，資、磧、普、南、徑、清無。

一 八三八頁中二行首字「尚」，諸本作「常」。

一 八三八頁中一六行第四字「遏」，諸本作「逼」。

一 八三八頁中一九行第八字「說」，諸本作「語」。

一 八三八頁中末行「淳淑」，麗作「淳熟」。頁下一行及八四三頁上二一行同。

一 八三八頁下二行第三字「往」，磧作「住」。

一 八三八頁下三行第四字「渴」，資、磧、普、南、徑、清作「淳」。

一 八三九頁上三行第二字「其」，磧、普、南作「異」。

一 八三九頁上一一行第五字「說」，諸本作「說觀」。

一 八三九頁上一五行第四字「五」，麗作「無」。

一 八三九頁上一九行第三字「入」，麗作「人」。

一 八三九頁上二一行第三字「還」，資、磧、普、南、徑、清作「逮」。次頁上一五行第一一字同。

一 八三九頁中九行第一二字「倚」，諸本作「倍」。

一 八三九頁中一六行「觀彼」，資、磧、普、南、徑、清作「彼觀」。

一 八三九頁中一七行第一一字「樂」，諸本作「離」。

一 八三九頁中一九行第六字「行」，資、磧、普、南、徑、清作「行心」。

一　八三九頁中二二行末字「想」，資、磧、普、南、徑、清作「相」。次頁下二〇行末字同。

一　八三九頁下一四行首字「想」，麗作「意」。

一　八四〇頁上二〇行第八字「此」，南作「比」。

一　八四〇頁中一一行第三字、一二行末字、一八行第一四字、二〇行第一〇字「有」，資、磧、普、南、徑、清作「布」。

一　八四〇頁中一一行第九字「大」，資、磧、普、南、徑、清作「天」。

一　八四〇頁中二一行第一五字「想」，諸本作「想想」。

一　八四〇頁下一一行第六字「使」，諸本作「便」。

一　八四〇頁下一二行第一〇字「出」，資、磧、普、南、徑、清作「步」。

一　八四〇頁下一七行第一〇字「無」，資、磧、普、南、徑、清作「無想」。

一　八四〇頁下一八行第一一字「常」，資、磧、普、南、徑、清作「當」。

一　八四一頁上三行「如是」，諸本作「如山」。

一　八四一頁上七行首字「忌」，資、磧、普作「忘」；南、徑、清作「念」；麗作「妄」。

一　八四一頁中二行「禁戒」，南作「禁或」。

一　八四一頁中九行「苦諦」，清作「若諦」。

一　八四一頁中一一行第七字「說」，南作「諦」。同行末字「爪」，麗作「抓」。

一　八四一頁中一五行首字「三」，徑作「二」。

一　八四一頁中一六行，資作「尊婆須蜜菩薩所集三昧揵度第三竟」；磧、普、南、徑、清作「三昧揵度第三竟」。

一　八四一頁中一六行末字「竟」，至此徑、清換卷，卷第五終，卷第六始。

一　八四一頁中一七行「天揵度首」，徑、清作「論卷第五」。

一　八四一頁中一九行第一二字「人」，麗作「人相」。

一　八四一頁下二行第四字「聞」，諸本作「聞得」。

一　八四一頁下四行「何以」，諸本作「以何」。

一　八四一頁下五行第一〇字「自」，南作「人」。

一　八四一頁下一四行第三字「等」，資、磧、普、南、徑、清無。

一　八四二頁上一三行第一三字「耶」，麗無。

一　八四二頁上一六行第一〇字「因」，磧、普、南、徑、清作「同」。

一　八四二頁中一行第七字「耳」，資、磧、普、南、徑、清作「耳聞」。

一　八四二頁中三行第一〇字「亦」，徑、清作「耶」。

一　八四二頁中一六行第二字「想」，麗作「根」。

一　八四二頁下一行末字至二行首字

「名名」，資、磧、普、南作「各」；徑、清、麗作「各各」。

一　八四二頁下五行第四字「諸」，資、磧、普、南、徑、清作「設」。

一　八四二頁下二二行第一一字「命」，資、磧、普、南、徑、清作「今」。

一　八四二頁下末行第一三字「相」，資、磧、普、南、徑、清作「想」。

一　八四三頁上六行第六字「須」，資、磧、普、南、徑、清作「頃」。

一　八四三頁上一一行第五字「語」，麗作「諸」。

一　八四三頁中四行第一二字、五行第四及第一一字「汗」，麗作「汚」。

一　八四三頁中六行第二字「坐」，徑、清作「生」。

一　八四三頁中九行第一〇字「往」，資、磧、普、南、徑、清作「住」。

一　八四三頁中一七行第九字「四」，資、磧、普、南、徑、清作「四十」。

一　八四三頁下一一行第六字「違」，諸本作「達」。

一　八四三頁下一六行第一二字「見」，麗作「是」。

一　八四四頁上九行「何以」，資、磧、普、南、徑、清作「以何」。

一　八四四頁上一〇行第一二字「入」，徑作「八」。

一　八四四頁上一二行第三字「想」，諸本作「相」。同行末字「名」，諸本作「各」。

一　八四四頁中五行第四字「脩」，諸本作「墮」。

一　八四四頁中九行「尊婆……所集」，磧、普、南、徑、清無。

一　八四四頁中末行卷末經名，資、磧、普、南作「尊婆須蜜菩薩所集論卷第四」；徑、清無(未換卷)。

尊婆須蜜菩薩所集論卷第五　邑

尊婆須蜜造

符秦罽賓三藏僧伽跋澄等　譯

四大揵度首

又世尊言比丘色無斷智亦無所知無斷滅欲愛未盡不斷苦原云何色無斷智云何亦無所知云何無斷滅云何愛未盡滅或作是說自相斷智智相應觀彼自相諸結使盡永斷無餘從此以來常懷和合自斷智拔諸結使彼無欲愛色拔諸結使更不復染或作是說以世俗道斷智以第一道知彼世俗道者結使得斷彼已盡謂第一道拔諸結使彼欲愛盡或作是說以四諦道知以思惟道斷知四諦道滅盡思惟所斷道欲愛盡或作是說身諦處所是知智慧處所是斷智施處所欲愛盡休息處所不起復次於是此色分別知色彼色亦無常知苦空無我彼空無我色恒隨愚癡彼滅無常苦無復愛著彼欲愛盡如是自隨愚癡不除已愛無明斷愛盡

無餘身壞命盡身名識除如是不有等苦盡以何等故地種為堅相或作是說於中無有事法性自介問設地堅無緣者水亦當無緣如水無有堅如是因無地也或時為水是故當說地有緣或作是說有不堅緣不以財果相應有其緣也問財無有因緣則有常一切相應相類異流轉諸行或時有或時無復次地是其事堅有堅報問亦曾見軟成堅是故堅無有緣荅曰一切諸四大或時有堅有實有軟因緣成堅是故軟與堅地為因緣火種風種亦復如是如地種堅相可使不堅相耶或作是說不可得也獨自思惟自相不知思惟思惟無量斷思水種火種亦如是可得四大一時俱生有多少數也荅曰可得也憂鉢花以風相知有一四大處彼有四四大耶或作是說有一大則有四大不得分離問有一則有四大者終不有一欲使無四或作是說有一則有四大世尊亦說諸所有色彼則有四大由四大生問此但說色是謂為色

若如汝經說則無有四大或作是說
曾見如石在火精練然彼乃軟故彼
無者亦不成軟是故一切是也或作
是說有一則有四設地無水者則有
壞敗問欲使壞敗在處處耶或作是
說不遍有一切若當遍有一切者石
無有水風不可得問便有增益答曰
於中長者則在處處復次此不有定
不遍有一切所可無處彼不可得以
何等故四大謂煖法非冷法耶或作
是說若四大是冷法者則在處處一
時有煖有冷問此所造色則無處處是
故一切　寒暑或作是說若四大是
冷法者此非四大當言五大問此亦
是我疑何以故無五大或作是說煖
法冷法大事興是故四大當言非冷
法復次此四大亦煖法亦冷法若無
煖法者但當言冷法初新眼識當言
是微非眼識知答曰當言非眼識知
無有根微妙未知智知問如彼色新
者一切無見答曰一一不可見合集
然後可見如身中垢一一不可見垢
盡然後可見復次色寂鮮明當言造

眼識不習餘色有鮮明如是不可沮
壞得餘四大所造色耶或作是說不
可得也此在處處問如色處所如瞻
蔔花香甚香好云何無處所或作是
說不可得四大增益四大因緣依彼
四大復次不可得四大中間設可得
者則彼無有造色彼則有非不有瞻
眼花香瞻蔔當觀如是此身非以瞻
蔔花香從彼生少有迴轉又世尊言
如火焚燒野澤當言火燒耶不燒當
言燒耶或作是說不燒當言燒如依
造色火生當言燒或作是說無有不
燒而燒設燒而燒者則無有燒此變
易義世俗之數所造火燒者是謂野
澤復作是說火無所燒到便燒若未
到無因若起當言燒若滅當言燒或
作是說滅當燒彼有此想木燒野澤
當燒問彼生則有想灰燒火或作是
說火無所燒此亦如上所說

色所知相者　堅并及多少　如有一煖冷
色住二相燒

諸所有火盡有所燒耶設有所燒盡
是火耶答曰或是火非有燒過去未

來火在木鑽火在舍火神祠火也頗
有所燒彼非火耶答曰汝為寒耶燒
彼非火耶如所說炎暑繁熾生老病
死頗有火有燒耶答曰依彼所造火
現在欲怒癡也頗有非火非燒耶答
曰除上尒所事則其義也以何等故
獘惡四大生微妙色或作是說緣所
造色依彼四大便有色生色緣彼色
香緣彼香味緣彼味是故展轉增或
作是說四大增上所生色復以餘事
彼則有勝或作是說緣四大生色非
一因緣相應彼則有勝如一弦琴高
下隨曲聲與歌同如衆人有咽喉聲
各有異字亦復異復次四大境界各
有異是故四大與色不同問有一人
見色非與色聲香味同答曰彼非一
色彼或有好醜依彼色或依香或依
味亦見多少色聲香味如琉璃雲母
方塩苦摩利瞻蔔花自然自然者當
言減當言增答曰當言有增有減或
作是說不增不減非有增非有減復
次伺觀彼事亦不有增亦不有減是
故不作是說等生四大展轉相觸當

言不觸耶或作是說當言觸也各各集聚或作是說當言不觸空無所有初各各不相觸復次當言觸三昧中色彼有觸想根依四大當言根轉有下當言根轉有上或作是說當言不高不下亦不移動或作是說設當有下有高者則有移動或作是說此則散乱如車輪轉轉不常住義無有處彼亦如是復次觀有住相於中有高下未知根是故根力四大於此間是苦法色聲香味依四大色聲香味當言下當言上耶或作是說亦不下亦不上此皆集聚設有下有上者則當有散復次當言離果如車輪轉轉不常住若一色可得者於彼中間色復有色耶或作是說可得若亦無邊亦無有中間盡無所有問設彼有中間者則非第一義有餘中間復次不可得空無所有冣細微色者得聲香味或作是說得皆為集聚問今非有細微色耶彼則為微或作是說色冣細微彼色聲香味不住獨處設當有者一一不別復次更有異剎土想設當

少所有者一切無吾我我亦如是色不去離色習不可稱問若四大若小若大者彼所有色聲香味當言觸彼色耶或作是說亦離彼色色則有壞問四大壞色亦有壞問去何得知四大壞色壞四大亦壞問亦見悕望壞所依亦壞然悕望不壞復次彼不觸設當觸者則為細滑更樂問如觸身根彼非細滑更樂荅曰非以觸身根有細滑更樂也彼處以何識知或作是說用二識知眼識意識復次或不以識知何以故彼非識處住色聲香味細滑法本所造處聲當言耳根来耶當言於彼聞聞或作是說當言来順風聞聲逆不大聞問設順風来者逆風何以不聞或作是說當言彼聞聞如大市中聲甚高遠四方皆聞問迴轉速疾則無方有方便憍慢如旋無技輪其像如輪若聞其聲周遍四面如以一滴油著水器中皆悉周遍荅曰觀無技輪人向不同非以聲速疾得徃義也設當聲滅者則少有所攝當言彼相依来當言彼不相依来

問如人来者彼則有聲也相依来不是其聲若聲從耳根来當言依相依来當言不相依来或作是說當言相依来問彼則有是各相依来不以聲故而耳根

若有少勝者　不觸根一色　一微依更樂
依住聲相應

香鼻根當言来為於彼聞聞香耶荅曰當言来香無處所鼻聞香鼻根来者當言彼相依来不相依徃問依窟作諸想當言相依来如葴羅薩羅花逆風聞香當言香近鼻根不近鼻根耶或作是說當言不近設當近者則為細滑更樂復次當言近也不以不觸彼聞香也味當言舌根来耶當言於彼知味荅曰當言来非以舌根無處所知味諸味從舌根来者彼當言相依来當言不相依来荅曰當相依来非不相依知有味味舌根當言近當言不近或作是說當言不近設當近者則為細滑更樂復次當言近非以不近彼有所攝更樂身根當言来耶當言於彼住荅曰當言来彼不以

身根觸無處所諸更樂與身来者當言相依来當言不相依来或作是說當言相依来各各相依復次當言不相依来彼相依則所造色可見者其義云何或作是說自現故曰可見或作是說從眼中得故曰可見復次可現視人故曰可見不可見者其義云何如上義無異有對法其義云何或作是說對住故曰有對或作是說選擇故曰有對復次覺知空義故曰有對法者其義云何如上義無異可得餘色處所或作是說不可得此集聚義或作是說不可得色處想著復次住三世知有處所如彼處所是故不餘無對有對造作處所空空處有何差別或作是說空無有形可數處是故空識色空界或作是說空不可見色不可見識處可見或作是說空無有對有對是空識復次不可移動謂虛空造色本末是空識想亦微妙可住無住得無住住得青無青得無青青如此四義前已說以何等故樹若干種蔭影不異或作是說是樹蔭因

緣或作是說緣四大有其陰復次蔭復有義在在處處實去無處所彼彼常住不移處自作識想

香味現更樂　有對住不移　因緣境界盡
二情樹及影

以何等故大海水同一醎味或作是說昔仙聖呪術使然耳或作是說海中衆生大小便使然耳或作是說彼有大塩山使然耳或作是說潮波水激波猶如此間見水滂為塩復次彼器自然使水成醎如此間見器淨水淨器不淨水如四大相觸各各聞聲彼義云何或作是說緣四大是其義實相觸其故各各聞聲問此間作聲彼聞響應聲連屬荅曰本行報故如埏埴器輪或作是說前已生響聲各各相應非以中間更有聲異聞初聲然後有中間聲欲使彼非聲因緣耶復次彼聲展轉有其締故如瓮器聲拷便出聲展轉聞聲如有神通地壁皆過空亦無㝵彼云何知此是地此是空或作是說若审有力方便者此是地此是空如所說入地踊出其猶

能浮入出水也水中常可用力空不用力或作是說空無所著不入三昧亦復自知空去地遠地亦是空復次意性迴轉名色有勝有滌著處所如地不可見空亦如是空無有義如所說滌著衆生空為地想地為空想欲使彼想獲果實耶或作是說由想故彼獲果實問彼則自想壞耶或作是說彼不以想故得獲果實彼想顛倒問空為地想則有壞地為空想亦復壞不以想故戒有顛倒設當以想戒顛倒者一家同相然後衆生空為地想地為空想此不相應齒者當言根相應當言非根相應荅曰諸血肉相著彼根當言著彼便有痛若肉血不著齒彼非根所縛設彼無有痛當言無苦不淨當言非根縛荅曰當言非根縛不以損棄不淨時有苦痛也不淨當與欲俱起數數畜積荅曰當言與欲俱起彼生有長益空為何相或作是說空相不可數或作是說容受為空相復次空無有義是故彼無有相觀在物言有空耳又世尊言無邊

無際去此東刹土流轉反覆時世尊
亦說世無限數此不可記說是說時
其義去向或作是說此不可記斷滅
有常刹土無有邊無有限現其有多
復次衆生境界世尊不然彼生死方
便無有衆生邊際如無數集聚有二
果如兩石相磨便有火出或作是說
彼不一集會火因大聲因聲有聲二
事合會成火因緣或作是說彼或有
集會便有聲出或有火出是故彼不
與相應復以因緣力便有色色非因
緣當觀如是如心彼或有色習或聲
或為相應

一味兩相觸　無想及神通　齒澤有二相
無邊無有限

微當空當言不空或作是說當言不
空設當空者則有往来以生勝故則
有往来或作是說當言空何以故彼
無有壞敗設不空者亦有壞敗或作
是說微妙自然空初第二處則當有
勝各各有異若無勝者彼故空是故
究竟不壞敗彼自覺知時彼三昧壞
是故彼不自覺初時則壞是故當言

虛空復次當言空何以故相應無有
定設此微妙當住者彼非相應住是
故住相應初時則住勝若不住中間
相應者則不空設中間相住相應亦
不空相應亦空是故當言相應空微
妙者當言有方當言無方如所說彼
集微妙方便成就如所說當亦有方
當言亦無方設微妙者集無有限量
於彼有減復次無有方不有無方空
無所有不可具說若於此若於彼以
何等故內六入三入謂之死或作是
說此緣無記或作是說此是死根復
次此還境界還有死想與一色聲香
味細滑彼當言一因當言無數因或
作是說當言一因一相應生問去何
果不壞有相應果相自然壞得無果
報問不以自然得果報證我相應便
有果報是故相應不壞荅曰雖相應
無記是故相應無因相應作因彼亦
復無也或作是說當言一因為四大
因問去何四大不壞有壞果報荅曰
事相應故或作是說當言無數因色
為色因香為香因味為味因復次當

言無所因相應壞則果壞是色相應
異香亦異問有衆多相應一微妙耶
荅曰一微妙衆多色聲香味之數有
其微妙想得六大勝知色所由各有
上中下或作是說得如薪出火如牛
屎火觀事增減自相亦有增減荅曰
上中下各有勝或作是說火亦增火
若鑽火時若見日光出光皆是因緣
果有壞敗可得火自相或無自相或
作是說不可得也何以故非以熱知
熱上中下彼各有宜聲當言空當言
不空或作是說當言不空設聲空者
聲無所攝不以事故心持心俱有壞
亦見聲自作是故彼不究竟彼心不
生問以本故心聲出響應若二俱事
者此理不然是故此無苦或作是說
當言空設聲有住處者彼則當久住
何以故聲無有壞此非妙是故聲空
或作是說當言空設聲有住處者則
當數數聞若不數數聞者是故當言
空或作是說若聲自然空者初第二
第三處則有勝無有異復次聲當言
空設聲有住處者中間相應亦當住

此亦如上所說聲當言有方尋聲當言無方或作是說當言有方尋聲知有人亦知一切東方有聲非餘方聲聞不取彼聲或有須聲處所彼則有聲如言頭有痛不知所在痛所生處彼亦當見如是聲有處所彼聲亦當現復次不當言有方聲等俱生不當言無方俱當觀聲若此若彼方當言成就當言不成就或作是說當言成就如日初出光從東方所没處從西方問若閻浮利日出欝單越日没若閻浮利日没欝單越出是故不成就問一切四方中央有須弥山是欝單越成就問此亦不同須弥山在一邊一非一南東西方亦如是北方從北方或東或南是故欝單越不得成就復次當言不成就何以故此非義以生思惟觀便有智慧彼亦不住性成就色或無也或作是說當有過去亦尒未来現在亦尒問此因緣為辯何事荅曰因緣有㝵復次觀彼住物等行其業空無所有亦不造新能說等業以何等故燒水之時先從上熱非

下熱或作是說鎗瓮更緣先熱冷氣下流復次先從下熱反由火炎多少炎先至上冷氣下住

二微妙入　水大諸根　二聲東方

水熱在後

頗有一色不前不後四方盡現耶或作是說無也一色微妙彼不可見方不成就是故無也復次作四角想擲𢇁空中此𢇁或墮東邊或墮西邊或墮南邊或墮北邊以何等故彼燒丸鐵既軟且輕或作是說是火木筋力亦用風力彼風力輕水力使軟火力使淨或作是說不獨彼鐵餘有輕者相則自壞彼性自尒必熟不疑復次自然觀輕重自然於其中間或時觀輕或時觀重彼則軟細地種等生彼鮮明者由地種生當言與火相應應如四大所造青色四大所造黄色耶或作是說青色微妙或依黄色非青色如青黄石復次餘四大所造青色餘四大所造黄色或依微妙或依黄非以一色微妙相依如是青赤如是青白如是黄赤如是黄白如是赤白

是謂六問如四大所造酢味彼四大所造鹹味也或作是說或四大所造酢味則四大所造鹹味亦見其義酢鹹復次餘四大所造酢味餘四大所造鹹味或有微妙依酢或依鹹味如是酢苦如是酢辛如是酢甜如是澁如是鹹苦如是鹹辛如是鹹甜如是盐澁如是辛苦如是辛甜如是辛澁如是甜苦如義所說頗地種因水種耶或作是說無也無有四大復因四大各各別異復次有曾見地種有軟時如剛物融消頗地種因火種耶或作是說有如鑽木得火頗地種因風種耶荅曰有耶如扇則有風頗水種因地種耶或作是說無也如種無有餘因此各別異復次有如剛融消頗水種因水種耶荅曰有如水朽故頗水種因火種耶荅曰無耶非以中間有熱氣頗水種因風種荅曰無也不以中間風生風頗火種因地種耶荅曰無不以中間軟堅生火也頗火種因水種耶荅曰無也不以中間軟堅火生水頗火種因火種耶荅曰有亦

見火還生火頗火種因風種耶荅曰無也不以中間風堅火生風也頗風種因地種耶荅曰無也非以餘種復因餘種此變易法復次有亦見虛空中風集雲雨頗風種因水種耶荅曰無也不以中間軟堅生風也頗風種因火種耶荅曰無也不以中間熱堅風生火頗風種因風種耶荅曰有亦見虛空中風漸漸速疾頗泥黎中陰還因泥黎陰耶荅曰有如從泥黎中死泥黎中陰現在前生泥黎中受泥黎形頗泥黎中陰因畜生陰耶或作是說無也非以餘趣復次有如從泥黎中死受畜生陰如是一切諸趣一一諸趣各各有五義一切四大覺別所知問欲使住有開闢耶復次說世俗相衆生四天一切有對一切四大依色或作是說一切四大依一切色四大所造或作是說三大依色一風不依色非以依風得色復次地種水種依色非以中間此四大依火依風而得色也云何得知餘四大餘所造色荅曰非一切色有牢固非一切色中間知四大當說如聚揵度中而無有異

一切方鐵丸　色味及持陰　攝彼諸知法

知有若干想

身幾陰幾持幾入所攝當隨象根本曰身根身持身入色陰所攝四大身四持四入色陰所攝色身九持九入色陰所攝痛身法持法入痛陰所攝想身法持法入想陰所攝意身法持法入行陰所攝受身法持法入行陰所攝名身句身法持法入行陰所攝爲身馬身車身輦身十七持十一入五陰所攝色陰幾陰幾持幾入一切所攝界若干種色陰色持彼色持色入色陰所攝棄損色持十四持十入五陰所攝神山處色陰十八持十二入五陰所攝如尊者舍利弗說有炎則有火有火則有炎然見炎各異處說是時其義云何或作是說此等生語或作是說展轉無中間故說此義復次欲解縛故故說此義如尊者舍利弗說汝諸賢如壽如感煖此法成辯非爲不爲不辯色不因色習說是語時其義云何或作是說欲界色界性所造此方便說或作是說欲界色界性造展轉無㝵亦方便說復次三界所造展轉相依日當言因日光當言因四大或作是說當言因日光色因有色或作是說若覆蓋色便生煖氣影者是光因緣當言無緣色則不生復次當言因四大煖氣爲光淨當言因聲當言因四大或作是說聲亦因四大亦因自然或作是說當言因四大四大相因便有聲出響應當言因聲當言因四大或作是說當言因聲前已生聲彼因自然復次當言因四大由四大有聲彼於中間生不觸自鳴者當言因聲當言因四大或作是說當言因聲當言因四大或作是說於其中間本聲不自鳴復次當言因四大四大不自鳴諸所有圓色者彼所有色聲香味亦圓耶或作是說彼不於中圓彼有一處圓問設有圓者色聲香味亦當圓云何彼不圓荅曰如有白色拋色如是彼有一白無色聲香味如是當有圓彼有一處圓

或作是說彼一色圓非以色故有色處所復次觀住有對則知有圓不以住故便有色也以何等故色法不謂之中間次第耶或作是說色不有壞復更生餘色是故彼無中間次第復次以少中間生衆多色衆多中間生少色云何得知炷明各各別異或作是說所造永盡所生即滅復次因緣集聚展轉有生微者即生便住與身纏縛或作是說當言與身俱縛如心意迴色亦如是復次微色不可限量色習者或心意俱生彼迴轉時知有心意性無有色何以故識少中間有衆多色生是故色性無也無所造是故俱生當言住也如不見麦一萌芽陰有迴轉云何得知一麦牙緣彼影耶影亦緣牙或作是說自然得知彼自然迴轉復次彼身有自然後得知亦見麦陰牙生諸並亦見麦種因緣生萌牙於中得知設本麦因緣緣生則有所得有諸萌牙生設後緣麦等生得者影亦當迴轉於中得知是二因緣麦也

身界光炎壽　影響靜圓色　因緣光性縛
亦不見一麦

尊婆須蜜菩薩所集四大揵度第五竟

尊婆須蜜菩薩所集契經揵度首

又世尊言我弟子中第一比丘居處巖峻遊止山澤名婆那伽婆蹉居處巖峻其義云何或作是說三昧得自在捨前三昧更入餘三昧復捨此三昧復遊餘三昧如是居處巖峻或作是說入逆順三昧如是居處巖峻或作是說入摽褰度三昧是故居處巖峻復次諸隱處巖峻於無數中解脫是故處巖峻又世尊言於是比丘有四人或有人利己不利彼或有人利彼不利己或有人利己亦利彼或有人亦不利己亦不利彼此有何等別異荅曰利己不利彼者自居平等欲使彼不平等雖依彼有居平等彼不於中得平等意利彼不利己者欲使彼發平等意自不居平等雖與彼說法有法想少有平等不應與彼說利己利彼者自處平等亦教餘人使處平等雖彼不得教者彼二因緣說平

等得不利己亦不利彼者自不處平等亦不教人使處平等又世尊言於是比丘有四大或有人所生結盡不更受餘結或有人不受餘結盡非所生結或有人所生結盡不受餘結亦盡或有人所生亦不盡不受餘結亦不盡說是語其義云何荅曰所生結盡不受餘結者中般涅槃不受餘結盡非所生結生無色界中那含所生結盡不受餘結盡者阿羅漢亦不受所生結盡亦不受餘結盡者彼是餘學人亦是凡夫人

又世尊言於是比丘有四人或有人受身痛不受命痛或有人受命痛不受身痛或有人亦受身痛亦受命痛或有人不受身痛亦不受命痛說是說言其義云何荅曰受身痛或有人不受命痛命痛者欲界色界命終無色界阿那含者也受命痛不受身痛者無色界命終便般涅槃也受身痛亦受命痛者欲界色界命終若阿羅漢也亦不受身痛亦不受命痛者除上介所事則其義也

又世尊言於是比丘有四人或有人於現法中行般涅槃及身壞非不般涅槃也或有無行般涅槃非行般涅槃或有行般涅槃無行般涅槃或有人無行般涅槃亦無行般涅槃說是語時其義云何或作是說猶如有一人以衆多行以大方便以大慇懃滅五下分結於此間命終生色界中衆行少少方便少少慇懃滅上分五結是謂此人於法中行般涅槃及身壞無行般涅槃第二於此間少彼多者第三二俱不大者第四或行是說猶如此人緣行依三昧滅五下分結於此間終生色無色界依般涅槃三昧滅上分五結是謂此人行般涅槃及身壞無行般涅槃第二於現法中緣般涅槃身壞緣行第三第二俱者緣行第四二俱緣涅槃或作是說猶如人於此間為苦滅五下分結生色無色界中受樂滅上分五結是謂此人行般涅槃無行般涅槃者若人於此間受樂滅五下分結生彼受苦滅上分五結是謂此人無行般涅槃云何

此人現法中行般涅槃及身壞無行般涅槃第三二俱苦第四二俱樂復次此人愚戇凡夫人滅下分結生彼得捷疾智滅上分結是謂此人於現法中行般涅槃第二於此間捷疾智故此間愚戇第二三俱愚戇故第四二俱捷疾　以何等故阿羅漢成就世間第一法然非苦法忍或作是說不捨苦法忍得須陁洹果時然不滅世間第一法問此亦是我疑何以故捨苦法忍然非世間第一法荅曰由死處所世間第一法果果遊滅苦法忍阿羅漢果果遊者是故世間第一法不滅也或作是說禪攝世間第一法學攝苦法忍阿羅漢禪成就者非學法是故世間第一法成就阿羅漢非苦法忍問若依禪等越次取證彼禪攝苦法忍欲使禪成就苦法忍耶荅曰學攝禪苦法忍不學亦不不學禪攝世間第一法以捨此學此學非不學亦非不學也問如所說若禪攝世間第一法者是故禪成就世間第一法是事不然或作是說得微妙無

漏法或有不成就非世間第一法是故不成就苦法忍問得增上世間第一法微不成就

復次作黙然想復次諸善根緣增上中下法當言成就若凡夫人五下分結盡彼當言一處阿那含耶或作是說不得作是語如阿羅漢一切結使盡阿那含不一處所盡趣處盡阿羅漢一處盡不復次若彼賢聖道一處五下分結盡斯陁含亦當復說一處阿那含況當凡夫人若欲界結使於中間少有不盡也

又世尊言人有五恚誹謗諸賢口出惡言瞋怒無常作不倩罪人所憎嫉說是語時其義云何或作是說若人與不相得不觀行作意懷猶預誹謗諸賢是謂此人誹謗愁惱彼人懷顛倒意醜惡喜諍除四所犯諸犯罪業身懷猶預於中復犯餘事是謂人所憎嫉或作是說婬欲偏多瞋怒無常不避尊卑為人憎嫉而前欺詐幻惑讒人無實常習非法復次彼人以精進意去欲戢惓欲行頭陁威儀礼節

常不失時人所信樂歎譽彼人不還使還是謂此人當言犯法此人不順戒律意常親近於其中間所得利養亦歎譽說常威儀礼節得不喜亦不修行不知恩養是謂此人當言不存設有人增上戒不成就戒喜闘諍訟誹謗諸賢是謂此人喜怒無常若人微妙行行中分別戒律諷誦禁戒事事學知無戒無智慧者是謂此人常懐猶預復次有人微妙行中分別戒律諷誦禁戒是謂此人人所憎嫉如憂陁那耶婆嵯羅耶說云何尊者婆羅墮闍以何因緣此諸比丘年少端政出家未久修善功德於深法中娱樂順教諸根柔和顔色暉暉皮體歎細樂靜知足如野鹿鳥盡形壽清淨修梵行知足如野鹿鳥其義云何荅日坐禪諷經而不順從不著事務是謂知足隨法乞求亦不染著是謂如野鹿鳥

又世尊言我見調達無有之豪氂之善我不記之調達入地獄更歷刼數不可療救所以然者如調達入骨徹

髓三歸命佛當言彼調達此非善法耶或作是說此非善法此亦非歸命三尊瞋恚盛故說此語設當入地獄者如所說若歸命佛者彼不墮惡趣設當實者若不向三惡趣如所說調達入地獄經歴一刼是故彼調達無有善法或作是說調達亦有善法猶不能拔調達還是故彼不可療救調達有三不倩罪復次彼有頂法調達由此方便故曰有善法

又世尊言我弟子中第一比丘遊四空定名跋陁婆梨四等力成就名僧迦摩寺此二人有何差別或作是說尊跋陁婆梨得歎見護以自多娯樂彼以此娯樂先得護堂尊者僧迦摩寺得增上護然不多調習於中先見護力成就復次尊跋陁婆梨得四禅四等心恒諷誦習於中得自在先見護堂尊者僧迦摩寺遊六善来堂是謂先發意得護力成就云何知阿羅漢而不復更生或作是說以捨諸結使有諸結使便生阿羅漢無有結使便不生亦未曾見無結有生者於中

知阿羅漢不復更生復次身愛諸垢永盡故曰阿羅漢不於中間無明有愛更染著身以是之故阿羅漢不復更生中陰之中當言如所趣當言往不如所趣或作是說當言往如所趣中陰是山神之處如世尊言彼有如是偈辟如抴黒羊毛亦如冥室無明復次是中陰之像復次當言往如所趣如死欲至時善惡俱至中陰亦如是隨行善惡各趣其所中陰當言住過七日當言住不過七日或作是說當言住過七日何以故如隨行善惡亦無方便有過七日者問如七日中間未得處胎便當斷滅耶荅曰不斷滅故度中陰形復次乃至因緣集聚俱住不斷若不得生因緣者是故久住

步遊四句中　世俗凡夫人　王婆利毫釐
護阿羅漢陰

又世尊言於是比丘有四人强記智慧宣布智慧順從須鹵齊一句說是語時其義云何或作是說强記智慧人者發語便知義如易化者若比丘如彼法便滅世尊亦知宣布智慧說

即解如所說比丘非汝色非汝痛想行識非汝世尊亦說順從須鹵人者以若干行誘進便順從去何比丘為色諸所有色彼盡四大四大所造廣說須鹵齊一句人者亦不解義或作是說强說智慧人者利根心心相知分別智慧人中根順從人者軟根須鹵人齊一句者無有根或作是說强記智慧人者宿命求解脫力宣布智慧人者宿命求軟解脫須鹵齊一句人宿命之中不求解脫復次强記智慧人設便知如尊者舍利弗質便嘿然分布智慧人者分別曉了然後能知如尊者弗迦羅婆梨審明義理順從人者隨時學增上戒律隨時降伏心意隨時學增上智慧此之謂也本性所習漸學戒律漸受訓誨承受奉行如尊者羅雲漸漸至道須鹵齊一句人者受句義亦不解義理亦不解深法以何等菩薩本宿命時不等越次取證或作是說以盟誓故以此誓願當出世作佛未度當度未解脫當使解脫或作是說菩薩思念觀彼以智慧意常發願言度諸衆生或作是說菩薩逮一切智以自具足以衆生故不等越次取證復次諸根未熟故不等越次取證以何等故阿那邠提長者供養四如來不於彼佛出家學道或作是說此盟誓因緣以願誓故當供養餘如來或作是說親族力勢不能去恩愛意或作是說彼長者意常樂寂靜好施鈍根以寂靜故不趣惡趣之功德處處獲大報鈍根者不見家累之慈以是故不出家作沙門復次彼長者婬意偏多常樂婇女之閒作方便一切諸佛如所造事得賢聖道以何等故不成男不應法義或作是說諸情闕少是故不應法義或作是說心万馳不得三昧是故不應法義或作是說障諸報實宿所作緣得受此形不依智慧復次遂障結使彼結所蓋不得休止心無慙愧又世尊言作偷婆有三事多薩阿竭阿羅訶三耶三佛比丘漏盡者轉輪聖王以何等故學辟支佛不入此三事或作是說是如來勸教語 說佛則說辟支佛說比丘漏盡者則說學彼或有漏盡者復次彼亦是數以此衆生故現其深義此勸教語如上所說

又世尊言於是比丘有六阿羅漢退法阿羅漢念法護法住刼分別法無疑法此有何差別或作是說種種無學根上上中上下中中上中下下上下中於彼下下中成就謂退法阿羅漢也下上成就者謂念法阿羅漢也中下成就者謂護法阿羅漢也中中成就者謂住刼阿羅漢也中上成就者謂分別法阿羅漢也三上成就者謂無疑阿羅漢也彼聲聞增上下成就辟支佛者上中成就多薩阿竭上上成就或作是說猶如一人方便造業有不慇懃者亦有鈍根彼以方便業不慇懃鈍根求等心解脫受證彼復以方便不慇懃鈍根於等心解脫便退轉是謂退法阿羅漢猶如一人方便求甚慇懃鈍根彼以方便甚慇懃鈍根得等心解脫受證彼以方便慇懃鈍根護等心解脫是謂護法阿羅漢也猶如一人常方便求甚慇懃

然鈍根彼以常方便求甚懃懃然鈍根得等心解脫證彼以常方便求甚懃懃然鈍根等心解脫亦不增亦不減是謂住刧阿羅漢也猶如一人常方便求甚懃懃然利根彼以常方便求甚懃懃然根利得等心解脫證彼以常方便求甚懃懃然利根方便得無疑是謂分別法阿羅漢也猶如一人常方便求甚懃懃然利根彼以常方便求甚懃懃然利根得无疑等心解脫證是謂无疑法阿羅漢也

復次若人恃怙他力尋生得等心解脫證是故等心解脫猶如羸病人尋起無持扶人便還卧牀是謂退法阿羅漢也若復有人等心解脫不牢固但恐失意欲求死以刀自害是謂念法阿羅漢也若復有人等心解脫護等心解脫我能護此盡形壽守持隨時育養是謂護法阿羅漢也若復有人等心解脫超越鈍根住中根是故等心解脫不退轉亦不增不死是謂住刧阿羅漢也若復有人等心解脫初始有益得諸根彼恃怙外力得無疑是謂分別法阿羅漢也若復有人自以己力初始得增上根住等解脫自知時節是謂無疑法阿羅漢也

又世尊言阿難鞞舍離甚樂無極跋闍復弥亦甚快樂遮波羅寺亦甚快樂瞿曇弥那拘驪亦甚快樂閻浮利有若干種快樂無比人民茂盛以何等故世尊作是說或作是說正坐入定使諸比丘生樂悕望或作是說鞞舍離城甚樂無極槃食豐賤乞求易得跋闍復弥甚樂無極人民和順不遭苦厄遮波羅寺（轉法輪處）瞿曇弥尼拘陁種種座具少事寂靜閻浮利地有若干種薗菓種種人民茂盛智慧業明復次世尊亦復現去諸縛著滅若干彼無欲永息

初發意菩薩　出家不成男　三塔六羅漢
鞞舍離在後

又世尊言遊鞞舍離從今以後不復更見鞞舍離更無三佛来鞞舍離何以故尊作是說或作是說更不復受胎復次等智滅彼死迹欲鞞舍離城樂法衆生報諸狐疑是謂彼時以何等世尊請摩訶迦葉與半座坐或作是說時諸比丘輕易迦葉起染汙心不知迦葉入大法要以是故世尊與半座坐欲使比丘心開意解懼獲不善報或作是說彼尊者有種種功德世尊先所化恐諸比丘犯禁戒罪或作是說第一尊重尊者阿那律世尊往視依衣更請摩訶迦葉與半座或作是說世尊欲付授戒律後来衆生信受其言復次未曾有與弟子半座者復次世尊欲布現大德

又世尊言諸比丘等若沙門婆羅門晝有夜想夜有晝想彼心意顛倒比丘如我晝有晝想夜有夜想於我心無有顛倒說是語時其義云何或作是說彼起天眼除外想修向明想觀晝如觀夜無異彼或無異彼或時晝有夜想夜有晝想然世尊不尒或作是說彼沙門婆羅門於眠寐中夜有晝想晝有夜想是彼顛倒復次閑居右脅猗卧觀如是色入禪中然世尊若行若坐常如一定

又世尊言於是比丘有三如来於是比丘於現法中實有無疑自得智慧

亦教他人入智慧云何自得智慧或作是說彼不可得虛無有實況當得實復次是世尊勸教語也作是語我覺此或作是說若彼著色心所念法自譽或盜自憑仰作以實為虛世尊觀彼見盜復次是彼邪見五陰之中是我所實住佛所語亦如是不有餘陰言我所以何等故以外道盡欲愛等越次取證相應不退轉法此之謂也或作是說彼以二道滅諸結使或以世俗道或以無漏道斷諸結使或作是說若依禪等越次取證彼觀禪便有道生彼不見諦所斷是故不退轉復次彼等越次取證時修行忍智得等方便力勢尋益若力勢無益者不於力勢中退轉是故不退轉

又世尊言四雙八輩幾果成就幾無果成就或作是說五果成就須陀洹斯陀含阿那含趣阿羅漢及阿羅漢一非果成就趣須陀洹果證二人或果成就或果不成就趣斯陀含果證趣阿那含果證彼趣斯陀含果證者方便欲愛未盡等越次取證當言非果成就有得須陀洹果求趣斯陀含證當言彼果成就也以無為須陀洹果趣阿那含果證彼欲愛盡等越次取證當言非果成就彼復得斯陀含果求趣阿那含果當言彼果成就無為斯陀含果彼果有為當言諸根壞敗是謂知有八人

又世尊言四沙門無有五說是語時其義云何荅曰道智為如來自得證果無著說道清淨說法而轉法輪彼故數演道命為學諸智慧斷諸疑網誹謗道者無究竟行無戒律威儀犯諸戒為沙門服皆悉覺知彼第二沙門當言攝辟支佛第三沙門當言攝凡夫人第四沙門當言攝外道異一切假沙門被眼計吾我著命計衆生彼一切於道退轉

又世尊言無染著謂戒

無染著袈裟　袈裟被服始　意已得所欲
袈裟非無著

說是語其義云何荅曰有三穢濁身口意穢濁彼若思惟挍計是謂無穢袈裟服虛稱詐逸非神仙所學彼非其宜此謂之忍亦非移動如實而對意當審諦彼若不得忍被罵便報罵被打便報打此非沙門法況當作如此行是故不應袈裟故彼袈裟無著

又世尊言若已生刈斷更不種說是語時其義云何荅識對生受於四神止處生行垢因緣所造之義便有斷絕來無有對亦不受生四神止住處亦復不生選擇取要設與四神止處因本行緣彼亦不受已除棄愛已盡受第二人馳走當言此無學亦無威儀亦不觀於無上智慧涅槃滅盡得仙人法是謂大仙人

初迦葉睡眠　寂勝無有欲　已說四袈裟
斷滅不復生

又世尊言

習智至無智　降伏作牢固　有漏盡無餘
是謂為梵志

說是語其義云何尊者大迦葉契經是說也自持法比丘習智智者學雖諸梵行人住彼業者獲法養生之具彼亦是法戒律之義故曰智者知不於中間住已修行心得觀覺照住二

解脫彼已思惟無明愛盡欲說眼根此沙門法故曰有漏盡無欲故曰為梵志者世尊即是大梵志心垢已盡

又世尊言

比丘無有欲　有欲見大懼　於欲不退轉

是謂為涅槃

說是語其義云何荅曰智慧相應寂靖以自娛樂無有憂慼是謂比丘無有欲　無事清淨靜事為苦惱有欲見彼見法者乃能覺知是謂有欲見大懼於欲不退轉捐棄諸垢善漸漸益等相應是謂三昧一切結使盡覺賢聖道是謂涅槃以何等故入慈三昧不可傷害或作是說諸天衛侍而護其身或作是說彼三昧者閑靖無事害不如身身不有壞復次受色界四大身

又世尊言

麑麁歸野　鳥歸虛空　法歸分別

羅漢歸滅

分別人者何者是荅曰學謂之分能分別色痛想行識賢聖之道皆悉分別

又世尊言

無想有思想　思想不有想　如是變易色

緣想有其數

變易色人何者是或作是說生無色界阿那含當言變易色想彼則色想變易復次阿羅漢於中亦變易想阿羅漢不於五陰有所變易修行究竟以何等故世尊謂調達食唾子或作是說尒時調達方便欲壞衆僧以是之故世尊呵之恐諸比丘意有移動或作是說淳惡之人以柔和誨之數數任求欲壞聖躬尒時世尊逆其意利語誨或作是說若於佛得供養具調達欲使入已故曰食唾子復次調達本有大神足化作小兒形金縷帶腰任阿闍世太子抱上宛轉戲笑彼時阿闍世太子抱弄嗚口與唾使吮彼時調達亦復食唾太子亦復知此尊調達尒時世尊以沙門息心意呵曰食唾子也云何調達先善根斷壞衆壞衆僧仁後善根斷或作是說調達本善根斷後壞衆僧亦告人民善惡無果報以是措故發意壞衆僧問非以今壞衆僧有非法想或作是說調達先壞衆僧後善根斷非以善想斷壞衆僧有劫數償罪設當彼告語者善惡無果報不以壞有非法相也問若壞衆僧非巳善根欲使向惡趣耶世尊亦說我不見調達毫釐之善契經句廣說復次調達從壞僧以來齊是以來善根本斷如彼告語我壞瞿曇沙門衆僧斷轉法輪便歡喜踊躍彼當言善根本斷從是以來作衆惡事無變悔心是故壞衆僧善根本尋斷云何善根本斷得善根本或作是說設生泥犁中者知受泥犁苦痛我作是罪今受此報此當言得善根本或作是說如此受泥犁中陰便有觀心有是果實當言得善根本復次於現法中或有得者於彼有善知識者便起悔心漸漸教至道廕蹲腸者其義云何漸漸臑髀故曰廕蹲腸七合滿盈其義云何肉脈平正鉤鏁骨七處滿足平住色不變移是謂七合滿盈師子臆其義云何身無高下不前却是謂師子臆味味知者其義云何輕軟微妙皆悉能知是謂味味曉了

不養賢恐懼　慈及諸所趣　無想有想唾

曩昔云何相

以何等故鳥畜生昔日皆能語今不能語或作是說尒時從人中終生畜生中以前所習故能語也問如今從人中終生畜生者亦復能語或作是說所可食噉與人無異如今無有此食四大殷異以是之故不能語也問如今與微妙食使噉者能語不乎或作是語昔日時人無鬪諍訟無煞害心尒時畜生見人亦不恐懼與共止住聞其音響故能知語問如今生畜生人無有恐懼復能語耶或作是說今亦能語但不可解若得音響辯才便能解語如異狄語語不可解若俱解二語者彼則能知問昔時之人得音響辯才便能知乎復次不見畜生知文字者或聞欲音響者鸚鵡鴛鴦此便可解然世尊喻無有差違智者所說欲使人解是事不然精進者云何自知不墮惡趣或作是說知無解者不墮惡趣我無此犯戒意是故不墮惡趣或作是說得功德力如寤寐中善意不變彼便作是念我命終時有不善報不墮惡趣或作是說不誠之思墮惡趣中亦不生惡念彼有熾威衆生我不墮惡趣或作是說彼無有此方便能自覺了世尊亦說如是精進者覺知亦自知所趣我生彼開如我亦知精進所趣以刀自害若飲毒藥問精進雖知故不如佛究竟復次若有教誡者不恃怙哉我不生惡趣亦不得第四禪心發涅槃想有趣三惡道也遠離七處亦作是說大行分別契經以心穢濁衆生趣惡道世尊亦說如壽百歲奉具足戒然戒羸不捨能拔惡趣耶欲使六師逼迫衆將拘利人入惡道中此之謂之惡彼得第一精進彼亦好信世尊者有惡趣法智慧自在也諸邪定者彼一切成就邪見耶設成就邪見者彼一切成就邪定耶或作是說諸定邪見者彼一切成就邪見耶設成就邪見彼一切成就邪定五逆爲邪見成就邪定或作是說諸成就邪見者彼一切成就邪定頗成就邪定非成就邪見也斷善根本不成就五逆復次諸定邪見者彼一切成就邪見也頗成就邪見彼非邪定耶想心成就邪見諸定等見若彼一切成就等見耶設成就等見彼一切定等見耶或作是說諸定等見彼一切成就等見也設成就等見彼一切定等見賢聖之道是等見彼定成就等見復次諸定等見者彼一切成就等見也頗成就等見非定等見耶等心想心一切成就等見諸上流者彼一切阿迦尼吒設阿迦尼吒處彼一切是上流耶答曰或有上流非阿迦尼吒處或有阿迦尼吒處非上流也或有上流及阿迦尼吒或非上流非阿迦尼吒處云何上流非阿迦尼吒處若阿那含生色界中然憶上事不定阿迦尼吒也若欲界中生若阿那含生無色界然憶上事若欲界所生是謂上流非阿迦尼吒處最初阿迦尼吒處是謂阿迦尼吒非上流若阿那含生色界中然憶上事定在阿迦尼吒是謂上流及阿迦尼吒云何非上流非阿迦尼吒

答曰除上尒所事則其義以何等故

阿那含阿羅漢住㓟不移動或作是說住㓟者不為世所迴轉也復次得等解脫柔軟下根超越住上是故等解脫亦不增亦不減故曰住不移動然阿那含當言住已得誓願凡夫人者當言善心命終當言不善心命終當言無記心命終或作是說當言不善心命終非以善心有所住處問如世尊言臨欲終時得善心所念已還等見是謂契經有相違或作是說若生惡趣中者彼不善心命終也若生天上者彼善心命終如㝡後心住受生亦復如是或作是說當言無記心命終也以無記心自住身中有報數望終復次若不修善不修善法不住後心亦不滅是故當言無記心命終若作是說必死無疑是時當言命終有所避處以何等故阿羅漢不得㝡後善心或作是說自住心受報望終然尒時無善是故不得善復次若修善終時亦不住復次彼心無記本行休息又世尊言與共止住然後得知或有不知顏色和悅其義云何答曰若

聞彼毀譽輕舉信用樂受他語雖顏色悅彈指須信樂忍受有威儀礼節身樂靜寂得歡喜外如不容內懷詐偽若復說法之時無義辯才無法辯才如是不如至實是謂愚癡又二等信等戒等聞等智慧等施現在前時何者㝡是大果二俱清淨一俱清淨或作是說二分別俱清淨世尊亦說於彼比丘布施之家二分俱清淨是謂檀越親第一之德問云何兩意或作是大果或非大果答曰田業良如良槃子猶田業良彼槃子好問猶田猶槃子然不隨時是故難可齊或作是說二分俱清淨已得清淨作如是施心所有因緣得諸報實問若施勝者則施無有等當說等施復次量二果平等思念所行是故彼施二俱清淨有諸果實問如向者世尊言於彼比丘二分俱清淨檀嚫者第一之施如是則差違答曰多二分俱清淨意所念行亦清淨心意平等果亦平等云何煞害之虫有淨法生或作是說邦國時俗使親友朋黨意所思惟復

次如水波動世俗等者彼有淨行者或以行報故便有止淨行者墮煞害中於彼生中間行報因緣便受其殃親近善知識而聽受法思惡露不淨如是煞害之人也云何清淨之人而生黑法或作是說邦國時俗使尒親友朋黨意所思惟復次如水波動彼不善等者清淨行者或以行報閉塞不善行已得清淨行彼生中間便受行報彼親近不善知識聽不善法亦不思惟惡露之行如是清淨便生黑法

又世尊言二法成就若不有善自不精進若他精進牢固不移云何他精進牢固不移或作是說以五法內自省察教他精進牢固不移若一切違與共相應者則有壞敗復次學他非法不應法而犯未曾有如義法不尒以何等故世尊言聲聞第一耶或作是說現微妙法或作是說現聲聞威儀或作是說擁護法故或作是說為諸比丘發勇猛意等行具足復次以二因緣故世尊言聲聞第一弟子現授決義故於彼解脫現變化故

畜生語精進　上流住不移　凡夫人止住

施之所供養　黒白無戒人　此弟子第一

尊婆須蜜菩薩所集契經揵度第六竟

尊婆須蜜論卷第五

尊婆須蜜菩薩所集論卷第五

校勘記

一　底本，金藏廣勝寺本。八四九頁中、下，原版殘缺，以麗藏本補。

一　八四九頁中一行經名，二行著者，三行譯者，徑、清無（未換卷）。

一　八四九頁中四行第五字「首」，徑、清作「首第五」。

一　八四九頁中八行第六字「滅」，資、磧、普、南、徑、清無。

一　八四九頁下二行第五字「何」，磧、南作「何故」。

一　八四九頁下六行第八字「說」，磧、南作「設」。

一　八四九頁下一五行首字「獨」，資、磧、普、南、徑、清作「猶」。

一　八五〇頁上二行第六字「火」，徑作「大」。同行第一〇字「彼」，諸本（不含石，下同）作「後」。

一　八五〇頁上一一行第八字「法」，磧作「怯」。

一　八五〇頁上一二行第七字「此」，資、磧、普、南、徑、清無。

一　八五〇頁上一三行「一切寒暑」，資、麗作「一時有寒暑」；磧、普、南作「一時寒暑暑」；徑、清作「一時寒暑」。

一　八五〇頁上一四行首字「冷」，麗作「令」。

一　八五〇頁中六行第一二字「設」，麗作「說」。

一　八五〇頁中一七行第一一字「木」，諸本作「火」。

一　八五〇頁中一八行第九字「灰」，諸本作「火」。

一　八五〇頁中二〇行末字「冷」，麗作「色」。

一　八五〇頁中二二行第一〇字「設」，諸本作「說」。

一　八五〇頁下一二行第四字「相」，麗作「想」。

一　八五〇頁下一九行第三字「苫」，麗作「苦」。

一　八五〇頁下二二行第二字「伺」，諸本作「若」。

一　八五〇頁下末行末字「當」，麗作「常」。

一　八五一頁上一四行第八字「果」，資、磧、普、南、徑、清作「糅」；麗作「裸」。

一　八五一頁上一五行末字「次」，諸本無。

一　八五一頁上一八行第四字「第」，資、磧、普、南、徑、清無。

一　八五一頁中一五行第五字「逆」，資、磧、普、南、徑、清作「逆風」。

一　八五一頁中一九行第二字及二一行第五字「技」，諸本作「枝」。

一　八五一頁中二二行第三字「徃」，

麗作「住」。頁下一〇行第一一字，資、磧、普、南、徑、清同。

一 八五一頁中末行第七字「來」，磧、普作「求」。

一 八五一頁下一一行第六字「相」，磧、普、南、徑、清作「根」。

一 八五一頁下一五行第三字「聞」，磧作「問」。

一 八五二頁上七行第二字「視」，諸本作「示」。

一 八五二頁上二〇行第一〇字「想」、麗作「相」。

一 八五二頁中二行首字「復」，諸本作「無」。

一 八五二頁下一〇行末字「復」，麗作「作」。

一 八五二頁下一二行「相然後」，資、磧、普、南、徑、清作「想然」。

一 八五二頁下末行第二字「觀」，磧、普、南、徑、清作「應」。

一 八五三頁上二行第一三字「說」，諸本作「語」。

一 八五三頁上七行第六字「磨」，資、磧、普、南、徑、清作「扣」。

一 八五三頁上八行第八字「大」，資、磧、普、南、徑、清作「火」。

一 八五三頁上末行第九字「則」，資、磧、普、南、徑、清作「敗」。

一 八五三頁中二行首字「定」，麗作「空」。同行第六字「當」，資、磧、普、南、徑、清作「常」。

一 八五三頁中四行第七字「設」，資、磧、普、南、徑、清作「收」。

一 八五三頁中七行第一一字「當」，南作「當言」。

一 八五三頁中一二行第六字「或」，徑、清作「是」。

一 八五四頁上四行首字「聞」，麗作「問」。

一 八五四頁上一二行第九字「出」，資、磧、普、南、徑、清作「日出」。

一 八五四頁上一五行第二字「非」，諸本作「北」。

一 八五四頁中一行第七字「鎗」，資、磧、普、南、徑、清作「鐺」。

一 八五四頁中三行首字「炎」，磧、普、南、徑、清作「火」。

一 八五四頁中一〇行第六字「比」，諸本作「北」。

一 八五四頁中一四行第一〇字「熟」，資、磧、普、南、徑、清作「熱」。

一 八五四頁中一七行第四字「由」，磧、南作「田」。

一 八五四頁中一八行第八字「四」，資、磧、普、南、徑、清作「則四」。

一 八五四頁中一九行第一〇字「依」，麗作「作」。同行末字「青」，磧、普、南、徑、清作「有」。

一 八五四頁下六行第二字「酢」，資、磧、普、南、徑、清作「鹹」。同行第六字「酢」，南作「酸」。同行末字「穢」，資、磧、普、南、徑、清作「醋穢」；麗作「酢穢」。

一 八五四頁下七行第三、第七及第一一字「醎」，諸本作「鹽」。

一 八五四頁下二一行第一三字「火」，

清作「水」。

一 八五五頁上九行「漸漸速」，資、磧、普、南、徑、清作「漸速漸」。

一 八五五頁上一〇行第一〇字「如」，資、磧、普、南、徑、清作「如是」。

一 八五五頁上一三行第八字「趣」，資、磧、普、南、徑、清作「趣因餘趣」。

一 八五五頁上一六行第九字「闕」，資、磧、普、南、徑、清作「閃」。

一 八五五頁上一七行第六字「天」，諸本作「大」。

一 八五五頁中五行「象根」，資、磧、普、南、徑、清作「像貌」。

一 八五五頁中一五行第七字「損」，諸本作「捐」。

一 八五五頁下八行第一三字「淨」，資、磧、普、南、徑、清作「静」。

一 八五六頁上七行「炷」，資、麗作「性」。同行「各各」，清作「谷各」。

一 八五六頁中二行末字「参」下，徑、清有夾註「四大揵度第五竟」。

一 八五六頁中三行，資、磧、普、南作「四大揵度第五竟」；徑、清作「尊婆須蜜菩薩所集論卷第六」。

一 八五六頁中四行「尊……首」，徑、清無，至此徑、清換卷，卷第七始。

一 八五六頁下三行「四大」，諸本作「四人」。

一 八五六頁下九行第四字「生」，磧、南無。同行「那含」，諸本作「阿那含」。

一 八五六頁下一七行「說言」，資、磧、普、南、徑、清作「語」；麗作「語言」。

一 同行至一八行第五字「或有人不受命」，麗作「不受命」。

一 八五七頁上九行首字「行」，資、磧、普、南、徑、清作「生」。

一 八五七頁上一二行第一一字「行」，諸本作「作」。

一 八五七頁中六行第二字「此」，徑、清、麗作「彼」。同行「二三」，諸本作「三二」。

一 八五七頁中七行第五字「以」，資、磧、普、南、徑、清作「反以」。

一 八五七頁中二〇行「此學非」，資、磧、普、南、徑、清作「禪然非」；麗作「此學禪然非」。

一 八五七頁下一〇行第二字「下」，南作「不」。

一 八五七頁下一四行第九字「倩」，資、磧、普、南、徑、清作「債」。

一 八五七頁下一八行第一一字「諸」，磧、普、南、徑、清作「罪」。

一 八五七頁下二一行「尊早」，磧作「尊畢」。

一 八五七頁下末行第六字「悉」，資、磧、普、南、徑、清作「志」。

一 八五八頁上一行末字、二行第二字「還」，資、磧、普、南、徑、清作「遠」。

一 八五八頁上一五行「順教」，資作「是故」。

一 八五八頁上二一行「之豪氂」，資、磧、普、南、徑、清作「一毫氂」；麗作「毫氂」。

一 八五八頁中八行第六字「還」，資、

磧、普、南、徑、清作「罪」。

一　八五八頁中九行第五字「倩」，資作「債」；磧、普、南、徑、清作「信」。

一　八五八頁中一四行第八字「見」，諸本作「身」。

一　八五八頁下八行第七字「像」，麗作「傍」。

一　八五八頁下一七行末字「蟄」，資、磧、普、南、徑、清作「麄」。下同。

一　八五八頁下二〇行「齊一」，資、磧、普、南、徑、清作「閒一」。下同。

一　八五九頁上六行第四字「說」，諸本作「記」。

一　八五九頁中四行末字「堤」，資、磧作「坻」。

一　八五九頁中一一行第五字「慈」，資、磧、普、南、徑、清作「恚」。

一　八五九頁中一六行「万馳」，諸本作「馳萬端」。

一　八五九頁下五行第一〇字「劫」，諸本作「法」。

一　八五九頁下七行第五字至八行第二字「中上下中中上中下下上下中」，資、磧、普、南、徑、清作「上中上下中上中中中下下上下中下下」。

一　八五九頁下八行「下下中」，資、磧、普、南、徑、清作「中下下」。

一　八五九頁下一三行第一一字「增」，南作「僧」；徑、清作「憎」。

一　八五九頁下一四行第二字「辟」，磧無。

一　八六〇頁上一七行第六字「能」，徑作「等」。

一　八六〇頁中三行「阿難」，資、磧、普、南、徑、清作「阿羅」。

一　八六〇頁中二一行第八字「死」，資、磧、普、南、徑、清無。

一　八六〇頁下六行第六字「尊」，磧、普、南、徑、清無。

一　八六〇頁下七行第五字「更」，資、磧、普、南、徑、清作「便」。

一　八六〇頁下一六行第五字「無」，徑作「有」。

一　八六〇頁下一九行第一三字「猗」，資、磧作「倚」。

一　八六一頁上三行第一一字「作」，資、磧、普、南、徑、清作「彼作」。

一　八六一頁上八行第三字「我」，資、磧、普、南、徑、清作「有我」。

一　八六一頁中一一行第八字「諸」，資、磧、普、南、徑、清作「諸學」。

一　八六一頁中二一行第一二字「穢」，麗作「種」。

一　八六一頁下六行末字、八行第一一字及九行第一二字「神」，諸本作「禪」。

一　八六一頁下七行第五字「垢」，南無。

一　八六一頁下一四行第三字「葉」，資、磧、普作「業」。

一　八六二頁上一行第二字「脫」，磧、普、南、徑、清作「勝」。

一　八六二頁上九行第一四字「見」，諸本無。

一　八六二頁中九行第一〇字「染」，南、徑、清作「柔」。

一八六二頁中一〇行第二字「住」，南、徑、清作「往」。
一八六二頁中一一行首字「利」，南、徑、清作「和」。
一八六二頁中一九行「衆壞衆僧仁」，資、磧、普、南、徑、清作「衆僧壞衆僧然」。
一八六二頁中末行末字「想」，諸本作「根」。
一八六二頁下一六、一七行第一二字「⿰𧾷專」，資、磧、普、南、徑、清作「膞」。
一八六二頁下一七行第八字「脞」，資、磧、普、南、徑、清作「緊」；麗作「髀」。
一八六二頁下一八行第八字「肉」，資、磧、普、南、徑、清作「內」。
一八六二頁下二二行第一一字「謂」，資、磧作「爲」。
一八六三頁上九行第三字「語」，資、磧、普、南、徑、清作「説」。
一八六三頁上二二行首字「墮」，資、磧、普、南作「隨」。
一八六三頁中五行末字至次行首二字「聞如我」，資作「聞如或」；磧、普、南、徑、清作「聞知或」。
一八六三頁中八行「若有」，磧、南作「若若」。同行第一〇字「哉」，麗作「戒」。
一八六三頁中一四行首字「將」，資、磧、普、南、徑、清作「好將」。同行第一〇字「之」，資、磧、普、南、徑、清無。
一八六三頁下三行第三字「若」，諸本作「者」。
一八六四頁上八行「命終」，麗作「念」。
一八六四頁上九行第九字「心」，資、磧、普、南、徑、清作「心心」。
一八六四頁上一〇行第八字「連」，諸本作「達」。
一八六四頁上一七行第三字「説」，資、磧、普、南、徑、清作「語」。
一八六四頁上二一行末字「休」，磧、普、南、徑、清作「依」。
一八六四頁上末行第六字「和」，磧、普、南、徑、清作「知」。
一八六四頁中末行「邦國」，資、磧、普、南、徑、清作「鄰國」。頁下六行諸本同。
一八六四頁下九行「清淨行」，資、磧、普、南、徑、清作「淨行」；麗作「淨」。
一八六四頁下一二行第九字「若」，資、磧、普、南、徑、清作「善」。
一八六五頁上三行「尊……竟」，徑、清作「契經揵度第六竟」。
一八六五頁上末行卷末經名，資、磧、普、南作「尊婆須蜜菩薩所集論卷第五」；徑、清作「尊婆須蜜菩薩所集論卷第七」。

尊婆須蜜菩薩所集論卷第六　邑

尊婆須蜜造

符秦罽賓三藏僧伽跋澄等譯

更樂揵度首

又世尊言有二樂出家者所不應學若於欲中染著樂現世無事樂云何於欲中而染著欲樂云何現在無事樂或作是說憶過去欲所生樂者是謂於欲中染著欲者樂憶現在欲諸所生樂是謂現在無事樂或作是說結使欲相諸所生樂是謂欲中染著欲樂欲相諸所生樂是謂現在無事樂或作是說貪欲相諸所生樂是謂於欲中染著欲樂意喜想欲便睡眠樂得利養樂是謂現在欲樂復次習著向欲已得先足身意所生樂是謂於欲中染著欲樂已得等意諸所生樂由身意與是謂現在無事樂也又尊者舍利弗言諸賢此十二行法集聚得賢聖法說是語時其義云何荅曰處處止住造處住住智慧處住應適處是謂已身威儀若偏援決則書

一事分別義理則演分別問疑論者則演其疑安處論者則論其安是謂彼身威儀或有觀見無姧詐無幻惑性質朴是謂已威儀分別根義是他威儀已得人身生中國得賢聖體眼耳根意根諸清淨現其實事擲行諸使意不染著以智順從無有過失得十力尊佛出世得三喜入本無如來樂深妙法如來弟子善成就者緣彼意無有謬乱得賢聖法廣分布智慧所攝說微妙法無有狐疑奉持諷誦初不遠離諸法注者展轉流布於等法中以法食施於彼以因緣故以已威儀施彼人作諸梵行四無空處現有長益得賢聖人生彼善處現五無空處皆使遠離諸根具足現六無空處皆使遠離所未曾行現七無空處皆使遠離六住處現八無處皆使遠離復次以人賢聖諸入因緣生者現仁良義他威儀佛興出世說微妙法以因緣故丈夫力已威儀者諸入歡喜現迴轉說諸法已住便求演說諸根具足現最昔所作功德

又尊者大過者延說

信歡喜念者　不過佛境界　最勝所至處

意常連屬書

説是語其義云何荅曰智慧成就信堅固喜樂佛法志性不乱受持智法意常專精如是諸法無有差違順從法教於中入定故曰信歡喜念瞿曇翼從初無空歎所至到處意常連屬還徹妙義莫作是觀此非妙法

又世尊言信為第一財說是語時其義云何荅曰智者所用故曰信為第一財錢財之業賢聖財非賢聖財已得不失心便作是念彼非賢聖財學㞒實器自然成物及餘雜寶錯廁其間復有異實車渠碼碯為人所貪常當擁護亦無猒足不可藏匿賢聖財者各有七相如信財乃至智慧財於此間各自娛樂心踊躍喜然不愁慼自住平等貪著他財心不堅固所欲便造不守智慧除貪愛欲智慧充足以智勝彼復次非賢聖財者邪志業相應然賢聖財等志業相應故曰信財第一復次信名者信著外財意無有

乱成就家法善知止足善有田業善意娛樂猶如此閒沙門法出要為樂樂靜處休息樂道場處樂故曰擇法善為樂先服甘露言無有虛語甚吉祥切德成就故曰味味吉祥緣此因緣知智慧為明無有愚意不與顛倒相應故曰寂為明

又世尊言如阿難比丘於六更樂無餘已離皆使滅盡亦無有身諸所生苦樂而受其報亦無心亦無形體亦無諸入亦無作所生苦樂而受其報亦無空缺處此是苦際說是語時其義云何荅曰此六更樂內六更樂永盡無餘捨諸欲著更不復習欲盡愛使永除滅盡見結不起復作是說無欲思惟惡露諸欲已盡修行止觀復作是說無欲得無願解脫門盡成就空解脫門彼無有身亦無有至智亦無語亦無彼心亦無智亦無彼體及外諸入未盡者則無有諸入亦無內入及餘未盡者亦復無也亦無所依亦不永盡復作是說彼無有身除去結使如是一切彼無有身身之相貌

如是一切彼無有身亦無身行口行亦無心意行亦無彼體境界行報亦不迴轉彼諸入亦無邪見內諸入便具足依彼諍訟無有苦樂之報尊曇摩多羅作是說六更樂相應之時則六細滑入也於彼細滑則有累彼無有餘全具無欲愛著未盡於彼性相應便觀苦根本如是無餘亦無有欲如是相應去離愛著便住無欲如彼苦相應性住無我想亦現智慧如是無餘盡修行滅盡如是修行已去離愚癡住黠慧中無明無欲便起有明想故曰住無餘滅盡彼無有身亦不得四大身如處所縛已心無有苦樂無有惡流轉生死四神止處入生入諍訟者或著已或不著已如其處所四神止處意迴轉閑避處此盡熾然

又世尊言眼悕望意欲見色諸不善色眼不樂云何眼悕望意欲見色不善色眼不樂或作是說悕望由眼門愛瞋恚現其所由復次云何眼悕望非境界所攝復次心相應便有所照生便有益如尊者舍利弗說諸所有

色見是我所等自觀知已遠離分別肢節云何知色止住不移動已捨離觀肢節想荅曰如是便有更樂集聚彼則還境界或有是或非彼如長抓梵志作是語瞿曇一切我不忍如是經句說是語時其義云何或作是說見尊者舍利弗出家便起是念我一切不忍彼二人者皆出家一切如我所願故語世尊如是見不忍耶復作是說一切觀皆有疑

尒時世尊便作語汝疑復有疑耶復作是語現一切非觀一切非

尒時世尊復作是語此復是汝非見

又世尊言閑居樂靜意常娛樂親近思惟觀淨樂思惟與思惟相應閑居樂靜思惟樂靜此有何差別或作是說閑居樂靜以休息意思惟樂靜已得止觀或作是說閑居樂靜者現涅槃休息思惟樂靜者現道出要或作是說閑居樂靜者現初第二意斷思惟樂靜者第三第四意斷復次有二想諸結使斷拔諸染著娛樂彼初不遠離是謂閑居樂靜當觀有三思惟

善法住處所謂相應住有所益止觀
相應故曰娛樂是為思惟樂靜
又世尊言於是比丘當身身相觀莫
起身想亦莫作觀想說是語時其義
云何或作是說觀身不淨莫味著身
亦莫起淨想或作是說身無常空無
我當作是觀莫起身常想樂想是我
想當作是觀復作是說思惟身身觀
莫計身出由復次淨除行地觀辯大
事挍計惡露方便思惟悉了知已盡
不生智慧眼所照分別悉了
又世尊言有四法句不可沮法句不
亂法句等念法句等定法句句義為
何等或作是說諸法句斷故曰法句
不可壞善根無瞋恚善根等念等定
無癡善根或作是說偕行諸法故曰
法句不起貪欲貪欲盡無無瞋恚恚
盡等念睡眠等念等定調戲疑盡復
次沙門法句不可沮壞無瞋恚戒等
念求定威儀等定求智慧威儀如曇
摩提比丘足說樂痛是苦痛分分者
其義云何荅曰有對則有分於彼樂
痛便有苦痛自然之對苦痛有樂痛

分自然之分苦樂痛有不苦不樂痛
之分除去不苦不樂痛有無明分明
相應無明是明分展轉相盡因明是
行分行始是無明分斷滅作如是行
是涅槃分無餘涅槃界滅一切諸行
已作是涅槃無分
尒時世尊歎譽謂甚戒梵行又世尊
言尊者魔㨗子說是命是身見諦是
我所修梵行云何身異命異耶於是
比丘見諦是我所不修梵行說是語
時其義云何荅曰雖記別一見不記
別餘見尊曇摩多羅作是說如是是
命是身於是比丘見諦不修梵行知
見之所趣彼所依處見便往照不依
處所二俱有果寂勝如是說
有十二聚事　有身有我見　一切忍思惟
法句比丘命
又世尊言去何汝摩羅大子有異梵
志年少端政當作如是行說是語時
其義云何或作是說尊者摩羅大子
志樂十想而作是說亦世尊欲拔諸
結使復作是說如是彼人欲使貪欲
結使滅盡尊作是說如契經句語然

與異學梵志論結使集聚由思想得
汝端政摩羅大子甚幼少而卧抱孿
未有色欲況當有貪欲繫著心意結
使者貪欲愛使云何世尊觀犯諸過
罪如貪欲使知有力劣受教戒所攝
持若彼有力語無有違若貪下中者
不化則無有五上分結如是當察此
事此無有異是故世尊知
又世尊言於是跋陀婆梨比丘有具
足行彼戒不具足閑居靜處巖峻坐
禪以此閑居靜處巖峻坐禪世尊作
是誨天亦復誨智者梵行亦復訓誨
亦自訓誨訓誨之義為何等或作是
說被責之人是寂勝教戒語亦訓誨
天亦訓誨智者梵行亦自訓誨或作
是說當言責數世尊亦責數此非我
弟子諸天亦責數此沙門非釋子智
者梵行亦責數此非平等之法復自
責誨我非沙門復次如是歎譽世尊
平等教戒故如是世尊義責數如世
尊說成就五法閑居靜處巖峻坐禪
以朽弊衣而知止足以飦食病瘦醫
藥之具知足作欲愛想尒時世尊以

尊婆須蜜論卷第六 第十張 邑

義責誨天亦訓誨如所說世間增上智及梵行者亦復訓誨如所說世間增上法增上我增上

又世尊言是謂苦是謂苦習是謂一觀是謂苦盡是謂苦盡出要是謂第二觀說是語時其義云何或作是說是謂苦是謂苦習觀因緣果實是謂苦盡是謂苦盡出要觀因緣果實或作是說一觀結使第二觀滅復作是說一觀本所造第二觀已過復作是說一觀苦第二觀無苦復次一觀有漏第二觀無漏如摩竭摑提梵志作是說我見色好汝皺羅墮逝我見瞿曇沙門坐辱色壞者其義云何或作是說諸根謂壞彼以無生法眼者尊作是說諸根眼亦是異異學書籍彼以此迴轉於沮遊行不見染汙

又世尊言觀其力勢亦觀訓誨無力勢無訓誨當為說法云何有力勢有訓誨非為說法或作是說以人根故善行之名說不善行之時亦歎譽訓誨若於彼人歎譽善行去不善行說平等法問又世尊為人說歎譽善行

尊婆須蜜論卷第六 第十一張 邑 元

去不善行欲使世尊歎譽教戒耶荅曰世尊亦知此戒律世尊不作是言彼有教戒或作是說無有功德力勢教戒功德有教戒各歎譽其名若不歎譽其名實無有疑隨時說法復次亦無巧便雖指授亦不教戒若有方便於彼躇步而教誨之不觀方便而觀不方便欲使彼當言說法分別隨時作觀至使得望

又世尊言以女人八事繫縛男子歌儛談笑顏色細滑姿態恩愛義者為何等或作是說身體瘡瘢是恩愛義復作是語身體瘡瘢身體平政是恩愛或作是說諸根瘡根相根義是恩愛義尊作是說愛女人相是恩愛義

又世尊言汝復波伽(梵志也) 如來有四說法彼有無量功德無量法句無量法句味廣說說是語時其義云何或作是說此是不善是謂第二意斷彼復滅不善是謂初意斷是謂善此謂第三意斷彼復思惟此謂四意斷彼有無量功德文字無量謂之法句文字次第是謂法句味或作是說是謂

尊婆須蜜論卷第六 第十二張 邑

不善苦諦所斷是謂習諦善思惟盡諦是謂道諦彼有無有量功德是謂法句名身味為味身復次如來說法有盡應一切說法由二迹平等身習出要迹得平等身盡出要迹彼無顛倒無有忍無有善有是顛倒有退轉忍善之中有無量功德所以作是說謂法句語法句味滅身字如優婆梨長者說如來世尊於彼愚癡異學不善之中說是語時其義云何或作是說不可使無信人火能燒也復次彼無信者現無有義或作是說現彼無信者盡復次或於彼時旦揵荼(優婆離字)無信於此法中現其有信如尊者阿難說尊者舍利弗已般涅槃我今世尊精神閉塞不知四方亦不思惟法說是語時其義云何荅曰身無所覺現身行惡不識四方者現心無行不思惟法者現不諷誦復作是語身無所覺者現身說重不識四方者現心有愚不思惟法者現不說法復作是語身無所覺者現身無行不識四方者現心有亂不思惟法者亦不聞往古

又世尊言
識法如幻　寂勝故說
說是語時其義云何荅曰色是我所彼若聚沫因緣合會無數物成就漸漸集聚所持不牢性劣弱不得久住饒諸怨家親近怨家作如是色愛著色欲因緣合會更樂色味香根如是無數物色之根本處毋胞胎處胎長大年壽時過當於尒時漸漸前進集聚一處有男女傷知有衆生處所衆生不牢固形牢固相應因緣性弱造作諸行化若干種怨家集聚必當壞敗有力怨家常被繫縛必當壞敗自性住親近怨家故曰色如聚沫痛如水泡者彼如水中泡潤雨與風合成如是吾我痛者諸根境界與識等生故曰痛如水泡想如野馬者彼如野馬感夏炎暑無有雲蔽亦無風塵無有漿水便起水想如是作吾我想者皆是幻惑衆生迷是顛倒故曰想如野馬行如芭蕉者彼如芭蕉樹極峻高大皮皮相纏中無有實如是吾我者不得久住作若干種行然無有實

皆不牢固故曰行如芭蕉識法如幻者彼如幻師無衆生謂有衆生想吾我識如是故曰識如幻法寂勝為釋種故曰寂勝說
又世尊言學者生三刺三刺義者其事云何荅曰此三集聚知有不淨謂淫怒癡又世尊言王波斯匿云何大王於草竹藂或大藂積而以火炷燒彼諸草木頗有種種異形不乎荅曰義各各異聲音不同
端政住閑居　愚癡無教戒　優波離所說
色幻及三刺
又世尊言有四捨法云何為捨法如所說非句味義復次契經有成言如所說即是其六果說此契經是棄捨法如所說即是其義
又世尊言若比丘供養病者則供養我身無異云何供養病者供養世尊無異或作是說供養病者脫於困厄復作是語佛世尊常法供養病者長益諸法復作是語彼不供養供養佛世尊復次世尊慜諸病者猶如有人語看病者曰汝供養此人則供養我

無異
復次如来常自悲衆生供養世尊擁護衆生世尊言比丘我當說法義理深邃是諸法味云何為義云何為味或作是說名為味相分別名者是為義復作是語敷演為義意娛樂為味復作是語一切名為味微妙為義復次義依彼契經章句分斷漸相應為味如所說婆羅門言人依何所說是語時其義云何荅曰若有相應選擇長益即是彼所依便有人名生等方便亦依槃来有人名生槃来依地地為水所漂風持水當於是時風寒虛空風為空所攝空為明所攝然後知有虛空照明為日月所攝於中三界迴轉時乃至梵天各各相謂言梵天梵迦高天大梵忍成就忍滅諸結復作是語依涅槃依涅槃住云何得知世尊戒成就三昧成就智慧成就或作是說由何含得知世尊亦說迦葉我亦不見天人及魔梵天沙門婆羅門衆有異沙門婆羅門自言我戒成就定成就勝我者智慧成就勝我

者解脱成就勝我者解脱見慧成就勝我者或作是說如来藏身復次記授決於法身中智慧成就者則知三昧成就三昧成就者則知戒成就戒成就則知有涅槃教意不能猶如三昧住意亦不乱亦不犯戒是故世尊戒成就勝三昧成就勝智慧成就勝以何等故無常謂心不相應行然無苦空無我或作是說無常非心意法苦空無我者是心意法也問此皆心所念法亦是心不相應法若作空觀思惟空者彼則是空若思惟無常非無常觀彼是無常若不作無常觀無常異空異復次集聚智有苦患忍知為空無我是無常復次無常者無相之物

又世尊言此不可造作處所在居家螺文梵行盡形壽脩清淨行螺文義者其事云何或作是說昔有仙人名螺文精進純脩而處居家不有梵行或作是說如彼螺文有清淨行然居家不清淨不清淨善復次螺文造書文風雨不能沮壞處俗脩梵行此非

為清淨如阿那含在家眷屬圍繞此非為善清淨行耶云何以神足能隱形不現或作是說自化形極細或作是說化無色四大或作是說思惟輕舉使形昇虛空肉眼見廣大復次神足境界不可思議云何神足化形極細或作是說化無色四大復作是語以大入小重垂於輕如所從生大火炎中取螢火光復次神足境界不可思議如所說仙人有五復曰六其義云何或作是說仙人五世尊為上此之謂也復次五比丘中世尊為六此之謂也如尊者明者說汝選擇念見聞念知見聞者其義云何或作是說謂結使也不盡謂之流結盡謂之漏盡也復次諸所聞者方便所攝一切彼聞菩薩時謂見聞念知如尊者賓頭盧說如大王所說揭陁婆梨梵志千千不覺不可計數如彼愚人無明不善非良福田彼非良福田其義云何或作是說如耕田人不別良田彼謂非良田人彼亦不知有此良田亦不染著是謂非良田彼亦不知有此

無是亦不染著是謂非良田復次棃子所生處別其好醜則知有良田是故彼不知是謂非良田諸所諍訟盡欲界相應耶設欲界相應盡是諍訟耶或作是說諸有諍訟者彼一切欲界相應也或欲界相應彼非諍訟行垢相應解無著法復作是語或有諍訟彼非欲界相應也答曰色無色界相應染汙法或欲界相應彼非諍訟耶欲界相應不染汙法及諍訟欲界相應染汙法或非欲界相應亦非諍訟色無色界相應不染汙法及無漏法也諸不諍訟彼一切色無色界相應耶設色無色界相應彼一切是不諍訟耶或作是說諸色無色界相應彼一切是不諍訟頗不諍訟彼非色無色界相應耶欲界相應不染汙法及無漏法復次或不諍訟彼非色無色界相應欲界相應不染汙法及無漏法或不相應不諍訟色無色界相應不染汙法或不諍訟亦不色無色界欲界相應染汙法色無色界相應染汙法觀現在事其義云何或作是

說現在所作目悉覽見是謂現在事

復作是語得諸色根是謂現在事復
作是說有二種現在根現在意現在
於彼根現在中若得色根意現在者
若悉意不觀復作是語如彼眼識相
當言有三種更苦樂有其痛痒意便
有想色聲香味細滑法中思惟自相
便有識生是謂現在自境界外彼亦
不空有境界也我者其義云何或作
是說我者愛已著形也復作是語內
是我所復次自性諸入彼是我所餘
不牢固現在及我此二事有何等異
或作是說緣前有物是謂現在著已
是謂我所也復作是語攝持諸根是
謂現在內為我所復次露現緣前眼
若有我所者彼則自違
又世尊言薩毗梵志
造作諸業事　往涅槃無疑　無有有滅盡
比丘不處胎
說是語時其義云何答曰解道彼以
此道自堅立處等以此道一切結使
盡故曰造作諸業事往涅槃無疑者
闇真得除究竟得智無有有滅盡者

生有死無彼度此生老病死以現其

妙自堅立者以修梵行以倚住諸道
梵行求以倚更無有如是有處胎彼
滅謂之胎盡彼比丘者於七法中現
其滅盡如所說雖多婆羅門
我見天人世　無穢淨行除　故我禮大仙
脫我無明疑
說是語其義云何答曰如我見尋原
本故曰我見天人世無穢者現無所
攝云何得知以一切去離愛欲漸去
除無穢一切婆羅門行淨彼志成就
無有諍訟故曰婆羅門習業之時觀
其所求故曰禮大仙所求以此然大
法我如來以此大法故曰大也以得
智當言見三昧解脫我疑剌以究竟
授我三昧
我不堪解脫　洗除頭多胡　法為微妙智
如是能度流
說是語其義云何我不堪解脫者洗
除頭多胡梵自現體中現著淨法為
微妙智如是能度流緣二等見有愚
因淨因觀也
住義將養病　數演無常理　六闇田難沮

現露淨不堪

又世尊言
究竟不驚懼　無縛亦無疑　已斷諸有剌
此最是後體
說是語其義云何答曰有二究竟欲
究竟已辦事究竟修梵行以此度究
竟緣此因善智修定理亦不驚懼於
無記體中亦不恐畏亦不驚怖老病
死故曰不驚懼如有異梵志不以實
智不以真威儀便作是說歎譽彼此
歎譽已身此究竟智不如彼說究竟
智成就故曰不毀彼戒盜盡者便盡
生故曰此最是後體三界愛盡亦無
縛著是觀謂其緣故曰離三有剌因
緣盡永無有餘
又世尊言
此最為究竟　迹滅為最上　滅一切諸相
淨迹永常存
說是語其義云何答曰此最為究竟
現事究竟休息者現三火息現有餘
涅槃迹者現智作處盡一切諸相者
衆生相衆生所作方便初中竟之貌
也作是觀一切結

又世尊言

寂後愛念語　訖情親朋友　不應作便說
智者皆分別

說是語其義云何荅曰藏匿之語與衆生相應故曰意念語也於中所有親友有二益彼不益彼此二親友指授彼時智者皆別知以彼結此彼此共同

又世尊言當於尒時櫱貴飢饉生苗不生實苗義云何或作是說以食故授籌故曰苗復作是語以籌選擇故曰苗種種子生一莖故曰莖也復以種種櫱子亦不生苗故曰苗也

又世尊言比丘當學自然自歸法然法歸不異歸我然法然法歸有何等異或作是說我然者我好也自辨其事法然者歡喜踊躍或作是說我然者內身身觀痛心法法然者外身身觀痛心法復作是語我然者思惟惡露於法順法者是法然也復次親近善知識及聽正法我然也思惟惡露欲辨彼事者是法然也教誨欲辨彼事者欲為如是諸事則其事

又世尊言若阿難生是意我有是比

丘僧緣我有是比丘僧我當護比丘僧世尊復作是語舍利弗目揵連求索比丘僧我常不收況當汝汝鈍愚貪唾之人說是語其義云何或作是語如彼世尊如彼世尊舍利弗目揵連求索比丘僧我常不收或作是說從慈定起調達求索從定三昧起尊者阿難作是問復次現使我盡以前契句我當護弟子以二契句非我因緣慈悲於彼

又世尊言有是十法愛慾念潤情世閒驚懼以何等故戒多聞梵行愛慾見喜娛樂或作是說作其善果復次作衆多想

又世尊言那迦頻頭婆羅門長者彼作如是眼見色便娛樂說是語其義云何或作是說如此形彼無歌儛香薰塗身香價甚貴或作是語妓樂戲笑因是故說復次緣女欲故說是語非不閑居境界能作欲愛刹利衰毀譽以利養故居處山澤如曇摩塵那比丘尼說樂痛婬所使苦痛瞋恚所使不苦不樂痛無明所使說是語其

義云何或作是說是如來教戒之語復作是語是如來勸戒之教義當言可說當言不可說或作是說當言可說何以故如世尊言我當說法有義有味味可演說是故義亦可說若義不可說者說法則無有義問說義為說味二俱說義味之時有義有未若所說欲使義味與法異耶設義理與法異者是故不如契經文或作是說義可說名義展轉是謂名於義當言不可說復次想所作語無想所作義是故義不可說

又世尊言我當說法初善中善竟善云何於此法化中云何為初云何為中云何為竟或作是說戒為首思惟惡露為中涅槃為竟復作是語初學大戒中學增心竟學增智慧復次說法之時緣初現初受化受化迴轉為中後為究竟彼於此初為結原中為結原竟為結原故曰初善中善竟善

又世尊言如所說以三事不忘而憶取本相自緣已初不失其言說是語其義云何荅曰昔本境界取持守護

為想所受持故曰本相所攝自然於已迴轉因緣自然者方便自然親近自然故曰自然於已數數降伏心便有識護持故曰志强記不忘也如所說如是於中法法住法空法如實緣是因緣是謂因緣生說是語其義云何荅曰如是於中諸法者彼脩行法法住者不有變易法空者因緣果實如是知脩行不異因緣者觀所作行

又世尊言更樂為一隅更樂習為二隅痛痒處中說是語其義云何或作是說更樂為一隅所作為習想更樂習為二隅者痛處中者異也復次更樂無明更樂六入為習無明生更樂痛處其中

又世尊言是故比丘當如是學如出家想降伏其心說是語其義云何或作是語是世尊勸教語當於尒時求解脫故出家學道復次等出家故說此語

又世尊言於中摩羅童子餘比丘當何所為年在幼少出家未久學道日淺來入此法亦復未久云何汝今年

老形熟長老欲與我速疾求教誡說是語其義云何或作是說年少比丘更作是念此亦年老方欲習學我等亦當在後習學所作自恣復作是語年少比丘便作是念如是年老亦無所逮況當我等有所獲乎無勇猛志復作是語彼年少比丘當作是知彼求教訓況當彼求道復作是語衆多見聞年少比丘况我等彼求教訓况當年少比丘不求耶復次是世尊屬累之語各莫作疲惓意以何等故曩昔如來等正覺閑居山澤巖岐坐具歎譽尒所事然不處其中然世尊歎譽其德亦處其中或作是說昔日之時無有閑處山澤叢林村落相連鷄皆飛過問設無閑居以何等故今歎譽之荅曰歎過去閑居之德復作是語彼時佛教化衆生尒時不以閑居作教化事恐不入彼教律中復作是語尒時衆生貴重思惟定不許彼閑居靜處村落之中應受化衆生起惡露觀復作是語尒時衆生意多著樂皆不許閑處恐意猒不堪閑處

又世尊言是語此契經句之語誰能堪調達於世尊前有所論世尊亦不於中住諸於壞增中歎其快者世尊亦當尒彼人無緣亦不有彼人不逆亦不能有如是善比丘於如來前從彼惡語何以故世尊功德相應無能知者諸閑居者礼敬承事便知彼人是故世尊不許以何等故本世尊等正覺乃至諸弟子等法住然後復世尊久般涅槃尒時復住或作是說彼衆生是佛所化是故聲聞不能教化復作是語尒時衆生貴重止觀後時說法復次是時如來極長壽彼亦如今閻浮利地然後世尊處短壽中為諸受化衆生及餘趣我觀去來契經所說教戒語勸聲聞

語尊世明我衆僧　受無有痛不可說
善說三法及更樂　年少端正歎譽本

尊婆須蜜菩薩所集更樂揵度第七竟

尊婆須蜜論卷第六

甲辰歲高麗國分司大藏都監奉
勑彫造

尊婆須蜜菩薩所集論卷第六

校勘記

一　底本，麗藏本。

一　八七〇頁上一行經名，【徑】、【清】作「尊婆須蜜菩薩所集論卷第八」。

一　八七〇頁上四行「更……首」，【徑】、【清】作「更樂揵度首第七」。

一　八七〇頁上五行「世尊」，【南】作「出尊」。

一　八七〇頁上二一行「住住」，諸本（不含【石】，下同）作「住」。

一　八七〇頁中一二行「法注」，諸本作「法住」。

一　八七〇頁中一三行第七字「於」，諸本無。

一　八七〇頁中一五行「聖人」，諸本作「聖入」。

一　八七〇頁下一行首字「又」，【磧】、【南】作「人」。同行第七字「延」，【磧】、【普】、【南】、【徑】、【清】作「近」。

一　八七〇頁下二行「不遍」，諸本作「不退」。

一　八七〇頁下九行首字「還」，諸本作「逮」。次頁下四行第三字同。

一　八七〇頁下一九行首字「住」，【南】作「任」。

一　八七一頁上二二行「亦不」，【徑】、【清】作「亦無」。

一　八七一頁中七行第三字「全」，【磧】、【普】、【南】、【徑】、【清】作「令」。

一　八七一頁中一〇行第九字「亦」，【資】、【南】、【徑】、【清】作「示」。

一　八七一頁中一五行第一〇字「止」，【磧】作「正」。

一　八七一頁下四行末字「抓」，諸本作「爪」。

一　八七一頁下一〇行首字「是」，諸本無。

一　八七二頁上一行「所謂」，諸本作「所住」。

一　八七二頁中二一行第九字「亦」，諸本作「然」。

一　八七二頁下二行末字「辱」，【徑】、【清】作「褥」。次頁上一四行第二字同。

一　八七二頁下八行第二字「此」，諸本作「而」。

一　八七三頁上一七行「於泥」，諸本作「淤泥」。

一　八七三頁中一三行「身體瘡痍」，諸本無。

一　八七三頁中一四行「恩愛」，諸本作「恩愛義」。

一　八七三頁中一五行第四字「尊」，諸本作「世尊」。

一　八七三頁下二行第九字「有」，諸本無。

一　八七四頁上一五行第一一字「與」，諸本作「興」。

一　八七四頁上一六行「諸根」，【磧】、【南】、【徑】、【清】作「諸相」。

一　八七四頁中八行第一三字「炷」，諸本作「住」。

一　八七四頁中九行第一二字「乎」，【磧】、【南】作「平」。

一　八七四頁中一一行第一一字「優」，

資、磧、普作「復」。

一　八七四頁下三行「世尊」，諸本作「又世尊」。

一　八七四頁下八行第一一字「漸」，諸本作「漸漸」。

一　八七四頁下一三行第一三字「寒」，徑、清作「塞」。

一　八七五頁上六行第二字「住」，資、磧、普作「往」。

一　八七五頁中五行「肉眼」，諸本作「若肉眼」。

一　八七五頁中八行第六字「垂」，諸本作「乘」。

一　八七五頁中一五行第一三字「之」，資、磧、普、南、徑、清無。

一　八七五頁中末行末字「此」，諸本作「是」。

一　八七五頁下一四行第二字「耶」，南作「不」。

一　八七六頁上一行第八字「覽」，諸本作「攬」。

一　八七六頁上三行「是說」，諸本作「是語」。頁下一〇行同。

一　八七六頁上一六行末字「達」，南作「造」。

一　八七六頁上一八行第六字、二二行第九字「往」，諸本作「住」。

一　八七六頁上一八行「滅盡」，南作「滅志」。

一　八七六頁上末行第二字「真」，諸本作「冥」。

一　八七六頁中八行第一三字「尋」，徑作「等」。

一　八七六頁中一〇行「一切」，諸本作「一切智」。

一　八七六頁中一一行第一二字「志」，資作「去」。

一　八七六頁中一七、二〇行「除頭」，諸本作「除顛」。

一　八七六頁下六行「究竟修梵行」，資、磧、普作「究修梵行」；南、徑、清作「究竟修行」。

一　八七七頁上七行第一二字「此」，諸本無。

一　八七七頁上一一行第一三字「復」諸本作「次」。

一　八七七頁中三行第七字「收」，諸本作「與」。

一　八七七頁中一二行第五字「何」，南作「作」。

一　八七七頁下一七行第八字「學」，南作「覺」。

一　八七七頁下一八行「受化受化」，諸本作「受化」。

一　八七七頁下二二行第七字「初」，諸本作「物」。

一　八七八頁上一行第九字「相」，諸本作「想」。

一　八七八頁上一三行第一〇字「異」，諸本作「果」。

一　八七八頁中六行「勇猛」，南作「量猛」。

一　八七八頁中一〇行首字「況」，資作「汎」。

一　八七八頁中一三行首字「具」，徑作「且」。

一　八七八頁下九行第一二字「後」，諸本無。

一　八七八頁下一七行第八字「受」，諸本作「愛」。

一　八七八頁下一八行「善說」，磧、普、南、徑、清作「尊說」。

一　八七八頁下一九行「尊……所集」，資、普、南、徑、清無。

一　八七八頁下末行卷末經名，資、磧、普、南作「尊婆須蜜菩薩所集論卷第六」；徑、清作「尊婆須蜜菩薩所集論卷第八」。

尊婆須蜜菩薩所集論卷第七　邑

尊婆須蜜造

苻秦罽賓三藏僧伽跋澄等譯

結使揵度第八

垢纖當言隨顛倒當言不隨顛倒或作是說或隨顛倒或不隨顛倒四顛倒當言隨顛倒欲慢瞋恚邪見當言不隨顛倒問云何不如實染邪亦說如實觀彼便知是故不與相應荅曰集聚便可知亦非自相若觀自相知者皆有猒患意無有自相意不迴轉問如集聚可知是集聚則有欲也觀彼顛倒如自相觀便染著無有不染著無有自相意不迴轉或作是說當言隨顛倒與癡相應問愚癡不與愚癡相應欲使愚癡隨顛倒耶或作是說當言不隨顛倒顛倒設當隨顛倒者彼則不斷滅非以顛倒還滅顛倒問如善無記心心法不隨顛倒彼亦可滅垢亦如是荅曰善無記心心法還續如故結可使永無是故彼當言顛倒復次當言不隨顛倒與邪志與使

相應不與相順生不成就彼不淨成就以何等故謂身見是顛倒不淨無能有害者無有實我身見迴轉或作是說意有淨相不淨相不淨迴轉荅曰無有淨相彼或有淨或不淨問若有淨彼有顛倒彼或曰有常或曰常欲使無常相不成就耶荅曰無常相不成就設常無常相不成就者彼亦當有相然非相是故無常相不成就或作是說見顛倒與愚癡相應不淨非顛倒與智相應問愚癡不與愚癡相應欲使愚癡非顛倒邪智不與智相應欲使智顛倒耶或作是說身見是垢垢與顛倒相隨是故身見顛倒不淨由智之切智不智不隨顛倒是故不淨非顛倒問垢相應心心法然非垢著欲使彼隨顛倒邪智相應心心法然非智欲使彼隨顛倒耶復次如其種類不淨相共染著不可使諸陰自相有所染著如陰無我成就如其種類淨成就也是故身見顛倒然非不淨一切諸見攝六十二見為六十二見攝一切諸見或作是說一切諸見攝

六十二見為六十二見攝一切諸見或作是說一切諸見攝六十二見六十二見亦攝一切諸見問如所說薩眦梵志三乃至三十六種種異云何彼非諸見耶荅曰此事如是二及六十亦復如是或作是說一切諸見攝六十二見非六十二見攝一切諸見不攝何等彼涅槃言無涅槃俱生者至五邪見無一邪見復次六十二見所生見當言所攝也

如薩眦所說三乃至六十沙門依智慧依智慧相依宇想諸垢盡云何六十三見或作是說無有六十三見正有此二見或作是說言無涅槃者是邪見是謂六十三見或作是說言無道者是邪見是謂六十三見復次所見是謂六十三見如是五邪見身猶豫見邪見見盜戒盜無因所生見為何等見所攝至死不捨見為何等見所攝或作是說無因所生見言有所因是邪見習諦所斷復有至死不捨見無作言有作此是戒盜苦諦所斷復次無因所生見無有見有見所攝

也至死不捨見者當言有見所攝或何等見使已盡心相應使更生耶然無有因緣或作是說因緣者結使便盡因緣未盡有餘盡不復生問如是諦無漏緣結使有盡不盡者緣盡因緣荅曰緣已盡無餘是謂滅也問此緣不同諸使未盡緣使盡是故非緣是故結使便盡也或作是說常相應無有不相應時問非因緣復次或有彼不緣或作是說未盡彼即是緣復以此緣更不復生復次盡不復生問若緣有漏諸結使盡數數彼緣不復更生不滅亦不生欲使無漏心是彼緣邪結使轉生結使或作是說彼相應一生一住一滅不如其緣已盡各散不一處彼心有使不如其緣問彼心未盡諸相應使一起一住一盡不如其緣欲使不斷者是其緣邪結使非結使緣也或作是說諸相應使與心共住不如其緣是故已盡是相應使彼心有使不如其緣此亦如上所說或作是說諸相應使染著于心不如其緣是故已盡相應結使彼心有

使不如其緣此亦如上所說或作是說相應使者彼心染汙不如其緣是故已盡諸相應使彼心有使不如其緣此亦如上說復次設當如彼緣者彼心有使亦見無漏心緣使彼則有使復次諸相應使當言彼心有使也若盡若不盡如力勢王所欲自至以何等故欲界相應邪見謂色無色界苦然非於彼界所使或作是說自界所使不干餘界問此亦是我疑何以故不干餘界設於欲界造餘界者欲使有漏界造自有界邪見故彼界亦使所使或作是說彼界少慢漸去離是故彼界非使所使問若去離者在自界中亦當去離是故自界亦為使所使或作是說非以彼見有所疑亦不緣彼界問云何彼有無此說法耶荅曰有彼若以此說使說者此非其義無長益問無有苦惱彼亦不作是念有所說或作是說知而言無設當知而言無者此非苦智耶云何言無苦若不知無知云何言無是故盡無介所事問知而言無不知而言無設

無知知而言無者若不知云何言無是故無也復次緣使所使何以故彼不為使所使復次彼見界無定處一切有苦而言無欲使欲界越次彼謂不盡然後與欲界相應以何等故緣涅槃邪見言無涅槃然不於彼使所使或作是說彼不有此使鬪無能誹謗彼者欲使誹謗緣涅槃耶或作是說誹謗之言去涅槃遠是故不於彼所使問有漏之法亦去離誹謗是故有漏亦為使所使此亦如上所說誹謗所說亦如本無異有是誹謗復次若緣使不為使所使陰持入中彼見無生處所已有所生何以不為涅槃所使以何等故涅槃中無有瞋恚或作是說此非瞋恚境界問彼誹謗境界欲使誹謗非緣涅槃耶或作是說有漏之法便有瞋恚無是涅槃是故緣涅槃無有瞋恚問有漏之法便有瞋恚無漏是涅槃欲使瞋恚非涅槃緣耶或作是說以方便捨衆生便有瞋恚起然涅槃非衆生之數是故衆涅槃無有瞋恚問有漏之法衆數中

便有名生復次無造之相速有瞋恚起然涅槃無造之事是故涅槃中無有瞋恚若作是說我必墮泥犁中不須涅槃彼心與何結相應或作是說與瞋恚相應問緣涅槃有瞋恚耶或作是說彼染相應無明之數彼不知涅槃復次彼心當言與愛相應

又世尊言於是比丘欲界之中有歡喜樂天契經句廣說彼云何命終更受形便自憶我本為歡喜樂天便作是念我本為歡喜天或作是說於彼退轉復作是念彼不於欲界起吾我想問生欲界中憶宿命所更我本某甲身如是起吾我想欲使彼謂退轉耶復次諸所有名色相應結使欲界因緣彼則有強記復作是念尋生之時審有擠願復次我見之想不觀斷滅復作是念等故凡夫本為歡樂天以何等故凡夫人不於苦觀苦欲界相應身見猶豫見謂之斷滅耶或作是說不淨滅貪欲現拔一苦亦用思惟斷問四諦所斷非思惟耶此二種所斷一種乎四諦所斷以盡若思惟所

斷不盡不捨或作是說種種結已盡永盡漸漸盡於彼身見已盡不究竟盡問若漸漸結盡者更亦當不生亦說有三種身見結生身見使盡身見處所之法便有所照於彼作惡露觀如是身見使便生復次生十想法所種便作是語如是意所斷不於中間賢聖道能斷結使

顛倒不淨見　薩眦五見滅　二種及瞋恚

泥梨德本苦

以何等故欲界相應身見猶豫見謂之無記然非不善耶或作是說彼非大身口意行所能造作問亦有餘見諦所斷結由身口生欲使彼言無記耶或作是說彼身有優劣問云何得知有優劣或作是說彼結長益時不生惡趣問彼未必不善乃至入惡趣或作是說不善有報結無有報是故此無記問如彼見受形時云何無有報復次設彼作是顛倒見無有安處云何無有不善彼便當有彼見無有報是故不善云何有垢受不善報是故無記是事不然世尊亦說如是比

丘愚癡者即不善根若當言無記者此事不然以何等故色無色界相應使謂之無記然非不善或作是說彼非造身口行或作是說彼受形時無優劣或作是說彼不受果報或作是說彼無有報此亦如上所說復次諸欲著者彼不善耶彼則有是意不受惡報彼不受顛倒彼不迴轉彼不安隱彼亦不然是故當離若結非非善者云何今不善耶結亦由行增是故言無記者是事不然所可用心誹謗四賢聖諦者云何彼心因染義耶或作是說非可以一心能使四諦有若干相復次彼心因緣集聚問若四諦異因緣亦異者則不誹謗四諦也若四諦因緣同心則緣四諦也此亦如上答無異所說不順其理復次非心誹謗用邪見誹謗也一步始苦諦處所非因苦諦無有盡諦盡無有道各自求苦諦處所此之謂也彼無有義可從得者以何等故無垢人遂進斷結欲界相應結使及思惟所斷先盡然後色無色界相應或作是說此漸

生賢聖道先辨欲界事後色無色界問欲使賢聖道生先辨欲界事後色界後無色或作是說欲界結使麁色界相應使細是故先斷欲界相應結後色界相應後無色界相應或作是說欲界相應近色界相應遠無色界相應轉遠或作是說有對之處即前滅結欲界相應先在前後色無色界相應也是故欲界相應結先滅後色界相應後無色界相應此亦如上所說復次彼道漸漸益有對即滅彼則有是也何以故思惟所斷結不漸漸斷耶當作是觀未知智觀色無色界彼不有長益齊限亦有展轉持信奉法以未知忍知是故彼無苦以方便觀以何等故欲界相應行思惟苦等越次取證然非色界相應無色界相應或作是說此漸生賢聖道先辨欲界事後色無色界同問彼欲思惟道生先辨欲界事後色無色界等此亦如上所說此苦麁以是縛著此亦如上所說復次此勸教方便諸耆年雖能逆是者於此造事一切諸行捐棄已

盡苦根本以何等故色界相應行於苦思苦不還阿羅漢果然非欲界相應色界相應此亦如上所說此苦麁親近此間以是縛著復次作無吾我想所可縛著當言盡無欲也欲使苦行不思惟更思惟餘苦耶如自捨田除他田中草穢觀彼亦如是頗有一心諸法滅盡還智慧然身不受證耶或身受證不還智慧耶或還智慧身亦受證耶或不還智慧身亦不受證耶或作是說若得盡法忍時欲界相應盡諦道諦思惟所斷結盡尒時還智慧然身不受證色無色界相應苦諦習諦所斷結盡尒時身受證不還智慧欲界相應苦諦習諦所斷結盡尒時還智慧身亦受證色無色相應盡諦道諦所斷結盡思惟所斷結盡亦不還智慧亦不身證問若盡法忍生盡諦所斷結未盡亦非其類答曰生者便滅已滅不生若生者不滅則非其類問欲使便觀生盡者已盡當作是觀或作是說盡法忍起時欲界相應道諦相應所斷結盡還智慧身

不受證色無色界相應苦諦習諦所斷結盡身受證不還智慧欲界相應苦諦習諦盡諦所斷結盡尒時還智慧身亦受證色無色相應盡諦道諦所斷結盡亦不還智慧身亦不受證

復次得盡法智時亦如是無異二分俱不盡頗見相應痛愛結相應非見結相應耶或作是說或於欲倍愛盡等越次取證習巳生盡智未生欲界相應盡諦道諦所斷上中下見相應痛下愛結相應非見結相應問世尊亦說若比丘於痛貪欲而滅盡時貪欲盡痛便盡也云何貪欲盡痛便盡耶或作是說見諦人與世俗等見相應痛與愛結相應不與見結相應非見結盡彼見結

復次習智巳生無色界愛盡與世俗等見相應痛與愛結相應非見結相應云何緣涅槃無明而隨涅槃耶或作是說彼無智愚癡所纏問彼作是念無智是愚癡耶或作是說有二種癡隨涅槃也與邪見相應無明言無涅槃疑相應無明者猶豫不定一法

相應問邪見無明各不異耶如是疑無明此諸法各異復次無明隨涅槃耶復次如是五盛陰言是我所如閑兩目一切智有目者少如身緣有漏生諸結使如所緣結彼身有漏或作是說諸身有漏如彼緣生結使彼身非有漏如緣盡緣道有諸結使問又世尊言於是比丘諸所有色過去未来現在貪欲生便生婬怒癡其餘心所念結使是謂有漏泡此契經則有違或作是說諸身有漏緣彼生諸結如緣生結彼身有漏生無漏義有漏義結有漏義復次若身不中間生見彼身有漏不如彼緣生諸結也彼造結時染著身處所

二種說不善　誹謗捨離去　阿羅漢一忍

冥有漏在後

以何等故調戲用思惟斷或作是說見諦者有調戲故曰用思惟斷問見諦者亦有無明彼見諦思惟所斷或作是說二俱調戲見諦所斷亦思惟

復次此見諦所生調戲見諦所斷如彼調戲少所說不順此所作不辨若

越境界彼思惟所斷若少有辨逼迫是持是故二俱調戲或作是說凡夫人調戲熾盛見諦者調戲微是二俱調戲見諦所斷復次無恐懼有穢汙意何以故不見諦所斷若見迹者或有隨從彼調戲思惟所斷從無色界終生欲界云何欲相應結而現在前如上聚揵度所說復次若作是意生無色界欲界相應使永斷然非無色界相應使是欲界相應使緣彼則有是耶彼則不生欲界設生時中間不生結使亦不現在前無因緣現在前復次凡夫人無有結盡作不善行彼欲界相應結謂之盡也如世尊言於是比丘汝等不思惟亦不作方便則是結因緣神識所止處彼於此間當作方便從無色界終生色界時云何色界結使而現在前荅曰不拔諸結使辟如火炎緣　有如是明所纏作不善行者便受色有此亦如上聚揵度所說色界終生欲界時云何欲界相應使而現在前上聚揵度所說復次漸漸欲愛增有力勢因本彼欲愛

盡此三災變風災水災火災此由衆生垢生此三災為此三災衆生有垢或作是說由衆生垢著有此災變猶如衆生罪有刀劍刼或作是說由災變故衆生有垢著猶如狗犬陰陽有時或作是說由垢著故有災變生彼彼衆生有欲界結彼彼有災變起如彼彼有災變結使使增益復次衆生善法常修習行便遊餘國土彼因行增上衆生有壞敗學本所習云何緣使便有所使云何相應所使或作是說貪欲使甚愛著是謂所使瞋恚使不愛著意不染著是謂所使有愛使甚愛著是謂所使憍慢使熾盛極熾盛心勇悍是謂所使見使五見於彼身見使自依所使猶豫見者斷滅有常是謂所使邪見使無因誹謗無作是謂所使見盜使不可護持極微妙好衆為上是謂所使戒盜使淨解脫上出要是謂所使無明使無智盲冥愚惑是謂所使疑使悕望猶豫為是為非意不審實是謂所使如是緣使所使也未曾更與相應所使問無漏亦

緣使如是彼所使欲使彼緣亦是所使耶或作是說如彼彼有諸使緣彼彼有使緣時各各相牽引為是使所使如是如是使緣所使彼使染著如是使相應所使問無漏使如其緣轉轉有增益欲使無漏緣是使耶緣是所使或作是說緣相應不得解脫是謂所使問無漏緣亦是使緣亦是使無有餘緣所使

復次雖使所使者所迴轉處彼則有使若相應使所使者餘亦相應復次衆生使因緣所使也貪欲緣法為有幾使所使或作是說欲界相應一切有漏緣也復次三界有漏緣退時而生欲界得三界結得是時三界結有漏緣所使使名者其義云何或作是說次第所使使亦所使緣亦是使使為著義亦是生義使為持義亦是使義復次當說等智是彼所使以彼使若有漏所使也或用或不用垢著為何義或作是說垢著人體受諸愛亦是垢緣苦亦是垢復次二種垢心相應垢衆生垢彼心垢著染著心意如

垢汙衣衆生垢有或隨他如負重擔以此因緣以此事計挍彼時便有心垢生世尊亦說為心垢所惑心淨行則淨合會成衆生世尊故說此善根者其義云何害不善根是謂善根義起諸善行是善根義復次於神種善原順從受報是善根義不善根者其義云何無記為檠子義無記為根義無記為因緣義無記為根復次形體色無記法順從受持是謂無記義以何等故身見謂之苦諦所斷耶或作是說緣彼苦如是知苦便滅已滅緣便盡諸結使盡或作是說有常想我想身是我所身見作無常想苦我想已盡是故謂之苦諦所斷復次見身見身彼身受苦惱是故彼身現說苦惱是故滅當作是觀

調戲不復生　如有三結使　身及諸結使
三種根所斷

以何等故習智生盡道見盜謂之盡耶或作是說始初有見盜染縛彼見彼滅盡時此亦滅也問結使便有見盜是故亦是思惟所斷或作苦諦有

違見盜及疑是故四諦所斷閒苦緣結冣在前為上為妙盜云何與苦有差違復次云何度苦結前為盜耶若苦不能在前導者是故見盜苦諦所斷斷如所說諦無住處言是我所以何等故彼謂邪見或作是說由此因緣故說之耳是故謂邪見或作是說若此諦實作盜復次彼非緣空

復次有我所便有是見云何是上分結或作是說五下分結者貪欲瞋恚身見戒盜疑此不盡有欲界苦上界三結不盡受色無色界陰欲使是上界病耶荅曰不由此有病彼已盡阿那含受色無色界有是故無病問若彼三結已盡受色無色界有是故彼不生欲界無垢人已盡復受三結有欲使界有不迴轉耶或作是說二結屬下分貪欲瞋恚也若不盡受欲界有已盡不復更受問一切欲界結未盡受欲界有欲使是欲界結盡耶是上分結或作是說當言一切結是上分結若不盡受欲界有問如所說五上分結則無其名或作是說二結未盡

貪欲瞋恚不出欲界三結未盡復還來欲界是故五上分結未盡復次諸結使從欲界滅不在餘處彼當言上分云何是上五分結或作是說五上分結色愛無色愛調戲憍慢無明以何等故此未盡受色無色有三結未盡修行彼時受色無色有欲使上是五上分結耶荅曰彼不由受有色無色界有是故不受彼有問三結已盡此無垢人受欲界欲使是五上分結耶或作是說若諸結未盡離欲界受色無色界有彼謂五上分結或作是說二是五上分結色愛無色愛於中修行受色無色界有或作是說一切色無色界有一切未盡受色無色界有復次諸結使可使色無色界結盡彼是五上分結

云何緣瞋恚或作是說非妙非上有愁憂苦惱或作是說愁憂漸去離遠或作是說以衆生之故有其瞋恚復次永離去如去惡草欲與念有何差別或作是說欲是垢著念非垢著或作是說欲是不善念是善無記或作

是說欲受有念不受有或作是說欲與念當相應者或有欲有念如有人欲受盡有念於師復次欲以方便生念悕望生是故欲亦是悕望瞋恚織汙此二有何差別或作是說瞋恚是結織汙非結復次瞋恚是不善織汙是善無記復作是語瞋恚受有織汙不受有復作是語瞋恚彼是織汙耶或是織汙彼非瞋恚如修不淨時是其義

復次瞋恚受諸有織汙不受有於彼瞋恚亦不受有懈怠睡眠有何差別或作是說懈怠是身睡眠屬心或作是說世俗義為懈怠出世俗義為睡眠復次初為懈怠疲惓為睡眠邪解脫四顛倒有何差別或作是說見諦此斷是為顛倒見諦思所斷是謂邪解脫或作是說能為人敷演是為顛倒不能為人說是為邪解脫或作是說諸顛倒者是邪解脫或作邪解脫彼非顛倒解脫結使復次邪解脫者當言是心顛倒耶亦不離四顛倒有意顛倒耶調戲疑有何差別或作是

說調戲思惟所斷疑見諦所斷復次心染汙有悔恨心是為調戲心不究竟猶豫不定是謂疑也以何等故凡夫人退時見諦思惟所斷結使有增益然世尊弟子退時思惟所斷結使增益然非見諦所斷結或作是說以一思惟道凡夫人斷諸結彼思惟道退一切增益然世尊弟子或以思惟道斷非見諦所斷彼一切無有增益或作是說凡夫人以智滅諸結使彼智退時一切增益言世尊弟子以忍智滅諸結使然不於忍退亦不大增益或作是說凡夫人於中間滅諸結使彼退轉時一切有增益然世尊弟子於中間少有滅盡不究竟盡彼退轉時於其中間彼退轉時彼便有增益復次凡夫人以行緣有諸使彼盡形壽而為覆蔽彼行緣所繫故便增益然世尊弟子以見等越次取證諸結使盡使增益是故彼增益不可移動等見想心等彼護守彼或時退持以何等色無色界相應結使謂之無報耶或作是說彼不長身口意行有

所補或作是說彼雖有身口意行彼不有增益或作是說不有好醜之報或作是說無記無有報也復次若結使有報者云何有違如彼有緣若彼誹謗者不受色無色界報如是有緣亦復無也彼不受有是故無結亦復不定是故捨離

不度不敗壞　瞋恚欲瞋恚　增上解脫戲
退轉無果復

若五欲有欲無染汙心此二有何差別或作是語五欲有愛使不染汙心者而不受有愛復作是語五欲之中有愛不善不染汙心是善復作是語五欲之中有愛受有不染汙心者而不受有復作是語五欲之中有愛有諸善想不染汙心者不斷諸苦原復次五欲之中有愛者言有我緣便歡喜踊躍不染汙心者第一義諦不移動起衆生想以得等智具足不染汙心彼則當有云何彼凡夫人謂非染汙心我可所緣彼非凡夫人有所造諸神仙人於外以巧方便謂無染汙心苦諦所斷見盜及習諦所斷此二

有何差別或作是說苦諦所斷見盜者彼則苦諦所斷見盜者彼則習諦所斷也問此二俱是見盜遍在二諦或作是說若與苦諦不相應則彼苦諦所斷也若習諦不相應彼則習諦所斷問如若結現在前寂妙寂上為寂第一盜云於苦諦不相應復次苦諦所斷結使以苦諦伏則有妙想當作是觀與化有何差別荅曰內心所攝心倿為姧詐外不與心同是多化有差別以何等故心非賢聖道耶或作是說是世尊教化之語說此則說心無異彼則心相應問何以故說心之時不盡說心所念法或作是說是如來教誡之語有是教誡而有智慧如擣香末以香為首色聲香味亦復如是問造一事所生之處諸相應法無有力勢或作是說自相所攝心集聚心是賢聖道是故心非賢聖道或作是說心亦是賢聖道等三昧有衆多心共一緣三昧者心有增減無有異三昧也

復次道心遂感志意所造心有所說

也欲界相應身見猶豫除彼相應無
明及得餘法可說隱没乎或作是說
可得諸法相應及餘心所念法心解
脫行以何等故須陁洹不淨謂淨滅
耶或作是說不淨有淨想是顛倒須
陁洹已盡也問若顛倒須陁洹已盡
者彼則不染着也苦想無我想不淨
想彼當染著復次然須陁洹不淨有
淨想已盡也見中邪見當知已盡何
等蓋中疑結耶云何非蓋中疑結耶
或作是說若欲界相應彼是疑出要
也若色無色界相應彼非疑蓋也或
作是說若入三昧內者彼是疑蓋若
真果者彼非疑蓋也復次一切調戲
是疑蓋甚增多欲界相應非疑蓋也
若自計吾我者彼一切是身見設是
身見彼一切自計吾我耶或作是說
諸所有法自計吾我者彼一切是身
見也頗是身見彼法非自計吾我自
依我見或作是說頗有法自計吾我
彼不身見耶我見相應心所念法頗
有身見彼不自計吾我耶自依我見
頗有身見及自吾我見是也頗非身

見亦非自計吾我除上尒所事則其
義復次彼有法自計吾我彼非身見耶
又世尊言我今當說彼說我當說或
有身見彼不自計吾我我見或非身
見亦非自計吾我除上尒所事則其
義也諸有見生無病自言樂云何生
此見或作是說以三昧力自識宿命
初第二第三禪地皆悉識知於此間
樂故使尒耳知有樂復次貪嫉見身
觀上方便有寒熱觀諸苦言於中便
作是念我有是樂然苦趣其惡道諸
所生見偏有一苦無病當死云何生
此見或作是說此是三昧力自識宿
命墮惡道中亦自識宿命於此間憂
苦於中便作是念我已甚苦復次自
計吾我以善方便觀其所造作如食
想偏見一苦樂亦是苦諸所生見自
計苦樂有安隱想此是何結或作是
說三昧力自識宿命人天之中及欲
界自識宿命於此間自識苦樂於中
便作是念我有是苦樂復次自計吾
我觀其方便受其苦樂於中便作是
念苦樂是我所安隱處起死想諸所

生見自計不苦不樂安隱處所作如
是想云於生此見或作是說此是三
昧自識宿命四禪地自悉了知於此
間受其苦樂彼便作是念無苦樂想
復次作我想見墮惡趣受苦樂或時
無樂彼則有是想也彼復作是念無
苦無樂無我見亦作死想諸所生見
所謂我色起者四大所造壞敗至死
如是我見趣彼等見此是何見荅曰
或有時見行以天眼知欲界便有生
彼不作是觀便作是念不墮惡趣諸
所生見言有我者斷欲界痛壞敗至
死如是我者等斷絶此是可見生荅
曰或有時見行以天眼見色界形彼
不作見觀復作是念墮惡趣中諸所
生見言我無色空處斷絶壞敗不成
至死不捨如是等斷絶云何生此見
荅曰或有時見行知有色界形彼不
觀餘輒復作是念墮惡趣中諸所生
見所謂我者無色空處壞敗不成至
死不捨是謂等我見斷絶云何生此
見荅曰等入三昧不觀所生彼作念
已斷壞也識處不用處有想無想處

亦復如是如所說命異身異乃至死以何等故彼無見生或作是說自計我常任有淨果實亦不見果此無見生復次心所念法言有常因彼因緣使誹謗言彼則生無如體中有現在無明使相應於彼體現在無明使相應若體中與現在愛使相應或作是說如體中有現在愛使相應於彼體中有現在無明使相應也頗體中與現在無明使相應彼不與現在愛使相應也及有餘結而現在前復次二結俱不有一時而現在前何以故用思惟諸結使不一時二俱生也是思惟辟喻有四顛倒當言緣諦當言不緣諦五陰顛倒是其緣陰中無有常無我設當緣彼者此事不然答曰無常陰者而緣有常設當不緣諦者則是顛倒無常有常謂顛倒無者則非無常

復次義無有顛倒亦不緣諦彼亦不有相諸所因緣以何等故色界相應使空處相應謂識處相應耶或作是說彼不可知問一切結使可知又世

尊言於是比丘有著邪我及彼亦著或作是說三昧無常彼相應結使謂之無常相應問此亦是我疑何以故彼三昧謂之無常答曰此已休息問上三昧已休欲使彼亦是無常耶或作是說彼地有常然相應結使謂之無常此亦如上所說又世尊言味欲纖露犯諸結使亦不捨離云何味欲云何有犯云何纖露云何有結云何為捨答曰於欲染著起欲想意想樂想是謂味欲於欲染著起欲想是謂味欲於欲染著起欲想有苦樂想是謂纖露於欲染著欲想多習愛著有衆多方便是謂犯欲有衆多縛著心染汙是謂欲結使欲結使者欲有若干想觀知所生是謂捨欲也

意並邪姧僞　清淨我苦樂　及體顛倒者

結使貪欲愓

尊婆須蜜菩薩所集結使揵度第八竟

尊婆須蜜論卷第七

尊婆須蜜菩薩所集論卷第七

校勘記

一 底本，金藏廣勝寺本。

一 八八二頁中一行經名，徑、清作「尊婆須蜜菩薩所集論卷第九」。

一 八八二頁中四行「結使揵度第八」，資、磧、普、南作「結使揵度首」；徑、清作「結使揵度首第八」。

一 八八二頁下一五行第三字「切」，諸本（不含石，下同）作「功」。

一 八八三頁上一行首字「六」至二行第九字「攝」共二十三字，資、磧、普、南、徑、清無。

一 八八三頁中一行第一二字「所」，資、磧、普、南、徑、清作「何」。

一 八八三頁中四行末字「是」，磧、普、南、徑、清無。

一 八八三頁中七行「使使」，諸本作「便」。

一 八八三頁中八行及一八行「結使」，資、磧、普、南、徑、清作「緣使」。

一 八八三頁下一〇行第四字「干」，磧、南、徑、清作「于」。

一 八八三頁下一八行第九字「便」，諸本作「使」。

一 八八四頁上二二行末字「衆」，資、磧、普、南、徑、清作「緣」。

一 八八四頁下九行第一〇字「滅」，諸本作「戒」。

一 八八五頁上一二行第一一字「染」，資、磧、普、南、徑、清作「深」。

一 八八五頁中一一行第一二字「彼」，麗作「後」。

一 八八五頁中一四行第一一字「持」，資、磧、普、南、徑、清作「特」。

一 八八五頁中一七行第三字「證」，磧作「說」。

一 八八五頁下八行「還智慧」，資、磧、普、南、徑、清作「逮智慧」。下同。

一 八八五頁下一九行「答曰」，徑作「故曰」。

一 八八六頁上二行「不還」，資、徑、清作「不逮」；磧、普、南作「不盡」。

一 八八六頁上七行第七字「應」，徑作「痛」。

一 八八六頁中七行末字「問」，資、磧、普、南、徑、清作「門」。

一 八八六頁中一〇行第八字「有」，麗作「在」。

一 八八六頁中一六行首字「二」，普、南、徑、清作「一」。

一 八八六頁中一八行第七字「用」，麗作「有」。

一 八八六頁下一行至二行首字「逼迫旱」，清作「過道癡」。

一 八八六頁下一九行「緣有」，資、磧、普、南、徑、清作「緣炎有明」；麗作「緣炎有」。

一 八八六頁下二二行第八字「上」，諸本作「如上」。

一 八八七頁上八行第八字「使」，資、磧、普、南、徑、清作「使便」。

一 八八七頁中一七行第一〇字「緣」，資、磧、普、南、徑、清作「縛」。

一 八八七頁中二〇行第一三字「著」，麗作「者」。

一 八八七頁下七行第五字「報」，資、磧、普、南、徑、清作「執」。

一 八八七頁下九行第一〇字「根」，資、磧、普、南、徑、清作「根義」。

一 八八七頁下一三行第一三字「想」，資、磧、普、南、徑、清作「相」。

一 八八七頁下二二行第九字「問」，資、磧、普、南、徑、清作「問諸」。

一 八八八頁上二〇行「盡耶」，資、磧、普、南、徑、清作「耶盡」。

一 八八八頁上二一行第一二字「結」，麗無。

一 八八八頁下三行第二字「受」，資、磧、普、南、徑、清作「愛」。

一 八八八頁下一七行首字「此」，諸本作「所」。

一 八八八頁下二〇行第一一字「作」，諸本作「是」。

一 八八九頁上三行末字「凡」，資、磧、普、南、徑、清作「非凡」。

一 八八九頁上八行首字「退」，諸本

作「退時」。

一八八九頁上二〇行第四字「使」，諸本作「便」。

一八八九頁中九行「果復」，資、磧、普、南、徑、清作「復果」；麗作「果報」。

一八八九頁中一五行第一一字「中」，資、磧、普、南、徑、清無。

一八八九頁中一九行「具足」，麗作「真是」。

一八八九頁中二一行第四字「可」，資、磧、普、南、徑、清作「何」。

一八八九頁中末行「心菩諦所」，諸本作「心若菩諦」。

一八八九頁下一行末字、二行第九字、三行第一〇字及七行第四字「盜」，資、磧、普、南、徑、清作「道」。

一八八九頁下八行第九字「伏」，麗作「拔」。

一八九〇頁上末行第八字「我」，資、磧、普、南、徑、清作「我我」。

一八九〇頁中一行末字「其」，麗作「有」。

一八九〇頁中八行「第二」，麗作「第三」。

一八九〇頁下二行第四字「於」，諸本作「何」。

一八九〇頁下一三行第一一字「可」，麗作「何」。

一八九〇頁下一五行第三字「見」，諸本作「是」。

一八九〇頁下一九行第三字「輒」，資、磧、普、南、徑、清作「趣」；麗作「軛」。

一八九一頁上五行首字「使」，諸本作「便」。

一八九一頁中一七行「盜邪奸僞」，資、磧、普、南、徑、清作「想盜邪姦」。

一八九一頁中一九行「尊婆須蜜菩薩所集」，資、普、南、徑、清無。

一八九一頁中末行經名，資、磧、普、南作「尊婆須蜜菩薩所集論卷第七」；徑、清作「尊婆須蜜菩薩所集論卷第九」。

尊婆須蜜論卷第八

尊婆須蜜造

苻秦罽賓三藏僧伽跋澄等譯

菩薩所集行揵度首

阿羅漢於欲界般涅槃云何受色無色界相應報或作是說速疾受報故受色無色界行受閑靜身問若能受陰者何以故不究竟盡諸行不得阿羅漢受色無色界報設逮阿羅漢於現法中受報界是故後世受報緣則有微妙報若彼行還阿羅漢不捨因緣以雜行還阿羅漢則有其緣相應之行是行果未熟受妙報或作是說初第二第三禪地緣彼行受苦樂報第四禪地及無色界相應受不苦不樂報此亦如上所說復次阿羅漢若般涅槃受善報拔諸苦原不善善者緣云何般涅槃有其處所彼作是念云何彼無所有耶當作是觀設彼行無報者彼行則無所有亦无果實行亦無所有如貪聲欲使不得成就不生萌牙彼則無所有若阿羅漢行果

已壞是謂報果阿羅漢亦無所有是故此不尒行所有頗有人自害身命非阿羅漢父母受五逆罪耶或作是說有也作父想往煞人者受五逆罪復次母化為男子彼人作母想往煞人者則受五逆罪頗煞女人非母非阿羅漢受五逆罪耶或作是說有也作母想煞他女人者則受五逆罪復次母化為女人彼女人作父想煞人者則受五逆罪也不成男煞父母當言受五逆罪當言不受五逆罪或作是說不受五逆何以故不成男愚癡不能起上結使不於中間有上結有不情罪或作是說上結不成男於中方便必受五逆如是出要是五逆彼不有五逆是故不受當作是觀或作是說當言不受報何以故彼不有恩慈向於父母心不一定設當受報者受五逆罪或作是師想當作是論世間純是五逆罪若畜生還自害父母當言受五逆罪當言不受五逆罪或作是說當言不受五逆罪何以故畜生無有是智有尊卑想於其間有是五

逆罪或作是說有智衆生便受五逆罪有智能造結使猶如御馬師以衣纏頭合馬牡者便知是我母還自齧根斷或作是說彼法自尒有智衆生無有限量畜生之類如聞音響千秋人面鳥身生子還害其母後逮阿羅漢果復次當言無五逆罪彼無有恩慈於二父母設有慈心日日衰耗受五逆罪當以師想作是論設當尒者一切世間皆是五逆凡夫人住煞害心當言成就善心當言不成就善心耶或作是說當言不成就彼無此智慧能悉分別彼無禁戒問今凡夫人不生天上唯聞戒生天上或作是說當言或成就或不成就若生天上彼則成就若入地獄者彼不成就問此義不然云何亦聞大行分別契經說於七處犯則入地獄不犯則生天上復次或有成就或不成就誰成就於三昧戒具足不犯戒律禪不退轉命終後是謂成就誰不成就三昧戒不具足犯戒律於禪退轉便命終者是謂不成就阿羅漢取住後心有漏界當言成

就當言不成就或作是說當言成就
不捨戒律問云何受果報於彼後心
而受果報問行與報等無有異此非
論是故無此或作是說當言不成就
彼三昧戒不受其報問盡形壽三昧
戒不具足復次阿羅漢遍滿世界復
次當言成就盡形壽彼便作是念云
何今受報彼言前若後云何於其中
間而受果實耶若作講堂房舍當言
身行當言意行或作是說當言身行身
求方便懃勞有功問是何等身善行
所攝荅曰非盡身行是身三善行所
攝或作是說當言口行口有所陳我施
衆僧房舍口行所作當問是何等口
善行所攝荅曰至誠語知時語不麁
獷語或作是說當言意行意有決了
以物施彼意已施了後發口言我今施
至誠不妄語問是何等善行所攝荅
曰意三善行不起貪嫉無瞋恚等見
復次若身教戒我有所施彼身有教
戒我有所施彼當言身行意行若口
有教戒我有所施彼當言口教意教
若身口有教我有所施彼當言身教

口意教不於中間起房舍福念諸善
根成就於此間設復還生為人若出家
若處俗修法彼以何故不於現法中
不出家修行法或作是說彼善根未
熟已更生諸善根便成熟或作是說
彼以善因緣有辱不得出家復以此
因緣得豪貴家復次於此間或有憑
依外力而有成就所依者強諸結已
盡諸善行具足若無方便諸善法褭
耗彼於此間終更生復得出家當作
是觀有尒所事以何等故結有果實
行無果實或作是說行報是其對已
受此報諸結使盡道是其對道未生
而有果實問行亦是道對道生結則
滅復次有報受其教一切消滅或作
是說若行轂轂有果實則上亦无果
實是故不斷絕問欲使不斷絕耶復
次此俱有二果共一法何以故無果
復言有果若彼有自然行
受報教男女不成男亦尒　凡夫人後心
施講堂房舍
如此地須弥大山王衆生受行教衆
生般涅槃彼漸微小耶荅曰不微小也

何以故一切衆生緣其行報若不受
報者彼或有衆生受報不受報者此
非彼過有其微小檗子苓鬼苓藥草樹
木當言自受行報當言受增上報或
作是說當言受行報問則無有不與
取荅曰他所受則無有不與取問為
受誰物或作是說若有所受彼是行
報若無所受彼亦是行報問彼亦是
受報彼亦是不受報欲使彼是行報復
次受行增上何以故不以行報故受
其果實不斷若原樂原如草木園果
以何等故往昔人修十善行時延命
長壽田業豊熟如今日之人修十善
行時亦不長壽亦無田業或作是說
往昔人長夜修十善如今日人不長
夜修十善問如今不長夜修十善彼
則得長壽也亦得好田業或作是說
彼往昔修十善如今日人不修十善
問無始之人修清淨之行今可得受
長壽耶及大田業或作是說彼非現
在受行報餘處受行報彼時長壽及
大田業於彼行果餘處受如今日修
行十善彼時餘處受報問如今亦不

覲或餘處受行報亦得長壽有大田業復次無量衆事延衆生命亦由田業不獨此行行亦無量衆事如今可觀或有方俗諸趣或有衆行延命長壽以何等故持戒人教他不持戒便自墮罪或不持戒人教他持戒使有戒律或作是說持戒人教他不持戒是故犯戒若犯威儀然精進人不精進人不得威儀若持戒人教他不持教使不持戒然不持戒人不教使持戒人教使持戒或作是說精進人教他不持戒處在悕望悕望以壞教戒不持戒人教他持戒不起悕望悕望壞則戒壞復次持戒人教他不持戒人若起想念則曰不持戒有持戒力而不退轉不持戒人教他不持戒若起想念當言持戒人以精進力遊頓有一口行有福無福報耶或作是說有愛此教彼有是二心口有一教本起想念作是語收某甲縛某甲問發善心有教有功德生善法具足起諸教戒若不善心有教則有不善福生心所念有善不善生復次教戒有衆

想生或作是說口無善行善心有教不善口行不善心口行不以一教有善心生是故無也復次口教相類亦有塵亦有實善心生不善心亦生無記心亦生復次一切屬心行亦有善亦有不善亦有无記是心所念口行處所當言行口一心亦善亦不善是故無也以何等故身行亦善亦不善或作是說有作煞害想一處有教身本起念當煞某甲當賞某甲問設善心有教則有福生善心巳生若不善心有教則無有善福生不善心有教心是身本若心所念有福無福煞教戒者有二煞害心或作是說善身行善身口教不善身行不善身心有教不以一教當言善當言不善是故無也復次教相類亦見礼敬興起善心興起不善心興起無記心復次一切心所念有是教善不善無記是故心所念不以念有善有不善是故無也云何得知阿羅漢有漏戒成就或作是說彼非具足有盡威儀猶如是威儀不還阿羅漢如還阿羅漢無異或作

是說設阿羅漢有漏戒不成就者彼無有罪犯巳復還悔或有漏戒成就阿羅漢復次若阿羅漢不起有漏戒亦不量有漏此是世俗是謂因緣亦不藏匿起衆生想以等聖諦方便之心賢聖妙法於此戒而隨空性當作是觀又世尊言於是阿難大愛道比丘尼若受八重法則是出家之要亦是禁戒亦是比丘尼行云何出家要云何禁戒云何比丘尼行或作是說承受重法亦是出家禁戒亦是比丘尼行亦作是說彼則是禁戒比丘尼行或作是說捐棄家業是謂出家承受重法謂是禁戒到時乞食不失威儀是謂比丘尼行復次於現法中習學威儀被沙門服出家學道得具足戒以方便得此禁戒順從不失時節是謂比丘尼行云何學增上戒云何學增上心云何學增上智慧或作是說身威儀口威儀衆行清淨是謂增上戒四禪是謂學增上心分別四諦是謂學增上智慧或作是說等語等行業等方便是謂學增上智慧是謂

學增上智慧等念等定是謂學增上心等見等志等治是謂學增上智慧或作是說若戒依思惟是謂學增上戒若依止觀是謂學增上心若以止觀斷諸結使是謂學增上智慧或作是說見不持戒志爲識能去離彼者志在禁戒彼一一學是謂學增上戒見去離識意不漆著習學三昧於彼一一學是謂增上心無有方便見諸識露能捨去離以方便智慧親近善友於彼二學是謂學增上智慧復次順近賢聖八道分別威儀是謂增上戒盡壽奉戒當去惡就善賢聖道起諸三昧以智慧學增上心於此三昧有方便遂增益於其中間諸賢聖道智慧是謂增上智慧於此智慧方便修行以何等故舒屋二十億（沙門名也）以一房施之得九十一劫不墮惡趣菩薩於此中間作無數功德而入地獄或作是說舒屋二十億心偏在施衆生以此好施功德所生之處常好惠施意續不斷以是不墮惡趣然菩薩者意偏在智慧意甚勇猛不墮惡

趣或作是說舒屋二十億意在閑居有信解脫以此閑居之德不墮惡趣然菩薩者修行道業彼或時不墮惡趣若失志便墮惡趣若不失志不墮惡趣便生天上或作是說菩薩者九十一劫不入惡趣古昔經歷出九十一劫無數生死也尊曇摩多羅作是說此誹謗語菩薩方便不墮惡趣菩薩發心以来求坐道場從此以来不入泥犁不入畜生餓鬼不生貧窮處倮跣中何以故修行智慧不可沮壞復次菩薩發意還三不退轉法勇猛好施智慧遂增益順從是故菩薩當知不墮惡法

大王曩昔時　持戒身口行　羅漢瞿曇弥
學不墮惡趣

以何等故阿羅漢謂之福田耶或作是說心無垢著能供事彼者便獲大福如田除去惡草穫好滋茂問於彼不敬當獲大罪此當言不善福田荅曰不有福也如稻田中善理惡草設有一日種異草故名稻田如實無疑或作是說心修行根力覺意便緣善

心生諸福業是故阿羅漢謂之福田也問不善心亦生欲使非福田耶荅曰阿羅漢無有不善念緣其德業何以故惡緣不善念然阿羅漢無有是惡緣是非緣或作是說阿羅漢能使他有信是故阿羅漢謂之福田雖於彼生惡念者意亦不移動復次心當惠施諸法之本是謂福田彼生便長益廣布在大果是故阿羅漢謂之福田於彼便作是念彼非實福田然實福田雖復於彼造邪業事不於中住隨他邪事若一揣施之福生善樂天處於彼得種種宮殿屋舍當一揣之施獲尒所福耶當非獨一揣之施獲尒所福或作是說當言一揣之施獲尒所福也何以故所可由行生彼間者此行種種宮殿屋舍問云何一行得種種宮殿屋舍荅曰衆行集聚或作是說非一揣之施獲尒所福可緣善心所念法以是之故而生彼間彼行亦種種得彼宮殿屋舍或作是說非一揣之施得生彼間持戒得生亦作是說施獲大福持戒生天問如宫者

說緣一揣施之福七生天上人間受福自然荅曰以此因緣彼戒成就是故彼間受福設作是說是揣施之報七生天上人間受福自然不以一行七及受福也是故彼自然如是不以揣施之報生彼間此事如審一揣之施復次揣施相應彼亦在外無身根生頗彼行是身根展轉相因增上生因緣行相應受種種果報如一種行有增益有種種藕華報如彼畫師作種種圖像如實以何等故聲無有報或作是說聲有響報中間無有報是故聲無報問心心中間生報欲使心非報耶或作是說聲現在合會而有聲然報不尒是故聲非報問境界現在合會而有欲使彼非報也或作是說聲亦是報世尊亦說懽喜欲聞聲便有是荅曰彼聲或懽喜或非懽喜如今無有報如二俱當有報聞聲亦當有報問聞或時懽喜或時非歡喜欲使聞非是報耶或作是說聲亦是報菩薩梵音大人之相受諸行報實問咽喉四大此是行報以有梵音

彼非受報荅曰金色四大所造欲使彼非報耶復次聲非報亦不非報何以故聲是巧匠有一心還貪欲所造生喜生憂然報不尒是故聲非報頗有煞生口行所攝耶或作是說如大王所說勑彼煞生問身行口行則無有定復次因緣口行而造煞生煞害不得言口行所攝於彼便作是念去何令勑使煞人彼有口惡行若煞生者則有煞妬不盡以煞害意便墮惡趣頗有妄語身行所攝耶或作是說有猶如手印口不發言有種種教引證時人間亦無身行口行復次無也無有身行彼便作是念今去何手印及身行當作是觀相行不等也若於夢中修行十善當言是身行耶當言是口行耶當言是意行耶或作是說當言三種以三種行攝十善行問若於夢中害衆生當言犯煞戒耶復次當言是意行意之所念於中便有是如夢中見身行口行此非為喻若非法作法想壞乱衆僧若法作非想何者罪最重荅曰壞非法想鬪乱衆

僧者彼罪最重問設俱作二法想鬪乱衆僧者二罪俱等復次若瞋恚熾盛心發惡念彼罪最重又世尊言三種德業施戒思惟於彼比丘施者戒為微妙戒思惟為妙以何等故施戒為妙戒思惟為妙或作是說施得大福戒生天上思惟離惡趣微妙彼便生天以生天離惡趣復次以施恭敬相應獲施之德若施少興心有違能使衆生而使住戒可使不可使衆生自心解脫是故施戒為妙戒思惟為妙如所說二種德業能所施能食人信施彼去何有所施去何能食人信施或作是說若割已惠施是謂為施若受施能消是謂食人信施問去何得知有福德耶或作是說若緣施心是謂為施若緣食施心是謂受人信施或作是說若割已惠施心是謂為施若緣尊心是謂食人信施復次長諸功德如隨種福德種所纏絡或作彼福德增益若施無猒足數求方便又世尊言

種園果茂盛　或作橋度人　病則醫藥救

晝夜獲大福
云何彼獲大福或作是說受施者得
福問云何知得大福或作是說由施
得福於彼思惟是故得大福如前說
善覺能覺者 是瞿曇弟子 晝夜勤苦行
念常不離佛
彼不作餘念常思惟念佛或作是說
如種檗子或時茂好或時不茂好福
亦如是一切作善福隨時茂好或作
是說如所說獲大福或作是說如所
說念獲大福復次於彼身得福或時
彼身於彼福漸漸以方便得福
田業善處生 二聚夢威儀 何者最福重
福謂之園觀
若從果實天衆生何塔(多盧叉)鞞(淨尼)天
彼當言與行緣故生彼天當言以結
彼生彼或作是說當言以行緣生彼
四禪微妙思惟得生彼修行四禪而
生彼間是故當言以行因緣生彼或
作是說俱以二事生彼受結使對是
故有結使名便有行名復次以行因
生世尊亦說是故當言緣行生又世
尊言於是不鄰(沙門)或有一人造惡續

造身諸行云何彼造諸身行或作是
說身行有三種下中上於下為造惡
續造為上造惡續造為中觀彼上者
造惡續造觀下謂之造惡續造若下
者二俱觀謂之造惡續造是故中有
下也造惡作身行或作是說趣三惡
道是謂造惡生色無色界是謂續造
欲界天人造惡續造惡也處無定要
造惡續造作諸衆行或作是說三種無
明緣行有福者無福者無漏福者於
彼無福行是謂造惡無漏福者續造也
有福者造惡續造也作諸福行是謂
造惡續造也復次人作種種行無數
處解脫此不可一時而辦一心所為
如一切惡趣而有三痛以何等故一
切造惡續造耶或作是說不以惡趣生
諸行報或作是說不於彼中間生諸
行報或作是說不以積行而生彼間
復次諸等識滅而有定處不更處有
苦樂行以何等故天人之中作諸善行
謂之受報耶或作是說彼境界自尒
問或有惡微妙數或作是說善微妙數
者言是我所問惡趣之中亦有善言

是我所欲使彼善生耶或作是說若
能拔濟彼無有惡結行由結生是故不
善遍在一切問如所說戒生天上者
此事不然答曰戒拔惡趣不善行結
而生彼間是謂戒生天如所說五下
分結盡謂之生上無有盡而生者復
次無有報生無記報復次緣禪行而
生生因緣便有名興如此而生彼間
如方俗處所不得處所於彼意而生
心以此而生彼如是善報因緣生因
緣而有名興則生天上云何障行或
作是說生諸悔心以彼誨心而不障
道復次有貪欲處所田業壞敗於彼
所須田業盡為障蔽如所說有五罪
行或有人無慚愧不恥衆人捷妄無
忘情意迷惑此有何差別或作是說
於此間或有人作彼色像而思惟一
切無有慚愧永住不慚愧心已有不
慚愧心加犯諸惡於此間或有人无有
尊卑教授戒律亦不肯受不潤漬其
心重復更犯餘罪於此間或有人如
其色像而思惟一切慚愧盡滅住無
有愧心復以無愧心犯諸惡行當於

此間學彼不復憶更犯餘罪於此間或有人不知當作是學彼後不知更犯餘惡是其同異又世尊言不知迹解脫不知迹解脫說云何迹解脫云何為迹解脫說答曰有二迹解脫比丘僧目前而說比丘戒清淨與相應是謂比丘迹解脫比丘尼僧在目前而說與共相應是謂比丘尼迹解脫此迹解脫有五相於異僧前而說而誦習讀敷演使人奉行是謂迹解脫

又世尊言不解戒不解說戒

云何為戒云何為說戒問戒清淨是謂戒五種賢聖聚是謂戒行又世尊言還衆行比丘便連集聚屬授人住行屬授云何為屬授云何為屬授行人或作是說四部所行得四行餘殘屬授住行人十部所行而十行餘殘屬授住行人二十部所行得二十行餘殘屬授住人行衆所行事得界行與戒屬授住行人復次若比丘德行成就彼日得行病不堪任入衆彼謂屬授人住行

又世尊言於是目揵連深妙法中漸

漸布行漸漸學漸漸迹漸漸受誨云何於深法中漸漸布行漸漸學漸漸迹漸漸受誨或作是說馬師滿宿之徒於此間得信而修行之聽微妙法聞法而奉行觀察諸法量諸法應適不違身便受證智慧分別以禪而觀或作是說如所說揵郝目揵連契經身威儀口威儀等命清淨漸漸而學根威儀念威儀漸漸布行四禪謂漸漸迹也如是如來之教化如是受訓誨或作是說初將至戒場再唱三唱四唱四行具足是謂漸漸行如是受具足如是學增上戒於彼增上心後學增上智慧如是漸漸學戒若學是時初四諦所斷結盡便逮道迹後思惟所斷欲界相應色界相應無色界相應如是漸漸而知此一切漸漸而知如是漸漸受訓誨復次以色身說法比丘歎佛歎法歎比丘僧意堪忍心好喜常不遠離不以口所陳心淨為淨當受歸命亦說初出家人戒律具足本所造行去離非行亦不及此亦不及彼如是漸漸布教如是漸

漸而作漸漸佐助衆事增上律增上迹解脫而說戒如是漸漸布教於彼學時隨時學增上戒隨時學增上心隨時學增上智慧如是布具足迹隨行彼時漸漸受訓誨是謂斷滅是謂受證是謂住入要如是受訓誨又世尊言偹十功德如來為沙門結戒欲使增聚使增善住不移欲使增安隱不信者令信信者重令信降伏惡人為慚愧作導師於現法中教盡盡有教未生衆生使盡有漏梵行之住此有何等異答曰當學此戒本無如來聲聞衆便有所攝而不壞與共相應等學諸戒說當等說得等解脫同其一類此何集聚義當言有勝故曰增集聚作是學時欲降衆分別義分別法欲使成就善住沙門妙法故曰攝取增學如是戒時降伏衆分別義分別法欲使成就善住沙門法故曰欲使增善住也

學如是戒時降沙門展轉無欲展轉無怨展轉不相惱故曰欲使增安隱學如是戒時化自相未曾得喜令便

得之故曰不信者令信學如是戒時化自相已得信重令增益界不相干故曰信者重令信如不信者已生信重令脩行於中邪路衆生導亦大道不越戒次故曰降伏惡人已降伏惡人於中慚愧衆生得惡伴侶無有苦惱惡人何等異以第三訓誨第三一切衆生皆作是觀七事自相自相已故曰欲使慚愧者安隱降伏如是戒者於現法中於惡行中已自修行故曰於現法中盡有漏教降伏此戒便生善處閉惡趣門戒律成就故曰未生衆生使盡有漏有漏當言當作是觀不作如是學戒者增上戒增上心增上智慧而不斷絶如是深法得久住故曰梵行久住

種種業所作　如三善所障　不勲現在戒

囑授及訓誨

又世尊言阿難令是汝過汝作不善云何三告汝而不荅吾使如来住劫設當荅者如来為住劫耶或作是説如来住劫然如来無處所問令何故作是語諸修行四神足意欲住劫亦

能盡其劫數荅曰現神足威力問世尊若善脩行而不住去何現其威力荅曰聲聞住劫便能住劫問若為聲聞説溺者則無有相根或作是説亦能住劫復次為侍衛人能久住亦不求索設當請使住便住至阿難得阿羅漢果或作是説若縁前請若縁後請求世尊住者然世尊不作是説令去何作是説先何以不説辟如有人過他邦土人便作是念不請使住設請使住者便住也乃至尊者阿難得阿羅漢果或作是説若前請若後請然世尊不住也去何令作是説猶　如有人適他邦土還時便有人告若前請若後請而不住設當語何以先不告語或作是説不住也何以無處所二阿惟三佛俱出世於此劫中弥勒世尊當出現世是故不住此介所事前以歎説竟復次設尊者阿難不聞如来告為魔所猒世尊知魔猒去何告語乃至二三於中有何過猒不能應荅彼便作是念雖世尊告時未疲猒於其中間魔便起猒意是故不能應

荅尒時告語無有力勢能後便作是語我目前聞如来語承受奉行去何疲猒而憶本所作若世尊欲住者是故脩其悕望欲化道　衆生故如所聞阿　羅訶彌勒授決亦　聞無有二三三耶三菩阿惟三佛而出現世也以何故當言使世尊住劫此至三事當作是觀以何等故十二入四善不善無記八無記或作是説四行報八是報非行問意入非行欲使彼是無記耶或作是説四與心相應與心俱起問設令自然善不善彼去何有起有方便或作是説心自然善不善彼相應心所念法及心不相應行俱起身口行問彼如上所説涅槃無有善復次色入者色不可壞聲入聲不可壞此因縁集聚如是便有善不善所作意相應不住色聲中獨無有侶是故當觀若覺犯罪睡眠清淨耶或作是説有如草五體布地而悔便睡眠復次求請悔過請衆人解過作三行便睡眠故眠不覺頗有持戒不梵行或作是説有五戒優婆塞以已妻為足及餘優

婆塞奉賢聖戒以已妻不淨行比丘
者持戒精進身威儀具足然有漏意
不盡而共相應當言非梵行及餘比
丘於賢聖戒精進婬意未盡與共相
應當言非梵行若阿羅漢已般涅槃
而供養當言彼得行報耶當言現在
有其功力或作是說當言得行報若
先已作福德彼便得供養若本不作
福德彼生存在世求食難得說當獲供
養問云何今受報復次現在方便所
造諸於彼功德具足者彼方便所造
如空中不可受報如世尊言猶如有
人於此間不承受請問已此因緣報
故作如是行作如此事生惡趣入地
獄中若還生人間無有智慧此是何
行報或作是說已愚癡故彼不請問
事事不明便隨惡趣復作是說不請
問時意謂清淨此是戒盜苦諦所斷
復次如此堅信常奉持法於中生諸
方便是伴非伴而亦現道以此深法
中信契經阿含深語不於中忍有諸
方便如是阿毗曇阿含微妙三語身
證之教不於中而作方便如是禁律

阿含微妙之語而信趣向不於中作
方便復以此法疑無智慧此是智慧
之路設不請問趣惡道者彼便住世
滿此衆生又世尊言彼身惡行口意
惡行各相牽速去何行相牽速或作
是說見有惡行亦見瑞應命過時便
作是語見火炎起見狗犬若善行命
過時便作是語我見天寶宮殿屋舍
見諸園果或作是說有諸緣報有此
瑞應行是謂惡是謂善或作是說報
漸觀近懷諸悕望如觀近無善覺知
成敗是謂緣無義行牽速或作是說
於惡趣沉沒設心亦覆蔽是謂牽速
復次去何緣過去行復次如此惡行意
便好喜當於尒時便有證有驗亦見
諸瘡痍結使遂增惡行又世尊言於
現法中便有悔意彼悔意當言善耶
不善耶當言無記耶或作是說當言
善惡自見惡於彼作惡行念問不於
今隨惡趣中荅曰彼善少不善力大
復作是語與少善生於善處如所說
得善心念法與等見俱或作是說當
言不善與邪見相應雖復憶念後更

忘失所不應憶者後便憶之是故當
言不善復次去何世尊說辟喻與不
相應自不相應此非辟喻也一切作
惡行者則有悔意也能自修已則生
天上世尊亦說設彼悔者亦是善心
去何善心無善命過若悔是不善者
去何不善心多彼智相應若悔是無
記者去何無記心無善命過是故此
非佛語以何等故未來教不得成就
或作是說不以未来教而有教耶問
過去教者亦無教欲使不成就過去
教耶荅曰教已過去問未来亦當有
教復次雖不作行便有所獲如是無
行而有果實於彼便作是念去何今
不思惟亦有福德彼當作是觀又世
尊言有緣生去何有緣生或作是說
中陰中五陰是謂有緣生或作是說
所生五陰是謂有緣生或作是說已
處母胎是謂有緣生或作是說所生
五陰諸得行緣而受報轂是心將從
受諸色報命根心不相應行是謂有
緣生復次趣惡生者寂初得有是謂
有緣生有有則有生

礼彼諸眼覺　供養或羅漢　不問魔所猷
告語不還緣
以何等故本所作行謂之一結緣如
令無明為所作行是一切行緣或作
是說如令過去一切緣過去亦是一切
結緣復次過去㝡要言之現在廣說
現其善教問不如彼一切結緣或作
是說本所作行一切結是緣過去無
明聲已說與無明相應現在所造聲
與無明相應現在所造聲已說無明
造聲相應問不以現在無明聲作是
說與無明相應或作是說生無智力
少足故辟喻衆生亦現若行無明於
此生是緣由結故生諸行是故辟喻
衆生現在若行問彼迴轉辟喻衆生
現其善行過去之時一切結是緣復
次結結相生行緣其根生彼結彼結
彼各相應結由行生行由結生行由
行生謂無明緣行生結緣行生復作
是說愛緣有行已熾然作諸行當作
是觀以何等故色界無垢人謂之成
就無漏戒然非有漏荅曰此不捨賢
聖道便成就戒界界遊已滅世俗事

界界遊行無有無色界無色界定戒是
故不得名成就以何等故行報故生
無色界天或作是說以無想三昧衆
生報故也問無想三昧亦非心亦非
心所念法云何由是報故生荅曰無
想三昧有漏善心不相應行有報問
設彼三昧有報彼不與行相應世尊
亦說由行而生或作是說若於心中
間入無想三昧緣彼心報生無色界
天問云何若於心中間入第二禪緣
彼報生光音天耶或作是說無想三
昧無心無想三昧相應心報而生彼
間無有無想三昧相應心何以故彼
無有想世尊亦說彼想有教無教有
心教耶此無處所復次無想三昧彼
則有是不由行而生彼心亦無行方
便世尊亦說由行報而有生復次無
想三昧心相應心所生報是緣能作
是住如生無想界天如善御車人所
向無疑如報緣除其報則受其有頗
緣滅盡三昧報生有想無想天耶或
作是說彼三昧有漏之有報非有想
无想天更受生緣是報而生問滅盡

三昧亦不與行相應世尊亦說由行
而生或作是說滅盡三昧有心是故
滅盡三昧相應心報故生有想無想
天問無有滅盡三昧心相應痛何以
故彼無想世尊亦說彼有想無想心
覺當有覺亦無處所或作是說不生
也何以故已越有想無想天以滅盡
三昧不以妙三昧報故生九地也問
彼地滅盡三緣是果報而生彼間問
如所說越有想　無想天入想忍三
昧則有彼地亦說盡越不用定處修
有想無想定彼亦是不用定地問滅
盡三昧入是三昧不以貪欲故欲愛
未盡入有想無想三昧非不欲盡不
用入處有想無想定復次如所說滅
盡三昧無有心彼則有是也彼無有
報無有心復次有想無想天滅盡三
昧報而受彼三昧非報緣又世尊言
歡喜施者便得歡喜從心所好施真
正處偈也云何觀是歡喜為觀受者為
觀施者或作是說當觀施者從物因
緣若施彼時彼則受報也問設彼受
者有福歡喜荅曰彼非真正處亦說

從心所好施眞正處或作是說從檀越心如郁伽長者說是謂如来二端氎我所愛者願世尊納受以大慈故而不見逆我從如来聞歡喜施者便得歡喜復次當觀施者意從施氎時便作是念我今割意施作是心已受大報如尊者舍利弗說若行後世受報者彼不可得現世受報設行現世受報彼不可得後世受報世尊亦說或有尼揵子若行現世受報彼不可得後世受報耶設行後受報彼不可得現世受報如是尼揵子輩愚癡盡無果實說是語其義云何或作是說尼揵子作是見行盡苦盡行盡謂一意識不可得後世受報行現世受報痛若彼愚癡盡無有果實於此法中垢盡苦盡若道生時滅諸結使若無愚癡無有果實問若於此法中不盡行本不得般涅槃亦無有上荅曰如阿羅漢速疾受報問如所說契經則有違或有阿羅漢行報漸薄不相應果便滅若阿羅漢能行報者亦能廣博諸行或作是說猶如彼行實在者彼行

道亦復實在或作是說諸行實在便有集聚設行不實在者可使作集聚復次此非行報義也於深法中不失深法如其義理遊戲其彼義無有疑彼作是念如今云何後身受報當作是觀如是阿羅漢不得衆行而受報也以何等故祭祠餓鬼得然不及餘趣或作是說此生趣自尒問此是我疑何以故生趣自尒耶或作是說餓鬼嫉妬心意便顛倒河無河想見水不淨及諸飲食漿水若餓鬼祭祀飲食便發歡喜意心不顛倒若彼餓鬼得增上行時彼受食或作是說餓鬼以嫉妬意彼不能作好境界若彼餓鬼有所祭祀發歡喜意於彼得好心遊好境界或作是說餓鬼以嫉妬意身體長大心常懈疲以懈疲心不至神妙餓鬼所若彼餓鬼而祭祀食於施發歡喜心便得身大心廣以彼心廣大故得遊諸大餓鬼所彼亦歸伏礼跪以身大故彼餓鬼得增上行於彼受食復次與人作福彼人不得如餓鬼與彼施食者餓鬼善心好施彼便受

行若彼飲食是故非餘趣諸心與身行俱起口行俱起當與心共同耶當言不與心共同或作是說當言與心共同與心俱起問云何心不與行同耶或作是說當言不與心共同本所生心與行俱起若不生則不有起是故當言不與心共同或作是說或與心共同或不與心共同諸與心迴轉則與心共同諸不與心迴轉則不與心共同復次緣彼有心行有迴轉亦各相攝先有迴轉便有所攝行與結有何差別或作是說行是身是口是意然結是意問若行是意與彼結有何差別或作是說行是善不善無記結是不善問若行不善與彼結有何差別或作是說意行意行結亦不意亦不不意問云何意無有報耶復次一切心所念當言皆是行然世尊視若干種行漸漸有疑云何無虫便有煞意或作是說如無有虫便有煞虫之想如無虫便有煞害意若有虫處彼無有煞意何以故彼虫或有常或無常設有常者亦不能墮此無有相設有

常者如是得斷滅復次所造五陰作
衆思想便言我盡形壽不煞若越
彼意者行各散一處是故彼便有害
想若於彼衆便有煞意何以故由彼
衆故因緣合會則有差違設不差違
則不能有所起若有差違則有所起
云何不有所起則有所起若有違不得
無違者不得無有力能起若得有所
起云何起無差違或不能起又世尊
言有四不可思議世間不可思議衆
生行報不可思議及佛境界不可思
議以何等故此謂之不可思議或作
是說方便力少不足思議或作是說
無有餘方便作如是知如佛世尊或
作是說不可思議深妙難究是故不
可思議復次作我思議者成狂愚癡
思惟心亦乱衆生行報及佛境界非
已心所了亦不可觀

無明無色界　及彼無垢人　無想及滅盡
舍利弗餓鬼　種種諸根相　衆生難思議

諸入不善三昧彼盡犯二罪耶或作
是說諸犯不善者彼盡犯二罪犯彼
罪時成五逆問云何犯五逆時不犯

二罪耶復次唯犯一罪何以故世尊
說有五罪若犯不善罪時而犯二罪
作是廣說而思惟說一時彼無罪是
故犯一罪若轉輪聖王女寶得色聲
香味當言由行報得當言不由行報
增上得或作是說當言由行報得問
云何餘行報餘者受報荅曰女寶者
由行報故彼便得若彼得彼王得是
報復次由行增上得若由行報得不
作行而受報女寶則有壞敗轉輪聖
王不由他行受報鬪乱僧若鬪乱僧
當言一劫入泥犁耶當言中劫受泥
犁罪或作是說當言一劫受泥犁罪
世尊亦說鬪乱僧經歷一劫問已過
半劫云何全受一劫罪荅曰餘方剎
土至彼泥犁如犯罪重之人數移從
入深獄然後脫其罪過若復受劫
罪一劫泥犁中受罪問泥犁受罪之
人無有此理至他方泥犁受罪命未
盡便死或作是說二十劫中及四劫
劫大劫二十中劫受罪是謂一劫受
罪若劫融燒時便生二十中劫云何
彼經歷尒所時復次當中劫受泥犁

罪無有欲界衆生受一劫之壽諸鬪
乱僧彼一切住一劫受罪耶設住一
劫受罪者彼一切鬪乱僧耶或作是
說諸乱僧彼一切一劫受罪破壞僧
者最重之罪或作是說鬪乱僧非住
一劫受罪耶若壞乱意而鬪僧者受
五逆罪復次或住一劫受罪彼非鬪
乱僧現其報或鬪乱僧及一劫受罪
耶若非法壞鬪乱意而壞僧者或不
鬪乱僧亦不一劫受罪耶除上尒所
事也鬪乱僧當言性受罪當言非性
受罪或作是說當言性受罪何以故
鬪乱僧最重之罪若此非受罪者云
何令性受罪問諸鬪乱僧彼一切受
無救之罪問如煞生者性受罪諸不
煞害受罪害罪如是鬪乱僧性自受
罪諸不鬪乱僧彼一切受無救之罪
復次當言非性受罪何以故僧成就
鬪乱罪然非無救罪諸惡行鬪僧彼
性當言受罪也

又世尊言意行者最是重如法慧契
經言一行最是重罪鬪乱僧非意行
鬪乱僧也說是語其義云何或作是

說一切行寂是重罪除其五逆及餘行意行寂是重罪或作是說意口行思惟彼行已口行彼寂第一意行意行寂是重罪思惟行鬬乱僧寂是重罪復次不於中間意行有鬬亂僧非彼思惟而鬬僧諸惡行鬬乱僧者當言彼寂是重罪以何故非滅五人不得鬬乱僧荅曰必當有二部僧勑使如調達鬬世尊聲聞衆彼壞凡夫僧不能壞賢聖之人問今不受五逆罪荅曰作僧想而壞凡夫衆受五逆罪如父作父想而煞害其命受五逆罪問若今世尊說鬬乱僧受一劫罪荅曰此世尊教戒語調達作是想我壞僧或作是說比丘衆謂之比丘僧於彼凡夫人勑使鬬乱或復賢聖人在世尊側而不能壞乱或作是說有十四事鬬乱之章無垢人不可壞敗不能壞世尊是故世尊不可壞復次世尊聲聞衆内無垢人外凡夫人於彼壞外凡夫人衆内無垢人不可沮壞是世尊衆不可沮壞以何等故記之結言無報耶或作是說無記者即無

報也或作是說彼不於身體有所長益或作是說不化身口意行復作是說無記心所念法自憑依有是苦惱攝持諸法而有報也復次無記無報法亦是有報也如所說我今不行乃至不知為趣何所而見光明云何是報復次諸善不善法或有因或有緣有諸果實於彼作報想無記之法或有因或有緣有諸果實是故無記法而有報也須陁洹性有瑕罪當言性無瑕穢或作是說無有瑕罪瑕罪者現諸穢病或作是說無有瑕罪瑕罪者現諸穢病或作是說無瑕罪依善不諍復次當言有瑕穢想心邪見未滅

犯罪樂鬬乱　住劫及性罪　不滅五壞衆
無記性淨行

酒穀者當言性罪當言非性罪荅曰當言非性罪何以故若飲酒者淳酒有餘教以入腹若服呪術飲食術當作是觀非梵行當言性罪當言非性罪或作是說當言性受罪不於中間結穢有其梵行復次當言非梵行心是其罪性染汙觀復結與起當言有罪

性罪者其義云何或作是說性染汙是謂性罪復作是說性不善是謂性罪復次性有瑕穢是謂性罪非性罪者其義云何荅曰不染汙是謂非性罪復作是說性常不善是謂非性罪復次非性有瑕是謂非性罪頗有比丘四事之中各無所犯然不捨戒而就白衣當言非比丘或作是說有人根變易根已變易當言非比丘或作是說因緣果實邪見而現在前若布現示人是謂當言非比丘或作是說若自長養此比丘非比丘也彼若勤修戒行於中移轉云何當捨戒而越戒律復次有所悕望悕望者流轉生死當言於比丘法退轉若無教誨也又世尊言若比丘於比丘受衣裳入無量心三昧而思惟之彼果報無量施主檀越福增益善增益善食無病是謂自作餘者不受耶荅曰非自作餘者受報復次施主檀越所受之德問云何不成就而受其福荅曰由田業潤厚於彼種穀子若種人憶田好不好必獲好穀問此亦不相應云何

於田種子不於三昧擅越有其德復次有彼人受彼信施施主擅越得其處所便有福德長益是故不可沮壞無瞋恚之體彼便有休息根心意歡喜受施之人不堪任施施者自受福又作是說以此法施彼彼為誰得或作是說無有得者是謂不與取復次受施主之語此何由施若依比丘者彼則有所還若於道果道果受其教誨無有所還又世尊言摩納衆生行由與由行所造由行因緣由行施為衆生由行成若好若醜說是語其義云何答曰自所造行受其果報衆人不牢固如所作行便受其報是謂行因緣受其生報行若處處生在在受其報是謂行胎生若捨其行有若干相若捨其行此衆生如上所說衆生有上下是故行衆生有所演說若其有好有醜有何行故若本劫衆生自然食身能飛行或作是說於欲界愛盡諸欲界熾盛善根由其果報也問今亦不有所現耶或於彼種善根之中果報有自然身能飛行答曰衆

行備具彼果不得生實復次由生因緣行報因緣有如是對於彼自在施所造得彼則身能飛行由彼施主之德方便彼則有頭光明諸尊重梵行者病痛遭困厄車馬施彼則身能飛行

飲酒其犯邪　性犯㝡重罪　飛比丘遊行
行自造人後

尊婆須蜜菩薩所集行揵度第九竟

尊婆須蜜菩薩所集智揵度首

又世尊言彼於不淨修念覺意云何於不淨修念覺意或作是說計意作不淨想挍計身中而修念覺意如是於不淨修念覺意或作是說覺意分別不淨覺意中間入不三昧不三昧中間修念覺意復次相各自有義當作是觀然不與不淨念覺意相應

又世尊言比丘汝等當修護比丘若修護已盡斷除欲界愛盡色界愛盡无色界愛盡於此憍慢盡無明云何修護或作是說諸覺意四禪四等或作是說修無漏四禪或作是說護覺意不忘失復次修道得諸果實故於

此說諸所生即滅常得護也於欲界愛盡等越次取證時云何修斷欲界相應結思惟所斷而修行道或作是說彼不盡便修行道彼本以盡已世俗道問四諦所斷結已盡世俗道欲使彼盡不修道耶修道法忍是故思惟所斷盡而修行道答曰彼非四諦也斷修法忍也以賢聖諦起此道問若四諦所斷已盡不修行道者不以彼結世俗道永斷結使是故見諦人不究竟盡或作是說彼滅未來結問欲界愛盡等越次取證以未來所修以思惟斷答曰彼不得思惟斷道設得是時世間思道若知彼力契經者或作是說未知智中間起思惟道問彼不實有阿那含須陁洹得禪答曰進前取阿那含是故修行道諦便得阿那含然須陁洹不得禪復次二種結已盡思惟彼二種事修行二事有二智修行於彼愛盡等越次取證無量之事皆悉具淨修其心作如是行道以三界結四諦斷欲界相應用思惟斷修行諦聖住阿那含處彼時亦

作是觀欲界相應結使用思惟斷修
行道時諸得未来善根當言滅諸結
使也或作是說當言斷滅問云何以未
来道滅答曰未来之道便有力勢現
在不滅也諸有力勢生彼則能滅如
是未来之道有力勢生彼則能滅復
次當言彼不能滅也以未知智所領
當言用思惟所斷以世俗之數彼非
身所習出要以何等故五處之陰不
言是想意止或作是說法意止所攝
當言想身意止色陰所攝痛意止者
痛陰所攝也法意止者想陰所攝也
行陰者此無為也復次心意止所攝
當言是想也身身相觀痛痛相觀於
痛思惟一切心處所作如是觀法意
止者合數之義於陰垢著染汙當作
如是觀須陁洹住果實心於三界中當
言成就等智當言不成就等智或作
是說當言成就何以故善根者以二事
滅不相應果滅縛著於彼若去離界
然須陁洹不退轉越彼界是故當言成
就復次覺知三界時以捨等智復次
空於空無願於無願無想於無想當言

成就也彼不捨意也又世尊言
法園觀浴池　婆羅門異學　閑靖無垢濁
與諸真人俱　我浴神諍訟　不漬體滅惡
說是語是義云何答曰賢聖沙門津
於此義中法園觀浴池也彼不顛倒
結已盡心枝葉諸垢永盡謂之法也
不順從戒是謂戒梵志未越不善根
觀彼不善是謂閑靜无穢無濁於佛
聲聞發懽喜心是謂與諸真人俱成
就等智分別等智覺知深義而入其
中是謂浴神心無有垢穢亦不作是
想或作是說滅本惡心不作是想是
謂不漬身滅惡也以何等故空緣有
漏耶無願者亦緣有漏亦緣無漏或
作是說空者緣苦諦緣有漏無願者
亦緣苦諦亦緣習諦亦緣道諦是故
無願亦緣有漏亦緣無漏復次各自
憑已亦不自覺亦不得無漏法是故
空緣有漏也現有所失能知棄捨尒
時無復有願田業之想如羣鹿驚四
面無有障礙於中無願亦緣有漏亦
緣無漏世俗上無我智有何差別或
作是說世俗為下增上為世俗上或

作是說一切無我智是謂世俗上
切順越世俗復次諸分別曉了是謂
世俗諸不曉了彼謂之世俗上復次
世俗無我智作識別觀方便非方便
有如斯事作是思惟彼自相彼無巧
便無我自度視世俗上以何等故未
知智非緣欲界或作是說法智已作
緣問忍已作緣法智不作緣或作是說
現有法智懸思未知智現有欲界是
故而不作緣問欲界之中或有現或
無有現色無色界或有現欲界愛復
次此不相應世尊亦說彼以此法見
知自過去未来將往是謂往是謂當
言未知智是故有未知智緣欲界
覺意而敷演　欲界根上陰　須陁洹法空
差別若干界
以何等故生終世俗智便忘失然非世
俗上或作是說世俗智富足以智相
佐世俗上智者亦富足以彼相佐而
不修行或作是說垢力勢大非世俗
智以垢所纏然後世俗力大非結不
為結所纏復次作世俗智想作等想
現有所說世俗上智者作無想與相

尊婆須蜜論卷第八　第四十六張　華

應如實義因長益處所緣得其章義
依彼有功德不可沮壞以何等故阿
羅漢謂之不成就學法耶或作是說
此已捨學法逮果果行或作是說得
無學法則不成就學法此之謂也或
作是說若成就學法者則是其學若
成就無學法則無學法也復次根度
無極則有緣果度無極果度無極緣
入度無極於中阿羅漢當言不成就
學法彼則有此不如意亦不學亦不
不學法不成就也當作是觀當作限
量世俗之法學無學法也以何等故
四辯才二界有漏二於三界無漏或
作是說不於此色界中名身句身有
所繫有所敷演所有無漏智是故二
界有漏也復有無色界第一義不迴
轉智三昧入彼三昧不迴轉智若無
漏智迴轉者然此三界皆悉無漏復
次無色界無有辯才然辯才非有漏
亦不生有漏中間有漏以何等故六
通三有明三非有明或作是說一第
一義明盡有漏二便招來得其明聲
或作是說阿羅漢因果報智明自識

尊婆須蜜論卷第八　第四十七張　華

宿命知我從其處終緣此因緣而生
是間因果報者微視通我其處終由
此因緣當生彼間因果智而知盡有
漏智者我已此道而盡有漏諸因果
報智復次第四通自知所從来第五
通知始生智者第六通與共相應是
謂智盡有漏若相應智者彼第一義
明初通者知諸伎術第二通者攝持
諸聲第三通者而觀自相如此三解
脫門空無願無想以何等解脫門等
越次取證答曰空無願生便能越已
生當言等越次取證如得分別智以
何等故未知智不與同緣色無色界
或作是說一時敷演見諦所斷結問
此亦是我疑何以故二界見諦所斷
一敷演然非三界二界有何差別見
諦所斷然非思惟所斷或作是說無
常苦空無我問三界集聚是謂無常
或作是說不現未知智彼可量現在
前問欲界少有現色無色界不現是
故現非義復次是謂三界等越次取
證是謂當言未知智此是其道等越
次取證忍與智有何差別或作是說

尊婆須蜜論卷第八　第四十八張　華

忍能忍事智能知物問無智者能忍
乎忍時有智耶或作是說忍為下智
為上或作是說盡道為忍道果為智
復作是說斷道為忍解脫道為智復
作是說斷道為忍無所罣㝵為智復
次如行道人不能前進便自勸勉安
隱到處所如是等越次取證先得智
慧眼導引為忍越彼岸為智忍為不
諸不忘學法　分別覺意門　来生及分別
忍法是十經
用何等故以忍斷結然不用智或作是
說道已生便斷是故忍斷結忍已能
捨是智不能斷忍無不斷結或作是
說盡道為忍道果為智然非以道果
斷結是故不以智斷或作是說盡道為
忍解脫道為智非以解脫道斷也是故
智不斷復次見地見諦所斷結
盡道障道不等道斷也此相應是故
忍斷以智覆不生當作是觀以何等
故盡時忍斷結斷結非生時或作是
說盡時忍現在道斷結是故盡時忍
斷結若忍生時道未生則不能斷是
故生時不斷問若生時忍不斷結者

彼不有違耶荅曰然生時忍不斷者如是彼則不有違所以生斷是故彼相佐助問若自觀者忍已生彼便自滅無生無復闇冥復次若所生忍滅結已生當言便盡猶如然明闇冥悉除問若所生忍滅當言是結耶已生道未知忍一切見諦所斷結盡是故忍成就須陁洹荅曰一切見諦所斷結盡不以智集聚名須陁洹何以故不以此有為得須陁洹果如世尊說於是比丘諸觀五盛陰如實而知是謂須陁洹不以見苦名須陁洹亦作是說三結盡名須陁洹不以忍集聚名須陁洹

又世尊言比丘說一切結時四意止等說而說世尊亦說說善聚比丘時四意止等說而說然一切諸法非善說是語其義云何或作是說說一切法時四意止等說而說道有緣以是故說善說善聚時四意止等說而說亦由道說復次說一切法時四意止等說而說由八正道三十七品以是故說說善聚時四意止等說而說第

一義聚善聚由是故說諸如來相義起微妙智諸聲聞亦有此微妙智耶設聲聞有此微妙智彼是如來相義起微妙智耶或作是說諸如來相義起微妙智彼相義聲聞有也起微妙智諸眾生類於彼如來聲聞起微妙智如彼智境界迴轉時復次不應作是說眾生微妙智心智慧懽喜有其誓願微妙智者彼聲 聞漸漸而知現在前如來者於智得自在心思惟心三昧清淨於欲便能無有罣礙起微妙智以何等故四意止無身意止生耶或作是說意止無有思惟漸漸而至復次漸漸有益如來之教漸漸諷誦承受者復次身身相觀作諸意痛痛相觀流行痛痛相觀作諸意心心相觀有流行心心相觀作諸意法法相觀有流行如是漸漸修意止以何等故七覺意中謂先謂念覺意耶或作是說次第言之復次如來次第所說為誦者所說復次念覺意先現在前為人次第說修說覺意如所說如彼所念●法選擇諸法亦復觀知味

諸法於彼法選擇亦復覺知諸法之時便有勇猛發懽喜意意感不少無有異身心有所猗受樂使三昧觀其心意以何等故八賢聖道先謂之等見或作是說賢聖道不審修行復次如來次第說為誦者所說復次等見為人次第行道猶如一切四神足中以得自在精進心定以何等故一切自在三昧盡行成就是謂四神足精進三昧心三昧三昧盡行成就是謂神足或作是說諸增上起諸三昧彼彼所說如所說比丘自在增上得諸三昧彼有自在三昧精進心比丘增上得諸三昧彼則謂三昧復次如此諸事轉增以三昧定或時禪三昧增得自在起諸自在自在迴轉或時精進增起諸精進精進迴轉或時心增起心心心迴轉或時味增起味味迴轉於中說四神足便有增上五根五力有差別或作是說增上為根義不可沮壞為力義復次外種力當觀修根內種力當觀修力於彼修行人諸根不牢固謂之根不可沮壞謂之力

又世尊言猶言一信餘或從餘處聞
或覺諸種以見觀人復次有智不可
壞智此處不然説是語其義云何或作
是説須陁洹種於彼心欲親近善知識
何以故由信生欲礼拜承事從彼聞現
説法言得知諸種思惟惡露見諸禅
現法法相生義復次先有所聞如一切
諸行無常也於彼智得諸信由有信
便有智慧善亦智慧如其實義彼謂
之欲欲義者已智攝彼好醜觀諸行挍
計筭數如其實義起智慧眼如憶彼
諸法見諸忍
二忍一切法　諸種身為初　覺意見所墮
種種及餘處
以何等故以苦種等越次取證然不
由惱瘡癀或作是説瘡癀有漏然非
有漏道等越次取證苦種無漏以無
漏道等越次取證復次瘡癀種者界
柔差集聚漸漸興起苦種者以苦陰
相應作如是觀苦種瘡種癀種有何
差別或作是説苦種瘡種癀種有漏
苦種無漏復次苦種切身之相癀種
瘦疾之相瘡　種起漏之相以何等故

眼根謂之見耶或作是説是世俗所
見語如有見淨有見不淨復次還眼
便有所見世間契經是謂眼根謂見
以何等故忍不謂智或作是説智能
知事忍不能知是故忍不謂之智復
次已得見是謂有智非以忍有智是
故忍非智以何等故盡智無生智不
謂之見或作是説若盡智無生智是
見者則九種成就阿羅漢亦説十種
成就阿羅漢是故彼智不謂之見問
如無學等見謂之智有其定處云何
彼非智是見耶彼亦有行處復次智
當見度彼岸為見彼所度便有是云
何不十種有定當言是觀八種為地
如此智當言無學法猶如此三解脫
門空無願無想等越次取證當言得
已起等越次取證當言得荅曰空無
願等越次取證當言得以越次取證
當言得無想者已越次取證當言得
若空三昧時彼修無願三昧耶設修
无願三昧彼修空三昧耶或作是説
或空非無願云何空非無願已得空
三昧現在前是謂空非無願云何無

願非空已得無願三昧現在前不得
無願三昧現在前不得是時修空三
昧是謂無願非空云何修空無願不
得空三昧而現在前得是時修無願
三昧不得无願三昧而現在前得是
時修空三昧不得無想不得世俗智
而現在前得是時修空无願三昧是
謂修空無願三昧云何不修空非無
願本得無想三昧而現在前若本不
得無想三昧而現在前不得是時修
空無願三昧本得世俗智而現在前
若本不得世俗智而現在前不得是
時修空無願三昧一切凡夫人染汙心
無記心滅盡三昧無想三昧無想天
是謂非空非無願復次或空非無願
學見迹若阿羅漢得空而現在前或
無願非空修行習忍智迴轉時道法
忍迴轉時道法智修行迴轉時道未
知忍迴轉時學見迹若阿羅漢得無
願三昧而現在前或空無願修行苦
時忍智迴轉修行法時道未知智迴
轉時學見迹若阿羅漢不得空無願
無想而現在前或非空非無願三昧

修行盡時忍智迴轉學見迹若阿羅漢本得無想三昧而現在前一切世間心思惟不修空不修無願三昧於中亦有降伏想若修空三昧彼修無想三昧耶設修無想三昧彼修空三昧耶或作是說空非無想云何空非無想得空三昧而現在前若不得空三昧而現在前不得是時修無想三昧不得無願三昧而現在前得是時修空三昧云何无想非空得無想三昧而現在前若不得無想三昧而現在前不得是時修空三昧云何修空無想不得空三昧而現在前得是時修無想若本不得無想三昧而現在前得是時修空三昧不得無想三昧而現在前得是時修空三昧不得世俗智而現在前得是時有空無想三昧去何非空非無想得无願三昧而現在前不得無願三昧而現在前得世俗智而現在前不得世俗智而現在前是時不得修空無想三昧而現在前一切染汙心無記心入無想三昧滅盡三昧不修空三昧非無想是謂非

空非無想復次或空非無想修行苦時忍智迴轉學見迹若阿羅漢得空三昧而現在前或無想非空修行盡時忍智迴轉學見迹若阿羅漢得無想三昧而現在前或空無想修行道時未知智迴轉學見迹若阿羅漢不得空無願無想三昧而現在前去何非空非無想修行習時忍智迴轉道未知智周迴修行道法智道未知忍迴轉時學見迹若阿羅漢本得無願三昧一切世間心思惟不修空無想三昧不於其有降伏若修無願三昧彼修無想三昧耶設修無想三昧彼修無願三昧耶或作是說或无願非無想去何無願非無想得無願三昧而現在前不得無願三昧而現在前是時不得空三昧而現在前是時不得修無想三昧不得空三昧而現在前三昧而現在前不得無想三昧而現在前是時不得修無願三昧去何修無願無想三昧不得無想三昧而現在前得是時修無想三昧不得無想三昧而現在前得是時修無願三昧

不得空三昧而現在前得是時修無願無想三昧不得世俗智而現在前是時修無願無想三昧去何非修無願無想三昧得空三昧而現在前得世俗智而現在前不得世俗智而現在前是時不得修無願無想三昧一切染心無記心無想三昧滅盡三昧無想天修無願無想三昧是時謂不修無願無想三昧

復次或無願非無想修行習時忍智迴轉道未知忍迴轉時修行道未知智道未知忍迴轉時學見迹若阿羅漢得無願三昧而現在前或無想非無願修行盡前忍智迴轉學見迹若阿羅漢得無想三昧而現在前去何無願无想修行道未知智迴轉時學見迹若阿羅漢不得空無願三昧而現在前或非無願非無想三昧學見迹若阿羅漢得空三昧而現在前一切世俗心思惟不修無願無想三昧於其中有降想若應時修空三昧彼時修无願三昧耶設應時修無願三昧彼時修空三昧耶當作是說如上所得

然不及現在前復次若應時修空三
昧彼時不修無願三昧設便應時修
無願三昧彼時不修空三昧何以故
時節迴轉當作是觀空無想亦復如
是無願無想亦復如是以何等故三
界修行等智謂之有漏耶或作是說
即彼三界所有彼是有漏也或作是
說所謂等智是以有漏也或作是說
如彼智諦得不如彼諦此當修行復
次三界所修等智師意作是想辟如
空無願無想於無想故曰修於彼作是
想當作是觀以何等故色界不等越
次取證或作是說彼無有此猒患之
法猶如欲界也問不以此患等越次
取證設有患者惡趣中亦等越次
取證或作是說欲界有是行報問若
於欲界取般涅槃云何有色無色界
行報耶荅曰欲界受報問有何因緣
色界無色界行報非欲界受色無色
界行報或作是說以其軟根不等越
次取證問猶如此間利根而生彼間
云何彼間有軟根荅曰彼生自尒問
非色界无指人起賢聖道耶荅曰已

得能起問不得無學道能起復次便
有降伏想復次於此間作行命終生
色界因相有力故彼不等越次取證
若㝡初起無生智為幾智中間起或
作是說或盡智中間起我已知苦盡
智然不知無生智起一切諸諦復次
三盡智中間起我生死盡是謂盡智
我梵行立是謂盡智所作已辦是謂
盡智更不受後身是謂無生智
已說二苦相　眼忍智越次　思惟觀三界
有生猶如本
以何等故苦智知苦智習智知習智
道智者唯道智耶或作是說苦諦有
漏五陰於彼苦智迴轉因智亦迴轉
道者無漏五陰彼出要智便迴轉於
彼有道智復次於苦思苦與迴轉有
順是故謂習智道智復次苦與迴轉
有順於彼有習智道智一思惟相若
緣是說者於中不可沮壞世尊界根
智為緣何等或作是說因智道智界
根智也彼因道是其緣或作是說諸
根展轉界根智是其智也復次㝡第
一義善緣界根恐畏猒患有何差別

或作是說欲界相應為恐畏三界為
猒患或作是說有已為恐畏彼我為
猒患問結中間為畏善根中間為猒
患復次覺知怨敵欲住障者是為恐
畏心馳逸為猒患強顏無畏有何差
別或作是說結中間為強顏善根中間
為無畏復次意所入餘處為強顏意
剛強為无畏捷疾智速智有何差別
荅曰捷疾義實曉了速對以彼漸漸
方便義次第捷疾智利智無导智有
何差別荅曰斷諸結為利智分別諦
為無导智甚深智慧普遍智慧有何
差別荅曰覺知此緣是甚深智慧
長益衆多普遍智慧別智慧廣智慧
有何差別荅曰種種相覺知諸義是
謂別智慧一處普遍智是謂廣智慧
所可用智逮須陀洹果彼智慧當言
已知根所攝未知根所攝荅曰所可
用知無為逮須陀洹果彼智當言已
知根未知根所攝猶如一切結見四
諦悉斷以何等故或見諦斷或思
惟斷此之謂也或作是說見諦道斷
者彼見諦所斷也思惟道斷者彼思

惟斷也問彼有長益現一長益或有餘思惟答曰如齊眼所見彼齊眼思惟如齊眼思惟彼眼所見是故無力勢或作是說彼最初見諦斷者彼見諦所斷也見諦者已見諦住斷或習而斷彼思惟斷或作是說諸忍所斷彼見諦斷也諸智所斷彼思惟斷也或作是說有前敵彼思惟斷諸無前敵彼見諦斷也復次諸等智歷非因緣猶如以木鑽火彼見諦斷彼見長益斷如想心耶彼鑽彼思惟斷

苦世尊猒患　強顏捷疾利　甚深別智慧
須陁洹及諦

尊婆須蜜菩薩所集智揵度第十竟

尊婆須蜜論卷第八

甲辰歲高麗國大藏都監奉

勑彫造

尊婆須蜜論卷第八

校勘記

一　底本，麗藏本。

一　八九四頁上一行經名，資、磧、普、南作「尊婆須蜜菩薩所集論卷第八」；徑、清作「尊婆須蜜菩薩所集論卷第十」。

一　八九四頁上四行「菩薩所集行揵度首」，資、磧、普、南作「行揵度首」；徑、清作「行揵度首第九之一」。

一　八九四頁上一一行第八字及一二行第五字「還」，諸本作「逮」。

一　八九四頁中末行第一一字「閒」，諸本作「中間」。

一　八九四頁下三行第五字「壯」，諸本作「牝」。

一　八九四頁下八行「衰耗」，資作「衰耗」。下同。

一　八九四頁下九行第五字「作」，諸本作「復作」。

一　八九五頁上八行第六字「言」，諸本作「若」。

一　八九五頁上一四行第五字「口」，諸本作「是口」。

一　八九五頁下一一行「苦原樂原」，資、磧作「若源樂源」。

一　八九五頁下一九行第三字「始」，諸本作「垢」。

一　八九六頁上二行第一三字「由」，諸本作「有」。

一　八九六頁上一六行第一三字「戒」，諸本作「戒者」。

一　八九六頁上二〇行末字「發」，諸本作「設」。

一　八九六頁中七行「行口」，諸本作「口行」。

一　八九六頁中末行第二、第七字「還」，諸本作「逮」。次頁中一二行第七字同。

一　八九六頁下一五行第四字「比」，徑作「此」。

一　八九七頁上一八行第六字「得」，

諸本作「德」。

一　八九七頁中九行第三字「心」，諸本作「恴」。

一　八九七頁中一〇行第一二字「貧」，徑作「貪」。

一　八九七頁中二一行第四字「福」，諸本作「福田」。同行第一一字「理」，磧、普、南、徑、清作「埋」。

一　八九七頁下一〇行末字「實」，諸本作「實是」。

一　八九八頁上五行第二字「及」，諸本作「返」。

一　八九八頁上一〇行第七字「藕」，諸本作「偶」。

一　八九八頁上一五行第二字「聲」，諸本作「報」。

一　八九八頁上一六行第七字「欲」，磧作「故」。

一　八九八頁中七行「熱生熱宮」，諸本作「殺害殺生」。

一　八九八頁中二二行末字「想」，諸本作「法想」。

一　八九八頁下四行首字「種」，諸本作「福」。

一　八九九頁上一五行第九字「塔」下夾註「多盧反」，磧作「多溢反」，徑、清無。同行第一〇字「鞞」下夾註「淨尼」，諸本作「淨居」。

一　八九九頁上一七行首字「彼」，諸本作「使」。

一　八九九頁中八行末字「要」，徑、清作「惡」。

一　八九九頁中一九行第五字「識」，諸本作「熾」。

一　八九九頁下一二行第六字「悔」，諸本作「誨」。

一　八九九頁下一三、一四行「田業」，徑作「由業」。

一　八九九頁下一五行第一二字「揵」，諸本作「健」。

一　九〇〇頁上一行第一一字「罪」，諸本作「惡」。

一　九〇〇頁上一一行首字「又」，諸本作「說又」。

一　九〇〇頁上一三行第六字「聖」，諸本作「集」。

一　九〇〇頁上一四行第二字「還」，諸本作「逮」。

一　九〇〇頁上一九行「人行」，徑、清作「行人」。

一　九〇〇頁中一五行第一一字「建」，資作「逮」；磧、普、南、徑、清作「逮」。

一　九〇〇頁中二二行第四字「本」，徑作「彼」。

一　九〇〇頁下六行第一二字「誨」後，徑、清有「行揵度第九之一竟」并換卷，卷第十終，卷第十一始。

一　九〇一頁中四行第三字「溺」，諸本作「若」。

一　九〇一頁中一五行第八字「當」，磧作「常」。

一　九〇一頁下五行「阿羅訶」，諸本作「阿難」。

一　九〇一頁下七行第六字「住」，資、磧、普作「往」。

一　九〇一頁下二一行首字「悔」，諸本作「誨」。下同。

一　九〇二頁上九行第一二字「説」，諸本作「況」。

一　九〇二頁上一八行第三字「意」，資、磧、普作「法」。

一　九〇二頁上一九行第七字「常」，諸本作「當」。

一　九〇二頁上二一行第一三字「有」諸本作「者」。

一　九〇二頁中五、一二、一三行「牽逮」，諸本作「牽連」。

一　九〇二頁中七行「狗犬」，諸本作「狗吠」。

一　九〇二頁中九行第二字「諸」，諸本作「者」。

一　九〇二頁中一一行首字及九〇四頁上二一行第九字「漸」，諸本作「漸漸」。同行第一二字「善」，諸本作「義」。

一　九〇二頁中末行末字「更」，諸本作「便」。

一　九〇三頁上六行第七字「寂」，諸本作「取」。

一　九〇三頁上一八行第一〇字「由」，磧作「生」。

一　九〇三頁上一九行第三字「謂」，諸本作「是謂」。

一　九〇三頁中二行第四字「彼」，諸本作「有彼」。

一　九〇三頁下六行第七字「處」，磧、普、南、徑、清作「想」。

一　九〇三頁下八行「丸地」，磧作「丸他」。

一　九〇四頁上五行第一一字「從」，諸本作「彼」。

一　九〇四頁上八行首字「報」，諸本作「教」。

一　九〇四頁上一四行第一〇字「盡」南作「毒」。

一　九〇四頁上一七行第三字「苦」，清作「若」。

一　九〇四頁上二〇行第七字「問」，諸本作「問所」。

一　九〇四頁中八行第一一字「是」，諸本作「亦是」。

一　九〇五頁上二〇行「根相」，諸本作「相貌」。

一　九〇五頁中一五行第五字「全」，諸本作「今」。

一　九〇六頁上七行第一一字「滅」，諸本作「減」。

一　九〇六頁上一八行末字「不」，諸本作「彼不」。

一　九〇六頁中一〇行第五字及第一一字「性」，磧、普、南作「姓」。同行第六字「有」，磧作「不有」。

一　九〇六頁下一八行第一一字「善」，磧作「業」。

一　九〇七頁上八行第九字「施」，諸本作「説」。

一　九〇七頁上九、一〇行第五字「還」，諸本作「遠」。

一　九〇七頁上一一行第二字「與」，諸本作「興」。

一　九〇七頁上二〇行末字「界」，諸

本作「界受」。

一　九〇七頁中四行第七字「頭」，諸本作「顛」。

一　九〇七頁中九行，磧、普、南作「行揵度第九竟」；徑、清作「行揵度第九之二竟」。

一　九〇七頁中九行末字「竟」，至此，諸本換卷，資、磧、普、南卷第八終，卷第九始；徑、清卷第一一終，卷第一二始。

一　九〇七頁中一〇行，資、磧、普、南作「智揵度首」；徑、清作「智揵度首第十」。

一　九〇七頁下一四行第一三字「經」，諸本無。

一　九〇七頁下二二行第五字「結」，諸本作「結以」。

一　九〇八頁上二二行第五字「知」，諸本作「智」。

一　九〇八頁中三行「諍訟」，諸本作「詩頌」。

一　九〇八頁中七行第二字「順」，諸本作「慎」。

一　九〇八頁中一二行第五字「說」，諸本作「想」。

一　九〇八頁下二行首字「切」，磧、普、南、徑、清作「一切」。

一　九〇九頁下八行末字「不」，諸本作「下」。

一　九〇九頁下一〇行「法是」，諸本作「滿具」。

一　九〇九頁下二〇行第八字「結」，諸本作「然」。

一　九一〇頁上四行第六字「鬧」，諸本無。

一　九一〇頁上五行第一〇字「然」，諸本無。

一　九一〇頁上一一行第五字「諸」，諸本無。

一　九一〇頁中九行末字「智」，諸本作「知」。

一　九一〇頁中一四行第一二字「教」，諸本作「數」。

一　九一〇頁下三行第一〇字「使」，諸本作「便」。

一　九一〇頁下一二行首字「彼」，諸本無。

一　九一〇頁下一六行第一二字「時」，諸本作「時三昧」。

一　九一〇頁下一八行「味增起味味」，諸本作「三昧增起昧昧」。

一　九一一頁上一行第六字「言」，諸本作「如」。

一　九一一頁上七行第四字「相」，諸本作「法相」。

一　九一一頁上一〇行第九字「彼」，諸本作「後」。

一　九一一頁上一一行首字「計」，諸本無。

一　九一一頁上一七行「等越」，諸本作「越等」。

一　九一一頁上一九行第二字「差」，南、徑、清作「差別」。

一　九一一頁上二二行至末行第六字「瘢種疲疾之相瘡種」，諸本作「瘡種疲疾之相瘢種」。

一　九一一頁中二行第一三字「還」，諸本作「遠」。

一　九一一頁中四行第一三字「智」，諸本作「謂智」。

一　九一一頁中一七行第二字「起」，[南]、[徑]、[清]作「越」。

一　九一一頁下二一行第八字「法」，諸本作「道」。

一　九一二頁中六行第四字「智」，[磧]作「音」。

一　九一二頁中一六行第一三字「在」，諸本無。

一　九一二頁下五行第七字「前」，諸本作「現前」。

一　九一二頁下八行第一二字「時」，諸本無。

一　九一三頁上二行第一一字「便」，諸本作「使」。

一　九一三頁上四行第六字「作」，諸本作「修」。

一　九一三頁上一九行第一二字「色」，諸本無。

一　九一三頁下四行第九字及次頁上五行第一一字「住」，諸本作「往」。

一　九一四頁上一四行「尊婆須蜜菩薩所集」，[南]、[徑]、[清]無。

一　九一四頁上末行經名，[資]、[磧]、[普]、[南]無(未換卷)；[徑]、[清]作「尊婆須蜜菩薩所集論卷第十二」。

尊婆須蜜論卷第九　華

尊婆須蜜造

符秦罽賓三藏僧伽跋澄等譯

菩薩所集見揵度第十一

若諸法是彼法因緣頗有時彼法當言非彼法因緣耶或作是說猶如彼法未生尒時彼法非因緣或作是說以事因緣故因及餘因緣非因緣次定一切諸行各各自因自果及獲餘果報永不復生設當尒者界有差違冣有吉法

阿羅漢從阿羅漢退還復得阿羅漢果諸得根力覺道意當言本得得當言本不得得或作是說若得等解脫當言本得得若得無㝵解脫當言本不得得復次阿羅漢有六種根而有增減諸阿羅漢分別其義彼於此相應時彼本不於他得道迹有益思惟有益斷有益思惟當言本得得是謂有道思惟斷有長益當言本不得得若阿羅漢作阿羅漢想布施假使非阿羅漢而作阿羅漢想布施何者冣得福多或作是說若阿羅漢作阿羅漢想布施者彼冣得福多也何以故田業有增益妄處良田問如心意行如念所起云何作是說受福冣多若由良田得福多者諸有施一阿羅漢彼盡得平等福是故此事不然或作是說二俱受福等何以故一以良田第二由心故問若以良田心有益者非由心故云何得平等福復次若非阿羅漢作阿羅漢想布施者彼冣得福多何以故彼阿羅漢功德心冣微妙問若尼揵子外道異學作阿羅漢想布施者彼冣得福多耶荅曰彼不知阿羅漢功德也若復彼是阿羅漢作阿羅漢想布施者如是彼冣得福多彼無是力緣阿羅漢功德若得知阿羅漢功德彼不與外道異學尼揵子施復次取要言之猶如枯朽燋柱作阿羅漢想而惠施者於彼亦大得功德

不得何等須陀洹果設得便失或作是說如彼須陀洹七反往來有信解脫彼見諦果所攝不得須陀洹果彼若得見諦彼信解脫果所攝便棄須陀洹果復次彼須陀洹七反周旋彼濡須陀洹所攝諸鈍根不得中上如須陀洹家家遊者若二若三於彼遊行盡其苦本彼須陀洹下根所攝便次之已得中上若須陀洹家家遊者二家周旋盡其苦原彼下中須陀洹果所攝便棄之非以無為須陀洹果若得若棄

若諸法成就彼法相成就耶假使諸法相成就者彼法成就耶荅曰若諸法成就者彼法相成就也外衆相不成就若諸法自相成就彼法成就也若諸法不成就彼諸法相不成就耶或法相不成就彼法非為不成就外衆相不成就彼法自相成就

成就者其義云何自相相應是謂成就不成就者其義云何不自相相應是謂不成就又世尊言是謂生此生作如是說命異身異設作如是說彼二同一義分別有若干云何同一義荅曰若自依已得彼緣義作如是說當親近尊

諸作此見彼命彼身云何生此見或作是說生身便生此見乃至有根身與相應令亦復然於中復有命復有身或作是說觀衆生根衆生相衆生者衆生根衆生性衆生類衆生種於中便有彼命彼身如是所說女身有力於中不有短有大身不覺更樂苦者意根斷絶

諸所生見命異身異云何生此見或作是說展轉觀身心心者亦展轉相觀彼心心法作我想命異身異而有此見或作是說諸有禪者觀其威儀作因緣觀彼因緣彼便作是意身異命異身所為行迴轉時或作是說身不壞敗便命終便作是念身異命異若身未住便命終或作是說睡眠之中夢見身遊行於是有身彼便作是念命異身異若夢中有所遊行或作是說以三昧自憶宿命於彼彼終生是間彼見身住於中便作是說身異命異或作是說徹聽以天眼觀衆生類衆生生時衆生死時身在中陰縛而見彼便作是念是命身俱遊復次

身中間憶本所更巧便迴轉彼便作是念命異身異若後他人曰命異身異

諸所生見無因無緣衆生垢著非有因非有緣衆生染著云何生此見或作是說若處閑居或作是說觀諸垢起觀處宮中或見清淨彼便作是念無因起諸垢著復次以二力故生諸垢者若因力若境界力由是因緣而不知無因無緣衆生染著得諸見若他人說諸所生見無因無緣衆生清淨非有因非有緣衆生清淨云何生此見或作是說於此觀至空閑處而不清淨處深宮中或有清淨於中便作是念無因而有清淨復次以三力故清淨因力境界力方便力彼相應時因力境界力善法如迴轉有清淨生由是故不知無因無緣衆生清淨得此見若以他說

諸所生見無因無緣衆生無智無見非有因非有緣衆生無智無見云何生此見或作是說彼便有無慇懃者云何起無智無見若復生者如是無

智於中便作是念無因無緣衆生無智無見也復次生死行因緣無方便行亦不勤求住無智無見中不思惟彼因與餘相應無智無見相應有不相應時智相應時無因無緣衆生無智無見得諸見若由他說諸所生見無因無緣衆生智見非有因非有緣衆生智見云何此見或作是說觀慇懃者不起智見以少慇懃或起智見於中便作是念彼以無因衆生有智見復次有五事智見迴轉名所攝義所攝對偽知彼因與餘相應智見相應不相應知是時無因無緣衆生智見得諸見若由他說

諸所生見無力無精進云何生此見或作是說或見人貌有得田業有不得田業或復有人貌少有田業於中無果人貌無力无精進得諸見復次有衆多相應於今世後世或有得果報於彼或以事而不得果報慇懃人於中不得果時無力無精進得諸見若由他說

因他本所緣　須陁洹成就　四種及二種

因命四種力

諸所生見無施無受者契經云何生此見荅曰善行惡行果所生若親近時於中不可知果實無善行惡行得諸見或由他說無今世無後世亦無衆生類有生者如是有彼觀無有父因事而有世無阿羅漢修行道人而无有道

諸所生見於此間有命活後世更不復死云何生此見或作是說是謂人有吾我身彼若命終時地身還歸地水歸水火歸火風歸風諸根歸虛空或作是說度世陰時不見歸來於此間命活得諸見復次處胎中若胎中終而觀其命彼亦見終始於此間命活得諸見或由他說

又世尊言有六生云何有六生或作是說如契經所稱黑生之人於黑法生復次異學言有六生黑生青生黃生白生赤生微妙白生於彼黑生屠賭魚捕鹿放鷹煞牛及餘惡行青生者尼揵子學道者黃生者處在居家稟受於梵志赤生者如沙門釋子及

諸修梵行者白生者倮形學道微妙白生者難陁婆磋説梨舍僧訖栗姤瞿舍盧味迦梨子

諸所生見實有此七大身不作不應作不化不應化寡聚離甚深住云何生此見或作是說四大性苦樂性展轉迴轉不觀有勝彼依識命相此七身不作不應作得諸見或作是說四大苦樂四大以生觀彼時有七身不作不應作如是得諸見復次心之與色選擇所見於中不懐自覺七身不作不應作如是得諸見或復有時由他說

諸所生見無有風云何生此見或作是說風有命想彼復作是念無有風此是衆生類復次有常想壞敗想依彼無有風得諸見若由他說

云何得知此非富貴所造或作是說設當自富者彼則富一切諸物俱有迴轉也續生不斷是故富貴非其因復作是說若富是因者一切諸物則相類也與前是因展轉妙物是故富貴因復次若富是因者內無物事不

集聚不於中間事不集聚不有物是故富非因云何得知此非因荅曰設非因作者集聚當有一切物續生不斷觀彼因縛續不復生復作是說若無因物迴轉者一切諸物皆當相類因有增便果有增是果非因復次若物無因迴轉者不於中間有進有集聚也不於中間事不集聚於中得知非有因物迴轉云何得知彼非命彼非身荅曰身若干種自相壞敗無壞之相命所愛也於中得知彼非命非身也或作是說身因緣所縛展轉而生非命展轉愛於中得知彼非命非身也復次身所造若自為若他為如是不愛命於中得知於非命非身也云何得知非餘命餘身荅曰餘命身不可得亦不有可得時亦不可說於中得知非餘命餘身復作是說身義異無數自然无所為然無數愛於中得知非餘命身也義所造我事往有展轉命非展轉愛於中得知非餘命身也

又世尊言彼作彼自得無記不可說

餘作餘自得此不可言說是語其義云何或作是說彼作彼自得者此順從有常餘作餘自得者此順從斷滅此二物而求如來處中而說法於中宣第一義覺知諸行餘作餘自得此不記或作是說彼作彼自得此無記無記得等諦是故現行不可壞非由而受行報復次彼作彼自得已作已自得世尊說空於中不說餘作餘受報者當所作餘者受如是世尊說因緣是故不記云何得智餘行事所造或作是說設有行事造者彼事一切行行二俱所作行續生是故事不造行復作是說設事造行者一切行則非妙一事之中展轉行妙於中得知非事造行

復次設事造行者於中間有集聚行不於中間行集聚迴轉於中得知非事造行云何得知有餘處終或作是說見心被柔心迴轉於中便見終心被柔心迴轉也如是於中得知餘處終後作說本所生根所依根便有曠大根意因觀彼若處母胎中不於中間本根意彼亦不於中間本根是故宿命彼於此至彼中得知餘處終復次不於中間心心有所為見心色依彼色有其心垢相為心見色迴轉於中得知見有餘處諸有物步步生者以何等故本時不生或作是說事不充足問或無二事答曰無不有時得有果實問頗不有二時耶答曰無不有時現在因問此亦是我疑何以故不生或作是說諸物本時生彼現在因復次在未來因猶如無因若彼本時不生復次諸物本生今盡因生然本不盡本時果不生於中便當有況復行本時不盡耶當作是觀論中間非以盡事故說

如學學作是說物有壞敗然不盡去何得知物盡而不壞敗或作是說設物壞敗者於彼亦有來若子處母胎一時來若步步知於中得知物有盡而不壞敗或作是說若物壞敗者彼亦當來子處母胎形現斷絕常迴轉於中得知物有盡而不壞敗復次見是其事相應相思惟而生是故集聚物盡壞敗方便瞋恚有增所可得往於中知物有盡而不壞敗

若有於此生　富貴亦無因　命作餘處終
物盡及壞敗

見揵度第十一竟

尊婆須蜜菩薩所集根揵度第十二

賢陁羅耶契經廣說是語其義云何或作是說五識身境界意有迴轉於中便作是說此意遊行境界意有捐棄問如六垂契經說種種若干種問一切境界是意彼五識身見境界便有威儀或作是說五識身根聲所說意識為意聲五識身各各相持彼義是意識一切境界所持強記不忘猶如五匠師各有伎藝往諮受一人或作是說五識身境界現在五識身威儀過去未來意此契經之要復作是說五識身境界五識身自相現意識集聚而更之復作是說五識身境界攝五識身與餘相類復作是說五識身持意識身來彼相似因果種法是意識也五識身便有境界此之謂也復作是說意識身有二種有敷演有

不敷演有敷演謂之意境界
復次此是世尊教誡之語若說因緣優陁羅耶鄉五識身於此種義而敷演是故當知根欲知根者當憶身云何界諸根故曰意威儀境界意有盡意有念意本憶事意本憶事往欲知意方便者當憶所念云何彼意周流悕望本四意止而迴轉是故念方便欲知意方便者當憶四意止云何彼有念故曰念婆羅門當憶四意止四意止為本七覺意迴轉是故欲知意止方便當憶七覺意云何有此意止是故婆羅門四意止當憶七覺意修七覺意住明解脫是故欲知覺意方便者當憶明解脫云何有是七覺意是故婆羅門七覺意憶明解脫也猶如作明解脫彼彼得二根結斷是故欲知明解脫無明有愛愛斷當作是憶云何住明解脫是故婆羅門無明解脫憶涅槃轉陁羅耶憶久遠論以越此論世尊亦說是謂賢聖禁戒迴轉或有所覺少有所憶彼無明斷愛盡所作事辦故曰往至涅

槃我梵行立
未知根其義云何或作是說未越次之人不修行諸學智慧智慧根諸所有根堅法未修行四諦而修行之是謂未知根也何以故彼不一切覺智問須陁洹一切不覺知亦復以此一切覺知見諦之人便知諸根復次未知根者有如是相猶如眼根此人無有是相是故當觀阿毗曇相已知根者其義云何或作是說見諦之人諸學智慧智慧根及餘根信解脫見諦身證修行上四諦是謂是諦已知根何以故無知之人問彼人向便知欲使彼是智慧根耶復次我已知是謂已知根猶如眼根眼根是謂已知根猶如王目如依賢聖是已知根如依果樹有果無一切相是故當觀阿毗曇相
無知根者其義云何答曰漏盡阿羅漢諸無學智慧智慧根及根已辦解脫智慧解脫若阿羅漢見法善居處是謂無知根何以故以作衆事此諸根也

以何等故涅槃謂之無漏或作是說彼不生有漏復作是說不能生有漏復作是說彼不起有漏復作是說彼不與有漏相應復次彼不造有漏亦不希有漏是故涅槃謂之無漏以何等故涅槃謂之無智或作是說云第一義無智阿羅漢問此亦我疑何以故作是說無智果謂之無智猶如行果六情謂之本行尊作是說諸有敬此無智是涅槃彼便有無智自然涅槃是故當捨此非論也
以何等故想不謂之根耶或作是說增上義是根義然想非增上類問如所說一切諸法各各增上是故想亦當有增上復作是說想不能斷除結問如所說修無常想盡斷欲愛是故想亦斷結復作是說想不為根所攝如所說修無常想斷一切欲愛尊作是說造想相者攝持自相如觀所持諸有苦者彼一切成就苦根耶設成就苦根彼一切盡苦耶答曰諸苦者彼一切成就苦根或成就苦根彼非苦也得苦根而不失及餘根而現在前

諸樂者彼一切成就樂根耶設成就樂根彼一切樂耶答曰諸樂者彼一切成就樂根也或成就樂根非樂得樂根而不失及餘根而現在前

未知根者為攝幾根復有幾根攝未知根答曰未知根一根少入所攝智慧根一根攝未知根智慧根或作是說未知根者九根少入五善意根樂根喜根護根九根攝未知根此亦尊曇摩多羅作是說未知根一根所攝未知根也復次一根攝未知根即未知根也已知根無知根亦復如是未知根與幾根相應幾根與未知根相應或作是說未知根與八根相應五善樂根喜根護八根與未知根相應如上無異或作是說未知根者與九根相應如上義九根與未知根相應尊亦作是說未知根不與諸根相應諸根不與未知根相應已知根無知根亦復如是頗依壞敗已依壞諸愛著先集聚然後果作是說頗眼根壞眼識不壞問云何不依眼識耶答曰生者不有依諸欲一時集集聚果

實彼作是說无也眼根眼識俱生四大俱有色聲香味四大依色聲香味四大此之謂也問此亦於中有疑頗依壞依不壞諸愛上愛色住彼作是說有也若眼識壞眼根不壞問若眼根有眼識者彼則令無云何令十二因緣而有違耶亦因彼而有無彼則無有若欲空色者彼作是說無也所依壞彼所依盡壞也

頗眼根與眼識俱生耶如上義所說以何等故五根盡善耶然後三根善不善無記或作是說五根是無漏三根亦是有漏亦是無漏尊作是說五根偏等相應辦大事三根者无有定理

以何等故憂根報不可得答曰現在慇懃便有憂根此不可得已亦失是故彼非報尊作是說憂根偏染著不類其報是故彼非報也以何等故欲界疑與二根相應憂根護根色界相應疑與三根相應樂根喜根護根或作是說色界無有憂根是故不與彼相應問欲界中亦有樂根喜根欲界

與彼相應耶尊作是說疑無有難與憂根相應憂根左側便有護根憂根之數無有疑有樂有喜一

頗世間第一法不於苦法忍中間緣緣或作是說有除其智慧及餘世間第一法智慧智慧中間緣尊作是說識識中間緣心心法者於彼性迴轉少中間有多多中間有少是故不於中間有緣頗世間第一法不與樂根喜根護根相應答曰有如上三根如此間第一法相應問如所說依第三禪等越次取證若世間第一法而現在前是謂世間第一法與樂根相應如是彼有違以何等故男根女根謂之有形耶答曰於中有名是男是女問若俱有二形亦名有二形諸女人彼一切成就女根耶設成就女根彼一切是女人耶答曰諸女人盡成就女根也頗成就女根彼非女人耶猶如有二形成就二根猶如熊羆及餘生種諸男人彼一切成就男根耶設成就男根彼一切是男人耶或作是說諸男人彼一切成就男根頗成

就男根彼非男人耶猶如有二形
復次或是男人彼不成就男根耶猶
如色無色界天頗成就男根彼非男
人耶猶如有二形成就二根猶如熊
羆及餘生種亦如上半月易形嫉妒
希望外形或男人成就男根若人生
欲界中或非男不成就男根女生而
宜作病宜處卵鷇衆生及餘生或
時漸厚諸非男非女彼一切不成就男
女根耶設不成就男根女根彼一切
非男根非女根耶或作是說諸不成
就男根女根彼一切非男非女頗非
男非女彼成就男根女根猶如有二
形復次或不成就男根女根非為非
男也猶如色無色天界頗成就男根
女根非為男非為女猶如有二形成
就二根猶如熊羆及餘生種頗成就
男根非女根然非為女非男根猶如
半月易形嫉妒病頗不成就男根女
根彼不得言是男根是女根猶如生
腫病處胎衆生卵鷇漸厚及餘種不
亂衆生

五三無漏智　想苦樂方便　不壞有二意

疑世間男女

根揵度第十二竟

尊婆須蜜菩薩所集一切有揵度第十三

當言一切皆有耶答曰當言一切皆
有何以故猶若十二入有此十二因
緣是故一切皆有問若一切皆有者
云何無者亦當有無物者亦皆悉有
答曰云何於無言無復有耶若言有
一切者一切言無亦有云何得知猶
如無者亦有欲使現在亦有無為現
在有為中有無耶設一切一切有者
亦當有此無云何得一切有若無一
切有亦當虛無無者無物一切皆有
復作是說當言一切有如此一切乃
至有為無為彼則有是故一切有問
計校一切吉(相應)因無是故不吉一切有
答曰如現在有為現在計校現在無
有吉因欲使現在有為耶若有一切
者一切辯無因云何還一切有不有
一切吉因若實一切無吉因如所說
有一切無一切因彼無復作是說當
言有一切何以故說無一切者亦無
一切所持攝持三一切是故一切有

問云何不一切持還自然持一切內有
答曰若一切持還自然持一切內有
欲使有現在持耶還自然持現在內
有若有一切持還持還自然持云何
還一切持云何還一切持不有自然
持若審有一切持有自然持如所說
有一切持有自然持彼亦無也復作
是說當言一切有何以故如尒所覺
不如彼有不有彼彼無也是故一切
有一切遍有一切耶答曰不得言有
何以故猶如有青色彼無黃色尊作
是說不當言何以故不以物有勝有
餘也不以住勝有餘若彼有者此非
好不等威儀當言有一切耶答曰不
得作是說何以故不以無常言有常
亦不有常言無常尊作是說一切名
者此相無處所是故盡不得言有一
切盡當有一切耶答曰不得言無也
盡有一切何以故不以無常言有常
有常言无常尊作是說不應作是語何
以故緣是有諸法界德諸法耗亂諸
法耗亂諸法無有定處是故不應作
是說一當言一切有耶答曰不應作是

說何以故凡夫人亦不還學無學法學無學法無學學無學法是故不應作是說尊作是說不應作是說若成就者彼則有也然無有一切成就也是故不應作是說一當言一切成就耶或作是說不應作是說凡夫人不成就學无學无學法是故不應作是說復次不應作是說何以故若有所得而不忘失彼當成就彼亦不盡得不失是故不應作是說也一切智者其義云何或作是說覺知一切是謂薩芸然猶如明書則名書師復次於一切事知自在是謂薩芸然諸薩芸然復悉知一切假使悉知一切彼悉薩芸然耶答曰如是悉知一切是謂薩芸然復次不得作是語悉知一切言薩芸然猶如書師明其書跡然一切智不尒普知一切有常無常然非一切智一切有一切一切根一切一切一切一切智而智云何有有相答曰智是其相法是其相有是其相無是其相實是其相復次有三有觀有如所有珎寶如所有是謂有此間有彼間

有實有如所有悉是謂有云何無是無相無智相無有相無物相無有相無法相無有相復作是說如彼無者即是其相復次有二無二觀如所有是謂無無珎寶如所有此間無彼間無云何有漏是有漏相耶答曰無漏所生生是有漏相復作是說無漏所生是有漏相復作是說有有漏所起是有漏相復作是說無漏相應是有漏相復次不於中間有有漏者是故無漏是故當觀有漏相彼便有是云何今不起園林彼衆生行報因緣彼行當觀有漏所起云何無漏是無漏相答曰如上所說復次或中間有漏整行為無也彼當觀無漏云何有為是有為相三是有為相起滅作變易復作是說無常相是有為相復作是說因緣滅相是有為相復作是說所作相是有為相復作是說久遠墮相是有為相復次若有衆生集聚是有為相云何無為是無為相當說如上無異云何過去過去相答曰壞敗相是過去相滅盡相為過去相復次迴轉

意所越是過去相當作是觀云何未來是未來相答曰未生相是未來相未起相是未來相復次意迴轉不還是未來相當作是觀云何現在是現在相答曰生不壞敗是現在相復作是說生不盡是現在相復次意迴轉時當觀現在彼今生

若相及有為有漏并無漏有為無為過未生及現在三世當言過去當言未來當言現在答曰過去世當言過去未來世當言未來現在世當言現在世久遠行熾然此三論議章五陰當言過去當言未來當言現在答曰五陰當言過去未來現在所要言之五威陰亦如是十二八十八持亦如是意身所有諸過去者彼一切有設有彼一切過去或作是說諸過去者彼一切有頗有彼非過去如所說尊者曩昔闍頭比丘從施家親屬家知識家然彼家非過去

復次或過去彼非有如所說一切結使過去彼不結使起而滅或有彼非過去如所說尊者曩昔闍頭比丘從

施家當於尒時等行或有亦過去諸衆行出世而滅度或非有非過去除上尒所事則其義諸未来彼一切必當有耶假使有者彼一切未来耶或作是說諸有者彼一切未来也頗未来彼不有耶未生法行復次或有未来彼非有未生法行或有彼非未来如世尊言彼阿難當作比丘若大若小意不聰明不善年少意無智當於尒時等俱行或未来及有諸行未生必當生或非未来非有除上尒所事則其義也諸現在者彼一切有耶設有彼一切現在耶或作是說諸現在一切有也頗有一切彼非現在耶過去未来行及無為復次或現在非有如所說

我無有家長　亦復無親屬　無妻子僕從
已得離解脫

或有衆生家斅尒時等俱行亦如是於此間無餘處無或有或無彼非現在過去未来行無為或現在及有諸色生便滅亦不有亦不現在也若色過去如彼色所有彼色過去耶設有過去彼色有耶或作是說諸過去物問如所說諸過去彼一切色或作是說諸色物彼過去物問諸所有色彼一切過去也或作是說色物異過去物異問一則有二復次色過去物所生色亦自然亦復所生如是有也未来現在物亦復如是

世章二陰　諸持二入　過去来物
色有及三

猶如色無常如彼色物亦復無常若無常者盡無所有彼所有如上無異苦空無常亦復如是猶如青色用眼識知云何彼青彼識無異耶設如彼知彼是青色耶或作是說猶如青色彼是智也問過去是青色是故過去亦知作是說彼知即是青色問過去不知是故過去非有青或作是說青異知異問眼識則顛倒或作是說彼青異知異問眼識則有顛倒復次智者是等諦復次自然物所事辦又世尊言識用知物是故謂之識也說是語其義云何或作是說此是識相用知物故謂識問無過去未来識彼非識尊作是說久遠契經句復次取要言之當作是說若知衆生當觀彼識猶如彼識彼是知耶或作是說猶如彼識彼是知耶問過去未来識知或作是說猶如彼識彼是知問過去未来不知是故彼非識復次識不知緣所因識所生知有衆生便有等諦諸所識彼一切知耶設知彼一切識耶或作是說諸有識彼一切知也問過去未来識知或作是說諸所識彼一切是知頗有識彼非知耶過去未来識問如所說識者是知是謂識是謂契経有迷復次識知緣所作識所生知衆生便有等諦巧便云何知一切心是緣或作是說一切心緣四因緣生或作是說境界心有所攝或作是說世尊亦說緣二因緣識便生或作是說若心無緣者彼則是識知者是識也尊作是說所為性說心迴轉緣迴轉此知識於中得知一切心有緣

無常苦空　無我知識　諸所為知
彼因緣心

一切有揵度第十三竟

尊婆須蜜菩薩所集偈揵度首
等二不等遠　如来無量智　不染守内外
如實敬供養
等二者是等覺一切智十力四無所
畏等辟支佛自窮等阿羅漢解脫
等等一切趣向等所見故曰等等不等
遠或作是說此事等於等中等猶如
羅云調達本無如来如如不如如道
来是謂如来言無有異故曰如来成
就大智慧無量智成就無限智慧是
謂無量智慧無量境界智慧成就是
謂無量智慧無量涅槃是謂無量智
慧復次無量智慧成就無量大智慧
世尊除彼覺智慧智句是謂無量智
慧不染汙者於此閒内受有外是餘
物復作是說於此閒内受有外趣善
處復作是說於此化說法愛不起外
者於彼說法愛不起諸結如實敬供
養如是應供養
於著不著者　於愓不著愓　知苦自田業
如實敬供養
於著不著者諸見是著若於三界見
盡彼謂過去若於愓不著愓者三種

愓世俗著而不著知苦自田業者忍
彼苦外諸入復作是說於著不著者
已越愓著是謂不著於愓不著愓者
於七愓種中於彼染著而不染著知
苦自田業者苦識受識住處田業染
著復作是說於著不著者現見諦所
斷結盡於愓不著愓者現思惟所斷
結盡知苦自田業者苦五盛陰田業
行是結復次一切結著彼越一切著是
謂無著也於愓不著愓者染著諸愓
染不著諸愓知苦自田業於彼苦苦
諦知者知道諦彼田業者是習諦本
所有結盡是謂盡諦
不依望猒觀　相佐起諸見　因緣無所有
如實敬供養
不依望猒觀者貪望命望不應依彼
有二種愛見者諸佐彼愛命愛佐見
猒觀有二種道道果也得起他諸見
他猒觀有二斷滅見有常見已越彼
因緣無所有者有二因緣愛見是也
彼滅盡復作是說不依望者有愛
見望猒觀者於彼現出要起他諸見
於一切諸見中亦知他出要已越彼

已因緣無所有者識識處住盡復作
是說不依望者現愛結盡起他諸見
現諸結盡因緣無所有者若愛結緣
結盡彼無所緣復次不依望猒觀思
惟所斷結盡起他諸見起他諸見現
諦所斷結盡因緣無所有者已越一
切諸結思惟見諦所斷結盡彼無所
緣也
於家能滅意　他家無染著　不起此彼患
如實敬供養
於家能滅意者有三家愛見是也滅
意者以此家依依意若歡喜已依彼
二便依意相應此斷若意相應道於
斷他家無所染著有二他家愛家見
家於彼不染著不起此彼患者愛所
起由見故諸此愛見盡彼無所起復
作是說不起此彼患者亦如上得無
異復作是說於家能滅意者一切結
是行一切結盡他家不染著者於妻
子男女不染著若愛若見不起者於
四受起中現其滅盡復作是說於家
能滅意者結欲於他家意不染著者
不起者不愛不起者於欲不起欲愛

盡復作是說家者是習諦意者是道諦於他家不染者是苦諦也不起者是盡諦復作是說於家能滅意著現見結斷於他家不染著者現愛結盡不起者諸愛結見結盡彼無所造復次於家不染著者現見諦所斷結盡於他家無染著者現思惟所斷結盡不起者諸見諦思惟所斷結盡彼無所造

多望口文字　損棄滅無有　覺一切解脫
如實敬供養

多望口文字者多望者脩望口文字亦脩作是說多望者多望是愛口文字者口所陳說復作是說多望者是諸見文字者愛復次多望者思惟所斷文字者見諦所斷損棄者已滅盡無有所著者是謂不起法能覺者覺知一切諸法是謂覺覺知三痛是謂覺通達諸智皆悉成就是謂覺也於一切解脫者於三界解脫也於三縛解脫愛縛垢縛見縛也

癡無得其便　一切法照明　由身而扶持
逮覺最上等　此最淨鬼語

癡無得其便者癡者是無明緣內無明愚中間愚相應復作是說愚是無明諸見愚中間與愚相應復作是說無明是愚結愚中間與愚相應復次無明是愚無明緣行愚中間與愚相應無有此盡於一切法現諸智現其因緣現其方便現其道迹由身而扶持者住有餘涅槃界逮阿惟三佛以此忍覺知無覺時十力一切智四無所畏最上過者休息安隱處此淨鬼語此最妙鬼清淨此無學門

偈說不應食　等觀於彼法　偈說諸佛喜
諸法本梵志

偈說不應食者作是說世尊不為食故往介時世尊欲教化婆羅門故是住也後作是說或不承受我語復恐法復作是說欲現其神足故不受食婆羅門作是念沙門瞿曇為食故說彼婆羅門應受佛化若觀彼法時以是故觀及聲聞及大丈夫是彼威儀行說得諸佛喜者斷滅而不取諸法本梵志於中有賢聖沙門法如是賢聖教

諸餘大神仙　盡漏觀慚愧　以甘饌供養
種德最福田

諸餘者諸雜織飲食現受請供養大神仙者還大法是謂大神仙盡漏者諸有無明愛在身中能除去是謂盡漏慚愧休息若戒盜盡彼慚愧休息以甘饌供養種德是福田是何謂德田是福田於中專精意著萌身長益是謂福田或作是說便有偈以此事餘造彼大神仙盡漏慚愧休息以甘饌供養種德是福田或作是說彼婆羅門作是說偈諸餘大神仙盡漏慚愧休息以甘饌供養種德者福田

教化沉沒人　越生老病死　能仁漏具足
諸願悉普土

教化沉沒者沉沒諸見結以彼損棄越生老病死者越度生老病死能仁者謂無學斷諸結使漏具足者諸智漏具足成就是謂解脫成就智無限是謂能仁成就漏成就諸願悉普至者有如是功德越生老病死越諸果願復作是說一切沉沒結使彼能捨離度生老病死謂之涅槃此亦悉逮知

是謂度生老病死作是說教化沉沒人見其垢染著度生老病死者現愛結盡復次若教化沉沒人者現諸見諦所斷結盡度生老病死者現思惟所斷結盡餘殘亦如是

能仁行無婬　不為壯所纏　於欲身解脫　彼牢固能仁

能仁行無婬者於尊者大迦葉授決廣說能仁者是無學也行者往就行無有婬去離非梵行不為壯所纏者或復有時若少壯不與貪欲況當老邁於愓得解脫者於四愓不造意不貪是故當遠離彼牢固者咄棄諸惡法牢固智慧成就是謂牢固能仁者是無學也覺知所為復作是說能仁行無婬者現安隱處不為壯所纏者現少壯當盡於欲永解脫者現業當盡餘殘亦如是

不二倍越岸　亦不一倍終　高下語句義　是沙門所傳

不二倍越岸者有諸疑網不越無量生死岸疑網未盡不能越生死二倍者奸偽幻惑也復作是說諸有二倍者彼不能越不越彼二倍者行垢成就一倍衰終高語句義者高者現身出要不高者現身習出要復作是說高者是謂生天不高者趣惡道中是沙門所傳世尊敷演

或有不著衣　亦不樂校飾　或有持戒香　語直不卒暴

或有不卒暴者或有不著衣故犯諸禁限亦不樂校飾者不作是意莊嚴身口亦不聽伎樂或有持戒香者或有學士遊行四方稱揚其名常無倦心或修梵行者不說戒有虧

歸命佛寂勝　一切皆解脫　是尊寂勇猛　遊至無為中

佛者覺知一切諸法寂勝者具足諸力歸命者恭敬義一切皆解脫者於三界解脫於二縛解脫愛縛見縛也復有三縛欲怒癡縛也是尊寂勇猛者受尊教所說法語遊至無為中者亦無精進現有精進非為不精進不還悉獲現所作事辦非為不有精進意當作是守護猶如不退現不退法尊者婆郝伽婆蹉居止深山與欝頭羅摩子自說偈執鼻執婆鼻郝提帝（詳人不解）比比罽賴樓多弥遮我意不染著心常爗然寤執鼻執婆鼻郝提帝者飛鳥之音響比比罽賴樓多弥遮者麑鹿之音響我意不染著者不退亦不起諸欲心常爗然寤者樂諸道樂涅槃是謂比比罽賴（句桂反）

五塔廟樂處　枝葉不壞敗　彼見生諸枝　能仁以慧斷

五塔廟樂處者於五陰有中枝葉不壞者愛枝也三界生諸見枝無常苦能仁以慧斷者學人智住斷復作是說五塔廟樂處者是苦諦枝葉不壞敗者是習諦彼見生諸枝者是道諦能仁以慧斷者是盡復作是說五塔廟樂處枝葉不敗壞是謂垢著彼見生諸枝能仁以慧斷除結淨相尊者婆郝婆蹉居在深山天降雨時心懷歡喜便說偈曰

巖峻善茂生　伏流水浴身　離欲處閑居　智者倍生善

巖峻善茂生者山澤樹下伏流水浴身者以雨水浴身離欲處閑居者居

遠處樂閑靜生諸不貪欲不處衆智者倍生善者生諸善及善增益居善覺意

愚者造生死　數數入胞胎　故智者不造頭破亦不眠

愚者造生死無智成就無明造生死者行有漏一切成就樂欲數數入胞胎者處母胎中是故智成就故智者不造行有漏受諸有於中亦不為頭破亦不眠者猶如此人或作是說愚者造生死是習諦數數入胞胎者是苦諦故智者不造是道諦頭破亦不眠者是盡諦猶如此人也

等數望有愚偈義胎不度意常佛執鼻執婆耶庾及五愚惑不聰明

尊婆須蜜菩薩所集偈揵度初品竟

尊婆須蜜論卷第九

甲辰歲高麗國大藏都監奉
勅彫造

尊婆須蜜論卷第九

校勘記

一　底本，麗藏本。

一　九一九頁上一至三行經名、造者、譯者，資、磧、普、南無（未換卷）；徑、清經名作「尊婆須蜜論卷第十三」，造者、譯者同上卷。

一　九一九頁上四行「菩薩……十一」，資、磧、普、南作「尊婆須蜜菩薩所集見揵度首」；徑、清作「見揵度首第十一」。

一　九一九頁上八行「緣次」，資、磧、普作「復之」；南、徑、清作「復次」。

一　九一九頁上一四行「得得」，資、磧、普、南作「得」。

一　九一九頁上一五行「無㝵」，諸本（不含石，下同）作「無疑」。

一　九一九頁中八行「良田」，徑、清作「良由」。

一　九一九頁中一六行第一三字「得」，諸本作「復」。

一　九一九頁下二行第一三字「旋」，磧、南、徑、清作「施」。

一　九一九頁下一九行第五字「就」，諸本作「就義」。

一　九一九頁下末行末字「尊」，諸本作「世尊」。

一　九二〇頁上一六行第四字「住」，諸本作「往」。

一　九二〇頁上二〇行第一二字「說」，諸本作「念」。

一　九二〇頁中二行第八字「後」，諸本作「復」。

一　九二〇頁中一〇行首字「知」，磧、南作「不」。

一　九二〇頁中一八行第八字「無」，磧、普、南、徑、清無。

一　九二〇頁下一三行第四字「知」，諸本作「如」。

一　九二一頁上六行末字「父」，諸本作「父母」。

一　九二一頁上二一行「魚捕」，徑、清作「捕魚」。

一 九二一頁中一一行第九字「懷」，諸本作「壞」。

一 九二一頁中一九行第三字「自」，諸本作「因」。

一 九二二頁上一行「言説」，諸本作「説記」。

一 九二二頁上五行第二字「記」，諸本作「説」。

一 九二二頁上一一行「得智」，諸本作「得知」。

一 九二二頁上一四行第一〇字「者」、諸本作「名」。

一 九二二頁上一九行第三字「行」，磧、普、南、徑、清作「作」。

一 九二二頁中一六行「學作」，諸本作「或作」。

一 九二二頁下一行末字「往」，諸本作「住」。次頁上六行末字同。

一 九二二頁下五行「見……竟」，資、磧、普、南作「尊婆須蜜菩薩所集見揵度第十一竟」；徑、清無。

一 九二二頁下六行「尊……十二」、資、磧、普、南作「尊婆須蜜菩薩所集根揵度首」；徑、清作「根揵度首」。

一 九二二頁下七行「廣説」，諸本作「廣説説」。

一 九二三頁上一行第一〇字「境」，諸本作「此境」。

一 九二三頁上四行末字「身」，諸本作「識身」。

一 九二三頁上一八行末字「愛」，磧、普、南、徑、清作「憂」。

一 九二三頁上二〇行第九字及末行末字「涅」，磧、普、南、徑、清作「洹」。

一 九二三頁中五行末字「智」，諸本作「知」。

一 九二三頁中一二行「是諦」，諸本無。

一 九二三頁中一三行第一三字「知」，諸本無。

一 九二三頁中一六行第九字「是」，諸本作「是以」。

一 九二三頁下五行第二字「希」，諸本作「布」。

一 九二四頁中四行「愛色」，諸本作「愛愛色」。

一 九二四頁中一四、一八行「根偏」，諸本作「根徧」。

一 九二四頁中一七行第一一字「己」，諸本作「也」。

一 九二四頁下三行末字「一」，諸本無。

一 九二四頁下一二行第六字「取」，諸本作「所」。

一 九二五頁上八行「夘糢」，諸本作「卯膜」。

一 九二五頁上一四行末字「非」，磧、普、南作「非爲非」；徑、清作「女非爲」。

一 九二五頁上一五行第九字「界」，諸本作「男」。

一 九二五頁上末行第二字「三」，南作「二」。

一 九二五頁中二行，資、磧、普、南作

「尊婆須蜜菩薩所集根揵度第十二竟」，至此，諸本換卷，資、磧、普、南卷第九終，卷第十始；徑、清卷第十三終，卷第十四始。譯者同上卷。

一　九二五頁中三行「尊……十三」，諸本作「一切有揵度首」。

一　九二六頁上一三行第二字「知」，諸本作「還知」。同行末字「後」，諸本作「彼」。

一　九二六頁中一行第七字「恚」，諸本無。

一　九二六頁下三行末字「還」，磧、普、南、徑、清作「遠」。

一　九二七頁上九行第五字「明」，諸本作「朗」。

一　九二七頁上二二行第一〇字「現」，磧、普、南、徑、清作「見」。

一　九二七頁中六行「未來」，磧、南作「若來」。

一　九二七頁中二一行末字「是」，徑、清作「其」。

一　九二七頁下二〇行第四字「識」，諸本作「說」。

一　九二七頁下末行「一切……竟」，資作「尊婆須蜜所集一切有揵度第十三竟」。

一　九二八頁上一行「尊……首」，徑、清作「偈揵度首第十四之一」。

一　九二八頁上二〇行「田業」，徑、清作「由業」。頁中一、五、八、一一、一二行同。

一　九二八頁上末行首字「盡」，諸本作「蓋」。

一　九二八頁中九行第九字「著」，磧、普、南、徑、清作「者」。

一　九二八頁中一八行「道道」，諸本作「道」。

一　九二八頁下一一行第八字「三」，徑、清作「二」。

一　九二八頁下一二行「依依」，徑、清作「依」。同行「歡喜」，諸本作「觀喜」。

一　九二八頁下一四行第七字「著」，諸本作「者」。

一　九二九頁上一三行第三字「作」，諸本作「復作」。

一　九二九頁上二二行第一一字「由」，資作「申」。

一　九二九頁上末行首字「逮」，諸本作「還」。同行「此寂淨鬼語」，諸本無。

一　九二九頁中九行「覺時」，諸本作「學明」。

一　九二九頁中一五行第二字「往」，諸本作「住」。

一　九二九頁中二〇行第一〇字「夫」，清作「失」。

一　九二九頁下七行第一三字「謂」，諸本作「誰」。

一　九二九頁下八行第一一字「身」，諸本作「芽」。

一　九二九頁下九行第八字「便」，諸本作「彼便」。

一　九二九頁下一五行末字「土」，諸本作「至」。

一　九三〇頁中一行第九字「二」，磧、徑、清作「一」。

一　九三〇頁中二行第六字「高」，徑、清作「高下」。

一　九三〇頁中六、九行「挍飾」，諸本作「修飾」。

一　九三〇頁中八行末字「諸」，清作「者」。

一　九三〇頁中一八行第一二字「寂」，諸本無。

一　九三〇頁下二行夾註右「詳」，諸本作「擇」。

一　九三〇頁下二、四、七行「比比」，諸本作「比丘」。

一　九三〇頁下五行第九字「意」，諸本作「音」。

一　九三〇頁下一五行第八字「盡」，諸本作「盡諦」。

一　九三〇頁下一六行第一〇字「謂」，諸本作「諸」。

一　九三一頁上二行「善者」，諸本作「喜」。同行第一三字「居」，諸本作「若」。

一　九三一頁上一五行第五字「庶」，諸本作「遮」。同行第九字「惑」，諸本作「或」。

一　九三一頁上一六行，資、磧、普、南作「偈揵度初品竟」；徑、清無。

一　九三一頁上末行卷末經名，諸本無（未換卷）。

尊婆須蜜論卷第十　華

尊婆須蜜造

苻秦罽賓三藏僧伽跋澄等譯

菩薩所集偈品首

尊者優婆夷謨以水道步尋往作尺鑊行乃至入有想三昧更不復見緣能因緣滅有想無想彼問世尊曰

我獨流無量　不依不能度　與我說其緣　所依度彼岸

我獨流無量者獨一者謂不二無緣生死流不能得度復作是說不能度此有想無想復作是說一無明流不能得度與我說其緣者普眼遍彼緣無眼度生死流此謂有想無想度無明流

觀不用念定　依彼而度流　云何斷欲愛　愛盡於彼觀

觀不用念定者起無漏不用定無常苦空無我作如是觀念者專精其神足住止處所是謂休息復作是說觀不用定時觀涅槃休息如是汝度流於彼而滅愛猶如彼愛先盡問三界

諸愛染著於欲復作是說住愛而使盡亦當使求盡復作是說彼愛未盡諸纏著住非以外道而滅去離非論彼聽善論愛數數使退以是故世尊使告離非論愛盡於彼觀者彼於涅槃有墮想彼自守持於是世尊說不涅槃休息一切欲無愛依不用定寂寂想解脫最勝住彼而不起一切欲無愛者於三界欲盡欲界結永盡以賢聖道盡愛依不用寂定者不依不用定三昧周有想無想及餘三若依涅槃想解脫寂勝者想解脫有想无想若住涅槃休息者彼住不起於彼退亦無所起世尊說曰

彼住而不起　無數劫淨眼　於彼兩解脫　識誓知所傳

彼住而不起無數劫淨眼者荅曰亦當久住於彼兩解脫於彼般涅槃識誓知所傳我　於彼退轉亦復不生不於生入而入誓

猶火風所吹　沒滅不可數　仁能名色脫　沒滅不可數

猶火風所吹沒滅不可數者如彼火

不於空中滅亦不可稱數若往東方西方能仁名色脫者名四無色陰色身身彼俱曰名色

沒冥必還明　若沒如今無　作有常之想　淨眼與我說

沒冥必還明問云何為明猶如日明照若沒如今無者若有常若斷滅還處入淨聚淨眼與我說與我布現尊無所不知

沒滅不可數　願說所無者　散離一切愛　亦散一切義

沒滅不可數者有限之法彼則無也願說所無者諸愛盡者諸愛限數彼無有此愛諸陰由行生者諸陰限數彼無此陰散離一切愛者亦散一切義三界愛盡

二問釋種子　淨眼不授決　乃至三大仙　授決我欲聞

二問釋種子淨眼不授決彼介時作二問云何觀世間亦不見死生世尊不與授決何以故欲教訓之彼亦聞三語而授決於中作是說乃至三大仙授決我欲聞

今世及後世　梵天上諸天　見亦無所知
瞿曇者德至
今世者是人世後世謂惡趣梵天者
謂梵迦夷天諸天者謂欲界天見亦
無所知者云何見瞿曇普德至者世
尊聲振四方也是世諦一切智猶如
轉法輪說聲聞乃至梵天
若欲如是見　義論之所歸　云何觀世間
而不見死生
若欲如是見者如是成就妙智世間
及天梵天而不知見義論之所歸者
欲聞受決之所歸云何觀世間而不
見死生者云何觀六入不生餘境界
觀世皆悉空　愚王亦專念　以能拔我見
如是越生處
觀世皆悉空亦自見愚王尒時世尊
為說空常專不移動念者不念邪事
遊意止中我見者是愚身見而滅之
如是度死處亦不生閻浮境界尊者拔
蘇盧作是說聞斷滅有常尒時世尊
不與授決彼亦聞第三句跡而授決於
中作是說二問釋種子今世後世者
是欲界天梵天者梵迦夷天及天者

及餘色界天見亦不知者住中迹中
而不知如是越所見者成就如此妙
智世及天者不能解知如此中亦斷
滅有常觀世斷滅有常而不見死生
云何除斷滅有常而住中迹越生死
岸觀世皆悉空者自還所覺若斷滅
有常彼觀皆悉空住其邊際如是觀
六入則能越生死岸
天女衆所圍　亦親近婇魅　彼園名愚惑
云何獲安處
天女衆所圍彼修行人間三十三天
天女衆所圍者以天音樂亦親近婇
魅三十三天在街巷頭門閾左右園
果浴池四天王有諸女鬼顏色弊惡
聲響麁獷喜恐怖人彼園名愚惑者雜
園果甚樂無極天五樂自娛園能惑
人云何獲安處者云何得出要
彼道名曰等　彼方名不恐　車亦名無聲
覺法名具足
彼道名曰等者無瞠亦不曲彼方
名不恐者涅槃名曰方於彼無生病
老死之恐事亦名無聲者止觀是名
事無有結著故曰無聲若賢聖無

漏三昧覺法之具足者覺出要與共
相應
慚亦不有緣　念者將從人　智慧能御車
等見先導前
慚亦不有緣者慚諸結穢惡彼猶如
舩車如是緣慚而起道意不復思惟
念者將從人猶如車以虎皮覆上若
豹皮纏恐不得其便不可親近若怨
家盜賊不得其便如是念將從不得
親近諸惡行智慧能御車者猶如侍車
人如好車如是道智慧寂是道猶如
御車者知道非道猶如御車者侍車
而行應進則進如是智慧欲退時便
起勇猛意意若熾盛便使休息猶如
御車者知進便進如是智慧思惟方
便等見先導前者等見先在前而修
行道世尊亦說等見生等志復作是
說如彼賢聖人八種道本　亦說故曰
慚亦是彼緣行學增上戒念者將從
入也學增上心說智慧御車也等見
先導前者復作是說彼車是其處衆
行具足慚是其緣者有三種道等語
業等命念者將從人等　念也智慧能

御車者等志等方便也等見先導前者即等見也復作是說諸止觀是食者如本車所說慙亦是緣者戒是其食念將從人者止是其食智慧能御車者觀是其食

諸有如此乘　衆萌男女類　彼乘如此車往至無住方

諸有如此乘衆萌男女類者彼已修行道以乘往至無住方彼已修行道未至涅槃便使至涅槃也

五斷五已滅　修行五上者　五數比丘過是謂已度流

五斷者五蓋也五已滅者五下分結也修行五上者是五根也五數比丘過者已越五上分結是謂度流者已度生死流也復作是說五斷者五邪見也五已滅是五身結也修行五上者五禪種五數比丘過者已度彼欲數如所說著欲是謂欲數是謂度流者已度欲流復作是說五斷者五趣中結也已滅五者是五道也修行五上者五解脫入也五數比丘過者即越彼五趣是謂度流者度生死流也復作

是說五斷者五心縛也已滅五者心五織也修行五上者五念結也五數比丘過者已度心五縛也是謂是度流者度生死流也

五覺及眠寐　五眠寐及覺　有五受塵垢五是清淨行

五覺及眠寐者五邪見睡眠五根與寐五睡眠及覺者五根睡眠五邪見覺寐有五受塵垢者五見也是五清淨行者五根也如是五身結力結念處所下分中禪數上分中解脫入阿那含凡夫人

奔走不樂中　養新新縛著　猶奔㝠燈火見聞一所作

奔走不樂中者已斷解脫奔有常不樂斷滅復離斷滅有常不樂有常養新新縛著者謂所生見增益諸縛猶奔㝠燈火者猶如鉢勝伽虫飛蛾油燈休息想非捨離墮作如是邪見有休息想作捨離想墮見聞一所作者見淨有淨緣聞淨有淨緣如是一切諸見復作是說奔走不樂中者不樂五欲中不樂一欲養新新縛著者欲愛

縛墮見聞一所作者住五欲中復作是說奔走不樂中者不樂欲界奔走色無色界中餘亦如是如奔所趣如今所覺或作是說亦復此事不樂奔結走解脫牢固向新解脫牢固

老覆蓋世間　為死所圍繞　衆生患愛病法住於世間

老覆蓋世間者所覆不得解脫為死所圍繞者亦不得走避如所說

非空非海中　非入山石間　無有地方所脫止不受死

衆生患愛病者愛縛所纏不能度三界法住於世間者住世八法十善行迹或善或不善復作是說住十二因緣或作是說為苦所害使住道也或作是說住於七法或作是說其事云何住世間

偈頌緣為事　文字為甘味　依名而有偈造者偈之身

偈頌緣為事者意欲便造偈敷演諷誦文字為甘味者分有文字次第分間布行依名而有偈者依名造作猶如十句偈造者偈之身造偈頌為首

以六興起世　六巳成就業　六造世間法
有六受苦惱
以六興起世者六愛身也六巳成就業者六痛身也六造世間法者造內六入也有六受苦惱者外六入也復作是說以六興起世者六愛身也六巳成就業者外六入也六造世間法者造六塵也有六受苦惱者六痛身也
四方非四方　上下寂勝界　不聞不覺知
說法使我瘖
四方非四方上下寂勝界者當言結聲響不聞不覺知者集聚之相故曰無所無不知說法使我瘖者說道審諦出要之業世尊知根說法之義使我時得瘖
本盡不造新　於有無愛著　種盡法不生
涅槃猶燈滅
本盡不造新者過去貪欲盡更不造新者未來貪欲盡也於有無愛著者現在貪欲盡也種盡者識種及所生有種盡也法不生者彼識處不生除去行垢涅槃猶燈滅者不起便涅槃

猶如燈滅者不可限量住至東方若後南方如是阿羅漢般涅槃不可限量復作是說本盡者過去結滅不造新者未來垢盡於有無愛著者現在垢盡種盡者此垢種盡不生法者更不受住涅槃者爗然無垢猶燈滅者不為造有所縛復作是說本盡者過去行盡所可受報者也不造新者新垢不造於有無愛著者行有餘復作是說本盡者因盡也不造新者於彼因無有果實於無愛著者於彼有餘復作是說本盡者六入盡及本行空不造新者不造新行餘亦如是
此王車朽敗　身亦如是朽　真法不朽敗
於巳而平均
此王車朽敗者王波斯匿車在深朽故無有光色身亦如是朽者如是身在隱匿處為老病所逼無有光顏真法不朽敗者亦不羸弱何以故於巳平均平均法何者是道諦是也諸佛說法是平均法
道為八等妙　聖諦有四句　無欲法為上
與二足作眼

道為八等妙者一切諸道賢聖八道為上聖諦有四句者一切諸諦賢聖諦為上一切諸法涅槃息為妙與二足作眼者一切眾生佛寂為聖一切悉知問猶如實有涅槃道何以故雙出二事於尊因陁摩羅沙門名作是說求為道出要為涅槃不空為諦義毗舒佉作是說猶如智於境界迴轉道亦如是猶如智有境界如是諦涅槃猶如斷結猶如智有境界諦　亦如是也
覺麤亦覺細　意慼慯所畏　此非智所覺
意或奔諸趣
覺麤者不善也覺細善有漏受諸有也復作是說覺麤者見諦所斷覺細者思惟所斷復作是說覺麤者與欲界相應覺細者與色界相應復作是說覺麤覺欲也覺細者覺智也意慼慯所畏者自意所生意流馳意流馳與相應覺知如是與無明智彼有覺也各各馳走展轉覺知心意常乱
如是意覺知　無惱慼儀念　在心意熾慼
無餘諸佛滅

如是意覺知者等住覺知漸為方便無惱威儀念者威儀者亦不覺念者專其念心不移動住者如念無異熾威者無餘之所滅佛能永滅問疑無有疑身絶欲使彼亦是佛耶荅曰諸佛是法親近諸佛於此契經復次諸界佛所滅聲聞不能滅諸界復作是說無餘諸佛境界滅

天遠地無邊　大海亦無際　日月降光處
及其滅處所　有實無實法　是謂四極遠

天遠地無邊者偈廣說乃至滅處方遠俱越有實無實法者是四極遠日極遠此法道無實法是垢復作是說有實法十善無實法十不善法復作是說實法是涅槃無實法是生死復作是說實法是諦無實法是諸見復作是說實法是七法無實法是七非法復作是說實法諸佛之要數演法教無法不聞等法印法教也彼於是不久自然之理

優婆足摩王　既覺寤馳走　偈緣世滅盡
生老道二遠

偈揵度第二品竟

尊婆須蜜菩薩所集偈品首

盡形壽愚癡　親近諸智者　彼不識了法
猶杓不別味

盡形壽愚癡愚癡者謂之無此力勢知善語惡語義彼盡形壽親近諸知識亦不解了法智在須臾間親近諸智彼能識了法猶舌盡別味智在須臾間親近諸智者智者謂之諸陰善持善入善又此力勢成諸器教愚癡者謂之無此力勢不能解十二因緣智者謂之有此力勢說十二因緣愚癡者不成聖諦之器智者謂之轂四四演諦故曰智在須臾間親近諸智者

彼於死不死　住者亦不住　於窮亦好施
此法非無義

彼於死不死者於嫉妒中於妒死而死好施者於妬著不死以智慧命為活住者亦不住猶如逐商人失道為惡狩盜賊所害猶不失道人不為惡獸盜賊所害此㝡是施於貧能施者彼慇孤窮此久遠常法或作是說於彼死不死者慳嫉於惡趣中死好施者生天上儲粮在前猶如商人粮食

乏少便遭困厄於少能施者此法是孤窮是為孤窮之法

本樂得存命　此瞿曇弟子　保命自知短
無常求所施　坐具亦無常　覺知世無常
命知足易滿　本盡苦原本

本樂得存命者尒時諸天為諸懈惓比丘說佛語本樂得存命知足易滿易養禪樂三昧善居止無常求所施者亦不留遺餘以乞求為命坐具無常者在樹下空處遊戲其中意不專一處知世無常者本盡苦原本知六入無常度生死流復作是說本樂得存命者此瞿曇弟子本以智慧為命無常求所施坐具亦無常者以無常想乞求復以無常想處彼坐具覺世無常本盡苦原本者脩无願解脫覺無所造而般涅槃

以何智慧知　慧必不有難　以何智慧知
是謂名為慧

以何智慧知慧必不有難是何智如想無有異以何智慧知是謂名慧者以何等智慧知已知而知者若法無有難諸法無有二想於中以何智慧

知是謂名為智慧諸法無有二想無有二種生以何智慧知是謂名為智慧此智慧智已知便是其知此是何智猶如一切無常智智亦無常一切無我智智亦無我猶如有一切智亦有知

有㝠有生者　出牛入牛者　亦有牛長大
欲者天便雨

有㝠有生擅足所由原㝠不生牸牛憶來導引前在後驅牛者牛長者大牛長無㝠無有生者出牛入牛者亦復無也亦無有牛長大欲者天便雨無㝠世尊作是說一切無現無所取復作是說色無色界結無有不盡者无生者欲界無有結不盡者也憶牛者無明也入者彼相應心心法與彼迴轉心不相應行牛長大者於此愓盡所作事辦

無恚除去穢　流水側一宿　盧露我大覆
若欲天便雨

無恚除去穢流水側一宿者現無恚除穢者現瞋恚盡大穢除盡流水側一宿者涉道於彼宿也欲化牧牛者種

種姧偽盡身姧彼不淨見根姧是識身彼亦盡也我已除火三火息

我已見屋室　更不起愛著　汝盡脅勒摧
屋舍皆壞敗

我已見屋者愛受諸有是屋舍復作是說屋舍者此間愓也復作是說屋舍是有漏行復作是說屋舍者起諸識更不起愛著者更不復受有汝盡脅勒摧者愛欲已盡復作是說脅勒者於此愓相應法彼永盡復作是說脅者起諸行結彼盡也復作是說脅者是愛彼盡屋舍壞敗者五盛陰彼盡無餘復作是說屋舍皆壞敗者身見彼盡無餘復作是說屋舍是無明彼盡無餘復作是說屋舍是識處住彼盡無餘

人能善眠寐　亦復憂所護　心常樂禪中
欲使壞娛樂

人能善眠寐者阿吒羅婆尸佉法授決中廣說也阿吒羅婆作是說彼亦不作憂如我所憂世尊說彼不作憂如我所憂

彼不為比丘　從彼乞求者　愛取屋舍法

如是非比丘

比丘契經彼非為比丘不作比丘作比丘行法家法者愛取屋舍作諸屋舍行非以乞食為比丘也

若有福有惡　除去修梵行　練滅愛不起
彼謂之比丘

若有福有惡者福者是善有漏行陰惡者不善除去者謂已斷也梵行者修行其道練滅不愛起者降伏一切魔衆降伏一切諸結行者是住也彼謂之比丘成就比丘行法復作是說福者不用定行惡者無福行已斷滅彼而修梵行二三昧二二共會練滅不起者背彼彼道意止彼謂之比丘斷諸結

青藪白所覆　一輻車而行　不勝觀此邊
斷諸流結縛

廣說如雜阿含

二十九修跋陁人　我出家行學道　我已知五十歲
於中學修跋陁　戒定修行術　獨步思惟念
敷演說法智　於此無沙門

戒者身律口命清淨三昧者諸善心獨步行者是其事術者是智獨步心

思惟三昧敷演說法智於彼此無沙門者智法是道彼入內外無沙門問戒行有何差別荅曰戒是有漏行是無漏復作是說戒是學行是無學三昧心獨處有何差別荅曰三昧是有漏一心獨處是無漏三昧是學一心獨處是無學復作是說戒是增上戒三昧是增上心行術增上智慧是謂見諦道一心思惟道是謂見諦道思惟道甚深法此少入無外沙門也復作是說戒行是增上戒三昧獨處學增上心術者學增上智慧此是智法如少所入無外沙門也復作是說戒三昧如所說於戒是修行謂學增上行行術者是增上智慧是謂學增上智慧獨處心思惟者是謂學增上心是謂知法少所入外無沙門也

有量無量集　能仁捨諸行　自謹慎內情
無明卵自壞

有量無量集者有量是行報生有諸行者是壽行捨之能仁者是無學能仁內樂者禪解脫三昧樂三昧中自謹慎以空為首三謹慎自謹慎成就

無明卵自壞者猶如壞卵鷇也不復觀卵鷇如是世尊捨壽命不觀壽命行或作是說量者是人無量者是餘行也行者受諸有行內自樂者樂諸道也餘亦如是

若愛無住處　意漸得開解　彼愛能仁除
不知天及人

若愛無住處者情放逸流馳彼有二種愛見也無住處若由愛若由是意有二種意愛意見也漸者俱越二三愛盡能仁行天及人所不知能仁行天及人所不能知復作是說若愛無住處愛是欲愛也住處諸見也意漸得開解者意是有愛漸是無明有二愛盡天及人所不能知諸見無明盡

若內無瞋怒　有有獲種稷　彼無恐畏惱
諸天不往見

若內無瞋怒者自喜無瞋恚有有獲種稷者中有有是謂有於此間有彼無恐畏惱者善修空善明十二因緣樂者四出要樂而成就無惱者無有遺餘也財物之憂設有遺餘財物之中若得若失亦無愁惱諸天不往見

者已取涅槃不見五趣復作是說若內無瞋恚者現瞋恚盡有有獲種稷者現其欲盡彼无恐畏惱者善無有憂現愚癡盡諸天不往見者無欲無瞋恚亦無愚癡已所涅槃不見涅槃

人中等正覺　自訓專正志　遊行梵迹中
常樂心滅息

人中者生於人中等正覺者盡覺知諸法自訓者自然具專正志者得三三昧遊行梵迹者敬尊法中心常樂滅息者諸三昧心得休息害諸結心得休息而樂其中

衆人所敬仰　盡超一切法　諸天亦歸命
是謂聞無著

衆人所敬仰者承事歸命盡超一切法者越諸善法猶如超諸偈頌亦度諸不善法諸天亦歸命者諸天亦承事歸命是謂聞無著者彼從世尊聞佛天人所供養也

一切結過去　於園越園果　於欲出要樂
猶如鍊真金

一切結過去者度九結是謂一切結過去復作是說度於三結過去也於

園越園果者五欲為園於彼愛盡越諸愛恚越諸結越有樂於欲出要者於欲解脫樂初禪復次欲中出要樂淨慶樂等樂其中是謂於欲出要樂猶如鍊真金者如金被鍊無有纖垢極妙如是如來已越於欲盡無諸漏

三佛名流布　猶如日除冥　於世第一尊
亦如安明山

三佛名流布者功德聲聞世尊四方上下乃至阿迦尼吒天皆聞其聲猶如日除冥者如日出時普照世間冥皆為明無不蒙其恩如是世尊已逮正覺以光明普照三界於世第一尊者以此名為尊彼一切為現照明亦如安明者如須弥山王於衆山中極高寂大世尊亦如是於一切衆生中而作偈導

我當說其義　亦不作怖望　一切名龍者
實名為如來

我當說其義者當龍功德亦不作怖望尊因陁摩耶作是說是無義語尊摩醯羅作是說不作諸衆行或作是說不作怨雠如所說亦無瞋恚而有

所作復作是說亦不造惡行一切名龍者實名為如來諸有名龍者於一切中如來寂妙龍

能忍不嫉彼　如龍有二足　懇懃修梵行
所行龍餘迹

能忍不嫉彼如龍有二足者彼猶龍為前脚已得隱然後身得迴如是如來以牢固法身得迴轉懇懃修梵行所行龍餘迹者猶如龍為後脚以得隱然後身得迴轉如來亦如是賢聖法服曩昔諸如來已得牢固法身得迴轉

信為大龍為　護為白雙牙　念頸智慧頭
威儀用法觀

信為大龍為者猶如龍為受取皆由鼻如來如是以信棄不善法而攝善法猶如龍為鼻寂為要尊曇摩多羅作是頌契經者之重過不得言如來之信更自有因緣一切諸智筭數為為大龍猶如龍為受取皆由鼻如來亦如是親近諸法數亦復分別觀有色身清淨行如來護亦復如是賢聖八品道清淨無塵垢復作是說猶如龍

為牙不可移動如來亦如是於四等中受取諸氣味便得自在如來牙亦如是勇猛有衆相如來亦如是於六善來當有衆相好丈夫之才念頸者猶如龍為頸盡取一切諸味如來神足亦復如是一切諸法皆悉普具復作是說猶如龍為頸而扶持頭如來亦如是念寂為上頭為智者猶如龍為以頭為命如來亦如是以智慧為命復作是說猶如龍為色身之中頭寂為上如來亦如是法身之中三耶三佛寂為上威儀用法觀者或作是說此事亦如是二眼用法觀猶如龍為左右有兩肩如來亦如是有二種等身習出要等身盡出要迹滅不復起復作是說猶如龍為有諸法觀速疾而知如來亦如是有衆相知衆生或作是說猶如龍為心意有衆相若步着行皆悉知之如來亦如是於色身中頭寂為上如來亦如是阿耨多羅三藐三菩提法身中寂為上或作是說此亦是其事有入法觀猶如龍為左右有二肩如來亦如是有二種

等習身出要等盡身出要復作是說猶如龍象法觀作衆相御為知其相如来亦如是亦知其相解衆生或作是說猶如龍象意之所念悉能成辦若行若住皆悉知之本無如来亦復如是知衆生根本或作是說猶如龍為意之所念若行若住皆悉知之本無如来亦如是知衆生根相或作是說猶如是知衆生根或作是說猶如龍為意之所念若住若行皆悉知之如来亦如是知諸根相親近諸行於衆生中敷演法默然承受奉行展轉相應

法藏皆滿具　出崩除拂去　樂禪出入息
内自善謹慎

法藏皆滿具者猶如龍為腹入若干種食皆依仰之如来亦如是法等諸藏依法食照明除拂去者猶如龍為尾拂蚊蝱蠅蠽皆能拂去如来亦如是身中敷演教樂禪出入息内自善謹慎猶如龍為以出入息而養其形常以為樂如来亦如是常以四禪而養其形内方便具足

龍行求茂草　龍住威儀盛　龍卧威儀具
坐亦威儀成　一切龍威成　是謂龍威儀

龍行求茂草者乃至是謂龍威儀者世尊於一切威儀中戒三昧成就得三昧亦成就若威儀成就意食不穢處而不食龍食而量腹命亦不貪意食不穢處穢處而不食者穢處食者何等是有貪意起與邪命俱彼是穢處無穢處者反上事也彼如来除去穢食擇無穢食使根充足而無衆病猶如膏拊創亦如膏車服衆藥草無有貪著故曰不貪

以得食斷飢　不畜積遺餘　受彼信施食
除彼不與取

以得食斷飢者草為食覆為衣不畜積遺餘不得畜積不露形體得施食纔欲存形受彼信施食除彼不與取者以法求取復次當說其要若得遺長復次藏貯以為家業彼如来皆悉知除去非行故曰斷諸飢渴者也

斷諸一切結　亦斷諸縛著　彼行在在處
亦無憂畏患

斷一切諸結者滅七結也亦斷諸縛著者滅三縛也復次本無如来結根使根永盡無縛著起諸照明故曰斷諸一切結也如来見諸穢心不染著故曰彼行在在處處也

愚死命有二數　有無怒見家業善眠寐二比丘
草覆衣一切使

偈揵度第三品竟

尊婆須蜜菩薩所集偈品首

見色無娛娛　無欲及諸貪　況草囊威糞
使五意移動

見色無娛娛者何以故世尊作是說況草囊威糞者或作是說現其愛盡天樂天女常無欲於彼況草囊威糞復次欲斷摩訶檀提梵志縛不欲使頻至佛所

梵志慢滿擔　怒烟害為灰　口淨心如火
心者火塊藏

梵志慢滿者猶如負重擔不畏懼於人如是慢所縛不畏懼怒烟者猶如先有烟然後火乃然如是失有怒然後方有救猶如烟乱一切色怒亦如是而乱衆色害為灰者猶如灰無用於物如是害亦無用於物也口淨者

猶如淨投火如是舌長益於諸法心
者火坑藏者猶如祠火處所如是心
為智火所然自動人中明者猶如自
第一火
信種自暴露　智慧為耕犁　慚愧心所縛
心手之執杖
信種自暴露者猶如先有萌芽如是
信為道然後行道暴露者暴為閉居
猶如莖生得雨潤澤如是生善功德
以暴潤澤智慧為耕犁者猶如集聚
耕地如是信成衆善功德如是智慧
成衆善功德耕者結使慚愧者猶如
犁轅如是慚愧住智慧心縛者三三
昧是意縛猶如輻如是三昧猶如不
移動手執杖者猶如耕地杖用驅行
如是念耕結得善驅
身整口亦整　猶如往求食　實作擇去穢
受語而解脫
身整身律儀也口整者口律儀猶如
往求食者命清淨也實作擇去
穢者以智諦耕除諸受語而解脫者
猶如耕犁人事辦則捨如是等與相
應而捨其行諸已滅便有勇猛意

勇猛共二軛　方便獲安處　已往不復還
所至無憂畏
勇猛共二軛者猶如牛有力勢不捨
其軛如是勇猛之力亦不捨其軛方
便獲安處者有四方便已盡是謂涅
槃亦是安隱處勇猛志彼已往不復
還者有力勢不復還所至无憂畏者
已到涅槃諸憂畏患永盡无餘
如是耕田作　彼曰甘露果　能忍如是業
一切苦解脫
如是耕田作者作如是修行道也彼
曰甘露果涅槃為果能忍如是業者
修行此道一切苦解脫者於三界苦
而得解脫或作是說道教於彼智慧
斷諸結使身整口亦整猶如往求食
者等語等業等命勇猛共二軛者等
方便也念為杖者等念也意縛者等
三昧也已說五根彼信種信根也勇
猛共二軛精進根也念為杖者念根
也意縛者定根也智慧唱導是慧根
也
專念巧便求　亦不樂在家　群鴈往奔池
盡流除瞋恚

專念巧便求者出家學道專念者繫
念不移亦不樂在家者不樂處家恩
愛之中群鴈往奔池盡流除瞋恚者
猶如群鴈捨大山林無戀慕情如是
彼滅於五欲無戀慕情所可用道滅
於五欲如所說法之所除況非法也
復作是說專念求巧便者常樂閑居
坐禪亦不樂在家者不樂於三界衆
生群鴈往奔池盡瞋恚者流為無明
所可用道除無明彼道亦除復作是
說專念巧便求者而修行道遊居意
山中亦不樂在家者遠離愛著如所
說諸痛中愛此是愛也已能捨彼亦
不樂愛著群鴈往奔池盡流瞋恚者
流為六入如所說長者眼為識流源
彼能滅六入所可用道滅六入者彼
道亦滅
諸度江海者　作橋度彼岸　有縛我求度
智者先達岸
諸度江者如所說如瞿曇世尊由異
學故往受恒水水神作是說偈彼河
恒薩牢頻鬧作諸橋諸不得神足或
作是說諸受頻鬧者結為頻生死為

薩牢如所說由薩羅有是池作諸橋修行道也捨山者滅於五欲縛拔求度者外道求道智者先達岸者說度生死岸復作是說諸度頻開者見諦所斷結滅也薩羅者思惟所斷結滅也作橋者興起道也捨山者滅諸蓋縛拔者修學道智者先達岸羅漢度生死岸

不於見健疾　是我之齊限　非行能除往
不染於家累

不於見健疾者等智成就健疾彼不淨之見不聞健疾非健疾者能淨其邊彼亦欲淨於欲愍懃界亦不聞將往何以故不染於家累者彼不隨此見

若林柱牢固　於他盡其語　若無欲善根
能仁亦牢固

若林柱牢固者尊者阿那律授決中廣說猶如林柱不可移動如是彼尊者若毀罵若嘆譽不可移動於他盡其語者語在內若毀罵復有嘆譽者善無欲者諸結使盡善根者於三三昧是三昧根能仁亦復牢固者佛贊無學智

不二行作講堂　養妻子非比丘　於衆生不改瞋
能仁常護衆生

不二行作講堂者獨師喻中已說不二行作講堂者獨師所行閑居聚中比丘行聚中聚閑居獨師所為非行比丘護賢行養妻子非比丘獨師及妻子比丘非其行唯自養以法聚彼於衆生不改瞋者獨師不改於煞生能仁常護衆生者比丘無有煞意

於前中間後　從他受信施　亦無怨恨心
能仁亦護彼

於前者不食中間者半食後者餘食未盡從他受信施比丘得食亦無怨恨心者亦不罵亦不能傷其形不作強顏不是語我不得物終不離此法復作是說於前者好微妙食中者中食後者下食從他得信施者從他受信施不說惡語所得惡食處亦不避亦不執語所得惡食處亦不頻往彼乞求皆悉遍復作是說惡不能壞其意好不起愛著

有說第一者　夜叉淨非淨　何為此解脫
無餘名曰善

有說第一者此夜叉淨說猶如此有想無想天何為此解脫者如是無餘智者方便說淨

飢渴第一病　行為第一苦　如實知是者
涅槃第一樂

飢渴第一病者斷手授決中已說彼斷手不大苦如飢渴者行為第一苦者彼行有若干種若如實知此者涅槃第一樂能知如是行不成就所作行口彼便有樂復作是說飢渴第一病者常為所縛乃至不可治行為第一苦者如實知之能知此諸行諸行涅槃第一樂者休息為樂無所觀為樂永樂復作是說飢渴為第一病者是苦諦也行為第一苦者無明緣行也受諸患是謂習諦也如是實知者是道諦也涅槃第一樂者是盡諦也

慚愧梵志衣　梵志手為淨　水常流不住
舌陳為濕溢

慚愧梵志衣者尊者大目揵連授決中已說猶如衣裳用覆蓋隱處慚愧亦如是覆蓋隱處梵志手淨者猶如已淨把火我亦如是而修淨行去離

行水常流不住舌陳為瀑溢者猶如以瀑溢盪滌不淨器我舌亦如是除去穢行晝夜不休息

祀火有常想　以依內心意　晝夜勤祠祀
律儀不失節

祀火有常想者止觀彼然智火以依內心意者自依猗心彼能滅晝夜修行律儀不失節諸根在內彼能思惟心被教訓是謂藏匿復作是說隱處者身口意律儀訓者諸戒具足復作是說慚愧梵志衣者現善行起梵志手淨者水常流不住舌陳為瀑溢舌善行第二偈謂心善行於三善行名婆羅門

度慚常呵彼　我與況汝要　亦不作非行
當知此非我

度慚者可慚而不慚彼當知不自親況當親餘者常呵彼者非親者當知是怨仇而住我所我與汝說要者諸有雜穢雖慎從衆生當知此對穢亦不作非行者諸有親厚事彼不起燃所作方便當知慎怨家

於欲意不離　念亦無猒足　觀彼能離者
彼具智慧足

於欲意不離者菩薩授決中已說乃至意念欲心亦無猒足不能去離彼愛能離者現欲想盡於中次第觀彼盡時是說曰彼能離者彼具慧乃足者諸觀欲不淨彼著愛欲也

諦諦而善見　尊者轉嘆矣

諦諦而善見者諦是苦諦也習諦增上諦是道諦也盡諦復作是說有三諦苦諦習諦道諦增上是盡諦復作是說諦是等諦增上第一義諦

解脫彼此脫　解脫復見縛　賢聖不見脫
解脫於愚惑

一子授決中已說解脫彼此脫者於妄語中解脫為煞所染解脫復見縛者於一害得脫復為他所染也賢聖不得脫者見諦而得解脫於愚惑於縛繫彼不得解脫如是斷滅見得解脫有常見所縛如是聞念中得解脫如是身見中得解脫為猶豫取縛於貪欲得解脫為色愛所縛於色愛得解脫為無色愛所縛

若於長短中　麁細好惡行　於世不與取
故曰名梵志

若於長短中者荅曰長短不成就於彼少有所觀便有長也少有所觀便有短也此如來教誡語也又麁者亦不成就問云何量亦不成就耶荅曰於中不說量不可持亦無来者若受不與取彼則麁亦不成就於彼亦不盡有量有清淨行亦有少成就問諸有清淨行成就荅曰非以行不與取色於中淨不淨行彼則成就是廣舌教誡之語故曰梵志者具足衆行是謂梵志或作是說起諸不與取結諸結盡是婆羅門

不善而有善　當依三佛家　不住益衆生
彼日而依有

不善而有善者於不善中終便生餘處彼先滅本想而更得餘想常依三佛家者不依母胎不住益衆生者於他家命終在母胎長大彼日而依有意生有是善行

若數於世易　無勝況當世　永滅無烟瞳
於中樂不害

滿願子於其中求數者知而滅世者

諸入異於彼外不異者是內復作是說異者是天不異者是地獄復作是說異者色無色界相應不異者欲界相應此數是無常苦空無我因果自相遍相無勝況當世者無明見所知如說染著魔所縛息者三火息滅休息常永寂有滅息永烟曀滅現瞋恚所纏盡復作是說現內緣諸結盡無烟曀如所說受所行也有覺息亦無烟曀如所說有覺亦烟無害者現三害盡無望者現利望命望盡復次現有愛盡能有所越

解脫墮復墮　貪著復來還　已還歡樂處於善住善處

解脫復墮者解脫者於欲界脫亦脫欲界結使色無色界愛未盡於彼墮墮便生貪著復來還者彼不能展轉除盡欲界相應結來住彼於彼方便染著欲界諸結使不能拔離復起欲界結使來至欲界已還歡樂處者謂佛聲聞彼已還安隱處無生無病死之患歡樂處者賢聖八品道於善住善樂三昧樂於中遊行未還安樂

處者復作是說解脫墮復墮者於須陀洹得解脫墮地獄彼墮天貪著復來還欲界愛未盡還來人間還歡樂處者無有恐懼入地獄之憂樂者賢聖之道於善住善者越一切諸結還於涅槃復作說墮復墮者斷滅見解脫有常見墮貪著復來還者地獄餓鬼畜生於有常斷滅解脫而修行道餘者亦如是

見偈起信意　見偈等前後　飢依欲及諦解脫滿願子

尊婆須蜜菩薩所集偈揵度第四竟

尊婆須蜜論卷第十

甲辰歲高麗國大藏都監奉

勅彫造

尊婆須蜜論卷第十

校勘記

一　底本，麗藏本。

一　九三五頁上一至三行經名、造者、譯者，諸本(不含【石】，下同)無(未換卷)。

一　九三五頁上四行「菩薩所集偈品首」，【資】、【磧】、【普】、【南】作「尊婆須蜜菩薩所集偈品首」；【徑】、【清】作「偈揵度首第十四之二」。

一　九三五頁上五行第六字「謨」，諸本作「讚」。

一　九三五頁上一二行第一二字「明」，【資】作「門」。

一　九三五頁上二〇行第三字「止」，【磧】作「立」。

一　九三五頁中四行「善論愛」，諸本作「若論處」。

一　九三五頁中七行末字「寂」，諸本無。

一　九三五頁中一〇行「寂定」，諸本

作「定寂」。

一 九三五頁中一一行第五字「周」，諸本作「害」。

一 九三五頁下二行「能仁」，徑、清作「仁能」。

一 九三六頁上二行第三字「者」，徑、清作「普」。

一 九三六頁上一九行第一〇字「浮」，諸本無。

一 九三六頁中一四行「女鬼」，南、徑、清作「餓鬼」。

一 九三六頁中二一行至次行「生病老死」，諸本作「生老病死」。

一 九三六頁下一行第六字「之」，徑、清作「名」。

一 九三六頁下八行首字「豹」，諸本作「狗」。

一 九三六頁下九行「不得」，諸本作「得不」。

一 九三六頁下一四行第一〇字「使」，諸本無。

一 九三七頁中三行第一三字「是」，諸本無。

一 九三七頁中八行首字及九行第二字「寐」，諸本作「寤」。

一 九三七頁中八行「睡眠」，徑、清作「眠寐」。

一 九三七頁中一九行第四字「非」，諸本作「作」。

一 九三七頁下一二行第一〇字「纏」，諸本作「縛」。

一 九三七頁下一三行第九字「世」，南、徑、清作「出」。次頁上六行第八字磧、南、徑同。

一 九三七頁下一六行第一一字「說」，諸本作「說此」。

一 九三八頁上六行第二字「愛」，諸本作「受」。

一 九三八頁上一〇、一二行「非四」，諸本作「四非」。

一 九三八頁中二行首字「後」，諸本作「復」。

一 九三八頁中五行第二字「盡」，諸本無。

一 九三八頁中六行「爣然」，諸本作「曠然」。

一 九三八頁下七行第一三字「義」，諸本作「義尊」。

一 九三八頁下一五行第三字「作」，諸本作「次」。

一 九三八頁下一八行第三字「麁」，諸本作「麁者」。

一 九三八頁下一九行第五字「自」，諸本作「感」。

一 九三九頁上一二行末字至次行首字「目極」，諸本作「自然」。

一 九三九頁上一九行第八字「印」，諸本作「即」。

一 九三九頁上末行末字「竟」，至此，徑、清卷第十四終，卷第十五始。

一 九三九頁中一行「尊……首」，徑、清作「偈揵度首第十四之三」。

一 九三九頁中一七行第六字「姤」，諸本作「垢」。

一 九三九頁中一八行第二字「住」，資、磧、普、南作「往」。

一　九三九頁中一九行「不失」，磧、南作「不生」。

一　九三九頁下二行首字「弧」，諸本作「孤」。

一　九三九頁下三行「保命自知短」，諸本無。

一　九三九頁下四行第一三字「世」，徑作「是」。

一　九三九頁下五行「命知是易滿」，諸本無。

一　九三九頁下一五行第九字「處」，諸本作「受」。

一　九三九頁下一六行「解脱」，諸本作「解脱門」。

一　九四〇頁上三行第五字「智」，諸本作「知」。

一　九四〇頁上一五行首字「无」，諸本作「無有」。

一　九四〇頁上二〇行第三字「天」，磧、普、南、徑、清作「大」。

一　九四〇頁中一行第三字「僞」，諸本作「爲」。

一　九四〇頁中三行第一四字、九行第二字「勒」，諸本作「肋」。

一　九四〇頁中四行第二字「舍」，徑作「室」。

一　九四〇頁中五行第四字「屋」，諸本作「屋室」。

一　九四〇頁中一九行末字「法」，諸本無。

一　九四〇頁中二二行末字「憂」，諸本作「憂也」。

一　九四〇頁中末行「乞求」，清作「乙求」。

一　九四〇頁下一四行「彼彼」，諸本作「行彼」。

一　九四一頁中一行第一〇字至二行第三字「夘膜也不復觀夘膜」，諸本作「夘膜已不復觀夘膜」。

一　九四一頁中一八行第八字「喜」，諸本作「意」。

一　九四一頁下七行首字「常」，磧無。

一　九四一頁下一四行末字「着」，諸本作「者」。

一　九四一頁下一六行第九字「超」，諸本作「越」。

一　九四一頁下二一行第三字「鍊」，資、磧作「練」。次頁上五行第三及第一〇字，諸本同。

一　九四二頁上一行末字「越」，諸本作「超」。

一　九四二頁上一七行第三字「偈」，諸本作「唱」。

一　九四二頁上二〇行末字「悕」，資作「希」。

一　九四二頁中七行第六字、一〇行首字「隱」，諸本作「穩」。

一　九四二頁下四行第三字「當」，諸本作「堂」。

一　九四二頁下八行「智者」，資作「智慧者」，磧、普、南、徑、清作「智慧智」。

一　九四二頁下二一行第七字「法」，諸本作「於法」。

一　九四三頁上一一行第一一字「親」，諸本作「覲」。

一　九四三頁上一七行末字「諸」，諸

本作「語」。

一 九四三頁上二〇行末字「善」，諸本作「喜」。

一 九四三頁中四行末字「得」，諸本作「行」。

一 九四三頁中一一行「揣創」，諸本作「傳瘡」。

一 九四三頁中一七行首字「繞」，諸本作「我」。

一 九四三頁中一九行第三字「次」，諸本作「欲」。

一 九四三頁下七行「偈揵度第三品竟」，徑、清無。

一 九四三頁下八行「尊……首」，徑、清作「偈揵度第十四之四」。

一 九四三頁下九行第一四字「盡」，資、磧、普作「成」。

一 九四三頁下二〇行第一一字「失」，資、磧、普、南、徑作「光」；清作「先」。

一 九四四頁上一三行第二字「輻」，諸本作「軛」。

一 九四四頁上一五行「動手」，諸本作「動心手之」。

一 九四四頁上二一行末字「者」，諸本作「等者」。

一 九四四頁中六行第一〇字「彼」，諸本作「被」。

一 九四四頁下八行末字「衆」，諸本作「中」。

一 九四四頁下九行第七字「盡」，諸本作「盡流」。

一 九四四頁下一八行第一三字「我」，諸本作「拔」。

一 九四四頁下二一行末字「河」，諸本作「阿」。

一 七四五頁上六行末字「盖」，諸本作「善」。

一 九四五頁上九、一一、一二行「健疾」，諸本作「捷疾」。

一 九四五頁上九行「是我之齊」，資、磧、普作「見我之所」；南、徑、清作「是我之所」。

一 九四五頁上一三行第三字「亦」，諸本作「迹」。

一 九四五頁上二一行首字「善」，徑、清作「若」。

一 九四五頁中七行第一三字「聚」，諸本作「取」。

一 九四五頁中一五行末字「法」，諸本作「去」。

一 九四五頁中二二行第一〇字「淨」，諸本作「智」。

一 九四五頁下二行第七字「此」，清作「比」。

一 九四五頁下八行第八字「若」，磧、普、南、徑、清作「苦」。

一 九四六頁上一三行末字「名」，諸本作「名曰」。

一 九四六頁上一八行第三字「親」，諸本作「覩」。

一 九四六頁上二〇行第五字及二二行第八字「愼」，諸本作「順」。

一 九四六頁上二〇行第一〇字「知」，徑作「如」。

一 九四六頁中九行第三字「是」，諸本作「是是」。

一　九四六頁中一五行第三字「中」，南作「皆」。

一　九四六頁中末行第九字「惡」，諸本作「要」。

一　九四六頁下一三行第三字「是」，諸本作「是謂」。

一　九四六頁下一四行第六字「當」，諸本作「常」。

一　九四七頁上七行第二字「常」，諸本作「當」。

一　九四七頁上一六行末字「墮」，諸本無。

一　九四七頁上一九行第五字「諸」，清作「者」。

一　九四七頁中一二行「尊……竟」，資作「尊婆須蜜菩薩所集偈揵度第十四竟」；磧、普、南、徑、清作「偈揵度第十四竟」。

一　九四七頁中末行卷末經名，資、磧、普、南作「尊婆須蜜菩薩所集論卷第十」；徑、清作「尊婆須蜜菩薩所集論卷第十五」。

入阿毗達磨論卷上　　華

塞建陁羅阿羅漢造

三藏法師玄奘奉　詔譯

敬礼一切智　佛日無垢輪　言光破人天
惡趣本心闇　諸以對法理　拔除法相愚
我頂礼如斯　一切智言藏　劣慧妄說闇
覆藏牟尼言　照了由明燈　稽首然燈者
有聰慧者能具受持諸牟尼尊教之文義由拘事業有未得退有劣慧者聞對法中名義稠林便生怖畏然俱恒有求解了心欲令彼於阿毗達磨法相海中深𢌞復處欣樂易入故作斯論

謂善逝宗有八句義一色二受三想四行五識六虛空七擇滅八非擇滅此摠攝一切義色有二種謂大種及所造色大種有四謂地水火風界能持自共相或諸所造色故名為界此四大種如其次第以堅濕煖動為自性以持攝熟長為業大而是種故名大種由此虛空非大種攝能生自果是種義故遍所造色故名為大如是大種唯有四者更无用故無堪能故如牀座足所造色有十一種一眼二耳三鼻四舌五身六色七聲八香九味十觸一分十一無表色於大種有故名所造即是依止大種起義此中眼者謂眼識所依以見色為用淨色為體耳鼻舌身准此應說色有二種謂顯及形如世尊說惡顯惡形此中顯色有十二種謂青黃赤白煙雲塵霧影光明闇形色有八種謂長短方圓高下正不正此中霧者謂地水氣日焰名光月星火藥寶珠雷等諸焰名明障光明生於中餘色可見名影翻此名闇方謂叟方圓謂團圓形平等名正形不平等名不正餘色易了故今不釋此二十種皆是眼識及所引意識所了別境聲有二種謂有執受及無執受大種為因有差別故墮自體者名有執受是有覺義與此相違名無執受前所生者名有執受大種為因謂語手等聲後所生者名無執受大種為因謂風林等聲此有情名非有情名差別為四謂前聲中語聲

名有情名餘聲名非有情名後聲中化語聲名有情名餘聲名非有情名此復可意及不可意差別成八如是八種皆是耳識及所引意識所了別境香有三種一好香二惡香三平等香謂能長養諸根大種名好香若能損害諸根大種名惡香若俱相違名平等香如是三種皆是鼻識及所引意識所了別境味有六種謂甘酢鹹辛苦淡別故如是六種皆是舌識及所引意識所了別境觸一分有七種謂滑性澁性重性輕性及冷飢渴柔軟名滑是意觸義麁強名澁可稱名重翻此名輕由此所逼煖欲因名冷食欲因名飢飲欲因名渴此皆於因立故作如是說如說諸佛出現樂等大種聚中水火增故有滑性地風增故有澁性地水增故有重性火風增故有輕性水風增故有冷風增故有飢火增故有渴無表色者謂能自表諸心心所轉變差別故名為表與彼同類而不能表故名無表此於相似立遮止言如於剎帝利等說非婆羅門等無表相者謂由表心大種差別於睡眠覺亂不亂心及無心位有善不善色相續轉不可積集是能建立苾芻等因是無表相此若無者不應建立有苾芻如世尊說於有依福業事彼恒常福增長如是無表揔有三種謂律儀不律儀俱相違所攝故律儀有三種謂別解脫靜慮无漏律儀別故別解脫律儀復有八種一苾芻律儀二苾芻尼律儀三勤策律儀四正學律儀五勤策女律儀六近事男律儀七近事女律儀八近住律儀如是八種唯欲界繫靜慮律儀謂色界三摩地隨轉色此唯色界繫无漏律儀謂無漏三摩地隨轉色此唯不繫不律儀者謂諸屠兒及諸獵獸捕鳥捕魚刼盜典獄縛龍煑狗罝弶魁膾此等身中不善無表色相續轉非律儀非不律儀者謂造毗訶羅窣堵波僧伽邏摩等及礼制多燒香散華讃誦願等并搖打等所起種種善不善無表色相續轉亦有無表唯一剎那依揔類故說相續別解脫律儀由捨願受得前七至命盡第八一晝夜又前七種捨由四緣一捨所學故二命盡故三善根斷故四二形生故第八律儀即由前四及夜盡捨靜慮律儀由得色界善心故得由捨色界善心故捨屬彼心故無漏律儀得捨亦尒隨無漏心而得捨故得不律儀由作及受由四緣故捨不律儀一受律儀故二命盡故三形生盜法尒得色界善心處中無表或由作故得謂殷淨心猛利煩惱礼讃制多及搖打等或由受故得謂作是念若不為佛造曼荼羅終不先食如是等願或由捨故得謂造寺舍敷具園林施苾芻等捨此無表由等起心及所作事俱斷壞故如是無表及前所說眼等五根唯是意識所了別境齊此名為初色句義然諸法相略有三種一自共相二分共相三遍共相自共相者如變壞故或變礙故說名為色如是即說可惱壞義如法王說苾芻當知由變壞故名色取蘊誰能變壞謂手觸故即便變壞乃至廣說如能疾行故名為

馬以能行故說名牛等分共相者如非常性及苦性等遍共相者如非我性及空性等由此方隅於一切法應知三相受句義者謂三種領納一樂二苦三不苦不樂即是領納三隨觸義從愛非愛非二觸生身心分位差別所起於境歡慼非二為相能為愛因故名受如世尊說觸緣受受緣愛此復隨識差別有六謂眼觸所生受乃至意觸所生受五識俱生名身受意識俱生名心受由根差別建立五種謂樂根苦根喜根憂根捨根諸身悅受及第三靜慮心悅受名樂根悅是攝益義諸身不悅受名苦根不悅是損惱義除第三靜慮餘心悅受名喜根諸心不悅受名憂根諸身及心非悅非不悅受名捨根此廣分別如根等處

想句義者謂能假合相名義解即於青黃長短等色螺鼓等聲沉麝等香鹹苦等味堅軟等觸男女等法相名義中假合而解為尋伺因故名為想此隨識別有六如受小大無量差別

有三謂緣少境故名小想緣妙高等諸大法境故名大想隨空無邊處等名無量想或隨三界立此三名

行有二種謂相應行不相應行相應行者謂思觸欲作意勝解念定慧尋伺信精進慚愧不放逸輕安不害捨欣厭不信懈怠放逸善根不善根無記根結縛隨眠隨煩惱纏漏瀑流軛取身繫蓋及智忍等諸心所法此皆與心所依所緣行相時事五義等故說名相應與此相違名不相應謂得非得無想定滅定無想事命根衆同分生住老無常名身句身文身等如是相應不相應行總名行蘊故大仙說行蘊聚集如芭蕉莖

思謂能令心有造作即是意業亦是令心運動為義此善不善無記異故有三種別觸謂根境識和合生令心觸境以能養活心所為相順樂受等差別有三欲謂希求作事業隨順精進謂我當作如是事業作意謂能令心警覺即是引心趣境為義亦是憶持曾受等此有三種謂學無學非學

非無學七有學身中無漏作意名學阿羅漢身中無漏作意名無學一切有漏作意名非學非無學勝解謂能於境印可即是令心於所緣境無怯弱義念謂令心於境明記即是不忘已正當作謂事業義定謂令心專注一境即是制如援猴心唯於一境而轉義毗婆沙者作如是說如虵在筒行便不曲心若在定正直而轉慧謂於法能有簡擇即是於攝相應成就諸因緣果自相共相八種法中隨其所應觀察為義尋謂於境令心麁為相亦名分別思惟想風所繫麁動而轉此法即是五識轉因伺謂於境令心細為相此法即是隨順意識於境轉因信謂令心於境澄淨謂於三寶因果相屬有性等中現前忍許故名為信是能除遣心濁穢法如清水珠置於池內令濁穢水皆即澄清如是信珠在心池內心諸濁穢皆即除遣信佛證菩提信法是善說信僧具妙行亦信一切外道所迷緣起法性是信事業精進謂於善不善法生滅事中勇

悍為性即是沉溺生死沮者能策勵心令速出義㪽謂隨順正理自法增上所生違愛等流心自在性由此勢力於諸功德及有德者恭敬而住愧謂修習功德為先違癡等流訶毀劣法由此勢力於罪見怖不放逸謂修諸善法違害放逸守護心性心堪任性説名輕安違害惛沉隨順善法心堅善性説名不害由此勢力不損惱他能違於他樂為損事心平等性説名為捨捨背非理及向理故由此勢力令心於理及於非理無向無背平等而住如持秤縷欣謂欣尚於還滅品見功德已令心欣慕隨順修善心有此故欣樂涅槃與此相應名欣作意猒謂猒患於流轉品見過失已令心猒離隨順離染心有此故猒惡生死與此相應名猒作意心不澄淨名為不信是前所説信相違法心心不勇悍名為懈怠與前所説精進相違不修善法為放逸違前所説不放逸性即是不能守護心義如是所説不信等三不立隨眠及纏垢者過失輕故易除遣故

善根有三種一無貪是違貪法二無瞋是違瞋法三無癡是違癡法即前所説慧為自性如是三法是善自性亦能為根生餘善法故名善根安隱義是善義能引可愛有及解脱爭故或已習學成巧便義是善義由此能辨妙色像故如彩畫師造妙色像世稱為善不善根有三種即前所治貪瞋癡三貪謂欲界五部貪瞋謂五部瞋癡謂欲界三十四無明除有身見及邊執見相應無明如是三法是不善自性亦能為根生餘不善故名不善根不安隱義是不善義能引非愛諸有爭故或未習學非巧便義是不善義由此能辨惡色像故如彩畫師所造不妙世稱不善

無記根有四種謂愛見慢無明愛謂色無色界各五部貪見謂色無色界各十二見及欲界有身見邊執見慢謂色無色界各五部慢無明謂色無色界一切無明及欲界有身見邊執見相應無明此四無記根是自所許修靜慮者有三種異故一愛上靜慮者二見上靜慮者三慢上靜慮者此三皆因無明力起毗婆沙者立無記根唯有三種謂無記愛无明慧三疑不堅住慢性高舉非根法故於善不善義俱不記故名無記又不能記愛非愛果故名無記以不能招異熟果故是無記性亦能生餘無記染法或諸无記法故名無記根結有九種謂愛結恚結慢結無明結見結取結疑結嫉結慳結愛結者謂三界貪是染者相如融膠漆故名為愛愛即是結故名愛結恚結者謂五部瞋於有情等樂為損苦不饒益相如辛苦種故名為恚恚即結故是名恚結慢結者謂三界慢以自方他德類差別心恃舉相説名為慢如傲逸者淩篾於他此復七種一慢二過慢三慢過慢四我慢五增上慢六卑慢七邪慢謂因族姓財位色力持戒多聞工巧等事若於劣謂已勝或於等謂已等由此令心高舉名慢若於等謂已勝或於勝謂已等由此令心高舉名過慢若於勝

謂已勝由此令心高舉名慢過慢若於五取蘊執我我所由此令心高舉名我慢若於未證得預流果等殊勝德中謂已證得由此令心高舉名增上慢若於多分族姓等勝中謂已少劣由此令心高舉名卑慢若實無德謂已有德由此令心高舉名邪慢如是七慢總名慢結無明結者謂三界無知以不解了為相如盲瞽者違害明故說名無明此遮止言依對治義如非親友不實等言即說怨家虛誑語等無明即是結故名無明結見結者謂三見即有身見邊執見邪見五取蘊中無我我所而執實有我我所相此染汙慧名有身見身聚義有而是身故名有身即五取蘊於此起見名有身見即五取蘊非斷非常於中執有斷常二相此染汙慧名邊執見執二邊故若決定執無業無業果無解脫无得解脫道撥無實事此染汙慧名邪見如是三見名見結取結者謂二取即見取戒禁取謂前三見及五取蘊實非是勝而取為勝此染汙慧

名見取取是推求及堅執義戒謂遠離諸破戒惡禁謂受持烏雞鹿狗露形拔髮斷食臥灰或於妄執生福滅罪諸河池中數數澡浴或食根果草菜藥物以自活命或復塗灰拔頭髮等皆名為禁此二俱非能清淨道而妄取為能清淨道此染汙慧名戒禁取諸婆羅門有多聞者多執此法以為淨道而彼不能得畢竟淨如是二取名為取結疑結者謂於四聖諦令心猶豫如臨岐路見結草人躊躇不決如是於苦心生猶豫為是為非乃至廣說疑即是結故名疑結嫉結者謂於他勝事令心不忍謂於他得恭敬供養財位多聞及餘勝法心生妬忌是不忍義嫉即是結故名嫉結慳結者謂於已法財令心悋惜謂我所有勿至於他慳即是結故名慳結

結義是縛義如世尊說非眼結色非色結眼此中欲貪說名為結如非黑牛結白牛亦非白牛結黑牛乃至廣說先所說結亦即是縛以即結義是縛義故然契經中復說三縛一貪縛謂

一切貪如愛結相說二瞋縛謂一切瞋如恚結相說三癡縛謂一切癡如無明結相說

隨眠有七種一欲貪隨眠二瞋隨眠三有貪隨眠四慢隨眠五無明隨眠六見隨眠七疑隨眠此七別相結中已說然應依界行相部別分別如是七種隨眠謂貪諸欲故名欲貪此貪即隨眠故名欲貪隨眠此唯欲界五部為五謂見苦所斷乃至修所斷瞋隨眠亦唯欲界五部為五有貪隨眠唯色無色界各五部為十內門轉故為遮於靜慮無色解脫想故說二界貪名有貪慢隨眠通三界各五部為十五無明隨眠亦尒見隨眠通三界各十二為三十六謂欲界見苦所斷具五見見集滅所斷唯有邪見及見取二見道所斷唯有邪見見取戒禁取三揔為十二上二界亦尒為三十六疑隨眠通三界各四部為十二謂見苦集滅道所斷此中欲貪及瞋隨眠唯有部別無界行相別有貪疑慢無明隨眠有界部別無行相別見隨

眠具有界行相部別行相別者謂我我所行相轉者名有身見斷常行相轉者名邊執見無行相轉者名邪見勝行相轉者名見取淨行相轉者名戒禁取微細義是隨眠義彼現起時難覺知故或隨縛義是隨眠義謂隨身心相縛而轉如空行影水行隨故或隨逐義是隨眠義如油在麻膩在摶故或隨增義是隨眠義謂於五取蘊由所緣相應而隨增故言隨增者謂隨所緣及相應門而增長故如是七種隨眠由界行相部差別故成九十八隨眠謂欲界見苦所斷具十隨眠即有身見邊執見邪見見取戒禁取疑貪瞋慢無明見集所斷有七隨眠於前十中除有身見邊執見戒禁取見滅所滅所斷有七隨眠亦尒見道所斷有八隨眠謂即前七加戒禁取修所斷有四隨眠謂貪瞋慢無明如是欲界有三十六隨眠色界有三十一隨眠謂於欲界三十六中除五部瞋無色界亦尒故有九十八隨眠於中八十八見所斷十修所斷三十三

是遍行謂界界中見苦集所斷諸見疑及彼相應不共無明餘皆非遍行十八是無漏緣謂界界中見滅道所斷邪見疑及彼相應不共無明此十八種緣滅道故名無漏緣餘皆有漏緣此中有漏緣者由所緣相應故隨增無漏緣者但於自聚由相應故隨增九是無為緣謂界中見滅所斷邪見疑及彼相應不共無明緣滅諦故名無為緣餘皆有為緣十種隨眠次第生者先由無明於諦不了謂苦於不欲乃至於道不欲由不了故次引生疑謂聞邪正二品便壞猶豫為苦非苦乃至為道非道從此猶豫引生邪見謂惡友由邪聞思生邪決定无施與無愛樂無祠祀乃至廣說從此邪見有身見生謂取蘊中撥無苦理便執有我或有我所從有身見邊執見生謂執我有斷常邊故從邊執見戒禁取生謂此邊執為能淨故從戒禁取引見取生謂能淨者是最勝故從此見取次引貪生謂自見中情深愛故從此貪後次引慢生謂自見中深

著已恃生高舉淩篾他故從此慢後次引瞋生謂恃已見於他見中情不能忍必憎嫌故或於自見取捨位中起憎嫌故十種隨眠次第如是由三因緣起諸煩惱一未斷隨眠故二非理作意故三境界現前故由因加行境界三力煩惱現前此說具者亦有唯依境界力起煩亂逼惱身心相續故名煩惱此即隨眠

隨煩惱者即諸煩惱亦名隨煩惱復有隨煩惱謂餘一切行蘊所攝染汙心所與諸煩惱同蘊攝故此復云何謂誑憍害惱恨諂等有無量如聖教說誑謂惑他憍謂染著自身所有色力族姓淨戒多聞巧辯等已令心傲逸無所顧性害謂於他能為逼迫由此能行打罵等事惱謂堅執諸有罪事由此不受如理諫誨恨謂於忿所緣事中數數尋思結怨不捨諂謂心曲如是六種從煩惱生穢汙相麁名煩惱垢於此六種煩惱垢中誑憍二種是貪等流貪種類故害恨二種是瞋等流瞋種類故惱垢即是見取等流

執已見勝者惱亂自他故諂垢即是諸見等流諸見增多諂曲故如說諂曲謂諸惡見此垢及纏并餘染汙行蘊所攝諸心所法從煩惱生故皆名隨煩惱纏有十種謂惛沉睡眠掉舉惡作嫉慳無慚無愧忿覆身心相續無堪任性名為惛沉是昧重義不能任持身心相續令心昧略名為睡眠此得纏名唯依染汙掉舉謂令心不寂靜惡所作體名為惡作有別心所緣惡作生立惡作名是追悔義此於果體假立因名如緣空名空緣不淨名不淨世間亦以處而說依處者如言一切村邑來等此立纏名亦唯依染嫉慳二相結中已說於諸功德及有德者令心不敬說名無慚即是恭敬所敬對法於諸罪中不見怖畏說名无愧能招惡趣善士所訶說名為罪除瞋及害於情非情令心憤發說名為忿隱藏自罪說名為覆此十纏縛身心相續故名為纏此中惛沉睡眠無愧是無明等流惡作是疑等流無慚慳掉舉是貪等流嫉忿是瞋等流覆是貪无明等流諸心所法行相微細一一相續分別尚難況一剎那俱時而有微密智者依佛所說觀果差別知其性異為諸學者無倒宣說有劣慧者未親承事無倒解釋佛語諸師故於心所迷謬誹撥或說唯三或全非有

漏有三種謂欲漏有漏無明漏欲界煩惱并纏除無明名欲漏有四十一物謂三十一隨眠并十纏色無色界煩惱并纏除無明名有漏有五十四物謂上二界各二十六隨眠并惛沉掉舉同無記故內門轉故依定地故二界合立一有漏名三界無明名無明漏有十五物以無明是諸有本故別立漏等稽留有情久住三界障趣解脫故名為漏或令流轉從有頂天至無間獄故名為漏或復相續於六瘡門泄過無窮故名為漏

瀑流有四謂欲有見無明瀑流欲漏中除見名欲瀑流有二十九物有漏中除見名有瀑流有三十物三界諸見名見瀑流有三十六物三界相應不共無明名無明瀑流有十五物瀑棄一切有情勝事故名瀑流如水瀑流軛有四種如瀑流說和合有情令於諸界諸趣諸生諸地受苦故名為軛即是和合令受種種輕重苦義

說一切有部入阿毗達磨論卷上

入阿毗達磨論卷上

校勘記

一 底本，金藏廣勝寺本。

一 九五二頁中二行造者，資、磧、普、南、徑、清作「塞建地羅阿羅漢造」。卷下同。

一 七五二頁中三行譯者，資作「沙門玄奘奉詔譯」；磧、普作「大唐三藏玄奘奉詔譯」；南、徑、清作「唐三藏玄奘奉詔譯」。卷下同。

一 九五二頁中五行「法相」，資、磧、普、南、徑、清作「法想」。

一 九五二頁下一四行第六字「畟」，南、徑、清作「界」。

一 九五三頁上一三行「名滑是意」，資、磧、普、南、徑、清作「而滑是喜」。

一 九五三頁上一四行第一二字「因」，資、磧、普、南、徑、清無。

一 九五三頁上一六行首字「立」，諸本（不含石，卷下同）作「立果名」。

一 九五三頁上一九行第一〇字「冷」，資、磧、普、南、徑、清作「冷性」。

一 九五三頁中五行「苾蒭」，諸本作「苾芻等」。

一 九五三頁中末行第三字「類」，諸本作「種類」。

一 九五三頁下九行第六字「三」，諸本作「三二」。

一 九五三頁下一〇行第二字「心」，資、磧、普、南、徑、清作「心故」。

一 九五四頁上八行第二字「故」，資、磧、普、南、徑、清作「故說」。

一 九五四頁中八行「瀑流」，資、磧、普、南、徑、清作「暴流」。下同。

一 九五四頁中二〇行第九字「作」，資、磧、普、南、徑、清作「所作」。

一 九五四頁中末行第三字「受」，資、磧、普、南、徑、清作「受境」。

一 九五四頁下六行第五字「謂」，資、磧、普、南、徑、清作「諸」。

一 九五四頁下一六行「澄淨」，資、磧、普作「證淨」。

一 九五五頁上三行第四字「違」，徑作「爲」。

一 九五五頁上一九行「心心」，資、磧、普、南、徑、清作「心」。

一 九五五頁上二一行第四字「爲」，資、磧、普、南、徑、清作「名爲」。

一 九五五頁中九行「所洽」，諸本作「所治」。

一 九五五頁下六行第二字「義」，徑作「善」。

一 九五五頁下一四行第五字「苦」，資、磧、普、南、徑、清作「害」。

一 九五五頁下一五行「即結故是」，資、磧、普、南、徑、清作「即是結故」；麗作「即是結故是」。

一 九五六頁上一五行「見身」，諸本作「見身是」。

一 九五六頁中五行「拔頭髮」，資、磧、普、南、徑、清作「持頭髻」。

一 九五七頁上七行「相縛」，資、磧、普、南、徑、清作「相續」。

一 九五七頁上一七行「所滅」，資、磧、

普、南、徑、清無。

一　九五七頁中八行第七字「界」，資、磧、普、南、徑、清作「界界」。

一　九五七頁中一一行「苦於」，資、磧、普、南、徑、清作「於苦」。

一　九五七頁中一三行第九字「壞」，諸本作「懷」。

一　九五七頁中一五行第二字「謂」，資、磧、普、南、徑、清作「謂遇」。

一　九五七頁中末行末字「深」，資、磧、普、南、徑、清作「深愛」。

一　九五七頁下八行「煩亂遍惱」，資、磧、普、南、徑、清作「煩惱亂逼惱」。

一　九五七頁下一三行「無量」，諸本作「無量種」。

一　九五八頁上二行第七字「增」，資、磧、普、南、徑、清作「增者」。

一　九五八頁上末行「慚慳」，南、徑、清作「慙愧」。

一　九五八頁中一八行「或復」，諸本作「或彼」。

一　九五八頁下四行「諸界」，麗無。

一　九五八頁下末行「說一切……卷上」，徑、清作「入阿毘達磨論卷上」。卷下同。

入阿毗達磨論卷下　華

塞建陁羅阿羅漢造

三藏法師玄奘奉　詔譯

取有四種謂欲取見取戒禁取我語取即欲瀑流加無明名欲取有三十四物謂貪瞋慢無明各五疑四纏十即有瀑流加無明名我語取有四十物謂貪慢無明各十疑八及惛沉掉舉諸見中除戒禁取餘名見取有三十物戒禁取名戒禁取有六物由此獨處聖道怨故雙誑在家出家衆故於五見中此別立取謂在家衆由此誑惑計自餓服氣及墜山巖等為天道故諸出家衆由此誑惑計捨可愛境受杜多功德為淨道故薪義是取義能令業火熾然相續而生長故如有薪故火得熾然如是有煩惱故有情業得生長又猛利義是取義或纏裹義是取義如蚕處蚕自纏而死如是有情四取所纏流轉生死喪失慧命身繫有四種謂貪欲身繫瞋恚身繫戒禁取身繫此實執身繫欲界五部

貪名初身繫五部瞋名第二身繫六戒禁取名第三身繫十二見取名第四身繫種種纏縛有情自纏故名身繫是等羂網有情身義

蓋有五種謂貪欲蓋瞋恚蓋惛沉睡眠蓋掉舉惡作蓋疑蓋欲界五部貪名初蓋五部瞋名第二蓋欲界惛沉及不善睡眠名第三蓋欲界掉舉及不善惡作名第四蓋欲界四部疑名第五蓋覆障聖道及離欲涂并此二種加行善根故名為蓋

前說諸界諸趣諸生諸地受苦應說云何界趣生地界有三種謂欲界色界無色界欲界有二十處謂八大地獄一等活二黑繩三衆合四號叫五大號叫六炎熱七極炎熱八無間并傍生鬼界為十有四洲人一贍部洲二勝身洲三牛貨洲四俱盧洲有六欲天一四大王衆天二三十三天三夜摩天四覩史多天五樂變化天六他化自在天合二十處色界有十六處謂初靜慮有二處一梵衆天二梵輔天第二靜慮有三天一少光天二

無量光天三極光淨天第三靜慮有三天一少淨天二無量淨天三遍淨天第四靜慮有八天一無雲天二福生天三廣果天四無煩天五無熱天六善現天七善見天八色究竟天合十六處大梵无想無別處所故非十八無色界雖無上下處所而有四種生處差別一空無邊處二識無邊處三無所有處四非想非非想處趣有五種一㮈洛迦二傍生三鬼界四天五人生有四種謂卵胎濕化地有十一謂欲界未至靜慮中間四靜慮四無色為十一地欲界有頂一向有漏餘九地通有漏及无漏前界趣生一向有漏

智有十種謂法智類智世俗智他心智苦智集智滅智道智盡智無生智於欲界諸行及彼因滅加行無間解脫勝進道并法智地中所有无漏智名法智無始時来常懷我執今創見法故名法智於色无色界諸行及彼因滅加行無間解脫勝進道并類智地中所有无漏智名類智隨法智生

故名類智諸有漏慧名世俗智此智多於瓶衣等世俗事轉故名世俗智此有二種一染汙二不染汙染汙者復有二種一見性二非見性見性有五謂有身見邊執見邪見見取戒禁取非見者謂疑貪瞋慢無明忿害等相應慧不染汙者亦有二種一善二無覆无記無覆无記者非見不推度故是慧及智善者若五識俱亦非見是慧及智若意識俱是世俗正見亦慧亦智諸定生智能了知他欲色界繫一分无漏現在相似心心所法名他心智此有二種一有漏二无漏有漏者能了知他欲色界繫心心所法无漏者有二種一法智品二類智品法智品者知法智品心心所法類智品者知類智品心心所法此智不知色無為心不相應行及過去未來無色界繫一切根地補特伽羅勝心心所皆不能知於五取蘊果分有无漏智作非常苦空非我行相轉名苦智於五取蘊因分有无漏智作因集生緣行相轉名集智於彼滅有无漏智

作滅靜妙離行相轉名滅智於彼對治得涅槃道有无漏智作道如行出行相轉名道智有无漏智作是思惟苦我已知集我已斷滅我已證道我已修盡行相轉名盡智有无漏智作是思惟苦我已知不復更知乃至道我已修不復更修無生行相轉名無生智此後二智不推度故非見性他心智唯見性餘六智通見性非見性世俗智唯有漏他心智通有漏及無漏餘八智唯无漏滅智唯無為緣他心苦集道智唯有為緣餘五智通有為無為緣苦集智唯有漏緣滅道智唯无漏緣餘六智通有漏无漏緣法智在六地謂四靜慮未至中間類智在九地謂前六地下三無色他心智在四地謂四靜慮世俗智在一切地餘六智法智品者在六地類智品者在九地

忍有八種謂苦集滅道法智忍及苦集滅道類智忍此八是能引決定智勝慧忍可苦等四聖諦理故名為忍於諸忍中此八唯是觀察法忍是見

及慧非智自性決定義是智義此八推度意樂未息未能審決故不名智苦法智忍與欲界見苦所斷十隨眠得俱滅苦法智與彼斷得俱生忍為无間道智為解脫道對治欲界見苦所斷十種隨眠如有二人一在舍內駈賊令出一關閉門不令復入苦類智忍與色無色界見苦所斷十八隨眠得俱滅苦類智與彼斷得俱生餘如前說如是四心能於三界苦諦現觀於集滅道各有四心應知亦尒此十六心能於三界四諦現觀斷見所斷八十八結得豫流果餘修所斷十種隨眠謂欲界四色無色界各三為十欲界四種辟如束蘆惣分為九謂從上上乃至下下彼對治道无間解脫亦有九品謂下下品道能對治上上品隨眠乃至上上品道能對治下下品隨眠六品盡時得一来果九品盡時得不還果如欲界四惣分為九亦有九品无間解脫能對治道色無色界各有四地一一地中能治所治各有九品應知亦然漸次斷彼八地

隨眠乃至有頂下下品盡時得阿羅漢果四果中間所有諸道及前見道名為四向隨在彼果前即名彼果向如是有八補特伽羅謂行四向及住四果如是向果由種性別分為六種謂鈍利根種性異生若入見道十五心須名隨信行及隨法行即此二種至修道位謂從第十六心乃至金剛喻定名信勝解及名見至即此二種至无學位謂從初盡智乃至最後心名時解脫及不時解脫等謂心所種類差別有无量種依心有故名心所法猶如我所如是心所名相應行

不相應行與此相違謂諸得等得謂稱說有法者因法有二種一淨二不淨三無記淨謂信等不淨謂貪等無記謂化心等若成此法名有法者稱說此定因名得獲成就得若無者貪等煩惱現在前時有學既無无漏心故應非聖者異生若起善無記心尒時應名已離染者又諸聖者與諸異生無涅槃得亊相似故應俱名異生或俱名聖者如法王說起得成就十無學法故名聖者永斷五支乃至廣說又世尊說苾芻當知若有成就善不善法我見如是諸有情類心相續中善不善得增長無邊作如是說汝等苾芻不應按量有情勝劣不應妄取補特伽羅德量淺深乃至廣說故知法外定有實得此有二種一者未得已失今獲二者得已不失成就應知非得與此相違於何法中有得非得於自相續及二滅中有得非得非他相續无有成就他身法故非非相續無有成就非情法故亦非虛空無有成就虛空者故彼得無故非得亦無得有三種一者如影隨形得二者如牛王引前得三者如犢子隨後得初得多分如無覆無記法第二得多分如上地沒生欲界結生時欲界善法得第三得多分如聞思所成慧等除俱生所餘得此中應作略毗婆沙謂欲界繫善不善色無前生得但有俱生及隨後得除眼耳通慧及能變化心并除少分若威儀路若工巧處極數習者諸餘一切無覆无記法及有覆無記表色唯有俱生得勢力劣故無前後得所餘諸法一一容有前後俱得善法得唯善不善法得唯不善无記法得唯无記欲界法得唯欲界色界法得唯色界無色界法得唯無色界無漏法得通三界及无漏法無漏法者謂道諦三無為俱不繫故道諦得唯無漏非擇滅得通三界擇滅得色無色界道力起者即墮彼界無漏道力起者是無漏故無漏法得捴說有四種學法得唯學無學法得唯无學非學非無學法得有三種非學非無學法者謂諸有漏及无為有漏及非擇滅得唯非學非無學擇滅得學道力起者唯學無學道力起者唯無學世間道力起者唯非學非無學見所斷法得唯見所斷修所斷法得唯修所斷非所斷法得有三種謂修所斷及非所斷非所斷法者謂道諦及無為道諦得唯非所斷非擇滅得唯修所斷不染汙故是有漏故擇滅得世間道力起者唯修所斷無漏道力起者唯非所斷一切

非得皆唯無覆無記性攝非如前得有差別義然過去未来法一一各有三世非得現在法無現在非得得與非得性相違故無有現在可成就法不成就故然有過去未来非得欲色無色界及無漏法一一皆有三界非得無有非得是無漏者非得中有異生性故如說云何異生性謂不獲聖法不獲即是非得異名又諸非得唯無記性故非無漏

已離第三靜慮染未離第四靜慮染第四靜慮地心心所滅有不相應法名無想定雖滅一切心心所法而起此定專為除想故名無想如他心智此無想定是善第四靜慮所攝唯非聖者相續中起求解脫想起此定故聖者於此如惡趣想深心猒離此唯順定受謂順次生受是加行得非離染得滅定者謂已離無所有處染有頂心心所法滅有不相應法能令大種平等相續故名為定滅是有頂地加行善攝或順次生受或順後次受或順不定受起此定已未得異熟便

般涅槃故不定受此定能感有頂地中四蘊異熟彼無色故聖者能起非諸異生由聖道力起此定故聖者為得現法樂住求起此定異生於此怖畏斷滅無聖道力故不能起聖者於此由加行得非離染得唯佛世尊於此滅定名離染得初盡智時已於此定能自在起故名為得諸佛功德不由加行隨欲即起現在前故若生無想有情天中有法能令心心所滅名無想事是實有物是無想定異熟果故名異熟生無記性攝即廣果天中有一勝處如中間靜慮名無想天生時死時俱有心想中間無故立無想名彼將死時如久睡覺還起心想起已不久即便命終生於欲界將生彼者必有欲界順後次受決定業故如將生彼北俱盧洲必有能感生天之業

先業所引六處相續无間斷因依之施設四生五趣是名命根亦名為壽故對法說云何命根謂三界壽此有實體能持煖識如伽他言

壽煖及與識　三法捨身時　所捨身僵仆
如木無思覺

契經亦說受異熟已名那落迦乃至非想非非想處應知亦介若異命根無別有法是根性攝遍在三界一期相續無間斷時可依施設四生五趣生無色界起自上地善染汙心或起下地無漏心時依何施設化生天趣起善染時應名為死若起無記應復名生撥无命根有斯大過諸有情類同作事業同樂欲因名衆同分此復二種一無差別二有差別無差別者謂諸有情皆有我愛同資於食樂欲相似此平等因名衆同分一一身內各別有一有差別者謂諸有情界地趣生種姓男女近事苾芻學無學等種類差別一一身內有同事業樂欲定因名衆同分此若無者聖非聖等世俗言說應皆雜亂諸異生性異生同分有何差別同樂欲等因說名彼同分異生性者能為一切無義利因如契經說苾芻當知我說愚夫無聞異生無有少分惡不善業彼不能造

又世尊説若未人中得人同分異生性於死生時有捨得義故異生性與同分別

諸法生時有內因力令彼獲得各別功能即此內因説名生相謂法生因揔有二種一內二外內謂生相外謂六因或四緣性若無生相諸有為法應如虛空等雖具外因緣亦無生義或應虛空等亦有可生義成有為性是大過失由此故知別有生相能引別果暫時住因説名住相謂有為法於暫住時各有勢力能引別果令暫時住此引別果勢力內因説名住相若無住相諸有為法於暫住時應更不能引於別果由此故知有別住相老謂衰損引果功能令其不能重引別果謂有為法若無異相衰損功能何緣不能引別果已更不重引引而復引應成无窮若介又應非剎那性由此故知別有異相無常者謂功能損已令現在法入過去因謂有別法名為滅相令從現在墮過去世此若無者法應不滅或虛空等亦有滅義此

四有為之有為相若有此四有為相者便名有為非虛空等然世尊説有三有為之有為相有為之起亦可了知盡及住異亦可了知為所化生猒有為故如示黑耳與吉祥俱住異二相合説為一是故定有四有為相非即所相有為法體若即所相有為體者如所相體與能相一能相亦應展轉無異若介諸法滅時應生生時應滅或全不生此四本相是有為故如所相法有四隨相謂名生生乃至滅滅然非無窮以四本相各相八法隨相唯能各相一故謂法生時并其自體九法俱起自體為一相隨相八本相中生除其自體生餘八法隨相中生於九法內唯生本生勢力劣故住異滅相應知亦介本相依法隨相依隨相法因相故得有作因相因隨相得有作用作用者何謂生住異滅所生等者謂引果功能故有為法體雖恒有而用非常假茲四相內外因力用得成故名身句身文身等者謂依語生如智帶義影像而現能詮自

義名句文即是想章字之異目如眼識等依眼等生帶色等義影像而現能了自境名等亦介非即語音親能詮義勿説火時便燒於口要依語故火等名生由火等名詮火等義詮者謂能於所顯義生他覺慧非與義合聲有㝵故諸記論者所執常聲理不成故不應離此名句文三可執有法能詮於義然四種法似同一相一聲二名三義四智此中名者謂色等想句者謂能詮義究竟如説諸惡莫作等頌世間亦説提婆達多駈白牛來搆取乳等文者即是哀壹等字此三各別合集同類説之為身如大仙説苾芻當知如來出世便有名身句身文身可了知者意説諦實蘊處界沙門果緣起等法名句文身又世尊説如來得彼彼名句文身者意説如來獲得彼彼不共佛法名句文身等謂此中義類差別諸行句義齊此應知識句義者謂揔了別色等境事故名為識即於色等六種境中由眼等根伴助而起現在作用唯揔分別色等

境事說名為識若能分别差别相者即名受等諸心所法識无彼用但作所依識用但於現在世有一刹那頃能有了别此亦名意亦名為心亦是施設有情本事於色等境了别為用由根境别說有六種謂名眼識乃至意識佛於経中自說彼相謂能了别故立識名由此故知了别為相

前於思擇有為相中說法生因揔有二種一内二外内謂生相外謂六因或四縁性今應思擇因縁者何因有六種一相應因二俱有因三同類因四遍行因五異熟因六能作因心心所法展轉相應同取一境名相應因如心與受等受等與受等受等復與心各除其自性諸有為法更㸦為果或同一果名俱有因如諸大種所相能相心心隨轉更㸦相望二因别者如諸商人更相助力能過嶮路是俱有因諸所飲食展轉同義是相應因心隨轉者謂諸心所及諸靜慮無漏律儀諸有為相以彼與心俱墮一世一起一住一滅一果一等流一異熟

因善因不善因無記由此十因名心隨轉自地自部前生諸法如種子法與後相似為同類因自地前生諸遍行法與後染法為遍行因一切不善有漏善法與自異熟為異熟因諸法生時除其自性以一切法為能作因或唯無障或能生故如是六因揔以一切有為果為是所生故謂相應俱有因得士用果由此勢力彼得生故此名士用彼名為果同類遍行因得等流果果似因故說名為等從因生故復說為流果即等流名等流果異熟因得異熟果果不似因故說為異熟謂成熟堪受用故果即異熟名異熟果唯有情數攝无覆無記性能作因得增上果此增上力彼得生故如眼根等於眼識等及田夫等於稼穡等由前增上後法得生增上之果名增上果擇滅無為名離繫果此由道得非道所生果即離繫名離繫果縁有四種謂因等無間所縁增上縁除能作餘五因名因縁過去現在心心所法除阿羅漢冣後心等名等無

間縁一切法名所縁縁能作因性名增上縁

容有导物是虛空相此增上力彼得生故能有所容受是虛空性故此若無者諸有导物應不得生无容者故如世尊說梵志當知風依虛空婆羅門曰虛空依何佛復告言汝問非理虛空無色無見無對當何所依然有光明虛空可了故知實有虛空無為此體若無風何依住說無色等言何所依因有光明何所了别了龜毛等不因此故

衆苦永斷說名擇滅衆苦者何謂諸生死如世尊說苾芻當知諸有若生即說為苦諸有即是生死别名有若不生名苦永斷如堤堰水如辟障風令苦不生名為擇滅擇謂揀擇即勝善慧於四聖諦數數簡擇彼所得滅立擇滅名此隨所斷體有無量以所斷法量無邊故若體一者初道已得修後諸道便應無用若言初證少分非全即一滅體應有多分一體多分與理相違隨有漏法有尒所量擇滅

無為應知亦尒此說為善應正理故此隨道別立八十九隨斷遍知立有九種若隨五部立有五種又隨果別惣立為四謂預流等由斷離滅界別立三由斷苦集及有餘依無餘依別惣立二種約生死斷惣立為一如是擇滅有多異名謂名盡離滅涅槃等如人經說苾芻當知四無色蘊及眼色等惣名為人於中假想說名有情亦名意生亦名為人摩納婆等此中自謂我眼等見色等發起種種世俗言論謂此具壽有如是名如是族姓乃至廣說苾芻當知此唯有想唯有言說如是諸法皆是無常有為緣生由此故苦謂生時苦住等亦苦於此衆苦永斷無餘除棄變吐盡離染滅寂靜隱沒餘不續起名永不生此極靜妙謂一切依除棄愛盡離滅涅槃所言一切依除棄者謂此滅中永捨一切五取蘊苦言愛盡者謂此滅中現盡諸愛得此滅已永離染法故名為離獲此滅已衆苦皆息故名為滅證此滅已一切災患煩惱火滅故

名涅槃

非擇滅者謂有別法畢竟障礙未來法生但由闕緣非由擇得如眼與意專一色時餘色聲香味觸等謝緣彼境界五識身等由得此滅能永障故住未來世畢竟不生緣闕亦由此滅勢力故非擇滅決定實有如世尊說若於尒時樂受現前二受便滅彼言滅者除此是何定非无常及擇滅故又契經說苾芻當知若得預流已盡地獄已盡鬼界已盡傍生此言盡者是非擇滅尒時異熟法未得擇滅故為初業者愛樂勤學離諸問荅略制斯論諸未遍知阿毗達磨深密相者隨自意集諸戲論聚置於現前妄搆邪難欲相誹毀彼即謗佛所說至教如世尊說有二種人謗佛至教一者不信生於憎嫉二者雖信而悪受持

說一切有部入阿毗達磨論卷下

甲辰歲高麗國大藏都監奉
勑彫造

入阿毗達磨論卷下

校勘記

一　底本，麗藏本。

一　九六一頁上五行及七行「瀑流」，諸本作「暴流」。

一　九六一頁上一一行「獨處」，諸本作「獨爲」。

一　九六一頁中三行「自纏」，諸本作「自體」。

一　九六二頁上六行第五字「謂」，諸本作「諸」。

一　九六三頁上五行「分爲」，徑作「分有」。

一　九六三頁上七行首字「心」，諸本無。同行第二字「須」，資、磧、普作「頃」；南、徑、清作「類」。

一　九六三頁上九行第六字「解」，諸本作「解脫」。

一　九六三頁中六行首字「妄」，諸本作「忘」。

一　九六三頁下七行第三字「法」，諸

本無。

一　九六三頁下一〇行首字「墮」，諸本作「隨」。

一　九六三頁下一九行「三種」，諸本作「二種」。

一　九六三頁下二二行「故故」，諸本作「故」。

一　九六四頁上二一行「定滅」，諸本作「滅定」。

一　九六四頁中一五行「死時」，諸本作「時死」。

一　九六四頁下二二行末字「聞」，徑、清作「問」。

一　九六五頁上一行「同分」，諸本作「同分非」。

一　九六五頁中五行第七字「黑」，徑、清作「異」。

一　九六五頁中一八行第二字「隨」，諸本無。同行第一一字「因」，諸本作「用」。

一　九六五頁中二二行第二字「用」，諸本作「因」。

一　九六六頁上六行第五字「說」，諸本作「設」。

一　九六六頁中一行「因善因不善因」，諸本作「同善同不善同」。

一　九六六頁中八行「果爲」，諸本作「爲果」。

一　九六六頁中一七行「根等」，諸本作「等根」。

一　九六六頁下一八行「簡擇」，諸本作「擇揀」。

一　九六七頁上二二行第四字「獲」，諸本作「證」。

趙城縣廣勝寺

三法度論卷上　　華

東晉罽賓三藏瞿曇僧伽提婆譯

德品第一

知生苦無量　善寂趣彼安　用悲衆生故
輪轉於多劫　捨己之妙善　為一切說法
普智滅諸趣　稽首礼最覺　開此三法門
切德之所歸　安快彼衆生　離於一切苦
前礼於善逝　法及無上衆　今說真諦法
三三如其義

說曰今說三法問尊云說三法三法何義荅此經因法故唯三相續撰三法者是假想問何故三法撰荅此佛經依無量想衆生為惡世所壞命以食存欲求其真為彼開想故及善持故此三法撰一切世間亦依真想及假想是以開想故三法撰問已荅三法撰三法唯顯說荅德惡依覺善勝法門若覺德惡依覺則善勝法門此三法經本三三品說品各三真度問可說三品但於說有各所以者何善勝者應前說是善勝說善勝已然後說德惡依當覺荅樂所向者則不應說

　華

此一切世間樂向善勝乃至昆虫亦樂向樂所以者何為食故有所求善勝者樂妙愛如是比義說善勝世間者多樂向樂而背樂因樂者大涅槃及無病是多樂向但背是因若已樂向不應為說譬人趣道若已知道則不語道彼亦如是是故无咎問云何此德惡依覺便有善勝頗有見金得富見藥病无耶是故不可德惡依覺而有善勝荅雖有此言是義不然當取如燈譬如然燈即時壞闇非然燈已後壞闇如是智生即有善勝智覺是一義問德名何等為衆生數為色味香比為攝為諍伏耶荅我欲不樂自想作經而此中德者福根無惡福根無惡者此三是德想白淨法及法果我以為德想是一切此三中攝令當相續顯示問已說福根無惡何等為福荅福者施戒修數數處善勝謂之福亦揚去人惡謂之福是三種施戒修如所說

福者數數　將人善處　亦揚去惡
故謂為福

問已說福者施戒修何等為施答為已他攝故捨財時俱思願及無教是三種施問此云何答施者法無畏財法施無畏施財施是三說施法施者說經出於世間無畏施者八種三歸為首如世尊說歸佛為无量眾生施无畏不結恨無惡歸法眾亦如是問如三歸亦煞生云何施為無畏首恭敬不說一切眾生但如此邪見為癡煞生盜他財作眾惡是三歸者所不作已得正見故若三歸無正見者則非三歸是故施無量眾生無畏為首無咎財施者飲食為首攝他故施供養等以香華為首自為故或復俱故是已施德故得大果此中施淨應廣分別如所說

辟樹用其根　時復用於枝　或有二俱用
是事世之常　如是方便成　是施得大果
有從因緣淨　俱功德亦然

問云何戒答戒者身口二攝他不嬈饒益戒者有三相從身口生問此云何答攝他不嬈他及饒益攝他者飢乏之時眾生愛命煞已不害離他財他

妻亦如是此是攝他離兩舌惡口妄言綺語是不嬈他復次七枝不逼他是不嬈他眾苦所逼無所歸依而救濟是攝他受持此二者福相續生是饒益我從今離煞生發心即饒益增長辟如出物日有滋息受戒心生善相續受實已滅如種有萌牙饒益若不捨善相續乃至眠亦增益福此是饒益是謂戒問云何修答修者禪無量無色此修於善行是故修如華薰麻習是修如習近善辟如王善習近必成其果如是習修必得白淨果故說修禪者是念義此四種問此云何答禪者離欲觀喜苦樂是四禪初者已離欲惡不善法緣善繫心住謂之離欲第二離觀觀者微於覺如鈴有餘聲是此中無謂之離觀欲前已離第三離喜喜者心悅如海涌波是此中無及欲觀故說離喜第四離苦樂樂者身心不逼苦者逼是此中無及欲觀喜故說離苦樂是四說禪問云何無量答無量者慈悲喜護是四假想為無量無量眾生彼緣故無量亦不

可毀功德故無量慈愍一切眾生心行一切眾生潤在前念是慈悲者苦惱眾生愍傷在前離憂惱念是悲喜者於多樂眾生繫縛悅涌是喜護者無求不勇猛怨眾生過若眾生作惡是不作為快是反觀眾生自業如是怨過謂之護問已說無量云何無色答無色者空識無所有非想非非想處處者依是四種空者除色見色過是離欲一心緣空於空繫想是空處不猗於空但有識緣識便有識處是亦有依無依乃勝若無所有是謂无所有處於想見過滅想見怖一心是非想非非想處是無色道是名一切福問根云何答根者無貪無恚無愚癡不貪不瞋不癡此三根相問此是誰根答非是前說德本鄉是一切趣善勝法之本隨其義一增餘相隨如無貪於施增無恚於戒增無癡於修增復次無貪於財施增無恚於無畏施增無愚癡於法施增是謂三種施增復次无貪於攝他增無恚於不嬈他增無愚癡於饒益增是謂三種戒增

復次無貪於禪增無恚於無量增無愚癡於無色增是謂三修增復次無貪於不惡增無恚於忍辱增無愚癡於多聞增如是於力根如是當知一切善行根無貪者於所有衆具不利不著意無恚者滅於恚無愚癡者滅於癡故曰根問云何無惡荅無惡者忍辱多聞不惡無惡者是俗數假相復次惡者是憎惡是不憎惡故曰無惡如所說無惡者妙善之言忍辱者若貴賤力自制不怒怒忍辱為苦貴力賤力隨其事自制不怒怒為苦所逼自制是堪耐義為貴力所迫怨而不能報但獎惡人故起怒若於大力所迫不起怒是忍辱為賤力所加怒賤力怨家能報若不報者是怨如是衆生過及行過堪耐此義今當說苦者寒熱飢渴風日勤勞為衆苦所逼當自制此苦從二事起惱於身不怒於無情怒者衆生因緣說是以依二逼身當堪忍

問已說忍辱云何多聞荅多聞者契經阿毗曇律多聞者若能除婬怒癡

是多聞餘者非聞是三種契經阿毗曇律於中契經者薩云若說及彼所印可顯示纖汙白淨明四聖諦離無量惡阿毗曇者於契經所有盡分別律者說威儀礼節命清淨是謂三種多聞於中律多制欲阿毗曇多制恚阿毗曇者說諸業性以此止恚因恚起犯戒因犯戒墮地獄契經多制癡契經者說十二因緣問是多聞云何不惡荅不惡者真知識御意由真知識真御意真由是謂不惡真知識者慈善能師弟子同學若慈善能者是謂真知識彼三種師弟子同學問云何若慈是師善是弟子能是同學說如是耶荅不所以者何說無差降慈善能者謂真知識相是說當觀師弟子同學此中慈相寂勝餘二枝所成或有慈者但不善知事亦不能說如父年老無德或有能者亦不善故雖有慈不善故教惡如六師等若有具足成就三相者當知是真知識或有師過故壞或弟子過或同學過是以具足成就三相真知識當求問是真

知識云何真御意荅真御意者止舉護想勇猛止想舉想護想向是勇猛於中止者止心逸意下此中觀相故說止舉者意弱柔濡下筋力扶起令高此中觀相故說舉護者以平等意任其行如善御乘遲者使速急者制之等行而護此亦如是四無量中護不可意衆生以慈為首護此中平等意護問云何知如下意當舉舉意當制等者護荅非為自隨所欲是真御意鄰是故此自隨所欲隨時隨方便義若高下者此非真御意問是真御意云何真由荅真由者具方便果真由名向彼我說習脩是真由具方便果問為誰具荅前已說善勝問具名何等荅具者善損伏根近行禪此是資於善行故曰具如行具足具者是枝義此具三種善損伏根近行禪問云何善損荅善損者糞掃衣無事乞食衆聚中損謂之善損善損者是清淨薄藏工師作二種像有增者損者石工木工增者泥工畫工彼成二種像若從損是能耐風雨餘雖有好色

不耐風雨如是二種人在家及出家
出家者於家累意解脫已捨衆具損
為妙在家者因妻子親族為增衆事
得成在家者雖有衆具為美味但愛
相別離憂悲鬪諍等為非法雨所壞
意無所耐如畫像為風雨所壞非出
家如世尊說
如飾藥鳥　青鵄妙色　終不能及
鵝鴈飛行　在家如是　不及比丘
牟尼遠離　閑居坐禪
是謂善損糞掃無事乞食此三爭
功德為十二本餘九是眷屬彼當別
說世尊欲令難陁歡喜故亦說此
三難陁阿見汝無事
糞掃衣　知已樂於高　捨離不染欲
以是故知此三是本復次四愛生衣
食坐處有故於中為衣愛所持說糞
掃衣為食愛所持說乞食為坐愛所
持說無事若成就此三功德是方便
滅有愛以善損故復次有二種計著
我行及我所作於中為貪衣食坐處
故生我所作計著彼以此三淨功德
止若滅一事必斷計我是故說淨功

德問云何糞掃衣答糞掃衣者三衣
粫衣隨坐此糞掃衣三種所滿三衣
粫衣隨坐若糞掃衣唯三者應有九
淨功德若介者經相違糞掃衣者從
塚間里巷捨弊壞衣三衣者僧伽梨
欝多羅僧安陁羅會或有持三衣者
為愛好衣所因汲汲行求由此愛極
煩勞若不得多者三當極妙愛有二
種妙愛多愛辟如求一寂勝女或求
不端政千如是多愛三衣所制生妙
愛世尊為彼說持三衣有六種劫
貝畢竟繒麻布葛紵布於中要用一
彼見已是好是好多煩勞為彼多衣如
是持氈三衣或在衆中或在居家牀
座若見餘好座移就坐為彼說隨座
已坐不應為好故移座以我大故起
他是隨座如是三滿糞掃衣問無事
云何答無事者樹下暴露正坐受樹
下受暴露受正坐受此三滿無事此
四除處所愛於中精進人信施作舍
柔濡敷大牀座教化者貪著世尊知
已為彼說此事不應捨自家著他家
當捨此舍樂無事彼已在無事復作

高大樓閣屋此亦不應介在無事中
愛樂高閣屋如以馬垂具被驢是故
樹下當受持彼已受樹下不樂弊惡
小樹而復求好大華果樹世尊教彼
當受持暴露汝施主長養身復何為
此當學神仙樂於暴露汝無家非為
愛所逼彼已在暴露便作是念我難
行已行由是捨正思惟即便傾臥眠
至日出世尊教彼此事不可如人截
耳而嚴飾首是故汝當受持正坐布
草結跏趺坐觀世間如真而作自業
如是具足無事問是無事云何乞食
答乞食者一食過中不飲漿塚間出
家者有二種食僧食乞食僧食者恒
精進家得具足食或復精進者為除
煩勞故於外作房作食餉乞食者從
家家乞至極少是名乞食餘者邪命
彼僧食者作是念我能致彼施主食
便起貢高大慢世尊為彼說當乞食
彼乞食已數數食至時以是廢學世
尊教彼當一食如所說
人當有念意　每食自知少　則是痛用薄
節消而保壽

彼一食已著於食便作是念世尊唯聽飲漿而未種種漿以是廢學世尊教彼汝得如是苦厭當捨漿渴者水亦能除當受持過中不飲漿彼　如是少食知足已復樂澡浴塗身世尊教彼此亦是食想貢高所以者何身者從食中生雖有極肥亦當棄塚間是故汝當樂塚間觀於塚間從食所有爛壞散膖脹脂血流湧見已滅此貢高如是乞食滿是謂善損問云何伏根荅伏根者不害守降伏根者能制諸根是伏根是三種不害守降問不害何等荅前已說根害根者不能調根如馬雖斷水檠無道不調飽以水檠以道則調如是害根不調攝諸根則調若害根謂調是盲者離欲是故莫害根但正御於境界正思惟攝即得守如所說

諸根至境界　當遠離衆想　不可害境界
但除其淤者

降根者若見極妙女色便起如母想是謂三種伏根近行禪者忍名想近於思惟故曰近行禪問為近誰荅如

前說善勝問如前已說四禪何故重說荅前說禪是趣生死勝此趣出要勝此次第觀真諦如人始度曠野見種種妙好華池若干清泉盈滿及園觀種種華樹嚴飾見已作是念此非空野中可得必近城邑如是行者在生死曠野婬怒癡煩勞得真知識故正思惟觀陰界入無常苦空無我時若欲樂是謂忍正思惟意不動是謂名如夢中見親如鏡中像如是苦觀想是世間第一法由世尊想是謂近行禪彼次第如夢覺見親後得聖諦觀亦如是

德品第一真度說竟

問云何名方便荅方便者戒上止智方便者是道是趣善勝故說方便是三種戒上止智問非為重說戒耶荅前已說善勝有二種一受生二出要前戒受生此出要戒義者是習義問此云何荅戒者正語業命正語正業正命是三種名戒正語者離兩舌惡口妄言綺語正業者離煞盜婬正命者比丘僧食乞食衣藥具是正命餘

邪命優婆塞離五業刀毒酒肉衆生是謂正命問云何上止荅上止者進念定上止者滿具復次滅婬怒癡謂之上止向彼住故說上止是三種進念定於中進者力若說進當知已說力復次能作故說進進者行此能進至善勝故說進問此云何荅進者信勤不捨信勤不捨是三假名進所以者何信增一切善行在一切善法前於一切法最第一如所說

士有信行　為聖所譽　樂無為者
一切縛解

是三種信問云何三種荅信者淨欲解是信淨欲解於中淨者除濁故濁者人所惡恚貢高無慚無愧比辟如象水牛等淈亂泉水是說濁停住便澄清如是斷惡恚貢高無慙無愧比亂意謂之濁無是謂之淨欲者愛樂於勝如人為病所困不欲好食病差已而欲得是人為惡所困不樂欲聞法得善知識已樂於法便作是念此法極微妙更復說是名為欲解者執持辟如人為毒蛇所螫師呪毒時彼

意至到便作是念實如說呪從此必
差已意解便求藥如是人為婬怒癡
軛所皺世尊為彼慈心說法彼若意
解者無異彼必得除婬怒癡餘者不
除是解問是信云何勤荅勤者起習
専起習専此三種謂之勤起者始造
善如攢火時造衆火具習者　數數
作専者者不捨不散意成一緣如救
頭然是三種謂勤問曰何不捨荅不
捨者不止不厭不離不止不厭不離
此三謂不捨不止者一切時不遠我
極精進不廢是不厭我一向勤久時
煩勞或有果或無捨寂何用若以此
不捨精進是謂不捨此三事必獲得
果如行人愛樂所至方問已說進云
何念荅念者身痛心法內外俱不忘
內外俱不忘是三種念為自已內餘
者外二事為俱復次內者受陰界入
外者他受及不受俱復次三煩惱在
內在外在俱在內者欲在外者恚恚者
為他非自瞋若作是念欲亦為他此
不應尒所以者何內者染外為他生
欲以內者故如經所說人見女如內

根癡俱行苦滅此三煩惱是三種念
彼身三痛心法三是十二種念問已
說念云何定荅定者　空無願無想
空無願無相　是三種定事空故曰空
問多有空空村空舍如是比此中說
何等空荅空者我行我作俱不見我
行我作俱不見者是謂空問何得不
見我行我作如世尊說我尒時名隨
藍梵志復如所說比丘我手著虛空
荅非如是我行我作是假号但於五
陰中計我是我行世尊不行此若於
境界計者我許是名我作是世尊亦
無如聖法印經說空者觀世間空如
是比彼亦我我所有俱得成以故無
咎是謂空問云何無願荅無願者過
去未来現在不樂立無願者不立義
是入此三中過去未来現在是一切
有為如說處經所說彼若作是意我
及涅槃彼不攝是三此不應尒所以
者何一無二義故涅槃者離世一向
無緣彼中無意我者離三世更無此
不可說是以三中不樂立是謂無願
問無想云何荅無相　者事作俱想離

事作俱想離是無相　如所說離一切
有為一切者事及作可作是事能造
是作如由無明福無福不動作行彼
緣相續有生識是事無明及行是作
如是一切有為若離彼是說無相復
次如聖法印經所說無相　者不見其
色相　如是一切彼中亦說此三事作
俱離彼一切是三義但說異如言河
無水不見水是一義而說異空無願
无相　亦如是是謂定問云何智荅智
者見脩無學地所行智者是覺是三
地見地脩地無學地此中見故曰見
問何等見何等荅見未曾見勝他根力
覺道枝及實脩者習義如以淳灰浣
衣雖去垢白淨猶有灰氣然後須募
鄰華等諸香華薰如是見地清淨意
襌無量諸定斷除諸結盡極動是謂
脩無學地者婬怒癡盡無餘是謂無
學問何等於見地智荅見地者法觀
未知智法智觀智未知智此三是見地智
於中法智者是現智義辟如良醫知
癰已熟以利刀破癰然後以指貫通道
令不傷脉而復破癰彼脩行人亦如

是正思惟觀欲界苦時斷見苦所斷煩惱然後生第二智如欲界苦無常色無色界亦如是從此比智斷色無色界煩惱是謂見苦三智欲界愛苦因是法智即是觀智如是色无色界未知智是謂見習三智欲界滅止是法智即是觀智如是色无色界未知智是謂見盡三智此道滅欲界苦是法智即是觀智如是色無色界未知智是謂見道三智此十二智見地廣當知問云何修地答修地者相行種知相知行知種知此三修地問云何相答相者起住壞起者生住者成壞者敗問湧說於衆生有者為大過即有無常若不者此経涅槃有疑衆生及涅槃亦有此相若有過應當說起住壞是有為相答衆生者於相是餘不可說若異即有常若是即無常是二過不可說涅槃亦如是是故分別當知 相者一向有為相問今說功德云何此相是功德答今說智若此三中智是功德非相問云何行答行者無常苦非我見行者盡智是行義此相由是行知是行義

陰無常若無常者是苦若苦者是不自在故非我無常者不久住故如水泡苦者逼迫故如箭在體非我者不自在故如借瓔珞是謂行問云何種答種者味患離種者是味是患是離問是誰答是有為於中味者是妙患者是惡離者俱息於中天人樂是味三惡道苦是患離 罪福是離若如是觀正見功德惡故即得解脫是謂種此是修地智問云何无學地智答無學地者達通辯智達智通智有辯智是三無學地智問云何達智答達者宿命生死漏盡智宿命智生死智漏盡智是謂達能達故曰達達是知義於中宿命智憶過去所作行生死智知得業果漏盡智後當說復次煩惱有三種過去未来現在處過去者十八見未来四十四見現在處身見由此故羨現在故分別過去未来於中若得宿命智者不謗過去得生死智者不癡於未来得漏盡智者不著現在處問云何漏盡智若漏答 智者盡無生願智我煩惱盡觀如是是盡智不復生

者是無生智譬如師治虵所螫知已除毒是一智不為前氣所熏是第二盡智无生智亦如是願智者若聲聞以宿命智自憶生相續非餘是願智以願故亦知他是謂願智問云何通答通者如意足天耳他心智如意足天耳他心智此三是通如意足者後當說天耳者以定力故處一緣中增長四大淨此天人至惡趣聞聲隨其力如眼或見近或見遠隨其眼力如是隨其定力得天耳他心智者如見衆生若聞聲知彼心念如是如是

問云何如意足答如意足者遊空變化聖自在如意足者得如意故說如意如意是自在義遊空自在變化自在聖自在是謂三種如意足遊空自在者履水蹈虛能徹入地石辟皆過捫摸日月是謂遊空自在變化自在者現人象馬車山林城郭皆能化現聖自在者能化壽化水為酥化土石為金銀如是比是謂如意足聖所增長養如意足天耳他心智是誦通宿命智生死智是凡夫五通問云何

辯荅辯者法義辭應善知法善知義善知辭善知應此四是辯知法者知名句味知義者即知彼性實如火是名彼熱是義於中不癡知辭者此文飾如是次第知應者不顛倒說句文飾亦不差錯是謂辯此亦於學地智已廣說問如戒及定學無學地中亦可得戒定何以不三種說荅無戒戒差別非為學離煞生來生極護無學不如是若學不煞生即是無學以是無差降故不說三種

德品第二真度說竟

三法度論卷上

三法度論卷上

校勘記

一　底本，金藏廣勝寺本。九六九頁中至頁下，共兩版，原版殘缺，以麗藏本換。

一　九六九頁中二行「東晉……譯」，資作「晉太始元年僧伽提婆共慧遠譯」；磧、普、南作「尊者山賢造，東晉太始元年三藏僧伽提婆共慧遠譯」；徑、清作「尊者山賢造，東晉三藏僧伽提婆共慧遠譯」。卷中卷下同。

一　九六九頁中一八行第二字「門」，資、磧、普、南、徑、清作「問」。同行第八字「覺」，資、磧、普、南無。

一　九六九頁中一九行「問可」，資、磧、普、南、徑、清作「門可」。

一　九六九頁中末行第六字「答」，資、磧、普、南、徑、清作「答已」。

一　九六九頁下五行第一二字「若」，資、磧、普、南、徑、清作「苦」。

一　九六九頁下一四行第七字「伏」，資、磧、普、南、徑、清作「爲伏」。

一　九七〇頁上一行第五字「者」，諸本(不含石，卷中、卷下同)無。

一　九七〇頁上七行第七字「歸」，諸本無。

一　九七〇頁上八行第一三字「我」，諸本無。

一　九七〇頁上一二行末字「咎」，徑、清作「吝」。

一　九七〇頁上一五行首字「他」，資、磧、普、南、徑、清無。

一　九七〇頁上一七行第九字「於」，資、磧、普、南、徑、清作「其」。

一　九七〇頁中一〇行末字「董」，諸本作「薰」。

一　九七〇頁中一一行第九字「臣」，諸本無。同行第一二字「王」，麗作「王臣」。

一　九七〇頁中一五行第三字「欲」，資、磧、普、南、徑、清無。

一　九七〇頁下一行第八字「慈」，麗作「慈者」。

一　九七〇頁下四行第一〇字「涌」，諸本作「踊」。

一　九七〇頁下一二行第二字「有」，諸本作「爲」。同行末字「所」，資、磧、普、南、徑、清無。

一　九七〇頁下一九行「無癡」，資、磧、

普、南、徑、清作「無愚癡」。

一　九七一頁上八行「假相」，資、磧、普、南、徑、清作「假想」。

一　九七一頁上九行「憎惡」，麗皆作「增惡」。

一　九七一頁上一一行及一二行「怒怒」，資、磧、普、南、徑、清作「恕恕」。

一　九七一頁上一三行第一一字「恕」，諸本作「怒」。

一　九七一頁上一五行第一二字「怒」，諸本作「恕」。

一　九七一頁中一行第六字「非」，諸本作「非多」。

一　九七一頁中五行「節命」，資、磧、普、南、清、麗作「節令」；徑作「節令」。

一　九七一頁中六行第六字「多」，資、磧、普、南、徑、清作「名」。

一　九七一頁中一八行第三字「有」，諸本無。

一　九七一頁中一九行第一三字「故」，資、磧、普、南、徑、清作「彼」。

一　九七一頁下一行第八字「答」，資、磧、普、南、徑、清無。

一　九七一頁下一三行第一三字「真」資、磧、普、南、徑、清作「真者」。

一　九七一頁下一四行首字「名」，麗作「者」。同行第四字「我」，諸本作「或」。

一　九七一頁下二一行首字「淨」，諸本無。同行「損者有」，諸本作「有損者」。

一　九七二頁上一一行第六字「掃」，資、磧、普、南、徑、清作「掃衣」。同行「二爭」，諸本作「三淨」。

一　九七二頁上一四行第四字「阿」，諸本作「何」。

一　九七二頁中五行第五字「捨」，資、磧、普、南、徑、清作「拾」。

一　九七二頁中七行第三字「著」，諸本無。同行第七字「因」，麗作「困」。

一　九七二頁中一三行第九字「煩」，諸本無。同行「多衣」，資、磧、普、南、徑、清作「說氈衣彼」；麗作「說㲲衣」。

一　九七二頁中一八行第一三字「受」，資、磧、普、南、徑、清作「愛」。

一　九七二頁下二行第九字「垂」，諸本作「乘」。

一　九七二頁下二二行第一三字「痛」，麗作「受」。

一　九七三頁上二一行首字「降」，資、磧、普、南、徑、清作「諸」。

一　九七三頁中三行第一一字「度」，資、磧、普、南、徑、清作「瞻」。

一　九七三頁中五行第四字「華」，資作「葉」。

一　九七三頁中一七行「三種」，資、磧、普、南、徑、清作「三陰」。

一　九七三頁下一五行「惡恚」，資、磧普、南、徑、清作「惡瞋恚」。

一　九七三頁下一七行「所惡恚」，資、磧、普、南、徑、清作「所瞋惡」；麗作「惡恚」。

一　九七三頁下二〇行第二字「而」，資、磧、普、南、徑、清作「不」。

一　九七三頁下二二行第一〇字「爲」，資、磧、普、南、徑、清作「爲聞」。

一　九七四頁上四行第六字「必」，麗作「心」。

一　九七四頁上一三行第九字「寂」，麗作「置」。

一　九七四頁上二〇行第四字「在」，諸本無。

一　九七四頁中一行第五字「苦」，麗作「若」。

一　九七四頁中三行及末行「無想」，資、磧、普、南、徑、清作「無相」。

一　九七四頁中四行「無相」，麗作「無想」。下至頁下一〇行同。

一　九七四頁中末行及頁下一行「俱想」，資、磧、普、南、徑、清作「俱相」。

一　九七四頁下一三行「勝他」，諸本作「聖地」。

一　九七四頁下一七行第一二字「勳」，資、磧、普、南、徑、清作「熏」。

一　九七四頁下二〇行第一二字「三」，諸本無。

一　九七四頁下末行第六字「復」，麗作「後」。

一　九七五頁上五行末字「謂」，諸本無。

一　九七五頁上六行第八字「止」，南、徑、清作「此」。

一　九七五頁上九行首字「是」，資、磧、普、南、徑、清作「是觀智如是」。

一　九七五頁上末行「盡智」，資、磧、普、南、徑、清作「盡知」。

一　九七五頁中九行第六字「惡」，資、磧、普、南、徑、清無；麗作「故」。

一　九七五頁中一九行「現在」，麗無。

一　九七五頁中二二行「若漏答」，諸本作「答漏盡」。

一　九七五頁下二行第一一字「熏」，資、磧、普、南、徑、清作「動」。同行「第二」，資、磧、普、南、徑、清作「第二智」。

一　九七五頁下三行首字「盡」，麗無。

一　九七五頁下二一行「金銀」，資、磧、普作「金餘」。

一　九七五頁下二二行「是誦」，諸本作「是謂」。

趙城縣廣勝寺

三法度論卷中　華

東晉罽賓三藏瞿曇僧伽提婆譯

問前說由者具方便果於中已說具方便云何果荅果者佛辟支佛聲聞佛辟支佛聲聞者此三是果問為誰果荅戒上上智問今說由由者是道云何果亦是道耶荅此果說是有餘前說無餘無餘般涅槃故是故無咎佛者離一切障㝵得十力逮四無畏獲一切佛法諸佛戒定慧等無差降辟支佛者為自覺不為他而自覺故說辟支佛聲聞者由他說復次解脫具有二種一者悲二者厭若從悲具得道者是佛猒具有二種一者由自得二由他得若自得者是辟支佛若由他得是聲聞復次若普知盡具功德離諸惡者是佛辟支佛者雖離諸惡餘事不如聲聞者緣他離諸惡問云何知諸佛無差降聲聞亦為不荅聲聞者離欲未離欲阿羅漢聲聞有差降分別相故信首五根有耎中上依是諸聲聞有差降一切諸地問云

何離欲荅無欲者信解脫見到身證以信為首度故信解脫以慧為首度故曰見到二俱是身證是无量種今當現亦信解脫者上流行無般涅槃行般涅槃無行般涅槃此三是信解脫上流者愛彼將至上復次流者道彼於欲界將至上故曰上流行般涅槃者行謂之有為多方便及道緣行至無為故曰行般涅槃無行般涅槃者無行謂之无為少方便及道緣无為至無為故曰無行般涅槃是謂三種信解脫問云何見到荅見到者中生般涅槃亦上流見到亦三種中般涅槃生般涅槃上流般涅槃中般涅槃者此命終未生餘得道中般涅槃如小火迸未墮已滅此義亦尒生般涅槃者如火迸墮地即滅如是始生次第得道般涅槃上流如前說此無色界亦如是此三是見到問云何身證荅身證者行无行生般涅槃此前已說問非為重說耶荅不界異故離欲界及離色界故是二種盡除中陰非有無色界中陰復次前說无解脫

身證者有解脫解脫後當說問是離
欲云何未離欲答未離欲者第八須
陁洹薄地第八須陁洹薄地此三是未
離欲問云何第八若𦗘者應第一不
第八初向後至阿羅漢云何此是阿
羅漢耶答不當觀如　人有八兒彼
非以長為第八以幼為第八如是世
尊功德子有八彼阿羅漢為長諸漏
已盡故謂初向為幼是以說第八問是
云何答第八者信慧俱此族姓凡人
時有如是具信及慧彼或信勝慧隨
或慧勝信隨或等是生法智已從信
行為鈍根從法行為中根俱行為利
根此三是第八已見諦若信為勝是
極七慧勝者中俱勝者家家此是見
地若升修地者在薄地信勝者一往
來慧勝者中俱勝者一種若離欲界
欲信勝者信解脫慧勝者見到俱勝
者離色得身證若一切漏盡信勝者
慧解勝慧勝者俱解脫俱得解脫勝
俱勝者亦俱解脫復次信勝者鈍根
慧勝者中根俱勝者利根如是次至
上問已廣說第八漸漸生功德林而

不知此何謂當為顯示答須陁洹者
極七家家中須陁洹者是三種住初
果求第二須陁洹者是道升是道故
謂洹身見戒盜疑斷惡趣盡鈍根極
七受天人中樂要般涅槃家家者亦
住初果三結已盡思惟所斷少盡是於此中生從
家至家而般涅槃中者此二中非一向從家至家般涅
槃亦不一向極七天人生般涅槃而於中間般涅槃
問是須陁洹云何薄地答薄地者一
來一種中欲界結薄住故曰薄地此
三一來一種中一來者此終生天上
一來而般涅槃一種者受一有而般
涅槃增益功德故中者此二俱是三
謂未離欲問云何阿羅漢答阿羅漢
者利鈍中根阿羅漢者是說供養
堪受供養故曰阿羅漢問為誰堪受答
為一切衆生故說阿羅漢是阿羅漢
三種利根鈍根中根問云何利根答
利根者住法升進不動法住法升進
法不動法當知是利根住法者離方
便除煩惱故故曰住法升進者除諸
煩惱求上勝能得故說升進勝者達
通辯不動法者已得勝果一切談論

不動辯才是謂利根問云何鈍根答
鈍根者退念護法退法念法護法此
三是鈍根退法者或差降退非聖諦
故曰退法或復於修地退修者修習說
以　不修習是名退如學經已不𦗘
習忘如是不修習修地退是病業誦
和諍遠行觀故退以是故名修地念
法者已得阿羅漢劣行故及身劣便
作是念我所作以作我何為住如是
思念思念者多品數及思念財産及莪衣
但此中思念捨命護法者不退亦不
思念但極大方便護如貧多方便得
財守是鈍根問中根云何答中根者
慧解脫具不具解脫得慧解脫者下
俱解脫二一得具解脫二不具俱解
脫者信及慧已得此二故勝問云何
解脫答解脫者欲色滅盡解脫欲界
色界滅志住及三界盡是三種解脫
解脫於煩惱故曰解脫問云何欲解
脫答欲解脫者內色無色想不淨亦
淨內者自內是二種有色想及壞色
想於中內壞色痓間地觀腐爛肉段
眼脫腹潰腸出大小便處沠出不淨

無量種垂交亂其上烏鳥諍食手脚髑髏各在異處見已起無欲此便作是念是身以此故衆生怨鬪諍訟貪高憍慢起無量惡如是觀已解脫惡上心定是謂內色想不淨解脫第二丙壞色想由定故如無色如是得立觀他身亦復如上是謂內無色想不淨解脫淨解脫青黃赤白色華衣等緣以發意思惟心住不動是淨解脫此三種是欲解脫問色解脫云何荅色解脫者無色離色欲已四種心住亦復有漏是謂色解脫此前已說問云何滅盡解脫荅心等諸心想應滅是謂滅盡解脫

惡品第二

問已廣說德品三真度云何為惡荅惡者惡行愛无明惡行愛無明此三當知是惡汙善行故曰惡此亦汙人謂汙人意樂於惡如豬樂不淨於中初身口意惡行此衆惡初是三種身口意惡行惡行者惡人所行故曰惡行復次此行是惡故曰惡行是身所作惡謂之身惡行口意亦如是問云何身惡行荅身惡行者殺盜婬身惡

行當知是三種殺盜婬問已知身惡行是三種云何為殺荅殺者念教作念教作是說殺三種餘亦如是如身惡行殺三種念教作盜婬亦如是口業亦如是問知餘亦如是而未知念云何為念荅念者心欲欲使他作喜念名思惟是三種心欲作欲使作他作喜如意殺衆生是欲作意使殺是欲使作他殺已意悅是他作喜是謂三種念問曰云何為教荅教者誨令可誨令可者是謂三種教誨者如外道說殺豬羊以祠天是誨令者如王令臣我有怨敵卿往害之是謂令可者如人問其是我怨欲往殺之彼即然可是謂可此三是教問云何為作荅作者衆生想捨斷命作名施行事若說殺生者當知誨令可意惡行亦如是於中有他衆生想捨衆生斷衆生命是三作具滿醫者不曉破癰若破癰時死者非以醫殺生彼無害意故如是三事不具非殺生具者殺生是謂三種作問云何盜者他物想偷意取他物想偷意取是三種盜滿所以者何設使有

他物非盜意取物者是我許以相似故非偷若他物不偷意取無盜如取知識物如是三事不具非盜具者盜是謂種盜問云何邪婬荅邪婬者他法受非道行邪婬三種犯他受犯法受犯非道問說婬是本以何等故說邪婬荅人有二種出家及在家於中出家者行婬是說惡行在家婬非惡行而邪是惡行若在家婬是惡行者須陁洹行婬應墮地獄若不尒者邪為惡行故經說二種無咎問云何他受荅他受者主親王主所受親所受王所受是一切他受主有二有至竟有少時至竟者如方土家法女屬主若婬此女從彼邪婬少時主者若女從彼取物齊限有時若婬此女從彼邪婬親者父母兄弟舅等及養女若棄女取養王受者若無親無主而受王稟問云何法受荅法受者學齋捺法若受學法是學法受若受齋法是齋法受若受捺法是捺法受是俱中可說學法受者若主前聽學後犯者是邪是謂學法受齋法受者若主先

聽受齋後犯者是邪是謂齋法受族
法受者如前說親受但作經者欲令
滿三法故重說捺法受毋姉妹女子
婦及同姓是一切不可犯犯者邪問
云何非道行荅非道行者女產男不
成男非道行名若女新產後犯道是
非道行若以力勢犯未嫁女是非道
行及婬男不成男是謂三非道行問
此說不具所以者何此中更有餘邪
婬此說云何攝彼若不攝者是故此
說不具荅此說已具所以者何前已
說離產時女若說女當知已說畜生
若說離產者當知已說餘行是故具
說殺盜問此惡非義從何而生荅盡從婬
怒癡生彼一切當知從婬怒癡生問
云何一切為殺盜婬耶荅不但是若
但說是作經者應當說即是但攝一
切故當求經本一切身口意惡行當
別說問云何此從三惡中生此中有
各所以者何非以樂痛苦痛一時生
亦非以瞋樂痛所使婬者說樂習欲
者婬此中云何瞋荅非為說從婬生
瞋郱此中說本願為愛牙毛故起瞋

煞如是前發恚彼犯我婦我亦報彼
而後行婬起愛但本願從恚中生欲
從彼生故是故無咎亦如是問前說
一切從婬怒癡生於中已說身惡行
但不知口惡行是云何荅口惡行者
不實不虗綺語口惡行者四種但撰
三法故當知是三是三亦顯亦四問
云何不實荅不實者為已他利諱實
若不實口惡行是為已故他故利故
意諱實諱實者意覆藏如意知已
口說異是說三種為已為他為利為
已者自命故為他者親故為利者財
物故是謂三種如世尊說在衆在眷屬因
己因他因利知已妄語問已說口不
實惡行云何口不虗惡行荅不虗者
不愛別離俱行不虗名為不愛行為
別離行為俱行行者謂作不愛行者
名惡口愛故說瞋是不惡口若不尒
者無非惡口惡口者為已生若異者
世尊亦惡口彼為慈愍調達說而瞋
是以為不愛行是惡口如人聕呼聕
瞋雖有實言但以惡意是故為不愛
說是惡行別離行者雖有實言但為

別離行故是兩舌若不為別離行而
能別離者是非兩舌若不尒者世尊
亦當兩舌世尊者慈愍異學故過度
為弟子是以為別離行故惡俱行者
即此二事作不實及不虗如是惡口
是以惡口亦名兩舌問云何綺語荅
綺語者不時不誠無義說不時說不
誠無義說是三種綺語分別為無量
不時說者應說時不說不應說時說
如婚姻歡會時或有人說其族姓子
一切合會皆歸磨滅万物無常感者
必衰君速捨此事彼說此言佛辟支
佛聲聞所稱但非時說故是綺語不
誠說者若實想故邪說如異學說我
是薩云若彼雖有實想但綺語所以
者何此非薩芸若但想尒若為人說
佛薩云若者是妄語所以者何本非
薩云若意無義說者笑歌儛愁憂說
是謂口惡行問云何意惡行荅意惡
行者貪恚邪見意所行惡故曰意惡
行是三種貪恚邪見貪者願他財物
問若願他財物是貪者重說有各在
念中故彼中說念者心欲欲使作他

作善若此說非重意欲尒故念者意欲尒欲作此中不欲作而欲奪他物貪故令此財物於我有如是染汙意著他財物中貪者向他物故說貪恚者逼迫他惡意問云何邪見答邪見者業果相違無見業相違果相違無見是略三種邪見若分別無量如此異見是邪見問云何業相違答業相違者淨不淨意不淨淨意俱一意淨不淨意不淨淨意俱一意是三種業相違淨不淨意者善身口意業不善果不淨淨意者不善果俱一意者善不善身口意業善不善果果亦如是如分別業分別業分別果亦尒天上若涅槃若如是比淨果不淨意惡道樂生死樂如是比不淨果淨意惡道若非若如是比俱一意問云何無見答無見者業果衆生无見無業見无果見无衆生見是謂三種無見無業見者无施無褒无說無方便無作善不善業無果見者作善不善無果報无地獄畜生餓鬼無衆生見者無父母無衆生生世間無實沙門梵志是謂邪見無量種此

是三種意惡行無量種一切惡所作因相違一切善所作因彼前戒中已說

惡品第一真度說竟

問已說惡行云何為愛答愛者染恚慢染恚慢是三種當知愛愛者求是三種總說一問云何為染答染者欲有梵行著欲著有著梵行著是三種染於中欲者五欲色聲香味細滑是依欲著者女男不成男欲著女欲男欲女及不成男不成男欲女欲男問前已說五欲著今說女男不成男非為過耶答女男不成男是重於五欲中各各著於餘事不尒如世尊所說我不見餘色愛如是男女色如是五欲境界是故無過愛欲有三種微中上微者男欲中者女欲上者不成男欲是謂欲著問云何有著答有著者欲色無色有欲有色有無色有著是謂有著問如此欲著前已別說女男不成男今何以復於有著中說答有著為衆生故說欲著為煩惱故說一切欲界法說欲有若著

彼是謂欲有著色界法說色有若著彼是謂色有著無色界法說無色有若著彼是謂無色有著是以別說故無咎問云何梵行著答梵行著者得未得失著欲憂梵行著已得便著未得便求失便憂以此義亦應說欲有著已得便著未得便求失便憂如是欲有梵行者各三應說九復次得女便著未得便求失便憂如是男不成男欲著亦應說九種如是有著梵行著應說二十七問可得尒梵行著是煩惱耶答有如世尊說三求欲求有求梵行求求愛染著是一義復次如所說欲及梵行離愛常念問若尒者梵行不可行所以者何有著故復次若如所說一切梵行者應有著答應方便行如釋種所行釋種者行梵行不著梵行彼離罪福故行道不以求果求果者是說著我以此戒以此苦行以此梵行生天上及餘如是行著染汙求我何時當得梵行使我生善趣中若梵行著後世樂愛所持作非梵行生悔呰我退是謂憂是謂梵行著

問云何為恚荅恚者已親怨故忿怒已故親故怨故忿怒者是三種恚問云何恚愛處說荅恚者求惡求非愛耶是已故四門中行親怨故亦四門中行問此云何荅為已及親未得樂求已得令不失已得苦欲捨未得不欲令得如是已及親四種為怨未得苦欲使得已得欲令不捨未得樂欲使不得已得欲使速失是謂為怨求惡是恚是以愛處說恚無各問云何為已故者三時求不利三時名過去未來現在如所說彼為我求不利當求不利今求不利生恚是謂為已三時求不利生恚問云何為親荅親亦如是如為已三時求不利生恚如是為親三時求不利生恚此云何荅如所說若我親愛彼為此已求不利當求不利今求不利生恚是謂親問云何怨荅異怨怨家異所說如我怨彼為此已求利當求利今求利生恚如是為怨求利三時生恚是謂九種恚問此恚三惡行中恚何差別荅此依方便生惡行恚者當知從無智瞋問

一切衆生九種恚為等不荅此住如畫水地石此恚隨衆生當知如畫水地石衆生者若干種當知恚有濡中上如畫水即時壞畫地少時若風雨及餘因緣乃滅畫石至石住無石乃滅如是衆生若干種恚或始生恚時便自責我不是衆生者自然滅法無量苦所逼自當滅我無辜壞他故生惡意如是彼瞋自止如畫水或復生恚不能自制若師善友慈愍呵責乃得止如畫地或復惡意不正思惟生恚彼佛辟支佛聲聞不能止與身俱滅如畫石是謂恚問云何慢荅慢者卑等上起意以此猗故曰慢復次稱量彼彼故曰慢是三種我卑起意我等起意我上起意若有色富族術我不如彼故曰我卑起意若有色富族術我與彼等故曰我等起意若有色富族術我於彼勝故曰我上起意問已說卑等上慢相云何知此真度分別一切慢慢有無量種如鹿雜中說荅卑者邪不如極下慢卑慢者三種邪慢不如慢極下慢邪慢者我極作惡業

起貢高不如慢者受他稱歎讚說善哉汝有大德聞已內懷歡喜於我去何得無介乎極下慢者懈怠作是念人不能趣勝是三卑慢問云何等慢荅等慢者我貢高不敬慢等慢三種我慢貢高慢不敬慢我慢者見五陰是我已於惡中計功德貢高慢者受他恭奉不敬慢者不敬師長是謂三種等慢問上慢云何荅上慢者大慢慢大慢增上慢大慢者於卑及等我勝生慢慢大慢者於勝我勝生慢增上慢者於未得勝謂得生慢是謂三種上慢是一切慢從愛樂憂懼生是以愛處說

惡品第二真度說竟

問已說愛云何無明荅無明者非耶或智非智耶智或智者此三種是無明無明者癡假名是分別字者說彼毀呰而立名如人有惡子說無子如是此無明惡明故說無明問此云何荅非智者有為無為不可說不知有為無為不可說不知是謂三種非智問二種有為受及不受此中可者定荅

有為者受不受俱若非智者當知受癡不受癡俱癡於中受者陰界入二種自受他受不受者草木牆壁比於中若他受若不受者是當知不受此中一一癡闇是謂非智如世尊說六更入非智不見如是廣如經所說受名者取義也因業及煩惱癡意計我是我所是名受問無為是涅槃是一云何說三答無為者有餘無餘俱離涅槃一無為但事故說二種有餘及無餘有餘者業及煩惱所受身是說有餘彼斷一切煩惱盡作證已故有餘是說有餘無餘者若此受陰捨更不相續如燈滅是涅槃此名無餘於中二一及俱癡是無為不知問云何不可說答不可說者受過去滅施設受施設過去施設滅施設若不知者是謂不可說不知受施設者眾生已受陰界入計一及餘過去施設者因過去陰界入說如所說我於尒時名瞿旬陁滅施設者若已滅是因受說如所說世尊般涅槃復次過去施設者制眾生斷滅施設者制有常受施設者制無不受施設者制有彼中一一無知是謂不可說無智問已說無智云何邪智答邪智者身邊見見身見邊見盜是三種邪智邪者是顛倒非如不真同一義身見者我是我自在必尒我必尒是我必尒自在必尒是身見我必尒者陰幻化野馬響水月形相似五陰計着是我是我必尒者假借瓔珞樹果愆相似五陰計是我所有自在必尒者芭蕉樹水泡沫相似五欲境界計自在如空聚色身見者是身我所有見如是是為三種身見問云何邊見答邊見者斷常俱斷常俱是三種邊見受邊者非以道理是邊見於中斷常者世間者有常無常非有常非無常有邊無邊非有邊非無邊眾生有終眾生無終非有終非無終是身是命如是比俱者有常無常有邊無邊有終無終如是比是謂三種邊見問云何盜見答盜見者戒見依彼盜見從三中生一戒二見三依彼於中戒第一真度已說由此戒得清淨及受戒是謂二種戒盜此真實餘虛非真是謂見盜計是真必尒是亦說見盜身縛依彼者若依戒及見是五陰由此故或戒或見計五陰淨當知是戒盜計五陰第一非餘當知見盜是依彼是謂三種盜見問云何惑智答惑智者實諦定中不了實不了諦不了定中不了不了者不決疑猶豫同一義問云何寶答寶者佛法僧佛寶法寶僧寶當知是三寶佛者普智成就一切功德離一切惡問佛以何故名寶答以此功德故復次大慈大悲故不空說法故無事親故難出世故如優曇華如是不可計功德成就故說寶法者方便及方便果但此中說涅槃是法寶彼佛處在一切法上如經所說若有法有為及無為者彼無為涅槃是第一此實不敗壞故滅諸苦故至竟泠故難得故不可盡故如是比故說寶僧者前聲聞中已說是寶廣福德故不違世尊教故無上福田故世尊稱譽故不敗壞故和合無諍故如是比無量功德成就故說寶問已說寶云何為諦答諦者等相第一義諦等諦相諦第一義諦是三種諦諦者

實　有諦真諦不虗諦如諦故說諦等諦者方俗族學舉方俗舉族舉學舉是謂三種等諦行種種事故曰等諦行種種事者是智義於中方俗舉者必尒義此事是我許某事某名如水潤漬澤如是比如是所舉是謂等諦族舉者是我家導舉者以威儀礼節為行及解経想復次晝食不夜食不截草夏不行如是比行是謂等諦問云何相諦荅相諦者苦習道苦諦習諦道諦是三相諦以諦相觀故相諦相者說生老無常相者說標幟於中逼相苦諦轉成相習諦出要相道諦滅者無相此當别說復次苦諦者陰界入習諦者婬怒癡道諦者戒定智是謂相諦問云何第一義諦荅第一義者作字念至竟止作字及一切念至竟止是謂第一義諦作者身業字者口業念者意業若此三至竟滅是謂第一義諦是涅槃義問如佛說偈

一諦无有二　若生生於惑　觀衆諦難陁
是不說沙門

如四諦云何說一荅此第一義故說無有二涅槃如此偈所說

觀衆諦難陁　是不說沙門

以此半偈可知不說餘諦無各問已說諦云何為定荅定者色无色无漏定色定無色定无漏定是謂定定者定心行義於中色定者色界禪无量除入初第二第三解脫及初八一切入無色定者四無色二一切入无漏定者空無願无相无漏禪无漏無色定无漏前五想及斷界定此一切不決疑惑猶豫是謂惑智此亦是苦非苦習盡道非道惑如是四諦欲界色界無色界是十二種於此惑智如愛處所說无智處所亦說邪智邪見前意惡行中已說見盜亦如是身見邊見在苦三界戒盜在苦道三界復次愛亦思惟斷如是分别說九十八使

惡品第三真度說竟

三法度論卷中

三法度論卷中

校勘記

一　底本，金藏廣勝寺本。九七九頁中至頁下，共兩版，原版殘缺，以麗藏本換。

一　九七九頁中二行與三行之間，諸本有「德品之餘」一行。

一　九七九頁中九行第一一字「逮」，[磧]、[南]、[徑]、[清]作「建」。

一　九七九頁中一九行第一一字「亦」，諸本作「亦復爾耶」。

一　九七九頁中二一行第五字「相」，諸本作「根」。

一　九七九頁中末行第二字「是」，諸本作「是故」。

一　九七九頁下一行「無欲者信解脫」，諸本作「欲者信解」。

一　九七九頁下四行末字「無」，諸本作「無行般涅槃上流」。

一　九七九頁下二二行第八字「故」，諸本無。

一　九八〇頁上六行第八字「如」，資、磧、普、南、徑、清作「如是」。

一　九八〇頁上二〇行「解勝」，諸本作「解脱」。同行末字「勝」，麗無。

一　九八〇頁上二一行「解脱」，資、磧、普、南、徑、清作「解脱具得解脱」。

一　九八〇頁中六行第六字「已」，麗無。

一　九八〇頁中一五行末字「養」，諸本作「養名」。

一　九八〇頁中一六行第一一字「爲」，諸本無。

一　九八〇頁下五行首字「以」，資、磧、普、南、徑、清作「已修」。

一　九八〇頁下一〇行首二字「思念」，資、磧、普、南、徑、清無。同行第九字「及」，諸本作「亦」。同行第一四字資、磧、普、南、徑、清同。

一　九八一頁上三行「怨鬪諍説」，資、磧、普、南、徑、麗作「怒鬪諍訟」；清作「怒鬪諍説」。

一　九八一頁上五行首字「上」，資、磧、普、南、徑、清作「止」。同行「第二」，麗作「二」。

一　九八一頁上一三行「解脱」下，資、磧、普、南有夾註「德品第三真度竟」；徑、清有夾註「德品第三真度説竟」。

一　九八一頁上一四行「惡品第二」，資、磧、普、南作「三法度論惡品第二」。

一　九八一頁中一四行第四字「其」，麗作「某」。

一　九八一頁中二一行第六字「非」，資、磧、普、南、徑、清作「無」。同行「具者煞生」，麗無。

一　九八一頁中二二行「盜者」，諸本作「盜答盜者」。

一　九八一頁下三行「具者」，諸本作「具是」。

一　九八一頁下四行第三字「種」，諸本作「三種」。

一　九八一頁下一四行「方土」，資、磧、普、南、徑、清作「方士」。

一　九八一頁下一九行末字至二〇行首字「捺法」，諸本作「族法」。下至次頁上三行同。

一　九八二頁上六行第六字「名」，資、磧、普、南、徑、清無。

一　九八二頁上一四行「无咎」，麗無。

一　九八二頁上一六行末字「若」，資、磧、磧、南、徑、清作「名」。

一　九八二頁上一七行第五字及一八行第五字「經」，資、磧、普、南、徑、清作「姪」。

一　九八二頁上一八行「惡行」下，資、磧、普、南、徑、清有「口意惡行」四字。

一　九八二頁上末行第二字「那」，資、磧、普、南、徑、清作「耶」。

一　九八二頁中三行第九字「亦」，資、磧、普、南、徑、清作「餘」；麗作「餘亦」。

一　九八二頁中一三行「在衆」，麗無。

一　九八二頁下八行首字「誠」，資、磧、普、南、徑、清作「誠説」。

一　九八二頁下一六行「薩芸」，資、磧、普、南、徑、清作「菩薩」；麗作「薩云」。

一　九八二頁下二二行第一三字「各」，諸本作「咎」。

一　九八三頁上一二行「不善」下，諸本有「身口意業善」五字。

一　九八三頁上一四行首三字「分別業」，麗無。

一　九八三頁上二〇行首字「⿱衣衣」，諸本作「齋」。

一　九八三頁中三行「惡……竟」，資作夾註「惡品第一真度竟」；磧、普作「惡品第一真度竟」。

一　九八三頁中一三行「不成男」下，諸本作「女男不成男」五字。

一　九八三頁中二〇行「此欲」，資、磧、普、南、徑、清作「欲此」。

一　九八三頁下八行第五字「者」，諸本作「著」。

一　九八三頁下一三行第八字「著」，資、磧、普、南、徑、清作「若」。

一　九八三頁下一六行首字「若」，資、磧、普、南、徑、清作「著」。

一　九八三頁下二二行第三字「梵」，資、磧、普、南、徑、清無。

一　九八四頁上一一行「已故」，資、磧、普、南、徑、清作「已故若爲已故」；麗作「已故答爲已故」。

一　九八四頁上一六行第一〇字「此」，麗作「問此」。

一　九八四頁上一九行第六字「怨」，麗無。同行第九字「所」，諸本作「如所」。

一　九八四頁中二一行第四字「有」，資、磧、普、南、徑、清作「者」。

一　九八四頁下一三行「憂懼」，資、磧、普、南、徑、清作「受具」。

一　九八四頁下一五行第七字「說」，資、磧、普、南無。

一　九八四頁下末行「可者」，諸本作「何者」。

一　九八五頁中三行第九字「見」，諸本作「盜見」。

一　九八五頁中一〇行「色身」，麗作「邑身」。

一　九八五頁中一一行「是爲」，資、磧、普、南、徑、清作「是謂」；麗作「謂」。

一　九八五頁中一四行第五字「者」，麗無。

一　九八五頁下一六行第九字「壞」，資、磧、普、南、徑、清作「德」。

一　九八六頁上五行第二字「某」，資、磧、普、南、徑、清作「其」。

一　九八六頁上六行末字「學」，資、磧、普、南、徑、清無。

一　九八六頁上一三行第八字「滅」，資、磧、普、南、徑、清作「盡」。

一　九八六頁上二一行「諦无」，資、磧、普、南、徑、清作「無諦」。

一　九八六頁中八行第三字「八」，資、磧、普、南、徑、清作「入」。

一　九八六頁中九行「無願无相」，資、磧、普、南、徑、清作「無相無願」。

一 九八六頁中一九行第七字「説」，資無。

三法度論卷之下

東晉罽賓三藏瞿曇僧伽提婆譯

依品第三

問已說德及惡云何為依荅依者陰界入陰界入者此三是依可依故說依可依者是立義衆生於陰界入作依行德及惡是故當知此是德惡所依問云何為陰荅陰者色行知色行知者此三當知是陰陰積聚東同一義於中青黃赤白麤細長短方圓比當知揔是色陰於中色者四大及四大所造可見不可見是說色陰四大及造色者是二種可見及不可見可見者謂眼所見不可見者是聲香味細滑眼耳鼻舌身及四大聞說色者四大及四大造此中四大尚不知況復四大造云何為四大荅大者地水火風此地水火風假名是大是色一一及合於中堅相地濕相水熱相火動相風彼造色者烟雲霧影闇明曰五色五情如是比

問已說色陰云何為行荅行者依身口

心此依於身故說依身依於口故說依口依於心故說依心依身口心作行作有為行故說行如佛契經說色者有為行彼復更作如子復造子如色當知五陰亦如是彼無量種無量合作已謂之五陰如穀聚行者福非福不動是三說行問云何為知荅知者痛想識此三是知亦說道法以道不相離故如世尊說若痛者即是知問云何為痛荅痛者樂苦不苦不樂痛痛性說痛無所由痛痛即能痛若痛有由者應有異命若即能痛者應即是命但痛非命故痛性是痛是分別字者說此痛三種樂痛苦痛不苦不樂痛是各各相緣緣樂痛有苦痛緣苦痛有樂痛緣俱有不苦不樂痛如世尊說樂痛與苦痛對苦痛與樂痛對樂苦痛與不苦不樂痛對對者是怨敵義問云何樂痛荅樂者欲不惡無著生樂痛者有三種欲生不惡生無著生於中欲生者行五欲悅樂不惡生者不惡名說不增惡是行善無欲戒於戒不悔意由此悅樂無著生者伏

根離五欲無亂意行禪無量等時悅樂是說無著生無著名不著於根義亦復說不染是說樂痛三種問云何苦痛荅苦者生老死生老死者此三是苦痛於中生苦如生癰老苦如初發癰死苦如已發癰深入骨節中復次生故有一切苦故曰生苦如世尊說生故有截手足如是比老苦者色壯力壞故死苦者愛相別離故是謂苦痛問云何不苦不樂痛荅不苦不樂者三界若不苦不樂者當知是三界不苦不樂者障身於苦樂是三界後當說若使不苦不樂是三界制前說苦樂當知非以樂苦三界欲界三痛色界二樂及不苦不樂無色界一不苦不樂是故不苦不樂當知三界問是痛為何依荅樂者多欲所依苦者多恚所依不苦不樂者多癡所依所以者何有樂痛無欲能除欲如三禪中苦痛無恚如世尊頭痛及傷脚不起恚不苦不樂覺第四禪及四無色定彼中無癡能除癡若尒者隨義可得說問彼從何生荅彼業遍界生彼

樂痛苦痛不苦不樂痛當知從業生逼生界生非自然非偶介問業者無量種此中說何業答業生者福非福不動此樂痛苦痛不苦不樂痛從此三業福非福不動中生如義樂痛從福生苦痛從罪生不苦不樂痛從不動生於中福者能除惡行是四禪為首非福者是惡行不動者第四禪及無色問如前已說福者施戒修修者即是禪無量及無色今云何別說樂痛從福生答別說無咎以衆多聚故此別說禪如所說與比丘三衣別與佛護鉢不可以佛護亦是比丘故與三衣鉢而比丘異於佛護者應與彼衣如是修者禪無量無色福者三禪若不分別三禪於修應有過衆多聚故問云何逼生答逼生者已他俱逼生痛三種為已為他為俱逼者二種為樂為苦於中為已者如以刀自刺若後以旃檀藥塗為他者如擊破他頭復治以藥為俱者如語人使擊破我頭已復以藥塗如是盡當知是謂逼生苦問云何界生答界生

者時惡患問界者已說欲色無色界云何即是耶答此非界者離衆生是三種想時惡患此界是假想於中時者夏冬春夏冬春者當知此三是時夏者瀋增長冬者涎唾增長春者風增長如醫方說時故有樂痛是謂三時問云何惡為惡行愛無明耶答不破壞法身此說壞四大身問云何惡答惡者風瀋涎唾此風瀋涎唾壞四大身由是故生痛問云何患答患者衆生因離患多若衆生因離生苦牆壁樹山巖崩因者因已他俱是謂痛問云何想答想者有想無想無所想觀差別想者說是受形像差別此中有想無想無所想觀差別是同一義於中有想者俱依無想者不俱依如衆多瓶或有人說是蜜瓶是酥瓶由此想故想若無蜜無酥是空受空想如是聲想比受差別若遣聲比如是受無所想者此無所有即捨復次有欲說有所有是有欲說解脫處觀已無所有復次有想者觀善識處無想者觀非想非非想處無所想者觀無所有

處問云何識答識者生成不成入行名色俱依緣可得識者異種智故說識種種智故說識是三種生成入不成入依行依名色依二緣可得是三種世尊十二緣起中說行緣識復說名色緣識復說眼色緣生眼識於中種種行造生時入母胎綱俱生識是謂行緣生識即於母胎中漸厚成諸入已生識是名色緣識復次成入諍不諍入定不入定緣根及根義生識是依二緣緣者　是依不可無依而生識是謂俱依緣可得問如前已說戒定智何以復重說識答依智及所依是二種此是依彼是所依復次如說戒二種如是此中亦說二種無咎

依品第一真度說竟

問已說陰云何界答界者欲色無色界欲界色界無色界此三是界持是業故曰界於中住業故曰界是攝一切衆生至無餘般涅槃問云何欲界答欲界者人天惡趣人天惡趣者此略說欲界於中住欲故說欲界持欲故

說欲界問云何為人答人者男女命根所觀相依四洲男根所觀相女根所觀相命根所觀相當知此一切是人是一切亦依四洲於中女相謂之女男相謂之男問命根所觀相非為男女是以命根別說耶答雖有男女命根所觀相此中說差別不成男者不在男女根所觀相中但有命根所觀相住膜漸厚有命根而男女根未成是謂差別問云何四洲答洲者閻浮提弗于逮瞿耶尼鬱單越是說四洲於中閻浮提所觀相故說閻浮提隨方所觀相三弗于逮瞿耶尼鬱單越彼壽隨其數樂具差別有限展轉有勝問天者總名二種天欲生及離欲此中云何說天答天者細滑說視欲生說欲生者當知不說離欲生天者三種細滑欲生說欲生視欲生說欲生者化樂天彼若染汙心於染汙心天女共語言彼於尒時便成欲若一染汙意者不成欲但歡樂如此閒人捉時歡悅彼亦如是不染汙意如母女造化妙境界悅樂於欲故曰

化樂天視欲生者他化自在天彼若共天女各各染著相視彼於尒時成欲若一染著意不成欲但歡樂如此閒人抱時生樂不染汙意如見他人他所化自在故說他化自在天問是說視欲生天云何細滑欲生答細滑欲生者兩兩相抱執手細滑欲生天三種兩兩欲生抱欲生執手欲生於中兩兩欲生後當說抱欲生者炎摩天炎摩天晉曰時分天也彼各各染著意若抱時便成欲一染著者又成欲但歡悅如此閒人相抱生樂不染著意如他人夜時時歡喜說樂故曰炎摩問云何執手欲生答執手欲生者兜率哆天兜率哆天晉曰知足天也若共天女各各染汙意執手尒時成欲染著不成欲但歡悅如此抱時生樂無染汙意如他人自所有境界知足故說兜率哆問云何兩兩欲生答兩兩欲生者三十三四王地兩兩共事故曰兩兩欲生彼一切欲事具如前所說但分別故說兩兩欲生天如此閒人於中三十三天者在須弥山頂彼行欲如人四王者處中

地天者依此地樹山閒居受樂樂境界是一切名天行欲如人閒無不淨而有氣居止轉倍上是謂欲界天問云何惡趣答惡趣者地獄畜生餓鬼此三是惡趣此趣惡故曰惡趣惡者不可愛故曰惡趣問云何地獄答地獄者寒熱邊地獄寒地獄熱地獄邊地獄獄者不可樂故曰地獄是無量種今當說問云何寒地獄答寒地獄者了叫喚不了叫喚不叫喚是三相觀相寒地獄了叫喚不了叫喚極惡喚呼故曰叫喚問云何了叫喚答了叫喚者阿浮陀泥羅浮陀阿波跛阿浮泥羅浮陀阿波跛者此三是了叫喚阿浮陀者是說數如摩竭國十芥子倉各受二十佉梨滿中芥子假使有人百年取一猶可盡阿浮陀地獄壽不可盡二卅名一阿勒四阿勒為一獨籠郝十六獨籠郝為一佉梨二十佉梨為一倉如是至十阿浮陀地獄壽數當知餘各轉倍復次阿浮陀者似癰阿浮陀地獄中由寒身中生似癰故曰阿浮陀泥羅浮陀者不似癰

但舉身風吹脹滿故説涅羅浮陁阿波跛者為極寒風所吹剥身皮肉落急戰嘷阿波跛故曰阿波跛此三種了叫嘷問云何不了叫嘷荅不了叫嘷者阿吒偈吒偈優鉢羅阿吒偈吒偈優鉢羅此三是不了叫嘷於中阿吒偈吒偈者亦為極寒風所吹剥身皮肉落彼不堪苦或時大方便嘷阿吒偈吒偈優鉢羅者極大寒風吹剥身皮肉落因罪故自體中生鐵葉纒身如優鉢羅華彼以誹謗賢聖人故墮優鉢羅地獄常受如是苦問云何不叫嘷荅不叫嘷者拘牟陁須揵緹伽分陁梨伽波曇摩此四是不叫嘷而極寒風吹身脹滿使身如拘牟陁須揵緹伽分陁梨伽波曇摩受困苦極呻吟住彼以誹謗賢聖人故墮彼四種地獄一切時受無量苦是一切十寒地獄處在四洲間著鐵圍大鐵圍山底仰向居止在闇中寒風壞身體大火所然身如燒竹葦林聲駁駁各相觸生想亦復有餘衆生於中受苦彼一切誇毀賢聖故受如是

苦如世尊説偈

涅羅浮有百千　阿浮陁三十五
是聖惡趣地獄　口及意惡願故

是謂寒地獄問云何熱地獄荅熱地獄者有主治少主治無主治此三觀相有主治少主治無主治主治者是考掠此多為衆生所治或不多為所治或自治或由罪自生或離衆生方便受大苦問云何有主治荅有主治者活行黑繩活行黑繩此三是有主治活地獄者獄卒以利刀斧解剥剉斬罪衆生如斬剉羊頭皮肉解散已彼罪緣未盡以冷風吹還生如故復因惡罪手自然生鐵爪鋒利猶若刀刃形如半月各各生怨結意彼曾逼迫我今復逼迫由此生恚更相斸截也如刈竹葦彼於此間結恨心死故生彼中黑繩地獄者挓罪人著地以黑繩絣段段斫截彼於此間以刀斫衆生故生彼復次以熱赤銅鐵鍱纏身骨破髓血流出彼於此間以鞭杖加衆生及出家不精進受著信施衣故生彼極大闇冥苦烟薰倒懸身使

吸烟彼於此間以烟薰穴居衆生故行地獄者行列罪衆生如屠膾者截手足耳鼻及頭本為屠兒故受如是苦復次熱鐵地駕鐵火車獄卒乘之張眼嗔嘷叱叱便走彼於此間乘象馬比驅使疲勞故墮彼中婬犯他妻驅上劍樹自然火然受如是苦是謂有主治地獄獄卒者以行緣故不被火燒行報者不可思問云何少主治地獄荅少主治者衆合大哭鐵欃衆合大哭鐵欃此三是少主治地獄衆合地獄者罪衆生畏地獄卒無量百千走入山間入已前後自然生火逼彼為火前後逼已兩兩山自合如磨由此故血流如河骨肉爛盡彼於此間喜磨衆生為首復次火燒大鐵臼以杵擣百年彼以罪緣故命不盡彼於此間以臼擣煞蚤虱及壓煞故大哭地獄者大鐵山遍火然四絶無行處惡獄卒無慈瞋恚言欲何所趣無事與事以火燒鐵杵擊破其頭彼於此間因苦萬民故生彼中鐵欃者火然鐵地驅罪衆生使入中熱令熟熟已

復驅出為惡狗所食食肉盡風吹使
生還復如故復已還驅使入彼於此
閻養蚕煮炙故生彼中是謂少主治
問云何無主治荅無主治者哭炙無
鈌哭炙無鈌者此三是無主治哭
地獄者火熾然鐵似如龜甲處極狹
迮各處在中以鐵蓋覆受如此極苦
彼於此閻焚燒曠野及薰燒穴居衆
生故生彼中炙地獄者大鐵山火燄
相搏以鐵鏟鏟之周匝徛炙一面適
熟鏟自然轉反覆顛倒彼於此閻貫
剌煞人故生彼中無鈌地獄者鐵地
周匝火然縱廣百由旬四門如城以
銅薄覆上炎炎相續罪衆生在中
積聚如薪炎無罣㝵燋爛其身受苦
無鈌彼於此閻煞父母真人惡意向
佛使血出鬬亂衆僧及作增上十不
善業迹故生彼中是謂無主治問云
何邊地獄荅邊地獄者所在處水間
山間及曠野獨一受惡業報是謂邊
地獄問已說地獄云何畜生荅畜生
者陸水空行一切無足二足多足陸
行水行空行此三是畜生陸行者象

馬牛羊驢騾駱駝為首水行者魚摩
竭失收摩頼為首空行者鳥及蚊蚋
為首一切無足二足多足無足者虵
為首二足者鳥為首多足者牛馬蜂
及百足為首彼一切種種大罪業行
生彼中是謂畜生問已說畜生云何
餓鬼荅餓鬼者無財少財多財無財
少財多財者此三種是餓鬼問云何
無財荅無財者炬針臭口炬口針口
臭口是三種無財炬口者合口猛火
炎從口出自燒如野火燒多羅樹彼
於此閻多行慳貪故生彼受苦針
口者腹大如山谷咽如針孔設得豊
饒食而不得食臭口者口爛腐臭如
糞廁自噫氣臭無腹不得食受大
苦是謂无財問云何少財荅少財者
針臭毛癭針毛臭毛癭者此三種是
少財彼或時少得不淨物故說少財
針毛者毛極堅長頭利如針覆身遍
滿自體節節相離行来甚難毛還自
剌如利箭射麃受極大苦或時少得
食臭毛者毛極臭覆身更牙自剌體
身臭風發惱生瞋恚自拔毛受如此

苦瘻者自罪業報生癭還自決破膿
血流出取而食之是謂少財問云何多
財荅多財者棄失大勢棄失大勢此
三種是多財棄者若宿命施故得殘
彼終身祭祠得由此故得樂失者街
巷四道所遺落者彼終身得由此故
得樂大勢者夜叉羅剎毗舍遮夜叉
羅剎毗　舍遮此三種是大勢彼境界
如天宿命福德故或得妙食食已無
量餓鬼圍繞相見生苦如人在獄見
親生苦彼亦如是圍繞生苦由此苦
故食化為膿受如是苦是謂大勢彼
畜人天形是餓鬼畜形人形天形隨
其業故是謂欲界問已說欲界云何
色界荅色界者有喜無喜護色界
者無欲但由禪除恚故得妙色如煉
真金是界有喜無喜離苦樂是護喜
俱樂故曰有喜離喜不喜俱樂故曰
無喜是　離苦息樂如馬息駕問云
何有喜荅有喜者有覺无覺少觀俱
覺故說有覺離覺故說無覺少有觀故
說少觀樂者離是說禪於中有覺者
是初禪无覺者是一禪少觀者是初

中間習此禪生色界中說衆生為說界說界為說禪問誰習有觀禪生荅有覺者梵富樓梵迦夷梵波產習有覺禪生彼中梵富樓梵迦夷梵波產此三種是有覺滅中隨其生大梵者由少覼生覺觀義前已說問云何無覺荅無覺者少光無量光光耀覺習無覺喜樂相應禪是生三種天少光無量光光耀此想或是假想或因想復次少光者語言時口出少光光少故說少光光多故說無量光淨光無邊故說光耀問已說有喜云何無喜荅無喜者少淨无量淨遍淨覺習無喜樂相應禪是生三種天少淨者是不多名此少方便相應禪生少淨天受樂亦少中方便生無量淨天上生遍淨天問已說无喜樂云何護荅護相應三種一有想二無想三覺意相應彼護者果實無想淨居修習護樂相應禪生彼中故說護是三種果實天無想天淨居天於中果實者修習微中上第四禪生果實無想者滅想故生無想彼滅痛想識以無欲想故

俱滅唯有色陰行陰少人生想便死問云何淨居荅淨居者善現善見淨善現善見淨此三種是淨居淨居者諸煩惱盡居問五淨居地今何以說三荅淨者無煩無熱色究竟無煩無熱色究竟者此三是淨相作經者意欲介問已說色界云何無色界荅無色者前修中已說彼於是間修習正受生無色界是道及果俱說

依品第二真度說竟

問已說陰界云何為入荅入者細滑度解脫入細滑入度入解脫入此三是入相入者依如天廟問彼為誰入荅德惡入於中解脫入者是德所依度入者是惡所依細滑入俱所依染汙意生惡淨意生德問云何細滑入荅細滑入者近境界不近境界無境界細滑入是近境界不近境界無境界境界者是緣處隨其緣行是彼境界近緣說近境界不近緣說不近境界無緣說無境界問云何近境界荅近境界者鼻舌身入鼻入舌入身入是三近境界香至鼻聞不至不聞雖

有華極遠但香離華來至鼻聞香者性色是以因北風香至南不至北是以香離華來至鼻聞味亦如是著舌知味不從器不從手細滑亦如是身根所覺是八種堅耎輕重麁澁寒熱由彼彼種細滑而後覺是故彼三近境界問云何不近境界荅不近境界者眼耳意入眼入耳入意入是三不近境界問眼亦近見少不適境界耳亦如是蚊在耳中亦聞聲意是無色云何知不近境界荅以是故說不近境界若不逼則受境界問不近境界為齊幾何荅此中無齊限或有四十千由旬見日月或不見或一由旬見色或十里隨其根力以是故說不近境界不說遠但不逼受境界非以物至見處見離而後見耳亦如是非以逼近故得聞蚊雖在耳中不至聞處此亦隨其根力聞聲意者無色彼無近遠是以說不近境界不說遠問云何無境界荅無境界者外已受他受及不受外者無境界色聲香味細滑法於此法中假名外是已受他受及

不受此無境界但為他境界此五境界無緣而他所緣法當分別是亦多無境界故說无境界問已說細滑入云何度入荅度入者一處因不正因無因說一處因說不正因說無因說此三義無量而略說是三度入於中一處因者說言如因陁羅幢衆人所舉來於中一說者　調達持來彼亦在中但非獨調達於此事應說衆而說二一處因說亦如是三事合成義或宿命業或現所作或由他因如是三事成義唯說一不正因說者言如此因陁羅幢有人說非一人所持來亦非二此中雖有因但不正無因說者言如是因陁羅幢无所因而來問云何一處因荅一處者業自他功夫一說已所作者有二種或宿命所作或現所作於中若宿命所作者是名業或復有說天作者如是三種成義如前說如是三種義或說業者或說功夫或說他恩一處者唯說業彼負他功夫不知恩義不可與從事若我本所作求以不求會當自得一處說

者有如是咎問云何不正因荅不正因說者衆生法俱根因想說不正因說三種衆生法俱衆生及法根因想好惡衆生所作或復說法所作或說衆生及法所作是不正因說三種但非衆生作非法作亦非俱問云何衆生根因想荅衆生者梵伊攝披羅謂駃耨說說者衆生作世間梵造化主伊攝披羅造化主謂駃耨造化主無慧者謂尒言梵造化者說梵天造虛空虛空造風風造水地水地造丘山草木如是有世間彼一切有過所以者何若梵天造空及地者彼住何處造此空及地若即住中造者是義不然如是有過伊攝披羅謂駃耨亦如是問云何法荅法者時氣自然作時作氣作自然作此三說法根因於中言時者時節生一切一切時節熟一切時所壞一切世時作

此說有咎如前一處說中可求者不求若不可求求得者是時作行非作莫言有過所以者何時者空若空造物者義不然如是皆有過

氣亦不能造　氣者無有情　是謂事無事
氣無有此念　自然亦如是
自然若生　非自然義

若無者非因若無因生一切生亦如是自然何差降若有常者彼何咎非有常敗壞如是比過莫言有咎問云何無因荅無因者性偶無說無因者是三種說性說偶說無說性者言萬物性中生非因他所以者何如棘刺利無能利者如是一切說偶者言萬物偶生如大水泉原草墮中合在一處說偶尒彼偶風來或吹東西南北萬物生亦如是說無者言審尒此中無所有云何生由何生何處生此非有所有彼一切有咎所以者何若萬物性應生者生萌芽時不須作田業亦不須溉灌若無此事萌芽終不生是以萬物非性所生如是一一當止問已說度入云何解脫入荅解脫入者想禪博聞想禪博聞此三是解脫入解脫者滅惡彼解脫此三入依是得解脫想者是緣義依此佛辟支佛聲聞得解脫禪者如第一品已說當觀

此義亦依彼得解脱問云何博聞荅博聞者説聽誦説者説如所聽聽者聽如所説誦者如所聞誦問博聞者前多聞已説契經阿毗曇律此中有何異復説説聽誦荅前三種多聞應三種受説時受聽時受誦時受世尊弟子四種有眞諦處成有施處成有止處成有慧處成彼是方便聽眞諦故衍解脱施處説止止處從禪慧處從誦是謂解脱處此三法度正觀無罣㝵意欲令見其眞漸次得是解脱得解脱故慧者學世尊法

依品第三眞度説竟

三法度論卷下

甲辰歲高麗國大藏都監奉

勑彫造

三法度論卷下

校勘記

一　底本，麗藏本。

一　九九〇頁上五行第一三字「故」，諸本無。

一　九九〇頁中三行第六字「如」，諸本作「也」。

一　九九〇頁中一一行第一三字及頁下一三行第三字「若」，諸本作「苦」。

一　九九〇頁中二一行「五欲」，諸本作「五欲時」。

一　九九〇頁中二二行第八字「增」，諸本作「憎」。

一　九九〇頁中末行「生者」，諸本作「生」。

一　九九〇頁下二二行「除癡」，諸本作「除痛」。

一　九九一頁上一二行「所説」，諸本作「所説禪如所説」。

一　九九一頁中一一行「多若」，資、磧、普作「名若」；南、徑、清作「名苦」。

一　九九一頁中一二行第五字「崩」，諸本無。

一　九九一頁中一五行第一二字「一」，諸本無。

一　九九一頁下一一行「緣緣」，諸本作「緣之緣」。

一　九九一頁下一七行第七字「説」，資、磧、普、南無。

一　九九一頁下二〇行第一一字「界」，諸本無。

一　九九二頁上八行第四字「根」，諸本作「相」。

一　九九二頁上一四行第八字「具」，諸本作「其」。

一　九九二頁上一七行第三字「説」，諸本作「若説」。

一　九九二頁上二一行及頁中三行「欻樂」，諸本作「觀樂」。

一　九九二頁中四行「如見」，諸本作「如是」。

一　九九二頁中一〇行夾註「炎磨…也」，徑、清作「談磨此曰時分」。

一　九九二頁中一三行第五字「說」，諸本作「悅」。

一　九九二頁中一四行至次行夾註「兜率……也」，徑、清作「兜率哆此曰知足」。

一　九九二頁中一五行「若共」，諸本作「彼」。

一　九九二頁下四行「餓鬼」，諸本作「餓鬼地獄畜生餓鬼」。

一　九九二頁下六行第八字「問」，諸本作「問曰」。

一　九九二頁下八行第二字「獄」，諸本作「地獄」。

一　九九二頁下一一行「不了叫嚘」，諸本作「不了叫喚不叫喚」。

一　九九二頁下一三行末二字「阿浮」，諸本作「阿浮陀」。

一　九九二頁下一六行第九字「中」，諸本作「中其」。

一　九九三頁上一〇行末字「菜」，諸本作「鍱」。

一　九九三頁上一九行第二字「十」，諸本作「大」。

一　九九三頁上二二行「駮駮各各」，諸本作「爆各爆」。

一　九九三頁中六行首字「覩」，諸本作「覩覩」。

一　九九三頁中七行第二字「考」，諸本作「拷」。

一　九九三頁中一六行第三字「我」，諸本作「我我」。

一　九九三頁中一九行第三字「絣」，諸本作「拼」。

一　九九三頁下五行「便走彼」，諸本作「使走從」。

一　九九三頁下一六行第一一字「大」，諸本作「火」。

一　九九三頁下一八行「風及殛」，諸本作「颪及齧」。

一　九九三頁下二二行第三字「因」，諸本作「困」。

一　九九三頁下末行「然鐵」，諸本作「鐵然」。同行第九字「入」，諸本無。

一　九九四頁中一二行「受苦」，諸本作「云何名」。

一　九九四頁中一七行首字「針」，諸本作「針毛」。同行第四字及第九字「癙」，諸本作「瘻」。

一　九九四頁中末行「瞋恚」，資作「値恚」。

一　九九四頁下二一行首字「覺」，諸本作「覩」。

一　九九四頁下末行「一禪」，諸本作「二禪」。

一　九九五頁上二行第一一字「覩」，諸本作「覺」。

一　九九五頁上一八行末字及頁中六行第一〇字「相」，諸本作「想」。

一　九九五頁中一行第一〇字「人」，諸本作「入」。

一　九九五頁中一〇行第七字「說」，資、磧、普、南無。

一　九九五頁中一五行第一〇字「入」，諸本作「入者」。

一　九九五頁下一四行「由旬」，諸本皆作「俞旬」。

一　九九六頁上七行「者說」，諸本作「說者」。

一　九九六頁上八行第七字「者」，諸本作「者於」。

一　九九六頁上一一行「他因」，諸本作「他恩」。

一　九九六頁上一六行「一處因」，資、磧、普作「一義因」。

一　九九六頁下二行「此念」，諸本作「此命」。

一　九九六頁下三行「若生」，諸本作「苦生」。

一　九九六頁下四行首字及第六字「若」，諸本作「苦」。

一　九九六頁下一一行「泉原」，諸本作「泉源」。

一　九九六頁下一四行首字「無」，諸本作「一切無」。

一　九九六頁下一五行「一切」，諸本作「一切說」。

一　九九七頁上二行第九字「說」，諸本無。

一　九九七頁上七行第九字及一三字、八行第三字「成」，諸本作「或」。

一　九九七頁上一一行第一二字「是」，諸本無。

一　九九七頁上一三行第七字「說」，資、磧、普、南無。

中華大藏經(漢文部分)

校勘凡例

一 《中華大藏經(漢文部分)》的底本以《趙城金藏》爲主；《趙城金藏》缺佚，則以《高麗藏》等作底本。各卷所用底本的名稱及涉及底本的其他問題，均在校勘記的第一條中説明。

一 《中華大藏經(漢文部分)》選用的參校本共八種，即《房山雲居寺石經》(石)、宋《資福藏》(資)、《影印宋磧砂藏》(磧)、元《普寧藏》(普)、明《永樂南藏》(南)、明《徑山藏》(徑)、《清藏》(清)、《高麗藏》(麗)。

一 校勘記中的「諸本」，若底本爲金藏，即包括石、資、磧、普、南、徑、清、麗全部八種校本；若底本爲麗藏，則包括石、資、磧、普、南、徑、清全部七種校本。其他情況若用「諸本」，校勘記中則另加説明。

一 校勘採用底本與校本逐字對校的辦法，只勘出經文中的異同及字句錯落，一般不加評注。參校本若有缺卷，或有殘缺、漫漶等字迹無可辨認者，則略去不校，校勘記亦不作記録。

一 一經多卷，經名、譯者、品名出現同樣性質的問題，一般只在第一卷出校，並注明以下各卷同；分卷不同時，以底本爲主出校。

一 古今字、異體字、正俗字、通假字及同義字，一般不出校。如：

古今字：宍(肉)；猗(倚)；距(跛)；鉾(矛)；誼(義)等。

異體字：脎(槃)；剎(刹)；皃(貌)；悩(惱)；导(碍、礙、閡)等。

正俗字：怪(恠)；滴(渧)；體(躰)；刺(刾)；閑(閒)等。

通假字：惟(唯)；嫉(疾)；頻(嚬、顰)；揣(搏)；尠(鮮)等。

同義字：言(曰)；如(若)；弗(不)等。